新曲綫 New Curves | 用心雕刻每一本......
http://site.douban.com/110283/
http://weibo.com/nccpub

用心字里行间　雕刻名著经典

11th edition

social psychology

David G. Myers
Hope College
Holland, Michigan

with

Jean M. Twenge
San Diego State University

Translators

Hou Yubo
Yue Guoan
Zhang Zhiyong
et al.

第11版

社会心理学

〔美〕戴维·迈尔斯　著

侯玉波　乐国安　张智勇　等译

人民邮电出版社

北　京

本书的翻译工作由国内心理学领域的9位教授通力合作完成，第11版新增部分由冀巧玲、胡军生协助完成，各部分的译者依序为（按姓氏拼音顺序排列）：

侯玉波 北京大学心理学系

前　言
第 1 章　社会心理学导论
第 7 章　说服
第13章　冲突与和解
第14章　社会心理学在临床领域中的应用
第16章　社会心理学与可持续发展的未来

金盛华 北京师范大学心理学院

第10章　攻击行为：伤害他人

寇　彧 北京师范大学心理学院

第11章　吸引和亲密：喜欢他人和爱他人
第12章　利他：帮助他人

沈德灿 北京大学心理学系

第 2 章　社会中的自我

王　辉 北京大学光华管理学院

第 4 章　行为和态度

乐国安 南开大学社会心理学系

第 5 章　基因、文化和性别
第 8 章　群体影响

张志学 北京大学光华管理学院

第 3 章　社会信念与判断

张智勇 北京大学心理学系

第 9 章　偏见：不喜欢他人

郑全全 浙江大学应用心理学研究所

第 6 章　从众
第15章　社会心理学在司法领域中的应用

图书在版编目（CIP）数据

社会心理学：第 11 版 /（美）迈尔斯 著；侯玉波 等译 .
—北京：人民邮电出版社，2014.10（2024.11 重印）
ISBN 978-7-115-36984-0

I. ①社… II. ①迈… ②侯… III. ①社会心理学 IV. ① C912.6

中国版本图书馆 CIP 数据核字（2014）第 204766 号

David G. Myers
Social Psychology, 11th Edition
ISBN 0-07-803529-5

社会心理学（第 11 版）

◆ 著　［美］戴维・迈尔斯
译　侯玉波　乐国安　张智勇 等
策　划　刘　力　陆　瑜
责任编辑　王伟平　刘冰云　赵延芹　常玉轩　刘丽丽
装帧设计　陶建胜

◆ 人民邮电出版社出版发行　北京市丰台区成寿寺路 11 号
邮编　100164　电子邮件　315@ptpress.com.cn
网址　http://www.ptpress.com.cn
电话（编辑部）010-84931398　（市场部）010-84937152
山东临沂新华印刷物流集团有限责任公司印刷
新华书店经销

◆ 开本：889 × 1194　1 /16
印张：46.25
字数：1330 千字　2014 年 10 月第 1 版　2024 年 11 月第 6 次印刷
著作权合同登记号　图字：01-2014-4552

定价：368.00 元

本书如有印装质量问题，请与本社联系　电话：(010) 84937152

内容提要

戴维·迈尔斯的《社会心理学》是美国700多所大专院校社会心理学教学所采用的教材，自出版以来深受广大师生和社会心理学爱好者的喜爱，并被翻译成多种语言，有着广泛的影响力。本书译自第11版。

全书共分四编：社会思维、社会影响、社会关系和应用社会心理学。第1章（社会心理学导论）着重介绍社会心理学的基本概念、重要观点、价值观对心理学的影响、社会心理学研究方法等内容，为读者系统完成后面四编社会心理学的课程奠定了坚实的基础。第一编（2~4章）着重探讨我们如何看待自己和他人。涉及自我概念、自尊、自我控制、自我服务偏差、印象管理、社会信念和判断、态度与行为的相互影响等内容。第二编（5~8章）着重探讨我们如何彼此影响和联系，深刻剖析社会影响的威力。涉及态度与行为的文化根源、社会服从的力量、说服的原理和群体影响等内容。第三编（9~13章）着重探讨我们彼此如何发生联系，分析了人与人之间感受和行为的正负极性：偏见、攻击、吸引与亲密、利他、冲突与和解。第四编（14~16章）着重将前面章节中的理论原理、研究成果应用到现实生活之中。社会心理学的应用其实贯穿全书，但这编系统介绍了社会心理学在临床、司法等领域中的应用，最后还展望了社会心理学与人类可持续发展的未来的关系，尤其探讨了在面临人口增长、过度消费、全球变暖等生态危机时，社会心理学应该发挥的作用。

戴维·迈尔斯充分发挥了其在心理学写作方面无与伦比的才能，将科学的严谨性和人文的宽泛性巧妙地结合，兼具感性和理性，能让读者在愉快的阅读过程中轻松掌握心理学知识。可以说迈尔斯的《社会心理学》甫一问世即成为同类图书的翘楚，即使是抽象严谨的科学知识，都能通过生动的插图、幽默的漫画、睿智的引言、清晰的表格、优美的语言鲜活地展现在读者面前，让知识的学习变成愉快的旅程。每次再版迈尔斯都会向全球心理学的师生们征求意见，以保证本书学术的前沿性、定义的精确性、研究的严谨性、理论的全面性。此外还通过一些专栏启发读者思考，如“聚焦”关注社会心理学历史上的一些经典研究；“研究特写”介绍当前社会心理学的一些重大发现；“研究背后的故事”则能让读者了解这些社会心理学大师们的研究之路。本书适合心理学、社会学等专业的广大师生，同时也适合对社会心理学感兴趣的普通读者。

To Jonathan Mueller and Scott Plous

With admiration and gratitude for their enormous and enduring contributions to the teaching of social psychology through the Teaching of Psychology Newsletter and The Social Psychology Network, respectively.

作者简介

David G. Myers

自从获得爱荷华大学的博士学位之后，戴维·迈尔斯就在密歇根的霍普学院工作，成为心理学教授，并且开设了多门社会心理学的课程。霍普学院的学生邀请他在毕业典礼上发言，并评选他为"最杰出的教授"。

在美国国家科学基金的资助下，迈尔斯曾在30多种科学书籍和期刊上发表过多篇论文，包括《科学》《美国科学家》《心理科学》和《美国心理学家》等。

迈尔斯同时还致力于把心理科学介绍给普通大众。他在40多种杂志上发表过科普类文章，如《今日教育》和《科学美国人》等。他的17本著作中包括《幸福与直觉的追寻：权力与危害》。

他撰写的《心理学》（由著名心理学家黄希庭教授组织翻译并审校，最新第9版已于2013年12月出版）是当今最畅销的心理学导论性教材，全球有数百万学生在用它来学习心理学。同样，这本《社会心理学》在过去的10多年中占了将近40%的市场份额（社会心理学类书籍）。正如他在《心理学》第9版前言中所写的，"我希望以一种充满热情的、富有个性的方式来讲述心理学，而不仅仅用一种严谨的科学方式"。这应该就是他的教材如此受欢迎的秘诀吧。

由于迈尔斯在研究和写作领域的突出贡献，他曾获得众多奖项，包括美国心理学会的"高尔顿·奥尔波特奖"、美国脑和行为联合会的"杰出科学家奖"、美国人格及社会心理学分会的"杰出服务奖"以及"2011年美国科学院总统奖"，等等。

戴维·迈尔斯还是城市人际关系委员会的主席，帮助创建了一个快速发展的协助中心，以扶助贫困家庭，同时他还去过数以百计的大学和社区做演讲。他还写了一些听力丧失的文章，倡导在美国进行一场助听技术革命（hearingloop.org）。

他常年骑自行车上下班，每天中午都会去打篮球，他还是希望学院校篮球队的粉丝。迈尔斯夫妇共同育有两个儿子和一个女儿，他还有一个孙女。

简要目录

详细目录

第 3 章

社会信念和判断 76

第 4 章

态度和行为 118

第二编　社会影响

第 5 章

基因、文化与性别 150

第三编 社会关系

第 9 章
偏见：不喜欢他人 302

第 10 章
攻击：伤害他人 348

中译版序言

彭凯平

清华大学心理学系教授，系主任

2014 年 9 月

10 年前，当我还在美国加州大学伯克利分校心理学系任教时，我向我的北大师弟，新曲线公司的刘力，推荐了一本我从 1994 年开始就一直在美国密歇根大学和加州大学教授社会心理学时所使用的教材。她就是这本由著名心理学家戴维·迈尔斯撰写的《社会心理学》。在美国，如果一本心理学教科书能够多次再版，这本书就堪称经典教材了。戴维·迈尔斯的《社会心理学》在过去的 30 年中连续再版 10 余次，全球有 700 多所大学或学院的心理学系采用这本书作为社会心理学课程的主讲教材。在中国，这本迈尔斯的《社会心理学》也已经再版、重印多次。由此我们便不难想象这本教材是如何的出类拔萃了。

一本优秀教科书的诞生，一般需要两个要素的完美结合。首先，她应该有一个引人入胜的主题；其次她还需要一位文采横溢的作者。迈尔斯的《社会心理学》就是一个范例。

为什么社会心理学的主题会吸引这么多的人关注呢？社会心理学在战后的兴起,很大程度上与世界人民在 1950 年代对人类自身社会行为的反省有关。第二次世界大战的疯狂，让很多人意识到，即使是品德非常高尚、学识非常超群、心地非常善良的人，在特定的社会环境下，也会做出非常愚蠢甚至道德败坏的事情。德国纳粹的法西斯分子，可以一边喝着高贵的咖啡，听着莫扎特的音乐，读着康德的哲学著作，一边却去屠杀无辜的其他人群，仅仅是因为他们是不同的种族，有着不同的信仰。反省人类如此残酷的暴行，正是社会心理学家的良心之所在。因此在某种意义上讲，上个世纪社会文化心态的变化，乃是社会心理学兴起的社会历史原因。从民权运动、全球化到互联网革命，人类经受了巨大的历史文化变迁，产生了很多的社会心态问题，因而更需要科学地理解和疏导。

改革开放以来，国人也对中华历史上的社会悲剧有过深刻的反省。正是因为有了这些反省，中国才能在很短时间内，痛定思痛，拨乱反正，使我们的社会发生了日新月异的进步，经济、社会、文化、心理的发展可以说是日新月异，与时俱进。特别是在全球化的互联网时代，我们的社会心理又发生了很多有意思的变化。每一个人都可以成为社会活动的中心，每一个人都希望成为其他人关注的焦点。这种 N=1 的社会现象，说明社会心理学一定也会成为我们中国社会的显学。如何解决中国社会所面临的心态问题，我们其实可以从美国社会心理学家所从事的工作中得到一定的启示和借鉴。社会心理学有自己的科学规律，不以人的意志为转移，也不以意识形态为转移。因此学习迈尔斯的《社会心理学》，对我们建设一个文明、理性的中国社会是有现实意义的。

社会心理学也与我们自己的生活、工作息息相关。为什么一些干练、精明的高级官员会栽在一些简单的生活错误上？为什么一个毫无背景的年轻女子可以唬住中国红十字会这样的权威机构？为什么有那么多漂亮的精英剩女还在愁嫁人的问题？为什么现在老人摔倒，很少人会去搀扶？为什么我们总存在地域歧视，大都市的人会歧视外地人？所有这些问题都是社会心理学所要探讨的基本课题。包括它们产生的原因、活动的机制、变化的途径、干预的方法、解决的可能。因此，社会心理学研究的对象就是人与社会环境的交互作用。换句话说，社会心理学是研究我们如何创造和改变环境，环境又如何反过来塑造我们性格、影响我们行为的科学。

有些人不了解社会心理学，往往以为它就是研究社会问题的学科，因此可以由社会学来取代。这是一个误解。社会心理学研究的是社会问题中人"心"的作用，关注的是在社会环境、社会关系中人的心理和行为问题。不可否认，所有的社会问题，例如权力斗争、政治腐败、经济萧条、恶性竞争等等都包含着社会心理因素，但社会心理学更关注每个人在这种社会环境下怎样思考、感受和行动。

还有一种误解是把社会心理学理解为一门应用学科。而实际上，它也是一门基础学科。心理学家们遵循实证研究证伪的原则，不断排除各种可能的假设，同时，采用大量的科学研究方法（如实验室观察与模拟、数学模型和统计分析等），对思维、归因、决策、偏见、从众、团体动力、友谊、爱情等基本心理过程进行研究。

戴维·迈尔斯的《社会心理学》之所以能在同类书籍中脱颖而出、独占鳌头，还因为戴维·迈尔斯是一位优秀的科普作家，他在美国密歇根州西部一个安静小镇的希望学院任教，潜心著书，笔耕不辍，是美国（包括全球）心理学界写作和出版心理学教科书最多的一位心理学者。2005 年，美国心理学会授予戴维·迈尔斯教授终身成就奖，著名的奥尔波特奖，以表彰他在社会心理学教学和研究工作当中的突出贡献，特别是奖励他在普及、宣传、推广心理学科学方面的工作。戴维·迈尔斯教授把奖金的全部捐献给美国心理学会，成立了以他名字命名的奖励心理学教科书写作的优秀作家奖。《社会心理学》这本书，充分地展示了戴维·迈尔斯的写作风格和特点。

首先，这本书讨论的主题是我们很多人都感兴趣的问题，这就向人们昭示了社会心理学一定是一门涉及面很宽泛的学科。在具体叙述中，作者不仅观照的问题广泛，而且对每一问题的分析还能兼顾到不同的意见。这本教科书是少数几本真正把各个学科的相关论述与社会心理科学的有关理论和发现结合起来的论著，即使是没有心理学背景的读者也会发现这本书的内容和描述引人入胜，发人深省。

《社会心理学》的另外一个特点是其对科学方法的坚持和表述思维的严谨性，从而将心理学取向的社会心理学的优势发挥得淋漓尽致。比起其他由社会学家和科普专家所著的同类书籍，这本书的材料大都建立在实验社会心理学基础之上。也就是说，它的每一个观点都有很严格的证据支持。这种崇尚实证、言而有据的表达风格是本书在美国心理学的教学人员中备受欢迎的一个重要原因。

本书与其他教科书的另一个有别之处，就是它丰富多彩的插图和引言。戴维·迈尔斯的这本教材已经出到了第11版，大家公认版版优秀，越出越精。在对插图和引言这些细微之处的精心安排上，我们可以看到作者在编写过程中所下的磨剑20年、滴水穿石的工夫，还可以感受到一位老学者对自己专业的满腔热爱和专注。

我在美国大学和在清华大学教授社会心理学时，使用的一直就是戴维·迈尔斯的这本教材。随着版本的更新，我能不断领略作者修改增订的精妙所在，并越来越深刻地体会到该书将基础研究与实践应用完美结合的风格。在美国心理学教材市场上，戴维·迈尔斯的《社会心理学》已经成为一个典范，是评价其他同类教科书的一把标尺。因此我很高兴向国内的同行推荐这本书。我相信我们的读者拿到这本书后，也会和我一样捧读再三，不忍释卷。

致中国读者

戴维·迈尔斯
2014 年 9 月

作为作者，能为全世界的读者讲授社会心理学，包括读到这些文字的中国朋友们，既是巨大的荣耀，也是重大的责任。要写一本适合全世界读者阅读的社会心理学著作，我努力在世界各地收集社会心理学研究的各种最新信息，许多国家的教师和学生也给我提供了许多新的研究和范例。为了新版本的写作，我曾经周游了许多国家和地区，包括中国的香港，2008 年和 2014 年还访问了中国的北京。

由于移民热潮、全球经济和互联网的发展，世界变得越来越小，我们的联系也越来越密切。而且，我们都是人类大家庭的成员之一。从新加坡到斯德哥尔摩，从内罗毕到温哥华，所有的人都有着共同的人类生物特征、演化历史、生命周期，视听机制和爱恨心理也大抵相同。放眼任何一个国际性的航空枢纽，比如伦敦或迪拜，我们会发现不同国家和种族的人都同样愉悦地迎接亲朋好友的归来。我们的相似性远大于差异性。

然而人类也存在差异。我们在天资和态度、性情和人格上都存在个别化的差异。你与你的隔壁邻居不同。我们在行为和表达风格、政治观点和生活重点上也存在文化差异。我们的遗传非常相似，但我们的家庭和文化特征也很重要。

然而，甚至我们的差异性也可能受到世界性的社会力量的影响。

不论在什么地方，人类都是高度社会化的动物。正如我在第 5 章所描述的：

> 我们会加入团体组织，从众并认可社会地位的差异。我们会知恩图报，惩罚冒犯行为，并且会因为孩子的夭亡而悲伤。在婴幼儿时期，我们 8 个月左右就表现出对陌生人的恐惧。而长大后，我们会偏爱自己所属团体的成员。

如果外星科学家来到地球，他们会在各个地方都看到人类交谈和争论、嬉笑和哭泣、聚会和盛舞、唱歌和朝拜。世界各地的人类都喜欢集体生活（如家庭和公共群体），而不喜欢单独生活。无论在哪里，家庭剧——从古希腊悲剧、中国小说到墨西哥肥皂剧——都有相似的情节。各国的历险故事总是相同：那些坚强勇敢的男主角，得到智慧老人的帮助，克服了重重困难，战胜邪恶，最终解救出被困的美人或孩子们。

这些共性表明，人性是共通的。尽管存在很大的差异，但我们的相似性更显著。我们是有着不同肤色的同类。

虽然这本书上的作者只印有我一个人的名字，但背后有一群专家学者为本书倾注了心血，每次《社会心理学》版本的更新，都有几十名书稿评审专家给我反馈意见。无数的人为本书英文版的诞生做出了贡献，包括密歇根希望学院的同事们、麦格劳—希尔教育集团的编辑团队。感谢彭凯平教授十年前将本书第 8 版介绍给中国读者。《社会心理学》第 11 版中译本的诞生，我尤其要感谢侯玉波、乐国安、张智勇、金盛华、寇彧、王辉、张志学、郑全全等教授们的翻译工作，以及冀巧玲和胡军生为 11 版新增部分所做的修订工作。还要感谢麦格劳—希尔的范颖和王维对中文版一如既往的支持和奉献；新曲线五位编辑王伟平、刘冰云、赵延芹、常玉轩、刘丽丽为中译本所做的编校工作。

对所有为本书的付梓做出努力的人我都心存感恩。与这些人合作才使得本书富有启发意义、生动有趣，社会心理学的学习也变成一段愉快而满意的旅程！

作者来信

人类有着漫长的历史，但社会心理学的历史却很短暂，仅仅一百多年。我们尚处于起步阶段，但成果喜人。社会心理学为我们呈现的思想盛宴如此丰富！通过各种研究方法，我们在诸多领域都取得了意义重大的成果，如爱与恨，信念与幻想，从众与独立等等。

很多人类行为至今仍是未解之谜，但社会心理学家目前已能对很多奇妙的问题进行部分解答：

- 有意识或无意识的思维如何支配行为？
- 人们有时互相伤害，有时又互相帮助，为什么？
- 社会冲突的导火线是什么？我们怎样把紧握的拳头转变为拥抱的双臂？

回答诸如此类的问题，是我前面提到过的使命。解答这些问题，能够加深我们的自我理解，同时也使我们对作用于我们的社会力量更加敏感。

最初受邀写这本书时，我就想全书既要体现科学的严谨性，又要具备人文的宽泛性，言而有据，启发思考。书中将揭示一些重要的社会现象，以及科学家的探索和解释过程。同时，本书也会激发学生们的思考，促使他们去探究和分析，并将理论与日常生活相联系。

我把社会心理学投射到人文艺术的知识传统背景上。通过传授名著、哲学、科学和人文艺术，可以开阔我们的眼界，把我们从“当前”的束缚中解放出来。社会心理学也有助于这些目标的实现。通过聚焦人类的重大事件，我将以一种启发思考的方式为心理学的新生展示社会心理学核心内容。通过“研究特写”观察游戏是怎样进行的（了解各种探索我们社会属性的研究工具），我希望学生能更加敏锐地思考。

能够为社会心理学的教学工作贡献力量是我莫大的荣幸，同时也是我的责任。所以，如果您对我们的工作有任何评价和建议，让我们可以做得更好，请不吝赐教！

David G. Myers
Hope College
www.davidmyers.org

前 言

社会心理学探究的对象是我们周围的人类世界。《社会心理学》在人文艺术的大背景下写就，其写作风格能让每名学生都从这门方兴未艾的学科中获取丰富的知识。不论你感兴趣的是商业、教育、法律、心理学抑或其他社会科学领域，你都可以轻松理解本书的内容。社会心理学主要采用科学方法探索爱与恨、从众与独立、偏见与助人以及说服与自主等。

社会心理学是关于“人”的学科。本书时刻谨记这一宗旨，注重人类的重大事件，每章开篇都附有一张图片，把各章的主题与人类的经历联系起来。不过，最前沿的社会心理学研究也会放在最前面，包括自上一版以来的726项更新或新增的研究。“研究特写”在本版中仍是重要内容，为读者提供全世界社会心理学领域的最新研究。

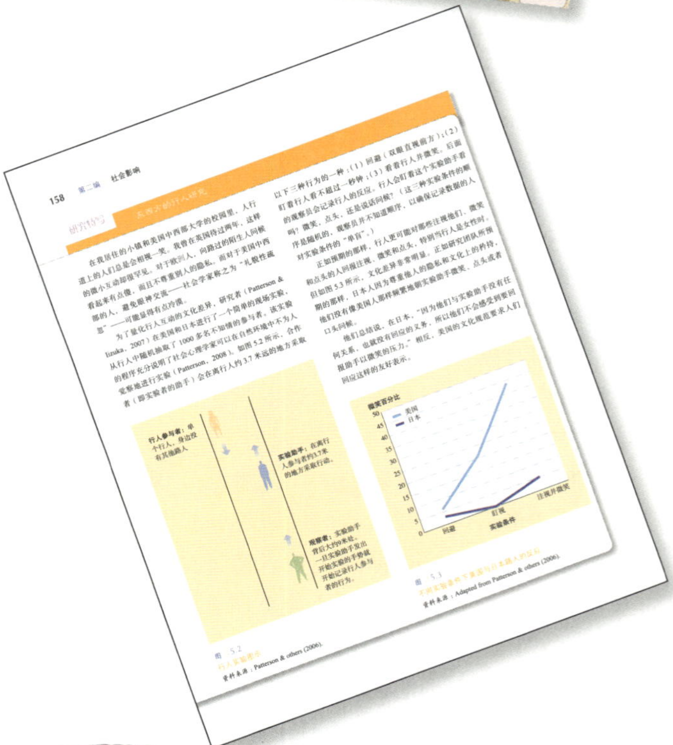

尽管很多人类行为目前仍是未解之谜，但关于我们自身和周围世界的很多问题，社会心理学已经做出解答，比如：

- 有意识或无意识的思维是如何支配行为的？
- 自尊是什么？是否存在过度自尊的说法？
- 周围的人会对我们的行为产生怎样的影响？
- 人们有时互相伤害，有时又互相帮助，为什么？
- 社会冲突的导火线是什么？我们怎样把紧握的拳头转变为拥抱的双臂？

回答诸如此类问题是本书的使命。我们将探究这些问题，扩展自我理解，揭示行为背后的社会力量。通过阅读本书，并对日常行为进行批判性思考，学生们将会更好地理解自身及其工作、玩耍和深爱的世界。

本书结构

本书开篇以单独的一章介绍社会心理学的研究方法。这一章随后告诫学生如何才能使研究结果显而易见(一旦你了解了它们),以及社会心理学家如何将自己的价值观念渗透到学科领域当中。

本书在随后的部分将围绕社会心理学的定义展开：社会心理学是对人们的思维方式（第一编）、社会影响（第二编）、人际关系（第三编）以及社会心理学原理在日常生活中应用（第四编）的科学研究。

第一编 探讨社会思维——我们如何看待自己和他人。它可以评价我们的印象、直觉和解释的准确性。

第二编 探讨社会影响。通过理解态度的文化因素和学习从众、说服以及群体影响的本质，我们能更好地认识到作用在我们身上的微妙的社会力量。

第三编 分析消极和积极的社会关系的态度和行为表现：从偏见到攻击，从吸引到互助。这一部分还将同时探讨冲突与和解的动力学。

第四编 分析如何将我们在前面章节中学习到的概念应用到社会生活中。社会心理学的应用贯穿于全书的各个章节，但主要集中在第 14 章（社会心理学在临床领域中的应用），第 15 章（社会心理学在司法领域中的应用），以及第 16 章（社会心理学与可持续发展的未来）。

本版和以前的版本一样强调多元文化的观点，这一点可以在第 6 章的对待文化的影响中看到，这种强调多元文化的观点贯穿于全书，包括了各种不同文化背景下的研究。所有作者都是其所处文化的产物，我当然也不例外。但我通过阅读全球的社会心理学著作，与各个国家的研究者通信往来，到国外旅游等方式，努力向全世界的读者展现一个社会心理学的世界。本书的重点仍然是以缜密的实验研究揭示出社会思维、社会影响和社会关系的基本原理。当然也希望能拓展我们对整个人类的觉知，我想以跨民族的角度来阐述这些原理。

为了便于读者阅读，我把每一章分成三到四节。每章以预览开头，每节以小结结尾，以便于读者掌握各章节的结构及核心概念。

我一直坚信梭罗那句名言："一切存在的事物都可以用通俗的语言轻松而自然地加以表达"，所以我一直努力构思，以期出版一本尽可能有吸引力的并能给人留下深刻印象的著作。

《社会心理学》第 11 版的新增内容

在前几版的基础上，第 11 版将科学的严谨性与语言的生动性完美结合在一起。

整本书都做了升级，囊括了 700 多项新研究。迈尔斯在书中介绍了社会心理学家的伟大思想，并将其应用于日常生活，帮助学生对自己及他人的社会行为进行批判性思考。

圣地亚哥州立大学心理学家琼·特韦奇（Jean M. Twenge）负责修订第 2 章（社会中的自我）和第 10 章（攻击行为：伤害他人）。在这两章中，琼·特韦奇为大家提供了一种全新的视角。

各章变化

第 1 章　社会心理学导论

- 关于社会行为生物学根源的新报道；
- 关于价值观如何进入社会心理学的新材料。

第 2 章　社会中的自我

- 关于日渐高涨的个人主义文化的新材料；
- 关于神经科学的新内容；
- 关于文化和认知的新信息；
- 关于个体预测自己行为和情感的能力的新报道；
- 关于动机和自尊的新增研究；
- 关于自恋和“集体自恋”的新资料；
- 关于婚姻中的自利性偏差的新报道；
- 关于不切实际的乐观主义的新增材料；
- 关于脸谱网（Facebook）错误共识效应的最新报道；
- 关于大学生的虚假独特性效应的新增例证。

第 3 章　社会信念和判断

- 关于政治中的“动机性推理”的新内容；
- 新术语“具身情感（embodied emotion）”及其研究实例。

第 4 章　态度和行为

- 关于内隐联想测验的升级内容；
- 关于自我辩解和认知失调的修订内容；
- 关于通过选择性接触（selective exposure）使失调感最小化的升级知识；
- 关于面部反馈效应的新解释。

第 5 章　基因、文化与性别

- 关于“自然天性和后天教养对人类的影响”的新资料；
- 关于文化规范的力量的新研究报道；
- 关于指定性别（assigning gender）的新资料；
- 关于友谊和群体优势的新研究；
- 关于择偶和月度生殖力效应的新增内容；
- 关于演化心理学家预言“性别产生嫉妒”的新章节；
- 关于“培养周期”的升级资料；
- 关于“表观遗传学”新领域的新资料。

第 6 章　从众和服从

- 关于顺从和接纳的神经科学新增研究内容，包括对“为什么阿施的实验程序会成为后来成百上千实验的标准范式”的讨论；
- 关于米尔格拉姆和情境的力量、凝聚力可以预测从众，以及与文化差异有关的文化从众的新资料；
- 关于通过功能性磁共振成像技术研究规范影响的神经活动的新内容。

第 7 章　说服

- 新的关于说服力量的章节引言；
- 关于唤起恐惧效应和说服的升级内容；
- 对说服中的“增益”信息和“损失”信息两术语的介绍；
- 关于“说服的要素”的新解释和新近研究实例。

第 8 章　群体影响

- 表 8.1 中主场比赛获胜率的新数据；
- 关于去个性化现象的新例证；
- 关于美国社会极化的新讨论；
- 关于互联网中群体极化的新资料。

第 9 章　偏见：不喜欢他人

- 关于目前西方人与少数族裔互有偏见的新内容；
- 关于刻板印象的新例证；
- 关于如何反对使用内隐联想测验给人贴标签的新讨论；
- 关于某些亚洲国家由于性别歧视导致男女婴数量差异的新内容；
- 关于社会不平等如何助长了偏见和怀疑的进一步讨论；
- 证明内群体偏差如何影响知觉的新数据。

第 10 章　攻击行为：伤害他人

- 关于欺负行为的新讨论；
- 关于“本能理论”的新增内容和研究实例；
- 关于生物化学因素影响攻击行为的新探索和新增内容；
- 关于饮食不良影响攻击行为的新章节；
- 新增“暴力文化”章节；
- 扩展章节“媒体影响：色情作品和性暴力”；
- 关于史蒂芬·平克证明世界性的暴力行为有所减少的新章节；
- 关于互联网与攻击行为的升级内容；
- 关于脱敏和电视的认知影响扩大的讨论；
- 首次报道——电视耗费了我们的时间；
- 关于玩电子游戏是否导致攻击行为的进一步讨论。

第 11 章　吸引与亲密：喜欢他人与爱他人

- 新版的章节引言对排斥做了更多探讨；
- 本书中第一次涉及如何应对回避型依恋；
- 很多主题升级，例如：排斥的痛苦、内隐自恋现象、吸引、相似相吸、依恋类型、爱的理论，以及进化与吸引。

第 12 章　帮助行为

- 新的章节引言；
- 新的关于帮助行为的进化心理学资料；
- 关于“真正的利他主义”的新内容；
- 关于“性别规范”与帮助行为的扩展内容。

第 13 章　冲突与和解

- 关于如何使用脸谱网的内容；
- 关于“接触与对他人的积极态度相关”的更新研究；
- 关于废除种族隔离能否改善对少数民族的态度的新资料；
- 将信任看做一种生物学现象的新资料；
- 神经心理学领域的新疗法：“幸灾乐祸”。

第 14 章　社会心理学在临床领域中的应用

- 关于临床医生的临床经验与统计预测的进一步讨论；
- 关于孤独的新内容；
- 对压力和疾病的新疗法。

第 15 章　社会心理学在司法领域中的应用

- 关于目击者准确性的升级内容；
- 关于虚假供词产生原因的新讨论。

第 16 章　社会心理学与可持续发展的未来

- 新的章节引言；
- 关于“心理学与气候变化”的内容，包括专题报道“气候变化的心理学效应”和关于气候变化的公众舆论；
- 关于运用高科技、降低消费、采取激励措施、给予反馈和社会认同等一系列手段“使生活可持续”的新内容；
- “关于物质主义和财富的社会心理学”的升级内容。

致 谢

尽管封面上只有我一个人的名字，但事实上，这本书是很多心理学工作者集体智慧的结晶。尽管他们不对本书的内容负责，也未必会完全同意我的观点，但他们的建议让本书更加完善。

众多顾问和审稿人在前面十版的基础上对本版提出很多改进建议，因此，我要感谢以下令人尊敬的同事和同行们：

Mike Aamodt, Radford University
Robert Arkin, Ohio State University
Charles Daniel Batson, University of Kansas
Steve Baumgardner, University of Wisconsin–Eau Claire
Susan Beers, Sweet Briar College
George Bishop, National University of Singapore
Galen V. Bodenhausen, Northwestern University
Martin Bolt, Calvin College
Amy Bradfield, Iowa State University
Dorothea Braginsky, Fairfield University
Timothy C. Brock, Ohio State University
Jonathon D. Brown, University of Washington
Fred B. Bryant, Loyola University Chicago
Shawn Meghan Burn, California Polytechnic State University
David Buss, University of Texas
Thomas Cafferty, University of South Carolina
Jerome M. Chertkoff, Indiana University
Russell Clark, University of North Texas
Diana I. Cordova, Yale University
Karen A. Couture, New Hampshire College
Cynthia Crown, Xavier University
Jack Croxton, State University of New York at Fredonia
Anthony Doob, University of Toronto
David Dunning, Cornell University
Alice H. Eagly, Northwestern University
Leandre Fabrigar, Queen's University
Philip Finney, Southeast Missouri State University
Carie Forden, Clarion University
Kenneth Foster, City University of New York
Dennis Fox, University of Illinois at Springfield
Carrie B. Fried, Winona State University
William Froming, Pacific Graduate School of Psychology
Stephen Fugita, Santa Clara University
David A. Gershaw, Arizona Western College
Tom Gilovich, Cornell University
Mary Alice Gordon, Southern Methodist University
Ranald Hansen, Oakland University
Allen Hart, Amherst College
Elaine Hatfield, University of Hawaii
James L. Hilton, University of Michigan
Bert Hodges, Gordon College
William Ickes, University of Texas at Arlington
Marita Inglehart, University of Michigan
Chester Insko, University of North Carolina
Jonathan Iuzzini, Texas A&M University
Meighan Johnson, Shorter College
Edward Jones, Princeton University [deceased]
Judi Jones, Georgia Southern College
Deana Julka, University of Portland
Martin Kaplan, Northern Illinois University
Timothy J. Kasser, Knox College
Janice Kelly, Purdue University
Douglas Kenrick, Arizona State University
Norbert Kerr, Michigan State University
Charles Kiesler, University of Missouri
Marjorie Krebs, Gannon University
Joachim Krueger, Brown University
Travis Langley, Henderson State University
Maurice J. Levesque, Elon University
Helen E. Linkey, Marshall University
Diane Martichuski, University of Colorado
John W. McHoskey, Eastern Michigan University
Daniel N. McIntosh, University of Denver
Annie McManus, Parkland College
David McMillen, Mississippi State University
Robert Millard, Vassar College
Arthur Miller, Miami University
Teru Morton, Vanderbilt University
Todd D. Nelson, California State University
K. Paul Nesselroade, Jr., Simpson College
Darren Newtson, University of Virginia
Stuart Oskamp, Claremont Graduate University
Chris O'Sullivan, Bucknell University
Ellen E. Pastorino, Valencia Community College
Sandra Sims Patterson, Spelman College
Paul Paulus, University of Texas at Arlington
Terry F. Pettijohn, Mercyhurst College
Scott Plous, Wesleyan University
Nicholas Reuterman, Southern Illinois University of Edwardsville
Robert D. Ridge, Brigham Young University
Nicole Schnopp-Wyatt, Pikeville College
Wesley Schultz, California State University, San Marcos
Vann Scott, Armstrong Atlantic State University
Linda Silka, University of Massachusetts–Lowell
Royce Singleton, Jr., College of the Holy Cross
Stephen Slane, Cleveland State University
Christine M. Smith, Grand Valley State University
Richard A. Smith, University of Kentucky
C. R. Snyder, University of Kansas
Mark Snyder, University of Minnesota
Sheldon Solomon, Skidmore College
Matthew Spackman, Brigham Young University
Garold Stasser, Miami University
Charles Stangor, University of Maryland at College Park
Homer Stavely, Keene State College
JoNell Strough, West Virginia University
Eric Sykes, Indiana University Kokomo
Elizabeth Tanke, University of Santa Clara
William Titus, Arkansas Tech University
Tom Tyler, New York University
Rhoda Unger, Montclair State University
Billy Van Jones, Abilene Christian College
Mary Stewart Van Leeuwen, Eastern College
Ann L. Weber, University of North Carolina at Asheville
Daniel M. Wegner, Harvard University
Gary Wells, Iowa State University
Mike Wessells, Randolph-Macon College
Bernard Whitley, Ball State University
Carolyn Whitney, Saint Michael's University
Kipling Williams, Purdue University
Midge Wilson, DePaul University

许多教师总结了本书第 10 版的得失，为第 11 版的修订工作作了铺垫，他们还就第 11 版的新内容提出了不少建设性的意见（和鼓励），让我获益匪浅，尽可能地纠正一些错误：

Robert Arkin, Ohio State University
Nancy L. Ashton, Richard Stockton College of New Jersey
Steven H. Baron, Montgomery County Community College
Kurt Boniecki, University of Central Arkansas
Ryan Brunner, Dordt College
Jeff Bryson, San Diego State University
Nicholas Christenfeld, University of California at San Diego
Traci Craig, University of Idaho
Chis De La Ronde, Austin Community College
Charles Dolph, Cedarville University
Jason Eggerman, Palomar College
Robin Franck, Southwestern College
Madeleine Fugere, Eastern Connecticut State University
Tresmaine Grimes, Iona College
Linsa Jabeen, University of Texas at El Paso
Miles Jackson, Portland State University (OR)
Joel Johnson, University of California at Davis
Jared Kenworthy, University of Texas at Arlington
Suzanne Kieffer, University of Houston
Stephen Kilianski, Rutgers University
Joachim Krueger, Brown University
Jane Le Skaife, University of California at Davis
Dianne Leader, Georgia Institute of Technology
Julianna Leding, University of North Florida
Deborah Long, East Carolina University
Karsten Look, Columbus State Community College
Amy Lyndon, East Carolina University
Kim MacLin, University of Northern Iowa
Rusty McIntyre, Amherst College
Daniel C. Molden, Northwestern University
Mark Muraven, University at Albany
Cindy Nordstrom, Southern Illinois University at Edwardsville
Kerth O'Brien, Portland State University (OR)
Michael Olson, University of Tennessee at Knoxville
Greg Pool, St. Mary's University
Michelle R. Rainey, Indiana University–Purdue University at Indianapolis
Cynthia Reed, Tarrant County College
Bob Ridge, Brigham Young University
Gretchen Sechrist, University at Buffalo–The State University of New York
Robert Short, Arizona State University
Mark Stewart, American River College
Cheryl Terrance, University of North Dakota
Christopher Trego, Florida Community College at Jacksonville
David Wilder, Rutgers University
Doug Woody, University of Northern Colorado
Elissa Wurf, Muhlenberg College

我要感谢上面的每位同行，尤其是圣地亚哥州立大学的社会心理学家琼·特韦奇，在第 2 章和第 10 章的改版中，她提供了大量研究成果，也展示了精湛的写作技巧。

密歇根州的霍普学院在本书的数次改版中都给了我相当大的支持，不论人力还是物力，使得《社会心理学》的酝酿过程成为一种享受。诗人杰克·里德尔对书中的文字做了润色；凯西·亚当斯基再次帮忙获得了很多新研究；凯瑟琳·布朗森则做了在线研究，编辑准备手稿，控制纸张流，确保页码的准确性和页面布局的艺术性。总之，本书的实体最终诞生于她的手中。

如果没有麦格劳－希尔出版公司纳尔逊·布莱克的鼓励，我可能永远不会编写教材。在艾莉森·米尔斯卡特的指导和鼓励下，我完成了本书的第一版。品牌经理马克·吉奥吉夫和编辑迈克·苏格曼设计承办了本书的第 11 版及其教学补充内容，责任编辑菲尔·赫布斯特则与我全程合作。编辑协调员凯文·菲茨帕特里克组织了审稿，并负责本书的补充内容。项目经理霍利·艾里什在将手稿转换为成书的过程中投入了相当大的耐心，文字编辑芭芭拉·阿查和丹·海斯也协助做了很多微调。数字化开发编辑莎拉·科威尔制作了本版的在线链接和其他数字化支持材料。

很多人说，本书的补充内容让他们的教学提升到了新的高度。因此，我还要感谢加尔文学院的小马丁·博尔特，是他开创了丰富的教师资源，提供了数量庞大的现成示范活动。然后，我还要感谢中北大学的乔恩·米勒，他提供了第八版到第十版的教师资源。乔恩有大量广受赞誉的在线社会心理学教学资料，且他每月都与社会心理学教师在论坛（jfmueller.faculty.noctrl.edu/）互动，为他们提供资料。在这些资料积累的基础上，乔恩编写了本书的教师资源部分。另外，我还要感谢洛瓦中央社区学院的黛安·威拉德，她对这些资源进行了升级和扩充。还有佛罗里达中央大学的阿丽莎·雅诺夫斯基，她是测验资源这一重要内容的作者。

非常感谢大家对我的支持。正是因为与诸位一路同行，本书的创作过程才充满了惊喜和快乐。

David G. Myers
www.davidmyers.org

社会心理学

Social Psychology

第1章

社会心理学导论

社会心理学的概念

社会心理学中的重要观点

社会心理学与人类价值观

我早就知道了：社会心理学只是常识吗

研究方法：我们如何从事社会心理学研究

后记：我为什么要写这本书

从前有这么一个人，他的第二个妻子非常爱慕虚荣且自私。这个女人有两个同样虚荣又自私的女儿。但这个男人的亲生女儿却是个可爱又善良的姑娘。我们都知道，她就是灰姑娘。灰姑娘从一开始就明白，她最好是照着吩咐去做，默默忍受责骂，少去招惹她那两个姐姐和继母。

到后来，多亏仙女的帮助，灰姑娘才得以脱离困境，前去参加一个隆重的舞会。恰恰是在舞会上，灰姑娘引起了英俊王子的注意。再后来，当坠入爱河的王子在灰姑娘破破烂烂的房间里见到这个非常不起眼的心上人时，竟然未能马上认出她。

不可思议吧？这个童话故事让我们不得不承认情境所具有的魔力。当盛气凌人的继母在场时，这个温顺而不起眼的灰姑娘与王子在舞会上遇到的那个美丽出众的姑娘可谓判若两人。家里的灰姑娘战战兢兢，而舞会上的灰姑娘神采奕奕，举手投足、一颦一笑，自然大方。

法国哲学家让－保罗·萨特必然会欣然接受关于灰姑娘的故事，他曾写道：我们人类“首先存在于环境之中，我们不能脱离环境，环境塑造了我们，决定了我们的可能性。”（Sartre，1946，pp.59–60）

社会心理学的概念

界定社会心理学，并解释社会心理学的概念。

社会心理学（social psychology）是一门研究我们周围情境影响力的科学，尤其关注我们如何看待他人，如何影响他人。更确切地说，社会心理学是一门研究人们如何看待他人，如何互相影响，以及如何与他人互相关联的科学（图 1.1）。

社会心理学是心理学和社会学的一门交叉学科。与社会学（研究群体和社会中的人）相比，社会心理学更侧重于用实验的方法对个体进行研究。与人格心理学相比，社会心理学对个体之间的差异关注较少，而侧重于研究不同个体之间如何相互看待和彼此影响。

社会心理学仍是一门新兴的科学。第一个社会心理学实验不过是在一个世纪之前才问世，第一本社会心理学的教科书在 1900 年前后才出版发行（Smith，2005）。直到 20 世纪 30 年代，社会心理学才有了现在的雏形。而直到第二次世界大战，社会心理学才开始成为一门像现在这样生机勃勃的学科。直到 20 世纪 70 年代以后，社会心理学才在亚洲获得迅速发展，开始是印度，接下来是中国香港和日本，近年来发展到中国大陆和中国台湾地区（Haslan & Kashima, 2010）。

社会心理学通过提出激发我们所有人浓厚兴趣的各种问题来研究我们的社会思维、社会影响和社会关系。下面是一些例子：

- 我们的社会行为更多地取决于所处的客观环境，还是我们对情境的解释？正如后面的章节中将会看到的那样，我们的社会行为不仅取决于客观情境，还取决于我们如何对其进行解释。社会信念可以自我实现。比如，婚姻幸福的伴侣会把对方刻薄的言辞（"你就不能把它放回原来的地方吗？"）归结于某些外部因素（"他今天一定过得不怎么样。"）。婚姻不幸的伴侣则会把同样的言辞归咎于对方的品性问题（"他总是那么恶狠狠的！"），这样一来就不免以牙还牙，以眼还眼。不仅如此，由于一方预期对方可能会表现出敌意，他们很可能自己也变得恶狠狠的，这样便诱发了他们所预期的对方的敌意。

图 :: 1.1
社会心理学是……

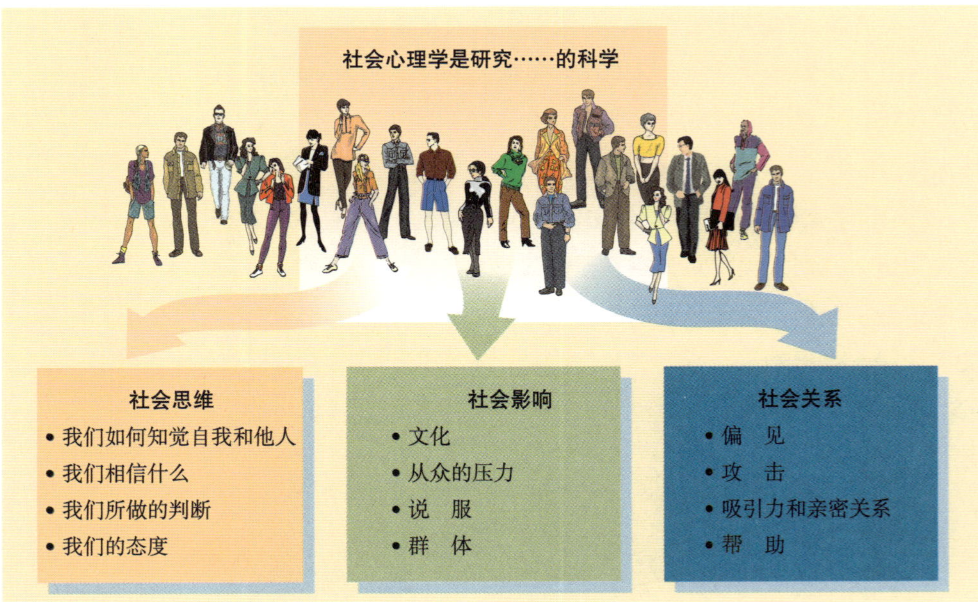

- 人们会听命做出残忍的行为吗？纳粹德国究竟是如何构想并最终实施了那场对 600 万犹太人不可思议的大屠杀？这些恶行可以部分归咎于千万人的奉命行事。他们把囚徒塞上火车，赶至拥挤的"淋浴室"，再用毒气毒死。人们怎么会做出如此恐怖的行径？这些人还正常吗？斯坦利·米尔格拉姆（Milgram，1974）想一探究竟。因此，他创设了这样一种情境，在该情境中，要求实验者对一个学习一系列词语有困难的人不断施加高压电击。就像我们将在第 6 章中看到的那样，实验结果令人颇为不安：将近三分之二的实验者完全服从了指令。
- 助人？还是助己？在俄亥俄州哥伦布的一条街上，一袋袋现钞从运钞车上滚下来，沿路撒下了 200 万美元。有些车主停下来帮着捡回了 10 万美元。从没有返还的数额来看，更多的人将钱据为己有。（你会怎么做？）几个月后，当在旧金山和多伦多发生了类似的意外时，结局是类似的：大多数钱款进了路人的腰包（Bowen，1988）。究竟什么情境会让人们变得乐于助人或贪婪？是否某些文化背景——可能是小城镇和小村落——能更好地培养人们乐于助人的品质？

看烦了星星，米勒教授开始从事社会心理学的研究。Reprinted with permission of Jason Love at www.jasonlove.com

这些问题被一条共同的线串联起来：它们都关注人们如何彼此看待和影响。而这就是社会心理学关注的问题。社会心理学家研究态度与信念，从众与独立，爱与恨。

社会心理学中的重要观点

确定和描述社会心理学背后的核心概念。

在社会心理学包罗万象的研究主题中，哪些才是重要的？在许多学术领域，数以万计的研究结果，数以千计的研究者得出的结论，数以百计的理论家提出的真知灼见，都可以被归结为几个核心观点。生物学为我们提供了诸如自然选择和适应这样的原则，社会学给我们构筑了诸如社会结构和社会组织这样的概念，音乐则赋予我们诸如节奏、旋律以及和声这样的理念。

社会心理学的重要观点究竟有哪些？当你早已经遗忘了绝大部分的细节内容时，哪些主题和基本原则还值得你去记忆？我那张短短的"我们永远不该遗忘的重要观点"列表包括以下内容，我们将会在以后的章节中对它们逐一解读（图 1.2）。

我们构建了社会现实

我们总是有一种不可抑制的冲动，想要解释行为，对其归因，以使其变得秩序井然，具有可预见性，使一切尽在掌握之中。你我对于相似的情境可能会有截然不同的反应，这是因为我们的想法不同。我们对朋友的无礼做何反应，取决于我们把无礼归咎于朋友的敌意行为，还是归结于其糟糕的心情。

1951 年，普林斯顿大学与达特茅斯大学之间的一场橄榄球赛可谓是人们构建现实的经典例证（Hastorf & Cantril，1954；Loy & Andrews，1981）。这场比赛演变成一场恶意竞争，事实上，它成为两校历史上最激烈也是最不光彩的比赛。普林斯顿

图 :: 1.2
社会心理学中的一些重要观点

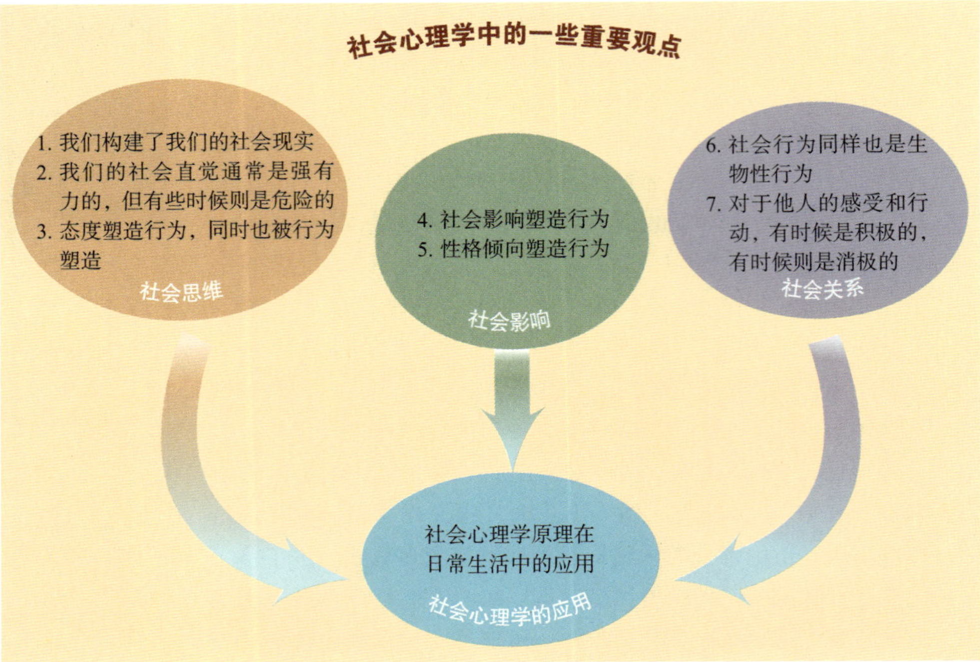

的一位全美最佳选手被一群对手扑倒在地，层层压住，最后因鼻子受伤被迫退场。接着便是一场拳脚大战，双方都有严重的“伤亡”。整场比赛与常青藤联盟的上流社会绅士形象极不协调。

比赛结束后不久，分别来自两个学校的两位心理学家在各自的校园里为学生重放了比赛录像。他们要求学生以科学观察者的身份，注意每一次摩擦，并确定哪一方对此负有责任。但是，学生们却无法将对各自学校的忠诚弃之不顾。例如，普林斯顿的学生所认定的达特茅斯的犯规次数是对方所认定的两倍。结论是：客观现实的确存在，但我们观察时总是带着信念与价值观的有色眼镜。

我们都是天生的科学家。为了适应我们日常生活的需要，我们通常快而准确地解释他人的行为。当他人的行为具有一致性且与众不同时，我们会把其行为归因于他们的人格。例如，如果你发现一个人说话总是冷嘲热讽，你可能会推断此人秉性不良，于是乎就会设法尽量避免与他接触。

我们对自己的信念也同样重要。我们是否对自己的前途抱有乐观的态度？我们是否认为一切尽在自己的掌握之中？我们把自己看得高人一等还是矮人一头？对这些问题的答案影响着我们的情绪和行为。我们如何建构这个世界，如何建构我们自己，这是极其重要的。

社会直觉通常强大但有时也危险

我们的直觉影响我们的恐惧心理（飞行是否危险？）、印象（我能否信任他？）以及人际关系（她是否喜欢我？）。直觉会影响处理危机的总统，牌桌上的赌徒，裁定罪行的陪审团，以及评估应聘者的人事主管。这样的直觉随处可见。

事实上，心理科学揭示了一种有趣的潜意识心理——一种由直觉在幕后操纵着的心理，弗洛伊德也从未告诉过我们。直到最近心理学家才意识到，思维更多时候是在我们没有意识到的情况下发生的。我们将在后面的章节介绍“自动化加工过程”、

“内隐记忆”、“启发式”、“即时特征推论”，以及即时情绪和非言语交流，这些都体现了我们的直觉能力。思维、记忆和态度都是同时在两个水平上运作的：一个是有意识的、有目的的；另一个是无意识的、自动的。今天的学者称之为“双重加工”。我们的所知比我们想象的要多。我们有两种思维水平：“直觉”和“深思熟虑”（Kruglanski & Gigerenzer, 2011）。诺贝尔奖获得者心理学家丹尼尔·卡尼曼（Kahneman, 2011）的著作《思考：快与慢》的书名就恰如其分地阐述了这一观点。

“实际上，他并没有威胁我，但我把他当做了一种威胁。”

社会认知十分重要。我们的行为不仅受客观情境的影响，还受我们对情境的解释的影响。

直觉的力量很强大，但直觉也很危险。举例来说，在现实生活中，我们判断事件发生的可能性取决于想起各种例子的难易程度，这一过程大多数时候是自动完成的。特别是在“9·11”恐怖袭击之后，我们总会想起飞机失事的画面。如此一来，许多人对于飞行的恐惧远远超过了驾驶汽车的恐惧，并且许多人为了避免飞行的危险而情愿长距离地驾车。事实上，飞行的安全程度是驾车出行的好多倍（每公里）。（据美国国家安全委员会报告，美国自 2005 年至 2007 年的飞行安全度是汽车的 230 倍［National Safety Council, 2010］。）

即便是对自己的直觉也时常会出错。我们总是太过于相信自己的记忆力。我们会错误地解读自己的心理；在实验中，我们拒绝承认受到某些事物的影响，但实际上它们确实影响了我们。我们错误地预测自己的感受——如果我们现在失业了或失恋了，一年之后我们的感觉会有多么糟糕；如果我们现在中了彩票，一年或一周之后我们的感觉会有多好。我们还常常错误地预测自己的未来，例如在买衣服时，年近中年的人仍然会买紧身装（“我估计会瘦几斤”）；很少有人会更现实地说：“我最好还是买宽松点的，因为我这个年龄的人通常会发胖。”

因此，我们的社会直觉因其难以言喻的影响力和危险性而值得引起注意。社会心理学家提醒我们直觉思维益处的同时，也不忘警告我们它可能会带来的危害，旨在完善我们的思维方式。在多数情境中，“快捷省力”的直觉型判断方式足以满足我们的需要。但在另一些情境中，当准确性变得很重要时——正如当我们需要担心某件事，合理使用我们的资源时——我们最好用批判性思维来抑制直觉冲动。**我们的直觉和无意识的信息加工过程的力量很强大，但有时也很危险。**

社会影响塑造行为

亚里士多德很早就观察到，我们是社会性动物。我们的所说所想都在向他人学习。我们渴望彼此之间建立关联，渴望归属感，渴望得到他人的好评。马蒂亚斯·梅尔和詹姆斯·彭尼贝克（Mehl & Pennebaker, 2003）对得克萨斯大学学生的社会行为做了量化研究，他们让学生带上迷你卡带录音机和麦克风，在非睡眠时间里，由电脑控制的录音机在学生不注意的情况下，每隔 12 分钟就录音 30 秒。尽管研究的时间段只限制在非周末时间（包括上课时间），但研究结果发现，学生们近 30% 的时间花在了交谈上。可以说关系对人类而言非常重要。

作为社会性动物，我们会对直接情境做出反应。有些时候，某个社会情境所具有的影响力会引发我们做出背离自己态度的行为。事实上，强有力的恶意情境有时会压倒善意，使得人们附和谬误，屈从残暴。在纳粹的淫威之下，许多看上去正直的人变成了大屠杀的工具。另外一些情境则可能会带来高尚的行为和极大的热情。在 2011 年遭受特大地震和海啸后，日本获得了难以计数的帮助。

情境的力量也可以在对待同性恋的态度中找到证据。告诉我你生活在哪里，是非洲、中东（那里大多数人反对同性恋）还是西欧、加拿大或澳大利亚、新西兰，我就可以就同性恋的态度对你做出合理的猜测。如果进一步提供你的受教育水平、同伴群体的年龄以及经常看的电视内容，我的猜测会更加准确。我们所处的情境非常重要。

我们的文化有助于定义我们的情境。例如，我们对机敏、坦诚和着装的标准随文化不同而变化。

- 你喜欢苗条还是丰满的身材，取决于你生活的地方和生活的年代。
- 你把社会公正定义为平等（所有人的所得应相同）还是公平（多劳多得），取决于你的社会意识形态倾向。
- 你是侃侃而谈还是沉默寡言，不修边幅还是一板一眼，部分源于你的文化或种族。
- 你是更关注自己——个人的需要、愿望和道德，还是更关注你的家庭、宗族和公共团体，这取决于你受现代西方个人主义影响的程度。

社会心理学家黑兹尔·马库斯（Markus，2005）总结说：“最重要的是人们具有可塑性。”换句话说就是，我们能够适应我们所处的社会环境。外部的社会力量塑造我们的态度和行为。

个人态度和性格倾向塑造行为

内在的影响力同样很重要。我们并非被动的墙头草，只会随社会风潮摇摆。内在态度影响我们的行为。我们的政治态度左右我们的投票行为；我们对吸烟的态度会影响自己屈从同伴压力而吸烟的可能性；我们对弱势群体的态度会影响我们帮助他们的意愿。（我们将会看到，态度同样依附于行为，它可能使我们更加坚信那些我们为之投入满腔热血或备受折磨的事物。）

性格倾向也会影响行为。面对同样的情境，不同的人可能会做出不同的反应。当因政治问题被监禁数年而重获自由时，有些人满腹怨恨并寻求复仇；也有些人，如南非的纳尔逊·曼德拉，一笑泯恩仇，寻求与昔日敌人的和解和联合。态度和性格倾向影响行为。

社会行为有其生物性基础

21 世纪的社会心理学正在把我们的注意力引到社会行为的生物基础上。我们的许多社会行为都反映了一种深层的生物性智慧。

任何一个上过心理学导论课程的人都知道，人类是天性与教养共同作用的产物。就像一个长方形的面积取决于它的长度与宽度一样，生物基础和生活经验共同造就了我们。正如进化心理学家提醒我们的（见第 5 章），我们遗传而来的天性会促使我们做出那些曾经有助于我们祖先繁衍生息的行为。祖先的某些特征使得他们的血脉得以延续（其后代无疑也保留了同样的特征），而我们遗传了他们的基因。同样，我们的行为也是为了将我们的 DNA 传递下去。这样一来，进化心理学家所追问的便是，在求偶与交配、憎恶与伤害、关爱与分享中，自然选择如何预先设置了我们的行为与反应脚本。自然同样赋予了我们学习和适应各种环境的巨大能力。我们对社会环境是敏感的且反应灵敏。

如果每一个心理事件（每一缕思想，每一种情感，每一个行为）都同时伴有一个生理反应，那么我们就可以探究社会行为背后的神经生物基础。大脑的哪些区域可以使我们体验到爱与憎，友善与暴力，知觉和信念？是否像有些研究者所说，外向的人需要更多刺激来保持大脑处于唤醒状态？呈现一个友好的表情，相比于内向害羞的人，社会安全感较高的人与奖励相关的脑区是否更容易激活？大脑、心灵和行为如何共同作用成为一个相互协调的工作系统？大脑反应的时间进程怎样揭示我们加工信息的过程？这些正是**社会神经科学**（social neuroscience）所关注的问题（Cacioppo & others，2010；Klein & others，2010）。

社会神经学家并不会把诸如帮助与伤害这样复杂的社会行为降解到简单的神经或分子水平。他们的观点是：要了解爱与恨，我们必须考虑皮下（生物的）与皮间（社会的）的影响。心与身是统一体。应激激素影响我们的感受与行动：睾酮会降低信任感，而催产素则会提高信任感（Bos & others，2010）。社会排斥会令我们的血压升高，而社会支持却会增强抵抗疾病的免疫系统。我们是生理－心理－社会的有机体。我们是生理、心理、社会因素交互作用的结果，这就是为什么现代心理学家要从这些不同的水平研究人类行为的原因。

社会心理学原理在日常生活中的应用

社会心理学可以点亮你的生活，让那些指引你所思所想的微妙力量暴露在眼前。我们还会看到，它帮助我们知道如何能够更好地了解自己，如何赢得朋友，如何影响他人，如何化干戈为玉帛。

学者们也在应用社会心理学中得到的一些真知灼见。社会思维、社会影响和社会关系的原理对人类的健康福祉，对司法程序和法庭上的司法决策，对鼓励那些能够引发人类可持续地适应未来社会环境的行为而言，也有诸多可借鉴之处。

作为研究人类的一门学科，心理科学不探讨生命的终极问题：人类生命的意义是什么？我们的目标应该是什么？我们的终极使命是什么？但社会心理学给我们提供了一种方法去追寻和解答一些非常有趣和重要的问题。社会心理学完全是关乎生活的——你的生活：你的信念，你的态度，你的社会关系。

本章的其他部分将带我们更深入地了解社会心理学。首先我们会考虑社会心理学家自己的价值观如何以或明显或微妙的方式影响他们的工作。接下来我们会关注本章最重要的一项任务：我们怎么做社会心理学研究？社会心理学家如何解释社会思维、社会影响和社会关系？我们如何利用这些分析工具来变得更聪明？

在整本书中，每一部分的最后都会有一个简要的小结。我希望这些小结可以帮助你评估一下自己的学习情况。

小结：社会心理学中的重要观点

社会心理学是研究人们如何看待彼此，如何互相影响，互相联系的科学。它关注的核心问题是：

- 我们如何构建我们的世界
- 我们的社会直觉如何指引我们，而有时候又是如何误导我们的
- 我们的社会行为如何受他人、我们自己的态度和性格以及生物性的影响
- 社会心理学的原理是如何应用于我们的日常生活和其他研究领域中的

人类的价值观对社会心理学的影响

明确社会心理学家的价值观对其工作的影响。

与其说社会心理学是种种研究发现的集合，还不如说它是一系列回答问题的策略。在科学研究领域内，就像是在法庭上一样，个人观点无足轻重。当思想等待审判时，科学证据是最终的裁判依据。

但社会心理学家真能做到如此客观吗？作为人类中的一员，他们的价值观（他们关于什么是可取的以及人们该如何行事的个人信念）会不会渗透进其工作中？如果答案是肯定的，社会心理学还科学吗？

价值观影响心理学的基本途径有两种：一种是直接的，显而易见的；另一种则很微妙，不易觉察。

价值观直接影响心理学的方式

不同科学提供不同的视角。
ScięncCartoonsPlus.com

当社会心理学家选择研究课题时，价值观会对其产生一定的影响。这些选择反映了社会历史（Kagan，2009）。20 世纪 40 年代，法西斯主义肆虐欧洲，于是便兴起了研究偏见的热潮；50 年代，模仿风潮以及排斥异见的现象推进了我们对服从的研究；60 年代，暴力与犯罪率的增加引发了对攻击性的研究兴趣；70 年代的女权运动掀起了有关性别与性别歧视的研究高潮；80 年代兴起了对军备竞赛的心理影响的研究；而 90 年代及 21 世纪早期的研究重点则转向了研究人们如何面对文化多样性、种族多样性，以及如何面对不同的性取向。苏珊·菲斯克（Fiske, 2011a）说，我们可以预期，未来的研究将会反映出我们目前和未来的问题，包括移民、收入平等和老龄化等。

价值观不仅因时代而变化，也因文化而不同。在欧洲，人们以他们的民族为骄傲。苏格兰人与英格兰人相比，自我感明显不同；奥地利人也有别于德国人；但地理距离相似的密歇根人与俄亥俄人相比，差别却小于前两者。因此，欧洲人为我们提供了“社会认同”的一种主要理论；但是美国的社会心理学家更关注个体——一个人是如何认识其

他人，如何受他人影响，如何与他人联系的（Fiske，2004；Tajfel，1981；Turner，1984）。澳大利亚的社会心理学家已经从欧洲和北美提出了自己的理论和研究方法（Feather，2005）。

价值观还会影响投身于不同学科的人群类型（Campbell，1975a；Moynihan，1979）。在你的学校里，那些主修人文科学、艺术、自然科学或社会科学的学生，他们之间是否存在某些差异呢？例如，社会心理学与社会学是否会吸引那些相对来说更愿意挑战传统，创造未来而非迷恋过去的人呢？社会科学研究是否会进一步强化这种倾向（Dambrun & others，2009）？这些因素恰如其分地解答了下面这一情景。当心理学家乔纳森·海德特（Haidt，2011）在一次全国性会议上询问在场的大约1000 位社会心理学家时，80%~90% 的人举手称自己是自由主义者。当他询问谁认为自己是“保守派”时，只有三个人举手。（有一点可以肯定，本书的大多数主题都是不带有偏向性的，从“我们的态度对行为有怎样的影响”，到“电视中的暴力情节是否会影响攻击行为”。）

最后，价值观对心理学的直接影响还表现在：它是社会心理学分析的对象。社会心理学家研究价值观是如何形成的，为何会改变，以及它们又是如何影响态度与行为的。然而，所有这些都无法告诉我们何种价值观才是“正确”的。

价值观间接影响心理学的方式

当价值观以客观事实的形式出现时，我们常常很难认出它们。

> 科学并非简单地对自然加以描述与解释；它是自然与我们的自我之间互相影响的产物；它对自然的描述基于我们向自然提问的方式。
>
> ——维尔纳·海森堡（Werner Heisenberg），物理学家兼哲学家，1958

科学存在主观性一面

现在科学家与哲学家已经达成了共识：科学并非是全然客观的。科学家并非仅仅是阅读自然这本书。更确切地说，他们是按照自己的心理分类来解释自然。同样，在日常生活中，我们也是通过自己的先入之见来观察这个世界。是否会把空中移动的光点看成飞碟，或者在馅饼上看到一张脸，这取决于我们的知觉定势。在阅读这些文字时，你并没有意识到你同时也在看着自己的鼻子。如果大脑没有预先设定你将知觉到某个物体，它便把这个物体阻隔在你的意识之外。我们对现实的知觉会被我们的预期所左右，这种倾向是人类大脑的一个基本事实。

在某个领域从事研究工作的学者通常持有共同的观点，或来自同一**文化**（culture），因此他们的研究假设一般不会受到挑战。我们理所当然地认为共同信念——被欧洲社会心理学家称之为**社会表征**（social representation）（Augoustinos & Innes，1990；Moscovici，1988，2001）——通常是最重要且无需检验的信念。然而，有些时候，圈外的人会引发我们去关注这些假设。在 20 世纪 80 年代，女权主义者和马克思主义者将某些社会心理学家未加验证的假设暴露在大家面前。女权主义者的批评引发了人们对一些隐含偏见的关注，例如，保守的科学家可能会对社会行为中的性别差异做出生物学解释（Unger，1985）。马克思主义者的批评引发了人们对竞争、个体偏见的关注，例如服从是不好的而个人奖励是好的。当然，马克思主义者和女权主义者有他们自己的假定，正如评判学术“政治正确性”的评论家喜欢做注释一样。比如，社会心理学家贾逊（Jussim，2005）认为，一些进步的社会心理学家有时感到自己在被迫否认群体差异，并且假定群体差异的刻板印象源于种族偏见而非现实。

在第 3 章中我们将了解更多有关先入之见指导我们对事物的解释的方式。正如普林斯顿大学和达特茅斯大学的球迷带给我们的警示一样，指导我们行为的不是客观的社会现实，而是我们构建的社会现实。

隐含价值观的心理概念

我们的理解中暗含了心理学的非客观性，心理学家自己的价值观对他们的理论和判断有重要影响。心理学家提到某个个体时，往往把他们归为成熟或不成熟，适应良好或适应不良，心理健康或心理不健康。他们可能感觉自己是在陈述某种事实，其实他们却在做价值判断。请看下面三种价值观间接影响心理学的方式，下面是一些例子：

定义美好生活。价值观会影响我们对最好的生活方式的看法。例如，人格心理学家马斯洛因对那些“自我实现”人群的精准描述而享有盛名。自我实现的人在满足了生存需要、安全与归属感需要、自尊需要之后，进一步上升至寻求实现人类的潜能。他描述了一些个体，托马斯·杰弗逊、亚伯拉罕·林肯和爱莲娜·罗斯福。很少有读者注意到，马斯洛同时也受到他本人价值观的影响而选择加入了他所描述的那一类自我实现的群体。对自我实现人格的描述，即自发、自主、充满神秘感以及其他的特征，其实反映了马斯洛的个人价值观。如果他以其他的著名人物为出发点，例如拿破仑、亚历山大或洛克菲勒，这样一来，他对自我实现人格的描述可能就与现在的大相径庭了（Smith，1978）。

专业建议。心理咨询方面的意见同样也反映了咨询师的个人价值观。当健康心理学专业人士建议我们应该如何与伴侣和同事相处时，当育儿专家指导我们如何养育子女时，当心理学家鼓励我们不要考虑别人的想法而应该自由地生活时，其实他们所表达的是他们自己的个人价值观。（在西方社会，这些价值观通常是个人取向的，即鼓励那些令“我”最感适宜的行为。非西方文化通常鼓励那些令“我们”最感适宜的行为。）在许多人没有意识到这一点时，对所谓的专业人士不免言听计从。但专业心理学家并不回答何为终极道德义务、何为生活的目的与方向，以及什么是生活的意义这些问题。

隐含的（以及不那么隐含的）价值渗透到心理学提供的种种建议之中。它们在那些指导人们如何生活、如何爱的畅销心理学书籍中随处可见。

概念形成。隐含的价值观甚至会渗入心理学研究取向的概念中。假设你完成了一项人格测验，某个心理学家在给你的答案评分之后宣布：“你在自尊项上得分高，在焦虑项上得分低，你的自我力量格外强。”“哈”，你会想了，“我对此相当怀疑，但听起来还不错。”现在，另一个心理学家让你完成类似的测验，出于某些原因，这个测验问了些同样的问题。之后，你被告知，你似乎有些自我防御，因为你在自我压抑项上得分很高。你不免会想，“这怎么可能呢？另一个心理学家给我的评价很高啊！”这可能是因为这些评价标签描述的都是同一类的行为反应（倾向于自我评价很高且不承认存在问题）。我们该把这类行为称之为高自尊还是自我防御呢？这些标签无疑反映了心理学家的价值判断。

贴标签。社会心理学的语言中常隐含有价值判断，我们的日常生

活用语也存在同样的问题：

- 我们给那些安静的儿童贴上“害羞而谨慎”、“退缩”还是“像一个观察者”的标签，体现了我们的价值判断。
- 我们给那些参加游击战的人贴上“恐怖主义者”还是“自由战士”的标签，取决于我们对其行为的解释。
- 我们把在战争中死去的平民看做“无辜生命的丧失”还是“战争的间接损害”，影响我们对战争的接受程度。
- 我们称公共补贴为“福利”还是“救济”，可以反映出我们的政治立场。
- 当“他们”赞美他们的国家与人民时，是民族主义；而当“我们”这样做时，是爱国主义。
- 判断一个卷入婚外情的人是在追求“开放式婚姻”还是在“通奸”，这取决于我们的个人价值观。
- 我们把自己反对的社会影响称为“洗脑”。
- 我们把自己从不尝试的性行为称为“性变态”。
- 我们认为，诸如对“雄心勃勃”的男人与“盛气凌人”的女人的种种评价都别有“深意”。

正如这些例子所表明的：价值观隐含于我们对心理健康的文化定义中，隐含于我们对有关生活的心理学建议中，隐含于我们的概念以及我们的心理标签之中。在整本书里，我将会展示更多有关隐含价值的其他例子。这并不是说隐含的价值观一定是毒草，而是指：即使是停留在现象层面上的科学解释，也是一种人类活动。那么，已有的信念与价值观影响社会心理学家的思想和文字就是自然而然的事情了。

因为科学有主观性的一面，我们就要放弃它吗？恰恰相反，正是意识到人类思维的某种解释性功能，我们才恰恰需要持有各种不同偏见的研究者从事科学研究分析。通过不断地将我们的信念与事实相互印证，我们了解得越多，越能检验和约束偏见。系统的观察与实验可以帮助我们清洗那些用以观察这个世界的镜片。

小结：人类的价值观对社会心理学的影响

- 社会心理学家的价值观直接影响其工作，如他们对研究课题的选择，以及它吸引的对各种研究领域感兴趣的人的类型。
- 价值观同时也间接地影响着他们的工作，如当他们构建概念，选择描述标签，以及提供建议时隐藏的假设。
- 意识到价值观对科学的渗透并不是我们责难社会心理学及其他任何科学的理由。正是因为人类思维鲜有不偏不倚，所以如果我们想将自己所珍视的思想结晶与真实的社会现实互相验证的话，就需要系统的观察与实验研究。

我早就知道了：社会心理学只是常识吗

探讨社会心理学的理论提供了哪些洞察人类状况的新观点。

在你看来，本书中所陈述的许多结论可能极为熟悉，因为社会心理学就在你的周围。我们不断观察人们如何看待彼此，如何互相影响，互相联系。面部表情的含义，如何差人做事，或者如何区分敌友等等，这些都值得我们进行研究。多个世纪以来，哲学家、小说家与诗人们就社会行为进行了大量的观察与评论。

那么，社会心理学难道就是用华丽的辞藻表述常识吗？社会心理学面临着两种互相矛盾的批评：一、社会心理学证明的都是些显而易见的事，无足轻重；二、社会心理学的研究发现可被用来操控人类，危险之至。

我们会在第 7 章讲到第二种批评，在这里，我们先来看一下第一种批评。

社会心理学和其他社会科学只不过是把任何一个门外汉都心知肚明的东西拿来改装一番而已。作家库仑・墨菲（Murphy，1990）认为此话不假："社会科学家日复一日地深入这个领域，而且他们也日复一日地发现人们的行为与所料想的丝毫不差。"近半个世纪之前，历史学家阿瑟・施莱辛格爵士（Schlesinger, Jr.，1949）就社会学家对美国第二次世界大战士兵的研究进行了类似的嘲讽。社会学家保罗・拉扎斯菲尔德（Lazarsfeld，1949）回顾了这些研究并提供了一份解释性评论的样例，我把其中一部分列举如下：

1. 受过良好教育的士兵比受教育水平低的士兵在适应方面遇到了更多问题。（比起那些"社会"大学的毕业生，知识分子更加不适应战斗带来的焦虑。）
2. 南方士兵比北方士兵更能适应炎热的南海岛屿气候。（南方人更适应炎热的气候。）
3. 白人士兵比黑人士兵更热衷于晋升。（多年的压迫会降低成就动机。）
4. 南方的黑人士兵更喜欢来自南方的长官而非来自北方的。（因为南方长官更习惯与黑人打交道，也更有技巧。）

当你阅读以上结论时，你是否觉得这些都是显而易见的常识？如果这样的话，你可能会惊讶于拉扎斯菲尔德接下来的话："这些陈述中的任何一条恰恰与实际发现的相反。"事实上，研究发现教育水平较低的士兵适应性更差。南方人并不比北方人更能适应热带气候。黑人士兵更热衷于晋升，等等。"如果我们一开始就给出了真正的研究结论（正如施莱辛格所感觉到的那样），读者也许会认为那些事实'显而易见'。"

常识存在的一个问题是，我们在知道事实真相之后才想起它的存在。后见之明总比先见之明来得容易。有实验表明，当得知实验结果时，人们便突然觉得实验结果不是那么令人惊讶，至少相对于那些得知实验程序或实验预期结果的人们而言（Slovic & Fischhoff，1977）。

同样，在日常生活中，我们也常体验那种后见之明。须臾间，我们因突然洞察了使事物得以发生的种种力量而不觉得惊诧了。不仅如此，我们还可能记错自己先前的观点（Blank & others，2008；Nestler & others，2010）。我们对将来事物的预见性判断可能出现错误，这种错误与对过去的错误记忆共同导致了**后见之明偏差**（hindsight bias，也被称为*我早就知道了现象*）。

就后见之明看来，事物都是可以预见且显而易见的。

ScienceCartoonsPlus.com

因此，在大选或股市震荡发生之后，大多数评论员对此并不感到意外："该是整顿市场的时候了。"2010 年墨西哥湾漏油事件发生后，人们事后诸葛地指出，问题是显而易见的：英国石油公司员工偷工减料，置警告于不顾，而且政府也疏于监察。就像丹麦哲学家、神学家索伦・克尔凯郭尔所说的那样："生活是正着来活，却是倒着去理解。"

如果这个后见之明偏差深入人心的话，你可能就会感到自己早已知道这个现象。的确，几乎绝大多数心理学实验所得出的可信结论看起来都有些像常识，当然，这都是在你知道结果之后。

你可以尝试自己证明一下这个现象。找一组人，告诉其中一半人一个心理学发现，告诉另一半相反的结果。例如，告诉其中一半人：

社会心理学家发现，无论是择友还是坠入爱河，那些性格与我们不同的人对我们最有吸引力。古语说得好："异性相吸"。

而告知另一半人：

社会心理学家发现，无论是择友还是坠入爱河，那些性格与我们相似的人对我们最有吸引力。古语说得好："物以类聚，人以群分"。

先让人们解释这个结论，然后问他们是否对此感到诧异。无论他们被告知的是哪种结论，我们可以发现，他们都能很好地解释自己的那个结论，并且都不感到惊讶。

事实上，几乎任何结论都会因谚语格言的解释而变成常识。假如社会心理学家报告分离加深爱意，甲便回答道："你就靠这个混饭吃？谁都知道'小别胜新婚'。"如果结果表明分离会浇熄爱火，乙便回答道："我外婆都可以告诉你'人走茶凉'。"

当卡尔·泰根（Teigen，1986）让英国莱斯特大学的学生来评价格言与其对立面时，他一定乐了好一阵子。当看到格言"恐惧比爱强大"时，大多数人认为此言不差；但对于其反面"爱比恐惧强大"，学生们也作出了同样的评价。类似地，人们对真正的谚语"堕落的人不能帮助另一个堕落的人"给予很高的评价，而对其反面"堕落的人能够帮助另一个堕落的人"也给予了很高的评价。不过，我最欣赏的两句得到普遍认同的谚语是："智者造箴言，愚者重复之。"（真正的谚语）和杜撰的语句"愚者造箴言，智者重复之。"（更多的相互矛盾的谚语请参见"聚焦：我早就知道了。"）

后见之明偏差给许多心理系学生带来了麻烦。有些时候，结果的确出人意料（例如，比起银牌获得者来说，奥运会铜牌获得者对自己的成绩更为满意）。更多的时候，你在教科书上学到的实验结论，它们看上去很容易，甚至显而易见。而之后当你进行多项选择测验时，面对多个看上去颇为可信的答案，任务难度会大大增加。备受打击的学生不免抱怨："真不知道是怎么搞的，我还以为自己都明白了。"

"我早就知道了"这一现象

聚 焦

我早就知道了

《大西洋》的执行编辑库仑·墨菲（Murphy，1990）讥讽"社会学、心理学和其他社会科学通常只不过是辨识那些显而易见之事，或仅仅是证实常识而已。"他自己对社会科学发现所做的甚是随意的调查发现："没有一个想法或结论不能在巴特利特*的惯用语辞典或任何一本百科全书的引文中找到。"虽然如此，为了详细审查相互矛盾的谚语，我们需要研究。请看：

这边的更正确	还是这边的……
眼睛要盯着奖励。	要埋头苦干。
人多手杂反而碍事。	三个臭皮匠顶个诸葛亮。
文胜于武。	事实胜于雄辩。
朽木不可雕。	活到老，学到老。
血浓于水。	亲兄弟明算账。
机不可失，时不再来。	三思而后行。
有备无患。	船到桥头自然直。

* 原文是Bartlett's，应该是指巴特利特·约翰·罗素（1805~1886），美国历史学家和文物工作者，编纂《美国惯用语辞典》。——译者注

可能还会带来致命的后果。它可能令我们妄自尊大，高估了自己的智慧。不仅如此，由于结果看起来似乎具有预见性，所以我们更倾向于为那些事后看起来“显而易见”的错误决策而责备决策者，却并不因那些同样“显而易见”的正确决策去褒奖决策者。

从“9·11”那天早晨开始回溯，指向灾难的种种信号看起来似乎非常明显。一份美国参议院的调查报告列出了这些被人忽视或被人误解的线索（Gladwell，2003）。其中包括，美国中央情报局知道基地组织的爪牙已经潜入了境内。一个联邦调查局情报员呈给总部的一份备忘录是以这样的警告开头的：“联邦调查局和纽约市，本·拉登可能会将学生送到美国参加民办航空院校的联合行动。”联邦调查局忽视了这份准确的预警，也未能把它和其他一些预见恐怖分子可能会使用飞机作为武器的报告联系在一起。总统在度假期间收到一份名为“本·拉登决定袭击美国”的每日简报。“这些该死的笨蛋！”这看上去就是后见之明偏差，“他们怎么就没把所有这些线索串联起来呢？”

但就事后看来十分清晰明了的事情而言，事前却没有那么清晰可辨。情报机关里充斥着大量的“噪音”——在点滴有用信息的周围是堆积如山的无用信息。分析家们为此不得不就继续调查什么样的问题做出选择，而且只有当一条线索得到继续追踪后，才有机会使其与其他相关线索联系起来。在“9·11”之前的六年中，联邦调查局的反恐怖机构有 68 000 件事情毫无头绪。在后见之明者眼中，那些极少的有用信息现在看起来是如此明显。

在 2008 年世界经济危机余波未平之际，很显然，政府的调控人员应该采取措施对抗那些倒霉的银行的贷款业务。但这些显而易见的后见之明对美国的首席调控专家艾伦·格林斯潘来说却是不可预见的。当经济崩溃的时候，这位美联储主席正处于“难以置信的震惊”状态。

> 做个事后诸葛总是容易。
> ——夏洛克·福尔摩斯在《托尔大桥疑案》中的一席话，作者阿瑟·柯南·道尔爵士

我们有时也会为自己所犯的“愚蠢错误”（没能更好地与人相处，或是没能更好地应对事情）而自责不已。当回头看时，我们就知道当初到底应该怎么做了。“我早就该想到期末的时候会有多忙，早就该开始写论文了。”但有时候我们会对自己过分苛刻。我们忘记了事后看来显而易见的事情在当时并非那么明显。

当内科医生得知病人的症状与死因时（解剖得出的结论），有时会颇为疑惑：怎么会做出如此不正确的诊断？其他那些只得知症状的内科医生并没有觉得错误的诊断如此明显（Dawson & others，1988）。倘若迫使陪审团从先见而非后见的角度出发，他们给玩忽职守者评定过失时是否会有所迟疑？

那么，我们应该得出怎样的结论：难道常识通常是错误的？有些时候的确如此。另外一些时候，常识是正确的，或者说正反两面都有道理：幸福是得知真相还是沉迷幻想？是与人共处还是离群索居？观点之多如大海之浩瀚，无论我们发现了什么，总有人对此有所预见。（马克·吐温曾开玩笑说，亚当是惟一在口吐莲花之后还能确信自己是“天下第一人”的人。）但在众多争论中，哪一个最符合现实呢？科学研究可以清楚地说明在何种情况下常识是有效的。

> 所有重要的东西在很早以前就提到过了。
> ——哲学家怀特海（1861~1947）

问题是，常识并非总是错误的。更确切地说，常识总在事后证明是正确的。这样一来，我们便免不了误以为，我们现在知道的和过去知道的，比我们现在能做的和过去已经做的要多。而这恰恰是我们需要科学的理由：帮助我们区分真实与幻相，区分真正的预测与简单的后见之明。

小结：我早就知道了：社会心理学只是常识吗

- 社会心理学提出了似乎显而易见的结论，因此它是微不足道的。
- 然而，实验研究表明，只有在事实揭晓之后结果才显得“显而易见”。
- 这种后见之明偏差（我早就知道了现象）常导致人们过高评价自己的判断与预测。

研究方法：如何从事社会心理学研究

考察使得社会心理学成为科学的方法。

我们在之前介绍了一些社会心理学力求回答的有趣的问题，也了解到主观的、无意识的心理过程会影响社会心理学家的工作。现在，我们来看看社会心理学家是怎样进行研究的。

在研究过程中，社会心理学家提出理论来组织他们的观察结果，其中包括可验证的假设和可用于实践的预测。为了验证假设，社会心理学家通常会在自然场景中开展相关研究，对行为加以预测。他们还会试图通过实验解释行为背后的原因。在这些实验中，他们可控制条件对一个或多个因素进行操纵。然后，他们会继续探索怎样将研究结果应用于改善人们的日常生活。

我们都是业余的社会心理学家，大家都喜欢观察身边人的行为。我们在观察别人的时候，会形成关于人类如何看待彼此，如何互相影响、相互联系的种种想法。专业社会心理学家也做着同样的事情，只不过会更系统（通过形成理论），也更费力些（通常通过实验研究，在实验中创建微缩的社会情境以探求因果关系）。

再没有比这种能力更能拓宽我们的眼界，即一种对生活进行系统而真切的观察与研究的能力。

——马可·奥勒留，《沉思录》

假设的形成与验证

社会心理学家在思考人类的存在上着实煞费苦心，而再也没有什么比这个更让人“神魂颠倒”了。当我们与人性角力以期发现它背后的隐秘时，可以把自己的想法与发现形成理论。**理论**（theory）是一套原则的整合，它们可以对所观察到的事件进行解释与预测。理论是科学性的速记。

在日常交谈中，“理论”常常指“离事实还有些距离”——是从猜测到理论再到事实的信心阶梯上中间的那一格。因此，人们可能把达尔文的进化论仅当做一种理论。的确，“进化论只是一种理论，地心引力论也只是一种理论，”美国高级科学联合会首席长官艾伦·莱施纳（Leshner, 2005）如是说。人们常常认为地心引力论是事实，但是，事实其实是“当我们扔掉钥匙时，它落向地面”。地心引力论是对这些可见现象的一种理论解释。

但对于一个科学家来说，事实和理论完全是两回事。事实是对我们所观察到的一切达成了共识的陈述，而理论则是对事实进行总结与解释的观点。正如朱尔斯·亨利·彭加勒所言：“科学由事实构建，就如房屋由砖头搭建”，“但一堆事实并非就是科学，就如一堆砖头并非一幢房屋一样。”

理论不仅可以进行总结，同时它还隐含可验证的预测，这些预测被称为**假设**（hypotheses）。假设有几种不同的功能。首先，我们可以以证伪的方式来验证某理论。其次，预测可以为研究指出方向，有时候假设会让研究者将目光投向他们从未考虑

对于人类而言，最令人着迷的事物莫过于人类自己。

过的领域。第三，对于一个出色的理论来说，其预测性也使得它颇有应用价值。举例来说，一个完整的攻击理论可以预测出何时会发生攻击行为，这种行为又该如何控制。就像现代社会心理学的奠基者勒温所断言的那样："没有什么能比一个出色的理论更实用。"

请想象一下这一切是如何运作的。比如，我们观察到当处在团体或人群中时，人们通常会变得十分暴躁，具有攻击性。由此我们或许可以提出这样的理论：成为团体中的一员使个体体会到了一种匿名感，从而降低了自我控制。我们如何能够验证这一理论呢？或许我们可以构想一个实验室实验（我正在检验这一理论），模拟电椅实施酷刑的场面。如果我们让一群人对一个无助的"受害者"实施惩罚性电击，但并没有人知道究竟是谁实施了电击，结果会是什么样子？这些人是否会如我们的理论所预测的那样，相比只让自己一个人实施电击而言，当一群人一起实施电击时，每个人是否会对"受害者"实施更强的电击？

我们也可以操纵匿名性这个变量：如果人们藏在面具后面，他们是否会对"受害者"实施更强的电击？如果实验结果证实了我们的假设，它们同时也提示我们该理论可能具有的应用价值。如果警察佩戴醒目的警牌，开着写有可辨认身份的巨大数字的警车，或者录像记录他们拘捕的过程，那么警察暴力行为或许就会减少。而事实上，现在许多城市已经实施了上述措施。

但是，我们应该如何评价哪一个理论更好呢？一个好的理论应该具有以下特征：

- 能有效概括大量的观察结果；
- 能做出清晰的预测，以便于我们：
  - 确证或修正理论；
  - 激发新的探索；
  - 指出可能的应用方向。

当我们将某个理论扔进废纸篓时，并非因为经证明它是错误的。更确切地说，它们就像是旧汽车一样，需要用更新、更好的型号来替代。

相关研究：探寻自然的联系

你会在以后章节的阅读中逐渐消化大多数你将要学到的社会心理学的研究方法。不过，让我们先到幕后概览一下社会心理学是如何进行研究的。幕后的匆匆一瞥可能刚好让你能够欣赏随后将要讨论的一些发现，而对研究逻辑的理解，能让你对日常生活中所发生的社会事件做出正确的判断。

社会心理学研究随场所的不同而不同。研究既可以在实验室进行（在控制条件下），也可以在现场进行（日常生活场景中），称为**现场研究**（field research）。并且，它也随研究方法的不同而不同：可以是**相关研究**（correlational research）（探寻两个或多个因素之间的自然关系），或是**实验研究**（experimental research）（通过操纵一些因素来考察它们对其他因素的影响）。如果你想成为一个对报纸和杂志上所发表的心理学研究论文有着良好判断力的读者，那么弄清相关研究与实验研究的区别是十分

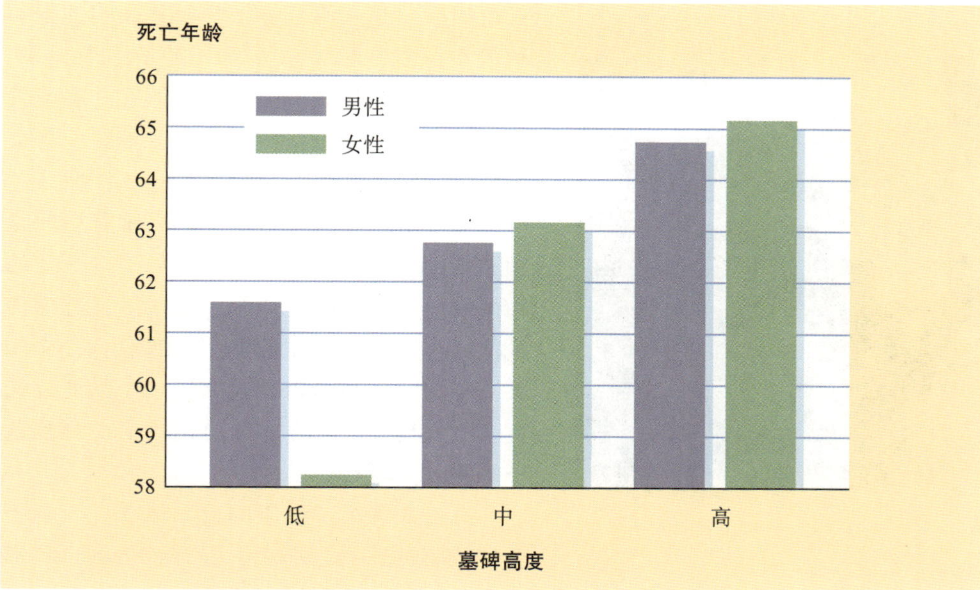

图 :: 1.3
地位与长寿的相关
在那些纪念逝者的墓地中，墓碑越高，“主人” 活得越长。

必要的。

让我们先通过一些真实的例子来考察一下相关研究的优势（通常涉及自然场景中包含的重要变量），以及它的劣势（对于因果关系的解释十分模糊）。就像我们将在第 14 章中所看到的那样，现在的心理学家正在把个人和社会因素与人类健康联系在一起。从事这方面研究的，包括苏格兰格拉斯哥大学的道格拉斯 · 卡罗尔以及他的同事乔治·戴维·史密斯和保罗·贝内特（Carroll，Smith，& Bennett，1994）等人。在对社会经济地位与健康关系的研究中，研究者们“闯入”了格拉斯哥的古老墓园。他们记下了墓碑上 843 个人的寿命，把寿命作为衡量健康的一个标准。他们还测量了墓碑的高度，假设墓碑高度可以反映出墓地的造价，而造价则可以反映出富足程度，由此把墓碑高度作为衡量地位高低的一个标准。如图 1.3 所示，无论男性还是女性，墓碑越高，寿命越长。

卡罗尔及其同事报告，关于地位与寿命之间的关系，其他研究者使用这个年代的数据也得到了类似的结果。人口密度最低且失业率最低的苏格兰地区人的平均寿命也最长。在美国，寿命与收入有关（更穷、更底层的人更有可能早逝）。在现代英国，寿命与职业地位有关。有一项对 17 350 个英国公务员进行的长达 10 年的跟踪研究发现，与高级的行政官员相比，那些专业行政人员的死亡率是前者的 1.6 倍。文书和劳工的死亡率则分别是行政官员的 2.2 倍和 2.7 倍（Adler & others，1993，1994）。跨越不同的时空，地位与健康之间的相关关系似乎是可信的。

相关与因果

地位与寿命的例子很好地说明了作为业余爱好者的外行与专业社会心理学家可能都会犯的、也是最无法抗拒的思维错误：当两类因素，如地位与健康，放在一起时，很可能会得出一个因素影响另一个因素的结论！我们可以假设，地位在某种程度上可以保护某人不受疾病的威胁。或者，反过来也会成立吗？或许是健康促进了活力与成功。或许那些活得更久的人积累了更多的财富（使得他们能够拥有造价更高的墓碑）。又或者在两者的关系中存在第三个变量，例如饮食（富裕的人与工薪阶层的

在格拉斯哥大教堂墓地的纪念墓碑。

人吃的东西是否不一样）？相关表明的是一种关系，但这种关系并不一定是因果关系。相关研究可以让我们去预测，但它并不能告诉我们改变一个变量（例如社会地位）将会导致另一个变量的改变（比如说健康水平）。

在大众心理学颇为混乱的思维背后便是相关与因果的混淆。再来看看另一个真实的相关——自尊与学业成绩。那些高自尊的孩子往往有较好的学习成绩。（就像任何一个相关一样，我们也可以反过来陈述：学业成绩更高的人具有更高的自尊。）你为什么做出这样的假定（图 1.4）？

有些人认为“健康的自我概念”有利于个体成就的获得。那么，提升孩子的自我形象便也可能会提高其学习成绩。正是相信了这一点，美国的 30 个州颁布了 170 多条增强个体自尊的条例。

但是还有一些人，其中包括心理学家威廉·戴蒙（Damon，1995）、罗宾·道斯（Dawes，1994）、马克·利里（Leary，1998）、马丁·塞利格曼（Seligman，1994，2002），以及罗伊·鲍麦斯特和约翰·蒂尔尼（Roy Baumeister with John Tierney, 2011）。他们对自尊是否真的是一块保护孩子不受学业失败（或是毒品滥用及少年犯罪）影响的盾牌表示怀疑。或许，事实是反过来的：可能是问题与失败导致了低自尊。也可能是自尊往往反映了我们的真实状况。或许自尊源于拼搏之后的成就感。干得好，你就会自我感觉良好；干得不好，你就会觉得自己是个傻瓜。一项对 635 名挪威学生的研究发现，拼写图表上个人名下的一列金色星星（通过正当努力获得的）以及令人敬仰的老师不断给予的褒奖可以提高一个孩子的自尊心（Skaalvik & Hagtvet，1990）。又或许，正如一项对近 6 000 名德国七年级学生所做的实验表明的那样，自尊与学业成就之间的关系可能是双向的（Trautwein & Lüdtke，2006）。

还有一种可能是，自尊与成就之所以相关，是因为两者都与潜在的智力水平和

图 :: 1.4

相关与因果关系

当两个变量相关时，以下三种假设的任意组合都是可能的。其中的任何一个变量都可能是引起另一个变量的原因，也有可能它们都受一个潜在的“第三因素”的影响。

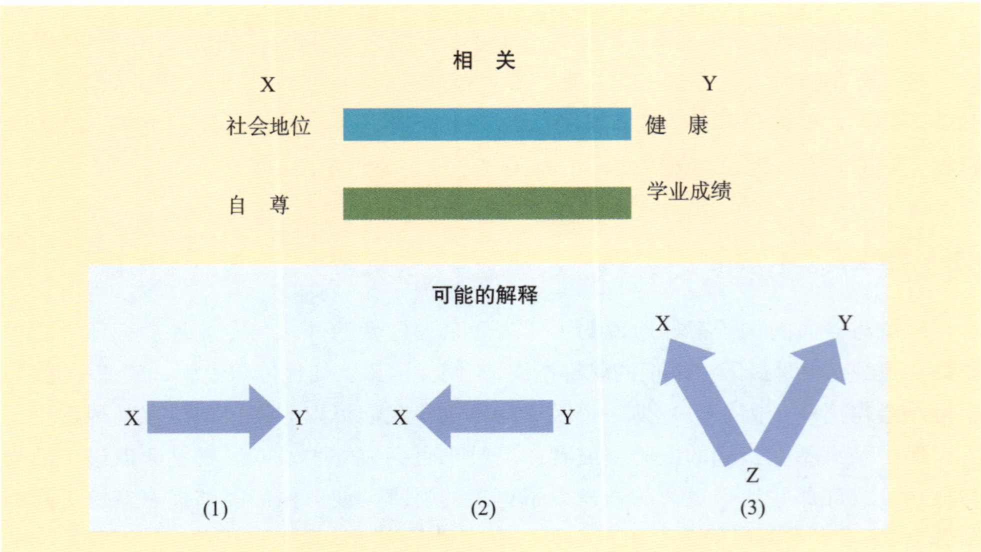

即使是票站调查（exit poll，在投票站外向投票者进行的访问）也需要随机的投票者样本。

家庭社会地位等因素有关。有两项研究支持这一可能性：其中一项研究的样本是 1 600 名美国男性青年，另一项研究的样本为 715 个明尼苏达青少年（Bachman & O'Malley，1977；Maruyama & others，1981）。当研究者运用统计方法剔除智力与家庭地位的影响效应后，自尊与成就之间的相关也化为乌有了。

两个因素间的相关程度可以用相关系数 r 表示，r 的取值范围从 −1.0（当一个因素的值呈上升趋势时，另一个因素的值呈下降趋势）到 0 再到 +1.0（两个因素的值同方向变化）。自尊和抑郁之间呈负相关（约 −0.6），同卵双生子的智力分数正相关（约 +0.8）。相关研究的巨大优势在于，它通常发生在真实的场景中，在这些真实情境中，我们可以考察诸如种族、性别、社会地位等难以在实验室中操纵的变量。这种研究方法的最大劣势在于研究结果的模糊性。这一点是如此重要，以至于你在耳提面命了 25 次也没能听进去之后，还是要重复第 26 次：两个变量之间共同变化（相关）可以使我们运用一个变量对另一个变量进行预测，但是相关却并不能清楚解释因果关系。

不过，高级相关分析可以揭示因果关系。时间序列相关分析可以揭示事件发生的顺序（举例来说，可以指出成就水平的变化是否更多地发生在自尊水平变化之前，还是发生在自尊水平变化后）。研究者还可以使用统计方法剔除“混淆”变量的影响，在控制了智力以及家庭地位的影响后，自尊与成就之间的相关随之消失。回想我们之前提到的第三变量，比如说饮食。沿着这个思路，苏格兰研究小组怀疑，当他们剔除了吸烟的影响后，地位与寿命的相关是否还能存在，因为现在吸烟在地位高的人群中越来越不常见了。在控制了这个变量之后，如果两者的相关仍然存在，这说明其他的一些因素，如更大的压力、更低的自我控制感可能也会影响贫困阶层人们的提早死亡。

调查研究

我们该如何测量类似地位与健康这样的变量呢？一种方法是调查有代表性的样本。如果研究者希望描述一个总体（但这并不是很多心理调查研究的目的），那么他们获得具有代表性样本的方法是**随机取样**（random sample）——在研究总体中，每个人被抽到的概率是相同的。通过这种方法取得的任何一个亚群体，比如金发的人、慢跑的人或自由党人等，他们在调查中所具有的代表性将与他们在整个总体中的代表性相一致。

无论我们调查一个城市的人，还是整个国家的人，1 200 个随机取样的个体都能使我们得以描述整个总体，而同时，我们有 95% 的把握认为该调查的误差不超过 3%，这实在太奇妙了！想象一个装满豆子的巨大广口瓶，其中 50% 的豆子是红色的，50% 是白色的。随机选取其中的 1 200 个，无论瓶子里装了 10 000 个还是 10 亿个，我们都有 95% 的把握认为捡出的 1 200 个豆子中，有 47% 到 53% 的豆子是红色的。如果你把红色豆子想象成是一个总统候选人的支持者，白色豆子是另一个候选人的支持者，我们就可以理解，为什么自 1950 年以来，在总统大选之前所进行的盖洛普调查对选举结果的预测只差了 2%。就像几滴血就能代表整个身体的信息一样，随机取样的样本也可以代表一个总体。

值得注意的是，调查并不能预测选举的结果，它只是描述公众在接受调查那一刻所持的意见。公众意见是会转变的。在评估调查的时候，我们必须将以下四个可能会造成偏差的潜在影响因素牢记在心：不具有代表性的样本，问题的顺序，答案的选项和问题的措辞。

不具有代表性的样本 样本在多大程度上能够代表所研究的总体非常重要。1984 年，专栏作家安·兰德斯接受了一位来信读者的挑战，就女性是否认为情感比性更重要进行了调查。她的问题是："你是否满足于被拥在怀里，接受对方的柔情蜜意而将'那事'抛之脑后？"在十万多女性的回答中，72% 给予了肯定回答。随后便是世界性的公众舆论哗然。在回应批评之词时，兰德斯（Landers，1985，p.45）承认："这个抽样也许并不能代表所有的美国女性，但它的确提供了诚实而有价值的见解，这些见解来自于社会的方方面面。因为我的专栏读者来自社会的各个阶层，总人数大约有 7 000 万。"尽管如此，还是有人会怀疑，这 7 000 万就能代表所有的人吗？在 700 个读者中，回答问题的那一个难道就能代表其余没有回答的 699 个人的意见？

样本代表性的重要性在下面的事件中得以充分体现。1936 年，当时有一家名为《文

这是密歇根社会研究所的调查研究中心。工作人员和来访者都必须签署一项声明，以示对所有访谈保密性的尊重。

学文摘》的周刊杂志向 1 000 万美国读者邮寄了总统选举调查的明信片。在 200 多万读者的回复中，阿尔夫·兰登以绝对的优势战胜了富兰克林·罗斯福。而几天之后的正式选票结果是，兰登只获得了两个州的选票。因为该杂志只向从电话簿和汽车登记处那儿得到姓名地址的人邮寄了明信片，这样一来就将那些无力负担电话与汽车的选民排除在调查之外了（Cleghorn，1980）。

问题的顺序 假设我们的样本具有代表性，我们也必须警惕其他的误差来源，比如说我们问问题的顺序。如果先问美国人对同性恋婚姻的看法，再看他们对一些公民联盟的支持，那么他们对男、女同性恋联盟的支持较其他明显中性联盟的支持会有所增加（Moore，2004a，2004b）。

答案的选项 让我们再来设想一下答案选项的惊人效应。当普拉特及其同事（Plight & others，1987）询问一些英国人，他们希望英国能源中有多大比例来自于核能时，这些人答案的平均值是 41%。当普拉特等人询问另一些英国人希望有多大比例的能源来自 :（1）核能，（2）煤，以及（3）其他能源时，他们对核能的偏好程度是 21%。

问题的措辞 问题措辞的精确性也会对答案造成影响。一项调查发现，仅有 23% 的美国人认为政府在“救济穷人”上花销过大。而 53% 的人认为政府在“福利问题”上花销过大（《时代周刊》，1994）。类似地，大多数人同意在削减“国外援助”资金的同时增加“帮助他国饥饿民众”的开支（Simon，1996）。

测量的问题是非常敏感的，甚至提问语调上的细微改变也会产生巨大的影响（Krosnick & Schuman，1988 ; Schuman & Kalton，1985）。“禁止”可能与“不允许”表达的是同样的意思。然而在 1940 年，54% 的美国人认为美国应该“禁止”发表攻击民主的言论，而 75% 的美国人认为美国应该“不允许”发表这样的言论。即使人们表示他们对某个问题的态度是强烈的，但问题的形式或措辞也可能影响他们的回答。

顺序、选项以及措辞的效力使政客们可以利用调查结果来显示公众对他们观点的支持。咨询师、顾问以及内科医生通过“**框定**”（framing）选项来影响我们的决定。

调查研究者必须提防那些微妙的以及不那么微妙的偏差。

这就难怪在 1994 年肉制品联盟议员否定了一项美国新食品商标法：以牛肉馅料为例，这项法案要求标注“含有 30% 脂肪”，而不是“70% 瘦肉，30% 脂肪”。如果说避孕套预防艾滋病的成功率是 95%，那么十分之九的大学生相信它是有效的；但如果说它预防艾滋病的失败率是 5%，那么只有十分之四的学生相信它是有效的（Linville & others，1992）。

我们定义日常生活中的一些默认选项时，框定研究也有重要意义：

- 愿意或不愿意参与器官捐献。在很多国家，人们在更新驾照的时候，需要决定是否愿意捐献自己的身体器官。一些国家的默认选项是“愿意”，但也可以选择“不愿意”，这种情况下几乎 100% 的人都会选择愿意捐献。但在另一些国家，像美国、英国和德国，当默认选项是“不愿意”但可以选择“愿意”的时候，只有四分之一的人选择愿意捐献（Johnson & Goldstein，2003）。
- 愿意或不愿意进行退休储蓄。多年以来，美国一直实行 401（K）退休计划，雇员若希望延期他们的退休补助，就需要选择降低他们实际到手的工资。大多数人都不会选择这样做。但是受构建研究的影响，2006 年的退休金法令重新制定了选项。现在，受法令的激励，公司会让员工自动加入退休计划，但也允许他们退出（从而增加他们实际到手的工资）。虽然还是有选择，但研究发现，由于将“退出”构建成一个选项，加入该计划的比率从 49% 上升到了 86%（Madrian & Shea，2001）。

有一次，一个年轻的僧侣询问他能否在祈祷时抽烟，结果被一口回绝了。一个朋友建议他换种问法：能否在抽烟时祈祷？（Crosser，1993）

有箴言曰：措辞差之毫厘，实去之千里也。下面是一个关于苏丹君主的故事：苏丹梦见自己掉光了所有的牙齿，于是就召人来解梦。第一个解梦人说，“天啊！掉牙齿说明您将会目睹家庭成员的死亡。”怒不可遏的苏丹下令给这个传递坏消息的使者 50 鞭子。第二个解梦人听了这个梦以后，他解释说这预示着苏丹的好运：“你将比你整个家族的人都要长寿！”于是，安下心来的苏丹下令管家奖给这个传递好消息的使者 50 个金币。途中，迷惑不解的管家向第二个解梦人请教：“你的解释和第一个没有什么区别呀？”“哦，没错，”那个睿智的解梦人回答道，“不过，请记住一点：重要的不仅仅在于你说了什么，还在于你是怎么说的。”

实验研究：探寻因果关系

由于在自然相关的事物间辨别因果关系几乎是不可能的，这就促使大多数社会心理学家在切实可行而又不违背伦理道德标准的情况下，模拟日常生活创造实验情境。这些模拟场景与航空学中的风洞实验室有几分相似。一开始，航天工程师们并非在复杂多样的自然环境中对各种飞行物体进行观察。航空环境与飞行物体两者本身的多变性实在是太复杂。于是，他们便构建了一种虚拟现实。这样一来，他们就可以控制风力条件和机翼结构。

控制：变量的操纵

就像航天的工程师一样，社会心理学家也进行实验研究，只不过是这些实验是模拟我们日常生活中的重要特征。通过一次改变一个或两个因素，即所谓的**自变量**（independent variables），实验者探察它们对结果会产生怎样的影响。正如风力甬道帮助航天工程师发现航天动力学的基本原理一样，实验使社会心理学家得以发现社会思维、社会影响以及社会关系的基本原则。

我们先来看两个典型的实验室研究，它们在之后讨论偏见与攻击行为的章节中还会出现。它们阐释了相关研究发现中可能存在的因果关系。

关于肥胖偏见的相关研究和实验研究 第一个研究是关于“持有肥胖偏见的人常常认为肥胖者行动迟缓、懒散而马虎”（Roehling & others，2007；Ryckman & others，1989）。这些态度是否会滋生歧视？抱着了解事实的心态，斯蒂文·高特麦克及其同事（Gortmaker & others，1993）对 370 名年龄在 16~24 岁之间的肥胖女性进行了研究。当 7 年之后再对这个群体进行回访时，他们发现，其中三分之二的女性仍然过于肥胖。与另一个近 5 000 人的对照组女性群体相比，她们结婚和获得高薪的可能性都要更低。甚至在控制了智力测验分数、种族以及父母收入这些差异之后，肥胖女性的年收入（7 000 美元 / 年）仍然比平均水平低。

注：肥胖与个人的婚姻状况和收入相关。

从校正之后的结果来看，歧视似乎能够解释肥胖与较低社会地位之间的相关，但我们仍难以对此下定论。（你是否还能想到一些其他的可能性？）这就引起了社会心理学家马克·斯奈德和朱利·豪根（Snyder & Haugen，1994，1995）的注意。他们让 76 名明尼苏达大学的男生分别与 76 名女生中的一位通过电话相互认识并交谈。为每一名男生呈现一张照片，并告知这就是其交谈对象。照片中一半是肥胖女性（并非真实的交谈对象），另一半是体重正常的女性。随后通过对女生谈话内容的分析，研究者发现当女生被假定为肥胖时，谈话的热情与愉悦程度都更低。很显然，男生谈话的语调和内容诱发了其所谓的“肥胖”交谈对象的交谈方式，进而“证实”了他们的观念：这样的女性并不可爱。偏见与歧视在这里扮演了重要的角色。回忆一下继母的行为对灰姑娘的影响，或许我们应该把这种效应称为“灰姑娘效应”。

呈现在他们面前的女性——体重正常的女性还是肥胖女性——是自变量。

有关观看电视暴力的相关研究和实验研究 观看电视节目与儿童行为之间的关系可作为实验研究如何揭示因果关系的第二个例子。儿童观看越多的暴力电视节目，他们就会表现出越严重的攻击倾向。儿童是在模仿他们从荧屏上看到的行为吗？我希望你们现在已经辨别出，这只是一个相关研究。图 1.4 提醒我们，可能存在另外两种因果关系解释。（它们分别是什么？）

因此，社会心理学家把看电视搬进了实验室，控制儿童观看暴力节目的数量。通过让儿童观看暴力节目或非暴力节目，研究者可以观察暴力节目的数量对儿童行为产生的影响。克里斯·博亚特兹及其同事（Boyzatzis & others，1995）给一群小学生（而非其他人群）放映了一集《恐龙战队》，它是 20 世纪 90 年代最流行且最暴力的儿童电视节目。在观看完电视节目之后，这些儿童在每两分钟的间隔内所表现出的暴力行为的数量是未观看节目儿童的 7 倍。我们将那些被观察到的暴力行为称为**因变量**（dependent variable）。这类实验表明，电视节目可能是导致儿童暴力行为的原因之一。

至此我们发现，实验研究的逻辑十分简单：通过建构并控制一个模拟的现实世界，我们可以改变一个因素，再改变另一个因素，从而发现这些因素如何单独或联合起作用，对人们产生影响。现在我们更深入一步，来了解一下如何做实验。

观看电视或其他媒体的暴力节目是否会导致对这种行为的模仿，尤其是儿童的模仿？实验研究显示的确如此。

任何一个社会心理学实验都有两个必不可少的组成成分。以上我们仅仅考虑了其中一部分——控制，即我们在操纵一个或更多自变量的同时，也应该尽量使其他因素保持不变。而第二部分则是随机分配。

随机分配：重要的平衡仪

让我们先来回忆一下，在相关研究的层面上，我们并不想假定肥胖导致了较低的社会地位（由于歧视的作用），或者观看暴力场景导致了攻击行为（更多例子见表 1.1）。一个调查研究者可能先去测量某些因素，然后运用统计方法剔除其他可能的相关因素，再回过头来看最初的相关是否仍然存在。但是，没有人能控制可以区分肥胖人群与非肥胖人群、观看暴力节目者与不观看暴力节目者的所有因素。可能那些观看暴力节目者在教育水平、文化背景、智力水平甚至在研究者未考虑到的数十个因素上都会存在差异。

随机分配（random assignment）一下子便消除了这些额外因素的干扰。通过随机分配，每个人观看暴力节目的机会是相等的。这样一来，两组人将在其他任何可能的变量上（家庭地位、智力水平、教育程度以及初始攻击水平等方面）具有相同的平均水平。举例来说，高智商的人在两个组中出现的机会应该是相等的。由于随机分配创建了两个同质的组，之后两组间出现的暴力行为差异就可以归因为惟一可以区分两组的那个因素上：参与者是否观看了暴力节目（图 1.5）。

实验研究的伦理道德问题

有关电视节目的实验说明了这样一个问题，即为什么有些实验在伦理道德问题上备受关注。社会心理学家不会让一组儿童长期观看暴力电视节目。他们只是在短时间内改变人们的社会经历，然后记录这种改变的影响。有些时候，实验处理是无害的，甚至是相当愉悦的，参加实验的人表示同意。但有些时候，研究者发现他们正处于无害与冒险之间的灰色地带。

当社会心理学家设计那些引发个体强烈的思想与情感的实验时，他们常常冒险游走在道德灰色地带中。实验并不一定要符合阿伦森、玛里琳·布鲁尔和梅瑞尔·卡

表 :: 1.1 区分相关研究与实验研究

	实验参与者是否可以被随机分配到不同的实验条件之下	自变量	因变量
早熟的儿童是否更自信？	否→相关研究		
与课堂学习相比，学生在网上课程中是否能学到更多的东西？	是→实验研究	网上课程还是课堂教学	学业水平
学业成绩是否能预测职业成就？	否→相关研究		
玩暴力视频游戏是否会增加攻击行为？	是→实验研究	玩暴力游戏还是非暴力游戏	攻击行为
人们在独处时发现喜剧更有趣，还是与他人在一起时发现喜剧更有趣？	（请你回答）		
高收入人群是否有更高的自尊？	（请你回答）		

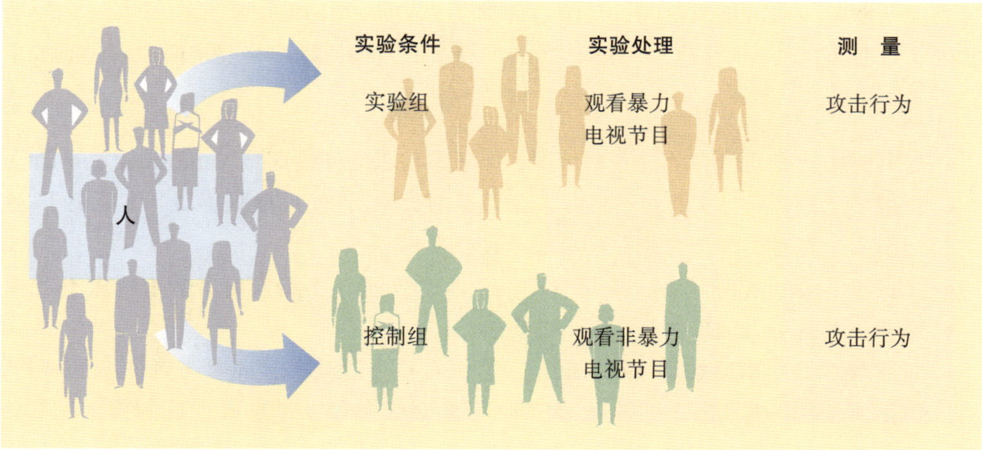

图 :: 1.5
随机分配
将实验参与者随机分配到接受实验处理的实验条件之下，或是不接受实验处理的控制条件之下。这就给了研究者自信：之后两组间的差异在某种程度上是由实验处理造成的。

尔史密斯（Aronson，Brewer，& Carlsmith，1985）所称的**现世实在论**（mundane realism），即实验行为（举例来说，将实施电击作为研究攻击行为实验的一部分）并非要与真实生活中的行为一模一样。对于许多研究者来说，那是一种日常的写实主义，并不那么重要。但是实验应该符合**实验现实主义**（experimental realism），即让参与实验的人真实地投入实验中。研究者并不希望参与者有意识地去表演，或是应付了事；实验需要真实心理过程的参与。举例来说，在攻击行为实验中采用电击。迫使参与者选择给予他人重度还是中度电击的确是衡量攻击行为的一个现实标准。它确实起到了模拟真实攻击行为的作用。

为了做到实验现实主义，研究者有时候需要编个可信的故事来“蒙骗”参与者。例如在隔壁房间的人其实并没有受到电击，但研究者并不希望参与者知道这一点，否则就会将实验现实主义毁于一旦。基于这一考虑，大约有三分之一的社会心理学研究（尽管这个数字呈现出了下降趋势）在探寻真理的实验中使用了**欺骗**（deception）手段（Korn & Nicks，1993；Vitelli，1988）。

研究者同样也会隐藏他们的预期，以防参与者一心想成为“好被试”，而表现出研究者希望的行为；或是出于逆反心理，表现出与预期相反的行为。乌克兰教授安纳托利·科兰登（Koladny）曾谈到，在 1990 年的苏联，只有 15% 的乌克兰人承认他们有宗教信仰，但在苏联解体后的 1997 年，70% 的人承认他们有宗教信仰，这并没什么好惊讶的（Nielsen，1998）。研究者的措辞、语调、手势也可能以微妙的方式让参与者做出令人期望的反应。就连训练有素的警犬也会有类似反应。当训导员被误导认为某处藏有炸弹或毒品时，警犬误报的概率也会相应增加（Lit & others，2011）。为了将这种**需求特征**（demand characteristics），即那些看似“引发”特定行为的线索的影响最小化，研究者通常将他们的指导语标准化，甚至使用计算机来呈现指导语。

在设计那些会牵涉到伦理道德问题的实验时，研究者常常像是在走钢丝。意识到你正在伤害某些人，或是被置于强大的社会压力下，都可能会引起暂时的不快。这类实验又将那个老生常谈的问题提了出来：这一切值得吗？比起真实生活和“坦率的镜头”、真人秀电视节目中的歪曲，社会心理学家研究中使用的欺骗要短暂与温和得多。（一个网络真人秀节目欺骗了参与节目的女性，让她们为了一个英俊的“百万富翁”而竞争，但那个百万富翁实际上只是一个普通工人。）

大学道德委员会会评估社会心理学研究，以保证研究人道地对待人们，并且保证暂时的欺骗或痛苦是值得的。美国心理学会（APA，2010）、加拿大心理学会（CPA，2000）以及英国心理学协会（BPS，2009）颁布的道德原则严格要求研究者做到如下几点：

- 尽可能告知参与者有关的实验情况，保证参与者的**知情同意**（informed consent）。
- 真诚。只有必要且实验目的的确非常重要时，才允许使用欺骗手段。不能出于“这会影响参与者的参与意愿”的考虑来使用欺骗手段。
- 保护参与者（和旁观者，如果有的话）不受伤害，不给参与者带来严重不适。
- 对参与者的个人信息保密。
- 向参与者做出**事后解释**（debriefing）。在实验之后就实验向参与者作全面解释，包括所使用的欺骗手段。但如果反馈可能会给参与者带来痛苦或困扰，例如使他们意识到自己曾表现得很愚蠢或是很残忍时，可以不作事后解释。

研究者必须提供充分的信息且考虑周到，确保参与者离开时的心情至少与来之前同样愉快。若参与者由于学到什么而有所获益的话，那就更好了（Sharpe & Faye，2009）。当参与者得到尊重时，他们中很少有人会因自己被欺骗而耿耿于怀（Epley & Huff，1998；Kimmel，1998）。事实上，就像那些为社会心理学辩护的人所讲，教授们举办考试给学生带来的焦虑与痛苦，远比研究者在实验中引发的焦虑严重得多。

从实验室推广到生活

就像研究儿童、电视节目与暴力行为的实验研究所揭示的那样，社会心理学将日常生活的经历与实验室的分析融合到了一起。在整本书中，我们都会这么做。我们所用的绝大多数数据都来自于实验室研究，而绝大多数的例证则来自日常生活。社会心理学揭示了实验室研究与现实生活之间的有益互动。来自生活的灵感常会激发实验室研究，而研究又加深了我们对自身经验的理解。

这种相互影响在儿童观看电视节目的实验中已有所体现。人们在日常生活中的经验为相关研究指出了方向，而相关研究又进一步指引了实验研究的方向。那些有能力进行变革的电视节目与政府政策的制定者们，现在已经意识到了电视节目的影响力。无论是在实验室还是在现实生活中，有关电视影响力的研究都得到了颇为一致的结论，这些研究涉及助人行为、领导风格、抑郁以及自我效能感等方面。实验室中发现的效应是现实生活的写照。克雷格·安德森及其同事（Anderson & others，1999）指出：“一般来说，心理学实验得到的是真实的心理过程，而绝非琐事。”

然而，在从实验室推论到现实生活时，我们仍需抱着谨慎的态度。尽管实验室揭示了人类存在的基本动力系统，但它仍然是一个简化了的、受控制的环境。它可以告诉我们当其他条件都保持不变时，变量 X 会产生怎样的效应；而在现实生活中，这个前提是不存在的。除此之外，正如你将会看到的那样，许多参与者都是大学生。尽管这可能会帮助你了解他们，但大学生群体远非是整个人类的一个随机样本（Henry，2008a，2008b）。而且大多数参与者的文化背景是：西方文化、受教育水平高、工业化、富裕、民主，而这一文化背景的群体仅占全人类的 12%（Henrich & others，2010）。如果我们选取不同年龄、不同教育水平以及不同文化背景的人，还会得出同样的结果吗？这一直是个悬而未决的问题。

尽管如此，我们还是能够把人类思维和行动的内容（例如态度）与思维和行动的过程（例如，态度与行为如何互相影响）区别开来。在不同的文化下，思维与行动的内容比其过程要多样化。不同文化背景的人群可能持有不同的观点，但这些观点的形成过程却很相似。比如：

- 与美国本土大学生相比，波多黎各的大学生所报告的孤独感更强烈。然而，在两种不同的文化中，孤独感的成分却十分类似——羞怯、缺乏生活目标、低自尊（Jones & Others，1985）。
- 戴维·罗及其同事报告（Rowe，1994），不同种族的学生在学业成绩和青少年犯罪方面有所差异，但这种差异“只是流于表面而已”。对任何一个种族群体而言，家庭结构、同伴压力以及父母的受教育程度在某种程度上可以预测其学业成绩或犯罪情况。

我们的行为可能千差万别，但却受同样的社会因素的影响。在千差万别的表象之下，我们之间有更多的相似而非不同。

小结：研究方法：如何从事社会心理学研究

- 社会心理学家将他们的想法与发现构建成理论。一个好理论将会从一长串事实中提炼出许多简短的预测原则。我们可以利用这些预测来证实或修正，以产生新的研究，并将其应用于实践。
- 大多数社会心理学家的研究都是相关研究和实验研究。有时候相关研究会进行系统的调查，以探索不同变量之间的关系，例如教育水平与收入水平之间的关系。得知两个事物之间相关颇有价值，但这一信息并不能指明两者之间的因果关系，或者是否存在第三个变量。
- 社会心理学家会尽可能地运用实验研究的方法来探寻因果关系。通过构建一种可控的模拟现实，研究者可以先改变一个因素，再改变另一个因素，以发现这两个因素究竟是单独还是共同影响行为。我们将参与者随机分配到不同的实验条件下：实验组、控制组（不接受实验处理）。然后我们就可以把这两个组之间的任何差异归因于自变量的变化（图 1.6）。
- 在设计实验时，社会心理学家有时候会设计那些引发参与者情感的场景。在设计并开展这样的实验时，研究者必须遵守职业道德准则，例如获得参与者的知情同意，保护他们不受伤害，以及在实验后向他们解释任何先前的暂时欺骗行为。实验室研究使得社会心理学家能够验证来自生活经验的点滴灵感，然后再将这些原则与研究发现重新应用于真实的生活情境中。

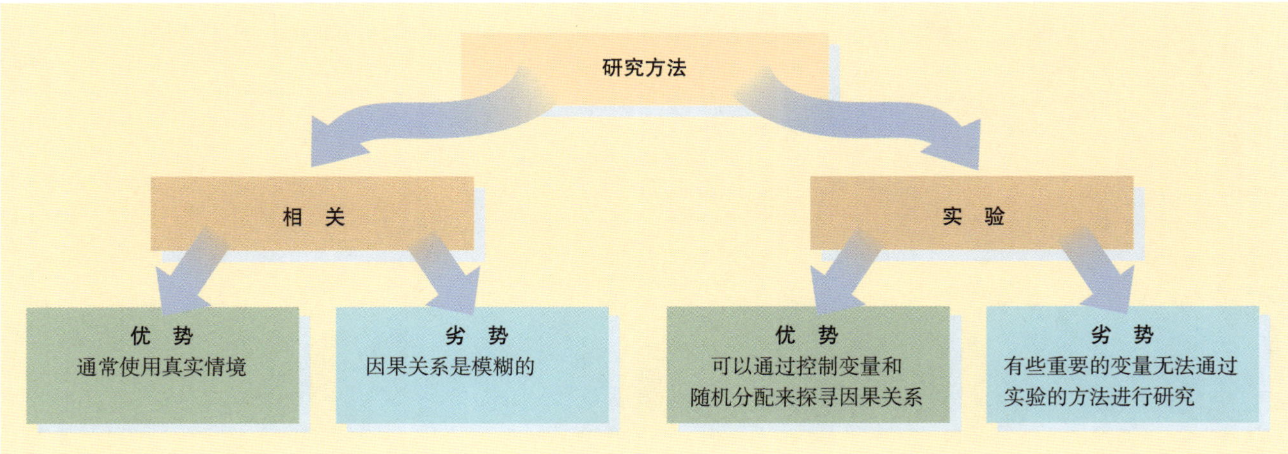

图 :: 1.6
两种研究方法：相关法和实验法

后记：
我为什么要写这本书

在每一章的末尾，我都会就社会心理学对人类的重要性做简短的反思。

我在这本书中为大家呈现了社会心理学中强有力且历经“千锤百炼”的原理。我相信，它们有拓展你的思维，丰富你的生活的魔力。如果读完本书之后，你的批判思维能力得以提高，你对我们如何看待彼此，又如何互相影响——为何我们有些时候互相喜欢，互相爱恋，互相帮助，而有时候则互相讨厌，互相憎恶，互相伤害——有了更深刻的理解，那么作为作者的我就心满意足了，而我相信你也会颇有收获。

我知道许多读者正处在确定人生目标、同一性、价值观与态度的挣扎之中。小说家钱姆·波托克（Chaim Potok）回忆了母亲力劝他放弃写作的情景：“做个神经外科医生，你不但可以拯救许多人的生命，而且可以赚更多的钱。”波托克的回答是：“妈妈，我不想拯救别人的生命，我想做的是告诉他们应该怎样活着。”（Peterson，1992，p.47）

许多教授、编写心理学著作的人并不仅仅是为了传播心理学，而且希望能帮助学生拥有更好的生活——更睿智，更有价值，更激情洋溢地生活。从这个方面来说，我们与其他领域中的教师和作者一样。神学家罗伯特·麦卡菲·布朗（Robert McAfee Brown）曾问道：“我们为何要写作？”“我承认，除了我们可以获得的奖赏之外……我们写作是因为我们希望改变什么。我们写作因为我们有这样的信念，我们能够改变些什么。这种‘改变’可以是一次对美的全新感知，可以是一次对自我的全新洞察，可以是一次对喜悦的全新体验，也可以是一个投身变革的决定”（Marty，1988）。的确，我写作是希望尽自己的一分力，帮助人们用批判性思维约束直觉，用同情改善批评主义，用理解替代错觉。

第一编

社会思维

本书围绕社会心理学的定义展开：是关于我们如何看待他人（第一编），如何影响他人（第二编），以及如何相互作用（第三编）的科学研究。第四编提供了额外的集中示例，解释社会心理学的理论和研究是如何运用到实际生活中的。

第一编阐释了我们如何看待他人（也称社会认知）的科学研究。每章都囊括了一些主要的问题：我们的社会态度、解释和信仰的合理性如何？我们对自己和他人的印象通常是准确的吗？我们的社会思维是如何构建的？偏见和误解是怎样产生的，我们如何才能更贴近现实？

第 2 章探究了我们对自己的认识与对社会的认知之间的关联。我们的社会环境如何塑造自我概念？自利如何影响我们的社会判断，推动我们的社会行为？

第 3 章介绍我们建构社会信念时采用了令人惊奇甚至可笑的方式。它也将提醒我们一些社会思维方面的陷阱，以及如何避免它们，从而更智慧地思考。

第 4 章描述了我们思维和行动之间的关联，态度与行为之间的关联：我们的态度决定行为吗？还是行为决定态度？抑或双方互相影响？

第 2 章

社会中的自我*

世上有三样东西极其坚硬*：钢铁，钻石，以及认识自己。

——本杰明·富兰克林

（*原文的“hard”语带双关，既有坚硬，又有困难之意。——译者注）

在我们世界的核心，对我们而言，起关键作用的就是我们自己。当我们驾驭生活的航船时，我们的自我感觉持续地渗透其中。

想一下这样一个例子：一天早上，你一起床就发现自己的头发凌乱不堪，而你已来不及洗澡，一时也找不到帽子。于是你稍稍整理了一下，便夺门而出，赶去上课。整个上午，你可能一直都在意着那糟糕的发型。而令你惊讶的是，和你一起上课的朋友们对此并没有任何评论。他们是在私底下嘲笑你那滑稽相，还是太过专注于自我而没有注意到你那诡异的发型？

* 本章内容是由我和圣地亚哥州立大学心理学教授琼·特韦奇（Jean Twenge）合著的。特韦奇教授有关社会排斥和人格与自我的代际变化方面的研究已经发表在很多文章和著作中，包括《唯我的一代：为什么今天的美国年轻人更自信、更独断、更享有权利——却比以前任何时候更痛苦》（Generation Me: Why Today’s Young American Are More Confident, Assertive, Entitled—and More Miserable Than Ever Before，2006），和《自恋流行病：活在权利年代》（The Narcissism Epidemic：Living in the Age of Entitlement，2009）。

焦点效应：高估他人对我们的行为和外表的关注。

焦点和错觉：对了解我们自己的启示

描述焦点效应及其与透明度错觉的关系。

为什么我们常常会高估别人对我们的关注程度？**焦点效应**（spotlight effect）意味着，人类往往会把自己看做一切的中心，并且直觉地高估别人对我们的关注程度。

劳森（Lawson, 2010）对焦点效应进行了研究。以大学生为被试，让他们穿上前面印有“美国之鹰”的运动衫去见同学。约 40% 的被试确信同学会记住自己衣服上的字，但事实上仅 10% 的人会记住。大部分观察者甚至没有发现对方中途出去几分钟再回来时换了衣服。在另一项实验中，即使被试的衣着令人尴尬，例如胸前印有歌星巴瑞·曼尼洛的 T 恤，也只有 23% 的观察者会注意到，此数值远低于在胸前炫耀过气软摇滚歌手的学生所猜测的、班上大约一半的同学会注意到他的比例（Gilovich & others, 2000）。

在我们另类的服装和糟糕的发型上出现的现象，同样也会发生在我们的情绪上：焦虑、愤怒、厌恶、谎言和吸引力（Gilovitch & others，1998）。实际注意到我们的人比我们认为的要少。我们总能敏锐地觉察到自己的情绪，于是就常常出现**透明度错觉**（illusion of transparency）。如果我们意识到自己很快乐，我们的脸上就会清楚地表现出这种快乐，别人会注意到。事实上，我们的表现可能比自己意识到的还要模糊不清。（参见“研究特写：害怕自己显得紧张”）

同样，我们也会高估自己的社交失误和公众心理疏忽（public mental slips）的显著性。如果我们不小心按到了图书馆的警铃，或者无意冒犯了别人，我们可能非常羞愧（“大家都以为我是一个怪人”）。但是研究发现，我们所遭受到的这些烦恼，别人经常注意不到，即使注意到也可能很快就会忘记（Savitsky & others，2001）。

这种焦点效应和与之相关的透明度错觉，只是我们的自我感觉和我们的社会之间相互影响的两个例子。下面还有更多的例子：

- *社会环境对自我觉知的影响。*作为不同文化、种族、性别群体中的个体，我们可能会注意到自己和其他人的不同，以及他人对这些差异的反应。当我写下这些文字时，我的一个欧洲裔的美国朋友刚刚从尼泊尔回来，他告诉我，当他在一个乡下的村庄生活时，强烈地意识到了自己是白人这一事实；巧了，一个小时后，一个非洲裔的美国朋友告诉我，当她在非洲的时候，也强烈地意识到了

研究特写

害怕自己显得紧张

当你靠近一个你感到特别有魅力的人的时候，你是不是会感觉到不自在，或者担心你的紧张太过明显？当你在观众面前讲话时，你是不是会感觉到自己在微微颤抖，并且认为每个人都会注意到？

萨维茨基和季洛维奇（Savitsky & Gilovich，2003）从他们自己和别人的研究中了解到，人们总是高估他们内在状态外露的程度。被要求说谎的人认为他人都会觉察到他的欺骗——他自己感觉如此明显；对味道不好的饮料进行试饮的人认为他人会觉察到他的厌恶——他觉得很难掩饰。

许多人在做陈述报告时不仅感觉焦虑，而且担心别人会发现自己焦虑。如果他们感觉过程中膝盖和手都在颤抖，他们就会担心其他人也注意到了这些，这会加剧和延续他们的焦虑。这就像对失眠的烦恼会进一步妨碍睡眠，对口吃的焦虑会使口吃更严重。（作为一个曾经接受言语治疗的口吃病人，我对此深有体会。）

萨维茨基和季洛维奇想知道“透明度错觉”在那些没有经验的演讲者身上是否也会出现——它会不会影响他们的表现。为了找到答案，他们邀请了 40 名康奈尔大学的学生来到实验室，两人一对做实验。其中一个站在台上另一个坐在对面，由萨维茨基给出一个话题，诸如“今天最好和最坏的事情”之类，让台上的学生讲三分钟。然后两人交换位置，由另一个学生就另一个不同的话题即兴演讲三分钟。之后，他们各自对自己和他人的紧张程度做出评定（从 0 到 10，0 表示一点也不紧张，10 表示非常紧张）。

结果表明，人们认为自己（平均 6.65）比他们的搭档所看起来的（5.25）更紧张，而且这一差异已经达到了统计上的显著性（意味着两者之间的差异不太可能是由偶然因素引起的）。40 位参与者中的 27 位（68%）都认为他们比他们的搭档表现出更多的紧张。

为了检验结果的信度，萨维茨基和季洛维奇重复了这个实验，让人们在一些被动的听众面前演讲，这样他们就不会被观众分散注意力。结果再一次表明，人们高估了自己表现出来的紧张程度。

接下来，萨维茨基和季洛维奇想知道，如果提前告知演讲者他们的紧张其实并没有那么明显，是否会帮助他们放松一点而表现得更好。他们又邀请了康奈尔大学的 77 名学生来到实验室，5 分钟的准备过后，让他们做一个 3 分钟的关于他们学校中的种族关系的录像讲话。对控制组的学生没有再给出更进一步的说明。而对于另外两个实验组的学生，实验者告诉他们说“我知道你们可能会很焦虑，这是很正常的……”并向他们解释人们如何对自己的表现和紧张感到焦虑。对于其中一半的人——安心组的学生——他又说：“你们不必过多地担心他人的想法……把这个记在心上，你们应该放松并做到最好。要知道如果你们紧张，你们不必担心它。”对另一半的人——知情组的学生——他解释了透明度错觉：“研究结果已证明观众不会如你们预期的那样注意你们的焦虑……演讲者感觉他们的紧张很明显，而实际上并不那么明显……把这个记在心上，你们应该放松并做到最好。要知道如果你们紧张，很可能只有你自己知道。”

演讲过后，演讲者和观察者都对演讲质量和演讲者的紧张度进行评定（这次用 7 点量表）。如表 2.1 所示，知情组的演讲者比另外两组的演讲者对自己的演讲和表现都感觉较好，观察者也证实了演讲者的自我评价。

所以，下次当你担心自己表现出紧张的时候，停下来想一想这些实验的教训：他人并没有你想象的那样注意你。

表 :: 2.1 演讲者和观察者对演讲的平均评定等级（7 点量表）

评定类型	控制组	安心组	知情组
演讲者的自我评定			
演讲质量	3.04	2.83	3.50*
放松的表现	3.35	2.69	4.20*
观察者的评定			
演讲质量	3.50	3.62	4.23*
镇定的表现	3.90	3.94	4.65*

* 知情组的每一个数据结果与其他两组的结果都达到统计上的显著差异。

自己是个美国人。

- *带有自我服务色彩的社会判断*。当亲密关系比如婚姻关系出现问题时，个体通常会把责任更多地推到配偶身上。可是，当工作、家庭甚至游戏中的情况好转时，个体却往往会认为自己起了更重要的作用。
- *自我关注激发的社会行为*。为了给人留下好印象，人们经常为自己的外表感到头痛。就像一位理智的政治家一样，我们同样关注其他人的行为和期望，并随之调整自己的行为。对自我形象的关注促使我们做出很多行为。
- *社会关系有助于我们界定自我*。安德森和陈（Andersen & Chen，2002）指出，在多变的关系中，我们的自我也不断变化。可能和母亲在一起时我们是一个样子，与朋友在一起时则是另外一个样子，而和老师在一起时又是一个样子。我们如何看待自己，与此刻我们在关系中的角色紧密相连。而且当关系改变时，我们的自我概念也会发生变化。有研究发现，刚失恋的大学生其自我概念会发生改变，他们会对“我是谁”感到迷惘，这可能是因为分手会导致情感上的痛苦所致（Slotter & others,2010）。

上述例子表明，我们和他人之间的交往是双向的。我们对自己的想法和感觉会影响我们对事件的解释和回忆，也会影响对其他人的反应。而他人也有利于我们进行自我塑造。

对于人类来说，没有比人更有趣的话题了。再者，对于多数人来说，最有趣的人正是他们自己。

——鲍迈斯特（Roy F. Baumeister），《社会心理学中的自我》，1999

在当代的心理学研究中，“自我”成了最热门的一个主题。在2011年的PsycINFO（《心理学研究的在线数据库》）中，有21 693篇论文或著作的摘要中出现了“自我”这个词，是1970年的20倍。我们的自我感觉组织着我们的思想、感情和行动。自我感觉使我们能够回忆过去，评估现在，计划未来，并因此做出适应性的行为。

在以后的章节中我们可以看到，我们大多数的行为不受意识控制，是自动的、无意识的。然而，自我的确会制定长期计划，设定目标和进行约束。它设想各种可能，将自己和他人相比较，管理自己的声誉和社会关系。但是正如马克·利里（Leary，2004）所说，自我更多的时候可能成为幸福生活的障碍。他提及的那种自我中心倾向正是宗教的冥想修炼力求摒弃的：通过使自我平息下来，减少其对物质享受的依恋，重新引导自我。心理学家乔纳森·海特（Haidt，2006）补充道：“神学一直在丢弃自我，超越自我，把自我与某些更伟大的东西融合在一起。”

接下来，我们将在本章探究自我概念（我们如何认识自己）与行为中的自我（自我意识如何指导我们的态度和行为）。

小结：焦点和错觉：对了解我们自己的启示

- 我们很在意自己给别人留下了什么印象，我们倾向于认为别人给予我们的关注比实际要多（焦点效应）。
- 我们也倾向于认为我们的情绪总是表现得比实际情况更明显（透明度错觉）。

自我概念：我是谁

我们如何认识自己？我们对自己的认识有多精确？是什么决定了我们的自我概念？

你可以有多种方式来完成下面这个句子“我是 ______”。（你可能会给出哪五种答案呢？）把这些答案综合起来，就是你的**自我概念**（self-concept）。

我们世界的核心：我们的自我感觉

一个人最重要的部分就是自我。你知道自己是谁，自己的性别，了解自己的感受和记忆。

为了研究自我感源于何处，神经科学家正在探究自我感觉的生理基础——脑部活动。有些研究表明大脑右半球有重要作用。把你的大脑右半球置于睡眠状态（往左颈动脉中注入麻醉剂），你很可能会无法识别自己的脸。一位大脑右半球损伤的病人便无法意识到自己左手的存在并控制它（Decety & Sommerville，2003）。“内侧前额叶皮层”是位于中央沟的一条神经通路，恰好在眼睛后面，它似乎能帮助你把对自我的感觉整合起来。当你思考自我的时候，它会变得很活跃（Farb & others, 2007; Zimmer，2005）。

你的自我概念构成要素以及定义你的自我的那些特殊信念就是你的**自我图式**（self-schemas）（Markus & Wurf，1987）。图式是我们组织自己所处世界的心理模板。我们的自我图式也就是对自己的认识，比如身强力壮的、超重的、聪明的等等，强烈地影响着我们对社会信息的加工。这会影响我们如何感知、回忆和评价他人和自己。如果体育运动是你的核心自我概念（假如成为一名运动员是自我图式的一部分），你就会特别注意别人的身体和技巧。你可能会很快地回忆出与运动有关的经验，而且你会特别记住与自我图式一致的信息（Kihlstrom & Cantor，1984）。如果朋友的生日与你的接近，你更容易记住（Kesebir & Oishi, 2010）。自我图式构成了我们的自我概念，它可以帮我们分类和提取经验。

奥普拉·温弗瑞（美国著名脱口秀女主持人）想象中的可能自我，包括不要超重的自己、富有的自己和健康的自己，激励她努力地工作来实现她想要的生活。

可能的自我

我们的自我概念不仅包括关于我们是什么样子的自我图式，还包括我们可能会成为什么样子，即**可能自我**（possible selves）。马库斯及其同事（Inglehart & others，1989；Markus & Nurius，1986）注意到，我们的可能自我包括我们梦想中自己的样子，比如富有、苗条、充满激情地爱与被爱的自我。同样也包括我们害怕成为的样子，比如失业的、没有人爱的、学业上失败的自我。这种可能自我会激发出一种我们渴望的生活愿景，对我们能够产生巨大的激励作用，或促使我们努力避免成为自己害怕的样子。

社会自我的发展

自我概念已经成为社会心理学的主要焦点，因为它有利于组织我们的思想并指导我们的社会行为（图 2.1）。但是什么会决定我们的自我概念呢？双生子研究发现，基因对人格和自我概念有重要的影响，但是社会经验也扮演了很重要的角色。这些影响包括：

- 我们扮演的角色
- 我们形成的社会同一性
- 我们和别人的比较
- 我们的成功与失败
- 其他人如何评价我们
- 周围的文化

我们扮演的角色

当我们扮演某一个新角色（大学生、父母、售货员）时，我们可能就已经开始了自我觉察。无论如何，像发生在生活大舞台上的表演一样，该角色逐渐被我们的自我感觉所接受。举例来说，当我们扮演角色时，我们会说我们实际上并没有刻意为之。我们为自己的组织说了很多好话，不知不觉地，我们会越来越相信这些话，为这些话提供证据。就这样角色扮演变成了事实（参看第 4 章）。

社会比较

我们如何判断自己是否富有、聪明或矮小？一种方式是通过**社会比较**（social comparisons）（Festinger，1954）。我们周围的人会帮我们建立富有或贫穷、聪明或愚蠢、高大或矮小的标准：我们把自己和他人进行比较，并思考自己为何不同。社会比较可以解释为什么学生进入一所优秀生很少的学校后，会有更高的学业自我概念（Marsh & others，2000）。当结束了名列前茅的中学学习后，很多在学业上非常自信的学生发现，他们的学业自尊在进入了一些知名大学后受到了挑战，因为这些大学中的很多学生在中学毕业时都曾是班里的尖子生。这就好比放在小池塘里的鱼看

图 :: 2.1
自我

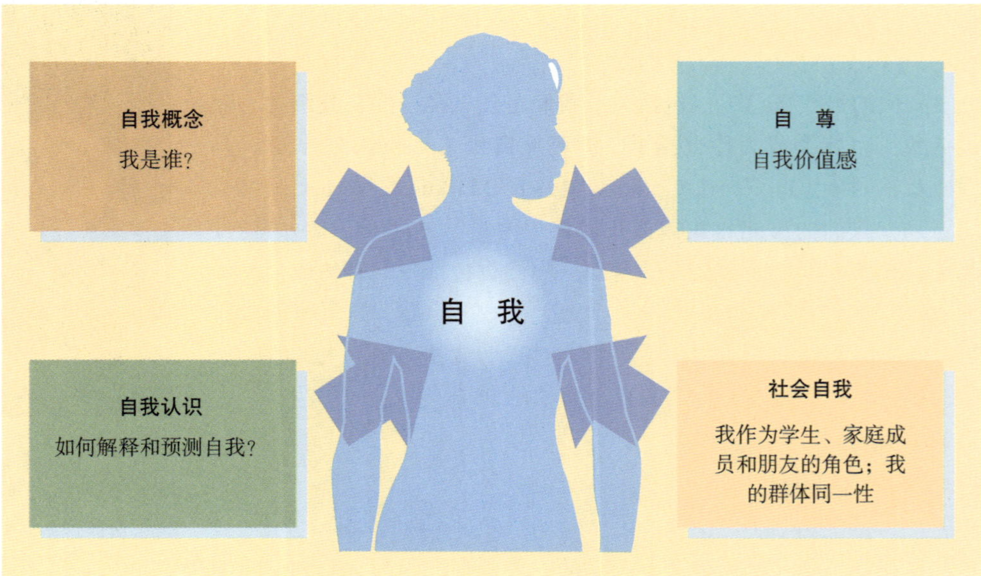

同伴失态时有人偷着乐

2011年，全球首屈一指的媒体大亨默多克父子因《世界新闻报》窃听丑闻而焦头烂额时，有人却幸灾乐祸。

起来会更大一些一样。

我们生活的大部分是围绕社会比较而进行的。当别人不漂亮时我们就觉得自己美丽或英俊，当别人迟钝时就觉得自己聪明，当别人冷血时就觉得自己有同情心。当我们评价某个人的表现时，不可能不把他和自己作比较（Gilbert & others，1995；Stapel & Suls，2004）。因此，我们可能会为别人的失败而暗自高兴，特别是当我们嫉妒的人遭受失败或遇到不幸，而我们不太可能遇到这种倒霉事之时（Lockwood，2002；Smith & others，1996）。

社会比较同样会给人带来烦恼。当人们的财富、地位或业绩增长时，他们会提高对自己成就的评价标准。当人们攀爬成功的阶梯时，通常会向上看，而不是向下看：我们将自己与做得更好的人进行比较（Gruder，1977；Suls & Tesch，1978；Wheeler & others，1982）。当面对竞争时，我们常常承认竞争对手本来就固有一些优势，以此来保护我们业已动摇的自尊。例如，一项对大学游泳运动员的研究发现，他们都说竞争对手有更棒的教练，并且练习了更长时间（Shepperd & Taylor，1999）。

不要做任何比较！

——查尔斯一世，1600~1649

其他人的评价

当别人认为我们很好时，我们也会认为自己不错。如果我们称赞某个小孩很有才华、刻苦学习或者乐于助人，那么这个孩子就会把这些观点融入其自我概念和行为中去（见第 3 章）。如果少数学生因为对自己学业能力的消极印象而感到恐惧，或者女性因为对自己在数学和理科上的低期望而感到恐惧，这表明他们可能对这些领域“不认同”。他们不对这种预断做出辩驳，而是认定自己的兴趣在别处（Steele，1997，见第 9 章）。

社会学家查尔斯·库利（Cooley，1902）以镜像自我（looking-glass self）这一概念，描述我们如何利用“我们以为别人怎么看我们”为镜子来认识我们自己。库利认为，我们根据自己出现在他人面前的样子来感知自我。之后，社会学家乔治·米德（Mead，1934）精炼了这个观点，他指出：与我们的自我概念有关的并不是别人实际上如何评价我们，而是我们想象中他们如何评价我们。我们通常感到赞扬别人比批评别人更自在，更倾向于恭维而不是嘲讽他人。因此，我们可能高估了别人对我们的评价，进而膨胀了我们的自我意象（Shrauger & Schoeneman，1979）。

自我膨胀，正如我们所看到的那样，在西方国家中最常见。有心理学家（Kitayama，1996）报告说，日本人到北美后通常会因朋友间的互相恭维而感到惊讶。当他和同事询问别人最后一次称赞他人是什么时候时，美国人典型的回答是一天前。在日本，人们很少为自己个人的成就而感到骄傲，而是更多地为让他人失望而感到羞愧，因此，日本人一般的回答是四天前。

我们祖先的命运决定于别人如何评价他们。当他们受其群体保护时，其生存的机会就会变大。当他们意识到群体对自己不满时，他们会感到羞愧，并做出低自尊的行为反应。马克·利里（Leary，1998，2004）指出，作为他们的后代，我们有类似的根深蒂固的归属需要，当我们面对社会排斥时会感到低自尊的痛苦。他还指出，我们基于自尊这一心理尺度来对他人如何评价我们进行监控，并做出相应行为反应。

自我与文化

你是如何完成前文中“我是 ________”这个句子的？你给出的是你个人特点的信息，例如“我很正直”、“我很高”或是“我很外向”，还是描述你的社会同一性的信息，例如“我是双鱼座的”、“我是快餐爱好者”，或是“我是基督教徒”？

对于某些人群而言（特别是那些西方工业文化中的人），**个人主义**（individualism）十分盛行，身份更多是独立的。青春期是与父母分离的时期，个体开始依靠自己，并且开始定义个人独立的自我。即便个体来到一片陌生的土地上，他的特性——作为有特殊能力、特点、价值和梦想的独特个体——也会完整地保留下来。

西方文化中的心理学假定，定义你的可能自我并相信你具有很强的自我控制能力会使你的生活富足。西方文学，从《伊利亚特》到《哈克贝利·费恩历险记》，大都赞美那些依靠自己成功的人。电影专门描写那些反抗制度的英雄。歌词中也常常鼓吹：“我行我素”、“我是我自己”，并且推崇“至高无上的爱”——爱自己（Schoeneman，1994）。当人们经历过富裕、地位改变、城市化和大众传媒后，个人主义开始迅速发展起来（Freeman，1997；Marshall，1997；Triandis，1994）。

而亚洲、非洲和中南美地区的本土文化则把**集体主义**（collectivism）放在更重要的位置上，即个人要服从集体，并据此来定义自我。这种文化孕育了**相互依存的自我**（interdependent self，Kitayama & Markus，1995）。这些文化中的人们喜欢进行自我批评，却很少自我肯定（Heine & others，1999）。马来西亚人、印度人、日本人和传统的肯尼亚人（例如马赛人），比澳大利亚人、美国人和英国人更可能用群体特性来填充“我是 ______”的句子（Kanagawa & others，2001；Ma & Schoeneman，1997）。集体主义国家的人们在聊天时很少使用代词“我”（Kanagawa & Kashima，1998，2003）。当语法或上下文能够清楚地表明主语时，个体会说“去看电影”，而不说“我去看电影”。与美国的教会网站相比，韩国的教会网站更强调社会关系和参与，而较少强调个人心灵成长和自我完善（Sasaki & Kim, 2011）。

将文化鲜明的分为个人主义和集体主义似乎过于简单化了，因为任何文化中的个人主义都会在不同的个体之间有所差异（Oyserman & others，2002a，2002b）。有个人主义的中国人，也有集体主义的美国人，并且其中的大多数有时表现出无私，有时表现出自私（Bandura，2004）。这种差异同样存在于同一国家的不同区域和政治观点之间。在美国，夏威夷人和住在最南部的人要比那些西部山区比如俄勒冈州和蒙大拿州的人表现得更为集体主义（Vandello & Cohen，1999）。保守派倾向于成为经济上的个人主义者（“不要征税或管制我”）和道德上的集体主义者（“制定法律来约束不道德行为”）；而自由主义者则倾向于成为经济上的集体主义者（支持全民健康保障）和道德上的个人主义者（“别拿法律来约束我”）。尽管存在很多个体和亚文化差异，研究者们还是继续把个人主义和集体主义作为文化变量进行研究（Schimmack & others，2005）

个人主义在文化内的滋长

文化也会随着时间而变化，且许多文化似乎正在走向个人主义。新的经济机遇使印度传统的集体主义方式受到了挑战。25 岁以下的中国居民比 25 岁以上者更同意类似于“为你自己起一个名字”和“过你自己想要的生活”这些具有个人主义色彩的说法（Arora，2005）。年轻、城市化、家境富裕、独生子女，具备这些现代特征的中国公民也更支持自我中心的说法（Cai & others, 2011）。在美国，新一代的年轻人比 20 世纪六七十年代的年轻人报告了更多的积极自我感受（Gentile & others, 2010; Twenge & Campbell, 2008; Twenge & others, 2011; 但也有反对意见，参考 Trzesniewski & Donnellan, 2010）。有研究发现，从 1980 年到 2007 年间，流行歌曲歌词中“我”出现得越来越多，而“我们”出现的频率则降低了（DeWall & others, 2011）。曲风也从上世纪 80 年代多愁善感的情歌（如 1981 年的《爱无止境》）转为 21 世纪歌颂自我的歌曲（如 2006 年贾斯汀 · 汀布莱克的单曲《性感美背》）。

© Jack Ziegler/ The New Yorker Collection/www.cartoonbank.com

甚至，从名字里都能够看出这种向个人主义的转变：现在的美国父母不愿意给孩子起一个普通的名字，他们更希望帮孩子挑一个不同寻常的名字以使他们脱颖而出。在 1990 年出生的男孩中，将近 20% 的人的名字属于十个最常见名字之一。而到 2007 年，这一比例只有 9%（Twenge & others，2009）。而到 2010 年，这一比例仅为 8%，且女孩的比例也相近（Twenge & others, 2011）。到了今天，不是只有名人的孩子才能获得诸如“夏伊洛”、“苏芮”、“诺克斯”或者“苹果”这样独特的名字，你一样可以拥有。

美国人和澳大利亚人多数是移民后裔，他们比欧洲人更愿意给孩子起不寻常的名字。美国西部和加拿大居民都是独立先锋的后代，与稳定的东部居民相比，他们更愿意给孩子起不寻常的名字（Varnum & Kitayanma, 2011）。所处的时代或地域越是强调个人主义，父母给孩子取独特名字的可能性就越大。

这些变化体现了比名字更深层的东西：个人和社会之间的互动。究竟是关注“独一无二”的文化因素引起了父母对名字的选择，还是带有个人主义观念的父母希望他们的孩子与众不同而创造了文化呢？歌词中同样存在这个“先有鸡还是先有蛋”的问题。究竟是人们更关注自我，所以喜欢听关注自我的歌，还是听多了关注自我的歌，人们也变得更加关注自我？（Markus & Kitayama, 2010）。对于这个问题，我们尚不能给出完整的解释，可能是二者兼而有之吧。

文化与认知

社会心理学家理查德·尼斯贝特（Richard Nisbett）在《思维地理》(2003）中声称，集体主义会导致不同的思维方式。想一想，以下三种事物：一只熊猫、一只猴子、一根香蕉，哪两者更可能在一起？也许是一只猴子和一只熊猫，因为他们都属于“动物”类？亚洲人却比美国人更可能发现这样一种关系：猴子吃香蕉。当呈现一幅栩栩如生的水下场景时（图 2.2），日本人自然地回忆出比美国人多 60% 的背景特征，且他们的回忆以对关系的描述为主（青蛙在植物旁边）。而美国人把注意更多地放到焦点目标上，比如一条大鱼，而较少注意环境的特点（Chua & others，2005；Nisbett，2003）。该结果在检验不同脑区激活的研究中也得到了验证（Goh & others，2005；Nisbett，2003）。当呈现几组关于儿童的图画时，日本学生会通过考察所有儿童的面部表情来判断某个孩子是高兴还是愤怒，而美国人只会把焦点放在那个他们要评定的孩子身上（Masuda & others，2008）。尼斯贝特等人（2003）从这类研究中得出结论：东亚人的思维更具有整体性，从人际关系和环境的角度出发来思考人和物。

图 :: 2.2 亚洲人和西方人的思维

当呈现一种水下场景时，亚洲人常常描述环境和鱼类之间的关系。美国人更多地只注意到单个的大鱼（Nisbett，2003）。

图 :: 2.3 你会选哪支笔?

当研究者（Kim & Markus, 1999）邀请被试选择一支笔时，77% 的美国人选择不寻常颜色的那支（不管它是橙色的或是绿色的），但只有 31% 的亚洲人挑选了不寻常颜色的笔。研究者认为，这个结果说明了不同文化对独特性和一致性的偏爱。

如果你生长在西方文化下，别人会告诉你，你可以通过自己的作品、所做的决策、购买的商品、甚至刺青和身体穿孔来“表现自己”。当被问及语言的作用时，美国学生更可能提及它的自我表达功能；而韩国学生却注重语言如何促进与他人的交流。美国学生也更倾向于把他们的选择视作表现自己的方式，并且会更加积极地评价自己的选择（Kim & Sherman，2007）。金和马库斯（Kim & Markus，1999）指出，个性化的广告板（“无咖啡因咖啡、单份的、小量的、高热量”）在北美的咖啡店里看起来很正常，但是在汉城就显得有些怪异了。韩国人不太重视表达自己的独特性，而更重视传统文化和分享行为（Choi & Choi，2002，图 2.3）。韩国的广告倾向于表现众人在一起，极少强调个人的选择和自由（Markus，2001；Morling & Lamoreaux，2008）。

一个具有相互依赖自我的人会有更强烈的归属感。当相互依赖型的人与家人、同事和朋友完全分开后，会失去那些定义自我的社会联系。当要求中国被试想他们的母亲时，被试与自我有关的脑区会激活，而西方被试只有在想自己时才可以激活这一脑区（Zhu & others, 2007）。相互依赖型的自我并非一个单独的自我，而是多个自我的组合：为人子女的我、职场中的我以及作为朋友的我，等等（Cross & others, 1992）。如图 2.4 和表 2.2 所示，相互依赖型的自我存在于社会关系中。袒露心声的交流比较少，大多是礼貌性交谈（Holtgraves，1997），并且人们更多聚焦于寻求社会支持（Lalwani & others，2006）。有研究发现，即使朋友不喜欢，60% 的美国学生仍会与自己喜欢的对象认真交往，尽管他们的朋友们不喜欢他或她；而这一比例在中国学生中只有 27%。一半中国学生说，如果父母反对，他们就会放弃自己喜欢的人，而这一比例在美国学生中仅有不

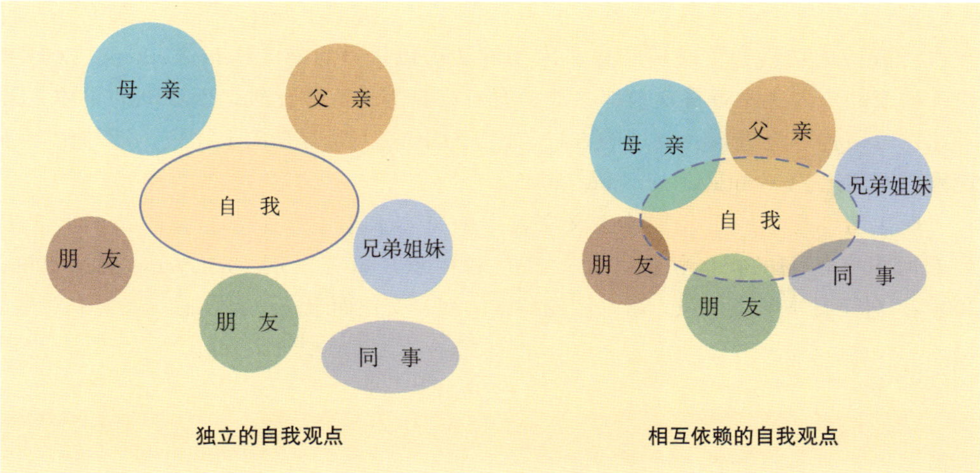

图 :: 2.4
独立或依赖的自我建构
独立的自我承认自我与他人的关系，但是，依赖的自我会更深入地融入他人（Markus & Kitayama, 1991）。

到三分之一（Zhang & Kline, 2009）。与个人主义文化不同，在相互依赖型的文化中，社会生活的目标不是提升个体自我或独立做出选择，而是协调并支持所处的群体。

即使在一种文化内部，个人的生活经历也会影响其自我观念。如果人们能充分地理解个人自我的恒常性，当他们经历搬迁时，相对而言就会更加快乐；而总是住在同一个地方的人，如果他能意识到自己的集体同一性则会相对更快乐（Oishi & others，2007a，2007b）。我们的自我概念似乎会适应我们所处的情境：如果你一生中都与同一群人交往，那么比起每几年因迁徙而交往的新朋友，他们对你个体自我的影响更为重要。你的自我成了你的忠实伙伴（正好应了那句似乎没意义又正确的话："无论你去哪儿，你就是你"）。

文化和自尊

在集体主义文化中，自尊与"别人怎么评价我和我的群体"密切相关。自我概念是有弹性的（与特定的情境有关），而不是固定不变的（跨情境的持久性）。在一项研究中，有五分之四的加拿大学生认为自己在不同活动领域里仍然保持了自我（内在自我），而中国与日本的学生的这一比例则仅为三分之一（Tafarodi & others，2004）。

在个人主义文化中，个体的自尊更多是个人的而不是关系的。对个人特性的威胁会比对群体特性的威胁更让人感到气愤和郁闷（Gaertner & others, 1999）。在日本，

表 :: 2.2　独立或相互依赖的自我概念

	独立的	相互依赖的
同一性是	个人的，用个体特质和目标定义	社会的，用与他人的关系定义
看重的是	我——个人的成就和实现；我的权利和自由	我们——群体的目标和团结；我们的社会责任和关系
反对	从众	自我中心
典型座右铭	"你拥有的自我是真实的"	"没有人是孤岛"
支持的文化	个人主义的西方世界	集体主义的亚洲和第三世界

一个人要培养牺牲小我成全大我的精神。
——中国谚语

人们在自己失败后会更坚持工作，因为不想让别人失望；而在个人主义国家，人们在自己取得成功后会更坚持工作，因为成功可以提升自尊（Heine&others，2001）。西方国家的个人主义者喜欢与那些能提升自己自尊的人作比较，而亚洲的集体主义者往往以一种可促进自我改进的方式与他人作比较（通常是向上比较，即与比自己优秀的人相比）（White & Lehman，2005）。

现在请你想象一下，集体主义文化中的日本大学生和个人主义的美国大学生会如何报告他们的积极情绪，比如高兴和得意？研究发现（Kitayama & Markus，2000），对于日本学生来说，高兴伴随积极的社会交往而来——亲密感、友好和尊敬。

研究背后的故事

马库斯和北山忍论文化心理学

北山忍和马库斯在好奇心的驱使下开始了他们的合作。北山忍想知道美国式的生活为什么如此怪异。马库斯则认为日本也有一些奇妙的逸事。文化心理学就是使稀奇的事变成熟悉的，而使熟悉的事变成陌生的。我们共同遭遇的文化碰撞令我们震惊，并且让我们确信，一旦涉及心理功能，文化也有影响。

在日本对英语很好的学生演讲了几周以后，马库斯想知道为什么这些学生不发表任何言论——没有问题，没有评论。她以为学生的兴趣点和她不同，否则为什么没有回应呢？意见、争论和批判性思维的迹象会表现在哪儿呢？就算她直接询问：“最好的面店在哪儿？”答案依然是不变的沉默，而后几个学生回应“要看情况。”日本学生难道没有偏好、想法、意见和态度吗？如果没有这些东西，那么他们头脑中有什么呢？如果一个人不告诉你他在想些什么，你怎么去了解他呢？

北山忍对美国学生不是仅仅听讲座而且有时经常打断彼此并与教授互相交谈的原因感到好奇。为什么这些评论和问题带有强烈的情绪并且伴有竞争意味？这种争论可以表明什么？为什么智慧看上去似乎与得到他人的赞许有关，甚至是在彼此都非常了解的班级里？

美国主人会给自己的客人各种选择，这使北山忍深感惊讶。你要白酒还是啤酒，软饮料还是果汁，咖啡还是茶？为什么让客人承担这些琐碎的决定？主人当然应该知道在这种场合什么是好的饮料，并且应该准备一些适当的好东西。

选择是一种负担吗？马库斯想知道这是不是在日本的某种特殊受辱经历的关键所在。一个 8 人小组在法国餐馆用餐，每个人都遵循通用的用餐程序，首先是看菜单。侍者很靠近地站在他们旁边。马库斯说她选择开胃食品和主菜。接着是日本主人和日本客人之间的紧张谈话。当正餐送上来时，她发现并不是她刚才要的那些。桌上每个人的食物都相同。这是非常令人沮丧的。如果你都不能选择自己的正餐，那你怎么会觉得这是一种享受呢？如果每个人的食物都相同，那菜单还有什么用呢？

在日本，一致性是他们想要的感觉么？当马库斯走在京都的寺庙广场上时，看到了小径岔口处的一个标志，上面写着：“寻常小路。”谁会想走普通的小路啊？特殊的、较少人走的路在哪儿呢？选择不寻常的路可能是美国人显而易见的路线，但是在这个例子中它通向寺庙广场。这种寻常小路不是无趣或没有挑战的路，而是意味着它是最适合的好路线。

这些交流促进了我们的实验研究，并且提醒我们生活中总有比我们所知道的更好的路。到目前为止，大多数心理学实验是心理学家在欧洲和美国的中产阶级中进行的。在其他的社会文化环境中，有关如何做人和如何有意义地生活可能会有不同的思想和行为，这些差异会对心理学功能产生影响。这也是我们对合作研究和文化心理学一直保有兴趣的燃料。

黑兹尔·罗斯·马库斯
(Hazel Rose Markus)
斯坦福大学

北山忍
(Shinobu Kitayama)
密歇根大学

而对美国学生而言，高兴通常伴随解脱的情绪——效能感、出众和骄傲。集体主义文化中的冲突常常发生在群体之间；而个人主义文化则会产生更多个体之间的争斗（如犯罪或离婚）（Triandis，2000）。

在美国进行了 10 年的教学和研究后，北山忍（Kitayama，1999）访问了他的日本母校——京都大学。当他介绍西方的独立自我的观点时，研究生们感到"震惊"。"我坚持介绍西方的自我概念的观点（我的美国学生直观理解的观点）并最终说服他们真的相信，很多美国人对自我都有这种分离的想法。尽管如此，最后还是有一个学生深深地叹息道，'这确实是真的吗？'"

当东西方文化发生交流后，例如，由于西方对日本大都市的影响以及日本学生到西方国家访学或交换，他们的自我概念会变得越来越个人主义吗？伴随着"相信个体自己的能力"的忠告，个人英雄式的警察不顾他人阻挠抓捕坏人的电影，这些宣扬个人成就的西方文化会对日本人产生冲击吗？根据斯蒂文·海因及其合作者（Heine & others，1999）的报告，似乎确实如此。日本的交换学生在英国哥伦比亚大学生活了 7 个月后，个人自尊增强了。在加拿大，那些长期的亚洲移民的个人自尊要高于那些近期的移民（也高于生活在亚洲的人）。

自我认识

希腊哲学家苏格拉底忠告我们："认识你自己。"我们定当努力为之。我们轻而易举地形成对自己的信念，而且在西方文化背景下我们可以毫不迟疑地解释我们的感受和行为表现。但是我们对自己真正了解多少呢？

作家刘易斯（C. S. Lewis，1952，pp. 18-19）写道："在整个宇宙中有一件事，而且只有一件，我们对之的了解比我们能从外部观察学到的要多，""这就是'我们自己'。可以这么说，我们拥有内在信息，我们知道内情。"当然，有时候我们以为自己知道，但是我们的内在信息往往是错的。这就是一些看似吸引人的研究所无法避免的结论。

行动中的集体主义：2010年海地地震过后，人们互相帮助。

解释我们的行为

你为什么会选择那所学校？你为什么要攻击室友？你为什么会爱上他（她）？有时候我们知道原因，而有时候我们不知道这是为什么。当问及我们为什么会有这样的感受和表现时，我们会做出看似合理的回答。然而，当原因有点微妙时，我们的自我解释常常是错误的。我们会忽视一些重要因素，而夸大一些无关因素。研究发现，人们错误地把雨天忧郁症归因为生活的空虚（Schwarz & Clore，1983），而且人们都矢口否认媒体对自己的影响，但是却承认媒体会对其他人产生影响。

事实上，我并不知道我为什么如此悲伤。
——莎士比亚，《威尼斯商人》，1596

还有一些研究也发人深省。研究要求人们在两三个月的时间内每天记录自己的心情（Stone & others，1985；Weiss & Brown，1976；Wilson & others，1982）。同时，他们也记录了一些可能影响自己心情的因素：星期几、天气、睡眠时间等等。研究最后要求人们判断每个因素在多大程度上影响了自己的心情。即使他们把注意力放在日常心情之上，他们对每个因素重要程度的认识与其实际的重要程度之间并没有什么关系。例如，人们会认为他们周一的心情会更糟糕，而事实上他们周一时的心情并不比其他工作日更差。这些发现给人们提出了这样一个令人不安的问题：我们对让自己高兴或不高兴的事情真正有多少洞察力？正如吉尔伯特在《撞上快乐》中所说的：对于那些可以使我们幸福的事情，我们通常是一个蹩脚的预言家。“与我们生活的世界相比，我们对自己头脑中的世界似乎了解更少。”

预测我们的行为

人们在预测他们的行为时同样会犯错。麦克唐纳和罗斯指出，约会中的情侣往往过于乐观地预言他们的关系会天长地久。他们往往只看到积极的方面，感觉他们肯定会是永远的恋人。而其朋友和家人常常比他们有更好的了解（MacDonald & Ross，1997）。在滑铁卢大学的研究发现，学生对其室友恋爱持续时间的预测比对自己恋爱持续时间的预测更准确。住院医师们一般不太擅长预测自己在外科手术测试中的表现，但是同组的同事对彼此表现的预测却会出奇的精确（Lutsky & others，1993）。如果你恋爱了，你又想知道这段感情会持续多久，那么不要问你的心，去问你的室友吧。如果你想预测你的一些常规举动，例如你在打电话或看电视时笑的频率，你的亲密朋友能给出最精确的评估。（Vazire & Mehl，2008）。

在行为预测中最常见的一个错误是低估我们完成一项任务的时间［称为**规划谬误**（planning fallacy）］。波士顿的“大开挖”高速公路建设项目原本设想会用 10 年，但是实际上却用了 20 年。悉尼歌剧院预计会在 6 年内完工，但是却花了 16 年。一项研究让一些正在写毕业论文的本科生预测他们多久能写完。最后发现，一般学生会比他们预计的“最现实的”时间晚三周，而会比他们预计的“最糟糕的情况”晚一周（Buehler & others，2002）！但是，朋友和老师们却能够预测出他们何时才能完成论文。就像你应该问你的朋友们，你的恋爱关系能够维持多久一样，如果你想知道你什么时候能完成学期论文，那就去问你的室友或妈妈吧。或者你可以像微软那样：经理们可能会无意识地在软件开发者给出的预计完成时间上增加 30% 的时间，而如果项目中涉及新的操作系统，就可能要增加 50% 的时间（Dunning，2006）。

所以，怎样才能提高你对自己行为的预测能力呢？最好的方式就是参考过去在相似情境下的行为。很显然，人们之所以会低估完成某件事情的时间，是因为他们错误地记忆了之前完成任务实际所用的时间（Roy & others，2005）。

在花钱方面，我们的预测能力是否同样糟糕？约翰娜·皮茨和罗杰·比勒（Johanna Peetz & Roger Buehler, 2009）研究发现，答案是肯定的。加拿大大学生预测自己下周会花费 94 元，而事实上却花了 122 元。如果事前想想自己上周花了 126 元，他们的预测可能会更准确。一周后再次测验，这些被试仍然预测自己下周只需 85 元就够了。说自己想存钱的被试更可能预测自己会少花钱，但事实上花得并不比别人少。因此，与认为自己可以很快完成任务一样，我们也觉得自己可以省钱，但问题在于实际做起来很困难。“知人者智，自知者明”，如果老子的这句话是对的，那么很明显大部分人是智大于明的。

预测行为并不是件容易的事情，甚至是预测自己的行为。这就是一些人占卜问卦寻求帮助的原因。

预测我们的感受

我们在做人生中的许多重大决定时，通常会考虑到未来的感受。和这个人结婚能一辈子都幸福吗？进入这个行业会有满意的工作吗？这次休假会是一次愉快的经历吗？抑或最后的结果更可能是离婚、失业和令人失望的假期？

有时候我们知道自己会有怎样的感觉——如果我们考试不及格，在大型比赛中获胜，或用半小时漫步来减轻我们的紧张情绪。我们知道什么会让自己愉快，什么会让自己担忧或感觉无聊。当然有时候，我们可能错误地预测自己的反应。如果在求职面试时被问起性骚扰的问题，自己会有什么感受。伍德茨卡和拉弗朗斯（Woodzicka & LaFrance, 2001）调查的女性大都回答她们会感到愤怒。然而，当实际问到这样的问题时，女性更多地体验到的是害怕。

“情感预测”的研究显示，人们很难预测自己未来情绪的强度和持续时间（Wilson & Gilbert, 2003）。人们会错误地预测自己谈一场浪漫的恋爱、收到礼物、输掉选举、赢得比赛和被侮辱后的感受（Gilbert & Ebert, 2002；Loewenstein & Schkade, 1999）。下面是一些例子：

- 向男青年呈现引发性唤起的图片，然后使之进入一个充满激情的约会情境。在他们约会时要求他们“停止”，他们承认自己可能无法停止。如果事先没有向他们呈现过引发性唤起的图片，他们更倾向否定其性侵犯的可能性。当没有性唤起时，个体很容易错误地预测性唤起的人的感觉和行为——这也就是为什么人们性欲强烈时会冒出意想不到的爱意表白，意外受孕，以及由衷发誓痛改前非的性虐待者却一再侵犯他人的原因。
- 饥饿的购物者会比那些吃完了很多蓝莓松糕的人有更强的购物冲动（“那些油炸圈饼会很美味！”）（Gilbert & Wilson, 2000）。当饥饿的时候，个体会错误地预测自己对油炸圈饼的食量。而当吃饱了以后，个体会认为深夜喝牛奶时再吃个油炸圈饼没那么美味——当你已经吃了一两个的时候，购买的欲望会迅速衰减。
- 你是否会喜欢速配的对象？这取决于在你之前与该对象约会的女性如何评价他。女大学生预测，相比于单纯依赖照片和介绍等客观信息，如果前一位约会女性提供一些约会对象的信息，自己会更喜欢约会对象。但在实验结束时，大多数被试却报告说，相对于另一位女性的主观意见，对约会对象的简介能更好地预

当一种感觉存在的时候，他们感到它好像永远不会走；当它消失以后，他们感到它好像从未有过；当它回来时，他们感到它好像从未消失。

——乔治·麦克唐纳，What's Mine's Mine, 1886

测自己对其喜欢的程度（Gilbert & others, 2009）。

- 人们预测，当像飓风一样的自然灾害发生时，死亡人数越多他们会越难过。而当 2005 年卡特里娜飓风来袭之后，研究者发现，学生们对死去 50 人或死去 1 000 人的感伤程度几乎没有差别（Dunn & Ashton-James，2008）。人们感到悲伤是受什么影响呢？看一些受害者的图片。难怪灾难之后电视上的那些心酸画面会对我们有如此之大的影响。
- 不论坏事还是好事，人们都会高估它们对自己幸福感的影响。例如失恋、运动目标未实现等坏事（Eastwick & others, 2007a; van Dijk & others, 2008），或暖冬、减肥效果、更多电视频道、更多闲暇时间等好事。甚至一些极端的事件，比如中了彩票或意外瘫痪，对长期幸福的影响也会低于多数人的想象。

我们的直觉理论似乎是：我们想要，我们得到，我们快乐。如果这是事实，这一章的字数就会少很多。实际上，吉尔伯特和威尔逊（Gilbert & Wilson，2000）指出，我们常常"错误地想要得到某些东西"。人们常常想拥有一个有阳光、海浪和沙滩的田园荒岛假期，但当他们一旦发现"自己多么需要平凡生活、智力刺激和可口零食"时，可能会颇为失望。我们通常会认为如果我们的候选人或小组赢得胜利，那我们会高兴很久。但多个研究显示我们易受**影响偏差**（impact bias）的影响——高估情绪事件的持久性影响。这些好消息带来的情绪痕迹消失得比自己预期的要快得多。

在消极事件之后我们尤其会倾向表现出"影响偏差"。吉尔伯特及其同事（1998）让教授的助手来预测他们获得或没有获得终身职位的几年后的快乐程度，多数人认为好结果对他们未来的快乐很重要。"失去工作会压垮我的生活目标，那是可怕的。"然而当事件过去几年后再调查时，那些没有得到职位的人与得到职位的人几乎同样快乐。威尔逊和吉尔伯特（Wilson & Gilbert，2005）说，影响偏差是很重要的，因为人们的"情感预报"——他们对自己未来情感的预测——会影响他们的决定。如果人们高估了快乐的强度和持续时间，那么他们可能去买一辆新车或者做个整容手术，结果却发现买车和整容的投资有点轻率。

举一个更具体的例子。吉尔伯特和威尔逊让我们想象：如果我们失去了非优势手，一年之后会有怎样的感觉。与现在相比，你会多快乐？

思考这件事的时候，你也许会认为这种不幸可能意味着：不能拍手，不能系鞋带，不能打篮球，不能弹钢琴。尽管你可能会永远为失去手而遗憾，但你在事件发生后的一段时间的快乐会受这一事件及其他所有事件（Gilbert & Wilson，2000）的影响。因为关注消极事件，人们会忽视其他所有事件对快乐的贡献，所以就会过高地预期自己的痛苦。"你所关注的事不会带来你所以为的那样大的改变，"研究者斯卡迪和卡尼曼（Schkade & Kahneman，1998）如是说。

哭泣可能会持续整晚，但是快乐必随黎明而来。
——《旧约·诗篇》30：5

此外，威尔逊和吉尔伯特（2003）还认为，人们往往忽视了自己心理免疫系统的速度和力量，包括合理化策略、看淡、原谅和限制情绪创伤。在很大程度上，被我们忽视的心理免疫系统［吉尔伯特和威尔逊称之为**免疫忽视现象**（immune neglect）］让我们比预期更容易适应诸如残疾、恋人分手、考试不及格、丢掉工作以及个人与团队的失败等挫折。令人惊讶的是，吉尔伯特与其同事报告（2004），相比轻微的愤怒（不能激活我们的防御机制），重大的消极事件（可以激活我们的心理防御机制）所引发的痛苦持续的时间反而更短。换句话说，我们是有恢复力的。

自我分析的智慧和错觉

引人注目的是，我们对什么会影响自己以及自己的行为与感受的直觉经常是完全错误的。但是我们也不要夸大这种情形。当行为的原因很明显，而正确的解释又符合我们的直觉时，这种自我觉知是准确的（Gavanski & Hoffman，1987）。当行为的原因对一个观察者来说显而易见时，那么它往往对我们所有人而言都是显而易见的。

第 3 章将进一步探索，我们对大部分心理事件都没有觉察。有关知觉和记忆的研究显示，我们对自己思维的结果比对思维的过程知道得要多。比如说，当我们在心里设置时钟来记录时间或在指定的时间唤醒我们时，或当我们在一个问题无意识地“孵化”后自发获得一种创造性灵感时，我们的确经历了心理的无意识工作。举例来说，具有创造性的科学家和艺术家，常常不知该如何报告其产生灵感的思维过程，尽管他们很了解结果。

威尔逊（Wilson，1985，2002）提出一个大胆的设想：控制我们社会行为的心理过程与解释我们行为的心理过程显然不同。我们的理性解释可能会因此忽略了实际上指引我们行为的内在态度。在 9 个实验中，威尔逊及其同事（1989，2008）发现，对事和人表现出的态度常常能较好地预测以后的行为。如果他们事先让被试分析自己的感受，那么他们的态度报告将变得无效。例如，情侣对于他们关系的幸福感可以很好地预测在几个月后他们是否会继续约会。但是，如果被试在评价自己的幸福程度之前就已经列出其关系好坏的所有原因，那么之后他们的态度报告在预测未来关系时变得无效！很显然，仔细研究自己关系的过程会使个体更多地注意容易描述的因素，而事实上这些因素并没有关系中的其他方面重要。我们常常是“自己的陌生人”，威尔逊如是说（Wilson，2002）。

> 自我沉思只会让混乱的思绪变得更糟。
>
> ——西奥多·罗特克，The Collected Poems of Theodore Roethke, 1975

威尔逊等人（Wilson & others，2000）认为，这说明我们有**双重态度系统**（dual attitude system）。我们关于人或事的自动的内隐态度通常与受意识控制的外显态度不同（Gawronski & Bodenhausen，2006；Nosek，2007）。例如，从儿童时期开始，我们可能会对那些我们现在口头上尊敬和欣赏的人保持一种习惯的、自动的恐惧或厌恶。威尔逊指出，尽管可能外显态度改变起来相对容易一些，“内隐态度就像老习惯一样，改变起来非常缓慢。”然而，通过重复练习来形成新的态度，新的习惯态度就能够代替旧的态度。

这些自我认识的局限性具有两种应用价值：第一是对于心理调查来说，自我报告常常是靠不住的，自我理解中的错误限制了主观个人报告的科学性。

其次，在我们的日常生活中，人们报告和解释其经验的真实性无法保证这些报告的有效性。我们知道，法庭上个人证言具有强大的说服力（见第 15 章司法社会心理学），但是这有可能是错误的。牢记这种潜在错误，可以帮助我们较少产生受人胁迫和上当受骗之感。

小结：自我概念：我是谁

- 我们对自我的认识可以帮助我们组织思想和行为。当我们加工有关自己的信息时，我们可以很好地回忆它（自我参照效应）。自我概念包括两个元素：（1）指导我们对与自我有关的信息进行特殊加工的*自我图式*，（2）我们梦想或害怕成为的*可能自我*。
- 文化也会塑造自我。某些人，特别是在崇尚个人主义的西方文化中，假定存在一个*独立的自我*。还有一些人，主要存在于亚洲和第三世界文化中，假定存在一个*相互依赖的自我*。如第5章会进一步解释的，这些不同的观念有助于解释社会行为的文化差异。
- 我们的自我认识存在有趣的缺陷。我们常常不知道自己为什么以这种方式行动。当观察者也无法发现我们行为的有力影响作用时，我们也会忽视它。这些控制我们行为的内部的微妙过程可能与我们对它有意识的、清楚的解释不同。我们也往往会错误地预测自己的情绪。我们会低估心理免疫系统的力量，并且因此倾向于高估我们对重大事件的情绪反应的持久性。

自尊的实质及其动机力量

理解自尊及其对行为和认知的影响。

每个人都渴望获得自尊，这是我们自我提升的动力。但是，为何自尊有时也会给我们带来困扰？

自尊（self-esteem）即我们对自我的全面评价，它是我们所有的自我图式和可能的自我的总和吗？如果我们认为自己是有魅力的、强壮的、聪明的，并且注定会是富有的和被人爱的，我们就会有高自尊吗？是的，克罗克和沃尔夫（Crocker & Wolfe，2001）认为，有一些特别的方面（如外表、聪明等）对人们的自尊非常重要。“一个人的自尊可能取决于学校中的良好表现和外表的魅力，而另一个人的自尊可能取决于为上帝所爱和遵守道德标准。”因而，第一个人感觉自己很聪明很漂亮时会有较高的自尊，而第二个人则在感到自己正直时才会有较高的自尊。

但是布朗和达顿（Brown & Dutton，1994）主张，这种“自下而上”的自尊观点并不全面。他们认为因果的方向可能是相反的。那些以综合的方式评价自己的高自尊个体，更可能看重自己的外表、能力和其他方面。他们更像是初为父母之人，爱他们的孩子，喜欢孩子的手指、脚趾和头发。父母并不是先评价自己孩子的手指或脚趾，然后才决定如何从整体上评价孩子。

然而，具体的自我知觉（self-perception）的确会有一定的影响。如果你认为你擅长数学，你将更有可能在数学方面做得好一些。即使整体自尊不能很好地预测学业表现，但学业的自我概念（你是否认为自己在学校中表现良好）能预测学业表现（Marsh & O’Mara，2008）。当然，任何事情都会引起其他的结果：你在数学方面做得比较好，会使你相信你擅长数学，继而会激励你去做得更好。所以，如果你想去鼓励一个人（包括你自己），你最好给予具体的表扬（“你很擅长数学”）而不是泛泛的表扬（“你很棒”）；而且如果你的赞誉反映真实的能力和表现（“与上一次测验相比，你真的有所提高”），而不是盲目的乐观主义（“你能做任何事”）。真实且具体的反馈是最好的（Swann & others，2007）。

想象一下，你刚拿到心理课第一次测验的成绩。当你看到你的分数徘徊在D和F之间时，发出了一声叹息。但是过后你收到了一封鼓励你的电子邮件，里面不仅有对课堂表现的评论，还包含了这样一些信息：“高自尊的同学不仅能够得到更好的分数，而且还能拥有自信……最后一行：高昂起你的头，你的自尊会更高。”另一组的同学收到的信息却只有让他们控制好自己的表现，或者只是收到一些评论。这两组同学在期末考试中会各有什么表现呢？在一项研究中令所有研究者惊讶的是，那些自尊心膨胀的学生在期末考试中表现得前所未有的差，事实上，都不及格（Forsyth & others，2007）。研究者猜想，告诉差一些的同学要保持良好自我感觉，可能会使他们认为：“既然我都这么好了，那为什么还要学呢？”

自尊动机

大多数人都会极力维持自己的自尊。有研究发现，与享受美食、性爱，与最好的朋友会面、喝酒或拿到薪水相比，大学生更喜欢提升自己的自尊（Bushman & others, 2011）。这似乎有点不可思议，自尊远比性爱、比萨和啤酒重要！

当我们的自尊受到威胁时会有什么样的反应？例如，当我们失败时，或与他人对比处于劣势时。当兄弟之间的能力相差甚远时，例如其中一人是运动健将，而另一人则能力平平，他们的关系往往不太好（Tesser, 1988）。

自尊的威胁也可能发生于朋友之间，因为朋友的成功可能比陌生人的成功更有威胁性（Zuckerman & Jost，2001）。自尊水平也会影响个体的反应。在自尊受到威胁时，高自尊的人通常会做出补偿反应，如责怪别人或下次更加努力，这些反应有助于他们保护积极的自我感觉；而低自尊的人则更容易自责或放弃努力，进而被击垮（VanDellen & others, 2011）。

维持或增强自尊的动机的意义是什么呢？马克・利里（Leary，1998，2004b，2007）认为，我们的自尊感犹如汽车上的油量表。人际关系对我们的生存和发展具有导向意义。因此，当我们遭遇威胁性的社会拒绝时，自尊指示表会警告我们，以促使我们更敏锐地觉察他人对我们的期望。研究证实，社会拒绝会降低我们的自尊，同时增强我们渴望被接受的意愿。当我们被藐视或抛弃时，我们感到自己缺乏魅力，能力不足。这种痛苦如同仪表盘上闪烁的指示灯一样，会驱使我们通过行动来发展自我，并在其他地方寻求社会接纳和认同。

兄弟姐妹之间，如果弟弟或妹妹很能干，则哥哥和姐姐的自尊心就会受到较大的挑战。

杰夫·格林伯格（Greenberg，2008）提出了另外一个观点，称为“**恐惧管理理论**（terror management theory）”，该理论认为，个体必须找到克服死亡恐惧的办法。他反对自尊仅仅是关于接受的说法，他指出，为什么“人们要为变得更强大而努力，而不只是为被他人接受而努力”？他反驳道，我们每个人都必将走向死亡这一事实会激励我们从工作和价值里获得认同。然而，人无完人：不是每个人都能够成功地认识到其存在的真正价值，和为什么自尊永远不可能是完全无条件的（“你因为是你而特别”是无条件获得自尊的一个例子）。格林伯格坚持说，为了感受到生命的价值，我们必须通过迎合社会标准去坚持追求自尊。

自尊的阴暗面

低自尊的人在生活中经常遇到各种困难，例如，挣钱少、药物滥用，而且患抑郁的可能性也更大（Salmela-Aro & Nurmi，2007；Trzesniewski & others，2006）。正如我们在第 1 章所学的，两个变量的相关经常是由第三个变量引起的。低自尊的人可能在小时候经历了贫穷、性虐待，或者有一对吸毒的父母，这一切都有可能引起日后的困难。可以肯定的是，在一项将这些因素都加以控制的研究中，研究者发现自尊和负向结果之间的联系消失了（Boden & others，2008）。换句话说，年轻人遇到的问题并不是由低自尊引起的——童年期的遭遇可能才是罪魁祸首。

高自尊则确实有很多优势，它有利于培养主动、乐观和愉快的感觉（Baumeister & others，2003）。而那些在“很小的年龄”就有了性体验的男孩子倾向于有比平均水平更高的自尊。所以那些青少年团伙头目、极端种族主义者和恐怖主义者以及监狱中的暴力犯罪者也同样具有更高的自尊（Bushman & Baumeister，2002；Dawes，1994，1998）。鲍迈斯特及其合作者指出，“希特勒有非常高的自尊”（2003）。

自恋：当自尊变成了自负

高自尊如果掺杂了自恋，或者掺杂了膨胀的自我感，就会变成大问题。大多数高自尊的人都重视个人的成功和与他人的关系。自恋者虽然通常有高自尊，但缺失关心他人（Campbell & others，2002）。即使自恋的人在早期是外向的和迷人的，但是从长远来看，他们的以自我为中心常常导致许多关系问题（Campbell，2005）。自恋和有问题的社会关系之间的联系使得保卢斯和威廉姆斯（Paulhus & Williams，2002）将“自恋”列入“黑暗三角”的消极特质里。另外两个是“权术主义”（Machiavellianism）和反社会人格（ antisocial psychopathy）。

在一系列实验中，布什曼和鲍迈斯特（Bushman & Baumeister，1998）让大学生志愿者分别书写一段话，之后他们会得到一些讽刺性的评价（“这是我所见过的最烂的文章”）。那些自恋分数高的人更有可能会用言语辱骂那些批评他们的人，而不会攻击表扬（“好文章！”）他们的人。受伤的自尊心引发了报复性行为。但是自尊又是怎样的呢？是不是仅仅是那些“不安全”的自恋者（那些自尊低的人）可能会辱骂他人。但事实证明，高自尊且高自恋的学生最具有攻击性。在教室的情境下依然如此——那些自尊和自恋都很高的人，为了报复批评过他们的同学，最有可能给予他很低的评价（Bushman & others，2009；图 2.5）。自恋者可以是迷人和令人愉快的。但正如一位智者所言：“假如你能越过它，上帝都会帮助你。”

过度自恋骄傲的可能并非只是你自己，而是你所处的整个群体。波兰大学生表

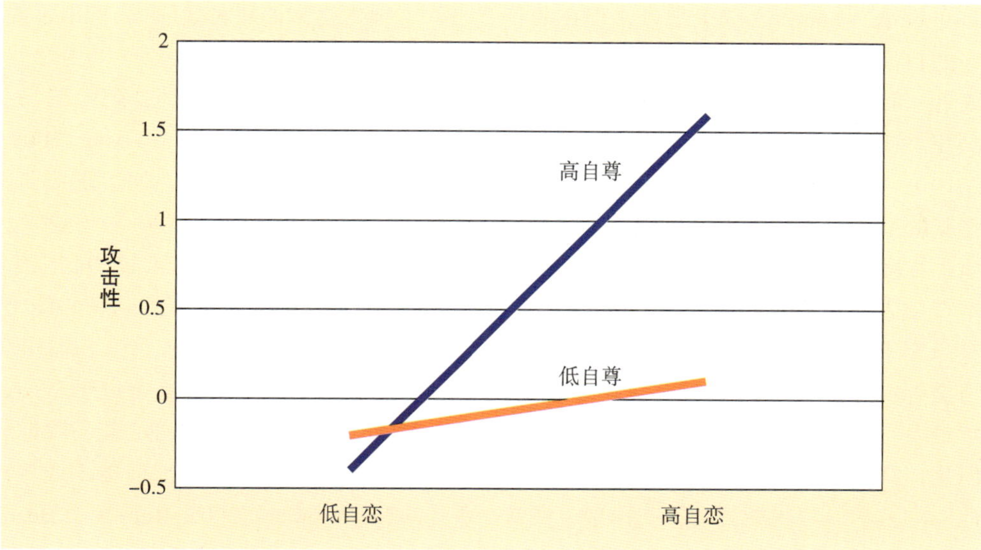

图 :: 2.5

自恋、自尊和攻击性

自恋和自尊交互影响攻击性。布什曼等人的实验发现（Bushman & others, 2009），对吹毛求疵的同学反击的秘诀既要求自恋也要求高自尊。

现出一种“集体自恋”，坚信自己的国家比其他国家优越，他们对犹太人存在更多偏见。高度集体自恋的墨西哥大学生更可能把美墨边境墙看成对墨西哥的侮辱，进而以支持抵制美国货进行报复（Golec deZavala & others, 2009）。因此，不论某个人还是某个群体过度骄傲自大时，其他人最终都会跟着遭殃。

一些研究已经发现了低自尊和反社会行为存在微弱相关，甚至将智商和家庭收入因素考虑在内时这种相关仍然存在（Donnellan & others，2005；Trzesniewski & others，2006）。然而，另外有研究发现，当诸如性虐待和早期行为问题等因素被考虑进去时，低自尊和反社会行为之间的相关就消失了（Boden & others，2007）。因此，孩子们的攻击性行为并不是因为低自尊，而是因为他们过去曾经受过伤害。鲍迈斯特（1996）说，“那些满怀热情地倡导自尊运动的主张基本上不是幻想就是胡说八道，”他估计，他“发表的有关自尊的研究可能比任何人都多……自尊的影响是微弱的，有限的，而且并不都是好的。”他指出，高自尊的人常常令人讨厌，而且常常喜欢插嘴打断别人，他们喜欢对人评头论足，而不是与人交谈（与那些害羞、谦虚、不爱出风头的低自尊的人相比）。“我的结论是，自律远远比自尊更有价值。”

经过这些年，很抱歉我的建议是：忘掉自尊，把更多的精力集中到自我控制和自律上。近期的研究表明这将对个人和社会都有好处。

——鲍迈斯特（Roy Baumeister），2005

那么，那些自我膨胀的人，是否是在掩饰他们的内在不安全感？那些自恋的人，是不是事实上内心深处厌恶自己？最近的研究发现，答案是“否”。在自恋人格特质量表中得分高的人在自尊量表中得分也很高。为了防止自恋者虚假地评价自己的自尊，研究者们做了一个实验。他们让大学生去玩一个电脑游戏，这个游戏要求他们尽可能快地按键去为“我”这个词搭配另一些词，这些词包括“好”、“极妙的”、“非常好”和“对”，还有一些词是“坏”、“可怕的”、“恐怖的”和“错”。自恋量表上的高分者会比其他人更快地将积极词与自己联系起来，而将消极词与自己匹配的速度却比其他人更慢（Campbell & others，2007）。自恋者甚至能更快地识别出“坦率的”、“占优势的”和“坚定自信的”等词。我们可能以为一个自大的同学仅仅是为了掩盖他的不安全感，但更有可能的是，他们从心底里就认为自己极好。

自恋人数在增加

经过数十年来对自我重要性的追踪研究，心理学家琼·特韦奇（Twenge，2006；

Twenge & others，2008）报告，现在的年青一代（她称之为“我时代”）表现出了更多的自恋（比如说，他们会认为，“如果让我来统治这个世界，世界会变得更好”，或者“我觉得我是一个很特别的人”）。大学生的自恋得分在逐年增加，阿拉巴马、马里兰和加利福尼亚州均如此（Stewart & Bernhardt, 2010; Twenge & Foster, 2008, 2010）。自恋与物质主义相关，自恋人格中的条目与物质主义相一致，如追求成名、膨胀的欲望、越来越少的忠诚关系和越来越多的“一夜情”，赌博和欺骗——这些特质都在随着自恋的增加而上升。自恋也与同理心能力降低有关。同理心能力指能够站在他人的角度看问题，关心别人的困扰和问题。研究发现，大学生的同理心能力在急剧下降（Konrath & others, 2011）。研究人员推测，年青一代可能过于沉迷于网络交际，导致他们的面对面交往能力退化。也可能是由于当今社会竞争过于激烈，年轻人“都忙于努力争取自己的成功”,一心只想着自己的成就,因此同理心能力降低。但是，具有讽刺意味的是，长远来看，那些高自恋低同理心能力的人反而更不成功，他们的大学学习成绩更差，工作中也成就平平（Judge & others, 2006; Robins & Beer, 2001）。

低自尊与安全型自尊

研究发现那些低自尊的人很容易面临各种临床问题：焦虑、孤独、饮食障碍。当感觉很糟糕或受到威胁时，他们更倾向于透过有色眼镜来看待一切——注意并记住别人最坏的行为，并认为伴侣不爱自己（Murray & others，1998，2002；Ybarra，1999）。尽管没有证据表明低自尊的人更少选到合意的伴侣，但他们总是会认为伴侣在批评或拒绝他们。这可能会导致低自尊的人更不满意于他们的人际关系（Fincham & Bradbury，1993）。他们也更有可能脱离这些人际关系。低自尊的大学生不会选择以积极的眼光评价自己的室友（Swann & Pelham，2002）。

安全型自尊的人——不是因为外在（例如成绩、长相、金钱和其他的赞美），而是因为自己的内在特质而感觉良好的人——一直处于健康的状态。（Kernis，2003；Schimel & others，2001）。克罗克及其同事（Crocker & others，2002，Crocker & Luhtanen, 2003; Crocker & Park, 2004; Crocker & Knight, 2005）对密歇根大学的学生进行的研究证实了这一点。与自尊建立在内部因素（如个人美德）上的人相比，自尊主要依赖于外部因素的人的自我价值感更脆弱，他们会经历更多的压力、愤怒、人际关系问题、吸毒、酗酒以及饮食障碍。

克罗克和帕克（Crocker & Park，2004）指出，具有讽刺意味的是，那些试图通过变漂亮、富有或受人欢迎来寻求自尊的人，对真正有利于提高生活质量的东西却视而不见。进一步讲，如果良好的自我感觉成为我们的目标，我们就不易敞开心扉接受他人的批评，而是会更加倾向于去抱怨别人而不是与他们产生共鸣，更加强迫自己追求成功，而不是在行动过程中享受快乐。克罗克和帕克指出，时间久了，如此寻求自尊并不能满足我们对能力、人际关系和自主性的深层需求。对自我形象少关注一些，多注意开发自己的才能和发展人际关系，才会为你带来更大的幸福感。克里斯汀·聂夫（Neff, 2011）提出，我们将这种方法视为自我同情，即不与他人比较，而是善待自己。如印第安谚语所说：真正的卓越并非超越他人，而是超越以前的自己。

小结：自尊：自尊的实质及其动机力量

- 自尊是对自我价值的整体认识，影响我们如何评价自己的特点和能力。我们的自我概念由很多因素所决定，包括我们扮演的角色，我们所作的比较，我们的社会同一性，我们如何知觉别人对我们的评价，以及成功和失败的经历。
- 自尊动机影响我们的认知过程：面对失败，高自尊的人会认为他人也和自己一样失败，并夸大自己相对于他人的优越性，以维持自己的自我价值。
- 尽管一般来讲高自尊优于低自尊，但是研究者发现，很多社会破坏者的自尊都高于平均水平。一个高自尊的人如果遭到社会的排斥而感到威胁或沮丧时，他就具有潜在的攻击性。

“知觉到的自我控制”的意义

通过观察行动中的自我来理解自我概念。

至此，我们已经了解了什么是自我概念，它是怎样发展的，以及我们了解自己的程度。现在让我们根据观察行动中的自我，看看为什么自我概念会如此重要。

自我的能量

鲍迈斯特等人（Baumeister & others，1998，2000；Muraven & others，1998）指出，自我的活动能力是有限的。考虑以下情形：

- 努力进行自我控制的人——强迫自己吃萝卜而不是巧克力，或压抑被禁止的思想——随后在遇到无解的难题时会更快放弃。
- 看过令人心烦意乱的电影后，努力控制自己情绪的人其体力明显减弱。
- 人们将意志力放在一项任务上（例如在看一部令人心烦意乱的电影时控制自己的情绪），过后会表现出更多的攻击性，而且更有可能与同伴发生冲突（DeWall & others，2007；Finkel & Campbell，2001）。他们也更难控制他们的性想法和性行为。在一项研究中，当学生的意志力因全神贯注于一项非常难的任务而消耗殆尽后，如果要求他们和恋人用一种舒服的方式表现亲密关系，他们更有可能调情，甚至开始脱衣服（Gailliot & Baumeister，2007）。

努力做自我控制会耗尽我们有限的意志力。我们大脑的“中枢执行系统”在进行自我控制的时候会消耗一些血糖（Gailliot，2008）。鲍迈斯特和艾克斯林（Exline，2000）推断，自我控制的运作类似于肌肉力量：两者在使用后都会变得比较虚弱，但在休息时可以进行补充，并且随着练习而加强。

尽管自我的力量可以暂时被耗尽，但自我概念确实会影响我们的行为（Graziano & others，1997）。在接受了一个具有挑战性的任务之后，如果你想象自己通过努力工作而获得成功，那么你在任务中的表现会胜过那些想象自己是失败者的人（Ruvolo & Markus，1992）。多想象一些积极的可能性，会让你更有可能制定和实施一个成功的策略。

自我效能

斯坦福大学的心理学家艾伯特·班杜拉（Bandura，1997，2000，2008）在他的研究中发现了积极思维的力量，并提出了**自我效能**（self-efficacy）（我们感到有能力完成某项任务）理论——对自己能力与效率的乐观信念可以获得很大的回报（Bandura & others，1999；Maddux & Gosselin，2003）。自我效能感较高的儿童和成人更有韧性，较少焦虑和抑郁。他们还生活得更健康，并且有更高的学业成就。

在日常生活中，自我效能指引我们制定有挑战性的目标，并在面对困难的时候具有较强的毅力。一百多个研究显示，自我效能可以预测工人的生产力（Stajkovic & Luthans，1998）。当出现问题时，较高的自我效能感会指引工人保持平静的心态并寻求解决方案，而不是反复认为自己能力不足。能力加坚持就能产生成就。伴随着成就的获取，自信就会增强。像自尊一样，自我效能感会随着辛苦付出换来的成就而增强。

甚至对自我效能的微妙控制都能影响行为。利维（Levy，1996）下意识地给 90 个老年人呈现一些词语，这些词语能激活（启动）消极或积极的关于变老的刻板印象，从而发现了这一现象。以 0.066 秒的时间呈现一系列词语。比如“下降”、“遗忘”和“衰老”，或“明智”、“聪明”和“有学问”。这些被试在意识上只能知觉到光的闪现和模糊的点。但呈现积极的词会导致他们“记忆自我效能”（对记忆的信心）的提高。呈现消极的词则会有相反的作用。中国老年人的形象普遍是积极的、受人尊敬的，其记忆的自我效能感可能会更高，似乎也比西方国家的老人遭受较少的记忆衰退（Schacter & others，1991）。

如果你相信你有能力做好一些事，那么这个信念会对你有什么影响吗？这取决于第二个因素：你有没有控制住结果。例如，你可能感觉自己是个合格的司机（高自我效能），但是感觉醉酒的司机开车会有危险（对结果的低控制感）。你可能感觉自己是个有能力的学生或工人，但是害怕因自己的年龄、性别或外表而受到歧视，所以你可能会认为自己的前途黯淡。

许多人分不清自我效能和自尊。如果你相信你有能力做一些事，这就是自我效能。如果你由衷地喜欢你自己，这就是自尊。当你还是一个孩子的时候，家长经常会鼓励你说：“你是特别的！”（目的是建立自尊感），而不会说“我知道你能行！”（目的是建立自我效能感）。一项研究显示，自我效能感的反馈（“你真的已经很努力了”）会比自尊的反馈（“你真的很棒！”）引起更好的表现。跟孩子说他们很棒，会使他们恐于再次尝试——可能他们下一次不会表现得这么好。而那些能够激励他们继续努力的赞扬则会让他们在下一次付出更大的努力（Mueller & Dweck，1988）。如果你想要鼓励某人，那就提升他们的自我效能而不是他们的自尊。

控制点

“我没有社交生活，”一个 40 岁的单身男人对学临床医学的学生杰里·法里斯抱怨。在法里斯的力劝下，这个病人参加了一个舞会，在那儿有好几个女士邀请他一起跳舞。“我只是有点儿幸运而已，”他在稍后报告说，“这可能不会再发生了。”当法里斯向他的导师朱利安·罗特报告这件事时，他明确了一个之前已经形成的想法。在罗特的实验和治疗中，有些人似乎一直“感觉发生在自己身上的事是被外部力量支配的，而还有一些人则感觉发生的事在很大程度上是受自己的努力和技巧所支配的”（引自

Hunt，1993，p. 334）。

你是怎么认为的？人们更常是自己命运的主宰者，还是环境的牺牲品？他们是自己生活的编剧、导演和演员，还是自己处境的俘虏？朱利安·罗特把这个维度叫做**控制点**（locus of control）。与法里斯一起，他设计了 29 组陈述来测量一个人的控制点。假如你在做这个测验，那么你更赞成哪些？

a. 从长远看，人们总有一天会得到他们在这个世界上应得的尊敬。 或 b. 不幸的是，不管人们多么努力，其价值并没有得到众人认可。

a. 我身上发生的事是由我自己导致的。 或 b. 有时候我感觉我无法控制自己的生活。

a. 一个普通人可能对政府决策有影响。 或 b. 这个世界是由少数有权势的人在运转的，小人物无所作为。

在以上问题中（Rotter，1973），如果你大部分选择的是“a”，那么你可能会倾向于认为你的命运是由自己来控制的（内部控制点）；如果你大部分选择的是“b”，那么你可能会认为机会和外部力量决定了你的命运（外部控制点，如图 2.6）。那些自认为是内控型的个体更可能在学校表现优秀，在工作中更富创造性，赚钱更多，能够成功戒烟，保持健康体重，直截了当处理婚姻问题，更满意自己的生活，实现自己的长远目标（Findley & Cooper, 1983; Gale & others, 2008; Miller & others, 1986; Wang & others, 2010）。

我们在多大程度上感觉到控制取决于我们如何解释挫折。也许你已经知道学生常常认为自己是受害者——将糟糕的学习成绩归因于自己无法控制的因素，如老师、教材或考试题目太“变态”。如果训练这些学生采取更乐观的态度，即相信努力、良好的学习习惯和自律可以产生不同的效果，学习成绩会直线上升（Noel & others，1987；Peterson & Barrett，1987）。一般而言，具有自我控制感的学生——例如，同

图 :: 2.6
控制点

意“我善于抗拒诱惑”——会得到更好的成绩，拥有更好的人际关系，并且心理更健康（Tangney & others，2004）。他们也更不可能去作假。而那些被告知自由意志是一种错觉（即，发生的事情在他们的控制之外）的学生会偷偷看答案，并在任务中付给自己更多的钱（Vohs & Schooler，2008）。

当评价员工的工作表现时，老板对那些拥有强大自由意志的员工评分非常高，这可能是因为这类员工坚信他们可以控制自己的行为（Stillman & others, 2010）。那些把失败看成可控制的人寿保险销售代表（“虽然很困难，但是经过坚持我会做好”）会卖出更多保险。与更悲观的同事相比，他们可能只有一半的可能性会在第一年中放弃（Seligman & Schulman，1986）。在大学游泳队队员中，与悲观的人相比，那些有乐观的“解释风格”的人更可能比预期表现得还要好（Seligman & others，1990）。就像罗马诗人维吉尔在《埃涅阿斯记》中说的，“他们行是因为他们认为自己行。”

直面你的局限性，毫无疑问它们是你的。

——理查德·巴赫，《幻相：弥赛亚的冒险》，1977

然而，有些人把这些想法宣扬得有些过分。举一个例子，在《秘密》那本畅销书中提到，积极想法会引起发生在你身上的积极事件（有些人之所以没有钱，仅仅是因为他们自己的想法限制了自己赚钱）。那么，我们是否能够得出以下结论：不必去帮助那些贫穷的非洲索马里人，他们唯一需要做的就是乐观地思考问题？如果你生病了，你的想法就可能变得不那么乐观积极，尽管数以万计的癌症患者都极度地想康复。很显然，积极思考的力量存在着局限。变得乐观、感觉自己在控制之中可以带来巨大的好处，但是，贫困和病痛还是可能会发生在任何人身上。

习得性无助与自我决定

动物研究也显示出具有控制感带来的好处，过去人们并不像现在这样关注动物的权利，曾有研究发现，被关入笼内而无法逃避电击的狗，会习得一种无助感。之后，这些狗就算处在可以逃避惩罚的情境中，也只会被动地畏缩。狗如果学会了自我控制（成功地逃避开最初的那些电击），会更容易适应新的情境。研究者马丁·塞利格曼（Seligman，1975，1991）指出这种**习得性无助**（learned helplessness）在人类情境中也同样存在。例如，抑郁或压抑的人变得被动，是因为他们认为自己的努力没有任何作用。无助的狗和抑郁的人都丧失了意志，被动顺从，甚至死气沉沉（图 2.7）。

另一方面，我们可以通过训练自己的自我控制“肌肉”来获益。通过坚持锻炼计划或减少冲动性购物行为来锻炼自我控制的大学生，同时也能够减少垃圾食品摄入，减少酗酒，并在学习中更努力（Oaten & Cheng, 2006a, 2006b）。因此，当你学会在某一生活领域如何发挥意志力时，也就更容易抵制其他领域的诱惑力。

阿勒·兰格和朱迪斯·罗丁（Langer & Rodin，1976）通过用两种方法治疗康涅狄格疗养院的老年病人，证实了个人控制的重要性。一组慈善的看护者强调：“我们的职责是让你们为这个家感到自豪和幸福。”他们给被动的病人以好意的、有同情心的正常照料。三周以后，多数病人被自己、研究者和护士评价为更加虚弱。兰格和罗丁的另外一组治疗方法则促进了个人控制，它强调选择的机会、影响疗养院政策

图 :: 2.7 习得性无助

当动物和人经历无法控制的不利事件时，他们习得了无助和被动。

的可能性，以及看护者的责任是“让你过任何想要的生活。”这些病人可以做些小决定和履行一定的责任。在接下来的三周里，这个组 93% 的病人表现出更机敏、有活力和快乐。

研究证明，促进个人控制的系统管理确实可以增强个体的健康和幸福（Deci & Ryan，1987）。下面还有一些例子：

- 对环境有一定控制权的囚犯——可以移动椅子，控制电视，并且开关电灯——会较少体验到压力，较少出现健康问题，并且较少有故意破坏的行为（Ruback & others，1986；Wener & others，1987）。
- 给工人完成任务的回旋余地并让他们拥有一些决定权，可以提高士气（Miller & Monge，1986）。所以，远程办公的职员在平衡工作和个人生活上会有更大的灵活度。（Valcour，2007）。
- 在所有做过研究的国家中都发现，那些认为自己有自主选择权的人们，生活有更强的满足感。在人们拥有更多自由的国家里，感到满足的公民也更多（Inglehart & others，2008）。

过多选择的代价

像自由和自我决定这样的好东西人们会嫌多吗？心理学家巴里・施瓦茨（Barry Schwartz，2000，2004）认为，个人主义的现代文化存在“过度的自由”，反而导致人们生活满意度下降和临床抑郁症的增多。过多的选择可能会导致人们无所适从，或像施瓦茨所说的“自由的专制”。从 30 种果酱或巧克力中做出选择的人们表示出的选择满意度，比那些从 6 种中做出选择的人们的反而低（Iyengar & Lepper，2000）。更多的选择可能会带来信息超载，也带来更多后悔的机会。和那些仅仅依循课程学习的人相比，自己选择下学期学习课程的学生，更少为重要的考试而努力，且更容易被游戏和杂志所吸引。另一项研究发现，可以在一系列消费清单中进行选择的学生更少购买口味寻常却健康的饮料（Vohs & others，2008）。所以，在从星巴克 1900 款产品组合或超级市场 4000 项产品中进行选择时，你将对自己的选择更不满意，反而更倾向回家吃冰箱里的冰淇淋。

奚恺元和雷德・海斯蒂（Christopher Hsee & Hastie，2006）阐释了选择是如何强化后悔的。如果让员工们免费去巴黎或者去夏威夷旅行，他们会非常高兴；但是，如果让他们在两者之间进行选择，他们可能就不那么高兴了。选择巴黎的人会后悔他们无法得到阳光的温暖和海水的滋润，选择夏威夷的人会后悔他们将欣赏不到那些壮观的博物馆。最近的另一项研究也发现了同样的问题：来自 11 所大学的毕业生花了很多时间去寻找和评价各种各样的工作机会，但却以高薪和低满足感而告终（Iyengar & other，2006）。

个人控制：西班牙现代的瓦伦西亚监狱里表现好的犯人有机会进入课堂，参加体育运动和享受文化娱乐。工作所赚的薪水记入账户，可以换额外的小吃。

在其他实验中，人们对无法反悔的选择（比如“最后大甩卖”中的选择决定）的满意度比对可以反悔的选择（当允许退款和更换时）的满意度要高。可笑的是，人们似乎喜欢和愿意为推翻这种选择的自由而付出代价。尽管这种自由“可能会让你产生不满意”（Gilbert & Ebert，2002）。

该原则可以解释一种奇怪的社会现象（Myers，

"这极大地提升了我的信心。"

成功推动了信心和自我效能感的增长。

2000a）：美国国家调查数据显示，过去人们对无法反悔的婚姻（"一次性成交"）表示了更高的满意度。现在，尽管有了更多的婚姻自由，人们却对他们拥有的婚姻表现出较低的满意度。

自我控制的研究让我们相信坚持不懈和希望等这样一些传统美德。但是，班杜拉（2004）认为，自我效能感由社会说服（"你拥有通往成功的一切"）和自我说服（"我认为我能，我认为我能"）来支持。榜样——看到其他类似的努力获得成功的例子——也可以提高自我效能感。但自我效能的主要来源是对成功的体验。"成功构筑了有力的效能信念。"如果你在减肥、戒烟或提高学习成绩方面通过努力获得了成功，你的自我效能感就会增强。

一个由鲍迈斯特（2003）领导的研究小组主张，"仅仅为他们是他们自己而称赞孩子，简直是在使赞扬贬值。"最好通过"认可好的表现来表达赞扬和增强自尊……当个体行为表现更好时，自尊会得到增强，而其结果又会强化好的行为和进步。那些结果同时也有益于个体的幸福和社会的进步。"

小结："知觉到的自我控制"的意义

- 很多研究表明了自我效能感和控制感的好处。相信自己有能力和效率的人以及那些内控的人，会应对得更好，并取得更大的成就。
- 当人们尝试去改变一种状态但毫无所获的时候往往会产生习得性无助，相比之下，自我决定是靠成功的控制和改善自我状态的经验来支撑的。
- 为人们提供较小的选择范围可能比为他们提供较大的选择范围更能给他们带来满足感。

研究背后的故事

丹尼尔·吉尔伯特论不可撤销之承诺的益处

我以前认为做出决断之后还能改变主意是有好处的，在 2002 年，我改变了这一想法。

我和简·艾伯特（Jane Ebert）发现人们不能撤销他们的决定时通常会更快乐。实验中参与者能撤销他们的决定时，他们就会思考自己决定的利弊。而不能撤销决定时，他们就会将注意力集中于这个决定有利的一面，而忽视不利的一面。同样，决定不可撤销比可以更改会令他们更满足。讽刺的是，参与者并未意识到这一点，他们都强烈倾向于希望可以改变决定。

现在，直至这一刻我依然相信婚姻源自于爱。但是这些实验启示我，原来婚姻也可能引起爱。如果你认真地看待这些研究资料，你就要去实践它。所以我知道这个结果的时候，我就向和我同居的女友求婚了。她答应了我。事实证明我做的决定是正确的：当她变成我的老婆之后，我更爱她了。（经许可摘自于 edge.org）

丹尼尔.吉尔伯特
（Daniel Gilbert）
哈佛大学

自我服务偏差

解释自我服务偏差及其适应性和适应不良。

我们大多数人都自我感觉良好。在对自尊的研究中，即使得分最低的人，给自己的打分也基本在中等范围。（一个低自尊的人也会用“有时”或“某种程度上”这种限定性形容词来给“我有些好主意”这样的句子打分。）在 53 个国家开展的自尊研究中，任何一个国家平均的自尊水平比其中位数都高（Schmitt & Allik，2005）。在新近的美国大学生样本中，自尊量表中最常见的得分是满分，即“完美”的自尊（Gentile & others, 2010）。社会心理学领域最富挑战性而又证据确凿的结论之一是关于自我服务偏差的效力，即个体倾向于以有利于自身的方式来进行自我知觉。

对积极和消极事件的解释

已有很多实验证明，当得知自己成功后，人们乐于接受成功的荣誉。他们把成功归结为自己的才能和努力，却把失败归咎于诸如“运气不佳”、“问题本身就无法解决”等这样的外部因素（Campbell & Sedikides，1999）。同样，在解释获胜时，运动员一般会将其归因于自己；对于失败则推脱给其他因素，诸如错误的暂停，不公平的判罚，对手过于强大或是黑哨（Grove & others，1991；Lalonde，1992；Mullen & Riordan，1988）。还有，考虑一下汽车司机们愿意为自己的事故承担多少责任？在保险单上，司机们总是这样描述他们的事故：“不知从哪里钻出来一辆车，撞了我一下又跑了”；“我刚到十字路口，一个路障忽然弹起来挡住了我的视线，以至于我没看见别的车”；“一个路人撞了我一下，就钻到我车轮下面去了”（Toronto News，1977）。

在那些既靠能力又凭运气的情境（游戏、考试、应聘）里，这种现象尤其明显。成功者往往认为成功源于自己的能力，而把失败归因于坏运气。我在拼字游戏中赢了，那是因为我语感好。要是我输了，那是因为，“遇到个 Q 却没有 U，这种题谁做得出来？”类似地，政治家们也倾向于把胜利归功于自己（勤奋工作、为选民服务、声誉和策略），把失败归因于不可控因素（本选区政党的组成、对手的声望、政治趋势）（Kingdon，1967）。当公司利润增加时，CEO 们把赢利归功于自己的管理能力；而当利润开始下滑时则会想：在经济不景气的情况下还能指望什么呢？**自我服务归因**（self-serving attributions）（把好的结果归因于自己，而把坏的结果归因于其他）现象是人们最强有力的偏见之一（Mezulis & others，2004）。进行自我服务归因能够激活与奖赏和愉悦相关的脑区，这可能是一个不错的解释（Seidel & others, 2010）。

自我服务偏差会导致婚姻不和、员工不满和讨价还价时的僵持局面（Kruger &

DILBERT © Scott Adams. Distributed by United Feature Syndicate, Inc.

Gilovich，1999）。所以，我们也就不必奇怪：为什么离婚者把婚姻破裂的责任归罪于对方（Gray & Silver，1990），或是经理把低业绩归咎于员工缺乏能力或不够卖力（Imai，1994；Rice，1985）。（而工人们则更愿意归因于一些外在的东西——供给不足，负担过重，同事太难相处，任务目标不可及。）同样，当人们得到比别人更多的奖励（如加薪）时，他们会认为奖励很公平（Diekmann & others，1997）。

我们总是将成功与自我相联系，而刻意避开失败对自我的影响，以此保持良好的自我形象。例如，“我的经济学原理考试得了 A”相对于“历史教授给了我个 C”，把失败或挫折归因于客观条件甚至别人的偏见，这总不会比承认自己不配获得成功更让人沮丧吧（Major & others，2003）。威尔逊和罗斯（Wilson & Ross，2001）指出，我们更乐意承认那些很久以前的缺点，认为那是“过去的我”具有的。滑铁卢大学的学生们在描述上大学前的自己时，其肯定与否定的描述一样多。但在描述现在的自己时，肯定描述是否定描述的 3 倍之多。“我比原来见多识广了，也成熟了，今天的我比昨天更完善”，大多数人都这样肯定地说。过去的自己是笨蛋，今天的自己是冠军。

讽刺的是，我们的偏见会让我们无视自己的偏见。人们常说自己避免了自我服务偏差，但却认为别人持有这一偏见（Pronin & others，2002）。在冲突中，“偏见盲点”会产生很严重的后果。假如你正在和你的室友讨论谁来打扫卫生，如果你认为你的室友对此持有偏见，你将更可能发怒（Pronin & Ross，2006）。很显然，我们总是认为自己站在客观的角度，而所有其他人都带有偏见。这就难怪会有争斗了：我们每个人都相信自己是“对的”而且不带有任何偏见。正如一句 T 恤衫标语所说的：“每个人都有权发表自己的意见。”

自我服务偏差普遍存在吗？还是说集体主义文化中没有这种偏见？在集体主义文化中的人会将他们自己与一些积极的词语和有价值的特质相联系（Gaertner & others，2008；Yamaguchi & others，2007）。然而，在一些研究中，集体主义者更不可能通过认为自己比别人好来进行自我提升（Heine & Hamamura，2007），尤其是在主流是个人主义的情境中（Sedikides & others，2003,2005）。

我们所有人是否都高于平均水平

当人们拿自己和别人比较时，也会出现自我服务偏差。如果公元前 6 世纪的中国哲人老子的名言“是以圣人去甚，去奢，去泰”是正确的，那我们多数人都不太明智。在多数主观的和社会赞许性方面，大部分人都觉得自己比平均水平要高。和总体水平相比，大多数人都认为自己道德水平更高，更胜任自己的工作，更友善，更聪明，更英俊，更没有偏见，更健康，甚至更具洞察力，并且在自我评价时也更为客观（参见“聚焦：自我服务偏差——我们如何爱自己？看看其表现形式”）。

似乎每一个群体都像加里森·基勒的小说《沃伯根湖》一样，“所有妇女都很强壮，所有男子都很英俊，所有孩子都出类拔萃。”大部分人都认为他们在将来会过得更好：如果我的现状不错，那么未来会更好（Kanten & Teigen，2008）。所有这一切让人不禁想起弗洛伊德的一个经典笑话：一个丈夫对妻子说：“如果咱们俩中的一个先去世，我想我会搬到巴黎去住。”

婚姻中也普遍存在自我服务偏差。2008 年的一项调查发现，49% 的已婚男士声称自己承担了一半或大部分的子女教养责任，而认为丈夫做了这么多的妻子仅占 31%。这一调查还发现，70% 的妻子认为家里的饭大部分都是自己做的，而 56% 的丈夫则认为自己做饭更多（Galinsky & others, 2009）。一般的规律是：群体的每个

聚焦

自我服务偏差——我们如何爱自己？看看其表现方式

专栏作家戴夫·巴里（Barry，1998）提到："有一件东西是所有人都有的，无论年龄、性别、种族、经济地位或宗教背景，那就是在每个人的内心深处都相信，我们比普通人要强。"我们也相信我们在多数主观的和令人向往的特质上强于一般人，自我服务偏差表现在以下几方面：

- 伦理道德。大多数生意人认为自己比一般生意人更道德（Baumhart，1968；Brenner & Molander，1977）。一项全美范围内的调查中有这样一道题目："在一个百分制的量表上，你会给自己的道德和价值观打多少分？"50% 的人给自己的打分在 90 分或 90 分以上，只有 11% 的人给自己的打分在 74 分或 74 分以下（Lovett，1997）。
- 工作能力。在一项调查中，90% 的企业经理评价自己的表现优于普通同事（French，1968）。在澳大利亚，86% 的人对自己工作业绩的评价高于平均水平，只有 1% 的人评价自己低于平均水平（Headey & Wearing，1987）。大多数外科医生认为自己患者的死亡率要低于平均水平（Gawande，2002）。
- 美德。在荷兰，大部分高中生认为自己比普通高中生更诚实，更有恒心，更有独创性，更友善且更可靠（Hoorens，1993，1995）。
- 聪明才智。大部分人觉得自己比周围的普通人更聪明，更英俊，更没有偏见（Public Opinion，1984；Wylie，1979）。当有人超过自己时，人们则倾向于把对方看成天才（Lassiter & Munhall，2011）。
- 包容度。在 1997 年的盖洛普民意调查（Gallup Poll）中，只有 14% 的美国白人评价自己对黑人歧视程度达到或超过 5 分（0 分到 10 分）。可是在评价其他白人对黑人的歧视程度时，44% 的白人的打分达到或超过 5 分。
- 赡养父母。与兄弟姐妹们相比，多数成年人认为自己对年迈父母的赡养更多（Lerner & others，1991）。
- 健康。洛杉矶居民认为自己比大多数邻居更健康，而多数大学生认为他们将比保险公司预测的死亡年龄多活十年左右（Larwood，1978；C.R.Snyder，1978）。
- 洞察力。我们假定，人们的语言和行为能够体现他们的本质，我们个人的想法也是如此。因此，我们中的大多数人都认为，我们了解和理解他人，要多于他人了解和理解我们。我们也认为比起别人，我们更了解自己（Pronin & others，2001）。
- 吸引力。你是否有同我一样的经历，认为自己的大多数照片并不真实？当实验给人们呈现一系列脸孔时，包含自己原本的，以及经过变形的具有更多或更少吸引力的自我脸孔，人们倾向将吸引力增强的面孔定义为自己真实的脸孔（Epley & Whitchurch，2008）。
- 驾驶技术。多数司机——甚至大部分曾因车祸而住院的司机——都认为自己比一般司机驾车更安全且更熟练（Guerin，1994；McKenna & Myers，1997；Svenson，1981）。

如此看来，戴夫·巴里所言甚是。

成员对自己为共同工作所作贡献的评价之和总是超过百分之百（Savitsky & others，2005）。

我和妻子常把待洗的衣物放入卧室角落的衣篮里，每天早晨，我们中的一个人会把衣物放进去。当她说我应该对此负更多责任的时候，我在想，"嗯？ 75% 的时候都是我来做的呀！"于是我问她是否认为自己经常做这件事情，她回答说："哦，75% 的时候都是我做的。"

但是，假使要你估计自己到底多久才会干一次不常做的家务，如清扫炉灶，情况会是怎样呢？你很有可能会说你做这些所用时间少于 50%（Kruger & Savitsky，2009）。很显然，这种情况会发生是因为我们对自己行为的了解远多于对别人行为的了解，于是我们假设其他人的行为将不会比我们更极端（Kruger & others，2008；Moore & Small，2007）。如果你依稀记得你只清扫过几次炉灶，于是你就可能会假设自己不常清扫，你的爱人其实经常会去清扫。同样的情况也发生在智力竞赛中：

© Jean Sorensen.

学生们说，如果问题是关于美索不达米亚的历史他们几乎没有机会获胜，但是很显然，他们没有意识到对手可能对该知识也一样一无所知（Windschitl & others，2003）。当人们了解了更多的关于其他人的信息时，这些差异才会消失。

在普遍考虑的因素中，主观行为维度（如“自律的”）将比客观行为维度（如“守时的”）引发更强烈的自我服务偏差。在我们构建成功的定义时，上述主观因素会为我们提供一定的回旋余地（Dunning & others，1989，1991）。在评价自己的“运动能力”时，我可能会想到自己参加的篮球大赛，却不会记起自己担任少年棒球联赛球员时躲在右外场的痛苦日子。在评价自己的领导能力时，我会想象出一个和我的风格相近的伟大领袖的形象。通过为自己制订一个模棱两可的标准，我们每个人都会觉得自己是比较成功的。在美国大学入学考试委员会对 829 000 名高中高年级学生的调查中，没有人在“与人相处能力”这一主观而具有赞许性的维度上对自己的打分低于平均值，而且有 60% 的人的自评是在前 10%，另外 25% 的人则认为自己是最优秀的 1%！“全力以赴”是另一个主观且具有赞许性的特质。2011 年的一项调查显示，77% 的准大学生认为自己在这一特质上高于平均水平（Pryor & others, 2012）。

研究者们开始怀疑：人们真的相信他们对自己在平均水平之上的自我评估吗？是他们的自我服务偏差在这些问题的措辞上起到了部分功能吗（Krizan & Suls，2008）？当伊拉诺·威廉姆斯和托马斯·基罗维奇（Williams & Gilovich，2008）让人们在一项测试中用真钱做赌注来评估与他们相关的表现时，他们发现，是的，“人们真的相信其自我提升了的自我评估。”

盲目乐观

乐观主义为人生预先假设了一条积极的道路。杰克逊·布朗（Brown，1990，p.79）写道：“那些乐天派们天天早晨都跑到窗前说，‘早安呀，上帝’；那些悲观者则会站在窗前说，‘天哪，又一个早晨来了’。”

未来的前景如此光明，连盲目乐观的波利安娜也要自愧不如。
——谢利·泰勒，《积极的错觉》，1989

在 22 种文化下对 9 万多人开展的研究显示，大部分人对事物的看法偏向乐观，而非悲观（Fischer & Chalmers，2008）。而我们中的许多人，就像研究者尼尔·温斯顿（Weinstein，1980，1982）所形容的，“对未来的生活事件盲目乐观。”在 2006 年至 2008 年进行的世界范围的民意调查中，大多数人预期未来五年自己的生活会比过去五年改善更多（Deaton, 2009）。考虑到随后发生的世界经济衰退，这一预期显得尤其匪夷所思。部分原因在于他们对别人命运的相对悲观（Hoorens & others，2008；Shepperd，2003）。例如，在罗格斯大学，学生们往往认为自己远比其他同学更可能找到好工作，领高额薪水和拥有自己的房子。而那些消极的经历，诸如酗酒成瘾、在 40 岁以前突发心脏病或遭遇枪击等，则更可能发生在别人身上而不是自己身上。成年女性对乳腺癌相关风险更可能抱过度乐观的态度（Waters & others, 2011）。球迷们认为自己喜欢的球队有 77% 的机会获得首场胜利。即使是 4 个月后自己喜欢的球队仅有一半时间获胜，球迷仍满怀希望，预期自己球队在接下来的比赛中获胜的概率有 70%（Massey & others, 2011）。

父母将他们的盲目乐观延伸到了孩子身上。他们假设相比一般的孩子，他们的

自相矛盾 © 1999 Wiley Miller. Distributed by Universal Press Syndicate. Reprinted with permission. All rights reserved.

孩子更不可能辍学、患上抑郁症或者染上肺癌，更可能完成学业、保持健康的身体和乐观的心态。连奇等人的研究发现，父母们会认为自己的孩子更可能完成大学学业，身体健康，生活幸福（Lench & others, 2006）。

盲目的乐观让我们更加脆弱。由于相信自己总能幸免于难，我们往往不去采取明智的预防措施。性活动频繁但不愿坚持避孕的女大学生们则认为，与学校里其他同学相比，自己不大可能意外怀孕（Burger & Burns，1988）。认为自己意志力超出常人的人，在戒烟时更愿意随身携带烟或靠近正在抽烟的人，而这些行为很可能会导致戒烟失败（Nordgren & others, 2009）。那些相信自己的驾驶技术在“平均水平之上”的老司机们在驾驶测试中失败的可能性是那些谦逊的司机们的四倍多，于是他们也被评定为“不安全的”（Freund & others，2005）。那些高估自己学习能力的大学新生经常会体验到自尊心和幸福感受挫的痛苦，而且更有可能退学（Robins & Beer，2001）。2005 年前后，很多购房者、抵押放贷者和投资人都表现得盲目乐观，认为“房价永远不会降低”，从而积累了大量债务。这可能是最具代表性的一个例子，其最终结果是一波接一波的房屋止赎引发了 2007 年到 2009 年间的经济衰退，这是自经济大萧条后最严重的一次经济低迷。抱有虚幻的乐观，我们往往会为此付出代价。

盲目乐观的人更有可能选择低年费和高利率的信用卡作为支付手段——对一般的借款人来说这是一种很差的选择，他们的利息费用远远超过了在年费上的那几美元的差异（Yang & others，2007）。因为信用卡发售方的主要利益来源就是利息收入，盲目乐观的消费者对他们来说就意味着更多的利益——更多的钱会从消费者的口袋里流出。

那些满不在乎地刷信用卡的人，那些不肯承认吸烟有害身体健康的人，还有那些陷入不幸关系里的人们，无一不提醒我们，盲目乐观如同傲慢一样，是注定要失败的。在赌博时，乐观者比悲观者更能坚持，即使不断地在输钱（Gibson & Sanbonmastu，2004）。如果经营股票或房地产的商人觉得自己的商业直觉远远超过自己的竞争对手，他们同样也可能会体验到深深的失落感。甚至是 17 世纪人类经济理性的捍卫者、经济学家亚当·斯密也预见到，人类将高估自己赢利的可能性。他认为，这种“对自己好运的荒谬的推断，”来源于“绝大多数人对自身能力过于自信的幻想”（Spiegel，1971，p.243）。

主啊，请赐予我们宁静以坦对无奈，请赐予我们勇气以革除痼疾，请赐予我们智慧以明辨是非。

——雷茵霍尔德·尼布尔，《祈祷宁静》，1943

盲目乐观的现象似乎越来越多了。在 20 世纪 70 年代，一半的美国高中毕业生预测他们成年后将会成为“很好的”职工——这是可获得的最高评价，因此这就相当于他们给了自己五星（顶级）。到 2006 年，有 2/3 的青少年相信他们将会达成这个目标——自己会置身于前 20% 的行列（Twenge & Campbell，2008）！更惊人的是，2000 年时，一半的高中毕业生都相信他们能拿到研究生学位——即使只有 9% 的人

盲目乐观：大多数夫妇都对白头偕老满怀信心，实际上，在个人主义社会里，半数的婚姻以离异告终。

真的有可能做到（Reynolds & others，2006）。尽管目标高远有利于成功，但是把目标定得太高的人会感到十分失望和抑郁，他们最终要学会使自己的目标更符合现实（Wrosch & Miller，2009）。

乐观主义确实比悲观主义更能增强个体自我效能感、促进健康和幸福感（Armor & Taylor，1996；Segerstrom，2001）。作为天生的乐天派，大多数人相信自己在未来生活的各个方面都会更幸福——这种信念有助于营造当前的快乐心态（Robinson & Ryff，1999）。如果乐天派的祖先比悲观派的祖先更有可能克服困难而生存下来，那么我们倾向于乐观就不足为奇了（Haselton & Nettle，2006）。

然而少量的现实主义——或者如朱莉·诺雷姆（Norem，2000）所称的**防御性悲观主义**（defensive pessimism）——可以把我们从盲目乐观的危险中拯救出来。那些高估自己学习能力的大学新生，经常会体验到自尊心和幸福感受挫的痛苦（Robins & Beer，2001）。防御性的悲观主义者会预见问题的发生并且促使自己进行有效的应对。正如一句中国成语所说，“居安思危”。自我怀疑可以激励学生的学习动机，而多数学生，尤其是那些认为自己注定低分的学生，在考试来临时都显示出过分的乐观（Prohaska，1994；Sparrell & Shrauger，1984）。那些过分自信的学生倾向于不做充分的准备。和他们能力相当但更焦虑的同伴们，则因为担心在未来的考试中失败而加倍努力学习，最后通常会获得较高的成绩（Goodhart，1986；Norem & Contor，1986；Showers & Ruben，1987）。以一种更直接、更现实的视角看待事物通常是很有帮助的。在一项研究中，学生们要预测他们的考试成绩。当这项考试是假设的时候，他们的预测超乎寻常的乐观；但是当考试真的来临时，他们对自己成绩的预测却出人意料的准确（Armor & Sackett，2006）。你可以在没有考试的时候夸夸其谈地赞美自己，但伴随接踵而来的考试，最好不要让自己看起来像个吹牛的傻瓜。

能够听取批评也是重要的。“我经常告诉学生们一个绅士的规范，”大卫·邓宁（Dunning，2006）写道：“如果两个人分别各自给予对方同样消极的反馈，他们至少应该考虑一下这些评论为真的可能性。”换句话说，如果你唱歌不好，就不要参加《美国偶像》选秀了。这是一个很简单的道理，但是每一季的开场都会有一些可笑的烂歌手出现。这也证明了盲目乐观的盛行。

悲观主义的思维和乐观主义的思维都具有力量。记住这句格言：学业上的成就既需要足够的乐观精神以支撑希望，同时也需要足够的悲观心态以激起关注。

虚假普遍性和独特性

为了进一步增强我们的自我形象，我们常常表现出这样一种奇怪的倾向：过分高估或低估他人会像我们一样思考和行事的程度。在观点方面，我们过高地估计别人对我们观点的赞成度以支持自己的立场，这种现象被称为**虚假普遍性效应**（false consensus effect）（Kruenger & Clement，1994；Marks & Miller，1987；Mullen &

Goethals，1990）。沙拉德·高尔、温特·梅森和邓肯·瓦茨（Goel, Mason & Watts, 2010）研究发现，当自己的政治观点或对其他事件的见解与朋友一致时，脸谱网使用者对这一事实的猜测准确率高达 90%；而当两者观点不一致时，他们的猜测准确率只有 41%。也就是说，当朋友实际上并不赞同自己的观点时，被试却大多认为朋友和自己观点一致。让商科学生处理道德两难问题，他们往往会高估其他学生做出同样选择的可能性（Flynn & Wiltermuth, 2010）。对土著居民存在偏见的澳大利亚白人更可能认为其他白人也同样存在偏见（Watt & Larkin, 2010）。我们对世界的感知似乎都是常识。

如果我们做错了事或是在任务中失败，我们可能会认为这些失误是正常的，以让自己安心。当某个人对别人说谎之后，他便开始觉得其他人也是不诚实的（Sagarin & others，1998），如果我们对另一个人产生了性兴趣，我们也许会高估对方对自己的欲望。我们猜测别人的思维和行事方式与我们相同。“我是撒谎了，可大家不都这样吗？”如果我们逃税漏税、抽烟或提升自己的外表形象，我们很可能会高估同样做这些事的人数。就如前《海滩救护队》演员大卫·哈塞尔霍夫所说：“我的确打肉毒杆菌了。可大家都打了啊！”有句谚语说得好，“我们看到的并非世界本身，而是我们自己的影子。”

大家都说我浑身上下都是塑料做的。我不能离暖气太近，不然会化掉的。我使用（乳房）填充物，可洛杉矶的每个单身女子不都如此吗？

——女演员帕梅拉·李·安德森（转引自 Talbert，1997）

虚假普遍性之所以会发生，是因为我们的归纳性结论只是来自一个有限的样本，而这个样本显然还包括我们自己在内（Dawes，1990）。既然缺少其他信息，何不使用我们自己内心的“投射”呢？何不把我们自己的认识推及别人，用自己的反应作为线索来推断别人的反应呢？大部分人通常持有大众的观点，所以当人们假设自己处于大众中时，自己是正确的。此外，我们偏爱和那些同我们态度和行为相近的人交往，并通过这些熟悉者的眼光来评判世界。难怪德国人往往认为典型的欧洲人更像德国人，而葡萄牙人则认为欧洲人看起来更像葡萄牙人（Imhoff & others, 2011）。

而在能力方面，当我们干得不错或获得成功时，**虚假独特性效应**（false uniqueness effect）则更容易发生（Goethals & others，1991）。我们把自己的才智和品德看成超乎寻常的，以完善自己的自我形象。对于诸如政治等观点，荷兰大学生更喜欢成为大群体的一员（虚假普遍性）；而对于诸如音乐偏好等品位方面，他们却更喜欢成为小群体的一员（虚假独特性，Spears & others, 2009）。毕竟，喜欢的人太多，乐队就显得不那么酷了。有的女大学生在喝酒时会采取一些自我保护措施，如事先指定一名司机或只喝一杯酒。她们往往会低估其他女性采取同样措施的概率（Benton & others, 2008）。这样我们就会觉得自己的失误是相对普遍的，而我们的优点却是非同寻常的。

总之，自我服务归因、自我恭维的比较、盲目乐观以及自身失败的虚假普遍性，所有这些倾向都是自我服务偏差的表现（图 2.8）。

我承认这份简历看起来非常有吸引力。但你也知道，这年头，每个毕业生的毕业排名都在班级的前 10 名。

我们所有人都高于平均水平吗？

对自我服务偏差的解释

为什么人们会以一种自我提升的方式来看待自己呢？一种解释将自我服务偏差看做我们加工和记忆有关个人信息的副产品。将自己与他人相比较，要求我们去注意、评价、回忆自己和他人的行为。因此，这就增加

图 :: 2.8
自我服务偏差如何起作用

自我服务偏差	例子
将成功归因于自己的能力和努力，将失败归因于运气和外在的因素。	我的历史课得了A是因为我用功学习了。而社会学得了D是因为考试很不公平。
与他人相比，认为自己更好	我比我姐姐对我的父母更好。
盲目的乐观主义	即使50%的婚姻都失败了，我仍相信我的婚姻会持久而幸福。
虚假的普遍性和独特性	我知道多数人都和我一样相信全球变暖会威胁到我们的未来。

了我们在信息加工的过程中出错的机会（Chambers & Windschitl，2004）。回想一下之前的一个研究，已婚的人往往认为自己比配偶做更多的家务。正如迈克尔·罗斯和西科利（Sicoly，1979）所指出的，也许是因为我们更容易回想起自己做过什么，而往往很难回忆起自己没做过什么，或者仅仅是看到我们的伴侣在做？我能很容易想到自己捡起衣服的画面，但我很少能意识到自己置之不理的次数有多少。

这种有偏差的知觉难道仅仅是一种知觉错误，一种关于我们如何处理信息的非情感性倾向，还是出于自我服务的动机呢？研究已经证实了我们有多种动机。我们寻求自我认识，渴望评定自己的能力（Dunning，1995）。我们寻求自我证实，渴望验证我们的自我概念（Sanitioso & others，1990；Swann，1996，1997）。我们寻求自我确认，尤其希望能提升自我形象（Sedikides，1993）。自尊的动机也促进了自我服务偏差的出现。正如社会心理学家巴特森（Batson，2006）猜度的那样："头脑是心脏的延伸。"

对自尊和自我服务偏差的反思

如果你像某些读者，至此你可能发现，自我服务偏差要么令人沮丧，要么与你偶有的不适感相反。的确，当那些带有自我服务偏差的个体面对在成就、吸引力或技能方面高其一筹的人时，会产生自卑感。而且，并不是每个人都持有自我服务偏差，确实有一些人正承受着低自尊的痛苦。积极的自尊确实有一些好处。

自我服务偏差的适应性

自尊有其阴暗的一面，也有其光明的一面。当发生好事时，相比于低自尊的人而言，高自尊的人往往更能尽情享受并保持这种良好的感觉（Wood & others，2003）。谢利·泰勒和她的同事（Taylor & others，2003b）指出，"相信自己比同伴拥有更多的天赋和积极的品质，能使我们对自己保持良好的感觉，而且这种对自己的正性评价能为我们提供应付日常生活中压力环境所需的资源。"

自我服务偏差及其归因方式也可以保护人们免受抑郁的伤害（Snyder & Higgins，

1988；Taylor & others，2003）。不抑郁的人通常显示出自我服务偏差。不抑郁的人将他们的失败归于实验任务或者觉得它超出了自己的控制。而抑郁者的自我评价及其对他人如何看待他们的评价都没有表现出夸大（详见第 14 章）。

自我服务偏差也可以帮助人们缓解压力。博纳诺及其同事（Bonnano et al., 2005）以目睹“9·11”事件的人或者从世贸中心逃出来的员工为被试，评估他们的情绪复原力。结果发现，那些表现出自我提升倾向的人的情绪具有更强的复原力。

格林伯格等人（Greenberg，Solomon & Pyszczynski，1997；Greenberg，2008）在他们的“恐怖管理理论”中提到了积极自尊适应性的一个理由：它可以缓解焦虑，包括我们对死亡的焦虑。童年时我们有这样的体验：如果我们达到了父母的要求，就会受到关爱和保护；如果我们没有达到这种要求，父母可能就会收回对我们的关爱和保护。这样，我们就把“良好的自我感觉”和安全感联系起来了。格林伯格等人认为，积极自尊（良好的自我感觉和安全感）甚至可以使我们消除对最终死亡的恐惧。他们的研究表明，提醒人们，人终究要面临死亡（让人们写一篇关于死亡的短文），有利于个体肯定自我价值。而且，当面临威胁时，较强的自尊可以减轻焦虑。在 2004 年，也就是美国入侵伊拉克之后的一年，感到国家正处于威胁之中的伊拉克青少年报告有最高的自尊（Ford & others，2008）。

正如有关抑郁和焦虑的新研究所揭示的，在自我服务知觉中可能存在某种实践智慧。认为自己比真实中的自我更聪明，更强大，更成功，这也许是一种有利的策略。骗子们同样会显得更诚实可信，如果他们相信自己很正直的话。对自我的积极信念同样会激发我们去努力（自我实现预言），并在困境中保持希望（Willard & Gramzow，2009）。

自我服务偏差的不良适应

尽管自我服务偏差产生的骄傲感可以帮助我们抵制抑郁，但它也会给人们带来一些不良适应。那些因自己出现社交困难而责备别人的人，往往比那些能够承认是自己的问题的人更不快乐（Anderson & others，1983；Newman & Langer，1981；Peterson & others，1981）。

> 胜利总能找到上百个老爸，而失败却是孤儿。
>
> ——Galeazzo Ciano 伯爵，意大利外长，The Ciano Diaries，1938

施伦克尔等人（Schlenker，1976；Schlenker & Miller，1977a，1977b）的研究同样表明，自我服务知觉可以损害一个群体。大学期间作为摇滚乐队的一名吉他手，施伦克尔注意到：“乐队成员总是高估自己对群体成功的贡献，而低估他们对失败所负的责任。许多很棒的乐队都是由于这些自我赞扬倾向所引发的问题而解体的。”后来他成为佛罗里达大学的一名社会心理学家，对群体成员的自我服务知觉进行了研究。在 9 个实验中，他让实验者共同完成某些任务。然后他故意告诉他们，他们的任务完成得很棒或是很糟。在所有的实验中，成功组的成员宣称自己为本组的成功所作的贡献要高于失败组成员。

> 别人的过错在我们眼前，而我们自己的过错却在背后。
>
> ——塞涅卡（Seneca），De Ira，A.D.43

如果多数的群体成员都认为，虽然自己做出了非同寻常的贡献，但自己的报酬却太低且没有得到应有的赞赏，那就可能引发不和与嫉妒。大学校长和教务主任很容易发现这一现象，90% 以上的教职员工都认为自己比一般同事更杰出（Blackburn

“现在我们已达成共识：咱们丹麦绝无腐败之事。腐败只会发生在其他地方。”

在群体内的自我服务式吹捧会变得非常危险。

& others，1980；Cross，1977）。当宣布加薪时，有一半的人会得到平均水平或低于平均水平的薪金，难怪他们会觉得自己是不公平的受害者了。

自我服务偏差还会夸大人们对自己群体的评价，这一现象被称作**群体服务偏差**（group-serving bias）。当各个群体之间进行比较时，多数人都认为自己的群体是最棒的（Codol，1976；Jourden & Heath，1996；Taylor & Doria，1981）。

- 多数大学女生联谊会的成员都认为自己组的成员不像其他组那样爱逞能和势利眼（Biernat & others，1996）。
- 斯坦福大学校排球队队员在获胜时把胜利归因于球队本身，而失败时则归因于其他因素（Sherman & Kim, 2005）。
- 53% 的荷兰成年人认为自己的婚姻或伴侣比其他大多数人的要好，只有 1% 的人认为自己的婚姻比其他人的差（Buunk & van der Eijnden，1997）。
- 66% 的美国人给自己长子所在的公立学校的打分是 A 或 B，与此同时，几乎同样多（64%）的人给国家公立学校的打分是 C 或 D（Whitman，1996）。

人们带着赞许性的偏见来看待自己和他们的群体，这种现象当然不是新近才出现的。古希腊悲剧将狂妄和傲慢描述为悲剧性的缺陷。正如我们实验中的参与者一样，那些希腊悲剧人物并非有意作恶，他们只是把自己看得太高了。在文学作品中，傲慢的危害同样被一遍遍地描写。在神学中，傲慢一向居于七宗罪之首。

虚伪的谦逊是在假装渺小。真正的谦逊会意识到自己正站在伟大的事业面前。

——Jonathan Sacks，英国犹太教首席拉比，2000

如果把傲慢归属于自我服务偏差，那谦虚呢？是对自己的轻视吗？英俊的人觉得自己丑陋，聪明人觉得自己傻，这并非谦虚。虚伪的谦逊其实是为了掩饰个体认为自己真的优于众人的想法。（1996 年，James Friedrich 报告，大多数人在认为自己不比一般人更优秀的时候，反倒在心里庆幸自己更加优秀！）真正的谦卑，与其说是虚伪的谦逊，而更像是不太在意自己。它一方面让人们为自己的专长而欣喜，另一方面也实事求是地认可他人的专长。

小结：自我服务偏差

- 与“多数人可能都遭受低自尊和自卑感的折磨”的假设相反，研究者们发现多数人都表现出自我服务偏差。在实验和日常生活中都可以发现，人们总是在失败的时候怨天尤人，而在成功时安享荣誉。
- 我们在一些主观性和盲目赞许性的特征和能力方面，往往认为自己比一般人要好。
- 过分相信自己，使我们显现出对未来的盲目乐观。
- 我们高估自己观点和弱点的普遍性（虚假普遍性），同时低估自己能力和品德的普遍性（虚假独特性）。
- 这些感知在一定程度上来自我们“维持和增强自尊”的动机，这一动机有利于我们抵制抑郁，但却会引起错误评价和群体冲突。
- 自我服务偏差可以让我们尽情享受生活中发生的美好事情，这点是可取的。但是当不好的事情发生时，自我服务偏差会产生适应不良的影响，导致我们责备他人，或者因应得的东西没有得到而有受骗的感觉。

自我表露的管理

认识自我表露，理解如何用印象管理来解释行为。

现在我们已经看到，自我位于我们社会世界的中心，自尊和自我效能确实带来一些益处，而自我服务偏差会影响自我评价。也许你会问：那些美化自我的对外表现都是真实的吗？人们当众说出的话，是他们的真实感受吗？还是，人们即使在怀疑自我的时候也会装出一副积极的样子？

自我妨碍

有时，人们通过设置障碍来阻挠自己获得成功。这种行为绝不是一种故意破坏自我的行为，而恰恰是为了达到自我保护的目的（Arkin & others，1986；Baumeister & Scher，1988；Rhodewalt，1987）："我并没有真的失败——要不是因为这个我肯定能干好。"

为什么人们要用自我挫败行为来妨碍自己呢？回忆一下前面所讲：我们通过把失败归于外因以保护我们的自我形象。由于害怕失败，人们在求职面试前通宵狂饮，在大考来临前疯玩视频游戏而非学习。当自我形象和行为表现紧密相连时，"全力争取却失败了"要比"因耽搁而失败"（好借口）更让人泄气。如果我们在重重阻碍下失败了，我们仍可以维持对自己能力的信任；如果在这种情况下我们竟然成功了，那正好可以提升我们的自我形象。自我妨碍有利于我们把失败归于一些暂时的或外在因素（"我身体难受"；"我昨天晚上熬得太晚了"），而非自己的天赋或能力的匮乏，从而可以保护我们的自尊和公众形象。

伯格拉斯和琼斯（Berglas & Jones，1978）对**自我妨碍**（self-handicapping）的这一解释业已得到证实。其中一个实验是关于"药丸和智力测验"的。想象一下你是杜克大学的一名被试。你通过猜测答出了一些智力难题，然后被告知："您是目前为止的最高分！"当你还在为自己的幸运感到难以置信时，给你呈现两种药丸，你必须服用其中的一种，才能继续下面的题目。一种药丸有助于你的智力活动，另一种则会干扰你的智力活动。你会选哪种药丸呢？多数学生会挑选第二种，以便为不久可能出现的糟糕成绩找到借口。

如果你想要失败，而结果却成功了，那么你到底做了些什么？

——佚名

研究者们也证实了自我妨碍的其他方式。由于害怕失败，人们会：

- 减少对重要的个人赛事的准备（Rhodewalt & others，1984）。
- 给对手提供一些有利条件（Shepperd & Arkin，1991）。
- 在任务刚开始时不好好干，这样就不至于对自己产生过高的期望（Baumgardner & Brownlee，1987）。
- 在那些关系到自我形象的困难任务中并不尽全力（Hormuth，1986；Pyszczynski & Greenberg，1987；Riggs，1992；Turner & Pratkanis，1993）。

在败给几个年轻对手之后，网球巨星纳夫拉蒂洛娃承认，她"在比赛时不敢尽全力……唯恐发现自己虽尽全力仍被击败，因为一旦如此，就证明我完了"（Frankel & Snyder，1987）。

印象管理

自我服务偏差、虚伪的谦逊和自我妨碍都揭示出个体十分在意自我形象。在不同程度上，我们始终在管理自己给他人留下的印象。无论我们是引人注意、胁迫他人还是表现出无助的样子，作为一种社会性动物，我们总是在向周围的观众表演。

我们渴望被社会接纳，这种渴望如此强烈，甚至可能让我们不惜伤害自己，例如吸烟、暴食、草率进行性行为、吸毒或酗酒等（Rawn & Vohs, 2011）。

自我表露（self-presentation，也译作“自我表现”）是指我们想要向外在的观众（别人）和内在的观众（自己）展现一种受赞许的形象。我们致力于管理自己营造的形象。我们通过推诿、辩解和道歉等方式来支撑我们的自尊并检验我们的自我形象（Schlenker & Weigold，1992）。正如我们要保护我们的自尊，也要确保不能过分夸大和冒不赞成他人的风险（Anderson & others，2006）。社会交往是一种看上去很好又不为过的微妙的平衡。

在熟悉的环境里，自我表露并不需要意识参与就能发生。而在不熟悉的环境里，例如我们想给宴会上的某个人留下印象或是在和异性聊天时，我们都能确切地意识到我们正在为自己营造印象，所以就不会像和熟识的老朋友在一起时那样谦逊了（Leary & others，1994；Tice & others，1995）。当我们准备给自己拍照时，我们可能还会特意到镜子前试试各种不同的表情。即使主动的自我表露会耗尽能量，我们也会这样做，但这会导致效率降低，比如对一个无聊的实验任务的坚持性减少，或做那些令人窒息的表情（Vohs & others，2005）。自我表露的优点在于它能够在始料未及的情况下改善人们的心情。人们在尽力“展现最好的一面”并努力给男朋友或女朋友留下积极的印象之后，他们会明显感觉好多了。邓恩和他的同事们得出结论说，“约会之夜”对找到长久的伴侣起作用，因为它们会鼓励活跃的自我表露，由此也改善了心情（Dunn & others，2008）。

脸谱网等社交网站提供了一个新的而且有时可以充分进行自我表露的场所。传播学教授约瑟夫·沃尔特（Joseph Walther）说：“就像打了兴奋剂的印象管理”（Rosenbloom，2008）。用户慎重抉择哪张图片、什么活动和兴趣能够为他们的个人档案增加亮点。一些人甚至会考虑到他们的朋友会怎样影响别人对自己的评价；一项研究发现，那些拥有更具吸引力的朋友的人，也会感到自己颇有吸引力（Walther & others，2008）。考虑到对社交网络上的地位和吸引力的关注，那些高自恋的人在脸谱网上异常活跃也就不足为奇了，他们会找出更多的朋友和选择自己更具吸引力的照片（Buffardi & Campbell，2008）。

出于我们对自我表露的关注，毫无疑问，当失败可能会使人们看起来很糟时，人们就会采取自我妨碍的方式（Arkin & Baumgardner，1985）。例如，人们冒着健康的风险接受人工日光浴，那些射线不仅致癌而且会让皮肤产生皱纹；在没有卫生保证的情况下身体穿孔或者文身；厌食；屈从于同伴压力而去吸烟、酗酒和吸毒（Leary & others，1994）。当然，当人们的自我恭维，在一些明察秋毫的专家面前被揭穿时，人们会表现得更谦逊一些（Arkin & others，1980；Riess & others，1981；Weary & others，1982）。与展示给学生相比，当史密斯教授把她的工作展示给同行时更谦逊。

对某些人而言，有意识地自我表露也许是一种生活方式。他们不断地监控自己的行为，注意他人的反应，调整自己的社会行为以获得社会赞许。那些在**自我监控**（self-monitoring）倾向量表上得分很高的人（这些人往往赞成“我倾向于成为人们希望的样子”）表现得像社会中的变色龙——他们不断根据周围环境来调整自己的行为（Snyder，1987；Gangestad & Synder，2000）。为了让自己的行为和环境合拍，他们很可能会支持一些其实他们并不想赞成的观点（Zanna & Olson，1982）。由于总是意

群体同一性：在亚洲国家，自我表露受到抑制。孩子们学会让自己和群体保持一致。

识到他人的存在，所以他们很少会依据自己的态度而行动。正如马克·利里（Leary，2004b）观察到的，人们了解的自我与表现出的自我是不同的。作为社会的变色龙，在自我监控上得分较高的人更少致力于其人际关系，而且更有可能不满意于他们的婚姻生活（Leone & Hawkins，2006）。

有的人对舆论不屑一顾；有的人则对之恐惧万分，因为对他们来说，舆论总是冷酷残暴的。

——伯特兰·罗素，《幸福之路》，1930

那些低自我监控的人则很少关心别人是怎么想的。他们更多地受其内在的指引，从而更多地按照自己的感觉和信念来说话做事（McCann & Hancock，1983）。如果要他们列举一下对同性婚姻的看法，他们怎么想就会怎么说，而毫不顾及听众的态度（Klein & others，2004）。你可以想象，一个低自我监控的个体有可能是粗野迟钝的，而一个高自我监控的个体可能会有与行骗专家相似的不诚实行为。我们大多数人处于行骗专家式的高自我监控和榆木疙瘩式的低自我监控这两个极端之间。

“嗯，我今天该戴哪个呢？”

展现自己以给人留下好印象真是一件很微妙的事。人们希望自己被看成有才华的，同时又是谦逊和诚实的（Carlston & Shovar，1983）。在大部分社会情境中，谦逊可以营造良好的印象，无故地夸耀则恰恰相反。这样就存在虚伪的谦逊现象：我们表现出的自尊常常要弱于我们私下感到的自尊（Miller & Schlenker，1985）。但当我们的确做得很好时，过分谦逊（“我是做得不错，但这不算什么”）反而会给人留下故作谦虚的印象。营造一个既谦逊又有才华的好印象，这确实需要一定的社会技巧。

小结：自我表露的管理

- 作为社会性动物，我们调整自己的言语和行为以适应我们的观众。我们在不同程度上监控自己；我们对自己的表现加以注意，不断调整它以创造一个我们所希望的形象。
- 这种印象管理的策略可以用来解释虚伪谦逊的案例，在这些案例中，人们贬低自己，恭维未来的对手，或是当众感谢他人而私下里却把荣誉归于自己。
- 有时人们甚至会以自我挫败行为来实现自我妨碍，用以为失败提供借口，从而保护自尊。
- 自我表露是指我们想要向外在的观众（别人）和内在的观众（自己）展现一种受赞许的形象。对于外在的观众来说，那些在自我监控倾向量表上得分很高的人会不断根据周围环境来调整自己的行为。然而那些得分较低的人往往不会做相应的社会调整，以至于使他们显得不够敏感。

后记：

傲慢的危险与积极思维的力量——一对相反的事实

本章提出了两条值得记住的事实：自我效能感和自我服务偏差。自我效能可以鼓励我们在逆境中也不要轻言放弃，即使一开始就失败了也要坚持下去，全力奋斗而不要因为怀疑自己而过于分心。高自尊也具有类似的适应性意义。当我们相信自己的美好未来时，我们就不容易沉沦，同时也有利于我们的成功。

积极地思考与坚强地尝试是重要的。但如果你的目标是不切实际的，或你因为自恋而疏远他人时，请不要那么自信了。那些有关盲目乐观以及其他形式的自我服务偏差的事实，提醒我们自我效能感无法解释自我在社会世界中的全部问题。要是积极思维就能够挽回一切的话，那么如果我们婚姻不和、贫困或是消沉时，我们就只能责怪自己了："真不害臊！要是我们多努力一些，老实一些，不那么愚蠢的话，哪会这样啊！"却没有考虑到困难常常来自社会环境中的不可抗拒的力量，这使我们不但责怪别人甚至苛责自己。生活中最了不起的成就，和最让人沮丧的挫折，都来自对自己高标准的预期。

这一对相反的事实——自我效能感和自我服务偏差——使我们想起 300 年前法国数学家、哲学家帕斯卡尔说过的一段话：任何一个单独的真理都是不充分的，因为世界是很复杂的。任何一个真理如果脱离了和它互补的真理，就只能算是部分真理而已。

第 3 章

社会信念和判断

CHANGE WE CAN BELIEVE IN
BARACK OBAMA
CHANGE WE NEED
WWW.BARACKOBAMA.COM

党派偏见有着奇妙的力量。我们来看看美国的政治：

- 20 世纪 80 年代末，大多数民主党人认为，在共和党总统罗纳德·里根的领导下，通货膨胀加剧。而事实上通货膨胀降低了。
- 2010 年，多数共和党人认为，在巴拉克·奥巴马的领导下税负增加。事实上多数美国人的税负减少了（Cooper, 2010; Douthat, 2010）。
- 皮尤公司的调查（Pew, 2010a）显示，31% 的共和党人和 10% 的民主党人认为奥巴马是穆斯林。实际上他不是。
- 就在奥巴马冗长的夏威夷出生证明公布前夕，盖洛普民意调查结果显示，43% 的共和党人和 9% 的民主党人认为他并非在美国出生（Morales, 2011a）。

诸如此类的“动机性推理”已经超越了政治党派偏见。在我们理解证据和看待现实时，情感都会产生很大影响，例如对某位政治人物本能的喜欢或不喜欢。党派偏见会使我们的知觉出现偏差。如一句中国谚语所说：目不可信，心不足恃。

不同党派对公开证据会有不同反应，这种现象在全世界的政治中屡见不鲜，它说明社会知觉和信念的建构程度：

- 通过我们自己的假设过滤之后，对事件进行感知和回忆；
- 依靠我们的直觉、内隐规则以及心情，对事件进行判断，其中内隐规则引导我们快速地进行判断；

- 解释事件时，有时归因于情境，有时归因于个人；
- 期望某些事件的发生，有时会使这些事件更有可能发生。

因此，本章探索的是我们如何感知、判断和解释我们的社会，以及我们的期待有多大程度的影响力。

社会世界的感知

我们的感知、解释和回忆在多大程度上会受到假设和预先判断的影响。

第 1 章提到了一个有关人类思维的重大事实：我们的先入之见会引导我们对信息的知觉和解释。我们戴着“有色眼镜”去观察和解释世界。人们承认先入之见很重要，但却没有意识到这种影响会有那么大。

让我们来看看有关这方面的一些研究，第一组实验研究预先的判断和倾向性怎样影响人们对信息的知觉和解释；第二组实验在给人们提供信息后，再向他们灌输某一种判断方式，以观察接受事实之后的信念如何对回忆产生影响。总的结论是：*我们并非如实地对现实进行反应，而是根据我们对现实的建构做出反应。*

启　动

未被注意的刺激可以微妙地影响我们对事件的解释和回忆。想象一下，你现在正在参与一个实验，在实验中，你带着耳机全神贯注地听一些歧义句，比如“We stood by the bank”。当一个相关的词汇（*river* 或者 *money*）在你的另一只耳朵里同时呈现时，你并不会意识到自己听见了这个词。然而，这个词“启动了”你对整个句子的理解（Baars & McGovern，1994）。

我们的记忆系统是一个相互联结的网络，而**启动**（priming）就是唤醒或者激活其中的某些特定联结。这些实验表明，启动一个念头（即使个体对此并无意识）可以影响个体的另一个念头，甚至是行为。在一个实验中，约翰·巴奇及其同事（Bargh，1996）请一些人补全含有诸如“老的”、“聪明的”、“退休的”等词语的句子。完成任务的片刻后，研究者发现，这些人走向电梯的速度明显慢于那些未被与老化相关的词语启动的人。另外，这些走路变慢的人对他们自身的步行速度并无意识，也没有意识到自己刚刚看过启动老化的词语。

通常，我们的所做所想会受那些我们没有意识到的事件的启动。若博·霍兰德及其同事（Holland & others，2005）发现，在实验者布置出的充满清新剂味道的环境中，荷兰学生能更加迅速地辨别出与清洁相关的词语。在后续实验中，另一些学生在有清新剂味道的环境中回忆一天的活动时，他们能够回忆出更多与清洁有关的行为，甚至在吃一种易碎的曲奇饼干时也更能保持桌面的洁净。而且，在所有的这些现象中，被试对这种气味和它所产生的作用毫不知情。

启动效应（Bargh，2006）在日常生活中也有所体现：

- 一个人在家里看恐怖片会激活令人恐惧的情绪，这些情绪令我们下意识地将炉子发出的声响错误知觉为有人闯入。
- 本章后半部分将会解释，沮丧情绪可以启动负性联结。而人们在心情好的时候，则会突然觉得自己的过去更有意义，前途更加光明。

- 观看暴力镜头会启动人们将模糊的行动（推人，shove）和词语（拳打，punch）理解为攻击性的。
- 对于很多心理系的学生而言，阅读有关心理异常的书籍，会启动他们对自身的焦虑和忧郁情绪的理解。阅读有关疾病的症状同样会启动医学专业学生对自己是否充血、发热和头痛的担心。

第二个窗口的标语会启动顾客对第一个窗口服务的不满。

www.CartoonStock.com

在大量的实验研究中，即使刺激信息是阈下呈现的——刺激呈现时间极短使得意识无法捕捉——也会诱发启动效应。眼不见未必完全心不知。一个轻微得无法察觉的电击会增加对随后电击强度的感知。一个飞闪而过的单词，“面包”，会启动人们对一个与之相关的词（如“黄油”）的觉察快于与之不相干的词（如“瓶子”或者“泡沫”）。在屏幕上极快地呈现一个无法意识到的颜色名称的单词之后，当同一颜色再次呈现在屏幕上时，人们对该颜色的察觉速度变得更快；若是在屏幕上呈现一个错误的颜色名称之后，人们辨别颜色的时间则会延长（Epley & others，1999；Merikle & others，2001）。在上述各个情境中，一个看不见的图像或者词语，都可以启动对随后任务的反应。

有很多实验研究那些植入的思想和图像是如何启动我们对事件的解释和回忆的，这是本书所涉及的一项关于 21 世纪社会心理学的家庭作业：*我们对许多社会信息的加工是自动的*。它是无目的的，不为肉眼所见，而且发生在我们意识之外。

由于**具身认知**（embodied cognition）的存在，甚至身体的感觉都会启动我们的社会判断，反之亦然。当手捧热饮时，人们更可能评价别人更热情，自己也会表现得更慷慨（Ijzerman & Semin, 2009; Williams & Bargh, 2008）。与受到热情款待的参与者相比，遭到冷遇的参与者会觉得实验室里更冷（Zhong & Leonardelli, 2008）。身体的温暖会强化社会温暖，社会排斥则会让人感觉寒冷。

感知和解释事件

撇开那些明显的偏见和逻辑缺陷，我们对彼此的知觉和理解大多数时候是正确的（Jussim，2005）。人们相互间的第一印象，正确的比错误的多得多。而且，我们越是了解别人，对别人的心理和感受就把握得越准确。

但是，有时候我们的预先判断会发生错误。预先判断和期望效应是心理学导论中的基本知识。让我们思考一下下面的短语：

A
BIRD
IN THE
THE HAND

你发现里面有什么错误了吗？这不仅需要眼睛观察，更需要知觉参与。

政治知觉 这在社会知觉中也是同样的道理。因为旁观者眼中的社会知觉丰富多彩，

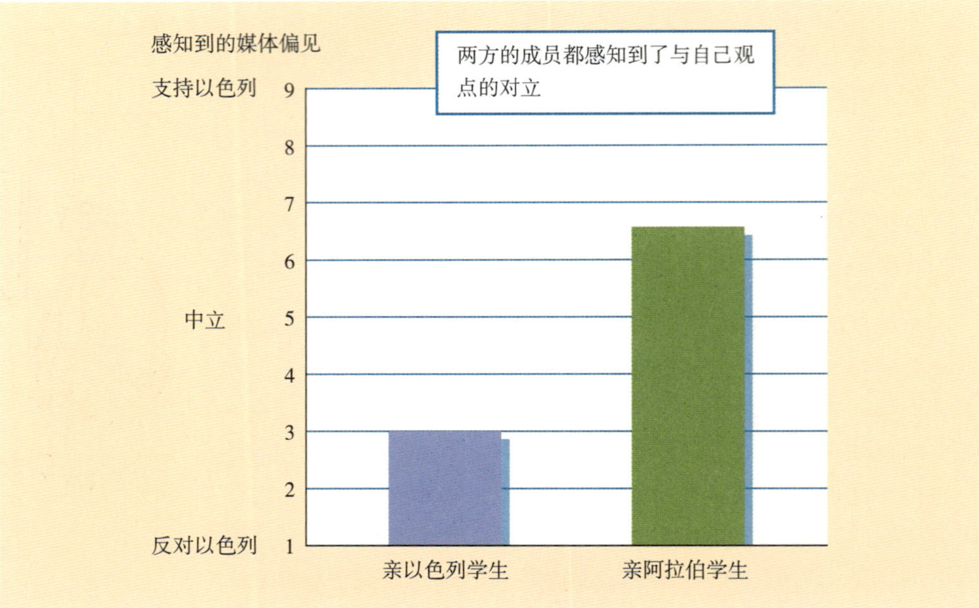

图 :: 3.1
亲以色列和亲阿拉伯的学生在看了网络上描述“贝鲁特大屠杀”的新闻后，都认为这些报道是在极力反对自己的观点。
资料来源：Vallone & others (1985).

即使一个很简单的刺激也会引发两个人不同的反应。我们说加拿大的保罗·马丁是“一个还算过得去的总理”，这对于他的那些热情的拥护者来说似乎是在贬低他，而对于不尊敬他的人来说却像是在表扬他。当社会信息可以做出多重解释时，先入为主就很重要了（Hilton & Von Hippel，1990）。

> 一旦你形成了某种信念，它就会影响你对其他所有相关信息的知觉。一旦你将某个国家视为敌人，你就倾向于将其模棱两可的行为诠释为表示敌意。
>
> ——Robert Jervis，政治学家，1985

沃伦、罗斯和莱珀（Vallone，Ross，& Lepper，1985）做的一个实验解释了先入为主到底有多重要。他们向支持以色列和支持阿拉伯的学生分别提供 6 段从网络上下载的关于 1982 年在黎巴嫩两所难民营屠杀难民的新闻片断。如图 3.1 所示，每一组被试都将新闻看成对自己这边不利的。

这种现象很常见：球迷们总是认为裁判偏袒另一方。总统候选人和他们的拥护者几乎总是认为媒体不支持他们的事业（Richardson & others，2008）。在 2008 年的美国总统竞选中，希拉里·克林顿的支持者、巴拉克·奥巴马的支持者以及约翰·麦凯恩的支持者都认为媒体对他们的参选人心存偏见，并且举出了具体事例，有时候这些偏见貌似性别歧视、种族歧视和年龄歧视。

但是这并不仅仅局限于粉丝和政客。每个地方的人都认为媒体和调解人站在对方的立场。“人总是主观的，”一家媒体评论这样说道（Poniewozik，2003）。事实上，可以利用人们对偏见的知觉来评价他们的态度（Saucier & Miller，2003）。告诉我你从哪里看到了偏见，我就能获得有关你所持态度的线索。

我们关于世界的假定有时候甚至会使矛盾的证据看起来是有利于自己的。例如，罗斯和莱珀协助洛德（Lord，1979）调查学生们对两种假想的研究结果的评价。这些学生中有一半支持死刑，而另一半学生则反对死刑。其中一项研究支持了死刑具有威慑力量的观点，而另一项研究的结果是反对死刑。研究发现：支持和反对死刑的学生都较容易接受与他们观点相同的证据，而极力批评和反对与其观点相悖的证据。即使同一个证据同时拥有两种观点也不会降低学生们对自己信念的支持，反而更起了促进作用。同样，安东尼·巴斯塔尔迪及其同事（Bastardi & others，2011）也发现，给被试同时呈现支持和反对孩子日托的两类证据，计划送孩子日托的被试会觉得这些证据支持自己的计划。

这是否就是为什么政治、宗教和科学中模糊的信息通常会引起冲突的原因呢？美国总统竞选的电视辩论很大程度上会强化辩论前的观点。那些已经支持某一候选人的人们认为自己支持的候选人赢得竞选的比例达到 10 比 1（Kinder & Sears，1985）。芒罗与其合作者们（Munro & others，1997）在 1996 年总统竞选的第一次辩论中发现了同样的现象，他们发现双方的支持者在观看完辩论后都更加支持自己的候选人。

"我喜欢你的诚实、公正和职业化的观点。"

有些情境使得我们很难做到客观公正。

我们对他人的知觉 除了上述这些关于人们固有的社会和政治态度的研究外，研究者们还操纵了人们的先入之见，结果发现它对人们解释和回忆事件产生了惊人的影响。

麦伦·罗斯巴特和柏米拉·比勒尔（Rothbart & Birrell，1977）让俄勒冈大学的学生评价图 3.2 中那个男人的面部表情。有一部分学生被告知他是盖世太保的领导人，第二次世界大战中对在集中营难民身上实施野蛮的生化实验负有重要的责任。这部分学生很自然地将他的表情知觉成"冷酷无情"。（你能仅从平静的轻蔑表情中看到这些吗？）而另一部分学生被告知他是反纳粹组织地下运动的领导者，并勇敢地拯救了数以千计的犹太人。这些学生则认为他面容慈善，充满了热情。（你只需看看那富有同情心的眼神和微笑的嘴角。）

我们眼里的错误引导着我们的心灵：错误导致的也必定是谬误。

——莎士比亚，《特洛埃围城记》，1601~1602

电影制片人可以通过操纵背景来控制人们对面部情绪的知觉。他们称之为"库勒乔夫效应"，这是以一位俄罗斯导演库勒乔夫的名字命名的。这位导演能够巧妙地通过操纵观众的假设来引导他们做出推论。库勒乔夫制作了三个短片来说明这个现象。在短片当中，人们会首先看到如下三个镜头中的一个：一个死亡的女人，一盆汤，一个玩耍的女孩子。之后给人们呈现一个相同的画面，即一个演员的中性表情面孔。结果人们认为第一个短片中的演员的表情是伤感的；第二个短片中则是在沉思；第三个短片中是快乐的。

他人对我们的知觉 解释的过程也会左右他人对我们的认知。当我们说某人的好话或者坏话时，人们会试图将那些特质和我们联系在一起（Mae，Carlston，& Skowronski，1999；Carlston & Skowronski，2005）。这种现象被称为*自发性特质转移*。如果我们到处说别人喜欢说闲话，人们就会不知不觉地将"喜欢说闲话"与我们联系在一起。如果称某个人为傻子或者怪人，那么过后人们可能就会认为你也一样。如果我们将一个人描述为敏感的、迷人的、富有同情心的，我们自己也会被认为具有这样的特点。这些都印证了一句古语中所体现出来的智慧："我是橡胶，你是胶水，无论你说我什么都会'反弹'到你那里。"

图 :: 3.2

你也来判断一下：这个人的表情到底冷酷还是和善？如果他是一个纳粹分子，你会不会觉得他的脸有什么不同？

最后的结论是：我们通过自己的信念、态度和价值观来看待我们的社会。这就是我们的信念如此重要的一个原因；正是我们的信

党派知觉。某一候选人或事业的支持者倾向于认为媒体偏袒另一方。

念塑造了我们对其他任何事物的解释。

信念固着

假设深夜一个小婴儿不停地哭闹，而上了年纪的祖母认为是用牛奶制成的配方奶粉喂养导致宝宝肚子痛："仔细考虑一下，比起婴儿来显然小牛更适合喝牛奶。"如果婴儿被诊断为发高烧，这会使祖母更加坚信是配方奶粉喂养造成了婴儿的急性腹痛吗（Ross & Anderson，1982）？为了证实这一假设，李·罗斯、克雷格·安德森及其同事先给被试灌输了一条错误的信息，然后试图让这些被试来否定它。

他们的实验结果表明，一旦人们为错误的信息建立了理论基础，那么就很难再让他们否定这条错误的信息。每一个实验都是先给被试灌输了一种信念：或者直接宣称某个结论是正确的，或者向人们出示一些轶事式的证据。然后，要求被试解释为什么该结论是正确的。最后，研究者会告诉被试真相，彻底否定最初的结论：实验开始时的信息是为实验目的而人为捏造的，而且在实验中给一半的被试提供相反的信息。然而，只有 25% 的人接受了新结论，大部分人仍然坚持对他们已经接受的结论的解释。这种现象被称为**信念固着**（belief perseverance），它证明了信念可以独立存在，并且当支持它的证据被否定时仍会存活下来。

再来看另外一个例子，安德森等人（Anderson & others，1980）首先要求被试判断愿意冒险的人会成为好的消防员还是差的消防员。其中一组被试会认为，愿意冒险的人会是一个成功的消防队员，而谨慎的人不适合做消防队员。另一组被试则持有完全相反的观点。在被试们形成他们自己关于有冒险倾向的人是否适合做消防队员的信念后，他们需要写下自己这样认为的理由——例如，有冒险倾向的人比较勇敢，而谨慎的人太过小心。当形成一种解释后，它会独立于最初推论出它的信息而存在。即使那最初的信息被证明是虚假与错误的，被试们仍然会坚持他们自己归纳出的解释，坚信有冒险倾向的人确实像自己想象的那样，会成为一名很棒的或者糟糕的消防队员。

这些实验给我们揭示了这样一种现象，我们越是极力想证明我们的理论和解释可能是正确的，我们就对挑战自己信念的信息越封闭。一旦我们确信一个被指控的人犯了罪、一个令人讨厌的陌生人的确会表现出那样的行为，或者我们钟爱的某一股票的市值一定会有所上升，那么，我们就会为维护我们的解释而回击各种挑战（Davies，1997；Jelalian & Miller，1984）。

证据是有说服力的：我们的信念和期待在很大程度上会影响我们对事件的建构。就像科学家创造某一个理论，引导自己观察并解释事件而从中获益一样，通常情况下，我们的信念和预期也会使我们有所收益。但这种收益在某些时候是以一定的付出为代价的：我们成了自己思维图式的囚徒。由此，才会出现认为火星存在"运河"这样的谬误（实际上只是一些灰尘或陨石坑），其实是一种智慧生物的创造物——地球这边的望远镜的智慧产物。

有什么方法能够纠正我们的信念固着吗？惟一的方法是：*解释相反的观点*。查尔斯·洛德等人（Lord & others，1984）重复了先前介绍过的死刑实验，并新增加了两种实验条件。首先，他们要求被试“尽可能客观无偏见”地评价事件。结果表明，这条指导语是无效的。不管是那些死刑支持者还是反对者，指导语条件下的被试与那些无指导语的条件被试一样存在偏见。

我们听到和领会到的其实只是我们一知半解的东西。

——亨利·大卫·梭罗，1817~1862

实验要求第三组被试从相反的角度考虑问题——问自己：“假设我是一个持相反观点的人，我是否会在这个研究中同那些与我观点不同的人得出同样的结论呢？”当从相反的角度考虑这些问题后，这些被试不再那么偏颇地固执己见了。克雷格·安德森（Anderson，1982；Anderson & Sechler，1986）在自己的研究中发现，通过解释为什么与自己相左的观点也可能是正确的——为什么谨慎的人比爱冒险的人更适合做消防员——可以降低甚至消除信念固着。事实上，并不只是对相反观点的解释，对各种可能结果的解释都会促使人们仔细考虑各种不同的可能性（Hirt & Markman，1995）。

建构我们自己和我们世界的记忆

你是否同意下面的这段陈述？

> 记忆就好比大脑中的一个储物箱，我们将各种材料储存在其中，日后需要时可以再从中拿出来。偶尔，有些东西也会从“储物箱”中丢失，那时我们就说我们忘记了。

大约 85% 的大学生同意这种观点（Lamal，1979）。像一则杂志广告中说的那样，“科学业已证实，生活中积累的经验可以非常完美地保存在记忆中。”

事实上，心理学的研究却得出了相反的结论。我们的记忆并不是我们记忆库中所存信息的精确复制品。相反，我们会在提取信息的同时对记忆进行建构。就像古生物学家根据化石推断出恐龙的实际样子那样，我们也是用自身当前的感受和期许将许多不连贯的信息碎片整合起来，重构我们的过去。因此，我们可以轻易地（无意识地）修正自己的记忆，以使其更符合我们当前的认识。我的一个儿子抱怨道：“我 6 月份的《板球》杂志怎么还没到”，当别人告诉他在哪里时，他高兴地回应道：“噢，我就知道我曾经收到过。”

记忆与读书不同，它更像根据不连贯的笔记片断写一本书。

——John F. Kihlstrom，1994

当研究者或者临床医学工作者操纵人们对自己的过去进行假设时，相当多的人会虚构自己的记忆。当要求被试生动地想象他们小时候的奔跑、被绊倒、摔倒，然后被玻璃划破了手，或者在一次婚礼中摔碎了一个碗，大约有四分之一的人在过后会认为这些虚构的事件真的发生在自己身上（Loftus & Bernstein，2005）。因此，在寻找真相的过程中，我们的大脑有时候会虚构记忆。

在一个有 20 000 多人参加的实验中，洛夫特斯（Loftus，2003，2007）及其同事们探索了我们的大脑构建记忆的倾向。在这个经典的实验中，人们会目击一个事件，然后获得关于该事件的误导性信息（或者没有），之后参加一项记忆测验。研究中多次发现了**误导信息效应**（misinformation effect），即人们将误导性的信息整合在他们的记忆中：他们把一个转弯的标志回忆成停车的标志，把锤子回忆成螺丝起子，把《时尚》杂志回忆成《小姐》杂志，把亨德森大夫回忆成“戴维森大夫”，把早餐时吃的麦片回忆成鸡蛋，把一个剃过胡子的男士回忆成一个有胡子的小伙子。洛夫特斯认为，被植入的误导性信息甚至可以制造出儿童时期遭到性虐待的错误记忆。

这一过程不但影响我们对社会事件的回忆，也影响我们对物理事件的回忆。杰克·克罗克斯顿和他的同事们（Croxton，1984）让学生花 15 分钟的时间跟另外一个人交谈。之后，那些被告知对方喜欢自己的学生将该人的行为回忆为放松、自在和开心。而被告知对方不喜欢自己的学生将该人的行为回忆为紧张、拘束和不开心。

重构我们过去的态度

五年前，你对核能源持有什么观点？你又是怎么看待你们国家的总统或者首相的？你是怎么看待你的父母的？如果你的态度改变了，那么你认为改变的程度有多大呢？

人们不应为承认自己曾经犯错而感到羞愧，因为换句话说，这表示他现在比以前更聪明了。

——乔纳森·斯威夫特，英国政治家及小说家，Thoughts on Various Subjects，1711

一些研究者研究了上述问题，得出了令人气馁的结果。那些态度发生了改变的人，常常坚持认为自己一直以来都是这样想的。达里尔·贝姆和基思·麦康奈尔（Bem & McConnell，1970）在卡内基 - 梅隆大学的学生中进行了一项调查。调查内容是一个关于学生控制大学课程的问题。一周之后，这些学生同意帮忙写一篇短文以反对学生对课程的控制。写完文章之后，他们的态度转变为极力反对学生控制。当要求他们回忆在写文章之前自己是如何回答问题的，学生们表示“记得”自己当时的观点和现在的相同，并否认受到了实验的影响。

在观察到克拉克大学的学生同样否认了他们先前的态度之后，研究者威克森和莱尔德（Wixon & Laird，1976）发表评论，学生们改变自己态度的“速度、程度和确定性非常令人震惊。”正如瓦利恩特（Vaillant，1977）在对一些成人进行追踪研究之后所得出的结论，“毛毛虫化茧成蝶之后会认为自己小时候是小蝴蝶，这种事太常见了。成长和成熟把我们都变成了说谎的人。”

积极的记忆建构的确可以美化我们的回忆。米切尔和汤普森（Mitchell & Thompson，1994，1997）及其同事指出，人们经常会给回忆蒙上一层玫瑰色——他们把一些细小的令人愉快的事件回想得比实际所经历的要美好得多。无论是参与了为期三周的自行车旅行的大学生，还是参加了澳大利亚旅行团的有点年纪的成人或是度假中的本科生，他们都报告说喜欢自己的旅途。但是他们在之后的回忆中，对这段经历的评价却更高了，将一些不愉快的或者无聊的事情最小化，将令人高兴的事情留在了脑海中。同样，我旅居苏格兰时的美好时光现在（回到办公室后我面对的是一堆紧迫的工作和干扰）被我美化成了纯粹的快乐。那些薄雾和小虫子都已模糊不清，而壮丽的景观、清新的海洋气息和我最爱的茶室却还历历在目。对于任何积极的经历，那些愉快的感觉有的存在于我们的预期里，有的存在于实际经历中，还有一些则留在玫瑰色的回忆里。

旅行只有在回味时才是迷人的。

——保罗·泰鲁，美国作家，《观察者》

麦克法兰和罗斯（McFarland & Ross，1985）发现我们同他人关系改变时，我们关于他人的回忆也会被改变。研究者让大学生评价他们的固定伴侣。两个月后，他们再次评价自己的伴侣。那些更加相爱的学生倾向于高估他们的第一印象，认为他们是一见钟情。而那些已经分手的学生则更可能低估他们曾经的喜爱程度，把伴侣回忆成自私或坏脾气的人。

霍姆伯格和霍姆斯（Holmberg & Holmes，1994）发现了同样的现象。在 393 对新婚夫妇中，绝大部分的人报告说感到非常幸福。当两年之后再次对他们进行调查时，那些婚姻已经变质的人回忆说他们的婚姻从开始就很糟糕。霍姆伯格和霍姆斯评价说，结果非常的“恐怖”，“这种偏见导致了一种恶性的循环。你对伴侣的看法越糟糕，你记忆中的他或她也就越糟糕。这只会更加坚定你现在的消极态度。”

这并不是在说我们对过去的感觉毫无意识，只是当记忆模糊的时候，现在的感受主导了我们的回忆。让寡妇和鳏夫尝试回忆 5 年前配偶离世时自己的感受，结果发现他们现在的情感状态会影响到他们的记忆（Safer & others，2001）。病人回忆自己几天前的头疼时，他们现在的感觉决定着他们的回忆（Eich & others，1985）。每一代的父母都在为下一代的价值观哀叹，部分原因是他们错误地认为自己年轻时候的价值观与自己现在的价值观很接近。而当每一代年轻人回忆自己的父母时，他们都会根据自己当前的感受将父母描述成令人愉快或令人悲伤的（Bornstein & others，1991）。

重构我们过去的行为

我们的记忆也会重构其他方面的过往行为。罗斯、麦克法兰和弗莱彻（Ross，McFarland，& Fletcher，1981）对滑铁卢大学的学生传达一个信息，使他们相信刷牙的必要性。之后，在一个完全不同的实验里，这些学生回忆起在此之前的两周内他们刷牙的次数比那些不知道此条信息的学生要多。同样，美国人报告他们抽烟的数量比实际上销售出去的烟支要少得多（Hall，1985）。并且人们回忆自己投票的数量要比实际记录的投票数量多（Census & Bureau，1993）。

社会心理学家格林沃尔德（Greenwald，1980）提出的这些结论与乔治·奥威尔的小说《1984》中的描写很相似——小说写道："在记忆中，事情有必要按照期望的方式发生。"不错，格林沃尔德的确提到，我们都有一个"独裁的自我"，它改变我们的过去使其符合我们现在的观点。这样，我们低估了那些不好的行为，突出了那些好的行为。

虚荣和我们的记忆开了一个可怕的玩笑。

——约瑟夫·康拉德，小说家，1857~1924

有时候，我们现在的观点是经过改良的——在这种情况下，我们可能将自己的过去回忆得与其实际情况更加不同。这种倾向可以解释一组比较一致又令人困惑的发现：平均来看，那些参加心理治疗、减肥项目、戒烟和锻炼的人实际上只表现出了适度的改善。但是他们通常报告说有很明显的收益（Myers，2010）。康韦和罗斯（Conway & Ross，1986）解释了为什么人们花了那么多的时间、精力和金钱在自我发展上，因为他们可能这样想："我现在可能是不完美的，但是我在此之前更糟糕，而且这些努力确实使我受益。"

在第 14 章中我们将看到，精神分析学家和临床心理学家也不可避免地具有这些倾向。我们都会选择性地注意、解释和回忆某些事件以支持自己的观点。我们的社会判断是一个融观察、期望、推理和热情为一体的混合体。

小结：社会世界的感知

- 我们的先入之见会强烈地影响我们对事件的解释和记忆。在许多被称为*启动*的现象中，人们事前的判断会强烈影响他们知觉和解释信息的方式。
- 其他一些实验在给被试提供信息之后会在他们的头脑中植入判断或错误信念。这些实验揭示出，正如事前判断会扭曲我们的知觉和解释一样，*事后判断*也会扭曲我们的回忆。
- *信念固着*这种现象是指，人们执着于自己先前所持有的信念以及这种认可这一信念的原因，甚至在这种信念的基础被否定时仍是如此。
- 我们的记忆系统并不是一个可以储藏过去的事实的地方。我们的记忆，事实上是在我们进行回忆时重构的，它受到所持态度的严重影响，并通过当前情感进行检索。

社会世界的判断

理解我们形成社会判断的过程。

正如我们已经指出的那样，我们的认知机制是有效和富于适应性的，然而也容易犯错误。通常情况下它们运作得很好，但有时医生会出现误诊，雇主会错评雇员，某个种族的成员会歧视另一个种族的成员，夫妻一方也会错怪另一方。其结果将导致误诊、罢工、种族歧视和离异。因此，我们应如何有效地做出社会判断呢？

当历史学家描述社会心理学的第一个纪元时，他们肯定会将1980~2010年看做“社会认知”的时代。通过描绘认知心理学的进展——涉及人们如何知觉、表征和记忆事件——社会心理学家已经对我们的判断机制有了初步的了解。让我们看看该领域内的研究所揭示出的社会直觉的奇妙以及那些错误吧。

直觉判断

什么是直觉的力量呢？是指不经过推理和分析就迅速了解事情的能力吗？“直觉管理”的拥护者认为，我们应该转向直觉。他们认为评价别人的时候，我们应该借助右脑的非逻辑智慧。当我们要聘用或解雇某人，或者进行一项投资时，我们应该倾听我们的预感。在做出判断的过程中，我们应该相信自己内心的力量。

直觉主义者认为，不经有意识的分析就可以获得重要的信息，这种观点对吗？怀疑论者则认为，直觉只不过是“我们认为自己是正确的，而不管实际上是不是那样”，这两种观点哪一种正确呢？

启动实验表明无意识确实控制我们的大部分行为。正如巴奇和沙特朗（Bargh & Chartrand，1999）解释的那样：“对绝大部分人来说，其日常生活并不取决于清醒的意图和经过深思熟虑的选择，而是受内部心理过程的控制，它通过加工环境特征而起作用，并且不受意识和指导的控制。”当交通灯变为红色时，我们下意识便做出反应，踩下刹车。确实，麦克雷和约翰斯顿（Macrae & Johnston，1998）认为：“几乎对每一件事情（例如开车、约会、跳舞）来说，要想去做它，行动直觉就必须和效率低下（即缓慢，序列处理，耗用心理资源）受意识控制的工作相分离，否则我们什么也干不了。”

直觉的力量

17世纪的哲学家、数理学家帕斯卡尔指出：“心灵的活动有其自身的原因，而理性却无法知晓。”三个世纪后，科学家们证实了这一观点的正确性。我们知道的比我们意识到自己知道的要多得多。对我们的无意识信息加工过程的研究证实了这一点，即我们对在自己头脑中正在发生的事情所知甚少（Bargh & Ferguson，2000；Greenwald & Banaji，1995；Strack & 2004）。我们的思维只有一部分是**受控制加工**（controlled processing）（反应性的、深思熟虑的和有意识的），而还有一部分则是**自动化加工**（automatic processing）（冲动的、无需努力的、无意识的），这超出了心理学家的想象。自动化的直觉思维不是发生在屏幕上，而是发生在屏幕外，我们的视线外，在那里没有理性。请想象一下这些自动化思维的例子：

- 图式——心理概念或模板——自发地引导我们的知觉和解释。我们是听到某个人谈论 sect（宗教教派）还是 sex（性），不仅取决于他所说的词语，而且取决于我们对所听内容的自动解释。

- 情绪反应通常是即刻的，在我们进行审慎的思考之前就已表现了出来。神经通路的捷径是将从眼睛和耳朵那里收集到的信息传送到脑区的感觉交换台（丘脑），并且下传至它的情绪控制中心（杏仁核），而这些过程都在与思维活动有关的皮层以任何形式进行介入之前发生（LeDoux，2002）。我们的祖先会不自觉地被灌木丛中莫名的声响吓一跳，而实际上并没有什么可怕的。但是与那些更偏向审慎思考的族人相比，如果这个声音是由危险的动物发出的，那么我们的祖先倒更有可能生存下来并将这种基因传递给后代。
- 如果人们积累了足够多的专业知识，他们就可能凭直觉获得问题的答案。不论是弹钢琴还是打高尔夫，许多技能最初都要有意控制去遵守规则，这一过程会逐渐变为自动化和直觉的过程（Kruglanski & Gigerenzer, 2011）。国际象棋大师凭直觉便可以识别有意义的棋形，而一个新手通常意识不到。因为大师们对于棋局中的线索信息早已烂熟于心，只要看一眼棋盘就知道如何走下一步棋。同理，打电话时我们只需听到第一个词便可以辨别出朋友的声音，尽管我们对自己如何做到这一点一无所知。
- 当面临需要做决定却又缺乏专业知识快速做出决断时，我们的无意识思维就会引导我们做出令人满意的选择。这就是阿姆斯特丹大学的心理学家迪克特赫斯等人（Dijksterhuis & Nordgren，2006；Dijksterhuis & others，2006，Strick & Others，2010）通过实验所发现的。他们向人们描述四间公寓然后让他们做决定。将需要做出即时决定的人和有充分时间分析信息的人相比，结果发现，对所做决定最满意的人是那些受到干扰和无法专心进行思考的人们。虽然这些发现存在争议（Gonzalez-Vallejo & others，2008；Lassiter & others，2009；Newell & others，2008），但这一点似乎是正确的：当面对一个艰难的决定时，我们经常要花很多时间来考虑，甚至连睡觉都在想着这事，然后，等着我们无意识的信息加工过程带来的直觉结果（Sio & Ormerod，2009）。

我们对一些事物——事实、名字和过去经验——的记忆是外显的（有意识的）。而对其他一些事物——技能和条件特征——的记忆则是*内隐的*，意识无从知晓。我们每个人都是如此，而这一点在那些无法形成外显记忆的脑损伤病人身上表现得更明显。这样的病人永远无法认出自己的医生，医生不得不每天都与她握手重新认识彼此。一天医生在手上粘了枚针，当医生和她握手时，她痛得跳了起来。当医生下次回来时，她依然无法认出他（外显的）。但是这个病人保存了内隐记忆，不愿意再和这位医生握手。

有关盲视的例子同样令人惊奇。当人们由于手术或中风失去一部分视皮层时，他们某一部分视野可能会功能性地失明。当在他们失明的区域内呈现一系列的细棒时，他们会报告说什么也没有看到。而当要他们猜测刚才的细棒是水平呈现还是竖直呈现的时候，他们猜测得完全正确，当被告知“你猜对了”后，他们本人也大吃一惊。正如“记得”疼痛的握手的病人，他们知道的比自己意识到的要多。

试想一下你自己认为理所当然的面孔识别能力。当你注视人脸时，你的大脑首先将视觉信息分割为诸如颜色、深度、运动和形状这样的附属维度，并同时对它们进行加工处理，然后再将这些成分整合起来。最后，你的大脑以某种方式将知觉到的影像与之前储存下来的影像进行对比。瞧，你迅速且毫不费力地认出了你的祖母。假如直觉是指不经过推理分析就立刻明白某件事的能力，那么知觉过程可以 100% 的算是直觉。

正如我们前面所指出的，阈下刺激可能会启动我们的思维和反应。如果以小于 0.01 秒的时间间隔向被试呈现几何图片，他们可能会说除了一道闪光，什么也没看见。但是在随后的测试中，他们对刚才看过的图形表现出较高的反应倾向。

所以，许多习惯化的认知功能是在没有觉察的状态下自动且无目的地发生的。我们的心理机能很像一个大公司，首席执行官——我们的控制意识——处理着最重要或者是最新异的事件，而将日常事务分配给各个子系统处理。和首席执行官一样，意识在设定目标和优先级时通常对基层部门的运营活动知之甚少。这种资源分配方式使我们能够对许多情况做出快速、有效的反应。总而言之，我们的大脑所知道的比它告诉我们的要多得多。

直觉的局限性

我们已经了解到自动化思维可以使我们变“聪明”（Gigerenzer，2007，2010）。洛夫特斯和克林格（Loftus & Klinger，1992）虽然不替其他对直觉智慧持怀疑观点的认知心理学家说话，但他们指出：“学术界的普遍共识是无意识过程可能并不像先前研究者所认为的那样敏锐。”例如，尽管阈下刺激可以激发个体做出微弱的快速反应——即使达不到有意识唤醒水平也足够产生某种感觉——但并没有任何证据表明，用磁带播放包含商业内容的阈下信息能够“重构你的无意识心理活动”以帮助你获得成功。实际上，一项重要的证据表明，这些阈下信息做不到这一点（Greenwald，1992）。

社会心理学家不仅探索了我们易于出错的事后判断，还探索了我们的错觉——即基于知觉的错误解释、想象和建构性的信念。米歇尔·加扎尼加（Gazzaniga，1992，1998，2008）指出，那些在手术中被切断了左右脑联系的患者会立即虚构出——并且确信——对自己迷惑不解的行为的解释。如果研究者将“四处走动”的指示通过屏幕呈现在这些患者非言语性的右脑半球，患者会起身并走几步，这时主管言语的左半球将会立刻形成一个听起来非常合理的解释（“我想要找点儿喝的”）。

错觉思维这个概念最近也出现在有关人们如何感知、存储和提取社会信息的许多文章中。正如知觉研究者试图通过对视错觉现象的探索，以揭示出一般的知觉机制一样，社会心理学家试图通过对错觉思维的研究揭示出我们一般的信息加工过程。这些研究者想要给我们描绘一幅日常社会思维的地图，并清楚地标出可能存在的危害。

当我们考察某些有效的思维模式时，一定要记住：关于人们如何创造出错误信念的例证并不能支持一切信念都是错误的这种观点。尽管如此，对错误信念的了解有助于我们弄清楚它是怎样产生的。

过度自信

到目前为止，我们已经了解到我们的认知系统自动且高效地加工了大量信息。但我们的效率却存在一种权衡现象，当我们解释自己的经历和构建记忆时，我们的自动化直觉有时会出错，并且我们通常意识不到这些缺点。对过去知识进行的判断中存在一种“智力自负”现象（“我早就知道了”），这种自负会影响对目前知识的评价和对未来行为的预测。尽管我们知道自己过去出过错，但我们对于未来的预期——我们会在截止日期前完成任务、很好地维持婚姻关系和遵守锻炼计划——仍然相当乐观（Ross & Newby-Clark，1998）。

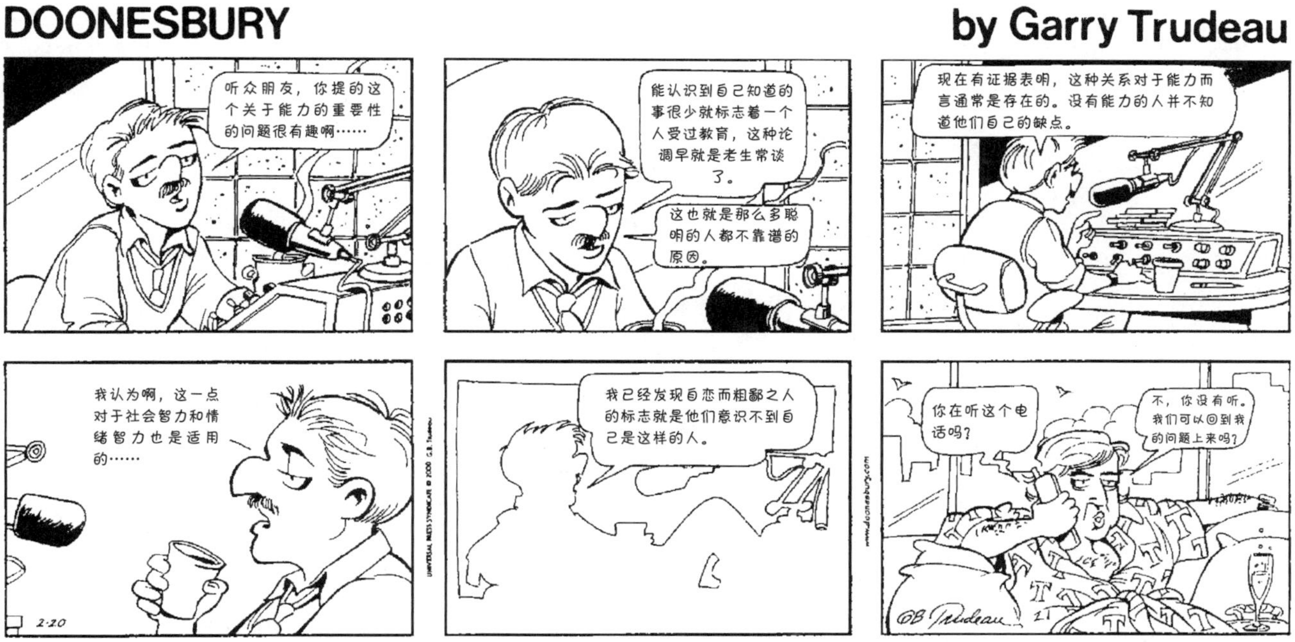

为了探讨这种**过度自信现象**（overconfidence phenomenon），卡尼曼和特韦尔斯基（Kahneman & Tversky，1979）向被试呈现一些事实描述，要求他们填写在下面的空白处：“我有 98% 的把握确信新德里到北京的空中航线距离要大于____公里但是小于_____公里。”大部分被试都显得过度自信：大约 30% 的次数正确答案都在他们 98% 的自信判断区间之外。

新德里到北京的空中航线距离约为 4 000 公里。

为了证实过度自信倾向是否扩展到了社会判断领域，邓宁等人（Dunning & others，1990）设计了一个小小的游戏，他们要求斯坦福大学的学生猜测一个陌生人对一系列问题的回答，如：“你是独自备战一次很难的考试还是和同学一起准备？”，以及“你认为自己的笔记是整齐的还是凌乱的？”被试一开始只清楚问题的类型但并不知道实际的问题，他们先要通过访谈了解目标个体的背景、爱好、学业兴趣、愿望、星座——任何他们认为有用的内容。接着，要求目标个体单独回答 20 个二选一的问题，然后这些访谈者对目标个体的答案做出预测并对自己预测的确信度进行评定。

在 63% 的情况下，访谈者猜对了答案，超过概率水平 13%，但是平均来看，他们对自己的猜测有 75% 的确信度。而当猜测自己室友的回答时，他们的命中率是 68%，但却自认为有 78% 的确信度。除此之外，那些最自信的人恰恰最有可能过度自信。人们在判断他人是否讲真话、估计约会对象的性史或室友的活动偏好上表现出了明显的过度自信（DePaulo & others，1997；Swann & Gill，1997）。

讽刺的是，能力不足反而会促进过度自信倾向。克鲁格和邓宁（Kruger & Dunning，1999）指出，对能力的认识也是需要能力的，那些在语法、幽默以及逻辑测验中得分最低的学生反而最有可能高估他们在这些方面的才能。那些不知道何谓好的语法和逻辑的人通常也不知道自己缺乏这些东西。如果让你写出由“psychology”这个单词中所包含的字母组成的所有单词，你可能会自我感觉良好。但是当你的一个朋友提醒你忘记了某个单词时，你就会感觉自己有些愚蠢。卡普托和邓宁（Caputo & Dunning，2005）在实验中再次考察了这一现象，用以说明我们通过对自身缺陷的忽视来支撑着我们的自信心。下面的实验提示我们，“对自身不足的忽视”易发生于那些看起来容易的任务中，比如上面提到的用“psychology”这个单词中所包含的字母构成单词。在那些困难的任务中，差的表现通常被归结为自身能力的不足（Burson & others，2006）。

这种对自身缺陷的忽视可以解释戴维·邓宁（Dunning，2005）的员工评估实验所得到的惊人结论：别人眼中的我们比我们自己眼中的自己要更加接近客观现实。在一项实验中，被试观察某个人走进屋子、坐下、读一段天气预报，然后走出去（Borkenau & Liebler，1993）。仅仅依据这点信息，被试对这个人的智商的估计与这个人真实的智力测验得分的相关就达到 0.30，而那个人对自己智商的估计与实际分数的相关也不过为 0.32！假如无知会产生虚假的自信，那么我们可能会问：呀！我们无法察觉的缺陷到底有哪些？

在第 2 章中我们曾注意到人们很容易过度估计自己对好事和坏事的长期情感反应。人们更善于估计自己的行为吗？为了搞清楚这一点，沃伦等人（Vallone & others，1990）在 9 月让大学在校生估计明年自己会不会有一门课不及格，申报一个专业，或者选择搬校外住等等事情。尽管平均起来学生们对自己的预测有 84% 的确信度，但他们实际出错的比率几乎是预测率的两倍。即使那些对自己的预测具有 100% 的确信度的学生也出现了 15% 的错误。

让人们估计完成一项任务的可能性，例如一次学位考试，有研究发现，当人们远离“真相”时，他们的确信度最高。临近考试的时候，失败的可能性逐渐显露，而其确信度则明显下降（Gilovich & others，1993；Shepperd & others，2005）。比勒和他的同事们（Buehler & others，1994，2002，2003）报告说：大部分学生同样很自信地低估了写论文和其他学位作业所需的时间。这并不是个别现象：

智者十分了解自己的弱点，因此决不会保证永不出错；那些懂得最多的人也最清楚自己知之甚少。
——托马斯·杰斐逊，《杰斐逊文集》

- “规划谬误”。今天你有多少空闲的时间？从现在起的一个月之内你觉得你又会有多少闲暇时间呢？我们中的大多数人乐观估计了自己完成任务的进度，因此错误估计了自己所拥有的闲暇时间（Zauberman & Lynch，2005）。同样，那些专业计划者通常会低估工程所需的时间和费用。1969 年，蒙特利尔市市长琼·德拉波自豪地宣称，他们将耗资 1.2 亿美元建设一个屋顶可以伸缩自如的体育场以供 1976 年奥运会使用。结果，这个屋顶在 1989 年才完工，并且仅屋顶便花费了 1.2 亿美元。1985 年，官方人员估计波士顿的“大坑”高速公路工程将花费 26 亿美元，1998 年完工。最后，实际工程耗资暴增到 146 亿美元，2006 年才最终完工。
- 股票经纪人的过度自信。投资专家在将自己的服务投入市场时常伴随着一个自信的假设，那就是他们能够获得超过股市的平均回报率。他们忘记了对于每一个股票经纪人和股民来说，在某一个价格上喊“卖出”的同时会有另一个声音喊“买入”。而股价正是这种双向信心判断的平衡点。经济学家马尔基尔（Malkiel，2011）因此得出结论认为，由投资分析师选出的共同基金组合的表现并不比随机选出的股票更好。这似乎令人难以置信。

关于原子弹：“这是我们做过的最愚蠢的一件事。它永远也不会爆炸，我以一名爆破专家的身份这样说。”
——威廉·莱希，美国海军上将，1945

- 政治上的过度自信。过度自信的决策者可能会带来一场浩劫。充满自信的阿道夫·希特勒在 1939~1945 年间对整个欧洲发动了战争。充满自信的约翰逊在 20 世纪 60 年代将武器和士兵投入越南，试图挽救那里的民主政权。充满自信的萨达姆·侯赛因在 1990 年挥军侵入科威特，并在 2003 年宣称要打败入侵者。充满自信的布什宣称和平与民主将遍布自由的、欣欣向荣的伊拉克，大规模杀伤性武器将被销毁。

个体为什么会过度自信呢？为什么经历无法使我们的自我评价更客观一些呢？一方面，人们总是将过去错误的判断回忆为基本上是正确的。泰特洛克（Tetlock，1998，1999，2005）通过对许多学术界和政府专家的采访发现了这一点，他要求这些人——从 20 世纪 80 年代末的角度——为苏联、南非和加拿大的未来政府管理做一个规划。五年之后，苏联解体了，非洲变成了各种族和睦相处的民主政体，而加拿大继续维持着完整统一。这些专家对自己对这些转折性事件的预测有 80% 的确信度，但这些预测的实际正确率不足 40%。然而，在重新思考自己的判断之后，那些出错的人仍然相信他们基本上是正确的。“我基本上是正确的，”许多人说，“强硬派几乎已经取得了反戈尔巴乔夫政变的胜利。”“魁北克分离主义者几乎已赢得了关于分离的公民投票权。”“要不是德克勒克和曼德拉达成了一致，黑人占多数的南非在上台执政的转型中肯定会有更多的流血事件发生。”伊拉克战争是一个很好的想法，只是执行中出现了问题，许多支持伊拉克战争的人都以此为借口。在政治问题专家这个群体中——还有股评专家、心理健康工作者和体育预言家——过度自信似乎是难以克服的。

过度自信非常危险。在钻井平台爆炸原油大量泄入墨西哥湾之前，英国石油公司忽视安全问题。而当漏油事件发生后，该公司仍过度自信，认为仅仅是少量泄漏（Mohr & others, 2010; Urbina, 2010）。

验证性偏差

人们往往会去寻找那些支持自己信念的信息。你也可以试一下，沃森（Wason，1960）通过给人们呈现符合某个规律的由三个数组成的系列——2、4、6——从而证实了这一点（规律只不过是任意三个以升序排列的数）。为了保证人们能够发现这一规律，沃森鼓励每个人生成一系列由三个数组成的数字组。每一次沃森都告诉他们数字组是否符合规律。当人们确信自己已经发现了其中的规律时，就可以停止并宣布出来。

知之为知之，不知为不知，是知也。
——孔子，《论语》

这会出现什么结果呢？几乎没有人猜对但他们却又个个确信不疑：29 个人中，有 23 个人发现的规律是错误的。他们一般会形成关于该规律的错误信念（例如，逐次加 2），然后试图寻找支持性的例证（例如，检验 8、10、12），而并非尝试去证明自己的直觉不成立。与寻找证据证伪自己的信念相比，我们更愿意证实它们。我们把这种现象叫作**验证性偏差**（confirmation bias）。

验证性偏差有助于解释为什么我们的自我意象是如此不稳定。在得克萨斯大学奥斯汀分校所做的一些实验中，斯旺和里德（Swann & Read 1981；Swann & others，1992a，1992b，2007）发现学生们常常寻找、引出并回忆那些能确证其自我信念的反馈。他们寻找那些支持他们自我观点的人做朋友和配偶——即使他们对自己评价很低（Swann & others，1991，2003）。

斯旺和里德把这种自我验证比作一个拥有支配性的自我意象的人在聚会上的表现，从来的那一刻起，这个人便在寻找那些她知道会承认自己支配地位的客人。在交谈中，她以能够引发别人尊敬自己的方式表达自己的观点。在聚会后，她很难回忆起那些无法显现自己在聚会上的影响的谈话，而很容易便可回忆起自己的能言善辩。这样她在聚会上的经历就证实了她的自我意象。

对过度自信的矫正

我们可以从对过度自信的研究中得到什么启发呢？一个启发是要对别人独断性的陈述保持谨慎。即便当人们看起来十分确信自己正确的时候，他们也可能是错的。自信和能力之间没有什么必然一致的关系。

三种技巧可以成功地降低过度自信。一种是即时反馈（Lichtenstein & Fischhoff，1980）。在日常生活中，气象预报员和那些设定赌马赔率的人每天都会得到清晰的反馈信息。因此，这两个群体中的专家在预测自己的准确率时都做得十分出色（Fischhoff，1982）。

为了降低“规划谬误”的过度自信，人们可以分解一项任务——把任务分解成几个部分——并分别估计完成每个部分所需要的时间。科努尔和伊万斯（Kruger & Evans，2004）的报告指出，这样所估计出的完成时间会更现实些。

当人们开始思考为什么一个观点可能是正确的时候，该观点就开始看起来像是正确的了（Koehler，1991）。因此，第三种降低过度自信的方法就是让人们去设想自己的判断可能出错的原因：迫使他们去考虑无法证实自己信念的信息（Koriat & others，1980）。经理们可以坚持要求所有的提案和建议都必须涉及导致它们可能无效的原因，以鼓励更多合理现实的判断。

尽管如此，我们在任何一点上都不应该低估人们的自信或摧毁他们的果断性。在那些需要人们表现出智慧的时刻，那些缺乏自信的人无法毫不犹豫地说出或做出坚定的决定。虽然过度自信会让我们付出代价，但基于现实的自信是有适应意义的。

启发式判断：心理捷径

我们有时需要在十分有限而宝贵的时间内同时加工众多的信息，所以我们的认知系统是快速而简单的，它形成了专门化的心理捷径。我们很容易就可以形成印象，做出决定和生成解释。我们通过**启发式判断**（heuristics）做到了这一点，它是一种简单、高效的思维策略。启发式判断使我们得以在日常生活和常规性的决策中只花费最少的努力（Shah & Oppenheimer，2008）。在许多情形中，我们仓促间做出的概括——“那是危险的！”——是有适应意义的。这种启发式判断的速度增加了我们生存的机会。思维的生物性目的首先是使我们能够生存下去，其次才是保证我们的正确性。尽管如此，在某些情形中，速度会带来一系列错误。

代表性启发式判断

俄勒冈大学的学生被告知，有几个心理学家对一个由 30 位工程师和 70 位律师组成的样本进行了访谈，然后用非常简短的描述归纳出对他们的印象。下面的描述是从这 30 个工程师和 70 个律师组成的样本中随机抽出来的：

> 经历两次离婚之后，弗兰克将他的大部分空闲时间消磨在乡村俱乐部里。他在俱乐部酒吧里的话题总是集中在他悔恨自己试图追随自己尊敬的父亲的足

迹。他将大量的时间花费在做学问这一苦差事上，而他本可以利用这些时间学会如何在与他人的交往中变得不那么争强好胜。

问题：弗兰克是一个律师而不是一个工程师的概率是多少？

要求被试猜测弗兰克的职业，结果 80% 以上的大学生猜测他肯定是一个律师（Fischhoff & Bar-Hillel，1984）。猜测很合理。但是，当告知另外一组被试样本中工程师占了 70% 时，你估计他们的猜测会怎样？毫无变化。学生们根本不考虑工程师和律师的基础比率，在他们的思维中，弗兰克更具有律师的代表性特征，而这似乎就是所有起作用的因素了。

代表性启发式判断（representativeness heuristic）是指对某个事物进行评价时，在直觉的引导下，将其与某一类别的心理表征进行比较。代表性（典型性）通常是真实情形的一个合理指导。但是，就像上面"弗兰克"的例子一样，事情并不总是如此。设想一下琳达，她 31 岁，单身，性格坦率，并且很聪明。她在大学时主修哲学。学生时代她对歧视和其他社会问题十分关注，并且参加过反核武器示威游行。以这些描述为基础，你觉得以下哪一种表述的可能更大：

a：琳达是一个银行出纳员。
b：琳达是一个银行出纳员并且在女权运动中很活跃。

大部分人认为 b 更有可能，部分原因是由于琳达更好地代表了他们心目中女权主义者的形象（Mellers & Others，2001）。设想一下：琳达是一个银行出纳员兼一个女权主义者的概率会比仅是一个银行出纳员的概率更大吗（无论是不是女权主义者）？正如特韦尔斯基和卡尼曼（Tversky & Kahnman，1983）提醒我们的那样，两个事件同时发生的概率不可能比一个事件单独发生的概率更大。

易得性启发式判断

设想以下问题：伊拉克和坦桑尼亚哪个国家的人口更多？（答案见第 95 页页边）

你很可能会根据映入头脑中的例证来作答。如果某些例证在我们的记忆中是现成可得的——就像伊拉克人一样——那么我们就会觉得其他类似的例证是常见的。通常是这样的，所以我们经常运用这一认知规则进行判断，我们将其称为**易得性启发式判断**（availability heuristic）（表 3.1）。简言之，我们越容易回想起某个东西，那个东西就越可能是真的。

但有时这个规则会欺骗我们。假如给人们听由某一性别的名人（詹妮佛·洛佩茨，维纳斯·威廉姆斯，希拉里·克林顿）和另一性别的非名人组成的一系列混合名字序列（唐纳德·斯卡尔，威廉·伍德，梅尔·贾斯珀），那些名人的名字在随后的认知活动中更容易被人们识别。因此，大部分人会回忆说刚才听到了更多的女性名字（McKelvie，1995，1997；Tversky & Kahnman，1973）。同样，媒体对同性恋话题的关注使得"同性恋"在认知上更易获得。因此，在 2011 年的盖洛普民意调查中，美国普通成年人认为美国同性恋高达 25%（Morales, 2011b），这一比例是在调查中实际承认自己是同性恋比例的 7 倍左右（Gates, 2011）。

甚至那些小说、电影和电视中的虚构情节也会给人们留下印象，深深地影响我们随后的判断（Gerrig & Prentice，1991；Green & others，2002；Mar & Oatley，2008）。读者越是全神贯注和"情绪激动"（"我可以很容易描绘出这些事件的场景"），

表 :: 3.1 快速而简单的启发式判断

启发式判断	定 义	例 证	但可能导致
代表性	对于某人或某事物是否属于某个类属的快速判断	因为卡洛斯更符合图书管理员的形象，所以认定他是图书管理员而不是货车司机	忽视其他重要信息
易得性	对事件发生概率的快速判断（事件在记忆中容易提取的程度）	在校园枪击案之后评估青少年的暴力行为	过度重视鲜活的例子，并因此对错误的对象产生不恰当的恐惧

故事对他随后信念的影响就越大（Diekman & others，2000）。例如被浪漫爱情故事吸引的读者更可能提取影响他们性态度和行为的语句段落。

或者我们来看看下面的例子。请你按照犯罪率高低对以下四个城市排序：亚特兰大、洛杉矶、纽约和圣路易斯。如果依据记忆的犯罪影视剧情中的易得图像，你会认为纽约和洛杉矶犯罪猖獗；而事实上，这两个城市在四个城市中犯罪率最低（FBI，2011）。

易得性启发式判断的运用可以揭示出一条基本的社会思维规律：人们从一条一般公理演绎出一个具体例证的过程是缓慢的，但是，他们从某一个鲜明的例证归纳出一般公理的过程则是非常迅速的。毫无疑问，在听到或读完关于强奸、抢劫和殴打的故事之后，加拿大人十有八九会高估——通常幅度很大——与暴力有关的犯罪率（Doob & Roberts，1988）。同样，南非人看过一系列关于黑社会抢劫和杀戮的醒目大标题之后，对 1998 年至 2004 年间的暴力犯罪数量的估计翻了一番，但是实际情况是，犯罪数量显著下降了（Wines，2005）。

大部分人的推理都是戏剧化的，而不是定量的。
——温德尔·霍姆斯，法学家，1809~1894

与较难图象化的事件相比，为什么那些生动的、更易形象化的事件（例如鲨鱼袭击），或那些症状更易图像化的疾病似乎更可能发生？易得性启发式判断可以解答这一问题（Macleod & Campbell, 1992; Sherman & others, 1985）。同样，生动的奇闻轶事通常会比统计数据更引人注目。我们为了鲜少发生的儿童绑架事件焦虑不安，但在孩子坐车时却不给他系安全带；我们害怕恐怖主义，却对全球气候变化这一“缓慢走向世界末日”无动于衷；在 2011 年日本海啸和核灾难发生后，我们恐惧核污染，却不关心煤炭开采和燃烧导致的数量更大的死亡（von Hippel, 2011）。简言之，我们为了小概率事件忧心忡忡，却忽略了高概率事件。这就是凯斯·桑斯坦（Sunstein，2007b）所谓的“概率性忽视”现象。

对我们大多数人来说，飞机失事的电视新闻片段是很容易联想起来的记忆，尤其是“9·11”之后，所以我们通常认为乘商用飞机旅行要比乘小汽车旅行风险更高。实际上，从 2003 年到 2005 年间，美国旅行者在出行同样距离的情况下，发生汽车事故死亡的概率是飞机失事的 230 倍（联邦安全委员会，2008）。在 2006 年，飞行安全委员会在报告中提到，在西方制造的商用飞机中，每 420 万次飞行中才有一次飞行事故（Wald，2008）。对大多数空中旅行者来说，旅行中最危险的一段便是驾车去往飞机场的路上。

在“9·11”之后不久，随着人们放弃飞机旅行而改为陆路旅行，我估计如果美国人中的 20% 放弃飞机而选择坐汽车的话，可以预期在接下来的一年中会增加 800 例交通死亡事故（Myers，2001）。一个好奇心强的德国研究者（为什么我没有想到

鲜活、容易记忆的事件（因而具有知觉易得性）影响着我们的社会感知。这样的结果就是“概率性忽视”，它会导致人们对错误的对象产生恐惧，比如，比起抽烟、开车或者气候变化，人们更害怕坐飞机或者恐怖主义。如果每天有四架载满了孩子的大型喷气式客机发生撞机事故——大概就是死于轮状病毒引发的腹泻的孩子的数量——那就该针对飞机事故做点什么了。

Reprinted courtesy of Dave Bohn.

这个？）检查了事故发生数据，结果发现在 2001 年的最后 3 个月的死亡人数比之前 5 年间每 3 个月的平均死亡人数多出了 350 人（Gigeranzer，2004）。从这点来看，“9·11”事件的恐怖袭击者，以一种令人察觉不到的方式——在美国的公路上——杀死了更多的人，多于他们所袭击的那 4 架飞机上的乘客。

至此，事实已经相当明确了，我们天真的统计直觉，以及对统计结果的恐惧，并不是建立在计算和推理的基础上，而是受易得性启发式判断所带来的情绪的影响。在这本书出版之后，可能还会有一些不可思议的自然灾害或恐怖事件，而这些事件将会再次激发我们新的恐惧、警戒以及易得性启发资源。在媒体的强化下，恐怖主义者将会再次达到他们的目的，引起我们的关注、耗尽我们的资源，使我们的注意力转离那些日常的、平淡无奇的、潜伏的危险，而它们才是能够通过时间的累积摧毁生命的，病毒每天夺走的生命相当于 4 架 747 飞机上满载的儿童数量（Parashar & others，2006）。但是另一方面，引人注目的事件也同样可以使我们警惕真正的风险。一些科学家称，2011 年的洪水、干旱、暴雪和飓风等极端天气引发了人们对全球气候变化的关注，如海平面升高和极端天气的出现，这是大自然对抗大规模破坏的武器。在澳大利亚和美国，偶尔的高温天就会让人们对全球变暖深信不疑（Li & others, 2011）。即使待在室内也觉得热，这让人们更加确信全球气候正在变暖（Risen & Critcher, 2011）。

第 93 页问题答案：

坦桑尼亚有 400 万人口，伊拉克则有 280 万。坦桑尼亚人口数量大大地超过了伊拉克。大部分人对伊拉克人有直观的印象，于是就猜错了。

反事实思维

证书可能比大量的事实和数字更有说服力（社会心理学的大量事实和数字已经为这一说法提供了强有力的支持）。

——马克 · 斯奈德，社会心理学家，1988

易于想象（认知上的易得性）的事件也会影响我们对负罪、遗憾、挫败和宽慰的体验。假如我们队以一分之差输掉（或赢得）了一场重要的比赛，我们可以很容易想象出这场比赛的另一种结果，因此我们会感到遗憾（或宽慰）。设想更坏的可能情形会让我们感觉好受一些。设想好的可能发生的情形，并且考虑我们该怎样在下次做得更好，有助于为未来的出色表现做好准备（Epstude & Roese，2008）。

在奥运会比赛中，运动员赛后的情绪很大程度上反映出他们赛前的预期。但是，他们的情绪和**反事实思维**（counterfactual thinking）是相关的——对可能发生事情的心理模拟（McGraw & others，2005；Medvec & others，1995）。铜牌获得者（他们很容易设想比赛结束后自己没有获得奖牌）比银牌获得者（他们很容易设想自己获得金牌时的情景）显得更快乐（Medvec & others，1995）。在领奖台上，据说快乐排名是 1-3-2。类似地，学生在某一个评分等级（例如 B+）内得分越高，他们的感觉就会越糟糕（Medvec & Savitsky，1997）。同样是获得 B+，一个只差一分就可以得 A- 的学生会比一个实际上做得更差一些，而刚好以多出一分获得 B+ 的学生感觉更糟糕。

这种反事实思维通常出现在我们可以很容易想象出可能结果的时候（Kahneman & Miller，1986；Markman & McMullen，2003；Petrocelli & others，2011）：

- 假如我们刚刚错过了飞机或公共汽车，我们就会想，*如*果我们是按平常的时间从家里出发，走平常的路线并且路上也不聊天，那我们就能赶上那班飞机或汽车了。假如我们误了半个钟头或者走了平常走的路线，那么要设想一个不同的结果就比较难了，所以我们体验到的挫败感要小一点。
- 如果我们改了一个考试题的答案，结果那道题却做错了，我们肯定会想“如果……就好了。”并且发誓自己下次一定要相信最初的直觉——即使这是有违学生们的认识的，因为更改答案通常是从错的改成对的（Kruger & others，2005）。
- 只差一点就能获胜的球队或政治竞选者会反反复复地回想如果当时那样做可能就会获胜（Sanna & others，2003）。

反事实思维：在《一掷千金》（Deal or No Deal）这个综艺节目中，选手太晚决定拿走宝箱（离开时拿走的钱比本来可以拿到的少）或者太早决定拿走宝箱（放弃了他们的下一个选择，而这个选择会给他们带来更多的钱），他们都很可能体验到反事实思维——去想象可能会发生却没有发生的结果。

反事实思维是构成我们幸运感的基础。如果我们刚刚好逃过了一场灾难——避免了因为最后一分钟的失球而败北或者站在离一根坠落的冰柱非常近的地方——我们很容易想象一种负面的反事实情景（输掉比赛，被击中），并因此而觉得自己“运气好”（Teigen & others，1999）。从另一方面讲，“坏运气”则与那些本来可以不发生但却发生了的糟糕事件相连。

事件本身越重要，反事实思维的强度就越大（Roese & Hur，1997）。那些因一场交通事故而失去爱人或孩子，或者自己的孩子被婴儿猝死症夺去生命而备受煎熬的人，通常会报告说他们会在内心不断重现那天的情景，幻想悲剧没有发生（Davis & others，1995，1996）。我的一位朋友在一场与醉酒驾车的司机相撞的事故中失去了妻子、女儿和母亲。他说：“那几个月，我将那天的事故在脑海中一遍又一遍地重演。我不断地重演那一天，试图改变事情发生的顺序，似乎那场事故没有发生”（Sittser，1994）。

然而，无论是在亚洲文化还是西方文化下，绝大部分人对已做事情的悔恨比对没有做的事情的悔恨要少。例如：“我真希望我上大学的时候能够更认真些”，或者“我应该在爸爸去世之前就告诉他我有多么爱他”（Gilovich & Medvec，1994；Rajagopal & others，2006）。在一项针对成年人的调查中，最常见的悔恨是未能更认真地对待自己的学业（Kinner & Metha，1989）。如果我们敢于更经常地走出我们的舒适区——去冒险，面对失败，至少曾经尝试过，那么我们是否能够因此而少些悔恨呢？

人们更经常地为作为而非不作为感到歉意（Zeelenberg & others，1998）。

错觉思维

另一种影响我们日常生活的思维方式是我们试图在随机事件中寻找规律，这种倾向会令我们误入歧途。

错觉相关

要在没有相关的地方看到相关很容易。当我们期待发现某种重要的联系时，我们很容易会将各随机事件联系起来，从而知觉到一种**错觉相关**（illusory correlation）。沃德和詹金斯（Ward & Jenkins，1965）向人们报告了一个假想的 50 天造云试验的结果。他们告诉被试在这 50 天中的哪几天造了云，哪几天下了雨。这些信息只是一堆随机信息的混合，有时造云之后下了雨，而有时并没有下。尽管如此，人们仍然确信——与他们对于造云效应的观点相一致——他们确实在人造云和下雨之间发现了相关。

另一些实验也证实了人们很容易将随机事件知觉为对自己信念的支持（Crocker，1981；Jennings & others，1982；Trolier & Hamilton，1986）。假如我们相信事件之间存在相关，我们更可能注意并回忆出某些支持性的证据。假如我们相信前兆与事件本身有联系，我们就会有意注意并记住前兆和稍后相继出现的一些事件。假如我们相信胖的女人比较不快乐，那么我们就会觉得自己看到了这样的联系，即使我们事实上并没有（Viken & others，2005）。一直以来，我们会忽略或忘记不寻常事件没有碰巧同时出现的情况。假如在我们想起某个朋友之后，恰好他打来电话，我们就会注意并记住这个联系。我们并不会去注意一直以来当我们想起某个朋友时，他随后并未打来电话的情况，或者我们接到我们未曾想念的朋友打来电话的情况。

家庭喜乐会（The Family Circus） 比尔·基恩

"我希望他们不要经常把安全带指示灯打开！每次他们打开那个灯，座位就一颠一颠的。"

控制错觉

将随机事件知觉为有联系的倾向往往容易产生一种**控制错觉**（illusion of control）——认为各种随机事件受我们的影响。这会驱使赌徒不断下赌注，也令我们其余的人去干各种不可能之事。

赌博 兰格（Langer，1977）对赌博行为的研究证实了控制错觉的存在。当被要求出售彩票的时候，与那些由别人分配彩票号码的人相比，自己抽彩的人的要价是前者的四倍。与和一个精明而自信的对手玩随机游戏相比，当与一个笨拙而紧张的对手玩时下的注要多得多。掷骰子和转动轮盘都会增加人们的信心（Wohl & Enzle，2002）。通过这些和其他一些方法，50 多个实验都一致发现，人们行动时往往认为他们能够预测并控制随机事件（Presson & Benassi，1996；

Thompson & others，1998）。

对真实生活中赌博行为的观察验证了这一实验发现。掷骰子的人希望掷出小点时，出手相对轻柔，而希望掷出大点时，则出手相对较重（Henslin，1967）。赌博业正是依靠这一赌徒错觉而兴旺发达起来的。赌徒一旦赌赢了就归因于自己的技术或预见力。如果输了就是“差一点就成了”或者“倒霉”——也可能（对体育赌徒来说）是由于裁判的一个错判或足球的一次奇怪的反弹所致（Gilovich & Douglas，1986）。

股票交易者同样喜欢由自己选择和控制股票交易而带来的“权力感”，就好像他们的控制比一个“有效率的市场”做得还要好。一个广告宣称网上投资“与控制有关”。唉，控制错觉导致人们过度自信，通常会给人们带来交易成本之外的损失（Barber & Odean，2001a，2001b）。

我们都喜欢控制感，因此，当觉得控制感丧失时，我们会设法创造某种预测感。在实验中，控制感丧失导致参与者对股市信息产生错觉联系，知觉到并不存在的阴谋，还变得迷信（Whitson & Galinsky, 2008）。

趋均数回归 特韦尔斯基和卡尼曼（1974）发现了另一条可能产生控制错觉的路径：我们没有认识到**趋均数回归**（regression toward the average）这一统计学现象。由于测验分数在一定程度上会随机上下波动，所以绝大部分上一次考试得分很高的人下一次的考试分数将稍有下降。因为他们第一次的分数达到了最高值，所以第二次的分数更可能下降（“回归”），趋向其自身的均值而不是继续将最高值推向更高。这就是为什么一个每次作业都完成得很出色的学生，即使并非每次都是最好的，也很可能会在课程结束时在班级内名列第一。反过来讲，在第一次考试中得分最低的学生很有可能在以后的考试中提高成绩。如果那些得分最低的学生在第一次考试后去老师那里寻求帮助，当其成绩提高时，老师可能会认为自己的辅导是有效的，尽管实际上它并未起任何作用。

事实上，当事情处于最低谷时，我们会尝试任何行为，而无论我们尝试什么——去看心理治疗师，开始一个新的节食和锻炼计划，阅读一本自助书——都更可能带来改善而非进一步恶化。有时我们会认识到事情不会持续停留在某一个极好或极坏的点上。经验告诉我们，当所有事情都非常顺利时，一定会在什么方面出点问题。当生活给我们沉重打击时，我们通常可以预期事情会变得好起来。尽管如此，我们还是无法认识到这种回归效应。我们经常困惑于为何棒球年度新人的第二个赛季总会相对平庸——是他过于自信了吗？感觉不自在了吗？我们都忘记了异乎寻常的表现总要回归到正常状态。

趋均数回归。当我们处在一个低谷期时，任何尝试行为看起来似乎都是有效的。“也许上节瑜伽课就可以提高我的生活质量。”事情很少会持续地处于异常的低谷期。

通过模拟运用奖励和惩罚的结果，沙夫纳（Schaffner，1985）演示了控制错觉可能会怎样渗透到人们的交往中。他邀请鲍登学院（Bowdoin College）的学生来训练一个想象中的四年级生“哈罗德”，“哈罗德”每天早晨 8:30 来到学校。在三周内的每一个上学日，一台计算机显示出“哈罗德”到校的时间，通常在 8:20~8:40 之间。接着学生们选择一个针对哈罗德的反应，该反应在强烈表扬和批评之间。你可能已经料到了，通常当哈罗德在 8:30 之前到校时他们会表扬他，而如果哈罗德 8:30 以后才来，他们会批评他。由于沙夫纳编制的演示到校时间的计算机程序是随机的，在受批评之后哈罗德的到校时间通常会有所改善（向 8:30 回归）。例如，如果哈罗德 8:39 分才来到学校，他肯定会被批评，而他随机选择的第二天的到校时间很可能会早于 8:39。因此，尽管他们的批评不起任何作用，绝大部分学生在做完实验后仍相信自己的批评是有效的。

这个实验证实了特韦尔斯基和卡尼曼的富有争议的结论：自然就是如此这般运作的，我们经常因为别人受到奖励而感到自己受惩罚，却因为惩罚别人而感到自己受奖励。在现实中，正如每一个学心理学的学生都知道的那样，对完成某事的积极强化通常更有效，而且负面效应也更少。

情绪和判断

社会判断既包括有效但也容易出错的信息加工过程，也包括我们的感受：情绪会影响我们的判断。我们并不是冷冰冰的计算机，我们是有感情的生物。一些研究比较了幸福和悲伤的个体（Myers，1993，2000b）。不幸福的人——尤其是失去了亲人或患有抑郁症的人——他们更倾向于自我关注和陷入冥思苦想。抑郁的情绪会激发强烈的思索——寻找那些使个体的生存环境更可以被理解和控制的信息（Weary & Edwards，1994）。

快乐的人正好相反，他们表现出更多的信任、关爱和敏捷。如果人们在商场购物时获赠礼品，从而一时觉得心情愉快，那么在随后的一个不相关调查中，他们将报告说自己的车和电视都十分正常——如果你相信他们说的话，你会误以为他们的车和电视真的比那些没有获赠礼品者的更好。

情绪会渗入到我们的思维中。对那些正在享受自己的球队在世界杯比赛中获得胜利的西德人（Schwarz & others，1987）或者刚看完一部温馨电影的澳大利亚人（Forgans & Moylan，1987）来说，人们似乎个个都是热心肠，生活简直好极了。在 1990 年阿拉巴马和奥本的一场橄榄球赛后（而非赛前），与心情郁闷的奥本球迷相比，获胜的阿拉巴马球迷认为爆发战争的可能性更低，潜在的破坏性也更小（Schweitzei & others，1992）。在愉悦情绪的感染下，世界显得更友好，做决定似乎也更简单，人们也更容易回忆起好消息（DeSteno & others，2000；Isen & Means，1983；Stone & Glass，1986）。

然而如果心情阴郁低落的话，思维将会转向另一条截然不同的轨道。摘下玫瑰色的眼镜，换上深色的眼镜。这时，坏心情将会启动我们对消极事件的记忆（Bower，1987；Johnson & Magaro，1987）。我们的人际关系看似变质了，我们的自我意象骤然下降，我们觉得未来黯淡无光，他人的行为看起来似乎包含了更多恶意（Brown & Taylor，1986；Mayer & Salovey，1987）。

新南威尔士大学的社会心理学家约瑟夫·福格斯（Forgas，1999，2008）被喜怒无常者的“记忆和判断跟随情绪色调而变化”现象所震惊。为了解释这种“情绪浸入”，他进行了一系列实验。想象你正在参加其中一个实验。通过催眠，福格斯及其同事（1984）引发你愉悦或抑郁的心情，然后让你看一盘你与别人谈话的录像带（前一天录制的）。如果你正处于快乐的情绪中，你会对自己看到的感到十分满意，并且能从中证实自己的自信、兴趣和社交技能。如果你处于糟糕的情绪中，同一盘录像带好像揭示出的是一个完全不同的你——总是那么拘谨、紧张和口齿不清（图 3.3）。

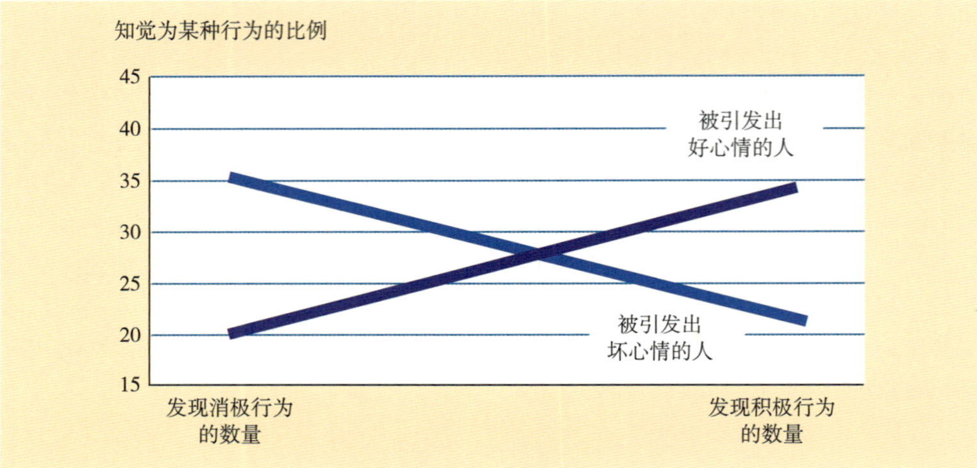

图 :: 3.3

暂时性的好或坏情绪会强烈地影响人们对录像带中自己行为的评价。那些在坏情绪下的个体发现自己的积极行为明显少得多。

资料来源：Forgas & others (1984).

考虑到你的情绪会在很大程度上影响你的判断，所以在实验结束前，研究者将把你唤回到欢乐的情绪下，你将为事情变得光明而感到安心。令人惊奇的是，罗斯和弗莱彻（Ross & Fletcher，1985）指出，我们并不将这种认知的转变归因于情绪的改变，而宁可相信世界确实看起来不同了。

我们的情绪能够给我们的所见所闻着色，部分是通过将与特定情绪相关联的经验带入头脑。在糟糕的情绪下，我们的思维也更抑郁。与情绪有关的思维可能会将我们从对其他事情的复杂思绪中引开。因此，当某种情绪被唤起——生气或好心情，我们似乎更可能在仓促间做决定，或者根据刻板印象来评价别人（Bodenhausen & others，1994；Paulhus & Lim，1994）。

小结：社会世界的判断

- 我们在自动、有效和直觉思维方面拥有很强的能力。我们的认知效率尽管在通常情况下适应良好，但偶尔也会以出错为代价。由于一般情况下我们意识不到这些进入我们头脑中的错误，所以对我们形成和维持错误观念的途径进行鉴别这件事就显得非常实用了。
- 首先，我们经常高估自己的判断。这种*过度自信现象*部分来源于我们更容易描绘自己正确而非错误的缘由。另外，人们更有可能去寻找那些支持而非否定自己信念的信息。
- 其次，当别人给我们提供很有说服力的逸闻，甚至毫无价值的信息时，我们经常会忽视有用的基准信息。部分原因是由于我们更容易回忆起生动的信息（*易得性启发式判断*）。
- 第三，我们经常在相关错觉和个人控制之间摇摆。在不存在相关的地方知觉到相关（*错觉相关*）和认为自己可以预测并控制随机事件（*控制错觉*）是那么的诱人。
- 最后，情绪会影响判断。好的和坏的情绪会激起个体对与之相关的经历的回忆。情绪会给我们对当前经历的解释着色。通过分散我们的注意力，情绪还会影响我们做判断时思考的深度和效率。

社会世界的解释

了解我们怎样解释他人的行为，以及这种解释的准确性。

人们将解读他人当做生活中的一项要事，而社会心理学家则以解释人们对他人的解释为己任。

我们对他人的评判取决于我们如何解释他人的行为。基于我们的解释，我们会把杀人行为判定为谋杀、过失杀人、正当防卫甚至英雄行为。基于我们的解释，我们会把一个无家可归的人看做缺乏迎难而上的主动性的人，或者将其看做一个失业且福利遭到削减的人。基于我们的解释，我们会把某个人的示好行为解释成真心实意的友好或者虚情假意的逢迎。归因理论有助于我们理解这一解释起作用的机制。

归因因果：归于个人还是情境

我们无休止地分析和讨论事情为什么发生，特别是当我们经历一些消极事件或者预期之外事件的时候（Weiner，1985，2008，2010）。如果员工的生产效率下降，我们会推断这是因为员工变懒惰了呢，还是因为他们工作的环境变差了呢？一个小男孩打了同班的同学，是表示他不友善呢，还是说那是他对持续挑衅的反击？研究者发现已婚人士经常分析自己伴侣的行为，特别是他们的消极行为。冷淡敌对的态度比温暖的怀抱更容易让伴侣思考“为什么？”（Holtzworth & Jacobson，1985，1988）。

配偶的回答与他们的婚姻满意度相关。婚姻不幸福的人常常对伴侣的消极行为做出“维持痛苦”的解释（“她迟到是因为她不在乎我”）。而幸福的夫妻则通常做外部归因（“她迟到是因为堵车”）。面对伴侣的积极行为，他们的解释在维持痛苦（“他送花给我是因为他有性的需要”）或促进关系（“他送花给我是因为他爱我”）上也会起到类似的作用（Hewstone & Fincham，1996；McNulty & others，2008；Weiner，1995）。

安东尼奥·阿比（Abbey，1987，1991；Abbey & Ross，1998）及其同事多次发现，男性比女性更喜欢将女性的亲密行为归结于温柔的性挑逗。[男性的性兴趣更容易理解（Place & others, 2009）]。而这种将热情等同于性诱惑的错误理解——**错误归因**（misattribution）的一个例子——常常被女性指控为性骚扰或者强奸（Farris & others，2008；Kolivas & Gross，2007；Pryor & others，1997）。许多男性认为频繁的约会邀请会使女性非常开心，而事实上这种行为通常会被女人认为是骚扰（Rotudo & others，2001）。

当男性位高权重时，这种错误归因尤其容易发生。一个老板也许会曲解女下属的顺从或友善的行为，并完全从自己的角度出发，认为女性是从性的角度出发而做出这样的行为的（Bargh & Raymond，1995）。男人比女人更容易想到性（见第 5 章）。男人也通常假定其他人，包括女人，和他们有着同样的感觉（见第 2 章“虚假普遍性效应”）。因此，男人很容易会将女人友善的微笑夸大为性需要（Levesque & others，2006；Nelson & LeBoeuf，2002）。

真的是错误归因吗？有时，约会强暴始于男人将女人的温柔误解为性诱惑。

如此的错误归因可以用来解释全世界范围内的男性所表现出的更高的性自信，以及不同文化中，无论是波士顿还是孟买，男性通过责备受害者的行为将强奸行为合理化（Kanekar & Nazareth，1988；Muehlenhard，1988；Shotland，

1989）。而女性则更多地认为强制他人进行性行为应当被定罪并重判（Schutte & Hosch，1997）。错误归因也可以很好地解释为什么 23% 的美国女性报告说她们曾经被强迫进行性行为，而只有 3% 的男性报告说他们曾强迫女性与之发生性关系，女性报告的比例是男性的 8 倍（Laumann & others，1994）。

归因理论（attribution theory）描述了我们怎样来解释人们的行为。不同的归因理论都具有一些共同的假设。像吉尔伯特和马隆（Gilbert & Malone，1995）解释的那样，“可以将人类的皮肤看做将一种形式的‘作用力’同另一种形式区分开的特殊的边界。外表皮上的就是外力或者说是情境的力量，其方向是指向内部的；而内表皮上的则是内力，它们竭尽全力向外施压。有时这两种力的作用是联合的，而有时则是相反的，它们之间这种动态的相互作用通过可观察到的行为表现出来。”

被公认为归因理论始创人的海德（Heider，1958）及其之后的研究者分析了人们用以解释日常生活事件的“常识心理学”。他们认为，人们通常试图将个体的行为或者归结为内部原因（例如个人的性格），或者归结为外部原因（例如人们所处的情境）。举例来说，当老师发现一名学生成绩不好时，那么他可能想知道这是由于他本身缺乏动机和能力不足［**性格归因**（dispositional attribution）］，还是由于身体情况和社会环境［**情境性归因**（situational attribution）］。而且我们当中的某些人更倾向于将行为归因于稳定的性格因素；而其他的一些人则更倾向于将行为归因于情境因素（Bastian & Haslam，2006；Robins & others，2004）。

推断特质

琼斯和戴维斯（Jones & Davis，1965）指出，我们常常可以通过别人的行为来判断他们的目的和意图。如果我发现瑞克经常嘲笑琳达，那么我就会推断瑞克是一个不友好的人。琼斯和戴维斯的对应推论理论（theory of correspondent inferences）具体描述了在什么样的条件下这种归因更容易发生。例如，正常的和预料中的行为只能让我们了解一个人很有限的一些方面，而其不寻常的行为则能让我们更多地了解这个人。在面试中应聘者通常应该是和颜悦色，而如果萨曼莎在一次面试中表现尖刻，比起她对兄弟姐妹的尖刻，我们似乎可以更深入地了解她。

这名学生在课堂上睡觉应归因于什么？是因为睡眠不足？还是因为老师讲得很无聊？我们进行内部归因还是外部归因，取决于我们是否经常看到这名学生在这堂课和其他课上始终睡觉，抑或其他学生是否也在这节课上睡觉。

我们可以很轻易地推断出个体行为背后的特质，即**自发性特质推论**（spontaneous trait inference）。在纽约大学的一项实验研究中，乌尔曼（Uleman，1989；Uleman & others，2008）让学生们记忆此类陈述句："那个图书管理员帮一个老妇人将杂货送到了马路对面。"参与实验的学生会立即下意识地推断出图书管理员的一种特质。当后来给这些学生提供一些线索以帮助他们回忆记忆过的句子时，研究者发现最有效的线索不是"书"（提示图书管理员），也不是"背包"（提示杂货），而是"乐于助人"——自发推断出的图书管理员所具有的一种特质。即使在十分之一秒内给人们呈现某个人的脸，人们也会自发地从中推断出这个人的特质（Willis & Todorov，2006）。

例外情况：亚洲人不太可能把人们的行为归因于其人格特质（Na & Kitayama，2011）。

常识性归因

像上面的例子所讲到的那样，归因通常情况下都是比较理性的。归因理论先驱哈罗德·凯利（Kelley，1973）描述了我们在试图解释行为时，是怎样利用"一致性"、"区别性"和"共同反应"三种信息的（图 3.4）。

一致性：个体在这种情境下出现类似行为的一致性如何？
区别性：个体的这种行为是否具体对应于该特定情境？
共同反应：其他人在这种情境下出现类似行为的可能性如何？

当解释为什么埃德加用电脑的时候总是出问题时，大多数人参考的信息包括：一致性（埃德加经常都无法使其电脑正常工作吗？），区别性（埃德加是仅仅不能使用这台电脑还是其他的电脑也不能使用？），以及共同反应（其他人在用这个型号的电脑时也会出现问题吗？）。当我们了解到埃德加在使用所有电脑都会遇到麻烦时，那么我们往往会将原因归结于埃德加，而不是电脑本身的问题。

因此，我们的常识心理学通常可以理性地解释行为。然而凯利还发现，在对日常行为的解释中，如果出现了其他可能的原因，我们就会对已经做出的归因大打折扣。如果我们能详细地指出一条或两条能够充分说明学生在考试中表现得很差的原因，那么我们通常就会忽略或很少去考虑其他可能性（McClure，1998）。提供一些学生的大学平均成绩，然后让被试判断这些学生是否适合读研究生，被试在判断时并不会考虑学校在评分时的宽松程度（Moore & others, 2010）。

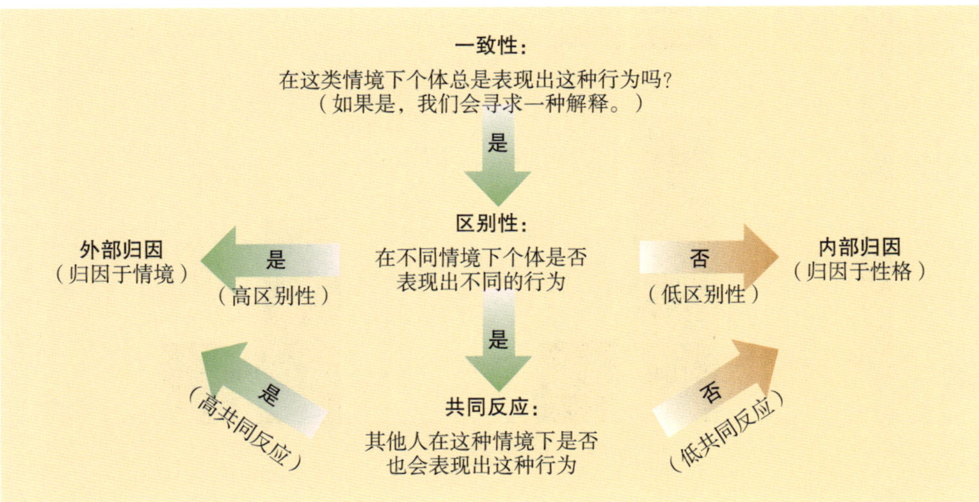

图 :: 3.4
凯利的归因理论
三种因素——一致性、区别性和共同反应——会影响我们将某人的行为归结为内因还是外因。你要试着建立起自己的判断标准，就像：如果玛丽和其他许多人都批评史蒂夫（共同反应），而玛丽没有批评其他人（较高的区别性），那么我们就可以做出外部归因（一定是史蒂夫有些问题）。但如果只有玛丽一个人批评史蒂夫（较低的共同反应），同时她又批评许多其他人（较低的区别性），那么我们就可以做出内部归因（玛丽有些问题）。

基本归因错误

对社会心理学家而言，最重要的研究课题是我们究竟在多大程度上会受到社会环境的影响。每时每刻，我们内部的心理活动和由此发出的言语和行为，都取决于我们所处的情境以及我们给情境所带来的影响。研究表明，两种情境下的微小差异有时会对人们的反应产生很大的影响。对此我深有体会。同样是讲课，但在上午 8:30 和晚上 7:00 我会得到不同的待遇。上午 8:30 学生会以安静的注视向我问候，而在晚上 7:00 时，我不得不打断学生热烈如派对的讨论。虽然在每一种条件下都存在比其他人更健谈的人，但这两种环境间的差异超越了个体间的差异。

归因理论的研究者发现人们在归因时存在一个普遍性的问题。当我们解释他人的行为时，我们会低估环境造成的影响，而高估个人的特质和态度所造成的影响。因此，尽管知道在一天的不同时间上课会对课堂讨论产生不同的影响，我还是禁不住下结论说晚上 7:00 上课的学生比上午 8:30 上课的学生更加外向。同样，我们会觉得人们摔倒是因为他们笨拙，而不会觉得是因为他们被绊了一下；我们会觉得人们微笑是因为他们高兴，而不会觉得是他们装作友好；我们会觉得人们在高速路上从我们旁边飞驰而过是因为他们好斗，而不会觉得是因为他们赶去开会快要迟到了。

这种个体在归因时低估情境因素作用的倾向，被李・罗斯（Ross，1977）称为**基本归因错误**（fundamental attribution error），这已在许多实验中得以证实。在有关这方面的第一个研究中，琼斯和哈里斯（Jones & Harris，1967）让杜克大学的学生阅读评论家有关支持或者反对某国领导人甲的演讲稿。当告诉学生该演讲的立场由评论家自己选择的时候，学生们有充分的理由认为这是评论家个人态度的反映。但如果告诉学生该演讲的立场是辩论教练指派的，那么他们又会有什么样的归因呢？人们只是假装支持某个立场时，会写出超出你预期的强有力的论据（Allison & others，1993；Miller & others，1990）。因此，尽管学生们知道评论家是以被指派的支持或反对甲的立场进行演讲，但这并不影响他们认为评论家本人具有一定的支持或反对甲的倾向（图 3.5）。人们似乎认为："对，我知道他是被指派的，不过，我认为他真的相信那个观点。"

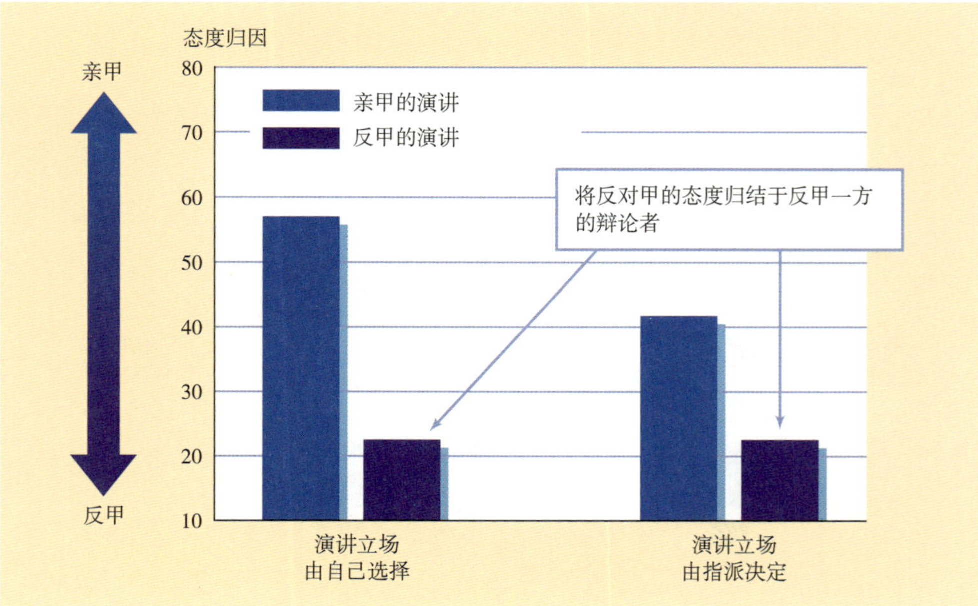

图 :: 3.5
基本归因错误
当人们读一篇支持或者反对甲的演讲时，他们通常将评论的立场归结于演讲者本人的态度，即使作者的立场是由辩论教练指派的。
资料来源：Data from Jones & Harris (1967).

当我们看一个演员出演正面或反面角色时，我们发现，自己很难不去相信角色行为反映了演员内在性格这一错觉。这也许就是为什么在《星际旅行》（Star Trek）中出演斯波克先生的尼默（Leonard Nimoy）写《我不是斯波克》的原因所在。

这种归因错误是难以避免的，即使人们清楚地意识到某人的行为反应是自己引起的，他们仍然低估外在因素的影响。如果某个人被要求表述一个观点，那么他们会认为这个人实际上是支持这种观点。（Gilbert & Jones，1986）。如果要求人们在面试时表现得自信或自谦，那么他们非常清楚自己为什么要这样做，却不知道自己这样做会对别人产生什么影响。如果胡安在面试中表现得很谦恭，那么尽管他的搭档鲍伯不知道实验的目的，但也会倾向于表现出谦恭。胡安十分清楚自己为什么表现出这样的行为，但他却不知道鲍伯为什么也这样做，甚至会认为可怜的鲍伯可能是自尊心太低了（Baumeister & others，1988）。简言之，我们通常认为他人的行为就是其内在特点的直接反映。仔细分析一下即可得出，当灰姑娘畏缩在那个令她难以忍受的家里时，人们（忽视了环境）会认为她非常温顺；而在舞会上和她跳舞的王子，则会认为她是个自信而有魅力的姑娘。

罗斯等人（Ross & others，1977）的一个令人深思的实验深刻地揭示了人们会低估社会约束的影响。这个实验重现了罗斯从研究生成为一名教授的亲身经历。那些著名的教授用他们自己所精通的专业题目来考察他，这令罗斯的博士生入学面试成为一次令其倍感耻辱的经历。6 个月后，罗斯自己做了考官，现在，他可以在自己擅长的领域里提一些尖刻的问题。罗斯的那些倒霉的学生后来承认，他们几乎就和罗斯半年前的感觉一样——对自己的无知非常不满，而对考官的睿智印象深刻。

在这项实验中，罗斯与阿玛比尔以及斯坦梅茨一起进行了一项模拟测验游戏。他随机指定了一些斯坦福大学的学生扮演考官，一些学生扮演考生，其他一些学生作为旁观者。研究者要求那些作为考官的被试编制一些能够证明自己知识面丰富的难题。我们所有人都能想象到那些从个人擅长的领域出发而提出的问题会是什么样子：“班布里奇岛在哪里？”“苏格兰女王玛丽是怎么死的？”“欧洲和非洲谁拥有更长的海岸线？”如果仅仅是这几个问题就使你觉得自己很无知，那么你就可以想象到这个实验的结果了。*

所有人都知道考官是占优势的。但考生和旁观者（不是提问者）都会错误地认为那些考官确实比考生懂得更多（图 3.6）。后续的研究表明，这些错误印象决不是较低社会智力的反映。甚至正相反，那就是聪明的人和有社交能力的人更容易犯归因错误（Bauman & Skitka，2010；Block & Funder，1986）。

在日常生活中，那些拥有社会权力的人通常发起并控制着谈话，而这常常会导致人们高估他们的知识和智力水平。例如，医学博士通常被认为在其他许多与医学无关的领域也是专家。相似地，学生通常高估老师的智商。（就像上述实验所示，老

* 班布里奇岛横跨位于西雅图的普基特湾畔。玛丽被她的表姐，也就是皇后伊丽莎白一世，处以斩首之刑。虽然非洲大陆的面积是欧洲大陆的两倍还要多，但欧洲的海岸线却要更长一些。（欧洲的海岸线更加曲折，拥有更多的海港和水湾，这也使得欧洲成为历史上重要的海上贸易地。）

图 :: 3.6

所有参加模拟测验游戏的考生和旁观者都认为，那些被随机安排到考官组里的学生都要比自己懂得更多。事实上，考官和考生的身份都是随机安排的，只不过考官好像显得更有知识而已。这种错误认识的确证明了基本归因错误。

资料来源：Ross & others (1977).

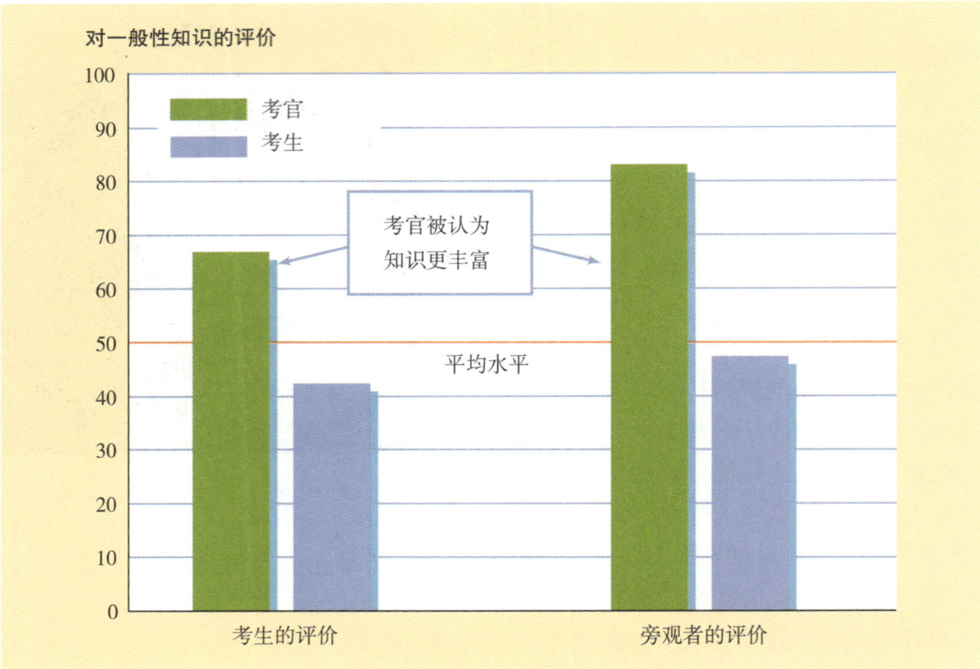

人们通常认为出题考别人的人非常聪明，如老师和电视问答节目的主持人。

师在他们所熟悉的领域扮演发问者的角色。）当这些学生中的某些人长大之后当上了教师，他们通常会惊奇地发现，老师也不是像他们原来想象的那么有智慧。

要进一步举例说明基本归因错误，我们只需仔细看看自己的经历就能发现。为了结识一些新朋友，比弗强装笑脸，小心翼翼地参加了一个聚会。在聚会上，别人都谈笑风生，大家都显得轻松愉快。比弗很奇怪，“为什么其他人那么轻松自在，而我却害羞又紧张呢？”实际上，其他人也与比弗一样，也犯有同样的归因错误，自己内心紧张得要命，都认为比弗和其他人就像他们表现得那样自信而欢乐。

我们为什么会犯归因错误

现在，我们可以很清楚地看到人们在解释他人行为时存在一种偏见：我们通常忽略情境所起的重要作用。我们为什么会低估环境对他人行为的影响而不会低估环境对自己行为的影响呢？

视角和情境意识 归因理论学家指出，当观察他人和我们自己的亲身经历时，我们的观点会有所不同（Jones，1976；Jones & Nisbett，1971）。当我们作为行动者时，环境会支配我们的注意；而当我们观察别人的行为时，作为行为载体的人则会成为我们注意的中心，而环境变得相对模糊。如果我自己狂怒，那是因为当时的情境让我太生气了。但当我看到别人暴怒时，会觉得他似乎脾气不大好。

伯特伦·马莱（Malle，2006）通过分析 173 项实验总结出：行动者与观察者之间的偏差是极小的。当我们感觉一个行为是有意而为并且值得赞赏的，就会将它归因为我们自己的优点，而忽略情境的作用。只有当我们表现得不好的时候，我们才更有可能将行为归因于外部情境，而此时，某个旁观者则会不自觉地从我们的行为中推断出我们的内部特质。

基本归因错误：观察者低估了情境的作用。驾车到加油站，我们可能认为把车停在第二个油泵挡着第一个泵的人缺乏公德心。实际上那个人刚到加油站时，第一个泵正在使用中，因此应把她的行为归因为情境所致。

在一些实验中，要求实验者观看审讯过程中嫌疑犯认罪的录像。如果他们从聚焦在嫌疑犯身上的摄像机的角度观看认罪过程，他们会认为罪犯的认罪是真诚的；如果他们从聚焦在审讯员身上的摄像机的角度观看，他们就会认为嫌疑犯是被迫认罪的（Lassiter & others，1986，2005，2007）。尽管法官引导他们不要犯这种错误，但聚焦点仍然会影响定罪判决（Lassiter & others，2002）。

在法庭上，大部分的录像都是聚焦在疑犯身上的。拉丝特和达德利（Lassiter & Dudley，1991）提到，就像我们所预见的那样，检察官将录像带播放给陪审团看，宣判有罪的概率几乎能达到百分之百。拉丝特报告，根据这项研究，新西兰在国内颁布了一项新政策，规定审问的录像必须给予审讯员和嫌疑犯同样多的关注，即都从侧面进行拍摄。

一旦曾经可见的行动者在记忆中变得模糊，观察者通常会分配给情境更多的权重。正如我们在上述琼斯和哈里斯（Jones & Harris，1967）的具有启发性的归因错误实验中所见，听到某人以某一指定的立场辩论后立刻做出归因的话，那么人们会假定那个立场就是辩论者自己真正的立场。伯格和帕默（Burger & Palmer，1991）则发现，一周之后再让他们做出归因时，他们会更多关注情境的限制。总统选举结束后的第二天，伯格和帕维里希（Burger & Pavelich，1994）询问投票者为什么会出现这种选举结果，大部分人认为该结果恰恰说明这个候选人很有个人魅力及其特殊的地位和身份（来自执政党的胜利者更可能如此）。当一年后询问另一些投票者同样的问题时，却只有三分之一的人将结果归因于候选人的个人特质。大部分人更加重视当时的环境因素，例如国家良好的状态和繁荣的经济。

仔细观察这个人：你是否会推断出这名老师是一个非常健谈的人？

下面我们来看看一些身边的例子：你通常是安静的、善谈的，还是说这要由情境决定呢？通常人们都会说“这取决于情境”。同样，让人们预测自己在接到成绩单或得知全国大选结果两周后的情绪，他们通常认为自己的情绪受情境左右，却低估了自己性格本身是开朗还是阴郁的重要性（Quoidbach & Dunn, 2010）。但是，当要求人们描述一位朋友时——或是描述他们 5 年前是什么样的——人们更经常做个人特质和性格的归因。研究者普罗宁和罗斯（Pronin & Ross，2006）指出，当我们回忆自己的过去时，我们就变得和旁观者一样了。对于我们中的大多数来说，“过去的你”并不是今天“现实中的你”。我们几乎将过去的自己（以及那个遥远未来的自己）看成占了我们身体的其他人。

上述所有实验都可以揭示发生归因错误的一个原因：我们从自

己关注的地方寻找原因。这一点在个人经历中有所体现，你可以思考这样一个问题：你认为你的社会心理学老师是一个健谈的人还是一个沉默寡言的人？

沉浸在想象之中，他开始回忆自己美好一生中最辉煌的时刻……但是记忆中无忧无虑的孩子已经不复存在了，就像回忆其他人一样。

——列夫·托尔斯泰，《伊万里奇之死》，1886

我猜你一定认为他（她）是一个非常外向的人。请仔细考虑一下：你的注意可能仅仅聚焦于老师在公众场合的行为，而这种情境要求一名老师必须具备健谈的能力。而老师本人所观察到的自己则是在许多不同环境中的——在教室，在会议中，在家中。你的老师也许会说，"我很健谈？嗯，那取决于环境。当我上课或者和好朋友在一起时确实会表现得比较外向。当我参加会议或者处于一个陌生的环境中时，我会觉得很害羞。"因为我们可以看到自己的行为在不同情境中变化，所以与从别人的角度相比，我们更认为自己是多变的（Baxter & Goldberg，1987；Kammer，1982；Sande & others，1988）。"奈杰尔很紧张，菲奥娜很放松。而我是随情境而变的。"

文化差异 文化同样会影响归因错误（Ickes，1980；Watson，1982）。一个持有西方式世界观的人，更可能认为是人本身而不是环境导致了事件的发生。在这种文化下，用内部原因解释人的行为更加受社会赞许（Jellison & Green，1981）。"你能做到！"我们更多受西方积极思维文化中的通俗心理学支配。你会得到你应得的，你值得拥有你所得到的。

在酒精的作用下，人的注意焦点会变窄，更可能把他人的行为归因为有意为之（Begue & others, 2010）。可能仅仅是酒吧里的身体碰撞，醉酒的人会理解为对方故意摇晃似乎在挑衅自己，进而导致过激反应。

在西方文化下成长起来的孩子学会了根据他人的人格特点来解释个体的行为（Rholes & others，1990；Ross，1981）。我在念一年级的儿子从学校给我带回来一个例子：他将零散的单词，"gate the sleeve caught Tom on his"组合成了"The gate caught Tom on his sleeve（那扇门夹住了汤姆的袖子）"。他的老师从西方文化观来看这组单词，于是就认为这句话是错误的。老师给出的"正确"答案把起因锁定在了汤姆身上：Tom caught his sleeve on the gate（汤姆让袖子夹进门里了）。

在所有被研究过的文化中都存在基本归因错误（Krull & others，1999）。但是东亚文化下的人通常对环境的作用格外敏感。因此，当意识到社会环境的影响作用时，他们很少设想他人的行为与其内在特质相关（Choi & others，1999；Farwell & Weiner，2000；Masuda & Kitayama，2004）。

某些语言是鼓励外部归因的。"我迟到了"，用西班牙俗语可以说成"闹钟使我起晚了。"在集体主义的文化下，人们很少会根据个人的人格倾向来进行归因（Lee & others，1996；Zebrowitz-McArthur，1988）。他们并不认为一个人的行为是其内在特质的反映（Newman，1993）。当谈及某人的行为时，印度教信徒不像美国人那样做出内在倾向的解释（"她是友好的"），而更愿意做出情境解释（"因为她的朋友和她在一起"）（Miller，1984）。

基本归因错误的基本性在于它在本质上影响着我们做解释的方式。英国、印度、澳大利亚和美国的研究者都发现，人们的归因倾向可以预测他们对穷人和失业人员的看法（Furnham，1982；Pandey & others，1982；Skitka，1999；Wagstaff，1983；Weiner & others，2011）。那些将贫穷和失业归因为个人特质（"他们就是太懒、太没有追求了"）的人通常赞成不同情这些人的政策（图 3.7）。这种特质归因将行为归因于人们的性格倾向和特质。那些做出情境性归因的人（"如果你和我也住在那样拥挤的环境中，得不到良好的教育，还经常受到歧视，我们会富裕吗？"）则倾向于支持给予穷人更多直接帮助和支持的政治立场。告诉我你对贫穷的归因，我就可以猜出你的政治立场。

保守党和自由党谁更可能进行情境归因取决于面对的问题。当解释贫穷问题时，自由党更可能进行情境归因，而解释美国海军陆战队杀害伊拉克平民这一问题时，保守党更多地进行情境归因（Morgan & others, 2010）。

如果我们意识到归因错误，这会对我们有所帮助吗？我曾经参加过一些招聘职员的面试。有一位应聘者同时接受了我们六个人的面试，我们中的每一个人都有机

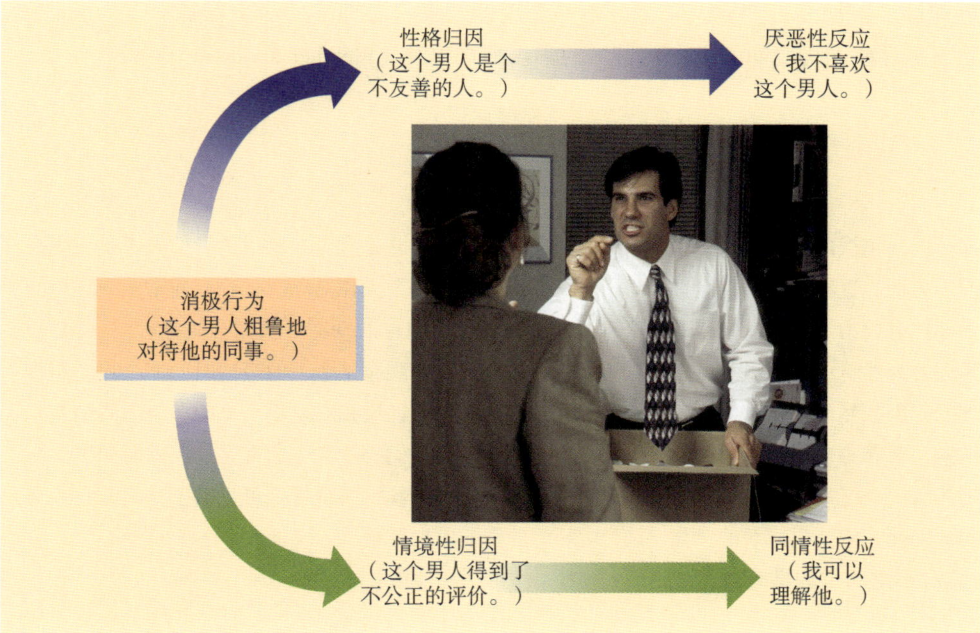

图 :: 3.7

归因和反应

我们对他人消极行为的解释决定了我们对这种消极行为的感受

会提两到三个问题。面试结束后我暗自思索 ：“这个人太呆板、太笨拙了。”第二个应聘者是我在喝咖啡时单独会见的，谈话不久我就觉得我们就像一对亲密的朋友。在我们谈话的过程中，我逐渐形成了她是一个“热情、有魅力、有意思的人”的印象。过后我才意识到基本归因错误，并且重新评价了我对这两个人的分析。我将第一个人的呆板和后来那个人的热情归结到了他们各自的人格特点上了 ；而后来我才发现，事实上，他们的行为差异更多的是因为他们所处的面试环境不同造成的。

研究归因错误的必要性

本章和前一章解释了我们社会思维过程中出现的一些怪僻和谬误。正如我的一个学生说的那样，看到这些你也许会想到“心理学家以取笑人来获得满足。”事实上，这些实验并不是为了证明“这些错误多么愚蠢”（尽管有些实验确实很有趣），其目的只是想揭示人类怎样思考自己与他人。

虽然说我们的错觉和自欺能力让人惊讶，但是请记住 ：我们的思维模式总的来说具有一定的适应性。错觉通常是我们将复杂信息简单化的策略的副产品。这有点类似我们的知觉机制，一般情况下会带给我们有用的信息，但有时又会使我们误入歧途。

另一个关注诸如基本归因错误这类思维偏见的原因就是出于人道主义的考虑。吉洛维奇和艾巴赫（Gilovich & Eibach, 2001）提出，社会心理学家所传递的一条“人道主义信息”就是，人们不应该总是因为自己的问题而被责备，人们更愿意承认“失败、残疾和不幸是现实环境导致的结果。”

第三个原因是我们通常意识不到这种思维偏见，也意识不到如果对这些偏见了解更多能够给我们带来多大的好处。与其他偏见一样，比如自我服务偏差（见第 2 章），人们觉得自己比其他人更少犯归因错误（Pronin，2008）。我的拙见是，与一系列关于人类逻辑思维能力和智力成绩的研究相比，这种对归因错误和偏见的研究会给人类带来更多的惊喜、挑战和好处。这也是为什么全世界的文学作品通常都会描述人类的骄傲和失败。社会心理学的目标是让我们了解自己思维荒谬之处，以期我们变得

大部分穷人并不懒……他们赶早班车……他们替别人抚养孩子……他们打扫街道。不，不，他们真的不懒。

——杰西・杰克逊
于 1988 年 7 月在民主党
全国大会上的演讲

更理性，更加贴近现实。希望并不是没用的：学习心理学的学生在解释行为的时候，就不像那些同样聪明的学自然科学的学生那样单纯（Fletcher & others，1986）。

小结：社会世界的解释

- 归因理论包括我们怎样解释行为。错误的归因是指，将某一行为的发生归结于错误的方面，这种错误归因是性骚扰产生的重要原因，因为那些有权力的人（特别是男人）容易将他人善意的行为理解为性暗示。
- 通常我们都会做出合乎情理的归因，然而，在解释他人的行为时，我们却常犯基本归因错误（也叫对应偏见）。我们会把他人的行为更多地归结为内在的特质和态度，而很少考虑环境的影响限制，即使它们是很显著的。如果一个气球的运动是由我们看不见的风的推动所造成的，我们不会认为它是有内在动力的。但人不是无生命的物体，因此当一个人在活动时，我们通常轻视环境的作用而集中考虑内在的动力。我们会犯这种归因错误，部分原因是当我们观察某个人的表现时，那个人就是我们注意的中心，而环境相对是不可见的。但当我们观察自己的行为时，我们的注意力通常是放在需要做出反应的情境上，这个时候，情境就是可见的了，因此我们会对环境的影响更加敏感。

社会期望的影响

了解我们的社会信念是怎样起作用的。

在考虑过我们如何解释和评价别人——高效、适应但有时会出错——之后，最后让我们来思考我们的社会判断结果。我们的社会信念起作用吗？它们会改变现实吗？

我们的社会信念和判断非同小可。它们会影响我们的感受和行动，并以此有助于生成它们自己的现实。当观念引导我们以证实自己的方式行动时，这就成为社会学家罗伯特·默顿（Robert Merton）所说的**自我实现预言**（self-fulfilling prophecies），即信念能够导向自我实现。默顿指出，如果人们相信银行即将倒闭，纷纷排队去提款，他们错误的直觉便可以创造出事实。如果人们相信股票会上涨，那么它们可能真的会上涨（参看“聚焦：股市的自我实现心理”）。

罗伯特·罗森塔尔（Rosenthal，1985，2006）在其著名的关于《实验者偏见》的研究中发现，实验参与者会按着他们认为的主试想要的结果来行动。在一个研究中，研究者要求被试判断照片中出现的不同人的成功。研究者给所有被试读相同的指导语，并给他们看同样的照片。尽管如此，那些期望被试做出较高评价的研究者比那些期望被试把照片中的人看做失败者的研究者获得的评价更高。更为令人吃惊且富有争议的是，报告指出老师对学生的信念会产生类似的自我实现预言。如果老师相信一个学生数学很好，他会真的做得很好吗？让我们来做个实验验证一下吧。

罗森塔尔（Rosenthal，2008）回忆起当年他拿那篇描述了关于实验者偏见早期实验的文章向一个杂志投稿，同时，他还将文章投到了美国科学进步委员会的一个大奖评选。在几周后的某一天，他同时收到了一封来自那个杂志的退稿信，和一封来自委员会的获奖通知，他的文章被评为年度优秀社会科学研究。科学研究和日常生活一样，一些人会欣赏的东西其他人却不会，这就是为什么我们总是需要尝试，在遭到拒绝的时候，要再试一次。

教师的期望与学生的表现

老师对一部分学生的期望确实比对其他学生更高。如果你在学校有一个成绩比你好的兄弟或姐妹，如果你获得老师诸如“很有才华”或“学习能力不足”这样的评语，或者被认为是“能力很高”的或“能力一般”的学生，那么你可能已经意识到了这一点。可能和老师在办公室的谈话为你带来了超出自己实际水平的名声，也

聚焦 股市的自我实现心理

1981 年 1 月 6 日的晚上，佛罗里达一个著名的投资顾问约瑟夫·格兰维尔拍电报给他的客户："股价将暴跌，明天抛出。"格兰维尔的话不久就传开了，1 月 7 日成为纽约股市交易所建市以来交易量最大的一天，合计市值损失了 400 亿美元。

在大约半个世纪之前，约翰·梅纳德·凯恩斯将这样的股市心理比作当时由伦敦报界举办的选美竞赛。为了获得胜利，一份报纸必须在一百张面孔中选出六张，这六张同时也要被其他参赛报纸选中最多次数。因此，正如凯恩斯所写的那样："每一个参赛者都不是要选出他自己认为最漂亮的面孔，而是要选出那些最可能满足其他参赛者偏好的面孔。"

同样投资者不是要试图选出满足自己偏好的股票，而是选择满足其他投资者偏好的股票。这个游戏的名称叫做"预测他人行为"。正如华尔街一位基金经理的解释："你可以同意也可以不同意格兰维尔的观点，但那根本不是关键所在。"如果你认为他的建议会使其他人卖出，那么你会想在股价下跌更多之前尽快出手。如果你预测别人会买进，你现在就会快速买进以赶上股价的上涨。

股市的自我实现心理学在 1987 年 10 月 19 日星期一表现到了极点，此时道琼斯工业股票指数下跌了 20%。在这个大跌的过程中，媒体和各种谣言比较关注对这一坏消息的解释。一旦报道出来，解释性的新闻故事可能会进一步降低人们的预期，使正在下降的价格跌得更低。当然这个过程也可以完全反过来，即在股价上涨时进一步强化这一好消息。

在 2000 年 4 月，动摇的技术股市再次验证了自我实现心理学，现在被称为"动力投资。"在连续两年热情高涨地买进股票后（因为股价在上涨），人们开始疯狂地抛售（因为股价正在下跌）。经济学家罗伯特·席勒（Schiller, 2005）指出，股市如此疯狂地摇摆——"非理性繁荣"之后紧跟着暴跌——主要是自我造成的。在 2008 年和 2009 年，伴随着另一个泡沫爆破，股市心理又面临了一次低潮期。

可能你的新老师仔细翻阅了你的学籍档案或发现了你的家庭有较高的社会地位。很显然老师的评价和学生的成绩的确有相关：老师对那些优秀学生的评价也高，主要是由于老师准确地知觉到了学生的能力和成就。有研究者报告称："教师期望和学生未来成就之间的相关准确率约 75%"（Jussim & others, 2009）。

但是，老师的评价是否真的是学生行为的原因而不仅仅是结果呢？威廉·卡拉诺和菲莉丝·梅隆（Crano & Mellon，1978）对 4 300 名英国学龄儿童做的一项相关研究给出了肯定的答案。并不仅仅是良好的表现会伴随老师的更高评价，反之亦然。

我们能用实验的方法检验这种"教师期望效应"吗？假如我们有意让老师产生这样的印象，达娜、萨莉、托德和曼纽尔——四个随机选择的学生——能力超常。老师是否会给这四个学生特殊的关照，引导他们表现更出色？在一项著名的研究中，罗森塔尔和雅各布森（Rosenthal & Jacobson，1968）的确发现了这一现象。从旧金山的一所小学中随机选择几名被试并谎称他们智力超常（根据一个虚构出来的测验），而这些人真的在随后的 IQ 测验中出现了飞跃。

这个引人注目的结果似乎表明学校中"差生"的问题可能折射出老师对他们较低的期望。该发现很快通过国家媒体公布于众，同时也被写进了许多大学的教材。进一步地分析（不太为人所知）揭示出，这种"教师期望效应"并不像最初的研究所发现的那样强大和可靠（Jussim & others, 2009；Spitz, 1999）。根据罗森塔尔的统计，近 500 个已发表的研究中只有五分之二确实可以验证期望显著地影响行为（Rosenthal，1991，2002）。较低的期望并不会毁掉一个有能力的孩子，同样较高的期望也不会魔术般地将一个学习吃力的孩子变成在毕业典礼上致词的毕业生代表。人类的天性不

图 :: 3.8
自我实现预言
教师的期望会变成自我实现预言。不过大多数情况下，教师的期望是实际情况的真实反映（Jussim & Harber，2005）。

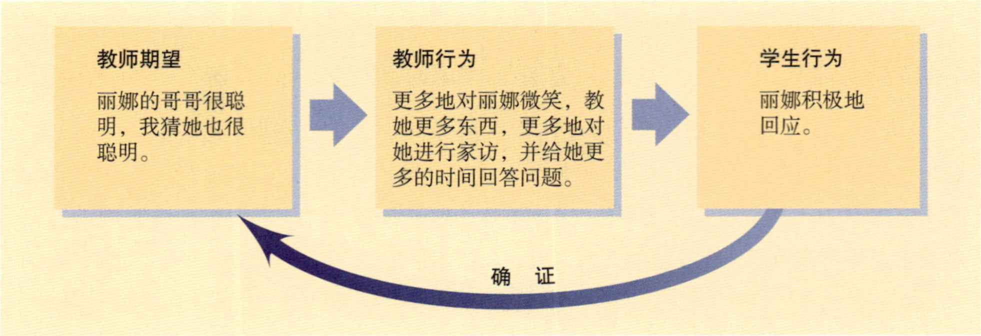

是如此易变的。

与性别（女性的数学较差）或种族（黑人的智力测验得分都低）有关的自我假定期望会使个体产生焦虑，进而影响测验得分。消除这种“刻板印象威胁”（见第9章）后，成绩可能会提高。

然而，较高的期望确实会影响成就低的人，对他们来说，老师的正面态度可能是一缕带来希望的清新空气（Madon & others，1997）。这些期望是如何传达的呢？罗森塔尔和其他研究者指出，老师对那些“潜力较高的学生”施以更多的关注、微笑和点头。老师也有可能花更多的时间教导这些有才华的学生，给他们设定更高的目标，更多地对他们家访，并给他们更多的时间回答问题（Cooper，1983；Harris & Rosenthal，1985，1986；Jussim，1986）。

在一个研究中，巴巴德等人（Babad，Bernieri，& Rosenthal，1991）录制了一段老师与学生谈话或者谈论学生的录像（老师看不到这些学生），老师对这些学生报以较高或较低的期望。一段随机选取的10秒的有关老师声音或面孔的画面已足以告诉观众们——观众既有儿童也有成人——这是一个出色的学生还是一般的学生，以及老师在多大程度上喜欢这个学生。（没错，只需要10秒。）尽管老师认为他们能够掩饰自己的感情，但是学生却对老师的面部表情和肢体动作非常敏感（图3.8）。

判断某个教师或教授的全部热心和热情同样只需要一点点行为的片段就够了——仅仅几秒钟而已。（Ambady & Rosenthal，1992，1993）

看完关于老师对学生期望的实验，让我也很想知道学生对老师的期望效应。毫无疑问，在课程开始之前你就已经听说了“史密斯教授很有趣”和“约翰教授是一个乏味的家伙”。费尔德曼等人发现（Feldman & Prohaska，1979；Feldman & Theiss，1982），这样的期望对学生和老师都有影响。在一个学习实验中，与对老师期望较低的学生相比，那些对教自己的老师抱有高期望（老师意识不到）的学生觉得老师更出色和有趣。此外，这些学生实际上学到的东西也更多。在随后的另一个实验中，被引导而相信自己的男老师是性别歧视者的女士们和这位男老师的相处就不那么愉快，后来的表现也较差。她们对这些老师能力的评价也低于那些没有将男老师预期为性别歧视者的女士们（Adams & others，2006）。

这些结果全都是学生的看法导致的吗？还是老师同时也受到了自我实现预言的影响呢？在一个后继实验中，费尔德曼和普罗哈斯卡录制了一些老师的录像并且让观看者评价他们的表现。当给某个老师分派的学生通过非言语行为传达出积极的期望时，该老师被评价为最有能力。

为了看一看是否在实际的课堂上也存在这种效应，一个由戴维·贾米森（Jamieson，1987）领导的研究小组对加拿大安大略省的四个高中班进行了实验研究，这四个班的一门课程由一位新调来的老师来教授。在个人访谈中，他们告诉其中两个班的学生，其他所有学生和研究者对这位新老师的评价都很高。研究发现，与对照班级相比，被赋予了更好期望的学生在上课时更专心。在学期末，他们也获得了更好的成绩并评价老师讲得更清楚。看起来，一个班里的学生对老师的态度和老师对学生的态度同样重要。

从他人那里获得我们的期望

虽然研究者和教师的期望通常是相当准确的，但偶尔这种期望会表现为自我实现预言。但这种效应的可推广程度如何？我们能从别人那里获得我们的期望吗？研究表明，我们对他人的看法比偏见更准确（Jussim, 2012）。自我实现预言并没有非同凡响的力量。但有时自我实现预言确实在起作用，如在工作情境中（持有高期望或低期望的管理人员）、法庭上（指导陪审团的法官）和模拟的警务情境中（认为嫌疑犯有罪或无辜的审讯者）也同样存在（Kassin & others，2003；Rosenthal，2003，2006）。

自我实现预言会影响我们的人际关系吗？有时候，我们对那些我们对其怀有消极预期的人表现得友好，并引起了他们的善意回应，这种回应证伪了我们的预期。但在社会互动中另一个更为普遍的发现是：是的，我们确实可以在某种程度上获得我们预期的结果（Olson & others，1996）。

行为确证：当参与者觉得对方很有吸引力，但假定对方并不喜欢自己时，他们就会表现冷漠以避免被拒，同时判定对方的冷漠证实了自己之前的假设。达努·史汀生及其同事（Stinson & others, 2009）提出，这种"对热情的自我保护性抑制"会毁掉一些可能建立的关系。

在实验室游戏中，敌意几乎总是招致敌意：那些认为对手不合作的人很容易诱发对手的不合作（Kelley & Stahelski，1970）。如果每一个团体都将其他团体视为攻击性的、怨恨的和报复性的，自然会招致其他团体表现出这样的行为以自我防御，从而形成一个自我延续的恶性循环。在另一个实验中，人们预期自己和另一个来自不同种族的人互动。当被试被引导而认为这个人不喜欢和自己不同种族的人来往的时候，他们感到更多的愤怒，并对这个人表现出更多的敌意行为（Butz & Plant，2006）。同样，我猜想妻子心情很差还是心情舒畅会影响我对她的行为，进而引发她的某些行为以验证我的信念。

那么当伴侣理想化对方时是否更容易保持亲密关系呢？对伴侣品质的积极错觉会导致其自我实现？还是他们更经常表现出自我挫败，一次次地制造自己无法实现并最终会破灭的期望？桑德拉·默里等人（Murray & others，1996a，1996b，2000）对滑铁卢大学的恋人进行追踪研究，发现对伴侣持有积极的想法是好的预兆。理想化有助于减缓冲突，保持满意度，将自我知觉的青蛙变为王子和公主。当某人真爱并崇拜我们时，这有助于我们成为其想象中的那个人。

当约会中的情侣处理争执时，充满希望的乐天派和他们的伴侣倾向于认为双方都在做有建设性的努力。和那些持有更为悲观预期的人相比，他们会感觉到更多的相互支持，对争端处理结果的满意度也更高（Srivastava & others，2006）。在夫妻之间同样如此，那些担心伴侣不爱和不接受自己的人将微小的伤害解释为拒绝，导致他们贬损并疏远伴侣。那些对伴侣的爱和接受抱有信心的人表现出较少的自我防御，与伴侣的关系也更亲密（Murray & others，2003）。爱的确有助于创造出想象中的真实。

马克·斯奈德（Snyder，1984）在明尼苏达大学进行的一系列实验揭示出，一旦形成错误的社会信念，就可能引发他人做出某些行为反应以支持这些信念，这种现象叫做**行为确证**（behavioral confirmation）。在一个经典的实验中，斯奈德等人（Snyder，Tanke，& Berscheid，1977）让男学生与他们认为有吸引力和没有吸引力的女性通电话（通过给他们呈现一张图片）。根据对通话过程中女性声音的分析发现，相比被假想为无吸引力的女性，被假想为有吸引力的女性与男学生交谈时要热情得多。男性的错误信念会引导他们的行动，进而导致女性证实了他们认为美丽的女人会悦人心意的刻板印象，从而成为自我实现的预言。

当人们与抱有错误信念的同伴交往时也会发生行为确证现象。那些被别人认为孤独的人表现出更少的社会化行为（Rotenberg & others，2002）。认为自己被他人接受和喜欢的个体会对别人表现热情，他们也确实会被他人接受和喜欢（Stinson & others, 2009）。被认为大男子主义的男性对女性表现出更少的亲善行为（Pinel，2002），被认为热情的面试者会表现得更热情。

他那样对待她，就好像她真的非常好，他越是这样，罗蒂就越发心情舒畅并变得越来越好，并且他自己也受其影响，变得非常好；如此循环往复，不是恶性而是良性的循环。

——冯·阿尼姆，《魔幻的四月》，1922

将你自己想象为罗伯特·里奇和杰夫瑞·雷伯（Ridge & Reber，2002）最近所做的一个实验中的 60 名年轻男性或 60 名年轻女性中的一位。每一位男性都将见到一位女性，并评估她在多大程度上适合教师的职位。在此之前，要告诉他对方被他吸引（根据他对自陈问卷的回答）或未被吸引。（想象一下你被告知那个将要见面的人很想了解你，和你约会，或者对你一点兴趣也没有。）结果发现确实存在行为确证：被设置成被男性吸引的应聘者表现出更多轻佻举止（并且根本没有意识到这一点）。里奇和雷伯认为这一过程，就像我们之前讨论的归因错误一样，可能是性骚扰的根源之一。如果一位女性的行为看起来好像在确证一位男性的信念，他可能接着逐步将他的追求升级，直到足够明显使那位女性觉察并将这些行为解释为不恰当或骚扰。

期望也会影响儿童的行为。在观察了三个教室的垃圾量之后，理查德·米勒等人（Miller & others，1975）让老师和其他人反复在某一个班级讲教室应该保持整洁和干净。这一行为使废纸篓的垃圾量增加了 15%~45%，但这只是暂时的。另一个班级，同样也将 15% 的垃圾放进了废纸篓，但对这一行为进行反复的表扬，称赞他们保持得很整洁和干净。连续表扬 8 天，在两周后，这些儿童将 80% 的垃圾放进了废纸篓，符合了老师对他们的期望。反复告诉儿童们他们刻苦努力和真诚善良（而不是懒惰和自私），接着他们可能真的这样行事。

这些实验有助于我们理解社会信念，例如对残疾人或某一种族或某一性取向的人的刻板印象，如何促使个体进行自我确证。别人怎样对待我们可以反映出我们和别人怎样对待他们。

小结：社会期望的影响

- 我们的信念有时会产生重要的作用。通常，我们对别人的信念是建立在现实基础之上的。但是对研究者偏见和教师期望的研究显示，认为某些人的能力超常（或能力不足）的错误信念会引导教师和研究者给予那些人特别的关照。这可能会引发他们做出更出色（或平庸）的表现，并且因此看起来似乎会确证一个实际上错误的假定。
- 与此相类似，在日常生活中我们经常会获得对自己期望的行为确证。告诉自己即将与之见面的某个人是聪明有吸引力的，那么最后我们对这个人所留下的印象很可能是那些聪明和有吸引力的东西。

社会信念和判断的结论

通过认知社会心理学看人性。

社会认知研究揭示出我们的信息加工能力的确有很高的效率和适应性（“具有上帝的理解力！”莎士比亚笔下的哈姆雷特惊呼），然而却难以避免可预测性的错误和误判（“头脑里装满了稻草”，艾略特说）。那么从这种研究中我们可以学到什么实用性的知识和对人类本性的洞见呢？

我们已经回顾了人们有时形成错误信念的原因。我们很难对这些实验置之不理：因为其中的大部分被试来自高智商人群，通常是顶尖大学的学生。除此以外，人们的智力水平和他们是否容易产生不同的思维偏差，这二者是不相关的（Stanovich & West，2008）。一个人可以非常聪明，但做决定的时候可能表现得异常糟糕。

努力尝试还是不能消除思维上的偏见。即使用报酬来奖励正确的作答，从而激励被试以最理想化的方式思考，某些偏见和扭曲仍然存在。正如斯洛维克指出的，这类错觉“有一种持久的性质，与知觉错觉并无不同”（Slovic，1972）。

社会认知心理学的研究因此可以映照出文学、哲学和宗教等领域对人性的各种不同的反思。许多心理学研究者花费毕生的心血去探索人类心理的神秘力量。我们足够聪明去破解自身的遗传密码，发明可以与人对话的电脑，以及将人类送上月球。为人类理性而三次欢呼。

两次欢呼是因为心智对于高效判断的偏向使我们的直觉难免会有误判。我们相当容易形成和保持错误信念。我们容易受先入之见和过度自信引导，被鲜活的逸闻甚至不可能存在的虚假相关和控制所说服，我们建构起自己的社会信念并继而影响他人去确证它们。正如小说家马德琳·恩格尔所言：“裸露的智力是一件十分不准确的工具。”

但是，这些实验是否仅仅是些在倒霉的被试身上玩弄的智力把戏，使他们看起来比实际上更糟糕？理查德·尼斯贝特和李·罗斯（Nisbett & Ross，1980）主张，实验程序高估了我们的直觉能力。实验通常给被试呈现清楚的证据，并告知他们要对其认知能力进行测验。生活从不会告诉我们：“这里有一些证据，下面请将你的智力调整到最佳状态来回答这些问题。”

> 在设计这些问题时，我们并非想要愚弄被试，我们提出的所有问题也愚弄了我们自己。
>
> ——阿莫斯·特韦尔斯基（Amos Tversky），1985

通常我们的日常失误无关紧要，但也并非总是如此。错误的印象、解释和信念有时会产生严重的后果。当我们要做出重大的社会判断时，有时甚至很小的偏见就可以造成相当大的社会效应：为什么如此多的人无家可归？遭遇不幸？行凶杀人？我的朋友喜欢的是我本人还是我的钱？认知偏见甚至会潜入到复杂的科学思维。自从《圣经·旧约》的作者提出“没有人能够看出自己的错误”以来，人类的天性在过去 3 000 年中几乎没有什么改变。

这种说法是否过于讽刺了呢？里昂那多·马丁和拉尔夫·艾尔贝（Matin & Erber，2005）邀请我们和他们一同想象这样一个场景，一个智能生物扑过来，求你给它点儿能帮助其理解人类这种生物的信息。而当你把这本社会心理学的教材递给它之后，这个外星生物对你说了声“谢谢”，然后就飞回太空了。在详细分析你把这本社会心理学交了出去而产生的懊悔之后，你对于给它们提供了社会心理学的研究作为资料有什么感想呢？约阿希姆·克鲁格和大卫·芬德尔（Krueger & Funder，2003a，2003b）就觉得不太妥当。他们认为，社会心理学家过多关注了人类天性中负性的一面，应该“用更积极的眼光看待人类的天性”。

> 人心似水，唯智汲之。
>
> ——《圣经·箴言》20：5

社会心理学家贾逊（Jussim，2005）也同意上述观点，并且他还补充道：“尽管已有的研究和理论等都发现并证明了我们人类在社会认知和社会判断中存在着这样那样的偏差，像基本归因错误、虚假普遍性、对不完善的启发式判断的过度依赖、自我服务偏差，等等。但是人类对他人的感知却是惊人的准确（虽然并不完美）。”对我们思维不完美性的出色分析本身就是对人类智慧的一大贡献。假如有人争论说人类的所有思维都是错觉，那么该断言必然是自相矛盾的，因为这句话本身也是一个错觉。用逻辑语言可以这样表述："所有的概括都是错误的，这一个也不例外。"

正如医学假设任何器官都具有一定的功能一样，行为学家发现，假设我们的思维和行为模式在通常情况下具有适应性作用是有意义的（Funder，1987；Kruglanski & Ajzen，1983；Swann，1984）。某些思维规则会令人们产生错误信念，而且导致了直觉思维中的缺陷，但它们在人类生活中却运转得不错。通常情况下，这些错误是我们对复杂信息进行简化加工的心理捷径的副产品。

诺贝尔奖获得者心理学家赫伯特·西蒙（Simon，1957）第一次提出了人类理性的有限性。西蒙指出，为了应对现实，我们会简化思维过程。设想一盘国际象棋游戏的复杂性：其中可能的变数比整个宇宙中的粒子数还要多。那么我们应该如何应对呢？我们可能会采用某些简化的规则——启发式判断。这些启发式判断有时会使我们误入歧途，但是它们确实可以帮我们做出高效而迅速的决定。

认知错误……之所以到现在还存在，是因为它在过去曾经有利于人类的生存和繁衍。

——哈兹尔顿和巴斯（Haselton & Buss，2000），进化心理学家

错觉思维同样可以产生于有利于我们生存的启发式判断。启发式判断以许多方式"使我们更聪明"（Gigerenzer & Gaissmaier，2011）。相信我们具有控制事件的能力有助于我们保持希望和努力。如果事情有时可以控制而有时却无法控制，我们会通过积极的思维将成果最大化。看来乐观主义是有益的。在某种程度上我们甚至可以说信念像科学理论——虽然有时会出错但总的说来却十分有用。正如社会心理学家苏珊·菲斯克（Fiske，1992）所说："思考是为了行动。"

我们社会思维中的错误能否减少？在学校，数学老师可以一直教、教、教，直到学生的大脑最终被训练成可以自动而准确地加工数字信息。我们假定这种能力并非来自先天；否则，我们为什么还为这多年的训练而烦恼呢？心理学研究者道斯（Dawes，1980）对"一个接一个的研究揭示出人们在意识层面加工信息的能力十分有限，尤其是社会信息"这一事实感到失望，他建议我们同样应该教、教、教，教会人们如何加工社会信息。

自由精神就是对正确与否并不绝对确信的精神；自由精神就是去尝试了解其他男女思想的精神；自由精神就是摒弃偏见，根据兴趣本身来选择的精神。

——Learmed Hand，美国著名法官，《自由的精神》，1952

尼斯贝特和罗斯（Nisbett & Ross，1980）认为，教育确实可以减少我们犯特定类型错误的可能性。他们给出了如下建议：

- 可以训练人们在其自身的社会直觉中识别错误的可能来源。
- 专门设立有关逻辑和社会判断的日常问题的统计学课程。受过这方面的训练之后，人们确实能够更好地对日常事件进行推理（Lehman & others，1988；Nisbett & others，1987）。
- 列举日常生活中大量丰富而具体生动的趣事和例证来进行教学，这样效果会更为明显。
- 以令人印象深刻且具有实用性的话语进行讲授，例如："这是个经验方面的问题"，或者"你可以用统计数字编造，但选择一个有代表性的样本是正道。"

小结：社会信念和判断的结论

对社会信念和判断的研究揭示出：我们是怎样形成和维持信念的，这些信念通常对我们有益，但有时会令我们误入歧途。所以能在这两者之间取得平衡的社会心理学既关注社会思维的优势，又看到其不足。

后记：

对错觉思维的反思

> 剥夺了平常人生活中的错觉，也就剥夺了他的快乐。
>
> ——亨利克·易卜生，《野鸭》，1884

对骄傲和错误的研究是否会令人感觉不快？的确我们不但承认人类具有某些局限性这一确定的事实，而且赞同人类并不仅仅是机器这一更深一层的信息。我们的主观体验是构成人性的材料——我们的艺术和音乐，我们对友谊和爱的享受，我们的神秘和宗教体验。

那些研究错觉思维的认知的社会心理学家并不是要使我们成为毫无感情的逻辑机器。他们知道情感可以丰富人们的体验和直觉，而且它还是创造性想法的一个重要来源。尽管如此，他们的发现却可以提醒人们，我们容易犯错误，这也正好说明我们接受严格思维训练的必要性。美国作家诺曼·卡曾斯（Cousins, 1978）将其称为"关于学习的最大真理：其目的是开启人们的头脑并将它发展为思维的器官——这些思维包括概念思维、分析思维、序列思维。"

对社会判断中的错误和错觉的研究提醒我们去"判断不"——带着少许谦逊，牢记我们出现错误判断的可能性。它同样鼓励我们不要被那些看不到自己的偏见和错误的人的自大吓住。我们人类是一种了不起的智慧和错误的混合生物，具有高贵的尊严，但并不是神。

这种对人类能力的自谦和怀疑是科学和宗教的核心所在。许多现代科学的奠基者是宗教信徒，他们虔诚地在自然和对人类能力的怀疑面前保持谦卑的态度也就不足为奇了（Hooykaas，1972；Merton，1938）。科学同样包括直觉和严格检验之间的相互作用。从错觉中寻找现实需要开放的好奇心和冷静的头脑。这种观点被证明是对待生活的正确态度：批判而不愤世嫉俗，好奇而不受蒙蔽，开放而不被操纵。

第 4 章

态度和行为

思想是行动之父！

——爱默生，《爱默生文集》（第一卷），1841

我们是什么（内在）和我们做什么（外在）之间存在怎样的关系？哲学家、神学家和教育者们对态度与行为、性格与举止、私下的言论和公开的行动之间关系的探索由来已久。在大多数的教育、咨询和儿童养育中，有这样一个假定：我们个人的信念和感受决定了我们的公开行为，如果我们希望改变行为，那么首先需要做的是改变我们的心智。

最初，社会心理学家们赞成：了解人们的态度就可以预测他们的行为。纳粹的种族灭绝和伊拉克的自杀式爆炸说明，极端态度会导致极端行为。如果一个国家的人民憎恨另一个国家的领导人，那么该国家就更可能对憎恨的国家采取恐怖主义行动（Krueger & Malečková, 2009）。憎恶态度会激发暴力行为。

但是费斯廷格在 1964 年指出，有证据表明，改变人们的态度并不能改变他们的行为。他认为，态度与行为的关系以其他方式运作。正如罗伯特·阿贝尔森（Abelson，1972）所说，我们“训练有素，十分擅长为我们所做的事情寻找理由，但是并不善于做那些我们为之寻找原因的事情。”本章主要就是探讨了态度和行为之间的相互作用。

当社会心理学家谈到某人的态度时，他们指的是与人或事物相关的信念和感受以及由此引发的行为倾向。综合起来，一个人的**态度**（attitude）可以界定为个体对人或事物的积极或消极的评价性反应，它通常根植于个体的信念，表现于个体的感受或者行为倾向中（Eagly & Chainken，2005）。因此，一个人可能对咖啡持有消极的态度，对法国持有中立的态度，对隔壁邻居持有积极的态度。

态度能有效地度量世界。当我们必须对某一人或事物做出快速反应时，我们对其的感受可以指导我们做出反应。比如，如果某个人认为某个种族是懒惰的、好斗的，那么他可能会不喜欢这个种族的人，并且因而产生歧视。你可以记住态度“ABC”理论的三个维度，即情感（affect）、行为倾向（behavior tendency）和认知（cognition）（见图 4.1）。

态度的研究非常接近社会心理学的核心并且是其最早的关注点之一。在 20 世纪的大部分时间，研究者希望了解我们的态度在多大程度上会影响我们的行为。

态度对行为的预测

内在的态度在多大程度上且在什么条件下会影响我们外在的行为。

社会心理学家艾伦·威克（Wicker，1969）通过对各种人群、态度和行为的综述研究，对态度可能具有的作用提出了挑战。他得出了一个令人吃惊的结论：人们表现出的态度很难预测他们的各种行为。

- 学生对于作弊的态度与他们的实际作弊行为几乎没有关系。
- 对教堂的态度与星期天做礼拜的行为只存在中等程度的相关。
- 自我描述的种族观与真实情境中的行为几乎不存在什么相关。很多人说，在听到种族主义言论时会表达自己的不满，但事实上当他们真遇到这种情况［比如有人用 nigger（黑鬼——对黑人的一种蔑称。——译者注）这一带有种族主义色彩的单词］时却表现得漠不关心（Kawakami & others, 2009）。

丹尼尔·巴特森等人（Batson & others，1997，2001，2002；Valdesolo & DeSteno，2007，2008）所说的“道德伪善”（显得有道德水准，但实际上拒绝为之付出任何代价）便是一个态度和行为相背离的例子。他们给被试布置了两个任务，一个十分诱人（被试能够挣到 30 美元的奖券），而另一个却无聊且没有奖励。被试需要进行任务分配，一个安排给自己，剩下的一个安排给别人。20 个人中仅仅有 1 人认为给自己安排有吸引力的任务是最道德的，但实际上 80% 的人却是这样做的。在接下来关于道德伪善的实验中，研究者给被试一些硬币，并且告诉他们，如果他们愿意的话可以通过私下抛掷硬币的方法来决定任务的分配。即使他们选择了抛掷硬币，但还是有 90% 的人把好的任务安排给了自己！这一结果仅仅是由于他们自行决定硬币朝上还是朝下的意义而导致的吗？在另一个实验中，巴特森在硬币的每一面都贴了标签，以明确抛掷的结果。但 28 人中仍然有 24 人给自己安排了好的任务。当道德与贪婪同处在竞技场中时，通常是贪婪大获全胜。

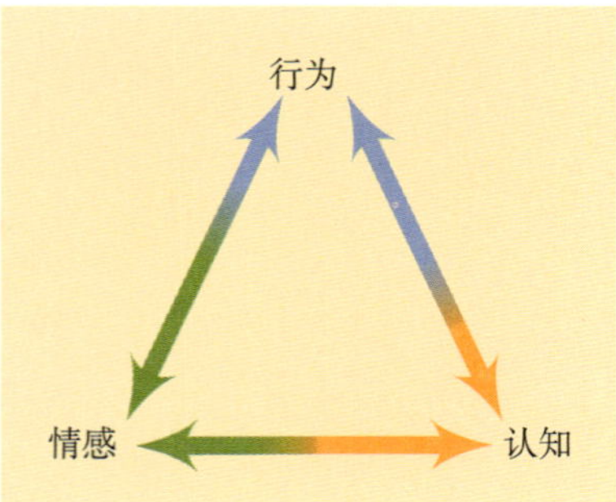

图 :: 4.1
态度的 ABC 理论

如果人们并不按自己所说的来做，那么对于试图通过改变态度来改变行为的努力常常以失败告终就不足为奇了。因此，对于“吸烟有害健康”的警告也仅仅是在最低限度上影响那些吸烟者而已。公众已经逐步认识到，长时间观看暴力电视节目会导致漠然和残酷，因此许多人要求在电视节目中减少暴力——然而他们仍然一如既往地观看媒体上播放的谋杀节目。性教育节目往往可以影响对节欲和避孕套使用的态度，却不能影响长期的节欲和使用避孕套的行为。如此看来，我们始终是一群伪君子。

总体来说，人们对于影响行为的因素的讨论强调了外部社会因素的作用，例如他人的行为和期望，却忽视了内部因素的作用，例如态度和人格。因而，20 世纪 60 年代产生的最初的“态度决定行为”的论点立刻遭到了对立观点的反驳，态度实际上什么也决定不了。

正面观点，对立观点，两者可以整合吗？对人们经常言行不一的惊人发现促使社会心理学家去探寻其背后的原因。当然，我们推测，信念和感受在某些时候一定有所不同。

的确如此。实际上，我将要解释的内容似乎显而易见，以至于我非常纳闷为什么大多数社会心理学家（包括我）在 20 世纪 70 年代以前没有想到这一点。我必须提醒自己：真理只有在被发现时才会变得显而易见。

态度和行为并不一致。前美国国会议员Mark Souder和职员Tracey Jackson共同录制赞同禁欲的视频后，有新闻爆出两人都有婚外情。家庭价值观倡导者跟当地一家报纸说，“只要你没疯，就一定会觉得这事太讽刺了”（Elliott, 2010）。

我有自己的想法，强烈的想法，但是我并不总是赞成它们。

——乔治·布什，美国前总统

态度何时能预测行为

显然，行为和我们表达出的态度之所以不同，是因为二者都受到其他因素的影响。一个社会心理学家找出了 40 个令它们之间关系复杂的因素（Triandis，1982；Kraus，1995）。如果我们能将其他因素对行为的影响最小化，那么态度就可以精确地预测行为。

什么时候社会因素会对我们所说的话影响最小

不同于医生测心率，社会心理学家从来都不可能直接测量态度。尽管如此，我们仍然需要测量外显的态度。像其他行为一样，态度的表达受外部因素的影响。例如有时候，我们会说别人想听的话。在 2002 年底，由于感受到了 9·11 事件之后的恐惧、愤怒和爱国热情，美国许多立法者公开投票支持布什总统对伊拉克动武，但同时私下里却持保留意见（Nagourney，2002）。我们有时也称之为见风使舵，强烈的社会影响——害怕受到指责——歪曲了真正的意见。

现在，社会心理学家想出了一些更巧妙的方法来尽可能最小化社会因素对态度报告的影响。某些测量通过内隐态度（无意识的）测量补充了传统自我报告对外显（有意识的）态度的测量。一种测试是测量面部肌肉对各种声明的反应（Cacioppo & Petty，1981）。研究者希望通过测量一个微笑或一个细微的皱眉，尽可能揭示出参与者想要表达的态度。

另一种更新、应用更广泛的测量是**“内隐联想测试”**（implicit association test，IAT），用反应时来测量人们概念联想的速度（Greenwald & others，2002，2003）。例如，我们可以评估白人将积极词汇与黑人面孔联系起来是否比与白人面孔联系，需花更多的时间，以测量内隐的种族态度。内隐态度研究者提供了几类在线评估的内隐联想测试（projectimplicit.net）。自 1998 年至今约 500 万人参加了测验，结果表明：

研究背后的故事

马扎林・巴纳吉对实验社会心理学的探索

我 15 岁从印度的中学毕业时，心中只有一个目标——离开我那舒适而安全的家，找一份秘书助理之类的工作，过一种更为勇敢和兴奋的生活。工作上一分钟我就能熟练地键入许多单词，我渴望更独立的生活，住的地方离父母稍微远点。我的母亲虽然没有上过大学，但劝说我上大学——我们达成妥协，只上一个学期，之后我可以自由选择自己要走的路。

我在尼扎姆大学的第一个学期很快就结束了。母亲并未问我将来的打算。我不必匆忙做决定。在一次假期回家前夕，我购买了 1968 年出版的五卷本的《社会心理学手册》，一本一块钱（看上去很便宜）。在 24 小时的列车颠簸就要到家之际，我已经草草看完了一卷，恍惚中明了这一科学（通过实验方法研究社会过程）正是我要做的事业。

在博士就读和博士后工作期间我有幸与三位杰出的学者合作：俄亥俄州立大学的托尼・格林沃德（Tony Greenwald）、华盛顿大学的克劳德・斯蒂尔（Claude Steele）和伊莉莎白・洛夫特斯（Elizabeth Loftus）。在耶鲁大学，虽然我仍然对人类的记忆研究感兴趣，但是我发现记忆有两种形式：外显（有意识的）和内隐（无意识的）。那么态度、信念和价值观也有两种形式吗？犹豫之际，我在课题申请书的标题上写上了“内隐态度”，并不知道它将来会成为我学生的重要课题，而且我会坚持研究 20 年。

非常有幸能与托尼・格林沃德及布莱恩・诺斯克（Brian Nosek）在内隐社会认知上长期合作。成百上千的学生已经使用过内隐联想测试（projectimplicit.net），测试的次数达到数百万次，据此我们现在知道人们会持有自己都意识不到的看法（刻板印象）和情感（态度），而且这些过程往往与他们有意识的表达形成对比。我们已知道，内隐态度的独立标记是亚皮层的脑活动，这类态度和刻板印象能预测人们的真实行为。最乐观的一点是，我们知道内隐记忆（甚至比较顽固的内隐记忆）都能因经历而改变。

马扎林・巴纳吉
（Mahzarin Banaji）
哈佛大学

- 内隐偏见普遍存在。例如，80% 的人对老年人的内隐消极态度大于对年轻人的。
- 内隐偏见存在个体差异。由于所处群体不同，持有的有意识态度和在直接环境中的偏见不同，有些人会比其他人表现出更多的内隐偏见。
- 人们通常意识不到自己的内隐偏见。尽管认为自己公正无私，但即便是研究者本身也会表现出某些内隐偏见（对某些社会群体的消极联想）。

内隐偏见是否可以预测行为？对现有研究的综述（已有超过 200 项调查）显示，外显（自我报告的）态度和内隐态度都有助于预测个体的行为和判断（Greenwald & others, 2008; Nosek & other, 2011）。因此，同时利用外显态度和内隐态度共同来预测行为可能比单独使用其中一种更准确（Spence & Townsend, 2007）。行为预测范围很广，从使用牙线到恋情的结局再到自杀企图等等（Lee & others, 2010; Millar, 2011; Nock & others, 2010）。在一项研究中，对招聘经理收到的求职申请在学历方面进行匹配，但求职者的照片经过数码处理让他们看起来很肥胖。几个月后，让 153 位招聘经理完成内隐联想态度测验，他们在自动反肥胖偏见上的得分可以预测他们会邀请哪位求职者参加面试（Agerström & Rooth, 2011）。

仍然存在障碍，大多是无意识的。

——希拉里・克林顿，总统竞选落败时的演讲，2008

对于那些形成于生命早期的态度，如种族和性别的态度，外显态度和内隐态度常常会出现分歧，内隐态度往往能够做出更好的预测。例如，内隐种族态度可以成功预测出隶属不同种族的室友之间的友谊（Towles-Schwen & Fazio，2006）。对于其他态度，比如与消费行为和支持政治候选人有关的态度，外显自我报告往往更有预测力。（参阅“研究背后的故事：马扎林・巴纳吉对实验社会心理学的探索”）

最近，神经科学的研究已经确定了产生自动内隐反应的大脑区域（Stanley & others，2008）。当我们自动评价社会刺激时，我们大脑深部的一个区域（威胁知觉中心——杏仁核）会被激活。例如，当看到不熟悉的黑人面孔时，那些在内隐联想测试中表现出很强的无意识种族偏见的白人，他们的杏仁核也表现出了很高的活动性。其他额叶区域参与了检测和调节内隐态度。

切记：尽管最近关于隐藏在心灵内部的内隐态度的研究鼓舞人心，但内隐联想测试却遭到了反对（Arkes & Tetlock，2004；Blanton & other，2006，2007）。反对者指出，与能力倾向测试不同，IAT 对于用来评估和比较个人是不够可靠的。而且，IAT 分数说明的是相对的偏差，它不能将对一个群体积极的偏差（或对一个群体更熟悉）与对另一个群体消极的偏差区别开来。那些批评者也想知道是否是同情和内疚延缓了一个人对与黑人相关的积极话语的反应速度，而非潜在敌意。无论如何，外显态度和内隐态度的区分证实了 21 世纪心理学最大的课题：我们的“双重加工”能力：受控制的（目的性的、有意识的、外显的）思考和自动的（不费力的、习惯性的、内隐的）思考。

其他因素何时对我们的行为影响最小

在任何场合下，引导我们做出反应的不仅仅是我们内在的态度，同时还有我们面对的情境。就如第 5~8 章将要反复强调的，社会影响力真的非常大——大到能够诱使人们违背他们最深层的信念。既然如此，综合众多情境中的行为就能让我们更清楚地检测到态度的影响作用吗？预测人们的行为就像预测一个棒球或板球运动员的击球行为一样。任何一次特定的击球都是无法预测的，但是，如果我们综合多次击球的结果，就可以比较他们击球的近似平均值。

让我们来看一个研究的例子，人们对于宗教的总体态度很难预测他们下周末是否会去做礼拜（因为天气、传教士、一个人的感受等都会影响做礼拜的行为）。但是，宗教态度能够很好地预测在较长一段时间内个体的总体宗教行为（Fishbein & Ajzen，1974；Kahle & Berman，1979）。从这一发现中我们可以得出一个总体原则：当我们观察个人总体的或通常的行为而非单独的某一次行为时，态度对于行为的预测效应会变得更明显。

我自相矛盾吗？如果是那样的话那非常好。（我很大，可以容纳很多东西）

——沃尔特・惠特曼（Walt Whitman），Song of Myself，1855

态度何时能预测特定的行为

其他条件可以进一步改善态度对行为预测的准确性。就像阿杰增和马丁・菲什拜因（Ajzen & Fishbein，1977，2005）指出的，当测量的态度非常笼统，比如对于亚洲人的态度，并且行为非常具体的时候，比如是否去帮助某种情境下的某个亚洲人，我们不应该期待发现言行之间有紧密的联系。的确，正如菲什拜因和阿杰增所报告的，在 27 个这类研究中有 26 个显示态度无法预测行为。但是在所有 26 个研究中，当测量的态度直接与情境相关时，态度确实能预测行为。因此，对于“身体健康”这样一个笼统概念的态度并不能预测具体的锻炼行为和饮食习惯。但是，人们如何看待慢跑的利弊却能够很好地预测他是否会慢跑。

正如阿杰增和菲什拜因在“计划行为理论”中所说的，一个更好的预测个体行为的指标是，了解个体的行为意向和他们知觉到的自我效能与控制感（图 4.2）。此

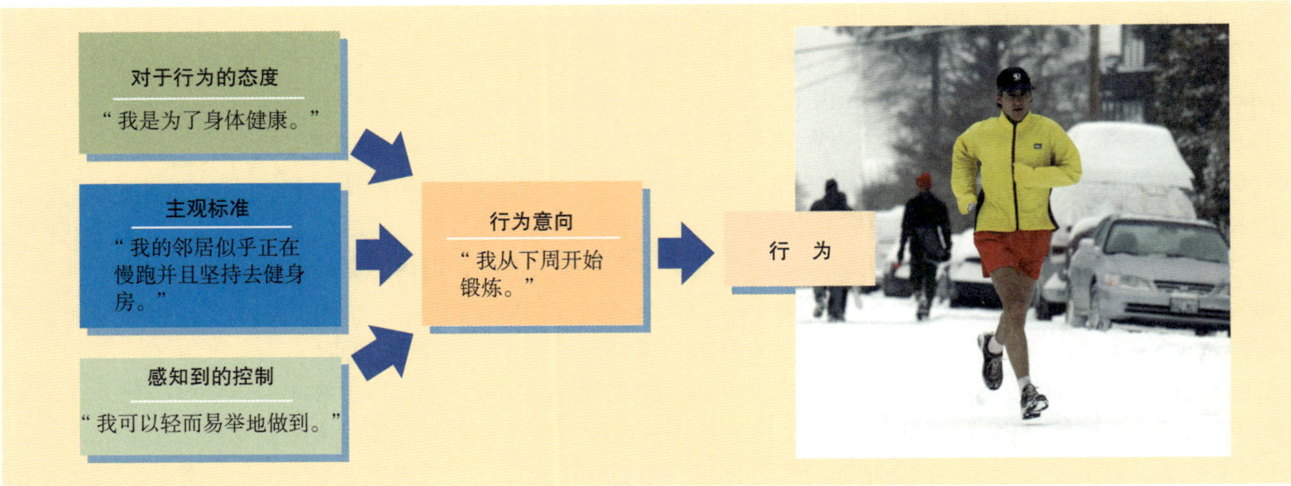

图 :: 4.2 计划行为理论

阿杰增和菲什拜因的共同研究表明，个体的态度、知觉到的社会规范和控制感共同决定了个体的动机，从而指导行为。相对于对健康生活方式的总体态度，人们对慢跑的特定态度能更好地预测其慢跑行为。

外，4 组实验测试证实，诱发新的意图将会引起新的行为（Webb & Sheeran，2006）。即使只是简单地询问人们是否会做出某种行为也会增加他们行动的可能性（Levav & Fitzsimons，2006）。如果去问人们是否打算在未来两个星期内用牙线，或是否在即将到来的选举中投票，他们会变得更加有可能这样做。

进一步的研究——700 多个研究，276 000 位参与者——证实，特定且相关的态度确实能够预测行为（Armitage & Conner，2001；Six & Eches，1996；Wallace & others，2005）。例如，对避孕套的态度能有效预测避孕套的使用行为（Albarracin & others，2001）。对于废品回收的态度（并非对环境问题的总体态度）可以预测个体对回收利用的意向，而这一意向可以预测个体实际的废品回收行为（Nigber & others，2010）。想要通过说服来使个体养成健康行为习惯，我们最好改变个体对于具体习惯的态度。

到目前为止，我们已经明确在两种条件下态度一定能够预测行为：（1）将影响态度和行为的其他因素最小化；（2）态度与观察到的行为存在具体的相关。当然还有第三种情况：强有力的态度能够更好地预测行为。

态度何时是有效的

我们的大多数行为是自发的。我们会不假思索地按照熟悉的脚本行事。当我们在大厅里遇到熟人时，会下意识地打招呼“嗨！”当餐厅服务员询问“用餐愉快吗？”我们会下意识地回答说“很好”，即使我们觉得饭菜并不怎么好吃。

这种无意识的反应具有一定的适应性，它可以使我们腾出精力去做别的事情。诸如系安全带、喝咖啡、上课等习惯性行为几乎不需要意识激活（Ouellette & Wood，1998）。就像哲学家怀特海（Whitehead，1911，p.61）所说：“人类文明随着不假思索的下意识行为的增加而提高。”

三思而后行 如果要求人们先考虑自己的态度而后再行动，那人们能否更真实地表

现自我呢？这正是马克·斯奈德和威廉·斯旺（Snyder & Swann，1976）所研究的内容。他们先调查了明尼苏达大学 120 个学生对某一雇佣政策的态度。两周以后，斯奈德和斯旺邀请这些学生在一个性别歧视案件中担任陪审员。结果发现，只有那些被提醒记住自己态度的人，给他们“几分钟来组织自己对于确证 – 行为问题的看法和观点。”其态度能预测判决结果。当我们思考自己的态度时，态度才会影响我们的行为。

自我意识强的人通常会受自己态度的影响（Miller & Grush，1986）。这提供了另一种诱发人们关注自己内在信念的方法：或许可以通过让他们在镜子前做出行为来让他们自我觉知（Carver & Scheier，1981）。也许你立刻会明确意识到自己正待在一个有一面大镜子的房间里。通过这种方法使人们进行自我觉知，可以提升其言行一致性（Froming & others，1982；Gibbons，1978）。

> 知易行难，要将想法付诸实践是世界上最困难的事。
>
> ——歌德，德国诗人、作家

爱德华·迪纳和马克·沃尔伯（Diener & Wallbom，1976）注意到，几乎所有的大学生都认为作弊是不道德的。但是，他们会听从莎士比亚笔下波洛尼厄斯的建议“真实地表现自我”吗？迪纳和沃尔伯让华盛顿大学的学生猜一个字谜（声称是测智商），并且告诉他们当屋里的铃响时就停止猜谜。在让他们各自单独猜谜的情况下，71% 的学生在铃响后继续做题。而在那些可以自我觉知的学生中——让他们在一面镜子前做题同时听录有自己说话声音的磁带——只有 7% 的学生作弊。这就让人想起：商店中与人等高的镜子也许能让人们更多地意识到自己对于盗窃的态度吧？

> 毋庸置疑，言行一致令人愉悦、和谐。
>
> ——蒙田，法国作家，《蒙田随笔集》，1588

还记得巴特森对道德伪善的研究吗？在最后的实验中，巴特森与其同事（Batson & others，1999）发现，镜子确实能使行为与内化的道德态度保持一致。当人们在镜子前抛硬币来决定任务分配时，硬币抛掷会十分公正。正好有一半的被试把好的任务分配给了其他人。

通过经验建立稳定的态度 最好的用来预测行为的态度是可接近（很容易想到）和稳定的（Glasman & Albarracin，2006）。当态度是由于某种经验而建立的，而不只是道听途说，它们就更具有可接近性，更持久，更能引发行为。在某项研究中，大学生都对其学校的住宿供应短缺表现出了抱怨等消极态度。但假如有机会采取行动，比如签署一份请愿书，征集签名，加入一个委员会或写一封信，结果发现，只有那些从直接经验中获取态度的人才会采取行动（Regan & Fazio，1977）。

> 美德的说教要比身体力行容易得多。
>
> ——拉罗什福科（La Rochefoucauld），《箴言集》，1665

小结：态度对行为的预测

- 我们内在的态度是如何与我们外在的行为相联系的呢？社会心理学家认为态度和行为互相支持。流行的大众观点强调态度对行为的影响作用，但令人惊奇的是，态度——通常被认为是对一些事物或人的情感——经常不能很好地预测行为。并且，改变人们的态度很显然不能在很大程度上改变人们的行为。这些发现让社会心理学家急于去寻找我们经常言行不一的原因。
- 最终得出的答案是：我们所表露的态度和做出的行为各自受许多因素的影响。我们的态度能够预测我们的行为：（1）如果把“其他因素的影响”最小化，（2）如果态度与预测的行为（比如对投票的研究）紧密相关，（3）如果态度是强有力的（以某一些事提醒我们牢记这点，或通过直接的经验意识到这点）。在这些情况下，我们的所想所感与我们的所为会紧密相关。

行为对态度的影响

总结行为影响态度的证据。

如果说社会心理学家在过去 25 年中教给我们一些知识，那就是思维能影响行为。现在我们转向更令人震惊的想法，即行为决定态度。有时我们确实坚持我们所相信的，但同样我们也会逐步相信我们坚持的东西。社会心理学理论引发的大多数研究都为这个结论奠定了基础。我们暂且不介绍这些理论，先让我们看看将要解释什么内容。正如我们提供了很多行为影响态度的证据一样，先让我们来推测一下为什么行为会影响态度，然后对比你的看法与社会心理学家的解释。

请思考下面的事例：

- 萨拉被催眠了，催眠师要求她当一本书掉到地上时脱掉自己的鞋。15 分钟后一本书掉到了地上，萨拉安静地脱掉了她的平底鞋。“萨拉，”催眠师问道，“你为什么要脱鞋？”“嗯……我的脚很热也很累，”萨拉回答道，“已经有一整天了。”可见，行为会影响观点。
- 乔治大脑中控制头部运动的区域暂时被植入了电极。神经外科医生约瑟·德尔加多（Delgado，1973）用遥控装置刺激电极，乔治总要转头。他并没有意识到这是遥控的结果，而是为他转头做出了合理解释：“我在找拖鞋。”“我听到了一种声音。”“我闲不住。”“我想看床下有什么东西。”
- 当接受外科手术将大脑两半球分离后，卡罗尔严重的癫痫症状有所缓解。现在，在一个实验中，心理学家迈克尔·加扎尼加（Gazzaniga，1985）在卡罗尔的左半视野中快速闪过一幅裸女的图片，图片因而也就进入了其无言语功能的大脑右半球。这时，她腼腆地笑了，然后开始吃吃地笑。当问她为什么笑时，她编造了——并且显然相信——一个似是而非的解释：“哦，那是个滑稽的机器。”当研究者将“微笑”这个词从另一个脑裂患者弗兰克的无言语功能的大脑右半球快速闪过时，弗兰克勉强笑了。问他为什么笑，他解释说，“这个实验很有趣。”

行为的这种心理后效确实在许多社会心理学实验中出现过。下面的例子证实了这种自我说服，正如我们将要看到的，态度紧随行为之后。

角色扮演

角色（role）这个词来源于戏剧，正如在戏剧中一样，它指的是那些处于特定社会位置的人被期望表现出的行为。当我们扮演一个新的社会角色时，起初我们可能觉得很虚假，但很快我们就会适应。

如果有人长时期地对自己一副面孔，而对别人另一副面孔，那么最后他会分不清到底哪个才是真的。

——纳撒尼尔·霍桑，1850

想想那些你刚进入一个新角色的时光，也许是你第一天上班或上大学。比如在你进入大学校园后的第一周，你也许会对新的社会环境非常敏感，努力表现得成熟，并避免做出高中时的一些行为。此时此刻你也许感到了强烈的自我意识。你会注意自己的新言语和行为方式，因为这对我们来说是陌生的。但某天我们会惊奇地发现，我们已经习惯于虚伪地卖弄自己，也变得十分自然了。这个角色就像我们的旧牛仔裤和 T 恤一样，已经与我们十分匹配了。

在一项研究中，斯坦福大学心理系教授菲利普·津巴多（Zimbardo，1971；Haney & Zimbardo，1998，2009）设计了一个模拟的监狱实验，要求大学生志愿者在其中待一段时间。津巴多想知道，到底是邪恶的犯人和恶毒的狱卒导致了监狱的残酷性，还是狱卒和犯人的角色令即便富有同情心的人也变得十分怨恨和冷酷。是人们使这个地方变得暴力了，还是这个地方使人们变得暴力了？

津巴多用抛硬币的方式，指派一些学生做狱卒。他给他们分发制服、警棍和哨子，并且命令他们按规则行事。另一半的学生则扮作犯人，他们穿着令人羞耻的囚服，并被关进单人牢房里。在经过了一天愉快的角色扮演之后，狱卒和犯人，甚至研究者，都进入了情境。狱卒开始贬损犯人，并且一些人开始制定残酷的污辱性规则。犯人崩溃、造反，或者变得冷漠。津巴多（Zimbardo，1972）报告说："人们越来越分不清现实和幻觉、扮演的角色和自己的身份……这个创造出来的监狱……正在同化我们，使我们成为它的傀儡。"随后津巴多发现社会病理学症状正在出现，他不得不在第六天放弃了这个本来计划为期两周的实验。

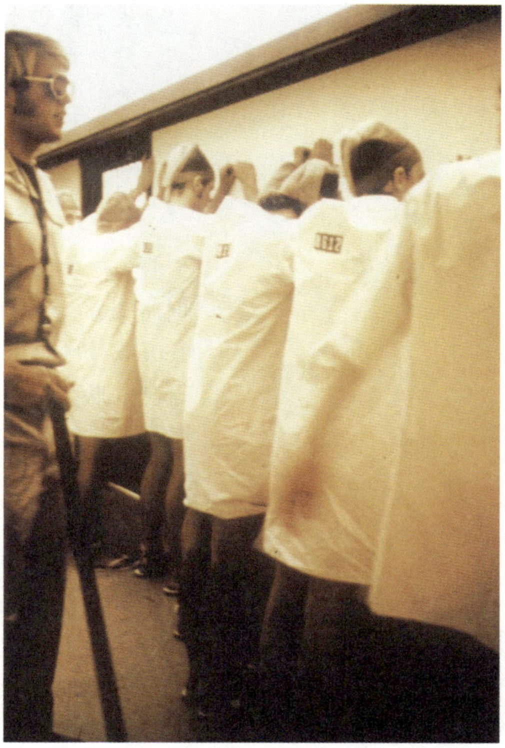

斯坦福监狱模拟实验中的狱卒和囚犯很快就进入了自己的角色。

关键问题在于我们并非无力抵制我们所扮演的角色。在津巴多的模拟监狱中，在阿布格莱布监狱中（狱卒侮辱伊拉克战犯）以及其他产生暴行的情境中，有的人变成了虐待狂，而另一些人却没有（Reicher & Haslam，2007；Mastroianni & Reed，2006；Zimbardo，2007）。盐溶于水，沙却不会。所以约翰逊（Johnson，2007）指出，如果被置入一个烂苹果箩筐里，有的人会变成"烂苹果"，有些人则不会。行为是个人和情境的共同产物，监狱研究吸引来的也许正是那些具有潜在攻击性的志愿者们（McFarland & Carnahan，2009）。

角色扮演研究带来的启示不是人有时会成为毫无主动性的角色机器，而是虚幻（一个假想的角色）如何微妙地转化为现实的议题。在一个新的职业生涯中，比如教师、军人或商人，我们扮演的角色会塑造我们的态度。

想象一下如果我们扮演奴隶的角色——不是六天而是数十年。如果津巴多"监狱"中人的行为在短短几天内就被改变，那想象一下几十年的逆来顺受会产生怎样的腐蚀效应吧。扮演主子的人也许会受到更多影响，因为主人的角色是选定的。弗雷德里克·道格拉斯曾经是一个奴隶，他回忆了自己的女主人在融入角色后发生的变化：

> 当我第一次在门口遇到新女主人的时候，她看上去是如此的美好，一个拥有最仁慈的心和最美好情感的女人……我完全惊异于她的美德。在她的面前，我几乎不知所措。她完全不像我所遇到的其他白人妇女……最卑微的奴隶也能够在她面前完全放松下来，心里只有因看到她而产生的美好感觉。她的脸上充盈着天使般的微笑，她的声音宛如静谧的乐曲。唉！这颗善良的心并没有维系多久。她变得不负责任，这种致命的毒性迅速

在美国士兵侮辱伊拉克战俘之后，菲利普·津巴多（Zimbardo, 2004a, b）写道："这与斯坦福监狱里狱卒的行为有着惊人却又揪心的相似。"他说，这种行为源于罪恶的环境，它可以把好人变成罪恶的替身。"我们没有把坏苹果放入好桶，而是把好苹果放入劣质桶，这个桶会使所有接触它的东西腐烂。"

展示出它地狱般的威力。在奴隶制的影响下，那双令人愉悦的眼睛已经由于暴怒而变得血红；那充满了甜蜜的声音变成了刺耳可怕的噪音；而那天使般的面容也变为一张恶魔的脸庞（Douglass，1845，pp.57~58）。

言语变成信念

人们经常通过措辞来取悦听众。他们传播好消息比坏消息要快得多，并且会根据听众的立场来调整要说的内容（Manis & others，1974；Tesser & others，1972；Tetlock，1983）。当让人们口头或者书面上支持他们所怀疑的事情时，他们常常会为自己的欺骗行为感到不安。不过，他们会开始相信自己所说的话——假如他们不是受贿或被逼才这样做的。当一个人的话语缺乏令人信服的外在解释时，言语就会变成信念（Klaas，1978）。

托里·希金斯及其同事（Higgins & McCann，1984；Higgins & Rholes，1978）证实了言语是如何变为信念的。他让一些大学生阅读有关某人的人格描述，然后对一个听众总结该描述，这个听众一开始就很明确地喜欢此人或者不喜欢此人。当听众喜欢此人时，这些学生会总结一个更积极的评价。说过好话以后，他们自己也会更喜欢此人。让他们回忆自己读过的内容，他们会记起比实际更多的积极描述。简而言之，我们似乎倾向于根据听众来调整我们的讲话内容，并且之后也会相信这些歪曲的信息。

登门槛现象

大多数人都有这样的体会吧，许多时候在答应帮助某一个团体或一个组织以后，我们最后的参与度会比最初设想得还要多，我们会发誓将来再也不答应这样的请求了。这是怎么发生的呢？与“行为决定态度”的理论一致，实验表明，如果想要别人帮你一个大忙，一个有效的策略是先请他们帮一个小忙。这一**登门槛现象**（foot-in-the-door phenomenon）被证实十分有效。研究者假扮成安全驾驶的志愿者，他们请求加利福尼亚人在院子前面安置巨大的、印刷比较粗糙的“安全驾驶”标志。结果只有 17% 的加利福尼亚人答应了。然后研究者就请求其他人先帮一个小忙：问他们可以在窗口安置一个 3 英寸的“做一个安全驾驶者”的标志吗？几乎所有人都欣然答

聚 焦 言语变成信念

俄勒冈大学的心理学家海曼（Hyman，1981，p. 86）描述了扮演一个看手相的人怎样使他相信了手相术。

> 我开始看手相的时候还很年轻，那时候是靠这个来赚钱。最开始的时候我并不相信手相术，但是当我靠卖弄这个来赚钱，我不得不表现出我相信它是真的。于是在几年之后，我变成了一个手相术的坚定拥护者。有一天斯坦利·杰克斯，一个我十分敬重的职业警探对我说，如果我故意按照手相所显示的相反信息来说，那将会是一个非常有趣的实验。我在一些顾客身上试验了一下，令我惊讶的是，我看的手相和以前一样成功。看手相的人和顾客竟然可以相信一些事实并非如此的东西，从那以后，我开始对这种劝说的强大力量感兴趣了。

应了。两周后，76% 的人同意在他们的院子前竖立那个大而丑陋的宣传标志（Freedman & Fraser，1966）。一个挨家挨户跑来跑去的项目助理后来回忆道，不知道自己曾经拜访过哪些住户，“我完全糊涂了，有些人如此容易就被说服，而有些人却又如此地顽固不化”（Ornstein，1991）。

还有一些研究者通过利他行为证实了登门槛现象的存在。

- 帕特里夏·普利纳与其合作者（Pliner & others，1974）发现，在直接接触的情况下，多伦多郊区 46% 的住户会乐意向癌症群体捐款。而如果在前一天让他们佩戴着一个宣传广告（如果他们都愿意这么做），那么募捐者的数量可能会是前者的两倍。
- 安杰拉·利普兹（Lipsitz & others，1989）发现，在献血提醒电话最后，用下面的话提醒献血者：“那么我们希望见到你，好吗？（暂停等待回应）”，献血者露面的几率会从 62% 增长到 81%。
- 在互联网聊天室里，保罗·马基与其同事（Markey & others，2002）发出了求助的请求（“我的电子邮件出问题了，你能帮我发一封电子邮件吗？”）。如果先请对方帮一个小忙（“我刚刚开始学习电脑，你可以告诉我怎么来看别人的文件吗？”），那么其获助次数会由 2% 增加到 16%。
- 尼古拉斯·吉根和塞琳·雅各布（Gueguen & Jacob，2001）通过邀请法国的互联网使用者签署反地雷的请愿书，从而使他们为儿童地雷受害者组织募捐的比率达到了原来的 3 倍（从 1.6% 到 4.9%）。

“天啊！他竟然给蓝领阶层做面向白领投票者的演讲。”

言语变成信念：在对他人表达自己的想法时，我们有时会调整自己的措辞，说对方想听的话，而后我们会相信自己说的都是真的。

© Joseph Farris/ The New Yorker Collection/www.cartoonbank.com

请注意，在这些实验以及其他 100 多个表现出登门槛现象的实验中，人们最初的顺从行为——在请愿书上签字，配戴一个宣传广告，陈述个人的意图——都是自愿的（Burger & Guadagno，2003）。我们不断发现，当人们承诺公众行为并且认为这些行为是自觉做出的时候，他们会更加坚信自己的所作所为。

如果你培养已有善举之人的善心，那你很容易发现乐于助人的人。

——普布里乌斯·西鲁斯，古罗马作家，公元前 42 年

社会心理学家罗伯特·西奥迪尼（Robert Cialdini）把自己形容为“易受骗者”。“在我的记忆里，我一直都是被小贩、募捐者或这类那类的骗子利用的傻瓜。”为了更好

登门槛现象。

Blondie © 1994 King Features Syndicate.

地了解为什么个体会对别人说“是”，他在各种销售、募捐和广告组织中接受了三年的训练，并最终发现了人们是如何利用“影响力”这个武器的。他也将这种武器引入到简单实验的测试中。在其中一个实验中，西奥迪尼与其合作者（Cialdini，1978）发现了另一种登门槛现象，即一种被一些轿车经销商灵活应用的**低价法策略**（lowball technique）。在顾客因为价格便宜答应买下一辆新轿车并开始办理买卖手续的时候，销售人员会在一些可选项上加价或与老板协商（老板表现出不愿意做这一买卖，因为“我们已经赔钱了”），从而消除价格优势。据说，相比于刚开始，更多的顾客会在高价下坚持购买。航空公司和旅店也运用上述策略，通过少量的座位或房间吸引大量的订单，然后，当座位或房间不够时，他们希望顾客能够接受更高的价位。

西奥迪尼与其合作者发现这种办法确实管用。当他们邀请选修普通心理学课程的学生在上午 7 点整来参加一个实验时，仅仅有 24% 的学生露面。但是，如果让这些学生在不知道时间的情况下先答应参加实验，然后再告诉他们实验在上午 7 点开始，结果来参加的人达到 53%。

市场调查人员和推销员发现，即使顾客意识到存在一种利润动机，上述这种法则仍然有效（Cialdini，1988）。一个最初没有损失的承诺，如返还一张写有更多信息的卡片和一件赠品，答应去听一个有关投资的报告，经常会让我们做出更大的承诺。售货员有时会尝试将人们捆绑在购买协议上以发挥小承诺的威力。现在许多州已经立法，面对那些上门推销人员，顾客可以有几天的时间来考虑他们是否要做这笔交易。为了对抗这种法律效应，许多公司使用了特别的销售培训项目，称为“防止顾客撤销协议的非常重要的心理辅助”（Cialdini，1988，p.78）。他们只是简单地让顾客而非销售人员来填写合约。在顾客自己填写完以后，他们通常会坚持自己的承诺。

登门槛现象的确很值得研究。某些人试图诱导我们——在经济、政治或性方面——表现出顺从。现实的教训在于：在我们答应某一个小要求之前，考虑一下之后会发生什么。

我们的自我定义并不是在自己的头脑中构造的；而是由我们的行为锻造。

——罗伯特·布朗，社会伦理学家，Creative Dislocation: The Movement of Grace, 1980

邪恶行为与道德行为

行为决定态度的定律也会引发不道德的行为。邪恶有时会来自逐渐升级的承诺。一个不起眼的恶行会侵蚀人的道德感，轻易引发一种更恶劣的行为。解释拉罗什福科的《箴言集》（Maxims，1665），想找到一个仅屈从于诱惑一次的人，比找到一个

低价法策略

The Born Loser © Newspaper Enterprise Association.

从来没有屈从于诱惑的人更难。当你说了一个小谎之后觉得："嗯，这没什么，也并不是太坏。"那么或许就会继续说更大的谎言。

邪恶行为影响态度的另一途径是我们意想不到的，即我们不仅伤害那些我们不喜欢的人，同时也不喜欢那些我们伤害的人。一些研究发现，伤害无辜——通过发表伤害性的言论或实施强烈的刺激——通常会导致攻击者去贬损受害者，并以此为其行为的正当性辩护（Berscheid & others，1968；Davis & Jones，1960；Glass，1964）。人们会为自己的行为辩护，特别是当他们被哄骗而非被强迫做某事的时候。当我们自愿地认可某种行为时，我们会为它承担更多的责任。

残酷的行为，例如1994年卢旺达的种族灭绝，往往会催生更加残酷和充满厌恶的态度。

这种现象通常出现在战时。集中营的守卫刚开始工作时，他们有时会以较好的行为方式对待囚犯，但这不会长久。那些执行死刑的士兵也许起初会对自己的行为感到反感，但这种感觉也不会持久（Waller，2002）。很快，他们就会用不人道的绰号来侮辱敌人。他们往往会将敌人去人性化，而将自己的宠物赋予人性。

在和平年代态度也会依从行为。一个奴役别人的群体很可能认为受奴役者生来就有受压迫的特质。参与判决的监狱工作人员（与其他工作人员相比）在判决执行过程中经历了"道德分离"，相信受害者就该得到这样的下场（Osofsky & others，2005）。行为和态度是互相支持的，有时会达到道德麻木的程度。人们越是伤害他人并同时调整自己的态度，其伤害行为就越容易出现。于是，道德变异了。

模拟"杀导致杀"的过程中，安迪·马滕斯和他的同事（Martens，2007）要求亚利桑那大学的学生去杀一些虫子。他们想知道：在练习阶段，杀死一些虫子会不会使学生想杀更多的虫子呢？为了找到答案，他们让一部分学生先看装在容器里的一只小虫，然后把它扔进磨咖啡的机器（如图 4.3），再然后按按钮 3 秒钟。（实际上没有虫子被杀，在插入管的底部有个隐藏的塞子，防止虫子真正进入不透明的杀虫机，只是用了碎纸声音来模仿杀生的声音）。与这部分学生相比，另一部分在练习中杀死了 5 只虫子的学生，在接下来的 20 秒钟杀了更多的虫子。

图 :: 4.3

杀导致杀

学生们最初认为，通过把虫子扔进了这个杀虫机器，自己杀了几个虫子，后来这些学生会杀更多的虫子（实际上没有虫子受到伤害）。

邪恶的行为会塑造自我，但是幸好，道德的行为也会塑造自我。据说当我们认为没有旁人在场的时候，我们的所作所为会反映出自己的性格。研究者给儿童提供诱惑物并使其相信周围无人旁观，以此来测试他们的性格。请想象一下，当儿童抗拒诱惑的时候会发生什么。在一个戏剧化的实验中，乔纳森·弗里德曼（Freedman，1965）向小学生介绍一个非常吸引人的电池机器人，并告诉他们当他离开屋子的时候不许他们玩。弗里德曼严厉地威胁一半孩子而对另一半孩子则是温柔地告诫。这两种方法都有效地阻止了孩子。

几周后，另一个与先前的事件没有明显的联系的研究者，让每个孩子在相同的房间中玩相同的玩具。在早先被严厉威胁过的孩子中，有 3/4 的孩子现在正与机器人自由地玩耍；但是早先被温柔地告诫过的孩子中有三分之二仍然拒绝玩这些玩具。显然，制止可以足够严厉，以引出研究者想要的行为；也可以足够温柔，以留给他们选择的权利。这些被温柔告诫的孩子显然是有意识地不玩这些玩具，他们内化了自己的决定。道德行为，特别是当可以选择而不是被强制接受时，会影响道德思维。

在很大程度上，我们并不是因为别人对我们好而喜欢他们，而是因为我们对他们好。

——列夫·托尔斯泰，《战争与和平》，1867~1869

此外，对他人的积极行为会增强对那个人的好感。给研究者或其他人以帮助，或辅导一个学生，通常会增强对受助者的好感（Blanchard & Cook，1976）。在为恋人祈祷（即使仅仅是在受控制的实验情境下）后，人们会对恋人表现出更多的承诺和忠诚（Fincham & others, 2010）。所以你要牢记：如果你想要更爱某人，就先表现得好像已经爱上他了。

1793 年，本杰明・富兰克林证实了为他人提供帮助会增强对其好感的观点。作为宾夕法尼亚州议会的秘书，富兰克林受到了另一个重要立法者的反对，于是他开始着手想把他拉拢过来：

> 我并不……打算通过卑躬屈膝地向他表示尊敬来博得其好感，而是在一段时间后采取另一种方式。当我听说他的图书馆里有一本非常难得的书后，我给他写了封信，表达了我十分渴望读到那本书的热切心情，并且恳求他将书借我几天。他立即就寄给我了，而我在一周之内归还了，并强烈地表达了我的谢意。当我们再次在议会厅碰面的时候，他主动和我打招呼（他以前从来没这么做过），并且非常彬彬有礼；随后他甚至说他愿意在任何情况下随时准备帮助我。就这样我们成了好朋友，我们的友谊一直持续到他去世。

种族间的行为和种族态度

如果道德行为影响道德态度，那么种族间积极交流能减少种族歧视吗？真的会像安全带的使用会促使更多人赞成使用安全带那样吗？这是美国最高法院 1954 年决定废除种族隔离制学校时，社会学家们的一部分证词。他们这样辩驳：如果我们要等待人心改变——通过鼓吹和教导——我们可能还要为种族平等等上很长一段时间。但是，如果我们将道德行为立法，那么我们就能在目前的情况下间接地影响人们的态度。

我们由于行使正义而变得正义，由于练习自我控制而变得自我控制，由于行为勇敢而变得勇敢。

——亚里士多德

这个想法与“你无法为道德立法”的假设相冲突。然而态度确实随着种族隔离制度的废除而发生了改变。请思考在这个巨大的社会实验中的一些相关发现：

- 按照最高法院的决定，美国白人对混合学校的支持率增加了一倍多，现在几乎人人都支持这项决定。（有关过去和现在种族态度的其他例子，详见第 9 章。）
- 在颁布民权法案（1964 年）后的十年，美国白人中认为自己的邻居、朋友、同事或同学全是白人的比率在每项上都下降了大概 20%。种族间的交流行为正在增加。与此同时，美国白人中认为黑人应该有自由居住权的比率由 65% 提高到 87%（ISR Newsletter，1975）。态度也正在改变。
- 通过减少不同宗教信仰、不同阶层和不同区域人的种族态度差异，更多统一的全国性的反歧视法得以执行。在美国人的行动越来越一致的同时，他们的态度也越来越一致了（Greeley & Sheatsley，1971；Taylor & others，1978）。

社会运动

现在，我们已经看到了立法的效力，即在这一法律约束下的行为对种族态度产生了强大的影响。社会行为对种族态度的影响暗示可能存在这样一种危险，即为了政治社会化而将这种影响运用在公众人群中。对于 20 世纪 30 年代的许多德国人来说，参加纳粹集会、身穿制服、示威，特别是公众致意“希特勒万岁”使其行为和信念之间产生了深刻的矛盾。历史学家理查德·格伦伯格（Grunberger，1971）报告说，对于那些怀疑希特勒的人，“那种‘德国礼仪’是一个强有力的调节器。一旦决定吟诵它，作为一种公开的一致性行为，许多经历过这些的人……对于自己的言语和信念之间的矛盾深感不适。由于禁止发表自己的言论，所以他们试图有意识地强迫自己相信自己所说的话，以此来平衡心态”（p.27）。

我们的政治仪式——学生每天升旗、敬礼、唱国歌——用公开的一致行为来构建个人的忠诚。

这个准则不仅限于极权主义政权。政治仪式——学生每天升国旗、敬礼、唱国歌——就是用公众的一致来建立个人的爱国信念。记得我曾在西雅图离波音公司不远的一个小学里参加空袭演练，在反复地演练之后，我们好像真的变成了俄罗斯攻击的目标，我们中的许多人开始害怕俄国人。

在改造战俘的过程中会使用一种逐步升级的方法。狱卒们往往从一些细小的要求开始，然后逐渐提出一些更大的要求。“当一个囚犯被训练说出或者写出一件细小的事之后，紧接着就会被要求说出更重要的事情。”而且，战俘们通常被要求主动参与，在小组讨论中复述或照搬某些事情，自我批评或者公开承认错误。一旦说出或写出一些东西，他就会感到一种内在的需要，要使自己的信念与行为一致。这种需要通常使他们感到自己之前的所作所为是错误的。这种“开始细小—逐步升级”的策略是登门槛效应的有效应用，它在当今对恐怖分子和虐待狂的社会化中同样起作用（第 6 章）。

在继续阅读下面的内容之前，我让你来当一回理论家。请先问一问你自己：为什么在这些研究和现实生活的例子中态度会依从行为？为什么扮演一个角色或做一次演讲也可能会影响我们的态度？

小结：行为对态度的影响

- 态度—行为之间的关系也以相反的方向起作用：不仅态度会影响行为，行为也可能影响态度。当我们做事时，我们往往会夸大事情的重要性，特别是当我们为该事负责时。许多研究可以证实这一点。社会角色规定的行为铸造了角色扮演者的态度。
- 简单地说，我们所说所写会强烈地影响我们随后所持的态度。
- 对登门槛现象的研究说明，对一个小行为的承诺可以让人们更愿意做一件更大的事。
- 行为也影响我们的道德态度：我们倾向于将自己的行为解释为正确的。
- 同样，我们的种族政治行为也可以塑造我们的社会意识：我们不仅仅坚持自己相信的，我们也相信自己所坚持的。
- 政治和社会运动可能会导致旨在大规模态度改变的立法行为。

行为影响态度的原因

请说出解释行为影响态度现象的理论。讨论这些竞争理论之间的角逐，阐明科学解释的进程。

我们已经看到许多研究证实了行为对态度的影响作用。这些观察中有没有什么线索可以说明行为影响态度的原因呢？社会心理学的研究者提出了三个可能性原因。自我表露理论认为，出于某些重要的原因，我们会表现出一定的态度，以使我们看起来表里如一。认知失调理论则认为，为了减少自己的内心不适，我们说服自己某些行为是合理的。自我知觉理论假定我们的行为可以揭示自我（当对我们的感觉或信念不确定的时候，我们会观察自己的行为，就像其他人那样）。下面让我们逐个分析这些理论。

自我表露：印象管理

“我看他终于摆脱了那个秃头笨蛋。”

对行为影响态度的解释，最初是从一个简单的观点开始的，你也许可以从第 2 章中回忆起。我们当中有谁不在意别人对自己的看法吗？我们在衣着、食品、化妆品和整形手术上花费了大量的金钱，那都是因为我们在意其他人的看法。给别人一个好印象，常常能给自己带来社会和物质上的回报，能让自我感觉良好，甚至能让我们的社会身份更有保障（Leary，1994，2001，2004b，2007，2010）。

没人愿意让自己看起来自相矛盾。为了避免这一点，我们表现出与自己行为一致的态度。为了看起来一致，我们也许会假装表现出某种态度，虽然那意味着有些做作或虚伪，但为了给他人留下好印象是值得的。或者说，是自我表露理论所建议的。

我们希望自己看起来一致的愿望能够解释，为什么我们表达出与行为保持一致的态度吗？在某种程度上，的确是可以的——当用假的测谎仪去阻止人们为了印象管理而说谎时，人们表现出的态度改变会小得多。（Paulhus，1982；Tedeschi & others，1987）。

但是，我们发现自我表露理论不能解释所有的态度变化，因为当面对一些根本不知道自己过去行为的人时，人们甚至也会改变自己的态度。另外两个理论可以解释为什么人们有时会内化自我表露，就像态度真的改变了一样。

自我辩解：认知失调

另一个理论的解释是，我们的态度改变是因为我们想要保持认知间的一致性。这就是利昂·费斯廷格（Festinger，1957）提出的著名的**认知失调**（cognitive dissonance）理论。这个理论很简单，但是它的应用范围很广，"认知失调"一词已经成为现代人词典中的一个既有词汇。该理论假定，当两种想法或信念（"认知"）在心理上不一致时，我们就会感到紧张（"失调"）。费斯廷格的研究表明，为了减少这种不愉快的感觉体验，我们经常会调整自己的想法。这一简单的理论和某些基于它的惊人预测已经引发了 2 000 多项研究（Cooper，1999）。

费斯廷格认为，使失调感最小化的方法之一是**选择性接触**（selective exposure）与自己观点一致的信息。在一些研究中，事先询问被试关于某些问题的看法，然后让他们选择想看支持自己观点的信息还是反对自己观点的信息。三分之二的被试（尤其是缺乏安全感、思想保守的被试）更喜欢支持自己观点的信息（Fischer & Greitemeyer, 2010; Hart & others, 2009; Sweeny & others, 2010）。因此，美国两党参议院情报委员会报告称，由于政府领导人相信"伊拉克持有大规模杀伤性武器"，因此他们更欢迎支持这一假设的信息，而忽略与之相矛盾的信息，最终引发战争。大家都尤其热衷于获取支持自己政治、宗教和种族观点的信息。这一现象普遍存在，我们大多数人都有自己偏爱的新闻和博客就是证据。"准确性动机"在一些实践性强而与价值观无关的问题上更可能起作用。因此，我们在买房之前会支持多次去看房，而在做手术之前又会是另一种态度。

失调理论主要用来解释行为和态度之间的矛盾关系，这二者我们都能意识到。因此，如果我们感觉到失调，也许有些虚伪，我们就会产生改变自己的压力。这有助于解释在英美两国，与不吸烟者相比，吸烟者中认为吸烟很危险的比例要小很多（Eiser & others，1979；Saad，2002）。

2003 年伊拉克战争之后，负责国际政策态度项目的理事开始意识到，一些美国人试图减少他们的"认知失调体验"（Kull，2003）。这场战争主要起因于推测萨达姆·侯赛因（他不像其他残酷的独裁者那样得到世界的宽容）可能拥有威胁美国和英国的大规模杀伤性武器。战争伊始，仅有 38% 的美国人认为，即使伊拉克没有大规模杀伤性武器，这场战争也是正义的（Gallup，2003）。大约五分之四的美国人相信他们的军队会找到这些武器，并且支持这场刚刚发动的战争（Duffy，2003；Newport & others，2003）。

然而，美国人并没有在伊拉克找到这种武器，因而战争的大多数支持者体验到了失调感。尤其是当他们意识到战争所带来的经济和人力损失，当他们看到伊拉克战后的混乱，欧洲和伊斯兰国家汹涌的反美浪潮，以及狂热的恐怖主义后，他们的这种感觉更加强烈了。国际政策态度项目注意到，为了减少这种不快的失调体验，一些美国人修正了关于政府对外开战的主要原因的记忆。这些原因现在被解释为：从残暴的和种族灭绝的统治下解放被压迫的人民，并为中东的和平与民主打下基础。战后三个月，曾经少数的支持性观点变为了多数观点：58% 的美国人在即使没有找到宣称中的大规模杀伤性武器的情况下仍然支持这场战争（Gallup，2003）。“他们是否找到了大规模杀伤性武器无关紧要，”共和党民意调查员弗兰克·伦兹解释说，“因为战争的根本原因改变了。”

在《犯错误了（但不是我干的）：我们为什么要为愚蠢的念头、错误的决定和有害的行为辩护？》一书里，社会心理学家塔维斯和阿伦森（Tavis & Aronson，2007，p.7）向我们证明，各党派的领导人在面对能够证明他们的决策或行为有误的明确证据时，他们会努力减少认知失调。塔维斯和阿伦森发现，这种现象是不分党派的：“一个总统只要为自己的行为辩护，认为他掌握真理，那他就拒绝自我修正。”例如，民主党总统林登·约翰逊的传记作者描述他是如何坚持自己的信念的，即使深陷越南战争的困境，他却无视事实。而共和党总统乔治·布什在发动伊拉克战争后说：“从我今天所了解到的信息，我依然会做这个决定（2005）”。“比任何时候都更加坚信，这是个正确的决定（2006），战争……会带来高昂的生命和财富代价，但这些费用是必要的（2008）。”

认知失调理论为自我说服提供了一个解释，并做出了一些惊人的预言。看看你能否猜出来。

理由不足

想象你自己正在参加一个由费斯廷格和学生梅里尔·卡尔史密斯（Carlsmith，1959）设计的一个著名实验。在一个小时的时间里，他们会给你分配一些无聊的任务，比如反复地转木头把手。在实验结束后，研究者（卡尔史密斯）解释说这个实验关注期望如何影响绩效。另一个被试正在外面等着，研究者要让他相信将要做的实验非常有趣。看上去心烦意乱的主试（费斯廷格花了很长时间对其进行训练直到他表现得非常逼真）向你解释说，参与设计该实验的助手往往无法让参与者相信实验有趣，他紧握着你的手，恳求道：“你能代替他吗？”

因为这是一项科学研究并且还会付给你报酬，所以你答应告诉下一名被试（实际上这才是实验者真正的助手）你所经历的实验过程是多么地令人兴奋。“真的？”那个假被试问道，“我一个朋友在一周之前做过这个实验，她说很无聊。”“哦，不，”你回答道，“它真的很有趣，转动把手时你会得到很好的锻炼。我保证你会喜欢。”最后，其他一些研究者会让你完成一份关于你对转动把手喜爱程度的问卷。

现在让我们来预测一下：在什么情况下你最可能相信自己的小小谎言并且说实验真的很有趣？是当你像一部分被试那样因此获得 1 美元时，还是当你像其他被试一样获得慷慨的 20 美元时？大多数人可能会认为高报酬会产生更大的效应。但是恰恰相反，费斯廷格和卡尔史密斯做出了非常规预测：那些仅仅得到 1 美元（撒谎的理由不充分）的被试更可能调整他们的态度以适应这种行为。在他们做出某种行为的**理由不足**（insufficient justification）时，他们更可能会感到不适（失调）并因此更加相信自己的所作所为。那些获得 20 美元的被试，能为自己的所作所为找到充足的理由，所以他们应该体验到较少的失调。如图 4.4 所示，研究结果恰恰符合这个有趣

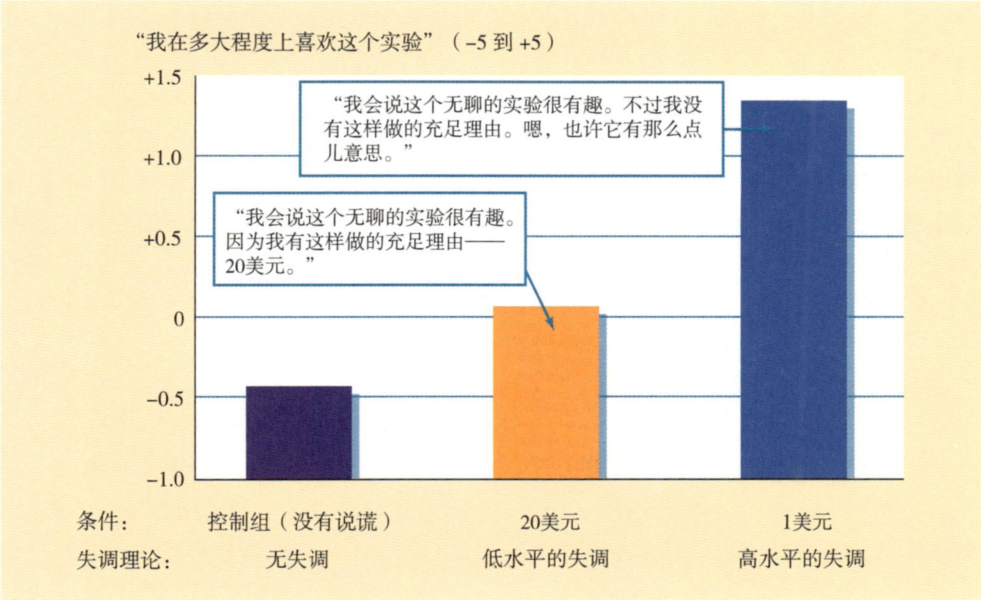

图 :: 4.4

理由不足

认知失调理论预测：如果我们的行为不能完全用外部报酬或强迫性因素来解释，我们就会体验到失调——我们可以通过相信自己的所作所为来减少失调。

资料来源：Data from Festinger & Carlsmith, 1959.

的预测。*

在许多后续实验中，当人们拥有选择权时，或当他们可以预见行为结果时，态度—依从—行为的效应是最强的。在一个实验中，研究者让人们读贬损律师的笑话，并将其录下来（例如，“你如何辨别律师在什么时候说谎？他嘴唇动的时候”）。当被试是主动选择参加该实验而非被迫时，阅读会让他们对律师产生更多的消极情绪（Hobden & Olson，1994）。在其他实验中，研究者让人们写文章，但只付给他们 1.5 美元。当文章涉及一些他们反对的内容时——比如提高学费——那些报酬过低的作者会对政策产生更多的同理心。托辞就变成了现实。

之前我们只是注意到理由不足原则是如何在惩罚中发挥作用的。如果是温和地告诫孩子，他们更可能内化不许玩诱人玩具的要求。因为这个温和的告诫不能为他们的顺从提供充足的理由。当一位家长说“整理好你的房间，乔尼，否则我就狠狠地揍你”，乔尼不可能将打扫房间内化为合理的行为。因为严厉的威胁已经是个充足的理由了。

注意，认知失调理论关注的并不是行为后的奖惩具有怎样的相对效力，而是什么因素会引发好的行为。理想化的目标是让乔尼意识到：“我之所以打扫房间，是因为我想要一个整洁的房间”，而非“我之所以打扫房间，是因为如果我不做的话，我的父母会杀了我”。当学生们认为参加社团服务是自己的选择而非被迫时，他们更可能参加

失调理论暗示父母应以非强制的方式诱发期望行为，从而激发孩子内化正确的态度。

* 以下是这个20世纪50年代的实验很少被报告的一些内容。想象一下，最后你面对研究者，他正在真诚地给你解释整个研究，你不仅仅知道自己被骗了，而且研究者会要回20美元。你会顺从吗？费斯廷格和卡尔史密斯注意到，所有参加实验的斯坦福的学生都愿意还回钱。这的确很令人吃惊。这将出现在第6章对依从和从众的讨论中。我们将会看到，当社会情境令要求十分明确时，人们通常会据此做出相应的反应。

以后的志愿活动（Stukas & others，1999）。定理：如果我们觉得要为自己的行为负责的话，我们的态度就会依从行为。

该理论认为，只有当权威在场时专制管理才有效——因为人们不大可能内化被迫的行为。布里——一匹在刘易斯的《马和男孩》里曾经被奴役的会说话的马——观察到："做奴隶和被迫做某事的一个最糟糕的结果就是，当没有人再强迫你时，你会发现你已经失去了强迫自己的力量"（Lewis，1974，p.193）。失调理论强调鼓励和诱导的力量应该足够引发所期望的行动（从而使态度依从行为）。但是，它也表明，管理者、教师和父母用于引发期望行为的刺激应该刚刚够就好。

决策后失调

对选择权和责任的强调意味着决策会产生失调。当我们面临一个重要决策时——读什么大学、和谁约会、接受哪份工作——我们有时会挣扎于两个同样诱人的机会。也许你也有这样的体会，当你表达出自己的意见后，你开始痛苦地感到认知失调——你所拒绝的好的方面，你所选择的不好的方面。如果你决定在校内居住，你也许就会意识到自己放弃了宽敞的公寓和自由而选择了拥挤、吵闹的宿舍角落。如果选择住在校外，你也许就会意识到自己的决定意味着在生活上与校园和朋友隔绝，同时必须自己做饭和打扫。

当做出重要决策以后，我们经常会高度评价自己的选择而贬低放弃的选择，以此来减少失调。在最早发表

研究背后的故事

费斯廷格与减少失调

1934 年印度地震之后，灾区之外谣传更大的灾难即将到来。我想这些谣言也许是"焦虑合理化"——证实自己挥之不去的恐惧是一种合理的认知。从这点出发，我提出了减少失调的理论——让你对世界的看法与你的所感所为保持一致。

利昂·费斯廷格
（Leon Festinger，1920~1989）

当个体事后考虑自己的选择有什么缺陷以及自己放弃的选项有什么益处时，重大的决定会产生较大的失调。

的失调实验中，杰克·布雷姆（Brehm，1956）让明尼苏达大学的女生评价 8 种物品，例如烤面包机、收音机和吹风机。然后布雷姆拿给她们自己认为价值非常接近的两件物品，并告诉她们可以带走其中任何一个。最后，当她们重新评价这 8 件物品时，她们提高了对自己所选物品的评价并降低了对所放弃物品的评价。看来当我们做出决定以后，篱笆另一边的草并不会长得更绿（之后，布雷姆承认，他资金不足，并没有让她们真的拿走她们选择的物品）。

不到决策之后，我不会为我的决定痛苦。

决策后失调

对于简单的决定，这种决定—变成—信念效应会滋长自负（Blanton & others，2001）。“我决定的一定是对的。”这种效应出现得非常快。罗伯特·诺克斯和詹姆斯·英克斯特（Knox & Inkster，1968）发现，与那些打算下注者相比，刚投下钱的赌马者对自己的猜测更加乐观。从站在线上到离开下注的窗口这一段时间内，什么都没改变——除了下注和人们对它的感觉。也许有时在两个选项之间会有一点轻微的差异，就像我记忆中决定人员的聘任一样。一个勉强被聘上的人员和一个差点就能被聘上的人员的能力看起来相差不多——直到你做出决定并对外宣布的那一刻。

我们的偏好会影响决定，而决定又会强化我们的偏好。甚至让被试按键选择自己认为潜意识中出现的假期（事实上并没有呈现任何选项），这种“选择—影响—偏好”效应随后也会出现。以后被试会倾向于更喜欢自认为选择过的假日（Sharot & others, 2010）。

一旦做出决定，它就会自圆其说。通常，这些新支撑点非常坚固，即使失去一个支撑——也许是最初的那根——决定也不会崩溃。艾莉森决定，如果机票价格低于 400 美元她就坐飞机回家。而这是有可能的，于是她预定了机票并且开始考虑回家后的高兴事儿。然而当她去买票的时候，她得知票价已经涨到 475 美元了。但无论如何，她现在已经决定走了，就像当汽车销售商利用低价法策略后的情形一样。罗伯特·西奥迪尼（Cialdini，1984，p.103）说：“在未做出决定之前，人们可能从未想过那些附加的原因。”

每次你做一个决定，你就会稍稍改变自己重要的一部分，你所选择的那部分。

——刘易斯（C. S. Lewis），《返璞归真》，1942

不仅仅成年人会这样做。耶鲁大学领导的研究小组（Egan，2007）邀请 4 岁的孩子给各种贴纸评分，量表的计分用一排笑脸表示。针对每个孩子，研究人员都拿出 3 张该孩子评分相同的贴纸，然后随机抽出两张（贴纸 A 和贴纸 B），允许孩子选择其中一张带回家。接着，他们让孩子们再选择一张——看看孩子们是选择刚才未被选中的一张（A 或 B）还是未被抽取的那张（C）。孩子们明显在减少认知失调：他们对自己未选择的那张贴纸的评价降低了，有 63% 的孩子更喜欢剩下的那张贴纸（C）。在反复的实验中，研究者用卷尾猴来做被试，并用甜食替代贴纸进行反复试验。结果发现，猴子最后的选择与孩子们一样，第一个选择改变了他们的态度。

自我知觉

尽管失调理论引发了许多研究，但似乎有一个更简单的理论可以解释这种现象。

图 :: 4.5
态度依从行为的三种理论

想一想我们如何推断他人的态度。我们可以观察人们在特殊情境下如何行动，然后将其行为归因于个体的特性和态度，或者归因于环境压力。如果我们看到父母强迫10岁的布雷特说“对不起”，我们会将布雷特的道歉归因于情境，而非他个人的歉意。如果我们看到布雷特在没有明显诱导的情况下道歉，我们就会将道歉归因于布雷特自己（图4.5）。

自我知觉理论（self-perception theory）由达里尔·贝姆（Bem，1972）提出，它假设当我们观察自己的行为时我们会做出类似的推断。当我们摇摆不定或态度不明确时，我们就会处在局外人的位置上，从外部观察自己。倾听自己的言语，则可以了解自己的态度；观察自己的行为，则可以提示自我信念有多么坚定，尤其是当我们无法将自己的行为简单地解释为外部约束的时候。我们自由做出的行动正是对自我的揭露。

一个世纪以前，威廉·詹姆斯为情绪提供了一个类似的解释。他指出，我们通过观察自己的身体和行为推断自己的情绪。一个女人在森林中受到刺激，例如遇到一只凶恶的野熊，她感到紧张，心跳加快，肾上腺素大量分泌，然后她逃走了。意识到这些以后，她体验到了恐惧。我将要去一所大学演讲，天亮前我就醒了，再也睡不着。意识到自己的失眠，我看出自己很焦虑。一位朋友在后台等着作报告时瑟瑟发抖，他觉得自己真是太紧张了。而当他发现空调振动使得地板在颤动时，他自我知觉到的紧张感就会消失。

了解自我的最好方式，不是沉思，而是行动。
——歌德，1749~1832

如果人们发现自己答应了别人的一个小请求，他们是否认为自己热心助人呢？是这个因素导致了人们在登门槛实验中答应别人更大的请求吗？答案是肯定的（Burger & Caldwell，2003）。行为可以修正自我概念。

表情和态度

我可以像旁观者一样观察自己和行为。

——安妮·弗兰克，《安妮的日记》，1947

就像我最初那样，你也许会怀疑自我知觉的效应。但是有关面部表情效应的实验却为你提供了一种体验方式。詹姆斯·莱尔德（Laird，1974，1984）要求大学生在电极接触他们面孔的时候皱眉时——“收缩肌肉”，“紧皱眉头”——他们报告说自己体验到了愤怒。莱尔德的其他发现更加有趣：那些被诱发微笑的人体验到更多的快乐，并且觉得卡通片更加幽默。那些被诱导反复微笑的人（与悲伤或生气相比）可以回忆起更多的开心事，并且发现快乐的心境会蔓延（Schnall & Laird，2003）。一个日本研究团队也创造出类似的表情—情绪联接，他们用橡皮筋绑在脸颊上，然后在额头上方（使脸颊上升产生微笑的表情）或下巴下面牵拉橡皮筋（Mori & Mori, 2009）。

随后众多设计巧妙的研究发现了更多**面部和躯体反馈效应**（facial and body feedback effect）的实例：

- 肉毒杆菌可以消除表情纹。我们无法体会那些被肉毒杆菌“冻结”的脸，注射过肉毒杆菌的人自己也很难体会。使用肉毒杆菌麻痹皱眉肌后，情绪的大脑回路反应会变慢，阅读悲伤或愤怒的句子时速度也会变慢（Havas & others, 2010; Hennenlotter & others, 2008）。此外，他们无法模仿别人的表情，也很难理解他人的情绪（Neal & Chartrand, 2011）。肉毒杆菌会使个体的具身认知发生混乱。
- 相对于无精打采坐着、身体前倾、双目低垂的被试，那些被要求抬头挺胸坐得笔直的被试对自己的书面观点更自信（Briñol & others, 2009）。
- 相比于弱势姿势，摆出强势姿势（想象双手背后的姿势，而非一种蜷缩的姿势）的人睾酮会增加，会觉得充满力量，对风险的容忍度也会增大（Carney & others, 2010）。

我们都曾有过这样的经历。我们正感觉烦躁不安，但这时电话响了，或有人来敲门，这令我们不得不以礼相待。“过得怎样？”“还好，谢谢。你怎么样？”“哦，还不错……”如果我们的感觉不是特别强烈，这些温和的行为也许会改变我们的整个态度。要做到皮笑肉不笑确实很费力。当环球小姐崭露笑颜时，她也许正在让自己感到快乐。正如罗杰斯等人（Rodgers & Hammerstein）所提醒的，害怕时“哼一首愉悦的曲子”也许会有所帮助。我们的行为能触发一定的情绪。反之，伸出中指似乎会让别人的含糊表达变得更加充满敌意（Chandler & Schwarz，2009）。

甚至步态也能影响你的感觉。当你开始阅读这一章内容的时候，如果慢吞吞地踱上一分钟，同时眼睛一直向下看，这会是体验沮丧的绝佳方法。威廉·詹姆斯（1890，p.463）注意到，如果你“以一种颓废的姿势坐一整天，唉声叹气，并且对所有事情都以一种阴沉的声音回应，你的忧郁会一直持续。”那怎样做才能感觉好些呢？先大步流星走上一分钟，同时甩动胳膊直视前方。

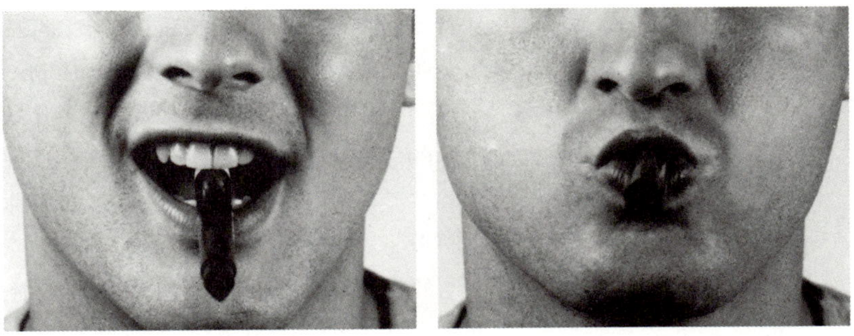

德国心理学家弗里茨·斯特拉克与其同事（Strack & others,1988）研究发现，用牙咬住一支钢笔（会牵动笑肌）比仅仅用嘴唇（不会牵动笑肌）含住它感觉更有趣。

如果表情会影响我们的感觉，那么模仿他人的表情能帮助我们了解他人的感受吗？凯瑟琳·沃恩和约翰·兰

日本航空公司的员工在微笑培训会议中，要咬木筷子来训练微笑。

自由地表露情绪可以强化情绪。相反，尽可能地压抑情绪则会削弱情绪。

——达尔文，《人和动物的情绪表达》，1897

泽塔（Vaughan & Lanzetta，1981）的实验证实了上述结论。他们让达特茅斯学院的学生观察他人遭受电击。他们要求一些观察者在突然电击时做出痛苦的表情。正如弗洛伊德和其他人假设的那样，如果情绪表述能释放情绪的话，那么痛苦的表情应该可以使内心平静下来（Cacioppo & others，1991）。但实际上，相比于其他没有表现出痛苦表情的学生而言，当看到电击者时，这些扮苦相的学生出汗更多并且心率更快。表达出情绪显然更能让人们与他人感同身受。这似乎表明，如果要体验别人的感受，那么就模仿他们的表情吧。

实际上，你根本不用去尝试。观察他人的面孔、姿势和声音，我们就会自然而然、无意识地模仿他们每时每刻的反应（Hatfield & others，1992；Ireland & Pennebaker，2010）。我们尽量让自己在行动、姿势和嗓音上与他们保持一致。这样我们就会体验到他们的感受。这也同样会产生“情绪传染”。可以用来解释为什么我们在欢乐的人群中也感觉快乐，而在沮丧的人群中会感觉沮丧（第 14 章）。

面部表情也会影响我们的态度。在一个设计巧妙的实验中，加里·韦尔斯和理查德·佩蒂（Wells & Petty，1980）要求艾伯塔大学的学生在收听广播社论时上下或者左右摆头以“测试耳机装置”。谁最有可能同意那篇社论？研究发现是那些刚才上下点头的人。为什么？韦尔斯和佩蒂猜测，积极的想法与上下点头一致，而与左右摆头相反。在听他人说话的时候你可以自己试试：当你点头而非摇头时，你是否觉得自己更赞同他的观点呢？甚至坐在向左倾斜的椅子里时，个体表达的政治态度都会比坐在向右倾斜椅子的人更左倾（Oppenheimer & Trail, 2010）！

科隆大学的托马斯·马斯韦勒（Mussweiler，2006）同样发现，老套的行为造就了老套的思想。在一个设计精巧的实验中，研究者给被试穿上一件很重的背心，将重量加在其脚踝和膝盖处，使他们以一种过度肥胖的人的行动方式到处活动，之后给他们看一些人写在纸上的关于过度肥胖者的评价。与控制组相比，那些模仿肥胖者行动的被试往往察觉到了更多肥胖者能感受到的特质（友好、迟缓、不健康）。在接下来的实验中，被试被要求像老年人一样行动，那些缓慢行动的被试则将更多老年人的特质归到一个目标人物身上。行为影响思想。

姿势也会影响表现。当注意到双臂交叉的姿势与决心和毅力有关联后，弗里德曼和艾略特（Friedman & Elliot，2008）试图让学生解决不可能字谜。那些被要求双臂交叉的学生坚持做了 55 秒，几乎是把手放在大腿上的学生的两倍。

自我知觉在发挥作用。

过度合理化和内在动机

回忆一下前面提到的理由不足效应——即最小的刺激能够最有效地促使人们对一个活动产生兴趣并持续做下去。认知失调理论对此做出了一种解释：如果外部刺激不足以证明我们行为的合理性，我们会通过内部心理活动证明自己行为的合理性以减少失调。

自我知觉理论则提供了另一种解释：人们通过关注周围情境来解释自己的行为。想象一下，如果某人收下 20 美元后，他会开始宣传学费上涨的合理之处。毫无疑问，与毫无报酬相比，他的这种宣扬似乎显得不那么真诚。也许当我们自我观察时也会做出类似的推断。我们观察自己未受胁迫的行为，从而推断我们的态度。

自我知觉理论还会得出更进一步的结论。与报酬总会增强动机的观点相反，该理论认为不必要的报酬有时会带来一些隐性的代价。给人们报酬让他们做自己喜欢的事会让他们将其行为归因于只是为了得到报酬，这样就会削弱他们的自我知觉——因为兴趣而去做。爱德华·德西和理查德·瑞安（Deci & Ryan，1991，1997，2008）在罗切斯特大学、马克·莱珀和戴维·格林（Lepper & Greene，1979）在斯坦福大学、安·博吉亚诺与其同事（Boggiano & others，1985，1987，1992）在科罗拉多大学的一系列实验均证实了**过度合理化效应**（overjustification effect）。给钱让人们玩智力游戏，他们以后继续玩游戏的行为就会少于那些没有报酬玩游戏的人。给孩子报酬来让他们做自己喜欢的事情（例如，玩魔术牌），孩子们就会将这种游戏变为工作（图 4.6）。

一个民间故事也证实了过度合理化效应。一位老人独自一人住在某条街上，每天下午都有一群吵闹的男孩在那儿玩耍。这种喧嚣惹烦了他，于是他把这些男孩叫到家门前。他告诉男孩们他喜欢听他们那令人愉悦的声音，并且许诺，如果他们明

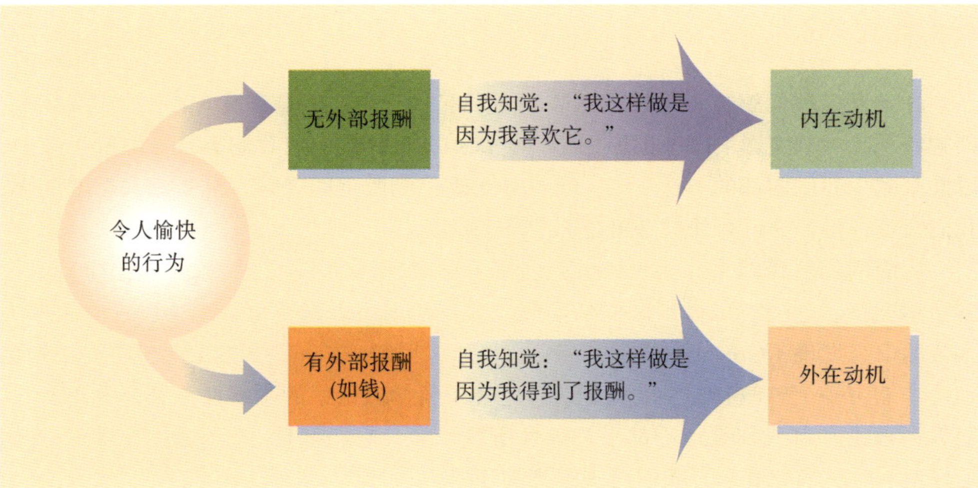

图 :: 4.6

内在动机与外在动机

当人们在没有报酬或没有强迫的情况下做自己喜欢的事情时，他们会将自己的行为归因于对这种活动的兴趣。而外部报酬引导人们将自己的行为归因于激励性因素，从而破坏了内在动机。

天再来的话他将给每人 50 美分。第二天下午，这群孩子又跑来了并且玩得比以往更加放肆。这位老人给了他们钱并许诺下次来还有报酬。第三天，他们又来了，大肆庆祝，而这个老人又给了他们钱，这次是 25 美分。第四天孩子们仅得到了 15 美分，老人解释说他那干瘪的钱包已经快被掏光了。“求求你们，尽管这样，你们明天还能以 10 美分的价格来玩吗？”这些孩子失望地告诉他，他们不会再来了。他们说，这样得不偿失，因为在他房子前玩整整一个下午才只有 10 美分。

正如自我知觉理论所暗示的，没有预期的报酬并不会破坏内在的兴趣，因为人们仍然可以将他们的行为归因于自己的动机（Bradley & Mannell，1984；Tang & Hall，1995）。（就像与樵夫坠入情网的女主人公后来发现他实际是一个王子。）如果因工作出色而获得的赞扬能让我们觉得自己更有能力和更成功的话，这确实能增加我们的内在动机。如果我们能恰当地给予报酬，同样可以提高创造力（Eisenberger & others，1999，2001，2003）。

当某些人显然是出于控制别人而事先提供不必要的报酬时，就会发生过度合理化效应。关键是报酬意味着什么：如果报酬和赞赏是针对人们的成就（那会让他们觉得：“我很善于如此”），则它们会增加个体的内在动机。而如果报酬是为了控制人们，而且人们自己也相信是报酬导致了他们的努力（“我是为了钱才做的”），那么这会降低个体对工作的内在兴趣（Rosenfeld & others，1980；Sansone，1986）。

我们如何才能使人们对没有吸引力的任务感兴趣呢？杨·玛莉亚也许觉得自己的首次钢琴课很令人沮丧。汤米也许不喜欢九年级的课程。桑德拉也许不希望以第一次打推销电话来开始自己的职业生涯。在这些情况下，父母、老师或管理者或许应该利用一些刺激来引发好的行为（Boggiano & Ruble，1985；Cooke & others，2011；Workman & Williams，1980）。在他们顺从以后，你可以向他们暗示一个这样做的内在原因：“销售进行得如此顺利我一点儿也不奇怪，因为你非常善于与人交际。”

如果我们为学生们的学习提供充分的理由，并且给予他们报酬和赞赏，让他们觉得自己很有能力，我们也许就能激发他们的学习兴趣和继续学习的欲望。当存在其他多余的理由时，比如在教室里老师一边强迫学生学习，一边又以鼓励来控制他们，学生自我驱动的行为就会减少（Deci & Ryan，1985，1991，2008）。我的小儿子急于在一周里读完六到八本从图书馆借的书，直到我们的图书馆成立了一个读书俱乐部，并承诺任何人只要在 3 个月里读了 10 本书就可以参加一次聚会。三周以后，他开始每周只借一两本书。为什么？“因为你仅仅需要读 10 本书。”

理论比较

自我表露理论解释了为什么从表面上看起来行为会影响态度。而另外两种理论则解释了行为确实影响态度的原因：（1）认知失调理论假定我们为自己的行为辩护，以此来减少我们内部的不适；（2）自我知觉理论则假定同观察和推断他人态度一样，我们会审视自己的行为并且做出合理的态度推断。。

后面两种解释似乎互相矛盾。到底哪一种是正确的？这似乎很难做出定论。在多数情况下，它们可以做出同样的预测，并且我们可以调整每个理论以适应我们大多数的研究发现（Greenwald，1975）。达里尔·贝姆（Bem，1972）甚至将自我知觉理论浓缩为一个忠诚和美学的问题。这验证了科学理论中的主观性（见第 1 章）。认知失调理论和自我知觉理论都不是天性所赋予的，它们都是人类想象的产物——创造性地去尝试简化和解释我们所观察到的现象。

可以用不止一种理论来预测某种科学原理，比如“态度依从行为”，这并不稀奇。物理学家理查德·费曼认为“自然最令人惊奇的特征之一”就是“存在多种完美的方式”。在这里，它就是：“我不明白为什么物理学的正确法则可以用如此之多的方式来表达。”（Feynman，1967，pp.53~55）。就像条条大路通罗马一样，不同的假定也可以得出同样的原理。如果有什么区别的话，那就是它加强了我们对该原理的信心。其可信性不仅因为有数据支持，还因为它有多个理论基础。

失调的激活

我们能说哪个理论更好一些吗？很重要的一点是，已经出现了对失调理论的强有力的支持。根据定义，失调是一种对令人不适的紧张的激活状态。为了减少这种紧张感，我们会相应改变自己的态度。自我知觉理论未涉及我们的行为和态度不一致时所引发的紧张。它只不过是假定当我们的态度不明显时，我们会用自己的行为和环境来解释那种态度［就像有人说：“如果我听不到自己说什么，我怎么能知道自己想的是什么？”（Forster，1976）］。

“不，汤姆，你这样做不只是因为我要求你做。而是因为你相信如此才会做。”

人们很少内化被迫的行为。

那些可能引发失调（例如，做出与自己态度相反的决定或行为）的条件真的都会激活个体的不适感吗？很显然答案是肯定的。倘若行为引发了不必要的后果，而个体会认为自己需要对其负责（Cooper，1999；Elliot & Devine，1994）的时候就会引发失调。如果你一个人在密室里说某些你不相信的东西，那失调将会是最小的。但是，如果有不良后果，那么失调就会严重得多：如果某些人听到了并且相信了你，如果无法避免消极的后果，或者如果伤害了你喜欢的人。此外，如果你觉得你应为这些后果负责——如果因为你自己同意这样而且你事先就已经预见到事情的严重后果，那你就很难为自己的行为找到合适的借口——那么不适的失调就会被激活。而且，这可以通过排汗量的增加和心率加快表现出来（Cacioppo & Petty，1986；Croyle & Cooper，1983；Losch & Cacioppo，1990）。

为什么“自愿”去说或做令人不快的事会激活失调呢？克劳德·斯蒂利（Steele，1988）的**自我肯定理论**（self-affirmation theory）解释说，因为这种行为很令人尴尬，它们使我们觉得自己很愚蠢，它们破坏了我们的自我效能感和善良感。因此，证明自己的行为和决定其实是一种*自我肯定*；它保护并维持了我们的诚信和自我价值。当人们开始做出引发失调的行为——非强迫性的逆态度行为——他们的左额叶会有额外的兴奋（Harmon-Jones & others，2008）。这就是信念改变的齿轮在运转。

那么，如果我们帮助那些在行为上自相矛盾的人重建他们的自我价值，例如做好事，你认为会出现什么结果？在一系列实验中，斯蒂利发现，随着他们自我概念的恢复，人们感到没有什么必要再去证明自己的行为（Steele & others，1993）。那些自尊感很强的人也较少再进行自我辩解（Holland & others，2002）。

所以，失调状态确实会激发紧张感，特别是当它威胁到对自我价值的积极体验之时。但是，态度—依从—行为效应一定会激发这种情绪吗？斯蒂利与其同事（Steele

& others，1981）认为，答案是肯定的。当喝酒减少了失调引发的情绪时，这种态度—依从—行为的效应就消失了。在其中一个实验中，他们让华盛顿大学的学生撰写赞成学费大幅上涨的文章。这些学生通过缓解自己反对学费的态度以减少失调的产生——除非在写了令人不悦的论文之后去喝酒，这大概也可以作为啤酒或伏特加酒品尝实验的一部分。

当没有自我矛盾时的自我知觉

失调过程会激活不适感，同时当行为与态度之间出现矛盾时，它还可以进行自我说服。但是失调理论并不能解释非失调状态下的态度改变。当人们表明的立场与他们的态度相符时，尽管可能还有一些差距，但不适感的消除并不能排除态度的改变（Fazio & others，1977，1979）。失调理论同样无法解释过度合理化效应，因为在有报酬的情况下去做自己喜欢的事不应唤起高度的紧张感。并且对于那些行为与态度并不矛盾的情境——例如，要求人们微笑或做鬼脸时——似乎也不应该出现失调。对于这些情况，自我知觉理论似乎有更好的解释。

非常惊讶的是，认知失调理论在发表 40 年之后，看起来仍然像当初一样有力和有趣。

——Jack W.Brehm，社会心理学家，1999

简言之，失调理论可以成功地解释行为与明确的态度冲突时出现的结果：由于感到紧张，所以我们调整态度来缓解紧张。此时失调理论就解释了态度的改变。在我们的态度还没有完全形成的情形下，自我知觉理论可以很好地解释态度的形成。当我们做出行为反应时，我们会产生更可接受的态度来指导自己未来的行为（Fazio，1987；Roese & Olson，1994）。

小结：行为影响态度的原因

三种不同的理论可以解释行为对态度的影响。

- 自我表露理论假定人们适当调整自己的态度以使其看起来与行为一致，尤其是那些为了给他人留下好印象而控制自己行为的人。我们可以找到证据证实人们确实会因他人的想法而调整自己的态度，但与此同时也发现有时真的会引发真实态度的改变。

另外两种理论认为我们的行为会促使真实态度做出改变。

- 认知失调理论的解释是，当我们的行为与态度相反或者很难做决定时，我们会感到紧张。为了降低这种情绪的激活，我们会通过一系列的心理活动将自己的行为合理化。失调理论进一步认为，我们不当行为的外在理由越少，我们越觉得自己对其负有责任，从而会产生越多的失调，态度也改变得越多。
- 自我知觉理论则假定，当我们的态度不很坚定时，我们就通过观察自己的行为及其环境来推断我们的态度。自我知觉理论的一个有趣的推论是“过度合理化效应”：付给人们报酬让他们做自己喜欢做的事，能将他们的这种乐事转化为苦差（如果这些报酬使他们将自己的行为归因于报酬）。
- 研究都证实了这两种理论的预期，这表明它们分别描述了特定条件下产生的结果。

后记：
通过行为改变我们自己

要想养成某种习惯，那就去付诸行动。
不想养成某种习惯，那就避而远之。
要想改变一个习惯，那就做点别的事来取代它。
——希腊斯多噶派哲学家，埃皮克提图

这一章阐述的态度—依从—行为法则为我们的生活上了有意义的一课：如果我们想在某个重要的方面改变自己，最好不要等待顿悟或灵感。有时真的需要我们做出行动——开始去写那篇论文，去打那个电话，去见那个人——尽管我们非常不情愿那么做。雅克·巴曾（Barzun，1975）十分认可行为的这种巨大力量，他因此建议那些具有一定雄心壮志的作家，即使冥思苦想令自己无法理清头绪，那也还是要拿起笔来进行写作。

> 如果你过于谦虚或者漠不关心潜在的读者，但却不得不写作的话，那么你就要假装去写。记住，你要让周围的人相信你，换句话说，选定一个主题并且开始构思……在开始做出这些小小的努力后——对言辞的一种挑战——你就会发现自己的借口消失了，并且开始真正地去关心这件事。你将会继续做下去，就像所有惯于写作的人那样。（Barzun，1975，pp.173-174）

如果我们希望克服心中不欲的情感倾向，我们必须……冷酷地表现出我们渴望培养的相反性情的外在行为。
——威廉·詹姆斯，《什么是情绪》，1884

这种态度—依从—行为的现象既不是不合理的，也不是什么魔法，它会促使我们去行动，可能也同时促使我们去思考。写一篇评论或说出一种相反的观点会迫使我们去思考可能被自己忽视的观点。而且，当我们主动用自己的语言去解释某些事时我们会记得最牢。就像一个学生写信对我说："直到我试着讲出自己的见解我才真正理解它们。"因此，作为一名老师和作者，我必须提醒自己不要总是摆出最终的结果，而最好鼓励学生自己思考理论的含义，并让他们成为积极的听众和读者。即使是做笔记也可以加深印象。威廉·詹姆斯（James，1899）在一个世纪之前提出了同样的观点："没有反应就没有接受，没有相关的表达就不会产生印象——这是教师应该牢记的最伟大的格言。"

第二编

社会影响

至此，我们所讨论的大都是“个体内”的现象——我们如何思考他人。现在我们考虑一下“个体间”发生的那些事情——我们如何彼此影响、彼此联系。因此，在第 5 章到第 8 章中，我们将会探讨社会心理学的核心问题：社会影响的威力。

这些影响我们而我们却看不到的社会力量是什么？它们的威力到底有多大？有关社会影响的研究能帮助我们理解那些无形却推动着我们的力量。这一部分将会向我们展示这些微妙的力量，尤其是态度与行为的文化根源（第 5 章）、社会服从的力量（第 6 章）、说服的原理（第 7 章）、群体参与的结果（第 8 章），以及所有这些影响是如何在日常情境中共同发挥作用的。

了解了这些影响后，也许我们就能更好地理解为什么人们会那样想、那样做。而且，我们自己也许能够更好地抵御那些有害因素的影响力，并且更好地把握自己的行为。

第 5 章

基因、文化与性别

性相近也，习相远也。

——孔子《论语·阳货》

自然天性和后天教养对人类的影响

性别的相似性和差异性

演化与性别：与生俱来的行为

文化与性别：文化塑造的行为

基因、文化和性别各自的影响

后记：人类是社会塑造的被动产物抑或塑造社会的能动主体？

从遥远星球赶来研究现代人的外星科学家们感到异常兴奋，他们终于有机会观察两个随机抽取的地球人了。第一个被试吉姆在美国纳什维尔长大，是善于辩论的律师，而后为了追求“加州方式”的生活来到美国西部工作。他离过一次婚，不过现在已经再婚了，而且生活得很幸福。朋友们认为他是一个具有独立思想的人，充满自信、有上进心，而且还有点儿盛气凌人。

第二个被试是惠子，她和丈夫、两个孩子住在日本的一个小山村里，离双方父母很近。惠子为自己是一个孝顺的女儿、忠诚的妻子和负责的母亲而感到自豪。朋友们认为她善良、温柔、谦恭、细心，对大家庭尽心尽力。

根据这两个由不同性别和不同文化组成的小样本，外星科学家会对人类的特性得出什么样的结论呢？他们会怀疑这两个人其实并不属于同一个人类亚种吗？抑或他们会为两人表面差异下的深层相似性而感到震惊？

这是外星科学家遇到的问题，也是当代地球科学家需要回答的问题：人类的差别源于何处？我们又有哪些相似的地方？这些问题对于已经多元化的社会十分重要，正如历史学家阿瑟·施莱辛格（Schlesinger，1991）所说，“这是我们时代的一个爆炸性问题”。在一个充满文化差异的世界中，我们能否学会接纳我们的多样性，尊重我们的文化认同，并认识到我们人类彼此之间的联系？我相信我们能做到。要知道原因，且先让我们来思考一下人类的演化、文化和社会根源，然后就会明白这三个因素各自对性别相似性和差异性的影响。

自然天性和后天教养对人类的影响

> 在人类的相似性和差异性方面主要有两种观点：演化的观点强调人类的共通性；文化的观点强调人类的多样性。

吉姆和惠子在很多重要方面的相似性都大于差异性。作为拥有共同祖先的大家庭成员，他们不仅在生态学上具有共同点，还具有共同的行为倾向。他们都要睡眠，也会醒转，都会感到饥渴，并能够通过相同的机制习得语言。吉姆和惠子都偏爱甜味而不是酸苦，对颜色光谱的分辨也很类似。他们和整个地球上的同类都可以理解他人的皱眉和微笑。

吉姆和惠子——以及世界各地的所有人——都是社会动物。他们会加入团体组织，从众并认可社会地位的差异。他们会知恩图报，惩罚冒犯行为，并且会因为孩子的夭亡而悲伤。在婴幼儿时期，他们8个月左右就表现出对陌生人的恐惧。而长大后，他们会偏爱自己所属团体的成员。他们会以戒备或消极的态度对待那些持有不同态度和特性的个体。人类学家布朗（Brown，1991，2000）识别出了几百种这样普遍的行为和语言模式。仅以字母“V”开头的单词为例，所有的人类社会都有动词（verbs），暴力行为（violence），探访行为（visiting）和元音（vowels）。

甚至我们的很多道德观都存在跨文化和跨时代的一致性。婴儿在学会走路之前，就会表现出道德感，他们不喜欢错误或淘气的行为（Bloom, 2010）。不论老年人还是年轻人，男性还是女性，也不论你生活在东京、德黑兰还是托莱多，当问及“假如致命毒气正在通风口中向房间蔓延，房间里有七个人，是否应该把某个人推入通风口堵塞毒气，杀死一个人却可以拯救其他六个人？”所有人的回答都是否定的。如果改变问法，“是否可以眼看着某人掉进通风口？”，人们会更多地做出肯定回答，尽管这次仍是牺牲一人拯救六人（Hauser, 2006, 2009）。

如果外星科学家来到地球，他们会在各个地方都看到人类交谈和争论、嬉笑和哭泣、聚会和盛舞、唱歌和朝拜。世界各地的人类都喜欢集体生活（如家庭和公共群体），而不喜欢单独生活。无论在哪里，家庭剧——从古希腊悲剧、中国小说到墨西哥肥皂剧——都有相似的情节（Dutton，2006）。各国的历险故事总是相同：那些坚强勇敢的男主角，得到智慧老人的帮助，克服了重重困难，战胜邪恶，最终解救出被困的美人或孩子们。这些共同点表明了我们共有的人类天性，我们是有着不同肤色的同类。

这些共性表明，人性是共通的。尽管存在很大的差异，但我们的相似性更显著。我们是有着不同肤色的同类。

基因、演化与行为

体现人性的普遍行为源自于我们的生物相似性。我们可能会说“我的祖先来自爱尔兰”，“我的根在中国”或者“我是意大利人”，但是人类学家在追溯我们的祖先时发现，在至少10万年前，我们都是非洲人（Shipman，2003）。为了应对气候变化和寻觅食物，更好地生存繁衍，很多祖先离开非洲，进入亚洲、欧洲、澳洲次大陆和美洲，寻找新的家园。为了适应新环境，早期人类开始产生了许多新的变异。根据人类学量表的测量发现，这些变异是新近产生的并且表现在外貌上。比如，那些留在非洲的人有较深的肤色——哈佛大学心理学家史蒂文·平克（Pinker，2002）称之为“热带地区所需的遮阳罩”，而那些迁徙到远离赤道的北极的人则演化出更浅的肤色，以便在缺少阳光直射的地区合成维生素 D。总之，从历史的角度讲，我们都是非洲人。

正如平克（Pinker，2000，p.143）记载的那样，“人类还没有足够的时间来积累大量的新基因，因此目前只能暂时认定人类起源于非洲。”事实上，研究人类基因的生物学家已经发现：我们人类——甚至是像吉姆和惠子这样看起来截然不同的人——都是极其相似的，很像一个部落的不同成员。尽管人类数量比黑猩猩更多，但黑猩猩之间的基因差异却比人类更大。

为了解释物种特性，英国博物学家查尔斯·达尔文（Darwin，1859）提出了演化论的观点，他主张重视遗传的作用。与当代哲学家丹尼尔·丹尼特（Dennett，2005）“金牌应该奖给任何有最佳想法的人”的观点一样，达尔文也认为**自然选择**（natural selection）使演化得以进行。

这一观点可以概括为：

- 生物体有许多不同的后代。
- 这些后代在环境中互相竞争以求生存。
- 某些特定的生理和行为变异会提高他们在相应环境中繁殖和存活的概率。
- 存活下来的后代更有可能将他们的基因传递给下一代。
- 因此，随着时间的推移，族群特征可能会发生变化。

某些基因会增加物种生存和繁衍的几率，因此自然选择意味着这些基因的数量会越来越多。比如，在北极严寒的条件下，北极熊的那些可以形成白色厚实毛皮的基因就会在竞争中获胜并占据主导地位。

自然选择早已成为生物学研究的原则，而最近也成为心理学界的一条重要原则。**进化心理学**（evolutionary psychology，也译作“演化心理学”）不仅研究自然选择如何影响那些有利于适应特定环境的生理特征——北极熊的毛皮、蝙蝠的声呐系统和人类的色彩视觉等，而且还研究那些有利于基因存活和延续的心理特征以及社会行为（Buss，2005，2007，2009）。进化心理学家认为，我们人类就应该是现在这个样子，因为在我们祖先众多的后代中，自然选择了那些拥有我们如今特性的个体——比如，偏爱食用营养丰富、高能量的甜食，讨厌有毒食物的酸苦味道。而那些没有这类偏好的祖先不太可能存活下来以繁衍后代。

我们作为活动的基因机器，继承了祖先为了适应环境而形成的生理和心理遗产。我们渴望拥有任何有利于祖先生存、繁衍并养育后代的事物，并以此保证自己的生存和繁衍。“心脏的目的就是要输送血液”，演化学派心理学家巴拉什（Barash，2003）说，“而大脑的目的就是协调好我们的器官和行为，从而使演化取得最大的成功。这就是演化的真谛。”

演化论的观点强调我们人类共同的属性。我们不仅具有相似的食物偏好，而且对一些社会问题也会有同样的回答，例如：“我该信任谁，害怕谁？我应该帮助谁？我应该在什么时候和谁结婚？谁可以支配我？我又能控制谁？”演化心理学家认为，我们对这些问题所做出的情感和行为回答，与我们的祖先非常相似。

心理学将迎来全新的科学根基。

——达尔文，《物种起源》，1859

我们应该害怕什么？通常，我们所害怕的恰是远古祖先所面临的危险。我们害怕敌人、陌生面孔和极高的位置，因此，可能的恐怖主义者、其他种族的人和飞行都会让我们感到害怕。我们更害怕突然出现的直接威胁，而容易忽视诸如吸烟和气候变化等一些新出现的威胁，后者的危害较缓慢但更严重。

正是由于这些社会性的任务对世界各地的人都是一样的，所以人们才会倾向于做出类似的回答。例如，所有的人类都会按照权威和地位来对他人划分等级，而且每个人都相信经济公正（Fiske，1992）。演化心理学家强调这些普遍的特性乃经由自然选择演化而来。然而，文化则给我们提供了实现这些基本社会生活的具体规则。

文化与行为

人类能昂首直立，双足行走。虽然鲨鱼比你善游，猎豹比你善跑，燕子比你善飞，红杉比你长寿。但人类却拥有自然馈赠的最大财富——智慧。

——Richard Dawkins，牛津大学动物学家，《魔鬼的牧师》，2003

也许我们人类最重要的共同点（或者说人类的标志）就是我们有学习和适应的能力。演化使我们有能力在变幻莫测的世界里创造性地生存，并能适应各种环境，从热带雨林到北极冰原。与昆虫、鸟类或兽类相比，自然对人类基因的控制并没有那么严格。然而，正是人类共有的生理基础使得我们具有了文化上的多样性。它可以令一种**文化**（culture）里的人们珍视决断、喜欢坦率或者接受婚前性行为，而另一个文化里的人们则可以完全相反。正如社会心理学家罗伊·鲍迈斯特（Baumeister，2005，p.29）所说："演化产生了我们的文化"（参见"聚焦：文化动物"）。

进化心理学也承认社会环境的影响，认识到先天属性和后天养育共同塑造了我们。基因并不能决定一切，它们的表达还依赖于环境的影响，正如同我正饮用的茶叶需要热水冲泡才能入口留香。对新西兰年轻人的一项研究表明，即使是那些拥有易患抑郁的变异基因的人，也只有当他们遭受重大的生活压力（如婚姻破裂）时才会患抑郁症（Caspi & others，2003）。压力和基因都不能单独引发抑郁症，只有两者共同作用才会产生这一结果。

人类能在自然选择中胜出，不仅在于发达的大脑和强壮的肌肉，而且文化也起作用。我们来到这个世界就已做好了准备，要学习语言、与人交往、与人合作以获取食物、照料小孩和保护自己。因此，不论我们出生在何种文化背景，自然都使得我们更易习得此种文化（Fiske & others，1998）。文化的观点强调了人类的适应性。孔子说："性相近也，习相远也。"世界文化的研究者（Inglehart & Welzel，2005）发现，我们现在依然"习相远"。尽管我们的教育水平在不断提高，但是"我们并未形成统一的'全球文化'，文化整合还没有出现。各个社会的文化继承是相当持久的"（p.46）。

文化的多样性

"后天培养论"的支持者被自己对基因的无知所震惊，看不到基因的力量和必然性，他们所忽略的最重要教训是：其实先天基因支持他们的观点。

——Matt Ridley，《天性与教养》，2003

人类语言、习俗和行为表现的多样性表明，我们的许多行为都受到社会的影响，并非与生俱来。基因的影响是长期的。正如社会学家罗伯逊（Robertson，1987）所言：

> 美国人爱吃牡蛎，却不吃蜗牛；法国人爱吃蜗牛，却不吃蝗虫；祖鲁人爱吃蝗虫，却不吃鱼；犹太人爱吃鱼，却不吃猪肉；印度人爱吃猪肉，却不吃牛肉；俄国人爱吃牛肉，却不吃蛇肉……（p.67）

如果美国人都像世界其他地区的相同族群那样生活（有些美国人的确如此），那么文化多样性与美国人的日常生活就没多少关联。日本有1.27亿人口，其中1.25亿是日本人（CIA，2011），内部的文化差异性很小。与之相反，纽约市的绝大多数居民每天都能遇到很多文化上的差异，因为纽约800万人口中，三分之一以上不是在美国出生的，而且最大族群也不超过总人口的37%。

文化多样性会日益影响我们的生活。越来越多的人居住在同一个地球村中，通

聚 焦 文化动物

亚里士多德说过，我们都是社会性动物。人类与狼群、蜜蜂至少有一种共通之处：我们只有组织起来，成为群体，一起劳作才能成长与发展。

不仅如此，正如佛罗里达州立大学社会心理学家罗伊·鲍迈斯特（Roy Baumeister）的同名图书一样，我们都是“文化动物”（Baumeister，2005）。和其他动物相比，人类能够充分利用文化的力量来改善自己的生活。鲍迈斯特认为“文化是群居的一种理想方式”。因为有文化，我们才能通过语言进行交流，才能沿着道路的一侧安全驾驶，才能在冬天吃到水果，才能用钱去买汽车和水果。文化促进了我们的生存和繁衍，而自然赋予了我们独一无二的大脑来塑造文化。

其他的动物也会表现出低级的文化和语言。有人观察到猴子能学会清洗食物的新技术，并教给下一代。黑猩猩也表现出一定的语言能力。但是没有任何一个物种能像人类那样聪明地世代积累。19 世纪的人没有汽车，没有室内卫生设施，没有电，没有空调，没有互联网，没有 iPod，没有报事贴，这些新事物都要归功于文化。智力孕育革新，文化促进传播——跨越时空的信息传播和革新。

鲍迈斯特认为分工是“文化的另外一种强大优势”。种植粮食或建造房屋的人很少，但是几乎每个人都会有食物和住房。事实上，书籍本身就能说明文化所规定的分工。尽管可能只有一位幸运者的姓名出现在封面上，但是图书实际上却是团队协作的结晶，有研究者、评论家、助手和编辑的共同努力。图书和其他媒介都能传播知识，是社会进步的动力。

鲍迈斯特总结认为：“只有人类才有文化，文化使我们超越了才能、努力和个人天赋的总和。准此而论，文化是人类最大的恩赐……单独来看，我们都只是受环境支配的智慧动物，但是整体来看，我们就能维系一个使我们及后代生活得更好的系统。”

过电子邮件、大型客机和国际贸易等方式与同伴联系。文化融合已经不是什么新鲜事了。“美国”牛仔裤其实是德国移民斯特劳斯（Levi Strauss）在 1872 年将热那亚水手的裤型和法国小镇的粗纹棉布相结合的产物（Legrain，2003）。从莎士比亚的戏剧《安东尼和克利奥帕格拉》到威尔第的歌剧《阿依达》，再到福斯特的小说《印度之旅》，艺术和文学都反映了不同文化之间奇妙的相互影响。当代一位不知名的学者指出，没有任何事件如戴安娜王妃之死那样突显全球化进程：“英国的王妃和她的埃及男友坐在一辆有着荷兰发动机的德国汽车里，一名喝多了苏格兰威士忌的比利时人负责驾驶汽车。后面紧跟着骑日本摩托车的意大利狗仔队。在法国隧道里发生车祸后，一名美国医生用来自巴西的药物对他们进行救治。”

面对不同文化，有时令人震惊。美国男性看到中东领导人和美国总统打招呼，亲吻面颊以示欢迎，可能会感到不适。德国学生习惯于向教授致

“女人可以亲吻女人道晚安，男人也可以亲吻女人道晚安，但男人之间不可以亲吻道晚安，特别是在纽约州的阿尔蒙克。”

“尽管某些社会规范具有普遍性，但不同文化都有自己的社会规范——可以接纳和期待的社会行为规则。”

文化融合。正如这些伦敦学生所表现的那样（一个是学生（穆斯林），另一个是盎格鲁·撒克逊学生），移民和全球化正在把那些曾经相距遥远的文化带到一起。

敬，偶尔看到美国学院的大多数教师办公室的门都敞开着，学生们可以自由驻足停留，一定会感到很奇怪。第一次来到麦当劳用餐的伊朗学生会很自然地在她的纸袋中四处摸索吃饭的用具，直到她发现其他人都是直接用手为止。你我的好习惯在很多地方都可能严重违背礼节。访问日本的外国人会发现学习日本的社会规则实在很麻烦——什么时候脱鞋，如何倒茶，什么时候赠送和打开礼物，以及怎么对待地位较高或较低的人。

移民或难民的搬迁似乎在文化融合中发挥着重大的作用。19世纪的英国作家拉迪亚德·吉卜林曾写道："东方是东方，西方是西方，双方永不碰面。"但是今天，东方和西方、南方和北方几乎完全联系起来了。意大利有很多阿拉伯人，德国有很多土耳其人，英国有很多巴基斯坦人，其结果是友谊与冲突并存。每5个加拿大人和8个美国人中就有一人是移民。当我们与来自不同文化背景的人一起工作、玩乐或生活的时候，我们会更容易理解文化的差异和影响力。在充满冲突的世界里，实现真正的和平需要求同存异。

规范：期望的行为

正如礼仪规则所示，所有的文化都有各自认可的得体行为。我们经常把这些社会期望或者**规范**（norms）视为一种强迫人们盲从传统的负面力量。社会规范确实可以成功而微妙地限制和控制我们的行为，以至于我们几乎察觉不到。就像在海底生活的鱼类一样，我们每一个人都深受文化环境的影响，以至于我们必须从中跳出来才能理解文化的影响。荷兰心理学家威廉·库曼和安顿·迪克（Koomen & Dijker，1997）说："当我们观察其他荷兰人以外国人所谓的"荷兰方式"行事时，我们通常意识不到这些行为具有典型的荷兰特征。"

了解我们文化规范的最好方法是观察另一种文化，看看两种文化处事方式的异同。在苏格兰生活时，我告诉孩子们，欧洲人确实用左手拿叉子吃饭，但"我们美国人却认为先用左手拿叉右手拿刀把肉切开，然后将叉子换到右手是礼貌的。我承认这缺乏效率，但这就是我们吃饭的方式。"

对于那些无法接受某种社会规范的人，此类规范似乎过于专断和褊狭。对于大多数西方人，日本人的一些礼节显得繁琐和小题大作，但对于日本人来说则并非如此。然而，正如演员需要知道自己的台词，戏剧才能顺利演出一样，人们同样需要明白社会对自己的期待，社会行为才能顺利发生。社会规范可以使整个社会机器顺利运转。身处陌生的环境时，如果不了解其社会规范，我们会观察他人的行为，并相应调整自己的行为。

不同文化在外向程度、严守时间、打破规则以及私人空间等社会规范上存在差异。比如：

外向程度 对于较拘谨的北欧（文化中的）人，热情开放的地中海（文化中的）人可能显得"热情、迷人，低效和休闲"；地中海人则觉得北欧人"高效、冷漠、过于看重时间"（Beaulieu，2004；Triandis，1981）。

图 :: 5.1

糟糕的环境会引发堕落的行为

在格罗宁根大学的一项研究中，如果墙面干净，大多数人不会随地乱扔没用的传单；而如果墙面满是涂鸦，大多数人则会乱扔传单。

严守时间 拉丁美洲的商人很可能会在一次邀约宴会迟到之后，为北美朋友如此纠结于准时而费解。去日本旅游的北美人会对行人之间缺乏眼神交流而感到困惑（参见下页“研究特写：东西方的行人研究”）。

打破规则 如果人们看到有人违反社会规则，比如违规在墙上乱涂乱画，他们就更可能违反其他的规则，比如乱扔垃圾，盲从违规的规范。科泽尔（Keizer，2008）领导的荷兰研究组做了 6 个实验，发现在看到他人违反社会规则后，人们违反社会规则的可能性增加了一倍。例如，附近的墙面没有乱涂乱画时，只有三分之一的自行车主会将车把上粘上的无用传单扔到地上；而墙面满是乱涂乱画时，超过三分之二的人都会这么做（图 5.1）。

私人空间 **私人空间**（personal space，也译作“个人空间”）是一种我们想要与他人维持的安全距离或缓冲的区域。随着情境的变化，安全区的大小也会变化。和陌生人在一起时，多数人都会保持相对较大的私人空间，大约 1.2 米或更大的距离。在不太拥挤的公车上，在休息室或图书馆，我们会保护自己的空间并尊重他人的空间。我们允许让朋友靠近些，通常相距半米或 1 米（Novelli & others，2010）。

个体之间也存在差异，有些人的私人空间较大（Smith，1981；Sommer，1969；Stockdale，1978）。群体之间也存在差异：成人比儿童的距离大。男性彼此间的距离要比女人之间的距离大。不知何故，靠近赤道的文化圈偏爱更小的距离、更多的接触和拥抱。因此，英国和斯堪的纳维亚半岛的人比法国人和阿拉伯人更喜欢较远的人际距离。北美洲的人比拉丁美洲的人更喜欢较大的私人空间。

鼻子前半米，是我私人空间的边界。

——W. H. 奥登，1907~1973

为了观察侵入他人私人空间引起的后果，你可以尝试突破他人的空间。你可以站在距离朋友 0.3 米左右的地方与他聊天，观察他是否会感到不安，眼睛看向别的地方，后退或者有其他不适的表现？这些都是研究者考察空间侵入的唤醒信号（Altman & Vinsel，1978）。

文化差异不仅表现在这些行为规范上，同时也表现在规范的力度方面。一项涉及 33 个国家的研究让被试评价不同情境下（如在银行或聚会）的行为（如吃东西或

研究特写

东西方的行人研究

在我居住的小镇和美国中西部大学的校园里，人行道上的人们总是会相视一笑。我曾在英国待过两年，这样的微小互动却很罕见。对于欧洲人，向路过的陌生人问候看起来有点傻，而且不尊重别人的隐私。而对于美国中西部的人，避免眼神交流——社会学家称之为“礼貌性疏忽”——可能显得有点冷漠。

为了量化行人互动的文化差异，研究者（Patterson & Iizuka，2007）在美国和日本进行了一个简单的现场实验，从行人中随机抽取了1000多名不知情的参与者。该实验的程序充分说明了社会心理学家可以在自然环境中不为人觉察地进行实验（Patterson，2008）。如图5.2所示，合作者（即实验者的助手）会在离行人约3.7米远的地方采取以下三种行为的一种：(1) 回避（双眼直视前方）；(2) 盯着行人看不超过一秒钟；(3) 看着行人并微笑。后面的观察员会记录行人的反应。行人会盯着这个实验助手看吗？微笑，点头，还是说话问候？（这三种实验条件的顺序是随机的，观察员并不知道顺序，以确保记录数据的人对实验条件的“单盲”。）

正如预期的那样，行人更可能对那些注视他们、微笑和点头的人回报注视、微笑和点头，特别当行人是女性时。但如图5.3所示，文化差异非常明显。正如研究团队所预期的那样，日本人因为尊重他人的隐私和文化上的矜持，他们没有像美国人那样频繁地朝实验助手微笑、点头或者口头问候。

他们总结说，在日本，“因为他们与实验助手没有任何关系，也就没有回应的义务，所以他们不会感受到要回报助手以微笑的压力。”相反，美国的文化规范要求人们回应这样的友好表示。

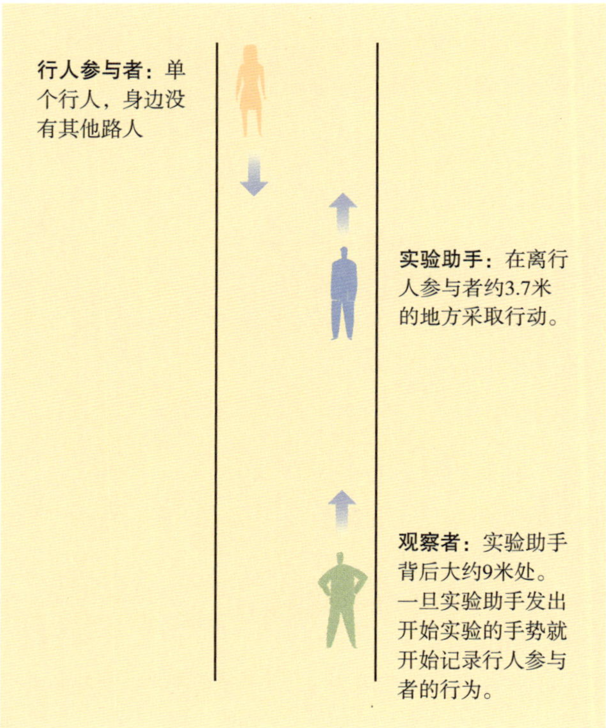

图 :: 5.2
行人实验图示
资料来源：Patterson & others (2006).

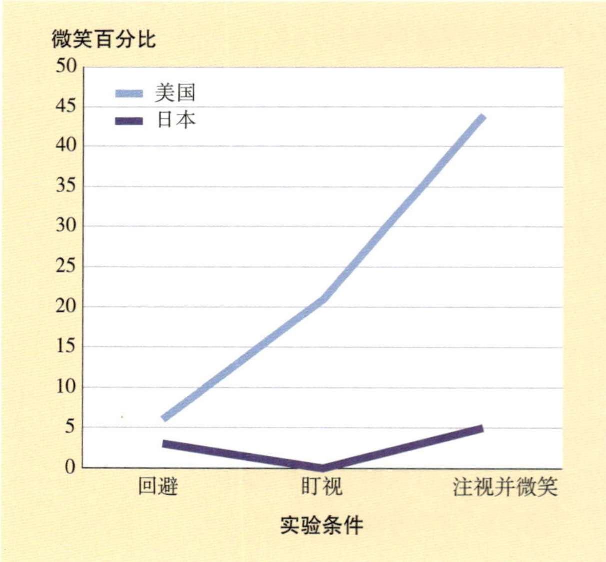

图 :: 5.3
不同实验条件下美国与日本路人的反应
资料来源：Adapted from Patterson & others (2006).

哭喊）是否恰当。结果显示，存在领土冲突或资源匮乏的国家倾向于更“严苛”的文化，行为规范更严格，更具强制性（Gelfand & others, 2011）。

2005年，布什总统在与沙特王储阿卜杜拉散步时尊重了沙特的友谊规范。然而，北美的异性恋支持者认为这一行为违背了他们的规范（即男士之间应保持距离）。

文化相似性

正是由于人类的适应性，才出现了多姿多彩的文化差异。然而在文化差异的表象下，跨文化心理学家发现了“内在的统一性”（Lonner，1980）。作为人类的成员，我们还发现差异行为背后的机制是相同的。 例如，一个 4 到 5 岁的孩子，无论来自哪里，都会具备推测他人想法的“心理理论”（Norenzayan & Heine，2005）。无论来自哪种文化，当儿童看到玩具被人拿走，而另一位孩子并没有瞧见，他们就会推测该小孩会认为玩具还在原位。

普遍的友谊规范 世界各地的人们也有一些共同的友谊规范。在英国、意大利、中国香港和日本进行的研究中，迈克尔·阿盖尔和莫妮卡·亨德森（Argyle & Henderson，1985）注意到在定义朋友角色的社会规范方面存在一些文化差异，例如在日本，最重要的是不能当众批评朋友令其难堪。但也有一些普遍的规范：尊重朋友的隐私，交谈时要进行眼神的接触，以及不泄漏彼此的秘密。

普遍的特质维度 在全世界，人们倾向于用情绪稳定性、外向性、开放性、宜人性和尽责性来形容他人（John & Srivastava，1999；McCrae & Costa，2008）。人格调查问卷可以很好地考察你在这些“大五”人格维度上的得分，它可以很好地描述你的人格，而不论你在哪里生活。此外，最近在 49 个国家进行的一项研究表明，不同国家的人在“大五”人格维度上（如：尽责性和外向性）的得分差异比大多数人想象得要小（Terraccioano & others，2005）。澳大利亚人认为自己非常外向，说德语的瑞士人则认为自己相当尽责，加拿大人将自己描述为十分宜人和随和的形象。但事实上，对于这些国家的刻板印象夸大了原本非常有限的国别差异。

普遍的社会信念维度 香港的社会心理学家梁觉和彭迈克（Leung & Bond，2004）认为存在 5 个普遍的社会信念维度。他们针对 38 个国家的研究发现，在各个国家中，人们在日常生活中认可和应用以下社会信念的程度不同：犬儒主义、社会复杂性、付出的回报、宗教性和命运控制（图 5.4）。人们坚持以这些社会信念指导自己的生活。那些崇尚犬儒主义生活信念的人表现出较低的生活满意度，赞成果断的控制战术和右派政治；那些赞成付出回报的人倾向于在学习、计划和竞争中进行自我投资。

“看，这里的每个人都喜欢香草精，是吧？让我们就从这里开始吧。”

尽管文化差异巨大，但人类仍有相同之处。

普遍的地位等级规范 罗杰·布朗（Brown，

图 :: 5.4
梁觉与彭迈克的普遍社会信念维度

五大社会信念	问卷项目样例
犬儒主义	“有权势的人会压迫剥削他人”
社会复杂性	“个体必须根据特定的环境解决问题”
付出的回报	“如果一个人真的努力了，就会成功”
宗教性	“宗教信念对人的心理健康有益”
命运控制	“命运决定了人生成败”

1965，1987；Kroger & Wood，1992）提出另外一种普通规范。无论人们处在何种等级系统，他们在对地位比自己高的人说话时通常会采用较为尊敬的语气，就好像是和陌生人聊天一样。而他们对地位较低的人说话则更像是同熟人和朋友聊天。病人会叫医生“某某医生”，而医生往往会以病人的名字来应答。学生和老师之间也以这种类似的非对等的方式称呼彼此。

在《女太监》一书中，作者杰梅茵·格里尔（Germaine Greer）指出了情感语言是如何让女性沦为附庸与宠物——宝贝，羔羊，甜心，糖果派，小猫与小鸟。

很多语言有两种第二人称：尊敬的形式和随意的形式（例如，德语中的 Sie 和 du，法语中的 vous 和 tu，西班牙语中的 usted 和 tu）。人们通常对熟人和下属采用随意的形式——如亲密朋友和家人，甚至包括儿童和宠物。当陌生人用“Sie”而非“du”来称呼一个德国小孩时，这个少年会受到极大的鼓舞。

布朗普遍规范的第一部分——沟通的形式不仅反映社会距离也反映社会地位——与第二部分紧密相关：亲密感的进展往往控制在地位较高的人手中。在欧洲，大部分个体之间的交往都从礼貌的正式称谓“您”开始，逐渐向亲密的随意称谓“你”发展，很明显有人会控制这种亲密感的发展。你认为谁有这样的权力呢？在愉快的气氛中，年长者、富人或更杰出的人会提出：“为什么我们不用‘你’称呼彼此呢？”

这一规范也可以超越语言，扩展到每一种亲密关系的进展中。向别人借笔或者把手搭在别人肩膀上的行为，最好还是跟自己的熟人或者下属做，而不要对陌生人或者自己的上司这样做。同样，大学校长会首先邀请老师们到他家里去，而不是相反。在亲密关系的进展过程中，地位更高的人往往是关系发展的控制者。

乱伦禁忌 最知名的普适规范是对乱伦的限制：父母不可以和孩子发生性关系，兄弟姐妹之间也不可以。尽管实际上乱伦的发生情况比心理学家原先估计的要多，但

社会规范——社会认可与期望的行为规则——随文化而变化。

这一社会规范的确是普适的——所有的社会都不赞成乱伦。考虑到对于乱伦生育的生物学惩罚（出现与隐性基因相关的疾病），演化心理学家很容易理解为何世界各地的人们都反对乱伦。

战争规范 人类甚至制定了跨文化的战争规范。在杀敌的过程中，会有一些已经遵循了几百年的公认规则。比如，战士必须穿上可识别身份的制服，投降必须使用屈服的姿势，并且人道地对待战俘（如果在他们投降之前没有杀死他们，你还应该给他们提供食物）。这些规范尽管是跨文化的，但是并非所有文化都是如此。伊拉克的部队打出投降旗号后转而又进攻，以及把士兵伪装成平民百姓以安排伏击，他们就违反了这些规范。美国的一个军事发言人谴责道："这些行为是对战争法的最严重亵渎"（Clarke，2003）。

因此，有些规范具有文化特异性，也有些规范则是普适的。文化可以改变规范，但我们的遗传倾向——人类本性——却可以解释某些规范的普适性。因此，我们认为人性是普遍一致的，而后天教养具有文化特异性。

> 我很自信地说，（如果）现代心理学在印度出现，我们可以断言，印度的心理学家同样会发现西方心理学家揭示的那些原则。
>
> ——跨文化心理学家 John E. Williams（1993）

到目前为止，本章证实了人类大家庭成员之间的生物亲缘关系，同时承认了文化的多样性，并探讨了社会规范在文化内外的差异。请记住，社会心理学最重要的任务不仅是考察记录差异，而且要识别行为的普遍原则。我们的目标如同跨文化心理学家沃尔特·朗纳（Lonner，1989）提出的："具有普遍意义的心理学——就如在罗马和博茨瓦纳都有效且有意义，在奥马哈和大阪也一样。"

态度和行为总会因文化而变化，但态度影响行为的过程却差别不大。尼日利亚人和日本人对青少年的角色定义与欧洲人、北美人不同，但在所有文化的角色期待都能引导社会关系。切斯顿（G. K. Chesterton）在一个世纪前就提出："当人们理解了邦德街的男人戴黑帽子时，他们同时也会理解为什么廷巴克图（Timbuctoo，非洲古地名）的男人戴红色羽毛。"

小结：自然天性和后天教养对人类的影响

- 我们人类有哪些异同？为什么？演化心理学家研究自然选择如何使那些有利于基因延续的行为特性保留下来。尽管人类演化的部分遗产是学习和适应能力（因此我们每个人都是独一无二的），但演化的观点仍然强调人类天性中共有的亲缘关系。
- 文化的观点强调人类的差异性——用以界定群体并代代相传的行为和思想。不同文化在态度和行为上的显著差异表明，在一定程度上人类其实是文化规范和角色的产物。然而，跨文化心理学家也试图寻找人类"内在的统一性"。例如，尽管不同的文化存在着差异，但是它们也有一些共同的社会规范，如友谊中的尊重隐私和反对乱伦等。

性别的相似性和差异性

请描述男女两性的异同之处。

人类的差异表现在很多方面——身高、体重、发色等等。但是对于自我概念和社会关系而言，最重要和最先适应的两个维度是：种族和性别（Stangor & others，1992）。你出生时，人们最先问的问题往往是"男孩还是女孩？"人必分男女，性别不是选择的问题。2011 年一对加拿大夫妻为了让孩子不受性别期望的影响，形成自己的性别认同，发誓将对孩子的性别保密。这一行为引发了一股批评狂潮（AP, 2011）。

与北美文化一样，很多文化中都推崇：每个人都必须有指定的性别。如果婴儿诞生时同时具有两性的性器官，医生和家人往往都会迫切地为这一双性孩子指定某一性别，通过手术消除性别的模糊性。在白天与黑夜之间存在黄昏；在炎热和寒冷之间存在温暖；但从社会角度来说，在男性和女性之间绝对不能有第三种性别存在。跨性别者（transgender）是一个例外，他们自己认为的性别与其生物性别不一致（APA, 2010）。他们可能觉得自己是一个长着男性身体的女性，或者长着女性身体的男性，他们会按照自己认为的性别来穿衣打扮。

性别和基因

第 9 章我们会探讨种族和性别对他人评价和对待我们方式的影响。现在，让我们来关注一下**性别**（gender）——与男女两性有关的特征。哪些行为是典型的男性期望行为？哪些行为是典型的女性期望行为？

哈里斯（Harris，1998）提到："人类基因共有 46 条染色体，其中 45 条与性别无关。"因此在身体特征和发育阶段的很多方面，男女两性非常类似，比如开始坐立、长牙和行走的年龄。同样，两性在很多心理特征上也极其相似，包括词汇量、创造性、智力、自尊和幸福感等。两性都有相同的情感和渴望，都宠爱他们的小孩，都有相似的大脑结构（尽管男性有更多的神经元，女性有更多的神经连接）。的确，珍妮特·希伯利·海德（Hyde，2005）通过对 46 项元分析（每一次统计分析都基于几十项研究）的检验发现，大多数研究变量的相同结果是性别相似。"异性"实际上与你几乎是相同的性别。

即使在身体特征方面，男女两性内部的个体差异要远远超过男女间的平均差异水平。唐·斯科兰德在 1964 年奥运会 400 米自由泳中创造了 4 分 12 秒的世界纪录，女子选手直到 2008 年在奥运会同一项目的决赛中才追上这一纪录。

那么我们是否可以得出这样的结论：男人和女人除了一些生理特征以外，其本质完全相同？而且这些生理特征只在特定场合才有意义。事实上，男女之间仍然存在着一些差异，正是这些差异吸引了人们的注意并引发了许多相关研究。在日常生活和科学研究中，差异总会引发人们的兴趣——足以引起约 18 000 项比较两性异同的研究（Ellis & others, 2008）。与男性相比，女性平均：

- 脂肪含量高出 70%，肌肉含量少 40%，身高矮 13 厘米，体重轻 18 公斤。
- 对味觉和声音更为敏感。
- 患焦虑症和抑郁症的几率是男性的两倍。

而与女性相比，男性平均：

- 进入青春期时间更晚（约晚两年），但是死亡时间较早（世界普遍早 4 年）。
- ADHD（注意力缺陷多动障碍）的病发率高出女性 3 倍，自杀率是女性的 5 倍，死于电击的人数是女性的 6 倍。
- 转动自己耳朵的能力更强。

20 世纪 70 年代，很多学者担心研究这类性别差异会强化性别刻板印象。性别差异会被解释成女性的缺陷吗？尽管这些研究结果证实了一些原有的女性刻板印象——如更少攻击性，更为关心他人，对社会关系更敏感——这些正是女性主义者与绝大多数人所欣赏的特性（Prentice & Carranza，2002；Swim，1994）。因而，许多人在评价他们的信念和感受时认为“女人”比“男人”更受欢迎就不足为奇了（Eagly，1994；Haddock & Zanna，1994）。

接下来我们比较一下两性在社会关系、支配性、攻击性和性特征等方面的异同。介绍了这些区别后，我们再思考如何用演化和文化的观点进行解释。性别差异是否反映了自然选择？抑或是文化建构的，即两性通常扮演的角色及其所处情境的反映？还是说基因和文化共同造成了这种性别差异？

对种族、性别差异的坦率研究不应该存有任何疑虑。科学界急需一些优秀的研究……告诉我们如何帮助那些未获得足够发言权的群体，帮助他们取得成功。我们不能像鸵鸟一样，由于害怕不安的社会发现而把头隐藏起来。

——发展心理学家

Sandra Scarr（1988）

独立性与联系性

男性在残酷竞争和养育关爱等见解和行为上存在个体差异，女性也一样。心理学家南希·霍多罗夫等人并未否认上述观点（Chodorow，1978，1989；Miller，1986；Gilligan & others，1982，1990），但是他们指出，女性比男性更重视亲密关系。证据如下：

游戏 埃莉诺·麦科比（Maccoby，2002）经过数十年对性别的发展研究发现，与男孩相比，女孩之间的谈话更加亲密，而且游戏也更少攻击性。女孩更偏向于在小群体中开展游戏，往往与一个朋友交谈，而男孩则更常进行大群体的活动（Rose & Rudolph，2006）。由于他们各自和同性别的人交往，所以男女之间的差异就会逐渐显现出来。

友谊 对成年人而言，个人主义文化的女性更经常用人际关系的词汇来描述自己，更乐于接受别人的帮助，体验到更多与人际关系有关的情感，并努力使自己与他人的关系更加协调（Addis & Mahalik，2003；Gabriel & Gardner，1999；Tamres & others，2002；Watkins & others，1998，2003）。男性谈话往往关注任务以及与大群体的关系，而女性则更多关注个人关系（Tannen，1990）。班纳森等人（Benenson & others, 2009）报告称，“可能由于女性更渴望亲近”，因此在大一期间女生调换室友的几率是男生的两倍。

在电话方面，女性通话的时间更长，女孩发短信的数量是男孩的两倍多（Friebel

女孩的游戏通常规模较小且比较亲密。而男孩的游戏却更富有竞争性和攻击性。

& Seabright, 2011; Lenhart, 2010; Smoreda & Licoppe, 2000）。在电脑方面，女性也会花更多时间发电子邮件来表达情感（Crabtree, 2002; Thomson & Murachver, 2001）。她们花在社交网站的时间也多于男性（Pryor & others, 2010）。

在群体中，女性之间会相互分享她们各自的生活，为他人提供更多的支持（Dindia & Allen，1992；Eagly，1987）。面临压力时，男性倾向于以“战斗或逃跑”回应，通常以反抗来应对威胁。谢利·泰勒（Taylor，2002）指出，几乎在所有的研究中，遭遇压力的女人更需要他人的照顾和帮助，她们向家人和朋友寻求支持。在大学新生中，10 个男生中有 5 个认为“帮助有困难的人非常重要”，而女生每 10 个里面有 7 个人具有同样的想法（Sax & others，2002）。

在女性不同的声音中，包含有真正的关怀。

——Carol Gilligan，美国女性主义者、伦理学家和心理学家，《另一种声音：心理学理论与女性发展》，1982

职业 费利西亚·普拉图及其同事（Pratto & others，1997）报告说，总体上，男性总是会被那些增强性别不平等的工作所吸引（检察官，广告策划人等）；女性则被那些减少性别不平等的工作所吸引（公设辩护人，慈善工作的宣传者）。对 64 万人工作偏好的研究发现，男性更看重报酬、晋升、挑战和权力，而女性则更看重工作时长、私人关系及助人机会（Konrad & others，2000；Pinker，2008）。确实，北美大部分看护职业（如社工、教师、护士）的从业者中，女性比男性更多。而在世界范围内，与男性相比，女性的职业兴趣更多地指向人而非物（Lippa，2008a）。一项对 50 万人的兴趣调查也发现，相对来说，男性更喜欢摆弄客观事物，女性则更喜欢与人打交道（Su & others, 2009）。

与多数女性的想法相反，和男人发展一段长期、稳定、相互支持的亲密关系是一件相当简单的事情。当然，这个男人必须像猎犬一样听话。

——Dave Barry，幽默专栏作家，Dave Barry's Complete Guide to Guys，1995

家庭关系 拥有母亲、女儿、姐妹或祖母身份的女性可以很好地维系家庭（Rossi & Rossi，1990）。在孩子出生后，父母（尤其是母亲）在与性别有关的态度和行为方面会变得更加传统（Ferriman & others, 2009; Katz-Wise, 2010）。女性会花更多的时间照顾孩子和老人（Eagly & Crowley，1986）。女性用在购买礼物和贺卡的时间是男性的 3 倍，用 2~4 倍的时间处理私人信件，并且给朋友和家人打长途电话的次数要多 10%~20%（Putnam，2000）。当要求提供用于描绘自己的照片时，女性提供的照片更多地包含了父母和其他人（Clancy & Dollinger，1993）。尤其对于女性来说，相互支持的感觉对于婚姻满意度极为重要（Acitelli & Antonucci，1994）。

微笑 微笑会随着情境而变化。在 400 多项研究中，女性因为微笑频次更高而更容易受到关注（LaFrance & others，2003）。比如，玛丽安娜·拉弗朗斯（LaFrance，1985）分析了 9 000 张学校毕业册中的照片，哈伯斯塔特和塞塔（Halberstadt & Saitta，1987）考察了 1 100 张杂志和报纸的照片以及超市、公园、街道上的 1 300 个人，均发现女性更愿意微笑。

同理心 接受调查时，女性倾向于将自己描述为更具“**同理心**”（empathy，也译作“共情”），即能够感受他人的感觉——为他人的喜悦而高兴，为他人的悲伤而哭泣。尽管在实验室条件下，同理心的性别差异没有那么显著，但它是的确存在的。

- 在观看幻灯片或者听完故事以后，女孩会有更多的同理心反应（Hunt，1990）。
- 在实验室或实际生活沮丧的情境下，女性比男性更可能为他人遭受相似的经历而表现出同理心反应（Batson & others，1996）。
- 看到别人因犯错而痛苦，女性与同理心相关的脑区会显著激活，但是男性不会（Singer & others，2006）。

© Michael Jantze. With permission of TheNorm.com Publishing.

- 女性更容易哭泣，也更多地报告为他人的悲伤而难过（Eisenberg & Lennon，1983）。在盖洛普民意测验中，12% 的美国男性和 43% 的美国女性报告说因为伊拉克战争而哭泣（Gallup，2003）。

所有这些差异都有助于解释：以与男性的友谊相比，男女两性都认为与女性的友谊更加亲密、愉悦并且更易维持（Rubin，1985；Sapadin，1988）。当你需要别人共情和理解时，会向谁寻求帮助？两性都倾向于向女性倾诉自己的喜怒哀乐。

请你思考：西方女性是否应该更独立，并且更习惯于个人主义文化？或者说女性强调关系取向的生活方式，是否有利于将权力导向的西方社会（以疏于照管儿童、孤独和抑郁为标志）转变为更具人文关怀的社会？

对两性同理心差异的一种解释是女性解读他人情绪的能力更强。朱迪思·霍尔（Hall，1984）对 125 项考察两性对非言语线索敏感度的研究进行分析发现，总体而言，女性更善于解码他人的情绪线索。例如，呈现一段 2 秒钟的无声影片，画面是一位悲伤女性的面孔，女性能更准确地猜出她究竟是在批评别人，还是在谈论她的离婚。马斯特和霍尔（Mast & Hall，2006）报告说，女性回忆他人外貌的能力也显著优于男性。实验研究发现，地位较高的人在解读他人的情绪方面不太精确（Kraus & others，2010）。

最后，霍尔认为女性更擅长以非言语的方式表达情绪。根据科茨和费尔德曼（Coats & Feldman，1996）的报告，这一特点在表达积极情绪时尤为明显。研究者找了一些志愿者，让他们谈论令自己感到快乐、悲伤和生气的情境，并录下来。之后，研究者给实验参与者呈现 5 秒钟的静音录像，让他们猜测讲述者的心情。结果发现，在快乐情境中，参与者对女性情绪的推测更加准确。相反，男性在表达愤怒时似乎更加出色。

女孩通常更富有同情心而且善于识别他人的情绪，所以她们更不容易患自闭症，贝伦科恩（Baron-Cohen，2004，2005）认为自闭症体现了“极端的男性大脑”。

社会支配性

想象一下有这样两个人：一个“大胆、专断、粗心、强势、坚强、独立以及强壮”，而另一个“温柔、依赖、天真、感性、服从并且弱小”。如果你觉得前者更像男人，而后者更像女人，那么按照威廉斯和贝斯特（Williams & Best，1990a，p.15）所讲，你和很多人的想法一样。从亚洲到非洲，从欧洲到澳洲，人们对男人的评价离不开强势、进取和攻击等描述。而且，对 70 个国家近 80 000 人的研究表明：男人比女人更为重视权力和成就（Schwartz & Rubel，2005）。

这些观点、期望与事实是相符合的。几乎所有的社会男性都处于统治地位。而在已知的社会中，女性通常很难居于统治地位（Pratto，1996）。正如赫加蒂等人

（Hegarty & others, 2010）研究发现，从古至今，男性的名字都是排在前面的，例如“国王和王后”、“他的和她的”、“先生们女士们”、“比尔和希拉里”等。莎士比亚的戏剧题目绝不可能写成“朱丽叶与罗密欧”或“克利奥帕特拉与安东尼”。

我们将看到，不同文化中性别差异的变化极大，不过在许多工业化国家，随着女性担任更多的管理和领导岗位，性别差异正在逐渐减小。但是我们还要看到：

- 2011 年，在全世界的议会议员中，女性只占 19%（IPU，2011）。
- 男性比女性更关心社会统治问题，更可能支持保守的政治候选人和维持男女不平等的措施（Eagly & others，2004；Sidanius & Pratto，1999）。
- 陪审团成员中男性大约占一半，但在选举的陪审团领袖中男性却占到 90%，并且大部分实验室小组的负责人也都是男性（Colarelli & others，2006；Davis & Gilbert，1989；Kerr & others，1982）。
- 在英国男性霸占了前 100 强企业董事会 87% 的席位（BIS, 2011）。
- 联合国报告称，“在多数国家中，女性的工资约为男性工资的 70%~90%”（United Nations，2010）。这样大的工资差距中，仅有约 1/5 是因为男女两性在教育程度、工作经验和工作特性等方面的差异（World Bank，2003）。

在最弱势的群体中男性也超过了女性的数量，比如囚犯和无家可归者（Baumeister，2010）。

很多研究发现，人们觉得领导者具有更多传统文化中的男性化特质，更自信、强势、独立和坦率（Koening & other, 2011）。在写推荐信时，针对男性候选人，人们通常更多地使用这些“主观能动”的形容词；而在描述女性候选人时，则更多地使用“群体性”形容词（助人、友善、同情、慈爱、乖巧）（Madera & other, 2009）。其实际结果可能使得女性在申请领导岗位时处于劣势。

有些性别差异与地位、权力无关。比如，处于任何地位的女性都更倾向于露出更多的笑容（Hall & others，2005）。

男性交流的方式可以加强他们的社会权力。在领导角色并未清晰界定的情境下，男性倾向于采取专断的领导方式，而女性则倾向于采取民主的领导方式（Eagly & Carli，2007）。在领导角色中，男性擅长指示性和专注于任务的领导角色，而女性则擅长“转型”风格的领导角色——采用灵活的社交技巧建立团队精神，这种领导受到越来越多的组织欢迎。男性比女性更强调胜利、领先以及控制他人（Sidanius & others，1994）。这也许能够解释为什么相比于群体内冲突，群体间竞争（如国际战争）发生时人们更偏好男性领导者（Van Vugt & Spisak，2008）。

“这个报告很好，芭芭拉，不过由于两性讲的并非同一种语言，我恐怕没有听明白你说的话。”

男性还表现得更冲动，更爱冒险（Byrnes & others, 1999; Cross & others, 2011）。一项对 35 000 个股票经纪人账户的研究发现，“男性比女性更自负”，所以他们比女人的交易额多出 45%（Barber & Odean，2001a）。因为交易有成本，也因为男人的交易更多地失败，所以他们对股市造成了 2.65% 的股价损失，而女性造成的损失为 1.72%。男性交易员更喜欢冒险——因此收入也更少。

在写作方面，女性更多使用联系性介词（比如 with），更少使用数量性名词，也更频繁地使用现在时态。一个根据词汇使用和句型结构来判断性别的程序成功识别出 920 本英国小说及非文学作品中作者的性别，其准确率高达 80%（Koppel & others，2002）。

男性谈话的方式可以反映出他们对独立的关注，而女性更重视关系。男性更可能表现出权力欲——自信地谈话、直接打断他人、相互握手、更多地注视对方以及较少微笑（Leaper & Robnett，2011）。从女性角度考虑，她们更多采用间接方式影响他人——较少打断他人、更敏感、更礼貌、更谦虚。

那么是否可以断言（就像 20 世纪 90 年代一本畅销书的名字一样）男人来自火星，女人来自金星？事实上，如同杜克斯和拉弗朗斯（Deaux & LaFrance，1998）提到的那样，男女之间不同的交谈方式可能与社会背景有关。我们赋予男性的大多数特征往往是属于那些处于更高社会地位的人的特性（不论男女）（Hall & others，2006）。例如，学生在和教授谈话时会比他们与同龄人谈话时更频繁地点头（Helweg-Larsen & others，2004）。男人——以及社会地位较高的人——在谈话时通常声音较大而且更容易打断他人（Hall & others，2005）。此外，个体还存在差异：有些男性总是犹豫不决和恭敬顺从，而有些女性则相对自信而且专断。很显然，认为男性和女性来自不同行星的说法太过于简单化了。

“那是男人的事情。”

攻　击

心理学家把**攻击**（aggression）定义为意图伤害他人的行为。在全世界，捕猎、打斗和战争等主要是男性从事的活动（Wood & Eagly，2007）。调查显示，男性承认自己比女性有更多的攻击行为。在实验中，男性确实表现出更多的身体攻击，比如实施（自以为真的）高强度电击（Knight & others，1996）。在加拿大，因谋杀而拘捕的男女比例为 9:1（Statistics Canada，2010）。在美国，92% 的囚犯是男性，男女比例超过 9:1（FBI，2009）。几乎所有自杀式的恐怖分子都是年轻男子（Kruglanski & Golec de Zavala，2005）。几乎所有死于战场上的人和死刑犯也是如此。

但是，性别差异会随着情境的不同而不同。在挑衅情境下，男女性别差异会大大缩小（Bettencourt & Kernahan，1997；Richardson，2005）。而且在一些伤害性较小的攻击形式中，比如说扇家人耳光、摔东西或者言语攻击等，女性的攻击行为并不比男性少（Björkqvist，1994；White & Kowalski，1994）。确实，约翰·阿彻（Archer，2000，2004，2007，2009）根据数十项研究的统计分析指出，女性似乎会发起更多的间接攻击行为，例如散布恶意的流言。但是，无论在什么地方，无论处于哪个年龄阶段，男性都会更多地进行身体攻击，伤害他人。

我笃信，假如所有的国家都由女性来领导，世界将不会再有军事冲突。即使发生军事冲突，所有相关的领导者都会觉得很难过，国家高层会尽快交换意见……接着便是和平午宴。

——Dave Barry，
幽默专栏作家，1977
（摘自 Funny Times，2011）

性特征

在性态度和主张方面，也存在男女差异（Petersen & Hyde，2010）。尽管面对性刺激时，两性在生理和主观反应上大同小异（Griffitt，1987），但是，请思考：

- “我可以想象自己正愉悦地享受与不同伴侣的‘随意’性关系。”澳大利亚的一项调查显示，48% 的男性和 12% 的女性对此表示同意（Bailey & others，2000）。对 48 个国家和地区的研究表明，不同文化对性放纵的容忍程度存在差异，其中芬兰人的态度比较开放，支持乱交，而中国台湾人则相对忠贞，支持一夫一妻制（Shmitt，2005）。但所研究的 48 个国家和地区中，任何一个男性对性放纵都表达出了比女性更高的欲望。同样，BBC 调查了 53 个国家的 20 多万人，发现各地的男性都更强烈地同意“我有很强的性冲动”这个说法（Lippa，2008b）。
- 美国教育委员会最近调查了 25 万名大一新生，也发现了类似的结果。对于下面这一观点，“如果两个人真的彼此喜欢，那就可以发生性关系，即使他们认识的时间很短暂。”58% 的男生表示赞成，而女生只有 34% 表示赞成（Pryor & others，2005）。
- 在一项调查中，随机抽取 3 400 名年龄在 18 到 59 岁之间的美国人，48% 的女性和 25% 的男性认为情感是他们发生第一次性关系的原因。在对性生活频率问题的回答上，19% 的女性和 54% 的男性回答“每天”或者“一天几次”（Laumann & others，1994）。类似地，加拿大人有 11% 的女性和 46% 的男性也会回答“一天几次”（Fischstein & others，2007）。

两性在性态度上的差异还反映在行为层面上。跨文化心理学家马修·西格尔及其同事（Segall & others，1990，p.244）报告说：“世界各地，几乎无一例外，男性比女性更可能发起性活动。”

与女同性恋相比，男同性恋报告：对随意的性关系更感兴趣，性爱频率更高，对视觉刺激的反应更强烈，更关心伴侣的性魅力（Peplau & Fingerhut，2007；Rupp & Wallen，2008，Schmitt，2007）。女同性恋中有 47% 会结婚，而这几乎是男同性恋（24%）的两倍（Doyle，2005）。佛蒙特州的同性结合和马萨诸塞州的同性婚姻中，三分之二都是女性情侣（Belluck，2008；Rothblum，2007）。史蒂文·平克（Pinker，1997）观察说，“并不是说男同性恋性爱次数更多，他们只是表现了正常男性的性需求，只不过对象也是男人罢了。”

确实，男性不仅有更多的性幻想，性态度也更开放，会寻找更多的性伴侣，也更容易引发性唤醒，渴望更频繁的性生活，手淫次数更多，更不善于独身生活，更少拒绝性爱，更容易冒险，花费更多的资源以便满足性需求，且更偏爱形式各异的性行为（Baumeister & others，2001；Baumeister & Vohs，2004；Petersen & Hyde，2011）。一项以 18 到 25 岁大学生为样本的研究显示，男生想到性的频率中数为大约每小时一次，而女生中数约为每两小时一次，尽管同性之间存在较大的个体差异（Fisher & others, 2011）。一项研究询问了来自 52 个国家的 16 288 个人，要求他们回答在未来一个月，他们渴望多少名性伴侣。结果发现，在单身人群中，29% 的男性和 6% 的女性报告说渴望一个以上的性伴侣（Schmitt，2003，2005）。同性恋和异性恋的结果一样（29% 的男同性恋和 6% 的女同性恋渴望一个以上的性伴侣）。

人类学家唐纳德·西蒙斯（Symons，1979，p.253）指出，“在世界各地，性都被理解为女性拥有而男性渴望的事物。”难怪鲍迈斯特和沃斯说，各地的文化都更重视女性而非男性的性行为，正如卖淫与求爱过程中所表现出来的性别不对称。男人一般提供金钱、礼物、赞美和承诺，含蓄地换取女性的性顺从。他们注意到，在人类的性经济中，女性很少为性买单。就像工会反对“不罢工的工人”一样，他们认为这种人会损害他们自身劳动的价值。大多数女性都会反对其他女人提供“廉价的性”，这会降低她们自身性行为的价值。在 185 个国家中，男人越少，少女怀孕率就越高——因为男人稀缺时，“女人们会以低价提供性的方式相互竞争以获得男性的许诺”（Barber，2000；Baumeister & Vohs，2004）。当女人缺少时（如中国和印度），女性性行为的市场价值就会上涨，她们会要求更高的求婚承诺。

性幻想也存在性别差异（Ellis & Symons，1990）。在以男性为受众的色情作品中，女性通常未婚且充满欲望；以女性为主要市场的爱情小说中，温柔的男主角总是会全身心地爱自己的心上人。看来并非只有社会学家才注意到这种性别差异。幽默评论家戴夫·巴里（Barry，1995）观察说：“女人们可以为一部长达 4 个小时的电影而着迷，尽管整个情节就是一男一女向往发展出一段恋情，但最终却没有什么结果。而男人极其憎恨这样的事情。男人的向往一般只能持续 45 秒，而后就希望大家脱衣服，然后再来一场汽车追逐的戏。一部名为《飞车中的裸身男女》的影片会很吸引男人。”

男　妓

“噢耶，宝贝，我会听你的话——我整晚都会听你的话。”

正如侦探对犯罪的兴趣比对美德更浓厚一样，心理学家对差异的兴趣远远超过了共性。让我们牢记这一事实：个体差异远远大于性别差异。女性和男性并不是完全相反（虽然不同）的两种性别，他们更像一个人的两只手，相似却不完全一样，彼此非常协调，但当他们紧紧相握时却有所差异。

小结：性别的相似性和差异性

- 男孩和女孩，男人和女人，在很多方面都非常相似。然而他们之间的差异却更为引人注目。
- 社会心理学家考察了独立性与关联性之间的性别差异。女性通常更关心他人，表达更多的同理心和情绪反应，以及用更多关系性的词汇描述自己。
- 男女两性似乎表现出不同的社会支配性和攻击性。在世界已知的文化中，男人一般拥有更多的社会权力，且比女性更可能实施身体攻击。
- 性特征也是性别差异的另一重要方面。男人渴望并且会发起性行为，而女性的性行为通常是由强烈的感情引发的。

演化与性别：与生俱来的行为

在解释性别差异上，请对比一下演化心理学家和持社会文化视角的心理学家的异同。

性别研究专家哈尔佩恩（Halpern, 2010）提出，“很多研究证据一致表明，在跨研究、跨种族、跨文化上广泛地存在着性别差异。”其原因何在？“你认为造成男女

“我打猎，她采摘，不然的话，我们没法过活。”

两性不同人格、兴趣和能力的原因是什么？”这是盖洛普公司（Gallup，1990）在一项全美调查中的一个问题。“这主要是由两性不同的养育方式还是由其生理差异造成的？”99%的人回答了这一问题（显然没人质疑该问题的假设），其中选择后天教养和生理差异的人各占一半。

两性的确存在某些突出的生物性差异。男性天生有发达的肌肉以便狩猎，而女性天生有哺乳的能力。这种生物意义上的差异是否仅仅局限在生殖和运动系统呢？还是男女两性的基因、荷尔蒙以及脑机制的差异导致了上述的行为差异？

性别与择偶偏好

意识到两性在攻击性、支配性和性特征的差异在全世界都持续存在，演化心理学家道格拉斯·肯里克（Kenrick，1987）认为，“我们无法改变自己种群演化的历史，毫无疑问，我们彼此之间的一些差异受到这段历史的影响。”演化心理学家预测，如果两性面对的是完全相同的适应性挑战，那么两性之间就不会有任何差异（Buss，1995b，2009）。两性都通过分泌汗液调节体温，在口味上都偏好有营养的食物，皮肤磨损时都会起老茧。但是演化心理学家同时预言，两性在约会、婚配以及繁殖行为等方面存在差异。

比如，让我们来思考一下男性在性活动中更高的主动性。正常的男性一生会产生亿万个精子，所以相比于卵子，精子要廉价很多（如果你是一个正常的男人，在读到这些文字的时候，你会产生 1 000 多个精子）。而且，女性孕育受精卵时，男性还可以与其他女性性交来增加自己基因传播的机会。生一个孩子，女人分娩需要花 9 个月，而男人可能只需要 9 秒。

演化心理学家施密特（Schimitt，2006）指出，某些种群如果雄性比雌性提供了更多的养育投入，雄性就会拥有长期的择偶策略，更容易识别出潜在的配偶，死亡也更晚。

因此，演化心理学家认为，女性会在意男性拥有的资源与做出的承诺，从而谨慎地选择繁殖机会。男性则会与其他男性竞争以获得传播基因的机会，因此男性寻找的是能够播种的肥沃土壤。女性寻求的则是那些能帮助她们整理花园的男人——资源丰富且感情专一的父亲，而不是那些朝三暮四的花花公子。女性择偶精挑细选，而男性择偶则贪多务得。至少理论上是这样。

此外，演化心理学家提出，在身体机能方面处于优势的男性总是很擅长接近女性。因为攻击性较弱的男性繁衍的几率较低，所以人类漫长的演化历程增强了男性的攻击性和支配性。观看有吸引力的女性照片启动之后，男性会更支持侵略他国，该研究结果与“交配欲望可能是战争诱因”的理论一致（Chang & others, 2011）。那些使蒙特祖玛二世成为阿兹台克国王的基因特性很自然地通过他的 4 000 个女人遗传给了他的后代（Wright，1998）。如果我们的女性祖先能通过理解自己孩子和求婚者的情绪而获得益处的话，那么自然选择就会同样赋予女性理解情感的能力。在所有这些假设之下的原则是：自然会选择那些有助于基因遗传的特性。

母鸡只是蛋生蛋的工具。

——Samuel Butler，1835~1901

这些过程几乎都是无意识的。很少有人会在痛苦中停下来思考，“我要把我的基因遗传给后代。”相反，像演化心理学家说的那样，我们天生渴望那种能增加基因遗传性的生活。情绪负责执行这种演化机制，就像饥饿促使人体摄取营养物质那样。

医学研究员刘易斯·托马斯（Thomas，1971）在推测雄蛾对雌蛾释放蚕蛾性诱醇（bombykol）的反应时，充分阐述了隐性演化倾向的思想。蚕蛾性诱醇是一种很小的分子，它可以使雄蛾的翅膀发生震动，从数公里之外逆风而上狂热地寻找雌蛾。但雄蛾是否意识到受某种化学气雾剂的驱使则值得怀疑。相反，它可能只是突然觉得那天天气很好，该活动活动翅膀逆着风向去玩玩。

戴维·巴斯（Buss，1995a）说，“人类是活化石——集中体现了远古以来选择压力下的所有机制。”演化心理学家认为，这不仅有助于解释男性的攻击行为，也可以解释两性在性态度和性行为方面的差异。尽管男性把女性微笑解释为性爱信号的行为常常被证明是错误的，但是万一猜对，就能获得繁殖的机会。

演化心理学家预测男性会努力为女性提供她们所需的外界资源和身体保护。雄性孔雀炫耀他们的羽毛，男性则会炫耀他们的腹肌、豪车和财产（Sundie & others, 2011）。威尔士和加地夫的一项研究显示，女性坐在简陋的福特嘉年华里或豪华的宾利里，男性觉得她的吸引力差别不大；但女性会觉得坐在豪车里的男性更具吸引力（Dunn & Searle, 2010）。格伦·威尔逊认为“男性的成就最终会变成求爱的本钱”（Wilson，1994）。

女性可能会隆胸、去皱、抽脂，以满足男性所需的年轻、健康的外表（暗示着可受孕）——而在某些实验中，她们还会贬低其他有魅力女性的成功和外表（Agthe & others，2008；Vukovic & others，2008）。男女两性的择偶偏好可以证实上述假设。请思考以下现象：

- 从澳大利亚到赞比亚，对 37 种文化进行的研究显示，生殖力旺盛的女性外表（如年轻的脸孔）对男性更加富有吸引力。而女性则被那些富有、强势和自信的男性所吸引，因为这表示男性有足够的资源保护和抚养后代（图 5.5）。男性对女性外表的兴趣使他们成为世界上色情作品的主要消费者。但两性同样也存在相似性：不论是定居在印度尼西亚群岛还是圣保罗的市郊，男女都渴望友善、爱情和双方的相互吸引。
- 男性更容易为（年龄和外貌特征）处于生育巅峰的女性所吸引。十几岁的男孩喜欢比自己大几岁的女性；二十多岁的男性喜欢和自己年龄相仿的女性；年龄较大的男性则偏好更年轻的女性，并且男性的年纪越大，在选择伴侣时所偏好

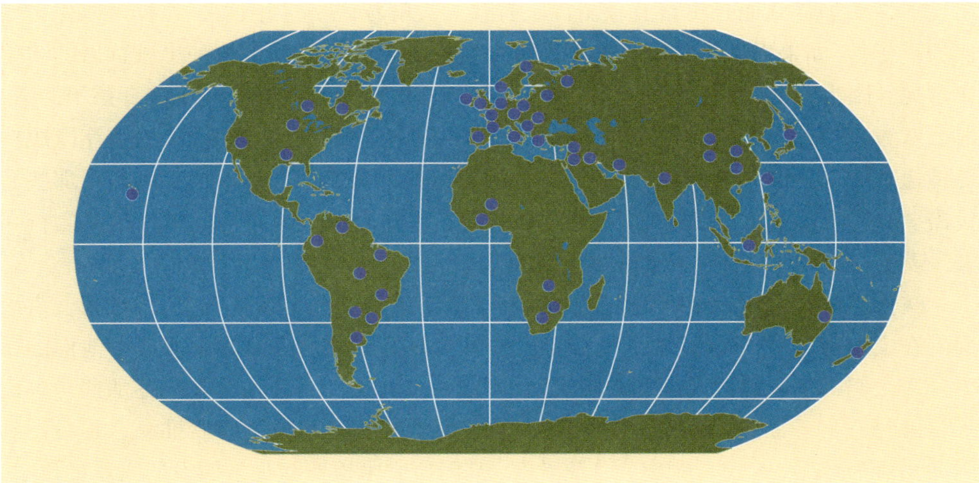

图 :: 5.5
人类的择偶偏好

戴维·巴斯和50位合作者调查了各个种族、宗教和政治体制下的1万多人，范围涉及6个大陆和5个岛屿。他们发现各地的男性都偏爱那些年轻健康、适合繁殖的女性，而女性则偏爱有财产和地位的男性。

资料来源：Buss (1994b).

拉里·金（Larry King，美国著名电视节目主持人）比他的第七任妻子肖恩大25岁。

的年龄差距就越大（Kenrick & others，2009）。欧洲的求偶广告，印度的婚姻广告，以及来自美国、非洲和菲律宾的婚姻记录都证明了这一模式具有世界普遍性（Singh，1993；Singh & Randall，2007）。各个年龄阶段的女性都偏爱比自己大一点的男性。演化心理学家再次强调，我们可以看到，自然选择使男性偏爱预示生殖能力强的女性特征。

- 月度生殖力也有影响。女性的行为、气味和声音都会为排卵提供一些微妙的线索，男性能觉察这些线索（Haselton & Gildersleeve, 2011）。在生育高峰时，女性会更偏爱男性化的面孔，更警惕存在潜在威胁的男性，更擅长觉察男性的性取向（Eastwick, 2009; Little & others, 2008; Navarrete & others, 2009; Rule & others, 2011）。

基于这些发现，巴斯（Buss，1999）报告说对此感到有点意外："世界各地的男女在择偶偏好上的差异，如此精确地符合演化学派的预测。就像我们对蛇、高度和蜘蛛的恐惧为我们提供了一扇窗，以了解演化过程中先祖们遭遇的生存危机一样，我们的择偶偏好同样为我们提供了一扇窗，以洞察祖先繁衍必需的一些资源。成功生存并繁衍的祖先所具有的偏好，一直延续到我们所有人。"

对进化心理学的反思

并非刻意驳斥自然选择（自然对身体和行为特征的选择确实增加了基因生存概率），批评者指出演化解释可能存在问题。演化心理学家有时会从某种结果（比如两性发起性行为的差异）出发，从结果倒推到行为从而提出某种解释，这种方法是倒推的机能主义，在 20 世纪 20 年代曾是心理学的主流理论。"为什么会出现那样的行为？因为那样的行为具备这样的功能。"你可能会发现，无论演化论还是机能主义都只是事后推测。生物学家保罗·埃利希和费尔德曼（Ehrlich & Feldman，2003）指出，如果采用这样的事后推测，演化论理论家几乎从不会犯错。当今的演化心理学家如同过去的弗洛伊德心理学派一般，批评者如此评述：不论发生什么现象，这两种理论都可以自圆其说。

防止事后推测偏差的方法是假设事件的其他发展方式。我们不妨想想，女性如果比男性更加强壮而且更富有攻击性。有些人会解释说："当然啦，这样可以保护她们的孩子。"如果男性从来没有过婚外情，我们是否就很难发现这种忠诚背后的演化智慧呢？因为养育后代远比播种受精重要，所以，如果男女共同投入来养育孩子的话，那么双方都会受益。那些对伴侣和后代忠诚的男性会更容易确保后代的生存以成功地传递基因。一夫一妻制有助于增强男性对父系后裔的确定。（事实上，对于那些后代需要大量养育投入的人类和其他物种来说，它们为什么倾向于配对生活并实行一夫一妻制？演化学派基于倒推法提供了解释。）

除了主流科学，也有批评者挑战演化论。（见下页"聚集：演化学与宗教"）

演化心理学家认为批评他们的理论基于事后推测"完全错了"。他们认为，事后推测在文化解释中的作用并不小：为什么男女会有差异？因为文化塑造了他们的行为！当人们的角色随着时间和地点有所变化时，"文化"更多地是在描述那些角色而不是解释它们。而且演化心理学家认为他们的学说远远超越了事后推测，是一门利用动物行为数据、跨文化观察，以及激素、基因研究来检验演化学假设的实证性科学。

聚 焦

演化学与宗教

一个半世纪以前，达尔文写出了《物种起源》。达尔文认为“任何一种物种都是由更早物种演化而来”，这一观点一直遭到质疑，而在美国尤其激烈。盖洛普调查发现，美国有一半的成年人不相信演化是“人类在地球上生存”的原因所在，40% 的人认为人类是在约 1 万年前由上帝创造的（Newport, 2007b, 2010）。尽管包括现代 DNA 研究在内的各种有力证据在很久以前就让 95% 的科学家们相信“人类是数百万年发展的产物”，但是对演化的怀疑依然存在（Gallup，1996）。

大多数的科学家认为，变异与自然选择能解释生命的出现，包括精妙的生命结构。例如：人类的眼睛就是能编码和传输丰富信息的神奇结构，它比其他动物的各种器官都要高级，正是自然能选择使这一器官的变异臻于完美（Dennett，2005）。事实上，很多科学家都喜欢引用遗传学家杜布赞斯基（Dobzhansky，他也是俄罗斯东正教教会成员）的经典语录：“没有演化论，生物学就没有意义。”

美国科学促进会执行主席艾伦·莱什纳博士（Leshner，2005）对于反对科学与反对宗教的极端分子所带来的两极分化感到痛心疾首。为了解决日益紧张的科学与宗教冲突，他认为，“我们必须抓住一切机会让大众明白：科学和宗教并不是对立的。他们能和谐共处，而且能共同造福于人类社会。”

很多赞同莱什纳博士的科学家也相信，科学能解答“时间”和“过程”这类问题，而宗教能解答“主体”和“原因”这类问题。在 15 世纪，圣奥古斯丁（St. Augustine）预测今天的科学能证实人们的信念：“这个宇宙形成至今还处在没有完全成熟的状态，但是具有一种天赋的能力——能将自己从混沌状态转变为拥有明确结构和形状的神奇组合”（Wilford，1999）。

宇宙学家说这个宇宙很神奇。如果重力变得稍强或稍弱一点，或者碳质子变得稍轻或稍重一点，这个掌握着生命大权的宇宙或许就不会把我们制造出来。尽管有一些科学无法解释的问题（为什么某些事物存在而不是不存在？），宇宙学家保罗·戴维斯（Davies，2004，2007）说的却有道理：自然界好像被设计得无所不能，可以自我复制，可以产生信息加工系统（我们）。尽管看起来人类的产生经历了漫漫长路，但是最终，我们成为极其复杂、充满意义和希望的存在。

与很多学科一样，观察激发理论进而产生可以检验的新预测（图 5.6）。这些预测不但可以使我们对未注意到的现象有所警觉，而且可以证实、反驳或是修正理论。故而，演化心理学家因为预测及证实某些现象而得到好评：

- 性别引发嫉妒（Levy & Kelly, 2010）。男性比女性更多地体验到性嫉妒（男性关注伴侣与其他男性发生的身体接触），女性则比男性更多地体验到情感嫉妒（女性关注伴侣与其他女性的情感卷入）。
- 我们喜欢与自己有相同基因的个体（如家人或者亲戚）。
- 我们的记忆倾向于记住与生存相关的信息，如食物存放的地点（Confer & others, 2010）。

批评者认为实证证据并不能有力支持演化心理学家做出的预测（Buller，2005，2009）。而且，他们也担心演化学派对性和性别的解释会“增强对男女两性的刻板印象”（Small，1999）。演化学派的解释会不会使帮派暴力、嫉妒杀人以及强奸行为因男性天生的攻击性而变得正常合理呢？但是演化心理学家回答说，这种演化结果属于过去的理性选择，它只是告诉我们远古人类的行为模式。至于这些行为是否适合于现在，那就是另一个问题了。

演化心理学的批评者承认演化确实有助于解释我们人类的异同之处（一定程度的多样性有利于生存）。但是他们强调仅凭人类共同的演化传统无法预测人类婚姻

图 :: 5.6
预测的样例
资料来源：选自巴斯的《进化心理学》(Buss, 1995a)。

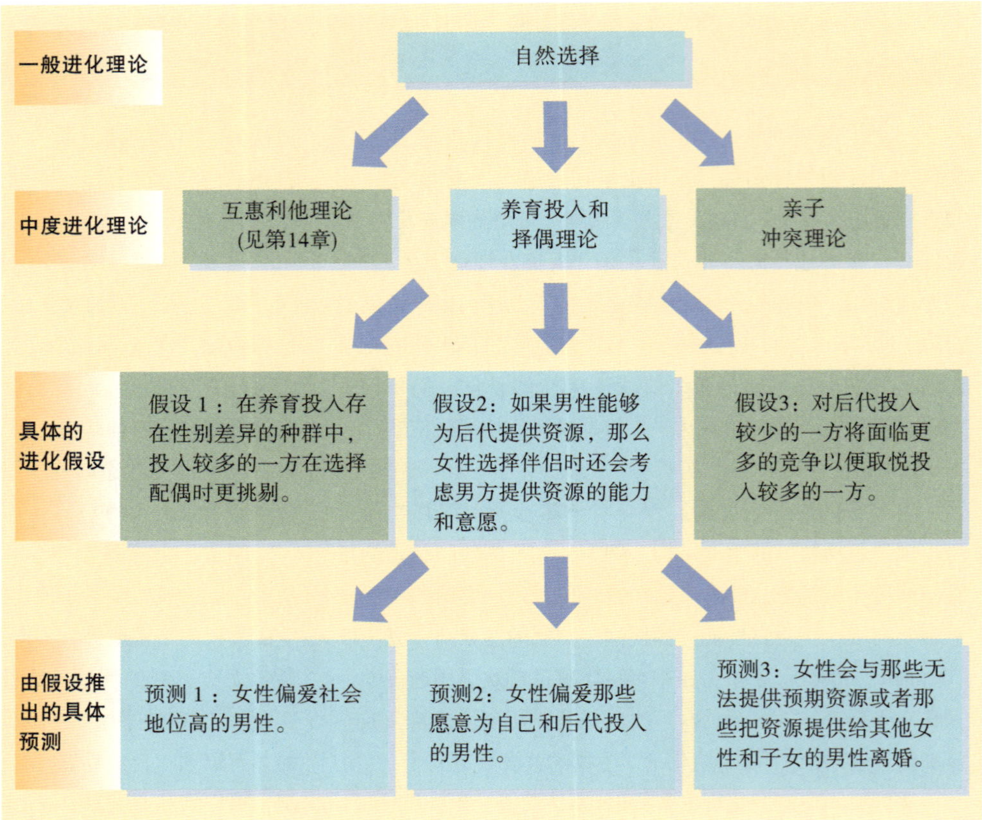

模式中的文化变异（从一夫一妻到一夫多妻或者一妻多夫，以及交换夫妻的行为），而且它也无法解释为什么文化能够在短短几十年的时间内影响人们的行为模式。自然赋予我们最重要的特征似乎就是适应能力——学习和改变。演化论的拥护者提出，演化并非基因决定论，因为演化让我们能够适应多变的环境（Confer & others, 2010）。正如大家都知道的，文化存在多样性，而且在不断变化。

性别与激素

如果基因预先设定了与性别有关的特性，它们肯定会影响我们的身体来表现这一点。在男性胚胎中，影响睾丸形成的基因会指导分泌睾丸素——影响他们雄性体征的男性激素。研究发现，在胚胎形成时期接受了更多睾丸素的女孩长大后会比其他女孩表现出更多男子气（Hines，2004）。另外，有一些研究跟踪了那些没有男性生殖器而被当做女孩子抚养的男孩（Reiner & Gearhart，2004），大人虽然像女孩子一样打扮和对待他们，但是多数人最终还是会参与典型的男性游戏，并且认同自己的男性性别，而且通常没有情绪上的痛苦。

攻击行为的性别差异似乎受到睾丸素的影响。给动物注射睾丸素会增加其攻击行为。有着极端暴力倾向的男罪犯体内往往有很高的睾丸素含量，国家橄榄球联队的运动员和狂欢兄弟会的成员也同样如此（Dabbs，2000）。此外，人类和猴子攻击行为的两性差异在生命早期就表现出来了（在文化发生影响之前），并且在成年后随着睾丸素水平的下降而趋于消失。当然这些证据都不是结论性的。总体来讲，这些证据让许多学者相信性激素确实有影响。但正如我们将要看到的，文化同样也是如此。

随着人类进入中年甚至老年期，就会出现一种很奇怪的现象：女性变得更加独断和自信，而男性则更多地表现出同理心，更少地支配他人（Kasen & others，2006；Lowenthal & others，1975；Pratt & others，1990）。激素变化可能是性别差异减小的原因之一，角色需要是另一方面原因。另外有一些学者推测，在求爱阶段和为人父母的最初阶段，社会期待会使两性重视那些能增强他们角色的特性。在求爱、提供资源和保护的过程中，男性会更强调自己的男人气质，并放弃自己对相互依赖和养育的需要（Gutmann，1977）；而年轻的女性在求爱和抚育孩子的时候则会控制自己独立和专断的倾向。随着男性和女性结束了成年早期的角色，他们会更多地表现原先受到限制的特性，他们都变得更加**双性化**（androgynous）[来自 andro（男性）+gyn（女性）——因此混合了男性特征与女性特征]，兼具独断性和养育的能力。

最杰出的人是将两性优点集于一身的个体。

——爱默生，《论文集》，1843

小结：演化与性别：与生俱来的行为

- 演化心理学家提出，演化决定两性行为差异的理论，比如攻击行为和性活动的主动性。他们认为，自然界中的择偶行为要求男性对女性——尤其是那些具有较强生殖力生理特征的女性——更加主动，而且要求男性通过攻击和支配行为来与其他男性竞争。女性由于生殖机会较少，所以会仔细考虑男性保护和抚育后代的能力。
- 批评者认为演化学派的解释是事后推测，而且无法解释文化多样性。同时，他们也怀疑是否有足够的实证证据支持演化心理学家的理论，担心这些理论会强化不合理的男性刻板印象。
- 尽管生物因素（如雄激素与雌激素）在性别差异中具有非常重要的作用，但社会角色也是重要的影响因素。但天性赋予了我们适应各种不同环境的杰出能力，这一观点已得到学界公认。

文化与性别：文化塑造的行为

文化的影响可以通过不同时间和地点的性别角色差异生动地体现出来。

如前几章所述，文化是由大型群体共同拥有并能代代相传的一切事物——思想、态度、行为和传统。与生物一样，文化也具有多样性，存在资源竞争，因此会与时俱进（Mesoudi, 2009）。有学者（Markus & Conner, 2011）提出，文化经由“文化循环”而渐进：“首先，人类先创造了文化，随后再适应这种文化；其次，文化会塑造人的行为，以此延续文化。”人类是由文化塑造的文化塑造者。

我们可以看到文化对观念的塑造力，比如男女两性的适当行为。而且人们违反社会期望时就会遭到文化的谴责（Kite，2001）。在各个国家，女孩会花更多的时间做家务和帮助照顾孩子，而男孩则把时间花在自由的游戏上（Edwards，1991；Kalenkoski & others，2009；United Nations，2010）。即使在当代北美的双职工家庭中，也是男性完成家里大部分的修理工作，而女性负责照看孩子（Bianchi & others，2000；Fisher & others，2007）。

在联合国，我们知道，为了发展所做出的努力取决于非洲农民和她的丈夫之间良好的关系。

——联合国前秘书长科菲·安南，2002

据说，性别社会化给了女孩子“根基”，给了男孩子“翅膀”。研究者考察了 20 世纪获得考尔德科特奖（Caldecott Award）的儿童图书，发现拿着家务用具（比如扫帚、针线、锅、碗等）出现的女孩形象是男孩的 4 倍。而拿着生产用具（比如干草叉、犁、枪等）出现的男孩形象是女孩的 5 倍（Crabb & Bielawski，1994）。而对于成人情况

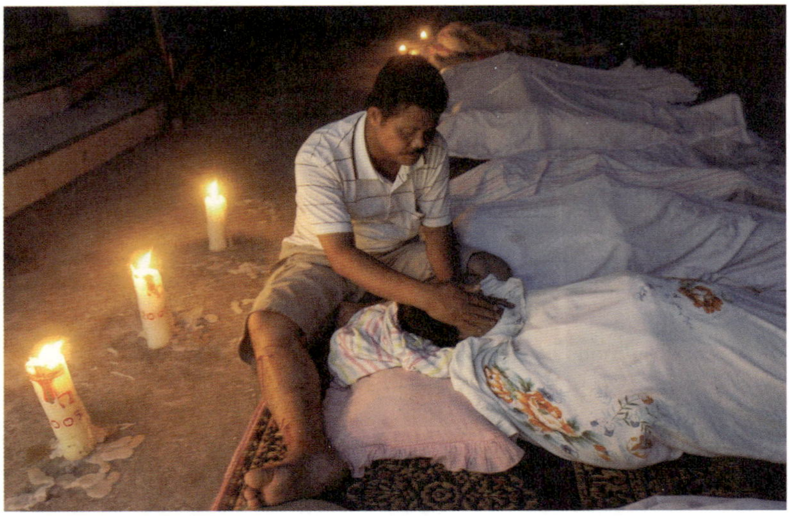

2004年12月26日东南亚遭遇海啸，3个月后Oxfam（2005）计算了8个村庄的死亡情况，发现死亡的女性至少是男性的三倍。（这些女性多出现在家中或附近，靠近海岸，而很少出现在海上、外出办事或工作）

并没有多大的不同。联合国报告（United Nations，2010）称，在全世界所有地区，“女性花在无偿家务劳动上的时间至少是男性的两倍”，而且她们的总工作时长（有偿的和无偿的）超过男性。此外，女性从事“地位较高、掌握权力或具有权威性的工作机会也很少”。在世界五百强企业中，女性担任首席执行官的公司仅有13家。谁应该做饭、洗碗，谁应该狩猎，谁应该执掌公司或统治国家，这种对两性不同的行为期望就是**性别角色**（gender roles）。

那么，究竟是文化建构了这些性别角色，还是性别角色只是反映了男女的自然行为倾向？不同文化和时代的性别角色差异表明，文化确实会影响性别角色的建构。

因文化而异的性别角色

尽管性别角色存在不平等，但是全球大多数的人们还是期望看到男女角色更加平等。夫妇两人一起工作、共同照顾孩子，或者丈夫外出工作而妻子待在家里照顾孩子，这两种生活哪一种更令人满意？这是2003年皮尤全球态度调查向38 000人提出的一个问题。44个国家中有41个国家的大多数人都选择第一个答案。

但是国家之间的差异十分明显。埃及人反对世界多数派观点的比例是2:1，而越南人赞成的比例则高达11:1。如果工作机会稀缺，男性是不是可以优先获得工作？在英国、西班牙和美国，八分之一的人回答“是”，在印度尼西亚、巴基斯坦和尼日利亚该比例为五分之四（Pew, 2010）。

在西方社会，性别角色变得越来越灵活。学前儿童教育不再是女性专属的工作，而驾驶也不再是男性专属的工作。

因时代而异的性别角色

在刚刚过去的半个多世纪中——历史长河中的一小页——性别角色发生了巨大的变化。1938 年，只有 1/5 的美国人支持“已婚女性可以去工作挣钱,即使她的丈夫有能力养家糊口。”到 1996 年，4/5 的人都赞成这种观点（Niemi & others，1989；NORC，1996）。1967 年，美国 57% 的大学新生赞同“已婚妇女的活动应该限制在家庭范围内。”而到 2005 年，只有 20% 的人同意这一观点（Astin & others，1987；Pryor & others，2005）。

“我在你这个年纪时，一切都按部就班，有律可循。”

与过去相比，现代文化中很多事物（包括性别角色）都已今非昔比。

© Robert Leighton/The New Yorker Collection/www.cartoonbank.com

这一态度的转变伴随着行为的变化。1965 年，哈佛商学院还从未给女性颁发过学位。在 2010 年，哈佛商学院 38% 的研究生都是女性。从 1960 年到 2011 年，美国医学院的女学生比例由 6% 上升到 47%，法学院则从 3% 上升到 50%（AMA，2010；ABA，2111；Hunt，2000）。到 20 世纪 60 年代中期，美国已婚妇女花费在家务劳动上的时间是她们丈夫的 7 倍（Bianchi & others，2000）。到 2010 年，尽管性别差异仍然存在，但有所减小。20% 的男性和 49% 的女性平时都做家务；女性平均每天花在家务上的时间为 2.6 小时，男性则为 2.1 小时（BLS, 2011）。

从摩洛哥到瑞典，妇女在国会中的席位在逐渐增加，这说明了不同文化下男女性别角色的变化（Inglehart & Welzel，2005；IPU，2011）。在如此短的时间内就有这么大的跨文化变化，说明演化和生物性并不能固化性别角色，时代对性别角色也会有影响。

同伴相传的文化影响

文化就像冰淇淋，有很多不同的口味。在华尔街，男性几乎都穿西装，女性几乎都穿衬衫和裙子；在苏格兰，很多男人都穿着方格裙；在靠近赤道的一些地区，人们几乎不穿什么衣服。那么这些传统是如何代代相传的呢？

比较有影响力的假设是哈里斯（Harris，1998，2007）的“教养论”（The Nurture Assumption）：父母抚育孩子的方式决定孩子会成为什么样的人。弗洛伊德学派和行为主义学派的许多学者以及很多普通人都支持这一观点。比较那些受父母溺爱和虐待的孩子，我们可以发现父母的养育方式确实有影响作用。而且，孩子在家中会习得父母的很多价值观，包括他们的政治倾向和宗教信仰等。但是，如果孩子的人格是在父母的榜样示范以及抚育下形成的，那么同一家庭长大的孩子显然应该很相似，对吗？

发展心理学近期的一项研究结果既令人非常震惊、激动人心，又获得广泛认可，推翻了这一理论。用行为遗传学家罗伯特·普劳敏和丹尼斯·丹尼尔斯（Plomin & Daniels，1987）的话来说，“两个在同一家庭长大的孩子之间的差异和从众多家庭中随机抽取的两个孩子之间的差异一样大。”

来自兄弟姐妹（双生子、血亲关系、收养关系）研究的证据表明，基因的影响大约只能解释个体人格特质差异的 50%。共同的环境影响（包括家庭）只能解释 0~10% 的人格差异。那么剩下的 40%~50% 由什么来解释呢？哈里斯认为，答案主要是同伴的影响。孩子们最关注的其实并不是父母的想法，而是同伴的想法。孩子们学习到的文化——游戏、音乐品位、口音甚至脏话——大部分都来源于同伴。事后想想，这也很有道理，他们毕竟是和同伴一起玩要，到最后可能会一起工作、一起生活。请思考一下：

- 学前儿童经常会拒绝尝试某一种食物，即使父母要求也不行。但是一旦他们和一组喜欢这种食物的孩子一起吃饭，他们就会有所改变。
- 尽管吸烟家长的孩子更可能吸烟，但是最主要的影响仍然来自同伴。这些吸烟的孩子大多有一些吸烟的朋友，向他们介绍吸烟的乐趣，并给他们提供香烟。
- 移民家庭到了国外进入到另一种文化，他们的孩子通常偏好新同伴的语言与习惯。如果回到自己的家，他们可能会转换到家庭的传统文化，但是其内心深处仍然认可同伴的文化。同样，父母正常的失聪儿童如果被送到聋哑学校，通常都会放弃父母的文化，而被失聪者的文化所同化。

因此，如果我们让一组儿童在相同的学校、社区和同伴关系中成长，只是把他们的父母换掉，如哈里斯（Harris，1996）预测的，他们“会成长为相似的成年人”。父母对孩子的影响很大，但是非常间接，他们只能决定孩子就读的学校、居住的社区，而同伴则会直接影响孩子们的违纪、吸毒或怀孕行为。而且，孩子们常常会受比他们稍微大一点的同伴的影响，而这些孩子再从比他们大一点的孩子身上学习，直到那些和父母同属一代的年轻人。

父母一代对孩子一代的影响相对较弱，以至于文化的传承效果并不十分理想。而且在人类社会和灵长类社会的文化中，变化往往都来自年轻一代。当某只猴子发现一种更好的清洗食物的方法，或者当人们追求新的流行时尚或者性别角色时，你会发现这种创新大多来自年轻人，而且通常更易为年轻人接受。因此，文化传统在延续中变化着。

儿童形成的很多态度来自于同伴。

小结：文化与性别：文化塑造的行为

- 研究最多的社会角色——性别角色，反映了生物影响，但也体现了文化的强大力量。普遍的趋势是男性而非女性占据了社会主导者的角色。
- 性别角色表现出了巨大的文化和时代差异。
- 儿童受到的文化影响大部分来自同伴。

基因、文化与性别各自的影响

解释生物因素与文化因素的相互影响，以及人格与情境的相互影响。

生物因素与文化因素

我们不必把演化和文化看做对立面。文化规范对我们的态度和行为有着微妙而强大的影响，但是它并不能独立于生物因素而起作用。所有的社会和心理因素，归根结底仍然是生物因素。如果他人的期望能影响我们，那这其实也是我们生物程序的一部分。此外，我们人类生物遗传所能启动的过程，文化都能使之得以增强。如果基因和激素预先设定男性比女性更加具有攻击性，那么文化会借助社会规范期望男性坚强刚毅而女性温柔友善来增大这种差异。

生物和文化因素也存在**交互作用**（interaction）。遗传科学的进展表明，经验能利用基因促进大脑的发育过程（Quarts & Sejnowski，2002）：环境刺激能激活基因制造新的脑细胞以分化感受器。视觉经验能激活基因发展大脑视觉区，父母的爱抚能激活基因帮助后代应对未来的压力事件。基因并非一成不变，它会根据我们的经验适应性地做出反应。

表观遗传学（epigenetics，意思是“除遗传学以外的”）是一个新的研究领域，探索环境激发基因表达的分子机制。经验可能会将一些复杂的分子与部分 DNA 分子相结合，从而阻止该 DNA 片段上的基因制造出所携带的编码蛋白。饮食、药物和压力（包括儿童期所受虐待）等都会产生控制基因表达的后生分子（Champagne & others, 2003; Champagne & Mashoodh, 2009; McGowan & others, 2010）。

如果生物特性会影响环境反应，生物因素和经验因素就会相互作用。男性身高比女性高 8%，肌肉为女性的 2 倍，因此他们的人生经历必然不同于女性。人类是否存在这样一条非常强硬的文化规范：男性应该比他们的女性伴侣高。在一项美国的研究中，720 对已婚配偶中只有一对不符合上述规范（Gillis & Avis，1980）。依据事后之见，我们可以推测心理学的解释：也许身高优势有利于男性延续他们超越女性的社会权力。但是我们同样可以推测这一社会规范背后的演化意义：如果人们偏好相同身高的伴侣，那么高大的男性和矮小的女性就可能找不到合适的伴侣了。既然如此，演化导致男性比女性更高，而文化也做出类似的规定。所以选择伴侣时的身高规范很可能就是生物因素和文化因素共同作用的结果。

伊格利和伍德（Eagly，2009；Wood & Eagly，2007）提出了生物因素与文化因素交互作用理论（图 5.7）。他们认为存在许多因素，包括生物影响和儿童期社会化，导致了男女两性不同的社会分工。成年以后，直接影响社会行为性别差异的是社会

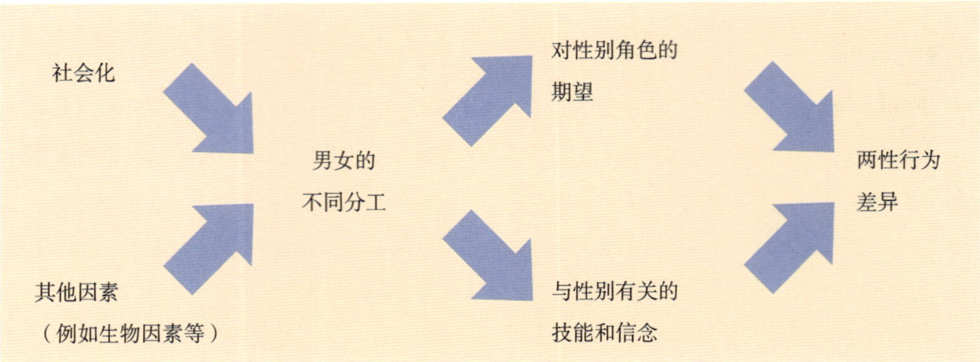

图 :: 5.7
社会行为性别差异的社会角色理论

各种影响因素（包括童年经历等）使得男女两性具有不同的角色。正是对这些不同角色的期望和信念影响了男女两性的行为。

资料来源：Adapted from Eagly (1987, 2009) and Eagly & Wood (1991).

角色，此种角色反映了两性的劳动分工。男性由于生理上天赋的力量和速度，更适合需要体能的社会角色。而女性由于先天的分娩和哺乳能力，更适合抚育者的社会角色。于是男女两性就各自倾向于表现那些符合角色期望的行为，并相应地塑造自己的技能和信念。因而天性和教养构成了一张“彼此交织的网”。随着角色分配变得更为平等，伊格利预测性别差异“将会逐渐缩小”。

确实如伊格利和伍德提到的，性别角色相对平等的文化中，择偶偏好的性别差异（即男性追求女性年轻及打理家务的能力，女性追求男性的社会和经济地位）会变得更小。同样，随着在传统男性岗位中工作的女性越来越多，自我报告的男性和女性特征的性别差异也越来越小（Twenge，1997）。随着男性和女性开始扮演越来越相似的角色，他们的心理差异也在减小。

但大卫·施密特和同事们的报告认为，这不是事实的全部（Schmitt & others，2008）。对 55 个国家的男女进行的人格测验表明，全世界——特别（奇怪的）是那些经济繁荣、教育发达和倡导平等的国家——女性都显示了更高的外向性、宜人性和责任感。而在较落后的经济和社会背景下，施密特提出，“个体内在人格特质的发展受到更多的束缚。”

尽管生物因素决定了男性更适合需要力量的工作，而女性更适合照料孩子的工作，但是伍德和伊格利（Wood & Eagly，2000）总结说，“男性和女性的行为是可塑的，

研究背后的故事

艾丽斯·伊格利两性异同的研究

20 世纪 70 年代早期，因为一项社会影响的研究项目，我开始涉足性别领域的研究。像如今的许多女权主义活动家一样，我最初认为，尽管对女性存在消极的文化刻板印象，但两性的行为在本质上是相同的。经过这么多年，我的看法有了相当大的改变。我发现两性在某些社会行为上还是存在一定程度的差异，特别在涉及性别角色的情境下。

人们不应该认为这些差异必然反映了女性遭受的不公。女性对他人的情绪变化高度敏感，待人也更加友好，这种倾向在很多情况下都能获得正面评价，是可贵的优点。事实上，我对性别刻板印象的研究发现，如果兼顾考量积极和消极两种特质，女性的刻板印象如今比男性的刻板印象更受欢迎。然而，善良和养育等品质虽是对女性重要的社会期望，但在需要做出果断反应与竞争行为的情境下，这些女性刻板印象却会削弱她们的能力和效率。

艾丽斯·伊格利
(Alice Eagly)
西北大学

两性都完全能在各种水平上有效地扮演社会角色。”如今，对于地位高的社会角色和更多的高科技工作岗位，男性体能和攻击性的作用越来越低。此外，低出生率也意味着怀孕和抚育后代对女性的束缚更少。加之雇主注重雇员能力而非性别带来的竞争压力，最终结果将会使性别平等不可避免地得到提升。

环境与人的力量

物理学家尼尔斯・玻尔说：“真理有轻重之分，基本真理的对立面显然错误，但重要真理的对立面也是正确的。”本编社会影响的每章都揭示出这样一个重大事实：环境具有巨大的力量。外部强大压力的重大事实可以解释我们的行为，前提是假定我们都像墙头草那样被动。但是，我们与墙头草不同，不会完全受所处的情境左右。我们会行动，我们会反抗，我们会对环境做出反应并获得环境的回应。我们可以抗拒社会情境，有时候甚至可以改变环境。因此，“社会影响”的每章都会在结尾部分呼吁人们关注重大事实的对立面：人的力量。

请你思考：如果玻尔的陈述是一个重要的真理，那么它的对立面是什么？

也许强调文化的力量会令我们有些不舒服。多数人反感听到任何外部力量决定我们行为的解释，我们视自己为自由的生灵，自己行动（至少比较好的行动）的主宰。我们担心相信文化决定论会引发如哲学家萨特所称的“错误信念”——以指责其他人或事物来逃避自己的责任。

事实上，社会控制（环境力量）和个人控制（人的力量）并不如文化和生物的解释所认为的那样完全对立。从社会和个人的角度对行为的解释都有效，因为任何时候，我们既是社会的创造物又是创造者。我们很可能是基因和环境相互作用的产物。但事实是未来即将到来，我们的任务就是决定未来的方向。我们今天的选择将会决定明天的环境。

社会情境的确会强烈地影响个体，但是个体也会影响社会情境。二者相互影响，相互作用。追问到底是外部情境还是内部天性（或者说文化或演化）决定了行为，就好像追问到底是长还是宽决定了房间的面积。

明道如费。

——老子，《道德经》，公元前 6 世纪

这种相互作用至少表现在三方面（Snyder & Ickes，1985）：

- 特定的社会情境对人的影响通常会因人而异。由于人类心理并不会以完全相同或客观的方式来理解现实，所以每个人都会按照自己对情境的解释做出反应。有些人（个体及群体）更为敏感，更容易对社会环境做出反应（Snyder，1983），比如日本人比英国人更容易对社会期望做出回应（Argyle & others，1978）。
- 人们通常会选择自己所处的环境（Ickes & others，1997）。假如能选择，社交型的人都会选择能引发社会交往的情境。当你选择就读的大学时，你也在选择自己能接触到的特定社会影响。激进的自由主义者不太可能定居在达拉斯的郊区，也不太可能参加美国商会的会议。他们更倾向于住在旧金山或多伦多，并参加绿色和平组织的活动。换句话说，他们会选择一个强化自身倾向的社会环境。
- 人们往往会创造自己的环境。请再回想一下我们的先入之见如何自我实现：如果我们期望某人外向、敌对、聪明或性感，我们对待此人的行为就会引导他按照我们的期望来行动。毕竟除了置身于环境中的人以外，还能有什么因素构成社会情境呢？保守的环境往往是由保守主义者创造的。女生联谊会的活动也是由其成员决定的。社会环境和天气不一样，天气仅仅发生在我们周围。环境更像我们的家园——我们自己创造的产物。

因此影响人的力量往往植根于个人和环境之中。所以我们既创造我们的文化世界，也被我们的文化世界所塑造。

小结：生物、文化与人格各自的影响

- 生物和文化解释并不必然相互对立。实际上它们会交互作用。生物因素在文化背景下起作用，而文化则建立在生物基础之上。
- 如果撇开事实的另一面（个人力量），社会影响力量的重大事实就只是半个事实而已。个人和情境相互作用的方式至少表现在三方面。第一，个体对既定情境的解释和反应存在差异。第二，人们会选择对自己有影响的环境。第三，人们会创造自己的社会环境。

后记：

人类是社会塑造的被动产物抑或是塑造社会的能动主体？

情境与个人之间双向的联系让我们看到，人类既能改造环境又能回应环境。两种说法都是正确的，因为我们既是社会的创造物，又是社会的建筑师。那么哪种说法更为明智呢？某种意义上，明智的做法是把自己视为环境的创造物（以免我们因自己的成就而过分骄傲，或者因自己的问题而过分自责），同时把他人视为自由的行动者（以免我们变得过于集权而专断）。

然而，我们更多时候采用相反的做法可能更好——把自己视为自由的能动者，把他人视为环境的受动者。这样我们看待自己时会更强调自我效能，与人交往时我们会寻求理解和追求社会改革。事实上，大部分宗教都鼓励我们对自己负责，克制评价他人。这难道是因为我们人类的天性刚好相反：给自己的失败寻找借口，同时责怪他人所犯的过错？

第 6 章

从众和服从

任何压制个性的行为均为专制，而不论名称是什么。

——约翰·穆勒，《论自由》，1859

社会带来的压力是我们道德价值观的重要支柱。

——阿米泰·埃齐奥尼，《社会精神》，1993

你一定经历过这样的场面：当一场辩论赛或音乐会结束时，前排的粉丝们起立鼓掌。接着，紧邻粉丝后面的赞赏者也起立鼓掌。现在，起立鼓掌的浪潮影响了后面较冷静的观众，他们也从舒适的椅子上站起来，给予了礼节性的喝彩。可是，你还想坐着（“这位演讲者根本就不代表我的观点”）。但是，当起立鼓掌的浪潮扫过时，你还会独自坐着吗？成为少数与众不同者，真的很不容易。除非你真的非常厌恶刚才听到的内容，不然你很可能会随着人群起立，至少短暂地应和一下。

这一从众的场面引发我们思考以下一系列问题：

- 群体由具有不同特点的个体组成，为什么他们的行为常常如此一致？
- 人们在什么样的情境下，会表现出从众行为？
- 哪些人更可能表现出从众行为？
- 哪些人更可能抵制从众的压力？
- 从众是否就代表唯唯诺诺？从众是否包含“群体团结”和“社会敏感”的成分？

从众的概念

明确从众的定义，并与顺从、服从和接纳相比较。

先让我们回答最后一个问题。从众有益还是有害？这个问题并没有绝对的答案。但是，就大多数人共同的价值观而言，从众有时有害（有些人因为从众而酒后开车或参加种族歧视活动），有时有益（从众可以阻止人们在剧院排队买票时插队），有时却又无关紧要（例如网球运动员喜欢穿白色球衣）。

西方个人主义文化并不赞赏屈从于同伴压力。因此，“conformity”（从众）一词往往含有消极的价值判断。如果某位美国人偶尔听到有人说他是一个“彻头彻尾的从众者”，他会有什么感受？我想，他可能会有受伤感。北美和欧洲的社会心理学家给社会影响贴上了消极的标签（从众、屈从、顺从），而不是赋予积极的含义（社会敏感性、反应性、团队合作），这反映了他们的个人主义文化。

在日本，与其他人保持一致不是软弱的表现，而是宽容、自控和成熟的象征（Markus & Kitayama，1994）。兰斯·莫罗（Morrow，1983）观察发现，“无论在日本的什么地方，你都可以体验到一种难以名状的平静感，这种平静来自人们确切知道彼此之间的相互期待。”正如研究者（Helweg-Larsen & LoMonaco，2008）观察到的U2粉丝们的自我管理，他们在栏杆前为了音乐会门票彻夜排队，以先到先得为荣，鄙视插队的人。

道德：我们会选择符合自己价值观和判断的标签。标签既可以用来描述事物，也可以用来评价事物，他们无处不在。所以，我们先要弄清楚下述标签的含义：从众、顺从、服从和接纳。

从众不仅仅是与其他人一样地行动，还指个人受他人行动的影响。从众不同于你独自一人时的行动和思维。因此，**从众**（conformity）是指根据他人而做出的行为或信念的改变。作为人群中的一分子，当你为一个赢得比赛胜利的漂亮进球而起立欢呼时，你是否受到从众的影响？当你和其他人都认为，女性留长发要比留短发好看时，你是否受到从众的影响？答案并不确定。个人是否从众的关键是，当你脱离群体时，你的行为和信念是否仍保持不变。如果球场上只有你一个球迷，你会起立欢呼吗？

从众有多种表现形式（Nail & others，2000）。请思考以下三种行为：顺从、服从和接纳。有时我们会顺从某种期望或要求，但并不真正喜欢这样做。我们有时会穿礼服打领带，尽管自己讨厌这样做。这种由外部力量施压而违心的从众行为叫做**顺从**（compliance）。我们之所以顺从，主要是为了得到奖励或逃避惩罚。如果我们的顺从行为是由明确的命令所引起的，那么我们称它为**服从**（obedience）。

“当然，提醒你，我跟随大众——并非盲目地服从，而是发自内心地对社区观念的持久尊重和敬仰。”

有时我们真的相信群体要求我们所做的事情理所当然。我们会与成千上万的人一起锻炼，因为有人告诉我们锻炼有益于健康并信以为真。这种发自内心真诚的从众行为叫做**接纳**（acceptance）。甚至有学者对顺从和接纳进行了神经科学研究：构成公开顺从的短暂记忆与构成内心接纳的长时记忆，两种过程有着不同的神经基础（Edelson & others, 2011; Zaki & others, 2011）。

有时接纳会紧跟着顺从出现，我们可能发自内心地接受一开始质疑的事情。正如第 4 章所强调的，态度会紧跟着行为发生变化一样。如果我们觉得要对自己的行为承担责任，那么我们通常会赞成自己所坚持的行为。

小结：从众的概念

从众即由于群体的压力而改变个体自己的行为或信念，其表现形式有两种。顺从是迫于外部压力而与群体趋同但内心并不赞同；服从是顺从的一种，是指对直接命令的顺从。接纳是指内心认可社会压力并在行动上保持一致。

经典的从众和服从研究

了解社会心理学家在实验室进行的从众研究。解释他们的研究对社会压力和人性本恶之影响力的启示。

研究从众和服从的学者们构建了微型社会，即实验室微观文化，简化和模拟了日常社会影响的主要特征。其中一些研究揭示了非常惊人的发现，以至于其他研究者进行了大量的重复实验和报告，同时也为自己赢得了“经典”实验的美名。让我们先来看一下三组有名的实验。每一组实验都提供了研究从众的不同方法，足以让我们认真思考。

谢里夫的规范形成研究

三个经典研究中的第一个连接了第 5 章和本章，第 5 章侧重文化塑造和延续社会规范的力量，而本章则侧重从众。谢里夫（Sherif，1935，1937）想知道，在实验室情境下是否能够观察到社会规范的形成过程。就像生物学家想努力把病毒分离出来，以便对之做实验一样，谢里夫也想把社会规范分离出来，然后对其进行研究。

谢里夫实验的参与者坐在一个非常黑暗的屋子里，在对面 4.5 米处出现了一个小光点。起初，什么事情也没发生。过了几秒钟，这个光点不规则地动了起来，最后消失了。现在，要求你猜测光点移动了多长的距离。黑暗的屋子使你根本无法准确做出判断，因此，你不太确定地说，“15 厘米”。实验者又重复了这个程序。这次你说，“25 厘米”。随着重复次数的增加，你的估计会接近一个平均值，譬如说 20 厘米。

第二天你来参加实验时，另有两个人加入。在前一天他们与你有相同的经历。当第一次光点消失后，这两个人根据前一天的经验说出了最佳的估计。其中一个人说“2.5 厘米”。另一个人说“5 厘米”。轮到你了，你有些犹豫，还是回答，“15 厘米”。在接下来的两天里，你们不断地重复做这样的实验，你的反应会改变吗？实

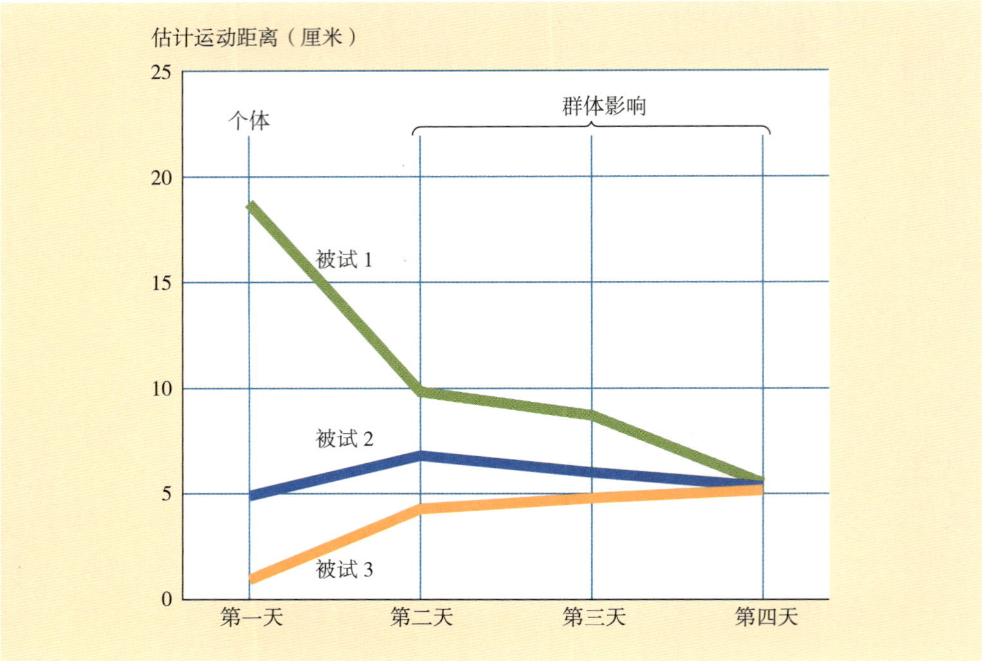

图 :: 6.1
谢里夫规范形成研究示例
当对光点的移动距离反复进行估计时，三个参与者的估计值会接近一致。
资料来源：Sherif & Sherif (1969), p. 209.

验发现，参加谢里夫实验的哥伦比亚大学学生明显地改变了他们对光点移动距离的估计。如图 6.1 所示，很明显，群体规范就这样产生了。[这个规范是错误的。为什么？光点根本没有移动！谢里夫只不过利用了一种视错觉即**似动现象**（autokinetic phenomenon）。]

谢里夫等人利用这一实验方法考察了个体的易受暗示性。如果一年以后再对人们单独地重测，那么，他们对距离的估计各不相同，还是依然遵循群体规范？值得我们注意的是，他们依然遵循群体规范（Rohrer & others，1954）。（这是顺从还是接纳？）

有时错误观念会因文化规范而得以延续。有感于此，美国西北大学的心理学家雅各布斯和坎贝尔（Jacobs & Campbell，1961）在实验室里研究了错误信念的传递过程。利用似动现象，研究者让助手夸张地估计光点的移动距离。接着，助手离开了实验室，然后真正的参与者开始实验，继续估计光点的移动距离，以此类推。这种夸张的错觉（尽管逐渐减少）一直持续到第 5 个参与者。这些人在不知情的情况下传递着“错误文化”。谢里夫实验的启迪是：我们对现实的看法未必就仅仅是自己的观点。

在日常生活中，人的这种易受暗示性有时很有趣。某个人咳嗽、微笑或打呵欠后，周围的人也会表现出类似的行为（参见研究特写：哈欠的传染性）。

为什么一个人打哈欠之后，另一个人也紧跟着打哈欠？

——Robert Burton，17 世纪牧师学者，《忧郁的剖析》，1621

喜剧表演中加入的背景笑声就利用了我们的易受暗示性。如果我们认为发笑的观众与我们（大学生）一样，背景笑声的效果尤其明显，这是研究者（Platow & others，2004）“在拉托贝大学录音”发现的结果。身边的人都很愉快的话，我们也会感觉愉快。英国谢菲尔德大学工作心理学教授彼得·托特德尔等人（Totterdell & others，1998）把这种现象称之为“心境联结”，他在研究英国的护士和会计师时发现，同一工作团队里人们的心境通常非常相似。处于同一社会网络中的个体也倾向于有很多相似之处，如肥胖、失眠、孤独、幸福和吸毒等（Christakis & Fowler, 2009）。朋友起着社会系统的作用。

研究特写

哈欠的传染性

打呵欠是人类和大部分脊椎动物共有的行为。灵长类动物会打呵欠。猫类、鳄鱼、鸟类、乌龟甚至鱼类也会打呵欠。但是打呵欠的原因是什么？什么时候最容易打呵欠？

马里兰大学巴尔的摩分校的心理学家罗伯特·普罗维尼（Provine，2005）提到，科学研究有时会无视一些平常的行为——包括他喜欢研究的一些行为，如微笑和呵欠。普罗维尼指出，用自然观察的方法研究打呵欠只需要一块秒表、一本记事本和一支铅笔。他说，打呵欠是一种“固定的行为模式”，持续约六秒钟，并伴随着一次深吸气和较短高潮式的（愉悦的）呼气。它常常一阵阵地发作，间隔只有一分多钟。打呵欠的频率在男性和女性中相当。即使全身瘫痪不能自由移动身体的病人也可能正常地打呵欠，这表明打哈欠是一种自动的行为。

什么时候打呵欠？

当我们累的时候会打呵欠。普罗维尼要求参与者观看30分钟的电视测试，比起观看不太枯燥的音乐电视的控制组，他们打的呵欠多70%。紧张也可以引起呵欠，这一现象往往可以在伞兵第一次跳伞之前、奥林匹克运动员在他们的赛事之前以及小提琴手等待上台之时观察到。有位朋友说她在工作中学习新东西的时候常感到很窘迫，因为想把这件事情做好的焦虑总会导致她打呵欠。

当我们困乏的时候会打呵欠。这没有什么奇怪的，但在普罗维尼要求参与者记录呵欠的日志中，发现睡醒后的呵欠比在困乏的睡前时间更多。我们醒来往往会打呵欠伸展身体，狗和猫从睡眠中醒来也会如此。

当别人打呵欠时我们也会打呵欠。为了检验打呵欠是不是像笑声一样也具有传染性，普罗维尼让人看一段 5 分钟的视频，一位男子在不停地打呵欠。结果 55% 的观看者都打呵欠了，而观看微笑视频的人只有 21% 的人打呵欠。打呵欠的脸孔就像刺激物，可以激起呵欠固有的行为模式，即使打哈欠的面孔以黑白、颠倒或者半张静止的形式呈现。“镜像神经元”（预演或模仿所见行动的神经元）的发现表明存在一种生物机制，可以解释为什么我们常常模仿别人打呵欠——为什么甚至小狗在看到人类打哈欠后，都会经常打哈欠（Joly-Mascheroni & others，2008）。

为了研究打呵欠的面孔的哪一部分最有效，普罗维尼让参与者观看以下四种图片：打呵欠时整个面孔，打呵欠时遮盖口部的面孔，打呵欠时只保留口部的面孔和没打呵欠时微笑的面孔（控制组）。如图 6.2 所示，打呵欠的面部会引起打呵欠的行为，即使口部被遮盖。因此，打呵欠时遮住口部似乎并不能抑制呵欠的传染。

普罗维尼报告说，仅仅想到呵欠往往会引起打呵欠——你读这篇文章的时候可能已经注意到这一现象。这一现象我已经注意到了。在读普罗维尼呵欠传染性的研究时，我打了 4 次呵欠（并感到有点可笑）。

图 :: 6.2

哪些面部特征会引发传染性的呵欠？

普罗维尼（Provine，2005）邀请四组人（每组30人）观看一段5分钟的视频，一组看笑脸，一组看打呵欠的脸，另外两组看部分遮蔽的呵欠脸孔。结果表明，打呵欠的口部能引发一些呵欠，但是打呵欠的眼睛和头部的运动会引发更多的呵欠。

“我不知道为什么，就是突然想打电话”。

另一种社会传染效应是“变色龙效应”，由美国纽约大学心理学教授沙特朗和巴奇（Chartrand & Bargh，1999）提出。“变色龙”现象是指个体会无意识地模仿他人的动作、表情、口音乃至呼吸频率和情绪。假设你与研究助手一起参加实验，这位助手一会儿擦擦脸，一会儿晃晃脚。像其他参与者一样，与经常擦脸的人在一起，你也会擦自己的脸吗？与晃脚的人在一起，你也会晃脚吗？如果是这样，那么这很可能是一种自动的行为，在你没有明确意图的情况下做出的从众行为。行为同步也包括说话。人们往往会模仿自己读过或听过的句子中的语法（Ireland & Pennebaker, 2010）。又因为行为会影响态度和情感，这种自动的从众还会令你对他人感同身受（Neumann & Strack，2000）。

荷兰研究者巴伦等人（Baaren & others，2004）进行的一项实验表明，模仿行为能令他人喜欢你，有益于你和他人的交往。人们会更乐意帮模仿自己行为的人捡起掉落的铅笔。模仿貌似能增强社会联系，甚至能帮助慈善团体筹集更多的金钱。巴伦等人在后续实验中让一位访谈者邀请学生品尝某种新的运动饮料，访谈者有时会模仿学生的姿势和动作，但充分延迟以便不让学生发现（Tanner & others，2008）。在实验结束后，被模仿的学生变的更愿意购买新饮料。这种“模仿促进喜欢”的规则存在一种例外：模仿别人生气会让人讨厌（Van der Velde & others, 2010）。

人们可以自由行事时，经常会互相模仿。

——Eric Hoffer，The Passionate State of Mind，1955

这种易受暗示性的波及面也可能很广。1954 年 3 月底，西雅图报纸报道了北方 130 公里外的一个城市里汽车挡风玻璃遭人损坏的事件。4 月 14 日早晨，距西雅图 105 公里以及 75 公里的地方均发现汽车挡风玻璃遭人损坏。到了傍晚，损坏汽车挡风玻璃的事件已扩展到了西雅图。截至 4 月 15 日，西雅图警方已接到 3 000 多起报告汽车挡风玻璃损坏的事件（Medalia & Larson，1958）。当晚西雅图市长向艾森豪威尔总统发出了求助。

那时我在西雅图，正好 11 岁。我记得自己也被当时的解释吓坏了——太平洋上的氢弹实验引发的暴风雨将横扫西雅图。然而，到了 4 月 16 日，报纸报道真正的元凶是人群暗示。4 月 17 日之后警方便没有再接到任何类似事件的报警。对受损的汽车挡风玻璃的事后分析认为这不过是普通的道路破坏。为什么我们只是在 4 月 16 日以后才注意这一点呢？在暗示的影响下，我们只会仔细地察看挡风玻璃，而不会透过现象去寻找背后真正的原因。

在现实生活中，易受暗示性并非总是这样有趣。劫机、目击 UFO，甚至自杀，往往一波又一波地涌现（参见下文“聚焦：群体妄想”）。在歌德的第一本小说《少年维特之烦恼》于 1774 年出版后不久，欧洲的男青年开始像歌德的主角维特一样，穿黄色裤子和蓝色夹克。尽管由这本书引领的时尚潮流很有趣，但是另外一个明显的后果就不那么有趣了，进而导致好几个地区禁止这本书。在这本小说里，维特在被一个心爱的女人拒绝之后开枪自杀了。这本书出版之后，年轻人模仿维特绝望行为的报道就越来越多。

两个世纪之后，社会学家戴维·菲利普证实了这种模仿性自杀行为，并称为“维特效应”。戴维·菲利普及其同事（Philips & others，1985，1989）发现，在广为人知的自杀事件之后，死亡事件如自杀、致命的车祸、私人飞机坠毁（有时是伪装的自杀）也会迅速增加。例如，1962 年 8 月 6 日玛莉莲·梦露自杀后，美国 8 月份的自杀事

聚 焦 群体妄想

人群暗示往往以群体妄想的形式出现——自发地散播错误观念。有时，它表现为“群体癔症”——在整所学校或整个车间内散播的躯体病痛，实际上却没有任何器质性病变。一所 2 000 人的高中封闭了两个星期，就是因为有 170 名学生和教职工由于胃疼、眩晕、头痛和嗜睡而寻求紧急治疗。医疗人员对病毒、细菌、杀虫剂、除草剂——任何可能使人致病的东西——作了检查，翻了个底朝天，结果却什么也没有发现（Jones & others，2000）。

9·11 以后，美国各地的学校有很多孩子染上了一种疾病，即皮肤上生出疥癣般的红疹子，但找不到任何明显的病因（Talbot，2000）。不像病毒通常的感染途径，这种红疹子是通过“目光”传染的。只要学生看到其他人生了红疹子，自己也开始长红疹子了（他们甚至没有直接的接触）。同样，每天的皮肤状况——湿疹、粉刺以及过热的教室所引发的皮肤干燥——都引起人们的重视，焦虑也令事态严重化了。正如其他的群体癔症那样，谣言四起，令人们过分关注普通的日常不适，而且将这一切归因于学校。这有助于解释英格兰和威尔士的化工泄漏事件中，有 16% 的人出现躯体症状，其原因是“群体心因性疾病”而非由泄漏本身引发（Page & others, 2010）。

社会学家巴塞洛缪和古德（Bartholomew & Goode，2000）报告了发生在上个千年的另一起群体妄想。在中世纪，欧洲的修道院报告说那里开始大规模地暴发各种模仿行为。在一所大的法国修道院，人们在那段时间内都相信，人可以由动物所附身，于是一个修女开始像猫一样咪咪叫。最后，“每天在特定的时间所有修女都像猫一样叫。”在一所德国修道院里，一个修女开始咬她的同伴，不久后，“这个修道院里所有修女都开始互相啃咬”。随后，啃咬的狂热扩散到其他修道院。

1947 年 6 月 24 日，肯尼思·阿诺德驾驶他的私人飞机飞向雷尼尔峰，其间他发现了空中有 9 个闪闪发光的物体。由于担心看到的可能是外国飞来的导弹，他赶紧向美国联邦调查局报告这个情况。但发现办公室已关门，于是他去了地方报社，报告说自己在空中看见了新月形的物体，它们运动起来“像划过水面的碟子”。美联社随后报告，有 150 多家报纸登载了目击“碟子”的报道，于是“飞碟”这个词语就被头版头条的作者创造出来了，这一行为触发了世界范围内目击飞碟的狂潮。

件比往年同期多了 200 多起。更进一步讲，所增加的自杀事件只是发生在报道自杀的区域。报道的力度越大，以后的灾祸就越多。

尽管盲目模仿自杀的现象并不普遍，但这种现象仍时有发生。在英国伦敦一家精神病院里，一年内就有 14 位病人自杀。在德国一所中学里，18 天内发生了 2 起自杀、7 起自杀未遂事件，并且 23 个学生报告说有自杀念头（Joiner，1999；Jonas，1992）。不仅在德国，就是在美国，当肥皂剧里出现虚构的自杀情节后，现实生活中的自杀率也会略有上升。更具讽刺意味的是，即使在关注自杀问题的严肃话剧上演后，仍会出现这种情况（Gould & Shaffer，1986，Hafner & Schmidtke，1989，Phillips，1982）。菲利普认为，青少年是易感人群，所以青少年有时会发生群体模仿自杀。在广泛报道萨达姆被处以

变色龙效应。我们会自然地模仿他人的姿势和语言，这能促使别人喜欢我们，但仿效他人的消极表情（如生气）除外。

资料来源：From Alex (Sandy) Pentland, "To Signal Human" in *American Scientist*, May–June, 2010, p. 207. Copyright © 2010 American Scientist. Reprinted by Permission.

绞刑的消息以后，至少有 5 个国家的男孩将绳子套在他们的脖子上绞死了自己，显然这不是偶然的（AP，2007b）。

阿施的群体压力研究

谢里夫实验中从众者面对的是模糊的现实情景。想象一下一位名叫所罗门·阿施（Solomon Asch，1907~1996）的小伙子面对不太模糊的知觉问题吧。阿施回忆起参加犹太教传统的逾越节家宴情形：

> 我问坐在身旁的叔叔为什么要开着门。他回答道："先知以利亚今晚会造访每个犹太家庭，从特意为他准备的杯子里呷一口葡萄酒。"
>
> 我对此感到很惊讶，又问，"他真的会来吗？他真的会呷一口酒吗？"
>
> 叔叔说，"如果你仔细地盯着，当门被推开时，你会看到——你注意到杯子——你真的会看到酒少了一些。"
>
> 果然如此。我的眼睛盯着葡萄酒杯，下决心看看是否有变化。对我来说好像……酒杯边缘确实发生了一些事，酒真的少了一点点（Aron & Aron，1989，p.27）。

就让发现真理的人来宣布真理吧，而不要再问谁赞成，谁反对。

——亨利·乔治，《爱尔兰土地问题》，1881

数年以后，社会心理学家阿施在实验室里重演了孩提时代的那一经历。假设你要参加阿施的实验，坐在 7 个人一排的第 6 个位置。研究者告诉你这是一个知觉判断的实验，然后要求你判断，图 6.3 里的 3 条线段中哪一条与标准线段一样长。你很容易就可以看出是线段 2。当你前面的其他 5 个人都说"线段 2"时，这没什么好奇怪的。

接下来的比较同样很简单，你觉得这是个简单的测试。但第三次判断却令你大吃一惊。尽管正确的答案是显而易见的，但第一个人答错了。在第二个人也给出同样错误的答案时，你从椅子上站了起来，使劲盯着卡片。第三个人也同意前面两人的答案。你张大嘴巴，浑身开始冒汗，"怎么回事？"你问自己，"是他们瞎了，还是我瞎了？"第四、第五个人也同意前面几个人的答案。接着，研究者看着你。现在，你面临着认识上的两难困境："什么才是正确的呢？是同伴告诉我的正确呢，还是我的眼睛告诉我的正确呢？"

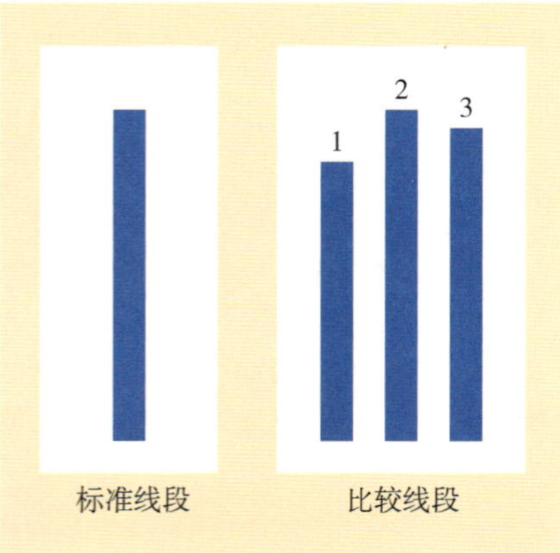

图 :: 6.3
所罗门·阿施的从众实验的比较样例
实验参与者要判断 3 条线段中哪一条与标准线段一样长。

很多大学生在阿施的实验中都体验到这类冲突。控制组的大学生单独回答时正确率超过 99%。阿施想知道：如果其他几个人（经过研究者训练的研究助手）给出一致的错误答案，那么受其影响的大学生是否会给出违心的错误答案呢？尽管有些人从来不从众，但四分之三的人至少有过一次从众行为。总的看来，37% 的回答是从众的（还是应该说"相信他人"？）。

当然，这也意味着 63% 的人没有从众。有学者（Hodges & Geyer，2006）注意到，这个实验表明"有人不说实话时大多数人仍会说实话"。尽管有很多大学生表现出独立精神，但阿施（Asch，1955）认为从众的不良后果显而易见："看上去聪明而善良的年轻人却愿意颠倒黑白，这的确令人担忧。我们不得不质疑教育体制以及指导我们行为的价值观。"

阿施的实验程序成为后来许多实验的范式。虽然这些实验缺乏第 1 章所说的日常从众的"世俗现实性"，却有"实验现实性。"在这种经历中人们变得情绪化。谢里夫和阿施的研究结果令人震惊，因为他们的实

在阿施的从众实验里，第6个参与者在听到前面5个参与者给出的错误答案后，内心经历着不安与冲突。

验没有涉及任何明显的从众压力——既无“团队合作”的奖励，也无针对个体的惩罚。其他一些实验则探讨了日常情境中的从众行为，例如：

- *使用牙线* 斯科米艾等人（Schmiege & others，2010）在实验中设置了两种情境，告诉被试，“我们研究发现，科罗拉多州立大学的同龄学生每周使用牙线 X 次”，其中的 X，一种情况是之前问卷调查获得的被试自己的牙线使用频率，另一种情况是实际频率的 5 倍。那些被告知夸大频率的被试，不仅使用牙线的意愿会增强，而且在随后三个月内也会更多地使用牙线。
- *癌症筛查* 西维尔丁等人（Sieverding & Others，2010）在街上邀请德国中年男性，让他们注册接受关于癌症筛查的信息。如果诱导被试相信只有少数（仅仅 18%）德国人进行了筛查，则接近 18% 的被试会注册。但当告知被试大部分人（的确是 65%）都已经做了筛查后，被试的注册比例提高为 39%。研究者总结说：健康教育活动最好不要公布低参与率。
- *足球裁判的决定* 从花样滑冰到足球，很多运动都需要裁判在观众的嘈杂声中瞬间做出判定。当对方选手出现似是而非的犯规时，观众的喧哗声会增大。在对滑冰表演进行评分或判断是否要对球员的碰撞出示黄牌时，观众的喧闹声是否会对裁判造成影响？为了回答这一问题，昂科巴克和美墨尔特（Unkelbach & Memmert，2010）调查了德国足球联赛五个赛季的 1 530 场比赛。平均来看，主场球队 1.89 张黄牌，客场球队 2.35 张黄牌。此外，在球场和球迷之间没有跑道间隔的体育场，主场和客场球队的这种差异会更大。在实验室实验中，专业裁判在对犯规场景录像进行判断时，如果现场出现大量噪音，裁判会出示更多黄牌。

道德要求：职业道德规范通常要求在实验做完之后做出必要的事后解释（参见第 1 章）。想象一下你是一位研究者，刚刚与一位顺从的实验者完成一组实验。你能解释一下实验里的欺骗，让参与者不至于产生受骗感和愚弄感吗？

如果在这样小的压力下人们就表现出从众行为，那么，在直接强迫情形下，他们会表现出何等可怕的服从行为？能强迫普通公民做出残忍的行为吗？可能你认为不能：他们的人性、民主、个人主义的价值观会使他们抗拒这种压力。此外，这些实验中轻松的口头表态，与实际伤害他人的行为还有很大距离；人们决不会屈服于伤害他人的压力。人们真的会这样吗？社会心理学家斯坦利·米尔格拉姆（Stanley Milgram）很想知道这一答案。

米尔格拉姆的服从实验

耶鲁大学心理学家米尔格拉姆（Milgram，1965，1974）一系列的实验——

“社会心理学历史上最著名，或者说最恶名昭著的研究”（Benjamin & Simpson，2009）——考察了权威与道德的冲突。米尔格拉姆的服从实验是社会心理学最著名也是最有争议的实验。斯坦福大学社会心理学家罗斯（Ross，1988）如此评论道：“若要论社会科学历史上实证研究的贡献，可能无出其右。米尔格拉姆的服从实验是人类社会共同的智慧遗产（如历史事件、圣经寓言和古典文学）的一部分，伟大的思想家在探讨人类本性和思考人类历史时可以信手拈来，有如天成。”

尽管你可能在以前的课程听说过这个实验，还是让我们一起走进幕后，深入地考察这个实验。下面是米尔格拉姆设计的场景，这位颇具创造性的艺术家撰写了剧本并策划了表演：两个人来到耶鲁大学心理实验室参加一项学习和记忆的研究。实验者穿着白大褂，严肃地解释说，本实验是一项考察惩罚对学习影响的尖端研究。实验要求其中一人（“教师”）教另一人（“学习者”）学习配对出现的单词，如果记忆错误，就要进行惩罚，给“学习者”逐渐施加增强的电击。为了分配角色，他们要从帽子里抽签。其中一人是性情温和的47岁的会计师，他是研究助手，假装说自己抽到了“学习者”签，并被领进隔壁房间。另一人是应征而来的志愿者，安排担当“教师”的角色。“教师”在体验一次轻微的电击后，看着研究者把学习者绑在椅子上，并在其手腕上缚上电极。

然后，“教师”和米尔格拉姆回到主房间（见图6.4）。“教师”坐在“电击启动器”前，该仪器上有一排开关，每档相差15伏，从15伏一直到450伏。开关上写着“轻微电击”、“强电击”、“危险：高强电击”等等。在435伏和450伏的开关中间有“高危致命”（XXX）字样。研究者告诉“教师”，学习者每答错一次，“就在电击发生器上提高一个档次实施电击”。每次只要轻按开关，灯光就会闪烁，继电器开关随之“咔嗒”一声响，电蜂鸣器就嗡嗡地响起来了。

如果“教师”服从研究者的要求，那么，他会在75、90和105伏时听到学习者的哼哼声。在120伏时学习者大喊电击太疼了。在150伏时他咆哮着，“实验者，把我从这里弄出去！我不再参加这个实验了！我拒绝继续做下去！”在270伏时学习者的抗议声成了痛苦的尖叫声，并坚持要出去。在300和315伏处，他尖叫着拒绝回答。330伏后他再也没有声音了。米尔格拉姆在“教师”询问和要求停止实验时说，

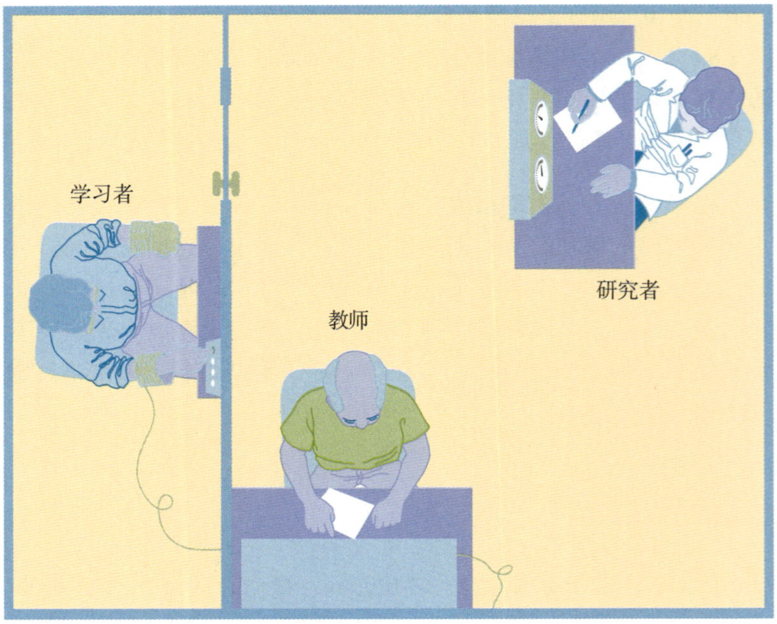

图 :: 6.4
米尔格拉姆的服从实验
资料来源：Milgram, 1974.

学习者不回答就算回答错误。为了让“教师”继续实验,研究者采用了四种口头鼓励：

鼓励 1：请继续下去（或请继续）。
鼓励 2：该实验要求你继续进行下去。
鼓励 3：你继续进行下去是绝对必须的。
鼓励 4：你没有其他选择，必须进行下去。

你会进行到什么程度？米尔格拉姆给精神病学家、大学生、中产阶层等 110 人描述了这个实验。三个群体的人都认为自己会在 135 伏左右不服从命令；没人想进行到 300 伏以上。考虑到自我估计可能会受到自我服务偏差的影响，米尔格拉姆要求他们估计其他人会进行到什么程度。实际上，没有一个人期望他人使用电击发生器中的“高危致命”（XXX）档（精神病学家估计大约 1 000 人中会有 1 人这样做）。

然而,当米尔格拉姆对 40 名男性（职业不同,20~50 岁）测试时,有 26 人（65%）一直进行到 450 伏。中途停止电击的人一般在 150 伏左右，此时学习者的抗议声听上去更为急迫（Packer，2008）。

我们想知道今天的人们会不会同样如此服从，伯格（Burger，2009）重复了米尔格拉姆的实验——尽管最高只到了 150 伏。实验结果表明：在 150 伏的时候，70% 的参与者仍然会服从，这个数字比米尔格拉姆的实验结果略低。在米尔格拉姆的实验中，在 150 伏仍会服从的参与者大部分会继续到最后。事实上，所有服从指令达到 450 伏的参与者（“教师”）都会一直继续实验，直到另外 2 个试次之后实验者喊停为止。

米尔格拉姆原来估计服从的人不会太多，并计划在德国重复实验以评价文化差异，但实际的研究结果却令他颇为不安（Milgram，2000）。米尔格拉姆没有去德国，但他将实验设计得令学习者的抗议更加引人关注。当在椅子上捆绑学习者时，“教师”会听到他提醒说“有轻微的心脏病”，并听到研究者再次保证“尽管电击可能很疼，但不会对人体造成永久性的伤害。”结果发现学习者痛苦的抗议声没起多大作用；40 名新的男性参与者中有 25 人（63%）完全服从了研究者的命令（图 6.5）。后来 10 项包括女性参与者的研究发现，女性的从众比例与男性相似（Blass，1999）。

伯格等人（Burger & others，2011）后来分析了参与者自发的评论。尽管大多数参与者都表达了对学习者健康的关心，但这并不能预测他们会终止实验还是会服从命令。参与者声称的对自己行为的责任感才可以预测他们是否会服从命令。

米尔格拉姆实验的道德伦理问题

实验参与者的服从令米尔格拉姆忧心忡忡。他所用的实验程序也令许多社会心理学家惶恐不安（Miller，1986）。这些实验里的“学习者”实际上没有受到任何电击（“学习者”离开了电椅，打开磁带录音机，播放抗议声）。然而，有批评说，米尔格拉姆施加于参与者的伤害正是参与者施加于受害者的。他强迫参与者违背自己的意愿。实际上，许多“教师”确实体验到了极度的痛苦感。他们流汗、颤抖、紧咬嘴唇、说话结巴、痛苦呻吟，甚至爆发出无法控制的神经质般的大笑。一位《纽约时报》记者控诉说，“该实验对毫不知情的参与者所实施的残忍行为，使他们只好去引发别人的痛苦，以此相抵”（Marcus，1974）。

批评家也认为,参与者的自我概念可能会因此而改变。一位参与者的妻子对他说：“你可以称你自己为艾希曼了”（指纳粹死亡集中营的执行官阿道夫·艾希曼）。哥伦比亚广播公司（CBS）改编了一出两小时的戏剧，描述了该研究的结果及其引发的争论。为这出戏剧做广告的《电视导报》评论道，“罪恶的世界是如此恐怖，迄今为止还没有人敢于洞察其秘密”（Elms，1995）。

在虚拟的米尔格拉姆实验情境中，参与者要对虚拟屏幕上的女人实施电击，结果发现参与者和米尔格拉姆的参与者反应一样：心跳加速，满头大汗（Slater & others，2006）。

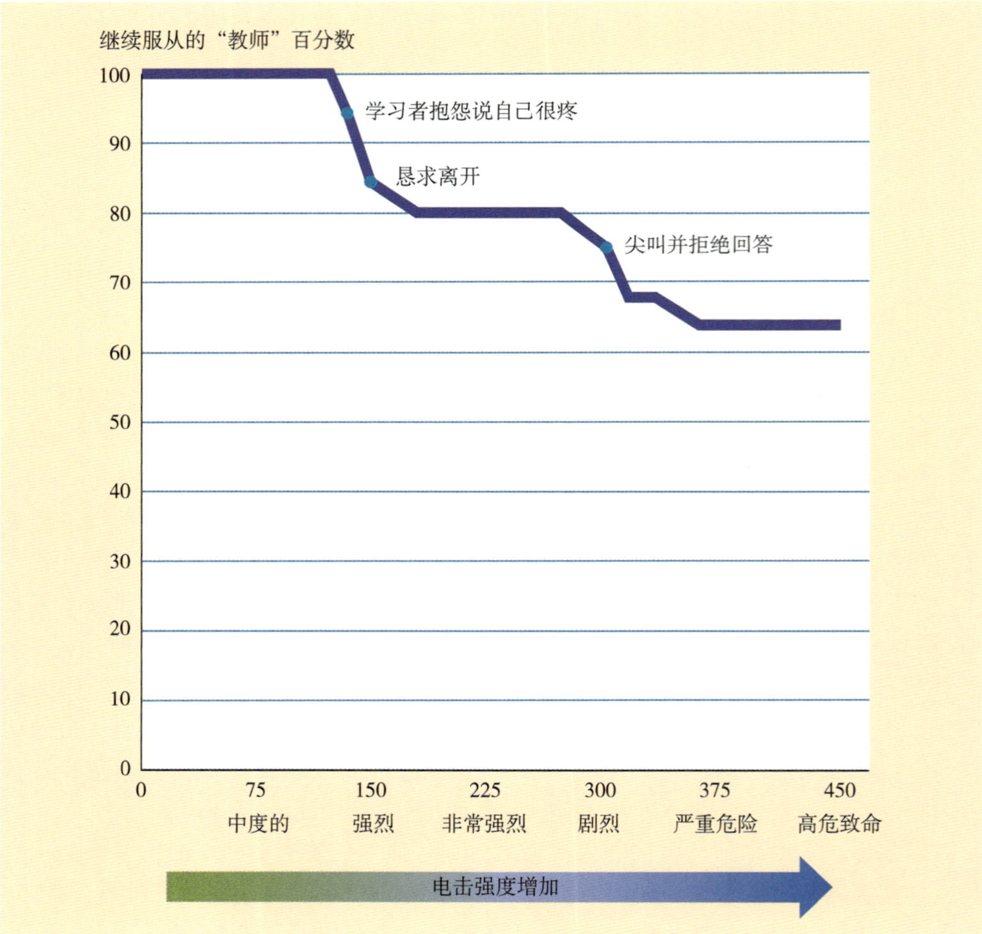

图 :: 6.5
米尔格拉姆服从实验的结果

学习者做出各种表现下参与者的服从百分比。

资料来源：From Milgram, 1965.

在为自己辩护时，米尔格拉姆总结了由 1 000 多个不同参与者所做的 20 多个实验所获得的经验教训。他也引用了参与者支持自己的一些评论，这些评论是在向参与者解释了实验目的和披露了欺骗程序之后获得的。随后的调查发现，84% 的参与者说他们很高兴参加了实验；只有 1% 的人表示遗憾。一年以后，精神病学家对痛苦体验较强烈的 40 名参与者作了访谈，得出结论说，不管暂时的应激如何，确实没有人受到伤害。

米尔格拉姆认为，对服从实验的道德批判是“极其夸张”的：

> 服从实验对参与者自尊的负面影响，与大学生参加一门普通课程的考试，但没有得到想要的学分相比，要小得多……我们似乎对考试失败导致的应激、紧张和自尊降低的结果已有相当的心理准备，而对于产生新知识的过程，我们却没有表现出一丁点儿宽容（Blass，1996）。

引起服从的因素

米尔格拉姆不仅揭示出人们服从权威的程度，他还考察了服从产生的条件。在进一步的实验里，他变化了各种社会条件，得到了从 0~93% 的服从率。结果发现有四个因素会影响服从，即与受害者的情感距离、权威的接近性与正当性、机构的权威性和不服从的同伴参与者的释放效应。

与受害者的情感距离

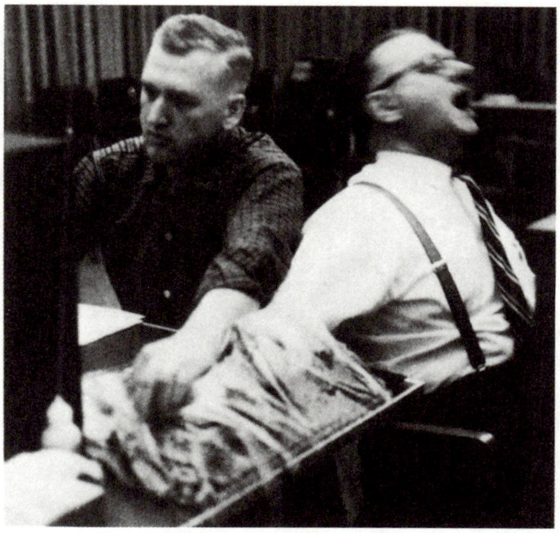

在米尔格拉姆“接触”条件下的一位服从的“教师”，强制性地把学习者的手按在电击板上。然而，“教师”对于这么靠近自己的学习者通常表现得比较仁慈。

米尔格拉姆的参与者在无法看到“学习者”（“学习者”也无法看到他们）的情况下，其行动表现出的同情最少。当受害者距离遥远，“教师”听不到抗议声时，几乎所有参与者都冷静地服从直到实验做完。相对于研究者的权威而言，这类情境把学习者对参与者服从的影响减小到了最低限度。但是，如果我们使学习者的抗辩和研究者的命令一样显而易见的话会出现什么情况呢？当学习者与参与者在同一房间时，那么，“只有”40% 的参与者表现出服从把实验进行到 450 伏。当要求教师把学习者的手强制按在电击板上时，那么，完全服从的比例下降到 30%。在一项米尔格拉姆的再现实验中设置两种条件，录像中的演员在电脑屏幕呈现或隐藏，参与者知道那个人正在承受痛苦。结果再次显示，当参与者能够看到受害者时，服从的比例显著降低（Dambrun & Vatiné, 2010）。

在日常生活中也同样如此，我们很容易漠视那些与己无关或失去个性的人。甚至对于巨大的灾难，人们也无动于衷。刽子手常常用布蒙住受刑者的头，使其失去个性。战争法允许从 40 000 英尺高的地方对手无寸铁的村民投掷炸弹，但不允许对他们开枪射击。在与敌人进行近距离肉搏时，许多士兵既不开火，也不瞄准。这种违抗军令的行为，对于那些接到命令后以远距离火炮或飞机进行杀戮的军人来说是很罕见的（Padgett，1989）。

在纳粹大屠杀开始的时候，一些德国人服从了命令——用机枪或步枪打死站在他们面前的男人、女人和孩子。但是有一些人却做不到，还有一些人会对这种面对面的屠杀留下巨大的阴影。这让海因利希·希姆莱（纳粹种族灭绝的军师）发明了一种“人性化”的屠杀方式，把屠杀者和受害者在视觉上隔离开。结果就建立了毒气室，屠杀者在这里看不到也听不到他们暴行造成的惨剧（Russell & Gregory，2005）。

距离削弱责任。

——GUY DAVENPORT

从积极一面讲，人们对于个性化的人是最富有同情心的。这就是人们在替未出生的胎儿、饥饿的难民或动物权利进行呼吁时，总是用令人感动的照片或描述来赋予其个性化的原因（参见下文：“聚焦：将受害者个性化”）。也许最令人感动的是正在发育的胎儿的超声波图像。社会心理学家（Lydon & Dunkel-Schetter，1994）曾问过准妈妈，结果发现，当她们看到自己胎儿的身体被超声波图像清楚地显示出来时，她们内心涌现出对胎儿更多的爱和承诺。

想象一下你有能力阻止会令另一半球 25 000 个人丧命的潮水，或有能力阻止会令本地机场 250 人丧生的事故，或有能力阻止会令一位密友死亡的车祸。你会阻止哪一个呢？

权威的接近性与正当性

研究者亲临现场也会影响服从。当米尔格拉姆通过电话下达命令时，整个服从比例下降到了 21%（虽然许多人撒谎并且说自己听从了命令）。其他研究也证实，权威在空间上的接近性会增加服从率。轻微碰触一下手臂，会使人更愿意捐一个硬币，在请愿书上签名，或者品尝新的比萨饼（Kleinke，1977；Smith & others，1982；Willis & Hamm，1980）。

但是，权威必须是正当合理的。在米尔格拉姆式实验的另一变式中，研究者假装接到一个电话，要离开实验室。研究者说，仪器可以自动记录数据，所以“教师”可以继续做实验。研究者离开后，另一个人代替研究者（实际上是研究者的另一个

聚焦 将受害者个性化

如果对受害者进行个性化，无辜的受害者就会博得更多的同情。在夺去 3 000 人生命的伊朗大地震就快被人遗忘的同一周内，意大利有名小男孩掉进矿井里意外死亡，全世界都为之悲伤。一场核战争估计的死亡统计人数是无法个性化的，所以也就很难被人理解。因此，国际法教授罗杰·费希尔（Roger Fisher）提出了一种将这些受害者个性化的方法：

> 通常事情是这样发生的，一位年轻人，通常是一位海军军官，不论总统去哪里，他都跟随着。这位年轻人随身带着一只装有发射核武器所需密码的黑色公文箱。
>
> 我可以想象总统在内部会议上会认为核战争是抽象的问题。他可能决定，"关于 SIOP 一号计划，答案是肯定的。接通阿尔法线 XYZ。"这种术语能长距离传递，不用担心泄密。
>
> 那么我的建议很简单。把所需密码装入一个胶囊里，再把胶囊植入一位志愿者的心脏附近。志愿者伴随总统时，总是随身带着一把大而重的屠刀。如果总统想要发射核武器，惟一的办法，就是要先亲手杀死这个人，拿到密码。
>
> "乔治，"总统会说，"我很抱歉，但成千上万的人真的该死。"然后总统不得不看着这个人，并且意识到什么是死亡——一个无辜者的死亡。血流在白宫的地毯上：这个残酷的现实会使他清醒过来。
>
> 当我把这个建议讲给五角大楼的朋友听时，他们说，"天啊，那么可怕。必须先杀死一个身边的人，这会纠正总统的决断。他可能永远都不会摁按钮了。"

资料来源：Adapted from "Preventing Nuclear War" by Roger Fisher, *Bulletin of the Atomic Scientists*, March 1981, pp. 11–17.

助手）来发布命令。该助手"命令"对每个错误回答增强一档电击，并且还有针对性地指导"教师"。这种情况下有 80% 的"教师"完全拒绝服从。助手装作厌恶这种违抗，并亲自坐在电击启动器前，试图代替"教师"实施电击。这时，大多数不满的参与者发出了抗议。一些人还试图拔下启动器的插头。一个高大的男子把助手从椅子里拽起来，并把他推出房间。参与者对不正当权威的反叛，与之前在研究者面前常常表现出来的恭顺和礼貌形成了鲜明的对照。

对护士的服从行为研究也可以证实这一点。医生要求并不认识的护士给病人服用非常明显的过量药物（Hoffling & others，1966）。研究者把这个实验讲给一群护士和学护理的学生听，问她们会如何反应。几乎所有人都说自己不会服从命令。其中一人说她会这样回答："我很抱歉，先生，在没有处方的情况下我不会听从权威给病人服任何药，尤其是过量的药品和我不熟悉的药品。当然如果条件允许的话，我愿意去做，但是这不但违反医院的政策，也违背我的道德标准。"然而，当 22 名护士在接到医生给病人过量服药的电话命令后，只有一人除外，其余的护士毫不犹豫地服从了（直至在去病人的路上被拦截为止）。虽然并非所有护士都如此顺从（Krackow & Blass，1995；Rank & Jacobson，1977），但是，这些护士都是循规蹈矩的：医生（正当的权威）命令，护士服从。

在奇怪的"直肠耳朵疼"的案例中，我们可明显看到个体对合法权威的服从（Cohen & Davis，1981）。医生要求给右耳感染的病人耳朵里滴药。在处方上，医生把"滴入右耳"写成了"滴入屁股"[1]。看了医生的处方后，顺从的护士把指定数量的药液

1 医生给右耳疼痛的病人开出了滴耳液，但处方上却没写全滴药的部位，右耳的英文为"right ear"，而医生略写为滴入"R ear"［英文rear的意思为屁股］。值班护士旋即将指定数量的滴耳液滴入病人的肛门。——编者注

如果接到命令，绝大多数士兵会放火焚烧平民的房屋或杀人——而他们认为这种行为在其他情境下是不道德的。

滴入了顺从的病人的直肠里。

顺从的护士可能和来自美国 30 个州的 70 位快餐店经理有同感，1995 年到 2006 年期间他们一直遵从了一名自称警察的骗子的命令（ABC News，2004；Snopes，2008；Wikipedia，2008）。那个假警察会向他们描述某类雇员或者顾客的特征。一旦经理发现某个人符合这些特征，电话那头威严的声音便指示他搜这个人的身，检查他是否偷了东西。在命令的指示下，一名亚利桑那州快餐店的男经理把一位 17 岁的女顾客拉到一边并对她进行了搜查。在强迫一位 19 岁的女雇员脱掉衣服之后，一名南达科塔饭店的经理解释说，"我并不想这样做……我只是按照他的指示行事。"他的辩护律师解释道，那位经理担心不服从就意味着要丢掉工作或者进监狱。

在另一个例子中，一位麦当劳的经理接到一个来自所谓"斯科特长官"的电话，电话声称一名员工涉嫌偷窃钱包。这位女经理将一名符合描述的 18 岁女员工带到办公室，按照一系列的命令，掏空了她的口袋，接着又脱光了她的衣服。在超过三个半小时的羞辱和拘留中，命令变得越来越奇怪，甚至要求她与一位男性发生性接触。之后，这位受害者起诉了麦当劳，控诉他们事先没有充分警告员工这种欺诈，并且获得了 610 万美元的赔偿（CNN，2007）。

机构的权威性

如果权威的声望很重要，那么耶鲁大学的机构声望也可能使米尔格拉姆的实验命令变得合法化了。在实验后的访谈中，许多参与者说如果不是耶鲁大学的名声，他们坚决不会服从。为了考察一下真实情况，米尔格拉姆把实验地点移到康涅狄格州的布里奇波特市。他在一座并不豪华的商务大楼里成立了"布里奇波特研究会"。然后由同一批操作人员来实施那个"学习者有心脏病"的实验，你猜完全服从的比例是多少？虽然服从率（48%）仍然较高，但明显低于耶鲁大学的 65%。

在日常生活中也同样如此，有机构作背景的权威易发挥社会权力。斯坦福大学心理学教授罗伯特·奥恩斯坦（Ornstein，1991）讲述了一件事，他的朋友是位精神病学家，有次因为一位病人爬上悬崖威胁要跳崖而前去规劝，精神病学家的苦口婆心仍无法使病人离开悬崖，无奈之下，他只能期望警方的谈判专家能快点到来。

研究背后的故事

斯坦利·米尔格拉姆的服从研究

当为所罗门·阿施工作时，我想知道他的从众实验是否可以设计得对人类更有意义一些呢？首先，我设计了一个与阿施类似的实验，但有一点不同，即利用群体诱使个体对抗议的受害者实施电击。但是需要一个控制组，以考察在缺乏群体压力下，个体会实施多大的电击。某个人，假如说是研究者，必须命令参与者实施电击。但是这又产生了一个新问题：发出电击命令后，参与者会走多远？在我心中，这个问题已经转变为人们顺从迫害命令的意愿程度。对我来说，这是一个令人兴奋的时刻。我意识到，这个简单的问题既对人类非常重要，又能获得精确的答案。

实验室程序对大家普遍担忧的权威问题给出了科学解释，这种担忧是强加于我们这一代人的心结，尤其是像我这样经历了二战暴行的犹太人。大屠杀对我心灵的影响，激发了我对服从及其特定变式的浓厚兴趣。

资料来源：Abridged from the original for this book and from Milgram，1977，with permission of Alexandra Milgram.

斯坦利·米尔格拉姆（Stanley Milgram，1933~1984）

尽管谈判专家没有到来，但另一名完全不知情的警察恰巧来到现场，拿出他的手提式扩音喇叭，对聚集在悬崖边的人群大叫："哪个混蛋在马路中间把货车并排停在另一辆车旁边？害得我差点儿撞上。不管你是谁，现在就把它开走！"听到这些，要跳崖的那个病人马上乖乖地走下来，把车开走，然后一声不吭地钻进警车去了附近的医院。

群体影响的释放效应

这些经典实验好像表明从众都是消极的。但是，从众也可以是积极有效的。社会心理学家（Fiske，Harris & Cuddy，2004）指出，冲进世贸大厦熊熊大火中的消防员是"非常勇敢"的，但他们也只是"部分地出于服从上级命令，部分地出于遵从极端的集体忠诚。"还可以思考一下从众的释放效应。也许你会回忆起，当你面对不公正的教师，完全有理由指责他时，你还是犹豫了。后来同学们接二连三地纷纷指出不公平的事实后，你也跟着他们一起指责起来，这就是释放效应。米尔格拉姆也观察到了这种从众的释放效应。他让"教师"和两个助手"教师"一起实验，两个助手"教师"都公然反抗研究者，然后研究者命令那个真正的参与者（"教师"）一个人继续下去。参与者会吗？不会。通过模仿反抗的助手，90% 的参与者释放了自己。

对经典研究的反思

对米尔格拉姆研究结果的普遍反应是大家意识到这与近代世界史有异曲同工之处：纳粹德国的阿道夫·艾希曼辩解说："我只是执行了命令而已"；威廉·卡利中校在 1968 年指挥了一场大屠杀，在越南米莱村杀死了数以百计的无辜平民后也是这样辩解；发生在伊拉克、卢旺达、波斯尼亚等地的"种族大屠杀"也都这样辩解。

军方训练士兵服从上级。米莱大屠杀中的一位参与者回忆道：

> ［上校卡利］命令我开始射击。于是我就开始射击。我向人群发射了四个弹夹的子弹……他们乞求着，“不要，不要。”母亲紧紧护着孩子……我们一直不停地射击。他们挥动着手，乞求着（Wallace，1969）。

服从实验中“安全”的科研环境，毕竟不同于战争。而且战争和种族屠杀的大部分恶行和残暴程度远远超出了服从（Miller，2004）。有一些执行大屠杀任务的人根本不需要给他们下达命令让他们杀人，他们是“乐意的屠杀者”（Goldhagen，1996）。

如今美国军方训练士兵拒绝服从不恰当、不合法的命令。

服从实验就社会压力的强度而言也与其他从众实验不同；服从实验的命令非常明确。没有强迫，人们不会残忍地行动。但是，阿施和米尔格拉姆的实验也有共同之处。两者都表明对权威的服从可以战胜道德。就强制人们违背自己的意愿而言，它们都成功了。这不仅仅是学术课题，而且还提醒我们注意自己现实生活中的道德冲突。这两个实验揭示并证实了某些为人熟知的社会心理学原理：行为与态度之间的联系以及情境的力量。

行为和态度

我们在第 4 章讲到，当外界的影响作用超过了内在的信仰时，态度便无法决定行为。这些实验也生动地证实了这一点。当一个人单独行动时，个体几乎总能做出正确的反应。而个体单独反对群体就是另一码事了。

在服从实验中，强大的社会压力（研究者的命令）超越了力量较弱的因素（远方受害者的抗争）。“教师”在受害者的抗争和研究者的命令之间，在希望避免造成伤害和成为合格的参与者之间挣扎，绝大多数人选择了服从。

为什么参与者无法摆脱自己？他们如何陷入圈套的？想象一下你作为“教师”参加另一个版本的米尔格拉姆实验，一个他从来没做过的实验。假定当学习者第一次答错时，研究者要求你摁 330 伏的按钮快速电击他。在摁了按钮后，你听到学习者发出的痛苦尖叫声，诉说自己心脏不好，乞求怜悯。你会继续做下去吗？

我想不会。在我们将这个假设的实验与米尔格拉姆的参与者的经历做比较时，请回忆一下人们一步一步陷入圈套的登门槛现象（第 4 章）。米尔格拉姆实验中最初的惩罚是轻微的——15 伏——并没有出现抗议。“教师”也会同意继续做下去。当电击达到 75 伏，并听到学习者第一次呻吟声时，他们已经顺从 5 次了。而接下来的一次，研究者只要求“教师”实施比先前略微强一点的电击而已。在他们实施 330 伏电击时，已经是第 22 次服从了，“教师”早已降低了认知不协调感。此时，他们的心态与实验开始时的心态完全不同。个体外在的行为和内在的心理倾向可以彼此影响互相促进，有时还会螺旋式上升。正如米尔格拉姆所言（Milgram，1974，p.10）：

人类的行动对于他们来说是太强大了。请给我一个伤害过他人，但没有成为受害者，也没有成为自己行为的奴隶的个体吧。

——爱默生，《代表人物：歌德》，1850

> 许多参与者严重地贬低受害者，就是为了“迫害”他。诸如“他非常愚蠢和固执，就应该电击”的言论很多。一旦电击了学习者，“教师”必然会认为他毫无价值，学习者的智力或性格缺陷是实施惩罚的最好理由。

20 世纪 70 年代初，希腊的军政府就是利用这种“谴责受害者”的方法来训练拷问官（Haritos-Fatouros，1988，2002；Staub，1989，2003）。正如纳粹德国早期训练党卫军官一样，军方根据候选者对权威的尊重和顺从来选择拷问官。但仅有这些特

"也许我太爱国了"，前拷问官杰弗里·本齐恩，在向南非真相和调解委员会现场演示"湿袋技术"时这样讲道。他把布口袋套在受害者头上，一次又一次地令其窒息，把受害者带到死亡的恐怖边缘。前安全警察经常制造恐怖以使被告坦白，譬如枪支藏匿在哪里。当然他们一般否认采取过这样的行动。"我做了可怕的事情，"本齐恩承认道，并向受害者道歉，尽管他声称自己只是服从命令。

点还不能任命为拷问官。于是军方就安排受训者去看守囚犯，接着参加搜捕队，然后殴打囚犯，再后观看整个拷问过程，最后亲自动手拷问。就这样一步步地把一个服从的但其他方面仍正常的个体逐渐变成施暴的机器。顺从滋生了接纳。如果只关注施以 450 伏电击酷刑这一结果，我们会被这样的罪恶行为所震惊。但如果考虑到个体是如何逐渐走到最后的，我们就很容易理解。

美国马萨诸塞大学的社会心理学家欧文·斯托布（Ervin Staub）是大屠杀的幸存者，他非常了解这种把公民转变为刽子手的力量。根据对世界各地种族灭绝的研究，斯托布揭示了屠杀者的心理转变过程。屠杀者批评他人会引发轻视，轻视则会引发迫害行为，而当迫害合理化后就会导致暴行，接着便是杀戮，然后是大规模的屠杀。态度随着行动不断变化，又使行动合理化。据此，斯托布得出了令人不安的结论："人类竟能对屠杀他人的行为不以为然"（Staub，1989，2003，p.13）。

但人类还具有英雄主义的品质。在纳粹大屠杀期间，法国一个小村庄（Le Chambon）保护了 5 000 名犹太和其他难民，他们本应流放押往德国。村民绝大多数是新教徒，村里的权威人物牧师教导他们"无论何时，只要敌人要求我们服从的命令有违福音书上的训诫，我们都要反抗"（Rochat，1993；Rochat & Modigliani，1995）。纳粹政府要他们交出犹太难民，村里的牧师树立了不服从的榜样："我不知道什么犹太人，我只知道人类。"不管战争有多可怕，他们从 1940 年开始一直坚持最初的承诺，在信仰的支持下，在权威的支持下，在互相支持下，一直对抗到 1944 年村子获得了解放。我们到处可以看到，对纳粹统治的反抗通常在很早就已出现了。最初的帮助行为加强了忠诚态度，而忠诚导致了更多的助人行为。

情境的力量

第 5 章最重要的启示是，文化是影响人们生活最有力的力量；而本章最重要的启示是，即时的情境力量也同样有力——这都证明了社会环境的影响力。要想亲自体会这一点，设想你要违反一些细小的社会规范：如在教室听课时突然起立，在餐馆里大声唱歌，或者穿一套西服打高尔夫球。在试图打破这些社会束缚时，我们才突然意识到它们的强大。

20 世纪社会心理学带给我们的重大启示是：在决定人们行为的因素中，个体自身的特点往往没有自我感知到的情境重要。

——斯坦利·米尔格拉姆，《服从权威》，1974

在最近宾夕法尼亚州立大学的实验中，大学生同样发现很难说出挑衅他人的话语。让大学生假设自己要与 3 个人讨论，挑选其中一人到荒岛去生活。研究者要求他们想象其中一位男生，说了 3 句与性有关的话，例如，"我想岛上需要有更多的女人，以便使男人更满意。"大学生对这种性暗示的话会怎样反应呢？只有 5% 的人估计自己会无视这种言论，或者等待看看其他人的反应。但是，社会心理学家（Swim & Hyers，1999）研究发现，在学生讨论时让男助手说出这类话语时，结果 55%（而非 5%）的人没有说出批判的话语。同样，尽管人们预测自己看到别人有种族歧视的行为时会反感，比如在实验中避免与该种族主义者为伍；但实际情况是，人们碰到这类事件通常无动于衷（Kawakami & others，2009）。这些实验证实了社会规范所具有的压力，以及要预测行为，即使是我们自己的行为，也非常困难。

2011 年，宾夕法尼亚大学某足球教练性虐待男童事件曝光后，其他令人尊敬的足球教练和大学官员们会作何反应？（据报道，其他教练确实向上级递交了报告，但却允许施虐者继续留在学校。）这很具讽刺意味，认为“社会规范具有压力”的人在该问题的公开辩论中显得理屈词穷。评论员们义愤填膺，他们原本以为自己对此事的反应会更强烈。但历史的教训、旁观者的反应（参见第 12 章）以及诸多实验研究都提醒我们，在假设情境中“说”往往比在实际情境中“做”容易得多，正所谓知易行难。

即使在个人主义文化中，也有人想挑战最明确的文化规范，就如斯蒂芬·高夫在2003 年试图裸体（除了帽子、袜子、靴子和帆布背包）徒步穿越不列颠。从六月到一月，他从英国最南端的兰兹角走到苏格兰最北端的约翰岬角。在他 847 英里的旅途中，被捕了 16 次，在牢狱里度过了 5 个月。“我的裸体运动，对我自己来说是第一位的也是最重要的，可以展示我自己美丽的人体”，这是高夫（Gough，2003）在网站上的留言。

米尔格拉姆的实验也引起人们对恶行的思考。恶行有时由少数邪恶的家伙所为，他们常常表现为悬念小说和恐怖电影里的冷血杀手形象。现实世界我们能想到的有，希特勒对犹太人的种族屠杀，萨达姆·侯赛因对库尔德人实施的种族灭绝以及奥萨玛·本·拉登所密谋的恐怖事件等等。但是，恶行也会因社会因素而引发——就如同高温、潮湿和病菌可能使整筐苹果变坏。美国军警在阿布格拉布监狱虐待伊拉克囚犯的事件震惊了全世界，这些警察其实承受了很大的压力：他们被前来救援的人们辱骂，因同伴的死而愤怒，回家的时间被无限制地推迟以及处于松懈的管制之下——邪恶的情境产生邪恶的行为（Fiske，2004；Lankford，2009）。正如从众实验所示，社会情境有时会导致普通人赞同谬误或屈从暴行。

就像在复杂的人类社会中常常发生的那样，当最可怕的暴行从一系列的小恶行发展而来时，这一点显得尤其正确。德国公务员愿意处理大屠杀的文件，这使纳粹领导非常惊讶。当然，他们并没有屠杀犹太人；他们只是在做文书工作（Silver & Geller，1978）。当大家分散工作各司其职时，恶行似乎更易进行。米尔格拉姆对恶行的分隔作用进行了研究，他让另外 40 个人间接地参与实验。他们只负责学习测验，而其他人实施电击。结果发现 40 人里有 37 个人完全服从了。

在观察了成千上万人之后，我可以这样说，如果在美国建立像纳粹德国那样的死亡集中营，我们会发现，在美国任何一个中等规模的城镇都能找到足够多的为集中营工作的人员。

——斯坦利·米尔格拉姆，在哥伦比亚广播公司《60 分钟》上的谈话，1979

日常生活也是如此：对恶行的听之任之常常会使之日积月累，尽管我们并不是有意识地去作恶。拖延同样是对恶行的无意识放任，会造成自我伤害（Sabini & Silver,1982）。某个学生知道就要交期末论文了，可他每次做论文时都分散注意力——一会儿是视频游戏，一会儿是电视节目——看起来没有什么大危害。但是，渐渐地，这个学生根本就无法完成论文了，他甚至没有意识到自己实际上已经决定不做该论文了。

人们可能认为，艾希曼和奥斯威辛死亡集中营的军官都是野蛮的恶棍。实际上，他们的邪恶受到恶毒的反犹太主义宣传的鼓动。单凭社会情境并不能解释为什么在

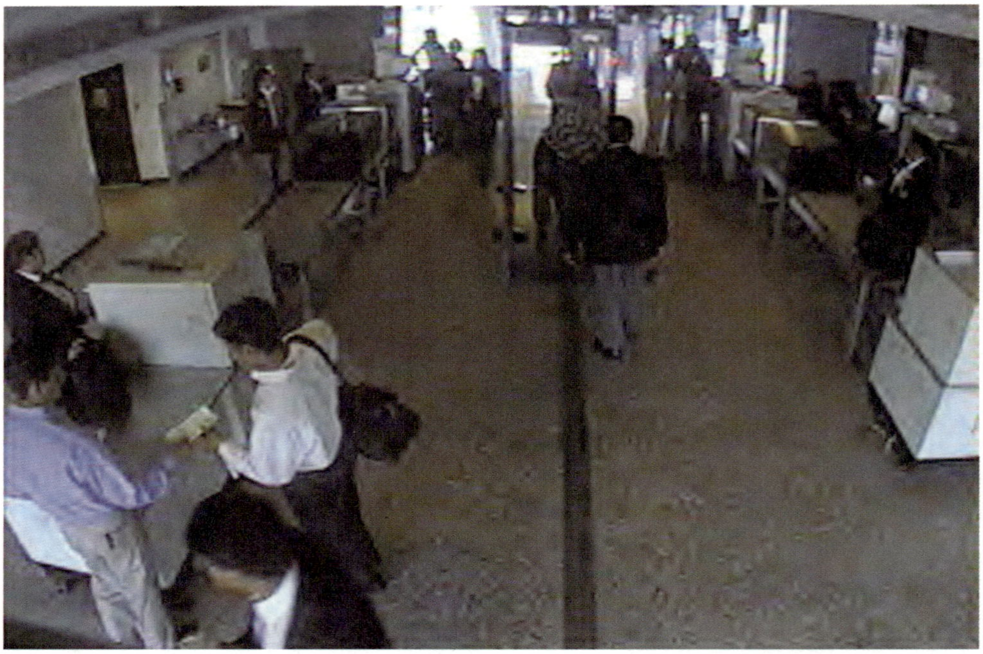

“普通的”9·11恐怖分子。2001年9月11日，劫机犯Nawaf al-Hazmi（蓝色衬衫）和Salem al-Hazmi（白色衬衫）通过杜勒斯机场安检处时，他们的表情和行为都看起来很平常。

同一街区或死亡集中营中，有些人表现出极端的残忍，也有人表现出英雄主义的仁慈。同样，纳粹军官站在我们面前时，未必就像怪物一样恐怖。在一天辛苦的工作后，这些军官会欣赏贝多芬和舒伯特的音乐来放松自己。参加 1942 年 1 月万塞会议制定纳粹大屠杀最后方案的 14 个人中，有 8 个人曾获得欧洲大学博士学位（Patterson，1996）。像绝大多数纳粹分子一样，艾希曼表面上和正常工作的普通人没什么两样（Arendt，1963；Zillmer & others，1995）。9·11 恐怖事件的主谋穆罕默德·阿塔，有报道说他曾是一个“好孩子”，是良好家庭出身的优秀学生。9·11 事件的第 20 个嫌疑犯札卡里斯·穆索伊在申请学习飞行课程和购买刀具时，十分有礼貌。他称呼妇女为“女士”。据说第二架撞向世贸中心大楼飞机的飞行员是一个和蔼可亲、生活悠闲的家伙，与撞向五角大楼的飞行员非常相像，后者“聪明、友好而且非常有礼貌”。如果这样的人住在我们隔壁，他们似乎与恶棍的形象根本不相符。他们也是“普通”人（McDermott，2005）。

米尔格拉姆（Milgram，1974，p.6）说道：“我们研究的最基本的结论是，普通人即使心中并没有任何仇恨，只是做自己的本职工作，也可以成为可怕的破坏活动的执行者。”正如美国儿童电视节目《罗杰斯先生》常常提醒学前儿童那样：“好人有时也会做坏事。”在邪恶力量的支配下，善良的人们有时也会堕落，他们会对不道德的行为进行合理化的归因（Tsang，2002）。所以，正是这些普通的士兵最终会遵照命令枪杀手无寸铁的平民，普通雇员会遵从指示生产和配送伪劣产品，普通的团队成员也会听从指令残忍地折磨新成员。

那么，对暴行的情境化分析可以免除作恶者的罪过吗？可以免除他们的责任吗？亚瑟·米勒（Miller，2006）说，在外行人看来，答案在某种程度上是肯定的。但是研究罪恶根源的心理学家却不这么认为。解释并不代表原谅，理解并不代表宽恕。你不理解一个人的行为，但你可以原谅他。你理解一个人的行为，但不愿原谅他。而且，詹姆斯·沃勒（Waller，2002）补充道，“我们理解了暴行的平常之处后，对邪恶就不会那么震惊了，不太可能再对恶行无意识地推波助澜，甚至可能做好充分

表 :: 6.1 对经典服从研究的总结

研究课题	研究者	方法	现实生活范例
规范形成	谢里夫	根据光点似动现象评价暗示性	听到别人的观点后改变了对事物的评价；欣赏别人喜爱的美味佳肴
从众	阿施	赞成他人非常明显的错误知觉判断	别人做什么你就做什么，随大流，如纹身
服从	米尔格拉姆	服从命令电击他人	士兵或雇员执行不正确的命令

的准备预先阻止恶行。”杰瑞·伯格在复制著名的米尔格拉姆研究时，排除了熟悉这一研究的人作为参与者。如果像你我这样了解该研究的人参与实验，服从率是否会显著降低（Elms, 2009）？

最后，我们要对从众研究所使用的实验方法逐一评论（参见表 6.1 的总结）：在实验室中的从众情境与日常生活明显不同。我们是否常被要求作线段长短的判断或对他人实施电击？点燃一根火柴与燃起森林大火，其燃烧过程是一样的，所以我们可以假定，实验室里的心理过程与日常生活中的心理过程也是一样的（Milgram, 1974）。从点燃一根火柴的简单事件，概括到复杂的森林大火，我们必须非常谨慎。但是，点燃火柴的可控实验能够让我们洞察燃烧的本质，而这种本质是观察森林大火所无法获得的。由此可见，社会心理学实验能为我们的行为研究提供启示，而这种启示在日常生活中是难以获得的。实验情境是独特的,而每种社会情境也是独特的。通过考察各种各样的独特任务，通过在不同时间和地点的重复实验，研究者逐渐探索出深埋于纷繁表面现象之下的一般原理。

经典的从众实验解答了一些问题，但也提出了新问题：人们有时从众，有时不从众。（1）他们什么时候会从众？（2）为什么人们会从众？为什么他们不忽视群体“做真实的自己”？（3）是否有一种人特别容易从众？接下来我们依次探讨这些问题。

小结：经典的从众和服从研究

三组经典实验说明了研究者研究从众的不同方法。

- 谢里夫发现他人的判断会影响人们对光点移动距离的错觉估计。“正确”答案的规范形成后，会持续很长一段时间，并在一批批的研究参与者中流传下来。
- 阿施先让实验者听到其他人判断 3 条线段中哪一条与标准线段相等，然后自己做出判断。当其他人一致地给出错误的答案后，结果发现有 37% 的实验者会从众。
- 斯坦利·米尔格拉姆的实验引发了顺从的极端表现形式——服从。在最理想的条件下——正当的、近距离的命令者，遥远的受害者以及没有反抗的榜样——有 65% 的成年男性参与者完全服从命令，对隔壁房间发出尖叫的无辜受害者实施具有伤害性的电击。
- 这三个经典实验揭示了几个现象的效力。行为和态度会相互强化，小恶会助长态度，进而导致大恶。好人面对恶劣环境时，也会做出令人斥责的行为（即使恶劣的情境也会激发某些人产生英雄主义的行为），由此可以看到情境的力量。

预测从众的因素

识别能引发较多和较少从众行为的情境。

社会心理学家想知道，如果阿施的非强制性、清晰的情境能引发 37% 的人从众，那么，其他的情境是否会产生更多的从众行为呢？研究者不久就发现，如果判断任务非常困难，或者，参与者感到无力胜任，那么，从众比率会大大增加。我们对自己的判断越不确定，就越容易受他人影响。

群体的特征也很重要。如果群体由 3 个或更多个体组成、凝聚力强、意见一致和地位较高的话，那么从众的程度最高。如果是在公众场合做出行为反应，并且事先没有任何承诺，那么从众的比率也很高。让我们考察一下以上各种条件。

群体规模

在实验室实验里，规模较小的群体就可以引起较大的效应。阿施和其他研究者发现，3 至 5 个人比只有 1 个或 2 个人能引发更多的从众行为。当人数增加到 5 个人以上时，从众行为的增加就不再明显（Gerard & others，1968；Rosengerg，1961）。米尔格拉姆及其同事（Milgram & others，1969）进行了一项现场实验，让 1、2、3、5、10 或 15 个人组成的群体停留在纽约市繁忙的人行道上，并抬头仰望。如图 6.6 所示，抬头仰望的路人人数随着参与者从 1 人增加到 5 人也相应增加。

群体“抱成团”的方式也会产生不同的影响。美国罗格斯大学的研究者戴维・怀尔德（Wilder，1977）给学生讲述了一个有陪审团参加的案子。在学生判断前，先让他们观看由 4 个助手做出判断的录像。当助手以两个 2 人组单独出现时，参与者的从众人数要比助手以一个 4 人组出现时的从众人数多。同样，两个 3 人组引发的

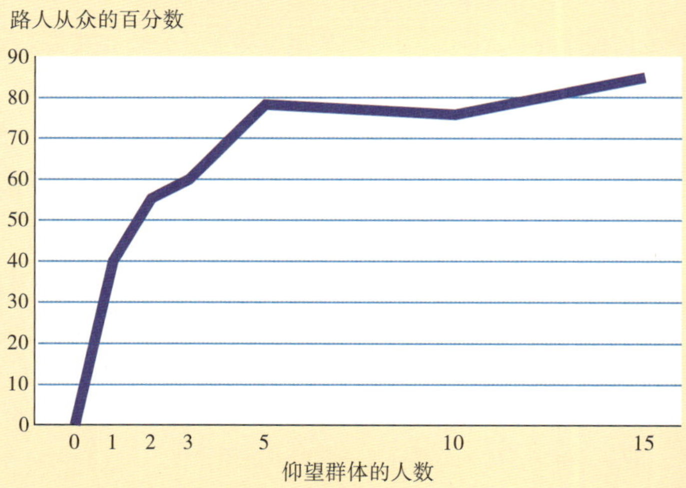

图 :: 6.6
群体规模与从众

随着群体规模逐渐增加到5个人，路人模仿群体抬头仰望的百分比也随之增加。

资料来源：Data from Milgram, Bickman, & Berkowitz, 1969.

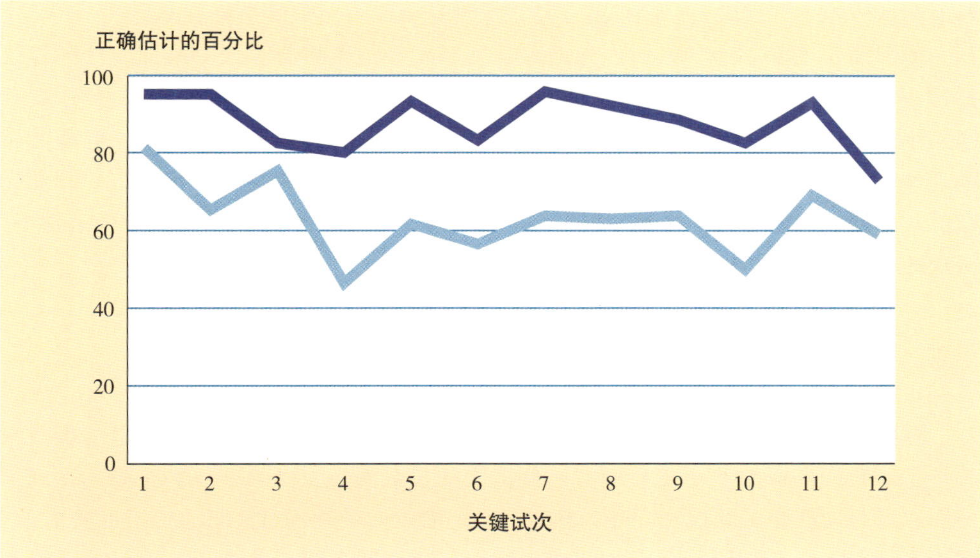

图 :: 6.7
一致性对从众的影响

当有人做出正确回答破坏了群体的一致性时，个体的从众行为只有通常的四分之一。

资料来源：Asch, 1955.

从众人数要比一个 6 人组所引发的从众人数多，而 3 个 2 人组引发的从众人数更多。很显然，多个小群体的一致意见使得某个观点更为可信。

一致性

假设你参加某个从众实验，所有的人都给出了同样错误的答案，但你前面的那个人例外地给出了正确答案。有这样一个不从众的助手作为榜样，你会像米尔格拉姆服从实验中的个体那样表现出释放效应吗？一系列实验揭示出，如果有人破坏了群体一致性，那么会降低群体的社会影响力（Allen & Levine，1969；Asch，1955；Morris & Miller，1975）。正如图 6.7 所示，如果刚巧有一个人说出了自己的心声，那么人们几乎总会做出同样的行为。这些实验的参与者事后常常说，对于不从众的同伴，他们感到温暖和亲切。但是，他们同时又否认同伴对自己的影响："如果他不这样做，我也会说出同样的话。"

在群体里成为少数派并不容易，有好几个陪审团就因为其中某个成员持有异议而无法判决。在过去的半个世纪里，美国最高法院的裁决中只有 1/10 的裁决包含一个异议者，大部分都是全票通过或者按 4:5 的比例分配（Granberg & Bartels，2005）。

从众实验给我们上了一堂生动的实践课，即如果你能找到某个人和你立场一致的话，那么你为某件事站出来就容易得多。许多宗教群体也都意识到了这一点。耶稣派遣门徒时是成对的，效仿耶稣的榜样，摩门教也成

单独站出来成为少数派是很难的。但是，这样做有时能让你成为英雄，正如亨利·方达在经典电影《十二怒汉》中扮演的孤独的、持异议的陪审团成员那样。

我的观点，我的信念，当第二个人接受它时便获得了无穷的力量和成功。

——Novalis，Fragment

对地派遣传教士到邻国去。同伴的支持极大地增强了一个人闯荡社会的勇气。

美国加州大学心理学教授内梅斯和奇利斯发现他人持有异议——即使这种异议是错误的——会增强个体的独立性（Nemeth & Chiles，1988）。他们让大学生观察四人小组中的一个人错误地把蓝色判断为绿色。尽管持异议者是错误的，但却能鼓励观察者表现自己的独立性——在76%的次数里，他们正确地把红色幻灯片判断为"红"，即使其他所有人都说是"橙"色。而在缺乏有勇气的榜样人物鼓励的条件下，从众的次数达到了70%。

凝聚力

群体之外的人——如另一所大学的学生或不同的宗教信仰者——提出的少数派观点，对我们的影响要小于我们自己群体内的少数派观点（Clark & Maass，1988）。异性恋者为同性恋者的权利呼吁，其对异性恋者的影响比同性恋者自己呼吁更有效。那些声称与你生日相同、名字相同或指纹特征相同的人提出要求后，你似乎更愿意顺从（Burger & others，2004；Silvia，2005）。

群体的**凝聚力**（cohesiveness）越强，对成员的影响力就越大。例如，在大学的女生社团里，朋友们有在一起大吃大喝的倾向，特别在她们关系变得更加亲密时更是如此（Crandall，1988）。同一种族群里的人会感到一种共同的"归属群体的从众压力"——言谈、举止、穿着都应该像"我们"。"像白人那样行动"的黑人或"像黑人那样行动"的白人，都会遭到同伴的嘲笑（Contrada & others，2000）。

实验还发现，那些感到自己受群体吸引的成员更可能对群体影响做出反应（Berkowitz，1954；Lott & Lott，1961；Sakurai，1975）。他们并不喜欢与其他成员唱反调，害怕被自己喜欢的人拒绝。他们允许群体中的某些成员拥有一定的权力，特别是那些具有群体典型特征的人（Hogg，2001）。17世纪英国哲学家约翰·洛克在他的《人类理智论》中提到凝聚力这个因素："一万个人中也难找到一个人，他能在自己的群体里长期忍受厌恶和谴责，一直坚持己见、不改初衷。"

我们与我们团体保持一致的倾向——想团体之所想，做团体之所做——表现在这样一个实验中：人们听说与自己类似的人喜欢某段音乐时，他们会更喜欢这段音乐[但是听说不同于己的人喜欢时，则会更讨厌这段音乐（Hilmert & others，2006）]。同样，与不同于己的饮酒者对比时，大学生喝酒的可能会降低（Lane & others，2011）。当目睹身着本校T恤的人欺骗后，参与者在另一实验中欺骗的可能会增加。但如果看到欺骗者穿的是对手学校的T恤时作用恰好相反，参与者会变得更加诚实（Gino & others，2009）。组织凝聚力导致的从众也表现在大学宿舍里，随着住在一起的时间增长，大学生的态度变得与其身边的人更为相似（Cullum & Harton，2007）。

二战时期的大屠杀曾上演过悲惨的一幕，人们不愿意与自己的亲密战友分开，即使要去杀人也不能让他们疏远自己的群体。历史学家克里斯多夫·布朗宁（Browning，1992）回忆说，近500名驻扎在波兰的德国后备军警在1942年7月的一个早上被叫醒，深受爱戴的长官焦急地告诉大家，他们已经接到命令，要将附近村庄1 800名犹太人中的成年男子押到集中营，并且要射杀所有的妇女、儿童和老人。面对如此血腥的命令，这位长官主动提出让年长不适合这个任务的人退出。只有12个人退出。其他人参与了屠杀，很多人在事后都出现了身体上的不适。

战后约有125份证词表明，他们中的大多数当时已经步入中年并且也有了自己的家庭，仅仅用反犹太主义不能解释他们的行为。恰恰相反，根据布朗宁的报道，他们的行为受制于凝聚力：不要违反规则。他们都感受到"一股强大的力量使自己不要脱离群体"（p.71）。

地　位

你或许能猜到，地位高的人往往有更大的影响力（Driskell & Mullen，1990）。低级团体成员——甚至低级的社会心理学工作者——承认他们比高级团体的成员更服从于他们的群体（Jetten & others，2006）。或者思考下面的一项研究。在 24 000 个过路行人无意识地参与帮助下，对乱穿马路行为的研究显示，乱穿马路的基线比例为 25%，当遵守交通规则过马路的助手出现时，行人乱穿马路的比例下降到了 17%，而当另一个乱穿马路者出现时，该比例一下子上升到了 44%（Mullen & others，1990）。当遵守交通规则过马路的人衣着整洁高雅时，他对乱穿马路的人示范作用最佳。就连黑猩猩都更可能模仿群体中地位较高的成员的行为（Horner & others, 2010）。对人类和其他灵长类动物的研究都发现，威望可以产生影响。

米尔格拉姆（Milgram，1974）报告说，服从实验中地位低的人比地位高的人更愿意服从研究者的命令。在实施了 450 伏电击以后，一位 37 岁焊工转向研究者，恭敬地问："教授，接下来怎么做？"（p.46）另一个参与者是位神学院的教授，在 150 伏时就开始不服从了，说："我不明白为什么这个实验要建立在一个人的生命之上"，并且不断地质问研究者关于"这件事的道德"（p.48）问题。

公开的反应

研究者想要问的第一个问题是：人们在公众场合中要比在私底下更可能从众吗？还是他们在私底下更可能犹豫不决而在公开场合上更果断独立，免得自己看上去软弱胆小？

答案现在已经非常清楚了：在实验室，人们必须面对他人做反应时要比私下里回答问题时表现出更多的从众行为。阿施实验中的参与者在看到其他人的反应之后，如果写下自己的答案只供研究者看，那么他们就较少受到群体压力的影响。同样，当大学教师提出某些有争议的问题时，如果让学生通过遥控器匿名回答，他们给出的答案会比举手回答时更多样化（Stowell & others, 2010）。与面对群体相比，在秘密的投票间里，我们更容易坚持自己的观点。

科德斯真的碰到了里斯克吗？一旦裁判员公开宣布了他们的决定，再多的证据也无法使他们动摇。

事前承诺

1980 年，一匹叫里斯克的小雌马在肯塔基・德彼赛马会上取得第二名。在普里克尼斯赛马比赛第二轮中，它在最后一圈转弯处超过了领跑的小雄马科

"好吧！你尽管用自己的方式打吧。球还是过去那个球。"

事前承诺：个体一旦对自己的立场作了承诺，就很少屈服于社会压力。现实生活中，仲裁者和裁判员很少推翻自己最初的决定。

德斯。当它们肩并肩地出现在转弯处时，科德斯稍稍靠向里斯克一边，从而使它犹豫了一下，结果在这场比赛中科德斯险胜里斯克。科德斯碰到了里斯克吗？骑手的鞭子划到了里斯克的脸吗？裁判员召开了秘密会议。在简单的商议后他们判定这不是犯规，科德斯赢。这个决定引起了轩然大波。重放的电视录像带表明科德斯确实蹭到了里斯克。人们提交了抗议书。官员们重新审查了他们的决定，但是最终没有改变主意。

是不是比赛后立即宣布的决定影响了官员后来改变决定的可能性？对于这一点我们就不得而知了。但是，我们可以进行实验室研究，观察有无事前承诺对结果产生的影响。假设你再一次参加阿施的实验，研究者呈现了线段，并要求你第一个回答。在你做出回答后，听到其他所有的人都不同意，然后研究者给你一个重新考虑的机会。面对群体压力，你会放弃原来的意见吗？

人们几乎就不可能这样做（Deutsch & Gerard，1955）：个体一旦在公众面前作出承诺，就会坚持到底。最多，也是在以后的情景中改变自己的判断（Saltzstein & Sandberg，1979）。因此，跳水或体操比赛的裁判在看到其他裁判的评分与自己的评价差距较大后，也很少改变自己的分数，尽管在稍后的成绩评定中会加以调整。

如果人们事前就公开承诺则很难说服其改变观点。在模拟陪审团做决定时，如果不是秘密投票，而是举手表决，那么常常难以达成一致的裁决（Kerr & MacCoun，1985）。公开的承诺往往会使人们难以后退。

那些从来不收回自己观点的人爱自己胜于爱真理。
——Joubert，Pansèes

聪明的说客们往往知道这一点。推销员所提的问题往往会鼓励我们对其所推销的东西做积极的评价而不是消极的评价。环境保护主义者要求人们对回收废品、节约能源或乘坐公共汽车作出承诺——与单纯地声嘶力竭地呼吁，不作出任何承诺相比，这更可能改变人们的行为（Katzev & Wang，1994）。据报道，14~17 岁公开宣誓要保持童贞直至结婚的青少年与未宣誓者相比，在某种程度上更可能节制性欲或延迟性活动（Bearman & Brueckner，2001；Brueckner&Bearman，2005；Uecker，2008）。（然而，如果他们违背了誓言，那么他们就不太可能使用避孕套。）

小结：预测从众的因素

- 利用从众实验程序，研究者考察了从众产生的环境条件。某些情境下人们特别容易从众。例如，从众会受到群体特征的影响：当 3 个以上的人或群体塑造行为和信念时，人们更容易从众。
- 如果示范行为或信念前后不一致，从众行为会减少。
- 群体凝聚力可以加强从众。
- 塑造行为和信念的人地位越高，人们越容易从众。
- 当人们的反应是公开的（面向群体）时，人们越容易从众。
- 对某一行为和信念作出事先承诺，人们更可能坚持承诺，而不从众。

影响个体从众的原因

识别并理解影响人们从众的两种社会影响。

“你看到远处那片像骆驼一样的云吗？”莎士比亚的哈姆雷特问波洛涅斯。“它真像一头骆驼，”波洛涅斯回答。“我想它还像一只鼬鼠，”哈姆雷特过一会儿说。“它拱起了背，真像一只鼬鼠啊，”波洛涅斯承认道。“还像一条鲸鱼呢！”哈姆雷特又说。“真的很像一条鲸鱼，”波洛涅斯赞同地说。问题：为什么波洛涅斯如此赞同这位丹麦王子呢？

或者思考下面真实的情境：我是美国人，在德国一所大学进行长期访问时有次去听演讲。演讲结束时，我举起手加入了鼓掌行列。然而没有听到掌声，却听到其他人用指关节敲桌子的声音。这是什么意思？他们对演讲不满意吗？显然，不可能所有人都对这位德高望重的演讲者公然表现得如此粗鲁。而且他们的面部表情也没有丝毫不快。不，我断定这必然是一种德国式的喝彩方式。于是，我也加入了敲桌子的大合唱。

什么因素引发了这种从众行为呢？为什么其他人敲桌子时，我开始没有这么做？为什么波洛涅斯如此认同哈姆雷特的话呢？这有两种可能。个体屈服于群体可能是因为（1）想获得群体的接纳和免遭拒绝，或者（2）获得重要信息。美国哥伦比亚大学心理学家莫顿·多伊奇和哈罗德·杰勒德（Deutsch & Gerard，1955）把这两种引发从众的因素命名为**规范影响**（normative influence）和**信息影响**（informational influence）。第一种影响来源于我们想获得别人喜欢的渴望，第二种影响来源于我们想正确行事的渴望。

规范影响指个体要“与群体保持一致”以免遭拒绝，获得人们的接纳或赞赏。也许，地位低下的波洛涅斯改变自己的想法赞同哈姆雷特是为了获得这位地位显赫的丹麦王子的欢心。

在实验室实验和日常生活中，群体成员常常会拒绝某些离经叛道者（Miller & Anderson，1979；Schachter，1951）。一位研究媒体的教授学到了这个教训，他在玩网络游戏《英雄之城》时变成了被驱逐的人（Vargas，2009）。我很同情这位教授，因为我们同名同姓（并非编造），都叫戴维·迈尔斯。在游戏中，他遵守了规则，但是没有服从已有的习惯。大多数的玩家在限速每小时70公里的地区只行驶到50公里，很多人因为违反规范而非规则遭到排斥。迈尔斯收到了辱骂的即时消息：“我希望你母亲得癌症”“大家都讨厌你”，以及“如果你再杀我一次我就真的杀你了，我不是开玩笑的。”

绝大多数人都知道，社会拒绝令人痛苦。如果我们偏离了群体规范，常常要付出情感代价。脑部扫描的结果显示，团体评价带来的痛苦所激活的脑区，与个人博彩决策失败带来的痛苦不同（Klucharev & others，2009）。杰勒德（Gerard，1999）曾记得从众实验中某位最初非常友善的参与者因群体压力而变得非常沮丧，要求离开房间，回来时看上去：

> 虚弱而且抖得厉害。我有点担心并建议停止实验。他断然拒绝停止，继续进行完所有36轮实验，没有一次屈服于其他人。实验结束时，我向他解释了实验设计中所使用的花招，他整个身体慢慢放松下来，长叹了一口气，脸色又红润起来。我问他为什么中途要离开房间。他说感到“恶心呕吐”。他没有屈服，但这是怎样的代价啊！他多么渴望得到其他人的接纳和喜欢，多么担心自己做

如果你担心错过这条船——请想想泰坦尼克号。

——佚名

不到这一点，因为他正站在群体的对立面。与群体对抗，你可能会面临社会规范所带来的猛烈冲击。

有时偏离群体的巨大代价会使人违心地附和群体，或至少压抑自己的反对性意见。一位不愿意反对大屠杀的德国军官解释说：“我害怕司令官和其他人会认为我是一个懦夫”（Waller，2002）。因为害怕违抗军令而遭军事法庭惩罚，1968 年一些美国士兵参与了越南米莱村的大屠杀。特别对于那些看到过其他人因违反群体规范而遭人嘲笑或者那些要顺着社会地位阶梯往上爬的人而言，规范性影响更易导致服从（Hollander，1958；Janes & Olson，2000）。正如美国总统肯尼迪所言：“我进入国会时就有人告诫我，与人相处的方法就是随大流”（Kennedy，1956，p.4）。

我们常常觉察不到规范性影响的存在。由杰西卡・诺兰领导的研究团队（Nolan & others，2008）调查了 810 名加利福尼亚人，询问影响他们节约能源的因素。他们把环保和省钱排在“其他人也这样做”之前。然而，恰恰是他们对邻居是否经常节约能源的认识，能最好地预测他们报告的能源保护行为。并且在后续研究发现，门前张贴的规范信息对降低能耗的影响最大，例如“本社区 99% 的人都会关掉不必要的灯以节省能源”。

另一方面，信息影响会导致人们接纳。就变幻莫测的云朵而言，波洛涅斯看到的实际上是哈姆雷特看到的形象。现实情境较为模糊时，正如光点似动情境中的参与者那样，他人可能就会成为有价值的信息来源。个体可能这样推论：“我难以辨别光点移动的距离，但是这个小伙子看来知道。”

我们的朋友对我们既有信息影响又有规范影响（Denrell，2008；Denrell & Le Mens，2007）。如果朋友买了一辆特别的车，并且带我们去一个特别的餐馆，我们就会受到信息影响，使我们喜欢朋友之所好，即使我们并不是十分在意朋友喜欢什么。朋友会影响我们的经历，而这种经历会改变我们的态度。

为了研究阿施从众实验中参与者的脑活动，埃默里大学的神经科学研究小组让参与者倾听其他人的反应之后，回答知觉问题，同时用功能性核磁共振（fMRI）脑扫描仪记录脑电活动（Berns & others，2005）。（这个任务要对一个几何图形进行心理旋转，然后在几个可选图形中找到匹配项。）当参与者顺从错误的答案时，负责知觉的脑区变得活跃起来。当他们反抗群体时，与情感有关的脑区变得活跃起来。这些结果表明，人们从众时其知觉确实受到了影响。随后的功能性磁共振成像研究确定了与规范影响有关的神经活动（当人们因社会拒绝产生焦虑时，某一脑区会被激活）和与信息影响有关的神经活动（个体对刺激作出判断时涉及的脑区）（Zaki & others, 2011）。

所以，对社会形象的关注往往容易产生规范影响。而希望自己行事正确则经常容易产生信息影响。在日常生活中，规范影响与信息影响往往一起起作用。在德国演讲厅里喝彩的不仅仅是我一个人（规范影响），其他人的行为也向我展示了正确表达赞赏的方法（信息影响）。

从众实验有时需要分离规范影响与信息影响。当人们要面对群体作出反应时，会表现出较高程度的从众行为，这无疑反映的是规范影响（因为不管人们公开反应还是私下反应，接受的都是同样的信息）。另一方面，如果任务难度比较大，个体感到自己无力胜任，也就是当个体关心行为的正确性时，从众行为也容易出现——所有这些都是信息影响。

像人类一样，黑猩猩也会模仿他们的同类。他们可能会从观察到的角色模范那里模仿使用工具或者清洗食物等习惯。一旦他们观察到并学会了一种做事方法——比如用一根小树杈粘起美味蚂蚁的技术——他们就会坚持使用。

小结：影响个体从众的因素

- 实验表明人们从众的原因主要有两个。规范影响来自于人们希望获得别人的接纳：我们希望得到别人的喜欢。公开反应时从众度较高，这反映了规范影响的力量。
- 信息影响来自于他人提供的事实证据。遇到困难的决策任务时从众度也较高，这反映了信息影响的力量：我们希望能正确行事。

从众的个体差异

了解从众与情境及个体的共变关系。讨论人格特征得以展现的社会情境。

通常某些人是否更容易受到社会的影响（或者应该说更开放）？你能从自己的朋友中找出一些“从众者”和一些“独立者”吗？考察从众的个体差异时，研究者主要关注 3 个预测指标：人格、文化和社会角色。

人　格

20 世纪 60 年代到 70 年代，研究者想找到人格特征与社会行为（例如从众）之间的关系，但发现它们仅有微弱的关联（Mischel，1968）。与情境因素的影响力相比，人格测试得分并不能很好地预测个体的行为。如果你想知道某个人从众、攻击或助人的可能性，最好先去了解一下具体的情境，而不是一组心理测验的分数。正如米尔格拉姆（Milgram，1974，p. 205）所言：“我确信，服从和违抗的确存在复杂的人格基础。但是，我知道我们还没有找到它。”

20 世纪 80 年代，个体性格影响甚微的观点促使人格研究者们想准确地找到在何种环境下人格特质的确能预测人的行为。他们的研究证实了一个原则（第 4 章曾提及）：

当我们关注不同个体对同一情境的行为反应时，人格的影响就显现出来了，譬如，坐过山车时有人感到恐惧，有人感到兴奋。

虽然内在的因素（如态度、特质）很难准确地预测某个特定的行为，但它们却能较好地预测个体跨情境的一般行为（Epstein，1980；Rushton & others，1983）。同理可得：正如你的单一测试项目分数很难预测你的行为，同样也难以根据单一情境来预测你的行为；正如你在许多测验项目上的总分更具有预测力一样，你的许多跨情境行为也能更好地预测你整体的从众性（或者外向和攻击的程度）。

当社会影响非常微弱时，个性也能较好地预测行为。米尔格拉姆的服从实验创造了"强大"的情境；明白无误的命令使个性差异难以发挥作用。即便如此，米尔格拉姆的参与者还是在服从的程度上有很大的不同。并且，我们有理由怀疑，有时参与者对社会的敌意、对权威的尊重和关注他人期望的程度，都会影响他们的服从（Blass，1990，1991）。在"微弱的"情境中——如两个陌生人坐在会客室里，没有任何线索影响他们的行为——个体的人格就容易发挥作用（Ickes & other，1982；Monson & others，1982；Cooper & Withey，2009）。

但是，即使情境的影响很强烈，个体也有差异。阿布格莱布监狱虐囚事件中有3个人值得表扬，尽管面临被人嘲弄和军事审判的威胁，他们依然坚持自我的独立判断（O'Connor，2004）。索顿上尉制止了一次虐囚事件并警告他的指挥官说："我不想做出什么评判，但是，我目睹了一些不该发生的事情，所以我报告了它。"海军训狗员威廉顶住了"巨大的压力"而没有参加"不合适的讯问"。专家约瑟夫公开告发，并向军警提供了证据，引起公众的关注。有些人称约瑟夫为"老鼠"，约瑟夫还收到了反对者的死亡威胁，接受了军方提供的保护。回家之后，他的母亲等人一道拍手称赞："亲爱的，我为你骄傲，你做的是对的，正义总会战胜邪恶，真理会让你自由"（ABCNews，2004）。

我不想改变自己来适应这个世界。

——伍迪·加索里（Woody Guthrie），美国民歌之父

心理学家在看待情境和个性对行为的影响时却左右摇摆。在不否认社会力量具有强大影响力（20世纪60年代和70年代的观点）的同时，钟摆现在又摆回到个体人格和遗传倾向上（图6.8）。正像我们前面提到的态度研究者那样，人格研究者正在努力弄清并重新确认自我同一性（我是谁）与个体行为（做什么）之间的关系。

由于他们的努力，今天社会心理学家都赞成先驱理论家库尔特·勒温的名言："所有的心理事件都取决于个体的状态，同时也取决于环境，尽管它们的相对影响在不同情况下会有差异"（Lewin，1936，p.12）。

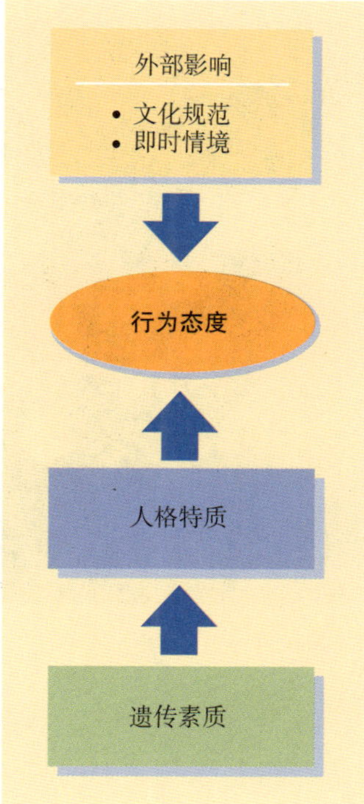

图 :: 6.8
特质和情境共同塑造了行为。对大五人格特质（神经质、外向性、开放性、宜人性和尽责性）的研究显示，这些遗传决定的特质与外部影响共同指引着我们的生活（McCrae, 2011）。

文　化

研究者在澳大利亚、奥地利、意大利、西班牙、美国、德国、约旦和南非重复了服从实验，你想一想，与美国比较结果会如何？服从比例非常类似，有的国家甚至更高——在慕尼黑从众比例高达 85%（Blass，2000）。

文化背景能帮助我们预测人们的从众行为吗？确实可以。心理学研究者（Whittaker & Meade，1967）在 7 个国家重复了阿施的从众实验，发现大多数国家的从众比例比较接近——黎巴嫩 31%，巴西 34%——但是津巴布韦的班图族则达到了 51%，该部落对不从众的反抗者会进行强力制裁。当米尔格拉姆用不同的从众程序比较挪威和法国的学生时，他始终发现法国学生表现出的从众行为较少（Milgram，1961）。还有学者（Bond & Smith，1996）对 17 个国家的 133 项研究进行了分析，证实了文化价值观确实对从众有影响。与个人主义国家的人相比，集体主义国家（珍视和谐、人际关系有助于定义自我）的人更容易受到他人的影响而做出反应。2011 年地震和海啸发生后，集体主义文化的日本没有出现抢劫和违法行为，这让西方研究人员大为震惊。这一情况要归功于社会规范的力量（Cafferty, 2011）。在个人主义的国家，大学生认为他们在消费行为和政治观点上与那些"羊群中的人"更不相容（Pronin & others，2007）。

从众的文化差异可能是某种生物智慧的结果。虽然不从众有助于创造性地解决问题，但大家群策群力面对危机时群体才能兴盛。因此，莫里等人（Murray & others，2011）指出，如果一个国家存在九种高危的病菌，如疟疾、伤寒、结核病等，那么该国家的文化往往会表现出相对较高的从众水平。从众有利于维持社会规范，如食物配置、保健、公共卫生、接触陌生人以及研究人员应如何报告结果等。

在同一个国家内也存在文化差异。例如，研究者（Stepehens & others，2007）进行了 5 项研究发现，工人阶层的通常更喜欢与他人保持一致，而中产阶级的人则更偏爱将自己视为独特的个体。其中有个实验，要求大学生从 5 支绿色或橙色笔中选出一支（其中有 3 支或 4 支颜色相同）。结果发现，工人阶层出身的大学生有 72% 选择了颜色数量较多的笔，而中产阶级出身的大学生（父母至少有一位大学毕业）只有 44%。看到其他人做出了相同的选择后，前者会更喜欢自己选择的笔。如果朋友故意购买自己购买的同款车，他们会有更积极的评价。并且更可能喜欢那些他们知道别人也会选择的图案。

此外，文化也不断在变化。对英国、美国和加拿大的大学生重复进行阿施的实验，与二三十年前阿施所观察到的情况相比，有时人们会表现出较少的从众行为（Lalancette & Standing，1990；Larsen，1974，1990；Nicholson & others，1985；Perrin & Spencer，1981）。由此可见，从众和服从现象虽然在全世界都普遍存在，但是也会表现出文化和时代的差异。

作为革命者的“坦尼娅”和郊区社交名媛的帕特里夏·赫斯特。

社会角色

世界就是舞台，
大家都是演员：
有登台有谢幕；
一生角色难数。
——莎士比亚

角色理论认为，正如莎士比亚《皆大欢喜》中的角色杰奎斯一样，社会生活就像在剧场的舞台上演戏，有它自己的场景、面具和台词。这些角色和从众行为有很大的关系。社会角色允许扮演它的人进行一定程度的自由解释，但是任何角色都有某些方面必须表现出来。学生至少应该参加考试，上交试卷，并把平均学分维持在最低线之上。

如果某个社会类别的规范很少（例如，乘坐自动扶梯的人要站在右侧，行走靠左），我们就不把它当做一个社会角色。社会角色的定义需要许多规范。作为教授或者父亲，我可以很容易列出一长串需要遵守的规范。尽管我可以通过违背一些最不重要的规范（我重视效率，所以从来不会提前到）来使我的形象特殊一点，但是违背我的角色中最重要的规范（不去教课或虐待孩子）会使我被炒鱿鱼或者使孩子们疏远我。

角色能产生巨大的影响。第 4 章我们曾提到，我们倾向于内化自己的角色。第一次约会或者第一天上班，你就可能自觉地按照自己的角色行事。当你把角色内化以后，自我意识就渐渐消退。以前感觉尴尬的事情也会感觉很自然。

许多移民、留学生、维和人员和跨国公司的员工都会有这样的经历：到一个新的国家之后，要花很多时间去学习新环境下得体的谈话和行为——也就是从众，正如我学习德国人用手指敲桌子一样。很多人再回到自己的国家时，由于几乎国际化的经历，又会重新感觉到紧张（Sussman，2000）。从众的过程以一种人们几乎意识不到的方式改变人们的行为、价值观和同一性，以适应不同的环境。而要想回到自己从前的角色则需要“重新从众”。

报业女继承人帕特里夏·赫斯特被绑架的案例，充分阐释了角色扮演的力量。1974 年，年仅 19 岁的赫斯特被一群自称是共生解放军（SLA）的年轻暴力分子绑架。

不久以后，赫斯特就公开宣布她加入绑架她的组织并放弃她以前的生活、她富有的父母和她的未婚夫。她让人们“尽力地理解自己所经历的变化”。12 天之后，银行的监控探头记录下了她参与 SLA 武装抢劫的过程。

19 个月之后，赫斯特被逮捕了。经过两年的监禁与“反洗脑”训练之后，她又认可了自己之前女继承人的角色，婚姻美满，并成为作家和康涅狄格州郊区的一位母亲，把大部分时间都投入到慈善事业（Johnson，1988；Schiffman，1999）。如果帕特里夏·赫斯特一直做一名地下的反叛者，或者仅仅为了逃避惩罚才顺从绑架她的人，人们可能理解她的行为。人们理解不了的（曾经成为 20 世纪 70 年代轰动效应最大的新闻报导）是，正如布雷克曼（Brickman，1979）写的那样，“她真的是女继承人，真的是暴力分子，后来又真的再次变成女继承人。”可以肯定，这种悬殊的角色转换可能不会发生在你我身上——会不会呢？

无论答案肯定与否，正如本章前面所述，我们的行为不仅取决于情境的力量，而且取决于我们的人格。并非每个人都以相同的方式应对从众的压力。在帕特里夏·赫斯特的困境中，不同的个体可能做出不同的反应。然而，我们已经看到社会情境可以迫使多数“正常”人“不正常”地行事。从一些实验中我们可以清晰地看到这点，那些实验把善良的人置于邪恶的环境，考察善良还是邪恶会胜出。令人沮丧的是，邪恶战胜了善良，善良的人往往不能以善良告终。

角色互换

角色扮演也可以成为积极的力量。有意扮演新角色并服从它的规范，人们有时能改变自己，或者对角色与己不同的人感同身受。

> 伟大的神灵啊，除非我能穿着便鞋在月球上漫步，否则不要让我批评邻居。
> ——印第安人祈祷语

角色往往成对出现，由人际关系限定——父母和孩子，老师和学生，医生和病人，以及雇主和雇员。角色互换可以帮助他们相互理解。通过双方的角色转换（即站在对方的立场上），谈判者或者团体的领导人就可以创造更好的交流。或者在给出答复之前，要求一方重述另一方的观点（直到另一方满意为止）。下次你在与朋友或父母的争论陷入僵局的时候，在说出你自己的观点和感受之前，可以先试着重述对方的观点和感觉。这种有意的暂时从众行为有可能修复你们的关系。

本章至此为止，我们已经探讨了经典的从众和服从研究，确定了预测从众的因素，思考了从众的个体差异和原因。还请牢记：社会心理学的首要问题并不是对差异归类，而是要找到普遍适用的行为原则。

社会角色总会因文化背景而变化，但是社会角色影响行为的过程却相似。尼日利亚和日本对青少年的角色定义与欧洲和北美不同，但是所有文化的角色期望都能指导社会关系中的从众行为。

小结：从众的个体差异

- “谁会从众？”这个问题并没有明确的答案。人格测验总分并不能准确地预测个体的特定从众行为，但却能较好地预测个体总的从众倾向（和其他社会行为）。特质影响在“微弱的”情境中显得很强大，因为微弱情境下社会情境的力量并不能掩盖个性差异。
- 虽然从众和服从是普遍的社会现象，但是文化的社会化作用却使人们的社会敏感性存在差别。
- 社会角色包含一定程度的服从，当个体跨入新的社会角色时，服从于这个角色的社会期望就是一项很重要的任务。

抵制从众的社会压力

解释激励人们主动抵制社会压力的原因，如果有人强迫我们往东走，我们反而会往西走。

完全反其道而为之也是一种模仿。

——列许登堡（Lichtenberg），《隽语集》，1764~1799

本章一直强调社会力量的强大作用。因此本章快要结束时，我们有必要再次提醒自己个体所拥有的力量。我们不是被动的机器，任由外力推动；我们会根据自己的价值观采取行动，不受强加于自身的力量影响。如果预先知道有人会强迫我们，可能甚至会促使我们反其道而行之。

逆反在起作用？人们发现未成年学生很少有滴酒不沾的，他们比达到法定饮酒年龄的学生更可能过度饮酒。

逆 反

个体都珍视自己的自由感和自我效能感。所以，如果社会压力非常明显，以至于威胁到个体的自由感时，他们常常会反抗。想一想罗密欧与朱丽叶，两个家族的对立反而加深了他们的爱情。我们再想一想儿童，他们常常通过叛逆父母的命令来维护自己的自由和独立。所以精明的父母通常不会生硬地命令，而是让孩子自己选择："到了洗澡的时间了，你想要盆浴还是淋浴？"

很多实验研究表明（Brehm & Brehm，1981；Nail & others，2000），企图限制个体的自由通常会引起"事与愿违"的反从众行为，这证明了**逆反**（reactance）理论（人们的确会采取行动来保护他们的自由感）的正确性。在一次现场实验中，当周围愚蠢迂腐的同学开始带腕带，许多学生就不带他们的腕带了（Berger & Health，2008）。同样，当看到足球流氓也带着巴宝莉的帽子时，英国人开始不带这种帽子，以此将自己与足球流氓区分开来（Clevstrom & Passariello，2006）。

逆反理论有助于我们解释年轻人的酗酒行为。加拿大药物滥用研究中心（Canadian Centre on Substance Abuse，1997）调查了18~24岁的青年，结果表明达到法定饮酒年龄（21岁）的人在过去一年中喝醉过的比例为69%，而不足21岁的人喝

逆反

不合逻辑的推理 ©1997 Wiley Miller. Dist. by Universal Press Syndicate.

醉的比例则达 77%。一项对美国 56 个学校所做的调查表明，达到法定饮酒年龄（21 岁）的学生中有 25% 是滴酒不沾的，而 21 岁以下的学生中这类人的比例只有 19%（Engs & Hanson，1989）。

坚持独特性

想象一下一个完全从众的世界，人与人完全没有区别。这样的世界是快乐的天堂吗？如果不从众令人不适，那完全一模一样就快乐舒心吗？

个体与周围的人差别太大时会感觉不舒服。但是至少西方文化认为，如果个体与其他人完全一样的话，也会感觉不舒服。美国普度大学研究者斯奈德和弗罗姆金（Snyder & Fromkin，1980）的一项实验表明，当人们认为自己有适度的独特性时自我感觉较好。并且他们的行为也会维护这种独特性。斯奈德（Synder，1980）告诉参加过态度测试的普度大学学生们，他们的“10 个最重要的态度”与其他 1 万名学生的态度不同，或者几乎与之完全一样。然后让他们参加一个从众实验。那些被认为自己没有独特性的参与者，最有可能以不从众来维护自己的个人特征。而且，那些“独特性需要”最高的个体受到多数派的影响最少（Imhoff & Erb，2009）。

社会影响和渴望独特还表现在美国人给孩子所起的名字上。追求新异名字的人们，却常常碰巧取了相同的名字。2007 年在 10 大流行的女孩名字中有伊莎贝拉（2）、麦迪逊（5）和奥利维娅（7）。美国记者和畅销书作家佩姬·奥伦斯坦（Orenstein，2003）指出，60 年代那些想标新立异的人给自己的孩子取名为丽贝卡，以为能打破取名的旧俗，结果发现许多人取同样的名字。“希拉里”在 80 年代末和 90 年代初是一个很流行的名字，当希拉里·克林顿成为名人后，就显得不那么有独特性，人们也用得少了（甚至在她的崇拜者中也是这样）。奥伦斯坦观察发现，尽管这些名字的流行度在减弱，但在下一代可能会重新流行。马克斯、露丝、索菲听上去好像是养老院或小学的花名册。

当人们认为肩膀纹身是一种大众普遍行为时——表示的是从众而非个性——可以想见其流行必然日渐式微。

当在美国时，毫无疑问我是一个犹太人，但我非常怀疑我是否是一个美国人。当回到以色列时，我知道我是一个美国人，但我非常怀疑我是否是一个犹太人。

——Leslie Fiedler，
美国文学评论家，
Fiedler on the Roof，1991

把自己视为独特的个体，也表现在人们的“自发性自我概念”上。耶鲁大学的威廉·麦圭尔等人（McGuire & Padawer-Singer，1978；McGuire & others，1979）研究发现，当要求儿童“给我们介绍一下你自己”时，他们最可能提到的是自己独有的特征。在国外出生的孩子更可能提到他们的出生地，红头发孩子与黑发或棕发的孩子相比更愿意提及自己的头发颜色，体重较轻和体重较重的孩子更可能提及自己的体重，少数族群的孩子更可能提及自己的族群。

同样，与异性相处时我们会对自己的性别更敏感（Cota & Dion，1986）。有一次，我去参加美国心理学会的会议，恰巧其他 10 位参会者都是女性，我立刻意识到了自己的性别。第二天结束时，我们休息了一会儿，我开玩笑说，我去洗手间时排队的队伍最短，这才引起邻座的女性注意此前未曾意识到的事：这一群体的性别构成。

麦圭尔认为其中的道理就是，“只有当个体与众不同时，才会意识到自我。”因此，“如果我是一群白人女性中的一位黑人妇女的话，那么，我往往会认为自己是一个黑人；而如果我转到了黑人男性群体中，那么我的黑皮肤就没有那么突出了，我更会意识到自己是一位女性”（McGuire & others，1978）。这种洞察力有助于解释为什么在非白人环境中长大的白人会更强烈地意识到自己的白人身份，为什么同性恋者比异性恋者更能意识到自己的性取向，为什么少数派群体更容易意识到自己的独特性，以及个体所处的文化又是如何与独特性发生关联的（Knowles & Peng，2005）。由于多数族群意识不到这种族群特点，可能认为少数族群群体过于敏感。我偶尔会客居

坚持自己的独特性。虽然我们不希望自己太离群，但与此同时，我们又通过个人的风格和衣着来表达自己的独特性。

苏格兰，在那里，我的美国口音使我成为一个外国人，我清醒地意识到我的国籍，也对其他人对此的反应非常敏感。

就算两种文化非常相似，人们仍然会注意到彼此的差别，无论多么微小，甚至非常细微的差别也会引起歧视和冲突。英国著名作家乔纳森·斯威夫特在《格列佛游记》中以小人国两大派系斗争的故事讽刺了这一现象。小人国里的小人因为非常小（身高 15 厘米）所以总是碰到一些意想不到的问题。两派的区别是：一派认为水煮蛋该从大的一端剥开，而另一派则认为该从小的一端剥开。放眼全世界，苏格兰人与英国人、塞尔维亚人与克罗地亚人，或天主教徒与北爱尔兰新教徒之间的差别看来并不大。但是，小小的差别有时却意味着强烈的冲突（Rothbart & Taylor，1992）。当两个群体非常相像时，冲突往往也最为紧张。

所以，虽然我们并不喜欢太过于离经叛道，然而讽刺的是，我们所有人都希望能与众不同，并热衷于特立独行。但是自我服务偏差（见第 2 章）的研究表明，我们追求的不仅是独特性，而且是符合道德规范的独特性。我们所追求的独特性不仅要与众不同，而且要好于众人。

小结：抵制从众的社会压力

- 社会心理学重视社会压力的力量，但同时必须关注人类自身的力量。我们并非被动的木偶。当社会强制变得过于高调、惹人注目，人们常常会表现出*逆反心理*——为了恢复自由感而公然违抗强制力量的动机。
- 与群体偏离太远，我们会感到不舒服，但是我们也不想与其他人太一致。于是，我们就会以那种坚持自己独特性和个性的方式行事。在群体里我们最可能意识到自己的独特之处。

后记：
成为社区中一员

做自己的事。质疑权威。如果觉得对就去做。跟着幸福走。不要从众。自我反思。坦诚地面对自我。勇于承担责任。

在个人主义盛行的西方国家，例如西欧、澳大利亚、新西兰、加拿大，尤其是美国，上述说辞不绝于耳。不容置疑地相信个人主义是块宝，从众行为是根草，是西方文化共同的信念，第 1 章我们称之为“社会表征”。西方文化里神话般的英雄人物——从英国作家道尔笔下的名侦探福尔摩斯，到电影《星球大战》的天行者卢克，再到《黑客帝国》三部曲的尼奥——全都站出来反抗传统规则，都认为个人的权利至高无上，并高度赞美那些站出来反抗群体的人。

1831 年法国作家托克维尔在访问美国之后创造了“个人主义”这个词。他认为个人主义是指不把“任何事情归功于任何人，也不期望从任何人那里得到些什么。他们形成了独立地反思自己的习惯，并认为命运掌握在自己手里。”一个半世纪以后，德国心理治疗师弗里茨 · 珀尔斯（Perls，1972）在《格式塔的祈祷者》一书中概括了这种极端个人主义的基本特征：

我做我的事，你做你的事。
我的生活不必符合你的期望。
你的生活也不必符合我的期望。

美国著名的人本主义心理学家卡尔 · 罗杰斯（Rogers，1985）对这种说法表示赞同："但要回答的问题只有一个，'我真的能以极端满足自我和真正表现自我的方式来生活吗？'"

正如我们在第 2 章所讲，对其他文化（包括亚洲、南美和大部分非洲）的人来说，很难把上述问题视为惟一重要的问题。在那里，社区受人重视，从众亦可接受。学龄儿童通常穿着校服以示团结一致，许多工人也一样。人们常抑制自己的冲突和不满以求融洽相处。日本人说"突出的木桩被人敲"。南非人用"Ubuntu"一词来表达人与人之间的联系，德斯蒙德 · 图图（Tutu，1999）指出这个词传达的意义是：我的人性与你的相连，交缠，经你吸引，密不可分。"Umuntu ngumuntu ngabantu"是一句祖鲁人的格言，意为"人经由他人才能成其为人"。

美国社会学会前主席阿米泰 · 埃齐奥尼（Etzioni，1993）鼓励我们朝向"公有社会的"个人主义前进，这可以平衡我们不从众的个人主义与社区精神。社会学家罗伯特 · 贝拉（Bellah，1996）也表示赞同，"社群主义建立在个人神圣的价值观基础之上，"但是，它同时"认可团结一致的核心价值观……通过人与人之间的关系，我们成为我们自己。"

绝大多数西方人都会赞赏不从众的个人主义的优点。但是，提倡社群主义的学者提醒我们，我们同时也是社会动物，拥有归属的基本需要。我们并不能在绝对意义上对从众进行好坏优劣的价值判断。我们要平衡自己的自立需要和依恋需要，私密性和公共性，个人特征和社会认同。

第7章

说服

轻信和盲从，无论是旧教条还是新宣传，仍然是支配人类心灵的弱点。

——夏洛特·帕金斯·吉尔曼，《人类的工作》，1904

请记住，改变自己的想法并且跟随它走向正确的方向，这依然意味着你是一个自由人。

——玛克斯·奥勒留，

《沉思录》，viii.16，121-180

生活中的很多力量都是双刃剑。核能可以用来照明，也可以摧毁城市。性能量可能促使我们坚定地去爱，也可能让我们追求私欲的满足。同样，**说服**（persuasion）的力量有助于我们增进健康，却也可以成为出售毒品的手段；可以倡导和平，也可以煽动仇恨；可以启蒙，也可以欺骗。说服的力量非常强大。请看下面的例子：

- *怪异信念的传播*：约 1/5 的美国人认为太阳绕着地球转（Dean, 2005）。约 1/5 的人坚信总统奥巴马是穆斯林，1/4 的人认为奥巴马不是在美国出生的（Blanton, 2011; Pew, 2010）。还有人否认登月成功和曾经发生过纳粹大屠杀。
- *耗费亿万美元的战争*：说服信息导致一半美国人相信伊拉克独裁者萨达姆参与了 9·11 袭击，并且让 4/5 的人错误地认为在伊拉克会发现大规模杀伤性武器，这些信息支持了美国入侵伊拉克（Duffy, 2003; Gallup Organization, 2003; Newport & others, 2003）。观点和历史记录都是错误的。就在战争前夕，受国家领导人和媒体的影响，美国民众支持和反对对伊拉克采取军事行动的比例为 2:1，而欧洲人则刚好相反（Burkholder, 2003; Moore, 2003; Pew Research Center, 2003）。由于所处的环境不同，人们接收、讨论和相信的信息也不一样。说服的确有作用。
- *气候变化怀疑论*：以众多美国科学团体和政府间气候变化专门委员会为首的科学界实际上就以下事实达成共识：（1）大气中

演说具有力量，话语永不消失。说出的话最终会变成行动。

——海舍尔（Abraham Heschel），美国著名的犹太学者、犹太神学家，1961

的温室气体在不断累积；（2）冰盖融化，海平面升高和气温升高都证明全球气候正在变暖；（3）几乎可以肯定，气候变化将导致海平面升高和更多的极端天气，包括史无前例的洪水、龙卷风、干旱和高温。美国国家研究委员会（U.S. National Research Council，2010）指出，“全球气候正在发生变化，而这种变化主要是由人类活动造成的，将会带来巨大的风险。”然而，在过去十年内，民众对气候变化的怀疑态度却在不断增强。2007 年到 2010 年间，相信全球变暖的美国人由 84% 降低到 74%，对全球变暖的关注也有所降低（Krosnick, 2010; 图 7.1）。在英国，不仅相信气候变化的人数比例下降，而且相信“气候变化主要是由于人类活动造成的”比例也从 2009 年的 41% 下降为 2010 年的 26%。担忧全球变暖的德国人比例为 42%，而 4 年前这一比例为 62%（Rosenthal, 2010）。研究人员很疑惑，为什么科学界的一致结论不能说服民众，激发民众相应的行动？应该怎么做才更有效？

说服无处不在。当我们认可它的时候，我们就称之为“教育”。

- 推广健康生活：美国疾病控制与预防中心报告显示，美国人的吸烟率已经大幅下降至 21%，仅为 40 年前的一半，这部分得益于健康促进运动的兴起。《加拿大统计》报告显示，加拿大的吸烟率也存在同样的下降趋势。同时，美国大学新生的戒酒率有所上升，从 1982 年的 26% 增加到 2010 年的 62%（Pryor & others, 2007, 2010）。

从以上这些例子来看，说服的作用有时很恶毒，有时存争议，有时很有益。说服本身并没有好坏之分，而是传递信息的目的及信息的内容决定了我们的价值判断。

图 :: 7.1
美国成人对全球气候变化的关注

引自耶鲁大学气候变化项目及乔治梅森大学气候变化联络中心（Leiserowitz & others, 2011）。

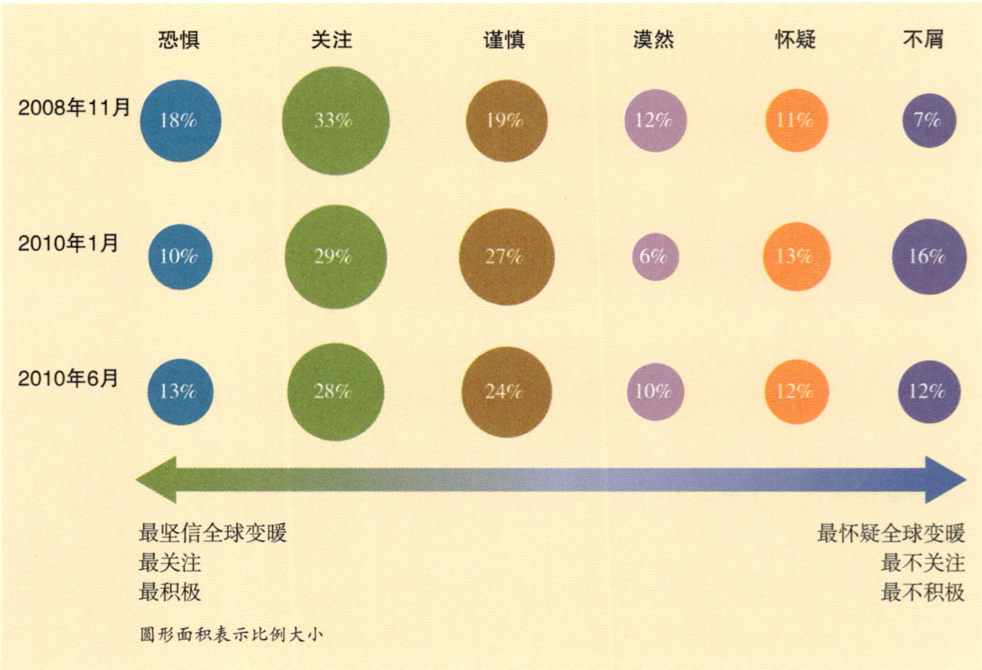

用意险恶的说服可称为“蛊惑人心”，而导人向善的说服则可称为“教育启发”。与蛊惑相比，教育以事实为基础，并且较少使用强制性手段。通俗一点来说，如果我们相信说服的内容则称为“教育”，而不相信则称为“蛊惑”（Lumsden & others，1980）。

无论是“教育”还是“蛊惑”，说服都不可避免地存在着。实际上，说服在政治、营销、求爱、教养、谈判、传教和庭审判决中无处不在。因此，社会心理学家试图探讨什么因素会导致态度有效和持久的改变。哪些因素会影响说服？同时，作为说服者，怎样才能最有效地“教育”别人？

在定义上广告其实就是宣传。我们现在都置身于宣传和说服的商业世界。

——某位美国总统候选班子成员，2011（转引自 Edsall，2011）

假设你是某企业市场部或者广告部的经理；或者是一个传教士，想在你的教区传播更多爱和仁慈的教义；或者你希望促进节能运动，鼓励母乳喂养，或者帮助某个政治候选人做宣传。为了使你自己和你所传达的信息更有说服力，你会怎样做？反过来，如果你不想受到这些诉求的影响，你又会采取什么策略呢？

为了回答这些问题，社会心理学家就像地质学家研究侵蚀一样研究说服：运用简单和可控的实验来观察各种因素所起的作用。这些因素的影响通常较小，但对不触及我们价值观的骑墙态度说服效果最好。不过这些因素却使我们明白，只要有足够的时间，它们就能产生很大的影响作用。

狂热分子是指那些无法改变自己的想法，同时也无法改变客观事物的人。

——温斯顿·丘吉尔，1954

说服的路径

识别说服产生影响力的两条路径。叙述它们各自涉及的认知过程及其作用。

二战期间担任美国作战部首席心理学家的耶鲁大学教授霍夫兰等人（Hovland & others，1949）研究了战争中的说服行为。为了鼓舞军队的士气，霍夫兰等人系统地研究了军事训练影片和历史纪录片对新兵作战态度的影响。二战结束后，他们回到耶鲁大学继续研究影响说服力的因素。他们系统地改变了说服者、说服内容、说服渠道和说服对象等因素。

美国俄亥俄州立大学的研究者们认为，人们对信息的看法也会影响说服。如果某条信息清晰易懂，但充满了难以置信的论据，那么你会轻易地反驳之，而不会信服。相反，如果该条信息提供了令人信服的论据，那么你在思想上会更为赞同，很可能对其信服。这种“认知反应”方式有助于我们理解某些情境下更容易说服他人的原因。

如图 7.2 所示，说服要生效必须清除几个障碍。任何有利于人们清除这些障碍的因素都能增强说服力。例如，如果某条信息有吸引力，引起了你的注意，那么该信息就更可能令你信服。

中心路径

有学者（Petty & Cacioppo，1986; Petty & others，2009）在此基础上做了进一步的研究。他们认为说服起作用的路径主要有两种。当人们积极主动，并且能全面系统地思考问题时，就可能接受**中心路径说服**（central route to persuasion），也就是关注论据。如果论据有力且令人信服，就很可能说服他人。如果论据苍白无力，思维缜密的人会很快注意到这一点并且进行反驳。

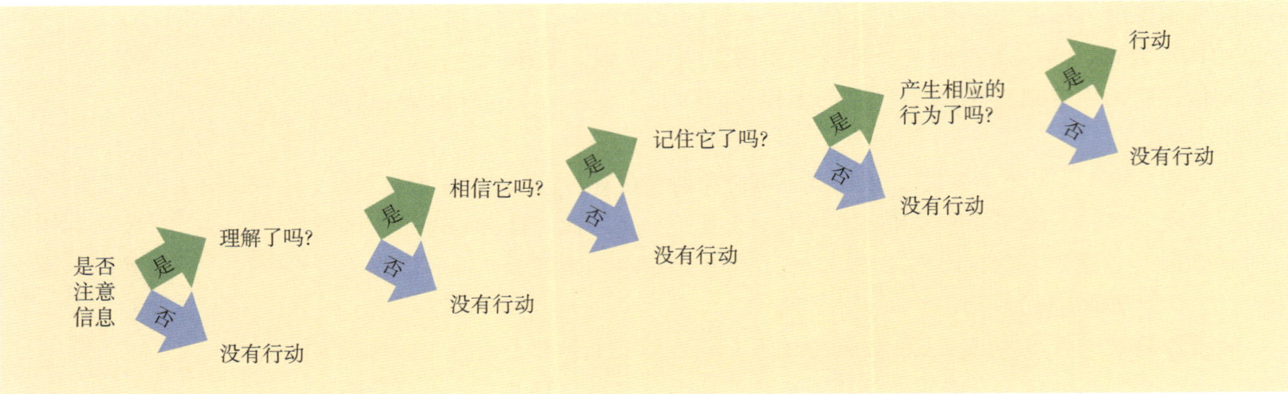

图 :: 7.2

说服的障碍

为了引发行为，一条具有说服力的信息必须清除几个障碍。关键并不在于记住信息本身，而在于记住自己做出反应时的想法。

资料来源：Adapted from W. J. McGuire. “An Information-Processing Model of Advertising Effectiveness,” in *Behavioral and Management Sciences in Marketing*, H. L. Davis and A. J. Silk, eds. Copyright © 1978. Reprinted by permission of John Wiley & Sons.

外周路径

但论据有力与否有时并不重要。我们并不总能全神贯注地仔细思考。如果我们接受信息时心不在焉、感觉与己无关或者只是太过忙碌，根本没有时间仔细推敲该信息的意义。此时我们会接受**外周路径说服**（peripheral route to persuasion），也就是关注那些能令人不假思索就接受的外部线索，而不会注意论据是否令人信服。当人们心不在焉或者没有积极主动地思考信息的时候，熟悉易懂的表述比新异的表述更具有说服力。比如说，对于置身事外或者心不在焉的人来说，“不要把所有的鸡蛋都放在一个篮子里”，要比“不要在一次赌注压上你所有的筹码”更有影响力（Howard，1997）。

外周路径加工。电视和电影中的“植入式广告”意在影响人们的内隐态度。

精明的广告商会调整广告迎合消费者。他们这样做有充分的理由。许多消费行为（比如购物时某个人自己决定购买某个牌子的冰激凌）都是在未经思索的情况下发生的（Dijksterhuis & others，2005）。一些很细微的事情都可能影响消费行为。比如喜欢德国音乐的人更可能购买德国酒，而另一些喜欢法国音乐的人就可能购买法国酒（North & others，1997）。户外广告牌和电视广告（在消费者面前往往一闪而过）通常会使用视觉图像作为外周线索。我们对食品、饮料、烟草和服饰等商品的看法往往是基于感觉而非逻辑。这类商品的广告通常也都使用外周视觉线索。烟草广告总是将香烟与美女及愉悦的形象联系在一起，而不会提供证据支持人们吸烟。饮料广告也是如此，例如宣传“实物”

时配上充满活力的青年和快乐的北极熊形象。另一方面，对于杂志上登载的计算机广告，感兴趣的理性消费者会花一定的时间进行评价，因此计算机生产商很少用好莱坞明星或者体育明星来做广告；相反，他们会向消费者提供产品的竞争力特点以及价格信息。

以上两种说服路径（一种外显、反思，另一种则内隐、自动）可以说是今日人类心智“双加工”模型的前兆。中心路径的加工通常能迅速改变人们外显的态度。而外周路径的加工则较缓慢地建立内隐的态度，它通过把态度目标和情绪反复关联而实现（Jones & others，2009；Petty & Briñol，2008；Walther & others，2011）。

任何有效的宣传都必须限制在很少的几个点上，并且不断重复这些口号，直到每一个公众成员都理解为止。

——阿道夫·希特勒

《我的奋斗》，1926

不同目的选用不同路径

广告商、传教士甚至教师的最终目的并不只是引起人们对信息的注意，而行动则依然故我。他们说服的最终目的通常是要改变人们的行为（如购买商品，善待邻居，更有效地学习等）。那么，上述两种说服路径是否都能改变人的行为呢？研究者（Petty & others，1995，2009）发现，说服的中心路径引起的行为变化比外周路径更持久。当人们对问题仔细思考、殚精竭虑时，他们决策的依据不仅有信息自身的说服力，而且有自己对此的思考。不如此（引人思考）就没有强大的说服力。那些经过人们深思熟虑而非草率决断之后的态度变化会更加持久，更能抵抗诱惑，更能影响行为（Petty & others，1995，2009；Verplanken，1991）。

外周路径的说服通常只能导致肤浅而短暂的态度改变。正如性教育家所了解的那样，改变态度比改变行为要容易得多。对禁欲教育有效性的评价研究发现，对禁欲持支持态度的人有所增加，但是这对性行为很少有长期影响（Hauser，2005）。同样，预防艾滋病的教育一般会更多地影响人们对待避孕套的态度，但是很少影响避孕套的使用（Albarracin & others，2003）。在这两个案例中，态度和行为的改变似乎都需要人们主动加工和反复推敲自己的信念。（敬请关注一个例子：健康教育专家是如何使年轻人成功地参加预防吸烟训练的。）

我们没有时间仔细分析所有的问题，经常会采用外周路径，乐于使用一些简单而具有启发性的经验法则，例如“相信专家”或者“长信息更可信”（Chaiken & Maheswaran，1994）。我居住的社区最近要投票表决当地一所医院复杂的所有权问题。我没有时间也没有兴趣亲自研究这个问题（我需要专心撰写这本书），而且我发现，那些投赞成票的居民里既有我喜欢的人，也有专家。于是我便利用了简单的启发式策略：朋友或者专家值得信赖，并据此投票。我们还会使用其他一些启发式策略迅速做出判断：如果某个说服者表达清晰流利，富有魅力，用意良善并且论据充分（如果这些论据出处不同效果更好），我们通常会运用简单的外周路径，不假思索地接受这些观点（图 7.3）。

小结：说服的路径

- 有时候说服是发生在人们关注于某个论题并且对其做出积极思考的时候。当人们自然而然地分析或者卷入问题时，这种系统性的或者“中心路径”的说服就发生了。
- 如果论题没有引发个体做出系统的思考，个体只是根据启发法或者偶然的线索匆忙下论断时，说服会通过速度更快的“外周路径”发生。
- 由于中心路径的说服经过深思熟虑，更为深刻，因此更加持久，也更有可能改变行为。

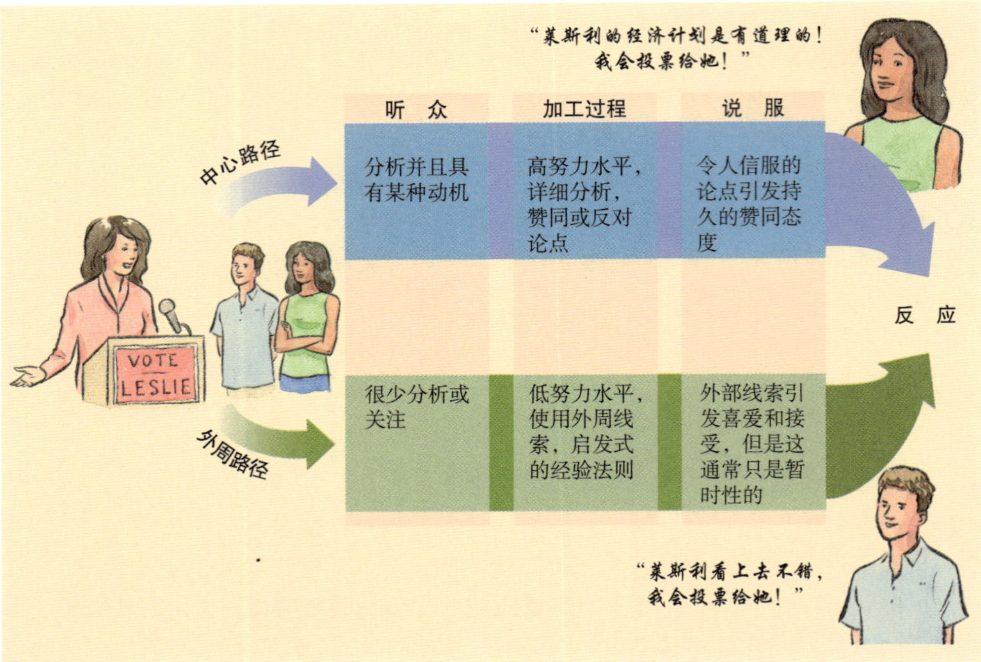

图 :: 7.3
说服的中心路径和外周路径

计算机广告商通常使用中心路径，因为他们认为这些广告的受众会系统地比较各种产品之间性能和价格的差异。而饮料的广告商则使用外周路径，他们仅仅是将自己的产品与魅力、愉快以及好心情联系在一起。中心路径的加工过程更可能产生态度的持久改变。

说服的要素

描述说服的要素对我们选择中心路径或者外周路径有什么影响。

社会心理学家研究发现说服的主要要素包括以下 4 个部分：说服者；说服内容；说服渠道和说服对象。换言之，就是什么人用什么方法将什么信息传递给了谁？

说服者：信息的传达方

请想象以下的情境：美国人怀特年届中年，正在收看晚间新闻。电视正在播放一小撮激进分子焚烧美国国旗，其中一人用扩音器高喊道："当政府变得越来越令人难以忍受的时候，人民有权改变它或者废除它……这是人民的权利，也是人民的义务，让这样的政府见鬼去吧！"怀特先生很窝火地对他妻子嘟囔道："听这些人叫嚣这样的教条真是令人恶心。"接下来，电视上播放一名总统候选人在反税收集会演讲中宣称："节约应当成为我们政府开支的指导原则。每一位政府工作人员都应当清醒地意识到：腐败和浪费是非常严重的罪行。"怀特先生对这一论断明显感到满意，他放松地笑道："这才是我们需要的判断力嘛，这才像是我们的人！"

现在改变一下场景。设想怀特先生是在 7 月 4 日纪念独立宣言的演讲中听到这种"人民权利"的煽动性观点，同时还听到一位共和党议员宣读节约政府开支的方案，他现在会有不同的反应吗？

社会心理学家发现信息的传达方会影响接受方对信息的接受。在一项实验里，荷兰社会党和自由党的领袖在议会上用一样的话语表达相同的观点，但结果每一方的论点都只对本党的成员最有影响力（Wiegman，1985）。"接受人与人之间存在差异"对于大多数人太正常了——除非我们听到这句话由南非前首相、种族隔离制度的创立者维沃尔德（Verwoerd，1958）说出，此人如此解释南非政府的种族隔离制度。不仅信息本身非常重要，说服者同样重要。那么说服者的哪些特点会影响说服力呢？

可信度

众所周知，如果英国皇家科学院或者美国科学院提出锻炼身体的建议，人们会觉得比小报可信得多。但是源于信息源的**可信度**（credibility，可知觉到的专业性和可靠性）效应在数月之后就会消退。如果某位可靠的人传达的信息有说服力，那么这种影响会随着对信息源的淡忘或者信息源与信息自身的分离而消退。相形之下，那些不太可靠的人的影响力则会随着时间的流逝而增强（如果人们更好地记住了信息内容而非令这些信息大打折扣的原因）（Cook & Flay，1978；Kumkale & Albarracin，2004；Pratkanis & others，1988）。这种因人们遗忘信息源或者遗忘其与信息之间的关系而导致的延迟性说服，就是**睡眠者效应**（sleeper effect）。

“波林先生，如果看到我令你很兴奋，那仅仅是因为我能使你成为富翁。”

成功的说服者知道怎样才能最有效地传递信息。

知觉到的专业性 如何才能成为权威的“专家”？方法之一是说服之前就赞同对方的观点，这样会让你看上去很睿智。气候变化的“科学共识”为什么没有说服大众？一个原因是某些所谓“专家”得出的结论仅仅支持了他们自己原先的价值观和观点。研究人员对这种“一致观点似乎更专业”的现象进行了观察，范围涉及气候变化、核废料和枪支管理法等主题（Kahan & others, 2010）。

你还可以在介绍时突出自己在该领域里见多识广的专家身份。加拿大牙科协会的詹姆斯博士介绍的牙刷，要比中学牙科兴趣小组的高中生吉米介绍的同品牌牙刷更加可信（Olson & Cal，1984）。密歇根大学的研究者（Bachman & others，1988）对中学生吸毒问题进行了十多年的研究，结果发现来源不可靠的毒品危害信息并不会减少学生的吸毒行为。但是，如果信息源可靠，如揭示长期吸毒会导致身体和心理危害的科学报告，就能有效地减少吸毒行为。

相信专家

——Virgil, Aeneid, 19 B.C

另外，说服别人时显得信心十足也能增加可信度。不论宣布商务计划还是提出建议，有魅力、精力充沛、自信的人往往更有说服力（Moore & Swift, 2011; Pentland, 2010）。研究者（Erickson & others，1978）让南加州大学的学生评价两种法庭证词，一种表达方式直截了当，而另一种却犹豫不决。例如：

问题： 在救护车到达之前你在现场大约待了多长时间？

回答： ［直截了当］20 分钟。足以给戴维小姐清理伤口。

［犹豫不决］嗯，似乎有，大概，嗯，有 20 分钟吧。正好有足够的时间给我的朋友，你知道的，戴维小姐，嗯，清理伤口。

学生们认为那些直截了当的目击证词更可信，更有说服力。

知觉到的信赖性 演讲风格同样会影响演讲者的可信度。研究者（Hemsley & Doob，1978）发现，目击者作证时如果直视质问者而非低头看地，观看庭审录像的人会认为他们更为可信。

如果接受方认为传达方并没有努力说服自己的企图，这时传达方的信赖度也会很高。在一个实验（后来演变为电视广告中“隐秘摄像机”的方法）中，社会心理学家（Walster & Festinger，1962）让一些斯坦福大学的本科生去偷听研究生的谈话（实际上他们听到的是一些录音）。当谈话内容与偷听者有关时（涉及校规），如果偷听者认为谈话者并不知道有人在偷听，谈话者的影响力更大。毕竟，如果人们不知道有人在偷听自己谈话，还有什么不能开诚布公呢？

同样，我们会认为那些站在自身利益对立面的说话者是真诚的。研究者（Eagly，Wood & Chaiken，1978）给密歇根大学的学生播放了一段指责某公司污染河流的演讲。如果告诉学生这是某位有着该公司背景的政治候选人面向该公司的支持者所做的演讲，学生就会认为这段演讲客观公正、说服力强。同样是这段反商业的演讲，如果是由支持环保的政治家面向一些环保人士所做的演讲，那么学生会将这段政客的言论归结于个人偏见或者为了迎合听众。正如甘地、马丁·路德·金等伟大的领袖一样，甘心为了自己的信仰而承受痛苦，这种行为彰显了真诚，让人心悦诚服（Knight & Weiss，1980）。

南加州大学的米勒等人（Miller & others，1976）发现，语速较快时，专业性和信赖性都会增加。当人们听一段有关“喝咖啡有害”的录音时，会认为语速较快的说服者（每分钟约 190 个词）比语速较慢的说服者（每分钟约 110 个词）更客观、更聪明，也更有见地。他们同时发现语速越快的说服者越有说服力。美国总统肯尼迪是非常出色的公众演说家，他有时忽然蹦出的几句话，每分钟可说出约 300 个单词。

很明显，一些电视广告里的人物形象既有专业性又值得信赖。止疼药的广告通常都有身穿白大褂的人，自信地宣称大部分医生都推荐其中某种重要成分（当然，这种成分就是阿司匹林）。受这种外周线索的影响，不对论据进行仔细分析的人就会简单地推断这种产品的价值。也有广告似乎并未利用这种专业可信原则。耐克公司花一亿美元请老虎伍兹出演广告的主要原因，恐怕并不是他在运动服饰上的专业能力吧？

显然，如果说服者看起来非常专业，值得信赖，说服就能令人信服（Pornpitakpan，2004）。如果我们预先知道信息来源可靠，面对该信息我们会产生更多的赞成想法。而在赞成的想法出现之后，如果我们了解了信息的来源，高信誉增强我们对自己想法的信心，这也加强了该信息的说服力（Briňol & others，2002，2004；Tormala & others，2006）。

吸引力与喜好

大多数人都会否认体育和娱乐明星对某些产品的认可会影响自己。我们都清楚明星们对自己所推荐的产品其实知之甚少。此外，我们也并非偶然地偷听到詹妮佛·洛佩茨（Jennifer Lopez，美国最当红的女歌星和电影明星——编者注）谈论服饰和香水——这类广告的意图就是要说服我们。这类广告利用了有效说服者的另一个特征：**吸引力**（attractiveness）。

我们可能认为自己不会受他人的吸引力或者个人喜好的影响，但研究者发现了相反的结果。我们对于自己喜好的事物更可能做出回应，那些慈善募捐、糖果销售和产品促销的组织者深知这一点。甚至与他人短暂的谈话也足以增强我们对此人的喜好和对其影响的回应（Burger & others，2001）。个人喜好使我们敞开心扉，接受说服者的论证（中心路径说服），或者后来我们见到那些产品能引发积极的联想（外周路径说服）。正如可信度那样，这是喜好引发的说服原则在起作用（见表 7.1）。

表 :: 7.1 六个说服原则

在《影响力：科学和实践》一书中，说服研究者西奥迪尼（Cialdini，2008）提出了构成人类相互关系和影响力基础的六大原则。（本章讨论前两个）

原则	应用
权威性：人们会听从可信的专家。	确立你的专业性；指出你已经解决的问题和你服务过的人。
喜好：人们对所好之物更加肯定。	赢得朋友并且影响他人。在相似的兴趣上建立联系，直率地表扬。
社会证明：人们利用他人的例子来确认思考、感受和行动的方式。	利用“同辈力量”——让德高望重之人指引方向。
互惠性：人们感觉到有义务知恩图报。	慷慨地给予你的时间和资源。善有善报，恶有恶报。
一致性：人们倾向于遵守他们公开的许诺。	让他人把他们的意图写下来或者说出来。不要说“请在……情况下做这个”，而要通过提问引发肯定的回答。
稀缺性：人们珍惜稀有的事物。	真诚地强调信息或者机会的唯一性。

吸引力的表现途径众多。外表的吸引就是其一。当长相俊美之人表述某个论点（尤其是感情方面的论点）时，往往具有更大的影响力（Chaiken，1979；Dion & Stein，1978；Pallak & others，1983）。大多数人都知道，在进行肤浅的判断时，吸引力的影响最大。在实验中，针对不太分析的说服对象，人们会利用机会让有吸引力的说服者对其进行说服。

相似性也具有吸引力。正如第 11 章将强调指出，我们往往喜欢那些与我们相似的人，我们也会受他们的影响。一场反吸烟运动成功地利用了这一点，它通过广告突显青年偶像，质疑烟草公司的营销活动及其危害性（Krisberg，2004）。与我们行为相似或者不经意间模仿我们姿势的人，对我们来说似乎更有影响力。因此，培训销售人员有时要求他们“模仿顾客”：如果顾客的双臂或者双腿是交叉的，那你也应该这么做；如果她微笑了，你也要向她微笑。（见“研究特写：虚拟社会现实的实验”）

有吸引力的沟通者通常会采用外周路径的说服，例如蕾哈娜为其香水所作的广告。我们会将说服者提供的信息或宣传的产品与我们对说服者本身的喜爱联系起来，进而认可和相信这些信息和产品。

再来看另一个例子：美国马里兰大学心理学系的登布罗斯基教授等人（Dembroski，Lasater，& Ramirez，1978）给黑人中学生看一段倡议牙齿护理的录像。第二天，当牙医评价他们的牙齿清洁度时，发现观看黑人牙医录像（倡议时呈现过他们的面孔）的学生牙齿更为清洁。通常来说，人们对来自自己所属群体的信息回应更好（Knippenberg & Wilke，1992；Wilder，1990）。

相似性是不是比可信度更重要呢？这

研究特写 虚拟社会现实的实验

在走进同事的虚拟现实实验室之后，美国圣巴巴拉市加利福尼亚大学社会心理学家布拉斯科维奇（Jim Blascovich）对此产生了浓厚的兴趣。布拉斯科维奇头戴耳机，发现自己看到了虚拟深坑后面的支架。尽管他知道这个房间里没有坑，他还是抑制不住自己的恐惧，走向那个支架。

这一经历促使他思考：社会心理学家是否也可以使用虚拟环境呢？他们是否可以为参与者提供看起来真实的经历，而研究者可以控制和操纵？这可以让社会心理学家研究从众吗？可以让实际上距离很远的人在虚拟会面时互动吗？可以观察人们对残疾人的反应吗？可以考察说服吗？

杰里米·贝伦森（Jeremy Bailenson，布拉斯科维奇以前的助理）和研究生尼克·易（Nick Yee）合作的一次实验显示了虚拟人际互动的影响力。在斯坦福大学的虚拟人际互动实验室，69 名学生志愿者戴上 3D 虚拟现实耳机后发现他们对面坐着一个虚拟人——一个计算机生成的数字人（男或女），它在宣读三分钟的大学安全条例，要求学生随时带着身份证件。

这个虚拟人的外表看起来很真实，嘴唇会动，眼睛会闪，头会摇晃。其中一半的数字人会在四秒钟的延迟之后模仿学生的动作。当学生歪起头向上看的时候，这个数字的变色龙也会做同样的动作。以前用真人进行的实验发现这种模仿——通过共情作用及和谐一致——可以形成喜好（见第 11 章）。同样，在这次实验（Bailenson & Yee，2005）中，相比不模仿自己行为的虚拟人，学生们更喜欢模仿自己的虚拟人（即使在删除已意识到模仿的学生的数据之后）。他们还发现虚拟的模仿者更有趣，更诚实，更有说服力，他们的注意力也更集中（视线偏离更少），并且更可能赞同虚拟人朗读的信息。

这类研究阐述了虚拟社会现实的力量（Blascovich & Bailenson，2011）。与他人真实存在的情境相比，创造暗示他人存在的情境“花费更少，需要的努力更少，更重要的是能提供更大程度的控制。”要控制他人殊为不易，即使是训练有素的研究助手。但是数字人却能施加完全的控制。这也使得精确的复制成为可能。

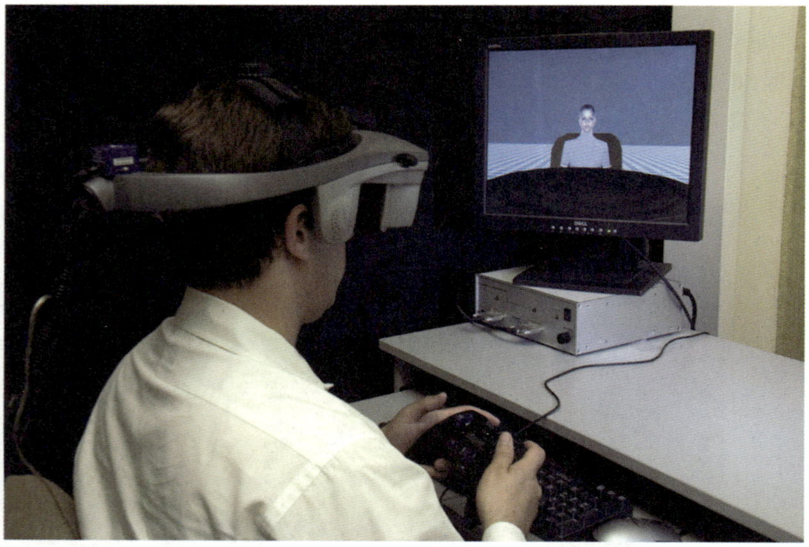

虚拟社会现实实验。在杰里米·贝伦森和尼克·易的实验中，那些重复参与者表情和动作的数字人更受喜爱，更有说服力。

要看具体的情境。美国俄亥俄州立大学的布罗克教授（Brock，1965）发现，对于油漆店的顾客而言，刚刚买了和自己购买计划相同数量的普通顾客的说辞比买了其 20 倍数量的专家更有影响力。但在讨论牙齿卫生时，一流的牙科医生（与自己不相似但具有专业性）要比普通学生（与自己相似但没有专业性）更具有说服力。

这种看似矛盾的研究结果引发了研究者的兴趣。他们认为可能有一个未知的因素在起作用：当该因素存在时，相似性更重要；而当该因素不存在时，可信度更重要。

研究者（Goethals & Nelson，1973）发现，这个未知因素指的是说服主题的侧重点：主观偏好还是客观现实。如果说服与个体的品位、价值观或生活方式有关，那么相似的说服者最具影响力。而如果说服的主题是判断事实，例如悉尼的降雨量是否比伦敦要少？不相似之人的确认的确能增强信心。因为不相似的人能提供更加独立的判断。

说服内容：信息特点

不仅说服者的自身特点会影响说服效果，说服的内容也同样重要。如果你要说服他人为希望工程捐款、戒烟或者捐钱救济全球饥荒，你可能很想知道怎样恰当地使用说服的中心路径。对于下列针锋相对的问题，常识似乎都能支持：

- 纯逻辑的还是饱含情感的信息更有说服力？
- 相差无几的观点还是截然相反的观点更有说服力？
- 只表达己方的观点，还是先接受对方相反的观点然后再反驳？
- 如果双方人员同时在场，例如社区会议上人们需要依次发言，那么先发言还是后发言占优势呢？

我们将逐一讨论这些问题。

理智与情感

假设你要筹划一项救济全球饥荒的活动。最好的说服办法是逐项列出论点并引用一大堆具体的统计数据，还是诉诸感情（例如讲述某个忍饥挨饿的孩子的感人故事）？在我居住的社区里，支持反歧视提案，保护同性恋的人想知道：民意多大程度上会受到关涉性取向的理性和证据影响，多大程度上又受情感影响？人们了解的说服内容，还是对他们认识的说服者的情感更重要？当然，辩论可以兼具理智与情感。说服者可以把激情和逻辑结合起来。然而，哪一个更有影响力？是理智还是情感？我们或许会问，谁的话更正确呢？是莎士比亚笔下的莱桑德(《仲夏夜之梦》中的人物）说的："人类的意愿受到理智的支配"？还是查斯特菲尔德伯爵的忠告："劝服别人时请专注于他们的感觉、内心以及人性的弱点，但千万不要诉诸理智"？

> 事实胜于雄辩。
>
> ——索福克勒斯（古希腊悲剧诗人），Phaedra，496-406 BC

答案取决于说服的对象。有良好教育背景或者善于分析思辨的人更容易接受理性的说服（Cacioppo & others，1983，1996；Hovland & others，1949）。有思想和积极参与的说服对象会选择中心路径，他们对具有逻辑性的论点回应最好。而不感兴趣的说服对象则会选择外周路径，他们更可能受自己对说服者的喜好影响（Chaiken，1980；Petty & others，1981）。

> 对意见最终起决定作用的是情感而不是智慧。
>
> ——斯宾塞，《社会静力学》，1851

从美国总统大选前的访谈来看，很多选民的参与度并不高。因而，我们可以预测：选民对候选人的情感反应与对候选人的特质和称职行为的了解相比，前者更能预测投票倾向（Abelson & others，1982）。起作用的不仅是候选人的立场（哪位候选人能体现你的观点），还包括他们讨人喜爱的程度（即你想与之共处的人）。

态度形成的过程对此也会产生影响。如果个体态度的形成主要受情感影响，那么说服更容易为情感诉求打动；如果主要受理智影响，那么理性的论证则更有说服力（Edwards，1990；Fabrigar & Petty，1999）。新的情感体验会影响建立在情感基础上的态度。但是要改变基于信息的态度，就需要更多的新信息。

图 :: 7.4
好心情更易说服
边吃零食边阅读的人比那些没有吃零食的人更容易说服。
资料来源：Data from Janis, Kaye, & Kirschner (1965).

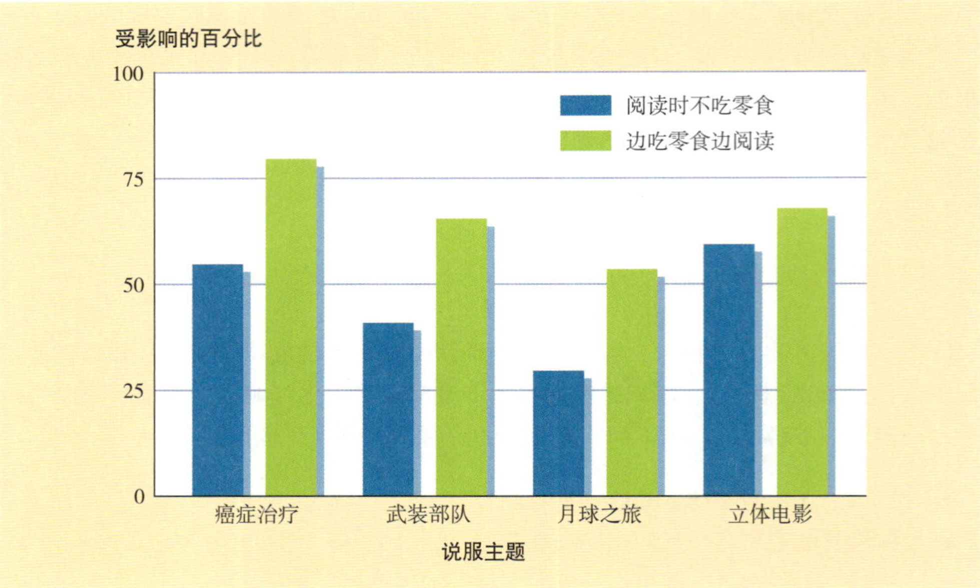

好心情效应 说服对象如果心情愉快，信息的说服力更强。耶鲁大学心理学教授贾尼斯等人（Janis & others，1965；Dabbs & Janis，1965）发现，耶鲁大学的学生在阅读信息的同时如果能吃花生、喝可乐，那么更容易说服（图 7.4）。类似地，肯特州立大学的心理学教授加利佐和亨德里克（Galizio & Hendrick，1972）研究发现，有着轻松吉他伴奏的民歌比无伴奏的民歌对学生的说服力更强。那些喜欢在轻音乐背景下的豪华午餐上洽谈商务的人对此肯定深有体会。

好心情通常可以增强说服力，一方面好心情能促进个体积极地思考，另一方面会把好心情与信息本身联系在一起（Petty & others，1993）。像第 3 章所提到的那样，如果人们心情愉快，就会透过快乐的“粉色眼镜”看世界。但他们会更匆忙、更冲动地做决定，更多地依赖外周线索（Bodenhausen，1993; Braverman，2005; Moons & Mackie，2007）。苦恼之人在作出反应之前会反复考虑，所以没有说服力的论据很难左右他们。（他们还会产生更多强有力的说服信息［Forgas，2007］。）因而，如果你的论证薄弱，你最好先给说服对象创造出一种轻松愉快的气氛，希望他们对你的信息产生好感，而不会仔细思索。

“如果陪审团在一间舒服点儿的酒店里裁决，我们就不会坐牢了。”

好心情有利于形成积极的态度。

知道幽默可以让人有好心情之后，一队荷兰研究小组（Strick & others, 2009）进行了实验，让参与者观看配有滑稽漫画（如图 7.5）和普通漫画的广告。结果发现：对参与者的内隐态度进行测量，配有幽默漫画的产品更受喜爱，也更多地被选中。

唤起恐惧效应 说服信息如果能引发说服对象的消极情绪反应，也有说服效果。当我们试图说服人们减少吸烟、更勤快地刷牙、注射破伤风疫苗

图 :: 7.5
荷兰内梅亨大学的实验研究显示，幽默可以让人们更喜欢图中的产品。

或者小心驾驶的时候，呈现能唤起恐惧情绪的信息非常有说服力（de Hoog & others，2007; Muller & Johnson，1990）。给吸烟者展示吸烟的可怕后果能增加说服力——正是基于这一事实，加拿大政府要求烟草厂商在每包香烟上都要图示吸烟的危害（O’Hegarty & others，2007; Peters & others，2007; Stark & others，2008）。如果法律允许，美国也将效仿其他国家，在香烟上进行图示警告（Reardon, 2011; Wilson, 2011）。

但是，说服信息唤醒的恐惧情绪以多大强度为宜呢？是否应该只唤醒稍许恐惧心理，以免人们因为太害怕而回避这些令人痛苦的信息？或者应该让他们堕入黑暗的恐惧深渊？实验结果显示，通常情况下，人们的恐惧程度越高，感觉越脆弱，说服效果越好（de Hoog & others，2007；Leventhal，1970；Robberson & Rogers，1988）。

激起说服对象的恐惧心理进行有效的说服，在呼吁人们戒烟、减少危险的性行为以及警告酒驾的广告里都得到广泛的应用。法国巴黎大学的心理学教授克劳德（Claude Levy-Leboyer，1988）发现，激起恐惧反应的图片可以有效地改变法国青少年对烈酒和饮酒行为的态度，法国政府随即将这些吓人的图片加入了电视广告。

在一次有效的反吸烟宣传中，官方使用了生动的“现实”广告。在一个广告中，货车在一个不知名的烟草公司门前停下，年轻人卸下了 1200 个裹尸袋，占满了两个街区。身穿工服的烟草公司员工，好奇地从上面的窗户往下观望，一名少年手拿喇叭大喊：“你知道烟草每天杀死多少人吗？我们要把这些尸体留在这里给你们看，让你们知道 1200 人是怎样死的”（Nicholson，2007）。然而与此同时，那些观看菲利普·莫里斯公司（Philip Morris，世界第一大烟草公司，总部设在美国纽约）强调理智的广告（广告告诫“理性思考，不要吸烟”）的人并不会因此而少吸烟，而更生动、更尖锐的广告则能显著地减少吸烟行为（Farrely & others，2002，2008）。

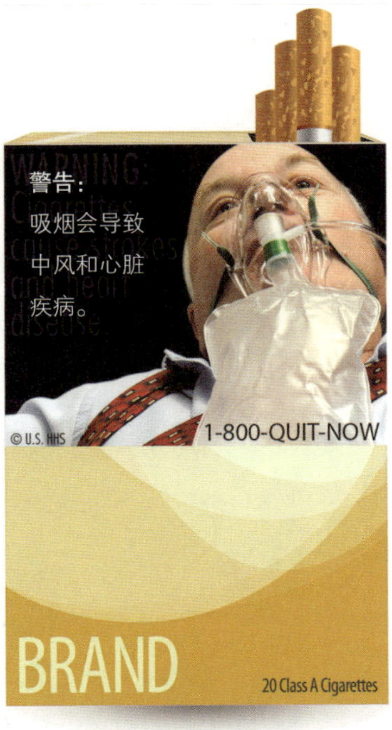

美国新的香烟警告提案，利用了恐惧唤醒。

唤起恐惧的信息还能使人们更多地进行体检，例如做乳房 X 光摄影检查，对乳房和睾丸做自检，以及检查皮肤癌的早期症状。研究者（Banks & others，1995）让那些没有做过乳房 X 光检查的 40~66 岁妇女观看一段乳房 X 光检查的录像。观看积极信息（强调做乳房 X 光检查能帮助你及早发现疾病以挽救你的性命）的人，12 个月内只有一半的人做了乳房 X 光检查；而观看恐惧信息（强调不做乳房 X 光检查会使你付出生命的代价）的人，12 个月内有 2/3 的人做了乳房 X 光检查。

因此，只有既让人们害怕威胁事件的严重性和可能性，又让他们意识到解决之道并感到有能力实施，恐惧信息才能更有说服力（DeVos-Comby & Salovey，2002；Maddux & Rogers，1983；Ruiter & others，2001）。很多意在减少危险性行为的广告既使用“艾滋病杀手”的口号唤醒人们的恐惧心理，又提出了防护办法：节欲、使用避孕套或者保持性忠贞。同样，“增益框定的”信息往往与“损失框定的”信息一样有效（O'Keefe & Jensen, 2011）。增益框定信息的核心是健康行为带来的益处（例如，“涂防晒霜可以让你拥有靓丽的肌肤”，而非“不涂防晒霜，你的皮肤会变得很糟”）。因此，对于持怀疑态度的人来说，在全球气候变化的文章结尾对可能的解决办法进行讨论，其说服力好于在结尾处描述未来的灾难（Feinberg & Willer，2010）。

戈尔（Al Gore）在气候变化的节目中对主持人说道：“你讲述了人们不愿面对的事实，而且确凿无疑，如同炼狱般恐怖。但是如果你只是制造恐惧，人们并不会同意你的观点。”

——引自普利（Pooley，2007）

形象化的宣传经常会利用人们的恐惧心理。如果人们感到恐惧或者威胁，往往会更响应有争议、有蛊惑力的领导（Gordijn & Stapel，2008）。施特莱歇尔的《先锋报》就利用很多未经证实的奇闻轶事，引起了成千上万人对犹太人的恐慌。他侮蔑犹太人，说他们用老鼠肉做菜，引诱非犹太的女人，诈骗他人的毕生积蓄。施特莱歇尔的言论就像大多数鼓吹纳粹思想的宣传一样，诉诸感性而非逻辑。他们还清楚详尽地指出与这些“危险分子”作斗争的方法：列出所有犹太人商店的名称以便读者抵制它们，鼓励读者公布资助犹太商店和犹太从业者的德国人的名单，指导读者编写本地区犹太人名册（Bytwerk & Brooks，1980）。

但是，生动的故事也可以用在好的方面，尤其是故事中最令人难忘的情节集中传达了某些信息，其效果更突出（Guadagno & others, 2011）。在卢旺达的胡图族和图西族之间的种族灭绝冲突发生后，有持续一年的现场实验考察了某个广播肥皂剧的影响。该剧讲述了两个虚构社区之间的故事，偏见、冲突、沟通、和解，甚至爱都贯穿了这两个群体。与听宣传健康的广播肥皂剧控制组相比，实验组的听众对同理心、合作、创伤愈合甚至异族婚姻等都更为接纳（Paluck, 2009）。虚构的故事促进了宽容。

观点差异

请想象以下的情景：温蒂寒假回家，希望说服中年发福的父亲接受她提倡的新生活方式，进行健康锻炼。她自己每天要跑 8 公里，但父亲认为女儿的锻炼计划就像电视频道预览一样让人眼花缭乱。温蒂想：“究竟怎样才能让老爸采取行动？是催促老爸尝试温和点的锻炼计划，比如每天散步好呢？还是干脆建议让他投入更激烈的活动，比如有氧操或者跑步好呢？如果我让他实施一项严格的锻炼计划，他最后或许会妥协，并且至少会认为其中一些方案还是值得一试的。但他也可能觉得我太疯狂，进而干脆什么都不做了。”

与温蒂一样，社会心理学家也认为这两种结果都可能会发生。意见不同会引起不适，而不适感又会促使人们改变自己的观点（回忆一下第 4 章中提到的失调效应）。因此分歧越大，改变也可能越大。同时也有另一种可能：宣布不安信息的说服者可能遭人怀疑。当人们与新闻评论员报告的结论相左时，更加会认为此人有偏见、不客观而且不值得信赖。如果论点在人们可接受的范围之内时，就更容易对此保持开放的心态（Lierman & Chaiken，1992；Zanna，1993）。所以分歧越大，改变的可能性越小。

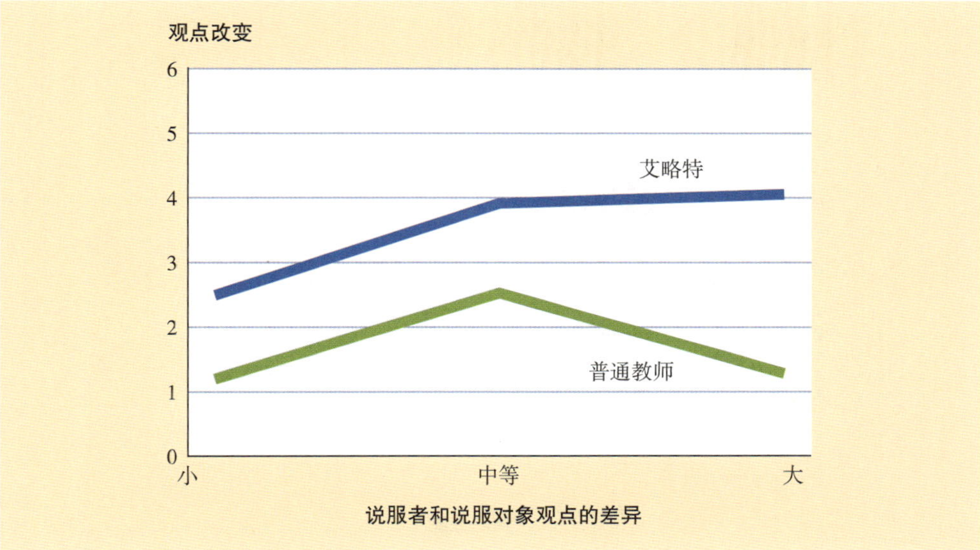

图 :: 7.6
观点差异和说服者可信度的交互作用

如果说服者要宣扬极端的观点，说服者的可信度要非常高时才有效。

资料来源：Aronson, Turner, & Carlsmith (1963).

心理学家阿伦森等人（Aronson & others，1963）由此推断，如果信息来源非常可靠、不容忽视，那么与说服对象的立场差别很大的论点能最大限度地改变他人的观点。毋庸置疑，如果听说声誉卓著的文学家艾略特高度评价一首不看好的诗歌，比给出些许称赞更能改变人们的观点。但是，如果某位二流师范大学的学生评价一首不看好的诗歌，则无论是给出高度评价还是些许称赞都不会有说服力。图 7.6 显示了可信度和观点差异之间的交互作用：差异大小的影响取决于说服者是否可信。

因此，温蒂所提问题"我是否应该劝说父亲进行激烈的锻炼"的答案是：要视情况而定。在父亲眼里，温蒂作为信息来源方是否享有盛誉和权威？如果是，那么温蒂应该推出一个完整的健身计划；如果不是，温蒂则应明智地选择温和点的诉求。

这个问题的答案还取决于温蒂父亲的参与程度。深度卷入者往往只能够接受狭隘的观点。对他们来说，稍有差别的信息可能看上去激进而愚蠢，尤其是信息主张的观点是他们反对的，而非比他们自己更激进的观点（Pallak & others，1972；Petty & Cacioppo，1979；Rhine & Severance，1970）。因此，社会心理学家（Kruglanski & others，2010）建议，在恐怖分子已有信念的基础上建构信息，这样才能使那些顽固的恐怖分子不再那么过激。

另一方面，如果温蒂的父亲还没有考虑或者不太关心锻炼的问题（而不是完全反对锻炼），她可以采取更为极端的立场。所以，如果你是值得信赖的权威而且说服对象又不十分关心谈论的话题，那么大胆去做吧：倡导一个完全不同的观点很有可能成功说服他人。

正面说服与正反说服

社区同性恋权益的倡导者面临一个策略性的问题：是否应该先承认存在各种反对观点，然后再逐个反驳？如果这样做，会不会适得其反？人们是否会忘记最初对这些观点的怀疑，反而牢牢记住这些反对观点本身？我们会再次发现常识无法给出明确的答案。承认相反的观点可能会使说服对象感到疑惑并且会削弱自己的观点。但是，承认相反的观点也可能使说服对象觉得说服者客观公正，从而消除他们的戒心。

美国犹他大学的社会心理学教授沃纳等人（Werner & others，2002）通过实验发

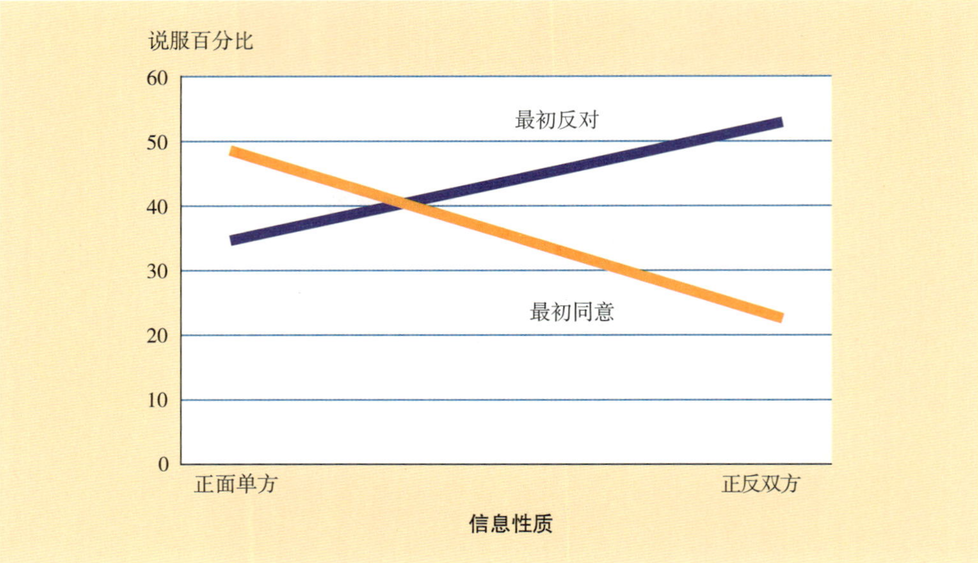

图 :: 7.7
最初观点和正面单方、正反双方说服的交互作用
德国在二战中战败以后，对日本的实力强大这一信息持怀疑态度的美国士兵更容易为正反双方的信息所说服。而那些一开始就赞成这一信息的士兵，正面单方的信息对其观点的强化作用更大。
资料来源：Hovland, Lumsdaine, & Sheffield (1949).

现，简单的正反两方面的信息能打消学生的疑虑，提高铝制罐头盒的回收率。他们在犹他大学教学楼的垃圾桶上贴上诸如此类的标签："请不要将铝制罐头盒投入垃圾箱 !!!!! 请投入一楼入口处的回收箱。"当最终的说服信息认可了主要的反面观点并作出回应——"这样做可能会给你带来不便。但这的确很重要 !!!!!!!!!!"——回收率达到了 80%（是其他说服信息的两倍，而且要高于其他信息呈现方式）。

第二次世界大战德国投降后，美国军方不想士兵因此而松懈，或者认为接下来与日本的战争能轻松获胜。于是军方情报和教育中心的社会心理学家霍夫兰和同事（Hovland & others，1949）设计了两段无线电广播，论证太平洋战争至少还将持续两年以上。其中一段广播只有单方面的正面说服，并未提及相反的观点，例如只要应对一方敌人，不会腹背受敌。而另一段广播则有正反两方面的说服，它提到了相反的观点并且作出了回应。如图 7.7 所示，信息的效果取决于说服对象。对那些已经持赞成态度的人来说，正面说服更有效；而认可并反驳反面观点的说服则对那些最初持反对意见的人更有效。

实验研究还发现，如果人们已经（或将要）了解反面观点，正反两方面的论证就更有说服力，效果更持久（Jones & Brehm，1970；Lumsdaine & Janis，1953）。在模拟庭审中，如果被告在原告之前就提出不利于自己的证据，被告的辩护就显得更加可信（Williams & others，1993）。很明显，单一的正面信息会使明智的说服对象想到相反的观点，并且认为说服者持有偏见。因此，政治候选人如果要面向在政治上见多识广的群体做演讲，对反面观点作出一定的回应的确是明智之举。因此，*如果说服对象了解反面观点，务必进行正反两方面的说服。*

对手试图不断重复他们的观点，并罔顾我们的观点来反驳我们，这只不过是幻想罢了。
——歌德，《思辨与箴言》，1829

这种交互作用是说服研究的典型结果。正面说服对乐观主义者最有效（"新制度下学生只要在校内勤工俭学就可以减免学费"）。负面说服对悲观主义者最有效（"所有的学生都必须在课余时间为学校工作，以此来挣得高额学费"）（Geers & others，2003）。我们可能希望说服的各种变量的影响比较简单（这样会使这一章学起来比较容易）。遗憾的是，正如俄亥俄州立大学心理学系教授佩蒂和韦格纳（Petty & Wegener，1998）所言："大多数变量的影响都很复杂，在某些情境下可以增强说服力，若情境变化了，又可能会削弱说服力。"

学术界信奉“奥卡姆剃刀定律”[1]，也就是说，寻找尽量简单的原则。但是，如果人类的现实生活确实非常复杂，那么我们的原则也应该容许一定的复杂性。

首因对近因

假设你要帮助一位杰出的政治家就双语教育进行辩论，对手是另一位同样杰出的政治家。在投票前三周，两位政治家都要在晚间新闻做一个充分准备的演讲。经过抽签你们一方有权选择是否先发言。大家都知道你以前学过社会心理学，因此都期待着你的建议。

你迅速地回忆了一下自己所学的课本和笔记。先下手为强有道理吗？人们的先入之见会影响信息的解释。而且，某种观念一旦形成，就很难改变，因此首先表达的观点可能会使人们形成偏见，进而影响人们对后续言论的认知和解释。除此之外，人们还更关注最先出现的事物。另一方面，人们对最近发生的事情记忆效果最好。那么，后发制人的演说会不会比先发制人更有效呢？

演讲时先发制人的效果反映了一种普遍现象，即**首因效应**（primacy effect）：最先呈现的信息最具说服力。第一印象很重要。举例来说，以不同的顺序描述同一个人的特质，你能觉察以下两种描述方式之间的差异吗？

- 约翰聪明，勤奋，冲动，挑剔，顽固而且妒忌。
- 约翰妒忌，顽固，挑剔，冲动，勤奋而且聪明。

当心理学家阿施（Asch，1946）将这些句子呈现给纽约的大学生时，那些按照第一种顺序阅读这些特质的人对约翰的积极评价更高，而按照第二种顺序阅读的人要多地给出了消极评价。最先出现的信息似乎会影响人们对后续信息的加工，由此产生了首因效应。

下面是首因效应研究的一些有趣例子：

- 在猜测任务的实验中，参与者猜对的概率都是 50%。但是前面猜对的人比后面猜对的人看起来能力更强（Jones & others，1968；Langer & Roth，1975；McAndrew，1981）。
- 在政治选举和初选投票中，那些列在候选人名单最前面的人会获益（Moore，2004b）。
- 研究者（Miller & Campbell，1959）给西北大学的学生看一份精简的民事诉讼文件。他们将原告的证词和观点放在一组，被告的证词和观点放在另一组。学生们都要阅读这两组文件。一个星期后，当要求他们表明自己的立场时，大部分人都站在他们首先阅读的那组文件一方。

那么，是否存在相反的情况？我们对最近的信息记得更好会不会造成**近因效应**（recency effect）呢？我们可能都体验过圣经《箴言》所描述的情形：“先诉情由的，似乎有理；若有人盘诘，便显错漏。”根据经验（还有某些记忆实验），我们对当前事件的记忆总是比过往事件的记忆要更深一些。正如第 3 章所述，今天的暴风雪使得长期全球变暖似乎不构成威胁，恰如今天的炎热使它似乎成为严重的威胁。

---

1 Occam's razor，14世纪英格兰奥卡姆的威廉修士提出，对事物的解释应尽量简单，不应使用任何不必要的内容，“如无必要，勿增实体”——编者注

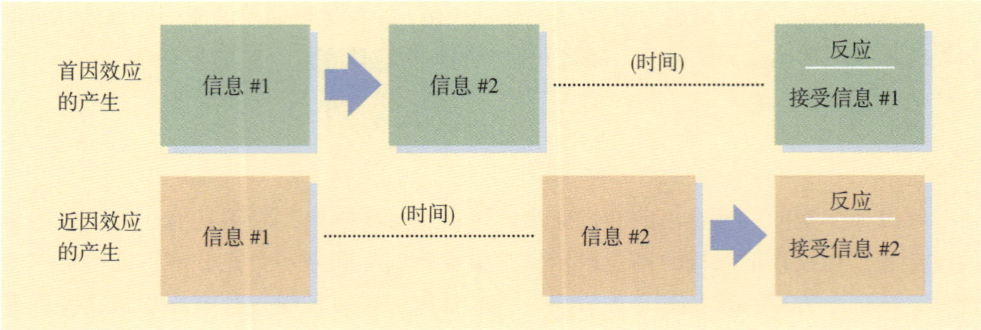

图 :: 7.8
首因效应和近因效应

如果两种信息接连出现，并且接受者要经过一段时间后再反应，那么最先出现的信息最有利（首因效应）。如果两种信息在时间上是分离的，而要求接受者在第二种信息出现后立即反应，那么第二种信息最有利（近因效应）。

为了验证这个现象，米勒和坎贝尔给另一组学生也阅读了其中一组证词。一个星期之后，研究者又让他们阅读了另一组证词，并且要求他们立即表明自己的立场。结果跟前一个实验正好相反：近因效应出现了。显然一星期之后第一组证词很大程度上已经从记忆中消退了。

满足以下两种情况，遗忘会造成近因效应:（1）当时间长到足够分离两种信息,（2）说服对象在接受第二种信息后立即表态。如果两种信息依次连续呈现，并且之后经过一段时间，此时就会出现首因效应（如图 7.8），尤其是在第一种信息引发了思考的情况下更是如此（Haugtvedt & Wegener，1994）。那么现在你会给政治家提供什么样的建议呢？

研究者（Carney & Banaji，2008）发现事物呈现的顺序也会影响简单的偏好。当看到任何配对的人、马或食物或其他事物先后出现时，人们一般会偏爱最先看到的

在2008年美国大选期间，共和党大会紧随民主党大会而召开，会后离选举有两个月之遥。如果应用实验发现的首因效应和近因效应，哪个党派能从这种时间安排上获益？

目标。例如，在白板上先后呈现两个外形差不多的泡泡糖，要求参与者快速做出判断，62% 的人会选择最先呈现的目标。4 项实验的结果如此一致："最先就是最好。"

说服渠道

要想说服别人，必须要有沟通。要想沟通，必须要有**渠道**（channel）：面对面的诉求，书面标示或者文件，媒体广告等。

常识心理学总让人们相信书面文字的力量。为了让学生参加校园活动，校方会贴告示；为了让司机们减速行驶并且注意路况，路牌会写上"小心驾驶"的字样；为了劝说学生不要在校园乱扔垃圾，校方会在布告栏上贴满反对乱扔垃圾的通告。

主动参与或被动接受

口头呼吁是否比书面诉求更有说服力呢？不一定。那些经常在公众场合发言的人，比如教师或者演说家，常常因为沉醉于自己的言论而高估了话语的力量。当询问一个大学生校园生活中哪些方面的经历最有价值，或者在他们第一年的大学生活里，自己印象最深的事情，我不无遗憾地说，几乎没有人会回忆起我们这些老师所记得的那些精彩教学。

心理学家克劳福德等人（Crawford，1974）研究了口头语言的影响力，他们访问了正要去 12 个教堂听布道以及刚听完布道回到家中的人，布道的内容是反对种族隔离和种族歧视。在第二次面谈中，当询问他们是否在前一次面谈之后接触过种族偏见或歧视的信息时，只有 10% 的人自发地回忆起布道的内容。而剩下 90% 的人，当直接询问他们牧师在"上两个星期里，有没有提到过偏见和歧视"时，30% 以上的人否认听过这样的布道。最后的结果是：布道并没有改变人们对于种族问题的态度。

如果你仔细思考这个研究，就会发现传教士要有效地说服他人需要克服很多阻碍。如图 7.2 所示，说服力强的演说者所传达的信息不仅要引人注意，还要容易理解、令人信服、容易记忆并且引人注目。思虑周详的说服必须同时兼顾说服过程的所有环节。

请思考另一个善意的说服例子。在加利福尼亚的斯克里普斯学院，为期一周的反对乱扔垃圾运动要求学生"保持斯克里普斯校园的美！""让我们彻底清除垃圾！"每天早晨学生们的信箱里满是这些口号，贴在全校园最显眼的海报栏上。在活动开始的前一天，加州韦斯特蒙特学院的社会心理学家帕洛特兹安（Paloutzian，1979）

广告说服的威力。烟草广告与青年女性吸烟人数的增加有关（Pierce & others, 1994, 1995）。这张照片展示了1950年代电视广告的模特们正在练习"正确的"吞吐姿势。

在一个行人较多的人行道的垃圾桶旁边扔了一堆垃圾。然后他退到一旁记录了 180 个过路人的行为。结果没有一个人捡起这堆垃圾。在活动的最后一天，他又重复了这个实验，观察了另外 180 名过路人。现在行人是否会争相响应那些呼吁呢？答案是几乎没有。180 人中只有 2 个人捡起了垃圾。

被动接受的信息也不总是无效的。某家药店有两个牌子的阿司匹林，其中一个牌子做过很多广告而另一个牌子则没有做广告。除了在口中分解的速度有细微的差别以外，任何药剂师都会告诉你这两种牌子的药实质上没有差别。阿司匹林就是阿司匹林。你的身体并不能分辨出他们的差别，但是你的钱包却可以。做过广告的阿司匹林销量很好，而且价格是未做广告的阿司匹林的三倍。

媒体的力量如此强大，能否帮助富有的政治候选人用钱赢得选举呢？在总统候选人的初选活动中，候选人花钱越多赢得的选票也越多（Grush，1980；Open Secrets.org，2005）。媒体的宣传使名不经传的候选人变得家喻户晓。正如第 11 章所示，仅仅是暴露在不熟悉的环境刺激中，就可以引起偏好。而且只要重复宣扬就更易让人相信（Dechêne & others，2010；Moons & others，2009）。

俄亥俄州立大学的心理学教授阿克斯（Arkes，1990）认为这类研究结果让人恐慌。玩弄权术的政客都知道，迷惑人的谎言有时能取代证据确凿的事实，重复的陈词滥调可以掩盖复杂的现实。甚至重复陈述某位消费者的诉求错误，如果这一反诉（反驳观点）和其他或对或错的主张一起提出，也会使老年人误以为自己的诉求正确（Skurnik & others，2005）。因为他们忘记了（店主的）反诉，对自己诉求残留的熟悉感也会使它变得可信。在政治领域，甚至连正确的信息都无法让人们忽视捏造的错误信息（Bullock，2006; Nyhan & Reifler，2008）。因此，在 2008 年美国总统选举中，不实的谣言（如奥巴马曾经是穆斯林，麦凯恩想让美军在伊拉克驻扎一百年等）能抵制驳斥，有时驳斥反而让这些假话再次曝光，看起来更像是事实。

啊，这就是你一贯的方式：一开始什么也不相信，但后来愚蠢到仅仅重复就能让你相信原来认为不可能的事情。

——乔治・麦克唐纳，《幻想家》，1858

某些话仅仅重复若干遍就能增加流利度——这对我们的舌头来说易如反掌——从而增加其可信度（McGlone & Tofighbakhsh，2000）。句子押韵也能增加流利度和可信度。“积谷防饥”和“积谷防灾”表达的意思基本相同，但是前者看起来更加有道理。任何能增加流利度的因素（熟悉性和押韵），都能增加可信度。

因为被动接受的说服效果时有时无，我们是否可以提前确定哪些主题被动说服能成功？规则很简单：随着问题熟悉性和重要性的增加，被动说服的效果会降低。在一些细小的问题上，例如购买哪个牌子的阿司匹林，媒体的力量显而易见；但在那些人们更熟悉并且重要的问题上，例如对漫长而又充满争议战争的态度，媒体要说服受众，就像推着钢琴上山那么困难。并非不可能，但不可能一蹴而就。

正如第 4 章所述，主动的经历也会强化人们的态度。我们采取行动时，会放大行为背后的观念，尤其是在产生责任感之后。更重要的是，来源于自身经历的态度通常更持久，会影响我们的行为。与被动形成的态度相比，基于经历的态度更加自信、稳定，更不容易改变。这些原理在许多研究中都得到证实。例如预防艾滋病最有效的干预办法是，不仅要给人们介绍艾滋病的知识，而且要进行行为训练，比如训练人们拒绝随意性行为的决断力，使用保护措施（Albarracin & others，2005）。

你真的认为，除了写童书之外你创造不了财富吗？

——罗琳的经纪人在出版《哈利波特与魔法石》之前的发言

个人与传媒的影响

说服研究表明影响我们的主要因素并非传媒，而是我们和他人的人际接触。现代的营销策略试图利用口耳相传的人际影响力，比如“病毒式营销”“制造热点”“播种营销”等（Walker,2004）。哈里·波特系列原来并没有预计能成为畅销书（《哈利·波特与魔法石》首印才 500 册），正是孩子们的相互讨论才使它成为畅销书。

下面以两个现场实验来证实人际或个人影响的力量。美国密歇根州安阿伯市的官员艾德斯威尔德和道基（Eldersveld & Dodge，1954）曾经研究该地区的政治说服。他们把那些不想为城市宪章修订案投赞成票的市民们分成三组。其中一组的所见所闻仅仅限定于大众传媒。在这一组里，19% 的人改变了他们的初衷，并在选举那天投了赞成票。第二组的市民们收到了 4 封支持修订案的邮件，结果发现，45% 的人投了赞成票。而对第三组的市民进行私人拜访，以面对面的方式进行劝说，结果发现 75% 的人为修订案投了赞成票。

在另一个现场实验里，斯坦福大学医学院心脏病专家法夸尔和麦科比（Farquhar & Maccoby，1977；Maccoby & Alexander，1980；Maccoby，1980）率领的研究小组在加利福尼亚 3 个小城市进行了说服研究，试图减少中年人冠心病的发病率。为了考察个人和传媒的相对效果，他们在项目开始前以及随后 3 年的每年年底都对其中的 1 200 人进行拜访和医疗检查。特雷西地区的居民除了当地常规的传媒以外没有接受别的说服。在吉尔罗伊地区，一项为期两年的媒体宣传活动主要借助电视、广播、报纸以及邮件等方式，告诉人们冠心病的危险以及降低发病率的方法。而在沃森维尔地区，除了采用上述媒体外，还有一种说服方式，即对三分之二在血压、体重以及年龄上处于高危人群的人进行私人接触。依照行为矫正的原则，研究者帮助人们设立明确的目标并对其成果进行强化。

如图 7.9 所示，在 1、2 和 3 年之后，特雷西地区的高危人群（控制组）的人数与说服之前几乎一样多。吉尔罗伊地区那些淹没在诸多传媒信息的高危人群的健康习惯有所改进，患病风险降低。而沃森维尔地区那些既受传媒影响，又保持私人接触的高危人群数量减少最明显。

媒体影响：两步流程 尽管面对面的人际接触的影响力一般比媒体大，但并不能因此低估媒体的作用。那些能影响我们看法的人，其思想必然有一定的来源，而媒体

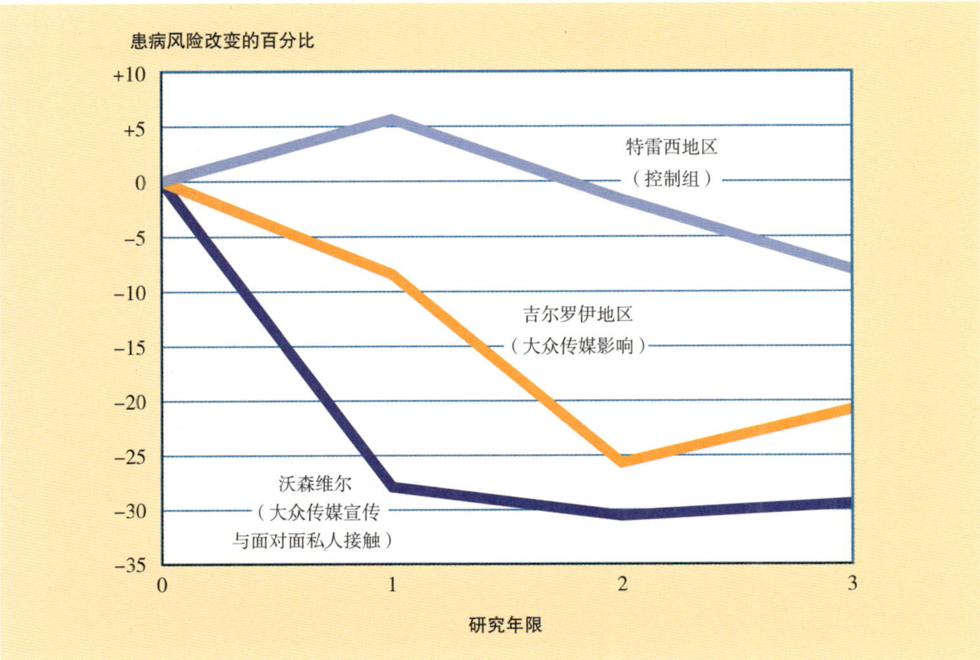

图 :: 7.9
传媒宣传和私人接触的说服效果

患冠心病的风险与基线水平（0）相比，经过一年、两年或三年健康教育后的百分比变化。

资料来源：Maccoby (1980).

是最常见的信息来源。美国宾州大学传播学教授卡茨（Katz，1957）发现，多数媒体影响都包括**沟通两步流程**（two-step flow of communication），即从媒体到意见领袖，再到普通大众。在任何大型群体中，市场营销人员和政客力求说服的正是那些有影响力的人——意见领袖和潮流引导者（Keller & Berry，2003）。意见领袖被人视为专业人士，他们可能包括脱口秀主持人、专栏编辑、医生、教师、科学家以及那些以收集信息并将其告知亲友为职业的各行各业的人。假如我要评价电脑配件，我会听从儿子的意见，而他的大部分想法就是来自于电脑宣传材料。如果你能说服他们就能说服我。

斯坦福商学院研究小组（Nair & others，2008）报道称：这种两步流程的信息还会影响医生给你开的药方。医师们决定选用何种药物时，会寻求他们社交圈子里的意见领袖（往往是医学院里的专家）的看法。对于 9/10 以上的医师，这种影响来自于人际接触。大型医药公司都知道意见领袖推动着销售量，因此他们三分之一的营销资金都投放在这些有影响力的人身上。

一项项研究表明，多数人认为，大众媒体确实会影响人们的态度，但自己不会受影响（Duck & others, 1995）。

沟通的两步流程模型提醒我们，媒体对文化的影响很微妙，慢慢渗透，层层推进。即使媒体对态度的直接影响很小，但仍会产生巨大的间接作用。就算是那些没有看过电视的儿童，其成长过程仍然摆脱不了电视的影响。除非离群索居，他们仍会在学校操场上参加模仿电视的游戏，会向父母索要同伴们都有的电视玩具，会恳求观看朋友们都喜欢的电视节目。父母可以断然拒绝，但却无法消除电视对儿童的影响。

媒体的比较 笼统地讨论媒体（从海量邮件到电视节目）的说服效果，显得过于简单化。不同媒体的比较研究表明，媒体形式越贴近生活，其传递的信息就越有说服力。因此，说服力强弱排名似乎是：现场（面对面人际接触）、影像、录音和书面文字。

然而，书面信息的理解和回忆效果最好，这使得情况更为复杂。理解是说服的基础步骤之一（回忆图 7.2）。美国纽约大学社会心理学教授柴肯和伊格利（Chaiken & Eagly，1976）认为，如果信息难于理解，那么书面表达的说服效果最佳，因为读者们可以根据自己的阅读速度来研读信息。研究者给美国麻省大学的学生们呈现难度不同的书面、录像和录音信息。结果如图 7.10 所示：难理解的信息书面呈现时的确最具说服力，而简单的信息则以影像呈现最佳。电视媒体控制着信息传递的节奏，观众则是较被动的接受者。观众的注意力会不自觉地从信息本身转移到说服者

图 :: 7.10
信息难度与媒介形式的交互作用

容易理解的信息以影像形式呈现时最具说服力。而难于理解的信息则以书面形式呈现时效果最佳。因此，在说服的过程中，信息难度和媒介形式会产生交互作用。

资料来源：Chaiken & Eagly (1976).

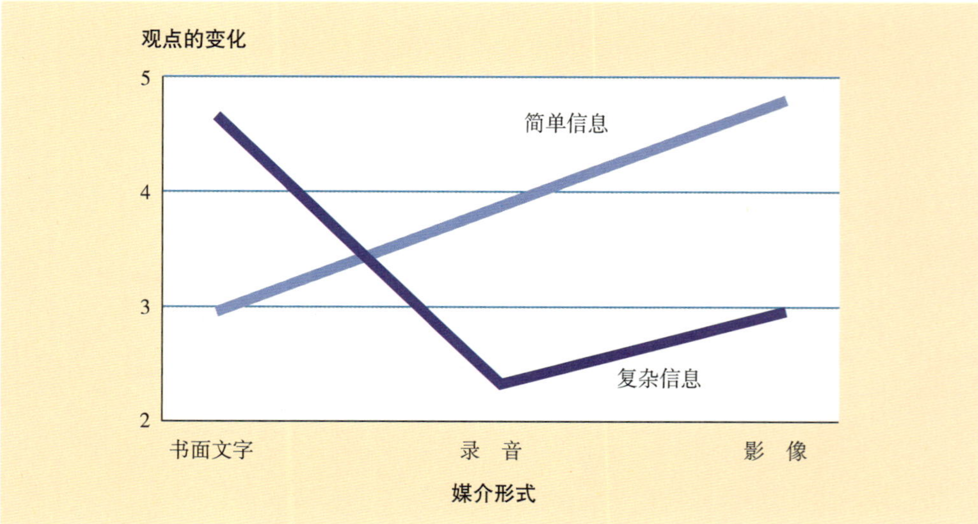

身上，促使他们把注意力聚焦于诸如主播的魅力之类的外周线索（Chaiken & Eagly，1983）。

说服对象：信息的接受方

说服涉及多个变量：说服者，说服信息，说服媒介，说服对象。现在要思考说服对象的两个特征：年龄和慎思。

年龄与说服

2008 年美国总统选举期间可以很明显地看出，麦凯恩更受年长的选举人的喜欢，而奥巴马则受年轻选举人的青睐。人们的社会和政治态度与自己的年龄有关。不同年龄的人往往持有不同的社会和政治态度。社会心理学家对此提出两种解释：

- 生命周期解释：态度随着人们的成长而逐渐改变（如变得更为保守）。
- 代际隔阂解释：老年人的态度与其年轻时基本上没什么两样，但与当今年轻人的态度不同，代沟由此而生。（图 7.11 显示了巨大的代沟。）

目前大多数研究都支持代际隔阂理论。对年轻人和老年人长达数年的多次访谈研究发现，老年人的态度变化通常比年轻人更小。正如美国加州大学洛杉矶分校社会科学研究所的主任戴维・西尔斯（Sears，1979，1986）所言，研究者“几乎一致地证实了代际隔阂理论而非生命周期理论”。

然而，十几岁以及二十几岁的年轻人正处于世界观形成的重要时期（Koenig & others，2008; Kronsnick & Alwin，1989）。此时的态度还能发生变化，但一旦形成后往往到中年期都一直保持稳定。盖洛普公司对 12 万多人的访谈显示，在 18 岁时形成的政治态度——在喜爱里根的时代偏好共和党；在不欢迎乔治・布什的时代偏好民主党——会一直持续下去（Sliver，2009）。

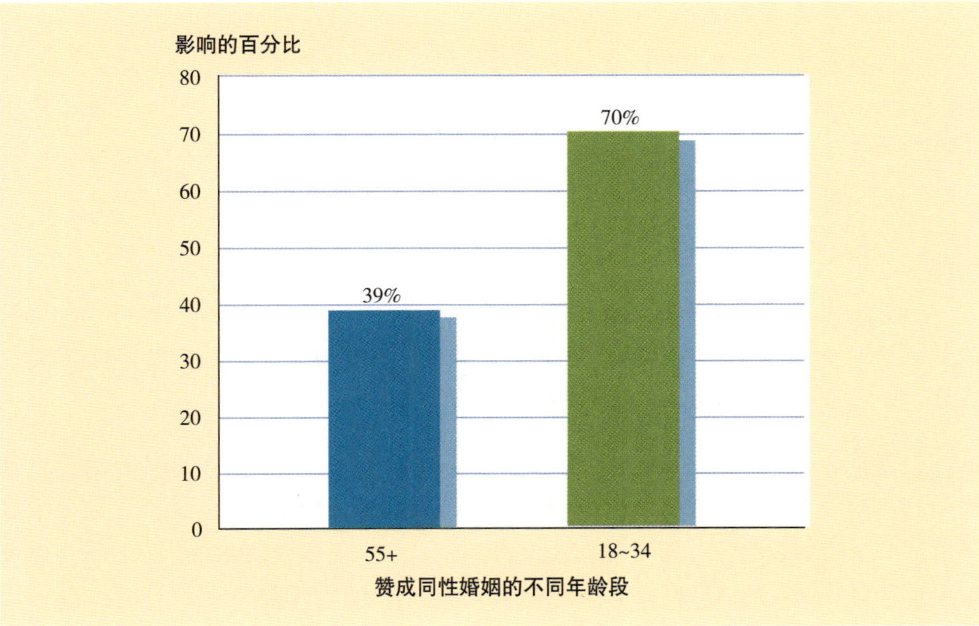

图 :: 7.11
美国人对同性婚姻的态度存在巨大的代沟

2011 年，盖洛普就美国人在同性婚姻态度上的代沟问题进行民意调查。对代际差别的“生命周期”解释认为，随着年龄增大，人会变得越来越保守。“代际隔阂”解释则认为，每代人往往都会固守自己在青少年期和成年早期所形成的态度。

因此，应该指导年轻人慎重地选择影响自己的社会因素——如参加的组织、浸染的媒体、扮演的角色等等。美国芝加哥大学知名的社会学教授詹姆斯・戴维斯（Davis，2004）分析了美国民意研究中心的档案，发现在 20 世纪 60 年代，美国 16 岁的年轻人自此之后在政治上比平均水平更开明。正如树的年轮多年之后会揭示干旱留下的痕迹一样，数十年之后的态度也可以揭示当年的事件，如 20 世纪 60 年代的越南战争及人权运动，这些事件塑造了青少年时期的思想。对许多人而言，这些年是态度和价值观形成的关键时期。

美国佛蒙特州本宁顿学院的教育案例令人震惊。20 世纪 30 年代末到 40 年代初，本宁顿学院有一群年轻有为的左翼教员，在他们的领导下建立了自由开放的校园文化，而本宁顿学院的女生都来自保守的特权家庭。其中一位教授，社会心理学家纽科姆后来否认学校有意把学生培养成自由主义者。但学校真的成功了。本宁顿学院的女生与其他大学具有相同社会背景的女生相比，变得更为自由开放。而且，女大学生在本宁顿学院形成的态度一直得以延续。50 年之后，本宁顿的女生都已年过七旬了，她们在 1984 年的总统选举中有四分之三的人支持民主党，而接受其他大学教育的七旬妇人们则有四分之三的人支持共和党（Alwin & others，1991）。可见，这些在人生重要时期形成的观点影响了她们一生。

青少年期和成年早期是世界观定型的重要时期，部分原因在于此阶段的经历能给人留下深刻和持久的印象。美国密歇根大学社会学教授舒曼和斯科特（Schuman & Scott，1989）要求人们说出半个世纪以来一两件最重要的美国国内或国际事件，结果发现大部分人回忆的内容都是自己二十来岁时所发生的事件。对于那些在 16~24 岁期间经历过经济大萧条或二战的人来说，这些事件的影响大大超过了 20 世纪 60 年代早期的人权运动与肯尼迪遇刺事件、60 年代晚期的越南战争与成功登月以及 70 年代的女权运动（人们如果在 16~24 岁时经历后面这些事件同样会铭刻在心、永难磨灭）。因此，可以预测今天的年轻人会把诸如“9・11”和伊拉克战争等事件视为世界历史的转折点。

这并不是说年纪大的人不会变通。研究者（Glenn，1980，1981）发现，大多数人在五六十岁时持有的性观念以及种族态度比三四十岁时更开明。鉴于“性解放运动”始于 20 世纪 60 年代，并在 70 年代成为主流，那些中年人显然也在与时俱进。很少有人能丝毫不受文化规范变化的影响。而且，接近生命尽头的老年人态度可能再次变得容易改变，这大概是由于自身态度的强度有所减弱所致（Visser & Krosnick，1998）。或者像某些研究者提出的，抵制态度改变的顶峰是中年期，因为中年人往往拥有较高的社会权力，这种社会角色本身要求坚定的态度（Eaton & others, 2009）。

如果我们的信念是正确的，那么预先警示可能会有一场说服战……这是非常理性的；但如果我们的信念只是一种错觉，那么同样的预先警示过程显然只会使我们的错觉无可救药地破灭。

——C. S. 刘易斯，《地狱来鸿・祝酒辞》，1965

慎思与说服

中心路径说服的关键并不在于信息本身，而在于能否激发说服对象积极思考。人的大脑不是海绵，无法接受所有的信息。如果信息唤醒了有利的想法，就能说服；反之，如果激起相反的观点，就无法说服。

避免打草惊蛇——如果你不想遭人反驳，请勿引起对方警觉 什么情况会引起说服对象的反驳呢？预先知道有人试图说服你，很容易激起你的反驳之心。如果你不得不告诉家人你想退学，你很可能已经预料到他们会劝说你继续完成学业。于是你可能早就准备好一系列的论据，来反驳他们可能想到的所有理由。

加拿大多伦多大学的弗里德曼教授和加州大学洛杉矶分校的西尔斯教授（Freedman & Sears，1965）证实了在这种情况下试图说服人们很困难。他们预先告诉一组加利福尼亚的高中生，说他们将会听到一场演说："为什么不准年轻人驾车"。结果发现这些事先告诫过的学生并未改变原先的想法，而那些事先没有告诫过的学生则发生了改变。在法庭上也是如此，辩护律师有时会在原告出示证据之前，预先警示陪审团即将呈现的控诉证据。在模拟陪审中，这种"先声夺人"抵消了证据的不利影响（Dolnik & others，2003）。

分心会减少反驳 如果人们受到干扰而无暇反驳时，言语的说服力会增强（Festinger & Maccoby，1964；Keating & Brock，1974；Osterhouse & Brock，1970）。政治宣传通常会利用这种方法。一方面，政治广告中的声音文字为候选人做宣传，另一方面，视觉画面却吸引了我们大部分注意力，使我们无法仔细分析文字信息。说服信息较为简单时，分心的效果尤为显著（Harkins & Petty，1982；Regan & Cheng，1973）。尽管有些时候，干扰会妨碍我们对广告信息的加工。这可以帮助我们解释为什么在暴力和色情的电视节目中看到的广告往往记不住，也没有效果（Bushman，2005，2007）。

不太投入的说服对象会使用外周线索 前面分析了说服的两种路径——系统思考的中心路径以及利用启发式线索的外周路径。中心路径在分析论据及构思反应时有起止点，就如穿越城区的干道；而外周路径则载着人们直达目的地，就如环城的高速公路。善于思考的人表现出强烈的**认知需求**（need for cognition），喜欢仔细思考并偏好中心路径（Cacioppo & others，1996）。而喜欢节省脑力资源的人则表现出较低的认知需求，通常对于外周线索反应较快，比如说服者的吸引力以及周围环境的舒适度，等等。

根据这一简单的理论（我们面对信息所产生的想法至关重要），可以提出许多预测。如果我们积极性很高并且有能力思索时，尤其如此。大部分预测都得到了研究者（Axsom & others，1987；Haddock & others，2008; Harkins & Petty，1987）的证实。许多实验研究考察了激发人们思考的方法：

- 使用反问句。
- 使用多个演说者（例如让 3 个演说者各自叙述同一个观点，而不是由一个演说者说 3 次）。
- 使人们感到自己有责任传递和评价信息。
- 重复信息。
- 吸引人们集中注意力。

他们使用这些方法得出的一致结论是：激发思考可以使有说服力的信息更具说服力，并且（由于反驳的影响）使无说服力的信息更令人怀疑。

该理论也具有现实意义。有效的说服者不仅应该注重自己的形象以及所传达的信息，还应该注重说服对象可能会出现的反应。最好的教师总是能够鼓励学生积极思考。他们会以反问的方式提出问题，举出引人入胜的范例，还会用难题挑战学生。所有这些方法都

"你们是不是比4年前更富有呢？"里根就是以这种激发选民思考、令人难忘的反问句攀上了胜利的顶峰。

可能使信息沿着中心路径来达到说服的目的。当课堂教学不太吸引人时，你可以建立中心路径的说服。如果你仔细思考教学材料并深入剖析论据，你很可能会把那门课教得更好。

在1980年美国总统竞选的最后几天里，双方势均力敌，里根成功地使用了反问句，激发选民思考他提出的问题。他在总统竞选辩论的总结性陈词里，以两个强有力的反问句开头，并且在剩下一周的竞选过程中经常反复地提到这些问题："你们是不是比四年前更富有呢？你们在商店里购物时是不是比四年前更轻松呢？"许多人给出了否定答案，然后里根大获全胜，其中有一部分功劳来自于他引导人们选择了说服的中心路径。

小结：说服的要素

- 怎样说服他人才有效？研究者们考察了4个因素：说服者（信息传达方）、信息（说服内容）、说服渠道（信息传递的路径）以及说服对象（信息接受方）。
- 可信的说服者给人的感觉就是值得信赖的专家。讲话语气果断，语速较快并直视说服对象的眼睛，这样的说服者通常较为可信。说服者的观点如果与自身利益相悖则更为可信。魅力十足的说服者在品位和个人价值观等问题上也非常有说服力。
- 说服信息能使人心情愉快就更有说服力。心情好的人做判断时更为爽快、不假思索。而能唤起恐惧心理反应的说服信息也同样有效，如果说服对象感觉脆弱，能采取预防行为，尤其如此。
- 说服信息与说服对象已有观念的差异对说服效果的影响，取决于说服者的可信度。单方正面信息与双方正反兼备的信息，何者更有说服力取决于：如果说服对象已经赞成该信息，而且过后不大可能会考虑相反的意见，那么单方的正面观点可能更有效；而当说服对象心思较为缜密或者并不赞同该信息时，那么包含正反两方面的信息则更为有效。
- 如果说服涉及双方论战，首因效应通常使得最先呈现的信息更有说服力。而如果双方观点的呈现存在时间间隔，最可能出现的结果是近因效应，即后面呈现的信息胜出。
- 另一个需要考虑的重要因素是信息传达的方式。面对面的交流通常最有效。然而对于复杂难懂的信息，书面文字的媒介则更为有效。如果问题无关紧要或比较陌生，大众传媒则较为有效。
- 最后，信息的接受方也很重要。说服对象的年龄也有影响。年轻人的态度更容易改变。说服对象接受信息时想到什么？他们在考虑有利的想法吗？抑或做出反驳？他们是否被事先警示了？

极端说服：邪教的洗脑方法

请说出"新宗教运动"（邪教）利用的一些说服和群体影响原理。

1997年3月22日，马修·阿普尔怀特以及他的37名信徒认定，摆脱自己那仅仅是"臭皮囊"的身体，搭乘紧随哈雷彗星之后的飞碟通往天堂之门的时刻到了。他们将安眠药掺在布丁或苹果酱里，用伏特加酒冲服来使自己入睡，并用塑料袋绑住头部，以便自己能够在睡眠中窒息。同一天，在加拿大一个叫圣卡西米尔的法裔人村庄里，一栋农舍发生爆炸，5人死亡——他们是散布在加拿大、瑞士和法国的74名太阳神教徒中的最后几位。这些人都希望自己能搭乘飞碟前往9光年以外的天狼星。

许多人都会问：是什么原因使得人们放弃了以往的信仰，而加入这一禁锢精神的群体呢？这种诡异行为是因为他们奇特的人格呢，还是体现了社会影响以及说服

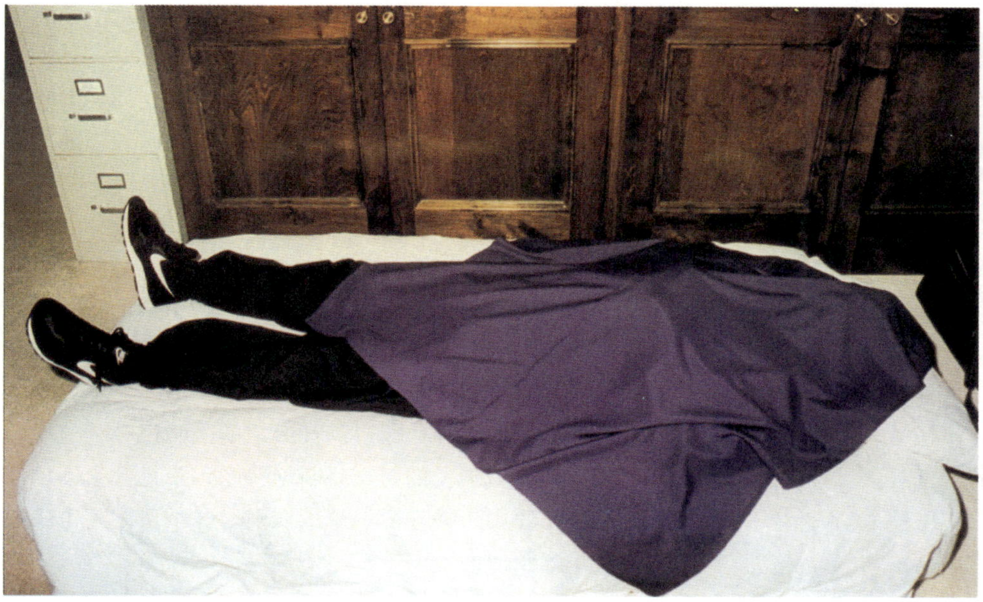

37名寻求天堂之门自杀身亡者中的一名死者。

作用的正常动态变化?

请牢记以下两点。首先，我们只能做事后分析，只是事后使用说服原理进行分析归类，以此来解释那些稀奇古怪同时也令人担忧的社会现象。其次，解释人们信仰某些事物的原因并不能推论出这种信仰的正确性。这在逻辑上是完全不同的两个问题。宗教心理学可能会告诉我们，为什么有神论者相信上帝而无神论者却不相信上帝，但是它不能告诉我们哪一方是正确的。对任何一种信仰作出解释并非是为其辩护。所以，如果有人试图对你的信仰提出质疑并说道："你相信那个是因为……"，你可能会想到大主教坦普尔（William Temple）对一位挑衅者的答复。那人说:"那么，当然,大主教,问题是你相信自己的宗教是因为你的受教养及成长方式。"大主教答道:"这也有可能。但是，你认为我信仰宗教是因为我的受教养及成长方式，你有这样的想法也有可能因为你的受教养及成长方式。"

在最近的几十年里，一些**邪教组织**（cults）——有些社会学家更愿意称其为"新宗教运动"——已经引起了公众注意：文鲜明（Sun Myung Moon）的统一教团，琼斯（Jim Jones）的人民圣殿教，科瑞什（David Koresh）的大卫分支教，以及阿普尔怀特（Applewhite）的天堂之门。

文鲜明将基督教、反共思想以及对他自己的赞颂混在一起，成为一个新的弥赛亚（Messiah，出自圣经，意指受上帝指派来凡间拯救世人的救世主），在世界范围内吸引了众多追随者。文鲜明宣称："我的愿望就是你的愿望"；许多人对此积极响应，把全部财产以及身家性命都献给了统一教团。

1978 年在圭亚那，914 名从旧金山追随而来的琼斯信徒，遵照他的命令，集体服下了掺有镇静剂、止痛剂以及致命氰化物的葡萄汁自杀身亡，全世界为之震惊。

1993 年，高中辍学的科瑞什利用他记忆经文的超强能力以及催眠天赋，控制了一个叫做大卫分支教的教派。一段时间之后，教派成员们慢慢交出了自己的银行存款以及财产。科瑞什还说服男教徒应过独身生活，而他却和他们的妻子及女儿上床，并且使他的 19 名"妻子"相信她们应当为他生儿育女。在一场枪战中，6 名教派成员和 4 名联邦警员遇难，之后他们遭到了围攻。科瑞什告诉他的追随者说他们不久就会死去，并且和他一起直接升上天堂。联邦警员们用坦克撞击该建筑物，喷射催

“你自己一个人回家去吧，
艾瑞恩。我想加入这个人组织的教派。”

近年来成千上万的人加入了2 500个左右的邪教，但很少有人是一下子就下定决心的。

泪瓦斯，但进攻结束时，还是有 86 人在大火中丧生，建筑物也被摧毁。

阿普尔怀特却没有这么高的性兴趣。由于和学生发生同性恋行为而两次丢掉音乐教师的工作之后，他和另外 17 名与他一起自杀的天堂之门成员中的 7 名，通过阉割来追求一种无性的宗教虔诚（Chua-Eoan, 1997; Gardner, 1997）。1971 年，在一所精神病院里，阿普尔怀特和护士同时也是宇航爱好者的内特尔斯相识，内特尔斯向热切而具有感召力的阿普尔怀特指出了通往“下一个层次”的途径。通过满怀激情的鼓吹说教，他说服他的追随者们与家庭断绝关系、禁止性生活、停止使用药物并散尽个人钱财，并承诺用宇宙飞船拯救他们。

怎么会发生这样的事情呢？什么原因让这些人如此俯首帖耳？我们能归咎于受害者的性格特质吗？他们是容易上当的傻瓜或是呆头鹅吗？或者那些我们熟悉的从众、顺从、失调、说服以及群体影响的原理也可以用来解释他们的行为——把他们放在和我们相同的层面上，这些影响因素同样会塑造我们的行为，只不过我们未遇见而已？

态度依从行为

正如第 4 章反复提到的一点，人们通常会内化那些自主、公开和反复做出的承诺。邪教的领导者们似乎深谙此道。

顺从导致了接纳

刚加入邪教的人很快便会认识到成员身份并非无足轻重。他们很快就会被塑造成为组织内的活跃分子。邪教组织里的典礼仪式以及公开的游说和筹款，可以强化那些新成员对成员身份的认同感。在一些社会心理学实验中，人们逐渐相信那些他们亲眼所见的事情（Aronson & Mills，1959；Gerard & Mathewson，1966），所以，新成员也会成为邪教忠实的拥护者。成员越忠诚，就越想去证实这一点。

登门槛现象

我们是怎样受人诱骗以至于做出如此剧变的人生承诺？人们很少会突然、有意识地下决定。我们通常不会立即决定说：“我要和主流宗教决裂，加入邪教。”而那些邪教的征募者也不会在大街上碰到人就说：“嗨！我是统一教团的成员，你愿意加入我们吗？”相反，他们的征募策略恰恰利用了登门槛技巧。统一教团的征募者会请人们吃饭，并且度过一个充满温馨友情的周末，共同谈论生活的哲学。周末结束时，他们会邀请那些参与者和他们一起唱歌、活动和讨论。然后，力劝那些有可能入会的人参加长期训练性的宗教娱乐。最后，那些活动逐渐变得越来越艰巨——恳求捐献财物以及试图招募新成员。

一旦加入邪教后，教徒们开始会发现财物的捐献是自愿的，之后就会变成强制要求。琼斯最初要求信徒捐出 10% 的收入，不久便涨为 25%。最后，他要求信徒上交他们的所有财产。工作量同样也变得越来越多，劳神费力。曾是邪教成员的斯道恩回忆了这段渐变的过程（Conway & Siegelman，1979，p.236）：

> 任何事情都不是一蹴而就的，这就是琼斯取得巨大成功的原因所在。你会慢慢地放弃一些东西，同时要忍受的事物也越来越多，但这些都是一步一步进行的。那是很奇妙的一种感觉，因为你可能偶尔会坐起来感慨道：哇喔，原来我可以放弃这么多东西！我确实忍受了许多。但是这种节奏如此缓慢，以至于让你觉得：既然已经做了这么多了，再多做一点又何妨呢？

邪教说服的因素

我们用前面讨论过的说服四因素（总结见图 7.12）来分析邪教的说服过程：谁（说服者）对谁（说服对象）说了什么（说服内容）？

说服者

成功的邪教群体肯定有一个魅力超凡的领导者，可以吸引和支配追随者。就像说服实验那样，可信的说服者在教徒心中是专家和值得信赖的人——例如统一教团的“教父”文鲜明。

琼斯运用“读心术”来建立自己的信誉。新成员在进入教堂进行宣誓之前必须首先确认其个人信息。这时他的助手会立刻给那人的家里打电话说：“你好！我们正在做一项调查，想问你几个问题。”一个曾是其成员的人回忆说，宣誓时，琼斯会叫出那人的名字，并且说：

> 你以前见过我吗？嗯，你住在某某地方，你的电话号码是多少多少。在你的卧室里放着什么东西，然后，你家的沙发上放着那样一个枕头……现在你能记起我曾经到过你家吗？（Conway & Siegelman，1979，p. 234）

轻信也会影响说服效果。邪教研究专家辛格（Singer，1979）注意到，中产阶级的白人青年更容易被说服，因为他们容易轻信他人。他们缺少草根青年的那种“街头智慧”（知道怎么抗拒推销的诱惑），以及上等阶层青年的戒备（从小就警惕绑

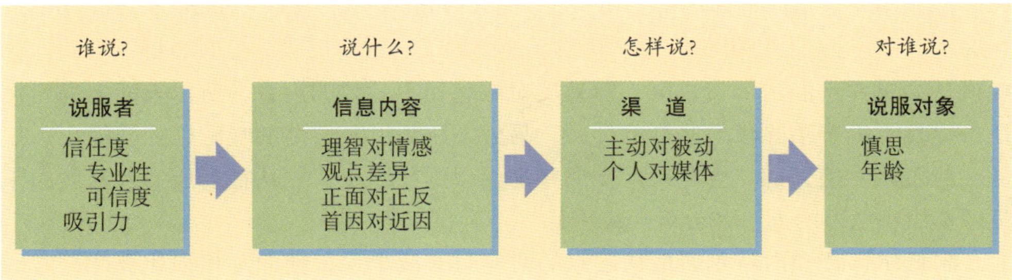

图 :: 7.12
影响有说服力的交流的变量

在现实生活中，这些变量可能会产生交互作用，即一种因素的效果取决于另一种因素的水平。

架者）。许多邪教成员都是被他们自己信任的人（朋友或亲戚）拉入伙的（Stark & Bainbridge，1980）。

说服信息

生动、感性的信息以及群体给那些孤独和忧郁的人所带来的温暖和包容，都是极具吸引力的：相信大师，加入我们的大家庭；我们有答案，唯一的救赎之道。这些信息通过演讲、小组讨论以及直接的社会压力等各种各样的渠道不断在耳边回响。

说服对象

邪教的新成员通常都很年轻，不到 25 岁，处在思想相对开放的时期，其态度和价值观都还不十分稳定。其中有些人，就像琼斯的追随者，受教育程度比较低，喜欢简单易懂的信息，不善于争辩。但是大多数信众是受过教育的中产阶级，他们被理想观念冲昏了头，以致对那些自称无私实则贪婪、貌似关心他人实则冷漠无情的人服服帖帖，而没能看出其中的矛盾。

可能加入邪教的人通常正处于人生的转折点，或者面临个人危机、外出度假或是远离家乡独自生活。他们有某种需要，而邪教徒们恰好给他们的疑惑指出了答案（Singer，1979；Lofland & Stark，1965）。梅德在她的 T 恤衫商店倒闭后加入了天堂之门。摩尔在 19 岁时入会，那时他刚刚高中毕业，正在寻找人生方向。社会和经济的剧变，似乎给那些能对困境做出超简单解释的人提供了蛊惑人心的契机（O' Dea，1968；Sales，1972）。

同样，在中东地区，以及诸如巴厘岛、马德里、伦敦等地，大多数携带自杀炸弹的人都处在青春期和成年期的过渡阶段。正如邪教新成员一样，他们处在那些权威的、有宗教导向的说服者的影响之下。蛊惑的声音不断向他们灌输这样的思想——把自己作为“活生生的殉道者”，自我毁灭的瞬间即是他们通往英雄主义和天赐之福的大门。为了克服求生的意愿，每个成员都要做出公开承诺——留下遗嘱，写下告别信，拍摄告别录像——所有这一切，使人产生了一种有去无回的心理暗示（Kruglanski & Zavala，2005）。这通常发生在相对孤立的小团体中，群体影响会煽动对敌人的憎恨之情。

群体效应

邪教也证明了下一章的主题：群体具有塑造其成员观点和行为的力量。邪教组织通常会将成员与其先前的社会支持系统分离，同时也避免他们和其他异教成员相互接触。这样可能会出现一种“社会内爆”的现象：外部联系逐渐减弱，直到群体的社会性作用完全指向群体内部，每一个人都只和群体成员联系（Stark & Bainbridge，1980）。一旦与家人和朋友失去了联系，他们就无法进行反驳。这时，群体会向他们提供认同感并且混淆事实。由于邪教反对或惩罚不一致的声音，所以表面上的意见统一显然有助于消除任何些许的怀疑。另外，压力以及情绪的唤醒往往会缩小人们的注意范围，使人们“更容易接受那些毫无根据的观点，顺从社会压力，并倾向于诋毁本组织之外的人”（Baron，2000）。

阿普尔怀特和内特尔斯最初起家的时候只有两个人，他们互相强化彼此异常的想法——这种现象被精神病学家称为“两个人的精神错乱”。随着越来越多的人加入，群体的社会孤立更强化了这种荒谬的想法。正如网络共谋理论所示，虚拟组织同样可以滋生偏执和妄想。天堂之门就擅长于在网络上进行征募。

这些方法（增强行为的忠诚度、说服以及群体孤立）的力量并不是无限的。统一教团成功招募进来的成员还不到旁观其活动人数的十分之一（Ennis & Verrilli，1989）。大多数曾加入天堂之门的人在那个灾难日之前就离开该组织了。科瑞什会综合使用说服、胁迫以及暴力来维持统治。随着琼斯的要求越来越苛刻，他自己也不得不更多地利用胁迫来控制信众。他对那些逃离的成员实施伤害性恐吓，打击不顺从的成员，还会为了压制不顺从的成员而使用药物。最终，在施加精神控制的同时，他也滥用成瘾性物质的力量。

要避免陷入‘完全封闭’的环境，失去与社会支持和信息网络的联系。不要切断自己与家人的情感联系。以你的家人、朋友、邻居和同事为参照群体，相信他们——不要接受别人对他们的贬低。

——PHILLIP ZIMBARDO & CINCY X. WANG，《Z 博士的 20 个抵制不良影响的暗示》，2007

邪教施加影响的方法在某些方面和我们所熟悉的群体影响方法很相似。兄弟会和妇女联谊会的成员报告说，邪教对可能的入会者最初“爱的轰炸”和他们的“招新”时期并没有什么两样。成员们有意滥用各种入会仪式来使新会员感觉良好。在入会阶段，由于邪教切断了新成员与他们没有入会的老朋友的联系，所以他们往往会觉得自己孤立无援。他们就会花时间来研究新群体的历史和规则。他们为新群体的利益而投入自己的时间，并遵从群体的一切要求。结果就变成了忠心耿耿的新成员。

这与那些帮助药物和酒精上瘾者康复的治疗群体很是相似。狂热的自助组织会形成一个具有很强凝聚力的“社会茧子”，有极端激进的思想，并且对成员的行为施加深刻的影响（Galanter，1989，1990）。

说服的另一项具有建设性的应用体现在心理咨询与治疗当中，社会咨询心理学家斯特朗（Strong，1978，p.101）称其为“应用社会心理学的分支”。和斯特朗的观点相似，精神病学家弗兰克（Frank，1974，1982）多年前就意识到了说服对于改变自我挫败态度和行为的作用。弗兰克注意到，心理治疗的情境和邪教以及狂热的自助组织一样，会提供：（1）支持性的、相互信任的社会关系；（2）专业知识以及希望；（3）独特的理念以及信念，用以解释个体的困难并提出新的视角；（4）一系列的仪式以及学习经历，以保证获得一种平静、愉快的新感觉。

与新宗教运动、兄弟会以及治疗社区类似，军事训练通过同样的策略培养忠诚和团结。

我之所以选择兄弟会、妇女联合会、自助组织以及心理治疗为例，并不是为了诋毁它们，而是要证实最后两个观点。首先，如果我们把“新宗教运动”归因于领导者的神秘力量或者其追随者罕见的软弱性，那么我们会误认为自己可以抵制这种社会控制技术。事实上，我们自己所在的群体——以及那些数不清的政治领导人、教育工作者以及其他的说服者们——已经在我们身上成功地运用了这些策略。教育与蛊惑、启蒙与洗脑、转变与胁迫以及心理治疗与精神控制之间的界限并非泾渭分明。

其次，琼斯以及其他邪教领导者滥用说服这一事实并不能说明说服的本质是邪恶的。核反应的能量既可以用于发电，给我们带来光明，又可以摧毁我们的城市。性的力量既可以让我们尽情表达和赞颂已经承诺的爱情，又可以让人们为了满足私欲而伤害别人。说服的力量让我们能够去启发或欺骗他人。了解了说服可以用于作恶后，这警示我们，作为科学家和普通公民，都应该抵制其不道德的运用。但是，说服本身并没有本质的善恶优劣之分，其作用是建设性的还是毁灭性的取决于我们运用的目的和方法。因为说服有时具有欺骗性而去谴责它，就像因噎废食一般。

小结：极端说服：邪教的洗脑方法

邪教的成功让我们有机会见识了强大的说服过程是如何发挥作用的。这种成功看来源于以下 3 种方法：

- 引发行为上的承诺（如第 4 章所述）；
- 运用有效的说服原则（如本章所述）；
- 将人们孤立在思想同化的群体之中（将在第 8 章讨论）。

抵制邪教说服的方法

识别抵制说服影响的一些策略。我们如何才能抵制令人生厌的说服?

武术教练给学员传授防守和躲闪技巧所用的时间，与传授正面进攻的时间同样多。北伊利诺伊大学社会心理学教授萨格瑞恩等人（Sagarin & others, 2002）注意到，“在社会影响的战场上”，研究者更多关注的是进攻型说服而不是防御型说服。哈佛大学心理学教授吉尔伯特等人（Gilbert & others，1990，1993）认为，说服过程是自然而然发生的。接受有说服力的信息比怀疑它们似乎更容易一些。理解一个观点（例如，铅笔有损健康）就是相信它——至少是暂时的，直到个体能够主动地摒弃最初的自动接纳。如果某一分心事件妨碍了这种摒弃的过程，那么接纳就会持续下去。

当然，借助于逻辑推理，了解充分的信息，有意识地主动思考，我们确实可以抵制谬误和谎言。如果在信任光环的笼罩下，维修工人的制服和医生的头衔迫使我们无条件地赞成，那么我们可以反思一下自己对权威的习惯性反应。在投入时间和钱财之前，我们可以先搜寻更多的信息。我们可以对那些不明白的事情提出质疑。

加强个人承诺

在第 6 章我们谈到过一种抵制压力的方法：在别人进行判断之前，先对自己的立场做出公开表态（事前承诺）。公开站在自己信念的一边之后，你就不太容易再受到别人观点的影响（或者我们应该说不那么“变通”了？）。在模拟民事审讯中，陪审团的投票过程可能会出现公开表达的坚定立场，以致审判过程陷入了僵局（Davis & others，1993）。

挑战信念

怎样可以使人们对某些观点深信不疑呢？美国密苏里大学的心理学家基斯勒（Kiesler，1971）通过实验给我们提供了一种方法：温和地攻击他们的立场。基斯勒发现，已经信任某个观点的人受到攻击时会促使他们发起反击，但是在攻击强度还不能完全驳倒他们时，他们会变得更为投入和坚定。基斯勒解释说：“当你对那些笃信不疑的人们发起攻击而攻击的强度又不那么强烈时，你会激发他们采取更为极端的行为来维护其信念。从某种意义上来讲，他们的笃信程度会逐渐加强，因为与他们信念一致的行为数量增加了”（p.88）。你可能会回忆起辩论赛中的情境，随着辩论双方的争论越来越激烈，双方的观点也会越来越走向极端。

引发反驳

温和的攻击能够引起说服对象的抵抗，还有另外一个原因。就像注射疫苗以抵御疾病那样，再薄弱的观点也会引发反驳，这就能为更强烈的反击做好准备。耶鲁大学心理学教授麦圭尔（McGuire，1964）在一系列的实验中证实了这一点。麦圭尔想知道：我们是否可以像注射疫苗抵制病毒一样，为人们抵抗说服免疫？是否存在类似**态度免疫**（attitude inoculation）这样的东西？我们是否能够让人们在一种“无菌的意识形态环境”中成长——人们所持的观点不会受到任何质疑——然后激起他们的精神防御？或者给他们提供反驳该信念的少许资料，这是否可以让他们日后具备抵御说服的能力？

这正是麦圭尔所做的。首先，他收集了一些众所周知的常识，例如“尽可能在每天餐后刷牙是明智之举”等。随后，他发现当该信条遇到大量具有一定可信度的攻击时，人们较容易受其影响（例如，一位声望很高的权威人士说，刷牙次数过多可能会破坏牙龈）。但是，假如在他们的信条被攻击之前，先让他们接受对于该信念的一个小小挑战作为“预防针”，并且让他们读或写一篇关于驳斥这种轻微攻击观点

研究背后的故事

麦圭尔的态度免疫研究

进行态度免疫研究时，我承认，我感觉自己就像“廉洁先生”，因为我在研究如何帮助人们抵制操控。我们的研究发表之后，一位广告经理打电话来说：“非常有趣，教授。很高兴能够读到这样的内容。”我比较公正地回答道：“很感谢您，经理先生。但我实际上是站在另一方。你试图说服人们，我则努力让他们增加抵抗力。”“哦，不要看轻你自己，教授先生，”他说，“我们可以利用你的成果来减小竞争对手广告的影响。”的确，该项研究已经成为广告商们谈及其他品牌以及贬斥其声誉的标准策略。

威廉·麦圭尔
（William McGuire，1925~2007）
耶鲁大学

一则有毒寄生虫式的广告

的文章，那么他们抵制更强烈攻击的能力就会有所增强。

不过，还请牢记，有效的免疫必须激起我们的防御，但又不至于摧毁我们的防御系统。后续实验表明，如果人们已经产生了抵制，但却觉得自己做得很差劲（反驳苍白无力），他们的态度就会被削弱，更有可能受到后面说服的影响（Tormala & others，2006）。抵制说服还会消耗个体自我控制系统的能量。因而，抵制之后不久，我们就可能变得筋疲力尽，而更容易受说服的影响，这可能是因为疲劳或其他自我控制的努力（如节食）削弱了我们的态度（Burkley，2008）。

美国亚利桑那州立大学的说服研究专家西奥迪尼等人（Cialdini & others，2003）赞同适当的反驳是抵制说服的绝佳方法，但是他们想知道个体在对竞争对手的广告做出回应时，如何才能进行有效的反驳。他们建议说，答案就是进行“有毒寄生者”式的反驳，也就是将毒药（强有力的反驳）与寄生者（看到对手广告时能唤起对方观点的提取线索）结合起来。他们的研究发现，如果参与者事先看到了附在熟悉政治广告上的反驳信息，那么他们很难被这个广告说服。因此再次观看这一广告同样会让人们想起尖锐的反驳信息。举例来说，反吸烟的广告有效地利用了这一点，它们对“万宝路男人”广告进行了二次创新，同样是在条件恶劣的野外场景中，但是其中的牛仔却衰老不堪，并且不停地咳嗽。

现实生活中的应用：免疫工程

态度免疫真的能够帮助人们抵制令人讨厌的说服吗？预防吸烟和教育消费者的应用研究给我们提供了令人振奋的答案。

给孩子免疫以抵制吸烟的同伴压力

我们会详尽地介绍实验室研究的成果在实际生活中的应用。德克萨斯大学公共卫生专家麦卡利斯特（McAlister，1980）率领的研究小组给中学七年级学生“注射”预防同伴吸烟压力的“疫苗”。他们教育那些七年级学生对吸烟广告做出这样的反应：就如暗示女性戒烟的广告，教导说：“假如她无法摆脱香烟，就不能算真正地获得了解放。”学生们还进行角色扮演游戏，如果不吸烟就会被同伴叫做“小鸡”；他们会这样回答：“假如吸烟只是为了给你留下什么印象的话，我倒宁愿自己真的是一只小

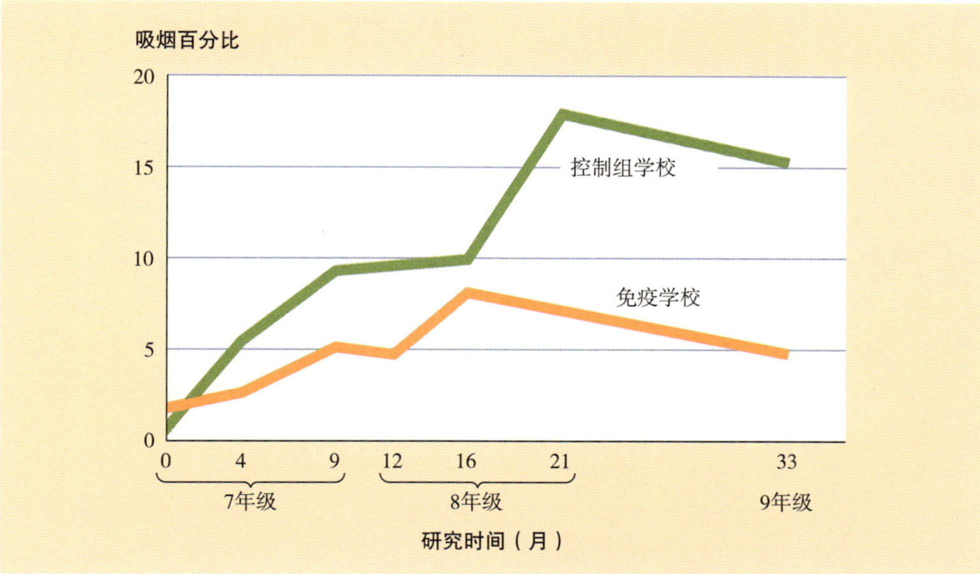

图 :: 7.13
态度免疫对青少年吸烟行为的影响

"注射过疫苗"的中学里，吸烟学生的百分比远远低于采用一般吸烟教育方法的匹配控制组学校。

资料来源：McAlister & others (1980), Telch & others (1981).

鸡。"对七年级和八年级的学生一直持续进行若干次这样的活动，那些打过"疫苗"的学生吸烟的比率只有另外一所中学的一半，而两所学校学生家长的吸烟率一样（如图 7.13）。

其他一些研究小组也证实了这种预防程序——当然有时需要其他生活技能的训练作为补充——能够减少青少年吸烟（Botvin & others，1995，2008；Evans & others，1984；Flay & others，1985）。大多数新研究都强调抵制社会压力的策略。其中一项研究是给 6 到 8 年级的学生们放映抵制吸烟的电影，或者提供戒烟的信息同时参加拒绝吸烟的角色扮演活动（Hirschman & Leventhal，1989）。一年半之后，观看反吸烟电影的学生有 31% 的人开始吸烟。而参加角色扮演的学生只有 19% 的人开始吸烟。

戒烟以及反毒品教育工程也采用了其他的说服原理。请有吸引力的同龄人进行宣讲，唤醒学生们自身的认识过程（"有些事是需要你思考一番的"），要求学生作出公开承诺（做出一个有关吸烟的理性决策，并且连同自己的推理过程，在全班同学面前公布）。这些预防吸烟的说服计划中，有些只需要 2~6 个小时的上课时间，仅仅使用准备好的印刷材料或是录像资料即可。如今，任何希望通过社会心理学的方法来防止青少年吸烟的学校或教师都能够做到这一点，简单易行，成本较低，并且有望减少青少年未来的吸烟率和降低有关的健康费用。

给孩子免疫以抵制广告的诱惑

瑞典、意大利、希腊、比利时、丹麦和爱尔兰都严格限制针对儿童的广告，而且欧洲其他国家一直都在讨论是否要采取相同的措施（McGuire，2002）。美国加利福尼亚州立大学莱文教授曾在《说服的力量：我们如何买进卖出》一书中指出，一个普通的美国儿童每年要看 1 万多条商业广告。他说，"20 年前，孩子们喝的牛奶是汽水的两倍。正是拜广告所赐，这个比例现在颠倒过来了"（Levine，2003，p.16）。

1981 年一份来自菲利普·莫里斯公司（烟草商每年花费 112 亿美元做广告，菲利普·莫里斯公司是其中的巨头）研究人员的报告显示，吸烟者通常在青少年时期

一般来说，我的孩子拒绝吃任何没有在电视上出现过的食品。

——Erma Bombeck

就形成了所谓的“最初品牌选择”（Fedral Trade Commission，2003）。“如今的年轻人很可能就是未来稳定的消费者,绝大多数的吸烟者都是从十几岁时开始的”（Lichblau，2003）。这可以解释为什么一些烟草公司会通过广告、组织晚会、提供免费香烟（通常在一些学生也喝酒的场合）不遗余力地向大学生进行营销，所有这些都是它们把香烟推销给“入门级”烟民营销计划的一部分（Farrell，2005）。

为了削弱广告的影响力，研究者一直在探讨如何使孩子们对电视广告产生免疫力。有研究表明，儿童尤其是 8 岁以下的儿童：（1）不能很好地分辨电视节目和商业广告，并且难以知晓其说服目的；（2）会不加分辨地相信电视广告的内容；（3）会恳求或逼迫父母购买广告商品（Adler & others，1980；Feshbach，1980；Palmer & Dorr，1980）。孩子们看起来是广告商们的最爱：轻信、易受影响，这使销售变得简单容易。

鉴于以上研究结果，民间组织对这些商品的广告商们提出了批评（Moody，1980）：“如果精明世故的广告商花几百万美元做广告，把不健康的产品卖给单纯、轻信的孩子们，那么这只能称为剥削。”在《母亲对广告商的宣言》（Motherhood Project，2001）中，美国妇女的广泛联合就是这种愤怒的表现：

当孩子们成为广告商的目标时，我们通用磨坊食品公司只能遵从宝洁公司‘从摇篮到坟墓’的规则……我们认为要趁早抓住他们，并让他们成为终生客户。

——韦恩·奇里奇，通用磨坊公司经理（转引自《母亲对广告商的宣言》，2001）

> 对我们而言，孩子是无价之宝。对你们来说，孩子仅仅是顾客，而儿童是一块极富开采价值的顾客群体……那些训练有素并且富有创造力的专家对孩子进行研究、分析、说服以及操纵后发现，满足和创造消费者的需求与欲望之间的界限变得越来越模糊了……那些令人心动的信息，诸如“你今天该休息一下了”“尝试你自己的方式”“跟着你的感觉走”“放手去做吧”“没有任何限制”和“抓住你的愿望了吗？”这些话语证实了广告和营销传递出这样一种主要信息：即生活就是自私自利、及时享乐和物质至上。

另一方是从广告获利的人，他们宣称广告可以帮家长教会孩子消费技巧，而且，更重要的是，还可以为儿童电视节目提供资金。在美国，联邦贸易委员会受到学术界研究结果和政治压力的推动，对于是否应该对面向未成年人的垃圾食品广告以及限制级电影制定新的限制这一问题上保持中立。

孩子们是广告商的最爱。因此，研究者们探讨了让孩子们对他们每年所看的1万多条广告（很多广告都是他们黏在电视前看到的）产生免疫的各种方法。

同时，研究者发现市中心七年级的孩子如同八年级的孩子一般，能批判性地看待广告——有“抵抗传媒的技能”——也能更好地抵抗同伴压力，并且不太可能像九年级的孩子那样饮酒（Epstein & Botvin，2008）。

研究者想知道能否教会儿童抵制欺骗性的广告。在其中的一项研究中，由加州大学洛杉矶分校的教育心理专家费什巴赫（Feshbach，1980；Cohen，1980）率领的研究小组给洛杉矶地区的小学生们上了 3 节半小时的广告分析课。孩子们通过观看广告并参加讨论来增强抵抗广告的免疫力。例如，在看完一段玩具广告后，他们会立即得到那个玩具，研究者要求他们尝试像广告中所呈现的那样玩这个玩具。这样的经历能够帮助孩子们建立对广告更现实的理解。

维护消费者利益的人担心，仅仅预防可能还不够充分。净化空气比戴防毒面具要好得多。广告商向孩子们兜售产品并把它们放在商店较低的货架上，这样孩子们就可以看见这些商品，抓握在手里面，然后向父母软缠硬磨，直到把父母弄得筋疲力尽之后不得不向孩子妥协。因此，“母亲应对广告商”组织强烈要求杜绝在学校里做广告，不针对 8 岁以下儿童做广告，不在电影和电视节目中播放针对儿童和青少年的商品，以及任何广告都不得引导儿童和青少年“养成自私自利和只重视及时享乐的恶习”（Motherhood Project，2001）。

态度免疫的意义

要抵制洗脑，最好的方法并不是对当前信念进行更大强度的教化灌输。如果父母们担心自己的孩子可能会成为邪教分子，那么他们最好能够给孩子们讲解各种邪教，并帮助孩子抵制那些诱人的请求。

基于上述理由，宗教教育者应该对在教堂和学校里建立“无菌意识形态环境”保持警惕。能接触到各种观点的人辨别能力更强，面对说服力强而非说服力弱的辩论时更可能改变观点（Levitan & Visser，2008）。如果对个体观点的质疑遭到反驳，更可能巩固而非动摇个体的立场；如果这些威胁资讯可以在其他有类似想法的个体身上得到验证时更是如此（Visser&Mirabile，2004）。邪教是这样运用这条原则的：提前警告其成员，他们的家人和朋友会攻击邪教的思想和理念。当预期的挑战出现时，成员已经做好了反驳的充分准备。

另一层意义是针对说服者提出的：应该本着宁缺毋滥的原则，效果不佳的说服还不如没有。你知道是为什么吗？那些拒绝说服的个体会对以后更进一步的说服产生免疫力。让我们来看看美国普林斯顿大学心理学教授达利和库珀（Darley & Cooper，1972）所做的实验，他们要求学生们写一篇支持严格限制着装的文章。由于这和学生们自己的立场相违背，并且文章会发表出来，所以所有的人都断然拒绝，即使有报酬也不干。拒绝报酬之后，学生们对自己反对限制着装的观点更加坚定，而且更加极端。那些曾经拒绝过戒烟劝说的人很可能对以后的任何劝说都有了免疫力。效果不佳的劝说，不但达不到目的，反而会引起说服对象的防御心理，使得他们对于随后的劝说变得更加“铁石心肠”，不为所动。

小结：抵制邪教说服的方法

- 人们应该如何抵制说服呢？预先公布自己的立场（这可能是受到别人对自己立场轻微的攻击而引发出来的），会导致个体抵制随后的劝说。
- 温和的攻击还可以起到免疫的作用，使个体对可能到来的更强烈的攻击做好反驳的准备。
- 结论看似矛盾：加强现有态度的方法之一竟然是对其发出挑战；当然，这种挑战的强度必须适中，不至于颠覆其已有的观点。

后记：

开明但不幼稚

作为说服的接受者，我们的任务就是在天真轻信和愤世嫉俗之间求生存。有人认为，容易被人说服是人类的一个弱点。我们主张“站在自己的立场上思考”。但是，拒绝一切信息的影响到底是一种优点呢，还是一种对狂热的遮掩？我们如何能够在保持谦卑和开明的同时，对说服进行批判性思考呢？

作为开明的人，我们可以假设自己所遇到的每一个人在某方面都可以充当我们的指导老师。我所遇到的每个人都有某种超越我的专长，因此总有可以教给我的东西。当我们建立联系的时候，我希望能够从这个人身上学到一些东西，并且能够与他分享我所拥有的知识来作为回报。

作为批判性的思考者，我们可以从预防研究中得到启示。你是否想在接触确凿的信息之前就建立对说服的防御机制？做一个积极的倾听者和批判性的思考者吧。强迫自己与之争论。听完一次政治演说之后，与别人一起讨论。换句话说，不要光听，还要做出反应。如果该信息经不起仔细推敲，那么它就是再糟糕也不过如此。如果它经得起推敲的话，它对你的影响可能会更为持久。

第 8 章

群体影响

毫无疑问，一小群有思想、有责任感的公民能够改变整个世界。

——人类学家玛格丽特·米德

托娜即将跑完每日长跑的全程时，已经累得不行了。尽管她脑子里想着要坚持跑完，可身体却向她央求说还是步行回家吧。最后，她选择了折中的办法，用极慢的速度跑回了家。第二天，除了有两个朋友和她一起跑以外，情况还是和前一天一模一样。但是托娜却比上一次少花了两分钟就跑完了全程。她觉得很奇怪："我能跑得更快就是因为和她们一起跑吗？和别人一起我总是能跑得更快吗？"

我们几乎无时无刻不生活在群体中。我们的社会不仅仅由70多亿个体组成，它同时包括了200多个国家和地区、400万个地方性社区、2 000万个经济组织，以及几亿个其他正式或非正式的群体——约会中的恋人、一起散步的家人、正在训练的士兵等等。那么，这些群体是如何影响个体的呢？

群体互动常常会产生引人注目的效果。贤者云集的群英会能激发大家智慧的火花。而臭味相投的失足青年在一起只会增加彼此的反社会倾向。不过，群体是如何影响其内部成员的态度呢？哪些因素有利于群体作出明智的决策？

个体也会影响他们所在的群体。1957年的一部美国经典影片《十二怒汉》是这样展开情节的：审理谋杀案的12名警觉的陪审员列队走进陪审室。那天天气很热，陪审员们疲惫不堪，急于裁定一位少年弑父罪名成立。在他们就快达成一致意见时，其中却有一个人特立独行，拒绝投票。接下来，随着讨论的继续进行，陪审员们一个接一个地改变了自己的裁决，直至最后达成了一致意见："无罪。"

虽然在真实的审判中，单一个体极少能够支配整个群体，然而，历史就是由能撼动多数人的少数派创造的。到底是什么因素令少数派——或者有效的领导者——如此具有说服力呢？

我们将逐一来探讨这些有趣的群体影响现象。不过，首先要思考：什么是群体？群体为什么会存在？

群体的概念

什么是群体？答案好像不言自明。但是，一旦有几个人互相比较他们所给出的定义时，问题就没有那么简单了。一起长跑的运动伙伴是群体吗？飞机上的乘客是群体吗？群体是否指彼此认同，感觉应该在一起的一群人？群体是否指具有相同目标，相互依赖的一群人？是不是当个体变得有组织时，就形成了群体？什么情况下群体成员之间的关系会长期持续下去？社会心理学对群体的定义涉及所有这些问题（McGrath，1984）。

美国佛罗里达大学群体动力学家马文·肖（Shaw，1981）认为所有的群体都有一个共同点：群体成员间存在互动。因此，他把**群体**（group）定义为两个或更多互动并相互影响的人。另外，澳大利亚国立大学的社会心理学家特纳（Turner，1987）认为，群体成员把同一群体中的人看做“自己人”而不是“陌生人”。所以，一起长跑的同伴的确可以称得上是一个群体。不同的群体有利于满足人类不同的需要——交往需要（归属和与人接触）、成就需要，以及获得社会认同的需要（Johnson & others，2006）。

如果按照肖的定义，在计算机房上机，各自做自己事情的学生不能称作群体。虽然他们也是在一起，但他们只是一群人而不是一个互动的群体（不过，他们也可能是某一网上聊天室无形群体的一员）。计算机机房里松散个体的集合与由互动个体组成的更具影响力的群体之间的区别有时候是模糊不清的。仅仅是有其他人在场有时也会对个体产生影响。就好像在一场体育比赛中，人们会把那些和自己支持同一个参赛队的人看做“我们”，相形之下，把那些支持其他队的人看做“对手”。

本章我们将先考察集体影响的三个实例：社会助长作用、社会懈怠和去个性化。这三种现象都可以在互动很少的情况（我们称之为“低限群体情境”）下发生。然后我们将探讨在互动的群体中社会影响的三个例子：群体极化、群体思维和少数派影响。

小结：群体的概念

- 群体：两个或更多的人在较长时间里进行互动，并以某种方式相互影响，将他们自己视为“我们”。

社会助长作用：他人在场的影响

没有竞争，没有奖惩，他人仅仅在场就会影响我们。事实上，这些人并没有做什么，只是被动的观众或协作者。

纯粹他人在场

一个多世纪以前，美国印第安纳大学的心理学家特里普利特（Triplett，1898）注意到：自行车手在一起比赛时，他们的成绩要比各自单独骑行时的成绩好。在把自己的直觉发现（他人在场能提高作业水平）公布于众之前，特里普利特首先对此进行了实验室研究。在实验中，他要求儿童以最快的速度在渔用卷轴上绕线，结果发现，当儿童在一起绕线时要比单独绕线快得多。特里普利特总结道："另一位竞争者在场的作用是激发选手的潜能。"

运用现代方法重新对特里普利特的数据进行分析显示，差异并没有达到统计显著性（Stroebe，2012；Strube，2005）。随后的实验发现他人在场能够提高人们做简单乘法和划销字母等任务的速度，同时证实了他人在场能提高简单动作任务（比如保持一根金属棍与一个在转盘上转动的硬币大小的圆盘接触）的准确性（F. W. Allport，1920；Dashiell，1930；Travis，1925）。这种**社会助长作用**（social facilitation）也同样会发生在动物身上。当有同类在场时，蚂蚁能挖掘出更多的沙子，小鸡会吃更多的谷物，交配中的老鼠会表现出更多的性活动（Bayer，1929；Chen，1937；Larsson，1956）。

不过现在就下结论似乎还为时过早。另一些研究发现，在完成某些任务时，他人在场会*妨碍*当事人的表现。有同类在场时，蟑螂、长尾小鹦鹉、金丝雀学会走迷宫的速度都变慢（Allee & Masure，1936；Gates & Allee，1933；Klopfer，1958），这种干扰效应在人类中也会发生。他人在场会降低人们学习无意义音节、走迷宫游戏以及演算复杂乘法问题的效率（Dashiell，1930；Pessin，1933；Pessin & Husband，1933）。

社会助长作用：与其他人一起骑车时，你会不会骑得更快?

如果说他人在场有时能提高个体的作业成绩，有时却会妨碍作业成绩，这些研究结果似乎自相矛盾。这种说法比起典型的英格兰天气预报来也好不到哪儿去——那儿的天气预报一会儿说今天可能是晴天，过一会儿又说可能会下雨。到 1940 年为止，这个领域的研究几乎停滞不前，并且一直沉寂了 25 年，直到心理学家扎荣茨提出新理论，学界对社会助长的研究才再度兴起。

社会心理学家扎荣茨想把这些看似互相矛盾的发现融合到一起。正如科学界常有的灵光一闪一样，扎荣茨（Zajonc，1965）善于借力打力，触类旁通。他受到了实验心理学著名定律的启示：唤醒能够增强任何优势反应的趋势。唤醒会提高简单任务的作业成绩，因为在这些简单任务中"优势"反应往往是正确反应。人们在唤醒状态下，完成简单的字谜任务——如辨别打乱了字母顺序的单词，

图 :: 8.1
社会唤醒效应
扎荣茨提出：他人在场可以增强个体的优势反应（正确反应仅仅出自简单或掌握得非常好的任务中），这一观点可以很好地解释这种看似矛盾的研究结果。

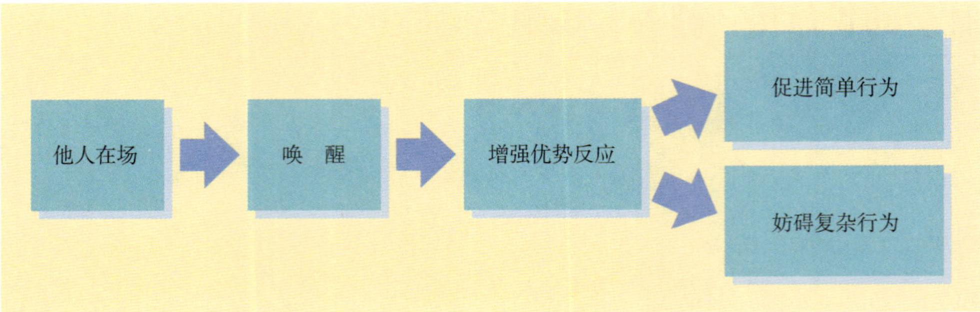

仅仅是社会接触就可以引发……刺激人类好斗的动物本能，从而提高每个工人的工作效率。
——卡尔·马克思，《资本论》，1867

比如“*akec*”，是最快的。而在复杂任务中，正确答案往往不是优势反应，所以，唤醒增强的是错误反应。因此，在更困难的字谜任务中，比如 *theloacco*，紧张的人成绩会更差。

扎荣茨提出的理论能够解开社会助长作用之谜吗？假设人们会因他人在场而唤醒或振奋，似乎很有道理（Mullen & others，1997）；大部分人都还记得有人旁观时会变得紧张或兴奋。如果社会唤醒能促进优势反应，就应该会提高简单任务的作业成绩，并且会降低困难任务的作业成绩。

根据上述解释，令人迷惑不解的结果就可以理解了。在渔用卷轴上绕线，做简单乘法题，或者吃东西等都是一些简单任务，这些任务的正确反应都是人们掌握得非常好的反应或很自然的优势反应。毫无疑问，他人在场会提高这些任务的作业成绩。而学习新材料，走迷宫游戏，或者解复杂的数学题等都是一些较难的任务，这些任务的正确反应很难一下子就做出来。在这种情况下，他人在场就会增加个体错误反应的次数。可见，同一个规律：唤醒能促进优势反应，在两种情况下都有效了（见图 8.1）。突然之间，先前看起来互相矛盾的结果也不再矛盾了。

扎荣茨的解决方案是如此的简单而出色，这令其他社会心理学家们想到了赫胥黎第一次读达尔文的《物种起源》后的想法：“怎么以前从来就没这样想过呢，我是多么的愚蠢啊！”当扎荣茨指出来之后，这个道理就似乎显而易见了。然而，也有可能是因为戴着有色眼镜，产生后见之明偏差，所以那些矛盾的结果看起来融合得如此完美。扎荣茨的这个解决方案能经受住实验的直接检验吗？

要有所发现不仅要见人之所见，更要思人之未思。
——奥尔贝特·圣捷尔洁，《沉思的科学家》，1962

在对 25 000 个志愿者参与者进行了差不多 300 项研究之后，证实这个解决方案仍旧有效（Bond & Titus，1983；Guerin，1993，1999）。随后的实验也以不同的方式验证了这个规律：无论优势反应是正确反应还是错误反应，社会唤醒都会促进这种优势反应。心理学家亨特和希勒里（Hunt & Hillery，1973）发现：他人在场时，学生们学习走简单迷宫所需时间会变少，而学习走复杂迷宫所需时间会增加（和蟑螂是一样的！）。迈克尔等人（Michael & others，1982）发现：在一个学生社团里面，优秀的台球选手（在隐蔽观察条件下击中 71% 的选手）在有四位观察者来观看他们表现的情况下，他们的成绩会更好（80% 的击中率）。而差劲的选手（先前平均击中率为 36%）在被密切观察的条件下表现更差（击中率只有 25%）。同样，与单独驾驶相比，新司机与另一位待考的人坐在车里驾驶时往往更难通过驾照考试（Rosenbloom & others, 2007）。

由于运动员们所表现的都是熟练掌握的技能，这就有助于解释为什么观众的支持性反应常常能够激励他们表现出最佳状态。在对加拿大、美国、英国举行的总计 8 万项大学体育赛事或专业体育赛事的研究显示：主场队会赢 60% 的比赛（棒球和橄

表 :: 8.1 大型群体体育比赛中的主场优势

运动项目	研究场次	主场获胜的百分比
棒球	135 665	54.3
橄榄球	2 592	57.3
冰球	4 322	61.1
篮球	13 596	64.4
足球	37 202	69.0

资料来源：Jeremy Jamieson (2010).

榄球会少一些，篮球和足球会多一些——见表 8.1）。这种主场优势有可能源于运动员对主场环境的熟悉，较少的旅途劳顿，对领土控制的优越感，或者观众欢呼时增强的团队认同感（Zillmann & Paulus，1993）。

拥挤现象：众多他人在场

综上所述，人们的确对他人在场有所反应。但是，观察者的在场真的会激发人们的唤醒状态吗？当面临压力的时候，身边拥有一个伙伴可能会让你感到安慰。可是，他人在场时，人们的出汗量会增加，呼吸加快，肌肉收缩次数增加，血压升高并且心跳加速（Geen & Gange，1983；Moore & Baron，1983）。在完成有挑战性任务时，甚至一群热心观众的在场也可能会使个体的表现比平时更差（Butler & Baumeister，1998）。你在第一次钢琴独奏会上的表现不会因为亲友团的到场而有所改善。

他人的影响效应会随人数的增加而递增（Jackson & Latané，1981；Knowles，1983）。有时候庞大的观众群体所激起的唤醒状态和有意注意，甚至会干扰熟练掌握的、自动化的行为，例如讲话。在极大的压力情境下，我们很容易结巴。当口吃者面对一大群听众时，会比只对一两个人讲话时更加口吃（Mullen，1986）。

身处一大群人之中对个体的积极或消极反应都会有增强作用。当人们在一起坐得很近时，友善的人会更受人欢迎，而不友善的人会更令人讨厌（Schiffenbauer & Schiavo，1976；Storms & Thomas，1977）。美国哥伦比亚大学心理学教授弗里德曼及其同事（Freedman & others，1979，1980）对该校学生以及安大略科学中心的访问学者进行了一系列的实验，他们让一个研究助手和其他参与者一起听搞笑的磁带或者看喜剧电影。当所有人在一起坐得很近的时候，助手更容易诱导参与者发笑或者鼓掌。正如戏剧导演和体育迷们所认为的那样：坐满人的屋子就是好屋子，这一点也已经得到研究的证实（Aiello & others，1983；Worchel & Brown，1984）。

在拥挤房间里的高唤醒趋向于给个体增加压力。然而，在分隔成许多空间的房子里，个体能够退回到其私人领域，故而拥挤所带来的压力会小一些（Evans & others，1996，2000）。

也许你已经注意到了：35 人的班级坐在正好能容纳 35 人的教室里会比散坐在 100 人的大教室里感觉更温馨更活跃。部分原因是我们和别人坐得很近时，更容易注意别人并且融入他们的笑声和掌声中去。另一方面，加州大学欧文分校的埃文斯教授（Evans，1979）发现拥挤也会增强唤醒状态。他对马萨诸塞大学的学生进行了一些测试。学生们每 10 人为一组，每组人会待在一个 7×10 米大小的房间或一个 2×4 米大小的房间。结果发现，待在拥挤的房间里的参与者比待在宽敞房间里的参与者心率更快，血压也更高（唤醒的指标）。研究者（Nagar & Pandey，1987）对印度大学生做的一项研究也发现，拥挤使人在完成复杂任务时更容易出错。由此可见，拥挤能增强唤醒状态，而唤醒能促进优势反应。

他人在场引起唤醒的原因

在他人面前时你会变得振奋而把自己擅长的事情做得更好（除非你已经过度唤醒或者太在乎自己的表现）。然而在同一情境下，你原本觉得困难的事情就会显得更不可能实现了。那么，他人在场是如何引起人们唤醒的呢？有证据表明可能是以下三个因素（Aiello& Douthitt，2001; Feinberg & Aiello，2006）：评价顾忌、分心以及纯粹在场。

康奈尔大学的学生们坐在2 000人的大礼堂里，聆听詹姆斯·马斯讲授心理学导论。正如他们的体验一样：坐满人的屋子就是好屋子。如果只有100名学生来这里听课，那么他们会感到乏味得多。

评价顾忌

社会心理学家科特雷尔推测，观察者在场使我们焦虑的原因在于我们想知道别人怎么样评价我们。为了检验**评价顾忌**（evaluation apprehension）是否存在，科特雷尔及其同事（Cottrell & others，1968）给观察者蒙上眼睛，结果发现与可以自由观察的观众所引起的效应不同，仅仅蒙上眼睛并没有改善优势反应。

其他实验也证实了科特雷尔的结论：如果人们认为在场的观察者正在评价自己，那么他们的优势反应就会明显改善。有这样一项实验，加利福尼亚大学的长跑者在跑道上跑步时会遇到一位坐在草地上的女士。如果这位女士是面对着他们的，那么与她背对着他们相比，长跑者跑步的速度会更快一些（Worringham & Messick，1983）。

他人评价引发的自我关注也会干扰我们熟练掌握的自动化行为（Mullen & Baumeister，1987）。如果过分关注自己的篮球运动员在关键投篮时分析自己的身体移动，那他就很可能无法命中。

分心

研究者（Sanders & others，1978；Baron，1986）对评价顾忌进行了更深入的研究。他们认为：参与者在考虑共事者会如何行动，或者观众会如何反应时，参与者已经分心了。这种注意他人和注意任务之间的冲突，会使认知系统负荷过重，于是就引起了唤醒。我们都“受到分心的影响”。不仅他人在场会引起唤醒，有时其他分心物的出现，比如光线的突然照射，也会引起唤醒（Sanders，1981a，1981b）。

纯粹在场

然而，扎荣茨认为，即使在没有评价顾忌或没有分心的情况下，他人的“纯粹在场”也会引发一定程度的唤醒。前面提到过在动物身上也存在社会助长效应。这暗示社会唤醒机制在动物界也十分普遍。（动物也许并不能有意识地关注其他动物对自己的评价。）在人类社会中，许多长跑者都会因为有人跟他们一起跑而得到激励，即便那些一起跑的人既不是他们的竞争对手，也不会对他们进行评价。可能由于集体活动促进内啡肽的分泌，大学赛艇队员在集体划艇后可承受的疼痛是单独划艇时的两倍（Cohen & others, 2009）。

这里有必要提醒一下，正确的理论能精确简约地概括客观现实；它能简化并且归纳总结各种各样的观察资料。社会助长理论在这方面做得很好。它是许许多多研究结果的简单概述。完善的理论也应该能提供明确的预期，这些预期会（1）有助于该理论的验证和修正；（2）引导全新的探索；（3）对实际应用提出建议。社会助长理论已经明确地提出了前两种预期：（1）理论基础（他人在场会引发唤醒，并且这种社会唤醒会提高个体的优势反应）已经得到证实了，而且（2）这个理论给这一沉寂已久的研究领域带来了新的生机。

预期（3）是否也能用于实际？我们可以对可能的应用做一些有根据的推测。如图 8.2 所示，在许多新写字楼里，用一些低矮的隔离物划分出的宽敞、开放的办公区域已经替代了私人办公室。意识到他人在场是有助于个体提高熟练任务的作业成绩，还是会干扰其对复杂问题的创造性思维？你还能想到其他可能的应用案例吗？

图 :: 8.2
在“开放的办公室计划”里，人们都在他人在场的情境下工作。办公环境日益能为员工提供“集体合作空间”（Arieff，2011）。

小结：社会助长作用：他人在场的影响

- 他人在场问题是社会心理学最基本的问题之一。对于该问题的早期研究发现，观察者或者共事者的存在会提高个体的作业成绩。另一些人则发现他人在场会降低个体的作业成绩。扎荣茨用一个著名的实验心理学定律把这些发现融合了起来。这个定律即是：唤醒能促进优势反应。由于他人在场能引发唤醒状态，所以，观察者或共事者在场，会提高简单任务（其优势反应是正确的）的作业成绩，但会降低复杂困难任务（其优势反应是错误的）的作业成绩。
- 置身于拥挤的人群同样会引起唤醒和促进优势反应。
- 然而，我们为什么会因为他人在场而唤醒呢？实验表明：这种唤醒部分来自于评价顾忌，部分来自于分心——注意他人和注意当前任务之间的矛盾冲突。而另一些实验（包括一些动物实验）表明，即使我们不存在评价顾忌或者分心，仅仅是他人纯粹在场也会引起唤醒。

社会懈怠：群体中的个人减少努力

评估在工作群体中成员所付出的个人努力程度。8 个人一队的拔河比赛中队员们使出的力气，是否等于他们各自参加个人拔河比赛所使出的最大力气的总和？如果不等于，原因何在？

社会助长作用经常发生在人们为个人目标努力时，比如绕渔线或解数学题等，在这种情况下，他人可以对个人作出的努力做出单独的评价。上述情境和日常生活中的某些工作情境十分类似，而与大家为同一个目标一起努力的情境迥然相异。因为后者个人的努力无法单独进行评价，如群体拔河比赛、集资筹款（共同经营糖果生意赚钱以支付班级旅行的费用）、计算班级总分的比赛项目等都是很好的例子。在这样的“群体加总任务”（即小组成绩有赖于成员个人努力总和的任务）中，团队精神是否会提高产出呢？作为一个团队一起工作时，泥瓦匠们会比他们单独工作时更快吗？实验室模拟研究可以找到这些问题的答案。

人多未必力量大

大约一个世纪以前，法国工程师林格曼（Kravitz& Martin，1986）发现，选手在群体拔河中所付出的努力仅有个人单独努力之总和的一半。这表明，与“人多力量大”的普遍观念恰恰相反，实际上，在群体任务中小组成员的努力程度反而较小。也许，糟糕的表现源于糟糕的合作——人们一起拉绳子的时候，用力的方向和时间可能稍有差异。由英厄姆（Ingham，1974）领导的一个马萨诸塞研究小组巧妙地解决了这一问题，他们让参与者认为自己在和其他人一起拉绳子，而实际上是参与者一个人在拉。蒙在鼓里的参与者们被排在如图 8.3 所示装置的第一个位置，并且要求他们：“尽你的全力去拉。”结果发现，如果他们知道自己是一个人在拉，那么使出的力气比以为身后还有 2~5 个人和自己一起拉时多出 18%。

研究者（Latané & others，1979；Harkins & others，1980）同时也注意到了**社会懈怠**（social loafing）现象的其他方面。他们观察到：6 个人一起尽全力叫喊或者鼓掌所发出的喧闹声还没有 1 个人单独所发出喧闹声的 3 倍响。就像拔河比赛一样，制造喧闹声的任务也很容易受群体低效的影响。所以拉坦及其助手们沿袭了英厄姆的方法，他们使俄亥俄州立大学的学生认为自己是在和其他人一起叫喊或者鼓掌，而实际上只是单独行动。

他们的方法是这样的：让 6 个学生蒙上眼睛坐在一个半圆形中，给他们戴上耳机，从中他们可以听到别人叫喊或者鼓掌的声音。这样，如果学生听不见自己的叫喊或鼓掌声，那别人的声音就更听不见了。在不同轮的实验中，或者要求他们单独叫喊或鼓掌，或者要求他们整组一起做。有些知道这个实验的人猜测，和他人一起做的

图 :: 8.3
拉绳装置
拉绳实验中，站在第一个位置的人如果认为后面有人和自己一起拉，那么他使出的力气就比较小。
资料来源：Ingham, Levinger, Graves, & Peckham, 1974. Photo by Alan G. Ingham.

时候参与者会叫得更响，因为这时候社会抑制会降低（Harkins，1981）。而真实的结果却证实了社会懈怠：参与的学生认为自己正和其他 5 个人一起叫喊或鼓掌时所发出的喧闹声要比他们认为自己正单独做时少三分之一。甚至高中的拉拉队队长也会发生这种社会懈怠现象（Hardy & Latané，1986）。

有趣的是，既单独鼓掌也和他人一起鼓掌的人，并不认为自己懈怠；他们认为两种条件自己付出的努力程度一样。这和学生们合作完成共同项目时的情形相似。研究者认为，所有人都同意发生了懈怠，但是没有一个人承认是自己制造了懈怠。

政治学家斯威尼（Sweeney，1973）对社会懈怠的政策性含义很感兴趣，在德克萨斯大学所做的一项实验中，他观察了其中的现象。当学生知道要对自己单独评价（以电量的输出来计量）时，与认为自己的成绩要与其他骑手的成绩加在一起相比，他们踩自行车练习器时要更加卖力。在群体条件下，人们就会受到**搭便车**（free-ride）的诱惑。

从这项以及其他 160 项研究（Karau & Williams，1993；图 8.4）中，我们可以看到，引发社会助长作用的心理力量（即评价顾忌）发生了逆转。在社会懈怠实验中，个体认为只有他们单独行动才会受到评价。群体情境（拔河、喊叫等）降低了个体的评价顾忌。如果人们无需单独为某事负责或者不会单独评价努力程度，所有小组成员的责任感都被分散了（Harkins & Jackson，1985；Kerr & Bruun，1981）。相形之下，社会助长实验则增强了个体的评价顾忌。一旦成为注意的焦点，人们就会自觉监控自己的行为（Mullen & Baumeister，1987）。所以规律还是一样：个体一旦受他人观察，个体的评价顾忌会有所增强，这样社会助长作用就发生了；个体一旦消失在人群中，个体的评价顾忌就会减小，社会懈怠就发生了（图 8.5）。

激励小组成员的一种策略是使个体作业成绩可识别化。有些橄榄球教练通过录像和对运动员进行个别评价的方法来达到这一目的。无论是否在一个小组中，当个体的行为可以单独评价时，人们会付出更大的努力：大学游泳队的队内接力赛中，如果有人监控队员并且单独报出每个人的用时，那么整体游泳的速度会有所提高（Williams & others，1989）。

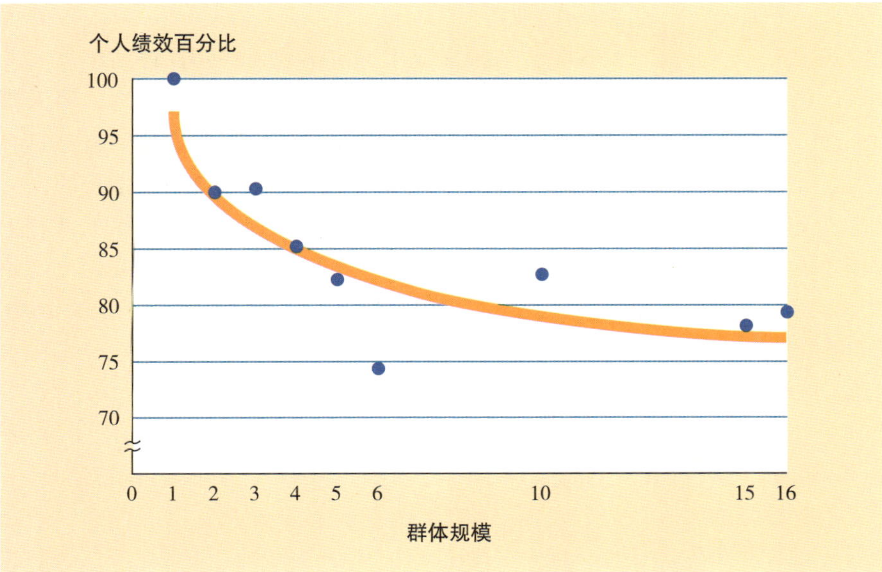

图 :: 8.4
随着群体规模的增大个体所付出的努力程度在减小

对包括4 000多名参与者的49项研究所做的统计分析表明，随着群体规模的增大，个体所付出的努力程度在减小（社会懈怠增加）。每个点代表其中一项研究的全部数据。

资料来源：K. D. Williams, J. M. Jackson, & S. J. Karau, in *Social Dilemmas: Perspectives on Individuals and Groups*, edited by D. A. Schroeder. Copyright © 1992 by Praeger Publishers. Reprinted with permission of Greenwood Publishing Group, Inc., Westport, CT.

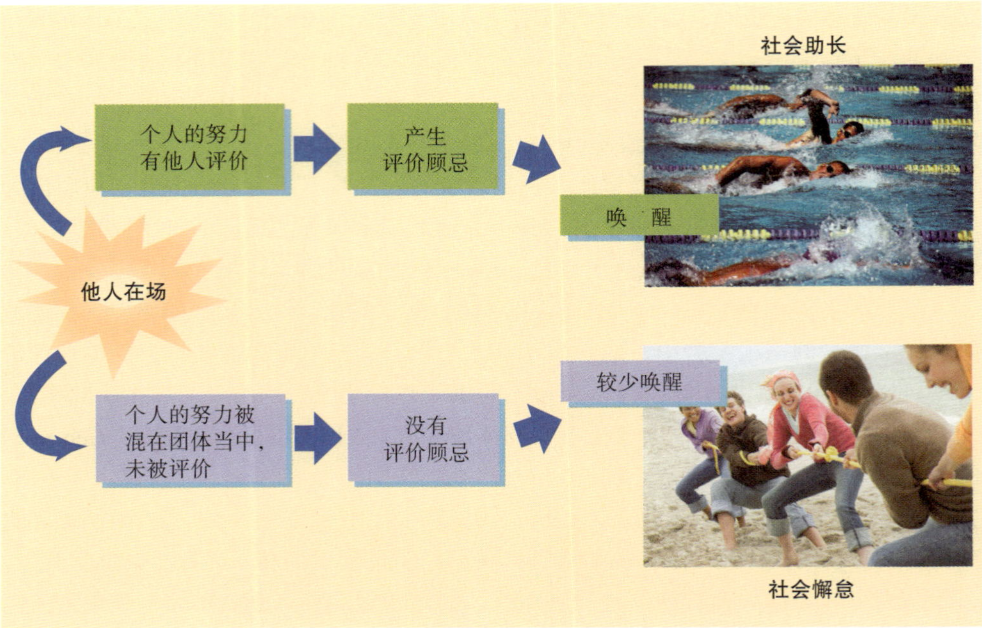

图 :: 8.5
是社会助长还是社会懈怠？
如果无法对个体进行评价或者个体无须为某事单独负责，更可能发生社会懈怠。单个游泳选手要根据对他能力的评价来赢得比赛。而拔河比赛中，团体中的任何个体都不用单独为比赛负责，因此任何成员都可能放松或懈怠。

日常生活中的社会懈怠

社会懈怠很普遍吗？在实验室中，此现象不仅在拔河比赛、蹬自行车、叫喊和鼓掌等任务中发生，同时也出现在排气或排水，评价诗歌或社论，发表观点，打字和信号侦察等任务中。那么这些结果能推广到人们的日常工作中去吗？

一项对流水线工人所做的小实验发现，一旦可以对个人的行为进行单独评价，即使没有额外的报酬，工人们的产出仍然增加了 16%（Faulkner& Williams，1996）。又如，在泡菜厂里，最主要的工作就是从传输带上挑出大小合适的半块头莳萝泡菜塞进罐子里。不幸的是，因为无法识别出这些产品分别是谁做的（所有的罐子都会在接受质量检查之前进入同一个斗车），工人们常常会随便把任何大小的泡菜都塞进罐子。威廉斯等人（Williams & others，1981）指出，有关社会懈怠的研究建议“使个人的产出可以识别，并且提出问题，假如工厂只按包装合格的泡菜付给工人相应的工资，那么一个工人会包装多少泡菜呢？”

研究者还发现，社会懈怠的现象在各种文化中都有出现，特别在评估集体主义国家的农业产量时尤其如此。苏联集体农场里的农民们今天耕作这片土地，明天耕作另一片土地，对任何一块特定的土地都没有直接的责任感。因为农民们自己只有一块很小的私有土地。调查分析发现，虽然农民的私有土地只占全部耕种面积的 1%，但其产出却占全苏联农场产出的 27%（H. Smith，1976）。在匈牙利，农民的私有土地只占农场总面积的 13%，但其产量却占了总量的三分之一。自从中国开始允许农民在上交公粮后，可以出售余粮，其粮食产量以每年 8% 的速度暴涨——是前 26 年的年增长率的 2.5 倍。为了将报酬与产量挂钩，今天俄罗斯的许多农场都已经不再实行集体经营（Kramer，2008）。

那么其他集体主义文化中是否存在社会懈怠现象？为了查明真相，研究者（Gabrenya & others，1985）前往亚洲，在日本、泰国、中国台湾地区、印度和马来西亚重复了制造噪音的实验。他们发现了什么？结论是社会懈怠在这些国家和地区同样非常显著。不过，在亚洲进行的 17 个后续研究显示：集体主义文化下，人们表现出的社会懈怠的确不如个人主义文化下强烈（Karau & Williams，1993；Kugihara，1999）。第 2 章曾提及，对家庭和集体的忠诚在集体主义文化国家起着很重要的作用。另外，女性不如男性个人化（第 5 章解释过）——其社会懈怠也不如男性强烈。

波士顿查尔斯河赛舟会中的团队合作。当人们结成小组工作而个人的努力又无法单独评价时，就会产生社会懈怠——除非任务具有挑战性、吸引力或引人入胜的特点，或者小组成员彼此都是朋友。

在北美，不向工会或行业协会交会费也不参加义务劳动的那些工人，却往往非常乐于接受工会带来的福利。那些不响应公共电视台基金筹款动员的观众们同样也是如此，这暗示了对于社会懈怠的另一种可能解释。如果不管个人对群体做出多少贡献，都是平均分配报酬，那么付出单位劳动所得报酬多的人就等于是搭了集体的便车。因此，人们就会想在自己的努力没有人单独监控或者单独评价的时候偷懒。用一个公社社员的话来说，能很方便地搭便车的社会就是“寄生虫的天堂”。

当然，群体性的工作也不总是会引发个体的偷懒行为。有时候，群体目标极具吸引力，又十分需要每个人都尽最大的努力，这时团队精神会维持并且增强个人努力的程度。在奥运会划艇赛中，选手在参加 8 人一组的群体划艇赛时会比单人组或双人组时更不卖力吗?

有证据表明他们不会不卖力。当任务具有挑战性、吸引力、参与度高的特点时，群体成员的懈怠程度就会减弱（Karau & Williams，1993；Tan & Tan，2008）。面临挑战性的任务时，人们可能会认为付出自己的努力是必不可少的（Harkins & Petty，1982；Kerr，1983；Kerr & Bruun，2007）。假设人们认为小组中的其他成员靠不住或者没有能力做出多少贡献，那他们也会付出更大的努力（Plaks & Higgins，2000；Williams & Karau，1991）。但是，在很多情况下，其他稍逊色的个人也会这么做，因为他们要努力追赶他人更高的生产率（Weber & Hertel，2007）。对群体实施激励性措施或者让群体为一个有挑战性的目标而奋斗也可以提高整体的努力程度（Harkins & Szymanski，1989；Shepperd & Wright，1989）。只要让群体成员坚信多劳多得，他们就会努力工作（Shepperd & Taylor，1999）。

如果小组成员彼此都是朋友或者成员都很认同自己的群体，认为与群体不可分割，那么懈怠就会有所减少（Davis & Greenlees，1992；Gockel & others 2008；Karau & Williams，1997；Worchel & others，1998）。甚至仅仅期望再次与某人交往都能增加团队的干劲（Groenenboom & others，2001）。班级中常常见面的同学之间的合作，就比与那些从来都不期望再见面的人之间的合作动机水平更高。凝聚力提高了努力程度。

上述研究结果有些与对日常工作群体对象的研究相吻合。当赋予群体挑战性的目标任务时，当群体成员会因成功而获得奖励时，当他们有一种把自己的队伍看做“团队”的信念时，成员们就会努力工作（Hackman，1986）。保持小规模工作群体也有助于使成员们相信自己对群体的贡献必不可少（Comer，1995）。因此，假如小组成员在一起集体工作，而个人的成就又无法单独评价的话，那么社会懈怠的发生就不足为奇了。这种情况下，就未必是人多力量大。

小结：社会懈怠：群体中的个人减少努力

- 社会助长研究的是个人作业成绩能单独评价时人们的行为表现。然而，在许多工作情境中，人们要集合个人的努力以实现共同的目标，而个人的努力却无法单独进行评价。
- 研究表明群体成员在完成这样的“集体任务”时，就不会那么努力了。这正如我们平常所见的：如果个人的责任被群体分散了，那么就容易导致个体成员搭群体便车的现象。
- 然而，当目标十分重要，奖励巨大，存在团队精神时，人们在团队中也会付出更多的努力。

去个体化：群体中的个体失去自我感

定义“去个体化”，并确定激发去个体化的环境。

2003 年 4 月美军抵达伊拉克后，从萨达姆的高压政策下“解放”出来的掠夺者活动猖獗。在这场“疯狂的掠夺”中，医院损失了床位，国家图书馆损失了上万册珍贵的手稿，大学也损失了大量的电脑、椅子甚至灯泡。巴格达的国家博物馆在 48 小时内几千件珍品遭人抢掠，尽管大部分珍品在这之前就已运送到安全的地方（Burns，2003a，2003b；Lawler，2003c; Polk & Schuster，2005）。《科学》杂志报道说：“自从西班牙征服者劫掠阿兹台克和印加文明之后，还从没有发生过这么严重的抢掠行为”（Lawler，2003a）。一位大学院长这样描述：“暴徒成群地涌进来，来了 50 个，又走了，然后又来了一群”（Lawler，2003b）。

这样的报道——以及 2011 年发生在伦敦及英国其他城市的纵火和抢劫——让人迷惑：这些抢劫者的道德感哪儿去了？为什么会爆发这样的行为？为什么无法提前预知？

很多骚乱者在事情发生后都对自己的行为感到很迷惑，自己到底怎么了？在法庭上，一些被捕的骚乱者对自己的行为似乎很困惑（Smith, 2011）。其中有名刚从大学毕业的女孩，她的母亲解释说，女儿在因偷电视机被捕之前一直在卧室哭泣。“她甚至不清楚自己为什么会偷电视。她压根就不需要电视机。”一名工科学生因在回家路上抢劫超市而被捕，其辩护律师称，他“在那一刻迷失了自己”，现在“非常羞愧”（Somaiya, 2011）。

群体失控：法不责众

如前所述，社会助长实验表明群体能引发人们的唤醒状态。社会懈怠实验表明群体会分散责任。一旦唤醒和责任分散结合到一起，常规的约束就会变小，后果可能令人震惊。从轻微的失态（在大餐厅里扔掷食物，怒骂裁判，在摇滚音乐会上尖叫）到冲动性的自我满足（集群破坏公物，纵酒狂欢，偷窃），甚至具有破坏性的社会暴力（警察暴力，暴动，私刑），人们都可能干得出来。

这些失控行为有一个共同点：它们在一定程度上是由群体引发的。群体能产生一种兴奋感，那是一种被比自己更强大的力量吸引住的感觉。很难想象，单独一个摇滚迷会在一个私人摇滚音乐会上发狂地叫喊，单独一个俄克拉荷马大学的学生会试图诱劝他人自杀，或者，单独一个警察会暴打一个手无寸铁的乘客。在某些群体情境中，人们更可能抛弃道德约束，以致忘却了个人的身份而顺从于群体规范——简言之，也就是变得**去个体化**（deindividuation）（Festinger & others，1952）。什么环境会引发这种心理状态呢？

在萨达姆政权倒台后，人们疯狂洗劫了伊拉克的各种机构，这些行为显然丧失了正常的良知。

群体规模

群体不仅能引发其成员的唤醒状态，也能使成员的身份模糊化。尖叫的人群遮蔽了尖叫球迷的个体身份。滥用私刑的暴徒组织会使成员坚信自己不可能遭到控诉；他们把自己的个体行为看做群体所为。处在一群暴民之中而不必暴露自己姓名的暴动者会任意地抢掠。经过对 21 起人群围观跳楼或者跳桥事件的分析，澳大利亚墨尔本大学社会心理学教授列昂·曼（Mann，1981）发现：如果人群规模小且曝于公众目光之下，人们通常不会诱劝当事者往下跳。但如果人群规模比较庞大或夜幕遮蔽了人们的身份，使其获得了匿名感，那么，人群中的大多数人会诱劝当事者往下跳并且加以冷嘲热讽。

英国肯特大学社会心理学教授马伦（Mullen，1986）指出，在使用私刑的暴徒中也存在类似的效应：暴徒团伙的规模越大，成员越有可能失去较多的自我意识，他们就更乐于去实施诸如纵火、砍人、肢解等暴行。

从体育观众到滥用私刑的暴徒，所有这些例子中，个体的评价顾忌都降到了最低水平。人们的注意力集中在情境上，而非自身。并且因为“每个人都这样做，”所有的人都会把自己的行为责任归因为情境而不是自己的选择。

匿名性

我们怎么能断言人群的影响就是更高的匿名性呢？我们做不到这一点。但是我们可以就匿名性设计一项实验，看它是不是真的能减少对人们行为的抑制。津巴多（Zimbardo，1970，2002）从他的本科生那里获得了实验的灵感，那个学生问他，在戈尔登的《蝇王》中，那些本来很善良的男孩为什么会在脸上涂上东西以后突然间变成了恶魔呢？为了用实验考察这种匿名性，津巴多让纽约大学的女学生穿上一样的白色衣服和帽兜，这和三 K 党（Ku Klux Klan）成员（图 8.6）非常相似。然后让她们按键对另一个女性实施电击，结果发现她们按键的时间要比那些可以看见对方并且身上贴着很大名字标签的女生长一倍。甚至昏暗的灯光或戴墨镜都可以使人们知觉到的匿名性增强，因而使人更愿意欺骗或做出自私自利的行为（Zhong & others, 2010）。

互联网也提供了类似的匿名性。几百万惊愕于巴格达暴徒掠夺行径的人自己却在利用网上的共享软件制作盗版光盘。因为这样做的人实在太多了，所以他们几乎不会认为下载别人版权所有的音乐到 MP3 播放器里有什么不道德，也不会想到自己会因此而被逮捕。网络聊天室、新闻工作组的匿名性也使其中敌对而激进的行为比面对面交谈中要多得多（Douglas & McGarty，2001）。网络流氓可能永远不会在现实

图 :: 8.6
津巴多实验中拥有了匿名性的女学生

在津巴多的去个体化研究中，匿名女生针对无助的受害者实施的电击强度要比非匿名女生实施的大很多。

中当着别人的面说“别扯了,你这骗子”,他们匿名隐藏在虚拟世界中。为了自身信誉，脸谱网要求用户使用真实姓名，这样就限制了恃强凌弱、充满仇恨或煽动性的言论。

在最近的几起互联网案例中，匿名在线的旁观者煽动威胁自杀的人，甚至现场录像给许多人观看。分析科技之社会影响的学者杰弗里·科尔（Jeffrey Cole）指出，网络社区“就像那些在楼下围观跳楼者的人群一样”。有时有爱心的人会试图劝说跳楼者下来，但同时有另一些人却叫嚣着“跳、跳”。科尔认为“在这些场合下，网络社区的匿名特点只会助长人们的卑劣与冷漠”（转引自 Stelter，2008）。

为了在街上证实这种现象，美国马里兰大学心理学教授埃利森等人（Ellison & others，1995）雇了一个司机当研究助手，让她遇到红灯时先暂停一会儿，并且当后面有一辆敞篷车或者有一辆 4×4 轮子车的时候等上 12 秒钟再开。在等待的时候，她记录后面在等待的车辆所发出的喇叭声（一种轻微的攻击性行为）。相对于敞篷车的司机，那些把顶盖放下来的 4×4 轮子车司机是匿名的，他们鸣喇叭的速度要比前者快 1/3，而且频率和持续时间也是前者的两倍。匿名性滋生了粗暴言行。

美国伊利诺伊大学心理学教授迪纳领导的研究小组（Diener & others，1976）以巧妙的研究设计，分别在群体情境和身体匿名情境中都发现了这种效应。在万圣节前夕，他们在西雅图观察了 1 352 个孩子进行“不给糖就捣蛋”的万圣节活动。他们在西雅图全城 27 个家庭布点，那些孩子或单独或结伴走进一个家庭时，有一名研究者热情地招待他们，邀请他们“从这些糖果里拿一粒，”然后就离开了房间。隐藏在暗处的研究者注意到，结伴的孩子们比单独的孩子多拿糖的可能性要大一倍。而且，那些匿名的孩子比那些被问及姓名和住处的孩子违规的可能性也要大一倍。如图 8.7 所示，违规率随着情境的不同而不同。大部分孩子会因群体的掩盖和匿名性而去个体化，因此会偷拿更多的糖果。

这些实验使我想知道统一着装具有何种效果。为了准备作战，一些部落的斗士（像一些狂热的体育迷一样）会用油彩或者面具装扮自己的身体和脸孔，使自己去个性化。战斗结束后，有一些部落会虐待或杀死幸存的战俘；而另一些部落会让战俘活着。美国新罕布什尔大学心理学教授沃森（Watson，1973）仔细研究了一些人类学档案后发现，那些去个性化的部落斗士几乎都会对敌人施以暴行。英国东伦敦大学心理学教授西尔克（Silke，2003）发现，在北爱尔兰的 500 例暴力事件中，有 206 例袭击者都头戴面具、头巾或其他面部伪装物。与未伪装的袭击者相比，这些匿名的袭击者表现出更严重的袭击行为。

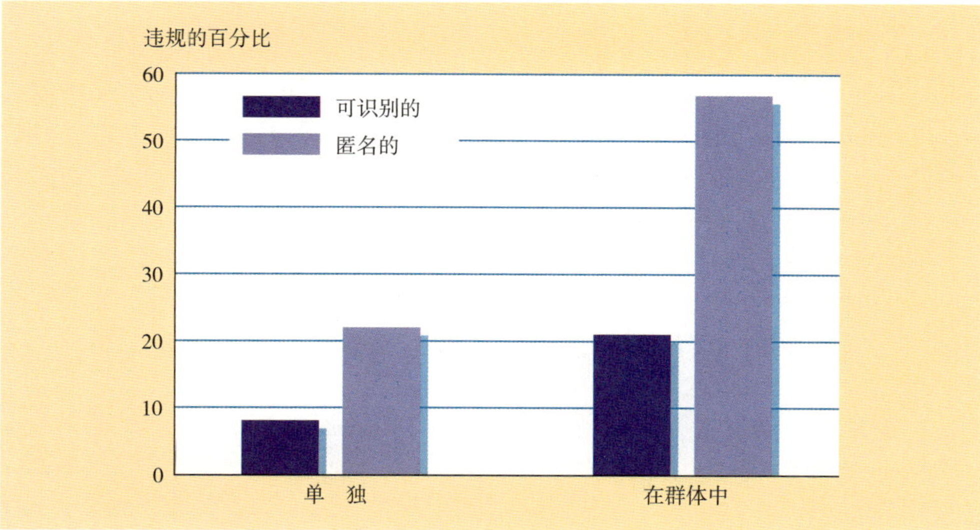

图 :: 8.7
不同情境（匿名程度）下儿童违规多拿糖果的人数比例

结伴或者匿名时，尤其是当群体性和匿名性条件都具备时，孩子们更可能违规去偷拿额外的万圣节糖果。

资料来源：Diener & others, (1976).

身体匿名性是否总能引发人们释放最邪恶的冲动呢？所幸的是，答案是否定的。在所有这些情境中，人们显然是对一些反社会的暗示线索作出了反应。美国加劳德特大学约翰逊和唐宁教授（Johnson & Downing，1979）指出，津巴多实验的参与者类似三 K 党成员的装扮可能会怂恿敌意行为。在佐治亚大学进行了这样一项实验，要求女参与者在决定给别人实施多大程度的电击之前穿上护士制服。在实施电击时，这些穿护士制服的参与者如果得以保持其匿名性，那么她们的攻击性就不如说出自己名字和身份时强。佐治亚大学的专家波斯特梅斯和斯皮尔斯（Postmes & Spears，1998；Reicher & others，1995）对 60 项去个体化研究做了分析，得出这样一个结论：匿名性使人们的自我意识减弱，群体意识增强，更容易对情境线索作出回应，无论线索是消极的（三 K 党制服）还是积极的（护士制服）。

唤起和分心活动

群体表现出攻击性之前常常会发生一些较小的引发人们唤起状态或者分散其注意力的事件。集体喊叫、高歌、鼓掌或跳舞，既可以令人们热情似火，又能减少其自我意识。

迪纳（Diener，1976，1979）的实验表明，像扔石头、小组合唱这样的活动可能会成为其他更放肆行为的前奏。当人们看到别人和自己做出同样的行为时，会对自己做出冲动性的举动产生一种自我强化的愉悦感。当看到别人和自己做的一样时，我们会认为他们也和我们想的一样，因而这又会强化我们自己的感受（Orive，1984）。而且，冲动性的集体行为能够吸引我们的注意力。当我们冲着裁判大喊大叫时，并不会想到我们自己的价值观，而只是对情境做出一种即时的反应罢了。有时，当我们事后停下来反省自己所做过的事和所说过的话时，会觉得很懊恼，但这只是有时候而已。还有一些时候，我们会主动寻找去个体化的群体体验——跳舞、宗教体验、群体交流等等，从中我们能体验到强烈的积极情感以及与他人亲密无间的关系。

弱化自我觉察

在哥特式大教堂里参加某种仪式时，我们会有这样的感觉：自己被包围在浑然一体的世界中，信徒群体使我们强烈的自我感觉顿时消失得无影无踪。

——段义孚，
美籍华裔地理学家、
人本主义地理学的倡导者，
1982 年

能弱化自我意识的群体经历通常能分离个体的行为和态度。研究者（Diener，1980；Prentice-Dunn & Rogers，1980，1989）发现，率真、去个体化的人更难自控，更难自律，更可能毫不顾及自己的价值观就采取行动，对情境的反应性也更强烈。这些研究结果正好可以补充和印证**自我觉察**（self-awareness）实验。

自我觉察是去个体化的对立面。自我觉察的人，以站在镜子或者摄像机面前的人为例，会表现出更加的自控，这时他们的行为也能够清晰地反映他们的态度。比如，如果人们在镜子面前品尝各种奶酪，就会挑那些低脂肪的品种（Sentyrz & Bushman，1998）。

自我觉察的人也不太可能做出欺骗行为（Beaman & others，1979；Diener & Wallbom，1976）。那些一直坚信自己是独立而与众不同的人也不太可能做出欺骗行为（Nadler & others，1982）。在日本，不论身边是否有镜子，人们通常都会想象自己在他人面前的形象。即使面前没有镜子，也不太可能欺骗他人（Heine & others，2008）。这里的原理是：具有自我意识或者由于外力暂时产生自我意识的个体，能保持情境外的日常言论和情境内的实际行动高度一致。

我们能将这些研究结果应用到日常生活的诸多情境中去。喝酒之类的情境会降低个体的自我觉察，从而增强个体的去个体化（Hull & others，1983）。而能够增强自我觉察的情境，比如：镜子和相机，小城镇的居住环境，明亮的光线，醒目的姓名标签，凝神静思，个性化的着装和房屋等情境都可以减弱个体的去个体化（Ickes & others，1978）。一个十几岁的孩子去参加聚会时，父母可能会这样说："玩得开心，还有要记住你自己的身份。"这是父母在孩子临行前给出的最佳忠告。也就是说，和大家伙一起享受欢乐的同时要保持自我觉察；保持自己的独特个性；小心去个体化。

小结：去个体化：群体中的个体失去自我感

- 高水平的社会唤醒与责任扩散的结合有可能使人们放弃自己的道德约束或者丧失自己的个体感。
- 当个体处在一个大的群体之中或者身穿有隐蔽作用的服装时，会被唤醒，或者分心，进而体验到一种匿名性，在这样的情境中，尤其可能发生去个体化现象。
- 其结果就是自我觉察和自我约束减弱，而对积极或消极的直接情境因素的反应性增强。

群体极化：群体对我们观点的强化

描述并解释与思想观念相似的人交流通常会怎样强化我们原先的态度。

很多冲突的发生都是由于冲突双方总和观念相近的人交流。群体互动通常会产生什么效果？积极抑或消极？警察暴力和团伙暴力都证明了群体互动潜在的破坏性。但是另一方面，支持型群体领导、管理顾问和教育理论家都肯定了它的益处，而且社会活动和宗教活动也激励群体成员与有着类似想法的其他成员建立联系，以增强他们对群体的认同。

对小群体的研究得出了一条原则，它有利于我们对积极和消极的结果都能作出解释：群体讨论通常可以强化其成员最初的意向。**群体极化**（group polarization）的研究体现了科学探索的过程——有趣的科学发现是如何导致研究者草率地做出错误的结论，而最终这些结论又为更准确的结论所代替。作为研究者，我可以与大家直接讨论这一科学谜题。

"风险转移"的案例

一篇涵盖了 300 多项研究的文献在其开篇就引用了一项惊人的发现，它的提出者斯托纳（Stoner，1961）当时是麻省理工学院的一名研究生。在他的工业管理硕士论文中，斯托纳对人们普遍认同的一种看法——群体比个人在决策时更为审慎——进行了研究。他设计了一些决策时的两难情境，参与者的任务是建议假想的人物应该在多大程度上承担风险。假设你自己也是其中的一名参与者，你会在以下的情境给海伦提什么样的建议呢？[1]

> 海伦是一名很有创作天赋的作家，但是迄今为止她都是依靠写通俗的西部小说过着还算舒适的生活。最近她突然萌生了一个念头，想要写一部可能会产生重大影响的长篇小说。如果这部小说能够完成并且得到人们认可的话，可能会在文坛产生举足轻重的影响，而且很大程度上可以促进她事业的发展。另一方面，如果她的想法最终没能实现，又或者这部小说是一部失败之作，那么她将耗费大量的时间和精力而得不到任何回报。
>
> 设想你正在给海伦提建议。你认为她会尝试写这部小说的最低可能性是多少。
>
> 当这部小说取得成功的概率至少为 _____ 时，海伦会尝试写这部小说？
>
> ____1/10
> ____2/10
> ____3/10
> ____4/10
> ____5/10
> ____6/10
> ____7/10
> ____8/10
> ____9/10
> ____10/10（选择这一项是指你认为海伦只有在认为这部小说绝对会成功的情况下才会尝试写。）

当你做出决定后，猜猜这本书的所有读者平均而言会提出怎样的建议。

在对很多类似的问题给出自己的建议后，会安排 5 个人左右在一起进行讨论，并就每一个问题达成共识。你认为群体决策与讨论之前所有人单独决策所得的平均值相比，会有什么差别呢？群体会倾向于冒更大的风险？还是更为审慎？抑或与个体没有差别？

令人吃惊的是，群体决策往往会更加冒险。这一现象称为"风险转移"，它推动了一股研究群体冒险性的浪潮。这些研究发现，风险转移不仅发生在需要达成共识

---

1 此项源于我自己的研究，对斯托纳提出的决策困境种类进行了说明。

的群体中，在某一次短暂的讨论之后，个体也会改变他们以前的决定。此外，研究者选取不同年龄、不同职业和不同国家的参与者，都得出了与斯托纳的发现相同的结果。

在讨论中，不同的看法汇集靠拢，趋于一致。但奇怪的是，人们趋于一致所得出的观点往往比他们各自原来的观点所得出的平均值更倾向于冒险。这是个令人振奋的谜题。风险转移效应是可信的，也是意料之外的，并且无法立刻找到任何明显的解释。群体影响的何种因素可以产生此效应？这种效应的作用范围有多大？陪审团、商业委员会以及军事机构中所展开的各种讨论是否也会促进人们的冒险行为？如果以死亡率作为衡量标准，在有另两名同伴的情况下，十六七岁的年轻人鲁莽驾车的可能性几乎是车上没有任何同伴情况下的两倍（Chen & others，2000），这是否也能用上述效应来解释？股市泡沫是否可以用这一效应来解释？因为人们纷纷讨论为什么股市会涨，因此就创造了一种信息瀑布，进而推动股市继续上涨（Sunstein，2009）。

在数年的研究之后，我们发现，风险转移并不是普遍适用的。在我们设计的两难情境中，人们讨论之后会变得更为谨慎。其中一个情境的主人公叫罗杰。罗杰是一名已婚的青年男子，他有两个处在学龄期的孩子，有一份稳定但是薪酬不高的工作。他能负担得起必需的生活用品，但对奢侈品就不敢奢望了。他听说一家不怎么有名的公司的新产品如果销路很好的话，那这家公司的库存品价值会迅速升值为以前的三倍，但是，如果新产品卖不出去的话，那库存价格就会下跌。罗杰没什么积蓄，为了投资这家公司，他正考虑卖掉自己的人寿保险。

你能找出一条一般性的规律来解释为什么人们在讨论了海伦的情境之后会倾向于冒进，而在讨论了罗杰的情境之后却会倾向于谨慎行事吗？如果你和大多数人一样，你就会建议海伦冒更大的风险而不是建议罗杰去冒风险，即使在和其他人讨论之前也会如此。事实上讨论在很大程度上会加强人们最初的看法。

群体对我们观点的强化

由此我们意识到，这种群体现象的结果并不是一味地朝冒险的方向偏移，但是群体讨论却倾向于使群体成员的初始观点得到加强。这种观点促使研究者们提出一个被法国心理学家莫斯科维斯和扎瓦罗尼（Moscovici & Zavalloni，1969）称为群体极化的概念：*讨论通常可以强化群体成员的普遍倾向。*

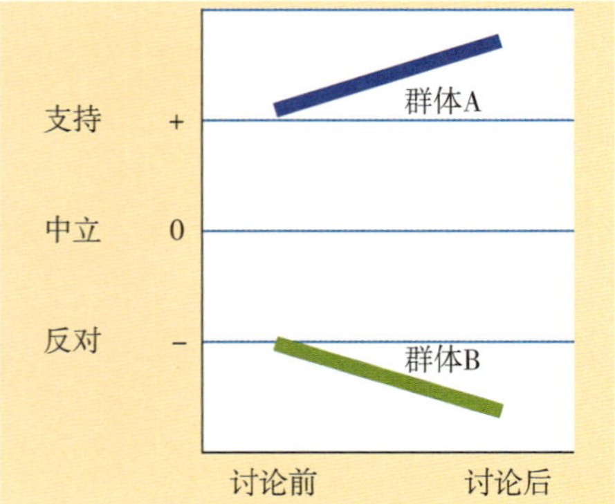

图 :: 8.8
群体极化
群体极化理论预测群体讨论会强化群体成员的共同态度。

群体极化实验

群体讨论会引发个体观点的变化，这启发了研究者，他们在实验中组织人们讨论大多数成员都赞同或反对的观点。在群体中进行的这种谈话是否会像在两难决策情境中那样，加强成员最初的倾向？在群体中，是否冒险者会表现得更加冒险，顽固者会更为顽固，乐于助人者会更加乐善好施？因为这些正是群体极化理论所预言的（图 8.8）。

很多研究证实了群体极化现象的存在。

- 莫斯科维斯和扎瓦罗尼（Moscovici & Zavalloni，1969）观察发现，

讨论可以加强法国学生本来就对总统所持的积极态度，同时也可以加强他们原本对美国所持的消极态度。

- 矶崎（Isozaki，1984）发现，日本大学生集体讨论了某起交通事故后，给出了更明确的“有罪”判定。如果陪审团成员倾向赔偿损失，群体讨论的赔偿数额同样倾向于高于陪审团成员提出的中数（Sunstein，2007a）。
- 布劳尔等人（Brauer & others，2001）发现，法国学生讨论了对某些人共同持有的消极印象后，会更加讨厌这些人。

另一种研究方法是选择一些存在观点分歧的事件，然后把持有不同观点的人们分隔开，把观点相同的人们安排在一起。观点相似的人们在一起讨论的结果是否会加强他们所共同认可的观点？讨论是否会加深两种不同态度之间的鸿沟？

新加坡国立大学的毕晓普教授和我对此都很好奇。因此，我们选择了两个完全不同的群体：相对而言有种族偏见和无种族偏见的高中生。我们要求他们在讨论之前和之后对某些有关种族态度的问题做出反应，例如财产权和居住条件（Myers & Bishop，1970）。我们发现在观点相似的学生群体里进行的讨论确实可以加大两个群体之间观点的差距（图 8.9）。

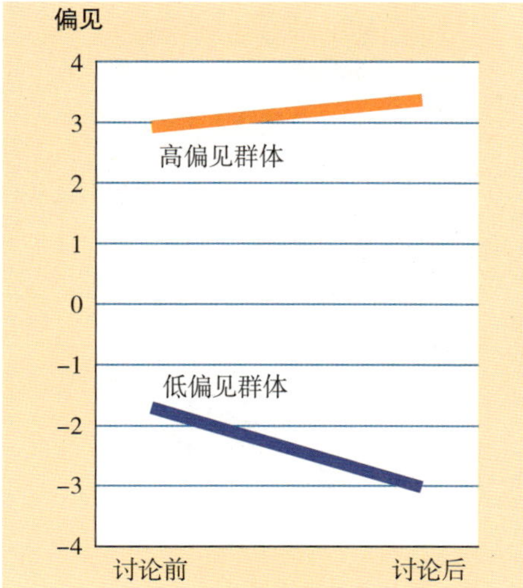

图 :: 8.9
高中生讨论种族偏见时出现的群体极化
在两个种族偏见程度不同的匹配高中生群体中，讨论加深了极化程度。谈论与种族相关的问题增强了高偏见组的种族偏见，降低了低偏见组的种族偏见。
资料来源：Myers & Bishop (1970).

英国和澳大利亚有研究证实，群体讨论可以放大积极或消极的倾向。当人们彼此分享关于某一群体（例如移民）的消极印象时，讨论会支持他们的消极印象，增强他们对该群体的歧视（Smith & Postmes，2011）。而当人们分享对不公正的关注时，讨论可以增强他们的道德关注（Thomas & McGarty，2009）。

日常生活中的群体极化

在日常生活中，人们往往和观点相似的人进行交往（参见第 11 章或看看你自己的朋友圈就知道了）。与这些观点相似的朋友之间的日常交流是否会强化大家共同认可的观点？这样是否会令讨厌的人变得更为可憎，纯真的人变得更为纯真？

的确如此。斯坦福大学著名的心理学家麦科比（Maccoby，2002）指出，男孩群体和女孩群体的性别隔离能够加强他们最初中度的性别差异。男孩们在一起游戏时，会渐渐变得更加富于竞争性并做出行动取向。而女孩们在一起则会越来越倾向于做出关系取向。

斯凯德和桑斯坦（Schkade & Sunstein，2003）发现，在美国联邦法庭里，“共和党任命法官会挑选那些更像共和党的人，而民主党任命法官则倾向于挑选那些更像民主党的人。”和观点相似的法官在一起又会强化这种倾向。“一个共和党法官和其他两个共和党成员在一起时，比和一个或一个以上的民主党成员在一起时审判更保守，而民主党法官也表现出类似的倾向。”

如何解释 1930 年代法西斯主义的兴起？1960 年代学生激进主义的出现？1990 年代恐怖主义的扩大？……共同的原理很简单：如果人们觉得自己置身于志趣相投的群体中，他们尤其可能走向极端——这就是群体极化现象。

——凯斯·桑斯坦（Cass Sunstein），芝加哥大学法学院和政治系教授，《走向极端》，2009

学校中的群体极化 现实生活中与实验结果一致的另一种群体极化现象是被教育研究者称作的“两极分化”：随着时间的推移，大学生群体之间最初的差异会扩大。如果甲校大学生最初就比乙校大学生善于思考，那么这种差异多半会随着时间加剧。类似地，和各种群体以及姊妹会的成员相比，无党派人士更可能持自由主义的政治

动物团伙。一群狼的力量大于各只狼的总和。

态度，这种差异即是在大学生活中逐渐形成的（Pascarella & Terenzini，1991）。研究者认为这个结果在一定程度上是由于群体成员会强化他们彼此共同的态度倾向。

社区中的群体极化 因为人们的自我隔离，极化现象也发生在社区中。布鲁克斯（Brooks，2005）发现，“关系脆弱的地区……吸引脆弱类型的人，并使得人群变得更加脆弱，保守的地区……吸引保守派，并变得更加保守。”社区开始成为回声壁，观点流转于志趣相投的朋友之间。

给社会心理学家一个志趣相投的群体，且群体成员主要是在内部互动，那么这个群体可能会变得更为极端。一项实验研究了科罗拉多州的两个小群体，一组来自以自由主义著称的博尔德市，而另一组则来自更偏保守主义的科泉市。群体讨论使得群体对于全球变暖、平权运动和同性婚姻等话题的态度更趋一致。不过，博尔德市的群体往往更为左倾，而科泉市的群体往往更为右倾（Schkade & others，2007）。

由于社区起了政治回音壁的作用，这使得美国的极化现象越来越严重，甚至连购物主张都出现了政治聚类。有分析显示，2008 年，全美 89% 的全食商店支持奥巴马，62% 的 Cracker Barrel 餐厅则支持其共和党对手约翰・麦凯恩（Stolberg, 2011）。美国最终变成分歧越来越多的国家。大比例支持一位候选人的郡县（将 60% 甚至更多的选票投给一位总统候选人），在 1976 年至 2008 年期间几乎翻倍（Bishop，2008）。大学新生宣称自己是政治“中立派”的比例从 1983 年的 60% 下降到 2010 年的 46%；相应地，宣称自己偏左或偏右的学生比例在增加（Pryor & others，2005，2010）。

在两次审判中，南非法庭了解了社会心理学现象之后，懂得社会心理因素（包括去个体化和群体极化）会促使人群犯下杀人罪行，减轻了判决（Colman，1991）。你是否同意法庭应该考虑社会心理学现象并将其作为可能的减刑条件？

在实验室研究里，个体彼此自由玩耍时所表现出的竞争关系和猜疑，往往甚于代表群体进行游戏（Winquist& Larson，2004）。在实际的社区冲突中，想法相似的人们会逐渐联合起来，使他们共同的倾向得以加强。在相邻团伙相互强化的过程中，犯罪团伙便产生了，他们的成员往往具有共同的品质和敌意性人格（Cartwright，1975）。莱肯（Lykken，1997）总结道，“如果在你的街区住进来了第二个无法管束的 15 岁少年，他们作为一个团伙所带来的破坏性可能并不仅仅是第一个不良少年破坏性的两倍……团伙的危险性远远大于其成员个体之和。”确实，根据维齐和梅斯纳（Veysey & Messner，1999）的报告，缺乏监管的同龄人群体是预测社区犯罪率的最有力指标。而且，实验发现，将未成年违法者和其他少年犯放在同一个群体中——不出任何一个群体极化的研究者所料——会增加问题行为的发生率（Dishion & others，1999）。

互联网上的群体极化 电子邮件、博客和聊天室为人们寻找志趣相投的伙伴和群体互动提供了一种潜在的新媒介。例如，在 MySpace 网站上就有成千上万具有相似兴趣的群体讨论宗教、政治、爱好、轿车、音乐和任何你能想到的主题。互联网上无数的虚拟群体使得和平主义者和新纳粹主义者、极客（geek，技术宅男）和怪人、阴

谋家和癌症患者都能找到与之具有相同思想的人抱成团，为共同的关注、兴趣和疑问找到支持（Gerstenfeld，2003；McKenna & Bargh，1998，2000；Sunstein，2001，2009）。实际上，多数人都喜欢看支持自己而非挑战自己观点的博客。而这些博客多数会链接观点相近的博客，自由派链接自由派，保守派链接保守派，彼此之间的沟通就像在对着浴室里的镜子说话（Lazer & others, 2009）。没有了面对面接触的非言语差异，这样的讨论会产生群体极化吗？和平主义者是否会变得更加反战，而主张战争的成员是否会变得更有恐怖主义倾向？美国路易斯安那州立大学怀特教授（Wright，2003）指出，电子邮件、搜索引擎和网络聊天室“提供了一种便利条件，使相同目的的人聚集起来，令分散的敌意更加明确，也能够动员致命的武装力量。”他推测，随着宽带的普及，由互联网产生的极化也越来越多。据海法大学的分析，恐怖主义的网站——从1997 年的 12 个发展到 2005 年末约 4700 个——要比所有网站的增长速度还快四倍多（Ariza，2006）。

“在互联网出现之前，我完全以为只有我才这样，几乎都是自己来承受。”

恐怖组织中的群体极化 在对全世界的恐怖组织进行分析后，美国宾夕法尼亚大学的麦考利和西格尔教授（McCauley & Segal，1987；McCauley，2002）指出，恐怖主义并不是突然间爆发的，而是拥有相同不满情绪的人们走到一起产生的。他们摆脱了缓和因素的影响，彼此之间相互交流，逐渐变得更加极端。社会放大器将信号变得更为强烈，其结果，个体成员表现出了在远离群体时决不会做的暴力行为。

举例来说，9·11 恐怖事件就是由一群有共同目的的人在长期互动的过程中产生的极化效应造成的。美国国家研究委员会的专家称，成为恐怖分子的过程可能就是把个体和其他信念系统隔离开，使潜在的目标去人性化，而且令其不能容忍任何异议（Smelser & Mitchell，2002）。随着时间的推移，群体成员开始将世界分为“我们”和“他们”两类（Moghaddam，2005; Qirko，2004）。以色列特拉维夫大学的麦若瑞教授（Merari，2002）是一位中东和斯里兰卡自杀式恐怖主义的研究者，他认为制造自杀式恐怖事件的关键因素就是群体过程。“据我所知，还从未出现过因个人一时的兴致而导致的自杀式恐怖事件。”

根据对沙拉菲圣战组织（伊斯兰原教旨主义运动，包括基地组织）的恐怖分子的分析，70% 的人加入时都移居在国外。他们移居国外以后，在当地寻找工作或接受教育，变得更关注自己的穆斯林身份，并常常活动于清真寺，与其他客居国外的穆斯林往来，有时应募加入很小的群体，这些群体为他们提供“相互的情感和社会支持”以及“发展共同的认同”（Sageman，2004）。

同样，大屠杀也是群体现象。扎荣茨（Zajonc，2000）指出，这种暴力都是杀人者相互怂恿而逐步加剧的群体现象，他曾亲历暴力事件，是二战时华沙空袭的幸存者，父母都死于该暴力事件（Burnstein, 2009）。波斯特（Post，2005）在访谈了很多被控诉的恐怖分子后指出，个体一旦处于“恐怖主义群体的高压之下”，就很难再受其他因素的影响。“长期来看，最有效的反恐政策是首先控制恐怖组织的征募活动。”

聚 焦

群体极化

莎士比亚以恺撒拥护者的一段对话描述了观点相同的群体所具有的极化力量：

安东尼：善良的灵魂啊，当你看到恺撒的衣袍被损坏时，为什么会哭泣？你来看看吧。就像你看到的那样，这就是被叛徒弄伤的他。

市民甲：多可怜的景象啊！

市民乙：高贵的恺撒啊！

市民丙：真是糟糕的一天！

市民丁：叛徒，恶棍！

市民甲：最血腥的景象！

市民乙：我们要报仇！

所有的人：报仇！马上！搜吧！烧吧！放火吧！杀吧！不能让一个叛徒活着！

资料来源：*Julius Caesar* by William Shakespeare, Act III, Scene ii, lines 199–209.

对极化的解释

为什么群体会形成比个体成员的平均观点更为夸大的观点呢？研究者们希望通过解决群体极化的谜题来为此提供思路。解答小谜题有时候会为大谜题提供线索。

在提出的几种群体极化理论中，有两种理论已为科学实验所证实。其中一种着重于讨论中所提出的观点，另一种着重于群体成员如何看待他们自己和其他成员。第一种观点恰好是第 6 章从众主题所提到的信息影响（由于接受了事实的证据而产生的影响）的例证。而第二种观点是规范影响（基于人们希望被他人接受或敬仰的愿望而产生的影响）的例证。

信息影响

如果你有一个苹果，我也有一个苹果，我们彼此交换苹果，最后我和你仍然各有一个苹果，但如果你有一个观点，我也有一个观点，我们交换彼此的观点，最后，我们每个人就会有两个观点。

——萧伯纳（1856~1950）

从最受支持的解释出发，群体讨论可以产生一系列观点，而大多数观点都和主导性观点一致。那些对群体成员而言就算是一般常识的观点也会进入讨论，这些观点即使没有提及，也会影响讨论（Gigone & Hastie，1993；Larson & others，1994；Stasser，1991）。其他观点也许会包含一些群体成员在此之前并没有考虑到的具有说服力的观点。当讨论作家海伦时，也许有人会说：“海伦应该着手去做，因为她几乎不会有什么损失。如果她的长篇小说失败了，她仍然可以像从前那样去写通俗的西部小说。”这样的说法通常是将提出者的观点和他的立场放在一起。但是如果人们不了解他人的特定立场而只是听到相关的观点，他们仍然会改变自己的立场（Burnstein & Vinokur，1977；Hinsz & others，1997）。观点就其本质而言的确很重要。

但是，态度的转变并不仅仅决定于听到他人的观点。讨论中的积极参与会比消极聆听更容易导致态度的转变。参与者和观察者听到的是相同的观点，但是一旦参与者用自己的话语表达该观点时，言语的使用会扩大这种影响作用。群体成员对别人观点重复得越多，他们就越可能在不断的复述中认同这些观点（Brauer & others，1995）。

这印证了第 7 章提到的一个观点。人们的大脑并非像白板那样由说服者填写，在中心路径的说服中，人们怎样看待某条信息很关键。事实上，仅仅对某一个观点思考几分钟也会使看法得以强化（Tesser & others，1995）。（或许你会回想起，当你仅仅想起某个你不喜欢或喜欢的人时，你的感受也会变得极端起来。）甚至当人们只是设想将和一位持有相反观点的专家一同讨论某一事件时，他们也会充满动力去组织论证并且采取更为极端的立场（Fitzpatrick & Eagly，1981）。

规范影响

第二种对极化的解释涉及与他人的比较。著名的社会心理学家费斯汀格（Festinger，1954）在其极具影响力的**社会比较**（social comparison）理论中提出，我们人类希望能对自己的观点和能力做出评价，为此我们可以将自己的观点与他人比较。我们常常被“参照群体”中的人们所说服（Abrams & others，1990；Hogg & others，1990）。所谓参照群体就是与我们相一致的群体。而且，当我们发现其他人和自己持有相同观点时，为了使其他人喜欢我们，我们会将观点表达得更为强烈。

如果我们要求人们预测在类似海伦困境一类的问题上其他人的反应方式（就像我之前要求你们去做的那样）时，他们通常会表现出**人众无知**（pluralistic ignorance）：他们并没有意识到其他人会在多大程度上支持社会普遍认同的倾向（在这个例子中，是指写长篇小说）。即使成功的机会只有 4/10，一个典型有代表性的参与者也会建议海伦写那部长篇小说，而且他估计其他大部分的人都会选择 5/10 或 6/10。（这个发现使我们想起了自我服务偏差：人们倾向于认为自己要好于社会普遍所希望具有的特质和态度。）当开始讨论时，大部分人都发现自己的观点并没有想象的那样出众。事实上，其他一些人比自己更为超前，对于写小说这件事采取了更为坚定的立场。于是他们不再受群体规范的错误约束，而是自由地更加强烈地表达自己的偏好。

或许你能回忆起曾经有一次你和其他人都希望外出游玩，但是你们每个人都害怕迈出第一步，以为其他人可能对此并没有兴趣。这样的人众无知会阻碍人际关系的发展（Vorauer & Ratner，1996）。

又或许你会回忆起曾经有一次在一个群体中，你和其他人都很拘谨地沉默着，直到某个人打破沉默说道：“嗯，坦白说，我认为……”于是很快地，你们都惊讶地发现，原来大家都强烈地支持彼此所认同的观点。有时，当教授问大家有什么疑问时，没有人会做出反应，因为每个学生都怕别人以为他或她是惟一一个没听懂的人。所有人都认为自己保持沉默是害怕出丑，而别人保持沉默是因为他们已经听懂了教授的讲解。

斯坦福大学米勒和麦克法兰教授（Miller & McFarland，1987）从一项实验室实验中也发现了类似的现象。他们让人们阅读一篇很难理解的文章，并告诉他们在理解文章时遇到“任何确实难以理解的问题”时可以寻求帮助。尽管没有一个参与者寻求帮助，但他们却认为其他参与者不会和自己一样被害怕出丑的念头约束。他们错误地认为，那些没有寻求帮助的人是因为他们不需要任何帮助。为了克服这种人众无知，就必须有人站出来打破沉默，使其他人能够发现并且强化他们共同的观点和反应。

这种社会比较理论引发了一系列的实验，在这些实验中人们面对的是他人的立场而不是观点。这大致上类似我们阅读一个民意测验的结果或是选举的最终结果时的体验。如果人们了解了他人的立场——在没有讨论的情况下——那他们是否会改变自己的反应来迎合一个被社会认同的立场呢？如图 8.10 所示，他们的确会改变。这种基于比较的极化效应通常没有现场讨论所产生的极化效应那么强烈。但是，令人吃惊的是，人们并不是简单地向群体平均值靠拢，而是要更胜其一筹。

图 :: 8.10

了解他人观点之后个体表现出不同方向的群体极化

在“冒险”困境中（如海伦的例子），仅仅是观察到他人作出判断就会增强个体的冒险倾向。在“谨慎”困境中（如罗杰的例子），观察他人作出判断可以增强个体的谨慎性。

资料来源：Myers (1978)。

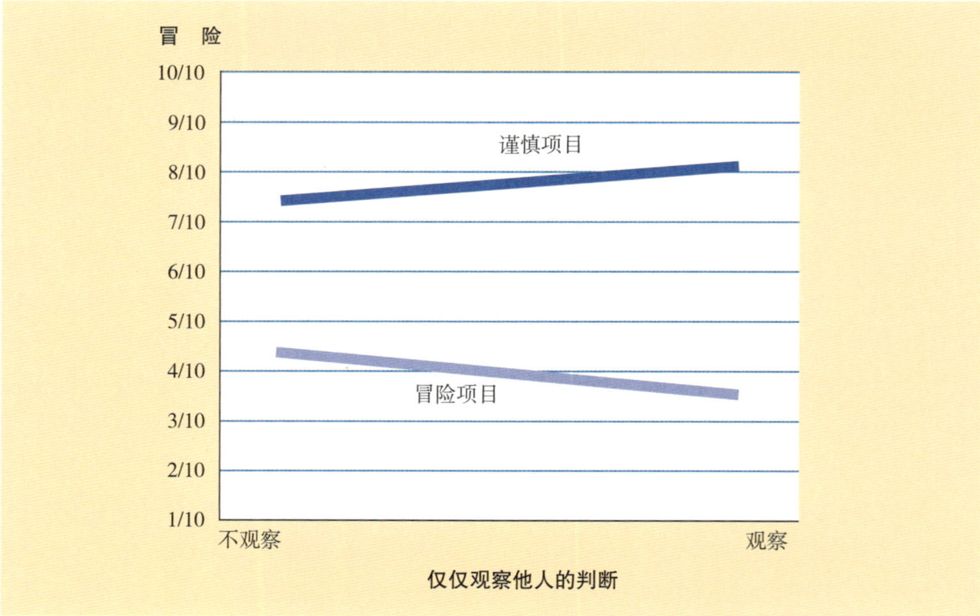

仅仅了解了他人的选择也会产生随大流效应，从而创造出一鸣惊人的歌曲、书籍和电影。社会心理学家（Salganrik & others，2006）用实验考察了这一现象，招募了 14 341 名互联网参与者收听没听过的歌曲，如果他们愿意还可以下载。研究者随机给一些参与者安排了一种情境，即披露了先前参与者选择下载的歌曲。结果发现，在获得此一信息的参与者之中，流行歌曲变得更加受欢迎，而不流行的歌曲变得更不受欢迎。

全国最重要金融机构中最平常的一天……

《经济学人》封面对1987年股市崩盘的描述。

Reprinted by permission of Kevin Kal Kallaugher, The Economist, Kaltoons.com

群体极化的研究表明社会心理学研究的复杂性。尽管我们十分希望对某种现象的解释能尽量简洁，但一种理论很少能解释所有的数据。由于人类的复杂性，常常会有多个因素影响最终结果。在群体讨论中，有说服力的论点往往决定了那些涉及事实的问题（“她是否为自己所犯的罪行感到愧疚？”）。而社会比较会影响那些涉及价值判断的反应（“她应该被判多长时间的徒刑？”）（Kaplan，1989）。在很多既涉及事实又涉及价值判断的事件中，这两个因素会共同起作用。发现其他人具有和自己相同的感受（社会比较）会使每个人暗自赞成的那些观点（信息影响）被释放出来。

小结：群体极化：群体对我们观点的强化

- 群体讨论可能会带来积极或消极的结果。在你试图理解群体讨论会加强个体的冒险性这一有趣的现象时，研究者发现群体讨论实际上加强了原先的主导观点，无论是冒险的还是谨慎的观点。
- 在日常情境中也同样，群体交流会强化观点。群体极化现象为研究者观察群体影响打开了一扇明窗。
- 研究者证实了两种群体影响：信息影响和规范影响。从讨论中收集起来的信息大多有利于大家最初的选择，因此会强化对其的支持。

群体思维：群体对决策的影响

说明群体影响阻碍正确的决策的条件及原因。说明群体促进正确决策的条件，怎样引导群体做出最好的决策。

我们前面讨论的社会心理学现象是否同样会发生在公司董事会或者总统内阁这样复杂的群体中呢？他们是否会出现自我合理化行为？或者自我服务偏差？那种有凝聚力的“我们的感受”是否会引起从众或是拒绝异议的行为？公开承诺是否可以抗拒改变？是否存在群体极化现象？社会心理学家贾尼斯（Janis，1971，1982）想知道这些现象是否能帮助解释 20 世纪的美国总统及其顾问所作出的群体决策。为此，他分析了几次惨败的决策过程：

- 珍珠港。1941 年 12 月的珍珠港偷袭事件使美国也加入了第二次世界大战，事件发生之前的几个星期，夏威夷的军事指挥收到了一条可靠的消息：日本计划袭击美国在太平洋上的某个军事据点。之后军事情报失去了与日本航空母舰的无线电联系，那时航空母舰正径直朝夏威夷前进。空中侦察队本来应该能侦察出航空母舰的位置或者至少发出几分钟的警报。但是自以为是的司令们完全无动于衷。结果是：直到日军开始对这个毫无防备的基地发动袭击，警报才被拉响。袭击后美军损失了 18 艘舰艇、170 架飞机以及 2 400 位军人的生命。
- 猪湾事件。1961 年，总统肯尼迪及其顾问们试图用 1 400 名由中央情报局（CIA）训练过的古巴流亡者来袭击古巴，以此推翻卡斯特罗政权。几乎所有的袭击者都被杀或是被抓获，美国颜面尽失，而且古巴与前苏联更为团结了。在得知后果以后，肯尼迪大呼：“我们怎么做出了如此愚蠢的事情？”
- 越南战争。在 1964 到 1967 年期间，由总统约翰逊及其政治顾问组成的“周二午餐团”决定扩大对越南的战争，因为他们预测美国的空中轰炸、空降以及搜索捣毁任务会迫使北越政府接受和谈，而南越人民出于感激也会支持和谈。尽管政府的情报专家以及所有美国的盟国都对他们提出警告，但他们还是继续将战争扩大化。这场灾难使 58 000 多美国人和 100 万越南人丧生，美国人变得极端化，总统被迫下台，庞大的财政赤字加速了 20 世纪 70 年代的通货膨胀。

贾尼斯认为酿成这些大错的原因是由于在群体决策中人们为了维护群体和睦而压制异议，他把这种现象称为**群体思维**（groupthink）。在群体工作中，同志式的友情可以提高生产率（Mullen & Copper，1994）。而且，团队精神有助于鼓舞士气。但是在决策时，紧密团结的群体可能反而不利。贾尼斯认为产生群体思维的温床包括：

- 友善的、凝聚力强的群体，
- 对异议的相对排斥，
- 从自己的喜好出发做决策的支配型领导。

在计划那次不幸的猪湾袭击时，刚刚当选的肯尼迪总统和他的顾问们高兴地组成了一个极有团队精神的队伍。而对这次计划十分关键的反对观点都被压制或是排除了，总统本人很快就对这次袭击表示了认同。

群体思维的症状表现

从历史记录以及参与者和观察者的回忆来看，贾尼斯列出了 8 条群体思维的症状表现。这些症状集中反映了对异议的排斥，表面上看来就是群体成员在遇到威胁时，会努力保持他们的积极群体感（Turner & Pratkanis，1994；Turner & others，1992）。

前两条群体思维症状表现往往导致群体成员*高估群体的力量和权利*：

- *无懈可击的错觉*。贾尼斯所研究的群体都表现得过分自信，以至蒙蔽了眼睛，看不到危险警报。当珍珠港的海军总指挥基梅尔得知他们已经失去与日本航空母舰的无线电联系后，他还开玩笑说，或许日本人打算在檀香山绕行。事实上，日本人确实这样做了，但基梅尔对这种想法的嘲讽使人们认为这不可能是事实。
- *群体道义毋庸置疑*。群体成员接受了其所在群体内在的道义，却忽略了伦理和道德上的其他问题。肯尼迪等人知道基辛格顾问和富布赖特议员对于袭击一个小小的邻国在道义上持保留态度，但整个群体从没接纳或讨论过这些道德上的疑虑。

群体成员还会在想法上变得越来越接近：

- *合理化*。群体以集体投票的方式将决策合理化来减少挑战。比起自省和重新考虑以前的决定，约翰逊总统的周二午餐团花了更多的时间来使扩大战争的决策合理化（对其进行解释和找出合理的理由）。每个行为都变成了掩饰和合理化。
- *对对手的刻板印象*。陷于群体思维的人们往往会认为自己的对手不是太难于协商，就是太弱小愚蠢，以至于难以抵抗他们的计划。肯尼迪等人自认为卡斯特罗的军事力量很薄弱，其支持势力也很弱，因此仅仅一个旅就能推翻其政权。

研究背后的故事

贾尼斯对群体思维的研究

当我阅读施莱辛格（Arthur Schlesinger）记载肯尼迪政府决定袭击猪湾的内容时，我萌发了群体思维的想法。一开始，我很困惑：像肯尼迪及其顾问那样聪明机智的人怎么会卷入中央情报局拼凑的愚蠢计划？我开始关注这起事件是否涉及一些心理学因素，例如社会从众或者我在团结的小型群体中所观察到的寻求一致。进一步的研究（开始是受我女儿夏洛特高中学期论文的启发）使我相信，一些微妙的群体过程阻碍了他们仔细地评估风险和讨论问题。接着当我分析了其他的美国外交失误以及水门事件后，我发现了同样有害的群体过程在起作用。

欧文·贾尼斯
（Irving Janis，
1918~1990）

最后，群体会受制于追求一致性的压力：

- 从众压力。群体成员会抵制那些对群体的设想和计划提出疑问的人，而且有时候这种抵制并不是通过讨论而是针对个人的嘲讽来实现。有一次，当约翰逊总统的助理莫伊斯抵达会场时，总统嘲笑他说："噢，'阻止爆炸的先生'来了呀！"面对这样的讥讽，很多人都选择了从众。
- 自我审查。由于异议往往会令人不舒服，而且整个群体似乎表现出一致性，所以人们往往会将自己的疑虑压制下来。在猪湾事件之后的几个月，施莱辛格（Schlesinger，1965，p.255）自我谴责说，他在"内阁进行的那些重要会议中保持了沉默。即使提出反对意见也无济于事，我仍将被人们厌恶，这样的念头压倒了我的愧疚感。"

自我审查导致了一致同意的错觉。

© Henry Martin/ The New Yorker Collection/www.cartoonbank.com

- 一致同意的错觉。不要去破坏一致性的自我潜意识压力会导致一致同意的错觉。而且，表面上的一致性更坚定了群体的决策。这种表面上的一致性在上述的三次大失误中十分明显，在其他群体决策失误也是如此。希特勒的顾问斯皮尔（Speer，1971）把希特勒周围的氛围描述为：从众的压力压制了一切异议。异议的缺乏造成了一致同意错觉：

> 在正常的氛围中，背离事实的人们会很快被拉回正轨，因为他们会受到周围人的嘲弄或批评，这样他们就会意识到自己的错误。而在第三德意志帝国，没有这样的矫正机制，尤其是对那些身处社会高层的人们而言。相反，每个人的自我欺骗都被放大了，就好像是身处一个摆满哈哈镜的大厅里，人们脱离了残酷的外界，梦幻世界般的图景被反复强化。在那些镜子里，除了不断复制的自己的脸以外，就什么也没有了。外界没有什么因素能干扰这许多不变的脸的一致性，因为那全都是我自己的脸。（p.379）

人们自由地讨论时，绝不可能正确地解决问题。

——约翰·斯图尔特·密尔，19 世纪英国哲学家，《论自由》，1859

- 心理防御。有些成员会保护群体，使那些质疑群体决策效率和道义的信息不会对群体构成干扰。在猪湾事件之前，肯尼迪把施莱辛格叫到一旁，告诉他"不要把话题扯远了"。国务卿腊斯克隐瞒了外交和情报专家提出的反对袭击的警告。就这样，他们完全充当了总统的"心理卫士"，使他不会受到相反事实的侵扰，但却无法保证决策的正确。

群体思维的各种症状表现会阻止群体成员探寻和讨论相反信息以及其他的可能性（见图 8.11）。当领导主张某种观点而整个群体又排斥异议时，群体思维可能就会产生错误的决策（McCauley，1989）。

英国心理学家纽厄尔和拉格纳多（Newell & Lagnado，2003）认为，群体思维还可能解释伊拉克战争。他们指出，无论是萨达姆还是布什，身边都有一大群和他们具有同样目的的进言者，这就迫使反对者闭嘴，而令其只过滤支持自己假定的信息——伊拉克的假定是对入侵者进行反抗，而美国的假定则是成功地入侵会带来短暂的和平占领和今后长期的民主政治。

泰坦尼克号撞上冰山前的群体思维。尽管有四条信息显示前方可能有冰山，而且一名守望人员提出需要借助于望远镜，但爱德华·史密斯船长——一位受人尊敬的支配型领导——还是坚持让船在夜晚全速前进。这其中有无懈可击的错觉（很多人认为这艘船不可能沉没），还有从众的压力（其他船员都斥责那名不能用肉眼瞭望的看守，对他的异议置之不理），同时工作人员也存在失职行为（一名泰坦尼克的电报员没能把最后、也是最完整的冰山警报传递给船长）。

图 :: 8.11
对群体思维的理论分析
资料来源：Janis & Mann (1977, p. 132).

社会条件

1. 高凝聚力
2. 群体隔离
3. 缺乏搜索和评估的方法学程序
4. 支配型领导
5. 对于找出一个更好的解决方法感到压力大而希望渺茫，认为还不如服从领导或其他有影响力的人物所赞同的方案

→ 寻求一致性 →

群体思维的症状表现

1. 无懈可击的错觉
2. 群体道义毋庸置疑
3. 集体合理化
4. 对对手的刻板印象
5. 对异议者的直接压力
6. 自我审查
7. 一致同意错觉
8. 自我指向的心理防御

→

错误决策的特征

1. 对可能选择的方案的不完全调查
2. 对目标的不完全调查
3. 对所认同的选择方案的冒险性估测有误
4. 信息搜索不到位
5. 对手头信息的加工存在选择性偏差
6. 未能对各种选择方案进行重新评估
7. 未能执行备用方案

对群体思维的批评

虽然贾尼斯的观点和观察结果引起了广泛关注，但一些研究者仍对此持怀疑态度（Fuller & Aldag，1998；t'Hart，1998）。贾尼斯的证据都是回溯性的，因此他可以挑出支持自己观点的例证。后来的研究也支持了贾尼斯的某些观点：

- 支配型的领导方式确实和糟糕的决策相关，有时下属会认为自己太弱小或缺乏自信，因此不敢站出来表达自己的意见（Granstrom & Stiwne，1998；McCauley，1998）。
- 能做出明智决策的群体人人都有话语权，成员关系和睦，能轮流发言（Woolley & others，2010）。
- 群体确实倾向于支持极富挑战性的信息（SchulzHardt & others，2000）。
- 当成员们希望从群体中获得接纳、赞许和社会认同时，他们会压抑自己与他人

不同的想法（Hogg & Hains，1998；Turner & Pratkanis，1997）。

- 各种观点都有的群体会胜过观念类似的专家组（Nemeth & Ormiston，2007；Page，2007）。与想法不同的人打交道会让你感觉不舒服，但和令人舒心的同质群体相比，多样性群体会产生更多想法，也会激发创造力。
- 在讨论中，那些群体成员共享的信息更容易占据主导地位，大家不认同的信息会受到排挤。换言之，团体不会从每个成员都知道的信息受益（Sunstein & Hastie，2008）。

但是友情并不会滋生群体思维（Esser，1998；Mullen & others，1994）。安全而凝聚力高的群体（如家庭）会为成员提供自由的氛围来提出异议（Packer，2009）。凝聚力比较高的群体规范既能够导致意见统一（从而造成群体思维），也可以进行批判性分析，以避免出现群体思维（Postmes & others，2001）。而一个组织严密的学术团体彼此分享手稿时，他们想要的就是批评："尽你所能地来给我挑毛病吧。"在自由的氛围中，团结还能提高团队工作的效率。

而且，当宾夕法尼亚大学心理学系泰特洛克教授等人（Tetlock & others，1992）在各个历史时期大范围地搜集样本时清楚地发现，即使是良好的群体交流过程有时也会做出错误的决策。1980 年，当卡特总统及其顾问们密谋营救在伊朗的美国人质时，他们一度欢迎大家提出各种观点，而且很现实地考虑到了行动的危险性。要不是一架直升机出了问题，营救行动可能已经成功了。（卡特事后回忆说，如果他当时能多派一架直升机，自己可能已经连任总统了。）有时候，优秀的群体也会做出错误的决策。

真理产生于朋友间的辩论。

——哲学家休谟，1711~1776

预防群体思维

不良的群体动力能帮助解释很多错误的决策，正如有时候厨子过多往往会搞砸一锅汤。不过，在开明的领导方式下，有凝聚力的团队精神的确有助于决策。有时三个臭皮匠真的能顶一个诸葛亮。

为了找出促进英明决策产生的条件，贾尼斯分析了两个看起来比较冒险的成功事例：二战后杜鲁门政府为了恢复欧洲经济而实施的马歇尔计划，以及 1962 年肯尼迪政府对前苏联意欲在古巴建立导弹基地一事的处理。贾尼斯（Janis，1982）提出预防群体思维的建议就融合了这两大事例中很多有效的群体过程：

- 公正——不偏向任何立场。在群体讨论开始时不要让成员表明自己的立场，因为这样会妨碍信息共享，导致决策的质量降低（Mojzisch & Schulz-Hardt，2010）。
- 鼓励批评性评价；设置一个"魔鬼代言人"。如果能有一个真正的反对者就更好了，这会刺激原来的想法并使群体对反对意见持开放态度（Charlan & others，2001a，2001b）。
- 有时可以将群体划分成几个小组，然后再重组在一起表达不同的意见。
- 欢迎局外的专家和伙伴提出批评。
- 在实施之前，召开被称为"第二次机会"的会议，让大家畅所欲言。

据我对历史的了解来看，白宫面临的危险之一是陷入群体思维，每个人都同意每件事，没有讨论，没有异议，所以我很欢迎在白宫内看到热烈的讨论。

——奥巴马，
2008 年 12 月 1 日
记者招待会

如若采用这些步骤，群体决策可能要花费更长的时间，但最终证明会更少犯错，也更有效。

群体问题的解决

并非每个群体决策都会受到群体思维的不利影响。某些条件下，三个臭皮匠的确顶一个诸葛亮。在手术室和执行委员会会议室等工作情境中，如果讨论重视每个人的技能和知识并且都能各抒己见，团体的决策要远好于个体决策（Mesmer-Magnus & DeChurch，2009）。

美国伊利诺大学心理学系劳克林和艾达摩浦勒斯教授（Laughlin & Adamopoulos，1980，1996；Laughlin & others，2003）用各种智力任务证实了这一点。我们来看看其中的一个类比问题：

主张（assertion）对应于被反驳（disproved），正如行动（action）对应于

a. 被阻碍（hindered）

b. 被反对（opposed）

c. 不合法（illegal）

d. 被催促（precipitate）

e. 被挫败（thwarted）

很多大学生在独立作答时都选择了错误的答案，但在讨论之后都选择了正确的答案（被挫败）。而且，劳克林发现，如果一组中的6个人最初有2个人做对，那么2/3的时侯他们都能说服其他人。但如果最初只有一个人正确，那这“作为少数派的一个人”几乎有3/4的时候都不能说服其他人。当遇到棘手的逻辑问题时，三个、四个或者是五个人又比两个人能更好说服他人（Laughlin& others，2006）。

研究者（Warnick &Sanders，1980；Hinsz，1990）考察了在犯罪录影带以及工作面试中，目击证人报告的准确性，结果证实了多个头脑会好过一个头脑。群体目击者比起单独的个体给出了更为准确的描述。目击证人互动群体的报告准确性远高于证人单独报告的平均准确性。即便是让能力相近的人进行简单的知觉判断，两个人的成绩也好过一个人（Bahrami & others，2010；Ernst，2010）。当不确定自己是否看清时，体育裁判的明智选择是在裁决前商量一下。

铁互磨得以锋利，人切磋得以启智

——《圣经·箴言》，27:17

几个人的相互批评碰撞可以使群体避免某些认知偏见并且产生出一些高质量的点子（McGlynn & others，1995；Wright & others，1990）。在科学领域，不同观点的人合作的好处导致越来越多的“团队科学”诞生，科学出版物增加，尤其是那些引用率很高的文献，常常都是由多个学者合作完成（Cacioppo，2007）。

尽管公众认为面对面的头脑风暴法能比人们单独工作时产生更多的创意，但研究者们却并不这样认为（Paulus & others，1995，2000，2011；Stroebe & Diehl，1994）。公众普遍认为，当头脑风暴参与者们被告之“不要批评”的时候，头脑风暴法才最有成效。事实恰恰相反，鼓励人们讨论不同的想法，看来能激发人们的思想，使创造性思维延续到头脑风暴会议结束之后（Nemeth& others，2004）。

在群体中提出想法时，人们会更有成就感（部分是由于人们夸大自己对集体的贡献）。但是研究者却一次又一次地发现，单独工作的人们通常比在团队中工作能产生更多的好点子（Nijstad & others，2006；Rietzschel& others，2006）。庞大的头脑风暴群体尤其缺乏效率。根据社会懈怠理论，庞大的群体会导致某些个体对他人的努力成果搭便车。根据规范影响理论，大群体会使成员担忧说出古怪的想法。大群体还会导致他们“生产瓶颈”——在等待发言机会的过程中忘记了自己的想法（Nijstad & Stroebe，2006）。正如詹姆斯·沃森和弗朗西斯·克里克发现DNA的过程所示，质疑两个人的对话会有效地增进创造性思维。沃森后来回忆说，他和克里克就是因

为不是那些寻找破解基因密码的人中最杰出的，所以才能找到正确答案，因为最杰出的研究者“是如此聪明，根本不会听取别人的意见”（转引自 Cialdini，2005）。如果你认为自己是最有天赋的那类人，那为什么要去从别人那儿寻找答案呢？像沃森和克里克一样，心理学家丹尼尔·卡尼曼和阿莫斯·特韦尔斯基在探索直觉及其对经济决策的影响时也有相似的协作（见第 3 章以及下面的研究背后的故事：诺贝尔奖的背后）。

独行者步疾，结伴者行远！

——非洲格言

不过，心理学家布朗和保卢斯（Brown & Paulus，2002）提出了三种促进群体头脑风暴的方法：

- **将群体和个体的头脑风暴相结合。**他们的数据显示，先进行群体头脑风暴，再进行个体头脑风暴，比反过来进行和单独使用效果要好。在群体头脑风暴中产生了新想法后，个体可以继续思考，而不必受群体中每次只能有一个人发言所束缚。创造性工作小组通常规模较小，单独工作、成对工作和圆桌会议交替进行（Paulus & Coskun，2012）。
- **让小组成员通过书面互动。**让小组成员用书写和阅读来代替说和听，这样也可以解决每次只能听一个人意见的矛盾。布朗和保卢斯将这种传纸条和补充想法的过程称作“头脑写作”，这可以让所有人都能积极参与。（参见 Heslin，2009；Kohn & others，2011）。此外，当领导鼓励成员产生大量想法（而非仅局限于好想法）时，不仅想法会增多，好想法也会增加（Paulus & others，2011）。因此，不论头脑中出现什么样的想法，都把它写下来。
- **结合电子头脑风暴。**对于较大的群体而言，一个能更有效防止传统头脑风暴的口头交流发生“交通阻塞”的方法是：让个体利用联网的计算机来交流看法。

因此，当小组成员可以自由地结合他们的创意和不同见解时，常见的结果不是

研究背后的故事

诺贝尔奖的背后：三个臭皮匠顶个诸葛亮

1969 年的春天，我和在耶路撒冷希伯来大学的年轻同事特韦尔斯基（Amos Tversky）在午餐时碰了面，并分享了我们不断发生的错误判断。我们对人类直觉的研究就是从那时候开始的。

我对我们以前的合作很满意，不过这次更神奇。特韦尔斯基非常聪明，也十分风趣。我们能在长达几个小时的踏实工作中保持愉快的气氛。他工作时总是带着自信和优雅的气质，令人高兴的是，我现在的想法也与这些特征联系在了一起。当我们合作写出第一篇论文的时候，我非常清楚，它比我先前自己写的那篇要好很多。

我们所有的想法都是共有的。我们在一起完成了合作项目几乎全部的工作，包括设计问卷和撰写论文。我们的原则是把每一个分歧都讨论到解决，而且直到彼此都满意为止。

我们合作的最大乐趣——可能这就是合作的成功所在——来自于我们能够详尽地描述出彼此刚刚产生的想法：如果我表达了一个未成型的看法，我知道，特韦尔斯基一定会明白，甚至可能比我自己都要更明白些。而且如果这个看法有什么优点，他都非常清楚。

我和特韦尔斯基共同分享了合作的神奇，一只能下金蛋的鸡——我们联合的心智胜过我们各自分离的心智。我们是一个团队，而且这种关系已经持续了十年以上。我们获得诺贝尔奖就缘于那时我们紧密合作的成果。

丹尼尔·卡尼曼
(Daniel Kahneman)
普林斯顿大学，
2002年诺贝尔奖获得者

群体思维，而是群体的问题解决。群体智慧在实验室里和日常生活中都一样明显：

- 气象预报。“两个预报员一起协作会比他们中的任何一个单独工作时能作出更准确的预报，”最大的私人预报服务机构的董事长迈尔斯（Myers，1997）的报告如是说。2010 年，科学家预测夏季北极洋冰盖最小面积为 250 万到 560 万平方公里，其平均值 480 万平方公里几乎等于实际结果（Wiltze，2010）。
- *Google*。Google 利用詹姆斯·索罗维基（Surowiecki，2004）提出的“群体智慧”（the wisdoms of crowds），已经发展成为首要的搜索引擎。Google 把网页的链接解释为对该网页的投票，这些链接网页的关联度主要是根据它们的排名高低。利用网络的民主特性，Google 通常需要不到 0.1 秒就能把你带到你想去的网页。
- 游戏节目。在《谁想成为百万富翁》的游戏中，对于一个犯迷糊的参赛者最有价值的线索是去“求助观众”，通常观众的智慧总要优于参赛者的直觉。这是因为一群人的典型判断通常不会比单个人的典型判断差。
- “心中的人群”。类似地，同一个人不同猜想的平均值的正确性超过此人的单次猜想（Herzog & Hertwig，2009）。研究者（Vul & Pashler，2008）要求人们猜测回答事实性问题，如“世界上百分之几的飞机场在美国？”从而发现这一结果。在做出第一次回答后，研究者要求参与者猜第二次，或是立刻，或是在三周后。结果表明，“当你立即做出第二次回答时，你从自我推敲中的获益只是询问别人观点的人的 1/10，而当你在三周后作出第二次回答时，你从自我推敲中的获益是询问别人观点的人的 1/3。”
- 市场预测。从 1988 年的美国大选起，最后一轮的民意调查往往能较好地预测大选结果。另一个更好的预测大选结果的工具是爱荷华州的选举市场，在这个市场里，人们综合考虑目前的大选形势（包括民意调查），可以针对不同的候选人下注。另外还有一些预测市场，通过收集群体智慧对重大事件的最后走向做出推测，比如禽流感（Arrow & others，2008；Stix，2008）。

因此，我们可以得出这样的结论：当来自众人的不同信息综合在一起时，所有人一起就会变得比几乎任何一个单独的个体更聪明。某种程度上，我们就像天鹅群，其中任何一只都不具备完美的飞行能力，尽管如此，通过相互紧密地联结，一群天鹅的飞行航线可以达到十分精准。所以说，鸟群始终比一只鸟更聪明。

小结：群体思维：群体对决策的影响

- 对几大国际事件失败决策的分析表明，群体凝聚力可能会掩盖针对情境的真实评价。如果群体成员强烈地渴望一致，或是他们与相反的观点相隔绝，又或是领导暗示了自己的意愿时，尤其如此。
- 对和睦过分的关注，称为群体思维，其症状表现有（1）无懈可击的错觉（2）合理化（3）对群体道义无可置疑（4）对对方立场的刻板印象（5）从众压力（6）对疑虑的自我审查（7）一致同意的错觉（8）保护群体不受不愉快信息干扰的“心理防御”。对贾尼斯的群体思维模型的批评指出，该模型的某些方面（例如支配型领导方式）与错误决策的联系要大于其他方面（例如凝聚力）。
- 但是，无论是在实验中还是历史事实中，群体有时候也会做出英明的决策。这些案例说明了预防群体思维的方法：坚持公正无偏；鼓励“魔鬼”提出立场；分组然后一起讨论做出决策；寻求外部力量的投入；在执行决定之前召开“第二次机会”的会议。
- 对于群体问题解决的研究表明，群体能比个体更正确；如果群体的规模很小，或者大群体中个体的头脑风暴在群体的头脑风暴之后进行，群体也能提出更多的好想法。

少数派影响：个体对群体的影响

> 解释个体会在什么情况下，以什么样的方式影响所在的群体。确定哪些因素会影响个体发挥作用。

社会影响这一篇的每一章都提醒我们个体所具有的力量。我们看到：

- 文化背景塑造了我们，但我们也帮助创造并选择了这些背景。
- 从众压力有时会战胜我们更好的判断，但公然的压力会激起逆反心理，从而坚持自己的个性与自由。
- 说服的力量确实很强，但我们可以通过公开承诺和预估说服的感染力来抵制被说服。

本章已经强调了群体对个人的影响，因此我们以个体如何影响他们所在的群体来收尾。

本章开篇我们讨论了电影《十二怒汉》，一位孤立的陪审员最终说服了其他 11 位陪审员。尽管法庭很少出现这种场面，但大部分社会运动最初都是由一小部分人主导，最终才变成多数人的运动。爱默生写道，“所有的历史都是记录少数派甚至一个人单打独斗力量的历史”。想想哥白尼、伽利略、马丁·路德·金和苏珊·安东尼。美国民权运动也是由一名美国黑人妇女帕克斯点燃的，她在阿拉巴马蒙哥马利的一辆公共汽车上，拒绝让出自己的座位。科技发展史也是由一小部分具有创新精神的人所谱写的。正如富尔顿改良他的轮船——“富尔顿的愚行”——后所忍受世人的嘲笑：“在我的道路上从没有任何鼓励的评论、明朗的希望和温馨的祝愿”（Cantril & Bumstead, 1960）。事实上，如果少数人的观点从来都没能占上风，历史将是一潭死水，什么也不会改变。

什么因素能使少数派具有说服力？施莱辛格为使肯尼迪等人考虑他对袭击猪湾的质疑，又该做些什么？由法国巴黎大学心理学教授莫斯科维斯（Serge Moscovici）在巴黎进行的实验证实了少数派影响的几大决定因素：一致性、自信和背叛。

一致性

比起摇摆不定的少数派，那些坚持自己立场的少数派更具有影响力。莫斯科维斯及其助手（Moscovici，1969，1985）发现，如果少数人一致认为蓝色幻灯片是绿色的，那么占大多数的成员偶尔也会表示赞同。但如果这少部分人摇摆不定，认为其中 1/3 的蓝色幻灯片是蓝色的，而其他的是绿色的，那么事实上多数派中没有一个人会同意“绿色”。

> 如果一个人不屈不挠地坚信自己的才能，并且一直坚持，那整个世界就是他的。
>
> ——爱默生，《爱默生文选》，1849

实验表明——经验也证实——不从众，特别是一直坚持不从众，结果往往很痛苦。成为一个群体中的少数派也会让人很不舒服（Levine，1989; Lucken& Simon，2005）。这可以用于解释少数派缓慢效应（minority slowness effect）——相对于多数派，少数派往往更慢地表达他们的观点（Bassili，2003）。如果你决定做爱默生所说的一个人的少数派，你必须准备好接受嘲弄——特别是你所提出的观点与大多数人息息相关，并且群体正试图就某一问题达成一致时（Kameda & Sugimori，1993；Kruglanski & Webster, 1991; Trost & others, 1992）。即使多数派知道反对的人在事实或道德上正确，他们可能仍会讨厌此人，除非他们改变自己的立场（Chan & others，2010）。

人们或许会认为你提出异议是由于心理反常（Papastamou & Mugny，1990）。当加州大学洛杉矶分校的心理学教授内梅斯（Nemeth，1979，2011）将两个人安排在一个模拟陪审团中，并让他们反对大多数人所提的意见时，这俩人确实变得不受欢迎。尽管如此，多数派公认这两人的坚持比其他任何东西都更能促使他们重新考虑自己的立场。相比多数派影响常激发不假思索的同意，少数派影响会激起更深刻的讨论，并且会提升创造力。（Kenworthy & others，2008；Martin & others，2007，2008）。

拥有不同种族朋友或者处于多种族讨论群体之中的大学生，过分简单的思维更少（Antonio& others，2004）。自己群体内产生的异议，会使人们获得更多的信息，以新的思路思考问题，并且常常会做出更好的决策（Page，2007）。内梅斯认为，个体并不需要通过辩赢朋友来影响他人，他引用王尔德（Oscar Wilde）的话说："我们不喜欢任何类型的争论；它们庸俗但又常令人信服。"

一些成功的公司已经认识到创新有时候是由少数派的观点引起，然后可以带来新思想，同时也激励同事们用一种新的方式思考问题。以崇尚"尊重个体的原创力"而闻名的3M公司就鼓励员工进行大胆的想象。报事贴便笺纸就是3M公司的化学家西尔弗尝试创制强力胶失败的产物。3M公司的另一位化学家弗赖伊在没能用小纸片给自己的赞美诗集作记号的时候，就想到"需要一种边缘有贴纸的书签。"即使这样，最终还是这些少数派的观点赢得了挑剔的市场（Nemeth，1997）。

自　信

一致性和坚持性是自信的表现。而且，内梅斯和瓦赫特勒（Nemeth & Wachtler，1974）报告说，少数派表达自信的任何行为——例如，坐在席位的上座——都会使多数派产生自我怀疑。通过坚定有力的行为表现，少数派明显的自我支持会促使多数派重新考虑他们的立场。当事关观点而非事实时，尤其如此。意大利帕多瓦大学的心理学教授马斯及其同事（Maass & others，1996）的研究表明，在关注事实（"意大利大部分的原油是从哪个国家进口的？"）的时候，少数派的说服力没有其关注态度（"意大利大部分的原油应该从哪个国家进口？"）的时候强有力。

背叛多数派

坚持己见的少数派会打破任何的一致同意错觉。当少数派对多数派的判断力提出质疑后，多数派的成员往往能更加自由地表达他们自己的疑虑，甚至会倒向少数派的立场。可是你知道对于一名孤独的背叛者，一开始同意多数派的观点，重新思考后提出异议，情况会如何？莱文（Levine，1989）研究匹兹堡大学的学生发现，如果少数派中的某个人是从多数派中投奔过来的，那么他会比那些自始至终居于少数派的人更有说服力。内梅斯发现，与《十二怒汉》的情节不同，在她的模拟陪审团实验中，一旦开始出现背叛行为，其他人常常也会紧紧追随，产生滚雪球效应。

这些加强少数派影响的因素是否只对少数派起作用呢？纽约大学的心理学教授沃尔夫等人（Wolf & Latané，1985；Wolf，1987）以及克拉克（Clark，1995）认为并非如此。他们指出，同样的社会力量对多数派和少数派都起作用。信息影响（通过有说服力论据）和规范影响（通过社会比较）同时可以增强群体极化和少数派影响。如果一致性、自信和背叛能使少数派得到加强，那么这些变量也能加强多数派。任何立场的社会影响力取决于它的力量、即时性以及支持者的数量。

在强调个体对群体影响的同时，还存在这样一种有趣的现象。直到最近，这种少数派能够动摇多数派的观点其本身就是社会心理学领域少数人的看法。尽管如此，通过不懈而有力地提出这种观点，莫斯科维斯、内梅斯、马斯、克拉克和其他人已经说服了群体影响研究中的多数人：少数派影响是一个值得研究的现象。而且这些少数派影响的研究者们对这一领域产生兴趣的原因也许并不会让我们吃惊。马斯（Maass，1998）成长在二战后的德国，在听完祖母对法西斯的描述后，她对少数派如何影响社会变革产生了兴趣。内梅斯（Nemeth，1999）对此产生兴趣是源于当她作为访问教授在欧洲与“泰菲尔和莫斯科维斯一起工作”的时候。“我们三个都是‘局外人’——我是一名在欧洲的美籍罗马天主教女性，她们两个都是在二战中活下来的东欧犹太人。对价值观的敏感性以及为了少数派意见的抗争研究成了我们的主要工作。”

领导是否属于少数派影响

1910 年，挪威人和英国人开始了前往南极的宏伟之旅。由探险家阿蒙森有效领导的挪威人成功地到达了南极。而英国人由于斯科特领导无方而没能成功，斯科特和三名队员遇难。阿蒙森形容容**领导**（leadership，也译作“领导力”）就是特定个体动员和引导群体的过程。

有些领导者是正式任命或选举产生的，而有些是在群体交流中非正式地产生的。怎样能产生好的领导往往取决于情境——领导工程队的最佳人选可能并不是销售队伍的好领导者。有些人能出色地担任**任务型领导**（task leadership）——组织工作、设置规范、聚焦于目标的实现。而另一些人能出色地担任**社会型领导**（social leadership）——建立团队、调解矛盾、表达支持。

任务型领导通常是支配型的——如果领导能够睿智地发出指令就能很好地完成工作（Fiedler，1987）。由于是目标取向的，这样的领导者会将群体的注意力和努力都放在任务上。实验表明，特定的、有挑战性的目标再加上周期性的进程报告会促进高成就的实现（Locke & Latham，1990，2002，2009）。

社会型领导通常具有民主风格——他们代表了权威，接纳团队成员的意见，并且像我们看到的那样，能避免群体思维。很多实验表明这种领导风格有利于鼓舞士气。群体成员在参与决策时通常表现出更高的满意度（Spector，1986；Vanderslice & others，1987）。如果对员工的任务加以控制，他们也会更受鼓舞去获取成就（Burger，1987）。

如果能有机会在决策过程中发言，人们会对决策结果表现更积极（van den Bos & Spruijt，2002）。因此，看重群体感受并且为成就感到骄傲的人们，会在民主型领导和参与式管理下蓬勃发展。在许多商业运营向参与式管理——一种在瑞典和日本普遍的管理模式——迈进的过程中，我们可以看到这种民主型领导（Naylor，1990；Sundstrom & others，1990）。另外，女性比男性更惯于采用民主型领导（Carli & Eagly，2011；Eagly & Johnson，1990）。综合 118 项研究的数据表明，女性比男性更主张人人平等，反对社会等级制度（Lee & others，2011）。

一度流行的“伟人”领导理论——所有的优秀领导都具有某些特质——被人们抛弃了。现在我们知道，有效的领导风格更强调“我们”而非“我”。有效的领导者代表群体同一性，并负责对其进行提升和维护（Haslam & others，2010）。知道自己该做什么的下属可能会讨厌任务型领导，但不知道的下属或许会欢迎。但是最近，社会心理学家们又开始关注，是否可能存在某些品质是很多情境下的优秀领导都共有的（Hogan & others，1994）。英国社会心理学家史密斯和泰博（Smith & Tayeb，

参与式管理，例如这里的“质量圈”，需要的是民主的而不是独裁的领导。

1989）报告说，在印度、伊朗和中国台湾地区进行的研究，都发现在矿区、银行和政府办公室的优秀主管在任务型和社会型领导上的得分都很高。他们既主动关注工作的进展，同时对下属的需要也很敏感。

研究还表明，许多实验室群体、工作团队和大型公司的有效领导者都表现出了能令少数派观点具有说服力的行为。这样的领导者靠不懈坚持自己的目标来赢得信任。他们常常流露出自信的领导气质来赢得下属的忠诚（Bennis，1984；House & Singh，1987）。有效的领导者通常会对事件的理想状态拥有吸引人的愿景，尤其是当集体面临压力的时刻（Halevy & others，2011）。他们还能用简单明晰的语言与其他人就此进行交流，并有足够的乐观精神和团队信念激发他人信服自己。占据社会统治地位、有影响力的个体似乎也都很有能力（不论他们实际上是否能胜任），这是由于他们通过大量交流表现得很有能力（Anderson & Kilduff，2009）。

研究者在对 50 个荷兰公司的分析中发现，在士气最高的企业里的行政总裁最能激发他们的同事“为了集体超越自身利益”（de Hoogh & others，2004）。这种领导风格——**转变型领导**（transformational leadership）——激励他人认同并承诺完成团队工作任务。转变型领导中的绝大多数都是有魅力、充满活力、自信而且外向的，他们通常会阐明他们的高标准，激励人们分享他们的愿景，并提供人际关注（Bono & Judge，2004）。在组织中，这类领导风格最经常的结果是形成参与度高、相互信任和有效率的工作团队（Turner& others，2002）。

事实上，群体也会影响他们的领导者。有时候，那些站在群众最前方的人已经察觉到了事态的走向。政治候选人知道怎样从民意测验中得知民众的态度。能够代表群体观点的人更有可能被选为领导者；而一个过于偏离群体规范的领导者往往会被抵制（Hogg & others，1998）。明智的领导者通常与多数派站在一起，并且谨慎地施加自己的影响。加州大学戴维斯分校著名的心理学家西蒙顿（Simonton，1994）指出，在个别的情况下，恰当的特质与恰当的情境相匹配，可以产生出改写历史的伟大人物。丘吉尔、撒切尔、托马斯·杰斐逊、马克思、拿破仑、林肯或马丁·路德·金等伟大人物的诞生，都需要有恰当的人恰当的地点和恰当的时间。当才智、技术、决心、自信和社会领导气质巧妙地结合在一起，并遇上难得的机会，那么结果就会是冠军、诺贝尔奖或是社会革命。

聚焦

转变型社区领导

在第二次世界大战期间及之后的 20 年中，沃尔特和伍德沃茨是华盛顿《班布里奇岛日报》的所有人和主编，他们可以作为转变型（一致的、自信的和鼓舞人心的）领导的典型案例。1942 年 3 月 30 日,《班布里奇日报》报道，在西海岸近 12 万名日裔侨民被重新安置到拘留营里。在为期 6 天的通知和武装警卫的护送下，他们登上渡船送往外地，只留下码头上含泪的朋友和邻居（其中有一个人是他们的保险代理人，那是我的父亲）。“在那里，面对他们自 12 月 7 日（珍珠港事件那天）以来的良好表现，面对他们应有的公民权利，面对他们应征入伍的亲属，面对美国的礼仪之道，还有任何理由开脱这项专横而仓促的疏散命令吗？”伍德沃茨（Woodwards，1942）在班布里奇的报纸上发表了上述社论。在整个战争期间，西海岸的报社编辑里仅有伍德沃茨一直持续表示反对拘留日裔侨民。他们还聘请他们的前兼职雇员欧塔克，每周撰写专栏，描写流离失所的岛民。欧塔克和其他记者报道了“肺炎袭击‘爷爷库拉’”和“第一个岛上婴儿在曼札纳出生”，他们以这样的方式提醒那些归家的人记住失散的邻居，并准备为他们最终返回故园表示欢迎——与此形成鲜明对比的是其他西海岸地区的报纸的偏见，它们对待返回西海岸社区日裔侨民的态度是支持拘留和煽动敌意。

伍德沃茨在经受住了一些严厉的反对之后，因为他的勇气得到许多荣誉，他的事迹被写成书和拍成电影《爱在冰雪纷飞时》（Snow Falling on Cedars）。2004 年 3 月 30 日，在渡口树立了国家纪念碑，曾拘捕于此的日裔社区主席弗兰克宣布，“这也是为了纪念沃尔特和伍德沃茨，以及其他支持我们的人……”还有那些冒着被人污蔑不爱国的风险而反对强制搬迁的人们。“沃尔特伍德沃德说，如果可以禁止日裔美国人的权利，也就可以禁止蓝眼睛的美国人的权利。”有感于伍德沃茨的转变型领导，古巴记者欧塔克（Ohtaki，1999）指出，“班布里奇岛没有像其他地方一样敌视返回的日裔，我认为这在很大程度上是因为伍德沃茨。”后来他问伍德沃茨，“你能放弃这样做，免得引起一些读者的愤怒，为什么还要坚持？”他总是回答，“因为这么做是正确的。”

1942年3月，274名岛民成为二战期间12万名遭受拘捕的第一批日裔移民。62年以后，集中营改建成国家纪念馆（Nidoto Nai Yoni——让这一切不再发生），让我们记住那些拘留于此的平民和那些支持他们，并准备欢迎他们回归故里的转变型领导人。

小结：少数派影响：个体对群体的影响

- 尽管多数派的意见往往占上风，但有时候少数派能影响甚至推翻多数派的立场。即使多数派不接受少数派的观点，少数派的讲话仍然可以增加多数派的自我怀疑，促使他们考虑其他可替代的办法，这往往会导致更好、更有创意的决策。
- 在实验中，当少数派具有一致性并且坚持自己的观点，行动传递着自信，引起多数派的背叛时，少数派的影响力最大。
- 任务型领导与社会型领导，正式和非正式群体的领导者往往表现出不同的影响力。那些朝着既定目标坚持不懈并且表现出自信领导气质的人们，通常能赢得信任并鼓舞其他人追随自己。

后记：

群体的利弊

我必须承认，读者对群体影响这一主题有选择地阅读会产生这样一种印象，那就是认为总体而言群体是不好的。在群体中，我们容易被煽动，更有压力，也更紧张，在复杂任务中更易出错。沉浸在给我们提供匿名权的群体中，我们更容易虚掷光阴或者由于去个体化而释放出最糟糕的冲动。政治暴行、私刑、团伙暴力和恐怖分子都是群体现象。群体讨论常常会使我们的观点极化，增强种族主义和敌对主义。它还可能压制异议，产生出导致灾难性决策的一致性的群体思维。难怪我们会颂扬那些为了真理和公正而站出来的个体——由一个人组成的少数派，也就是那些独自反对群体的人。群体看上去实在是极其糟糕。

所有这些都是真实的，但这只是真相的一半。另一半是，作为社会动物，我们是群居生物。就像我们的远祖一样，我们为了生活资料、支持和安全感而相互依靠。而且，当我们的个体倾向十分积极时，群体交流能使我们变得更好。在群体中，奔跑者会跑得更快，观众会笑得更大声，捐赠者会更加慷慨。在自助的群体中，人们可以增强自己戒酒、减肥和努力学习的决心。在志趣相投的群体中，人们会将自己的精神意识扩大化。“有时候精神层面的真诚交流在很大程度上有利于心灵的健康，”15 世纪的牧师坎佩斯（Thomasa Kempis）观察后这样说道。当人们的信念“相遇、交谈并共同交流”时，尤其如此。

根据群体扩大或放任自流的方向，群体可以极其糟糕，也可以极其美好。所以我们最好能明智而有目的地选择我们的群体。

第三编

社会关系

社会心理学是研究人们相互之间思考、影响和联系过程的科学。在探讨了我们彼此理解（第一编）和影响（第二编）的过程之后，我们现在来考虑人们彼此的联系过程。我们对人们的感受和行为有时是负性的，有时是正性的。第 9 章“偏见：不喜欢他人”和第 10 章“攻击：伤害他人”分析了人际关系中丑陋的一面：为什么人们不喜欢，甚至讨厌彼此？我们何时、为何彼此伤害？然后在第 11 章“吸引与亲密：喜欢他人和爱他人”和第 12 章“利他：帮助他人”中，我们要探讨社会关系美好的一面：为什么我们会喜欢或者爱上某一个人？为什么我们会为朋友或陌生人提供帮助？最后，在第 13 章“冲突与和解”中，我们要思考社会冲突是如何发展的，以及如何才能公正、和平地解决这些冲突。

第 9 章

偏见：不喜欢他人

偏见是一种没有明显依据的易变的观点。

——安布罗斯·比尔斯，《魔鬼词典》，1911

偏见以多种形式显现——喜欢自己的群体，不喜欢其他一些群体，如：喜欢“东北部的自由主义者”或“南部的山地人”，讨厌阿拉伯“恐怖分子”或美国“异教徒”，讨厌那些矮小、肥胖或丑陋的人。

思考以下例子：

- *宗教*。在“9·11”事件和伊拉克、阿富汗战争发生后，国家认同感强烈的美国人表达了对阿拉伯移民极度的反感（Lyons & others, 2010）。如果求职者是穆斯林，很多主管倾向于不予录用或低薪录用（Park & others, 2009）。在欧洲，大部分非穆斯林人士表达了对“伊斯兰极端主义”的担忧，觉得穆斯林和西方人关系不好（Pew, 2011）。中东穆斯林对西方人的看法也很消极，认为西方人“贪婪”而且“缺乏道德”，他们还经常报道不相信阿拉伯人制造了“9·11”事件（Wike & Grim, 2007; Pew, 2011）。
- *肥胖*。在寻求爱情或工作时，肥胖者，尤其是超重的白人妇女，前途黯淡。在若干相关的研究当中，肥胖者结婚更少，只能获得低级的或不大好的工作，收入也更低（Swami & others, 2008）。在实验研究中（让一些人扮成肥胖者），人们都认为肥胖者缺乏魅力，不太聪明，不太快乐，没有修养，不够成功（Gortmaker & others，1993；Hebl & Heatherton，1998；Pingitore & others，1994）。事实上，体重歧视明显超过了种族或性别歧视，它表现在就业的每一个环节中——雇用、分工、晋升、薪酬、奖惩和解雇（Roehling，2000）。对肥胖者的负面印象和歧视可以解释为什么他们很少（与普通人相比）成为大公司的 CEO（Roehling & others，2008，2009，2010）。肥胖的儿童更可能受同伴欺负，他们长大成人后也更可能会抑郁（de Wit & others, 2010; Lumeng & others, 2010; Luppino & others, 2010; Mendes, 2010）。

- 性取向。很多年轻的同性恋者——一项全英调查中三分之二的同性恋中学生——报告说曾遭到过非同性恋者的欺辱（Hunt & Jensen，2007）。美国青少年健康纵向研究显示，与普通青少年相比，同性恋青少年在学校和法庭上更可能受到严厉惩罚，尽管他们更少发生严重的不当行为（Himmelstein & Brückner, 2011）。而且，在英国有五分之一的成人女同性恋者和男同性恋者报告曾遭受暴力惩罚或者人身攻击（Dick，2008）。在美国的一项调查中，20% 的同性恋者和双性恋者仅因性取向不同就曾遭受财产或人身攻击，并且一半的人曾受到言语攻击（Herek，2009）。
- 年龄。人们对老年人的印象通常是脆弱、缺乏能力并且效率低下。这导致他们倾向于像对待孩子那样居高临下地对待老年人，比如用娃娃腔和老年人说话，这会使老年人的胜任感与行为能力下降（Bugental & Hehman，2007）。
- 移民。越来越多的文献表明，德国人对土耳其人，法国人对北非人，英国人对西印度人和巴基斯坦人，美国人对拉美移民存在偏见（Pettigrew，2006）。我们将看到，导致种族偏见和性别偏见的因素同样会导致对移民的偏见（Pettigrew & others，2008；Zick & others，2008）。

偏见的本质和作用

理解偏见的本质，以及“偏见”“刻板印象”和“歧视”之间的区别。

偏见不同于刻板印象和歧视。社会心理学家探讨了当今社会存在的歧视，以及偏见的不同表现形式。

偏见的界定

偏见、刻板印象、歧视、种族歧视、性别歧视——这些术语往往相互混淆。让我们来澄清这些概念。上述的各种情况，正好都涉及了对某些群体的负面评价。这正是**偏见**（prejudice）的本质：对一个群体及其成员负面的预先判断。[（有些偏见定义也包含了积极的预先判断，但在应用“偏见”一词时几乎都指消极的——正如奥尔波特在其经典著作《偏见的本质》（*The Nature of Prejudice*）中所界定的那样，“基于错误和顽固的概括而形成的憎恶感”（Allport，1954，p.91）。]

偏见是一种态度。正如我们在第 4 章所看到的，态度是情感、行为倾向和信念的某种独特结合。这一结合的产物是态度的 ABC 理论：情感（感情）[affect（feelings）]，行为倾向（behavior tendency），认知（信念）[cognition（beliefs）]。一个存有偏见的人，可能不喜欢那些与自己不同的人，歧视他人，并认为他人无知而危险。

负面评价是偏见的标志，它通常源自被称为**刻板印象**（stereotype）的负性信念。刻板印象是一种概括性的看法。为了简化世界，我们概括出：英国人保守；美国人开朗；教授则心不在焉。下面列举了近期研究中所揭示出的广泛存在的刻板印象：

- 在 20 世纪 80 年代，与那些以“小姐”（Miss）或“夫人”（Mrs.）自称的女子相比，采用“女士”（Ms.）作为头衔的女子显得更为自信，更有抱负（Dion，1987；Dion & Cota，1991；Dion & Schuller，1991）。现在“女士”一词的使用更加普遍，因此刻板印象也变化了。那些保留自己姓氏的已婚女子被认为更加自信，更有抱负（Crawford & others，1998；Etaugh & others，1999）。
- 公众舆论调查显示，欧洲人对其他欧洲国家的人具有明确的观念。他们认为德国人相对刻苦勤劳，法国人喜欢安逸享乐，英国人情感淡漠并且不易激动，意大利人多情，荷兰人可靠。[这一研究结果出自阿姆斯特丹大学的威廉·库门和米基尔·巴尔（Koomen & Behler，1996），你可以相信该结果可靠。]
- 欧洲人还认为欧洲南部的人比欧洲北部的人更易动感情，效率比较低（Linssen & Hagendoorn，1994）。甚至很多国家都存在“南方人更善于表达”这样的刻板印象。詹姆斯·潘尼贝克及其同事报告说（Pennebaker & others，1996），20 个北半球国家（不包括南部的 6 个国家）的人们都认为本国的南方人比北方人更善于表达。

熟悉的刻板印象：所谓天堂，是一个有着美国式房屋、中国食物、英国警察、德国汽车和法国艺术的地方。所谓地狱，是一个有着日本式房屋、英国食物、德国艺术和法国汽车的地方。

——黎岳亭报告的一段轶事（Lee, 1996）

这样的概括或多或少是真实的（而且并不总是负面的）。老年人确实更加虚弱。北半球靠南部的国家暴力事件发生率的确更高。有报告说，这些国家的南方人的确比北方人更善于表达。就不同性别、种族和阶层背景学生的成绩差异而言，老师们的刻板印象往往能真实地反映现实（Madon & others，1998）。正如贾逊等人（Jussim，McCauley，& Lee，1995）指出的那样，“刻板印象可能是积极的，也可能是消极的；可能准确，也可能不准确。”准确的刻板印象甚至是我们所期望的。我们称其为“差异敏感性”或“多元世界中的文化觉知”。形成英国人比墨西哥人更关心守时的刻板印象，就可以理解为使摩擦最小化，在每一种文化下该期望什么以及该如何行动。贾逊（Jussim, 2012）说，“准确的数量远大于偏见，（对他人进行判断的）社会知觉之杯已经装满约 90% 了”。

当刻板印象过度概括或明显不对时，这 10% 的刻板印象就会出问题。假如说美国享受福利的人大多数是非裔美国人，这一概括就有些过分，因为事实并非如此。与有伴侣的人相比，单身者责任感较差，且更加神经质，就如某项德国研究所显示的。这种观念也是错误的，因为事实并非如此（Greitemeyer, 2009）。认为残疾人缺乏能力和性欲，就如另一项研究中的俄勒冈州人，这也是对事实的歪曲（Nario-Redmond, 2010）。污蔑肥胖者迟钝、懒惰散漫也是不准确的（Puhl & Heuer, 2009, 2010）。认为穆斯林都是恐怖分子，牧师都是恋童癖，福音教徒憎恨同性恋，这些都是从极端个案做出的过度概括。

偏见是一种负面态度；**歧视**（discrimination）是一种负面行为。歧视行为的根源往往在于偏见（Dovidio & others，1996；Wagner & others，2008）。一项研究为此提供了很明显的证据，研究者向洛杉矶地区 1 115 套空公寓的房东发去了电子邮件。在回复的邮件中，署名为“Patrick McDougall”的回复率为 89%，署名“Said Al-Rahman”的回复率为 66%，署名为“Tyrell Jackson”的回复率为 56%（Carpusor &

Loges，2006）。其他研究者也做了很多类似研究。4 859 位州议员在 2008 年大选前夕收到电子邮件，询问怎样登记投票。“杰克·穆勒”比“德肖恩·杰克逊”收到更多回信，但少数种族议员给“杰克·穆勒”的回信更少（Butler & Broockman, 2011）。同样，与收到自己种族的某个人（例如，特拉维夫市的约阿夫·马若姆）错发的邮件相比，犹太以色列学生收到来自阿拉伯地区的某个人（例如，阿什杜德的穆罕默德·尤尼斯）错发的邮件时更少会提醒对方（Tykocinski & Bareket-Bojmel, 2009）。

但是，正如第 4 章所强调的，态度和行为常常松散地联结在一起。偏见性的态度并不一定会滋生敌意行为，同样，并非所有的压迫都源于偏见。**种族歧视**（racism）和**性别歧视**（sexism）是制度性的歧视举动，即使在没有偏见意图的时候也如此。在一家全部为白人的公司里，假如面试招聘确实排除了潜在的非白人雇员，那么，即使雇主并无歧视之意，但这一惯例也可以称为种族歧视。男性居多的职位，其招聘信息会使用男性刻板印象相关的词语（例如，“我们是一家占主导地位的工程公司，现招聘能适应激烈竞争环境的员工”）；女性居多的职位，其招聘信息则恰恰相反（“要求能够敏锐感知客户需求，并与其建立友好的客户关系”）。这样就可能导致制度性的性别歧视。虽然并非有意地歧视，但性别化的语言却会产生性别不平等（Gaucher & others, 2011）。

偏见：微妙形式和公开形式

偏见为我们的双重态度系统（见第 2 章）提供了最好的证据。我们对同一个目标可以同时拥有完全不同的外显（有意识的）态度和内隐（无意识、自动的）态度，500 项利用“内隐联结测量”的研究证明了这一点（Carpenter，2008）。第 2 章曾提到这个测验，已有 600 万人在网上参加过该测验，评价他们的“内隐认知”——你知道你不知道自己知道的内容（Greenwald & others，2008）。这个测验主要是测量人们联想的速度。正如我们从“锤子”联想到“钉子”要快于从“锤子”联想到“木桶”，这个测验可以测量出我们从“白色”联想到“好”要比从“黑色”联想到“好”快多少。我们可能保留了小时候对某些人习惯性自动产生的恐惧或厌恶，而他们现在变成了我们敬畏或钦佩的对象。尽管外显态度通过教育可能会发生巨大变化，但内隐态度会持续存在，只有通过不断地练习从而形成新的习惯才会改变（Kawakami & others，2000）。

> 尽管我们（有意识）的想法处于恰当的位置，而且也确信自己没有偏见，但我们的内心却并非如此。
>
> ——偏见研究者约翰·道维迪奥，《时代周刊》，2009

俄亥俄州立大学和威斯康星州大学（Devine & Sharp，2008）、耶鲁大学和哈佛大学（Banaji，2004）、印第安纳大学（Fazio，2007）、科罗拉多大学（Wittenbrink，2007；Wittenbrink & others，1997）、华盛顿大学（Greenwald & others，2000）、弗吉尼亚大学（Nosek & others，2007）和纽约大学（Bargh & Chartrand，1999）的研究者开展的一系列实验已经证明，偏见和刻板印象可以在人们的意识之外产生。上述实验通过快速闪动文字或者面孔来“启动”（自动激活）对于种族、性别、年龄的刻板印象，实验者在这种刻板印象的影响下可能会在行为上产生偏差，而这一过程均发生在意识之外。比如，参与者启动了有关非裔美国人的刻板印象后，可能对研究者（故意的）恼人要求产生更多敌意的回应。

批评者指出，内隐联想测验在评价和描述个体时缺乏效度（Blanton & others, 2006, 2009）。该测验更适用于实验研究，例如某些研究表明内隐偏见可以预测行为，范围从友好行为到工作评价（Greenwald & others, 2009）。2008 年美国总统选举时，内隐偏见和外显偏见都预测选民会支持奥巴马，而选举又反过来在一定程度上降低了选民对奥巴马的内隐偏见（Bernstein & others, 2010; Payne & others, 2010）。

到目前为止，我们已经概述了有意识的外显偏见和无意识的内隐偏见之间的区别，接下来要了解一下有关偏见的两个常见形式：种族偏见和性别偏见。

种族偏见

在全世界来看每个种族都是少数群体。例如，非西班牙裔的白人仅占全世界人口的 1/5，不到半个世纪之后，该比例将会变成 1/8。由于过去两个世纪的迁徙和移民，世界各民族现在互相融合，有时彼此敌对，有时又友好相处。

对一位分子生物学家而言，肤色只是一个微不足道的人体特征，它受种族之间微小的基因差异所控制。而且，自然界并不按纯粹界定的类别来区分种族。将奥巴马标定为“黑人”的是我们人类而非自然界。

多数人看到其他人身上的偏见。在 1997 年盖洛普的一项调查中，美国白人估计他们的同伴中有 44% 的人偏见很深（在 10 点量表上得分为 5，甚至更高）。有多少人给自己也打高分呢？只有 14%（Whitman, 1998）。

种族偏见是否正在消失

一方面是感受到无所不在的顽固偏见，另一方面是认为自己没有什么偏见，到底哪种认识正确？种族偏见正在成为历史吗？

种族态度可以非常迅速地发生改变。

- 1942 年，大部分美国人赞同“应该在公共汽车和电车上为黑人设置隔离区”（Hyman & Sheatsley，1956）。事到如今，这样的问题会显得稀奇古怪，因为如此明目张胆的偏见差不多已经销声匿迹了。
- 1942 年，不到 1/3 的白人（南部只有 1/50）支持取消学校种族隔离；到 1980 年，支持取消学校种族隔离的占到 90%。
- 1958 年，美国各种族中仅有 4% 的人赞成黑人和白人结婚；到 2011 年，这一比例为 86%（Jones, 2011）。

自 1942 年以来的岁月是多么的短暂，即使自奴隶制实施的日子开始算，经历的也不过是历史长河中的瞬间，因此，这种变化确实是天翻地覆的。在英国，公开的种族偏见也骤然减少，如反对跨种族婚姻和反对少数种族担任领导的人数急剧下降，特别是在年轻人中（Ford，2008）。

自 20 世纪 40 年代以来，非洲裔美国人对自己种族的态度也发生了变化，虽然在 40 年代，如克拉克等人（Clark & Clark，1947）所指出的那样，许多非洲裔美国人都怀有反黑人的偏见。美国最高法院在 1954 年做出了历史性的决定，宣布隔离学校违背宪法。法院当时发现了一个值得注意的事实——当非裔美国儿童有机会在黑人玩偶和白人玩偶之间做出选择时，多数人选择的是白人玩偶。在 20 世纪 50~70 年代所进行的研究中，黑人儿童喜欢黑人玩偶的可能性一直在增加。同时，成年黑人开始认为在诸如智力、懒惰和可靠等特质方面，黑人与白人非常相似（Jackman & Senter，1981；Smedley & Bayton，1978）。

> 我在感到欣喜的同时还要表达我由衷的感谢，感谢你对美国反种族歧视所作出的贡献。
>
> ——1954 年最高法院决定废止学校种族歧视之后，纽约城市大学校长布埃尔·加拉格尔致肯尼斯·克拉克的一封信

埃米塔·埃齐奥尼（Etzioni，1999）指出，不同种族的人们具有很多相同的态度和志向。每 10 名黑人和白人当中，有 9 人以上表示他们愿意投票给黑人总统竞选者。

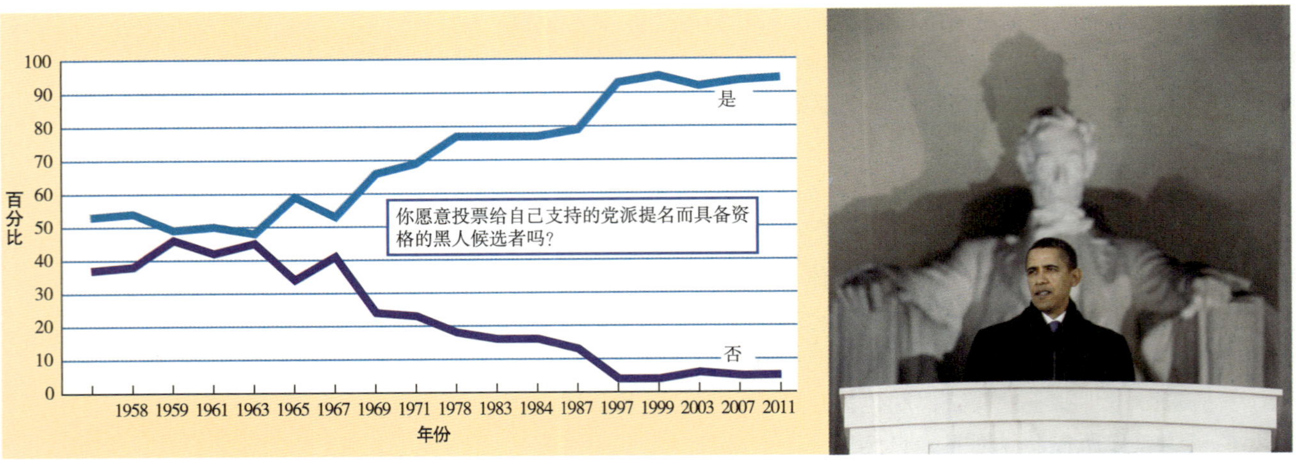

图 :: 9.1

1958~2011 年美国白人种族态度的变迁

阿伯拉罕·林肯幽灵般地拥抱着巴拉克·奥巴马，形象地体现了奥巴马的名言“我们所能相信的变革”。两天之后，奥巴马站在奴隶们用双手建造的台阶上，把手放在林肯就职典礼用过的圣经上，发表《最神圣的宣誓》的演讲——他回忆，“也许 60 年前他父亲还不能在一家当地餐厅工作”。

资料来源：Data from Gallup Polls (brain.gallup.com).

两个群体中，10 人中有 8 人以上都赞同“高中毕业的学生必须了解将美国人民联系在一起的共同历史和思想”。两个群体中大约有类似比例的人追求“公正对待所有人，毫无偏见或歧视”。两组人当中都有约三分之二的人认为道德和伦理标准在下降。埃齐奥尼指出，正是这些共同的想法，才使得美国和西方大多数民主国家避免了种族部落制的伤害，导致科索沃和卢旺达分裂的正是种族部落制。

那么，我们是否可以就此得出结论，种族偏见已经在美国、英国和加拿大这样的国家里消失了呢？ 2009 年一年当中，在有记录的仇视犯罪案件里，6 604 名犯罪者显然仍持有偏见（FBI，2008，2009）。如图 9.1 所示，极少数白人还存有偏见，不愿意投票给黑人总统候选人。根据一项对投票者种族态度和政策态度的统计分析，如果没有种族偏见的话，在 2008 年的总统大选中，奥巴马会多赢得 6% 的支持者（Fournier & Tompson，2008）。

那么，走向种族平等的进程究竟如何呢？在美国，白人倾向于拿现在的情形与充满压迫的过去相比较，于是感觉到了迅速的根本性的改变。而黑人则倾向于拿当下和他们心目中的理想世界相比较，由于那个理想世界还没有实现，所以他们感觉到的改变相对较少（Eibach & Ehrlinger，2006）。

心理学家通常使用大写的“黑”（Black）和“白”（White），以强调这些是社会意义上的种族标签，并非是对有非洲血统或欧洲血统的人所做的肤色标签。

偏见的微妙形式

偏见的微妙形式比公开形式的涉及面更广。现代社会的偏见往往以一些微妙的方式呈现，比如我们更喜欢熟悉的、相似的和感觉舒服的人或事（Dovidio & others, 1992; Esses & others, 1993a; Gaertner & Dovidio, 2005）。

一些研究者评估了人们对黑人和白人的行为。正如我们将在第 12 章看到的，白人对于任何需要帮助的人都是同样乐于提供帮助的，除非需要帮助的人太不相干（比如说，有一位打错电话的人，明显带有黑人口音，要求转达一个消息）。同样，当要求人们采用电击来“教导”某个任务时，白人给黑人的电击并不比给白人的多——除非他们被激怒了，或对方无法报复，或者不知道是谁干的（Crosby & others，1980；Rogers & PrenticeDunn，1981）。

因此，偏见态度或歧视行为一旦能隐藏于某些其他动机之后，便可能浮现出来。在法国、英国、德国、意大利及荷兰，微妙的偏见（夸大种族差异、对少数民族移民不那么尊重和有好感，以臆测的非种族理由拒绝他们）正在取代公开的偏见（Pedersen & Walker，1997；Tropp & Pettigrew，2005a）。一些研究者把这种微妙的偏见称为“现代种族歧视”或“文化种族歧视”。

虽然偏见依然在社会中存在，但是跨种族婚姻的比例已经在大多数国家中上升了，现在77%的美国人赞成“黑人和白人之间的婚姻”，与1958年只有4%的支持者相比，赞成人数大幅增长（Carroll，2007）。18到29岁的年轻人中，赞成者占88%（Pew，2010a）。2008年，七分之一的美国夫妻是不同种族的，这一比例是1960年的6倍（Pew，2010b）。

在笔答问卷中，珍妮特·斯温及其合作者（Swim & others，1995，1997）发现与微妙（“现代”）的种族歧视并存的还有微妙（“现代”）的性别歧视。两种形式的歧视都表现为否认歧视、反对努力增进平等（比如同意这样的表述：“女性在争取平等权益方面要求太多了”）。

我们还能觉察到行为层面的偏见。

- 为了考察在劳动力市场上可能存在的歧视，美国麻省理工大学的研究者给 1 300 条不同的招工广告投放了 5 000 份简历（Betrand & Mullainathan，2003）。研究者给求职者随机分配了白人名字（如 Emily，Greg）和黑人名字（如 Lakisha，Jamal）。结果发现，白人署名的求职者每投放 10 份简历就能收到一封回信，而黑人署名者每投放 15 份简历才能收到一封回信。
- 另外有研究为来自澳大利亚的 613 个文员职位提供配对的虚构女性简历，为 1714 个来自希腊雅典和 1769 个来自美国的空缺岗位提供配对的男性简历（Drydakis, 2009; Tilcsik, 2011; Weichselbaumer, 2003）。通过随机分配，每对求职者中有一位承认自己在同性恋组织中从事志愿工作。结果，这些求职者收到的回复更少。例如，在美国的实验中，活动涉及“财务主管，同性恋联盟”的求职者有 7.2% 收到回复，而与某一左倾组织（“财务主管，进步与社会主义联盟”）有关的求职者收到回复的比例则为 11.5%。
- 在一项对交通检查的分析中，非裔美国人和拉美人被检查的次数是白人的四倍，被逮捕的次数是白人的两倍，受到暴力执法的次数是白人的三倍（Lichtblau，2005）。

在美国的几个州，黑人驾驶者只占州际公路上驾驶者和超速驾驶者的很少一部分，然而他们却最经常被州际警察拦截检查（lamberth, 1998; Staples, 1999a, 1999b）。在一项新泽西州收费公路的调查中，汽车司机中黑人占 13.5%，超速驾驶者中黑人占 15%，被拦截检查的驾驶者黑人中占 35%。

现代偏见甚至表现为种族敏感性，它导致人们对被隔离的少数种族人士反应过度——包括对他们的成功赞扬过度，对他们的过失批评过度，以及只提醒白人学生而不提醒黑人学生学术方面可能存在的问题（Crosby & Monin，2007，Fiske，1989；Hart & Morry，1997；Hass & others，1991）。

它同时也表现为某种怜悯姿态。例如，肯特·哈伯（Harber，1998）将一篇写得很糟糕的文章给斯坦福大学的白人大学生，请他们进行评价。相对于被引导认为作者是白人的情形而言，当大学生认为这篇文章的作者是黑人时，评定的分数相对更高，也很少发表严厉的批评。这些评定者，或许是为了避免表现出偏见，他们采用不那么严厉的标准，对黑人作者更宽容。哈伯指出，这种“赞扬过度和批评不足”，可能会阻碍少数种族学生取得好成就。哈伯及其同事（Harber & others, 2010）通过追踪研究发现，担心表现出偏见的白人学生不仅对黑人学生的一般文章的评分和评价更高，而且他们建议用于技能提升的时间也更少。为了维护无偏见的自我形象，他们会竭尽全力给出积极的、毫无挑战性的反馈。

自动偏见

对于非裔美国人的自动偏见有多广泛呢？研究者们已经在多种情境下观察到了这种自动反应。举个例子来说，在安东尼·格林沃尔德和他的同事（Greenwald & others，1998，2000）所做的巧妙实验中，当结合黑人面孔而非白人面孔的时候，10名白人中有 9 人要用更长的时间来认定愉快的单词（例如“和平”和“天堂”）是“好的”。你会注意到，参与者一般几乎没有明确表示出偏见，只有无意识、非故意的反应。不仅如此，休根伯格和博登豪森（Hugenberg & Bodenhausen，2003）报告说，这种内隐偏见表现得越强烈的人，越容易从黑人面孔中感知出愤怒（见图 9.2）。

一些人能够更快地学习中性刺激的正性联想，而学习负性联想则较慢。这样的人很少表现出内隐的种族歧视（Livingston & Drwecki, 2007）。

批评者指出潜意识的联想可能只是印证了文化上的假设，但是没能说明偏见的影响（偏见包括了负面的态度和行为倾向）。但一些研究表明，内隐的偏见会改变行为：

- 在一项瑞典的研究中，针对反阿拉伯穆斯林的内隐偏见测量预测出 193 家企业的雇主都不会对穆斯林名字的员工进行面试（Rooth，2007）。
- 一项对 287 名医生的调查表明，那些表现出最多的内隐种族偏见的医生最不愿为那些主诉为胸痛的黑人患者开溶栓类药品（Green & others，2007）。
- 一项对 44 名澳大利亚护士的研究表明，那些照顾吸毒者和酗酒者的护士对这些人群的内隐偏见最大，而且在面对压力时，也最想换工作（von Hippel & others，2008）。

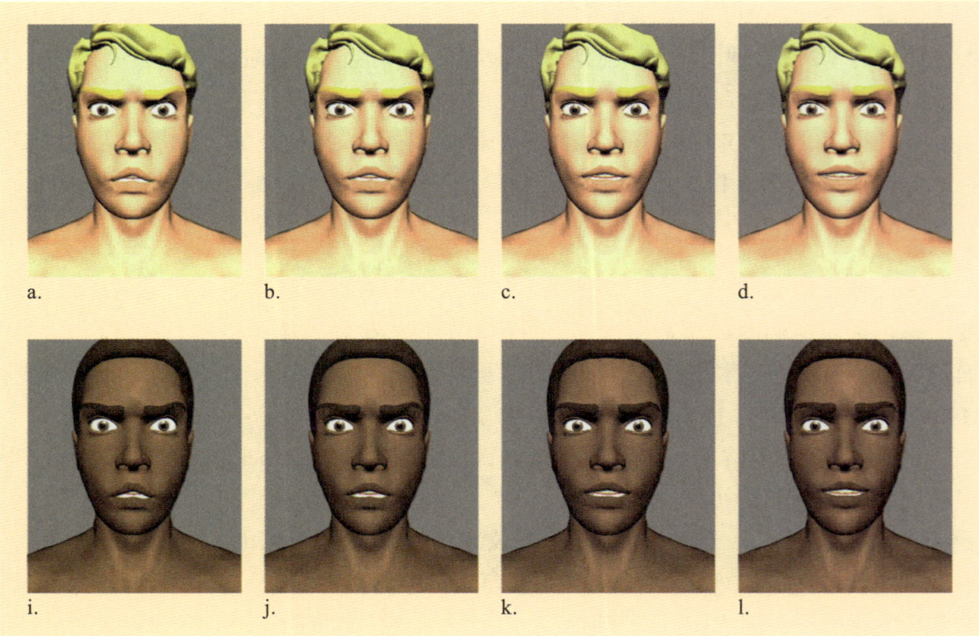

图 :: 9.2
面孔偏见
愤怒到哪里就不见了？休根伯格和博登豪森向大学生展示一系列从愤怒到快乐的面孔变体。与白人面孔相比，那些（在内隐种族态度测验中）根据得分被认定为最有偏见的人，他们在模棱两可的黑人面孔系列中更容易看到愤怒。

自动偏见：当乔舒亚·科雷尔和他的同事邀请人们对手持枪支或无害物体的人迅速做出反应时，发现种族会影响人们的知觉和反应。

在一些情境中，自动的内隐偏见会影响一个人的生死。科雷尔及其同事、格林沃尔德及其同事在他们各自的实验中，邀请人们快速按按钮，"射击"或者"不射击"那些在屏幕上突然出现的人，这些人或者手握枪械，或者手持诸如闪光灯或瓶子之类的无害物品。参与者（其中一个研究中既有黑人也有白人）更容易误击黑人目标。（后续的计算机模拟试验显示，与女性相比，男性黑人嫌疑人更可能被认为存在威胁并被射杀 [Plant & others, 2011]。）

我不能完全理解自身的一切……我看不见我的所有可能，这种黑暗是不幸的。

——奥古斯丁，《忏悔录》，公元 398 年

一个伦敦警察射杀了一个长相像穆斯林的人，之后的研究发现，澳大利亚人也更有可能对穆斯林穿着的人射击（Unkelbach & others，2008）。如果我们在潜意识中认为某个团体危险，那么我们在面对这个团体时会更容易提高我们的注意力和唤醒水平（Donders & others，2008；Dotsch & Wigboldus，2008；Trawalter & others，2008）。

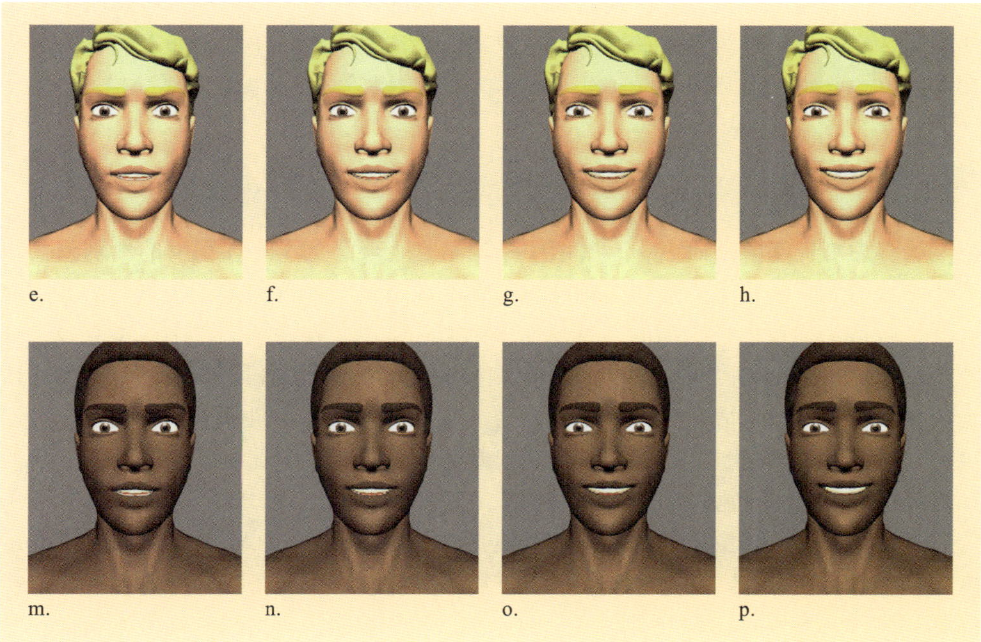

在一个相关的系列研究当中，佩恩（Payne，2001，2006）、贾德及其同事（Judd & others，2004）都发现，当用黑人而非白人面孔启动时，人们想到的是枪：他们更快辨认出枪或更多地将扳手之类的工具误认为是枪。即使在感知对方种族时没有发生偏见，在对其反应时仍然会受到偏见的影响——人们在开枪之前或多或少需要一些线索（Klauer & Voss，2008）

詹妮弗和她的同事研究发现（Jennifer & others，2004），相反的效应同样存在。人们在看到武器时，更容易把注意力放到非裔美国人身上，这种现象使美国警察更容易把黑人判断成罪犯。这些研究有助于解释为什么阿马都·戴罗（纽约市的一名黑人移民）被警察开枪射击了 41 次，就因为他将钱包从口袋中拿出来。

研究同时发现，自动的刻板印象和有意识控制的刻板印象所激活的脑区不同（Correll & others，2006；Cunningham & others，2004；Eberhardt，2005）。脑成像显示，当面对最能引起厌恶感的外群体（如吸毒成瘾者和无家可归者）时，与厌恶、回避相关的脑区活动增加（Harris & Fiske，2006）。这一结果显示自动偏见涉及与恐惧有关的初级脑区，如杏仁核；而有意识控制的刻板印象与前额叶的关系更密切，后者在这一过程中所起到的作用可能与有意识的思考有关。我们在思考自己或自己认同的团体与思考陌生团体相比，激活的额叶位置也不一样（Jenkins & others，2008；Mitchell & others，2006）。

格林沃尔德和舒（Greenwald & Schuh，1994）指出，即使是那些研究偏见的社会科学家似乎也容易有偏见。他们选定了一些非犹太人姓名（Erickson，McBride，& others）和犹太人姓名（Goldstein，Siegel，& others），分析这些人的社会科学文章引文中的偏见。他们分析了近 30 000 条引文，其中包括 17 000 条关于偏见研究的引文，发现了一些值得注意的结果：与犹太作者相比，非犹太作者引用非犹太姓名的概率要高出 40%。（格林沃尔德和舒不能确定是否犹太作者过度引用他们的犹太同行的文章，还是非犹太作者过度引用非犹太同行的文章，或者两者兼而有之。）

性别偏见

对女性的偏见有多普遍？我们在第 5 章中考察了性别角色规范，即人们有关女性和男性*应该*如何行为举止的观念。这里我们关注性别*刻板印象*，即人们有关女性和男性事实上如何行为举止的信念。规范带有约定性质，而刻板印象则是描述性的。

性别刻板印象

从有关刻板印象的研究中，有两个结论是毫无疑义的：存在很强的性别刻板印象，并且正如常常发生的那样，刻板化群体的成员也接受这种刻板印象。男性和女性会一致认为你可以根据书的性感封面来判断一本书。在一项调查中，杰克曼和森特（Jackman & Senter，1981）发现性别刻板印象要比种族刻板印象更强。例如，认为两性同样“易动感情”的男性只有 22%。剩余的 78% 的男性中，认为女性比男性更易动感情的人数远远多于认为男性更易动感情的人数，其比例是 15:1。那么女性如何看这个问题呢？她们的答案是一样的，差异不超过 1 个百分点。

男子所有的追求同样也是女子的追求，在所有人之中，女子只是较弱小的男子。

——柏拉图，《理想国》，公元前 360 年

要记住，刻板印象是有关一群人的概括，它们可能正确，也可能错误，或者过度概括而偏离了事实真相。（它们也可能带有自我实现的性质。）我们在第 5 章曾提到，男性和女性普遍在社会联系、同理心、社会权力、攻击性和性爱主动性（然

而并不包括智力）等方面确实存在某些差异。那么据此我们能否得出性别刻板印象准确的结论呢？刻板印象有时会夸大差异，但据珍妮特·斯温（Swim，1994）的观察，并非总是如此。她发现宾州州立大学的学生有关男性和女性在不安分性、非言语敏感性、攻击性等方面的刻板印象有其合理性，比较接近于真实的性别差异。而且，这些刻板印象在不同时期和不同文化中普遍存在。综合考察了 27 个国家的数据之后，约翰·威廉斯和他的同事（Williams & others，1999，2000）发现，每个地方的人都认为女性更易相处，而男性则更开朗。性别刻板印象的持续性和普遍性，使得一些进化心理学家相信性别刻板印象反映了天生、稳定的本质特性（Lueptow & others，1995）。

刻板印象（信念）并不是偏见（态度）。刻板印象可能为偏见提供支持。不过，抛开偏见而言，人们可能会赞同男性和女性“虽有差异但彼此平等”。让我们就此来看看研究者如何探讨性别偏见。

女性的优秀主要是因为她们（被认为）如此友好。（男性）被认为在主动性（竞争性、支配性）上优于女性，这些主动特点被视为是男性在有偿工作，尤其是在男性主宰的职业中取得成功的关键。

——艾丽斯·伊格利（Eagly, 1994）

性别态度：善意的还是敌意的

根据人们对调查研究者的陈述，针对女性的态度与人们的种族态度一样，变化得非常快。如图 9.3 所示，与愿意为黑人总统候选人投票的人数一样，愿意为女性总统候选人投票的人数也逐年提升。1967 年，56% 的美国大学一年级学生赞同“已婚女性的活动最好限定在家庭中”；到 2002 年，赞同该观点的人只有 22%（Astin & others，1987；Sax & others，2002）。此后，这些问题都不值得讨论了，在 2008 年，保守党人士为了一件他们曾经质疑的事情而欢呼：作为五个孩子的妈妈，州长萨拉·佩林，被提名为共和党副总统候选人。

伊格利和她的同事（Eagly & others, 1991）、哈多克和赞纳（Haddock & Zanna，1994）也报告说，人们可能会以发自肺腑的负面情绪来对待某些群体，但他们不会这样来对待女性。大部分人更喜欢女性而非男性。他们感觉女性更善解人意、和蔼、乐于助人。因此，一种有利的刻板印象导致了一种有利的态度，伊格利（Eagly，1994）为这种有利的刻板印象起名为“女性优秀效应”（women-are-wonderful effect）。

不过，性别态度往往是好坏相伴的，这是格利克、菲斯克和他们的同事（Glick，

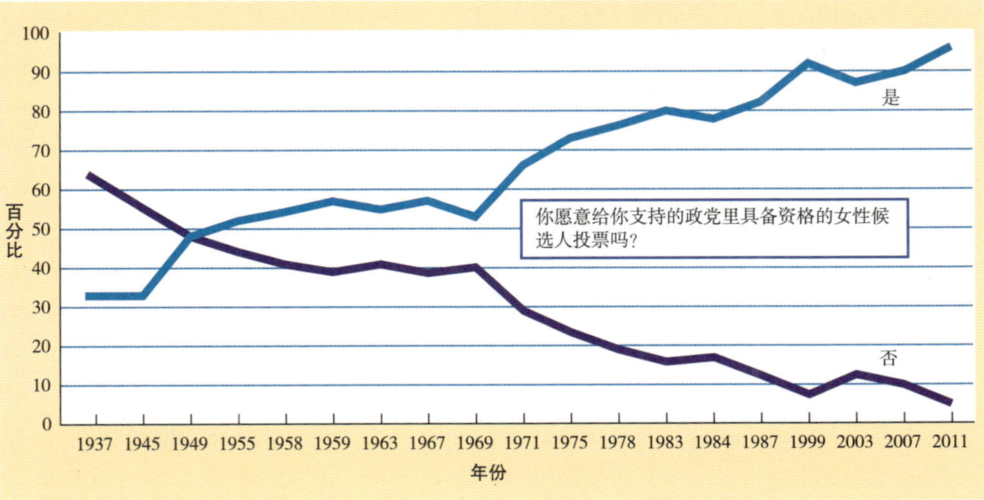

图 :: 9.3
1958~2011 年性别态度的变化
资料来源：Data from Gallup Polls (gallup.com/poll/4729/presidency.aspx).

Fiske，& others，1996，2007）报告的结论，他们调查了 19 个国家的 15 000 人。他们常常将善意的性别偏见（“女性的道德敏感性更高”）和敌意的性别偏见（“一旦男性作出承诺，那么她就会牢牢束缚他”）混合在一起。

性别歧视

作为男性也不是万事如意。与女性相比，男性自杀或被谋杀的概率是女性的 3 倍。几乎所有战场或刑场上的死者都是男性。男性的平均寿命少了 5 年。大多数精神迟滞或自闭症患者都是男性，接受特殊教育项目的学生亦是如此（Baumeister，2007；S.Pinker，2008）。

一项广为宣传的有关女性偏见的研究发现，来自 1968 年戈德堡所做的一项研究。在这项研究中，戈德堡给康涅狄格学院的女学生一些短小的文章，要求她们评定每篇文章的价值。有时一篇文章署名为男性作者（例如，John T. McKay），有时则署名为女性作者（例如，Joan T. McKay）。总体上看，当文章署名为女性时，所获得的评分比署名为男性时要低。压迫的历史印迹——自我贬低——清晰地浮现出来：女性对女性存在偏见。

为了展示存在性别偏见的微妙现实，我采用了戈德堡的材料，利用我的学生作为被试，重复了他的实验。学生们（女性和男性）并未表现出诸如贬低女性工作的倾向。因此，斯温等人（Swim, 1989）查阅了文献，与调查者联系，尽可能地了解有关评价男女工作的性别偏见研究。出乎我们的意料，针对男性工作与针对女性工作的偶然偏见一样多。但是，在涉及将近 20 000 人的 104 项研究中，最普遍的结论是“没有差别”。在大多数的比较中，某项工作是由男性还是女性来承担，不影响对该项工作的评价。艾丽斯·伊格利（Eagly, 1994）总结了其他有关评价男性和女性作为领导、教授及其他身份的工作的研究，她说：“实验并没有证实存在贬低女性工作的任何总体趋势。”

问题：“Misogyny”（厌女症）表达了对女性的厌恶。而在表达对男性的厌恶时对应的词是什么？

答案：在大部分词典中不存在这样的词。

性别偏见在西方国家是否正在迅速消失？女权运动是否已经即将完成其使命？与种族偏见一样，公开的、堂而皇之的性别偏见已然消亡了，但微妙的偏见依然存在。

违反性别刻板印象的行为会引起人们的反应。我们会注意吸烟的女性和哭泣的男性，会贬低一名白人说唱歌手（Phelan & Rudman, 2010）。被认为权力欲极强的女性会比类似男性遭到选民更强烈的反对（Okimoto & Brescoll, 2010）。

在西方国家以外，性别歧视的情况更严重：世界上未上学的儿童当中有 2/3 是女孩（United Nations，1991）。在一些国家，歧视已经慢慢演变成了暴力，甚至一些被强奸的人会被起诉，一些女性被泼煤油，或者受到不满丈夫的家庭暴力（UN，2006）

但是，对女性最大的偏见是发生在产前。就全世界而言，人们倾向于生男孩。1941 年，美国有 38% 的怀孕父母说他们如果只养一个孩子的话，他们喜欢要男孩；24% 的人喜欢要女孩；23% 的人说他们无所谓。到 2011 年，答案几乎没有变化，依然是 40% 的人喜欢要男孩（Newport, 2011）。随着人们广泛采用超声技术来检测胎儿的性别，以及越来越多的堕胎可行性，这些偏好正在影响男孩和女孩的比例。在中国，95% 福利院收养的孤儿是女孩（Webley, 2009），新生儿的男女比例为 118：100，导致 20 岁以下的男性多出 3 200 万。这些男性将成为未来的光棍，在中国人看来，他们是难以找到配偶的单身汉（Hvistendahl, 2009, 2010, 2011; Zhu & others, 2009）。这种现象不仅仅存在于中国。新加坡、印度和韩国也有百万计的“失踪女性”（Abrevaya,

2009）。因此，在中国，选择胎儿性别的流产是违法行为。

总的来说，对有色人种和女性的公然偏见已远不如 40 年前那样普遍。对于同性恋者的偏见也同样如此。然而，采用对微妙偏见敏感的测量技术依然能检测到广泛存在的偏见。在世界上的某些地方，性别歧视简直是致命的。因此，我们必须仔细而深入地考察偏见的社会、情感和认知根源。

小结：偏见的本质和作用

- 偏见是先入为主的负面态度。刻板印象是有关其他群体的信念，可能准确，也可能不准确，或者过度概括，但是它是基于事实核心的。歧视是不合理的负面行为。种族歧视和性别歧视指个体的偏见态度，或者歧视行为，或者压制性的制度实践（即使并非有意带有偏见）。
- 偏见既有微妙的、无意识的形式，也有公开的、有意识的形式。研究者设计了微妙的调查问题和间接方式去评估人们的态度和行为，从而检测他们无意识的偏见。
- 20 世纪 60 年代以前，美国一直广泛地存在着对黑人的歧视；在那以后，虽然对黑人的歧视变少了，但仍然存在。
- 类似地，对女性的歧视近年来也逐年减少，但是在美国，强烈的性别刻板印象和一定程度的偏见依然存在，而在世界其他地方程度更高。

偏见的社会根源

理解和考察滋生并维持偏见的影响因素。

偏见起源于多种根源。它的产生可能源于社会地位的差异，人们想证明这些差异是正当的，并且愿意维持这些差异。偏见也可能是我们从小习得的，我们在社会化的过程中了解了人与人之间的重要差异。最后，我们的社会制度可能起到了维持和支持偏见的作用。先考虑偏见是如何发挥作用来保护自尊和社会地位的。

社会不平等：不平等的地位与偏见

记住一条原则：不平等的社会地位滋生了偏见。主人视奴隶为懒惰的、不负责任的、缺乏抱负的，正因为他们拥有这些特点，所以他们适合被奴役。历史学家在争论到底是什么力量造成了不平等的社会地位。不过，一旦这些不平等业已存在，偏见就在促使那些有钱有势的人在经济和社会方面的特权合理化。告诉我两个群体之间的经济关系，我便可以预测群体之间的态度。与穷人相比，上层社会的人更多地把财富视为自身奋斗的结果，是靠技能和努力得来的，而非靠关系、金钱或好运得来的（Kraus & others, 2011）。

现实生活中的例子比比皆是。直至今日，在实行过奴隶制的地区中偏见还最为严重。19 世纪的欧洲政治家和作家们通过把被剥削的殖民地人民描述成“劣等的”、“需要保护的”、是一种需要承受的“负担”，从而证明帝国扩张是正当的（Allport, 1958, pp.204—205）。40 年前，社会学家海伦·迈耶·哈克（Hacker, 1951）指出了有关黑人和女性的刻板印象如何促进其社会地位低等的合理化：许多人认为这两个群体智力低下、情绪化、未开化，对他们从属的角色“心安理得”。黑人是“劣等的”，女性则是“软弱的”。黑人的处境正恰如其分；女性的位置则是在家中。

偏见一旦为自己找到理由，它就会从容不迫。
——威廉·黑兹利特，《论偏见》

里尔萨·韦西欧和他的同事（Vesio & others，2005）探索了上述现象的原因。他们发现，对女性下属有着刻板印象的强势男性会给她们许多赞赏，但相对较少的资源，因而降低了她们的工作绩效。这种良好的自我感觉使男性维持他们的权力地位。这种对女性看似善意的歧视（暗示女性是弱者，并且需要帮助）也存在于实验室的情境中，通过灌输一些侵入性想法，如自我怀疑、成见、自尊降低，使得女性的认知表现变差了（Dardenne & others，2007）。

格利克和菲斯克所区分出的“敌意”和“善意”的性别歧视，衍生到了其他的偏见上。我们会认为其他群体能干，或者是亲切的，但通常不会兼而有之。这两种文化普遍层面的社会知觉——亲切（友善）和能干——在一个欧洲人的评论中得到了说明，“德国人喜欢意大利人，但不佩服他们。意大利人佩服德国人，但不喜欢他们”（Cuddy & others，2009）。我们敬重那些地位高的人所具有的能力，同时也喜欢那些欣然接受较低地位的人。菲斯克和她的同事们（Fiske & others，1999）报告说，在美国，亚洲人、犹太人、德国人、非传统的女性、自信的非裔美国人以及男同性恋者往往会受到尊重，但却不怎么被人喜欢。传统的下层美国黑人、西班牙裔、传统妇女、女子气的男同性恋者、残疾人，往往被视为能力较弱，但却因情感、精神、艺术或运动能力上的品质而受到喜欢。

有些人能注意并且适应社会地位的差异。那些**社会支配性取向**（social dominance orientation）的人，倾向于从社会阶层的角度来看待自己。他们愿意让他们的社会群体社会地位高一些——他们喜欢位于社会阶层的顶层。处于社会高层支配地位，也倾向于促进这种取向（Guimond & others，2003）。吉姆·斯达纽斯以及他的同事（Levin & others, 2011; Pratto & others，1994；Sidanius & others，2004）解释说，这种希望出人头地的想法导致那些社会支配性高的人乐于接受偏见，支持那些为偏见辩护的政治立场。的确，社会支配性取向高的人，往往支持那些诸如为富人减税之类的维护阶层等级的政策，反对诸如平权法案之类的破坏阶层等级的政策。社会支配性取向高的人，偏向于从事政治和商业领域的职业，以提升他们的社会经济地位，维持阶层等级。他们不愿意从事破坏社会阶层等级的工作，如社会工作者。他们对有明显种族特征的少数种族个体抱有更多的消极态度（Kaiser & Pratt-Hyatt, 2009）。社会经济地位可能滋生偏见，但相比于其他人，有些人会更多地追求社会经济地位，并且试图维持这种地位。

社会不平等不仅滋生了偏见，也造就了不信任，实验证明了二者之间的相关：群体之间受到的待遇越不平等，群体间的信任和合作就越少（Cozzolino, 2011）。收入差距巨大的国家，其公共卫生往往较差，焦虑、肥胖、凶杀、少女生育、吸毒等多发，监狱和警察也更多（Pickett & Wilkinson, 2011）。

社会化

偏见起源于不平等的社会经济地位以及其他社会原因，包括我们习得的价值观和态度。家庭社会化对儿童偏见有影响，这往往与母亲对他们的教育有关（Castelli & others，2007）。甚至儿童的内隐种族态度反映的是父母外显的偏见（Sinclair & others，2004）。我们的家庭和文化向我们传递着各种信息——如何交朋友，如何开车，如何分配家务劳动，以及谁不受信任和不招人待见。

权威人格

20 世纪 40 年代，美国加州伯克利大学的研究者——其中有两位是从纳粹德国逃离出来的——设立了一个紧迫的研究任务：揭示反犹主义的心理根源。反犹主义影响之恶劣，导致数百万犹太人被屠杀，而且让那么多欧洲人成为冷漠的旁观者。在研究美国成人的时候，西奥多·阿多纳等人（Adorno & others，1950）发现，敌视犹太人的人，往往也同时敌视其他少数民族。偏见似乎不只是具体针对某一群体的态度，而是如何对待与自己不同的人的一种思维方式。不仅如此，这些自以为是的**种族中心主义**（ethnocentric）者普遍拥有权威人格的倾向——不能容忍软弱，具有惩罚性的态度以及服从群体内部的权威。这些权威人格倾向，反映在他们赞同诸如“服从和尊敬权威是孩子们应该学习的最重要的品质”之类的陈述上。通过这些结果，阿多纳和他的同事（1950）认为具有**权威人格**（authoritarian personality）的个体特别容易出现偏见和刻板印象。

近来关于权威人格的研究发现，权威人格的个体在童年时通常受到苛刻的管束。不论政治左翼还是右翼，激进的极端主义者有着一些共同的主题，如小题大做、热衷报复、对敌人去人性化（Saucier & others, 2009）。这些极端主义可能导致他们压抑了自己的敌意和冲动，并将这些敌意和冲动“投射”到了外群体身上。针对权威主义的研究也发现，权威人格个体的不安全感，似乎使他们倾向于特别关注权力和地位，容易形成非对即错的僵硬思维方式，难以忍受模糊性。因此，这类人就倾向于服从那些权力比自己大的人，攻击或者惩罚那些地位在自己之下的人。换句话说：“不听我的就滚蛋。”

一些学者对该研究持批评态度，因为该研究只关注右翼权威主义，忽略左翼的教条权威主义。尽管如此，马尼托巴大学心理学家鲍勃·阿尔特迈耶（Altemeyer，1988，1992）对右翼权威主义的近期研究证实了有些个体以偏见来表达恐惧和敌意。感觉自己在道义上高人一等的人往往会野蛮地对待自认为劣等的人。阿尔特迈耶还总结到，右翼权威主义往往是“均等机会顽固分子”。不同形式的偏见——对黑人、男同性恋者和女同性恋者、女性、老人、肥胖者、艾滋病患者、无家可归者——的确可能同时存在于同一个人身上（Zick & others，2008）。此外，权威主义倾向有时反映在种族紧张局势中，在经济衰退、社会巨变、日子变得艰难的时候，权威主义倾向也会急剧高涨（Cohrs & Ibler, 2009; Doty & others，1991；Sales，1973）。

特别让人感到震惊的是社会支配性取向和权威人格得分都高的人。阿尔特迈耶（2004）报告说，这些“双高”人士“属于我们社会当中偏见最深的人”，这一现象并不令人吃惊。他们在各种人格特质上似乎都表现得最差，他们一方面武断教条、充满种族优越感，另一方面则常以自欺欺人的方式来努力谋求社会经济地位。阿尔特迈耶指出，尽管这些人很少，但他们往往会成为仇视群体的领袖。

宗教与偏见

那些得益于社会不平等的人，在声称“人生而平等”的同时，还需要为让各种事情维持现状而寻求合理化的辩解。除了相信是上帝规定了现存的社会秩序，还有什么比这更有力量的理由？威廉·詹姆士指出，对所有的残酷劣行而言，“表面的幌子都是秉承上帝的旨意”（James，1902，p.264）。

几乎每一个国家的领导者，都利用宗教来使当前的秩序神圣化。利用宗教来维护不公正，这有助于解释有关基督教这一北美主要宗教的两个相互印证的发现：（1）教会成员比其他人表现出更明显的种族偏见；（2）同那些信奉进步信仰的人相比，那些表示信奉传统或正统基督教的人表现出更多的偏见（Hall & others, 2010; Johnson & others, 2011）。

宗教和偏见这两个变量之间的相关并不能让我们了解它们的因果联系。考虑下面三种可能：

- 它们或许根本就没有联系。受教育程度低的人，也许更信奉正统基督教，同时又更多地抱有偏见。[在一项对 7 070 名英国人的研究中，那些 10 岁时的 IQ 测试得分高的人，在 30 岁时会表现出更多的非传统主义和更多的反种族歧视倾向（Deary & others，2008）。]
- 可能是偏见导致宗教信仰，即偏见引导人们创造宗教观念来维护他们的偏见。心怀怨恨的人可能会利用宗教，甚至上帝，来为自己蔑视他人作辩解。
- 也可能是宗教信仰导致偏见，即宗教引导人们相信所有人都拥有自由意志，贫穷的少数民族应该就他们的社会经济地位责备自己。

如果的确是宗教信仰导致偏见，那么越虔诚的教会成员偏见就越深。但另外三个研究一致表明事实并非如此。

- 在教会成员中，同偶尔去教堂的人相比，虔诚的信徒在 26 次对比中有 24 次显示出较少的偏见（Batson & Ventis，1982）。
- 奥尔波特和罗斯（Allport & Ross，1967）发现，相对那些将宗教视为实现其他目的的手段的人而言（他们会认同这样的陈述："我对宗教感兴趣，主要是因为做礼拜是件令人愉悦的社会活动"），那些以宗教本身为目的的人（例如，他们会认同这种陈述："我的宗教信仰真的是我为什么这么生活的理由"）表现出较少的偏见。而且，在盖洛普的"宗教承诺"指数中得分高的人，更欢迎其他种族的人做邻居（Gallup & Jones，1992）。
- 新教牧师和罗马天主教牧师比普通人更支持民权运动（Fichter,1968; Hadden, 1969）。1934 年，德国 45% 的神职人员与组织起来反对纳粹统治的认信教会结盟（Reed，1989）。

那么，宗教和偏见之间究竟是什么关系？答案取决于我们如何提问。如果我们将宗教虔诚定义为教会成员或至少在表面上认同传统信仰的意愿，那么越虔诚的人就怀有越多的种族偏见。顽固分子往往借助宗教使其固执合理化。可是，如果我们以其他几种方式来评价宗教虔诚的程度，那么越虔诚的人则怀有越少的偏见——因此，现代民权运动具有宗教的根基，该运动的领导者当中有许多基督教牧师和基督教新教牧师。正如戈登·奥尔波特所总结的那样："宗教的作用显得自相矛盾。它制造偏见，同时又消除偏见"（Allport，1958，p.413）。

让我们相互仇恨的宗教有很多，但让我们彼此相爱的宗教却不够多。

——乔纳森·斯威夫特，《对各种主题的思考》，1706

从　众

偏见一旦形成，它在很大程度上就会由于惯性而持久存在。如果偏见被社会所接受，那么许多人将会遵循阻力较小的通道，顺从这种潮流。他们的行为可能是因为憎恨的需要而产生，但更可能是因为被人喜欢和接受的需要而产生。因此，当人们知道别人也是如此之后，会变得更容易赞成（或反对）歧视，比如，当他们听到性别歧视的笑话后，对女性的支持就会减少（Ford & others，2008；Zitek & Hebl，2007）。

托马斯·佩蒂格鲁（Pettigraw，1958）对南非和美国南部的白人的研究揭示了在 20 世纪 50 年代，那些最遵从其他社会规范的人同时也是最具有偏见的人；那些不怎么遵从的人则较少存在人云亦云的偏见。

对于阿肯色州小石城的牧师来说，不从众的代价显然是痛苦的，1954 年美国最高法院关于在学校解除种族隔离的决议就是在那里执行的。大多数牧师愿意融合，但通常只是私底下这么说；他们害怕公开宣称会使他们失去教会成员和捐助者（Campbell & Pettigrew，1959）。或者考虑一下同一时代印第安纳州的钢铁工人和弗吉尼亚州西部的煤矿工人，在工厂和矿井中，工人们认可种族的融合。而邻里关系的规则却是严格的种族隔离（Minard，1952；Reitzes，1953）。偏见显然并非“病态”人格的反映，它只不过是社会规范而已。

从众同样也维持着性别偏见。“如果我们来思考一下托儿所和厨房为什么是女性的天然活动范围”，萧伯纳在 1891 年的一篇文章中写道：“我们的所作所为与英国孩子思考笼子为什么是鹦鹉的天然活动范围是完全一样的，因为他们在其他地方从未看到过鹦鹉。”那些在其他地方见过女性的孩子——职业女性的孩子——对男性和女性看法的刻板化程度相对要低一些（Hoffman，1977）。同样，如果女生接触过女性科学家、技术专家、工程师和数学家的话，她们也会对这四个领域的研究持更积极的内隐态度，同时在这四门课的考试中更努力（Stout & others, 2011）。

所有这些观点中，尚有一线希望。如果偏见并非植根于人格，那么随着潮流的改变和新规范的演进，偏见便可能消除。事实上，它的确在变化。

社会制度的支持

种族隔离是社会制度（学校、政府、媒体）助长偏见的一种形式。政治领袖既能反映各种盛行的态度，又能强化这些态度。20 世纪 70 年代以前，许多银行经常拒绝给未婚妇女和少数民族人员发放抵押贷款，其结果是大多数私人业主都是白人夫妇。同样，政治领导人可能既反映了也强化了现行的态度。

学校同样也在强化主流的文化态度。一项研究分析了 1970 年以前写作的 134 份儿童读物中的故事内容，发现男性人物角色比女性人物角色要多，比例是 3:1（Women on Words and Images，1972）。被描写为主动、勇敢和富有能力的人会是谁？在来自经典儿童读物《迪克和简》的一段摘录当中可以看到答案：简仰面摔倒在人行道上，身边是她的溜冰鞋，听听马克向他母亲所做的解释：

“她不会滑冰，”马克说。
“我可以帮助她。”
“我想要帮助她。”
“你看她，妈妈。”
“你看看她。”
“她就像个女孩子。”
“她放弃了。”

就像那本读物一样，社会制度对偏见的支持往往是不知不觉的。直到 20 世纪 70

年代，有关男性和女性的观念才开始发生变化，使得人们对这类描述有了新的看法，这种公开的（对我们而言）刻板印象才被广为关注，并且随之发生了改变。

今天还有哪些制度性偏见的例子依然没有被注意到？下面是一个我们多数人都没有注意到的例子，尽管它就在我们眼前：在查阅了来自杂志和报纸的 1 750 张照片之后，戴恩·阿彻和他的合作者们（Archer & others，1983）发现，大约 2/3 的普通男性照片集中于面部，而集中于面部的普通女性照片只有不到一半。随着研究领域的拓展，阿彻发现这种“面孔歧视”十分普遍。在其他 11 个国家的杂志上，在 6 个世纪的艺术作品中收集的 920 幅人物肖像中，以及加州大学圣克鲁兹分校大学生的业余作品中，他都发现了这一现象。乔治娅·尼格罗和她的同事（Nigro & others，1988）证实，在其他许多杂志包括《女士》中也存在面孔歧视现象。

研究者猜测，在视觉上突出男性的面孔和女性的身体，既反映了性别偏见，同时也在延续性别偏见。诺伯特·施瓦茨和伊娃·库尔茨在德国所做的研究表明，那些在照片中面孔被突出的人显得更有智慧、更有抱负。不过，全身画或照片总比什么都没有要好。露丝·蒂博多（Thibodeau,1989）分析了过去 42 年中《纽约客》上的卡通画，她仅找到一幅与种族无关的画，上面有一名美国黑人（流行的卡通画大都没有表现民族多样性，所以本书用照片来描述多样性要比用卡通画容易得多）。

电影和电视节目同样也体现并且强化了各种盛行的文化态度。20 世纪 30 年代的电影里，笨拙、天真的非洲裔管家和女仆形象促进了它们所反映的刻板印象经久不衰地延续下去。尽管如今我们多数人会反感这类形象，但即使是一部有关一位具有犯罪倾向的美国黑人的现代电视喜剧，也可能使得另一名被控伤害罪的非裔美国人的罪行显得更为严重（Ford，1997）。发源于黑人艺术家的激烈说唱音乐，导致黑人和白人听众都对黑人形成了某种刻板印象，认为他们具有暴力倾向（Johnson & others，2000）。在听过描述黑人女性放荡生活的说唱歌曲后，听者给予黑人女性的帮助变少了（Johnson & others，2009）。同样，在电视节目中，黑人角色比白人角色有更多皱眉或其他消极的非言语行为，这强化了观众潜意识的种族偏见（Weisbuch & others, 2009）。

无意识的偏见：浅色皮肤更“正常”吗？

面孔偏见：在媒体中男性的照片大多只显示其脸部。

小结：偏见的社会根源

- 社会情境以多种方式滋生并且维持着偏见。一个具有社会和经济优越性的群体，往往会以偏见的信念来保护他们的地位。
- 孩子同样也在孕育或者减少偏见的方式下被抚养长大。家庭、宗教团体及更广阔的社会都可能维持或者减少偏见。
- 社会制度（政府、学校、媒体）也支持偏见，有时是通过公共政策，有时是出于无意的惯性。

偏见的动机根源

识别并考察偏见的动机根源。

偏见的敌意背后有着各种各样的动机。动机也可以让人们避免偏见。

挫折与攻击：替罪羊理论

我们将在第 10 章看到，痛苦和挫折（目标受阻）常常引起敌意。当我们遭遇挫折的原因令人胆怯或者尚未可知的时候，我们往往会转移我们的敌对方向，这种“替代性攻击”现象，也许助长了（美国）内战之后南方地区对美国黑人滥施私刑的行为。1882~1930 年之间，当棉花价格下跌、经济受挫的时候，滥用私刑的情况可能就更加严重（Hepworth & West，1988；Hovland & Sears，1940）。近几十年来，仇视性犯罪似乎并不随着失业率的波动而波动（Falk & others，2011；Green & others，1998）。但是，当生活水平不断提高的时候，社会民众就对（民族）多样性和反歧视法案持更开放的态度（Frank，1999）。繁荣时期，民族和睦更容易维护。

这种替代性攻击的目标是变化不定的。德国在第一次世界大战战败之后又出现经济混乱，许多德国人都把犹太人看成罪魁祸首。早在希特勒掌权之前，德国一位领导人就阐述道：“犹太人只不过是替罪羊……如果没有犹太人，反犹太分子也会创造出犹太人来。”在几世纪以前，人们曾经把他们的恐惧和敌意发泄到女巫身上，女巫有时在公共场合被烧死或溺死。在当代，“9·11”以后，那些对移民和中东人表现出更多不宽容态度的美国人，会感到更多的愤怒而不是恐惧（Skitka & others，2004）。愤怒激起了偏见。对社会威胁体验不到消极情绪的特殊个体，比如患有威廉姆斯综合征这一遗传疾病的儿童，他们明显表现出没有种族刻板印象和偏见（Santos & others, 2010）。没有愤怒就没有偏见。

竞争是挫折的来源之一。当两个群体为工作、住房或社会声望而竞争的时候，一个群体实现了目标，这将成为另一个群体的挫折。因此，**现实群体冲突理论**（realistic group conflict theory）认为，一旦群体为稀缺资源而竞争，就会出现偏见（Maddux & others，2008；Riek & others，2006；Sassenberg & others，2007）。高斯定律（Gause's law）就是一个与此有关的生态学原则，它认为有同样需求的物种之间的竞争是最激烈的。

看看世界各地的例子：

- 在西欧，经济受挫的人对少数种族表现出相对较高的偏见（Pettigrew & others，2008，2010）。
- 自 1975 年开始，加拿大人对移民的抵触随失业率而上下波动（Palmer，1996）。
- 在美国，敌视黑人的偏见在那些社会经济地位与黑人最为接近的白人身上表现得最为强烈（AP/Ipsos，2006；Pew，2006）。
- 在南非，大量非洲移民被暴徒杀害，被憎恨经济竞争的南非贫民从寮屋营地驱逐的人多达 35 000 人。一名失业的南非人说，"这些外国人没有身份证，没有学历，却可以得到工作。他们乐意干每天挣 15 兰特（约 2 美元）的工作"（Bearak, 2010）。当利益发生冲突时，偏见就会产生。

任何对自己不满意的人，随时都准备好了进行报复。

——尼采，《快乐的科学》，1882—1887

社会同一性理论：感觉自己比他人优越

人类是群居性动物。我们的祖先教会了我们如何满足和保护我们自己在群体中生存。人类为其所在的群体而欢呼，为之而杀戮，为之而献身。进化教会我们在遇到陌生人时对其是敌是友迅速作出判断。那些来自本群体的人，看起来与我们相似，甚至口音听起来相似的人，我们往往立刻就会喜欢（Gluszek & Dovidio, 2010; Kinzler & others, 2009）。

不足为奇的是，澳大利亚社会心理学家约翰·特纳（Turner，1981，2000）和米歇尔·霍格（Hogg，1992，2008，2010）以及他们的同事注意到，我们还很自然地以我们的群体来描述自己。自我概念——我们感觉自己是谁——所包含的不仅仅是个人同一性（我们对自己的个人特性和态度的感受），而且还是一种**社会同一性**（social identity）。菲奥娜把自己看成一位女性，一名澳洲人，一名工党党员，一名新南威尔士大学的学生，一名麦克唐纳家族的成员。我们肩负如此多的社会身份，如同玩纸牌，在最恰当的时候打出各张牌。大多数美国学生都把自己视为"美国人"，他们对穆斯林表现出更高的愤怒或者不尊重。当启动他们作为"学生"的身份时，他们相反对警察表现出更高的愤怒（Ray & others，2008）。

在与英国已故社会心理学家亨利·塔杰菲尔（Henri Tajfel，在大屠杀中失去了家庭和朋友的一名波兰人，之后毕生研究种族仇恨）一起工作时，特纳（John Turner，1947—2011）提出了社会同一性理论。特纳与塔杰菲尔观察到以下现象：

- 我们归类：我们发现将人，包括我们自己，归入各种类别是很有用的。在表述某人的其他事情的时候，给这个人贴上印度人、苏格兰人或公共汽车司机的标签，不失为一种简单有效的方法。
- 我们认同：我们将自己与特定的群体［我们的**内群体**（ingroup）］联系起来，并以此获得自尊。
- 我们比较：我们将自己的群体与其他群体［**外群体**（outgroup）］进行比较，并

图 :: 9.4
个人同一性与社会同一性共同培育自尊

且偏爱自己的群体。

我们人类会自然地将他人分成内群体和外群体。我们在评价自己的时候，会部分地依据自己的群体成员身份。拥有一种“我们”的感觉能增强我们的自我概念。这种“感觉”好极了。我们不仅在群体中为我们自己寻求尊重，还在群体中寻求自豪感（Smith & Tyler，1997）。而且，认为我们的群体比较优秀，有助于让我们感觉更好。这就像我们都想过的，“我是一名 X(你的群体)。X 很优秀，所以，我也很优秀。”

如果缺乏积极的个人同一性，人们往往会通过认同某一群体来获得自尊。因此，很多年轻人通过加入帮派来寻找自豪感、权力、安全感和同一性；当人们的个人同一性和社会同一性融合到一起——自我与群体的边界变得模糊时——他们会更加愿意为组织而战，甚至为组织牺牲（Gómez & others, 2011; Swann & others，2009）。许多极端的爱国者以他们的国籍来描述自己（Staub，1997，2005）。很多迷茫的人投身于新的宗教运动、自助群体或兄弟会后，在其活动中找到同一性（图 9.4）。

因为我们的社会同一性，我们服从于我们的群体规范。我们为团体、家庭和国家牺牲自我。我们的社会同一性越重要，我们就越强烈地感受到对群体的依恋，面对来自其他群体的威胁时，我们的反应就越充满偏见（Crocker & Luhtanen，1990；Hinkle & others，1992）。

内群体偏差

以群体方式来描述你是谁——如你的种族、宗教、性别、所学专业——意味着描述你不是谁。包含“我们”（内群体）的圈子，自然就排除了“他们”（外群体）。在荷兰的土耳其族人越是认为自己是土耳其人或是穆斯林，他就越不会把自己视为荷兰人（Verkuyten & Yildiz，2007）。

人们倾向于积极地描述自己的群体，以便于能够积极地评价自己。
——约翰·特纳
（Turner, 1984）

因此，仅仅是感觉到被归入某一群体，也可能增加**内群体偏差**（ingroup bias）。如果问孩子们：“你们学校的学生和他们（附近另一所学校的学生）比起来，哪里的学生更优秀？”基本上所有的孩子都会说自己学校的学生更优秀。

对成年人来说也同样如此，离家越近看上去就越好。超过 80% 的白人和黑人都认为他们邻里之间的种族关系总体良好；但只有不到 60% 的人认为整个国家的种族关系总体良好（Sack & Elder，2000）。在实验情境中，仅仅与某个人同一天生日就能建立足够强大的联系，以激发密切的合作（Miller & others，1998）。

内群体偏差提供积极自我概念 内群体偏差是人们寻求积极自我概念（见第 2 章）的又一个例证。大部分人都有着积极的自我意象，他们会把自我意象投射到内群体而非外群体（DiDonato & others, 2011）。他们的内群体偏差反映出消极的自我概念，但同时也支持了他们的自我概念。当我们的群体已经获得成功时，通过强烈地认同于该群体，我们也可以使自己感觉更好。当大学生在他们的橄榄球队获胜之后被人询问时，他们通常回答“*我们*赢了”。当他们的球队输了以后被人问及时，他们更可能说“*他们*输了”。对于那些刚刚经历突如其来的自我打击的个体，比如了解到他们在“创造力测验”中表现很差，内群体成员的成功所折射的光辉最让他们洋洋自得（Cialdini & others，1976）。一位朋友的成就所折射出的光辉同样让我们洋洋得意——除非该朋友在某些与我们的自我同一性相关的事情上胜过我们（Tesser & others，1988）。如果你认为自己是一个杰出的心理学学生，你可能更喜欢你的一位朋友在数学上更杰出。

陶醉在折射的光辉中。当牙买加裔加拿大赛跑选手本·约翰逊获得奥运会100米冠军后，加拿大媒体描述一位“加拿大人”取得了这一胜利。当约翰逊由于滥用类固醇而被取消金牌之后，加拿大媒体就开始强调他的“牙买加”身份（Stelzl & others, 2008）。

内群体偏差滋生偏袒 我们的群体意识是如此之强烈，以至于只要有理由认为我们是一个群体，我们就会这么做，随后就会表现出内群体偏差。即使是毫无逻辑依据而形成的群体——比如，通过投掷硬币来组建 X 组和 Y 组——也会产生某种内群体偏差（Billig & Tajfel，1973；Brewer & Silver，1978；Locksley & others，1980）。在库尔特·冯内古特的小说《*打闹剧*》当中，电脑给每个人名和姓之间取了一个中间名字；于是，所有中间名字为“Daffodil-11s”的人，感到他们彼此之间团结一致，疏远那些中间名字为“Raspberry-13s”的人。自我服务偏差（第 2 章）再次出现，使得人们获得更积极的社会同一性：“我们”比“他们”好，即使“我们”和“他们”是随机界定的！

塔杰菲尔和比利希（Tajfel & Billig，1974；Tajfel，1970，1981，1982）经过一系列的实验发现，只需一些十分细微的线索，就能激发出人们对自己的偏袒和对他人的不公。在一项实验中，塔杰菲尔和比利希让英国的青少年评价现代抽象派绘画，然后告诉他们，他们以及其他一些人更欣赏保罗·克利的画，而不太喜欢瓦西里·康定斯基的画。最后，甚至在从没有见到群体其他成员的情况下，这些青少年就开始在群体内的成员之间分钱了。这个实验以及其他一些实验以如此微不足道的方式来定义群体，但也产生了内群体偏袒。怀尔德总结了典型的结果：“当获得机会来分配 15 分的分值（相当于钱）时，被试一般都给自己的群体 9~10 分，其他群体 5~6 分。”

当我们的群体相对于外群体而言规模较小、社会经济地位较低的时候，我们就更容易表现出内群体偏差（Ellemers & others，1997；Mullen & others，1992）。当我们属于一个较小的群体，被一个较大的群体包围时，我们同样也会意识到我们的群体成员属性；当我们的内群体占多数时，我们倒不怎么容易想到它。在一些社交聚会当中，作为外国留学生、男同性恋或者女同性恋者、少数种族或弱势性别的一员，人们能更敏锐地感受到自己的社会同一性，并且做出相应的反应。

"噢！他们似乎已经爱上它了！"

某些被"外群体"喜爱的事物可能会被赋予负面色彩

喜欢内群体是否必然讨厌外群体 内群体偏差是反映为喜欢内群体，讨厌外群体，还是两者兼而有之？种族自豪感会导致偏见吗？强烈的女权主义认同，会使女权主义者讨厌非女权主义者吗？忠诚于某一男生或女生联谊会，是否会导致其成员贬低那些非会员以及其他联谊会的成员？或者人们只喜欢自己所在的群体而不敌视其他群体吗？

实验同时支持两种解释。爱和恨有时是同一硬币的两面。如果你喜欢波士顿红袜队，你可能会讨厌纽约扬基队。飞行员对于民族或国家的热爱驱使他为抵御敌人而献出生命。我们在"我们"身上看到善良，我们就可能在"他们"身上看到邪恶。当人们敏锐地感受到自己的内群体身份时，外群体刻板印象就容易盛行（Wilder & Shapiro，1991）。

对于内群体成员，我们同样持有各种独特的人类情感（喜爱、期望、轻视、愤恨），而我们却不愿意在外群体成员身上看到这样的人类情感（Demoulin & others，2008；Leyens & others，2003，2007）。否定外群体的人类属性有很长的历史，这个过程被称为"非人化"（infrahumanization）。欧洲的探险家用动物的本性去描写他们遇到的人。澳大利亚社会心理学家斯蒂芬·拉夫曼和尼克·哈斯拉姆（Loughman & Haslam，2007）写道，"非洲人被比喻为猿猴，犹太人被比喻为害虫，移民被比喻为寄生虫。"我们会对宠物赋予人性，而对外群体成员去人性化。

父亲、母亲、我、姐姐和姑妈都说：所有与我们相像的人是"我们"，其他的每一个人都是"他们"。他们住在海的那一边，而我们住在街对面。但你相信吗？"他们"把"我们"视为只是他们中的一类！

——拉迪亚德·基普林，1926

（引自 Mullen, 1991）

然而，内群体偏差的产生，可能是源于感觉到其他群体很糟糕（Rosenbaum & Holtz，1985），也可能是感觉自己的群体很不错（Brewer，2007）。即使是不存在所谓的"他们"（想象你与少数幸存者一起身处一个荒岛上），人们依旧会喜欢"我们"（Gaertner & others，2006）。因此，对我们自己的群体所持的积极感受，并不一定完全映射出对外群体同样强烈的消极感受。

社会地位、自我关注和归属的需要

社会地位是相对的：要感觉自己有地位，就需要有人不如我们。因此，从偏见或任何地位等级系统中可以获得的一个心理优势就是高人一等的感觉。大多数人都能回想起自己曾经因为别人的失败而窃喜的情景，比如看见兄弟或姐妹被惩罚，或者同学考试不及格等。在欧洲和北美，社会经济地位低下或正在下滑的群体，以及那些积极的自我形象受到威胁的群体，偏见往往更为强烈（Lemyre & Smith，1985；Pettigrew & others，1997；Thompson & Crocker，1985）。在一项研究中，同社会地位较高的女生联谊会成员相比，社会地位较低的女生联谊会成员更容易贬低其他的女

通过激发攀比之心，非要和别人比出个优劣高低，你就在孩子心底埋下了永远的罪恶种子；结果是你让兄弟姐妹们互生出许多憎恶。

——塞缪尔·约翰逊，引自詹姆斯·鲍斯威尔所著的《约翰逊传》，1791

生联谊会（Crocker & others，1987）。也许那些有着稳定社会地位的人对于优越感的需要相对弱一些。

一次又一次的研究表明，考虑一下自己的死亡问题，比如写一篇短文谈谈死亡以及因想到死亡而引发的情绪，也会引发人们足够的不安全感，并会进一步强化内群体偏好和外群体偏见（Greenberg & others，1990，1994；Harmon-Jones & others，1996；Schimel & others，1999；Solomon & others，2000）。一项研究发现，在白人中，想到死亡甚至会使他们更青睐那些鼓吹自己群体优越性的种族主义分子（Greenberg & others，2001，2008）。心中想到死亡的时候，人们就会采用**恐惧管理**（terror management）策略，即蔑视那些不断挑战他们的世界观、使他们感到更焦虑的人。当人们已经感觉到他们有可能死亡，偏见有助于支撑一个受到威胁的信念系统。不过，有关死亡的消息并非一无是处，想到死亡，也能导致人们努力追求公共的情感，如内群体认同、团结精神和利他主义（McGregor & others，2001；Sani & others，2009）。

让人们想起死亡同样能够影响重要公共政策的支持度。在 2004 年的总统选举之前，给予人们与死亡相关的线索——包括让他们回忆与“9·11”袭击有关的情绪体验，或者只是向他们展示与“9·11”有关的图片——人们对小布什总统及其反恐政治主张的支持度得到了显著提高（Landau & others，2004）。而在伊拉克，死亡的提示也使得大学生群体中支持通过自杀式袭击的方式反对美国的人数增加（Pyszczynski & others，2006）。

所有这些都说明，一个怀疑自己的能力和独立性的男人，可能通过宣称女人的弱小和依赖是如何令人可怜，以此来夸耀自己的男子汉形象。当乔尔·格鲁伯等人（Grube & other，1982）让华盛顿州立大学的男生观看一些年轻女士的求职面试录像时，确实发现自我同一性低的男生不喜欢强势、非传统的女士，而自我同一性高的男生则喜欢这样的女士。实验研究证实了自我形象和偏见之间的联系：获得肯定，人们将对外群体做出更积极的评价；而自尊受到威胁，人们就会诋毁外群体，以恢复自尊（Fein & Spencer，1997；Spencer & others，1998）。

“我们成功了是不够的，猫还必须失败。”

蔑视外群体还可以满足另一种需要：对一个内群体的归属需要。我们将在第 13 章深入探讨，知觉到一个共同的敌人会使一个群体变得团结起来。只有在与主要竞争对手较量的时候，派别精神才会变得少有的强烈。当员工都感到与管理层对立的时候，员工之间的同事情谊往往最浓。为了巩固纳粹对德国的统治，希特勒利用了“犹太威胁论”。马里奥·米库尔林塞和菲利普·谢弗（Mikulincer & Shaver，2001）指出，一旦归属感需要获得满足，人们就变得更为接纳外群体。他们采用一些能够引发归属感的词（爱、支持、拥抱）和一些中性词，对一些以色列学生进行阈下启动。学生随后阅读一篇假定是由犹太学生或者阿拉伯学生写的文章。当以中性词启动时，这些以色列学生认为犹太学生写的文章比阿拉伯学生写的文章要好。当以引发归属感的词来启动之后，这种偏见就消失了。

避免偏见的动机

动机不仅使人们持有偏见，而且会使人们去努力避免偏见。我们尽可能地压抑不合时宜的想法，如对食物的想法、追求朋友伴侣的想法，以及对其他群体的评判想法，但这些想法有时却顽固得挥之不去（Macrae & others，1994；Wegner & Erber，1992）。这一点对老年人和受酒精影响的个体来说尤其如此，因为这些人丧失了一部分抑制不好想法、压抑陈旧的刻板印象的能力（Bartholow & others，2006；Von Hippel & others，2000）。帕特里夏·迪瓦恩及其同事（Devine & others，1989，2005；Amodio & Devine, 2010; Plant & others, 2010）报告说，偏见程度不同的人们有时候会做出相似的偏见性反应。下面的结论适合我们所有人：不好（不和谐）的想法和情感往往长久存在，打破这种偏见习惯并非是一件容易的事情。

在现实生活中，遇到一个少数族群人士就可能触发一种类似于膝跳反射般的刻板印象。无论对同性恋者持接受还是反对态度，在公共汽车上与一名男同性恋者坐一块，都会感觉不大舒服（Monteith，1993）。人们遇到一名不熟悉的黑人男士时，即使是那些以自己毫无偏见而引以为荣的人，也会小心翼翼地做出反应。为避免出现偏见，他们可能会把注意力从他人的身上移开（Richeson & Trawalter，2008）。

在范曼及其同事（Vanman & others，1990）所做的一项实验中，白人观看一些白人和黑人的幻灯片，想象自己与这些人物来往，评定对这些人物可能的喜爱程度。虽然参与研究的人认为他们自己更喜欢幻灯片中的黑人而不是白人，但他们的面部肌肉却告诉我们一个不同的故事。仪器显示，当出现黑人面孔时，参与者面孔上的皱眉肌比微笑肌更加活跃。当一个人观看其他种族的一个不熟悉的人时，大脑中的情绪加工中心也会变得更加活跃（Hart & others，2000）。

研究刻板印象的学者以比较乐观的态度指出，偏见反应并非不可避免（Crandall & Eshelman，2003；Kunda & Spencer，2003）。避免偏见的动机会使人们调整自己的思维和行动。当意识到他们应该如何去感受和他们实际是如何感受的二者之间的差距时，具有自我意识的人就会产生内疚感，并努力抑制他们的偏见反应（Bodenhausen & Macrae，1998；Dasgupta & Rivera，2006；Zuwerink & others，1996）。迪瓦恩和她的同事（Devine & others，2005）指出，当人们避免偏见的动机是内在（因为偏见是错误的）而不是外在（因为他们不愿意让别人把他们想得太坏）的时候，即便是自动的偏见也会有所减弱。

我们得到的启示是：要克服迪瓦恩所说的“偏见习惯”并不是件容易的事。但迪瓦恩（Devine & others, 2012）及其同事研究发现，通过提高志愿者的意识和关注程度，训练他们用无偏见的自动反应替代偏见反应，可以克服偏见。经过两年的追踪研究，参与者在实验干预条件下表现的内隐偏见有所降低。如果你发现自己的反应有一种膝跳反射般的假设或情感，不要失望，这并不稀奇。重要的是你如何对待这种意识。你是否让这些感受主宰了你的行为？或者是你采取了一些弥补措施，控制和调整你在未来情境中的行为？

小结：偏见的动机根源

- 人们的动机会影响其偏见。挫折滋生敌意，人们有时候会将这种敌意发泄到替罪羊身上，有时会更直接地针对竞争性的群体来表达这种敌意。
- 人们还有一种动机，即认为他们自己和他们的群体比其他群体优越。即使很普通的群体成员身份，也会使人们喜欢自己的群体要胜于喜欢其他群体。自我形象受到威胁会增强这种内群体偏爱，归属感的缺失也会产生同样的效果。
- 从相对乐观的角度看，避免偏见的动机能够引导人们打破偏见习惯。

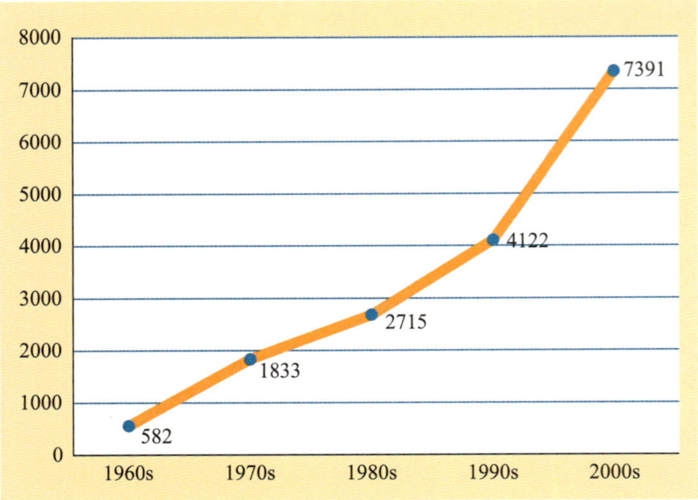

图 :: 9.5

研究“刻板印象”（或其他同义词）的心理学文献每十年的增长数量。

资料来源：PsycINFO.

偏见的认知根源

描述偏见的各种认知根源。

我们对世界的看法会对我们的刻板印象产生怎样的影响？我们的刻板印象又会怎样影响我们的判断？大量有关刻板印象的研究文献（见图 9.5）促进了新视角的发展，它应用最新的研究成果来探讨社会思维。刻板信念和偏见态度的存在，不仅仅是因为社会的条件作用，以及因为这些条件作用能让人们发泄敌意，还因为它们是正常思维过程的副产品。许多刻板印象，与其说源于内心深处的怨恨，还不如说产生于心理活动机制。错觉是我们解释世界过程的副产品，与此类似，刻板印象也是我们简化复杂世界的心理机制的副产品。

类别化：将人归入不同群体

我们简化世界的方法之一就是*归类*——通过把客体归入不同的类别来组织世界（Macrae & Bodenhausen，2000，2001）。生物学家区分出植物和动物。一个人也会将人进行归类。这样做了之后，我们思考这些事物的时候就会更轻松。如果一个群体内部的人具有一些相似性：如“门萨”（MENSA，世界顶级智商俱乐部——译者注）成员大都很聪明，篮球运动员大都很高，那么我们了解一个人的群体成员身份，就可以不费吹灰之力获得很多有用的信息。刻板印象有时能提供“获得信息与付出努力二者间的一个较好收益率”（Sherman & others，1998）。刻板印象代表着认知效率，这是快速做出判断和预测他人如何思考和行事的简便方法。因此，就像纳瓦雷特和同事（Navarrete & others, 2010）所说的，刻板印象和外群体偏见“具有根本的进化功能”，有助于我们祖先的竞争和生存。

自发类别化

在以下情形中，我们会发现依赖刻板印象能使我们既轻松又高效：

- 时间紧迫（Kaplan & others，1993）；
- 心事重重（Gilbert & Hixon，1991）；
- 疲惫不堪（Bodenhausen，1990）；
- 情绪激昂（Esses & others，1993b；Stroessner & Mackie，1993）；
- 年轻气盛而无法包容多样性（Biernat，1991）。

种族和性别是当今世界对人进行分类的最有效方式。想象一下，汤姆，45 岁，非裔美国人，新奥尔良房地产代理商。我可以推测，“黑人男性”形象远比“中年人”“商人”和“美国南方人”等类别要突出。

实验结果表明，我们会根据种族对人进行自发归类。正如颜色实际上是一个连续光谱，但我们把它知觉为不同的颜色一样，我们无法抗拒将人归入不同群体的倾向。

人们的祖先千差万别，我们简单地将他们标定为“黑人”或“白人”，就好像这些类别黑白分明一样。当人们观看不同的人发表言论时，他们常常不记得谁说了什么，但是他们记得每个发言者的种族（Hewstone & others，1991；Stroessner & others，1990；Taylor & others，1978）。这种类别化本身并不是偏见，但它的确为偏见提供了基础。

事实上，偏见是必要的。在社会同一性理论看来，那些对自己的社会身份敏感的人，会十分关注他们自己，准确地把人们区分为“我们”或“他们”。为了检验这一预测，吉姆·布拉斯科维奇和他的合作者（Jim Blascovich & others，1997）比较了具有种族偏见的人（他们能敏锐地感受到自己的种族同一性）和没有种族偏见的人——经过证实他们能同样快速地分辨黑色、白色和灰色的椭圆形物体，但是两组人分别花了多长时间将人们按种族进行分类呢？尤其在所呈现面孔的种族特征模棱两可的时候（图 9.6），具有种族偏见的人花费的时间更长，更明显地在考虑把人归类为“我们”（某人自己的种族）还是“他们”（另一个种族）。偏见要求必须进行种族归类。

图 :: 9.6 种族归类

快速回答：这个人属于什么种族？偏见少的人反应较快，因为他们不那么明显地担心把人分错了类别（就好像在想“谁在乎呢？”）。

知觉到的相似性和差异性

请画出以下物品：苹果、椅子和铅笔。

让一个群体中的物品看上去比实际上的更为一致，这种强烈倾向普遍存在。你看到的苹果都是红的吗？你的椅子都是直背的吗？你的铅笔都是黄色的吗？一旦我们把两个日子归在同一月份，那么与跨月份但间隔相同的两个日子相比，它们看起来就更相像，气温更接近。比如说，人们来猜测 8 天平均气温的差别，11 月 15 日至 23 日之间的气温差异比 11 月 30 日至 12 月 8 日之间的气温差异要小（Krueger & Clement，1994）。

对人也一样。一旦我们把人分成群体——运动员、戏剧专业学生、数学教授——我们就有可能夸大群体内部的相似性和群体之间的差异性（S.E. Taylor，1981；Wilder，1978）。仅仅区分出群组，就能造成“**外群体同质效应**”（outgroup homogeneity effect）——即认为他们都是“相似的”，不同于“我们”和“我们的”群体（Ostrom & Sedikides，1992）。因为我们一般都喜欢那些我们觉得与自己相似的人，不喜欢那些我们认为与自己不一样的人，所以，内群体偏好是一个很自然的结果（Byrne & Wong，1962；Rokeach & Mezei，1966；Stein & others，1965）。

仅仅是群体决策这一事实，也能使外人高估一个群体的全体一致性。如果保守派凭借微弱优势赢得全国大选，观察者就会推断“人们已经转向保守”。如果自由主义者以类似的微弱优势获胜，尽管选举人的态度基本上没变，但观察者会认为整个国家具有一种“自由主义的心态”。当面对我们自己的群体时，我们更容易看到多样性：

- 欧洲以外的很多人将瑞士人看成非常相似的人。但对瑞士人来说，瑞士人是多种多样的，包括讲法语、德语和意大利语的群体。
- 许多盎格鲁血统的美国人把“拉丁美洲人”混为一谈。墨西哥裔美国人、古巴裔美国人和波多黎各美国人则能看出重要的差别（Huddy & Virtanen，1995）。
- 女生联谊会成员容易把她们自己的成员看成大杂烩，而认为其他联谊会的成员则大同小异（Park & Rothbart，1982）。

与男人相比，女人们彼此更相像。
——切斯特菲尔德爵士（男）

一般而言，我们越是熟悉某一社会群体，我们就会看到越多的多样性（Brown & Wootton-Millward，1993；Linville & others，1989）。我们越是不熟悉，我们的刻板印象就越严重。同样，一个群体的规模越小、力量越弱，我们对他们的关注也就越少，我们的刻板印象也就越严重（Fiske，1993；Hancock & Rhodes，2008；Mullen & Hu，1989）。

也许你已经注意到：他们——你自己的种族群体以外的其他任何种族的成员——甚至看起来都很相似。我们中的许多人都有令我们尴尬不已的记忆：将另一个种族的两个人混淆为一个人，结果被我们叫错名字的人提醒说："你以为我们所有人看起来都一样"。美国学者布里格姆、钱斯、戈尔茨坦和马尔帕斯，苏格兰学者埃利斯通过实验发现，与我们自己种族的人相比，其他种族的人的确看起来更为相像（Chance & Goldstein，1981，1996；Ellis，1981；Meissner & Brigham，2001）。他们向白人大学生显示几张白人和黑人的面孔，然后要求他们从一排照片当中挑选出这些曾看过的面孔，结果显示出**本族偏差**（own-race bias）的存在。白人大学生能更准确地再认白人面孔而非黑人面孔，他们常常错误地选择一些从没有看过的黑人面孔。

"结果证明我有外遇了，但我根本就不知道。"

对于人类漫画家来说，所有企鹅看起来都一样。

如图 9.7 所示，与识别白人面孔的情况相比，黑人更容易辨别其他黑人的面孔（Bothwell & others,1989）。西班牙人、黑人和亚洲人都更擅长识别本种族的面孔（Gross, 2009）。同样，英国的南亚裔人士比英国白人能更快地识别出南亚人的面孔（Walker & Hewstone，2008）。10 到 15 岁的土耳其儿童会比奥地利儿童更快地识别出土耳其人的面孔（Sporer & others，2007）。即便是 9 个月大的婴儿也表现出对本种族面孔更好的识别能力（Kelly & others，2005，2007）。

实验室以外的情况也同样如此。例如，丹尼尔·赖特及其同事（Wright & others，2001）发现，先让一名黑人研究者或者白人研究者在南非和英国的购物中心接近黑人或者白人，随后要求这些被试从一队人中辨认出实验者，结果表明人们能更好地识别出与他们同一种族的人。后续研究也揭示了"同龄偏差"：人们能够更准确地识别与其年龄相似的个体（Wright & Stroud，2002）。这并不是说我们不能感知其他种族面孔之间的差异。实际上当我们看到另一个种族群体的面孔时，我们首先注意到的是种族（"这个人是黑人"），而不是个人特征。当观看我们自己种族的面孔时，我们相对较少去考虑其种族，而是更多地关注于个人的细节（Bernstein & others，2007；Hugenberg & others，2007；Shriver & others，2008；Young & others，2010）。

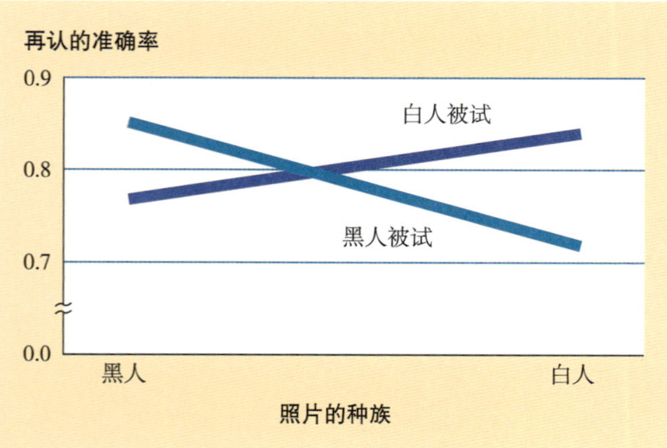

图 :: 9.7　本族偏差

白人被试能更准确地再认白人的面孔而非黑人面孔；黑人被试能更准确地再认黑人的面孔而非白人面孔。

资料来源：From P. G. Devine & R. S. Malpass, 1985.

我们把注意力放在别人的社会属性上也可以产生与"同龄偏差"相似的作用——无论是老人还是儿童都会更准确地识别自己所在年龄段的面孔（Anastasi & Rhodes，2005，2006；Wright & Stroud，2002；He & others，2011）。（也许你已经注意到了，在你看来，老年人们与你的同学们相比，长得要更为相似一些。）

独特性：感知那些突出的人

我们感知世界的其他方式也会导致刻板印象的产生。独特的人、生动或者极端的事件往往能吸引我们的注意力并歪曲我们的判断。

独特的人

你有没有发现自己曾经经历过这样的情形：你周围与你相同性别、种族或国籍的人只有你自己？如果这样，那么你的与众不同可能会使你更引人注目，成为人们关注的焦点。一位身处白人群体之中的黑人，一位身处女性群体中的男士，或者是一位身处男性群体之中的女士，都会显得比较突出、有影响力，这个人的优点或缺点都会被夸大（Crocker & McGraw，1984；S. E. Taylor & others，1979）。当群体中的某个人变得显而易见（显著）时，我们倾向于认为发生的所有事情都是这个人引起的（Taylor & Fiske，1978）。假如我们把目光定位在乔身上，那么尽管他只是一名普通的群体成员，但乔看上去对群体具有超乎寻常的影响力。吸引我们注意的人，似乎对所发生的一切承担更大的责任。

你是否注意到，人们也是以你最独特的特质和行为来描述你。洛丽·纳尔逊和戴尔·米勒（Nelson & Miller，1995）报告说，如果向人们介绍某人既是跳伞运动员又是网球运动员，那么他们会想起来他是一名跳伞运动员。当要求为这个人挑选一本礼品书的时候，人们会挑选跳伞书籍而不是网球书籍。一位既养宠物蛇又养宠物狗的人，看上去更像是养蛇而不是养狗的人。

人们同样也关注那些违背期望的人（Bettencourt & others，1997）。"意料之外的智慧更为夺目，就像冬天盛开的花朵，"斯蒂芬·卡特说出了自己作为一名非裔美国知识分子的体会。这种知觉到的独特性使得来自社会底层但很有才能的求职者更容易脱颖而出，尽管他们也必须努力工作以证实自己的真才实学（Biernat & Kobrynowicz，1997）。

埃伦·兰格和洛伊丝·英伯（Langer & Imber，1980）非常巧妙地证明了人们如何关注那些与众不同的人。他们让哈佛的大学生观看一位男士阅读的录像。当引导大学生认识到这个人非同寻常——癌症患者、同性恋者或百万富翁时，大学生表现出了更多的关注。他们发现了其他观察者所忽略的一些特征，他们对这个人的评价也比较极端。与其他观众相比，那些认为自己正在面对一名癌症患者的大学生注意到了对方与众不同的面部特征和躯体活动，因此更倾向于认为这个人大大"不同于大多数人"。我们对与众不同者的极度关注制造了一种错觉，使得这些人比实际上更显得与众不同。如果人们认为你拥有天才般的智商，那他们就会留意到许多你身上那些平常被人忽略的东西。

独特的人吸引人们的注意力，如休斯敦火箭队身高 2.29 米的队员姚明。

独特性形成自我意识 当周围都是白人的时候，黑人有时能觉察到人们针对他们的独特之处所做出的反应。许多人说到自己被目不转睛地盯着或者被人怒目而视，遭遇冷漠无情的评论，或者受到的服务很差（Swim & others，1998）。有时我们会错误地认为他人的反应是针对我们的独特性的。在达特茅斯学院，罗伯特·克

莱克和安杰洛·施特塔（Kleck & Strenta，1980）发现了这一现象。他们让女大学生觉得自己变丑了。女生们以为这个实验的目的是要评估某些人对她们面部通过夸张的化妆制造出来的疤痕会如何反应。疤痕在右侧脸颊，从耳朵一直到嘴唇。事实上，实验的目的是要看这些女生在感到自己的怪模怪样之后，会如何看待他人针对自己所做出的行为。化妆之后，实验者会给每位女生一面小镜子，让她们看到脸上逼真的疤痕。女生放下手中的镜子之后，实验者就使用一些“保湿霜”，以“避免疤痕出现裂纹”。事实上，“保湿霜”的作用是除去疤痕。

接下去的场景是令人痛苦的。一位年轻女性因为担心自己本已丑化的脸庞而自我感觉糟糕透顶，她与另一位女士交谈，后者其实根本看不到这种丑态，对此前发生的一切一无所知。如果你的自我意识也曾有过类似的感受——也许是某种生理残疾、粉刺，甚至是某日的发型很糟糕——那么也许你就能理解那些女生此时此刻的自我感受了。与那些被告知她们的谈话对象只是认为她们有些过敏的女生相比，那些“被丑化”的女生对同伴观看自己的方式变得十分敏感。她们将谈话伙伴评价为紧张、冷漠、傲慢。事实上，事后观看录像带的观察者分析了谈话伙伴如何对待“被丑化”的人，结果发现并不存在这种对待上的差别。“被丑化”的女性自我感觉变得不一样了，进而曲解了他人的行为方式和评价，而在其他情形下她们并不会注意到这类误解。

即使双方都是善意的，一个强势的人和一个弱势的人之间自我意识的相互作用仍会令人感到紧张（Devine & others，1996）。汤姆是个公开的同性恋者，他遇到异性恋的比尔。宽容的比尔希望自己的反应不带任何偏见，但比尔对自己不是很有把握，他略微犹豫了一下。然而，汤姆预期大多数人会持有负面态度，他把比尔的犹豫错误地理解为是一种敌意，他的回应似乎有点儿怀恨在心。

任何人都能体验到这种现象。多数派群体成员（如某研究中居住在加拿大马尼托巴的白人）往往心里清楚少数派成员对于他们的刻板印象——“元刻板印象”（Vorauer & others，1998）。即使是相对没有偏见的加拿大白人、以色列犹太人、美国基督徒，也会感到其他少数派群体对他们的刻板印象是持有偏见的、傲慢的或俨然一副屈尊俯就的样子。如果乔治担心加默尔把自己视为“有教养的种族主义者”，那么他在同加默尔交谈的时候就会时刻加以提防。

污名意识 人们的**污名意识**（stigma consciousness）千差万别。污名意识就是人们在多大程度上预期他人会对他们产生刻板印象。例如，男同性恋和女同性恋对于其他人怎样从同性恋的角度来“解释我的所作所为”上的假定程度是有差异的（Lewis & others，2006；Pinel，1999，2004）。

把自己看成流行偏见的受害者，这既有积极意义，也有消极意义（Branscombe & others，1999；Dion，1998）。消极的一面在于：那些认为自己屡屡成为受害者的人会生活在刻板印象的威胁、想象中的对立等压力当中，因此体验到较低的幸福感。居住在欧洲、具有污名意识的美国人认为欧洲人比较反感美国人，与那些感觉被接纳的美国人相比，感到活得更累。

积极的一面在于：偏见知觉为个体的自尊提供了缓冲。如果某人肮脏不堪，他会说“噢，人们并不是针对我个人。”此外，知觉到的偏见和歧视强化了我们的社会同一性，让我们做好准备参与集体性的社会活动。

生动的案例

我们的内心也利用一些独特的案例，以此作为判断群体的一条捷径。黑人是优秀的运动员吗？“嗯，看看威廉姆斯姐妹和奥尼尔，是的，我想是这么回事儿。”注意这里所采用的思维过程：针对特定的某一社会群体，已知有限的经验，我们回忆案例，并由此概括出结论（Sherman，1996）。不仅如此，遇到负面刻板印象的典型例子时（比如说，遇到一位有敌意的黑人），这种刻板印象就会被启动，导致我们尽可能地减少与该群体的接触（Hendersen-King & Nisbett，1996）。

根据个别案例来概括会引起一些问题。尽管生动的例子更容易出现在回忆之中，但它们很难代表更大的群体。杰出的运动员虽然鹤立鸡群、令人难忘，但对于判断整个群体的运动天赋情况并不是最好的依据。

少数群体的个体越独特，多数群体就会越高估这一群体的人数。你们国家的人口中有多少是穆斯林？那些非穆斯林国家的人们通常会过高估计这一比例。[在美国，皮尤研究中心（Pew，2011）的报告说美国 0.8% 的人口是穆斯林。]

我们来看一项 2011 年的盖洛普民意测验，普通美国人认为 25% 的人是纯粹的同性恋（Morales, 2011）。最有力的证据显示，约 3% 的男性和 1%~2% 的女性有同性恋取向（Chandra & others, 2011; Herbenick & others, 2010）。

迈伦·罗思巴特及其同事（Rothbart & others，1978）发现，独特的案例也会强化刻板印象。他们让俄勒冈大学的学生观看 50 张幻灯片，每张幻灯片都描述了一位男士的身高。对其中一组学生来说，50 张幻灯片中有 10 张的男士身高略高于 1.8 米（最高为 1.93 米）。对另一组学生来说，其中 10 位男士身高明显超过 1.8 米（最高为 2.1 米）。随后询问这些学生这些男士中身高超过 1.8 米的人有多少。那些接触适中身高样例的人，印象当中高个子比实际要多出 5%；而那些接触极端身高样例的人，印象当中高个子比实际要多出 50%。在后续的一个实验中，学生们阅读有关这 50 位男士所作所为的描述，其中 10 人要么有过诸如伪造罪这样的非暴力犯罪，要么有过强奸之类的暴力犯罪，那些看过暴力犯罪描述清单的学生，大都高估犯罪行为的数量。

对于差异的自我意识影响了我们对他人行为的解释。

独特事件促进虚假相关

刻板印象假定在群体成员身份和个人特征之间存在某种相关性（“意大利人多愁善感”，“犹太人精明能干”，“会计师吹毛求疵”）。通常，人们的刻板印象是正确的（Jussim,2012）。但有时我们对非同寻常的事情的格外关注也会产生出虚假相关。因为我们对独特事件比较敏感，所以当两件这样的事情同时发生时就特别引人注意——比非同寻常的事情单独发生更加惹人注目。

戴维·汉密尔顿和罗伯特·吉福德（Hamilton & Gifford，1976）在一个经典实验中证实了虚假相关的存在。他们给大学生呈现上面有许多人的幻灯片，这些人要么属于“A 组”，要么属于“B 组”，并且告诉他们两组的成员做了一些好事或坏事。例如，“约翰，A 组成员，他探望了一位生病住院的朋友”。对 A 组成员的描述比 B 组多一倍，但两组中好事和坏事的比例都是 4:9。因为 B 组和坏事出现的频率都相对较低，所以当它们共同出现时——如艾伦，B 组成员，他把停在路边的小汽车的挡泥板撞瘪了，但没有留下自己的名字——就成为了一个非同寻常的组合而抓住了人们的注意力。因此，参加实验的大学生们就会高估“少数派”群体（B 组）行为不当的频率，并且对 B 组的评价相对比较苛刻。

请记住，B 组人做坏事的比例与 A 组实际上是完全一样的。而且，这些大学生对 B 组成员并没有预先存在的偏好或对立的偏见，与任何日常生活体验相比，他们在实验中接受的信息相对而言更加系统。尽管研究者还在争论这种现象的原因，但他们一致认为确实出现了虚假相关，并且为种族刻板印象的形成提供了又一个来源（Berndsen & others，2002）。因此，最能将少数群体从多数群体中区分出来的特质往往是与少数群体相关联的（Sherman & others，2009）。你的种族或者所在的社会群体与其他群体可能在大部分方面都很相似，但是人们一般都是注意不同之处。

在实验中，即使非典型群体中的某个人只做出一次不常见的行为，便可以在人们的脑海里形成虚假相关（Risen & others，2007）。大众媒体反映并助长了这种现象。当一个自称是同性恋的人谋杀某人或者对其实施性虐待，人们往往会提到同性恋这一点。如果某个异性恋的人做了同样的事情，他的性取向却很少会被提及。同样道理，当有精神病史的马克·查普曼和约翰·辛克利分别射杀约翰·列侬和里根总统之后，杀手的精神病史主导了人们的注意力。杀手和因精神病住院，两者都是相对少见的，二者结合在一起就特别具有新闻价值。这样的报道加深了人们的错觉，让人们误以为暴力倾向和同性恋或者住精神病院二者之间有很大的关系。

我们往往有预先存在的种种偏见，这一点与上面对 A 组和 B 组进行判断的大学生很不一样。戴维·汉密尔顿与特伦斯·罗斯（Hamilton & Rose, 1980）一同开展的进一步研究显示，我们预先存在的刻板印象能引导我们“看到”根本不存在的联系。研究者让加州大学圣巴巴拉分校的学生阅读一些句子，句子采用了各种形容词来描述不同职业群体的人士（“胡安是一名会计，胆小害羞，细致周到”）。事实上，在描述每个职业的时候，每个形容词所采用的频率是相同的。会计、医生和推销员按同样的频率被描述为胆小害羞、富有、健谈。但是，这些大学生认为他们看到了更多的有关会计害羞、医生富有、推销员健谈的书面描述。他们的刻板印象让他们感知到了根本不存在的关联性，其刻板印象也因而得以保持。

同样，沃恩·贝克尔及其同事（Becker & others, 2010）邀请大学生观看一张白人和一张黑人的面部图片，其中一个是愤怒的表情，另一个是中性表情，呈现时间为 1/10 秒。随后让参与者对两幅图旁边的数字（如图 9.8）相加，以此作为短暂的干

图 :: 9.8
内群体偏差影响知觉。当短暂呈现两张分别是中性和愤怒的面孔时，人们更多地把黑人面孔错误回忆为愤怒表情（Becker & others, 2010）。

扰。猜猜结果如何？参与者随后对看到的内容进行回忆，其结果显示了种族偏见。"白人愤怒和中性黑人面孔同时呈现时，黑人面孔被错误回忆为愤怒表情的比例为 34%；黑人愤怒和中性白人面孔同时呈现时，白人面孔被错误回忆为愤怒表情的比例则为 19%。前者比例更高"。

归因：这是一个公正的世界吗

在解释别人的行为时，我们常常犯第 3 章所说的基本归因错误：我们总是热衷于将人们的行为归结于他们的内在倾向，而忽视那些重要的情境力量。之所以犯这类错误，部分原因在于我们关注的焦点在人而不是情境。一个人的种族或性别总是鲜明而引人注意的，而作用于这个人的情境力量通常却不那么显而易见。我们常常忽略奴隶制度是奴隶行为的原因之一，代之以奴隶们自身的天性来解释奴隶行为。就在不久之前，我们在解释已知的男女差异时，同样的思路再次重现。由于性别角色的约束难以看到，所以我们把男性与女性的行为简单地归结为他们的天生倾向。人们越是认为人的特质是一成不变的，他们的刻板印象就越强烈（Levy & others, 1998；Williams & Eberhardt，2008）。

群体服务偏差

托马斯·佩蒂格鲁（Pettigraw，1979，1980）的研究表明了归因错误是如何使得人们在解释群体成员的行为时出现偏差的。我们总是对自己群体的成员给予善意的理解："她之所以捐赠是因为她心肠好；他不捐赠是迫于目前的处境。"在解释其他群体的成员行为时，我们更容易从最坏的角度去设想："他之所以捐赠是为了博得好感；她不捐赠是因为她很自私。"因此，就像我们在前面所提到的那样，同样的推搡动作，如果是白人所为，那么就会被认为只是"闹着玩"；一旦是黑人所为，就会变成"暴力行为"（Duncan，1976）。

外群体成员的积极行为相对而言经常被人忽略。它可以被视为只是一个"特例"（"他的确聪明并且努力——完全不像其他人……"），由于运气或者某种特殊优势（"她之所以被录取，可能仅仅是因为她报考的那所医学院必须完成女生招生名额"），由于情境的要求（"在那种情形下，那个吝啬的苏格兰人除了掏钱照单结账还能干什

公正世界思维？一些来自阿富汗和伊拉克的所谓的战斗人员被关押在关塔那摩湾拘留营，一些人反对给予这些美国囚犯合法权益。其中一个理由就是：如果他们没有恶行，就不会被监禁于此。所以为什么还要允许他们在美国法庭为自己作无罪辩护？

么？”），或者归因于额外的努力（“亚洲学生成绩之所以比较好，是因为他们太用功了”）。处于不利位置的群体、强调谦虚的群体（诸如中国人），较少表现出这种**群体服务偏差**（group-serving bias）（Fletcher & Ward，1989；Heine & Lehman，1997；Jackson & others，1993）。社会心理学家雅克·沃劳尔和斯泰西·萨萨其（Vorauer & Sasaki, 2010, 2011）指出，多元文化关注差异性，这在没有冲突时可能是积极的（使得群体间交流有趣而刺激），但有时却要为此付出代价。当面临冲突或威胁时，对差异性的关注可能导致群体层面的归因和更大的敌意。

群体服务偏差能非常微妙地影响我们的言语风格。帕多瓦大学一组由安妮·马斯领导的学者（Maass & others，1995，1999）发现，内群体其他成员的积极行为往往被描述成一种普遍品质（例如，“露西乐于助人”）。当同样的行为是由外群体的成员所为时，人们常常将其描述为一个特定、孤立的行动（“卡门为那个拄拐杖的男人打开了门”）。当我们描述消极行为时，特点正好相反：“埃里克推了她一下”（内群体成员的孤立行为）对应于“恩里克好斗”（外群体成员的普遍倾向）。马斯把这种群体服务偏差称为“语言性群体间偏差”。

我们在前面提到过，指责他人能为指责者本人的优越地位提供辩护（见表 9.1）。责备的出现，是因为人们把外群体的失败归结于该群体成员的内在品质有缺陷。正如迈尔斯·休斯敦（Hewstone，1990）所言：“他们失败是因为他们很笨；我们失败是因为我们没有尝试。”如果女性、黑人或者犹太人受人虐待，那他们一定是多少有些咎由自取。当英国人在第二次世界大战结束之际让一群德国平民去参观贝尔根—贝尔森集中营的时候，一名德国人的反应是：“这些囚犯一定犯了特别可怕的罪行所以才会受到这样的惩罚。”（类似的群体服务偏差可以解释偏见形成的动机或认知基

公正世界现象

表 :: 9.1 自我强化的社会同一性如何支持刻板印象

	内群体	外群体
态度	偏爱	诋毁
知觉	异质性（我们不一样）	同质性（他们很相似）
对消极行为的归因	归于情境	归于内在品质

础。动机和认知，以及情绪和思维，都是不可分割的。）

如果人们要从世界上所有的习俗中找出他们认为最好的，他们会看看总数，最后宁愿选择他们自己的。

——古希腊历史学家希罗多德，《历史》第 3 卷，公元前 440 年

公正世界现象

在滑铁卢大学和肯塔基大学经过一系列的研究之后，梅尔文·勒纳及其同事（Lerner & Miller，1978；Lerner，1980）发现，仅仅是观察到其他无辜者受害，就足以让受害者显得不那么值得尊敬。

勒纳（Lerner，1980）指出，之所以存在这种对不幸者的贬低，是因为人们需要相信："我是一个公正的人，生活在一个公正的世界，这个世界的人们得到他们应得的东西。"他说，从很小的时候开始，我们受到的教育就是"善有善报，恶有恶报"。勤奋工作和高尚情操会换来奖赏，而懒惰和不道德则不会有好结果。由此我们很容易进一步认定春风得意的人必然是好人，而受苦受难的人是命中注定的。

一系列的研究探讨了这种**公正世界现象**（just-world phenomenon）（Hafer & Bègue，2005）。设想你同其他人一道，参加了勒纳的一项被说成是感受情绪线索的研究（Lerner & Simmons，1966）。以抽奖的方式选择一名参与者承担一项记忆任务。这个人一旦给出错误答案，就要接受痛苦的电击。你和其他人要注意他的情绪反应。

在观看了受害者接受这些显然十分痛苦的电击之后，实验者让你对受害者进行评价。你会怎么回应呢？是深表同情的怜悯吗？我们可能会这样期待。就像爱默生所写的那样："受难者是无法玷污的。"与此相反，实验结果表明，受难者是可以被玷污的。当观察者无力改变受害者的命运时，他们就经常会否定和贬低受害者。罗马讽刺作家尤维纳利斯早就预见到了这样的结果："罗马盗贼信奉的是运气……他们讨厌那些被判过刑的人。"就像大屠杀发生后的犹太人一样，遭受的痛苦越多，人们越是不喜欢受害者（Imhoff & Banse, 2009）。

"公正世界思维"的经典描述来自约伯的旧约故事，约伯是一个好人，却遭遇了可怕的灾难。约伯的朋友猜测，这么一个公正世界，约伯肯定是做了恶事才招致这样可怕的灾难。

琳达·卡莉和她的同事（Carli & others，1989，1999）指出，这种公正世界现象会影响我们对强奸受害者的印象。卡莉让人阅读有关一个男性和一个女性交往的详细描述。例如，一个女性和她的老板相约共进晚餐，她来到老板的家，每人饮了一杯红酒。有些人阅读的故事有一个快乐的结局："他将我引到沙发旁。握着我的手，向我求婚。"事后看来，人们不觉得这个结局有什么大惊小怪，还十分赞赏男女主人公的表现。其他人看到的故事则是另一个不同的结局："但他随后变得非常粗暴，把我推向沙发。他把我按倒在沙发上，强奸了我。"如果是这个结局，人们会觉得它在所难免，并且指责那位女士在故事前段当中的行为就有失妥当。

这类研究表明，人们之所以对社会不公漠不关心，并不是因为他们不关心公正，而是因为他们眼里看不到不公正。那些相信世界是公正的人，认为被强奸的受害者一定行为轻佻（Borgida & Brekke，1985）；遭遇虐待的配偶一定是自作自受（Summers & Feldman，1984）；穷人注定就过不上好日子（Furnham & Gunter，1984）；生病的

人应该为他们的疾病负责（Gruman & Sloan，1983）。研究人员让参与者记录他人的各种选择，以此激活其选择的概念。此时，（美国）参与者对弱势个体表现出较少的同理心，更多地责备受害者，对诸如平权法案等社会政策的支持也会降低（Savani & others, 2011）。

如果你没有工作也不富裕，只能怪你自己！

——美国总统候选人赫尔曼·凯恩，2011

这些信念使得成功人士确信他们所得到的一切也是完全应得的。富有和健康的人看到的是自己的好运、别人的厄运，一切都是天经地义的。把好运和美德、厄运和不道德联系起来，能使幸运的人在自豪的同时，也不必对不幸的人承担责任。

人们厌恶失败者，即使失败者倒霉的原因显然仅仅是运气不好。举例来说，儿童会认为幸运的人——比如在街边捡到钱的人——会比不幸运的儿童更可能做好事或者做一个好人（Olson & others，2008）。人们明白赌博结果纯粹是运气的好坏，不应该影响他们对赌博者的评价。然而，他们还是忍不住要放马后炮——根据人们的结果去评价他们。好的决策也可能带来坏的结果，可人们无视这一事实，他们认定失败者能力较差（Baron & Hershey，1988）。与此类似，律师和股市投机商可能根据自己的结果来评价自己。成功的时候自鸣得意，失败的时候自责不已。不能说天才和主动性与成功无关，但公正世界假设低估了不可控因素，这些因素会使一个人竭尽全力的努力付诸东流。

公正世界思维也会让人认为所处文化中熟悉的社会系统是公正的（Jost & others, 2009; Kay & others, 2009）。事情越是这样，我们就越倾向于认为事情本来就应该如此。这种天然的保守性使得新的社会政策难以推行，比如选举权法案、税收和医疗等各项改革。但是，当一项新的社会政策已经开始实施后，我们的"制度正当化"又会发生作用，以支持该政策。因此，加拿大人多数赞同政府各项政策，如全民健康保障、严格控制枪械和取消死刑等，美国人也大多支持自己适应了的各类政策。

小结：偏见的认知根源

- 近期研究展示了支持偏见的刻板印象怎样成为我们思维（我们简化世界的方式）的副产品。首先，将人分门别类的做法，夸大了群体内部的一致性和群体之间的差异性。
- 一个独特的个体，诸如惟一的一名少数种族个体，具有引人注目的特点。这种人会让我们意识到在其他情形下注意不到的差异。两个独特事件的发生（例如一名少数种族个体犯了一种非同寻常的罪行）有助于建立人与行为之间的虚假相关。将他人的行为归结于内在品质，会导致群体服务偏差：将外群体成员的消极行为归结于他们的天生特点，对他们的积极行为则闪烁其词。
- 指责受害者源于一个公认的假设：因为这是一个公正的世界，人们得到的是他们应得的一切。

偏见的后果

认识并理解偏见的后果。

刻板印象如何将自身变为现实？偏见会怎样损害人们的行为表现？偏见既有其存在的原因，也会产生相应的后果。

自身永存的刻板印象

偏见是一种预先判断。预先判断是在所难免的：我们谁也不是毫无私心杂念的社会事件记录员，一五一十地记录支持或者反对我们各种偏见的事实。

预先判断引导我们的注意和记忆。那些接受性别刻板印象的人在回忆其学校成绩的时候，经常与刻板印象相一致。比如，与真实成绩相比，女性经常回忆较差的数学分数和较好的美术分数（Chatard & others，2007）。

而且，一旦我们把某项特征归入一个类别，比如某个特定的种族或者性别，我们的记忆系统之后就会偏向与该类别相关联的这项特征。约翰尼·瓦特和他的同事们（Huart & others，2005）通过实验验证了上述结论。他们向大学生展示了一个由 70% 的典型男性面孔和 30% 的典型女性面孔合成的面孔（或者相反的比例），在后续实验中，那些看到有 70% 男性面孔的被试报告说自己看到了一张男性的脸，这一结果在我们的意料之中；但是他们却把这张脸回忆得更为男性化了（比如报告这张面孔具有 80% 的典型男性特征，如图 9.9 所示）。

预先判断还能引导我们对事件的解释。只要群体成员行为举止符合我们的预期，我们就会重视这一事实；我们先前的看法获得验证。当群体成员的行为举止与我们的预期不一致的时候，我们就会以特殊情形为由为这类行为开脱（Crocker & others，1983）。某人的表现与刻板印象截然相反，也会让这个人看上去像个特例。告诉一些人"玛丽打过篮球"，对其他人说"马克打过篮球"，这会令玛丽显得比马克更加喜欢运动（Biernat，2003）。因此，刻板印象会影响我们如何分析人的行为。大多

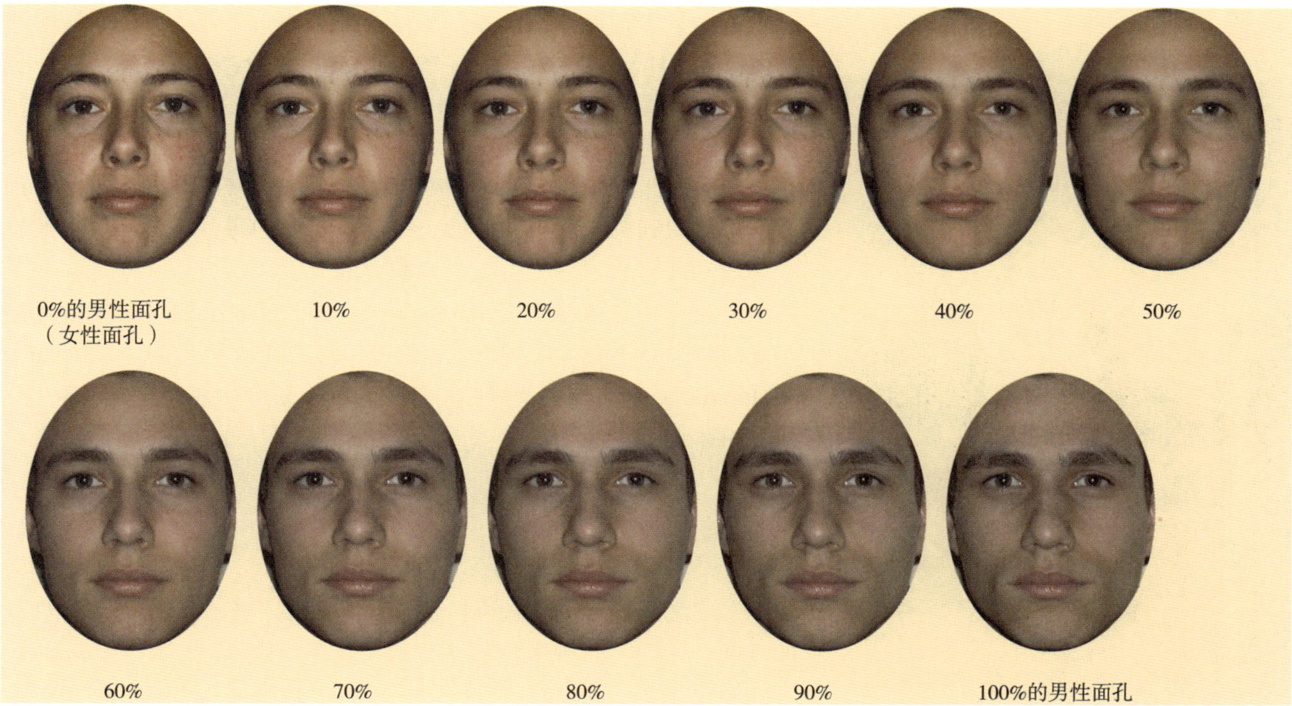

图 :: 9.9

分类影响记忆

当看到 70% 的男性面孔时，人们通常将这个人分类为男性，但是他们之后却把这张面孔回忆得更加男性化了（Huart & others，2005）。

数白人都对黑人有负面的媒体印象（比如，“卡特里娜”飓风之后的抢劫），这些刻板印象是有害的。在一个实验中发现，这些印象会减少对需要帮助的黑人的同理心（Johnson & others，2008）。

也许你也能回忆起在过去某个时候，你无论怎样努力都摆脱不了某人对你的评价，当时你无论做什么，始终被人误解。一旦某人预期与你见面不会愉快时，误解就很有可能会发生（Wilder & Shapiro，1989）。威廉·伊克斯和他的同事（Ickes & others，1982）在一个实验研究中证明了这一点，他们针对的是几组正处于大学年龄阶段的男士。当这些男士来到实验室时，两两配对为一组，实验者向每对当中的一人预先给予虚假的告诫：另外那个人是“我近来交谈过的人当中最不友好的人之一”。随后介绍两个人相互认识，并让他们单独相处 5 分钟。在实验的另一条件下，引导这些学生，让他们以为参与的另一方特别友善。

标签的作用犹如一个拉响的汽笛，它让我们对所有平时能感知到的细微差异充耳不闻。

——戈登·奥尔波特，《偏见的本质》，1954

在两种条件下，对方对新结识的人都非常友好。事实上，预期对方不友好的人，异乎寻常地试图表现出友好，而且他们的微笑及其他友好举止激起了热烈的回应。但与有积极偏见的学生有所不同，这些预期自己会遇到不友好伙伴的人，把这种相互友好归结于是他们自己“小心翼翼”地对待对方的结果。他们事后表现出对对方更多的不信任和不喜欢，并且认为对方的行为不那么友好。尽管他们的搭档实际上很友好，但消极的偏见诱导这些学生“看见”了隐藏在对方“强颜欢笑”背后的敌意。如果他们不曾这样想过，他们是看不到这些的。

我们的确会注意到那些与刻板印象明显不一致的信息，但即使是这类信息，它们的影响可能比我们预期的要小。当我们集中关注一个反常的事例时，我们可以分出一个新的范畴来维护已有的刻板印象（Brewer & Gaertner，2004；Hewstone，1994；Kunda & Oleson，1995，1997）。英国学龄儿童对和蔼可亲的学校警官形成了非常积极的良好印象（他们把学校警官视为特殊的一类），但这丝毫改善不了他们对警察的整体看法（Hewstone & others，1992）。这种**再分类**（subtyping）——把偏离常规的人归入一个不同的类群——帮助维持了警察不友善、可怕这样的刻板印象。

对不适合的人形成新的刻板印象，这是应对不一致信息的另一种方式。认识到刻板印象并非适合一类人当中的每一个人，周围的黑人邻居和蔼可亲，房主会形成“职业的、中产阶级黑人”这样一个新的刻板印象。这种**再分群**（subgrouping）——形成一个子群体的刻板印象——倾向于让分化中的刻板印象适度地发生变化（Richards & Hewstone,2001）。子类别是群体的例外；子群体则被认为是整个群体的一部分。

当人们违背我们的刻板印象时，我们会通过分出一个新的子群体刻板印象来维护以前的刻板印象，比如区分出“老年奥林匹克运动员”。

歧视的影响：自我实现的预言

态度之所以可能与社会阶层等级相一致，不仅仅是由于合理化的需要，还因为歧视影响到了它的受害者。“个人声望，”奥尔波特（Allport，1958，p.139）写道，“一点一点地被敲入大脑，它不可能对一个人的性格丝毫不产生影响。”如果说我们能够在弹指一挥间结束一切歧视，那我们就会天真地宣称，“艰难的日子已经过去了，同胞们！你们现在可以身穿盛装，成为体面的管理者或职场人士。”压迫结束了，但它的影响还将延续，犹如一种社会遗留物。

在《偏见的本质》一书中，奥尔波特列举了 15 种可能的受害效应。奥尔波特认为这些反应可以归纳为两大类——一种涉及责怪自己（退缩、自我痛恨、攻击自己的群体），一种涉及责怪外部的原因（反击、怀疑、群体自豪感增强）。如果最终结果是负面的，比如说犯罪率比较高，人们可以借此为歧视进行辩解，并促使其得以继续存在。"如果我们允许那些人搬进我们可爱的社区与我们为邻，房价会一落千丈的。"

那些受压迫的人对文明形成一种强烈的敌意是可以理解的，他们以自己的劳动使文明得以实现，但分享到的文明财富却少得可怜。

——弗洛伊德，《一个幻想的未来》，1927

歧视是否是以这种方式影响着受害者？对于这一点我们必须很谨慎，不能夸大这一说法。对许多人来说，黑人文化的灵魂和风格是一笔令人骄傲的遗产，这并不仅仅是受伤害后的反应（Jones，2003）。然而，社会信念能够自我验证，如同沃德、曾纳和库珀（Word，Zanna，& Cooper，1974）的两个巧妙实验所展示的那样。在第一个实验中，白人和黑人研究助手冒充求职者，由普林斯顿大学的白人男子来进行面试。与求职者为白人的时候相比，当求职者为黑人时，面试官坐得更远，平均提前 25% 的时间结束面试，并且多犯 50% 的言语失误。想象一下在接受面试的时候，人家远远地坐在那里，说话结结巴巴，急急忙忙就结束了面试。你的表现或你对面试官的感受是否会受到影响？

为找到答案，研究者进行了第二个实验，经过培训的面试官以第一个实验当中面试官对待黑人的方式来对待白人和黑人求职者。稍后对面试录像进行评定，结果发现，那些受到类似于第一个实验中黑人的待遇的学生显得更为紧张、表现更差。而且，面试者自己也可以感到区别；那些被当做黑人对待的学生认为他们的面试官举止相对不够妥当，不那么友善。研究人员总结说，"黑人表现方面的'问题'，部分在于互动情境本身。"如同其他自我实现的预言一样（回忆第 3 章的内容），偏见产生了影响。

如果我们预言同伴有灾祸，则我们倾向于挑起它；如果是好事，则是我们引发的。

——戈登·奥尔波特，《偏见的本质》，1958

刻板印象威胁

只要感觉到偏见就足以使我们意识到自己是少数群体——也许是在白人社区居住的一个黑人，或者是在黑人社区居住的一个白人。这种陌生环境会消耗我们的精力与注意力，导致我们心理与生理机能下降（Inzlicht & others，2006）。当你置身于别人都预期你会表现很差的情境当中，你的焦虑可能会导致你证实这一信念。我是一个 60 岁出头的矮个子。当我与一群高个、年轻的选手临时拼凑在一起玩篮球比赛时，我常常怀疑他们是否会认为我是队里的累赘，这将削弱我的信心，影响我的表现。克劳德·斯蒂尔和他的同事称这一现象为**刻板印象威胁**（stereotype threat）——一种自我验证的忧虑，担心有人会依据负面刻板印象来评价自己（Steele, 2010; Steele & others，2002）。

在一些实验中，斯潘塞、斯蒂尔和奎因（Spencer，Steele，& Quinn，1999）给学生一个难度非常高的数学测验，这些男女大学生具有相同的数学背景。当告诉学生这个测验没有性别差异，不会对任何群体刻板印象作评价时，女生的成绩始终与男生相同。一旦告诉学生存在性别差异，女生就会戏剧性地使得这种刻板印象得以验证（见图 9.10）。当遇到难度很大的题目而受挫时，她们明显地感到格外担忧，这影响到了她们的成绩。对工科女生来说，与有性别歧视的男性交流也会影响其测验成绩（Logel & others, 2009）。甚至在测验之前，刻板印象威胁也会阻碍女生学习数学规律和运算（Rydell & others, 2010）。

媒体能激起刻板印象威胁。保罗·戴维斯及其同事（Davies & others，2002，

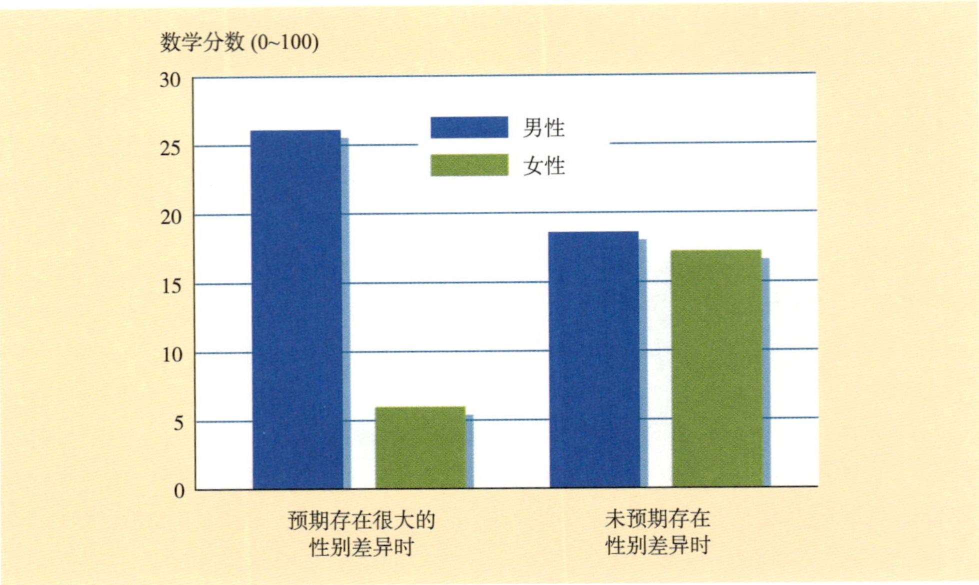

图 :: 9.10
刻板印象脆弱性与女性的数学成绩
史蒂文·斯潘塞、克劳德·斯蒂尔和戴安娜·奎因让能力相当的男女参与者参与一次难度很大的数学测验。当引导参与者相信测验具有性别差异时，女性的得分会低于男性。一旦去除验证刻板印象的威胁（当不预期会有性别差异时），女性的表现就和男性一样。

2005）让男性和女性观看一系列电视广告，让他们觉得自己将要参加细节记忆测验。对其中的一半参与者来说，广告中只包含中性的刺激；对另一半参与者来说，有些广告包含“没头脑”的女性形象。看过刻板化的形象之后，女性不仅在数学测验中表现得比男性差，并且对数学及理科专业表现出更少的兴趣，或者说不愿意进入数学或理科职业生涯。

种族刻板印象是否也可能以类似的方式自我实现？斯蒂尔和阿伦森（Steele & Aronson，1995）的研究证实，当给白人和黑人一些难度较大的语言能力测验时，情形确是如此。在接受测验时，黑人只是在受到较高的刻板印象威胁的情形下表现比白人差。类似的刻板印象威胁效应也发生在西班牙裔美国人中（Nadler & Clark，2011）。

杰夫·斯通及其同事（Stone & others，1999）报告说，刻板印象威胁同样也会影响运动员的成绩。当把高尔夫活动表述为“运动智力”测验时，黑人的表现就比平时要差；当表述为“天生运动能力”测验时，白人的表现比较差。斯通（2000）推测，“当人们想起有关自己的负面刻板印象时，如‘白人男子不擅长跳跃’或者‘黑人男子不擅长思考’，它就会对运动成绩产生不良的影响。”

斯蒂尔（Steele，1997）认为，如果你告诉学生他们有失败的风险（如同少数群体支持项目经常暗示的那样），那么刻板印象就可能损害他们的行为表现，并且导致他们“不认同”学校，到其他地方去寻求自尊（见图 9.11，以及专栏“研究背后的故事：克劳德·斯蒂尔谈刻板印象威胁”）。事实上，随着美国黑人学生从 8 年级升入 10 年级，他们的学习成绩与自尊之间的相关有所减弱（Osborne，1995）。而且，那些被引导认为自己进入大学或学术群体是受惠于种族或性别偏见的学生，其表现倾向于比那些被认为自己很能干的学生差（Brown & others，2000）。

因此，斯蒂尔评论道，最好给学生一些挑战，让他们相信自己的潜力。他的研究小组进行了另一项实验，其中的黑人学生因为他们的写作而受到批评，同时还告诉他们，“从你的来信来看，我认为你有能力达到我所说的更高水平，否则我不会自找麻烦给你这样的反馈”。如此一来，黑人学生会做出较好的回应（Cohen & others，1999）。

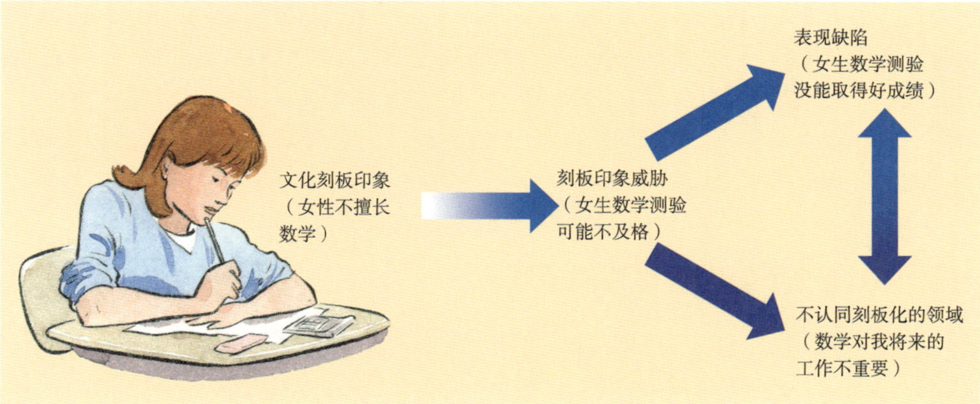

图 :: 9.11
刻板印象威胁
面对负面刻板印象而引起的威胁可能造成表现缺憾以及不认同。

刻板印象威胁如何破坏表现？托尼·斯克玛德、迈克尔·约翰和查德·福布斯认为（Schmader，Johns & Forbes，2008），它在这三个方面起作用：

- 压力。fMRI 发现，刻板印象的压力会减少与处理数学问题有关的大脑活动，同时增加与情绪加工有关的脑区活动（Derks & others，2008；Krendl & others，2008；Wraga & others，2007）。
- 自我监控。担心犯错会影响注意力的集中（Keller & Dauenheimer，2003；Seibt & Forster，2004）。在种族间的交互作用中，黑人和南美洲人（关注他们智力的刻板印象）寻求尊重，希望被看做是有能力的，而白人（关注他们作为种族主义者的形象）寻求欣赏，希望被看做是有道德的（Bergsieker & others, 2010）。
- 抑制不需要的思维与情绪。调整思维势必消耗一个人的认知资源，并且干扰他的工作记忆（Bonnot & Croizet，2007）。

如果刻板印象威胁能干扰成绩，那么正面刻板印象会提高成绩吗？希、皮廷斯

研究背后的故事

克劳德·斯蒂尔谈刻板印象威胁

20 世纪 80 年代后期，在密歇根大学学生多元化委员会会议期间，我注意到一个有趣的现象：在各级 SAT 入学分数水平中，少数群体学生所取得的大学成绩总是比非少数群体要低。很快，史蒂文·斯潘塞、乔舒亚·阿伦森和我发现这是一个全国性的现象；它存在于绝大多数的大学里，存在于能力被负面刻板化的其他群体中，诸如高级数学课程中的女性。这种表现不佳并不是由考试者群体差异造成的，所有各级考试者（按 SAT 得分）都存在这样的问题。

我们最终在实验室里再现了这种表现不佳的现象，我们只是鼓励人们去做一项困难的任务，而他们的群体在这个领域里给人以负面的刻板印象。我们还发现，通过让同一任务变得与刻板印象无关，也就是我们所说的去除“刻板印象威胁”，我们就能够消除这种表现不佳的现象。第二个发现激发了很多研究：探讨如何减少刻板印象威胁及其负面影响。通过这些工作，我们获得了两大认识：首先是生活情境在塑造心理功能上的重要性，其次是像年龄、种族和性别这样的社会同一性在塑造这类生活情境中的重要性。

克劳德·斯蒂尔
(Claude Steele)
斯坦福大学

基和安巴蒂（Shih，Pittinsky，& Ambady，1999）证实了这种可能性。在做数学测验之前，向亚裔美国女性询问一些个人经历问题，借此提醒她们自己的性别身份，她们的成绩（相对于控制组而言）陡然下降。当以类似的方式提醒她们的亚洲身份，她们的成绩会有所提高。负面刻板印象干扰成绩，而正面刻板印象似乎能促进成绩（Rydell & others，2009）。

刻板印象会使个体判断出现偏差吗

是的，刻板印象导致判断出现偏差，但令人欣慰的是：首先，我们的刻板印象通常可以反映（尽管有时会扭曲）现实。就如多元文化所承认的，人们彼此不同，并能够知觉和理解这些差异。贾逊（Jussim, 2012）说，“刻板印象的准确性是所有社会心理学效应中最伟大的效应之一”。其次，人们在评价个体的时候，往往比评价由这些个体构成的群体时更为积极（Miller & Felicio，1990）。安妮·洛克斯里、尤金·博吉达和南希·布里克（Locksley，Borgida，& Brekke）发现，一旦某人认识一个人，那么“刻板印象对判断这个人的影响微乎其微”（Borgida & others，1981；Locksley & others，1980，1982）。他们是在明尼苏达大学的大学生中发现这一现象的。研究者给大学生提供有关“南希”最近生活事件的信息。在一个假定的电话会谈记录中，南希给一个朋友讲述三种情境下（比如，在购物时受到一个衣衫褴褛的家伙的骚扰）她是如何做出反应的。有些学生读到的材料把南希描述成果断做出反应（直接叫那个衣衫褴褛的家伙走开）；其他人看到的报道是被动的反应（只是不理会他，直到他最终离去）。还有其他一些学生也接受了同样的信息，只是人物的姓名是“保罗”而不是“南希”。一天之后，学生们预测南希（或保罗）针对其他情境会如何反应。

人们有时保留概括化的（诸如针对男同性恋和女同性恋的）偏见，并不将偏见应用于他们了解和尊敬的特定个体，如著名脱口秀主持人艾伦·德杰尼勒斯。

知道当事人的性别是否会影响这些预测呢？一点儿也不会。判断某个人是否果断，仅仅受到前一天学生们所了解到的当事人行为的影响。甚至有关男性化和女性化的判断，也不受学生是否了解当事人的性别的影响。性别刻板印象被遗落在角落，学生们把保罗和南希当做单独的个体进行评价。

这一发现可以通过第 3 章讨论过的一个重要原理来进行解释。假定有：（1）关于一个群体的一般信息；（2）关于一个群体特定成员的琐碎但生动的信息，生动的信息通常在效果上要超出一般信息。当这个人与我们有关该群体成员的典型形象不符时，这一效应尤为突出（Fein & Hilton，1992；Lord & others，1991）。例如，设想有人告诉你在一个从众实验中大多数人的实际行为，然后让你观看一个简短对话，对话一方为假定参与过实验的人。你的反应是否会类似于典型的观察者呢？典型的观察者都是根据对话来猜测这个人的行为，忽略多数人实际如何行为的信息。

人们常常相信一些刻板印象，然而一旦接触到生动的逸闻趣事时，他们又会无视这些刻板印象。因此，许多人认为“政治家是骗子”，但“我们的参议员琼斯是诚实正直的”。（难怪为什么人们对政治家的评价如此之低，却常常反复去选自己的代表。）也难怪当了解了黑人总统候选人后，一些厌恶黑人的美国人开始相信并且支持他了。

这些发现解决了前面提到的一系列研究结果所留下的疑惑。我们了解到，性别刻板印象非常强烈，但是基本不影响人们评价特定的某位男性或女性的工作。现在我们明白为什么了。人们可能具有强烈的性别刻板印象，但在评判特定的个体时又会忽略这些刻板印象。

强烈的刻板印象并非无关轻重

不过，强烈而且显然相关的刻板印象确实能影响我们对个体的判断（Krueger & Rothbart，1988）。托马斯·纳尔逊、莫妮卡·比尔奈特和梅尔文·马尼斯（Nelson，Biernat，& Manis，1990）让大学生估计男女单人照片当中每个人的身高，他们总是判定男性个体更高，即使他们的身高是一样的，即使告诉他们这个样本中性别不能预测身高，即使实验对预测准确性提供现金奖励。

在一个后续研究中，纳尔逊、阿克和马尼斯（Nelson，Acker，& Manis，1996）让密歇根大学的学生看其他来自该大学的工学院或护理学院的学生的照片，同时给出有关每一位学生的兴趣描述。即使告诉他们来自两个学院的男生和女生数量相同，当呈现的是女生面孔时，同样的描述更有可能被判断为来自护理学院。因此，即便已经知道与之毫不相干，但强烈的性别刻板印象仍有一种无法抗拒的影响力。

刻板印象扭曲认知解释

邓宁和舍曼（Dunning & Sherman，1997）指出，刻板印象同样会影响我们对事件的解释。如果告诉人们，“有人觉得那个政治家的话不正确”，人们就会推断那个政治家在骗人；如果告诉他们，“有人觉得那个物理学家的话不正确”，人们只是推断那个物理学家有所失误。当被告知有两个人发生了争吵的时候，如果说当事人是两名伐木工人，人们会以为发生了斗殴；但如果说当事人是两名婚姻顾问，人们会认为发生了口角。同样是关心自己的身体状态，如果是模特，就会显得爱慕虚荣；但如果是三项全能运动员，则显得具有健康意识。人们实际上常常会在事后“重新组织”某一事件的错误描述，使其符合他们受刻板印象影响所形成的解释。邓宁和舍曼总结说，如同监狱对囚犯进行管理和限制，我们刻板印象的“认知监狱”管理和限制着我们的印象。

我们在做判断或者开始与某人交往时，有时可能只依赖于刻板印象。在这种情形下，刻板印象能强烈地扭曲我们对人的解释和记忆。例如，查尔斯·邦德及其同事（Bond & others，1988）发现，在逐渐了解病人后，白人精神病护士对黑人和白人病人进行人身限制的频率是一样的。但是，白人精神病护士更多地对那些新来的黑人病人施加人身限制，而同样的白人病人较少受到限制。在缺少其他信息的情形下，刻板印象的影响就会举足轻重。

这种偏差还能以更微妙的方式起作用。在约翰·达利和佩吉特·格罗斯（Darley & Gross，1983）的一个实验中，普林斯顿大学的学生观看了一个名为汉娜的四年级女孩的录像。录像带或者描述她生活在一个贫困的市区，父母是社会底层人士；或者描述她生活在一个富裕的郊区环境，父母是职业人士。两组观众都被要求就不同主题猜测汉娜的能力，但他们都拒绝用汉娜的社会阶层背景来预先判断她的能力水平；各组都根据汉娜的年级来评估她的能力水平。

另一些学生还观看了第二部录像带，描述汉娜在参加一个口试，她的回答有对有错。那些被事先介绍汉娜来自社会上层家庭的学生，判断她的回答表现出了较高的能力，并且回忆出她多数回答都正确；那些认为汉娜来自社会底层家庭的学生，判定她的能力低于她的年级水平，回忆出她几乎答错了一半题目。但是请注意：对两组学生来说，第二部录像带是完全一样的。因此我们看到，当刻板印象足够强，而关于某人的信息又模棱两可（不同于南希和保罗的例子）时，刻板印象能微妙地扭曲我们对个体的判断。

最后，当人们的行为违背了我们的刻板印象时，我们会对他们做出比较极端的评价（Bettencourt & others，1997）。当一个妇女在电影院排队时，指责一个在她前面插队的人（"你该排到最后去！"）会让她比一位做出类似反应的男士还要显得强硬（Manis & others，1988）。在社会心理学家苏珊·菲斯克及其同事（Fiske & others，1991）的证词的支持下，美国最高法院注意到了这类刻板印象所起的作用。在这一案件中，普华永道公司，全美顶尖的会计公司之一，拒绝安·霍普金斯晋升为合伙人。在 88 名晋升候选人中，霍普金斯是惟一的女性，她给公司带来的业务量位居第一，并且所在人都认为她是一个勤奋、严谨的人。但在一些人看来，她需要参加"礼仪学校的培训课程"，学习"像女人一样走路，像女人一样说话，像女人一样穿着打扮……"。在仔细考虑了案情以及刻板印象的相关研究之后，最高法院于 1989 年做出裁决，认为鼓励男性而不是女性更加进取，是"基于性别"的行为：

我们开庭并不是要确认霍普金斯夫人是否友善，而是要裁定合伙人对其人格的负面反应是否是因为她是女性……一个雇主反对女性表现出来的进取精神，但她的职位又需要这一品质，这让女性处于难以容忍的两难境地：如果行为积极进取，她们将得不到一份工作；如果不积极进取，她们也得不到一份工作。

小结：偏见的后果

- 偏见和刻板印象会造成非常严重的后果，尤其是当它非常强烈的时候，在判断不了解的个体的时候，在就整个群体进行决策的时候。
- 刻板印象一旦形成，就趋向于永久存在，并且抗拒改变。它们还会通过自我实现的预言创造出相应的现实。
- 偏见通过让人担心其他人会刻板化地看待自己，利用刻板印象威胁来妨碍一个人的表现。
- 刻板印象，特别是强烈的刻板印象，会影响我们感知他人和解释事件的方式。

后记：我们能够减少偏见

相对于减少偏见而言，社会心理学家在解释偏见方面做得更为成功。因为偏见源于很多相互关联的因素，所以没有简单的纠正方法。不过，现在我们有望找到一些办法来减少偏见（随后一章将做深入的探讨）：假如不平等的状态滋生偏见，那么我们可以谋求建立合作、地位平等的关系。如果偏见常常使得歧视行为合理化，那我们可以通过法律要求不得歧视。如果社会制度支持偏见，那么我们就取消这些支持（例如，说服媒体宣扬种族和睦）。如果外群体看起来比事实上更不像某人自己的群体，那么我们可以努力将他们的成员个性化。如果自发的偏见导致我们做出一些让我们愧疚的行为，那么我们可以利用这种愧疚感激励我们打破偏见。

1945 年第二次世界大战结束以后，一系列这类矫正方法一直在得以应用，种族和性别偏见的确减弱了。社会心理学的研究也一直在帮助突破歧视的壁垒。安·霍普金斯是普华会计事务所的高级管理人员，她被拒绝提升为合伙人，社会心理学家苏珊·菲斯克（Fiske, 1999）为她作证，后来菲斯克写道：

> 我们为安·霍普金斯作证是冒了很多风险的，这一点毫无疑问……据我们所知，以前没有人把有关刻板化的社会心理学引入性别歧视的案件中……假如我们获得成功，我们将让有关刻板印象的最新研究从尘封的期刊中走出来，进入法庭辩论的泥潭，在那里也许会有用。假如我们失败了，我们将伤害我们的委托人，诋毁社会心理学的形象，损害我作为一名科学家的声誉。当时，我不知道我们的证词是否最终能在最高法院获胜。

本世纪能否继续取得进展，或者是否会像人口增加、资源减少的时期容易发生的那样，对立再次演变为公开的敌意，对此，我们还要拭目以待。

第 10 章

攻击：伤害他人*

人际行为是人类社会中最奇怪、最不可预测和最难以解释的现象。自然界中人类面临的最大威胁恰是人类本身。

——刘易斯·托马斯（Thomas, 1981）

回顾刚刚过去的世纪，250 场战争夺走了 1.1 亿人的生命——足够建立一个人口超过法国、比利时、荷兰、丹麦、芬兰、挪威和瑞典总人口之和的“死亡国度”。造成世界范围内大规模人口死亡的原因除世界大战外，惨绝人寰的种族屠杀也是重要原因。1915~1923 年间，土耳其帝国对亚美尼亚民族进行了疯狂的屠杀；1971 年巴基斯坦对 300 万孟加拉国的移民进行了大规模的种族屠杀；150 万柬埔寨民众死于始自 1975 年的恐怖时期（Dutton & others，2005；Sternberg，2003）。总之，从希特勒对犹太人的种族屠杀，到早期美洲移民对当地土著的屠杀，无不揭示了整个人类潜质中异常残忍的一面。

即使在战争以外，现代社会中人们也有着非凡的能力来互相伤害。尽管自 20 世纪 90 年代以来，暴力犯罪有所下降，但在 2009 年，美国有 15 241 人死于谋杀，88 097 人遭遇抢劫，806 843 人被枪击、刀刺或受到其他武器伤害，近百万的人数，触目惊心（FBI, 2011）。在“9·11”事件发生后的十年间，美国在伊拉克战争和阿富汗战争中花费 2.6 万亿美元，超过 10 万人在战争中丧生。

攻击行为虽然没那么严重，但也是有害的，甚至更普遍。对 35 个国家的儿童研究发现，超过十分之一的儿童报告自己在学校被欺负（Craig & Harel, 2004）。某研究以加拿大初高中学生为样本，结果显示，一半以上的学生说自己在最近三个月内曾在网络上受欺负。

---

* 第11章的合著者为琼·特韦奇，她是美国圣地亚哥州立大学心理学教授。特韦奇教授在社会排斥、人格和自我的代际变化方面的研究已经发表在许多论文和著作中。

我们制造的每一支枪、下水的每一艘战船、点燃的每一枚火箭，最终都只意味着一种偷窃，对那些忍受饥饿却得不到食品、身处寒冷却得不到衣物的人们的偷窃。

——艾森豪威尔总统，对美国报纸编辑协会的演讲，1953

其中包括被叫绰号、传播关于他们的谣言，或未经许可发布他们的照片（Mishna & others, 2010）。

难道说我们像希腊神话中的米诺陶斯一样是半人半兽吗？1941 年仲夏的一天，在波兰耶德瓦布内的一个小镇上，非犹太的一半居民对另一半的犹太居民进行疯狂屠杀，1 600 名犹太人中只有十几人幸存（Gross，2001）。2010 年，罗格斯大学的一名大学生散播他的同性恋室友的性遭遇，导致室友自杀。2011 年，挪威的一名枪手用炸弹攻击政府大楼，然后枪杀了 69 人，其中大部分是青少年。这些事件为什么会发生？如何解释这些令人震惊的行为？我们在本章提出了 4 个更具体的问题：

有什么方法能将人们从战争的威胁中拯救出来呢？

——爱因斯坦致弗洛伊德的一封信，1932

- 攻击取决于先天的生物基础还是后天习得？
- 什么样的情境更容易诱发敌对行为？
- 大众媒体对攻击有影响吗？
- 我们怎样才能减少攻击？

当然，首先我们需要澄清“攻击”这一术语的含义。

攻击的概念

界定攻击，并描述攻击的不同形式。

在印度北部，曾有一个犯罪团伙，这些最早的暴徒在 1550~1850 年间绞死了 200 万以上的人，声称这是为卡莉女神服务，他们无疑是具有攻击性（aggressive）的。但人们同样使用“有进取心”（aggressive）来形容一个热情的售货员。社会心理学家把这种自信、精力充沛、有雄心的行为区别于伤害、损害、破坏性行为，前者称为果敢自信，后者称为攻击。

对社会心理学家来说，我们把**攻击**（aggression）定义为意图伤害他人的身体行为或者言语行为。这一定义排除了车祸或人行道上的碰撞等无意伤害，也排除了帮助他人时不可避免带来疼痛的行为，如牙科治疗或者——更极端的——帮助他人进行自杀。但包括踢、打、威胁、侮辱，甚至散布流言或“冷嘲热讽”；研究者通常通过让人们决定伤害他人的程度，如施加多强的电刺激。攻击还包括毁坏财产、撒谎等其他以伤害为目的的行为。

“当然，我们决不会真的用它对付任何潜在的敌人，但它能让我们在谈判中处于强势。”

该定义涵盖了两种不同的攻击。当动物发怒时，它们在展示典型的社会性攻击行为；而当掠食者潜行在猎物之后时，它们表现的是静息的攻击行为。社会性和静息攻击行为分属不同的脑区。对于人类，心理学家把攻击行为分为“敌意性”和“工具性”两种。**敌意性攻击**（hostile aggression）由愤怒引起，以伤害为目的。**工具性攻击**（instrumental aggression）只是把伤害作为达到其他目的的一种手段。

大多数恐怖活动属于工具性攻击。罗伯特·佩普（Pape，2003）对 1980~2001 年间发生的所有自杀式爆炸事件进行研究后指出：“所有自杀式恐怖活动的一个共同特征是都有明确的、现实的和战略性的目标——迫使自由的民主国家从恐怖分子眼中属于他们家园的领土上撤军。”阿里·克鲁格兰基和希拉·费思曼（Kruglanski & Fishman，2009）注意到，恐怖分子一般都不是心理异常者；相反，恐怖分子是在通过某种途径寻求其个人意义，比如说获得英雄或殉道者的地位。恐怖主义是冲突中使用的一种策略性工具。本·拉登这样解释“9·11”事件的目标：他们花费了 50 万美元，却对美国经济造成了 5 000 亿美元的损失（Zakaria，2008）。

大多数战争是工具性攻击。2003 年，英美领导人将攻击伊拉克视为阻止大规模杀伤性武器的工具性行为，而并非杀害伊拉克人的敌对行为。所以说，敌意性攻击是“激烈的”，而工具性攻击则是“冷静的”。青少年欺负别人，不论是言语上的还是身体上的，也都属于工具性攻击行为，因为他们通常是为了显示自己的支配性和更高的地位。青少年的层级结构很奇怪，卑劣和不被人喜欢的人有时反而会很受欢迎和尊敬（Salmivalli, 2009）。

谋杀大多是敌意性的。其中约有一半因为意见不和而爆发，其余的源自恋爱中的三角关系和酒精或致幻毒品导致的争吵（Ash，1999）。这些谋杀是冲动性的情感爆发，它有助于解释为什么来自 110 个国家的数据显示：更为严厉的死刑惩罚并没有减少杀人案件的发生（Costanzo，1998；Wilkes，1987）。尽管如此，一些谋杀以及由于报复、性胁迫导致的暴力活动却是工具性的（Felson，2000）。在美国禁酒时期和之后的数年里（1920~1933），发生在芝加哥的 1 000 多起团伙谋杀中，大部分是冷静并有计划的。

注意：人类不断增强自己破坏能力的同时，却没有使自己制止攻击的能力同步增强。

攻击的理论

理解关于攻击的重要理论，并对其进行评价。

在分析敌意性攻击和工具性攻击的原因时，社会心理学家主要有三种观点：生物学影响、挫折和习得行为。

攻击的生物学理论

哲学家关于人性的争论由来已久，有人认为人性在根本上是仁慈、知足而高贵的，另一些人则认为人性的本质是残忍的。第一种观点以 18 世纪法国哲学家卢梭（1712—1778）为代表，把社会罪恶归咎于社会而非人性。第二种观点则以英国哲学家霍布斯（1588—1679）为代表，将社会法律视为控制残忍人性的必要手段。20 世纪，“性恶论”，即攻击性驱力与生俱来、无可避免的观点得到了弗洛伊德和德国的洛伦兹的赞同。

本能论和进化心理学

弗洛伊德认为，人类的攻击根源于一种自我破坏的冲动。攻击把这种对死亡原始的强烈欲求所蕴涵的能量转向他人（一般而言，他称这种强烈欲求为“死本能”）。作为动物行为专家，洛伦兹认为攻击更多是适应性的而非自我破坏。两种理论都认为，攻击性的能量来自**本能**（instinct），是非习得的和普遍的。如果得不到释放，这种能量就会越积越多，直到爆发为止；或者有一个合适的刺激使之得到发泄，就像老鼠摆脱捕鼠器一样。

为了涵盖几乎每一种可以想到的人类行为，假设的人类本能的清单越来越长。这时，“攻击是一种本能”的观点开始瓦解。1924 年一项对社会科学著作的调查，列出了近 6 000 种假设的人类本能（Barash，1979）。社会科学家试图通过“命名”来解释社会行为，就像玩一个循环论证的游戏：“为什么绵羊总待在一起呢？”“因为它们有群居的天性。”“你怎么知道它们有群居的天性？”“只要看看它们就好了：它们总待在一起！”

本能理论也无法解释攻击性在个体和文化之间的多样性。如果攻击只是一种人类共有的本能，那又如何解释易洛魁人在白人入侵者到来之前是如此的爱好和平，而在那之后又是如此充满敌意呢（Hornstein，1976）？虽然攻击的确有其生物学基础，但人类的攻击倾向不能仅仅被限定为一种本能行为。

约翰·阿彻（Archer, 2006）和弗朗西斯·麦克安德鲁（McAndrew, 2009）等进化心理学家提出，纵观人类历史，男性尤其发现攻击行为具有适应性。有目的的攻击可以提高生存和繁殖的几率。麦克安德鲁指出，失败者“将面临基因灭绝的危险”。攻击通常发生在男性之间相互竞争时，或某位男性的社会地位受到挑战时。麦克安德鲁说，“在正确的时间对正确的对象发动攻击是获得社会成就的敲门砖”。

1997 年，当职业篮球选手查尔斯·巴克利在酒吧喝酒时，突然有一名男子将一杯水泼在他身上。尽管那杯水并没有伤着巴克利，尽管该男子可能是在报复他，尽管巴克利在打人几分钟后就被逮捕，但他还是立刻把那名男子扔向了玻璃窗。不过，很多目击者在新闻报道中赞扬巴克利的行为，似乎对他的攻击行为印象很深刻。当巴克利被问及是否后悔把那名男子扔到窗外时，他说，“我后悔当时我们的楼层不够高”（Griskevicius & others, 2009）。

巴克利显然并非特例。三项实验都表明，在面对面的对抗中，那些想要提高自己地位的大学男生对他人的攻击性更强（Griskevicius & others, 2009）。基于地位的攻击也有助于解释为什么青少年期和成年早期是攻击的高峰期，因为这一阶段是社会地位和争夺配偶竞争最激烈的时期。尽管暴力不再像以前一样受人推崇，但世界范围内来看，年轻男性为了地位和配偶发生打斗在很多酒吧和学校仍时有发生。

神经系统的影响

攻击是复杂的行为，并非简单地受大脑中某个特定区域控制。尽管如此，研究者还是在动物和人类身上发现了一些能够引发攻击的神经机制。当科学家激活这些脑区时，人们的敌意程度增加了；当这些脑区的活动被抑制，敌意程度下降。通过这样的方法，温驯的动物也可以被激怒，同样可以让狂怒中的动物恢复温顺。

在一项实验中，研究者以一只行为专横的猴子为研究对象，将电极安置在抑制其攻击行为的脑区。另一只小猴子掌握着激活电极的按钮，它很快就学会了在这只跋扈的大猴子变得危险时按下按钮。对脑区的激活机制在人类身上同样有效：一位妇女在其脑区的杏仁核受到无痛的电刺激后发怒，把她的吉他砸向墙壁，差点砸中其心理治疗师的头（Moyer，1976，1983）。

既然如此，那些有暴力倾向的人是否在大脑某些方面存在异常呢？为了回答这一问题，阿德里安·雷恩等人（Raine & others，1998，2000，2005，2008）利用大脑扫描来测量杀人犯的脑活动，并测量了有反社会行为障碍的人的大脑灰质总量。结果发现，未受过虐待的杀人犯的前额叶激活水平比正常人低 14%，反社会者的前额叶则比正常人小 15%，而前额叶被认为是对与攻击行为有关的脑区进行紧急抑制的。其他对杀人犯和死囚的研究也证实，脑区异常可能导致异常的攻击行为（Davidson & others，2000；Lewis，1998；Pincus，2001）。

基因预先决定了这只斗牛犬的攻击性。

基因的影响

遗传因素影响神经系统对暴力线索的敏感性。我们早就知道，很多种动物可以被驯养得有很强的攻击倾向。有时这是为了一些实际目的，如驯养斗鸡等；有时，这种驯养只是为了科学研究。芬兰心理学家赖格斯佩兹（Lagerspetz，1979）在一组正常小鼠中挑选出攻击性最强的和攻击性最弱的分别饲养，在此后它们繁殖的 26 代中始终重复这一选择过程，最终她得到了一组凶猛的小鼠和一组温顺的小鼠。

在灵长类动物和人类中，攻击性有着较大的多样性（Asher，1987；Bettencourt & others，2006；Denson & others，2006；Olweus，1979）。我们的气质（即我们的反应性和反应强度）部分是与生俱来的，同时也受交感神经系统反应性的影响（Kagan，1989；Wilkowski & Robinson，2008）。一个人在幼年表现出来的气质通常是稳定的（Larsen & Diener，1987；Wilson & Matheny，1986）。一个很少表现出责任感和自我控制的孩子更有可能在 32 岁前滥用药物和被逮捕（Moffitt & others，2011）。在 8 岁时没有表现攻击性倾向的儿童，成年后到 48 岁时也不会成为富有攻击性的人（Huesmann & others，2003）。在分开询问的条件下，相对异卵双胞胎来说，同卵双胞胎更可能在“脾气很大”或者“经常打架”的问题上给出一致的回答（Rowe & others，1999；Rushton & others，1986）。如果同卵双胞胎中的一个被判有罪，那另一个双胞胎有一半的可能也有犯罪记录，而在异卵双胞胎中这一比率仅为五分之一（Raine，1993，2008）。

对 1 250 万瑞典居民的调查结果显示，有兄弟姐妹因暴力犯罪被捕的人，其被捕的可能性高出 4 倍，而领养的兄弟姐妹间这一比率要低得多。这一现象表明，遗传因素在其中的作用大于环境的影响（Frisell & others, 2011）。在一项长期研究中，研究者对几百名新西兰儿童进行了追踪，结果显示攻击行为是由一种能够改变神经递质平衡的基因和童年时期的受虐待经历共同决定的（Caspi & others，2002；Moffitt & others，2003）。攻击性和反社会行为并非单纯地只受“不良”基因或“不良”环境的影响；相反，基因会使某些儿童对虐待更敏感，反应更强烈。先天和后天因素是互相影响的。

生物化学因素

血液中的化学成分同样可以影响神经系统对攻击性刺激的敏感性。

酒精 实验室研究和警方资料都表明，一旦人们被激怒，酒精会使攻击更容易发生（Bushman，1993；Taylor & Chermack，1993；Testa，2002）。请看以下材料：

- 2000 年以来，澳大利亚城市墨尔本的冲突事件显著增加，其主要原因是深夜喝酒引发的（Eckersley & Reeder, 2008）。

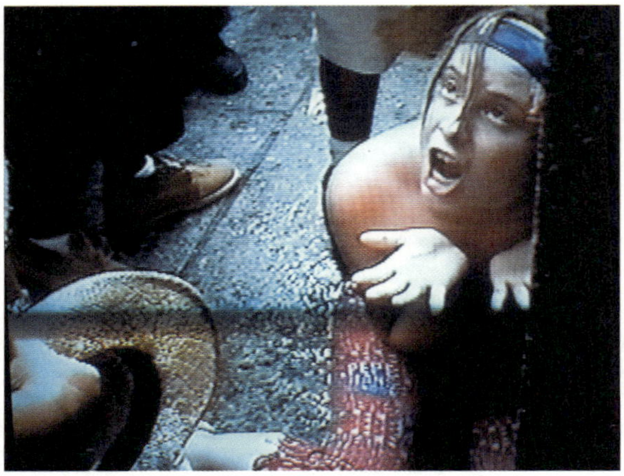

酒精与性攻击。2000 年6 月，一伙暴徒公然袭击了参加纽约市游行的约50 名妇女，《纽约时报》是这样描写的：“那是一些平常的男人，喝了过多的酒，就开始向妇女大声叫嚣，抢夺她们的东西，用水把她们浇透，扯下她们的上衣和裤子。”

- 在一项实验研究中，喝醉的人会施加更强的电击，在回忆人际关系冲突时感受到更强烈的愤怒（MacDonald & others，2000）。
- 在 65% 的杀人案件和 55% 的家庭暴力案件中，攻击者和（或）受害者喝过酒（American Psychology Association，1993）。在因谋杀、袭击、抢劫或性侵犯被捕的人中，40% 的人在犯罪时都是醉酒状态（Karberg & James, 2005）。
- 身形壮硕的男性在饮酒后攻击性明显增强，但酒精对女性和身形较小的男性几乎没有影响。研究人员认为，酒精似乎会鼓励“那些壮汉‘亮出自己的身形’，用攻击行为来恐吓他人”（DeWall & others, 2010）。显然，在酒吧里躲开那些“醉酒的壮汉”是多么明智。

酒精可以降低人们的自我觉知和考虑后果的能力，同时促使人们将攻击和酒精在心理上建立联系，进而增加暴力行为发生的可能（Bartholow & Heinz，2006；Giancola & Corman，2007；Ito & others，1996）。酒精还会让人将模棱两可的行为（比如拥挤中发生的碰撞）理解为挑衅（Begue & others, 2010）。酒精使人们的个性弱化，降低我们的抑制能力。

睾丸激素 尽管激素的影响对低等动物比对人类要强烈得多，但暴力行为的确与男性的睾丸激素有关系。请考虑：

- 降低睾丸激素水平的药物会削弱有暴力倾向男性的攻击性。
- 25 岁以后，暴力犯罪率与人们的睾丸激素水平均下降。

年轻，男性，躁动不安。在2011年席卷英国众多城市的骚乱中，被捕的人几乎都具有一个共同的遗传特征：携带Y染色体，都是受睾丸激素驱动的青少年和20出头的年轻人（The Guardian, 2011）。

- 被判为蓄意的或无端的暴力犯罪的罪犯，其睾丸激素水平比非暴力犯罪的罪犯要高（Dabbs，1992；Dabbs & others，1995，1997，2001）。
- 在正常的青少年和成年人中，那些睾丸激素水平高的人更容易出现不良行为、使用致瘾麻醉品以及对挑衅产生攻击性回应（Archer，1991；Dabbs & Morris，1990；Olweus & others，1988）。
- 服用睾丸激素后，女性对于阻止攻击的威胁信号不是那么适应了（van Honk & Schutter，2007）
- 人们在拿着手枪后的雄性激素水平会上升，雄性激素上升得越快，他们给别人加的辣椒酱越多（Klinesmith & others，2006）。
- 男性的睾丸激素能够增加面部的宽和长的比率。实验室中，面部相对较宽的男性表现出更高的攻击性。同样，在曲棍球场上，面部较宽的大学生球手和职业曲棍球手，在禁区中停留的时间更长（Carré & McCormick，2008）。也有人准确预测出脸部较宽的男性攻击性更强，更不值得信任（Carré & others, 2009; Stirrat & Perrett, 2010）。

只要把 12~28 岁强壮的年轻人全部保持在低温睡眠的状态，就可以消除 2/3 的犯罪。

——戴维·莱肯，《反社会人格》，1995

正如詹姆斯·达布斯（Dabbs，2000）所言，睾丸激素“分子虽小，但作用巨大”。给男性注射睾丸激素并不能直接使人变得富于攻击性，虽然睾丸激素水平低的男性一定程度上不易被激惹起攻击性行为(Geen，1998)。睾丸激素大致可比作电池的电力，只有电力水平很低时，暴力犯罪才会有明显下降。

一些暴力性犯罪者想要摆脱持续的、破坏性的冲动，以及获得减刑，就需要被阉割。这样的要求应该准许吗？如果是这样的话，而且他们不再可能实施任何的性暴力，那么应给他们减刑甚至释放吗？

不良饮食 当英国研究人员伯纳德·格施最初尝试研究饮食对攻击行为的影响时，他站在某英国监狱的数百名犯人面前，但不论他喊得多大声，没有一名犯人听他说。最后，他只好与“狱头”（犯人的“硬汉”首领）私下沟通，231 名犯人签字同意接受营养补充品或安慰剂。额外补充营养的犯人参与暴力事件的比例下降 35%（Gesch & others, 2002）。该研究对监狱外的人或许也有帮助，因为很多人的饮食中都存在缺乏重要营养素的问题，例如 ω-3 脂肪酸（存在于鱼类中，对大脑功能非常重要）和钙（有助于抑制冲动）。

因在《哈利·波特》系列电影中扮演德拉科·马尔福的好斗伙伴文森特·克拉布而出名的英国演员杰米·威里特，是宽脸和攻击行为相关的一个例子。这种相关也适用于现实生活：2012年，威里特因参与2011年的骚乱被判监禁2年。

生物学与行为的相互作用 生物学和行为之间的作用是相互的。比如，睾丸激素可以促进支配欲和攻击性的产生，但同时支配或取胜的行为也会提高睾丸激素的水平（Mazur & Booth，1998）。在劲敌之间进行的一场世界杯足球赛或者重大篮球比赛之后，胜利一方球迷的睾丸激素水平显著上升，而失败一方球迷的睾丸激素水平则下降了（Bernhardt & others，1998）。类似结果也出现在选举中。在 2008 年的美国总统竞选中，投票给获胜方（奥巴马）的选民和投票给失败候选人（麦凯恩）的选民身上也有类似现象（Stanton & others, 2009）。实验室中也发现了同样的现象，社会焦虑的男性在面对面的竞争中失败后，睾丸激素水平会明显地下降（Maner & others，2008）。睾丸激素猛增，再加上与庆祝相关的饮酒，就可能解释卡蒂夫大学研究者们的发现：足球或橄榄球胜利一方的球迷比失败一方的球迷具有更多的赛后侵犯行为（Sivarajasingham & others，2005）。

综上所述，神经系统、基因、生物化学因素对某些人在面对冲突、挑衅时会不会做出攻击反应都有重要的影响。但攻击是否真的如此多地源自人类本性，乃至使世界和平的愿望无法实现呢？美国心理学会和国际心理学家理事会已经联合其他组织签署了一份由来自 12 个国家的科学家起草的有关暴力行为的声明（Adams，1991）："在科学上，（声称）战争与其他暴力行为是世代相传的人类天性，（或者声称）战争是由'本能'或某个单一动机引发的说法，都是靠不住的。"因此，正如在下文中将要看到的，我们可以通过一些方法减少人类的攻击。

攻击的挫折—攻击理论

那是一个暖和的夜晚，在两个小时的认真学习之后，你觉得又累又渴，于是你向朋友借了一些零钱，走向最近的一个自动售货机。你把钱放入机器里，迫不及待地想要喝一口冰凉爽口的可乐。但是，当你按下提货的按钮时，售货机却完全没有反应。你又按了一次，然后按下了把钱退回的按钮，机器仍然毫无动静。你用力地敲打着按钮，然后用拳头捶它们。最后你晃动、踢打售货机。可一切仍然无济于事。你跺着脚回到自己的房间，两手空空。此时，你的室友是不是该很小心地对待你呢？那时的你是否更容易说出一些伤人的话语，甚至做出一些伤害性的事情呢？

作为最早对攻击进行解释的心理学理论之一，流行的**挫折—攻击理论**（frustration-aggression theory）对此问题的回答是肯定的。约翰·多拉德和他的同事（Dollard & others，1939，p.1）认为，"挫折总会导致某种形式的攻击。"这里的**挫折**（frustration）指的是，任何阻碍我们实现目标的事物（比如那个出现故障的自动售货机）。当我们达到一个目标的动机非常强烈，当我们预期得到满意的结果，却在行动过程中遇到阻碍时，挫折便产生了。鲁珀特·布朗和他的同事（Brown & others，2001）对乘渡船去法国的英国乘客进行了调查，结果发现：当法国的渔船堵塞码头，挡住渡船前行时，他们的攻击性显著增强了。由于达成目标的愿望受阻，在看了一些图片后，乘客们更加同意打翻咖啡杯的法国人应受到斥责。

攻击的能量并非直接朝挫折源释放。我们学会克制直接的报复，特别当知道别人会对这种行为表示反对或者进行惩罚之时；相反，我们会把我们的敌意转移到一些安全的目标上。一则古老的故事为**转移**（displacement）做了很好的诠释：一个被老板羞辱的男人回家以后大声斥责他的妻子，妻子只好向儿子咆哮，儿子只能踢狗解气，而狗则把来送信的邮递员咬了一口。在实验情境和现实生活中，当新的目标与挫折源有相似之处，并且稍稍刺激了攻击能量的释放时，攻击的转移最容易发生（Marcus-Newhall & others，2000；Miller & others，2003；Pedersen & others，2000，2008）。相信大多数人都经历过这样的情况，当一个人满怀着怒火时，哪怕是平时根本不予理会的轻微冒犯也可能引发一个爆炸性的过度回应。（这样你就可以理解为什么你的钱被自动售卖机吞掉后，你会向室友嚷嚷了）。

挫折触发的攻击行为有时表现为公路狂暴（road rage）。对其他司机恶意的知觉会助长公路狂暴现象，尤其是在交通堵塞时（Britt & Garrity, 2006）。

在一个实验中，爱德华多·瓦斯克斯及其合作者（Vasquez & others，2005）通过让一名主试侮辱参与者在解字谜测试中的表现，激怒一些南加州大学的学生。很快，这些学生要决定另外一名假被试把手浸在刺骨冷水中的时间（以完成实验任务）。当这名假被试用温和的语言轻微地冒犯了先前被激怒的被试后，与没有被激怒的被试相比，这些被试惩罚性地给出了更长的“浸冷水”时间。瓦斯克斯表示，这种转移的攻击现象，让我们很好地理解了为什么之前被激怒而且还在愤怒中的人，会以“路怒症”的方式回击别人在高速公路上对他的轻微冒犯，或因为伴侣批评自己而辱骂对方。这同样也有助于解释为什么当击球手打出全垒打，或之前的击球手打出全垒打之后，挫败的棒球投手最可能会打到击球手，这一结果是从 1960 年开始的 74 197 场比赛中接近 500 万次场上击球数的分析中得到的（Timmerman，2007）。

外群体的目标尤其容易成为攻击的替罪羊（Pedersen & others, 2008）。对立造成攻击。许多评论认为，可以理解，“9・11”恐怖事件激起了美方的强烈愤怒，促成了其对伊拉克发动袭击。美国人此时需要寻找宣泄愤怒的对象，于是把矛头指向了罪恶的暴君——萨达姆·侯赛因，他们昔日的盟友。2003 年，托马斯·弗里德曼指出：“发动这次战争的真正原因在于：‘9・11’事件后，美国需要对阿拉伯世界的某些人实行打击。而之所以选择萨达姆，原因很简单：他罪有应得，而且他正处于这一世界的中心。”战争的另外一位发动者，副总统理查德・切尼似乎同意这一观点。他在被问及为什么大多数国家都反对美国发动战争时指出：“因为他们没有经历‘9·11’事件。”

修正后的挫折—攻击理论

对挫折—攻击理论的实验检验得到了不一致的结果：有些情况下挫折增加了被试的攻击性，另一些却并没有。如果这种挫折是可以理解的，例如在一项实验中，如果一名成员是因为他的助听器发生故障而不是粗心大意阻碍了团体的问题解决时，那么它只会导致愤怒，而不是攻击（Bernstein & Worchel，1962）。

注意：挫折—攻击理论是为了解释敌意性攻击，而非工具性攻击。

伯科威茨（Berkowitz，1978，1989）认为原有的理论夸大了挫折与攻击之间的关联，因此他对该理论进行了修正。伯科威茨认为，挫折产生的是愤怒，即攻击的一种情绪准备状态。愤怒起源于某个有其他行为选择可能的人阻挠了我们实现目标（Averill，1983；Weiner，1981）。

一旦有攻击线索“拔掉了瓶塞”，受挫者就特别容易大发雷霆，把愤怒“倒个底儿朝天”（图 10.1）。有时瓶塞也可能在没有这样线索的情况下被打开。但是，正如我们将要看到的，与攻击有关的线索会放大这种攻击（Carlson & others,1990）。

相对剥夺

不只是完全的剥夺会产生挫折感，更多时候，挫折感来源于期望和现实之间的差距。经济方面挫折感最强的或许并不是非洲棚户区的贫民，因为他们根本不知道还有其他生活方式。真正挫折感强的是那些向往富有生活，至少过上中上阶层生活的美国中产阶级。当你的成就满足自身期望，当你的收入能够满足自己的需要时，

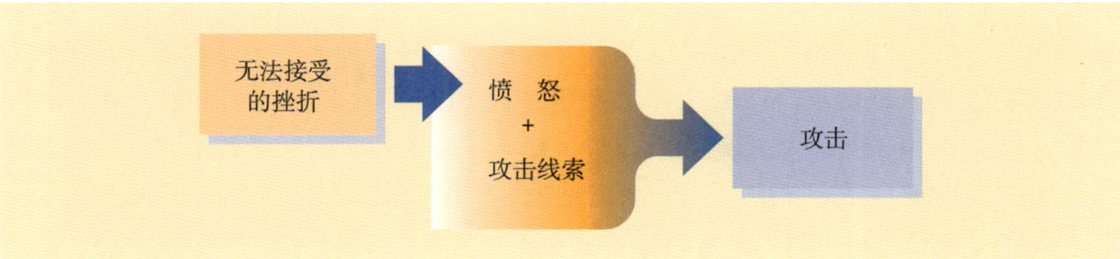

图 :: 10.1
经伦纳德・伯科威茨修正的挫折—攻击理论简图

你会感到满足而非挫折感（Solberg & others, 2002）。

当我们把自己和他人进行比较时，我们的挫折感就会变得较为复杂。工人的幸福感取决于和同一条工作线上其他人相比他们获得的报酬是否公平（Yuchtman，1976）。提高城市警察的工资水平虽然可以暂时提高他们的士气，却可能同时降低该市消防员的士气。

这种感觉称为**相对剥夺**（relative deprivation）。它可以解释，为什么在贫富差距大的国家和社会里，人们的幸福感较低而犯罪率较高（Hagerty，2000；Kawachi & others，1999）。相对剥夺同样可以解释东德人民反抗他们的政权的原因：虽然他们的生活水平要高于一些西欧国家，但却低于他们的西德同胞，从而使他们有挫折感（Baron & others，1992）。

房子自然是有大有小的，如果附近的房子都和这间一样小的话，那它便足以实现一个住所的所有社会功能。但如果这座小房子旁建起了一座宫殿，它就一下子变成了一间破草棚。

——卡尔·马克思，《雇佣劳动与资本》，1847

“相对剥夺”这一术语是学者在研究美国二战士兵满意度时首先使用的（Merton & Kitt，1950；Stouffer & others，1949）。具有讽刺意味的是，美国空军士兵对于自己获得晋升的机会比军警有着更强烈的挫折感，而事实上军警的晋升要比空军士兵缓慢而不可预期得多。空军的晋升是很快的，而大多数的空军人员可能都觉得自己比一般的空军成员更为出色（自我服务偏差），因此他们所期望的要比实际获得的更多。结果，当然就是挫折感啦。

今天，电视节目和广告中所描绘的富裕生活也是挫折感一个可能的来源。在电视普及的社会里，它把绝对剥夺（缺乏别人拥有的东西）的感觉转化为相对剥夺（被剥夺感）。卡伦·亨尼根和她的同事（Hennigan & others，1982）考察了电视在美国城市中推广的时期内犯罪率的变化。在被考察的 34 个城市中，电视从 1951 年开始普及，而当年的盗窃犯罪率（如在商店中行窃、偷自行车等）出现了跳跃性的上升。在另外 34 个由于政府控制而使电视的普及被延迟到 1955 年的城市里，一个相似的盗窃犯罪率的飞升现象也出现了，而时间正是在 1955 年。

攻击的社会学习理论

基于本能和挫折的攻击理论认为：充满敌意的强烈冲动来自内在的情绪，这些情绪可以把体内的攻击欲望“释放”出来。社会心理学家指出，学习同样可以“引发”攻击。

攻击的回报

通过亲身经历和对别人的观察，我们学习到攻击通常需要付出什么。实验可以把温驯的动物改造成凶残的好斗者，严重的挫败则可以导致顺从（Ginsburg & Allee，1942；Kahn，1951；Scott & Marston，1953）。

同样，人类也可以习得攻击的回报。儿童一旦成功地使用武力胁迫了其他儿童，他很可能会越来越富于攻击性（Patterson & others，1967）。那些最常因为比赛中的粗野动作而被处罚的强攻击性曲棍球手比攻击性不太强的运动员得分更多（McCarthy & Kelly，1978a，1978b）。在加拿大青少年曲棍球手中，那些父亲赞同身体攻击性动作的选手显示了最富攻击性的比赛态度和方式（Ennis & Zanna，1991）。在索马里海域，仅 2008 年交给海盗的赎金就超过 1 亿 5 千万美元，因此助长了更多的抢劫行为（BBC，2008）。在这些例子里，攻击是为了得到特定回报而采取的手段。

恐怖主义活动同样如此：它们可以使无职无权的人得到广泛的关注。保罗·马斯

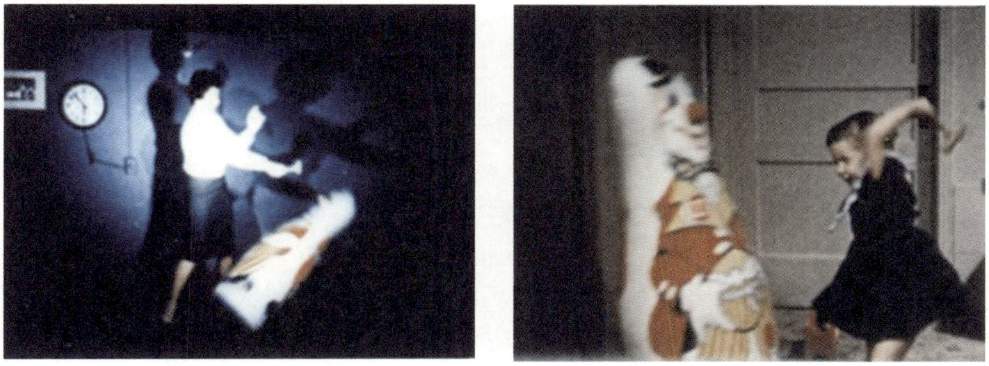

有样学样。在班杜拉的经典实验中，观察到成年人对玩具娃娃进行攻击的儿童更倾向于表现出相同的行为。

登和莎伦·阿提亚（Marsden & Attia，2005）提到，自杀式爆炸袭击的首要目标不是那些受伤的人，而是那些通过媒体看到袭击的目击者。恐怖主义就是要通过媒体的放大效应，达到使人恐惧的目的。如中国古语所说："杀一儆百"。在这个全球化的年代，杀几个人就可以恐吓住上亿人口。杰弗里·鲁宾（Rubin，1986）得出这样的结论，如果没有撒切尔夫人所谓的"公众关注的氧气"，再猛烈的恐怖主义燃料也难点燃。这就好像 20 世纪 70 年代经常发生的：观众为了在电视上能有几秒钟的上镜时间而裸体飞奔入足球场的事件一样，一旦社会决定不再理睬这样的事情，这一现象也就消失了。

观察学习

班杜拉（Bandura，1997）提出了攻击的**社会学习理论**（social learning theory）。他认为，人们对攻击的学习不仅发生在亲身体验其后果时；通过观察别人，人们也可以进行同样的学习。像很多社会行为一样，当看到别人表现攻击行为并没有受到惩罚时，我们会习得攻击。

班杜拉曾做过这样一项实验（Bandura & others，1961）：实验者让斯坦福幼儿园的一个小朋友做一项有趣的绘画活动，同时一个成年人在房里的另一个角落，那里有组合玩具——万能工匠、一个锤子和一个充气娃娃。在玩了一分钟万能工匠之后，成年人站起身，对充气娃娃进行了持续 10 分钟的攻击。她用锤子重重地砸它，踢它，把它扔来扔去，一边还大叫着："揍他的鼻子……把他打翻……踢死他。"

一个和平的国度。2008年，一个男人在苏格兰的奥尔尼群岛被判谋杀罪——这是这个国家19世纪以来的第二个谋杀犯。

目睹了这次突然爆发之后，小朋友被带到另一个屋子，里面有很多漂亮可爱的玩具。但在两分钟之后，实验者打断了小朋友，说这些是她最好的玩具，她必须"把它们留给别的小朋友"。受到挫折的小朋友现在到了另一个房间，里面有各种玩具，有的可用于攻击，另一些则不能，其中包括充气娃娃和锤子。

如果小朋友没有看到成年人富于攻击性的示范，他们很少表现出攻击性的言语和行动。虽然有挫折感，他们仍然很平静地玩着。但那些观察到成年人攻击行为的小朋友则很可能拿起锤子击打玩具娃娃，这一现象的发生概率要比没看过的小朋友高出许多倍。对成人攻击行为的观察降低了他们对自己的抑制。而且，孩子常常重复示范者的动作和话语。所以观察攻击性行为不仅降低了孩子对自我的控制，还教给了他们怎样去攻击。

班杜拉（1979）认为，日常生活中，我们受到来自家庭、文化和大众媒体的攻击性榜样的影响。

家　庭 身体富于攻击性的儿童往往有惯用体罚的父母。父母用尖声训斥和拳打脚踢管教他们，从而塑造了他们的攻击（Patterson & others，1982）。这些家长通常也受过来自他们父母的体罚（Bandura & Walters，1959；Straus & Gelles，1980）。虽然受虐待的孩子日后并不一定变成罪犯或者虐待子女，但其中 30% 的人确实对自己的孩子实施了类似的虐待，这一比例是平均水平的 4 倍（Kaufman & Zigler，1987；Widom，1989）。甚至轻微的体罚，比如打屁股，都与日后的攻击行为有关（Gershoff, 2002）。暴力的结果往往是滋生新的暴力。

文　化 家庭之外的社会环境也给我们提供了学习的榜样。在崇尚"男子汉气概"的社会里，攻击可以很容易地传递给下一代（Cartwright，1975；Short，1969）。青少年团伙的暴力亚文化为新成员提供了攻击行为的榜样。在暴力风险相同的芝加哥青少年中，以前见到过枪击暴力的人，做出暴力行为的可能性加倍地增加（Bingenheimer & other，2005）。

更广义的文化也有影响，来自经济不发达、贫富严重不均、尚武且参与过战争的非民主文化的人，会倾向于支持和参与攻击行为（Bond，2004）。

尼斯贝特（Nisbett，1990，1993）和科恩（Cohen，1996，1998）探讨了亚文化对暴力态度的影响。他们报告，定居在美国南部的是来自苏格兰、爱尔兰的牧羊人，他们一度非常警惕对羊群的威胁，因此形成了"名誉文化"，这种文化主张恶有恶报（Henry, 2009）。在高速公路上被别人挤并且听到爆粗口之后，南方白人表达出更多的攻击想法，睾丸激素也急剧上升。北方白人更容易发现冲突是滑稽可笑的（Cohen & others, 1996）。时至今日，在南方人居住的地区中，白人的杀人案发率要比北方人定居的地区高（Vandello & others，2008）。在崇尚"荣誉文化"的州，更多学生会在学校携带武器，这些州的校园枪击案是其他州的三倍（Brown & others, 2009）。

通过亲身经历和观察攻击性的榜样，都可以习得攻击性的反应方式。但什么情况下会真的出现这种反应呢？班杜拉（Bandura，1979）认为，攻击行为是由挫折、疼痛、受辱等令人不快的体验激发的（图 10.2），这些体验在情绪上把我们唤醒。但我们是否真的选择攻击性行为还取决于我们对结果的预期。当攻击看上去比较安全甚至会带来好处时，我们在被唤醒之后就很可能会那么做了。

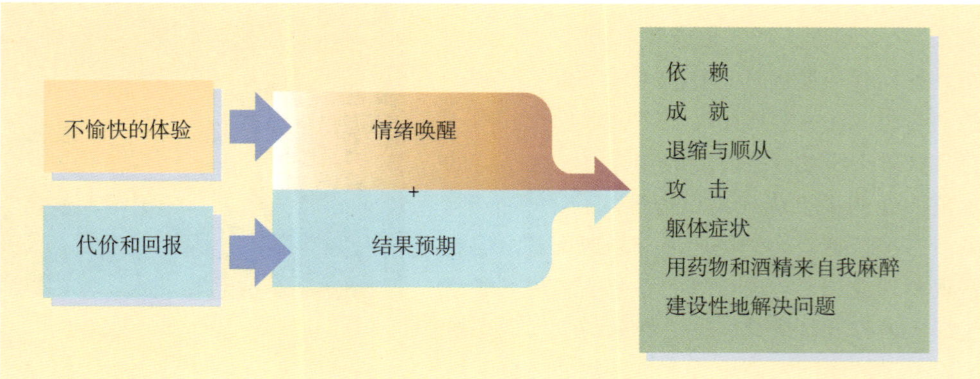

图 :: 10.2
攻击的社会学习理论
由不愉快体验产生的情绪唤醒激发攻击。但我们是真的发起攻击，还是做出其他的回应，还取决于我们对结果的预期，这是通过学习获得的。
资料来源：Based on Bandura, 1979, 1997.

小结：攻击的理论

- 攻击（定义为意在伤害他人的言语和肢体行为）有两种形式：敌意性攻击，由愤怒等情绪引起并以伤害为目的；工具性攻击，是达到其他目的的一种手段。
- 关于攻击有三种主要理论。与弗洛伊德和洛伦兹关系密切的本能观点认为攻击性的能量会在体内不断积累，就像水在大坝后积聚一样。虽然这种观点很少有直接证据的支持，但攻击确实受到遗传、血液化学成分和大脑等生物学因素的影响。
- 第二种观点认为是挫折产生了愤怒和敌意，如果存在攻击性的线索，这种愤怒就可能激起攻击。挫折感不仅来自剥夺本身，还来自期望和现实之间的差距。
- 社会学习理论认为我们的攻击是习得的。通过亲身经历和观察别人的成功，我们会习得攻击的好处。社会学习使家庭、亚文化和大众媒体（我们将在下一节讨论）都能对攻击产生重要的影响。

攻击的影响因素

认识攻击行为的影响因素，阐述这些因素的作用机制。

思考以下具体影响因素：厌恶事件、唤醒水平、媒体和群体环境。

厌恶事件

能诱发攻击的事件通常不仅包括挫折，还有一些令人厌恶的体验：疼痛、令人不适的炎热、受攻击、过度拥挤。

今天的伦理准则限制了研究者对疼痛刺激的使用。

疼 痛

内森·阿兹林（Azrin，1967）做了一项实验，向关在笼中的实验老鼠的足部实施电击。阿兹林想知道，切断足部电击，是否可以强化两只老鼠间积极的关系。他计划先对老鼠进行电击，一旦两只老鼠互相接近，就把带来疼痛的电流切断。但让他十分吃惊的是，这个实验任务是不可能完成的，因为一旦老鼠感觉到疼痛，马上就开始互相攻击，实验者根本来不及把电流切断。电击（和疼痛）越强烈，攻击就越猛烈。同样的结果在很多物种中都存在，包括猫、乌龟和蛇。这些动物不会挑剔攻击目标，不论同类还是异类的动物，甚至是充气娃娃和网球，它们都会发动攻击。

研究者还考察了其他形式的疼痛是否具有同样的作用。结果发现：不光电击会引发攻击，强烈的炎热和“心理疼痛”——比如，一只饥饿的鸽子在训练过程中，只要啄一个圆盘就可以得到食物作为奖赏，这次却突然没有获得食物——都可以带来相同的反应。当然，这里的“心理疼痛”就是我们所说的挫折。

疼痛同样会提高人类的攻击性。大概我们每个人在头痛或者绊了脚之后，都曾有过那样的反应。伯克威茨和他

疼痛引发攻击行为。1997 年重量级拳王争霸赛，迈克·泰森在与霍利菲尔德前两回合的较量中受到挫败，处于下风。这时二人的头又意外地撞在了一起，在疼痛的驱使下，泰森咬下了霍利菲尔德的一块耳朵。

的同事对此问题进行了研究。他们以威斯康星大学的学生为被试，让他们把手放在一杯微热的水，或者一杯冰凉刺骨的水中。结果，对旁边一个不断发出讨厌声音的家伙，那些将手放在冰水中的被试更为急躁和烦恼，并且更倾向于对此人表示强烈的不满。基于这些结果，伯科威茨（Berkowitz，1983，1989，1998）认为，厌恶事件而非挫折才是敌意性攻击最基本的诱发因素，虽然挫折确实是一类重要的不愉快事件。事实上任何形式的厌恶事件，比如希望破灭、人身侮辱、躯体疼痛等，都可以激起情绪爆发，甚至沮丧状态造成的折磨也会增加敌意性攻击发生的可能性。

炎　热

长久以来，人们都认为气候对人类行为有着影响。希波克拉底（约公元前 460—公元前 337）把当时文明的希腊人和现属德国、瑞士地区未开化的野蛮人进行比较，他认为造成他们之间显著差异的原因是北欧严酷的气候。后来，英国人把他们“优越”的文化归功于英格兰理想的气候，法国思想家对他们的法国也有着同样的看法。但一个地区的气候总是稳定的，而文明的特性却会发生改变，因此文明的气候理论在有效性上显然有其局限性。

洛杉矶，1993年5月。在夏季炎热的天气里更易发生暴乱。

尽管如此，短时的天气变化还是会影响人们的行为。令人厌恶的气味、香烟味、空气污染都与攻击性行为有着某种联系（Rotton & Frey，1985），但得到最广泛研究的环境诱发因素还是炎热。威廉·格里菲特（Griffitt，1970；Griffitt & Veitch，1971）研究发现，相比那些在室温条件下回答问卷的被试，在炎热的房间里（高于 32℃）完成任务的被试感觉更为疲惫，更富攻击性，对陌生人表现出更强的敌意。随后的实验发现炎热还可以引发报复行为（Bell，1980；Rule & others，1987）。

实验室条件下如此，真实世界里令人不快的炎热是否也会增加人们的攻击呢？请看以下的材料：

- 当热浪侵袭亚利桑那州的凤凰城时，那些汽车里没有空调的司机更可能对堵住路口的车大按喇叭（Kenrick & MacFarlane，1986）。
- 有人对 1952 年以来的 57 293 场大联盟棒球赛进行分析，结果显示，天气炎热时，击球手更可能被投手击中。与 15℃或温度更低时相比，当气温超过 32℃，且同队的击球手曾被对方击中时，投手击中对方击球手的可能性要高出近 50%（Larrick & others, 2011）。在炎热的天气里，投手不会为如何投球而迷惑犹豫。他们不再走来走去，琢磨着该投什么样的球。他们投出的球也更多重重地打在击球手身上。
- 在 6 个城市进行的研究都表明，天气炎热时更易出现暴力犯罪（Anderson & Anderson，1984；Cohn，1993；Cotton，1981，1986；Harris & Stadler，1988；Rotton & Cohn，2004）。

- 在整个北半球，不仅酷热的日子会发生更多的暴力犯罪，在一年中较为炎热的季节里，在更为炎热的那些夏季，更为炎热的年份、城市或地区，也都是如此（Anderson & Delisi，2010）。安德森等人认为，如果全球温度上升约 2℃，那么仅美国每年就会增加至少 5 万起严重的袭击事件。

好茂丘西奥，咱们还是回去吧，天气这么热，凯普莱特家里的人满街都是，要是碰到了他们，又免不了争吵；因为在这种热天气里，一个人的脾气最容易暴躁起来。

——莎士比亚，《罗密欧与朱丽叶》

真实世界里的这些情况是否足以说明炎热带来的不适直接刺激了攻击性呢？虽然这个结论看上去有道理，但温度和攻击行为之间的这些相关并不能证明这一点。在炎热潮湿的天气里，人们当然会更加急躁；在实验室里，高温的确能增强我们的情绪唤醒和带有敌意的想法（Anderson & others，1999）。但也可能存在其他因素。可能夏季炎热的夜晚只是把人们从家里赶到了大街上，在那里，其他相关的群体因素发生了作用。研究者们还对另外一种可能性产生了争论：闷热的天气可能还会压抑暴力倾向（Bell，2005；Bushman & others，2005a，2005b；Cohn & Rotton，2005）。

攻　击

受到攻击或侮辱尤其容易引发攻击。日本大阪大学的研究者（Ohbuchi & Kambara，1985）的实验证实，蓄意的攻击将招致报复性回击。此类实验中，有两名被试在一项反应时测试中进行比赛；每组测验之后，由获胜者决定给失败者施加多大强度的电击。事实上，每个被试的对手都是一个设计好的电脑程序，该程序会稳步地、逐级增加电击的强度。我们真实的被试在反应上是否会比较仁慈呢？事实几乎都不是这样的，大部分的回应方式是：以牙还牙。

唤　醒

我们已经看到很多种厌恶刺激可以唤起人们愤怒的情绪，是否其他形式的唤醒，如伴随体育锻炼或性兴奋的情绪唤醒，也有相似的效果呢？试想，劳德斯在高强度的短跑锻炼后回到家，发现本来说好晚上约会的男孩来过电话留言，说他晚上另有计划。相比在小睡醒来时收到这样的消息，此时刚跑完步的劳德斯是否会更容易发怒呢？或者，刚做完运动之后，她的攻击倾向会被削弱吗？为了回答这个问题，让我们来看一些关于我们如何对自己的身体状况进行解释分类的有趣实验。

在斯坦利·沙克特和杰尔姆·辛格（Schachter & Singer，1962）的著名实验中，发现人们可以通过不同方式体验到机体的唤醒状态。实验以明尼苏达大学的学生为被试，给他们注射肾上腺素，使其达到唤醒状态，这种药物可以使人脸红、心跳加速、呼吸急促。如果告诉被试注射的药物会产生这些效果，即使和一个充满敌意或者欢快的人一起等待，人们的情绪波动也会很小。显然，他们会把自己的躯体感觉归因于药物作用。但另一组被试被告知药物不会产生任何副作用。同样，他们被安排和一个充满敌意或者欢快的人待在一起，他们又是如何反应的呢？和不友好的人在一起，被试会被激怒；而和欢快的人在一起时，被试则过得很愉快。由此我们似乎可以总结出这样的原则：一种躯体唤醒状态会引发怎样的情绪，取决于人们对这种唤醒的解释和分类。

但另一些实验却显示，唤醒并非像沙克特相信的那样，在情绪上无所差别。躯体的兴奋状态确实可以强化几乎所有情绪（Reisenzein，1983）。例如，保罗·比内

图 :: 10.3
敌意性攻击的要素
厌恶性情境可以激起人们敌对性的认知、敌对情绪和唤醒状态，继而引发攻击。这样的反应使我们更容易将他人意图理解成恶意的，并报之以攻击。
资料来源：Simplified from Anderson, Deuser, & DeNeve, 1995.

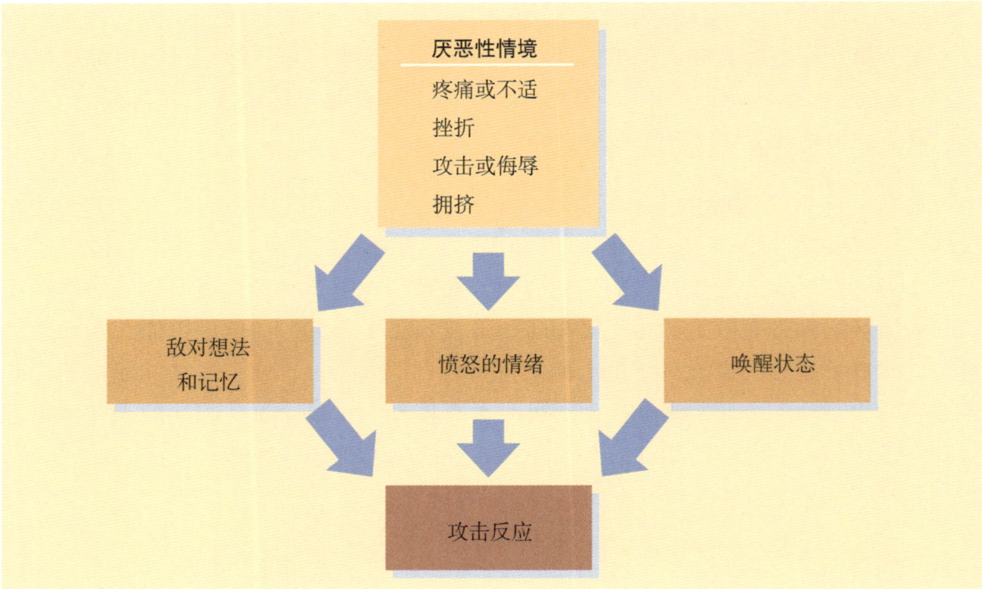

（Biner，1991）报告，在被明亮的灯光唤醒时，人们对无线电广播中的静电噪声尤其反感；多尔弗·齐尔曼（Zillmann，1988）及其合作者发现，刚刚参加完自行车锻炼，或者刚刚看完披头士摇滚音乐会电影，人们都会更容易错误地把他们的唤醒状态归因于挑衅，然后用更强烈的攻击行为进行反击。虽然我们可能想当然地认为，剧烈运动会消耗掉劳德斯攻击性的紧张压力，让她可以平静地接受坏消息，但以上实验证明，唤醒的状态只会强化情绪。

因此，性唤醒和愤怒等其他各种形式的唤醒状态之间是可以相互增强的（Zillmann，1989）。性爱只有在打完架或者受到惊吓之后才最富激情。在实验室条件下，那些刚刚受到惊吓的被试被色欲刺激唤醒的程度更高。类似地，坐一次过山车引起的唤醒状态也可能使人深深陷入对伴侣的爱意之中。

有一些人被称为“感觉狂”，他们渴望高水平的唤醒状态，喜欢冒险，需要持续刺激带来的兴奋感。有观点认为，攻击行为会提高唤醒水平。反之亦然，感觉狂也更具有攻击性（Wilson & Scarpa, 2011）。

挫败、炎热或者侮辱性的情境都会提高我们的唤醒水平。这种情况一旦发生，唤醒状态就会与敌对的想法和情绪一起，促成攻击性行为（图 10.3）。

攻击线索

如前所述，当攻击线索“拔掉瓶塞”，胸中怒火喷涌而出时，暴力行为最容易发生。伯科威茨等人（Berkowitz，1968，1981，1995）发现，看到武器就是这样一种线索，尤其是当它被看做一种暴力工具而非消遣时。实验中，刚玩过玩具枪的小朋友更愿意推倒另一个小朋友堆起的积木。在另一个实验中，相比附近只有羽毛球拍的情况，当附近有来复枪或者左轮手枪（被试以为这是上一个实验遗留下来的）时，愤怒的威斯康星大学被试对给他们造成痛苦的人施加了更为强烈的电流刺激（Berkowitz & LePage，1967）。枪支会启动敌对性想法和惩罚性的判断（Anderson & others，1998；Dienstbier & others，1998）。所见即为所思。尤其是当武器被视为暴力工具而非消遣之时更是这样。比如，对于猎人来说，看到一把猎枪并不会启动攻击想法，但是对于猎人以外的人却会有启动效应（Bartholow & others，2004）。

因此，伯科威茨认为，美国有两亿支私人手枪，一半的谋杀是用手枪完成的，而家藏的手枪杀死家庭成员的可能性远高于杀死入侵者这样的事实也是完全合乎情理的。他认为："枪支不仅使暴力成为可能，还可以刺激它的发生。手指扣动扳机，但扳机同样可以拉动手指。"

伯科威茨同样认为，禁止持有手枪的国家谋杀率较低是合情合理的。英国人口为美国的 1/4，但谋杀案只有其 1/16。美国每年有 1 万起手枪枪杀案件；澳大利亚约有 10 起，英国 20 起，加拿大 100 起。在华盛顿特区通过了限制人们持有手枪的法律后，与枪有关的谋杀案和自杀事件都迅速降低了 25%。但其他形式的谋杀和自杀案件没有发生任何改变，该法案适用范围之外的邻近地区也都没有发生类似的下降（Loftin & others，1991）。

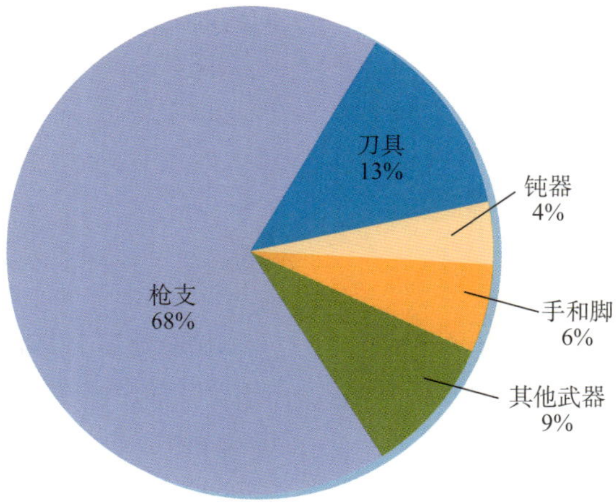

图 :: 10.4
2010 年美国发生的谋杀案所用凶器
资料来源：FBI Uniform Crime Reports.

研究者还考察了持有或不持有枪支的家庭发生暴力事件的危险性。由于这些家庭在相关的背景上都有可能不同，因此这项研究受到质疑。一项由疾病控制中心发起的研究，对相同性别、种族、年龄和住所的枪支持有者和非枪支持有者进行了比较。研究结果带有讽刺和悲剧意味，那些家中藏有枪支（通常是为了自卫）的人被谋杀的可能性是其他人的 2.7 倍——几乎都是被家人或者密友杀死的（Kellermann，1997；Kellermann & others，1993）。同样，藏有枪支的家庭发生自杀的可能性也高出 5 倍（Taubes，1992）。与相同性别、年龄、种族的其他人相比，家有枪支者被杀的可能性要高出 41%，而自杀的可能性则高出 3.4 倍（Wiebe，2003）。家中有枪与否，往往意味着这样的区别：是争斗还是葬礼，是忍耐还是饮弹自尽。

枪支并不只是提供攻击线索，它们还拉大攻击者和受害者之间的心理距离。就像米尔格拉姆的服从实验告诉我们的那样，与受害人的远离使我们更加残忍。刀也可以杀人，但远远地扣动扳机要比持刀发动攻击容易得多（图 10.4）。

媒体影响：色情作品和性暴力

在当今的美国，色情行业迅速发展，其规模大于职业橄榄球、篮球和棒球的总和。每年用于色情业的投资达 130 亿，包括工业电缆和卫星网络的架设，提供相关服务的剧院、收费电影、酒店室内电影、色情杂志、性服务电话和色情网站等等（D'Orlando，2011; Richtel，2007）。色情作品可以在互联网上轻易获得，这也促进了色情作品的流行。近来对 18~26 岁的美国男性的调查显示，87% 的男性承认自己每月至少观看色情作品一次，近半数男性每周至少观看一次（Carroll & others, 2008）。但是，仅有 31% 的女性报告自己曾观看色情作品。社会心理学对色情作品的研究着重于对性暴力的描写，这在 21 世纪租借率最高的成人录像带中也是很常见的（Sun & others，2008）。一个典型的性暴力场景中，一个男人强制和一个女人性交。最初她会抵抗并试着击倒袭击她的人。但逐渐地，她被性唤醒，也停止了抵抗。最后她完全进入了愉悦状态，并不断地要求更多。我们都看过或者阅读过对这一场景的非色情描写：她反抗，他坚持。精力充沛的男人抓住并强吻抗拒的女人。不一会儿，女人本来一直推搡着男人的手已经紧紧地抓住了他。她的抗拒已经被他释放的激情压倒了。当然，

2006 年美国盖洛普调查："你认为家里有一把枪更安全，还是更危险？"
更安全：47%
更危险：43%
不一定：10%

色情作品把性攻击描述为对受害者而言是愉快的，这增加了人们对强迫性关系的接受程度。

——美国医事总署在色情作品和公共卫生研讨会上达成的社会科学共识（Koop，1987）

问题的关键是在强暴时女性的实际反应并非如此。

社会心理学家提出，观看这样的虚构场景（一个男人制服一个女人，激起她的性兴奋）可以：（1）歪曲其关于女人对性侵犯的真实态度的认识；（2）增加男人对女人的攻击。至少实验室情境下是如此。

对性现实的歪曲理解

观看性暴力是否可以强化所谓“强暴谬论”：女性会欢迎性骚扰——女性在说“不要”的时候并非真的意味着“不要”？研究者们考察了“强暴谬论”接受度与看电视频率之间的关系（Kahlor & Morrison，2007）。为了找出答案，马拉默斯和切克（Malamuth & Check，1981）给曼尼托巴大学的男生观看两个与性无关的电影或是描写性的电影（一个男人制服了一个女人）。一个星期以后，做另外一个主试的实验时，看过有适度性暴力描写电影的被试更容易接受对女人施以暴力的行为。

另外也有相关研究显示：接触色情信息会增强人们对“强暴谬论”的接受度（Oddone-Paolucci & others，2000）。在马林和林茨（Mullin & Linz，1995）的实验中，连续看了 3 天的性暴力的电影后，男性被试对强奸和砍杀的焦虑水平逐渐降低了。和其他没有观看这种电影的被试相比，他们对家庭暴力的受害者表现出更少的同情心，对受害者受伤害的程度估计偏低。正如唐纳斯坦等人（Donnerstein，Linz，& Penrod，1987）所述，要使人们接受一个邪恶的角色、面对受到折磨与摧残的女性无动于衷，恐怕没有什么方法比给他们看逐步升级的暴力影片效果更好了。

特德·邦迪（1989）在因为一系列奸杀案而被处决的前晚发表了如下评论：“色情作品中最有破坏性的是性暴力。就像上瘾，你不断地渴望得到某种更难得到的东西，这种东西能给你带来更兴奋的感觉。等你看到了色情作品所能达到的极致，这时候你会开始想：也许真正去做会给你带来超越阅读和观看所能带来的快感。”这是承认色情作品的毒害，还是一种自我开脱？

值得注意的是，这种性启示（即“许多女人喜欢被征服”）是非常微妙、不大可能招致反驳的。媒体常常把性侵犯描述为：女性的抗拒融化在男性有力的臂膀中。我们不难理解，甚至许多女性也会相信：或许其他女性喜欢被征服——而实际上没人认为自己会是这样（Malamuth & others，1980）。

针对女性的攻击

有证据表明，色情作品也会导致男性对女性的实际攻击。相关研究提出了这种可能性（Kingston & others，2009）。纳撒尼尔·兰伯特（Lambert, 2011）及其同事询问大学男生和女生：“在过去 30 天，你大概看过几次色情网站？”在考虑性别因素后，经常看色情网站的学生在随后的三周内更可能对朋友和恋人实施身体攻击，且在实验室试验中，他们也对另一名学生表现出更强的攻击性。让参与者用针扎代表恋人的玩偶时，那些看色情网站较多的参与者扎的针更多。色情作品也会对儿童造成影响。对 1 000 名 10~15 岁的儿童调查显示，即使控制诸如性别、攻击特质和家庭背景等因素，那些看过包含暴力色情内容的电影、杂志或网站的儿童，对他人实行性侵犯（指“违背对方意志强迫接吻、抚摸或有其他性行为”）的可能性增加 6 倍（Ybarra & others, 2011）。

加拿大和美国的性罪犯普遍承认了色情作品的作用。在 155 名因网络儿童色情作品被捕的男性中，85% 的人承认自己曾骚扰过至

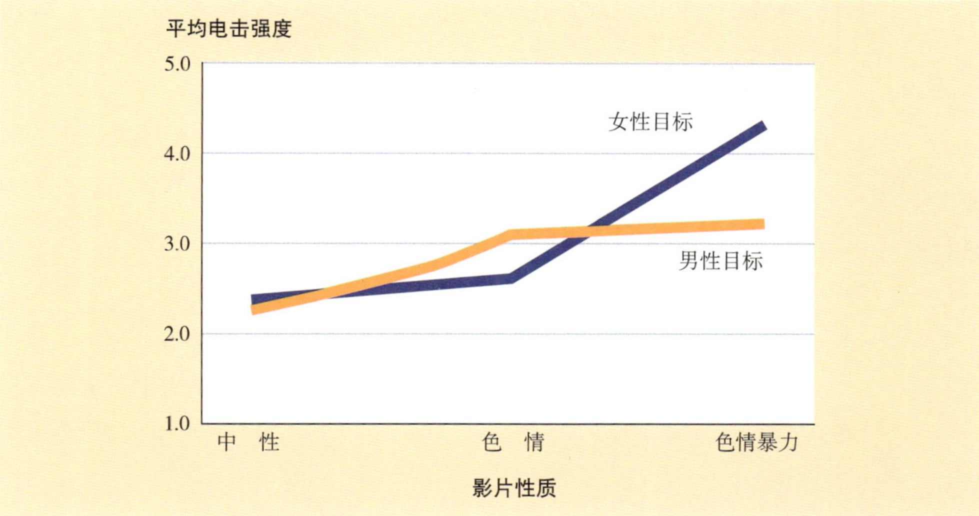

图 :: 10.5
在观看了色情暴力片后，男大学生选择了比以前更强的电击（对别人），尤其是对女性。
资料来源：Data from Donnerstein, 1980.

少一名儿童，每名罪犯平均骚扰过 13 名儿童（Bourke & Hernandez, 2009）。反之亦然：强奸犯、连环杀手和儿童性骚扰者报告的色情作品使用率也异常地高（Bennett, 1991; Kingston & others, 2008; Marshall, 1989; Ressler & others, 1988）。在大学男性中，控制了其他能够预测反社会行为的变量（如一般敌意）后，高的色情作品消费量仍然能够预测性暴力行为（Vega & Malamuth，2007）。

但是，可能并非色情作品导致实际的暴力行为，而是有暴力倾向的人更喜欢暴力色情作品。为了排除这一可能的解释，我们必须进行实验，例如，随机指定一些人观看暴力色情作品。在这样一个实验中，给威斯康星大学的 120 名男生观看中性、色情和色情暴力（强奸）的影片各一部。然后，这些学生作为另外一个实验的部分被试，需要教他们的一个男性或女性同伴学习一些无义音节，并由他们控制对同伴的错误答案给予多强的电击惩罚。看过强奸电影的男生倾向给予同伴更强的电击（图 10.5），尤其当他们感到愤怒而且同伴为女生时（Donnerstein，1980）。21 位主要的社会科学家对研究的成果做了总结：暴力色情刺激增加了对女性的惩罚性行为（Koop，1987）。

如果你为此类实验涉及的伦理问题而担忧，那么请放心，这些研究者已经考虑到了他们给予参与者的这些体验可能引起的争议及其影响。实验必须是在参与者知情的情况下才能进行。而且实验完成后，研究者会针对影片传达的荒谬说法对参与者进行矫正（Check & Malamuth，1984）。另一项实验则通过设计巧妙避免了伦理问题。

反复观看以快速、强迫的性行为为特征的色情影片容易导致：

- 性伴侣的吸引力下降；
- 更容易接受通奸和女性对男性的性服从；
- 男性对女性的感知更容易从性的角度出发。

资料来源：Myers，2000a.

表 :: 10.1　五个国家中女性报告被强奸经历的比例

国家或城市	女性样本	强奸或强奸未遂
加拿大	来自95所大学的全国性样本	23%的报告有被强奸和性侵犯的经历
德　国	柏林，处于青春后期的女性	17%的犯罪性暴力体验
新西兰	心理系学生便利样本	25%
英　国	22所大学的便利样本	19%
美　国	32所大学的代表性样本	28%
韩国首尔	成年女性	22%

资料来源：Studies reported by Koss, Heise, and Russo (1994) and Krahé (1998).

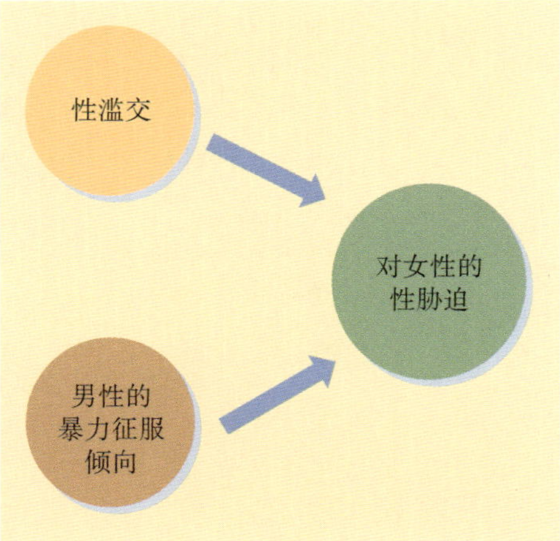

图 :: 10.6

性侵犯的男性

对女性施以性胁迫的男性，常常既有不涉及感情的性经历，又有男性特有的暴力征服倾向（Malamuth，1996，2003；Jacques-Tiura & others，2007）。

该实验要求经常观看色情作品的大学生戒除色情作品一个月，对照组则舍弃某种喜欢的食物。结果显示，停止观看色情作品的大学生攻击性降低（Lambert & others, 2011）。

此类实验的目的，不仅是为了科学研究，也是出于人道主义的考虑。在一项包含 9 684 名美国成年被试的全国性调查中，11% 的女性报告了曾被男性强迫与之发生与性有关的行为（Basile & others，2007；CDC，2008）。

其他工业化国家中进行的调查得到了类似的结果（表 10.1）。3/4 的陌生人强奸以及几乎所有的熟人强奸都未曾报告警方。因此，官方报告的强奸案发率严重低于实际的强奸案发率。当遭遇那些表现出色情作品所宣扬的乱交行为和敌意态度的人时，女性最容易受到攻击（图 10.6）。

媒体意识教育

正如 20 世纪 30 年代和 40 年代，大多数德国人对大屠杀中充斥的可耻的反犹太行径熟视无睹一样；今天，对于媒体中充斥的对妇女的骚扰、虐待、强迫的画面，人们业已司空见惯。那么，我们是否应当对媒体中贬低、侵犯女性的内容进行限制呢？

在对个人权利和集体权利的比较中，大多数西方国家的人倾向于认为个人权利高于集体权利。作为媒体监管制度之外的另一种方法，很多心理学家都喜欢使用“媒体意识训练”。以往对色情作品的研究中，研究者成功地教育被试并使他们重新认识女性对性暴力的真实态度；那么同样，教育者能够促使人们对色情作品进行批判性的思考吗？通过增强人们对色情作品中“女性主导”的观点和存在的性骚扰、性暴力等问题的警觉性，我们或许可以揭穿女性喜欢受胁迫的谬论。正如唐纳斯坦等人（Donnerstein，Linz，& Penrod，1987，p.196）所述，“我们理想主义乃至天真的愿望，就是科学所揭示的真理终将胜利；公众将会相信，这些作品不仅贬低了其中的角色，也贬低了它们的观众。”

这个愿望天真吗？试看：在没有禁止香烟的情况下，美国的烟民从 1965 年的 42% 降到了 2010 年的 19%（CDC，2005）。在没有对种族歧视进行审查的情况下，一度常见的非裔美国人在媒体中的形象：单纯、迷信的小丑形象已近乎绝迹。随着公众意识的改变，剧本作者、制作人以及媒体监制开始觉得丑化少数民族是不合适的。将来有一天，当我们回忆起当年的电影通过丑化黑人、血腥残杀、性暴力来取悦观众时，是否会备觉尴尬？

媒体影响：电视和互联网

我们正在努力去做的是提高对女性暴力和色情作品的认识水平，使之至少能够达到对种族主义和三 K 党文学的认识水平。

——格洛里亚·斯泰纳姆（Steinem, 1988）

我们已经知道，观看一个攻击者会引发孩子的攻击欲望，并教给他们实施攻击的新办法。我们还知道，在看过性暴力影片后，很多愤怒的男性会对女性更加暴力。那么观看电视是否会有类似的效应呢？

虽然最近的数据很难找到（20 世纪 90 年代初以后，媒体监督的基金越来越少），但与看电视有关的一些事实仍然存在：今天在大多数工业国家，基本上每个家庭都有电视机（如在澳大利亚，电视机的普及率为 99.2%），超过了电话的拥有率（Trewin，

2001）。大多数家庭拥有不止一台的电视机，这可以帮助我们解释：为什么家长报告他们的孩子看什么，与孩子自己报告他们看什么之间的相关很低（Donnerstein，1998）。

在一般的美国家庭中，电视机一天开 8 个小时，平均每个家庭成员要看 3 个小时的电视节目。由于数字视频录像（DVRs）系统的出现，人们能够调整他们看电视的时间，所以从 2008 年开始美国人看电视的时间比原来增加了（Nielsen，2008a，2008b）。女性比男性看得更多，非白人比白人看得更多，学龄前儿童和退休的人比上学的和工作的人看得更多，教育程度低的比高的看得更多（Comstock & Scharrer，1999；Nielsen，2008a）。

美国家庭中，平均拥有的电视机数量（2.73）大于平均人口数（2.6）。

——《时代周刊》，2007

在这几个小时中，哪些社会行为被模仿了呢？从 1994 年到 1997 年，国家电视暴力研究中心的职员日夜不停地对来自各大网络和有线频道的约一万个节目进行调查（National Televison Violence Study, 1997）。他们发现了什么？ 10 个节目中有 6 个包含暴力内容（“以身体上的胁迫造成伤害和杀害的威胁，或是造成实际伤害和杀害”）。在格斗中，处于下风的人往往摆脱掉对手，再回来的时候变得更强了——不像真正的格斗那样，最后一击决定结果（其下场往往是伤到下巴或手）。73% 的暴力场景中，攻击者没有受到惩罚；58% 的受害者没有表现出疼痛。在儿童节目中，只有 5% 的暴力场景显示其有长期的后果；2/3 只是拿暴力描写取乐。对于成人来说，当暴力以诙谐的方式表达出来时，就会显得没那么暴力了（Kirsh，2006）。

结果是什么呢？正如专家所言，电视发射的电磁波吸引了孩子的眼球，以至于他们花在电视上的时间甚至多于花在学业上的。实际上，比花在任何一项清醒状态下的活动上的时间都多。到了小学毕业，平均每个儿童在电视中看了 8 000 个谋杀案和 10 万种其他的暴力行为（Huston & others，1992）。基于一个对于电视内容的研究，美国电视黄金时间段中的暴力行为从 1998 年到 2005~2006 年的播出季增加了 75%，达到了平均每小时 4.41 个暴力事件（PTC，2007）。格布纳（Gerbner，1994）在经过了长达 22 年的对暴力节目的统计之后，悲叹道：“人类曾经有过许多更嗜血的时代，但是从来没有一个像现在这样暴力影像无处不在。我们被暴力作品的潮流所淹没，这个潮流是前所未见的……它用经过专业编排的残忍画面淹没了每个家庭。”

对看电视与攻击之间关系的研究，旨在发现比吸引公众眼球的偶发的“照猫画虎”式谋杀案更为微妙、也更为普遍的效应。它们想要知道的是：电视怎样影响观众的行为和观众的思想？

电视最大的贡献之一就是它把凶杀带回它本来的家。观看电视中的凶杀是一种很好的治疗。它能帮助消除一个人的对抗（情绪）。

——希区柯克

电视对行为的影响

观众会模仿暴力榜样吗？大量的例子表明，人们在实际生活中重演着电视上的犯罪。一项对 208 例判刑罪犯的调查发现，10 人之中有 9 人承认他们通过观看犯罪节目学习到新的犯罪技巧。10 人之中有 4 人说他们曾经尝试在电视中看到的那些犯罪行为（TV Guide，1997）。

看电视与行为的相关研究 犯罪故事不能算是科学的证据。因此研究者用相关和实验研究来检验观看暴力节目的效应。一种经常用于学龄儿童的技术可以用来检验观看电视是否可以预测他们的攻击性。在一定程度上，这种预测是可行的。一个儿童看的电视节目中包含的暴力内容越多，那么他的攻击性就会越高（Eron，1987；Turner & others，1986）。这种相关不高，但在美国、欧洲和澳大利亚都存在。而且这延伸到了间接的攻击中。经常观看以散布流言、背后中伤和社会排斥为原型的节

目的英国女孩，会表现出更多的此类行为（Coyne & Archer，2005）。

由此我们是否能够得出结论，观看暴力电视会助长攻击？也许你早就已经开始思考这个问题：因为这是一个相关研究，反方向的因果关系可能也是存在的。或许是攻击性强的儿童喜欢暴力节目。还可能是某些潜在的其他变量（如低智商），使得有些儿童既喜欢暴力节目同时又表现出较多的攻击行为。

研究者们发展了两种方法来检测这些可能的解释。他们用统计方法排除某些可能因素的影响，以考察"潜在变量"解释。例如，威廉·贝尔森等人（Belson，1978；Muson，1978）对 1 565 个伦敦男孩进行了研究。与那些没观看多少暴力的孩子相比，看了大量的（尤其是现实中的而不是动画中的）暴力节目的儿童，在过去 6 个月中多表现出了 50% 的暴力行为（例如，"我破坏了电话亭里的电话"）。贝尔森还检查了 22 个可能的干扰因素，比如家庭规模。在控制了干扰因素后，看得多和看得少的被试间仍旧表现出了显著差异。所以他推测，的确是因为看了更多的电视而增加了暴力行为。

类似地，伦纳德·伊依和罗威尔·霍斯曼（Eron & Huesmann，1980，1985）发现在 875 个观看暴力电视的 8 岁儿童中，即使在统计上剔除了一些明显可能的干扰因素，也能发现两者间存在相关。而且，当这些人 19 岁时再次对其进行研究，结果显示：8 岁时对暴力的接触，能够中度预测他们在 19 岁时的攻击性，但是在 8 岁时的攻击性并不能预测 19 岁观看暴力的多少。攻击行为随着观看电视出现，但是反过来却不能成立。此外，到了 30 岁，童年看了大量的暴力电视的人因罪判刑的可能性更大（图 10.7）。

后续研究用不同方法证实了上述结论，包括：

- 8 岁时观看暴力电视与其成人时期虐待配偶的可能性存在相关（Huesmann & others，1984，2003）
- 青春期观看暴力电视与其之后发生殴打、抢劫和威胁恐吓的可能性存在相关（Johnson & others，2002）
- 小学生观看暴力节目越多，2~6 个月后他们参与打架的次数就越多（Gentile & others，2004）

图 :: 10.7
儿童看电视的频率与长大后的犯罪行为
8 岁时观看暴力可以预测其 30 岁时的严重犯罪行为。
资料来源：Data from Eron and Huesmann (1984).

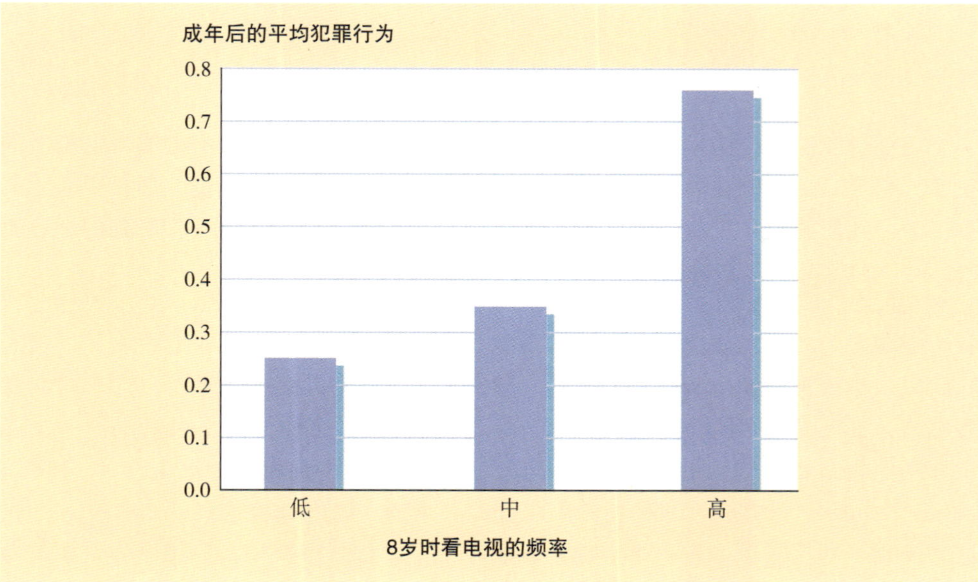

在上述这些研究中，研究者已经控制了可能的“第三因素”，如实验前已有的低智力或敌意等。

现在，很多人花在电脑前的时间多于花在看电视上的时间。在观看暴力行为方面，互联网比电视有着更多样化的选择，包括暴力视频、暴力图片和敌对群体网站等（Donnerstein, 2011）。人们还可以利用网络自己制造并传播暴力视频，通过电子邮件、即时消息或社交网站来恐吓他人（Donnerstein, 2011）。在对欧洲青少年的调查中，三分之一的青少年报告曾在网上观看过暴力或仇恨相关的内容（Livingstone & Haddon, 2009）。在美国年轻人中，那些频繁登陆暴力网站的人，其报告曾参与暴力行为的可能性是其他人的 5 倍（Ybarra & others, 2008）。

要注意的是，这些研究显示了研究者现在是怎样利用相关研究的结果来间接推论因果关系的。然而，仍旧可能是那数不清的潜在变量造成了看暴力节目与攻击行为之间纯属巧合的联系。幸运的是，实验方法可以控制这些无关的因素。如果我们随机的选择一些儿童来观看一个暴力电影而另外一些看非暴力电影，之后两组在攻击行为上表现出来的任何差异都应归因于他们之间惟一不同的因素：他们观看的分别是什么。

看电视的实验研究 艾伯特·班杜拉和理查德·沃尔特斯（Bandura & Walters, 1963）所做的开拓性实验中，有时让幼儿观看成人重击一个充气娃娃的电影而不是亲眼观看这个场面，发现两者产生了几乎一样的效果。之后，伯科威茨和吉恩（Berkowitz & Geen，1966）发现，观看了一部暴力电影的愤怒的大学生比观看一部非暴力电影的同样愤怒的大学生表现出更强的攻击性。这些实验室实验，加上越来越多的社会关注，促使美国医事总署在 20 世纪 70 年代初批准了 50 项新的研究项目。随着这些研究及后来 100 余项研究的开展，逐渐证实了观看暴力导致攻击增加的结论（Anderson & others，2003）。

例如，分别由美国的罗斯·帕克（Parke，1977）和比利时的雅克·莱恩斯（Leyens，1975）所领导的研究小组给收容的美国和比利时少年犯男孩观看攻击性或非攻击性的商业电影。结果一致表明：“观看暴力电影……导致观众的攻击性增加。”与看电影前一个星期相比，观看暴力电影的男孩们在小屋里出现身体袭击的数量暴增。与之类似，多尔弗·齐尔曼和詹姆斯·韦弗（Zillmann & Weaver，1999）给男性和女性被试在连续的 4 天内观看暴力或非暴力的电影。第 5 天，当他们参与另外一项研究时，看暴力影片的人对研究助手表现出了更多的敌意。

这些实验激发出的攻击并不是袭击和殴打；它更多地表现为买午餐排队时的推搡、出口伤人，以及威胁性动作这一水平。无论如何，这些证据的一致性还是令人吃惊的。“不可辩驳的结论是，”美国心理学会青年暴力委员会 1993 年这样表述，“观看暴力节目导致了暴力的增加。”对于有攻击倾向的人尤其如此。当一个有魅力的人因正当理由而实施了适度的暴力，而这种暴力未受惩罚且没有造成任何伤害时，观看暴力节目的效果是最为显著的（Comstock，2008；Gentile & others，2007；Zillmann & Weaver，2007）。

难道我们会允许我们的孩子听随便什么人任意编造的故事，等他们长大时脑子里想的与我们认为他们应该想的完全背道而驰吗？

——柏拉图，《理想国》，公元前 360 年

总而言之，布拉德·布什曼和克雷格·安德森（Bushman & Anderson，2001）总结道，媒体影响攻击的证据已经是“压倒性的”。一项国家心理健康研究所的项目中，主流媒体暴力研究者均认为，研究的基础是广泛的，方法是多样的，而总的发现则是一致的（Anderson & others，2003）。“我们深入的回顾发现，有明确的证据显示，观看媒体中的暴力，无论是即时的还是在长期的情况下，均会增加攻击行为和暴力行为

的可能性。”

为什么看电视会影响行为？ 鉴于相关研究与实验研究结论的一致性，研究者探索了为什么观看暴力节目会有这种效果。考虑三种可能性（Geen & Thomas，1986）。其一，导致社会暴力行为的不是暴力内容本身，而是由其造成的唤醒状态（Mueller & others，1983；Zillmann，1989）。如前所述，唤醒状态容易引发其他行为。

另一些研究显示，观看暴力使人们降低抑制。在班杜拉的实验中，成人对充气娃娃的重击似乎使这种发泄方式显得合理，从而降低了儿童的抑制。观看暴力内容通过激活与暴力关联的想法，进而引发了观众的攻击行为（Berkowitz 1984；Bushman & Geen，1990；Josephson，1987）。听歌词中含有性暴力的音乐似乎有类似的效果（Barongan & Hall，1995；Johnson & others，1995；Pritchard，1998）。

媒体内容同样引起模仿。班杜拉实验中的儿童模仿了他们之前看到的特定行为。商业电视对于电视导致人们的模仿行为很难辩驳：它的广告商引导了消费。然而，媒体的高管们声称，电视只是对这个暴力社会的镜像反映；艺术是对生活的模仿；因此胶片上的世界向我们展示了真实的世界。这些说法是对是错？事实上，电视节目中，攻击行为远远超出爱抚行为，二者比例为 4:1。同样，电视在其他方面也塑造了一个不真实的世界。

不过这里也有好消息，如果电视上塑造的联系和问题解决的方式真的导致了模仿，特别是在年轻的观众中，那么对**亲社会行为**（prosocial behavior）的塑造对社会就将是有利的。在第 12 章我们会进一步探讨电视还能够教导儿童一些好的东西。

50 年来关于电视暴力对儿童影响的研究得出这样的结论，观看媒体暴力与攻击态度、价值观和行为都有关系。

——约翰·默里

（Murray, 2008）

电视对思维的影响

我们之前关注的是电视对行为的影响。研究者同样也考察了观看暴力对认知的影响：持续的观看是否让我们对残忍的行为脱敏了？它是否给了我们关于如何行为的心理脚本？它是否歪曲了我们对现实的觉知？它是否启动了攻击的想法？

脱敏作用 重复呈现一个激发情绪的刺激，例如一个猥亵的词语，一遍又一遍地重复，会发生什么？一般常识告诉我们情绪性反应会“消失”。在看了上千遍残忍的行为后，我们有同样的理由相信会发生类似的情绪麻痹。最通常的反应也变成“一点儿也不困扰我”。这样的反应正是芭芭拉·克拉厄及其同事（Krahe & others, 2010）在研究中发现的。他们让 303 名大学生观看暴力电影片段，然后测量他们的生理唤醒水平。与不常看暴力影片的参与者相比，经常观看暴力影视节目的参与者反应更小，面对暴力行为他们只是耸耸肩，并不关注。

布拉德·布什曼和克雷格·安德森（Bushman & Anderson, 2009）设计了一项巧妙的实验。一位脚踝打了包扎的女士在电影院门口掉了拐杖，努力想要捡起来。与观看非暴力影片（《尼姆岛》）的人相比，刚看完一场暴力电影（《恐怖废墟》）的人在帮助那位女士前会犹豫更长时间。但是，如果该女士在电影开始前掉了拐杖的话，观看暴力电影和非暴力电影的人在帮助方面并没有差异。这一结果表明，造成观众对困境脱敏的是暴力电影本身，而不是观看暴力影片的观众类型。

随着电视和电影中的性暴露变得更加严重——在美国电视的黄金时间里，与性对话和行为有关的电视镜头从 1998 年到 2005 年几乎翻倍（Kaiser，2005）——青少年对于媒体中性描写的关注却有所下降。盖洛普研究员马祖卡（Mazzuca，2002）指出：

如今，有关暴力和性主题的影像描写对孩子的吸引力远远低于他们父母的那个时代了。

社会脚本 当我们发现自己在一个新的环境中，不知道该如何行为，我们就会依赖**社会脚本**（social scripts），即文化提供的关于如何行为的心理指导。看过太多动作影片之后，年轻人会需要一个脚本，以在他们碰到真实的冲突时起作用。面临挑战时，他们会“像一个男人一样行动”，恐吓或除掉威胁者。相似地，在电视的大部分黄金时间里，观看过多的性暗示和性行为（很多都涉及冲动的、短期的关系）之后，年轻人需要在真实关系中可以依赖的性脚本（Escpbar-Chaves & Anderson，2008；Fischer & Greitemeyer，2006；Kunkel，2001）。所以，青少年观看了越多的性内容（甚至控制了其他预测早期性行为的因素时），他们就越有可能觉得其同伴是性活跃的，于是会发展出性开放的态度，并经历过早的性交（Escobar-Chaves & others，2005；Martino & others，2005）。媒体灌输了这种社会脚本。

(Dan Perkins/THIS MODERN WORLD)

长时间看电视的人会认为世界是个危险的地方。

改变知觉 难道电视虚构的世界也塑造了我们对现实世界的觉知吗？宾州大学的格布纳和他的同事（Gerbner & others，1979，1994）猜测这是电视最强烈的影响。他们对成年人和儿童所作的调查结果显示，看电视多的人（每天看 4 个小时以上）比看电视少的人（2 个小时或更少）更容易夸大周围世界暴力发生的频率，更害怕遭到人身攻击。南非女性在观看了对女性使用暴力的节目以后也产生了类似的脆弱感（Reid & Finchilescu，1995）。一个在全美国 7~11 岁的儿童中进行的调查发现，看电视多的人比看电视少的人更容易承认他们害怕“一些坏人可能会闯入你家”，或者“当你外出，别人可能会伤害你”（Peterson & Zill，1981）。对于那些看了太多电视的人来说，世界变成了一个可怕的地方。媒体塑造了对现实的知觉。

认知启动 有新证据表明，观看暴力录影带可能会激活与攻击有关的概念网络（Bushman，1998）。在观看了暴力节目之后，人们对他人的行为会作出更富敌意的解释（推搡行为是有意的吗？），解释同音异义字时倾向于选择更具攻击性的意义（把“punch”解释为击打而不是一种饮料），而且对攻击性词语的识别更加迅速。媒体启动了思考。

消耗时间 电视的最大影响，并不在于它的质量，而是它的数量。与更多的娱乐活动相比，看电视消耗了人们的精力，压抑了他们的心境（Kubey & Csikszentmihalyi，2002）。每年电视占用了上千小时或更多其他活动的时间。如果你跟别人一样，每年花费上千小时的时间看电视，试想一下，你将如何度过没有电视的日子。为了寻找 20 世纪 60 年代后期市民活动和组织成员数减少的原因，普特南（Putnam，2000）报告说：每一点增加在电视上的时间都是在与市民参与活动竞争。电视从俱乐部会议、志愿活动、教堂祷告和政治活动那里偷走了时间。

任何一代人在性格形成时期花在看电视上的时间越长，公共活动参与度就越低（投票、参加组织、集会、捐助和志愿活动）。

——罗伯特·普特南，《一个人打保龄》，2000

媒体影响：电子游戏

科学界关于媒体传播暴力对人们是否有影响的争论“已渐渐平息”，金泰尔与安德森这样认为（Gentile & Anderson，2003；Anderson & Gentile，2008）。研究者现在将注意力转向了电子游戏。电子游戏作为一种娱乐产品正越来越受到大众的欢迎，而且其中暴力血腥内容愈来愈多。金泰尔与安德森指出，教育研究表明“电子游戏是一种良好的教学工具。如果健康的电子游戏能够使人们学会健康的行为，比如，模拟飞行的电子游戏可以教会人们如何飞行，那么人们从模拟谋杀的游戏中又会学到什么呢？”

儿童电子游戏

禁止向 13 岁的孩子出售包含裸体女性图片的杂志，而向 13 岁的孩子出售暴力互动电子游戏却受到保护，孩子们可以在游戏中虚拟地捆绑女性，塞住她的嘴，然后折磨并杀害她。那么这种禁令有何意义？

——美国最高法院法官斯蒂芬·布雷耶，《异议》，2011

至 2012 年，电子游戏产业已成立 40 周年。自从 1972 年推出第一个电子游戏以来，已经由电子乒乓游戏发展到暴力游戏（Anderson & others，2007）。2008 年的民意测验显示，12~17 岁的青少年中，97% 的人玩电子游戏，一半以上的人前一天刚玩过。很多电子游戏都是暴力性的，半数青少年说自己玩第一人称射击游戏，例如《光晕》或《反恐精英》，三分之二的人玩动作游戏，其中经常涉及暴力内容，例如《侠盗猎车手》（Pew Research Center, 2008）。年龄更小的儿童也玩电子游戏。在一项对四年级学生的调查中，59% 的女生和 73% 的男生报告，暴力游戏是他们最喜欢的游戏（Anderson，2003，2004）。虽然游戏会以“M”（成年人）为标志，以示其只对 17 岁以上的成年人出售。但在市场上，却常常出售给未成年人。联邦贸易委员会调查发现，未成年儿童尝试购买暴力游戏的成功率为五分之四（Pereira，2003）。

金泰尔（Gentile，2004）注意到，在一项叫做《侠盗猎车手：圣安地列斯》的流行游戏中，玩家被邀请扮演一个精神病患者。“你可以用车轧行人，可以劫车，可以一边开车一边打枪，还可以跑到红灯区，接上一个妓女，在你的车里跟她性交，然后把她杀了，拿回你的钱。”在逼真的 3D 画面中，你可以把人打翻，狠狠踩踏，直到他们吐血，然后看着他们死去。

电子游戏对儿童的影响

在肯塔基州、阿肯色州和科罗拉多州，十几岁的青少年模仿他们在屏幕上玩的暴力恐怖游戏，这一现象的出现引起了人们对暴力游戏的担忧；这种担忧在 2011 年一名《魔兽世界》的狂热玩家杀戮挪威人之后再次出现。人们不禁要问：年轻人从无尽的袭击和肢解他人的角色扮演中习得了什么？一些挪威商店从货架上撤下了暴力游戏，以此来回应杀戮行为。这一举动能否有所成效（Anderson, 2011）？

大多数烟民并不是因为心脏病死掉的，大多数受过虐待的儿童也没有因之变得残忍，虐待他人。大部分在凶杀模拟器上花掉数不清的时间的人，其实过着文雅的生活。所以暴力游戏的支持者可以宣称，和人们对烟草、电视感兴趣一样，暴力游戏是无害的。交互数码软件协会主席洛温斯坦（Lowenstein，2000）指出：“至今，没有任何证据证明，玩暴力游戏可以导致攻击行为。”

金泰尔和安德森却给出了一些理由，证明为什么玩暴力游戏可能比观看暴力电视更容易诱导人们做出攻击性行为。在玩电子游戏时，游戏者：

- 认同暴力人物的身份并进行角色扮演。
- 积极地演练暴力行为，而不是被动地观看。
- 参与扮演暴力活动的全过程——选择刺杀对象，购买枪支弹药，靠近目标，进行瞄准，扣动扳机。
- 参与持续武装暴力活动并进行威胁恐吓。
- 不断地重复暴力行为。
- 从有效攻击中获得奖赏。

基于上述原因，军队为使战士在战斗中英勇射击（据报道，二战时许多士兵显得动作迟疑），常常训练他们玩模仿攻击游戏。

但是，玩暴力电子游戏的人是否会把暴力行为延续到游戏之外？有人可能会反驳说："我玩暴力电子游戏，但我并没有攻击性。"就像专栏作家罗杰·西蒙（Simon, 2011）针对研究发现媒体暴力会导致现实的攻击行为所说的："这一结论令我不知所措。我从小玩玩具枪，但从没对谁真的开过枪（尽管我觉得很多人该挨枪子）。"西蒙的这种说法很常见，其问题在于，一个单独的个案并不能证明什么，因为它不是科学研究。更好的方法是对大样本进行研究，看看一般来说暴力电子游戏是否会增加攻击行为。

大量研究表明，一般来说，玩暴力电子游戏确实会增加攻击性行为、攻击性思维和攻击性情绪。克雷格·安德森及其同事（Anderson & others, 2010）综合了包括 130 296 名参与者的 381 项研究发现，玩暴力电子游戏增加了儿童、青少年和成年早期的暴力行为，北美、德国和西欧的研究都得出这一结论，且三种研究设计（相关研究、实验研究和纵向研究）结论一致。这意味着，即使是参与者是随机分配的，与非暴力游戏相比，暴力电子游戏也会导致攻击行为。这一结论排除了"有攻击性的人更喜欢玩攻击游戏"的可能。纵向研究对参与者进行长期追踪，也得出类似结论：在德国青少年中，今天玩暴力电子游戏可以预测以后的攻击行为，而今天的攻击行为却并不能预测未来玩暴力电子游戏（Moller & Krahe, 2008）。

玩暴力电子游戏产生如下的一系列效应：

- *诱发攻击性行为*。玩过暴力游戏的儿童，在与同伴相处时，更容易表现出攻击性倾向，与老师争执，喜欢结伙打架。无论是同伴、教师还是家长报告，无论是实验室内还是实验室外，这一效应均普遍存在。原因见图 10.8。仅仅是因为具有敌意特质的儿童被这些游戏所吸引吗？并非如此，在控制了人格特质和

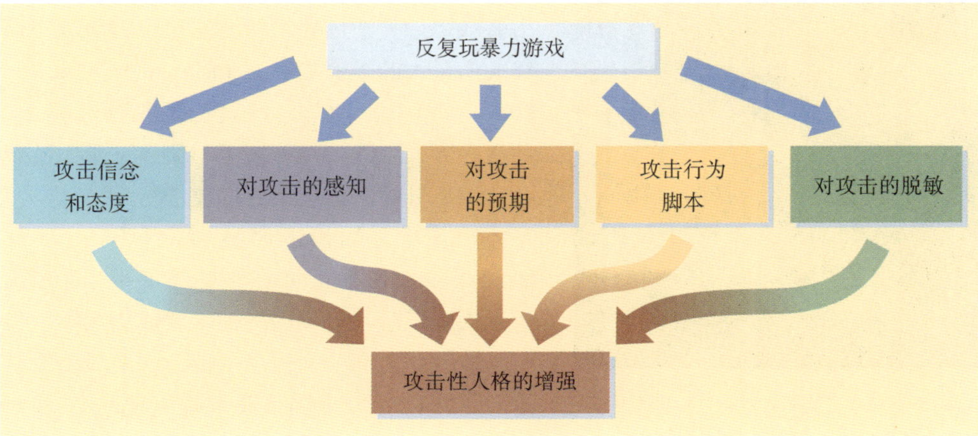

图 :: 10.8
暴力游戏对攻击倾向的影响
资料来源：Adapted from Craig A. Anderson and Brad J. Bushman (2001).

气质之后，电子游戏中的暴力仍然会增加儿童的攻击性（Bartholow & others, 2005）。除此之外，道格拉斯·金泰尔和他的同事们（Gentile & others, 2004）对青少年的观察结果表明，即使是在敌意较低的青少年中，玩暴力游戏的人中参与打架行为的百分比是他们不玩暴力游戏的同伴的 10 倍。当他们开始玩暴力游戏之后，先前没有敌意的孩子会越来越喜欢打架。在日本，在上学早期玩电子暴力游戏同样能够预期他们之后的身体攻击性，即便控制了性别和早期的攻击性等因素，仍然有这样的结果（Anderson & others, 2008）。

- *引发攻击性思维*。如布什曼和安德森（Bushman & Anderson, 2002）的研究发现：大学生玩一组暴力游戏后，请其对汽车被追尾的司机的行为进行预测时，他们更倾向于认为司机会做出攻击性反应，如言语辱骂，打架，踢破窗子。
- *唤醒攻击性情绪*。挫折体验增强，表达出的敌意也更多，尽管这种敌意情绪在游戏结束后的几分钟内就会平息（Barlett & others, 2009）。
- *减少对他人的帮助和同理心*。随机分配学生玩暴力或非暴力电子游戏，随后让他们“无意中”听到很响的打斗声，最后一个人扭伤脚踝摔倒在地痛苦挣扎。平均来说，刚玩过暴力游戏的学生 1 分钟后才去帮助受伤的人，他们犹豫的时间约为玩非暴力游戏学生的 4 倍（Bushman & Anderson, 2009）。

人们在玩暴力游戏之后，变得更加容易利用同伴，而不是信任或与之合作（Sheese & Graziano, 2005）。他们与情绪有关的脑区表现出了更少的激活，即对暴力*脱敏*（Barthlow & others, 2006；Carnagey & others, 2007）。格雷特米尔和麦克莱锡（Greitemeyer & McLachie, 2011）对一种特殊的脱敏进行了研究，即“不把别人当人看”。在英国大学生中，被随机分配玩暴力电子游戏的学生在受欺负时更可能用非人类的词语描述对方。越不把对方当人看，就越可能攻击对方。

此外，玩暴力游戏的时间越长，这种效应越明显。越血腥的游戏（比如，真人快打游戏中提高血腥程度的设定），游戏之后所引起的敌意和唤起就越高（Barlett & others, 2008）。真实性较强的电子游戏，其中的暴力行为更像现实生活中发生的，其引发的攻击性情绪也更强（Barlett & Rodeheffer, 2009）。过去几年，电子游戏中的暴力不断升级，也就不难理解为什么最新的研究所揭示的影响是最大的。尽管还有待进一步研究，但这些研究是对**宣泄**（catharsis）假说的挑战。宣泄假说认为，暴力游戏可以让人们以一种安全的方式表达自己的攻击倾向，“为自己的愤怒找到出口”（Kutner & Olson, 2008）。宣泄假说的批评者说，暴力实践导致了暴力，而不是释放了暴力。认为暴力游戏可以宣泄愤怒情绪，这是暴力游戏对愤怒的人最大的吸引之一（Bushman & Whitaker, 2010）。但不幸的是，该理论的批评者指出，用这种方式宣泄愤怒可能事与愿违，暴力游戏会让愤怒升级，并导致更多攻击行为。

玩暴力视频游戏是宣泄还是毒害？或者两者都不是？实验提供了一些答案。

2005 年，加州参议员利兰·伊（Leland Yee）提出立法禁止向 18 岁以下的少年儿童出售暴力电子游戏。该法案被签署成为法律，但电子游戏制造商马上提出上诉，法案最终没有生效。2010 年，美国最高法院审理此案，100

多名社会学家联名上书支持该法律。他们指出，“总的来说，研究数据表明，玩暴力电子游戏会导致实施攻击行为的可能性增加”。2011 年，最高法院撤销了该法律，主要引证宪法第一修正案关于言论自由的权利，但同时也表达了对“玩暴力电子游戏和对未成年人造成实际伤害二者存在直接因果关系”这一研究结论的怀疑（Scalia, 2011）。

同样，学术界对暴力电子游戏是否真会影响现实中的行为观点也并不一致。例如，弗格森和吉尔伯恩（Ferguson & Kilburn, 2010）向最高法院签署声明反对加州法律。他们指出，从 1996 年到 2006 年，尽管暴力电子游戏售卖量增加，但现实中的青少年暴力事件却有所减少。弗格森和吉尔伯恩还提出，暴力电子游戏对攻击行为的影响微乎其微，仅有少数玩暴力电子游戏的人会在现实中表现出攻击行为。他们的怀疑支持了澳大利亚司法部，司法部（Australian Attorney General's Department, 2010）认为，关于暴力电子游戏影响的研究“仍存在争议，没有定论”。布什曼（Bushman, 2010）及其同事提出，暴力电子游戏的影响远大于石棉和二手烟对肺癌的影响。他们指出，并非每个接触石棉和二手烟的人都会得癌症，但石棉和二手烟仍被认为危害公共健康。

当然，电子游戏并不都是有害的，因为并非所有游戏都包含暴力情节，甚至暴力游戏也有助于提高手眼协调能力和反应速度（Dye & others, 2009）。此外，玩游戏的关键乐趣在于帮助人们满足竞争、控制和社交等基本需要（Przyblski et al., 2010）。在实验中随机分配 6~9 岁的男孩获得一个游戏系统，结果发现他们在随后几个月里平均每天花 40 分钟玩游戏。其负面影响在于，与没有获得游戏系统的控制组儿童相比，这些孩子花在学习上的时间减少，阅读和写作的得分更低（Weis & Cerankosky, 2010）。

研究背后的故事

克雷格·安德森谈暴力电子游戏

由于已经有足够的证据表明暴力电影或电视会对人们产生有害的影响，当看到如今电子游戏中的暴力程度不断升级时，我不禁担忧起来。于是在我的研究生卡伦·迪尔（Karen Dill）的协助下，我开始进行暴力游戏的相关研究和实验研究，这愈加受到社会各界的关注。我曾到美国参议院小组委员会作证，并且为许多政府和公共政策组织提供咨询，包括父母与儿童权益维护组织等。

看到自己的研究成果产生了积极影响自然是令人欣慰的，但是电子游戏工业界却在竭尽全力抵制这些研究。就像 30 年前，香烟制造商嘲笑基础医学的研究，戏谑地问：一只老鼠要抽多少根万宝路烟才会得癌症？我也收到很多游戏玩家的电子邮件，邮件内容令人感到不快，也有许多人要求我提供有关信息，于是我将这些信息和问题回复发布在了如下网页上：www.psychology.iastate.edu/faculty/caa。

很多人认为，加深人们对某一问题认识的最好方法就是给予反对者与支持者同等的机会发表观点。媒体中有关暴力的新闻故事，确实给了电子游戏工业界代表及其偏爱的“专家”、年仅 4 岁不用为其言论负责的少年以同等的机会。而最后留给我们的印象仅是——我们知道的还没有我们实际做过的多。如果某个领域的专家意见完全一致的话，那么“公正”和“平衡”又有什么意义呢？或者，我们应该期望这些正统的专家很容易就能发表经过同行评议的原始研究论文吗？

克雷格·安德森
(Craig A. Anderson)
爱荷华州立大学

亲社会游戏是与暴力游戏概念上相对的一类游戏，在亲社会游戏中人们互相帮助。那么，玩亲社会游戏会有怎样的影响？新加坡、日本和美国的三项儿童和成人研究显示，玩亲社会游戏的人，在现实生活情境中有较多的帮助、分享和合作行为（Gentil & others, 2009）。正如金泰尔和安德森（Gentile & Anderson, 2011）得出的结论："电子游戏是绝好的老师"。教学游戏教会孩子阅读和数学，亲社会游戏教给孩子亲社会行为，而暴力游戏则教给孩子暴力。教给我们什么，我们就做什么，不管这些是好还是坏。

很难测量美国人生活中对残忍行为不断增加的接受程度，但证据无处不在，比如杀人的视频游戏已经成为男孩主要的娱乐方式。

——苏珊·桑塔格，《旁观他人受刑》，2004

作为一位有社会关怀的心理学家，安德森（Anderson，2003，2004）向家长呼吁，父母应该关注孩子周围的媒体，并保证其接触健康的媒体（参见"研究背后的故事：克雷格·安德森谈暴力电子游戏"）。至少在家里，应该完全做到这一点。虽然家长不可能完全得知孩子在其他地方的行为，也不能控制孩子的同辈文化中媒体的影响（这就是为什么劝告家长"只是说不"就太天真了），但是最起码在家里，应为孩子创造良好的成长环境，鼓励其参与健康的游戏。也可以与其他父母进行交流，共同为孩子建立良好的成长环境。学校应该有针对性地对学生进行媒体意识教育。

群体影响

前面我们已经考察了哪些因素会激发个体的攻击性。如果挫折、侮辱和攻击性榜样能够增强孤立个体的攻击倾向，那么这些因素也一样会对群体有类似的影响。当一场骚乱开始的时候，一旦有人开始对抗，便如同扣动了扳机，攻击行动迅速蔓延。看着别人肆无忌惮地疯抢，搬走电视机，守法的旁观者可能会违背道德，仿效前者的行为。

群体通过责任扩散使攻击行为增大。在战争中，进攻决策是远离前线的战略家做出的。他们下命令，但是由其他人执行。这种距离是否会让下命令发动攻击变得更为容易呢？

盖布兰和曼德（Gaebelein & Mander，1978）在实验室中模拟了这种情景。他们让自己学校——北卡罗来纳州格林斯博罗大学的学生电击某人，或者是建议某人应该给予多强的电击。如果执行者还没有像攻击的受害者那样被激怒过，那么这些亲自执行的人会给予比所建议的小一些的电击，而那些建议者不会觉得自己应该对任何伤害负直接责任。

社会传染。当17 头没有父母的年幼雄象在20 世纪90 年代中期迁移到一个南非的公园时，它们成了一个失控的幼年团伙，杀了40 只白犀牛。1998 年，公园的管理人员又迁进了6只年龄更大、更强壮的雄象，狂暴的象群迅速安静下来。其中的一头象（图左）降服了一些幼年象。

责任扩散随着距离的增大和人数的增多而变强（回想一下第 8 章去个体化的现象）。布赖恩·马伦（Mullen，1986）对 1899~1946 年间的 60 起私刑案件进行分析发现：参与私刑的暴民越多，谋杀和残害就越残酷。

通过社会"传染"，群体能够放大攻击倾向，正如他们极化其他倾向一样。例如，青少年团伙、足球球迷、抢夺的士兵、本地暴徒，以及斯堪的纳维亚人所说的匪徒——结伙的学生不断地骚扰和攻击没有安全感的软弱的同学（Lagerspetz & others，1982）。这是一种群体行为，单个欺凌弱小的人极少进行嘲弄和攻击。

具有共同的反社会倾向、缺乏紧密的家庭联系、对学业成绩不感兴趣的年轻人，会在帮派中找到社会同一性。

随着群体同一性的发展，服从的压力和去个体化在增加（Staub，1996）。自我同一性随着成员把他们自己完全投入了群体而逐渐消失了，经常感到与他人融为一体而十分满足。通常的结果是群体唤醒、去抑制和极化。团伙研究专家阿诺德·戈尔茨坦（Goldstein，1994）解释道，直到团伙成员结婚了，年老了，找到了工作，进了监狱或是死了，他们才退出。他们确定自己的地盘，张扬他们的个性，挑战对手，有时也犯罪，以及为了毒品、地盘、面子、女孩或者侮辱而打架。

20 世纪超过 1.5 亿人的大屠杀“不是个体行为的集合”，罗伯特·扎荣茨（Zajonc，2000）指出，“种族屠杀不是杀人行为的重复。”大屠杀是被道德规范所强化的社会现象——一种集体思想（包括图腾、辩术和意识形态）动员一个群体或是一种文化做出异乎寻常的举动。对卢旺达图西族人的大屠杀、对欧洲犹太人的屠杀以及对美洲土著的屠杀都是集体现象，它需要广泛的支持、组织以及参与。卢旺达胡图族政府和商业领袖出钱购买并分发了 200 万把大砍刀。在超过三个月的时间里，据说胡图族的攻击者会起床，吃一个丰盛的早餐，聚集在一起，然后去追捕他们逃脱的邻居。他们会砍死他们找到的每个人，然后回家，梳洗，再一起饮酒助兴（Dalrymple，2007；Hatzfeld，2007）。

战争最残忍的是，它强迫人们集中在一起，干一些就个人而言谁都很反对的事情。

——艾伦·凯，《战争、和平和未来》，1916

以色列的杰夫和义农（Jaffe & Yinon，1983）的实验证明群体可以强化攻击倾向。在一个实验中，大学男生被一个虚拟同伴激怒，他们在群体条件下决定的电击比独自一人时强度更大。在另一个实验中（Jaffe & others，1981），人们单独或是在群体中决定对某人在某项任务中回答错误的惩罚。如图 10.9 所示，随着实验的进行，个体使用的虚拟电击逐渐增大，群体决策增强了这种个体倾向。当环境激发了个体的攻击反应，额外的群体互动往往会放大它。（参见“研究特写：被激怒时，群体比个体更具攻击性吗？”）

你可能记得初中或高中时自己或某同学被人欺负的事，或许是言语上的，也可能是身体上的。很多时候，其他学生会围观。这些旁观者对欺负行为可能会起积极作用，比如大笑或欢呼来羞辱被欺负的人（Salmivalli & others, 1999）。或者他们也可以保护受害者。芬兰一项有效的反欺负计划表明，当旁观者不对欺负行为作出积极反馈时，欺负行为就会减少（Karna & others, 2011）。

我们可以以对攻击的研究为契机，探讨社会心理学的实验室研究在日常生活中的适用性。导致人们采取电击的实验情境与现实中使得人们出口伤人或打人耳光的情境能有多大可比性呢？克雷格·安德森和布拉德·布什曼（Anderson & Bushman，

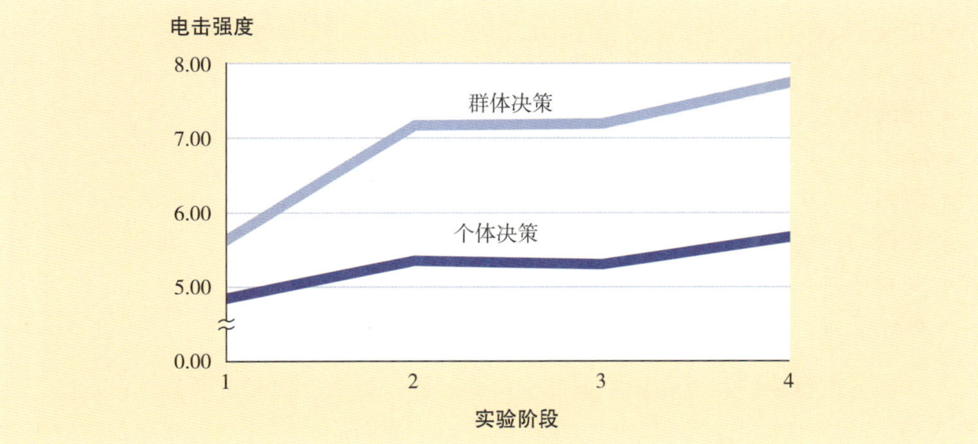

图 :: 10.9
群体增强攻击

当个体选择执行多大的电击作为对回答错误的惩罚时，随着实验的进行，他们选择的电击水平逐渐增高。群体决策进一步使这种倾向极化。

资料来源：Data from Jaffe & others, 1981.

研究特写

被激怒时，群体比个体更具攻击性吗？

攻击的研究者因其测量攻击的创造性方法而引人注目，这些方法包括施加电击、发出巨响和伤害人们的感受等策略。麦格雷戈及其同事（McGregor & others，1998）由以下案例中获得提示：两位警官以袭击罪名逮捕一位给他们的食物里加印度辣椒油的厨师，儿童虐待案件中，家长给儿童强行喂食辣酱。这启发了他们想出了测量攻击的方法，即人们决定让别人必须吃掉多少辣酱。

这就是盖茨堡大学的心理学家布鲁斯 · 梅尔和北达科他州立大学的心理学家弗林 · 欣茨（Hinsz，2004）在比较群体和个体的攻击行为时所使用的方法。他们告诉单个被试或 3 人组中的被试，他们在研究人格和食物偏好之间的关系，需要被试品尝并给辣酱打分。主试解释道，他不知道一个人或一个小组能吃掉多少辣酱，所以要让被试决定辣酱的数量。让被试用一根木柄盛出这种剧辣的辣酱之后，主试离开去收集其他个体或小组（其实不存在）盛出来的辣酱。他回来时拿着一个杯子，杯子里盛着 48 克辣酱，每个被试过后就得吃掉这么多。现在轮到这些被试盛辣酱，他们盛出来多少，另一些被试（其实不存在）就必须要吃多少。（实际上没人会被强迫吃任何东西。）

表 10.2 呈现了令人惊讶的结果：群体被试盛出了比个体被试多出 24% 的辣酱作为报复，被试给群体目标（被假定吃辣酱的人）也比给个体目标多盛出了 24% 的辣酱。所以，在一个有害的环境里，与群体的相互作用（作为攻击来源或攻击目标）会将个体的攻击倾向放大。这个发现在群体间的条件下尤其明显。在得到 48 克的辣酱之后，群体成员为给他们盛辣酱的群体中的每个人盛出了 93 克作为报复。梅尔和欣茨推测，群体很明显不仅对挑衅回应得更加具有攻击性，而且与个体相比，对其他群体的觉知更具敌意。

表 :: 10.2 盛出辣酱的平均数量（克）

来源	目标	
	个体	群体
个体	58.2	71.0
群体	71.1	92.9

资料来源：Meier & Hinsz, 2004.

1997；Bushman & Anderson，1998）指出：社会心理学已经对实验情境和日常世界中的攻击进行了研究，而且结果表现出惊人的一致。在两种情境下，攻击的增强可以由以下因素预测：

- 男演员
- 匿名
- 攻击性或 A 型人格
- 被激怒
- 酗酒
- 武器的存在
- 观看暴力
- 群体互动

实验室使得我们可以在控制条件下检验和修订理论。现实事件给我们灵感，并且为理论的应用提供了用武之地。攻击研究显示控制性的实验室研究和复杂的现实社会间的相互影响，可以增进心理学对人类福祉的贡献。从日常生活经验中得到的灵感激发了理论，理论刺激了实验室研究，而实验室研究又深化了我们的理解和把心理学应用于实际问题的能力。

小结：攻击的影响因素

- 很多因素会对攻击行为产生影响。其中之一是厌恶事件，厌恶事件不仅包括挫折，也有不适、疼痛，以及身体、言语上的人身攻击。
- 几乎由任何一种来源，甚至包括身体锻炼或性刺激导致的唤醒，都能被转化成愤怒。
- 攻击线索（如一把枪的出现）增加了攻击行为的可能性。
- 观看暴力节目不仅会导致攻击行为出现一定的增长，尤其是在被激怒的人中，而且还会降低观众对攻击的敏感度和改变他们对现实世界的觉知。这两个发现和对观看暴力色情作品的研究结果是一致的：观看色情作品会增加男性对女性的攻击，并且扭曲他们对于女性对性胁迫的态度的知觉。
- 电视渗透到了上百万人的日常生活中，电视也描绘了相当多的暴力行为。相关和实验研究得出了一致的结论：观看过多的电视暴力与攻击行为有关。
- 反复玩暴力游戏则会引发更多的攻击性想法、情绪和行为，因为游戏体验与其他媒体相比，需要更多的主动参与。
- 很多攻击行为是群体发生的。激怒个体的情境同样可能激怒群体。通过分散责任和极化行为，群体情境能够增强攻击反应。

减少攻击行为

考察我们如何消除能够引发攻击行为的因素。

我们能否减少攻击行为？看看众多理论和研究为我们控制攻击行为提供了哪些方法。

宣泄假说成立吗

“年轻人应该学会排解他们的愤怒。”安・兰德斯（Landers，1969）建议。如果一个人“压抑了自己的愤怒，我们就要找到一个出口。我们应该给他一个机会排遣愤怒。”杰出的精神科医生弗里兹·珀尔斯（Perls，1973）如是说。沙利文（Sullivan，1999）在《纽约时报》的一篇文章中则主张，“一些偏激的言论……帮助释放了愤怒……它通过言语转移了冲突，避免见诸行动。”两个观点都采取了“水压模型”——聚集的攻击能量就像被坝拦住的水，需要一种释放。

一般认为，宣泄的概念是由亚里士多德创造的。虽然亚里士多德实际上没有提到任何关于攻击的内容，但他确实提到，我们可以通过体验情绪来摆脱它们，通过观看经典悲剧而达到一种对怜悯和恐惧情感的宣泄（“净化”）。他相信，让某种情绪兴奋，就是让那种情绪得到释放（Butcher，1951）。宣泄假设已经扩展到不仅仅包括观看戏剧，也包括回忆、重新体验往事、表达情绪和各种行动。

在攻击行为或幻想耗尽了被压抑的攻击能量这一假设下，一些临床医学家和群体的领导鼓励人们通过攻击来疏导受压抑的攻击能量——用泡沫塑料球棒互相痛打，或一边尖叫一边用网球拍打被子。如果人们相信宣泄能够有效地改善情绪，那他们在面对侮辱时，将会表现出更强的敌意，来释放不良的情绪（Bushman & others，2001）。一些心理学家认为宣泄具有心理治疗作用，并建议家长鼓励孩子在攻击型游戏中释放他们的情绪压力。

很多普通民众接受了这种观点，反映为三分之二的民众赞同这样的说法："性内容为禁锢的冲动提供了出口"（Niemi & others，1989）。但是之后其他的全国性调查显示，大部分美国人同样赞成"性内容引发人们强奸"。那么，宣泄理论到底是否有效？

如果观看色情作品为性冲动提供了出口，那么性期刊订阅率高的地区强奸率应该很低，而且人们在看了色情作品以后，对性的欲望应该消失了，男人应该不会把女人看做和当做发泄对象。但是研究显示，事实完全相反（Kelley & others，1989；McKenzie-Mohr & Zanna，1990）。录影带中露骨的性描写是一味春药；它诱发性幻想，继而催生各种性行为。

研究者布拉德·布什曼（Bushman,2002）写道："发泄以减少愤怒无异于使用汽油来灭火。"例如，罗伯特·阿姆斯和他的同事报告说，加拿大和美国的足球、摔跤和曲棍球比赛的观众在观看了赛事之后表现出更多的敌意（Arms & others，1979；Goldstein & Arms，1971；Russell，1983）。

在对宣泄假说的实验室检验中，布什曼（Bushman，2000）安排已被激怒的被试击打沙袋，控制其中一组被试回想惹自己生气的人，另一组则想象通过击打使自己身体得到锻炼，并设置控制组不击打沙袋。接下来，实验者告知被试可以对惹自己生气的人大声吼叫，结果显示：击打沙袋并进行回想的那组被试的行为最具攻击性。由此可见，也许什么都不做反而比"发泄怒火"能更有效地减少人们的攻击倾向。

在一些真实生活情境的实验中，同样发现攻击行为增强了攻击性。埃贝·埃伯森和他的研究伙伴（Ebbesen & others，1975）在100个工程师和技师收到解雇通知并被此激怒后的很短时间内采访了他们。先询问一些问题，给他们提供向其雇主或主管表达敌意的机会——例如，"你认为什么样的原因导致了公司对你的不公正待遇？"之后他们回答了一个问卷，评价对公司和主管的态度。之前"发泄"或"排出"敌意的机会减少了这个评价里的敌意了吗？相反，他们的敌意增加了。表达敌意导致了更多的敌意。

听起来熟悉吗？第4章提到，残忍的行为引起了相应的态度。更进一步，正如我们在对斯坦利·米尔格拉姆的服从实验的分析中提到的，轻微的攻击行为可以为自己找到正当理由。人们贬低受害者，从而使进一步的攻击合理化。

> 惯于摆出暴力姿势的人，只会增加自己的愤怒。
>
> ——达尔文，《动物和人类的情绪表达》，1872

报复从短期看可以减少张力，甚至提供快乐（Ramirez & others，2005），但从长期看却能激起更多的负性情绪。当愤怒的人们击打一个沙袋，甚至相信这样能够宣泄，但影响是相反的——导致他们表现得更残忍，布什曼和他的同事（Bushman & others，1999，2000，2001）的研究得出的是这样的结论。"这就像那个老笑话，"布什曼说道（1999），"如何走向事业的成功？实践，实践，再实践。如何成为一个愤怒的人？答案是一样的，实践，实践，再实践。"

我们应该因此而禁锢愤怒和攻击的欲望吗？生闷气显然不是更好的办法，因为它让我们总是心中不平，反复念叨。布什曼和他的同事（Bushman & others，2005）就这种生闷气的危害进行了实验。当主试用"你难道就不能遵守指导语吗？说大点声！"等侮辱性语言激怒被试后，让一半被试分散注意（要求他们写关于他们学校风景的作文），让另一半被试生闷气（从研究被试的角度写下参加实验的感受）。之后一名假被试（其实是主试同谋）轻微冒犯他们，作为报复，被试可以给他一定量的辣酱，让他必须吃掉。被试在分散注意后愤怒已经减轻，所以就给了少量的辣酱，但是仍然气炸了的被试转移了他们的攻击冲动，所以加了两倍的辣酱。

幸运的是，我们可以用非攻击的方法来表达我们的感觉和告知别人，他们的行为是怎样影响了我们。在不同文化情境中，那些能够把对“你”的指责重组成“我”的信息的人——“我很愤怒”或者“你把脏盘子留在那里让我很不愉快”——以一种能使别人更好地做出积极反应的方式交流他们的感受（Kubany & others，1995）。我们可以不采取攻击性的方式，而仍然可以坚持自己的利益。

社会学习法

如果攻击行为是习得的，那么就存在控制它的希望。让我们简单回顾一下影响攻击的因素和思考如何消除它们。

厌恶体验，如期望破灭、人身攻击等都会导致敌意性攻击。所以，避免给人们以错误的、不可达到的预期是明智的。预期的回报与代价会影响工具性攻击。它建议我们应该奖励合作性的非攻击行为。

在实验中，当看护者忽略他们的攻击行为，并强化非攻击性行为时，儿童的攻击性降低（Hamblin & others，1969）。惩罚攻击者的效果不那么稳定。只有当惩罚措施严厉、及时并且确定，当它和对期待的行为进行奖励结合起来，而且接受者不愤怒这样的理想条件下，威胁性惩罚才能消除攻击（R.A.Baron，1977）。

而且，惩罚的有效性也是有限的。大多数致命的攻击是一时冲动、激烈的攻击，多是因争辩、侮辱或受攻击而引起。除非这种致命的攻击是冷静的工具性攻击，我们才能期望等到它发生之后，通过重点惩治来杜绝此类行为。在这样的世界中，实行死刑的州谋杀率会低于没有死刑的州。但在我们这个世界，杀人多是一时冲动，情况就不同了（Costanzo，1998）。如约翰·达利和亚当·阿尔特（Darley & Alter，2009）提到的那样，“很多的犯罪行为都是人们一时冲动做出的，通常是年轻的男性，他们经常醉酒或嗑药，并且和其他有着相似特点的年轻男性一起行动。”他们认为，通过增加惩罚来减少犯罪无疑是徒劳的，但沿街的治安整顿却有着积极的效果，如在一些城市中降低 50% 的持枪犯罪行为。

所以我们必须在攻击发生之前阻止它。我们应该学会用攻击之外的手段来解决问题。心理学家桑德拉·乔·威尔逊和马克·利普西（Wilson & Lipsey，2005）综合了 249 个关于防止校园暴力项目的研究，发现了令人振奋的结果，尤其是针对“问题”学生的研究。在教授解决问题的技巧、情绪控制策略和冲突解决方法后，学校中有暴力或破坏行为的儿童比率从 20% 降低到了 13%。

体罚同样会产生消极作用。惩罚是一种令人厌恶的刺激，它为我们尽力防止的行为提供了榜样。而且它是强迫的（回想一下，我们很少因为很强的外部理由而强迫内化某种行为）。暴力少年和虐待孩子的家长大多出自以严酷体罚来管教孩子的家庭便不足为奇了。

为了创造一个温和的世界，我们可以在孩子很小的时候就开始做出榜样并奖励敏感性和合作，或许可以通过训练家长用非暴力的方式教育孩子达到此目的。训练计划鼓励家长强化期待的行为，积极而非消极地表达观点（“清理完你的房间以后，你就可以玩了”；而不是“如果你不清理你的房间，你哪儿也别去”）。一个“替代攻击项目”通过教给年轻人和他们的家长交流技巧，训练他们控制自己的愤怒并提高他们的道德推理水平，已经显著降低了青少年罪犯和团伙成员的再犯率（Goldstein & others，1998）。

如果观看攻击榜样能降低抑制和引起模仿，那么我们也可以减少电影和电视中野蛮、缺乏人性的那些描写，如同在影片中已经减少种族主义和大男子主义的描写那般。我们也可以教育儿童，抵制媒体暴力的影响。我们想知道电视网络是否可以“面对现实，改变节目”。埃伦和休斯曼（Eron & Huesmann，1984）训练来自伊利诺伊州奥克帕克的 170 名儿童：电视描述的世界是不真实的，攻击并不是像电视说的那样常见和有效；实际上，我们并不提倡攻击行为（利用态度探讨法，研究者鼓励儿童自己做这些推理，从而把对电视的批评归因为自己的信念）。在两年后的再次研究中，这些孩子比没有受过训练的孩子受电视暴力的影响要小。在一项最新的研究中，斯坦福大学的研究者用了 18 个学时来说服儿童，只是减少他们看电视和玩电视游戏的时间（Robinson & others，2001）。他们看电视的时间下降了 1/3，而且他们在学校的攻击行为和控制组儿童相比，下降了 25 个百分点。甚至用音乐来示范正确的态度也有助于减少攻击。随机安排德国学生听不同的音乐，与听中性音乐的学生相比，那些听亲社会音乐（如《天下一家》和《帮助》）的学生表现出更少的攻击行为（Greitemeyer, 2011）。

类似这样的建议可以帮助我们尽可能地减少攻击。但是，我们知道导致攻击的原因是复杂的，而且控制起来也并不那么容易。那么谁还能理解安德鲁・卡内基在 20 世纪所做的那个乐观的预言呢：“杀一个人将会被认为是令人憎恶的，正如今天的我们认为吃人是令人憎恶的那样。”自从他 1900 年发表上述言论以来，已经有 20 亿人被杀了。这真是一个令人悲伤的讽刺——尽管今天我们已经能更好地理解人类的攻击性，但是人性中的暴虐却依然如故。

文化改变和世界暴力

但是，文化是可以改变的。正如科学作家纳塔莉·安吉尔（Natalie Angier）所言，“北欧海盗曾烧杀抢掠，而他们在瑞典的后裔近 200 年来却没有打过一次仗。”的确，就像心理学家平克（Pinker, 2011）所证明的，几个世纪以来，人类的文明程度越来越高，各种形式的暴力都在减少，如战争、种族灭绝大屠杀和谋杀。我们已经从掠夺邻近部落发展为经济上相互依存，从过去 600 多年间西欧国家每年发动两次战争发展到最近 70 年内零战争。令人惊讶的是，平克提醒那些热衷现代英国谋杀推理小说的人，“现代英国人被谋杀的可能性要比中世纪时低 50 倍”。除美国外，其他西方民主国家都废除了死刑。美国也不再将死刑用于处置巫术、造假和盗马等罪行，而且私刑、仇视犯罪、强奸、体罚以及反同性恋态度和同性恋恐吓等都在减少或消失。他总结说，我们要感谢“文明制度和启蒙运动（经济贸易、教育、政府监管和司法），是它们让这些得以实现”。

小结：减少攻击行为

- 我们如何尽可能地减少攻击？与宣泄假设相反，发泄攻击更多地引发攻击的产生，而非减少进一步的攻击。
- 社会学习观点建议通过消除引发攻击的因素来控制它：通过减少令人厌恶的刺激，奖励和塑造非攻击行为，以及引发与攻击行为不一致的反应。

后记：
对暴力文化的改革

1960 年，美国（首先向其他国家的读者表示抱歉，不过我们美国确实存在特殊的暴力问题）在平均每起报道的暴力案件中有 3.3 个警官负责。到了 1993 年，就变成了每个警官平均负责 3.5 起案件（Walinsky，1995）。从那时候起，犯罪率开始有轻微的减少，这在一定程度上归功于监狱监禁了相当于 1960 年时的 6 倍的人数。然而，在我所在的这所大学里，在 1960 年不需要任何校警，而现在雇用了 6 个全职和 7 个兼职保安，而且我们提供了夜间班车，以护送住在校园周边的学生。

美国人对于自我保护的想法有：

- 买一把枪用于自我保护。（我们有……3 亿把枪……这使得被谋杀的风险提高了 3 倍，经常是被某个家庭成员杀害，而且自杀的几率提高到了原来的 5 倍 [Taubes, 1992]。在有机会抵抗的攻击中，持枪的人被枪击的可能性高出 5 倍 [Branas & others, 2009]。像加拿大、英国等更安全的国家，都禁止私人持枪。）
- 建更多的监狱。（犯罪案件一直在持续增加，直到最近仍是如此。此外，社会和国库在监禁 200 万犯人上的支出相当庞大，其中大多数人是男性。）
- 利用“三振出局”（棒球比赛中，击球手若三次都未击中投球手所投的球，必须出局——译者注）的规则终身监禁那些犯了三次暴力罪行的人。（但是，我们真的准备好了负担所有新的监狱，以及监狱医院和护理病房吗？我们需要这些来监禁和护理不断老去的罪犯。在经济拮据的加利福尼亚州，上世纪 90 年代以来三振出局就已经成为了法律，这里的监狱总是人满为患。）
- 阻止野蛮的犯罪和消灭穷凶极恶之徒，像伊朗和伊拉克那样，枪决那些罪犯。为了说明杀人是错误的，杀掉杀人的人。（但是几乎所有拥有高暴力犯罪率的 12 个城市和州业已实施死刑。由于大多数的杀人行为只是一时冲动或是在药物或酒精的影响下进行，所以杀人者很少会考虑后果。）

比惩罚的严重程度更重要的是它的确定性。美国国家研究委员会（The National Research Council，1993）报告说，与将刑期加倍相比，拘捕率增加 50%，犯罪量的减少是前者的两倍。尽管如此，美国联邦调查局前局长路易斯（Freeh，1993）还是相信更强硬、更及时的惩罚措施才是最为根本的方法：“我们所面临的无视法律的程度是如此可怕，它更像一场瘟疫，已不是单纯的执法问题。绝望的贫民、缺少关爱的儿童、滥用毒品导致的犯罪与暴乱的泛滥，不是单单靠无底的监狱、依法审判、增加警力就能解决的。”等犯罪发生后才有所反应，其社会效果就如同拿创可贴治疗癌症。

另一种观点来自于在急流中营救落水者的故事。在成功救起一个以后，帮助者发现另外一个挣扎的人，然后把她也拉了出来。如此反复发生数次后，救人者突然打住，跑开了，无视这时流水卷着另外一个溺水的人进入视线。“你不准备救那个家伙了吗？”有旁观者问道。“当然不，”救人者吼道，“我非要到上游看看，到底是什么见鬼的东西把这些人推到水里。”

为了得到保障，我们需要警察、监狱和社会工作者，以帮助我们对付这些困扰我们的社会病。打蚊子确实不错，但排干沼泽的水会更好——通过改造我们的文化，消灭那些腐蚀年轻人的社会毒瘤和重建我们的道德根基。

第 11 章

吸引与亲密：喜欢他人与爱他人

靠着朋友的点滴帮助我才得以度日。

——约翰·列侬和保罗·麦卡特尼
《帕伯军士孤独之心俱乐部乐队》，1967

人与人之间终生的相互依赖，使得人际关系成为我们生存的核心。开天辟地以来，就存在着吸引——男人与女人之间的相互吸引，我们应该为每个人与生俱来就拥有它之心存感激。亚里士多德将人称为“社会性动物”。确实，我们有一种强烈的**归属需要**（need to belong）——与他人建立持续而亲密的关系的需要。

社会心理学家罗伊·鲍迈斯特和马克·利里（Baumeister & Leary，1995；Leary，2010）阐释了社会吸引的力量，而这种力量正是源于我们的归属需要。

- 对我们的祖先而言，只有相互依存才能使族群得以生存。当狩猎或搭棚时，众人共同协作要比一个人单干更好。
- 对异性恋男人和女人而言，因爱结合而有了孩子，随后，父母相互支持，共同抚养，孩子才得以成长。
- 对孩子和养育者而言，社会性依恋促进了他们的共存。如果毫无理由地将他们分开，养育者和孩子都会感到恐慌，直至重新团圆。忽视孩子或将孩子置于缺乏归属感的机构中，孩子就会变得可怜且焦虑。
- 对大学生来说，人际关系占据了生活的大部分。人们清醒时的许多时间都是与别人一起度过的。一项样本达 10 000 人的研究（利用便携式录音机录下学生清醒时半个小时的片段）发现，他们所花时间的 28% 都是与他人在一起的，这还不包括他们聆听他人谈话的时间（Mehl & Pennebaker，2003）。2008 年，美国 13~17 岁的青少年平均每月收发短讯 1 742 条(Steinhauer

& Holson，2008）。

- 尽管没有面对面，但通过超过 50 亿部手机或类似 Facebook 等社交网站，全世界 70 亿人在用声音和文字彼此联系（International Telecommunication Union，2010）。在美国，将来上大学的高中生中，90% 的人都使用社交网站，大部分人每天至少登陆一次（The College Board, 2011）。一半青少年每天至少发 50 条手机短信（Lenhart, 2010）。归属需要激励我们不断投入精力去建立联系。
- 对世界各地的人们（无论其性取向如何）而言，之所以有丰富的思想和多彩的情绪，正是因为那些真实和想象的亲密关系。如果有一个能提供精神支持、可相互信赖的伴侣，我们就会感到被接纳和被赞许；坠入情网，人们会感到抑制不住的愉悦。与伴侣、家人和朋友关系良好时，我们情感关系状况的指标——自尊，就会保持较高的水平（Denissen & others，2008）。正是因为人们渴望被接纳和被爱，所以才会在化妆品、服饰和塑身上有巨额花费。即使那些显然被冷落的人，也会在接纳中感到愉悦（Carvallo & Gabriel，2006）。
- 被流放的人、坐牢的人或被单独监禁的人，总是会想念他们的亲人和故土。人们被拒绝时，就会感到抑郁（Nolan & others，2003），会觉得生活乏味，度日如年（Twenge & others，2003）。当询问进入大学校园三个月之后的感受时，许多留学生和恋家的本地学生一样，都觉得幸福感降低了（Cemalcilar & Falbo，2008）。
- 失恋的人、丧偶的人以及旅居异乡的人，会因为丧失社会联系而变得痛苦、孤独或孤僻。失去精神上的伴侣，人们会变得嫉妒、发狂或产生剥夺感，会对死亡和生命的脆弱变得更加敏感。换了新的环境，人们特别是那些有着强烈归属需要的人通常会思乡（Watt & Badger，2009）。
- 死亡会提醒我们重视归属需要，重视与他人的关系，并与我们所爱的人保持亲密（Mikulincer & others，2003，Wisman & Koole，2003）。面对“9·11”恐怖袭击，数以百万的美国人都与自己心爱的人通了电话。同样道理，同学、同事或家庭成员的突然死亡也会使人们之间的关系得到加强，无论他们曾经有过怎样的分歧。

> 在我看来，通信革命的核心毫无疑问应该是人类对相互联系的渴望。
>
> ——约什·西尔弗曼，Skype 总裁，2009

我们确实是社会性动物。我们需要归属于某一群体。跟其他的动机一样，阻碍归属的需要只会更增强这种需要，而满足这种需要就会降低这种动机（DeWall & others，2009，2011）。就像第 14 章所证实的那样，当我们有所归属时，即当我们感到被一种亲密的关系所支持时，我们会更加健康和快乐。满足归属需要，并与另外两种人类需求（自主感和能力感）保持平衡，通常就会带来深深的幸福感（Deci & Ryan，2002；Patrick & others，2007；Sheldon & Niemiec，2006）。幸福感是感觉与人有联结，自由以及有能力。

社会心理学家基普林·威廉斯（Williams，2002，2007，2009，2011）考察了归属需要被排斥行为（拒绝或忽视）阻碍时的结果。研究发现，所有文化中的人们，无论在学校、工作场所还是家庭中，都会使用排斥来调节社会行为。一些人知道被故意回避（避开、转移视线或默然以对）是一种什么滋味。即使听不懂周围人所说的语言，也能让一个人感到被排斥（Dotan-Eliaz & others, 2009）。

人们（尤其是女性）对排斥的反应常常是抑郁、焦虑、感到情感被伤害并尝试努力修复关系，以致最后陷入孤僻（Baumeister & others, 2009; Blackhart & others, 2009; Gerber & Wheeler, 2009a, 2009b）。从家庭成员或同事那里遭受这种沉默对待的人，都会认为这种对待是一种“情感上的虐待”，是一种“非常非常可怕的武器”。在实验中，那些在一个简单的球类投掷游戏中被忽略的人们，也感到了挫折和沮丧。排斥伤害和社会性疼痛非常尖锐，远超出那些不受排斥的人的想象（Nordgren & others, 2011）。如果我们能够对那些遭受排斥的人更好地移情，那么，情感欺凌就会减少。

暴力产生因素：暴躁的脾气加上社会排斥。利里和科瓦尔斯基等人（Leary, Kowalski, & others, 2003）报告，在1995 年到2001 年发生的15 起校园枪击案中，有13 起的攻击者，如哥伦比亚高中的埃里克·哈里斯和迪伦·克莱博尔德都有过被别人排斥、欺负或失恋的经历。

有时被小瞧也会令人厌恶，人们会猛烈抨击那些自己渴望被其接纳却无法实现的人（Reijntjes & others, 2011）。在几项研究中，琼·特温格等人（Twenge，2001，2002，2007；Dewall & others，2009；Leary & others，2006）给一些人提供社会接纳的体验，而另一些人则体验社会排斥：他们（根据一项人格测验）被告知“要注定一生孤独”，或者遇到的人都不愿意接纳他们加入自己的团体。结果发现，这些被诱发有排斥感的被试，不但表现出更多的自我挫败行为，比如在能力倾向测验中表现不佳，而且还更可能对自己的行为失去控制（不喝那些有益于健康但口味欠佳的饮品，却过量食用不益于健康但美味的饼干）。他们变得更容易对那些曾经得罪过自己的人进行贬损或抱怨。一段实验室中的小小经历都能引发如此强烈的攻击行为，这使得研究者更想知道，“一系列重要的拒绝或长期的排斥又会导致怎样的攻击倾向呢？”

男性的社会自我是他从伙伴中获得的认知……假如当我们进屋时没人转身朝向我们，当我们说话时无人回应，没人在乎我们在做什么，假如每个人都表现得好像我们根本不存在一样，一种愤怒和无能为力的绝望很快就会将我们淹没。

——威廉·詹姆士，
《心理学原理》，1890

威廉斯等人（Williams & others，2011）惊讶地发现，即使在虚拟世界中，被一个永远不可能见面的人拒绝，也会引起挫折感。（或许你有过在聊天室里被忽视或发出的电子邮件石沉大海的经历。）研究者从几十个国家招募了 5 000 多名参与者，让每个参与者与另外两人一起玩一种网络飞碟游戏（另外两人实际上是电脑模拟的）。结果，那些遭到另外两人排斥的参与者感到情绪低落，并且在完成随后的知觉任务时，也更容易服从他人的错误判断。一项研究发现，排斥的伤害对焦虑的人群来说最持久（Zadro & others, 2006）。对年轻人的影响比老年人更大（Hawkley & others, 2011）。遭到被社会唾弃的群体的排斥，其伤害也不小，比如一个实验中的澳大利亚三 K 党成员（Gonsalkorale & Williams，2006）。

威廉斯等人（2000）甚至还发现，若其中四人约定，某天他们都不理睬某个人，则那个人也会感到因受排斥而带来的压力。他们原以为这应该是一个很好玩的角色扮演游戏，但事实与之相反，这种模拟的排斥情境也会使他们的工作陷入混乱，妨碍令人愉快的社会功能的产生，甚至“引起暂时的担忧、焦虑、偏执和通常的精神衰弱”。若内心深处的归属需要得不到满足，就会使我们感到不安。

心理实验发现了遭受拒绝的戏剧化效果，你预期长期的拒绝会带来什么效应？

被排斥的人，其大脑皮层的某个区域活动增加，而这部分脑区同样也是对躯体

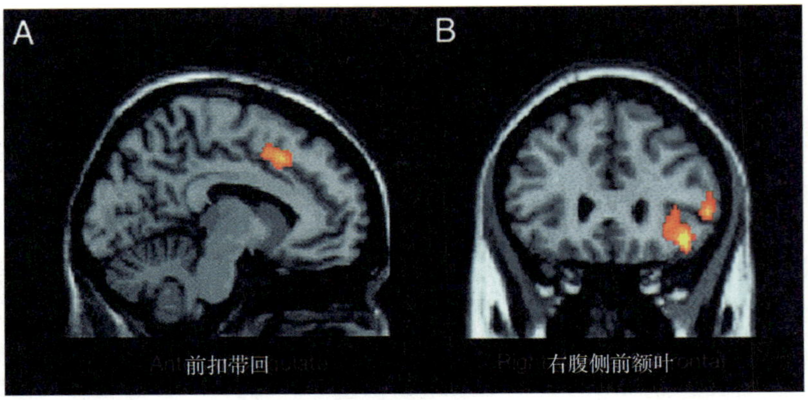

图 :: 11.1
遭拒绝的创伤
艾森伯格等人（Eisenberger, Lieberman, & Williams, 2003）报告，社会排斥诱发了与身体疼痛相似的大脑反应。

创伤做出反应的脑区（图 11.1）。和身体疼痛一样，排斥的社会性疼痛也会增加攻击性（Riva & others, 2011）。伤心的感受还会表现为心率降低（Moor & others, 2010）。心碎会让心脏刹车。

的确，社会拒绝的痛苦非常真实，镇痛药泰诺可以缓解痛苦的感觉（DeWall & others, 2010, 2011）。感受到爱是社会排斥的对立面，爱可以激活大脑的奖赏系统。在看到自己所爱之人的照片时，沉浸在爱中的大学生所感觉到的热疼痛会显著减弱（Younger & others, 2010）。社会排斥是一种真实的疼痛，而爱则是天然止痛剂。

在一项实验中，当让参与者回忆他们遭遇社会排斥的经历，比如被单独留在寝室而其他人外出，甚至都会让他们感知到的室内温度比那些被要求回忆社会接纳经历的参与者低 5 度（Zhong & Leonardelli，2008）。这样的回忆很容易完成：因为人们记住和再体验过去的社会性痛苦都要比过去体验的身体疼痛更容易（Chen & others，2008）。

罗伊·鲍麦斯特（Baumeister, 2005）在拒绝研究中发现了一线希望，当近期有过被拒斥经历的人再获得一个与新朋友交往的可靠机会时，他们"似乎愿意并渴望交往"。他们更容易注意微笑的、赞同的面孔（DeWall & others，2009）。被拒斥的经历也会导致人们无意识中增加了对他人行为的模仿，以此来建立与他人的联系（Lakin & others，2008）。鲍麦斯特认为，要在社会水平上满足归属需要就应该有所付出。

> 我从事社会学研究的同事指出，感到受排斥的少数群体也会表现出很多与我们实验室操纵引发出的相同的反应模式。例如，较高的攻击性和反社会行为，合作和服从规范的意愿降低，智力表现不佳，更多自毁行为，短时注意不集中，等等。如果能营造一个更具包容性的社会，人们在其中能感到自己作为有价值的人被接纳，那么这些不幸的生活模式可能就会减少。

导致友谊和吸引的因素

解释接近性、外表吸引力、相似性和被喜欢的感觉怎样孕育出喜欢和爱。

> 我说不出我的脚踝怎样弯曲和我最微小的愿望来自何处，也说不出我付出友情的根由，以及我收回友情的缘故。
>
> ——沃尔特·惠特曼，《自我之歌》，1855

什么因素孕育着喜欢和爱情呢？有关人性的问题中，没有比这个更能引起人们的兴趣了。肥皂剧、流行音乐、小说以及我们的日常交谈中，爱情之花的绽放与凋零是永恒的主题。在我还不知道社会心理学这一领域之前，我就已经记得戴尔·卡耐基关于"如何赢得朋友和影响他人"的秘诀了。

以喜欢和爱情为主题的文章太多了，几乎所有可能的解释，包括对其对立面的解释，都已经被阐述过。对多数人来说，也包括你，是什么因素导致了喜欢和爱情呢？

- 不见面使彼此的心更加炙热，还是“眼不见，心不念”呢？
- 因为喜欢而吸引，还是因为吸引而喜欢？
- 漂亮的外表重要吗？
- 什么因素促进了你与他人的亲密关系？

下面，我们先讨论那些有助于友谊建立的因素，然后再讨论如何维持和加深关系，从而满足我们的归属需要。

接近性

我不认为朋友一定是你最喜欢的人，他们可能仅仅是近在眼前的人。

——皮特·乌斯蒂诺夫爵士，《亲爱的我》，1979

两个人能否成为朋友？**接近性**（proximity）是一个强有力的预测源。尽管接近也可能诱发敌意，大多数攻击和谋杀都发生在生活在一起的人们中间，但接近性更容易产生喜欢。莱比锡大学的米迪亚·贝克及其同事证实了这一点（Back & others，2008）。他们在第一次班会上给学生随机安排座位，然后让他们每个人对全班进行简短的自我介绍。一年后，学生们报告与那些碰巧就在第一次班会时挨着坐或附近的人有更多朋友关系。

与朋友和家人间的亲密关系使人健康快乐。

尽管对于那些煞费苦心想搞明白浪漫爱情神秘起源的人来说，接近性这一因素显得微不足道；但是社会学家已经证实，大多数人的婚姻对象是那些和他们居住在相同的小区，或在同一个公司或单位工作，或曾在同一个班里上过课的人（Bossard，1932；Burr，1973；Clarke，1952；McPherson & others，2001）。在 2006 年皮尤研究中心一项关于已婚或处于长期亲密关系的人的调查中发现，38% 是在工作中或在学校遇到的，剩下的也是因为他们前往居住的社区、教堂或体育馆时经常相遇，或者就是一同长大的伙伴。环顾四周想一想，如果你要结婚的话，他或她也很可能是在你步行可及范围之内居住、工作或学习的某个人。

相互交往

事实上，地理距离并不是关键，功能性距离——人们的生活轨迹相交的频率——才是关键。我们常常与那些共享居住区入口、停车场和娱乐场所的人成为朋友。随机分配到同一宿舍的大学生，当然不可避免地频繁交往，所以他们更可能成为好朋友而不是敌人（Newcomb，1961）。我所在的大学里，男生和女生曾经住在校园的两头，可以理解，他们经常抱怨缺乏异性朋友。现在，他们住在同一宿舍区的不同地方，并共享过道、休闲室

“有时候，我觉得你与我结婚，只是因为我就住在你的隔壁。”

近距离使人感到亲近：人们经常与熟悉的同事亲近，有时还会相爱。

和洗衣设备，男生和女生之间的友谊较之前多得多了。这样的交往能使人们寻求彼此的相似性，感受对方的喜爱，并把自己和他们视为同一个社会的单元（Arkin & Burger，1980）。

所以，如果你刚到一个城市而且想交朋友，就尝试一下去租靠近邮筒的房子，坐靠近咖啡壶的桌子，在靠近主要建筑的停车点停车，这些都是帮你建立友谊的基石。

这种接触的偶然性有助于解释下面这个令人惊奇的发现。试想一下，如果你有一个孪生同胞，他（她）已经与某人订婚，你（有那么多的地方与他或她相似）难道不会觉得自己也会爱上那个人吗？答案却是否定的。莱肯和特利根（Lykken & Tellegen，1993）报告说，只有一半的孪生同胞说他们确实喜欢自己同胞的选择，但只有百分之五的人说“我可能会爱上我孪生同胞的未婚妻（或未婚夫）”。莱肯和特利根猜测，浪漫的爱情常常更像雏鸭的印刻，只要是经常与我们在一起，我们会爱上几乎是任何一个与自己有着大致相同的人格特征并且会回报我们感情的人。[后期的研究表明，同卵双生子的配偶倾向于拥有相当一致的人格特征（Rushton & Bons，2005）。]

当我不能接近我爱的人时，我便去爱那个离我近的人。

——E. Y. 哈尔堡，《费尼安的彩虹》，1974

为什么接近会诱发喜欢呢？其中一个原因便是易得性；很显然，我们很少有机会认识一个不同学校的人或住在另一城市的人。但是事实远不限于此，大多数人更喜欢他们的舍友，更喜欢隔壁的人，而不是隔了几个门或是住在楼下，距离刚刚远到令人感到不便的那些人。此外，那些距离接近的人，就像容易成为朋友一样，也容易成为敌人。那么，为什么接近性更容易培育感情而不是滋生仇恨呢？

对相互交往的预期

如前所述，接近性能使人们发现共性并交换回报。更重要的是，仅仅是对相互交往的预期就可以引发喜欢。达利和伯奇德（Darley & Berscheid，1967）发现了这一点。他们向明尼苏达大学的女生提供一些关于另两位女生的模糊信息，并告诉她们待会儿须与其中的一位进行亲密的交谈。然后问她们对那两名女生的喜欢程度。结果发现，她们更偏好预期与之见面的那位女生。对与一个人约会的预期也能促进喜欢（Berscheid & others，1976）。甚至那些大选中落败方的支持者，也会发现自己对于获胜方——现在是他们的对立方——的看法也有所改善（Gilbert & others，1998）。

“如果我不是这样喜欢你，我就可能真的喜欢其他什么人。”

这种现象具有适应性的意义。预期的喜欢——期望某人是令人喜爱的和容易相处的——能增加与之建立互惠关系的机会（Klein & Kunda，1992；Knight &

Vallacher，1981；Miller & Marks，1982）。我们更喜欢那些经常见面的人是有积极意义的。我们的生活充满了与他人的关系，并不是所有的都是我们能选择的，但我们却必须与他们——室友、兄弟姐妹、祖父母、老师、同学、同事等进行持续的交往。喜欢他们必定有助于和他们建立更好的关系，反过来，这样的关系也造就了更快乐、更有成就的生活。

曝光效应

接近性引发的喜欢不仅是因为接近性能产生相互交往和预期的喜欢，而且还有另一个原因：200 多个实验结果显示，熟悉不会导致轻视。这和一个古老的谚语正好相反。事实上，熟悉诱发了喜欢（Bornstein，1989，1999）。对于各种新异刺激——无意义音节、汉字、音乐片段、面孔——的**曝光**（mere exposure）都能提高人们对它们的评价。虚构的土耳其文字，诸如 *nansoma*、*saricik* 和 *afworbu*，比真正的文字 *iktitaf*、*biwojni* 和 *kadirga* 意味着更好还是更不好的事物呢？密歇根大学的学生接受了罗伯特·扎荣茨（Zajonc，1968，1970）的测试，结果显示，他们更加偏好那些出现频率高的单词，看到无意义词语或中国表义文字的次数越多，他们便认为这些字词表示的意思也越积极（图 11.2）。这使我萌发了做一个课堂验证的想法，先是周期性地在屏幕上用动画呈现某些无意义词语，在学期末，学生们对这些“词语”的评价比那些他们从没见过的无意义词语的评价要更积极。

请考虑一下，你最喜欢字母表里哪些字母？不同国家、不同语言和不同年龄的人都偏好他们名字中的字母，以及那些在母语里频繁出现的字母（Hoorens & others，1990，1993；Kitayama & Karasawa，1997；Nuttin，1987）。法国学生把大写字母 W 评价为最不喜欢的字母，而 W 正是法语里最不常见的。在一项捐赠管理活动中，美国商科学生更偏爱购买首字母与自己名字一样的股份（Knewtson & Sias, 2010）。日本学生不但偏好他们姓名中的字母，而且还偏好与自己生日对应的数字。当然，这种“姓名效应”也不单纯是“曝光效应”的反映——有关内容详见“聚焦：喜欢与自己相关的事物”。

你有多喜欢你的名字？格鲍尔及其同事在 6 项研究（Gebauer & others, 2008）中都报告，对自己名字的喜爱程度是内隐自尊和外显自尊的可靠预测源。

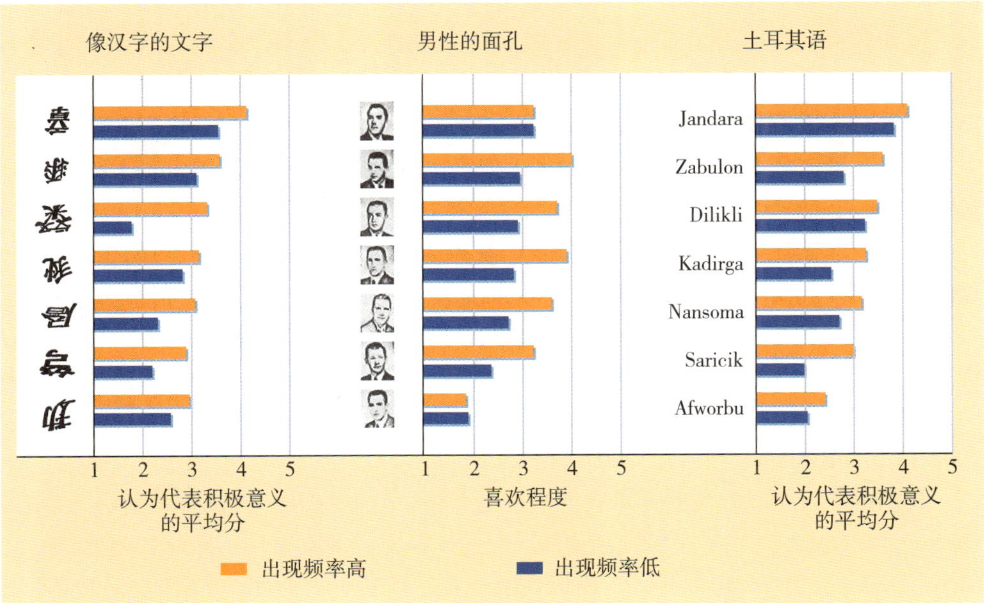

图 :: 11.2
曝光效应
在多次呈现刺激之后，学生们对刺激的评价（此处呈现了样本中的一个）更为积极。
资料来源：From Zajonc (1968).

曝光效应违背了我们通常对厌倦（兴趣的降低）的预测，即重复听到的音乐和反复吃的食物会引起厌倦（Kahneman & Snell，1992）。除非这种重复是没完没了的（有一句朝鲜谚语："即使是最好的音乐，听多了也会厌倦"），否则通常它的确会使喜欢增加。当巴黎的埃菲尔铁塔在 1889 年完工时，曾被嘲笑是奇形怪状的东西（Harrison，1977）。而今天，它已变成了巴黎备受喜爱的标志物。

到巴黎卢浮宫的游客是真的欣赏名画《蒙娜丽莎》的艺术成就呢，还是他们仅仅是乐于发现一个熟悉的面孔？也许二者兼有：了解她是为了喜欢她。哈蒙 - 琼斯和艾伦（Harmon-Jones & Allen，2001）利用实验证实了这一现象。他们给实验参与者呈现一个女性的面庞，发现随着观看次数的增多，参与者的面部（微笑的）肌肉变得更活跃了。曝光效应诱发了愉快的情感。

扎荣茨和他的同事报告说，甚至*未被觉察到*的曝光也能引起喜欢（Kunst-Wilson & Zajonc，1980；Moreland & Zajonc，1977；Wilson，1979）。事实上，当人们无意识地接受刺激时，曝光效应往往会更强烈（Bornstein & D'Agostino，1992；Hansen & Wänke，2009；Willems & others，2010）。在一项实验中，女学生使用耳机，使其一只耳朵听一段散文，然后要求她们大声重复听到的词汇，并和书面文字对照来检查错误。同时，给她们的另一只耳朵佩带的耳机中播放简短、新颖的乐曲。这个程序要求人们把注意力集中在言语材料上，而忽略乐曲。随后，把听过的这些乐曲分散在其他类似的但之前并没有播放过的乐曲中呈现给她们。结果发现，这些女学生虽然不能将先前听过的乐曲辨认出来，但对它们却是*最为喜欢*。

请注意，这个实验发现，关于刺激的有意识的判断，并未对人们的所见所闻提供什么线索，而人们的直接感受对此则颇有助益。人们大概能够马上记起喜欢或厌恶的人或事，但却意识不到喜欢或厌恶之原因。扎荣茨认为（Zajonc，1980），*情绪相比于思维更具有即时性*。扎荣茨的惊人设想——情绪半独立于思维（"情感可以先于认知"）——在最近的脑研究中得到了支持。情绪和认知可由不同的脑区引发。破坏猴子的杏仁核（一个与情绪有关的脑结构）以后，它的情绪功能受到了损害，但认知反应却保持完好（Zola-Morgan & others，1991）。

扎荣茨（Zajonc,1998）指出，曝光效应具有"巨大的适应意义"。它是一种可以预定我们的吸引和依恋倾向的"硬件"现象。它有助于我们的祖先把熟悉的或安全的事物，与不熟悉的或不安全的事物区分开来。两个陌生人之间的交往越多，他们越能发现彼此的吸引力（Reis & others, 2011）。曝光效应还使我们在评价他人时戴上有色眼镜：我们喜欢熟悉的人（Swap，1977）。据报告，扎荣茨会说："如果它跟你熟，可能就不会吃掉你"（Bennett, 2010）。曝光效应也产生相反的效应：我们喜欢的人（例如，微笑的人而不是不微笑的人）似乎也就更熟悉（Garcia-Marques & others，2004）。

当然，曝光效应也有缺点，正如我们在第 9 章中提到的，即我们对陌生的警惕。这能解释当人们面对那些不同于自己的人时，为什么会产生一种原始的、自动的偏见。害怕或带偏见的感受并不总是刻板印象的表现；有时候，刻板印象是为了对直觉的情感进行辩护而出现的。三个月大的婴儿表现出对自己种族的偏好：当被多个种族的人围绕时，他们会更偏好于盯着他们自己熟悉种族的面孔（Bar-Haim & others，2006；Kelly & others，2005，2007）。

我们也更喜欢以常见的方式展现的自我。在一个有趣的实验中，米塔等人（Mita，Dermer，& Knight，1977）给威斯康星 - 密尔沃基大学的女生拍了照片，随后给她们呈现一张真实的照片和将其做了镜像变换（左右反转）后的照片。研究者询问她们

聚焦 喜欢与自己相关的事物

人总是喜欢自我感觉良好，而且一般来说，我们都是这个样子。我们不但有一种自我服务的倾向（第 2 章），而且还表现出佩勒姆等人（Pelham，Mirenberg，& Jones，2002）所说的那种固有的自我中心：我们喜欢与自己相关的事物。

这不但包括我们姓名中的字母，还包括潜意识中与自己有关的人、地方和其他东西（Jones & others，2002；Koole & others，2001）。如果描述一个陌生人的脸时用了与描述我们自己的脸相同的特征，我们就会更喜欢这个陌生人的脸（Bailenson & others，2009；DeBruine，2004）。由于存在避免近亲繁殖的自然机制，有兄弟的女性往往会信任长得和自己相似的陌生男性，却不会被他们吸引。女性觉得这样的男性面孔“值得信赖，却让人没有欲望”（DeBruine & others, 2011）。如果一个人在实验中的编号碰巧与我们的生日相同，我们也更会被他吸引，我们甚至还会莫名其妙地更愿意与那个名字中恰巧与我们自己名字中有相同字符（例如都以某个字母开头）的人结婚（Jones & others，2004）。

佩勒姆及其同事报告，这种偏爱会对我们生活中的重大抉择，包括我们的住址、职业等产生微妙的影响。费城（Philadelphia）中名叫 Jack 的人只是杰克逊维尔（Jacksonville，一个比费城小的城市）城中的 2.2 倍，但叫 Philip 的人却是它的 10.4 倍。同样，弗吉尼亚（Virginia）海滩有更多的人名叫 Virginia。

这一现象，是否有可能只是反映了为孩子起名时会受其居住地的影响？是否乔治亚州（Georgia）的居民就更喜欢为他们的孩子取名为 George 或者 Georgia 呢？可能是这样的，但这却无法解释为什么各州都相对有更多人的姓氏与州名是相似的。例如在加利福尼亚（California），姓以 Cali 开头（如 Califano）的人占了更大的比例；同样，在加拿大一些主要的城市中，姓与城市名有重叠的人也比想象的多；多伦多（Toronto）就有更多人的姓是以 Tor 开头的。

此外，很多叫“乔治亚”的女性倾向于搬家到乔治亚州，而叫弗吉尼亚的人则倾向于搬家到弗吉尼亚州。这种迁移特点有助于解释为什么住在圣路易（St. Louis）的人中，姓路易斯（Louis）的人比全国平均数高 49%，以及姓希尔、帕克、比奇、莱克或罗克的人大都喜欢居住在城市名包含了他们姓的地方，如帕克城等。佩勒姆等人推测，“市名与自己的姓名相像的城市对人们具有更大的吸引力”。

还有不可思议的，这并非凭空编造，人们好像还偏爱与他们的姓名有关的职业。在美国，杰里、丹尼斯（Dennis）和沃尔特这些名字的普遍程度是相同的（这些名字中的每一个均占总人口的 0.42%），然而，在美国的牙医（dentist）中，叫丹尼斯的人却几乎是叫杰里或沃尔特的两倍。叫丹尼斯的牙医也是叫贝弗利或塔米（与其普遍程度相同）的 2.5 倍。叫乔治（George）或杰弗里（Geoffrey）的人在地学家（Geoscientist，包括地质学家、地球物理学家、地球化学家）中占了更大的比例。在 2000 年的总统大选中，姓以 B 开头的人大都支持布什（Bush），而姓以 G 开头的人大都支持戈尔（Gore）。

内隐自恋现象的确受到一些质疑。西蒙逊（Simonsohn, 2011a, 2011b）承认在实验室中确实会出现内隐自恋，他也可以重现姓名、职业和住址之间的相关。但他指出，有时“反向因果关系”才是这一现象的解释。例如，街道经常以其居民来命名，城镇经常以其建立者命名（威廉斯建立了威廉斯堡），而建立者的后代会居住在附近。佩勒姆和卡瓦略（Pelham & Carvallo, 2011）回应说，他们同意一定程度影响的存在，尤其是对职业选择的影响。但他们认为，内隐自恋尽管很微妙，但的确是一种真实的无意识主观偏见。

阅读了基于固有的自我中心的偏爱的文献后，我不得不停笔仔细考虑一下：难道这就是我为什么喜欢去 Fort Mayers 旅行的原因吗？为什么我写了这么多关于心境（moods）、媒体（media）以及婚姻（marriage）方面的文章？为什么我要与 Murdoch 教授合作？如果真是这样，是否也能解释为什么 Suzie 在海边（seashore）卖贝壳（seashells）呢？

更喜欢哪个形象，结果发现，她们更喜欢那张镜像版的，这是她们习惯的形象（难怪我们的照片看上去从没有觉得完全称心的）。但当给这些女生呈现她们最要好的朋友的照片（同样是两种形式）时，她们报告说更喜欢那张真实的照片，即她们习惯的形象。

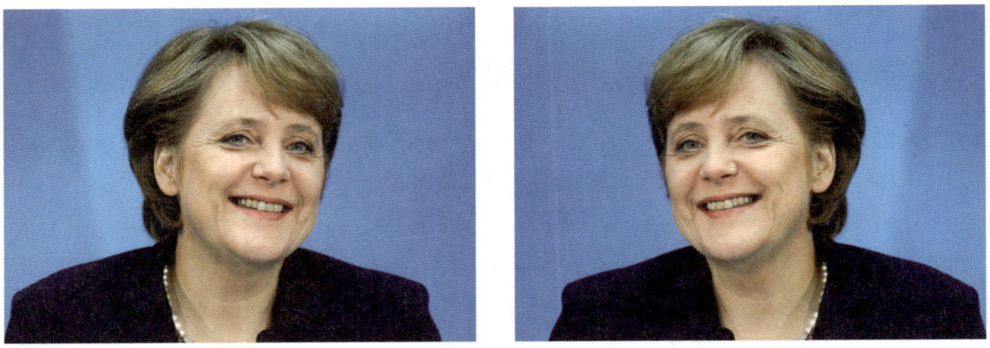

曝光效应。如果德国总理默克尔也跟我们大多数人一样，她会更喜欢她熟悉的镜子中的形象（左图）而不是她的实际形象（右图）。镜子中的形象是每天早上刷牙的时候都能见到的形象。

广告商和政治家们充分利用了这种效应。即使人们对某一商品或候选人没有什么强烈的感情，仅仅通过简单的重复，也可以增加商品的销量或得票率（McCullough & Ostrom，1974；Winter，1973）。如果一个商品在广告中没完没了地出现，那么，购物者常常会对该商品做出不假思索的、自动化的偏爱反应。如果候选人不为人们所熟悉，那么，一般而言，那些在媒体上曝光最多的候选人更容易获胜（Patterson，1980；Schaffner & others，1981）。懂得曝光效应的政治战略家，通常使用简短的广告来代替理由充分的长篇大论，即在广告中突出强调候选人的名字和录音片段等信息。

1990 年，华盛顿州最高法院德高望重的法官基思・卡洛在竞选中输给了一个无名的对手查尔斯・约翰逊，吃的就是这个亏。约翰逊是一个没有名气的律师，负责处理一些情节轻微的刑事案件和离婚案件，他参加竞选的口号是“法官需要被挑战”。两个人都没有开展竞选活动，媒体也没有对这次竞选进行报道。在投票的那天，两个候选人的名字相继出现在选民面前，没有做任何区分。结果，约翰逊以 53% 比 37% 的优势胜出。这个结果令法律界很吃惊，事后，卡洛解释说：“名叫约翰逊的人比叫卡洛的人要多得多。”的确，该州规模最大的报纸统计发现，在当地的电话登记簿中，就有 27 个叫查理·约翰逊的人。还有一个叫查尔斯·约翰逊的地方法官。此外，在邻近的一个城市，有一个电视新闻节目的主持人也名叫查尔斯・约翰逊，他主持的节目在全州的有线电视上都可以看到。因此，在两个陌生的人之间被迫做出选择的时候，大多数选民偏向于选择让人感觉更舒服、更熟悉的名字——查尔斯·约翰逊。

外表吸引力

在约会中，你看重的是对方的哪些特质呢？诚实、美貌、个性、幽默，还是谈吐？智慧的人们并不在意诸如美貌之类的外在特征；他们知道“美丽扎根于内心深处”，而且“你不可以通过封面来判断一本书的好坏”。至少，他们懂得应该如何去感受“美”，正如西塞罗的忠告：“抵制外表”。

我们应该更注重心灵，而不是外表。

——《伊索寓言》

要说外貌不重要，其实，那只不过是我们拒绝承认现实对我们的影响的又一个例证而已。因为现在有许多研究都显示：外貌的确是很重要的。外貌的作用，在日常生活中表现出了一致性和普遍性的特点，这的确令人感到不安。然而事实上，美貌的确是一笔财富。

吸引力和约会

不管大家喜欢与否，的确存在这样的事实，那就是：一位年轻女士的外表吸引力可以在一定程度上预测她约会的次数，而一位男性的外表对他约会次数的预测力则要略小一些（Berscheid & others，1971；Krebs & Adinolfi，1975；Reis & others，1980，1982；Walster & others，1966）。而且，相比于男性，更多的女性表示，她们宁愿选择一个相貌平平但很热忱的配偶，而不是一个外表好看却很冷淡的男人（Fletcher & others，2004）。接近 22 万人参与的一项世界范围的 BBC 网络调查表明，男性比女性更多重视配偶的外貌，而女性比男性更重视诚实、幽默感、善良以及可靠（Lippa，2007）。

吸引力和约会。对于网上约会者来说，外貌是他们所能够提供且极力寻求的重要部分。

这是否表明女性，正如很多人所猜测的那样，能更好地遵从西塞罗的忠告呢？或者说，自 1930 年以来就从未发生过变化，那时的英国哲学家罗素（1930，p.139）不这样认为："整体上来说，女人倾向于因性格而爱上男人，男人则倾向于因外表而爱上女人。"还是说它仅仅反映了这样一个事实：约会邀请更常是由男士发出的？如果让女性在不同的男性中选择出她们所喜爱的类型，那么，外貌对于她们来说，是不是像男士那样看重呢？

为了考察男人是否真的更在意外表，研究者分别给男、女学生提供了有关某一异性的一些信息，包括一张照片。或者，研究者简单地介绍一个男人和一个女人相互认识，并询问他们是否有兴趣跟对方约会。这些实验的结果表明，男人的确更在意异性的外表吸引力，与他们在民意调查中反映的相同（图 11.3）（Feingold，1990，1991；Sprecher & others，1994）。也许正因为如此，女性才如此在乎自己的外表，进行外科整形的人当中 92% 都是女性（American Society for Aesthetic Plastic Surgery, 2011）。女性在被问到"右边的人是穿着黑色鞋子吗？"或者被要求回忆某人的穿着或发型时，也能够更好地回忆其他人的外表（Mast & Hall，2006）。

个人魅力胜过任何介绍信。
——亚里士多德

女性同样也会注意男性的外表。哈特菲尔德等人（Hatfield & others，1966）进行了一项大型研究，他们在明尼苏达大学"迎新周"里举办了一个配对舞会，752 名一年级的学生参加了这个舞会。研究者给每个学生都进行了人格和能力测试，然后对他们进行随机配对。在舞会那天晚上，一对对学生跳舞聊天，为时两个半小时。在短暂的间歇中，研究者让他们评价自己的舞伴。人格和能力测验到底在多大程度上能够预测人们的吸引力呢？人们是更喜欢那些具有较高自尊或较低焦虑感的人，还是喜欢那些在性格内向或外向方面与自己不同的人？研究者考察了各种可能性。如果说他们能够非常肯定哪个因素起重要作用的话，那就是个人的外表吸引力（研究者在实验前对参与者的外表吸引力进行了评定）。某位女性外表的吸引力越大，男性就越喜欢她，并且愿意跟她继续约会。同样，男性的外表吸引力也有这样的效果。美貌能使人愉悦。

近年的研究更多从速配活动中收集数据，在这类活动中，人们接连与多个可能的约会对象进行互动，每次互动仅仅持续几分钟。随后要他们指出他们想再次见到的人（彼此都想再见的人才会提供对方的联系方式）。这个程序是基于一项研究结果，即人们在几秒钟的社会行为片段中就可以形成对他人的持久印象（Ambady & others，2000）。伊斯特维克和芬克尔（Eastwick & Finkel，2008a，2008b）关于速配活动的研究表明，男性比女性更重视约会对象的外表吸引力；但实际上，预期的吸引力对男性和女性来说同样重要。德国的速配者中也存在吸引力效应（Asendorpf & others，2011）。

图 :: 11.3
女性和男性报告的最在意的品质
资料来源：Fox News/Opinion Dynamics Poll of registered voters, 1999.

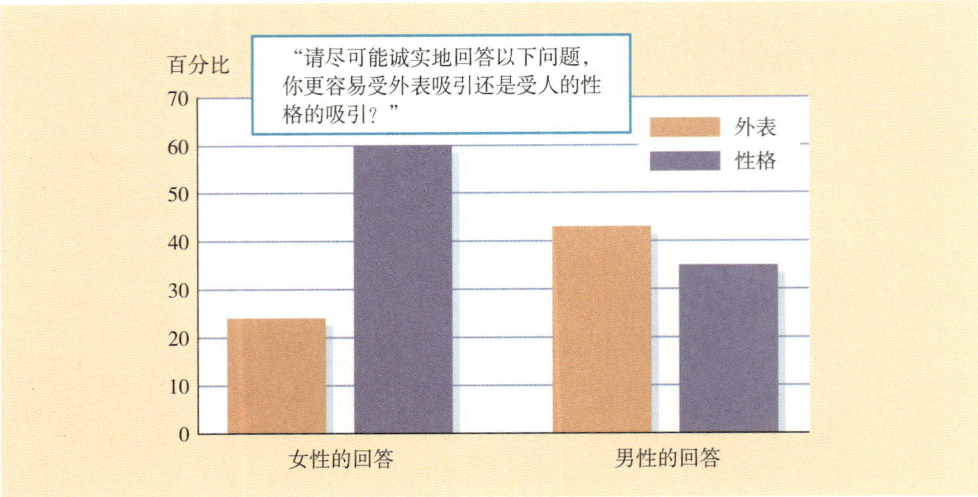

外表甚至还影响了选举，亚历山大·托多洛夫及其同事的一项研究（Todorov & others，2005；Todorov,2011）说明了这一点。研究者向普林斯顿大学的学生每次展示两张照片，这些照片来自 2000 年以来参选美国国会参议院的 95 名候选人和参选众议院的 600 名候选人的照片，两两配对，结果发现，学生们仅仅依据候选人的外表（喜欢看似有能力的候选人胜过长着娃娃脸的候选人）就正确地猜对了赢家，猜测参议院候选人的正确率是 72%，猜测众议院候选人的正确率是 67%。后续的研究中，奇奥等人（Chiao & others，2008）证实了选举人更偏好长相看起来有能力的候选人。但是性别同样也起作用：男性更可能投票给有外表吸引力的女性候选人，而女性更可能投票给长相亲切的男性候选人。同样，异性恋个体也对有吸引力的异性求职者或大学申请者表现出正面的偏向（Agthe & others, 2011）。

匹配现象

如果你想拥有明智的婚姻，那就跟与你相匹配的人结婚吧。

——奥维德，公元前 43 年—公元 17 年

并非人人都能与一位魅力非凡的人厮守终身。人们是怎样结成连理的呢？伯纳德·默斯坦等人（Murstein & others，1986）的研究表明，人们一般与跟自己具有同等吸引力的人结成伴侣。研究表明，夫妻、约会对象，甚至志趣相投者之间的吸引力都表现出了高度的一致性（Feingold，1988；Montoya，2008）。人们选择朋友，尤其在选择终身伴侣的时候，通常倾向于选择那些不仅在智力、受欢迎程度和自我价值上，而且在外表吸引力方面都能与自己匹配的人（Taylor & others，2011）。

很多实验都证实了这种**匹配现象**（matching phenomenon）的存在。在知道对方可以自由地同意或拒绝的情况下，在选择与谁接近时，人们通常会接近那些在吸引力方面与自己大致匹配（或者对方的吸引力高出自己不多）的人（Berscheid & others，1971；Huston，1973；Van Straaten & others，2009）。人们寻找那些看起来合心意的人，但同时也清楚自己能多大程度上合别人的心意。正如格雷戈里·怀特（White，1980）在美国加州大学洛杉矶分校进行的有关约会的研究结果表明：外表上的匹配将有利于良好关系的发展和维持。九个月后，那些外表吸引力最为相似的人们，更有可能坠入情网。

爱情只不过是一种让双方感到满意的交换，双方在权衡了各自的价值后，都得到了自己所期望的主要东西。

——埃里克·弗洛姆，《健全的社会》，1955

也许你会想，有很多夫妻的吸引力并不匹配，但他们却很幸福。在这种情况下，吸引力较差的一方常常具有其他方面的品质，可以对自己的外表进行补偿。每一方

都把自己的资本拿到社会市场中，对各自资本的价值进行了合理的匹配。征婚广告充分展示了这种资本交换（Cicerello & Sheehan，1995；Hitsch & others，2006；Koestner & Wheeler，1988；Rajecki & others，1991）。男性通常强调自己的财富或地位，并且希望寻求年轻和有吸引力的女性；女性则相反，例如一则广告这样写道："一位有吸引力、聪明的女子，26 岁，身材苗条，欲觅热情而有稳定工作的职业男士。"那些在广告中强调自己的收入和学历的男性，以及强调自己的年轻和美貌的女性，通常能得到更多的反馈（Baize & Schroeder，1995）。这种资本匹配的现象也有助于解释为什么年轻貌美的姑娘通常会嫁给一个社会地位较高的年长男人（Elder，1969；Kanazawa & Kovar，2004）。男人越有钱，身边的姑娘越年轻漂亮。

资产匹配：地位高的滚石乐队吉他手基斯·理查兹在1983年与比自己年轻19岁的超级名模帕蒂·汉森结婚了。

当然，若把自我服务偏差（第 2 章）、经常看到自己的脸以及策略性自我展示三者结合起来，我们就可以预期大多数人会报告积极的自我形象。这一点在一项大约 22 000 人参加的研究中也得到了证实（Hitsch & others，2006）。在参与者为网上约会服务提供的自我描述中，67% 的男性和 72% 的女性报告他们有"超出平均水平"或"非常不错"的长相。只有 1% 的人估计他们的长相"低于平均水平"。几乎所有余下的人都说他们看起来"跟其他走在街上的人一样"。

外表吸引力的刻板印象

这种外表吸引力效应是否完全来源于性的吸引力？显然不是！休斯顿和布尔（Houston & Bull，1994）让化妆师为一个实验助手整容，使得实验助手的脸上看起来有一道明显的疤痕，或青肿，或有胎记。在格拉斯哥客运地铁线上，当这位助手以丑陋的面貌出现时，不管是男性还是女性，都不愿意坐在她旁边。研究者还发现，就像成人喜欢有吸引力的成人一样，小孩之间的喜爱也受到外表吸引力的影响（Dion，1973；Dion & Berscheid，1974；Langlois & others，2000）。通过考察婴儿注视他人的时间，研究者发现，即便是婴儿也偏爱有吸引力的面孔（Langlois & others，1987）。

成人在对儿童的态度中也显示出了相同的偏好。研究者（Clifford & Walster，1973）在密苏里州做了一个实验，他们给五年级的老师提供了有关某个男孩或女孩的信息，并且附有照片。这些信息的内容相同，但是照片却分为有吸引力和无吸引力两种。在相同的信息之下，老师们倾向于认为那些有吸引力的孩子在学习上更聪明、更成功。让我们来想象一下，你正在负责监管操场，必须训练一个很不守纪律的孩子。你是否会像卡伦·戴恩（Dion，1972）研究中的女性那样，对那些没有吸引力的孩子表现出更少的热情和关注？令人遗憾的现实是所谓的"巴特·辛普森效应"——大多数人都认为，长相一般的孩子，他们的才干和社交技能都不如那些漂亮的同龄人。

而且，我们也以为漂亮的人拥有社会所需的某些其他特质。虽然漂亮并不一定让人联想到正直或关心他人，然而，在其他各方面条件都相同的情况下，我们仍会猜测漂亮的人会更快乐、性感热情，更开朗、聪明和成功（Eagly & others，1991；Feingold，1992b，Jackson & others，1995）。我们渴望与有吸引力的人建立联系，这促使我们对其表现出诸如友善和互惠互利等受人欢迎的品质（Lemay & others, 2010）。

综上所述，这些研究结果表明，存在**外表吸引力的刻板印象**（physical-attractiveness stereotype）：美的就是好的。孩子很小的时候，通过听成人给他们讲故事等方式，就开始形成了这种刻板印象。白雪公主和灰姑娘是美丽的——也是善良的。女巫和继母是丑陋的——同时也是邪恶的。"如果你想得到某个非本家庭成员的爱，那么，长得漂亮可以助你一臂之力"，一个八岁的女孩会这样猜测。当问一个幼儿园里的女孩美丽意味着什么时，她回答说："就像小公主那样，人人都喜欢你"（Dion，1979）。

既然外表吸引力如此重要，那么，永久地改变一个人的外表，就将会改变人们对待他的方式。但是，改变一个人的外貌是否合乎道德？整形外科医生和整牙医生每年都要给上百万的人做手术。牙齿变得整齐洁白，头发再生、染色，拉紧面部皮肤，去除多余脂肪，以及隆胸、使胸部坚挺或者减小等等，是否在经历过这样的改变之后，多数原本对自己不满意的人都会感到满意了，尽管一些不快乐的人们还在寻求重复性的治疗（Honigman & others，2004）。

即使是美好的品德也抵挡不过美丽的身体。

——维吉尔，《埃涅伊德》，公元前 1 世纪

为了检验整容的效果，迈克尔·卡利克（Kalick，1977）对哈佛的学生做了一个实验，他让学生们看八位女士整形手术前后所拍摄的侧面照片，然后对她们进行评价。结果表明，学生们不仅认为女士们手术后的外表更有吸引力，而且也认为她们更善良、更敏锐、更性感热情、更有责任感、更讨人喜欢等等。

第一印象 我们说吸引力很重要，是在假设其他条件都一样的情况下来谈论的。并不是说，任何时候外表的吸引力都比其他任何特质更重要。一些人通过外表来评价他人，另一些人则不是这样（Livingston，2001）。而且，吸引力可能对第一印象的影响最大。当然，第一印象非常重要——随着社会的变动性增大，以及城市化进程的加快，人与人之间的接触越来越短暂，第一印象就显得愈加重要了（Berscheid, 1981）。你的 Facebook 个人主页也是从你的头像开始的。在速配实验中，当人们快速约会多个对象时，其选择是肤浅的，此时吸引力的作用最大（Lenton & Francesconi, 2010）。这有助于解释为什么和农村地区相比，在城市中吸引力能够更好地预测人们的幸福感和社会交往（Plaut & others, 2009）。

虽然很多面试考官可能并不以为然，但是，吸引力和外表的修饰的确影响着面试时的第一印象，特别当评估者是异性时（Agthe & others，2011；Cash & Janda，1984；Mack & Rainey，1990；Marvelle & Green，1980）。当新产品与有吸引力的发明者相联系时，人们对它的评价也会更高（Baron & others，2006）。这个现象有助于解释为什么有吸引力的人，通常能获得声望较高的工作，能赚更多的钱（Engemann & Owyang，2003；Persico & others，2004）。

罗瑟尔等人（Roszell & others，1990）在加拿大全国范围内进行取样，让面试考官对样本的吸引力进行了五点量表的等级评定（1 表示相貌平平，5 表示非常有吸引力）。结果发现，在吸引力上的得分每增加一个单位，每年平均能多赚 1 988 美金。弗里兹等人（Frieze & others，1991）进行了类似的研究，他们根据照片，对 737 个 MBA 毕业生的外表吸引力进行了五点量表等级评价，结果表明，吸引力得分每增加一个单位，男士可多挣 2 600 美元，女士则可多挣 2 150 美元。经济学家丹尼尔·哈

研究背后的故事

埃伦·伯奇德谈吸引力

我真切地记得那个下午，我开始理解外表吸引力的深刻含义。研究生卡伦·戴恩（现在已经是多伦多大学的教授了）听说我们儿童发展研究所的一些研究者已经收集了幼儿园孩子们受欢迎的等级评定，并给每个孩子都拍了照片。虽然这些孩子们的老师和看护者都劝我们说“所有的孩子都是美丽的”，不应对他们的外表吸引力加以区别，但是戴恩还是建议，我们应该评价一下每个孩子的外貌，并看看孩子们的外貌是否与其受欢迎程度有关。结果发现，我们最初的猜测是正中要害的：有吸引力的孩子正是那些受欢迎的孩子。事实上，这种效应远比我们和其他人所想象的还要强烈，研究者现在仍在寻求它们背后隐含的意义。

埃伦·伯奇德
(Ellen Berscheid)
明尼苏达大学

默梅希（Hamermesh, 2011）在《美丽有价》（*Beauty Pays*）一书中说，对一个男人来说，英俊的外貌相当于多上了一年半学。

第一印象形成的速度非常快，它对思维的影响也非常大，这就是美丽意味着成功的原因。即使呈现时间只有 0.013 秒——短暂得不可能使被试看清所呈现的面孔——但却足以使他们猜测其吸引力（Olson & Marshuetz，2005）。研究者进一步发现，当要求被试对随后呈现的词语进行“好”与“坏”的分类时，那些事先被呈现具有吸引力面孔的被试，对“好”的词语反应得更快。人们迅速感知到美，并启动了积极的加工过程。

“美即是好”这种刻板印象准确吗？ 漂亮的人是否真的具有让人满意的特质呢？多少个世纪以来，科学家们的确这样认为，他们一直尝试确定某些能预测犯罪行为的身体特征（游动的目光，瘦削的下巴）。另一方面，是否如同列夫·托尔斯泰所说，这是“一个奇怪的错觉……认为美的就是好的”？然而，有时候这种刻板印象的确得到了事实的证明。研究表明，有吸引力的孩子和青年，在某种程度上来说，他们不那么拘谨、更加外向，而且社交技能更好（Feigold，1992b；Langlois & others，2000）。戈德曼和刘易斯（Goldman & Lewis，1977）的研究也证明了这一点。他们让佐治亚大学的 60 名男生每人跟 3 位女生分别在电话里聊 5 分钟。之后，男生和女生都对和自己聊天的人进行评价，他们都没有见过对方。结果，被评为最具外表吸引力的人，是那些最有社交技能和最讨人喜欢的人。外表有吸引力的个体，也往往更受欢迎，更外向，更具典型的性别特征（如果是男性，则更有传统的男子气概；如果是女性，则更有传统的女人味）（Langlois & others，1996）。

有吸引力的人和无吸引力的人，他们之间的微小差异很可能来源于自我实现的预言。有吸引力的人通常更受重视，更讨人喜欢，并且，大多都因此而变得更自信（例如，男士对没见过面，但被他们认为是很有吸引力的女士，做出了热情的回应）。这样看来，影响你社交技能的关键，并不在于你看起来怎样，而在于别人怎样看待你，以及你对自己的感觉怎么样——你是否接纳自己，喜欢自己，自我感觉良好。

谁具有吸引力

我曾经把吸引力描述成一种像身高那样的客观特征，某些人拥有的多些，而某

不同文化对于美丽所持有的标准并不相同。但是仍有一些人在世界各地都被认为是有吸引力的。

些人拥有的少些。但严格说来，吸引力指的是，无论何时何地，人们所发现的任何具有吸引性的特征。当然，这是有所变化的。世界小姐的选美标准就不可能适用于世界上的所有人。在不同的地方或不同的时代，人们会给鼻子穿孔、拉长脖子、染发、文身、疯狂地吃东西以使自己变得肉感，或节食使自己变得苗条，用皮外衣包裹自己使胸部看起来小些，或使用硅胶和填充乳罩使胸部看起来大些，等等。资源匮乏、贫穷和饥饿的人们就会认为丰满更具吸引力；而物质条件富足的人则认为美丽等于苗条（Nelson & Morrison，2005）。此外，在关系更多决定于亲缘关系或社会安排而非个人选择的文化中，吸引力对生活的影响就会减弱（Anderson & others，2008）。尽管有这么多的变化，但是朗格卢瓦等人（Langlois & others，2000）认为，对于“谁有吸引力和谁没有吸引力这个问题，在同一文化内部或不同文化之间，仍然存在强有力的共识。”

但是，具有讽刺意味的是，真正的吸引力其实就是*完美的平均*（Rhodes，2006）。得克萨斯大学的朗格卢瓦等人（Langlois & Roggman，1990，1994）以及利特尔等人（Little & Perrett，2002）所领导的研究小组，与圣安德鲁斯大学的佩雷特（Perrett, 2010）合作，他们对大量的面孔进行了数字化处理，并用计算机对它们进行了平均。结果毋庸置疑，与几乎所有的真实面孔相比，人们认为合成的面孔更具有吸引力（图 11.4）。在 27 个国家中，甚至平均的腿长与身高比例看起来都比太长或太短的腿更有吸引力（Sorokowski & others, 2011）。哈伯斯塔特（Halberstadt，2006）认为，对于人类和动物来说，平均的面孔最能体现原型（也就是典型的男人、女人、狗或者任何生物），因此大脑更易于处理和分类这种面孔。也就是说，完美的平均对于眼睛（和大脑）来说都是容易识别的。

由计算机平均出来的面孔也趋向于完美的对称——这是具有吸引力，而且也是非常成功的人所具有的另一个特征（Brown & others，2008；Gangestad & Thornhill，1997）。由罗兹等人（Rhodes，1999，2006）带领的研究小组发现：如果你能把你的任意半边脸与它的镜像结合——这样就形成了一个完美对称的新面孔——那么你的外貌特征就会有些许的改善。除少数面部特征外（Said & Todorov, 2011），如果把多个这样对称的面孔再加以平均，你就会得到一个更加漂亮的面孔。

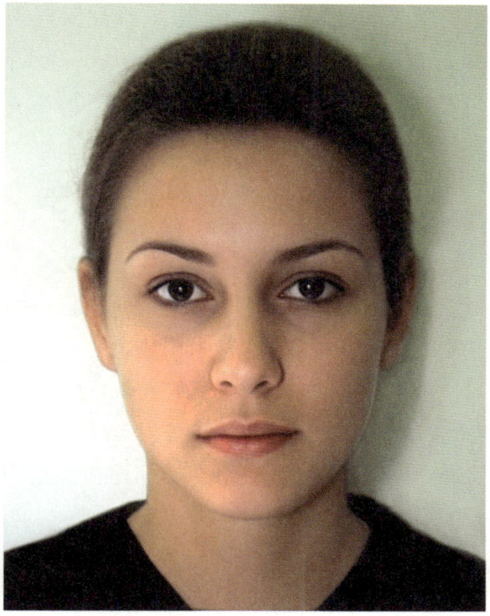

图 :: 11.4

谁是最美的?

每年的“德国小姐”评选为我们提供了一个国家的答案。雷根斯堡大学的学生研究小组，与德国电视频道一起，发现了不同的答案。布劳恩及其同事（Gruendl & others，2005）为 2002 年最后当选的 22 位“美丽公主”一一拍照，拍照时不允许化妆，并且让她们把头发紧紧地束在脑后。之后，研究者根据这 22 张照片生成了一张“虚拟德国小姐”的面孔。研究发现，在当地购物中心随意要求过往的成人对虚拟德国小姐和真正的德国小姐进行评价时，人们通常认为虚拟小姐是最具吸引力的。虽然真正获胜的德国小姐也许会因为人们更喜欢她的虚拟对手而有些失望，但让她感到安慰的是，她永远也不会遇到这个虚拟的对手。

进化与吸引力 持进化观的心理学家用繁殖策略来解释这些性别差别（第 5 章）。他们认为，从生物学的角度来看，美丽其实反映了一些重要的信息：健康、年轻和富于生殖能力。戈登·盖洛普及其同事（Gallup & others, 2008）报告称，事实确实如此。长相英俊的男性精子质量更高。拥有沙漏型身材的女性月经周期更规律，生育力更强。逐渐地，那些喜欢看起来富有生殖能力女性的男性所繁衍的后代，超过了那些乐意与绝经后女性交配的男性所繁衍的后代。戴维·巴斯（Buss，1989）相信，这可以解释为什么他所研究的 37 种文化中的男性——从澳大利亚到赞比亚——都的确更喜欢那些能显现生殖能力的女性特征。

进化心理学家也认为进化使女性预先就更偏好那些能够“提供和保护资源”的男性特征。难怪外表有吸引力的女性倾向于嫁给地位高的男性，也难怪男性都决心相互竞争以获得名誉和财富来显示自己的地位。诺曼·李等人（Li & others，2002）报告说：在挑选伴侣时，男性希望女性要有适度的外表吸引力，而女性则希望男性拥有地位和财富，但两性都喜欢有爱心的人和聪明的人。

> 权力是最有效的催情剂。
>
> ——亨利·基辛格，1971

进化心理学家还考察了男性和女性对暗示着生殖优势的其他线索的反应：从古石器时代的小雕像，到今天杂志上的裸体照片插页，以及选美获胜者的特征来看，无论何地，男性都认为那些腰部比臀部窄 30% 的女性最有吸引力，这是一种与最高的性生育力相关的体形特征（Karremans & others, 2010; Perilloux & others, 2010; Platek & Singh, 2010; Singh，1993，1995）。那些削弱女性生殖能力的因素，比如营养不良、怀孕和绝经等都会改变她们的体形特征。

当判断男性是否为可能的结婚对象时，女性也偏向于上述的腰臀比例，她们认为肌肉男更性感，而肌肉男的确也觉得自己更性感，并报告更多的性伴侣（Frederick & Haselton，2007）。这就具有了进化的意义，正如戴蒙德（Diamond，1996）所说：一个肌肉发达的人要比一个骨瘦如柴的人更有可能获得食物、建造房子和击退敌人。但是，今天的女性却更喜欢高收入的男性（Singh，1995）。

在排卵期，女性会更加喜欢那些具有高度男性化面孔、声音和身材的男性（Gallup & Frederick，2010；Gangestad & others，2004；Macrae & others，2002）。她们对男性性取向的判断会更准确（Rule & others, 2011），且对外群体的男性表现得更警惕

（McDonald & others, 2011）。研究发现，年轻女性在排卵期比非排卵期倾向于穿着更暴露 (Durante & others, 2008)。另一个研究发现，排卵期的脱衣舞女平均每小时的小费是 70 美元，是那些处于月经期的脱衣舞女小费的 2 倍，后者为每小时 35 美元（Miller & others，2007）。

进化心理学家认为，我们是被原始的吸引力所驱动的。就像吃饭和呼吸一样，吸引力和婚配对我们来说是如此的重要，它不可能归结为文化的偶然现象。

社会比较 虽然我们的婚姻心理有其生物学的一面，但是吸引力并不只是取决于生物特性。什么对你是有吸引力的？这还取决于你自己的比较标准。

肯里克和古铁雷斯（Kenrick & Gutierres，1980）让他们的男性助手进入蒙大拿州立大学的男生宿舍，向学生解释说："我们的一个朋友这个星期要来，我们想给他介绍个女朋友，但是我们又不能确定，这个女生到底适不适合与他约会，所以我们想征求你的意见……想请你在一个 7 点量表上进行评价，评价一下这个女生的吸引力。"然后，研究者向男生呈现了一张普通的年轻女性的照片，结果发现，那些刚刚看过了《查理的天使》（一部描述三位漂亮女性的电视剧）的男生，比那些没有看过这部电视剧的男生对这个女生的评价要低。

实验室研究也证实了这种"对比效应"。对于那些刚刚看过杂志中裸体照片插页的男性而言，普通女性，甚至他们妻子的吸引力都会减小（Kenrick & others，1989）。观看诱发强烈性欲的色情电影同样也会降低对自己伴侣的满意度（Zillmann，1989）。性唤起可能暂时地使异性看起来更具有吸引力。但是，观看完美得可以打 10 分的或非现实的性描写所产生的持续影响，会使伴侣吸引力降低——更有可能被评为 6 分而不是 8 分。

爱情不过是一种肮脏的诡计，它欺骗我们去完成传宗接代的任务。

——英国小说家，毛姆，1874—1965

对比效应同样也在我们的自我知觉过程中起作用。看到一个魅力非凡的同性之后，人们会觉得自己缺乏吸引力，而观看一个相貌平平的同性之后，我们不太会产生这种感觉（Brown & others，1992；Thornton & Maurice，1997）。男性进行自我评价的愿望也会因为接触了一个更有权力、更成功的男性而变得不强烈。古铁雷斯等人（Gutierres & others，1999）认为，应该感谢现代传媒的存在，它使我们在一小时内可能看到"很多更有吸引力、更成功的人，而我们的祖先则要花费一年甚至是一生的时间才能看到那么多有吸引力的人"。这种超乎寻常的比较标准也捉弄着我们，使我们低估伴侣和我们自己，使我们花费大量的金钱来化妆、减肥和进行整容手术。然而，即便每年再多花费 950 万美元用于整容和化妆，也未必能够使人们获得满意。如果其他人把牙齿修整得整齐而洁白，而你却没有，那么社会比较就会使你对自己自然而普通的牙齿感到不满；如果你周围人的牙齿都是未整形的自然状态，你就不会有那种不满。

因为你美丽，我才爱你，还是因为我爱你，你才美丽呢？

——白马王子，音乐剧《仙履奇缘》

我们所爱之人的吸引力 让我们以一种乐观的态度来结束我们对吸引力的讨论吧。首先，一个 17 岁女孩的面部吸引力对她在 30 岁和 50 岁时的吸引力的预测力令人吃惊地低。有时，一个相貌平平的青少年，尤其是一个拥有热情、迷人个性的人，成年后会变成一个非常有魅力的人（Zebrowitz & others，1993，1998）。

其次，我们不仅会认为有吸引力的人讨人喜欢，而且会认为讨人喜欢的人也有吸引力。也许你会想起，当你越来越喜欢一个人时，他对你的吸引力也会不断上升。而他们外表上的不完美也就不那么明显了。格罗斯和克罗夫顿（Gross & Crofton，1977；Lewandowski & others，2007）让学生先阅读关于某人讨人喜欢或不讨人喜欢的人格描述，然后再看这个人的照片。结果发现，那些被描述为热情、乐于助人和善解人意的人看起来会更有吸引力。那么"心美貌亦美"就确实存在。研究发现，发现别人与我们自己有相似点似乎会使这个人看起来更吸引人（Beaman & Klentz，1983；Klentz & others，1987）。

此外，还有情人眼里出西施的现象：当一个女孩爱一个男孩时，她就会觉得他的外表越来越有吸引力（Price & others，1974）。而且，人们爱得越热烈，他们就越不觉得任何其他异性吸引人了（Johnson & Rusbult，1989；Simpson & others，1990）。"草坪的另一边可能更绿"，米勒和辛普森（Miller & Simpson，1990）说，"但快乐的园丁却很少能注意到。"漂亮，在某种程度上的确只是旁观者的眼睛所见。

亨利·詹姆斯这样描述小说家乔治·爱略特（玛丽·安·埃文斯的笔名）："她非常难看——简直难看极了。低低的额头，无神的双眼，大而下垂的鼻子，满口龅牙的大嘴，下巴和下颌骨非常奇怪……但是现在，这丑陋之中却潜藏着巨大的魅力，在短短几分钟内，它们悄悄地潜入并迷倒了我们的灵魂，以至于你也会像我一样爱上她。"

相似性与互补性

从以上的讨论来看，人们可能会认为列夫·托尔斯泰完全正确："爱依赖于……频繁的接触，依赖于彼此的发型，依赖于服饰的颜色和款式。"但是，当人们逐渐了解对方以后，其他的因素也会影响到熟人是否可以变成朋友。

物以类聚吗

对于这一点，我们可能深信不疑：物以类聚，人以群分。朋友、订婚的情侣以及夫妻，会比那些随机配对的人更可能拥有相同的态度、信仰和价值观。此外，丈夫和妻子间的相似性越大，他们就越幸福而且越不容易离婚。这种相关关系是有趣的，但是它们之间孰因孰果却还是个谜。到底是相似性导致了喜欢，还是喜欢导致了相似呢？

相似产生喜欢 为了弄清楚相似性与喜欢之间的因果关系，我们做了一个实验。想象一下：在一次校园聚会里，劳拉和莱斯、拉里一起就政治、宗教和个人好恶等话题展开讨论。她和莱斯发现，他们几乎对所有事情的观点都是一致的，而她和拉里只在少数观点上一致。之后，她回忆说："莱斯真的很聪明……而且很可爱……希望我们能再见面。"在实验里，唐·伯恩（Byrne，1971）和他的同事抓住了劳拉体验的实质。他们一次又一次发现，当某人的态度与你自己的越相似时，你就会越喜欢他。相似性产生喜爱，这不仅对于大学生，而且对于儿童和老人，对于不同职业以及不同文化的人也都适用。当他人的想法与我们的相似时，我们不仅会赞赏他们的态度，而且会推断他们的性格也很好（Montoya & Horton，2004）。

如果两个人不一致，他们能走到一起吗？

——《阿摩司书》3:3

这种"相似性导致喜欢"的效应已经在现实生活情境中得到验证。

- 在密歇根大学，纽科姆（Newcomb，1961）研究了两组转学的男生，每组 17 人，他们彼此不认识。但在共同度过了 13 周的寄宿公寓生活后，那些一开始就表现出高度相似性的男生更容易成为亲密的朋友。研究发现，其中一组朋友包括 5 个文科生，他们的政治观点都很自由，也都很聪明；另一组朋友由 3 个保守而老练的人组成，他们都是工学院的学生。
- 在中国香港的两所大学里，罗伊斯·李和彭迈克（Lee & Bond，1996）发现，若同居一室的学生有共同的价值观和个人特质，那么舍友间的友谊在 6 个月内

朋友就是这样的一些人，他们与我们关于善恶的观点一致，他们与我们关于敌友的观点也一致……我们喜欢那些与我们相似的人，以及那些与我们有着共同追求的人。

——亚里士多德，《修辞学》，公元前 4 世纪

“实际上，卢，我认为她远不止是在恰当的时间待在恰当的地方。她是属于一个恰当的种族，有一种恰当的信仰、恰当的性别、恰当的社会经济群体，还有着恰当的口音，穿着恰当的衣服，进了恰当的学校……”

最有吸引力的人是那些最像我们的人。

便可形成；而当他们将舍友看成与自己相似时尤其如此。正如经常发生的那样，现实情况很重要，而对现实的知觉更重要。

- 在很多环境中，当走进满是陌生人的房间时，人们通常会坐在与自己相似的人旁边（Mackinnon & others, 2011）。戴眼镜的会坐在戴眼镜的人身边，长头发的会坐在长头发的人身边，深色头发的人会坐在同样发色的人身边（即使控制种族和性别因素）。
- 人们不仅喜欢那些和他们想法一样的人，而且还喜欢那些和他们行为一致的人。微妙的模仿会产生喜爱之情。你是否注意到过这样的现象：当某人对某事的观点与你一样，并附和你的想法时，你就会感到些许友善和喜爱之情呢？巴伦及其同事（Baaren & others，2003a，2003b）认为这是常见的现象，在荷兰的饭店里，那些仅仅通过重复客人点菜方式来模仿客人的服务员，通常能得到更多的小费。莱金和沙特朗（Lakin & Chartrand，2003）指出，模仿能增进和谐，对和谐的渴望也能增进模仿。
- 不论在中国还是西方国家，相似的态度、特质和价值观使夫妻俩走到了一起，而且相似性还可以预测他们的婚姻满意度（Chen & others, 2009; Gaunt, 2006; Gonzaga & others, 2007）。在速配中，说话风格相似的人会相互吸引（Ireland & others, 2011）。甚至连早睡早起型和晚睡晚起型的人都倾向于彼此寻觅（Randler & Kretz, 2011）。心理学家发现，这就是互联网征婚网站的基础，将征婚者根据幸福伴侣的特点即相似性进行匹配（Carter & Snow，2004；Warren，2005）。

所以，相似性产生了满足感。物以类聚，的确如此。当你发现某个独特的人与你拥有相同的想法、价值观和愿望时，当你发现心心相印的伴侣与你喜欢一样的音乐、一样的活动甚至一样的食物时，你就会更确信这一点。（当喜欢相同的音乐时，人们也拥有相似的价值观 [Boer & others, 2011]。）

不相似导致不喜欢 我们有一种偏好——错误的一致性偏好——倾向于认为别人与我们拥有同样的态度。当我们发现某人与我们的态度不一致时，我们就会倾向于减少对这个人的喜欢（Norton & others，2007）。如果那些不同的态度和价值观与我们的道德信仰具有强烈的关系，我们就会更加不喜欢并且远离他们（Skitka & others，2005）。同一政党的人之所以在一起，与其说他们喜欢那些与自己志同道合的其他成员，还不如说他们讨厌那些与自己意见相左的人（Hoyle，1993；Rosenbaum，1986）。异性恋男性通常会鄙视那些在感知性别特征及性行为两方面都与自己不同的同性恋者（Lehavot & Lambert，2007）。

总之，不同的态度对喜欢的抑制作用甚于相似态度对喜欢的促进作用（Singh & Ho，2000；Singh & Teob，1999）。人们在自己的团体中都期望成员具有相似性，人们发现自己很难喜欢一个与自己持有不同意见的人（Chen & Kenrick，2002）。这或许可以解释为什么恋人和舍友会随着相处时间的增加，在对各种事情的情绪反应和态度上变得越来越相似（Anderson & others，2003；David & Rusbult，2001）。“态度一致性”有助于人们促进和维持亲密的关系，也能够导致同伴高估他们态度的相似性（Kenny & Acitelli，2001；Murray & others，2002）。

人们把其他种族的人看做与自己相似还是不相似，也会影响人们的种族态度。无论在什么情况下，只要一群人将另一群人看成“别人，即在说话、生活和思维方式都不同于己的异类，那么发生种族压迫的可能性就会很大。事实上，除了像恋人那样的亲密关系以外，思想上的相似性所产生的吸引力比肤色的相似性更为重要。大多数白人表示，他们更喜欢、更愿意与自己想法一致的黑人而不是想法不同的白人共事（Insko & others，1983；Rokeach，1968）。白人越是认为黑人支持他们的价值观，他们的种族态度就会越积极（Biernat & others，1996）。

“你提醒了我，我们从彼此都学到了很多。”

社会心理学家詹姆斯·琼斯（Jones，1988，2003，2004）指出，“文化种族主义”之所以持续存在，是因为文化差异本来就是现实生活的事实。现实生活中既存在现实取向、自然表露、注重精神和由情感驱动的黑人文化，也存在未来取向、注重物质和由成就驱动的白人文化。琼斯认为，与其想方设法要消除这些差异，还不如好好感激这些差异“对多元文化社会的文化结构所作的贡献。”在某些情境中，善于表达是优点；在另一些情境中，未来取向是优点。每一种文化都有许多要向其他文化学习的地方。在一些国家，如加拿大、英国、美国，移民和不同的出生率造成了发展的多样性，因此，如何教育人们尊重和欣赏那些与自己不同的人无疑是一个巨大的挑战。由于文化多样性程度的提高，而我们对于差异又有天生的警惕性，尊重和欣赏差异也许是我们这个时代主要的社会挑战。（见“研究背后的故事：詹姆斯·琼斯论文化多样性”。）

研究背后的故事

詹姆斯·琼斯论文化多样性

在我还是耶鲁大学的研究生时，我应邀写一本关于偏见的书。为了让读者排除对偏见的个人责任的考虑，我将书起名为《偏见与种族主义》，我解释了种族问题如何植根于我们的社会。偏见根本就不是一个种族问题，而是文化问题。欧洲的传统文化和非洲有很大不同，它们的差异是文化种族偏见产生的根源——即无法容忍文化差异。在今天这个种族融合的世界中，即使我们正在努力寻求统一的思想，我们也必须学会接纳文化多样性。

詹姆斯·琼斯
(James Jones)
特拉华大学

对立引发吸引吗

我们不是也会被这样的人吸引吗？他们在某些方面与我们不同，但又与我们的某些人格特质互补。我们受到那些有着不同气味的人的吸引，这种基因上的差异避免了近亲繁殖以及后代出现免疫系统缺陷的问题（Garver-Apgar & others，2006）。但是态度和行为特点呢？研究者考察了这个问题，他们不但比较了朋友和配偶们的态度和信念，而且还比较了他们的年龄、宗教信仰、种族、吸烟行为、经济水平、受教育程度、身高、智力以及外貌。在所有这些方面乃至更多的方面，相似性仍然是主导因素（Buss，1985；Kandel，1978）。聪明者聚在一起。同样，富裕的、同样教派的、高大的、美丽的也各自聚在一起。

但我们仍然要问：我们真的就不会被那些需要和人格品质正好与我们互补的人吸引吗？一个虐待狂和一个受虐狂在一起能否找到真爱呢？甚至《读者文摘》都告诉过我们："对立相吸……爱社交的人与不爱社交的人配对，求新猎奇的人与不愿变化的人配对，挥金如土的人和节俭的人配对，冒险的人与谨小慎微的人配对"（Jacoby，1986）。社会学家罗伯特·温奇（Winch，1958）解释说，一个外向的、具有支配性的人的需要，正好和腼腆的且喜欢服从的人是天作之合。这个逻辑看起来是很有说服力的，我们中的大部分人都会把夫妻之间的差异看做一种互补："我的丈夫和我是天生的一对。我是水瓶座的，坚决果断；他是天秤座的，优柔寡断。但他总是乐意遵从我所作的安排。"

这种观点听起来具有说服力，但令人惊奇的是，它未能得到研究者的证实。例如：大多数人会被富于表现力且外向的人所吸引（Friedman & others，1988）。但当一个人正处于沮丧的情绪中时，情况还会是这样吗？沮丧的人会去寻找那些快乐的人来使自己快乐起来吗？事实正好相反，那些心情好的人最乐意跟愉悦的人为伴（Locke & Horowitz，1990；Rosenblatt & Greenberg，1988，1991；Wenzlaff & Prohaska，1989）。当你感到忧郁的时候，一个生龙活虎的人可能会使你感觉更糟糕。这种对比效果会使一个相貌平平的人在与漂亮的人相处时感到自己的长相更为一般，也使伤心的人在与开心的人相处时倍觉凄凉。

某些方面的**互补性**（complementarity）的确可以促进关系的改进（即使是两个同卵双生子之间的关系）。然而，人们似乎更倾向于喜欢并和那些在需求和人格方面相似的人结为夫妻（Botwin & others，1997；Buss，1984；Fishbein & Thelen，1981a，1981b；Nias，1979）。也许某一天，我们会发现一些方法（除了异性相恋之外）能使差异产生喜欢。支配性和被支配性也可能会是其中的一种（Dryer & Horowitz，1997；Markey & Kurtz，2006）。但一般来说，对立者并不相吸。

喜欢那些喜欢我们的人

一般来说，男人会对对自己感兴趣的女人感兴趣，而不是对拥有修长美腿的女人感兴趣。

——美国女演员
玛琳·黛德丽
（1901—1992）

喜欢通常是相互的。接近性和吸引力影响我们最初为谁所吸引，而相似性会影响长期的吸引。如果我们有一种强烈的归属需要，以及被喜欢、被接纳的需要，我们还会不喜欢那些喜欢我们的人吗？最好的友谊不正是发生在相互钦慕的社会交往中吗？的确，一个人喜欢他人的程度，可以反过来预测对方喜欢他的程度（Kenny & Nasby，1980；Montoya & Insko，2008）。

但是，一个人喜欢另一个人就可以使对方反过来也欣赏自己吗？一份人们讲述自己如何坠入情网的报告给予了肯定的回答（Aron & others，1989）。发现一个有魅力的人真的喜欢你，似乎能唤起一种浪漫的情感。实验研究证实了这一点：告知某些人他们被别人喜欢或仰慕时，他们就会产生一种回馈的情感（Berscheid & Walster，1978）。而且，一项速配研究也表明，当某些人尤其喜欢你而不是别人时，这种情感回馈会更好（Eastwick & others，2007）。一点点不确定性也能让人燃起渴望。某人可能喜欢你，但你不太确定。这种情况下，你往往更会对他念念不忘，觉得他很有吸引力（Whitechurch & others, 2011）。

如果 6 万人告诉我他们喜欢这个节目，然后一个人走过说烂透了。这会是我听取的评论。

——音乐家大卫·马修斯，2000

来看一下伯奇德及其同事（Berschieid & others，1969）的研究：参与者更喜欢那个在八个项目上都对他们做积极评价的学生，而不太喜欢那个在七个项目上对他们做积极评价、一个项目上做消极评价的学生。我们对最微弱的批评暗示都是十分敏感的。作家拉里·金曾多次强调了否定的作用："多年来，我发现了一个令人奇怪的现象，积极的评价无法总让作者产生好的感觉，而消极的评价则总会让他产生坏的感觉。"

无论我们评价自己，还是评论别人，消极信息都占了更大的权重，这是因为，较之于积极信息，消极信息更不寻常，也更能抓住人们的注意力（Yzerbyt & Leyens，1991）。人们在大选投票时，更容易被总统候选人的弱点而不是优点所左右（Klein，1991），这是那些为竞选对象做消极设计的人从未放弃利用的一种策略。鲍迈斯特（Baumeister & others，2001）及其同事指出，生活中一条普遍的规律是，缺点比优点更有影响力（见"聚焦：缺点比优点更有影响力"）。

很久以前我们就认识到，我们喜欢那些我们认为是喜欢我们的人。从古代哲学家希卡托（"如果你希望被别人爱，那你就去爱别人吧"）到爱默生（"拥有朋友的惟一方法就是成为别人的朋友"），再到戴尔·卡内基（"慷慨地去赞美别人吧"），都预见了我们的发现。他们所不能预见的是这一规律起作用的精确条件。

"好吧——并不是因为你是我丈夫，我才这么说的——它确实不好。"

归 因

正如我们已经看到的，奉承有时的确会使你感觉良好。但也并非总是如此。如果赞美明显地违背了我们所知道的事实，比如有人说："你的头发看起来真是太美了！"可事实是我已经好几天没有洗头了，或许我再也不会尊重这个奉承者，并会怀疑这种赞美是否出于一种不可告人的动机（Shrauger，1975）。因此我们常常认为批评比表扬更真诚（Coleman & others，1987）。事实上，当我们听到的开场白是"说实话"时，我们就知道接下来要听到的会是批评。

实验室实验揭示了一些前面章节中提到的内容：我们的反应依赖于我们的归因。我们是不是把赞美归因为一种**讨好**（ingratiation）——自我服务的一种策略呢？这人是不是想让我们为他买什么东西？或是谋求性顺从？还是希望给予回报呢？如果是这样的话，奉承者和他们的赞美都会失去魅力（Gordon，1996；Jones，1964）。但是，如果没有明显的别有用心的动机，我们就会接受奉承者和他们的奉承。

聚焦

缺点比优点更有影响力

前面我们已经指出，不同的态度更容易使我们讨厌他人。别人的批评比表扬更能抓住我们的注意力，更能影响我们的情绪。鲍迈斯特及其同事（Baumeister & others, 2001）称这只是冰山一角："在日常生活中，坏事总是比好事更有影响力，而且影响更持久。"试看：

- 破坏性行为对亲密关系的伤害程度要比建设性行为对亲密关系的促进作用更大。（冷酷的言辞比甜言蜜语能持续更长的时间。）
- 坏心情比好心情更能影响我们的思维和记忆。（即使我们天性乐观，也更容易想起过去那些引起不良情绪反应的事情。）
- 表达消极情绪的词语比表达积极情绪的词语更多，而且要求人们想出表达情绪的词语时，他们更容易想出消极的词语。（伤心、生气、害怕是最常见的三个。）
- 坏事唤起的悲伤比好事带来的快乐更多。（兰迪•拉森 [Larsen,2009] 的分析表明，负面情绪体验的强度超过了正面情绪体验，比率恰好等于圆周率 π：3.14。）
- 一件坏事（创伤）比一件好事能够产生更为持久的影响。（死亡比出生更能引起人们对生命意义的探寻。）
- 日常生活中发生的坏事比好事更能引起人们的注意和思考。（丢了钱给人带来的不安，远胜于得到同样多的钱所带来的快乐。）
- 非常恶劣的家庭环境超出遗传对智力的影响的程度，要远远大于良好家庭环境。（差劲的父母可能会使他们天资聪慧的孩子变得不再那么聪明；而明智的父母要使不聪明的孩子变得聪明则会遇到更多的困难。）
- 一个不好的名声比起一个好名声更容易获得，而且更难以摆脱。（仅仅一次说谎就可以毁掉一个人"诚实"的美誉。）
- 糟糕的健康状态对幸福感的影响要远大于好的健康状态所增加的快乐。（疼痛产生的痛苦远远大于舒适产生的快乐。）

坏事带来的好处是可以使我们做好准备去面对危险，保护我们远离死亡和残障。对于生存来说，坏事变坏要比好事变好对我们产生的影响更大。为什么心理学在诞生后的第一个世纪中，关注的消极事件要多于积极事件？从 Psyc INFO（心理学文献查询平台）建立到 2011 年，直到我们最后统计的一刻，该平台上已有 21 045 篇文章提到"愤怒"，151 115 篇提到"焦虑"，184 583 篇提到"抑郁"。每 10 篇有关这些主题的文章中，只有 1 篇涉及愉悦（6 238 篇）、生活满意（20 650 篇）或幸福感（9 846 篇）等积极情绪。同样，"恐惧"（48 884 篇）已经远远超过了"勇气"（2 489 篇）。然而，鲍迈斯特及其同事认为，消极事件的力量"或许正是积极心理学运动发起的最重要的原因。"为了克服个别消极事件的不良影响，"人类的生活需要更多积极的事情而不是消极的事情。"

自尊和吸引

哈特菲尔德想弄清楚在我们四面楚歌时，别人的支持是否显得尤为珍贵，正如饥饿之后的进食是最好的奖赏一样（Walster，1965）。为了验证这一想法，她先给斯坦福大学的女生进行了人格分析，划分出令人非常愉悦的人，让人感到不快的人。通过这种办法，研究者肯定了一部分人，而否定了另一部分人。然后，要求她们评价几个人，其中包括一个很有魅力的男性，他正好在实验之前曾与每个女生有过热情的聊天,并邀请每个女生去约会（无一人拒绝）。你猜哪些女生最喜欢这位男士呢？答案恰恰是自尊心刚刚遭受了暂时打击并极为渴望获得社会承认的那些人。这有助于解释为什么人们有时在遭遇一次很伤自尊的拒绝之后，会表现出一些反弹行为，比如坠入充满激情的恋爱当中。

获得他人的尊重

如果不被承认之后再得到承认是一种有力的奖赏的话，那么，我们是否更喜欢那个起初不喜欢我们，后来又喜欢我们的人？还是更喜欢那个从一开始就喜欢我们（因而也给了我们更多承认）的人呢？瑞恩正在和室友的表妹索菲娅参加一个小型讨论会。在第一周的课程之后，瑞恩通过他的“信息通道”了解到，索菲娅认为他很浅薄。随着时间的推移，瑞恩了解到索菲娅对他的看法在逐渐变好；慢慢地，索菲娅把他看成一个聪明的、有头脑的且很有魅力的人了。如果索菲娅一开始就认为他不错，是否更能得到瑞恩的喜欢呢？如果瑞恩简单地根据他所得到的承认评价数量来判断的话，那么后者应该得到索菲娅更多的喜欢。但是，如果索菲娅拒绝之后的承认更有力的话，前者就会得到瑞恩更多的喜欢。

实验之后，哈特菲尔德花了近一个小时的时间去解释这个实验，并且和每位女生进行了交谈。她报告说，后来没有一个人因自尊受到短暂的打击而烦恼或影响正常约会。

为了确定在绝大多数情况下哪一个正确，阿伦森和林德（Aronson & Linder, 1965）设计了一项精巧的实验，该实验抓住了瑞恩的经历的本质。他们让 80 名明尼苏达大学的女生“无意中”听到了另一位女生对她们的一系列评价。有些女生听到的是持续的对自己的积极评价，有的女生听到的是持续的对自己的消极评价。还有的女生听到的评价是从消极到积极（如索菲娅对瑞恩的评价），或从积极到消极。结果发现，当个体获得了目标人物的尊重，尤其当这种尊重的获得是逐渐发生的，并且还推翻了目标人物先前的批评之词时，个体就会更加喜欢这个目标人物（Aronson & Mettee, 1974；Clore & others, 1975）。索菲娅先说了一些不太友善的话，可能正因为如此，她随后对瑞恩的赞美之辞才更加可信。或者是，由于先前对美言的吝惜，才使得对方听到赞赏后特别满足。

爱完全征服了恨，所以爱恨总相随。也正如此，有恨伴随的爱才比无恨的爱更伟大。

——本尼迪尼特·斯宾诺莎，《伦理学》，1677

阿伦森认为，频繁的赞扬可能会失去价值。当一个丈夫第 500 次说，“呀，亲爱的，你看起来真美啊”，这话给妻子的触动远不如他说，“哦，亲爱的，你穿那件衣服不是很好看。”要让所爱的人满意很难，但伤害所爱的人却很容易。这说明，与压抑不快情绪和戴尔·卡内基所说的“过度赞扬”相比，保持坦率而真诚的关系——互相尊重、彼此接纳、保持忠诚——更可以持续地让对方感到满意。阿伦森这样解释道：

> 当关系向更加亲密的方向发展时，真诚变得更为重要。我们不再一味努力给对方留下好印象，而是开始把自己最真实的一面展示给对方，哪怕有些方面令人生厌……如果两人真心喜欢对方，如果他们能在对方面前坦然表露自己的积极和消极情绪，而不总是“友善”地对待对方，那么他们将持久地拥有更满意、更富有激情的关系。（Aronson, 1988, p.323）

伤害你的不仅有你的敌人，还有你的朋友；敌人诽谤你，朋友则告诉你这个消息。

——马克·吐温，《傻瓜威尔逊的新日历》，1897

在大多数社会交往中，我们会对自己的消极情绪进行自我检查。因此，斯旺及其同事（Swann & others, 1991）提出，某些人根本没有获得矫正性的反馈。他们生活在充满愉悦的幻境中，他们的行为方式使他们逐渐疏远了潜在的朋友。真正的朋友是那些能把坏消息也告诉我们的人。

有些真爱我们的人虽然也很诚实，但他们也倾向于透过玫瑰色的眼镜（过分乐观地）来看待我们。默里等人（Murray & others, 1996a, 1996b, 1997）对恋爱的情侣和已婚的夫妇进行的研究表明，那些相互理想化的伴侣过得最开心（或随相处时间的增加而更加快乐），他们看待自我伴侣的态度甚至比伴侣看待自己的态度更加积极。恋爱中的人总是倾向于认为自己的伴侣不仅外在美，而且在社交上也颇具魅力，并且我们也乐于发现我们的伴侣看待我们时也有同样的积极偏见（Boyes & Fletcher,

一个人只有在爱人眼里才是完美无缺的（情人眼里出西施）。
——《60 分钟》资深主持人安迪・鲁尼

2007）。而且，那些对婚姻最满意的夫妇，在遇到问题时并不会马上批评和指责对方，也不会马上追究到底是谁的错（Karney & Bradbury，1997；Miller & others，2006）。真诚对营造两人之间的良好关系很重要，但假定对方天性善良也同样重要。

关系中的奖赏

当问及为什么会跟某人交朋友，或为什么会被他们的伴侣所吸引时，大多数人的答案都可以脱口而出。“我喜欢卡罗尔，因为她热情、聪明而博学。”这样的解释所忽略的——也是社会心理学家认为最为重要的——就是我们自己。吸引牵涉到被吸引的一方和吸引别人的一方。因此从心理学角度来看，更为准确的答案应该是，“我喜欢卡罗尔，是因为跟她在一起感觉如何如何。”我们是被那些令我们感到满意和开心的人所吸引。吸引体现在被吸引一方的眼中（和脑中）。

可以将这种观点总结为一个简单的**吸引奖赏理论**（reward theory of attraction）：我们喜欢那些回报我们或与我们得到的回报有关的人。如果跟某人交往所得到的回报大于付出的成本，那我们就喜欢并愿意继续维持这种关系。尤其当我们在这种关系中的收益大于其他可能的关系时更是如此（Rusbult，1980）。当一方满足了另一方没有得到满足的需求之后，就会产生相互吸引（Byers & Wang，2004）。拉罗什福科在《箴言集》一书中指出：“在友谊中，双方的长处和优势得以互换，这可能有益于双方的自尊。”

我们不仅乐于跟那些能带来报偿的人交往，而且根据奖赏理论所说的第二种原则，我们还喜欢与那些能让我们心情愉悦的人交往。人们通过条件反射形成了对那些与奖赏性事件有关的事和人的积极感受（Byrne & Clore，1970；DeHouwer & others，2001；Lott & Lott，1974）。在一周的紧张工作之后，当我们围坐在篝火前，享受着可口的食物、醇香的美酒和美妙的音乐时，就可能觉得身边的一切都那么温馨。而如果我们正经受着头痛的折磨，那么我们就可能对遇到的人没什么好感。

鲍威尔・勒维克（Lewicki，1985）对这种“联系—喜欢”原则进行了检验。在一项实验中，要求来自华沙大学的学生从两张女士的照片（图 11.5 中的照片某甲或某乙）中选出一个看上去比较友善的，结果这两张照片被选择的比率是对等的。而另外的学生在选择照片之前，先与一位热情、友善、长相像某甲的实验者进行了交往，结果他们选择某甲、某乙照片的比率为 6:1。随后的实验中，学生在选择照片之前也会跟同一位实验者进行交往，但这时实验者对待其中一半的人的态度非常不友善。结果他们在选择某甲、某乙照片时，几乎都没有选择那个和实验者很像的女士的照片。（回想一下，你可能在某些时候也曾以积极或消极的态度对待过让你联想到另外某个人的那个人。）

还有其他一些研究也证实了“联系—喜欢”和“联系—不喜欢”的现象（Hofmann & others，2010）。哈特菲尔德和沃尔斯特（Hatfield & Walster，1978）通过这些研究，发现了一条与人相处时很实用的小贴士：“浪漫的晚餐、在剧院观看演出、在家共度夜晚、度假，这些都很重要……如果你希望维系与伴侣的关系，那么你和你的伴侣都要继续把你们的关系跟美好的事物联系起来。”

这个简单的吸引奖赏理论——即我们喜欢那些回报我们或与我们得到的回报有关的人——可以帮助我们理解为什么所有的人都会被那些热情、可靠、积极反应的人所吸引（Fletcher & others，1999；Regan，1998；Wojciszke & others，1998）。这一理论还有助于解释吸引力的一些影响因素：

实验者　某甲　某乙

图 :: 11.5

通过联系而喜欢

在与友好的实验者交往后，人们更倾向于选择那个像实验者的女士（某甲），而不选不像实验者的女士（某乙）。在与不友好的实验者交往后，人们不会选择像实验者的女士。

- 接近性能够带来报偿。从与近邻和同事的关系中获得友谊的好处，所需付出的时间和精力都较少。
- 我们喜欢有吸引力的人，因为我们觉得他们会具备其他一些我们所期望的品质，与他们结交能使我们获益。
- 如果他人的观点与我们的观点相似，我们会觉得得到了回报，因为我们假定他们也喜欢我们。而且，与我们持有共同观点，会使得我们更加确信这些观点是正确的。我们尤其喜欢那些被我们成功说服、从而开始认同我们观点的人（Lombardo & others，1972；Riordan，1980；Sigall，1970）。
- 我们喜欢被人喜欢和被人所爱。因此，喜欢常常都是相互的。我们喜欢那些喜欢我们的人。

小结：导致友谊和吸引的因素

- 两个人能否成为朋友的最好预测因素是他们相互之间的接近性。接近性有利于双方不断曝光，从而进行相互交往，这也促使双方去发掘两人的相似之处，感受彼此的喜爱。
- 决定吸引力的第二个因素是外表吸引力。对约会陌生人进行的实验室研究和现场研究都表明，大学生更倾向于选择外表有吸引力的人。然而在日常生活中，人们实际上愿意选择那些大体上与自己的吸引力匹配（或者，对方魅力不足但具有其他补偿性品质）的人结婚。对有吸引力的人的积极归因形成了关于外表吸引力的刻板印象——也就是“美即是好”的假设。
- 双方在态度、信仰和价值观上的相似性，会极大地增进一方对另一方的喜欢。相似导致喜欢；对立则很少能产生吸引。
- 我们也很可能和那些喜欢我们的人建立友谊关系。
- 根据吸引力奖赏理论，我们喜欢那些能给我们带来奖赏，或者那些与奖赏事件相联系的人。

爱情的种类及要素

描述爱情的种类及其构成要素。

爱就是活下去的自然力量。

——保罗·韦伯斯特，《爱情多美好》，1955

爱情比喜欢更复杂，因而也就更难进行测量和研究。人们渴望爱情，为它而生，因它而死。

大多数投身于这一领域的学者都研究了最容易研究的一个方面，即陌生人之间短暂接触时所做出的反应。那些影响起初我们对他人喜爱与否的因素，比如接近性、吸引力、相似性、他人是否喜欢自己以及其他一些回报性的特质，也会影响到我们长期、亲密的关系。约会双方会很快形成对对方的最初印象，这就为他们之间的长期交往提供了基本线索（Berg，1984；Berg & McQuinn，1986）。的确，如果北美人的爱情的发生是随机的，而不考虑接近性与相似性等因素的话，那么就会有很多天主教徒（属于少数群体）与基督教徒结婚，就会有很多黑人与白人结婚，而大学生与大学生结婚的可能性，应和与高中辍学者结婚的可能性相当。

因此，第一印象十分重要。但是，长期的爱情并不仅仅是初时好感的延续和增强。于是，社会心理学家们转而开始研究持久、长期的亲密关系，而不再将研究兴趣只局限于初次相遇所体验到的吸引力。

激情之爱

对爱情进行研究，也同研究其他主题一样，第一步就是要决定如何对爱情进行界定和测量。我们有很多方法，用以测量攻击、利他、偏见和喜好。但是，怎样测量爱情呢？

勃朗宁夫人在她的诗中写道：“我是怎样地爱你？让我逐一细算。”社会科学家们列举了几种方式。心理学家罗伯特·斯腾伯格（Sternberg，1998）认为爱情是个三角形，这个三角形的三边（不等长）分别是：激情、亲密和承诺（如图 11.6）。

有些元素是所有的爱情关系都共有的，如相互理解、相互扶持，以爱人的陪伴为乐等等。有些元素则具有特定性。如果我们经历的是激情之爱，那么我们就会通过身体来表达这种爱，我们期望这种关系具有排他性，我们还对自己的伴侣非常着迷。外人可以通过我们的眼睛看出这一切。

鲁宾（Rubin，1973）的研究支持了这一点。他对几百对密歇根大学的情侣施测了一份爱情量表。随后，他又通过设置在实验等候室的单向玻璃，观察并记录了热恋和非热恋的情侣的目光接触时间。结果并不出人意料：热恋的情侣会长时间地注视对方的眼睛。冈萨格等（Gonzaga & others，2001）对情侣们进行的观察也表明，当情侣们交谈时，热恋的情侣还会互相点头致意、自然地微笑，或是轻轻倚在对方

图 :: 11.6
斯腾伯格的爱情三成分理论

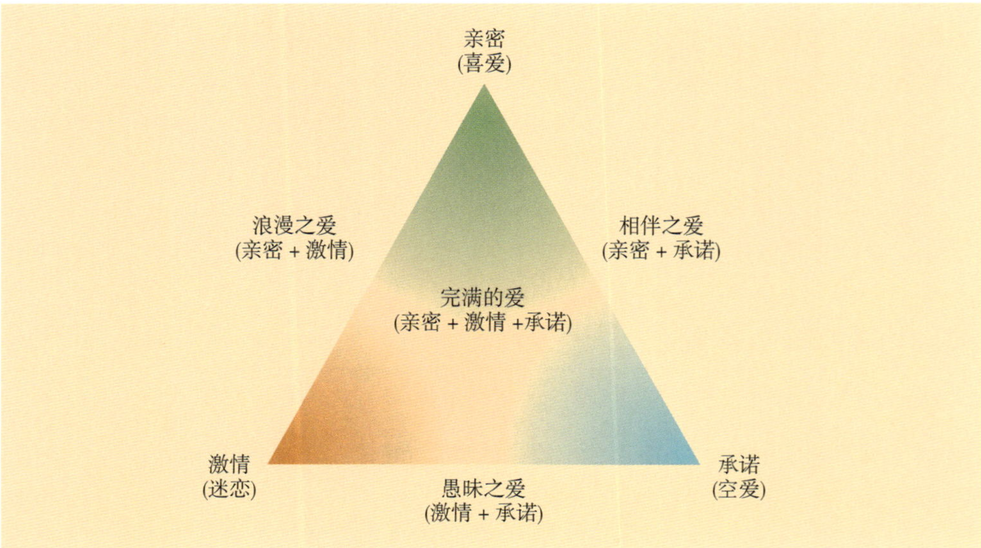

身上。对速配者进行观察，只需几秒钟就能相当准确地猜出一个人是否喜欢对方（Place & others, 2009）。

激情之爱（passionate love）是情绪性的、令人兴奋的、强烈的爱。哈特菲尔德（Hatfield，1988）把激情之爱界定为“*强烈渴望和对方在一起的一种状态*”。对满怀激情之爱的一方而言，如果对方对自己的热情做出了回应，那么他就会感到满足而快乐；如果对方对自己的热情没有做出回应，他就会觉得空虚而绝望。就像其他激动的情绪一样，激情之爱也包含着情绪的急转突变，忽而兴高采烈，忽而愁容满面；忽而心花怒放，忽而伤心绝望。弗洛伊德曾说过，“再没有比恋爱时更容易受伤的了。”激情之爱使人专注于自己的爱人，正如罗伯特·格雷夫斯所说的，“倾听敲门声的响起；期待对方做出表白。”

当你感觉不仅是在爱恋着某人，而且深陷其中难以自拔时，那种感受就是激情之爱。迈尔斯和伯奇德（Meyers & Berscheid，1997）说过，我们能够理解那些说“我爱你，但我们并不相恋”的人要表达什么，他们实际上是在说：“我喜欢你，我关心你，我觉得你很棒，但是我觉得你对我来说不具有性吸引力。”也就是说，他们认为自己感受到的是友谊之爱，而不是激情之爱。

研究者报告，持续的目光接触、点头和微笑都是激情之爱的标志。

关于激情之爱的一个理论

为了解释激情之爱，哈特菲尔德指出，任何一种既定的生理唤醒状态最终都可以被归结为某种情绪，究竟被归结为哪一种情绪，取决于我们对这种唤醒状态如何进行归因。每一种情绪都包含着身体和心理反应，既有生理唤醒，还有我们如何诠释和标识这一生理唤醒。想象一下，你现在正心跳剧烈、双手发抖：你是在经历恐惧？焦虑？还是喜悦？从生理上讲，这些情绪很相似。当你处在愉快的环境中时，你就可能把这种生理唤醒体验为喜悦；而当你处于充满敌意的环境中时，你可能把这种生理唤醒体验为愤怒；而假如你正处在浪漫的情境中，你就可能把这种生理唤醒体验为激情之爱。从这个角度来看，激情之爱就是由于我们在生理上被有吸引力的人所唤醒而知觉到的心理体验。

如果激情是一种被标识为“爱情”的能带来兴奋感的状态，那么任何一种可以增加兴奋感的东西都应该可以增强对爱情的感受。有些实验通过让男性大学生阅读色情小说或观看色情电影而提高他们的性唤起，结果发现这些男生此时对女性有更强烈的反应——比如，当他们描述自己的女友时，在爱情量表上的得分更高（Carducci & others，1978；Dermer & Pyszczynski，1978；Stephan & others，1971）。沙克特和辛格（Schachter & Singer，1962）提出的**情绪的两因素理论**（two-factor theory of emotion）认为，当处于兴奋状态的男性对女性做出反应时，他们很容易就把自己的某些生理唤醒错误地归因于这位女性。

根据这一理论，倘若可以自由地把生理唤醒归因于某些浪漫的刺激，那么由任何来源所引发的生理唤醒都应该可以增强激情的感受。达顿和阿伦（Dutton & Arthur Aron，1974）设计了一项精妙的实验来证实这一现象。他们让一位魅力十足的年轻女子，站在位于英属哥伦比亚卡普兰诺河上 70 米高、140 米长的一座狭窄而摇晃的吊桥上，请求过往的单个男性帮助她完成一份课堂问卷。当对方完成问卷后，这名女子会留下自己的姓名和电话，然后告诉他如果想了解更多该项目的信息就可以打电话找她。结果大部分的男性都收下了她的电话号码，而且有一半的男性确实打了电话。而与此相对，在低矮、坚固的桥上遇到这位女性的男性当中，以及还在那座高吊桥上遇到一位男性调查者的男性当中，则很少有人打电话。这一研究结果再次证明，生理唤醒促进了罗曼蒂克式的反应。

观看恐怖电影、乘坐过山车以及体育锻炼等也都有同样的效果，特别是对那些我们觉得有吸引力的人（Foster & others，1998；White & Kight，1984）。这种效果也存在于已婚夫妇中。那些经常在一起做一些可以提升彼此兴奋度活动的夫妇，所报告的婚姻满意度最高。相对于完成一般的实验室任务，如果夫妻双方能共同完成一项提高激活水平的活动（比如两人的绑腿赛跑等），往往会对其关系的总体情况报告较高的满意度。肾上腺素使两颗相爱的心贴得更近了。

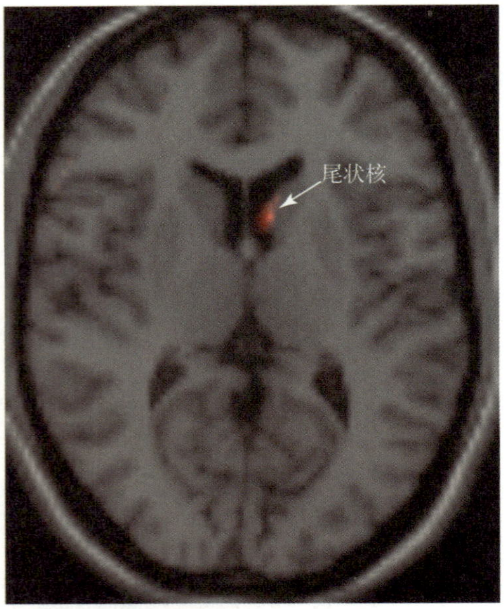

图 :: 11.7

恋爱中的大脑

对热恋中的成人的 MRI 扫描发现，当凝视恋人的照片时，大脑某些区域，例如尾状核就会异常活跃，可是当凝视其他熟人的照片时，该区域却不活跃。资料来源：Aron & others (2005).

可见，激情之爱既是一种生理现象，又是一种心理现象。社会心理学家阿伦及其同事（Aron & others，2005）的研究表明，激情之爱刺激了与奖励有关的脑区的活动，这些脑区的多巴胺较为丰富（图 11.7）。

爱情也是一种社会现象。埃伦·伯奇德（Berscheid, 2010）说，爱情不仅仅是欲望。浪漫爱情是性欲和深厚友情的综合体。激情之爱 = 欲望 + 依恋。

肾上腺素与多种快感有关，过多的肾上腺素会使激情之爱愈加激情（一种“借助化学物质增进爱情”的现象）。

——伊莲·哈特菲尔德和理查德·雷普森（Hatfield & Rapson, 1987）

影响爱情的因素：文化与性别

我们总是倾向于认为大多数人会和自己拥有相同的感受和想法。比如，我们会认为爱情是婚姻的前提。在大多数的文化背景中——在一项对 166 种文化的分析中占到 89%——人们都抱有浪漫爱情的观念，这种观念通过男女之间的调情和私奔等行为反映出来（Jankowiak & Fischer，1992）。但也有一些文化，特别是在那些实行包办婚姻的社会中，爱情出现在婚姻之后而非婚姻之前。甚至在个人主义文化的美国，直到 20 世纪 60 年代，也只有 24% 的女大学生和 65% 的男大学生认为爱情是婚姻的基础，而今天几乎所有大学生都这样认为（Reis & Aron，2008）。

男女两性在热恋阶段的体验是否有所不同？关于男性和女性“坠入情网”和“结束爱情”等现象的研究得出了一些出人意料的结论。大部分人，包括以下这封信（写给一家报社的专栏作家）的作者都认为，女性比男性更容易坠入情网：

> 亲爱的“大哥哥”博士：
>
> 您觉得一个 19 岁的小伙子在爱情中陷得很深会不会显得很“女人气”呢？就像整个世界都掉了个儿。我想我真的是疯了，因为这样的事情已经多次发生，爱情似乎会突然击垮我……我父亲说这是女孩子们的恋爱方式，男孩不会这样，至少男孩不应该这样。我无法改变自己的恋爱方式，但是这确实很令我烦恼。——彼得（Dion & Dion，1985）

很多重复研究所得的结果应该会让彼得打消顾虑，这些研究的结果表明，其实男人比女人更容易坠入情网（Ackerman & others，2011；Dion & Dion，1985）。男性似乎更难从一段爱情中解脱出来，而且，相比于女性，男性更不会轻易结束一段即将迈向婚姻的爱情关系。令人惊讶的是，在大多数异性恋关系中，最常先说出“我爱你”的是男性而非女性（Ackerman & others, 2011）。

但是，热恋中的女性则一般会有像她们的伴侣一样多的情感投入，甚至会比对方投入得更多。她们更倾向于报告自己体验到了愉悦和“无忧的眩晕感”，就像“在云中漂浮”一样。同样，女性似乎比男性更加注重友谊中的亲密感，也会更多地关心她们的伴侣。男性则比女性更多地想到恋爱中的嬉戏以及性的方面（Hendrick & Hendrick，1995）。

© Roz Chast/ The New Yorker Collection/www.cartoonbank.com

相伴之爱

尽管激情之爱可以热火朝天，但最终还是会平静下来。一段关系维持的时间越长，它所引发的情绪波动就会越少（Berscheid & others，1989）。浪漫爱情的高潮可能会持续几个月甚至一两年，但是从来没有一种高峰期可以永久地维持下去。喜剧演员理查德·刘易斯曾经诙谐地说过，“如果你正处在恋爱之中，那在你一生中最为绚丽多彩的时间也就只有两天半。”那种新奇感，对对方的强烈迷恋，激动人心的浪漫，那种令人眩晕的“飘在云端”的快感，总会逐渐消逝。结婚两年的夫妻所报告的情感体验比他们新婚时报告的少了一半以上（Huston & Chorost，1994）。在世界范围内，结婚四年之后的离婚率都是最高的（Fisher，1994）。如果一段亲密的感情能够经受住时间的考验，那么它就会最终成为一种稳固而温馨的爱情，哈特菲尔德称之为**相伴之爱**（companionate love）。令人激情迸发的激素（睾丸激素、多巴胺、肾上腺素）逐渐消退，而催产素则会维持依恋感和信任感（Taylor & others, 2010）。

与激情之爱中狂热的情感不同，相伴之爱相对平和。它是一种深沉的情感依恋，激活的是另外的脑区（Aron & others, 2005）。就如同真实生活一样。身处非洲南部的卡拉哈利沙漠中游牧民族的妇女尼撒说：“两个人最开始在一起的时候，他们的心好像在燃烧，他们的激情非常高涨。而后，爱情的火焰会冷却，并且会一直维持这个状态。他们继续彼此相爱，但这种相爱是通过另一种方式——温馨而相互依赖的方式实现的”（Shostak，1981）。

与激情之爱不同，相伴之爱可以持续一生。

那些听过摇滚歌曲《爱上瘾》的人一定不会对这种现象大惊小怪：浪漫爱情的产生和消退与人们对咖啡、酒精以及其他药物的成瘾方式很相似。最初，人们对某种药物的使用给自身带来了一种很大的冲击，可能会是一种高峰体验；随着不断重复的使用，相对立的情绪逐渐占据上风，抗药性就出现了。曾经可以带来很大刺激的用药量现在变得效果甚微了。然而，停止用药并不能使你恢复原先的状态，而是会激发强烈的戒断反应：难受，抑郁，厌烦等。同样的事情也会发生在爱情中。激情会逐渐消退直至变得冷淡，这种不再浪漫的关系似乎是自然而然的——直到它结束。那些失恋的人、离异的人都会吃惊地

图 :: 11.8
印度斋浦尔地区包办婚姻夫妇与自由恋爱夫妇对浪漫爱情的评价
资料来源：Data from Gupta & Singh (1982).

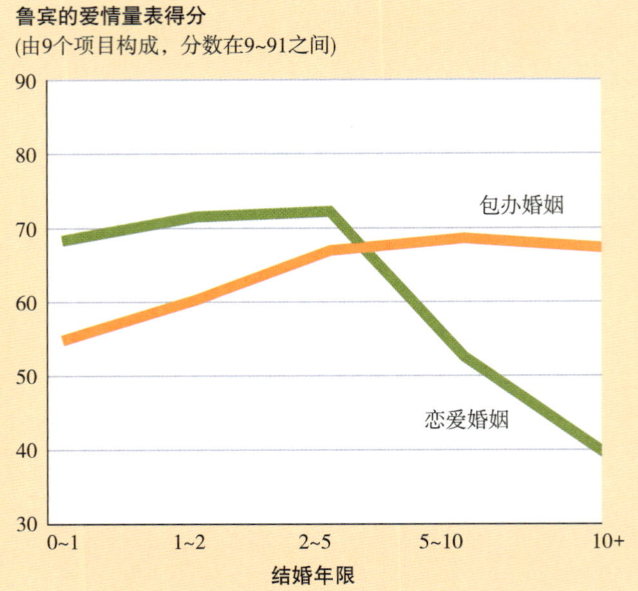

事情总是这样发展的：你不知道你拥有什么，直到失去。
——琼尼·米歇尔，《黄色大出租车》，1970

发现，虽然早已对伊人失去了那种强烈的爱恋，但离开以后，生活竟感觉如此空虚。过于关注那些已然不再的东西，使他们忽视了他们仍然所拥有的（Carlson & Hatfield，1992）。

激情随着时间而冷却，而其他一些因素的重要性却随之增强，比如共有的价值观。我们可以在印度的一些包办婚姻家庭和自由恋爱的家庭成员感受的差异中看出这种变化。乌莎·古塔和普希帕·辛（Gupta & Singh，1982）让印度斋浦尔地区的 50 对夫妇完成一份爱情量表，研究者发现，那些结婚五年以上的自由恋爱夫妇，会觉得彼此之间“有爱情”的感觉越来越少了。相反，那些包办婚姻的夫妇则会在新婚之后随时间的推移而报告出更多的爱情体验（图 11.8；关于包办婚姻看似成功的其他数据见 Myers & others，2005；Thakar & Epstein, 2011; Athappilly，1988）。

随着热烈的浪漫之爱逐渐冷却下来，人们经常会感到幻想破灭，特别是对于那些将浪漫之爱视作双方结合和维持长久婚姻基础的人来说，这种感觉就会更强烈。相比于北美，亚洲社会似乎较少强调个人感受，而是更多强调现实的社会性依恋（Dion & Dion，1988；Sprecher & Toro-Morn，2002；Sprecher & others，1994）。因此，他们就可能较少受到由于浪漫的幻想破灭而带来的消极影响。亚洲人也不太倾向于自我关注的个人主义行为方式，因为那种方式从长远来看会损害一段感情，并可能导致离婚（Dion & Dion，1991，1996；Triandis & others，1988）。

互相迷恋的强烈情感的衰减似乎是物种生存的自然适应策略。激情之爱的结果往往使一对夫妇得到孩子，而孩子的生存使得父母不能再只关注彼此。然而，对于那些婚龄超过 20 年的夫妇，随着孩子长大成人、开始离开家庭独立生活，家庭中出现“空巢”的情况，一些曾经失去的浪漫感觉又重新出现了，父母可以重新关注彼此（Hatfield & Sprecher，1986；White & Edwards，1990）。马克·吐温说，“没有一个人会真正理解爱情，直到他们维持了四分之一个世纪以上的婚姻之后。”如果一段感情曾经是亲密的而且互相奖赏，那么相伴之爱就会植根于共同体验的人生风雨历程中，从而愈久弥醇。

与吾偕老，佳期可期！
——英国诗人、剧作家罗伯特·勃朗宁

小结：爱情的种类及要素

- 研究者认为爱情由亲密、激情和承诺构成。激情之爱是狂喜与焦虑、兴奋与痛苦的混合体。情绪的两因素理论认为，在一个浪漫的情境中，任何刺激（甚至疼痛）造成的唤醒水平都可以被解释为激情。
- 在最完美的感情关系中，最初的浪漫兴奋会逐渐成为更加稳定、更加深情的关系状态，这种关系就被称为相伴之爱。

促进亲密关系的因素

解释依恋类型、公平和自我表露对亲密关系有怎样的影响。

依　恋

爱情是一种生物性的驱使。我们是社会性动物，注定要和他人联系在一起。正如本书开头提到的，我们的归属需要具有适应性意义。合作可以促进我们种族的生存。论单打独斗，我们的祖先并不是最厉害的捕食者；但是作为狩猎和采集者，以及抵御其他捕食者方面，他们通过集体行动获得了足够的力量。由于群居者能够生存并繁衍生息，所以今天的我们携带了那些预先注定我们与他人联系的基因。

研究者发现，一个基因的不同形式预测了哺乳动物的配偶联结。在类似老鼠的草原鼠和人类中都发现，注射诸如催产素（女性哺乳或性行为过程中分泌的激素）和抗利尿激素会产生好的感觉，这种感觉能够促进男女两性的联结（Donaldson & Young，2008；Young，2009）。在人类中，与抗利尿激素活动性相关的基因能够预测婚姻的稳定性（Walum & others，2008）。这就是持久之爱的生物基础。

婴儿期对成人的依赖增强了人类之间的联系。人在刚出生不久就会表现出许多社会性反应——爱、恐惧、愤怒。但是最首要的是爱。作为婴儿，我们几乎是最先产生对熟悉的面孔和声音的偏好。在父母注意我们的时候，我们会嘟嘟囔囔并且报以微笑。到八个月时，我们就可以跟在父亲或母亲后面爬，而且一旦和父母分离就会哭闹；等到重新见到父母时，就会紧紧粘住不放。社会依恋作为一个强大的生存推动力，使得婴儿和父母保持着亲密的关系。

如果剥夺儿童熟悉的依恋对象，或者在极端受忽视的情境下，儿童可能会变得退缩、畏惧，沉默寡言。精神病学家约翰·鲍尔比（Bowlby,1980,p.442）在世界卫生组织的支持下，对无家可归的儿童的心理健康状况进行了研究，他认为："与他人的亲密依恋关系构成了一个人生活的核心……人们都是通过这些亲密依恋来获得力量和享受生活的。"

研究者比较了亲子之间、朋友之间、配偶或情侣之间等不同的亲密关系之中的依恋和爱的特性（Davis，1985；Maxwell，1985；Sternberg & Grajek，1984），发现在所有的爱的依恋中都有一些共有的元素：双方的理解，提供和接受支持，重视并享受和相爱的人在一起。然而，激情之爱似乎还有一些额外的特性：身体上的亲昵，排他性的期待，以及对爱人的强烈迷恋。

激情之爱并不专属于情侣。婴儿与父母之间表现出的强烈感情，和激情之爱相类似，甚至脑区的活动都与激情之爱相似。谢弗等人（Shaver & Mikulincer，2011）指出，周岁大的婴儿与年轻情侣一样，期望得到爱抚，分离时会感到沮丧，重聚时会表现出强烈的情感反应，并会由于对方的注意和支持而表现出强烈的喜悦情绪。由于婴儿和他们的照料者之间产生依恋的风格不同，谢弗和哈赞（Shaver & Hazan，1993，1994）试图探讨婴儿的依恋类型是否会延续到成人期的关系中去。

依恋类型

大约 70% 的婴儿以及接近这个比例的成年人，都会表现出**安全型依恋**（secure attachment）（Baldwin & others，1996；Jones & Cunningham，1996；Mickelson & others，1997）。当婴儿被放在一个陌生的环境里（通常是一个实验用的游戏室）时，如果母亲在场，他们就会很舒适地玩耍，快乐地探索这个陌生的环境。母亲一旦离开，他们就会变得紧张起来；当母亲重新回来时，他们会跑向母亲，抱住她一会儿，然后才放开母亲继续刚才的探索和玩耍（Ainsworth，1973，1979）。很多研究者相信，这种信任的依恋能够形成一种亲密的运作模式——为个体绘制一幅成年期所形成的亲密关系的蓝图，潜在的相互信任使含有冲突的关系得以保持（Miller & Rempel，2004；Oriña & others，2011；Salvatore & others，2011）。安全型依恋的成人很容易和别人接近，并且不会由于对别人太过依赖或被抛弃而感到苦恼。这样的恋人也会在安全的以及忠诚的相互关系中享受性爱。而且他们的关系趋于令人满意和持久的状态（Feeney，1996；Feeney & Noller，1990；Simpson & others，1992）。

大约 20% 的婴儿和成人表现出**回避型依恋**（avoidant attachment）。尽管都会出现内部的生理唤起，但回避型婴儿却在与母亲分别时很少表现出不安，在与母亲团聚时也很少表现出对母亲的依附。这种类型的成人很少投入亲密关系，而且更倾向于摆脱这种关系。他们也更容易涉足没有爱情、只有性关系的一夜情。巴塞洛缪和霍洛维茨（Bartholomew & Horowitz，1991）提出回避型个体要么是*恐惧型*（“与别人太接近令我感到不舒服”），要么是*疏离型*（“感到独立和自足对我来说很重要”）。

大约 10% 的婴儿和成人表现出以焦虑和矛盾为标志的**不安全依恋**（insecure attachment）。在陌生情境中，焦虑 - 矛盾型依恋的婴儿更容易紧紧地缠着母亲，一旦母亲离开，他们就会大哭；可当母亲回来时，他们又表现出疏离或者敌意。对于成人来说，焦虑 - 矛盾型的个体缺乏信任感，因此表现出较强的占有欲和妒忌心。他们可能会经常反复地与同一个人出现情感破裂的情况。如果讨论中出现冲突的话，他们会变得情绪激动或易怒（Cassidy，2000；Simpson & others，1996）。

依恋（特别是对照料者的依恋）具有强大的生存动力。

一些研究者对 62 种不同文化进行了研究，将这些不同的依恋类型归因于父母的反应方式（Schmitt & others,2004）。哈赞（Hazan，2004）概括出了如下观点：“早期的依恋经验形成了*内部工作模式*或关于人与人之间相互关系的独特思考方法的基础。”安斯沃思（Ainsworth，1979）和埃里克森（Erik Erikson，1963）观察发现，敏感的、反应型的母亲——会让孩子对于世界的可靠性形成一种基本的信任感——她们一般都会培养出安全型依恋的孩子。事实上，一项关于以色列 100 个祖母—女儿—孙女三代人的研究发现，依恋类型具有代际的一致性（Besser & Priel，2005）。而那些童年时受到悉心养育的人，往往会和他们日后的爱情伴侣发展出温馨而具有支持性的感情（Conger & others，2000）。

“我喜欢那些像我一样畏惧亲密关系的人。”

其他研究者相信，依恋类型还可能会反映出个体不同的天生的气质类型（Gillath & others，2008；Harris，1998）。一个能控制草原鼠亲热和交配繁衍的基因（采用基因工程的方法将该基因移植到实验室老鼠身上后，也发现了同样的作用）在人类中具有不同的形式。在忠诚的已婚男士中该基因普遍存在，在不结婚或不忠诚的男性中则较少（Caldwell & others，2008；Walum & others，2008）。此外，容易愤怒和焦虑的青少年，年轻时也倾向于拥有不稳固的相互关系（Donnellan & others，2005）。不管怎样，早期的依恋类型看来的确为后来人际关系的形成奠定了基础。

公　平

如果感情关系中的双方毫不考虑对方，都只追求个人需求的满足，那么友谊就会结束。因此，我们的社会教育我们彼此之间要交换馈赠，这被哈特菲尔德等人（Hatfield，Walster，& Berscheid，1978）称为吸引的**公平**（equity）原则：你和你的伴侣从感情中所得到的应该和你们双方各自投入的成正比。如果两个人的所得相同，那么他们的贡献也应该是相同的；否则其中的一方会觉得不公平。如果两个人都觉得自己的所得和付出成正比，那么他们都会觉得公平。

陌生人之间，以及日常的熟人之间通过交换利益来保持公平：你借给我课堂笔记，将来我也会把我的借给你；我邀请你参加我的聚会，你又邀请我参加你的。而在那些持续时间较长的人际关系中，比如室友或者爱人之间，则并不会追求完全的等价交换——“笔记对笔记，聚会对聚会”（Berg，1984）——而是更随意地通过一些不同利益的交换来达成公平（“你过来把笔记拿给我，为什么不留下来吃晚饭呢？”）。最终也就不再追究谁欠谁的了。

长期的公平

爱是自我利益中最微妙的东西。

——霍尔布鲁克·约翰逊

认为友谊和爱情植根于公平交换回报之上很愚蠢吗？难道我们有时候在满足爱人需要时没有考虑任何回报？确实，那些处于公平的长期关系中的人并不在乎短期的公平。克拉克和米尔斯（Clark & Mills，1979，1993；Clark，1984，1986）认为，人们甚至会努力避免算计交换的利益。当我们帮助一个好朋友的时候，我们并不在意马上获得回报。如果有人请我们吃了饭，我们会过一阵子才向这个人发出回请，以免让他认为，对他的回请只是对“社交债务”的偿还而已。什么是真正的友谊呢？就是人们在几乎不可能得到回报的时候也会去帮助朋友（Clark & others，1986，1989）。与此类似，幸福的夫妻是不会斤斤计较自己付出几许，收获几许的（Buunk

& Van Yperen，1991；Clark & others,2010）。当人们看到自己的伙伴牺牲了自我利益，他们彼此的信任就会有所增长（Wieselquist & others，1999）。

克拉克和米尔斯在马里兰大学的学生中进行了实验，他们发现，不斤斤计较是友谊的标志。在正式场合中，投桃报李会促进双方的关系，但在友谊中却不是这样。克拉克和米尔斯猜测，在婚姻中，如果夫妻指出自己期望对方做出什么样的行为，这样做只会破坏他们之间的关系。只有当对方自愿做出某种正向的行为时，我们才会把它归因为爱情。

此外，这种长期公平原则还可以解释为什么婚姻双方的“资源”往往是相当的。他们在外表吸引力、社会地位等方面往往是匹配的。如果他们在某一方面不匹配，比如外表吸引力，那么他们在另外的方面也会出现不匹配，比如社会地位。但总体上他们之间的资源是平衡的。没有人会这样说，甚至很少有人会这样想：“我的美丽外表可以换取你的巨额收入。”但是，公平原则确实是存在的，在那些持久的感情中更是如此。

对公平的知觉与满意度

皮尤研究中心（Pew Research Center，2007b）的一项调查研究表明，在九种被人们认为是成功婚姻象征的事物中，“分担家务活”排在第三位（在“忠诚”和“幸福的性关系”之后）。事实上，处于公平关系中的人们往往满意度更高（Fletcher & others，1987；Hatfield & others，1985；Van Yperen & Buunk，1990）。那些认为其关系不平等的人往往会觉得不舒服：占了便宜的一方会觉得内疚，而被占便宜的一方会感到愤怒。（考虑一下自我服务偏差——大部分的丈夫会觉得他们自己做的家务比妻子认为的要多——那些“占了便宜”的人对于不公平较为不敏感。）

谢弗和基思（Schafer & Keith,1980）调查了几百对各个年龄段的夫妇,他们发现，那些觉得自己婚姻不公平的人大多是因为某一方在烹调、家务、照顾孩子等工作中贡献过少。知觉到的不公平会导致这样的结局：觉得不公平的一方会更加沮丧和苦恼。在哺乳期，很多妻子都会觉得自己付出的多，而丈夫付出的少，于是这一阶段的整体婚姻满意度会降低。而在蜜月和“空巢”期，夫妇往往更容易觉得公平和满意。如果双方的付出和获益都是自愿的，并且他们一起做决定，那么他们的爱情更容易持久而美满。

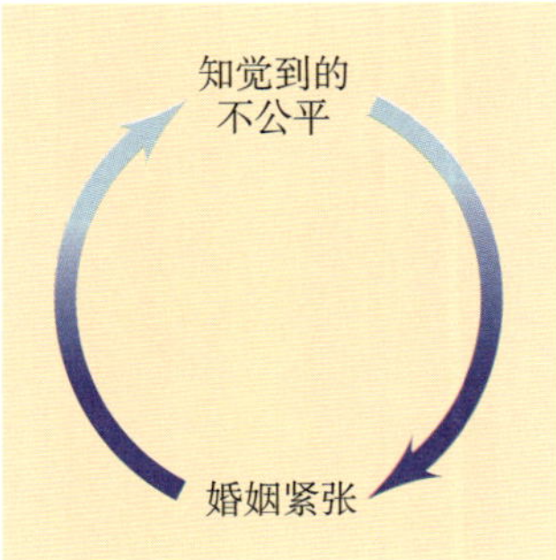

图 :: 11.9
知觉到的不公平会导致婚姻紧张，而这又进一步加强了不公平感。
资料来源：Adapted from Grote & Clark (2001).

格罗特和克拉克（Grote & Clark，2001）根据他们对结婚伴侣的长期追踪研究结果，得出的结论认为，知觉到的不公平引发了婚姻紧张。但据他们报告，不公平与紧张的关系是双向的：婚姻紧张又会加剧知觉到的不公平（图 11.9）。

自我表露

深厚的伴侣关系是亲密无间的。这种关系使人们能真实地展现自己，并且可以从中知道自己是被他人接受的。我们会从美满婚姻和亲密友谊中获得这种美好体验——这时候，信任取代了焦虑，使我们更容易展现自己，而不需要担心失去他人的友情或爱情（Holmes & Rempel，1989）。后来，这种特点就被人本主义心理学家西德尼·朱拉德归结为**自我表露**（self-disclosure）（Derlega & others，1993）。随着相互关系的深入和发展，自我表露的伴侣会越来越多地向对方展现自我；他们彼此的了解越发深入，直到一个适当的水平为止。在每一段良好的关系中，自我表露都起到了很大作用，并且在好的事情上的自我表露能够给彼此带来喜悦感（Gable & others，2006）。当朋友与我们分享好消息带来的欢乐时，不仅会让我们更开心，而且会让我们对友情的感觉更好（Reis & others, 2010）。

研究发现，大多数人都会喜欢这样的亲密关系。如果一个平时很内向的人说我们的某些东西让他觉得“愿意敞开心扉”，并分享他的秘密，那么大部分人在这种情况下都会感到十分高兴（Archer & Cook，1986；D. Taylor & others，1981）。被他人挑选为自我表露的对象，是很令人高兴的事情。我们不仅喜欢那些敞开胸怀的人，而且也会向自己喜欢的人敞开我们的胸怀，而且在自我表露之后，我们会更加喜欢这些人（Collins & Miller，1994）。如果缺乏发展这种亲密关系的机会，我们就会有孤独的痛苦感受（Berg & Peplau，1982；Solano & others，1982；Uysal & others，2010）。

很多实验试图探索自我表露的原因和效果。人们什么时候最愿意谈论这样的私密信息呢？比如“你喜欢自己的哪些方面，不喜欢自己的哪些方面？”或者“你最羞愧的事情是什么？最骄傲的事情是什么？”这样的表露对双方有什么效果？

最值得信赖的结论是，人们之间存在**表露互惠**（disclosure reciprocity）效应：一个人的自我表露会引发对方的自我表露（Berg，1987；Miller，1990；Reis & Shaver，1988）。我们会对那些向我们敞开胸怀的人表露更多。但是亲密关系的发展并不随之即来。（如果亲密关系立即产生，那么这个人就会显得不谨慎和不可靠。）合适的亲密关系的发展过程就像跳舞一样：我表露一点，你表露一点——但不是太多。然后你再表露一些，而我也会做出进一步的回应。

对于那些恋爱中的人们，亲密关系的不断加深会使他们兴奋。研究者（Baumeister & Bratslavsky，1999）认为：“亲密关系的提升会创造很强的激情感觉。”当亲密关系稳定时，激情就相对较少。这可以解释为什么那些丧偶再婚的人会在婚姻开始时有相对较高的性交频率，也可以解释为什么在严重冲突得到和解后，亲密关系可以激发更高的激情。

有些人（主要是女性）特别善于使人“敞开心扉”。她们可以轻易地引发他人进行亲密的自我表露，即使是那些通常很少表露自己的人（Miller & others，1983；Pegalis & others，1994；Shaffer & others，1996）。这样的人似乎都是好的倾听者。在交谈中，他们会一直保持高度注意的面部表情而且总是显得很乐意倾听（Purvis & others，1984）。对方说话时，他们也会时不时地插一些支持性的话语，以此表达自己对交谈的兴趣。心理学家罗杰斯（Rogers，1980）把这些人称为“促进成长”的听众——他们是真正表露自己情感的人，接受他人情感的人，以及共情、敏感并且善于思考的人。

这样的自我表露有什么效果呢？人本主义心理学家朱拉德（Journard，1964）认为，这种“扔掉我们的面具，真实地表现自己”恰是培植爱情的方式。他认为对他人敞开自我，同时将他人的自我表露当做是对自己的信任，可以使人们之间的交往更加愉快。人们在表露了关于自己的重要信息后会感觉更好，比如告诉别人他们是同性恋；而隐藏自己的身份就会令自己感觉很差（Beals & others，2009）。如果日常谈话涉及更加深入或更实际的讨论而非只是闲聊，往往会让人更开心。马赛厄斯·梅尔及其合作者（Mehl & others, 2010）通过研究得出以上结论。他们为 70 名大学生佩

什么是朋友？我来告诉你吧。那就是一个能让你做你自己的人。

——弗兰克·克莱恩，《友谊的定义》

戴了记录仪，在 4 天中每天记录 5 次谈话片段，每次 30 秒。

如果拥有一位亲密朋友，我们可以与其讨论我们对自我形象的恐惧，那么我们这方面的压力就得以缓解了（Swann & Predmore，1985）。一段真正的友谊还可以帮助我们处理其他关系上出现的问题。罗马的戏剧作家塞内卡这样说道："当我和好友在一起时，就像跟我自己在一起一样，我可以想说什么就说什么。"推到极致，婚姻也正是这种友谊，它以彼此的忠诚为特征。

亲密的自我表露也是相伴之爱所带来的快乐之一。那些经常敞开自己心扉的夫妇或情侣，他们会报告更高的满意度并且更容易保持长久的感情（Berg & McQuinn，1986；Hendrick & others，1988；Sprecher，1987）。例如，一项针对新婚夫妇的研究发现，双方越是感到彼此在爱情中是公平的，越是深切而准确地了解彼此，就越能享受持久的爱情（Neff & Karney，2005）。那些认为自己"总是把自己最隐私的感情以及想法和自己的伴侣分享"的夫妻，往往对婚姻的满意度也最高（Sanderson & Cantor，2001）。对于特别沉默寡言的人，他们的婚姻满意度可能不及那些乐于敞开心扉的人（Baker & McNulty, 2010）。

盖洛普进行的一项美国婚姻调查结果显示，共同祈祷的夫妇中有 75%（不共同祈祷的夫妇中只有 57%）的人报告说他们的婚姻非常幸福（Greeley，1991）。在信徒中，发自内心的共同祈祷是谦卑的、私密的、感情真挚的表露（Beach & others，2011）。那些共同祈祷的夫妇也更经常地讨论他们的婚姻，更尊敬自己的配偶，并把自己的配偶评价为善解人意的爱人。

研究者还发现，女性通常比男性更愿意表露自己的恐惧和弱点（Cunningham，1981）。正像米利特（Millett，1975）所说："女性表达自己，男性压抑自己。"难怪像我们在第 5 章提到的，男性和女性都报告说，自己与女性朋友的友情更亲密、更愉快、更益于成长，且在社交网站中，不论男性还是女性，似乎都更喜欢女性朋友（Thelwall, 2008）。

然而，现在的男性，特别是那些持男女平等观点的男性，似乎也越来越倾向于表达自己内在的感受，并乐于享受伴随双方信任和自我表露而来的满足感。阿伦等人（Aron & Aron，1994）指出，这正是爱情的精髓——两个自我相互联系，相互倾诉，从而相互认同；两个自我各保持其个性，但又共享很多活动，为彼此的相同之处而感到愉悦并且相互支持。许多对浪漫的伴侣最终都形成了"自我—他人整合"：也就是重叠的自我概念（Slotter & Gardner，2009；图 11.10）。

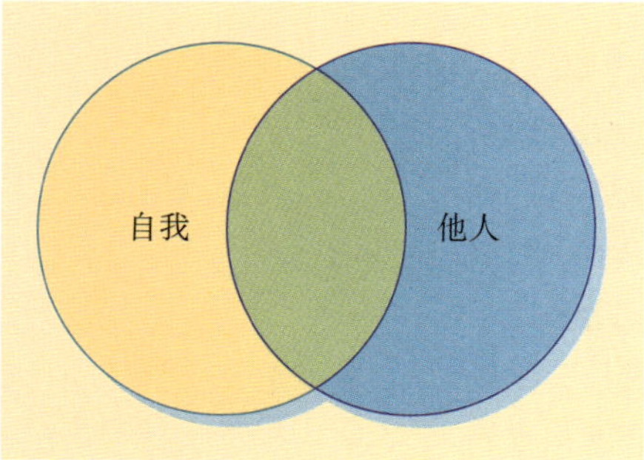

图 :: 11.10
爱情：自我的重叠——你中有我，我中有你。

资料来源：From A. L. Weber and J. Harvey, *Perspective on Close Relationships*. Published by Allyn & Bacon, Boston, MA. Copyright © 1994 by Pearson Education. Reprinted by permission of the publishers.

那么，我们是否可以通过反映友谊亲密感提高的经验，来培养亲密关系呢？阿伦夫妇和他们的同事（Aron，Aron，& others，1997）进行了这方面的研究。他们把互不相识的人分为两两一组，让他们共处 45 分钟。在最初的 15 分钟里，让他们交流一些低亲密性的话题和想法，比如"你最近一次自己唱歌是什么时候"。接下来的 15 分钟，讨论比较亲密的话题，比如"你最宝贵的记忆是什么"。最后的 15 分钟，要引发更多的自我表露，比如"完成这个句子：'我希望有一个人能和我一起分享……'"以及"你最后一次在别人面前哭泣是什么时候？自己哭泣呢？"。

相比于花 45 分钟讨论一般问题（"你的高中是什么样子"，"你最喜欢哪个节日"）的人，那些在近一小时的时间里经历了自我表露逐渐升级的参与者，明显感觉自己与交谈伙伴更亲密——事实上，研究者报告："有 30% 的学生认为，这些交谈伙伴比生活中最亲密的朋友还要亲密。"这些关系显然并不包含真正友谊中的那种忠诚和承诺，但是，这项实验却提供了一个惊人的结论：自我表露可以如此轻易地帮助个体建立对他人的亲密感。互联网上的情况正是如此（见"聚焦：互联网究竟创造了亲密关系还是人际隔绝？"）。

斯莱彻和彭尼贝克对亲密关系中的自我表露进行了研究（Slatcher & Pennebaker, 2006）。他们邀请了 86 对情侣中的一个成员，要求其在三天内每天花 20 分钟写出他们对这段亲密关系的深入思考和感受（在控制组，则是仅仅写出他们的日常活动）。那些仔细思考并写出感受的人在接下来的日子对其伴侣表露了更多的情感。三个月后，77% 的亲密关系仍在持续（而控制组只有 52%）。

小结：促进亲密关系的因素

- 从婴儿到老年，依恋都是人类生活的中心。安全型依恋会使婚姻持久，生活美满。
- 如果双方觉得相互关系是平等的，他们的付出与奖赏是成比例的，相伴之爱就能更持久。
- 相伴之爱的一个好处就是彼此有机会进行亲密的自我表露，这是一种双方随着对方表露程度的提高而做出回应从而逐步达到的一种状态。

亲密关系的结束

总结婚姻解体的预测因素，并描述分离的过程。

1971 年，一个小伙子给自己的新娘写了一首情诗，然后把它塞进瓶子并扔到了西雅图和夏威夷之间的太平洋海域。10 年后，有人在关岛附近海岸慢跑时发现了这首装在瓶子里的情诗：

> 当你看到这封信的时候，我可能已经是白发苍苍的老人了，但我相信我们的爱情仍然会像现在一样鲜活。
>
> 这封信可能要花上一周甚至若干年的时间才能"找到你"……即使它永远都不能到你手中，我仍然铭记于心的就是，我会不顾一切地去证明我对你的爱。
>
> 你的丈夫，鲍伯

发现情书的人通过电话找到了那位十年前的新娘。当把情书的内容读给她听时，她竟然大笑起来，而且越听笑得越厉害。最后，她只说了一句"我们已经离婚了"就挂断了电话。

事实通常如此。聪明的头脑也会做出愚蠢的决定。人们将自己不满意的婚姻关系与想象中可从别处获得的支持和情感相比较，越来越多的人会选择离婚，今天的离婚率已经是 1960 年的两倍。每年，加拿大和美国每两次结婚中就有一次离婚。20 世纪 60 和 70 年代，部分是由于进入职场的女性越来越多，经济和社会因素对离婚的阻碍作用被削弱了，离婚率不断上升。美国福音派学者葛尼斯（Guiness, 1993, p.309）的话很有讽刺意味："我们活得更长了，但爱得更短了。"

英国温莎皇室早已领教了现代婚姻的风险。玛格丽特公主和安妮公主、查尔斯王子和安德鲁王子童话般的婚姻都以失败告终，微笑被无情的对视所取代。1986 年，

聚 焦

互联网创造了亲密关系还是人际隔绝

如果你是本书的读者，那几乎可以肯定你是世界上大约 23 亿（2012 年数据）互联网用户中的一员。在北美，大约花费了 70 年，才使家庭电话普及率由 1% 上升到 75%。而互联网，大约只花费了 7 年的时间，普及率就达到了 75%（Putnam，2000）。你和一半的欧盟公民、四分之三的美国人、五分之四以上的加拿大人以及澳大利亚人一起轻松享受电子邮件、网络冲浪，或许正在浏览论坛、新闻或聊天（Internetworldstats.com）。

你对这些现象怎么看：以计算机为媒介的沟通，能够替代发展人际关系的真实的沟通吗？它是扩展我们社交圈的绝佳方式吗？互联网使得我们能够更容易寻找到新朋友，还是占用了我们面对面的交往时间？让我们来看看下面的讨论。

正方观点：就像印刷品和电话一样，互联网扩展了沟通，而沟通使人际关系得以发展。印刷品使面对面讲故事的时间减少了，电话使面对面聊天的时间减少了，但它们都使我们可以更加方便地与他人接触，而不受时间和距离的限制。社会关系需要建立社会网络，而互联网正好可以帮助实现这一目的。它使我们可以高效地与家人、朋友、志趣相投的人联系，包括那些用别的方式不可能发现并结为朋友的人，如多发性硬化症病人，还有圣尼古拉斯的收藏者，或者哈里•波特迷。

反方观点：诚然，网络可以用于沟通，但这种手段传递的信息相当贫乏。它无法反映目光交流、非言语线索、身体接触等微妙的变化。除了一些简单的表情符号——比如 :-) 表示微笑——电子信息缺乏手势、面部表情、语调等信息。难怪它们容易让人产生误会。缺乏富有表现力的电子表情，使得情绪容易被人误读。

比如，语调的细微差别可以表示一个陈述是严肃的、开玩笑的，还是神圣的。贾斯汀・克鲁格等人（Kruger & others，2006）指出，尽管人们觉得自己开玩笑的意图在 E-mail 中或是口头表达中是同样清晰的，但实际上，在 E-mail 中却不是如此。由于匿名的原因，误会有时甚至可能造成很严重的后果。

斯坦福大学的一项调查发现，在 4 000 名被调查者中，有 25% 的人报告说，他们的在线时间减少了他们与家人和朋友面对面交流和打电话的时间（Nie & Erbring，2000）。互联网还像电视一样，占用了人们用在真实关系中的交流时间。虚拟爱情还没有发展到与现实约会同等的地位，而网络性爱也是人为制造的亲密假象。个体化的网络娱乐取代了桥牌之类的游戏。这种虚拟化与隔绝是令人遗憾的，因为我们进化的历史决定了我们天生需要真实的相互关系，充满了假笑与微笑。

正方观点：但是，大多数人并没有觉得互联网使他们孤立了。另外的一个全国调查发现：“一般的互联网用户——特别是那些女性用户——都相信他们利用 E-mail 增强了他们的人际关系，并增加了与亲朋好友的交流机会”（Pew,2000）。互联网的使用可能会取代人际间的亲密交流，但它也同时取代了花费在看电视上的时间。而且，如果网上购物不利于你住所附近书店的话，那么，它也为你的人际交往腾出了时间。电信通讯也是同样的，它使很多人可以在家工作，并且为他们的家庭生活赢得更多时间。

为什么说通过互联网形成的关系不真实呢？在互联网上，你的相貌和所处的场所都无所谓，年龄、种族也不再有影响，你的友谊决定于更重要的东西——你们共同的兴趣和价值观。在工作中，以计算机为媒介的讨论更少受到地位的影响，从而使人更为坦诚，且参与机会均等。并且，以计算机为媒介的沟通还往往比面对面的沟通更能引发人们自发的自我表露（Joinson，2001）。

大部分互联网上的调情都会无疾而终，一位多伦多妇女谈道：“所有我知道的尝试过网上约会的人……都承认，她们和一个网友花费了几个钟头闲聊之后见面，却发现他是个溜须拍马之徒。这样的事情让他们感到十分厌恶”（Dicum，2003）。对这一现象，社会心理学家爱丽•芬克尔（Finkel, 2012）及其同事丝毫不感到惊讶。通过对爱情相容性近一个世纪的研究，他们得出结论：相亲网站的惯例就是只承诺不兑现。对能否成功建立亲密关系最好的预测因素，如交流方式或其他相容性指标，都只有在人们见面并相互了解后才会出现。

但是麦克纳和巴奇等人（Bargh & others，2002；McKenna & Bargh，1998，2000；McKenna & others，2002）的报告中却提到：通过互联网形成的友谊和爱情关系更容易保持至少两年时间。在一个实验中，研究者还发现，人们在互联网上表露得更多，表现得更加诚实而不那么做作。如果拿互联网上相处 20 分钟的人与面对面相处 20 分钟的人相比，人们更喜欢那个网上的人。甚至在两种条件下碰到的是同一个人时，情况也仍然如此。在现实生活中的调查也显示，人们认为网上的友谊与现实中的友谊一样真实、重要和亲密。

反方观点：互联网可以使人们展现真实的自我，但同时也可以使人们假装成任何他们想要的样子，有时候甚至还为了达到性欺诈的目的而不择手段。而且，网络色情和其他形式的色情作品一样，会扭曲人们对性的实际情况的认知，降低他们真实伴侣的吸引力，使男性更多地从性的角度看待女性，将性胁迫当作小事，为人们在性情境中的行为方式提供心理图式，提高唤醒水平，从而减低抑制并导致对无爱性行为的模仿。

最后，罗伯特·帕特南（Putnam，2000）提出，以计算机为媒介的沟通带来的社会收益受到"网络割据化"的限制。互联网使得聋人可以上网，但也使得白种人至上主义者得以相互联络而造成社会和政治两极分化。

随着有关互联网对社会影响的讨论不断持续，帕特南（p.180）说："最重要的问题并不是互联网对我们造成了怎样的影响，而是我们应该如何对待互联网？……我们如何利用这种技术手段增强我们的人际关系？我们如何改进技术以增加社会性的存在，增强社会性的反馈，以及社会性的线索？我们如何利用这种快速而经济的沟通手段去弥补现实沟通手段的不足？"

在互联网上，没人知道你是一只狗。

互联网允许人们伪装自己。

刚嫁给安德鲁王子不久，萨拉·弗格森就对外宣称，"我爱他的智慧，他的魅力，他的外貌。我仰慕他。"安德鲁对她的回应是，"在我的生命中，她是最美好的。"而 6 年后，安德鲁挑剔萨拉的朋友"没有教养"，萨拉也嘲笑安德鲁的行为"极其粗鲁"，两人宣布离婚（Time，1992）。

年轻的时候，我曾发誓，找不到理想的女性决不结婚。后来我找到了她，不过，唉，她也正在等待自己理想的男性。

——法国政治家
罗伯特·舒曼（1886—1963）

离　婚

离婚率在不同的国家差异较大，从玻利维亚、菲律宾和西班牙，每年离婚人口仅占总人口的 0.01%，到世界上最具离婚倾向的美国，每年离婚人口已达总人口的 0.54%。若要预测一种文化中的离婚率，最好是了解这种文化的价值观（Triandis，1994）。相对于集体主义文化（在那里爱情意味着承担责任，人们在意的是"别人会怎样说？"），在个人主义的文化（在那里爱情是一种感受，人们在意的是"我自己的感觉如何？"）中会有更多人离婚。个人主义者结婚是"为了我们彼此相爱"，而集体主义者更多是为了生活而结婚。个人主义者期待婚姻中有更多激情和个人的自我实现，这给婚姻关系带来了更大的压力（Dion & Dion，1993）。在一项调查中，有 78% 的美国女性认为"保持浪漫"对良好的婚姻十分重要，而在日本女性中这一比率只有 29%（American Enterprise，1992）。

"你难道不明白吗？我爱你！我需要你！我想跟你共度余生！"

然而，即使是在西方社会，那些在结婚时已经考虑成熟而且打算长相厮守的人，确实也会有更健康、稳定而长久的婚姻（Arriaga，2001；Arriaga & Agnew，2001）。持久的关系一方面是由于持久的爱和满意，但同时也是由于对离婚或分手成本的恐惧、道德责任感，以及尚未发现有其他可能的伴侣（Adams & Jones，1997；Manner & others，2009；Miller，1997）。对于那些决定持续婚姻的人来说，通常如此。

那些对婚姻的承诺比结婚的意愿还要看重的人通常能够容忍一次又一次的冲突和不满。一项全美调查发现，那些婚姻不幸福但仍然维持婚姻关系的人，五年后被再次访谈时，有 86% 的人认为自己的婚姻现在“非常”或“相当”幸福（Popenoe，2002）。相比之下，那些“自恋者”——更关注自己的意愿和形象的人——结婚时则没有那么坚定的承诺，因此，他们拥有一段长久的成功婚姻的可能性则要小一些（Campbell & Foster，2002）。

离婚的风险有多大同样取决于你跟谁结婚（Fergusson & others，1984；Myers，2000a；Tzeng，1992）。符合下列条件的夫妇通常不会离婚：

- 20 岁以后结婚
- 都在稳定的双亲家庭里长大
- 结婚之前恋爱了较长一段时间
- 接受过较好且相似的教育
- 有稳定收入
- 居住在小城镇或农场里
- 结婚之前没有同居过或怀孕过
- 彼此之间有虔诚的承诺
- 年龄相当，信仰和受教育水平相似

激情之爱在许多方面都不是意识的常态……在当今的很多国家，法律规定结婚时不能处于醉酒状态……但是激情之爱本身就是一种不清醒的陶醉。

——罗伊·鲍迈斯特，《生活的意义》，1991

这些预测因素中没有一个能够独立作为稳定婚姻的实质要素。它们只是与稳定婚姻相关的因素，并不存在必然的因果关系。但是，如果某个人的情况与以上各条全都不符，那么他的婚姻几乎必定要破裂。如果一对夫妻的情况与以上各条全部符合，他们非常有可能白头偕老。英国人在几个世纪之前的想法可能是对的，他们当时认为，陶醉于一时激情所做出的长相厮守的决定是愚蠢的。基于稳定的友谊，以及相近的背景、兴趣、习惯和价值观去选择伴侣会比较好（Stone，1977）。

分离的过程

亲密关系有助于我们确定自己的社会同一性，并形成自我概念（Slotter & others, 2010）。因此，当亲密关系建立时，当孩子出生、建立友谊或坠入爱河时，是人生中最快乐的时刻，而当亲密关系因死亡或关系破裂而结束时，是人生中最痛苦的时刻（Jaremka & others, 2011）。一刀两断会产生一系列可以预料的结果，最初对失去的伴侣不能释怀，然后是深深的悲伤，最后开始了情感上的分离，回到正常生活中，并对自己有一种全新的认识（Hazan & Shaver，1994；Lewandowski & Bizzoco，2007；Spielmann & others，2009）。即使早已没有感情的夫妻，在刚离婚的时候也会惊讶于自己还有接近对方的意愿。深入而长久的依恋关系很难快速地分离；分离是一个过程，而不仅仅是一个事件。

在约会的情侣中，关系越是亲密、长久，可选择的其他对象越少，分手时就越痛苦（Simpson，1987）。令人惊讶的是，鲍迈斯特和沃特曼（Baumeister & Wotman，1992）的报告指出：在数月或数年之后，拒绝别人的爱比自己的爱被拒绝会唤起人们更多的痛苦。人们的痛苦来自于对伤害他人所感到的内疚，来自于心碎的爱人的执著所引起的不安，也来自于不知该如何做出反应。对已婚者来说，离婚还有额外的代价：父母和朋友感到震惊，对自己违背誓言感到内疚，养育孩子的权利可能受限。然而，每年仍有上百万对夫妻愿意付出这些代价而使自己获得解脱，因为他们觉得，持续一段痛苦而无益的婚姻关系将是更大的代价。在一项对 328 对已婚夫妇的研究中发现，持续一段不幸婚姻的代价还包括，与婚姻美满者相比，婚姻不和谐者抑郁症的患病率会高出 10 倍（O'Leary & others, 1994）。然而，如果婚姻是“非常幸福”的，整个生活通常也是“非常幸福”的（图 11.11）。

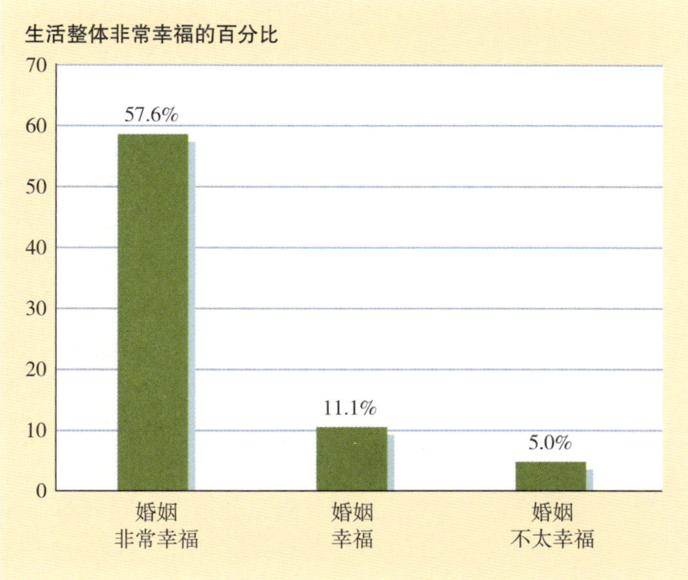

图 :: 11.11

美国民意调查研究中心对 1972~2004 年间 23 076 位美国已婚者的调查

当婚姻关系令人感到痛苦时，那些没有更好的可选对象或感觉自己为婚姻投入（时间、精力、共同的朋友、财产，也许还有孩子）太多的人，通常会去寻找离婚之外的其他应对方式。鲁斯布尔特和她的同事（Rusbult & others，1986，1987，1998）发现了人们处理失败婚姻关系的三种方法（表 11.1）。一些人会忠诚于伴侣，等待时机以改善关系。婚姻关系问题如此痛苦，令人不愿提及，加之离婚的成本太高，因此忠诚的一方会坚持，期待昔日美好光阴的重现。另一些人（尤其是男性）会忽略伴侣，他们无视另一方的存在并任由婚姻关系继续恶化。当他们将痛苦和不满忽略掉，情感上的分离便随之而来，伴侣之间谈话更少，并开始重新定义他们没有彼此的生活。还有一些人会表达他们在乎的内容，并采取积极措施改善婚姻关系，如讨论问题、寻求建议、尝试改变。

涉及 45 000 对夫妻的 115 项研究显示，不幸福的夫妻彼此争吵、命令、责难和羞辱，而幸福的夫妻通常更加一致、赞同、妥协并且愉快（Karney & Bradbury，1995；Noller & Fitzpatrick，1990）。在观察了 2 000 对夫妇之后，约翰·戈特曼（Gottman，1994，1998，2005）提出，健康的婚姻并不见得没有冲突，而是夫妻双方能够调和差异，并且他们的情感能够胜过相互的指责。在成功的婚姻中，积极互动（微笑、触摸、赞美、欢笑）与消极互动（讥讽、反对、羞辱）的数量之比至少为 5:1。

预测婚姻破裂的因素不是痛苦和争吵，休斯顿等人（Huston & others，2001）对新婚夫妇的追踪研究发现，痛苦和争吵并不能预测离婚。（大多数新婚夫妇都经历过冲突。）真正能够预测婚姻危机的因素是冷漠、希望破灭和无助。斯旺等人（Swann & others，2003，2006）发现，当羞怯的男子找了个爱挑剔的女子为妻时（违背传统

表 :: 11.1 对痛苦婚姻关系的反应

	被 动	主 动
建设性	忠诚：等待改善	表达：试图改善关系
破坏性	忽略：忽视对方	退出：结束婚姻关系

资料来源：Rusbult & others (1986, 1987, 1998, 2001).

的性别期望），情况更是如此。

婚姻成功的夫妻有时能从沟通训练中获益，学会如何抑制恶性侮辱，避免大动肝火，用更积极的方式来思考和行动（McNulty, 2010）。他们通过采用非侮辱性言语表达感受，以平息怒火，不将冲突的矛头指向个人，比如可以说，"我知道这不是你的错"（Markman，& others，1988；Notarius & Markman，1993；Yovetich & Rusbult，1994）。如果双方都愿意像幸福的夫妻那样做——减少抱怨和责难，增加肯定和赞同，腾出时间表达彼此的观点，每天一起祈祷或休闲——不幸的婚姻关系是否会得到改善？态度可因行为而变，那么情感是否也会这样呢？

凯勒曼等人（Kellerman，Lewis，& Laird，1989）想知道这个猜测是否成立。他们知道，在热恋的情侣中，眼神的凝视通常是持久而相互的（Rubin，1973）。亲密的凝视是否也能激发非情侣的异性之间产生爱恋呢（就像 45 分钟逐步增强的自我表露能够在不相识的大学生中产生亲密感）？为了回答这个问题，他们要求不相识的一对男女专心地彼此凝视两分钟，一种实验条件是凝视对方的手，另一种实验条件是凝视对方的眼睛。当两人分开后，凝视眼睛者报告了触电般的感觉且被对方所吸引。模仿相爱的行为也能够激发爱情。

斯腾伯格（Sternberg，1988）认为，通过角色扮演和表达爱意，最初的浪漫和激情能够发展成持久的爱情：

> "永远幸福生活在一起"并非只能出现在童话故事中。若要将其变为现实，那么幸福一定是基于爱情关系在不同发展阶段所产生的相互情感的不同构造。渴望激情永存或亲密关系不受挑战的伴侣一定会感到失望……我们必须致力于不断地理解、创建和重建我们的爱情关系。关系是一种建构，如果没有得到维持和改善，就会随着时间而衰退。我们不能简单地期望爱情关系会像建筑物那样保持自身的稳定，我们有责任创造我们爱情关系的最佳状态。

小结：亲密关系的结束

- 爱情并不总能经受住时间的考验。由于离婚率不断上升，研究者探明了婚姻解体的预测因素，包括强调感受重于承诺的个人主义文化，以及双方的年龄、受教育水平、价值观和相似性等。
- 研究者也弄清了夫妻双方分手或重建其婚姻关系的过程。他们也在试图弄清健康而稳定的婚姻所需要的积极的、非对抗的沟通方式。

后记：经营爱情

现代生活的两个事实似乎无可辩驳：其一，亲密而持久的婚姻关系是幸福生活的标志。美国国家民意调查中心自 1972 年起对 40 605 个美国人进行了调查研究，结果显示，有 40% 的已婚者、22% 的未婚者、19% 的离婚者和 16% 的分居者认为他们的生活"非常幸福"。加拿大和欧洲各国的全国性调查中也得到了类似的结果

（Inglehart，1990）。

其二，亲密而持久的婚姻关系正在减少。与几十年前相比，人们现在更经常搬家、独自生活、离婚以及拥有接连数段婚姻关系。

假如婚姻幸福的心理要素是心意相通、交往和性的亲密、平等地给予和获取情感和物质资源，那么法国的这句谚语——“爱情消磨了时间，时间也消磨了爱情”——就可能站不住脚。但人们必须付出努力才能防止爱情的衰退。例如，每天挤出时间来聊聊当天发生的事情；克制自己的唠叨，不争吵，袒露自己并倾听对方的感伤、关注和梦想；努力使婚姻关系达到理想的完美境界，成为“社会平等的、无阶级的乌托邦”（Sarnoff & Sarnoff，1989），伴侣双方都能自由地给予和获取，能够共同做出决策并一起享受生活。

哈维等人（Harvey & Omarzu，1997）指出，“用心照顾”我们的亲密关系能够使我们获得更长久的满足。澳大利亚婚姻关系研究者诺勒（Noller，1996）也认为：“成熟的爱情能够维系婚姻和家庭，因为它为每个家庭成员都创造了成长的环境……成熟的爱情是被一种信念所支撑的：爱情本身就包括对差异和缺点的承认和接纳；爱情是在内心决定去爱一个人并对其做出长相厮守的承诺；爱情是可以经营的，它需要相爱的人共同去培育。”

那些承诺要创造一段平等、亲密、相互支持的婚姻关系的人可能会从持久的相伴之爱中获得安全和快乐。在美国家喻户晓的童书《毛绒兔》里，老皮马对毛绒兔解释说，当一个小朋友“爱你，爱你很久很久”：“他不只是想跟你一起玩，而是真正地爱你，你就变成真的了。”

> “那是一下子发生的，就像上了发条一样？”毛绒兔问，“还是一点一点慢慢发生的？”
>
> “不是一下子发生的，”老皮马说，“需要很长的时间。这就是为什么长久的爱通常不会发生在那些轻易分手、棱角分明或需要小心呵护的人身上。一般来说，当你变得‘真实’的时候，你大部分的毛发已经脱落，眼睛甚至都不在了，关节也松散了，衣衫褴褛。但是这都不重要，因为一旦你变得‘真实’了，你就不会是丑陋的，除非那个人不懂你的爱。”

第 12 章

帮助行为

MARILYN
women BUILD.
Habitat for Humanity
LOWE'S
SKILSAW
S 41
2.3 HP
12 AMP

爱能拯救人——不论是施与爱的人还是得到爱的人。

——精神病学家卡尔·梅宁格（1893—1990）

耶路撒冷的“正义之园”位于一个山坡上，由成百上千棵树环绕而成，每棵树下都有纪念牌，上面刻着一些欧洲基督教徒的名字，这些人曾经在纳粹大屠杀时期给犹太人提供过庇护。这些“正义的异教徒”（在当时的耶路撒冷，把信奉非犹太教的人称为异教徒——译者注）知道，如果被纳粹政府发现，他们将与犹太人一样承受被处死的命运，但仍有很多基督教徒庇护了犹太人（Hellman，1980；Wiesel，1985），还有不计其数的庇护者没有留下姓名。每一个在纳粹恐怖中幸存下来的犹太人背后，离不开数十人的英勇行为。乐队指挥康拉德·拉特是居住在柏林的 2000 名得以幸存的犹太人之一，他受到 50 名英勇的德国人的保护才活了下来（Schneider，2000）。

简·海宁是在这场战争中牺牲的英雄，她是一名苏格兰教会的传教士，看管着一个拥有将近 400 名犹太女孩的教会。在战争前夕，教会担心她的安全，所以安排她回家。但是她拒绝了，她说：“如果这些孩子在阳光明媚的日子尚且需要我的照顾，那么在如此糟糕黑暗的时刻，她们该有多么需要我的陪伴。”（Barnes，2008；Brown，2008）实际上，她还剪碎了自己的皮革包具来为女孩们修补破损的鞋底。在 1944 年 4 月，海宁指责一名厨师偷吃原本为教会的女孩们准备的食物 。这个厨师是一名纳粹党成员，他将海宁告发到纳粹秘密警察那里。后来秘密警察逮捕了她，指控她为犹太人工作，并且为女孩们被迫穿上黄色星章的衣服而流泪。几周之后，她被送去了奥斯威辛，同上百万犹太人的命运一样，在这个地方惨遭杀害。

耶路撒冷正义之路的荣誉墙。超过16 000名庇护者的纪念石组成了荣誉墙，其中的大多数人都谦逊地认为自己的行为是理所应当的（Rochat & Modigliani, 1995）。

2010 年，维克多・佩雷斯正站在位于加利福尼亚州夫勒斯诺市自家屋外，和表哥聊前天晚上一名 8 岁女孩被绑架的事。一辆红棕色带白色条纹的老式雪佛兰卡车从旁边驶过，佩雷斯想起这辆车符合对绑匪车辆的描述。“表哥拨打 911 的时候我决定跟上那辆车。”佩雷斯跳上自己的皮卡追上嫌疑车辆。“他试图逃离，想甩掉我的车。”当他第二次追上嫌疑车辆时，“我看到了小女孩，我所有的恐惧一下子就抛到了九霄云外……我只想着我们必须要保护小女孩的安全。”通过 4 次尝试，佩雷斯终于迫使嫌犯停车并将遭受性虐待和精神创伤的小女孩扔下车，嫌犯随后被逮捕。事后，夫勒斯诺市警察局长回顾说，“假如没有佩雷斯的英勇行为，我们恐怕根本无法追回小女孩”（MSNBC, 2010）。

一般的利他行为更是不胜枚举，诸如安慰、照料和同情等，人们通常不求任何回报地为别人指路、捐款、献血、做义工。

- 人们为什么、什么时候会做出帮助行为？
- 谁会做出帮助行为？
- 怎样才能减少冷漠而增加帮助行为？

这就是本章的主要问题。

利他主义（Altruism）是自私自利的反义词。一个利他的人，即使在无利可图或不期待任何回报的情况下，也会关心和帮助别人。耶稣关于善良的撒玛利亚人的寓言为此提供了经典的诠释：

善良的撒玛利亚人，*Fernand Schultz-Wettel*

一名男子从耶路撒冷到耶利哥（Jericho），途中落入强盗之手，强盗抢光了他的财物，并将他打得半死不活，然后跑掉了。这时，恰好有一名传教士经过此地。传教士看到了受伤的男子，便从路的另一边走过去了。之后又来了一个利未人，他同样看见了受伤的男子，也从路的另一边走过去了。但是撒玛利亚人却不同，他途经这里，看见受伤的男子，就动了恻隐之心。他走到受伤的人的身边为他包扎伤口，还在伤口上搽上油和酒。然后，他把受伤的人放到自己的马背上，带他到一家小旅馆并照料他。第二天，他掏出一些钱给老板，说："好好照顾他，等我回来，钱不够，我会补给你。"（圣经・路加福音 10:30~35）

这个撒玛利亚人的行为诠释了利他主义。他完全为同情心所驱动，为一个完全陌生的人奉献了时间、精力和金钱，既没有期待任何回报，也没有期待任何感激。

帮助行为发生的原因

解释关于帮助动机的心理学理论，以及每种理论试图解释的帮助行为类型。

社会交换与社会规范

几种关于帮助行为的理论都一致认为，从长远来看，帮助行为会使施助者和受助者同样受益。有一种解释假设人与人之间的交往受"社会经济学"指引。人们相互之间不仅交换物质性的商品和金钱，而且还交换社会性的商品——爱、服务、信息、地位等（Foa & Foa，1975）。在这个过程中，人们的目的在于令成本最小化，收益最大化。**社会交换理论**（social exchange theory）并不主张我们要有意识地去监控成本和收益，只是表明这类因素能预测人们的行为。

假设你的校园里有一辆献血车，有人要你参加献血。难道你不会权衡一下献血的代价（针扎下去的疼痛、时间、疲乏）和不献血的代价（负罪感、他人的指责）吗？难道你会不考虑献血的收益（因帮助别人而产生的愉悦感、免费的点心）和不献血的好处（节约时间、不必担心健康受损）吗？根据社会交换理论——该理论得到皮列文及其研究小组（Piliavin, 2003; Piliavin & others, 1982）对威斯康星献血者研究的支持——人们在决定是否提供帮助之前有精细的计算。

"嗨，那不是萨拉吗！她正在为进大学准备履历材料呢！"

© Edward Koren/ The New Yorker Collection/www.cartoonbank.com

奖　赏

催生帮助行为的奖赏可以来自外部，也可以来自内部。为了防止地铁晚点，一名纽约市民跳上铁轨救了晕倒的男子（"我当时想，如果他被撞了，我就没法上班了"），他的行为是受外部奖赏激发的，即 1.5 倍的周日工资（Weischelbaum & others, 2010）。商人捐款能提高其企业形象，让人搭便车能获得称赞或友谊，这些奖赏都是外部的。我们的付出是为了奖赏。因此我们会热心地帮助那些吸引我们的人，帮助那些我们渴望得到其赞许的人（Krebs，1970；Unger，1979）。在实验以及日常生活中，慷慨的行为会提升人们的社会地位，而自私的行为则会受到惩罚（Hardy & Van Vugt，2006；Henrich and others，2006）。

奖赏也可能来自内部。几乎所有的献血者都承认献血“使我对自己感觉良好”和“给予我自我满足感”。的确，一张传统的红十字会海报这样写道：“献血！只会使你感觉良好。”感觉良好有助于解释为什么离家在外的人帮助为那些他们以后再也不会见面的陌生人。

帮助行为提升自我价值感，这为因何那么多人在做过好事之后感觉良好提供了一种解释。一项为时一个月的针对 85 对夫妇的研究发现，给予对方情感支持，对给予者而言也具有积极的作用，会使给予者产生积极的心境（Gleason & others，2003）。皮列文（Piliavan, 2003）和苏珊·安德森（Andersen, 1998）指出，大量研究结果显示，投身于社区服务计划，投身于以学校为基础的“帮助他人学习”或辅导儿童等活动的年轻人，都发展了社会技能和积极的社会价值观。这些年轻人明显地更少面临犯罪、早孕、辍学等危机，而更可能成为良好公民。志愿者行动也同样有益于提升人们的精神状态和健康状况，尤其当行为是自发的而非被迫的（Weinstein & Ryan, 2010）。丧失配偶的人在帮助他人之后会更快地从打击中恢复（Brown & others，2008）。人们做了好事之后都会表现良好。

捐款行为也是一样的，捐赠行为会激活人们与报酬相关的脑区（Harbaugh & others，2007）。慷慨的人比那些只为自己花钱的人活得更快乐。在一项实验中，人们会得到一些现金，然后一些人被要求将这些钱全部用于自身的开销，而另一部分人则被要求将钱用于帮助他人。在这一天结束的时候发现，将钱用于帮助他人的人最快乐（Dunn & others，2008）。还有研究证实，给予可以提高幸福感（Anik & others, 2010）。

人们不会看重善行的，除非善行能给自己带来好处。

——奥维德，《黑海零简》，公元 12 年

这样的成本—收益分析似乎有损人格。然而，这个理论是有一定道理的。难道人们不相信“善有善报”吗？难道我们不相信人们的大多数行为不是“反社会”的，而是“亲社会”的吗？难道我们不相信人们可以从爱心奉献中获得满足吗？如果人们只从服务自我中获得快乐，这会有多么糟糕？

有些读者可能会说：“说的不错，奖赏理论意味着帮助行为永远不会成为真正的利他行为吗？当回报是无意识地获得时，我们可能会说那种行为是利他的。但是如果我们帮助一位吓得尖叫的女士是为了获得社会赞许，释放我们的压力，避免内疚，或者提升我们的自我形象，那么这能算真正的利他吗？”这样的争辩要追溯到斯金纳（B. F. Skinner，1971）对帮助行为的分析。斯金纳认为，只有当我们不能解释别人做好事的原因时，我们才会因此而信任他们。只有当我们找不到外在的解释时，我们才会把他们的行为归因于他们内在的品质，而当外部原因明显时，我们就会相信外部原因，而非个人品质。

给予的同时我们也在接受。

——阿西西的圣方济各（1181—1226）

然而，奖赏理论也有一个弱点。它容易陷入循环论证的境地。如果一个人志愿参加“大姐姐指导计划（Big Sister tutor program）”，很容易让人将其富有同情心的行为解释为这么做能为她带来满足感。但这种对回报进行事后命名的做法又引起了循环的解释：“她为什么会做志愿者呢？”“因为有内部奖赏。”“你怎么知道有内部奖赏呢？”“那除了这个，她还会因为什么去做志愿者呢？”因为有这样的瑕疵，**利己主义**（egoism）——主张自我利益驱动所有行为的观点——并没有完全得到研究者的赞同。

为了避免陷入这样的循环，我们必须把收益和成本独立于帮助行为之外。如果

研究背后的故事

丹尼斯·克雷布斯论生活经历与利他研究

在我 14 岁那年，我家从英属哥伦比亚省的温哥华搬到了加利福尼亚，这对我的心灵是一种创伤，因为我一下子从原先高中的领袖变成了一个被社会排斥的可怜人，我的服装、口音、行为都与新学校的人不同。我曾经学会一些拳击的武打技能，但在这里，那些在加拿大曾令我倍感骄傲的技能却产生了完全不同的名声。我越来越消沉，以至于进出了好几次少管所，我因为吸食毒品后驾车而被拘留和审讯。后来，我逃出了监狱，一路搭乘顺风车，来到俄勒冈州的一个木材营运营地，最后终于回到英属哥伦比亚省。我在缓刑期间获准进了大学，毕业时成绩名列前茅，还获得伍德罗·威尔逊奖学金，最后终于获得了哈佛大学的心理学博士学位。

为了进入哈佛大学，我必须重新回到美国。由于我在加利福尼亚有逃跑记录，我自首并经历了公开宣判。我被宽恕了，在很大程度上是因为我得到了很多人的大力支持。三年的哈佛生活之后，我成为那里的一名助教。再后来，我重新回到英属哥伦比亚省，在西蒙·弗雷泽大学主持心理学系。

这些经历，虽然使我感到不舒服，但我并未隐瞒这段历史，我想以此激励那些连遭人生打击的人继续与命运抗争。我花费了大量的精力去理解道德，因为我想知道我错的原因，我对利他主义的感兴趣，也是由那些曾帮助我渡过难关的慷慨的人们所燃起的。

丹尼斯·克雷布斯
(Dennis Krebs)
西蒙弗雷泽大学

社会赞许引发了帮助行为，那么在实验中我们就能发现，帮助行为带来赞许之后，帮助行为会增加（Staub，1978）。

内部回报

目前为止，我们主要分析的是促使人帮助他人的外部回报。现在，我们需要分析一下内在的原因，比如帮助者的情绪状态或者个人品质。

帮助行为的收益也包括内部的自我回报。接近一个痛苦的人，我们也会感到痛苦。窗外一位女性的尖叫惊动并困扰你，如果你不觉得这是有人在闹着玩，你就会去查看一下或给予帮助，从而减轻你因它而产生的痛苦（Piliavin & Piliavin，1973）。丹尼斯·克雷布斯（Krebs，1975）发现，哈佛大学生的生理反应和他们的自我报告都揭示，对他人的痛苦反应最强的学生，给别人提供的帮助也最多。

内疚感 痛苦并不是我们想减轻的惟一的消极情绪。从古至今，内疚感一直是一种令人痛苦的情绪，以至于我们总是要设法避免内疚感的产生。就像埃弗里特·桑德森救了掉下铁轨的小女孩后所说的那样，“如果我没有设法去救她，只是像其他人一样站在那儿，那就说明我的心已经死了。从那时起我就不再会有良好的自我感觉了。”

在文明进化的过程中，人们逐渐形成了各种方式来缓解内疚感：用动物和人做祭品、供奉谷物和金钱、忏悔、认罪、否定等等。在古代以色列，人们定期地将自身的罪过加诸于作为“替罪羊”的动物身上，然后把动物放到野外，让它带走人类的罪责感。

为了考察内疚感导致的结果，社会心理学家设法引出人们的违规行为：说谎、施加电击、打翻满放着按字母顺序排列的卡片的桌子、损坏设备、欺骗等。然后，给这些负疚的被试提供一个可以缓解内疚感的机会：坦白、贬低被伤害者或者将功补过。研究结果显示出高度的一致性：人们会尽其所能去消除内疚感，减少不良感觉，并恢复自我形象。

假设你正作为一名被试，与密西西比州立大学的学生一道参加戴维·麦克米伦和詹姆斯·奥斯汀（McMillen & Austin，1971）进行的一项实验。你和另一个学生一起为了得到学分而来参加这个实验。就在这时，一个自称是刚参加过实验的人走进来找丢在这儿的本子。他和你们攀谈起来，说这个实验要做一份多项选择测验，而测验的正确答案多为“B”。他离开后研究者进来了，研究者先介绍了实验，然后问：“你俩以前参加过这个实验或者听到过有关它的任何事情吗？”

你会说谎吗？那些先于你参加实验的被试的行为——他们 100% 地都撒了这个小谎——预示着你也可能会说谎。做完测验后（没有任何反馈），研究者说：“你们可以走了。但是你们如果有空的话，能帮忙为一些问卷评分吗？”假设你已经说了谎，现在你会更乐意无偿地付出一点时间吗？结果表明，答案是肯定的。平均说来，那些没有被引诱说谎的被试只给出了 2 分钟，而说了谎的被试则很明显地渴望补救他们的自我形象，他们慷慨地献出了 63 分钟。在我们的实验中，有一个 7 岁的小女孩对这一实验的寓意做了恰如其分的解释，她写道：“别说谎，不然你会生活在内疚里”（并且你还会想要减轻内疚感）。

我们在犯错之后的行善愿望反映出，我们既需要减轻个人的内疚感，也需要恢复动摇了的自我形象和期望确立积极的公众形象。当我们犯下的错误被他人知晓时，我们就更想要用帮助行为来挽回我们自己（Carlsmith & Gross，1969）。

总而言之，内疚感有许多益处。它促使人们坦白、道歉、帮助，避免再犯错误，它还使人们更敏感，并使亲密关系能够持久。

学龄儿童正在包装他们要捐献的玩具。随着长大成熟，他们逐渐学会从帮助别人中得到快乐。

坏心情—好行为现象的例外 在社会化良好的成人中，我们是不是总能发现坏心情—好行为现象呢？不。在第 10 章中我们了解到，愤怒这种消极心境是不可能带来同情的。另一个例外就是极度的悲痛。沉浸在失去（死亡或分离）配偶或孩子的痛苦中的人，通常会经历一段强烈的自我关注期，而这抑制了对他人的付出（Aderman & Berkowitz，1983；Gibbons & Wicklund，1982）。

在一项有影响的实验室模拟研究中，汤普森等人（Thompson，Cowan & Rosenhan，1980）以斯坦福大学的学生为被试，研究了自我关注的悲伤的效应。研究者让被试独自倾听描述一个人（将他想象成自己最要好的异性朋友）因患癌症而生命垂危的录音磁带。研究者通过指导语使一半被试的注意集中于他们自己的担忧和悲伤：

> 他（她）就要死去了，你即将失去他，再也不能跟他说话。更糟糕的是，他会慢慢死去。你知道每一分钟都有可能是你们在一起的最后时光。几个月的时间里，尽管你非常难过，但为了他，你也要装出快乐的样子。你将看着他一点一点地离你而去，当他最后消失后，你就成了孤单的人。

研究者通过指导语使另一半被试的注意集中于朋友身上：

> 他躺在病床上打发时光，挨过那些没有尽头的时日，等待

着、期冀着发生什么事情。任何事情都有可能。他告诉你，没有比这更令人感到痛苦的了。

研究者报告说，不论被试听的是哪一种磁带，他们都被深深地触动并潸然泪下，他们并不后悔参加这个实验（倒是有些听无聊录音磁带的控制组被试有点后悔）。那么，他们的心境会影响其助人性吗？当研究者立即给予他们一个机会，去匿名帮助一位研究生进行她的研究时，自我关注组的被试有 25% 给予了帮助，而他人关注组的被试则有 83% 给予了帮助。两组被试受到了同样的触动，但只有关注他人的被试才认为帮助他人特别有意义。简而言之，坏心情 - 好行为会在那些关注他人的人们中发生，对他们而言，这样的利他行为才是有价值的（Barnett & others，1980；McMillen & others，1977）。如果不是全然沉浸在自己的抑郁和悲痛中，悲伤的人是敏感而乐于助人的。

好心情，好行为 快乐的人不愿意帮助别人吗？正好相反。心理学中再没有比这更一致的发现了：快乐的人更乐于帮助别人。这个效应同时适用于大人和孩子，不论好的心境是来自于一次成功，想到高兴的事情，还是其他任何积极的体验（Salovey & others，1991）。一位坠入爱河的女士回忆道：

> 在办公室里，我几乎忍不住要大声喊出我是多么快乐。所有的工作都变得简单了；以前让我烦恼的事情现在我都能泰然处之。而且我有了强烈的冲动想要帮助别人；我想与他人分享我的喜悦。当玛丽的打字机坏了的时候，我冲过去帮忙。玛丽！那可是我昔日的“对头”啊！（Tennov，1979，p.22）

在关于愉快的心境和助人之间关系的实验中，受助者通常可能是一位募捐者，一位需要帮忙做文书工作的研究者，或一位不慎撒落纸张的女士。下面是三个例子。

真是件奇怪的事情，当你沉浸在爱情中时，你热切地想要善待每一个人。

——沃德豪斯，《求偶季节》，1949

在澳大利亚的悉尼，佛格斯及其同事（Forgas & others，2008）让一名实验的同盟者向目标百货公司的销售人员提供或者是激励情绪或者是中性或打击士气的评价。过了一会儿，又让一名对情绪启动条件“全盲”的同盟者向员工求助，寻找一个不存在的物品。在缺乏经验的员工（缺乏回应这种要求的日常实践）中，获得情绪激励的员工尽了最大努力来提供帮助。

在波兰的奥波莱，多林斯基和诺拉特（Dolinski & Nawrat，1998）发现，轻松的心境能够显著地促进帮助行为。现在想象你也是其中一位不知情的被试。你在不许停车的地方停了一小会儿车，回来时发现车窗的雨刷下（违章停车的罚单常放在这个位置）有张看似罚单的东西。“真倒霉！”你心里嘀咕着捡起纸片，却发现它只是张广告（或是献血车的宣传单），你松了口气。过了一会儿，有个大学生向你走来，请求你花 15 分钟回答几个问题——“请您帮助我完成我的学士学位论文。”这时，你积极的、轻松的心境会使你更乐于帮这个忙吗？事实上，62% 的从害怕转为轻松的人都欣然地答应了，这几乎是那些没有看到纸片或看到纸片在车门上（通常不是放罚单的位置）的被试的两倍。

在美国，伊森等人（Isen，Clark & Schwartz，1976）让一名合作者打电话给在 0~20 分钟之前刚刚收到赠送的文具样品的人，对他们说自己打电话的钱不够了（实际不然），请他们回一个电话告诉她样品的信息。如图 12.1 所示，被试乐意回电话的程度在收到样品后的前 5 分钟内是上升的，之后随着好心境的消逝，助人行为也随之降低。

图 :: 12.1
收到赠品 0~20 分钟后愿意回复电话的百分比

在没有收到礼物的控制组被试中，只有 10% 的人帮了忙。

资料来源：Data from Isen & others (1976).

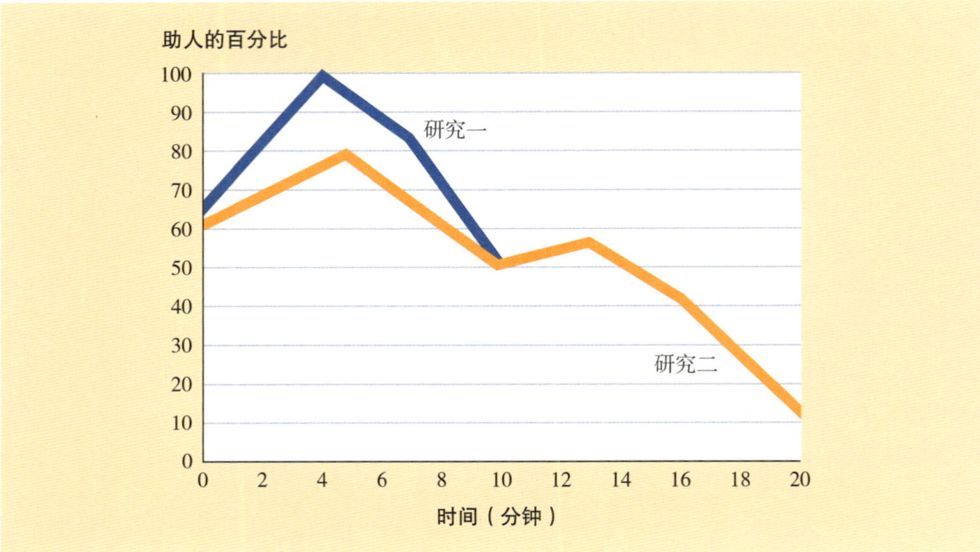

如果说悲伤的人有时会格外乐于助人，那么快乐的人怎么可能也会如此呢？实验揭示了一些起作用的因素（Carlson & others，1988）。帮助行为能缓解不好的心境，也能维持好的心境（在给某人指路后你可能会感觉良好）。反过来，积极心境又会产生积极的思维和积极的自尊，从而导向积极的行为（Berkowitz，1987；Cunningham & others，1990；Isen & others，1978）。心情好——比如收到一份礼物或者享受成功的喜悦——的人们更可能有积极的思维，并乐于助人。所以，积极思维往往也更可能带来积极的行动。

社会规范

很多时候，我们帮助别人并不是因为我们有意识地去计算了那样的行为符合自身利益，而是出于一种更为微妙的自身利益形式：因为某些东西告诉我们*应该*这样做。比如我们应该帮助新来的邻居搬家，应该归还捡到的钱包，应该保护战友免受伤害。规范，即生活中的种种“*应该*”，就是社会期望，它们*规定*了我们生活中适宜的行为和应尽的义务。研究帮助行为的研究者们确认了两种驱动利他主义的社会规范：互惠规范和社会责任规范。

互惠规范 社会学家阿尔文 · 古尔德纳（Gouldner，1960）认为，一种普遍的道德准则就是**互惠规范**（reciprocity norm）：*对于那些曾帮助过我们的人，我们应当施以帮助而不是伤害*。古尔德纳认为，这个规范是普遍的，就像禁止乱伦一样为人们所接受。我们对他人“投资”，期待获得红利。政治家们懂得，给予别人恩惠的人会希望在日后得到回报。由于认为人们会报答恩惠，因此邮寄调查问卷和发出请求时，通常会附赠小礼物或个性化书签。甚至 21 个月大的婴儿也会表现出互惠性，她们更愿意帮助曾送过自己玩具的人（Dunfield & Kuhlmeier, 2010）。互惠规范甚至还适用于婚姻。有时候，某人付出的好像多于他的收获，但从长远来看，交换会是平衡的。在所有这些交往中，只接受而不付出，就违背了互惠规范。

社会网络中的互惠性帮助我们解释了“**社会资本**”（social capital）的含义——支持性的联系，信息交流，信任与合作行为——这些保证了一个社区的正常运转。邻里互相帮忙照看对方的家，其实就是社会资本在运作。

人们对他人曾经对自己所做事情的公开反应，最能说明这个规范的有效运作。在一项模拟日常生活的实验室游戏中发现，与有持久关系的人相比，人们在单轮游戏中对偶然碰到的以后不再见面的人表现出了更多的自私行为。然而，即使在匿名的回应中，人们有时也会恰当行事并报答恩惠（Burger & others，2009）。马克 · 惠特利及其同事（Mark Whatley & others，1999）在一个实验中发现，大学生更愿意承诺为曾经给予过他们恩惠的人所属的慈善机构捐献（如图 12.2）。

如果你不出席别人的葬礼，也不会有人出席你的。

——尤吉 · 贝拉

当人们不能给予回报时，他们会因接受了援助而感到受威胁和被贬低。因此，骄傲、自尊心强的人通常不愿意寻求帮助（Nadler & Fisher，1986）。接受别人主动提供的帮助会打击他们的自尊心（Schneider & others，1996；Shell & Eisenberg，1992）。研究表明，这种情况常发生于赞助性行动的受惠者身上，特别是当赞助性行动未能证实个人的能力和保证将来有成功的机会时（Pratkanis & Turner，1996）。亚洲人的社会纽带和互惠规范比北美人更强，因此，他们更可能拒绝偶然结识的人送的礼物，以免觉得还要回馈对方（Shen & others, 2011）。

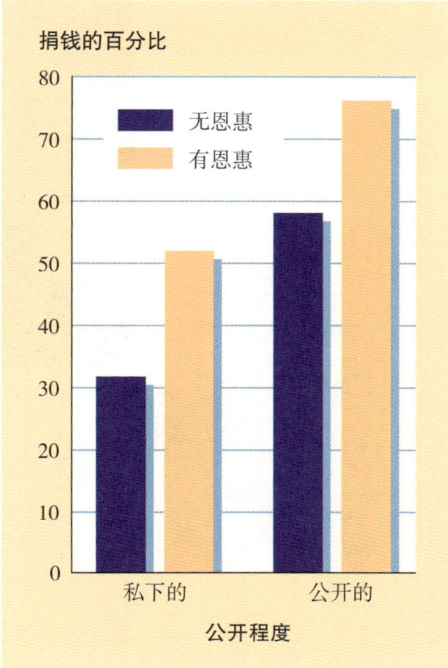

图 :: 12.2

对所获恩惠私下的和公开的回报

如果实验助手曾有小惠于人，人们则更愿意承诺向他所属的慈善机构捐献，特别是当那个助手可以知道他们的回报行为时。

资料来源：From Whatley & others (1999).

社会责任规范 互惠规范提醒我们要保持社会关系中的予取平衡。然而，如果只有这么一条互惠规范，那么撒玛利亚人就不会成为善良的撒玛利亚人了。在寓言中，耶稣明显地有更人道的想法，他是这样教诲人的："如果你只爱那些爱你的人［互惠规范］，那么你有什么资格去要求信誉呢？……我告诉你，爱你的敌人吧"。（马太福音 5：46，44）

对于一些依赖性很强又无力回报的人——比如孩子、非常贫困的人、残疾人以及一些被认为不能够全部回报其所受恩惠的人——另一个社会规范就引发了我们的帮助行为。**社会责任规范**（social-responsibility norm）是指人们应该帮助那些需要帮助的人，而不要考虑以后的交换（Berkowitz，1972b，Schwartz，1975）。如果一个拄着双拐的残疾人掉了书，你会遵循社会责任规范帮他捡起来。在印度这一集体主义文化的国度里，人们比个人主义的西方人更强烈地支持社会责任规范（Baron & Miller，2000）。他们提倡一种助人义务，为那些没有生命危险或是迫切需要的人提供帮助，比如为一个陌生人提供骨髓移植，即使这些人超出了助人者家人的范围。

在西方国家，即使帮助者是匿名给予帮助，或不能期待任何回报，他们仍会经常帮助那些有需要的人（Shotland & Stebbins，1983）。然而，社会规范使他们有选择地只帮助那些有需要的人，但这些人的需要不是因其自身的疏忽所导致的。在政治保守派中尤为如此（Skitka & Tetlock，1993），这个规范似乎是：给予人们他们应得的。倘若他们是环境的受害者，如遇到自然灾害等，他们就会得到全力援助（Goetz & others, 2010; Zagefka & others, 2011）。如果他们的困境是自找的，如懒惰、不道德、缺乏远见等，那么，社会规范就建议让他们自食其果。

因此，人们的反应与其所做的归因密切相关。如果我们把别人的需要归因为不可控的困境，我们就会帮助他们；如果我们把别人的需要归因为他个人的选择，公平的规范就不要求我们去帮助他，我们会认为那是他咎由自取（Weiner，1980）。归

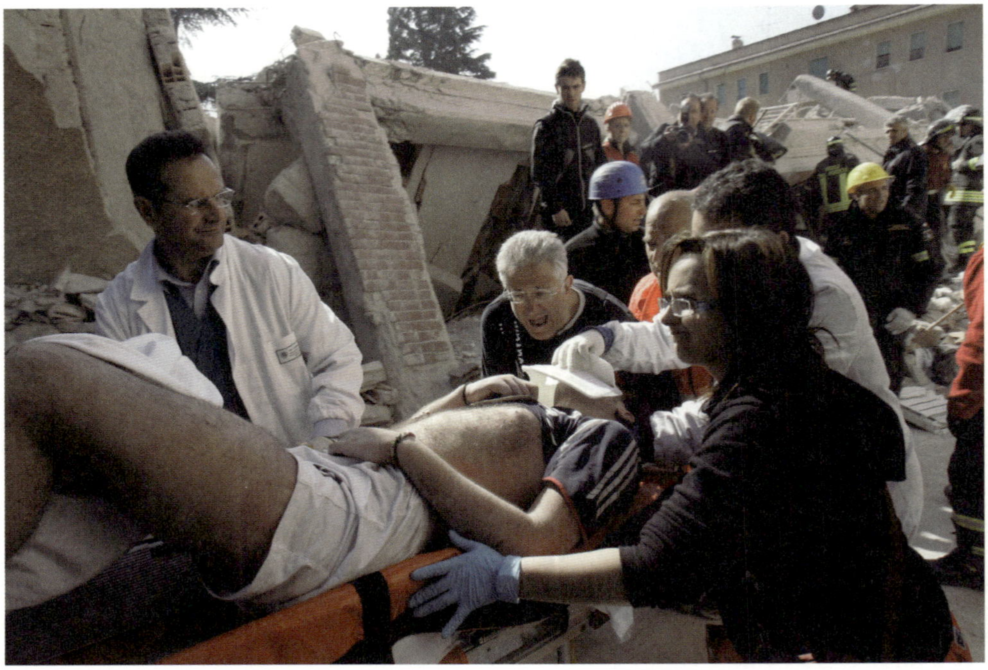

2005年巴基斯坦强烈地震之后，社会责任规范使人们提供帮助。

因不仅会影响人们的帮助行为，还会影响公共政策。2008 年，很多美国民众反对政府帮助失败的汽车制造商，因为他们认为这些制造商应该为他们自己目光短浅的决定负责。

鲁道夫及其同事（Rudolph & others，2004）对 30 多篇相关研究进行了评述之后指出，关键在于你的归因是否唤起了同情——同情可以激发帮助行为（见图 12.3）。

假设你是威斯康星大学的一名学生，正在参加理查德·巴恩斯等人（Barnes，Ickes & Kidd，1979）的一项研究。你接到了一个叫托尼·弗里曼的人的电话，他说他是你心理学导论班上的同学，他从班级登记册中知道了你，因为考试即将到来，他希望得到你的帮助。他解释说："我真不知道怎么回事，我几乎没怎么记笔记，我知道我能记，但有时候我就是不喜欢去记，所以我记的笔记不好，不利于复习。"你会在多大程度上同情他？你在多大程度上愿意借笔记给他？如果你也像这个实验中的学生一样，你大概不太会帮助他。但是，如果他仅仅解释说他的麻烦超出了他的控制，情况就会不一样。因此，社会责任规范使人们帮助那些最需要帮助且最应该得到帮助的人。

图 :: 12.3

归因与帮助行为

在这个模型中，德国研究者鲁道夫及其同事（2004）假定，帮助行为受人们对困境的解释以及由此引发的同情调节。

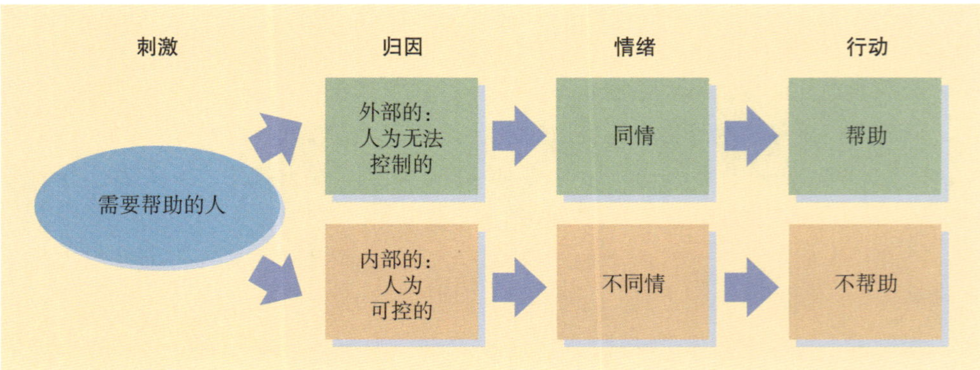

当泰坦尼克号下沉的时候，生还者中有70%的女性和20%的男性。头等舱中乘客生还的机会要比三等舱多2.5倍。但是因为利他主义的性别规范，三等舱中女性获救的可能性（47%）要比头等舱中男性获救的可能性（31%）更大。

性别与受助 假如对他人需要的知觉强有力地决定着一个人乐意助人的程度，那么被认为更柔弱和更具依赖性的女性是否会得到比男性更多的帮助呢？事实的确如此。艾丽丝·伊格利和莫琳·克劳利（Eagly & Crowley，1986）考察了 35 个比较男性和女性受害者所得到帮助的研究。（伊格利和克劳利提到，事实上这些研究都采用了偶遇需要帮助的陌生人的研究模式——一种预期男性表现侠义精神的情境。）

当处于需要中的人是女性时，男性会提供更多的帮助。而女性则对不同性别的求助者一视同仁。20 世纪 70 年代的几项实验都发现，当车出毛病（如车胎没气了）的时候，女性会比男性得到更多的帮助（Penner & others，1973；Pomazal & Clore，1973；West & others，1975）。同样，单独的女性搭车者也比单独的男性或一对夫妇能得到更多的帮助（Pomazal & Clore，1973；M. Snyder & others，1974）。当然，男性向一位独行的女性所表现的侠义风度，也许是由利他之外的动机所驱动的。交配动机不仅刺激男性购买抢眼的奢饰品，也会激发他们的英雄气概（Griskevicius & others，2007）。毫不奇怪，男性会更多地帮助那些外表有吸引力的女性，而不是那些外表不具吸引力的女性（Mims & others，1975；Stroufe & others，1977；West & Brown，1975）。

女性不仅在特定情境下能获得更多帮助，她们也更多地寻求帮助（Addis & Mahalik，2003）。她们寻求身体上和精神上帮助的次数是男性的两倍。电台电话咨询的来访者和校园咨询中心的来访者大部分是女性。她们向朋友的求助则更为频繁。特拉维夫大学的求助专家阿里·纳德勒（Nadler，1991）将这个现象归因于独立与相依的性别差异（第 5 章）。

演化心理学

对帮助行为的第三种解释是演化理论。你也许会想起第 5 章和第 11 章的内容，进化心理学认为，生命的本质就是使基因存活下来。我们的基因驱使我们采用某些能使其存活机会最大的方式。我们的祖先去世后，他们的基因却得以延续，规定着我们的行为方式，以使它们在未来能继续延续。

献身的英雄往往无后。如果自我牺牲导致其后代的减少，那么允许英雄行为产生的基因就会从人群中逐渐消失。

——E. O. 威尔逊，《论人性》，1978

正如理查德·道金斯（Dawkins，1976）的畅销书《自私的基因》所指的，演化心理学向我们提供了一个丑陋的人类形象——心理学家唐纳德·坎贝尔（Campbell，1975a，1975b）把它称做人类深刻的、自我服务的“原罪”的生物学性的再现。那些预示个体为了陌生人的利益而自我牺牲的基因，是不会在进化的竞争中存活下来的。然而，进化的成功确实源于合作。诺瓦克和海菲尔德（Nowak & Highfield, 2011）说，人类是动物王国的超级合作者，因为我们表现出克服自私的多重机制，包括：

- *亲缘选择*：如果你身上有我的基因，我就会帮助你。
- *直接互惠*：我们互相帮助。
- *间接互惠*：我帮你，你帮另一个人，那个人再帮我。
- *群体选择*：互相帮助的群体得以生存。

亲缘选择

基因使我们愿意关心与我们有亲缘关系的人。因此，能够提高基因存活可能性的自我牺牲的一种方式就是为我们的孩子做奉献。把孩子的利益看得高于其自身利益的家长，比忽视孩子的家长更能传承其基因。进化心理学家戴维·巴拉什（Barash，1979，p.153）写道：“基因靠善待自身来帮助自身传递，即使这些基因存在于不同个体内。”基因的利己主义（生物水平上）促使了父母的利他主义（心理水平上）。虽然进化支持人们为自己的孩子做出自我牺牲，但孩子却不太会为父母的基因存活而去冒风险。因此，父母对其孩子的奉献比孩子回馈他们的要多得多。

按生物学上的亲疏程度，其他亲戚也与我们共享一定比例的基因。你一半的基因和你的兄弟姐妹相同，八分之一和你的表或堂兄弟姐妹相同。**亲缘选择**（kin selection）——偏袒那些和自己拥有共同基因的人——使进化生物学家霍尔丹（J. B. S. Haldane）开玩笑说，他不会为他的一个兄弟而牺牲自己的生命，却会为 3 个亲兄弟或 9 个表兄弟做出一些自我牺牲。霍尔丹一定不会对基因相关性可以预测帮助行为感到惊奇，也不会对同卵双胞胎比异卵双胞胎明显地更愿意互相支持而吃惊（Segal，1984；Stewart-Williams，2007）。在一项游戏实验中，同卵双胞胎被试中愿意与另一个合作以便在赢钱游戏中能与对方分享收获的人数是异卵双胞胎的一倍半（Segal & Hershberger，1999）。

当然这并不是说，我们会在做出帮助之前先计算基因的相关度，而是说帮助近亲是我们的本性（也是文化）。当多伦多猛龙队的卡洛斯·罗杰斯自愿结束自己的职业生涯，捐献一个肾脏给他的妹妹（可惜她在肾脏移植前去世了）时，人们为他无私的爱而喝彩。但像这样的帮助近亲的行为并非完全不可预料。真正出乎我们意料（因此也敬重）的是那些舍身救助陌生人的行为。

除了亲属，我们还和很多人拥有共同的基因，如与非蓝眼睛的人相比，蓝眼睛的人共享特定基因。我们怎样分辨出那些基因与我们最为相近的人呢？蓝眼睛的例子说明，其中一个线索是外表的相似性。同样，从进化历史来看，与外国人相比，人们与邻近的人共享更多基因。那么，是否在生物学意义上已注定我们会有所偏向，对那些与自己相似的人和住在自己附近的人做出更多帮助行为呢？自然灾害和其他生死抉择的事件发生之后，人们得到帮助的顺序符合进化心理学家的逻辑：先年轻人后老人，先家人后友人，先邻居后陌生人（Burnstein & others，1994；Form & Nosow，1958）。当本群体成员遭受痛苦或折磨时，我们的同理心会更强，而对对手或外群体成员甚至会表现得幸灾乐祸（为别人的不幸窃喜）（Batson & others, 2009; Cikara & others, 2011; Tarrant & others, 2009）。助人总是发生在家附近。

一些进化心理学家认为，亲缘保护还决定了种族的群体内偏好，这正是历史上和现实中数不清的种族冲突的根源（Rushton，1991）。威尔逊（Wilson，1978）认为，亲缘选择是“社会文明的敌人。如果人类在很大程度上被引导去……偏爱他们的亲人和部落，那么世界和平的可能性将非常有限”。

如果你正好经过一个池塘，里面有个落水小孩，你说：“我的鞋是刚花了 200 美元买的，水会弄坏它的，所以我不能跳下去救这个孩子。”那么大家一定会认为你是一个可怕而糟糕的人。但是，当全世界有成千上万个孩子处于同样的境地，而仅仅花一点点钱给他们买药品和食品就能挽救他们的生命时，我们却无动于衷不愿把一点钱捐给乐施会。为什么会是这样呢？

——美国哲学家、心理学家
约瑟华·格林尼
（转引自 Zimmer, 2005）

互　惠

基因的利己性同样预测互惠行为。生物学家罗伯特·特里弗斯（Robert Trivers）认为，一个有机体帮助其他个体，是因为它期待得到回报（Binham，1980）。付出者希望日后成为收获者，不做出互惠行为则会受到惩罚。骗子、背叛者、卖国者之流普遍遭人唾弃。

互惠在那些小的、与外界隔离的群体中能最好地起作用，在这样的群体中，人们能经常看到自己帮助过的人。群居的雌性狒狒——与同伴们相互照料并亲密地生活在一起——可以获得很多繁殖优势：她们的后代也更多地存活下去（Silk & others，2003）。一只吸血蝙蝠如果一两天没吃东西——超过 60 小时就会饿死——它会要求同住的得以饱食的蝙蝠吐出些东西给自己吃（Wilkinson，1990）。而同住的蝙蝠也愿意这样做，即使它会比受助者更快地感到饥饿。但这样的帮助行为只会发生在相熟的且同甘共苦的同住者当中。那些只索取不给予的，以及那些与可能给予食物的蝙蝠没有任何关系的蝙蝠就会挨饿。交朋友需要付出代价。

同样的道理，偏远乡村的互惠行为比大城市中更多。在小的学校、城镇、教堂、工作团队、宿舍中，易于形成互相关心的共同信念。与在小城镇和乡村生活的人相比，那些居住在大城市的人更不愿意转达电话留言、处理那些被寄错了的信件、配合访谈者、帮助走失的儿童，以及做一些其他小的善事（Hedge & Yousif，1992；Steblay，1987）。

群体选择

在基因竞争中，如果说个人的自私性必然会获益，人们为什么还会帮助陌生人呢？为什么还会帮助那些没有资源也没有能力回报的人呢？是什么使战士们用自己的血肉之躯抵挡手榴弹？达尔文认为，其中一个答案是群体选择（此解释曾一度因基因自私的理论而大打折扣，但现在又重新流行）：当群体之间进行竞争时，相互支持的、利他的群体比不利他的群体会存在得更长久（Krebs，1998；McAndrew，2002；Wilson & Wilson，2008）。这方面最具戏剧性的证据来自群居的昆虫，它们的机能如同身体中的细胞。蜜蜂和蚂蚁为了自己族群的生存会忘我地劳作。

自然界就像憎恨真空那样，它也憎恨单纯的利他主义。但是与此相反，社会则喜欢利他。

——进化心理学家
大卫·巴拉什，
《自我服务与利他的矛盾压力》，2003

从最低程度上说，人类的内群体忠诚会通过牺牲自己来支持所谓的“我们”。因此一些研究者称，自然选择是“多层次的”（Mirsky，2009），这种选择无论在个体还是种群层面都会存在。

唐纳德·坎贝尔（Campbell，1975a，1975b）指出，还存在另一个非互惠利他主义的基础，即人类社会形成的伦理和宗教规则，它们能阻止指向自私的生物性偏

表 :: 12.1 利他理论的比较

如何解释利他？

理论	解释水平	对帮助的外部奖励	帮助的内在原因
社会交换	心理学	对帮助有外部奖励	不幸→对帮助的内在回馈
社会规范	社会学	互惠规范	社会责任规范
进化	生物学	互惠	亲缘选择

好。像“爱人如爱己”这样的戒律训诫我们要兼顾自我和群体，这样才能有利于群体的存活。理查德·道金斯（Dawkins，1976）提出一个相似的论断：“让我们尽力去宣扬慷慨和利他吧，因为我们天生是自私的。让我们懂得自私的基因是怎么回事吧，因为这样我们至少能有机会颠覆其设置，这是其他物种无法企及的。”

比较和评价帮助行为的理论

现在你可能注意到社会交换、社会规范和进化理论对利他主义的解释存在相似性。如表 12.1 所示，每一个理论都引出两种亲社会行为：投桃报李的互惠交换和无条件的帮助。它们分别在三个互为补充的层次上进行了论证。如果进化的观点是正确的，那么我们基因的倾向性应该能在心理的和社会的现象中证明自己。

每个理论都言之成理，但又都有推测性和事后解释的嫌疑。当我们从已知的事实（日常生活中的付出与收获）入手，通常推测一个社会交换过程，一种“互惠规范”，或者推测进化起源来解释这些事实时，我们可能仅仅是以命名代替解释。“行为的发生是因其生存功能”的观点则很难证伪。事后诸葛总是很容易便认为“事情本应如此”。如果我们能把任何可以想到的行为，在事后将它解释为社会交换、规范或自然选择的结果，那么这些理论就很难被证伪。因此，每个理论的任务是提出一些能让人们去检验的假设。

一个有效的理论也应该能提供一个一致的结构，以概括各种各样的观察结果。在这条标准下，三个利他理论都应获得较高的评价，它们都为我们解释人们的帮助行为提供了非常广阔的视角，无论是持久的承诺还是自发的帮助。

真正的利他主义

在我的家乡，美国密歇根州荷兰镇，一家公司有着数千名员工，上半个世纪大部分时间，每年捐出税前利润的 10%。但有一项规定：无偿捐赠必须匿名进行。在附近的城市卡拉马祖（Kalamazoo，密歇根州的一个小镇），2005 年的匿名捐款人承诺承担密歇根公立大学和社区学院所有毕业生的学费，资助额依据其居住本市的时间长短从 65% 到 100% 不等。这类匿名捐助者们——以及那些救人性命的英雄们，那些日常生活中的献血者们，那些维和部队的志愿者们——所做的一切，是出于关心他人的无私终极目标，还是出于某种自我获利的终极目标？比如获得奖赏、避免惩罚和愧疚，以及消除烦恼？

有一次，亚伯拉罕·林肯在马车上和另一名乘客讨论起利他主义这个哲学问题。

我们并不知道帮助了身处痛苦中的人会带来什么。

林肯认为，自利能够引发所有的善行。就在这时他听到一声母猪的哀嚎——她的小猪掉进一片水塘快要被淹死了。林肯让马车停下来，他跳下车跑回去，把小猪救了上来。他回到马车后，同伴问道："嗯，亚伯，刚才的小事中，自私在哪儿呢？""当然在，保佑灵魂啊。爱德华，这正是自利的本质！如果我刚才径直走过，扔下痛苦的还在担心其孩子的母猪不管，我就一整天不会得到心灵的宁静。我刚才救小猪只不过是为了安心，你难道不明白吗？"（Sharp，转引自 Batson & others，1986）。直到最近，心理学家仍支持林肯的观点。

由于助人行为在很大程度上会使助人者感觉良好，所以丹尼尔·巴特森（Batson, 2011）一生都在研究是否有真正的利他行为。巴特森的理论认为，我们帮助他人的意愿同时受利己和无私的影响（图 12.4）。因某人不幸而感到痛苦既会驱使我们逃离这种情境（如传教士和利未人），也能驱使我们提供帮助（如撒玛利亚人），从而解除我们的痛苦。巴特森和马里奥·米库利茨主持的依恋研究小组（Mikulincer & others，2005）认为，特别是当我们感到我们与某人之间存在依恋时，我们也会产生**同理心**（empathy，也译作"共情"——译者注）。爱护子女的家长会因孩子痛苦而痛苦，因孩子高兴而高兴，这就是那些虐待儿童的人和残忍的罪犯所没有的同理心（Miller & Eisenberg，1988）。

当人们问我是如何做的，我说，"我只是把自己当成最悲伤的孩子。"

——米歇尔·奥巴马，2008 年 12 月 24 日

我们还会对那些我们认同的人产生同理心。1997 年 9 月，很多人都为英国王妃黛安娜的去世以及其失去母亲的儿子而落泪，虽然这些人从来没有接近过黛安娜，但他们认为通过各种报纸杂志里的文章已经很了解她了。然而，这些人却没有为另外一些更悲惨的人流过泪，如自 1994 年以来，死于肮脏的庇护所里的或被杀害的姓名不详的近一百万名卢旺达人。我们更容易对一个活生生的人产生同理心，而不是对遭受痛苦的人数；更容易对戴安娜的死感到悲伤，而不是对一个大规模的"统计数字"。遭受痛苦的人数增加，人们的关注反而下降，这一现象称为"同情崩溃（collapse of compassion）"。当人们面对巨大灾难调整自己的痛苦情绪反应时也会发生同情崩溃（Cameron & Payne, 2011）。

图 :: 12.4

利己的和利他的帮助行为

目睹他人的痛苦，会引发两种情绪：关注自我的痛苦和关注他人的同理心。研究者一致认为痛苦能引发利己的动机，但他们对同理心是否能引发纯粹意义上的利他动机仍有争议。

资料来源：Adapted from Batson, Fultz, & Schoenrade (1987).

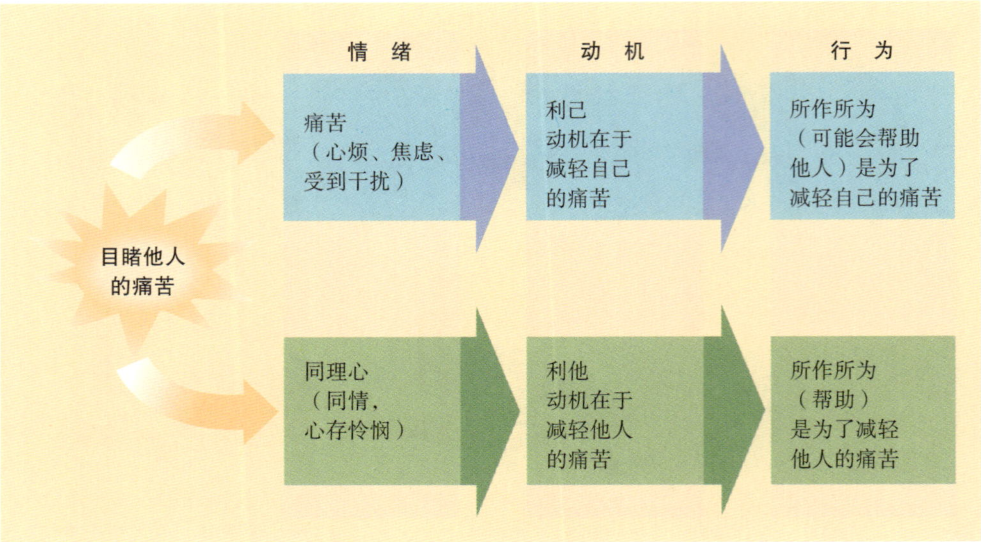

社会心理学家也会受到我们发现或描述的现象影响。就在写下上面两句话的几个小时前，我刚刚看了电视报道，在芝加哥小熊队胜利接近终场时，一名小熊队的铁杆粉丝和其他粉丝本能地伸手接了一个界外球，而那个球本来可以让小熊队有机会自 1945 年来第一次进入世界大赛。阿拉斯的出手导致那个球未能接杀，接着是小熊队的崩溃，阿拉斯本人借酒浇愁，他的生命受到威胁，甚至多年后仍不得不隐姓埋名。这则报道让我很难过。后来我想，为什么这个无辜受伤害的人会让我失眠，而对几乎同时看到的关于索马里战乱和大规模饥荒的报道我却无动于衷？

当我们产生同理心时，我们就会更少关心自己的痛苦，更多地去关注受害者的痛苦。真正的共情和怜悯驱使我们为了别人的切身利益而帮助他们。当我们去评估他人的福利，发现他人需要帮助，并站在他人的立场时，我们就体会到了同理心式的关怀（Baston & others，2007）。

稍微体验一下别人的感受，这样有助于增加同理心。哪怕只是体验一点，人们对某种刑罚技术的接受度就会下降。例如，当体验过中度的睡眠剥夺后，人们更可能会说，没错，过度睡眠剥夺太折磨人了（Nordgren & others, 2011）。

对人类而言，这种同理心是自然产生的。即使才出生一天的婴儿也会因别的婴儿的哭声而啼哭（Hoffman，1981）。在医院的育婴室里，一个婴儿的哭声通常会引发一片啼哭的浪潮。大多数 18 个月大的婴儿在看到一个陌生的成人突然洒落了一只记号笔或一个衣架，并手忙脚乱地捡不起来时，他会迅速地去帮助陌生人（Tomasello, 2009）。从某种程度来说，这表明同理心是我们与生俱来的能力。灵长目动物也展示了同理心能力，这表明利他主义早在人类之前就存在（de Waal，2009；Langford & others，2006）。黑猩猩会更多地选择自己和另一只黑猩猩都能获得食物的代币，而不选只有自己能获得满足的代币（Horner & others, 2011）。

痛苦和同理心通常共同起作用，促使人们对危机做出反应。1983 年，人们通过电视看到澳大利亚的墨尔本附近发生了森林大火，大火吞噬了成百上千的房屋。事后，保罗・阿马杜（Amato，1986）研究了人们捐钱捐物的情况，他发现那些感到生气或表现冷漠的人捐得较少，而那些对火灾感到痛苦（震惊或惊厥）的人或产生同理心（同情受难者或为其担忧）的人捐得更多。

为了区分基于同理心的利他主义和为了减轻痛苦的利他主义，巴特森的研究小

是真正的利他主义激励着国际健康教育者在乌干达教孩子们做操吗？丹尼尔·巴特森确信如此。

组研究了同理心唤起，他们指出了产生同理心的人是通过逃离情境来减少自己的痛苦，还是通过对困境中的他人施与帮助来减少他人的痛苦。结果是一致的，产生同理心的人通常会施与帮助。

在其中一项研究中，巴特森及其助手（Batson & others, 1981）让一名年轻妇女假装成正在遭受电击，然后让堪萨斯大学的女生们观看。实验间歇时，那个看起来已经很痛苦的遭受电击的女士向研究者解释说，她童年时曾掉进电栅中，因此她对电击非常敏感。出于同情，研究者会建议观察者（本实验中的真正被试）或许能与她调换一下位置，接受余下的电击。而在这之前，一半被试被告知这个遭受电击的年轻女子与她们有相似的价值观和志趣（以此来唤起她们的同理心），其中一些被试还被告知，她们看完那个女子遭受电击的情景后，实验任务就完成了，不需要继续留下。然而，研究发现，同理心唤起组的被试基本上都表示愿意代替那个年轻女子来接受余下的电击。

这是否是真正的利他主义呢？马克·沙勒和罗伯特·西奥迪尼（Schaller & Cialdini，1988）表示怀疑。他们指出，对受害者产生同理心会使人悲伤。在他们的一个实验中，他们使被试相信悲伤可以通过另外一种提升情绪的经历来减轻——听令人开心的磁带。结果表明，在这样的条件下，即使唤起了人们的同理心，他们也不是特别愿意提供帮助。沙勒和西奥迪尼总结道，如果我们产生了同理心，但同时知道还有别的方式能让我们好过些，我们就不太可能帮助别人。

所有的人都承认，一些帮助行为带有明显的利己色彩（为了获得回报或避免惩罚），一些具有隐蔽性（为了获得内在回报或减轻内在痛苦）。是否存在第三种形式的帮助行为——只是为了增加他人福利（自己的愉快感仅仅是副产品）的真正的利他主义？基于同理心的帮助行为是否是这种利他主义的一个来源？西奥迪尼（Cialdini，1991）和他的同事马克·沙勒和吉姆·富尔茨对此仍持怀疑态度。他们认为，目前还没有实验能够排除对帮助行为的所有可能的利己解释。

测量品格就是如果我们未被发现会做些什么。

——托马斯·麦考利的诠释

但是，的确还有一些研究表明可能存在真正的利他主义：当人们的同理心被唤起后，即使他们了解自己的帮助行为不会被人所知，他们也愿意提供帮助，直到受助者已经获得了帮助（Fultz & others，1986）。如果他们的帮助不成功，哪怕并不是他们的错，他们也会感到沮丧（Batson & Weeks，1996）。有时候，即使人们认为自己的痛苦情绪源于“情绪调节剂”，但他们仍会坚持帮助那些处于困境中的人（Schroeder & others，1988）。

但是，在做了25个考察利己主义和利他的同理心实验之后，巴特森（2001，2006, 2011）和其他一些研究者（Dovidio，1991；Staub，1991; Stocks & others, 2009）指出，人们有时候的确是为了帮助别人而不是为了自己。巴特森，这个昔日学习哲学和神学的学生，就是在这样的理念下开始他的研究的：“如果能够确定人们对他人的关心是真诚的，而不是利己的隐蔽形式，那么我们就能够对人性这一根本问题做出新的解释”（1999a）。20年后，他相信自己已经找到了答案。“由同理心引发的利他主义确实是人性的一部分”（1999b）。巴特森还指出，他所做的研究给人们带来了新的希望，即通过同理心能够改善大众对弱势人群——包括艾滋病患者、流浪者、

聚 焦

同理心引发的利他主义的益处与代价

堪萨斯大学研究利他主义的巴特森（Batson, 2011）承认，人们所做的大多数事，包括他们为别人所做的事，都是从自身利益出发。但是，研究者相信，帮助行为并不完全出于利己主义动机，还存在真正的利他主义，它起源于同理心，一种同情和关心他人福祉的情感。我们是最高级的社会性动物。请思考：

同理心诱发的利他主义

- *产生敏感的帮助行为*。当同理心产生的时候，它不是仅停留在想法层面，它还会引发个体的行动以减轻他人的痛苦。
- *抑制攻击*。巴特森指出，那些对潜在的攻击目标产生了同理心的个体往往不愿意实施攻击，而宁愿采取宽恕的态度。一般来说，女性比男性报告了更多的同理心，她们也通常不支持战争和其他形式的攻击（Jones，2003）。
- *增加合作*。在实验室实验中，巴特森和纳迪亚·阿玛德发现，处于潜在的冲突情境中时，如果人们对对方产生了同理心，就会更信任对方，也会与对方合作。通过让个体认识外群体中的其他个体，就可以将外群体个人化，这有助于个体理解他们的观点。
- *改善对污名群体的态度*。采择他人的观点，使自己理解他人的感受，你可能会更支持、同情与他们类似的人（比如那些无家可归的人、患艾滋病的人甚至是罪犯）。

但是，同理心诱发的利他主义也有缺点，巴特森的研究小组总结道：

- *有害性*。为了他人而冒生命危险的人有时的确会因此献身。人们有时候也会好心办坏事，比如无意识地羞辱了对方或使对方产生无能感。
- *不能照顾到所有的需要*。相比地球母亲，我们更容易对一些特定个体的需要产生同理心，而她的环境正遭到破坏，气候在变暖，令我们的子孙后代生存堪忧。
- *产生倦怠*。感受到他人的痛苦自己也会痛苦，这会使我们尽量避免能唤起我们同理心的情境，否则就会经历倦怠或同情疲劳。
- *引起偏爱、不公正，以及对更广泛的公共利益的冷漠*。同理心具有特定性，它会引发产生偏爱——对个别的孩子或家庭，甚至宠物。道德原则是普遍的，它要求对所有的人，包括未曾谋面的人产生同样的关心。基于同理心的遗嘱是把财产留给关心的人，而基于道德的遗产规划更具包容性。如果唤起了人们对某人的同理心，他们就会违反公正和公平原则而偏袒那个人（Batson & others，1997，Oceja，2008）。具有讽刺意味的是，巴特森和他的同事们（1999）发现，同理心导致的利他主义可能会因此“对普遍的善良造成强烈的威胁，（通过引导）我的注意力局限于我特别关心的人——处于需要中的朋友——而无视那正在流血的一群人。”毫不奇怪，善行往往发生于家附近。

服刑人员和其他少数群体的态度（见“聚焦：同理心引发的利他主义的益处与代价”）。

在越南战争中，63 名战士因在战火中用身体掩护战友而获得荣誉奖章（Hunt, 1999）。他们大多数在组织严密的格斗队里，很多人用身体挡住手榴弹，其中 59 人因此而牺牲。伊拉克战争期间，下士杰森·邓纳姆等也做了同样的事，他们用自己的身体挡住了手榴弹，拯救了战友。2009 年他们的家庭被授予荣誉奖章。这些战士和其他的利他主义者不同，比如，他们不同于纳粹时期帮助 20 万名犹太人的 5 万名非犹太人，因为他们根本就没有时间去考虑退缩的耻辱或自我牺牲的最终回报。然而，还是有某些东西驱使他们做出了舍生为人的行为。

在我看来，人类有两大本性：一个是关注自己的利益，另一个是关心他人。

——比尔·盖茨，《21 世纪资本主义的新途径》，2008

小结：帮助行为发生的原因

- 三种理论解释了利他行为。社会交换理论把帮助行为看做和其他社会行为一样，是由对代价最小化和收益最大化的追求所驱动的。收益也可以是内部的。人们在做错事后，通常会更愿意为他人提供帮助。悲伤的人也倾向于做出帮助行为。最后，存在着显著的好心情—好行为效应：快乐的人一般也是乐于助人的人。社会规范同样要求人们帮助他人。互惠规范促使我们帮助曾经帮助过自己的人。社会责任规范召唤我们帮助那些需要帮助的人，只要他们值得帮助，即便他们不能回报，我们也无所谓。处于危难中的女性，部分原因是她们看起来更需要帮助，因此通常会比男性接受到更多的帮助，特别是来自男性的帮助。
- 进化心理学假定，有两种形式的帮助行为：奉献于亲属和奉献于有互惠关系的人。然而，很多进化心理学家认为，自私的基因比自我牺牲的基因更有可能存活下来，因此，自私是人类的本性，社会必须教导人们去帮助他人。
- 这三种理论将亲社会行为描述成基于投桃报李的互惠交换或无条件的帮助行为，我们可以据此对这三种理论进行评价。虽然每一种理论都有循环论证和事后诸葛亮的嫌疑，但它们也提供了一致的框架，以概括我们对亲社会行为的观察结果。
- 除了由内部和外部的回报所驱动的帮助行为，以及为躲避惩罚和痛苦而做出的帮助行为以外，似乎还存在着真正的、基于同理心的利他主义。由于同理心的唤起，许多人被驱动去帮助那些需要帮助的人和处于痛苦中的人，即便他们的帮助是无人知晓的，即便他们的心境不会受其影响。

帮助行为的影响因素

确定促使人们帮助或不帮助的环境。解释旁观者的数量和行为、个体的情绪状态、人格特质和价值观会对帮助产生怎样的影响，以及为什么会产生影响。

1964 年 3 月 13 日凌晨 3 点，纽约，酒吧经理基蒂·吉诺维斯在即将到达寓所时，遭到持刀暴徒的侵犯，她惊恐地尖叫并恳求帮助——“我的天啊！他刺伤了我！来人哪！请帮帮我！请帮帮我！”——声音回荡在宁静的夜中，显得分外刺耳，吵醒了部分邻居（据《纽约时报》报道是 38 人），很多人走到窗户边观望了片刻，目睹歹徒去而复返。直到有人打电话报警，歹徒才最终离开，但基诺维斯却很快死去了。

之后的调查发现，有 38 人目睹了这场暴行却无动于衷（Manning & others, 2007）。这一事故激发了人们对旁观者效应的研究。这一效应也存在于以下情况：

- 17 岁的安德鲁·莫米勒在乘地铁回家时，被歹徒用刀捅伤了腹部，在歹徒下车后，其他 11 名乘客眼睁睁地看着这个年轻人因流血过多而死。

旁观者无动于衷。什么影响了我们对这种场景的理解？我们做出帮助与否的决定又受哪些因素的影响？

- 埃莉诺·布拉德利在购物时被绊倒并摔伤了腿。她头晕目眩且疼痛难忍，于是她呼救，足足 40 分钟，购物的人流只是从她旁边走过而没有人管她。最后，一名出租车司机带她去看了医生（Darley & Latané，1968）。
- 2000 年 6 月前后，正当超过百万的本地人和游客们在温暖的阳光下漫步于纽约中央公园时，一群酗酒的年轻人对 60 名单独出行的女性进行性侵犯——抚摸她们，甚至还脱她们的衣服。次日，媒体针对性侵犯背后的群体心理和警察们的无动于衷（当时至少有两名受害者跑向警察，但他们却没有任何反应）展开了讨论。周围成千上万的游客都怎么了？他们为什么能够容忍这样的行为呢？很多旁观者都有手机，为什么就没有一个人报警（Dateline，2000）？

使人震惊的不是个别人在紧急情况下不伸出援助之手，而是牵涉在内的人（上述事例中从 11 个人到成百上千的人）几乎百分之百地都无动于衷。为什么呢？如果你我处在同样的和相似的情境中，是否也会和那些人一样？

社会心理学家感到好奇并关注的是，旁观者为什么都如此无动于衷。因此他们设计实验来考察人们什么时候才会在危难之中伸出援手。他们还进一步考察，哪些人最有可能在非紧急情况下帮助别人，如捐钱、献血、提供时间等。下面让我们回顾这些实验，我们先分析促进帮助行为的环境因素，然后再分析助人者的特征。

旁观者数量

旁观者在紧急情况下的冷漠使得社会评论员们感到悲哀，他们哀叹人们的疏远、无情、漠不关心，以及无意识的残酷冲动。人们往往把紧急事件中的不干预行为归因于旁观者的个人特点，并且通常认为自己是有同情心的人，在类似情境中会提供帮助。那么，那些旁观者就如此没有人性吗？

社会心理学家比伯·拉塔纳和约翰·达利（Latané & Darley，1970）不这样认为。他们利用设计巧妙的危急情境进行研究，发现了一个情境因素——其他旁观者的在场——会大大降低人们对事件的干预。直到 1980 年，研究者做了 48 个实验，比较了个体认为自己作为旁观者独自在场，和认为除了自己外还有其他人在场的情况下，所给予帮助的可能性。考虑到旁观者之间的自由沟通，当只有一位旁观者时，受害者更可能得到帮助（Latané & Nida，1981；Stalder，2008）。在互联网的沟通中也同样，当人们相信自己是惟一（没有其他人被提出同样的要求）被请求给予帮助（例如，有人询问如何到达某个大学的图书馆）的人时，更容易做出帮助行为（Blair & others，2005）。

有时候，在有更多人在场的情况下，那些受害者却更少有机会得到帮助。拉塔纳、达布斯（Latané & Dabbs，1975）和 145 名合作者共测试了 1 497 次，他们在乘坐电梯时装作不经意地掉落了一枚硬币。发现当旁边只有一名乘坐者时，他们得到帮助的可能性有 40%。当旁边有 6 名乘坐者时，他们得到帮助的可能性不超过 20%。

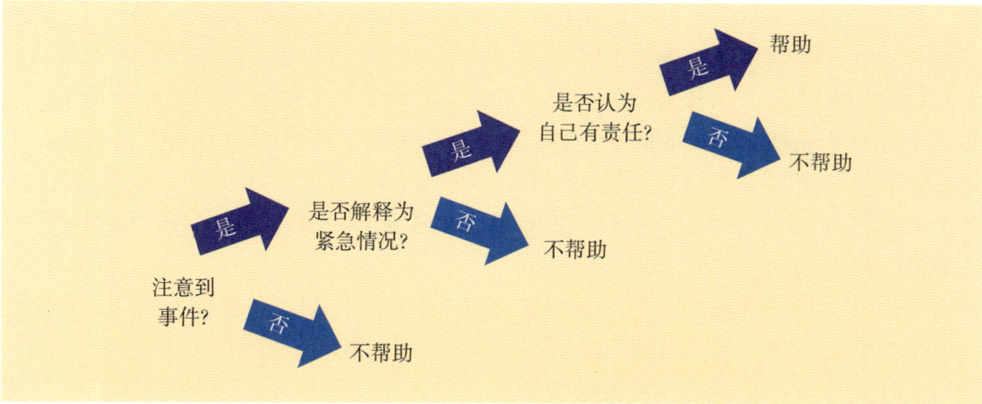

图 :: 12.5
拉塔纳和达利的决策树
决策树上只有一条路径能导致帮助行为。在每一个分岔处，在场的他人都会使人走向不帮助的分支。
资料来源：Adapted from Darley & Latané (1968).

为什么会这样？拉塔纳和达利猜测，当旁观者的数目增加时，任何一个旁观者都会更少地注意到事件的发生，更少地把它解释为一个重大问题或紧急情况，更少地认为自己有采取行动的责任（图 12.5）。

注　意

在拥挤的街道上，有一个叫埃莉诺·布拉德利的女子不小心被绊倒并摔伤了腿。你正好经过这里，你的眼睛看着前面行人的背部（一般来说，盯着周围的来往行人看被认为是不礼貌的），你的脑子里还想着白天发生的一些事情。这时你会注意到路旁有一个受伤的女子吗？如果此时街上十分冷清，你是否会更容易注意到受伤的女子？

为了得到答案，拉塔纳和达利（1968）招募了一些哥伦比亚大学的学生来做实验，让他们在一个房间里填写问卷，有些被试单独填写，有些被试则和两个陌生人一起填写。就在他们正埋头填写问卷时（研究者通过单向玻璃可以观察他们），一个紧急情况出现了：浓烟从墙上的通风孔吹了进来。那些独自填写问卷的学生——他们通常会时不时地瞄几眼周围的环境——几乎立刻就发现了浓烟，通常在 5 秒钟之内。而那些与他人一起填写问卷的学生，则专注于他们的问卷，多数到了 20 秒钟以后才发现浓烟。

解　释

一旦我们注意到了模棱两可的事件，我们就会去解释它。如果你呆在满是浓烟的房间里，即使担忧，你也不愿意表现得很紧张从而使自己丢脸。你通常会看看其他人的反应，如果他们看起来很平静、漠不关心，你就会认为一切都正常，你也许会耸耸肩然后又继续工作。另一个人也发现了浓烟，而他看到你表现得无所谓，就同样不做声了。这也是信息影响的另一个例子（第 6 章）。每个人通常都以他人的行为作为现实情况的线索。这种错误解释会延迟人们对真实紧急情况的反应，例如当办公室、餐馆以及其他人多的公共场所真的发生火灾时（Canter & others，1980）。

人们的上述错误通常被透明错觉（illusion of transparency）所助长。透明错觉由吉洛维奇等人（Gilovich，Savitsky & Medvec，1998）提出，它是指高估他人解读我们内心状态能力的倾向（见第 2 章的“研究特写”专栏）。在他们的实验中，面临紧急情况的被试都认为，自己对情境的关心比实际情况要更为明显。我们的关心或警告，比我们通常所认为的要隐晦得多；由于对自身情绪非常敏感，我们通常认为它们非常明显，别人很容易就能看穿。的确，有时别人真的能看出我们的情绪，但多数情况下我们都能很好地掩藏它们。这就是第 8 章谈到的“人众无知”（pluralistic ignorance）——其实人们对他人关于自己的想法和感受是无知的。在紧急情况下，每个人也许都认为“我很关心外界”，但认为他人十分平静，因此得出“情况可能并不紧急”的结论。

因此有了拉塔纳和达利的实验结果。那些单独工作的人发现了烟雾，通常犹豫一下，然后走上前，到通风孔旁感觉一下、闻一下、挥手驱散烟雾，再犹豫一会儿，然后去报告。与此形成明显对比的是，那些三人一组的人没有任何行动。在 8 个组的 24 人中，只有一人在头 4 分钟内报告看见了烟雾（图 12.6）。在持续了 6 分钟的实验结束时，烟雾浓烈到使人们揉眼睛并且咳嗽。尽管如此，8 个组中只有 3 个组中各有一人去报告。

同样有趣的是，群体的被动性还影响了其成员对事件的解释。是什么导致了烟雾呢？“空调设备泄漏。”“楼内有化学实验室。”“蒸汽管的问题。”但是没人说：“着火了。”不采取任何行动的组内成员，对情境的解释显然受到了彼此的影响。

实验中的困境与平常我们所面对的困境相似。窗外的尖叫是否只是开玩笑，还是真的有人因遇袭而呼救？是一群小孩在嬉戏厮打还是真的恶意斗殴？睡在街上的人，是因其吸毒过量还是真的有严重疾病，如因糖尿病而昏迷？当特奥 - 亚克斯面朝下趴在纽约皇后区的一条人行道上，因多处刀伤失血死亡时，路过的人一定都会面临这一问题（2010 年 4 月 18 日，31 岁的危地马拉移民特奥 - 亚克斯，据警方说为了帮助一个被袭妇女而被刺伤。特奥 - 亚克斯见义勇为惨死街头无人救助，在当地造成非常大的震动——译者注）。监控录像显示，在长达一个多小时的时间里，很多人路过这名无家可归的人，直到最后有人摇晃他并把他翻过来露出伤口（New York Times，2010）。

与房间充烟实验不同，上述每一个日常情境中都有他人处于急需帮助之中。为了检验在这样的情境中是否也会发生同样的**旁观者效应**（bystander effect），拉塔纳和朱迪斯 · 洛丁（Rodin，1969）设计了一个“遭难女士”实验。一名女研究者让哥

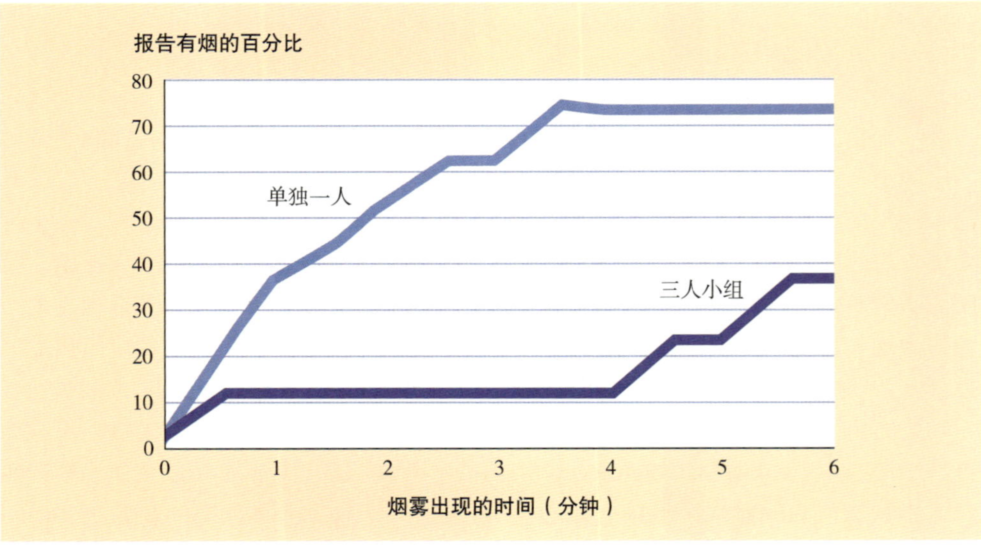

图 :: 12.6
“房间充烟”实验
与三人一组共同工作的人相比，单独工作的人更多地报告有烟雾进入了实验室。
资料来源：Data from Darley & Latané (1968).

伦比亚大学的一些学生在一个房间里填写问卷，她自己从一个挂有门帘的房门进入里间办公室。4 分钟后，外间的被试听到（用录音机播放）她爬上椅子取高处的纸张、然后尖叫、椅子倒下和她跌倒在地的声音，“噢，我的天啊，我的腿……我……我……不能动了”，她呜咽道，“噢……我的脚踝……我……不能把压在我身上的东西推开。”在 2 分钟的呻吟之后，她才能勉强走出办公室。

单独填答问卷的被试中，有 70% 的人听到意外发生后，立即走进办公室或出去求救。2 个陌生人一起答卷子时，只在 40% 的小组中有一人去提供帮助。那些在这个过程中什么也没做的人，显然认为这并不是紧急情况。“只是轻微的扭伤”，有人说。“我不想让她觉得尴尬”，另一些人解释道。这又一次证明了旁观者效应。当知道注意到紧急情况的人增加时，人们施予帮助的可能性变小。所以，对于受害者来说，处于人群中也许是不安全的。

人们的解释同样会影响他们对街头犯罪事件的反应。肖特兰和斯特劳（Shotland & Straw，1976）设计了一项研究，他们让一名男子和一名女子打架。结果发现，当女子大叫“走开，我不认识你”时，有 65% 的情况会有人提供帮助；但当她说“走开，我不知道我怎么就嫁给了你”时，只有 19% 的情况会有人提供帮助。似乎夫妻间的冲突不会得到更多的关心，而陌生人之间的暴力会受到更多的干预。

在这类有罪犯行凶的危险情境，出手干预可能要冒受伤的危险，此时旁观者效应较小（Fischer & others, 2011）。的确，有时旁观者会对干预起体力支持的作用。“9·11”事件中，当四个基地组织劫机者劫持联航 93 号班机驶向预定目标国会大厦时，机上的乘客在托德·比默的带领下（“大家上啊！”）集体对付劫机者，这显然是旁观者起支持作用的证据。

研究背后的故事

约翰·达利论旁观者效应

由于震惊于吉诺维斯案，拉塔纳和我就开始在饭桌上分析旁观者的反应。作为社会心理学家，我们不仅要思考“冷漠”个体的人格缺陷，还要思考为什么那种情境下的所有人都变得如此冷漠。当这顿饭吃完时，我们已经找到了几个因素，它们可以共同解释为什么会出现无人伸出援手的这种令人惊讶的状况。然后我们开始设计实验，来分别证明这些因素在紧急情况中的重要性。

约翰·达利
(John M. Darley)
普林斯顿大学

解释相当重要。这个人是盗贼还是被锁在自己的车外头？我们的答案将影响我们的行动。

确定责任

未能引起注意和错误的解释，并不是旁观者效应的全部成因。有时候紧急事件非常明显，根据最初的调查报告，那些看见和听到吉诺维斯求救的人虽然能正确解释正在发生的事件，但邻居的灯光和窗边的侧影又告诉他们，其他人也注意到了这件事，这就分散了他们做出反应的责任。

很少会有人亲眼目睹谋杀案，但所有的人都会有当他人在场时，自己援助他人的反应会延迟的经历。与在乡村路上相比，在高速公路上，我们更少为汽车抛锚者提供帮助。为了解释在明显紧急的情况下旁观者不作为的现象，达利和拉塔纳（Darley & Latané, 1968）模拟了吉诺维斯案。他们让纽约大学的学生用实验室中的联络设备，

在《38 个目击者》一书中，罗森塔尔对吉诺维斯事件进行了思考，他问人们在距离凶杀案多远时，会被免除责任？一个街区？一英里还是一千英里？

在隔开的房间里讨论大学生活中的问题。研究者告诉被试，没人看到他们，他们的身份是保密的，连实验人员也不会偷听他们的谈话。在讨论正在进行的时候，研究者播放了一个人突然癫痫发作的声音，他说话越来越困难，病情越来越重，他在恳求帮助。

那些相信除自己外再没有其他人知情的被试，有 85% 离开了他们的房间出手相助。那些认为除自己以外还有另外 4 人听到了呼救声的人，只有 31% 给予了帮助。那些不做出任何反应的人是否就无动于衷或冷漠无情呢？当研究者走过来说结束实验时，她发现并不是这样。因为很多人立刻表示出关心，很多人都感到手在颤抖或掌心出汗。他们相信有紧急情况出现了，但不能决定是否该行动。

在做了“房间充烟”“遭难女士”“癫痫发作”这些实验后，拉塔纳和达利都询问被试，在场的他人是否会影响他们？虽然我们已经看到了他人在场所产生的奇妙影响，但被试们却几乎总是否认这样的影响。他们只是回答说：“我知道有其他人在场，但我的所做所为与他们不在时是一样的。”这些答案强化了一个我们熟悉的观点：我们通常并不知道自己所作所为的原因。这就是实验的揭示作用所在。在真正的紧急事件发生之后，对袖手旁观者的事后调查会掩蔽旁观者效应。

城市居民很少独自出现在公共场所，这也许可以解释为什么城市居民不如住在乡村的人那么乐于助人。在世界各大城市，因遇到需要帮助的人太多而产生的“同情疲劳”和“感观超载”，也会限制人们提供帮助（Levine & others，1994；Yousif & Korte，1995）。在大城市中，旁观者往往是陌生人，随着旁观者人数的增加，他们提供的帮助反而会减少。如果旁观者是熟人或是同一群体的人，那么，随着人数的增加，他们可能会提供更多的帮助（Levine & Crowther，2008）。

责任分散。当黛安娜王妃发生车祸时，在场的九名摄影师人人都有手机，但只有一人打了电话，其他人都没有打电话报警。他们的解释很一致：他们以为已经有人打了电话（Sancton，1997）。

国家之间，通常也会袖手旁观别国的大灾难、种族屠杀等事件。当 80 万名卢旺达人被屠杀时，所有人都袖手旁观。“由于有很多人都能做出行动，个人感觉应负的责任就少了。”斯托布（Staub，1997）解释道。“这不是我们的责任，”没有受影响的国家领导人说。心理学家彼得·苏德菲尔德（Suedfeld，2000）——像斯托布一样，一名大屠杀的幸存者——解释说：责任扩散同样能解释“为什么绝大多数的欧洲人在其犹太同胞遭到迫害、驱逐和残杀时会袖手旁观。”

重温研究伦理

这些实验又一次引出了研究伦理的问题。应该强迫不知情的人听某人崩溃的声音吗？在癫痫发作的实验中，研究者迫使被试决定是否要中断讨论而去报告出现的状况，这样做符合伦理吗？你会反对参加这样的实验吗？请注意，你参加这样的实验时是不可能拥有“知情同意权”的，因为这样会破坏实验的保密性。

研究者总是很认真地听取实验被试的报告。在完成癫痫发作实验——这项实验让被试承受的压力也许是最大的——之后，研究者对被试做了问卷调查，所有被试都认为实验中的欺骗是可以接受的，他们愿意以后再参加类似的实验。没有人报告对研究者有愤怒的情感。其他研究者也证实，这些实验的绝大多数参与者都认为他们参与的实验是有益的且符合伦理（Schwartz & Gottlieb，1981）。在现场实验中，如果没有旁人提供帮助，研究助手就会提供帮助，用这样的方式使旁观者确认那个问题已被解决。

必须牢记社会心理学家担负着双重的伦理责任：其一是保护参与者；其二是通过发现影响人类行为的因素来改善人类生活。前面说的那些发现可以提醒我们留意一些不必要因素的影响，并且知道如何发挥积极作用。伦理原则应该是这样的：在保护参与者利益的前提下，社会心理学家通过使我们更了解自己的行为，以实现其对社会的责任。

当别人也提供帮助时

攻击性榜样助长攻击行为（第 10 章），漠然视之的榜样增加冷漠的反应，那么热心帮助的榜样是否也会促进帮助行为呢？想象你突然听到撞击声，然后是哭泣和呻吟，这时如果一名旁观者说道："啊，出事了！我们得去帮帮忙。"这会引发其他人施以援手吗？

答案是肯定的：亲社会的榜样能够促进利他行为。下面是一些例证：

- 布莱恩和特斯特（Bryan & Test，1967）对洛杉矶驾车者的研究发现，如果让这些驾车的人在四分之一英里前目睹一个提供帮助行为的榜样，他们将更可能帮汽车爆胎的女士换轮胎。另一项研究中，布莱恩和特斯特观察到，新泽西的圣诞购物者在看到其他人将钱投入慈善募捐箱后，也更可能捐赠。
- 拉什顿和坎贝尔（Rushton & Campbell，1977）发现，如果英国成人看到已经有人献血，他们会更乐意答应献血。
- 目睹令人感动的善举——比如我们在本章开头所列的英雄事迹——常常会引发海特（Haidt，2003）所称的"升华（elevation）"状态："一种胸腔被温暖和激情膨胀的特殊感觉"，这种状态会使得人们战栗、流泪、喉咙抽紧，这时人们变得更富于自我奉献精神（Schnall & others, 2010）。

然而，榜样却并不总是言行一致。父母可能告诉孩子："照我说的做，不要照我做的做。"实验表明，孩子不仅从耳濡的教诲，也从目染的行为中学习道德观（Rice & Grusec，1975；Rushton，1975）。假使碰到伪善者，他们也会去模仿：照榜样说的去说，照榜样做的去做。

毫不夸张地说，我们之所以是这样，一大半是通过模仿。关键在于，选择好榜样，谨慎地模仿他们。

——查斯特菲尔德勋爵，1750 年 1 月 18 日

时间压力

达利和巴特森（Darley & Batson, 1973）从"善良的撒玛利亚人"的寓言中找到了另一个影响助人的决定性因素。牧师和利未人都是忙碌的大人物，可能正赶着去履行他们的职责呢，而悠闲的撒玛利亚人一定是没有多大的时间压力。为了弄清匆忙中的人们是否会跟牧师和利未人一样，达利和巴特森巧妙地展现了寓言中的情境。

研究者让普林斯顿神学院的学生们做被试，在了解了他们的想法后，这些参与者前往附近的录音室作一个即兴演讲的录音（其中一半被试的录音主题是"善良的撒玛利亚人"寓言）。在他们去录音室的途中，要经过一个瘫坐在门口的老人，老人垂着头咳嗽、呻吟。一部分被试在临行时接受的不是催促的指示："现在离准备就绪还有几分钟时间，你会早到的。"结果，这些被试中有三分之二的人停下来帮助了老人。

另一些被试则被催促："噢，你要迟到了。录音师在几分钟前就在等你了……最好快点。"结果，这些被试中只有十分之一的人停下来提供帮助。

对于这一结果，达利和巴特森评论说，即使是在"去演讲《善良的撒玛利亚人》这则寓言的路上，匆匆赶路的参与者也会径直走过那些身处困境的人，无意间正合了这个寓言的题中之义。（事实上，有一些赶去演讲《善良的撒玛利亚人》寓言的神学院学生径直地跨过了需要帮助的老人！）"

我们对这些学生的评论是否不公平呢？毕竟，他们是要赶去帮助研究者，也许他们敏锐地感受到了社会责任规范，但却又陷入了两难境地——研究者还是老人？在另一个类似"善良的撒玛利亚人"的情境中，巴特森及其助手（Batson & others，1978）让 40 位堪萨斯大学的学生前往另一座楼参加实验。告诉一半被试说他们迟到了，告诉另一半被试说还有充足的时间。一半的被试认为自己的参与对实验者至关重要，另一半则认为无关紧要。结果是：那些时间充裕且认为自己的参与无关紧要的被试通常会停下来提供帮助。那些认为自己的参与很重要而又延误了时间的被试——像《爱丽丝梦游仙境》中的白兔一般——则很少会停下脚步去帮助别人。

难道我们能够由此得出结论，说那些匆忙赶路的人是冷漠无情的吗？神学院的学生们注意到了老人的困境却有意地置之不理吗？不，匆匆忙忙中，他们根本就没有太留心周围的事情。为了按时到达，他们着急地、全神贯注地向前冲着，没有空暇注意到有一个需要帮助的人。正如社会心理学家常常观察到的那样，情境对行为的影响比我们通常认为的还要大。

相似性

因为相似性容易唤起喜欢（第 11 章），而喜欢又会引发帮助行为，因此我们更多地对那些跟我们相似的人产生同理心，也更乐于帮助他们（Miller & others，2001）。相似性偏爱既包括外表，也包括信仰。艾姆斯韦勒及其同事（Emswiller & others，1971）让助手穿上保守的或另类的服装，然后向穿着"整齐的"或"嬉皮的"普度大学的学生求助，向他们要一枚硬币打个电话。结果发现，三分之二的被试帮助了与自己相像的求助者（参见"研究特写：内群体相似性与帮助行为"）。

我们对自己的面孔比对任何面孔都更熟悉。这就解释了为什么会出现德布鲁因（DeBruine，2002）的实验结果。研究者要求麦克马斯特大学的学生与另一名假想的同伴玩一种互动游戏，结果发现，参与者对那些从照片上看来具有某些自己特征的同伴更信任，也更慷慨（如图 12.9）。我相信我自己。哪怕是与自己的生日相同、名字相同，甚至指纹相同都能引起人们更多的帮助行为（Burger & others，2004）。

这种相似性偏爱也能延伸至种族之间吗？20 世纪 70 年代，关于这一问题的研究得到了一些矛盾的结果：

- 一些研究发现了同种族偏爱倾向（Benson & others，1976；Clark，1974；Franklin，1974；Gaertner，1973；Gaertner & Bickman，1971；Sissons，1981）。
- 另一些研究没有发现偏爱倾向（Gaertnher，1975；Lerner & Frank，1974；Wilson & Donnerstein，1979；Wispe & Freshley，1971）。
- 还有一些研究——尤其是在面对面情境下——发现了帮助异族人的偏好（Dutton，1971，1973；Dutton & Lake，1973；Katz & others，1975）。

有没有一个普遍的规律可以用来解释这些看似矛盾的发现呢？

研究特写

内群体相似性与帮助行为

相似性滋生喜欢，喜欢又引发帮助。所以，人们会为展示了与自己相似之处的人提供更多帮助吗？为了揭示相似性与帮助之间的关系，兰开斯特大学的列文等人（Mark Levine，Amy Prosser，David Evans）与圣安德鲁大学的赖舍（Stephen Reicher）于 2005 年研究了一些兰开斯特大学生的行为，这些学生之前承认自己是附近的曼彻斯特大学足球队的球迷。研究者采用了著名的“善良的撒玛利亚人”实验模式（Darley & Batson，1973），被试要引导每一位新来者到旁边楼里的实验室。就在路上，一位实验者助手正在慢跑，他身穿或者是曼彻斯特联合队的 T 恤，或者是利物浦球队的 T 恤。突然，他摔倒在被试面前的草堤旁，扭伤了脚踝，发出痛苦的呻吟。如图 12.7 所示，曼彻斯特队的球迷会停下来帮助和他们有一样兴趣爱好的人——曼彻斯特队的支持者们，但他们却不为利物浦队的支持者提供帮助。

但是，研究者好奇的是，如果提醒曼彻斯特队的球迷他们与利物浦球队球迷的一致性——均为球迷，而不是将球迷诋毁为暴力流氓，结果又会怎样呢？为此，研究者重复做了实验，但这次略有不同，在被试看到慢跑者摔倒之前，研究者向他们解释说，本研究想知道球迷们都有哪些优点，众所周知，只有很少的球迷是惹麻烦的人，本研究的目的是揭示球迷们回避了哪些对这个“美好的比赛”的爱。现在身着球队俱乐部 T 恤的人便成了“我们是球迷”，不管穿着曼彻斯特球队的 T 恤或利物浦球队的 T 恤。如图 12.8 所示，摔伤的慢跑者此时都得到了帮助——得到了比穿着普通 T 恤的人更多的帮助。

两种情境中的原则是相同的，兰开斯特大学的研究者解释道：人们有帮助自己一类人的倾向，无论是在狭隘的范围内（“我们是曼彻斯特队球迷”），还是在更包容的大范围内（“我们是球迷”）。即使是对方球迷，如果他们这时思考的是球迷的共同性，他们也能被说服为彼此提供帮助，换作其他的敌对者也同样如此。因此，提升个体的更宽泛的社会认同，而不是更狭隘的社会认同，就能够提高人们的助人意愿。

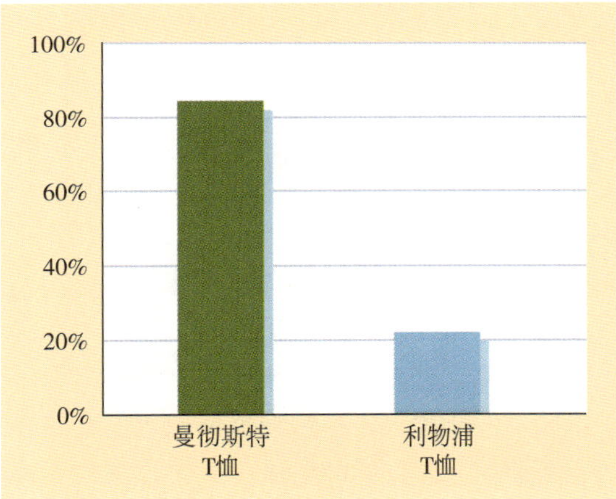

图 :: 12.7
曼彻斯特联队的球迷为身着曼彻斯特或利物浦 T 恤的摔倒者提供帮助的百分比

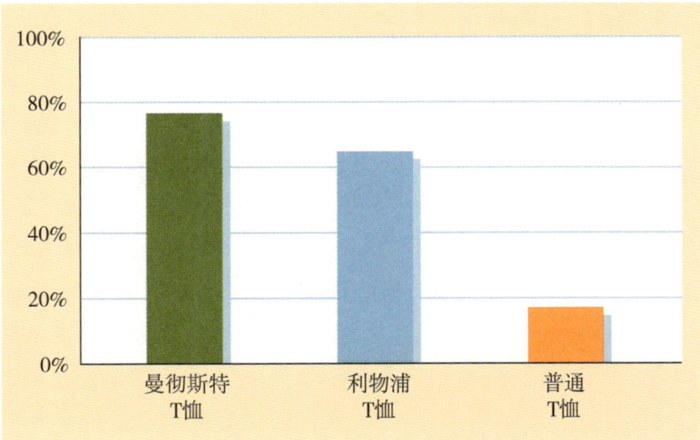

图 :: 12.8
普通球迷身份条件：曼彻斯特联队的球迷为身着曼彻斯特或利物浦 T 恤或普通 T 恤的摔倒者提供帮助的百分比

很少有人希望表现出偏见。或许是因为，人们虽然喜欢自己的同族，但又要守住这一偏爱的秘密以维护自己的积极形象。所以，只有当人们可以将自己不帮助其他种族的行为归因于非种族因素时，才会表现出同种族偏爱。塞缪尔·盖特纳和约翰·德维迪奥（Gaertner & Dovidio，1977，1986）的实验正说明了这一切。例如，当有其他旁观者分散责任时，特拉华大学的白人女大学生宁愿帮助“困境中的”白

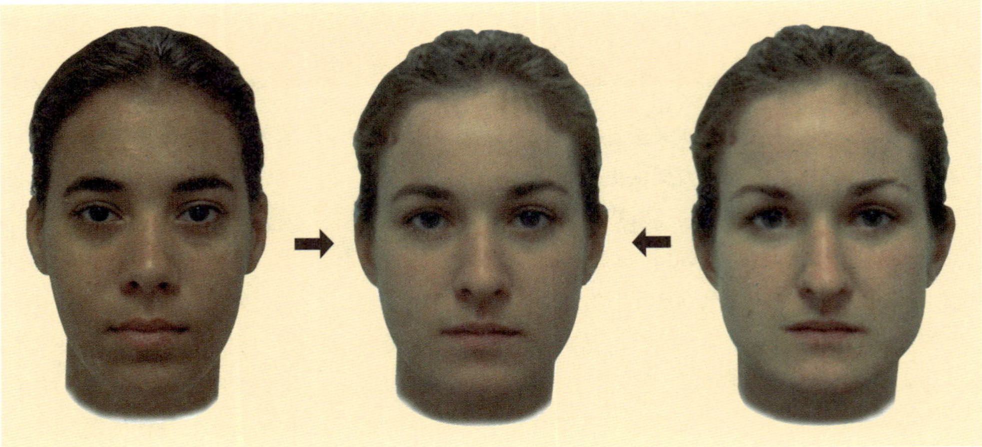

图 :: 12.9
相似性导致合作
丽莎·德布琳（De-Bruine，2002）把被试的面孔（左）和陌生人的面孔（右）组合成中间面孔，以此作为虚拟陌生人，这能够使被试对之更为慷慨。

人而不太乐于帮助“困境中的”黑人妇女（“我没有帮助那个黑人妇女，是因为有其他人会帮助”）。当没有其他旁观者时，这些被试对黑人和白人妇女则给予同等的帮助。似乎存在这样的规律：当适宜行为的标准有明确界定时，白人不会表现种族差别；当标准模糊或者冲突的时候，种族相似性可能引起有偏爱的反应（Saucier & others，2005）。

我自己在现实生活中就遇到了一次类似这样的实验情境。一天晚上，我在华盛顿参加完宴会，走在回旅馆的途中，人行道上非常僻静。这时，一个穿着体面、与我差不多年纪、神色惊慌的男子向我走来，他向我要 1 美元。他解释说他刚从伦敦来到这里，参观完大屠杀博物馆之后，不小心把钱包落在了出租车上。他被困在这儿了，需要 24 美元打车到他住在郊区的朋友家。

“那 1 美元怎么能让你到达那儿呢？”我问。

“我曾向人们要多一些的钱，但是没有人肯给我，”他几乎哽咽了，“所以，我想如果我向人们少要一点，多要几个人也许可以攒够。”

“你为什么不去乘地铁呢？”我质疑。

“地铁站离我要去的地方还有 5 英里。”他解释道，“老天爷！我那样还是到不了目的地啊！如果你肯帮我，我会在周一把钱寄还给你。”

我站在那儿，犹如一个在街上做利他主义实验的被试。我从小在城市里长大，是纽约和芝加哥的常客，我已经习惯了那些乞讨者，从不施舍给他们。但是，我仍然认为自己是有同情心的人。况且，眼前这个人跟我见过的任何乞丐都不像。他穿着整齐，聪明伶俐，说的也头头是道，令人信服。而且，他看起来像我！我对自己说，如果他说谎，他就是个混蛋，给他钱是愚蠢的，还纵容了骗子。但如果他是个诚实的人，而我却拒绝了他，那么我就是个混蛋。

他想要 1 美元，而我给了他 30 美元以及我的姓名地址。他感激地收下了，而后消失在夜色里。

我继续向前走，渐渐意识到——如后来事实所表明的——我受骗了。我自己就曾生活在英国，为什么没有考他一下有关英国的知识？为什么没有带他到电话亭给他的朋友打个电话？为什么没有把钱给出租车司机让司机送他而是把钱给他呢？为什么平生一直抵制欺诈的我，这回却上当了呢？

因为我宁愿认为自己不受种族刻板印象的影响，所以我不得不羞愧地承认，使我上当的原因不仅仅在于他富于社交技巧的、独特的欺骗方法，而且在于他与我具有相似性这一纯粹的事实。

小结：帮助行为的影响因素

- 几种不同的情境都对利他主义起着限制或促进的作用。随着紧急情境中旁观者人数的增加，任何一个旁观者都会（1）更少地注意到这个事件；（2）更不把其解释为紧急事件；（3）更不认为自己负有干预的责任。有关帮助行为的实验引发了伦理两难困境，但这些实验也使得研究者通过揭示行为的重要影响因素，履行了改善人类生活的使命。
- 人们什么时候更容易提供帮助行为呢？当看到别人在提供帮助行为时，人们也更可能提供帮助行为。
- 当潜在的帮助者有闲暇的时间时，他也更可能提供帮助行为。当他时间紧迫时，他提供帮助行为的可能性很小。
- 我们更愿意为那些与我们相似的人提供帮助行为。

帮助者的特点

确定可以预测帮助行为的特质和价值观。

我们已经讨论过影响帮助行为的内部因素（比如内疚感和心境）以及外部因素（比如社会规范、旁观者数目、时间压力、相似性等）。我们还要讨论帮助者本身的特点，包括他们的个性特质和宗教信仰等。

人格特质

特雷莎修女的确有一些独特的品质。面对同样的情况，一些人会积极地反应，向他人提供帮助，但也有人无动于衷。那么，什么样的人更容易成为助人者呢？

长久以来，社会心理学家一直没有发现哪种人格特质，能像情境、内疚感和心境等因素那样可以预测利他行为。研究发现，帮助行为和某些人格变量——如社会赞许需要——有中等程度的相关。但总的来看，人格测验并不能区分出助人者。对欧洲纳粹时期犹太人的营救者的研究也得出相似的结论：社会环境明显地影响着帮助的意愿，却并不存在明确的利他人格特质（Darley，1995）。

如果说这一发现与什么发现相似的话，那一定是有关从众研究的类似结论（第 6 章）：从众似乎也更容易受情境的影响，而不太受那些可测量的人格特质的影响。也许，你想起了第 2 章里讨论过的内容：我们的人品影响着我们的所作所为。但是态度和特质的测量很少能够预测一个特定的行为，而绝大多数利他性的实验研究都是测量的某种行为（这跟圣母特雷莎毕生的利他主义品质不同）。但在预测多种情境下的平均行为表现方面，态度、特质就更为准确。

> 人格在决定个体对紧急事件的反应上如此不重要是有某些原因的，其中之一就是，情境影响决策的力量太强大了。
>
> ——拉塔纳和达利（Latané & Darley，1970，p.115）

人格研究者对这一质疑作出了回应。首先，他们发现了助人性的个体差异，并证实这种差异具有时间上的持续性，而且可被同伴注意到（Hampson，1984；Penner，2002；Rushton & others，1981）。的确有一些人更倾向于助人。

其次，研究者正在搜集能够预测人们助人性的人格特质网格的线索。那些具有较高的积极情绪、同理心能力和高自我效能感的人更关心人，也更容易表现出帮助行为（Eisenberg & others，1991；Krueger & others，2001；Walker & Frimer，2007）。

第三，人格影响特定的个人对特定情境的反应（Carlo & others，1991；Romer & others，1986；Wilson & Petruska，1984）。那些自我监控能力强的人，如果认为助人能够得到社会赞许，就会迎合他人的期望从而显得乐于助人（White & Gerstein，1987）。他人评价不太能影响那些内向的、低自我监控的人。

性 别

在 172 项大概包括了 5 万名男女被试的助人性比较研究中，也体现了人和情境的交互作用。爱丽斯·伊格利和莫林·克劳利（Eagly & Crowley，1986）在分析了这些结果后指出，当面对的求助者是陌生人并且情境有潜在危险时（如车胎破了或者掉下地铁轨道），男性更常伸出援手。（伊格利和克劳利还报告，在 6 767 名因救人的英雄行为而获得卡耐基奖章的人中，90% 是男性。）

当人们有时间考虑社会规范（不同于本能的或冲动的行为）时，“妇孺优先”这一性别规范是否更可能发挥作用？为了检验这种可能性，一些邪恶的主试者可能希望将乘客分别安排在快速下沉和缓慢下沉的船上，然后观察乘客的行为。苏黎世的研究者布鲁诺·弗雷（Frey, 2010）及其同事评论说，人类历史上的大事件实际上就是实验。1915 年，*卢西塔尼亚号*客轮被一艘德国 U 型潜艇发射鱼雷击中，在客轮沉没前惊慌失措的 18 分钟内，船上得以逃生的女性比男性少 1%。1912 年，*泰坦尼克号*撞上冰山约 3 小时后沉没，船上的乘客男女比例接近，而女性生还者比男性多 53%。在这一自然实验中，亲社会行为的出现和性别规范得以发挥作用都归功于充裕的时间。

在相对安全的情境中，如志愿帮助研究者做实验，或者花时间陪伴残疾儿童等方面，则是女性乐意帮忙者略多于男性。在加州大学洛杉矶分校对 201 818 名美国高校学生的一项调查中，有 62% 的男性和 75% 的女性将“帮助有困难的人”视为“非常重要的”或是“基本的”（Pryor & others，2010）。女性也更有可能，或者说比男性更有可能去冒着生命危险当大屠杀的救援者，或者捐出一个肾，抑或当美国和平部队或世界医生组织的志愿者（Becker & Eagly,2004）。因此,性别差异交互作用（取决）于情境。乔治及其合作者（George & others，1998）报告，妇女更容易对朋友碰到的问题产生共情，更愿意付出较多的时间来帮助朋友。

宗教信仰

1943 年，在纳粹潜水艇击沉舰艇的速度超过盟军所能给予救援的情形下，战舰*道彻斯特号*载着 902 人从纽约港向格陵兰岛出征了（Elliott，1989；Kurzman，2004；Parachin，1992）。在这些不得已离开牵肠挂肚的家人的士兵当中，有四位随军牧师：卫理公会传教士乔治·福克斯、拉比·古德、天主教牧师约翰·华盛顿和基督教牧师克拉克·泡灵。在一个漆黑的夜晚，战舰在离目的地 150 英里处遭遇纳粹潜水艇 *U-456* 的鱼雷袭击，战舰开始下沉，熟睡中的人们被从铺位上抛下。电源中断，无线电广播不能工作，护卫船队对这场惨剧还浑然不觉，仍在黑暗中继续前进。而舰艇的甲板上此时已是乱作一团，恐慌中的人们从船舱里涌出，没穿救生衣就跳上已经相当拥挤的救生艇。

四位牧师走上已严重倾斜的甲板，开始引领人们各就各位。他们打开储藏室分发救生衣，一边还安抚着人们。当军官约翰·马哈尼回头寻找他的手套时，拉比·古德说：“不要紧，我有两副。”但是马哈尼后来才知道，拉比并没有多余的一副，他给出的是自己仅有的手套。

在冰冷的、漂着油污的海水里，士兵威廉·贝德纳在牧师们布道的鼓励下，才有了从船底下游过来爬上救生艇的力量。甲板上，格雷迪·克拉克带着敬畏看着牧师们分发完最后一件救生衣，然后他们又无私地脱下自己身上的救生衣。当克拉克

四位牧师的无私无畏激发了这幅油画的创作。它现在悬挂于宾夕法尼亚州瓦莱弗格的四牧师礼拜堂。

跃入水中时，他回过头看到了毕生难忘的场景：四位牧师站立着，手挽着手用拉丁语、希伯来语和英语祷告着。在逐渐下沉的舰艇上，其他人也加入了祷告。“这是我此生见过的，也是在有生之年希望见到的最美好的事情，”约翰·拉德说道。他是 230 名幸存者中的一个。

四位牧师的这一英雄事迹是否说明信仰提升了勇气和关怀？世界上最大的四个宗教——基督教、伊斯兰教、印度教和佛教——都在宣扬要以怜悯和慈悲为怀（Steffen & Masters，2005）。那么，这些宗教的教徒是否在履行这些教义呢？阿里尔·马尔卡及其同事（Malka & others, 2011）报告称，宗教信仰是一个混合体，它常常与保守派反对党有关，反对某些政府倡议，包括为贫民提供援助等，但它也倡导亲社会的价值观。

首先，考虑一下，当人们分别被“启动”了关于物质和精神的想法后，人们的行为会产生怎样的变化。当考虑到钱的时候——人们整理一篇包含工资字眼的文章或是看到一张印有钱的海报后——人们更少去帮助一个处于困境中的人，并且更不愿意去资助有困难的学生（Vohs & others，2006，2008）。而当考虑到上帝时——整理一篇包含“精神”、“神圣”、“上帝”和“宗教”等字眼的文章后——人们捐款时会更加慷慨（Pichon & others，2007；Shariff & Norenzayan，2007）。追踪研究发现，宗教启动也会增加其他一些“好的”行为，如对指定任务的坚持不懈和与自己道德信仰一致的行为（Carpenter & Marshall, 2009; Toburen & Meier, 2010）。

大量有关帮助行为的研究都是针对自发的帮助行为。当面临一个不那么紧急的事件时，虔诚的教徒只是比一般人有稍微强一点的反应（Trimble，1993）。如今，研究者开始探索有计划的帮助——像艾滋病志愿者、大哥哥和大姐姐志愿者，以及校园服务组织的支持者们提供的持久帮助。研究发现，在自愿选择长期帮助时，宗教信仰有更好的预测性。（想想泰坦尼克号的缓慢下沉如何为社会规范和人们意图遵守规范提供了时间。）

研究者对人们做志愿者，比如帮助艾滋病患者的原因进行了分析，斯奈德等人（Clary & Snyder，1993，1995，1999；Clary & others，1998）总结了几种动机。有一些帮助行为源于回报——希望加入一个群体，获得赞扬，寻求职业的提升，减少内疚感，学习技能或提高自尊等；另一些帮助行为则源于人们的宗教信仰或人道主义的价值观，以及对他人的关心。

对大学生和普通民众的研究表明，相比没有宗教信仰的人，有宗教信仰的人在从事志愿者工作（诸如课外辅导员、救济工作、维护社会治安等）上花的时间更多（Benson & others，1980；Hansen & others，1995；Penner，2002）。在那些被盖洛普民意调查区分为有宗教信仰的美国人中，一般都报告说他们每周会花两个小时去做志愿者，而没有信仰的人一般报告说没有时间做志愿者（Winseman，2005）。全球的调查证实了信仰承诺和志愿行为有相关性。来自 53 个国家的 117 007 人参加了世界价值观的调查，对此分析后得出，对比其他不参加宗教活动的人来说，每周参加两次宗教活动的人当志愿者的可能性是前者的 5 倍（Ruiter & De Graaf，2006）。

宗教是慈善之母。
——弗兰克·爱默生·安德鲁，《关于给予的态度》，1953

此外，萨姆·利文森的俏皮话——“奉献的时刻来到，有人却无端地逃掉”——极少适用于基督教和犹太教徒。一项大规模的世界性盖洛普民意测验覆盖 140 个国家，每个国家接受调查的人数不少于 2 000 人。即使收入不高，那些虔诚的教徒（报告说宗教在他们的日常生活中占据重要的地位，而且在之前的一周中参加过宗教服务）的慈善捐赠、志愿者行为以及在前几个月帮助陌生人的比率都明显高于平均水平（见图 12.10）。

具有讽刺意味的是，收入较低的家庭相对来说更加慷慨。在美国，收入低于 5 万元的家庭平均捐款占全部收入的 4.2%，而收入高于 10 万元的家庭平均捐款仅占全部收入的 2.2%（Center on Philanthropy，2008；Piff & others, 2010）。

宗教信仰与有计划的帮助之间的联系能够扩展到其他公共组织吗？罗伯特·帕特南（Putnam，2000）分析了 22 类组织的美国全国调查数据，包括业余俱乐部、专业协会、自助团体和服务社。他报告道，“宗教团体的成员跟公民参与的多种形式的活动有最紧密的联系，比如像投票、陪审团工作、社区方案、与邻居交谈以及慈善捐助等”。

图 :: 12.10
助人行为与宗教的关系
盖洛普研究员佩勒姆和克拉布特里（Pelham & Crabtree，2008）的一项世界范围内的报告显示，虔诚的信徒更可能报告上个月有捐钱行为，更可能参加志愿者行为，更可能帮助陌生人。虔诚的信徒报告说宗教在他们的生活中很重要，而且他们参加了上周的宗教服务活动。不虔诚的信徒则并非如此。

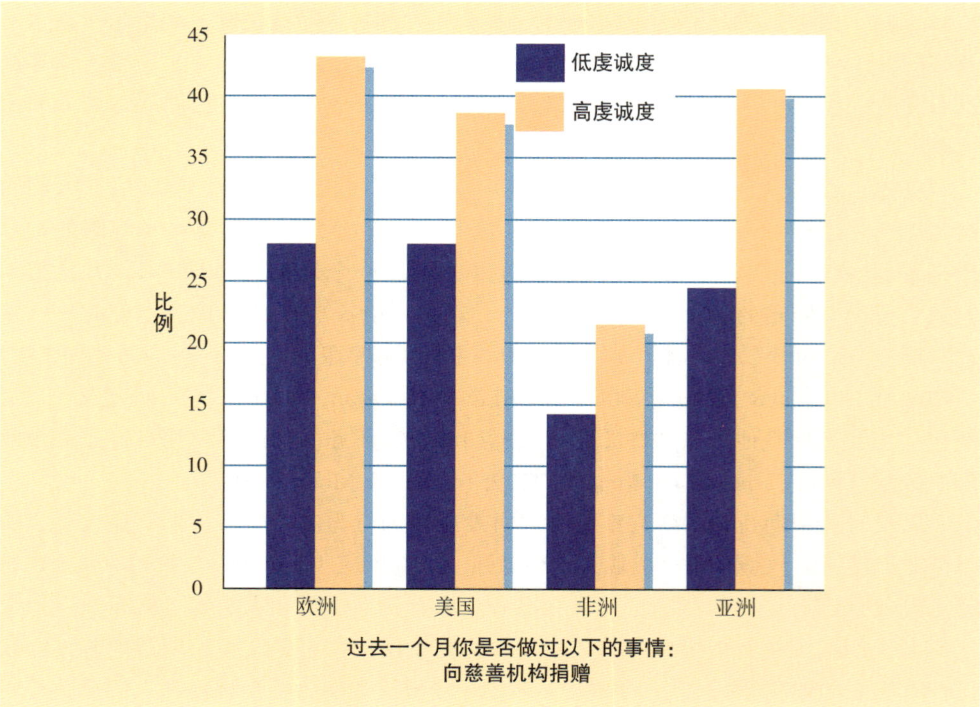

小结：帮助者的特点

- 与潜在的情境因素和心境因素不同，人格测验分数对助人性只有中度的预测力。但是，最新的证据表明，一部分人能够持久地比其他人更乐于帮助。
- 人格和性别的影响可能依赖于环境因素。例如，在危险环境中，男性会伸出援手，而女性更可能成为志愿者。
- 宗教信仰能够预测长期的利他主义，如志愿者工作和慈善捐献。

增加帮助行为

增加帮助行为的建议包括：转变帮助行为的抑制因素，教化帮助的社会规范，通过社会化让人们自视为乐于帮助的人。

作为社会科学家，我们的目标是理解人类行为，从而提出改善行为的方案。因此我们想知道，应该怎样利用研究所得的知识来增进帮助行为。促进利他主义的一种方法是转变那些抑制它的因素。既然那些匆忙的、关注自我的人较少去帮助，那么我们能否想出办法，鼓励他们放慢脚步并将注意力转向外部呢？如果他人的在场削弱了每个旁观者的责任感，我们又怎样来提高他们的责任感？

减少模糊性，提高责任感

如果拉塔纳和达利的决策树（图 12.5）描述了旁观者面临的两难选择，那么帮助人们正确地解释事件和承担责任就应当可以增加他们的助人行为。比克曼及其同事（Bickman & others，1975，1977，1979）在一系列关于犯罪检举的实验中检验了这一假设。每个实验中，研究者让超市或书店的购物者目击一次商店偷窃行为。其中一些目击者曾看到过有关警惕商店偷窃并说明怎样检举的标志，但结果发现，这几乎没起什么作用。另一些目击者能听到一名旁观者对事件的解释：“哎，看她。她在偷东西，她把那个放进了自己包里。”（这名旁观者随后离开去寻找他的孩子。）还有一些人听到他继续说着，“我们看见了，我们应该去报告，我们有责任。”研究发现，后两种安排都显著地增加了购物者对偷窃行为的检举。

个体因素的潜力也不容质疑。罗伯特·福斯（Foss，1978）调查了几百名献血者，他们发现，与那些经常献血的人不同，偶尔的献血者往往是应他人的个人邀请而来的。贾森及其同事（Jason & others，1984）证实，对于献血来说，来自朋友的个人呼吁比海报和媒体宣传要有效得多。即使是来自陌生人的直接呼吁也出乎意料的有效。

个人化的诉求

个人的、非言语的恳请也是有效的。斯奈德及其同事（Snyder & others，1974；Omoto & Snyder，2002）发现，搭便车者通过直视司机的眼睛可以得到两倍的搭车机会，许多帮助艾滋病人的志愿者也是受他人个人因素的影响才参与进来的。个人化的方式，正如前面向我求助的那个人所熟谙的，能使匿名性减弱，从而有更高的责任感。

亨利·所罗门和琳达·所罗门（Solomon & Solomon，1978；Solomon & others，

1981）探索了降低匿名性的方法。他们发现互相介绍过姓名、年龄等的旁观者比互不知名的旁观者更可能向生病的人提供帮助。同样，如果女研究者与一位购物者有过对视并给了他一个温暖的微笑，那么随后在电梯上，当女研究者说“糟糕，我忘了戴眼镜。谁能告诉我雨伞在哪层？”的时候，曾遇到的那位购物者提供帮助的可能性会远远大于其他人。甚至一小段很短的对话（“不好意思，您是苏茜·斯皮尔的妹妹吗？”“不，我不是。”）都会戏剧性地增加人们随后的帮助性。

当人们预期会与求助者及其他在场者再度碰面时，帮助性也会增加。乔迪·戈特利布和查尔斯·卡弗（Gottlieb & Carver，1980）利用实验室的内部通信系统，使迈阿密大学的学生相信，他们正与其他学生讨论大学生活的问题（事实上，其他讨论者的声音是播放的录音）。当其中一位伪装的讨论者突然痉挛发作呼喊求助时，那些以为待会儿要与其他讨论者见面的被试最快地伸出了援手。简而言之，任何能凸现旁观者个人特征的事情——个人请求、目光接触、告知名字、预期的会面——都增加了帮助的可能性。实验表明，服务员在服务期间，如果介绍了自己的名字，在支票上留下友善的信息，碰触顾客的胳膊或肩部以及坐或蹲在桌旁，都会使餐厅顾客支付更多小费（Leodoro & Lynn，2007）。

凸显个人特征使旁观者提高了自我意识，从而更关注自己内在的利他主义观念。回忆前面章节中讲过的，让被试处于镜子或摄像机前展示自己时，他们的态度和行动间的一致性增加了。相反，“去个体化”会使人们的责任感降低。因此，提高自我意识的做法，比如贴上姓名标签、被观察和评价、静静地注视，都能够增加帮助行为。

杜瓦尔等人（Duval，Duval，& Neely，1979）的研究证实了这一点。他们给一些南加州大学的女生看她们自己的录像，或者让她们填写个人背景问卷，紧接着给她们一个向需要帮助的人奉献时间或金钱的机会。结果发现，那些唤起自我意识的被试献出了更多的时间和金钱。同样，刚拍了照片的行人更可能帮助另一名行人捡起掉落在地的信封（Hoover & others，1983）。70% 刚照过镜子的意大利行人愿意帮陌生人去邮局寄信，而没有照过镜子的人只有 13% 同意帮忙（Abbate & others，2006）。自我意识高的人更经常地将理想付诸于实践。

内疚和对自我形象的关注

前面我们注意到，感到内疚的人会以行动来减轻内疚感并维护他的自我价值感。我们能否通过提升人们对违规行为的意识来增加他们的帮助意愿呢？大学生在回忆过他们以往的违规经历之后，是否更有可能成为学校助人活动的志愿者？

一项由里德大学的理查德·卡切夫（Katzev，1978）领导的研究小组考察了这个问题。当波特兰艺术博物馆的游客违反了“请勿触摸”的提示时，研究者对他们中的一部分人批评道：“请不要触摸这些展品。如果每个人都触摸的话，就会毁坏它们。”同样，当波兰动物园的游客擅自用自带食物喂熊时，其中一部分也会受到批评：“嗨，不要给动物喂未经许可的食物。你不知道这样会对它们有害吗？”在两种情形下，有 58% 负有内疚感的被试随后向另一名“意外”掉落东西的研究者提供了帮助。而未被批评的人则只有三分之一给予了帮助。负有内疚感的人愿意提供帮助。

这是我最近的一段亲身经历。为了赶上火车，我从一位在人行道上挣扎起身的人身边跑过。他呆滞的目光，使我回想起我大学期间在急诊室担当助手时帮助过的那些醉酒的人。当我经过之后，我猜想，或许，他真的是身体不适？在内疚感的困扰下，我捡起路边的垃圾，把我的座位让给一对正在寻找座位的老夫妇，并且发誓下次在陌生城市遇到类似不确定的事故时一定拨打救援电话。

人们也关心自己的公众形象。当罗伯特·西奥迪尼及其同事（Cialdini & others，1975）请一部分亚利桑那州立大学的学生陪伴一些行为不良的孩子去动物园游玩时，只有 32% 的人答应。对另一些学生，研究者先提出了一个非常大的请求——请求他们承诺给行为不良儿童提供为期两年的无偿咨询。在得到对这个**以退为进**（door-in-the-face）的要求的回应（全部拒绝）后，研究者退一步提出了陪伴的请求："好吧，如果你不愿做那个，这点小事愿意帮忙吗？"当使用这一技巧时，近两倍的人（56%）同意帮助。

西奥迪尼和薛德尔（Cialdini & Schroeder，1976）提供了另一种可以引发个体关注自我形象的实用方法：请求很微小的帮助，以至于使个体不能拒绝，除非他认为自己是个吝啬鬼。西奥迪尼（1995）有一次在家门口遇到一位街头募捐者时发现了这一点。当募捐者恳请他捐助时，他已经在脑海里预备好了如何拒绝——直到她说出那句神奇的话，粉碎了他的经济借口："哪怕一便士也是帮助啊。""我不得不顺从了。"西奥迪尼回忆道，"这次经历还有个有趣的地方。等我的咳嗽停下来（我真的把已到嘴边的拒绝给咽了回去），我给出的不是她所说的一便士，而是通常派给正式慈善募捐者的金额。她谢了我，甜甜地一笑，继续前行。"

西奥迪尼的反应具有典型性吗？为了找出答案，他和薛德尔让一名募捐者接近一些郊区居民。当募捐者说"我在为美国抗癌组织募集资金"，有 29% 的人响应，平均每人捐献了 1.44 美元。当募捐者补充说"哪怕一便士也是帮助"时，有 50% 的人响应，平均捐献了 1.54 美元。詹姆斯·韦恩特（Weyant，1984）重复了这一实验，并得到了相似的结果："哪怕一便士也是帮助"这句话，使捐助者从 39% 增加到了 57%。当 6 000 人收到美国抗癌组织的募捐信时，那些被请求捐献较少数量的人更可能捐助，并且给出的数量平均而言并未减少（Weyant & Smith，1987）。若遇到的是先前捐献过的人，那么更大的请求（合情合理）就会引起更多的捐助（Doob & McLaughlin，1989）。但是对于挨户访问的募捐，请求小金额的捐助则更可能成功，因为这使人们不好拒绝，而且又使他们有机会维护利他的自我形象。

贴上乐于助人的标签也能强化人们乐于助人的自我形象。罗伯特·克劳特（Kraut，1973）对一部分参加慈善捐助的康涅狄格的妇女说："你真是一个慷慨的人。"两周后，这些妇女比那些没有被贴上此标签的妇女更可能为另一个慈善团体捐助。

利他主义的社会化

如果我们能够习得利他主义，那么该如何教化而使它社会化呢？这里有五种方法（图 12.11）。

以退为进技巧

HI & LOIS © King Features Syndicate.

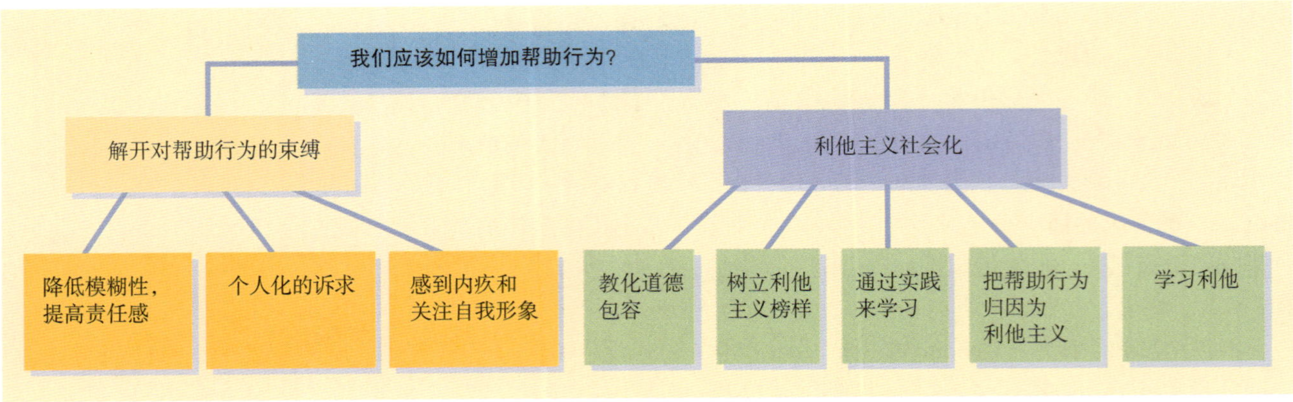

图 :: 12.11
增加帮助行为的常用方法

教化道德包容

对于那些在欧洲纳粹时期救助犹太人的人、美国反奴隶运动领袖，以及巡回义诊的传教士们而言，至少有一点是共同的：他们具有道德包容性。他们的道德关怀包含了不同于自己的人。正如一位妇女所做的，她为了救助一名藏匿的犹太孕妇而假装怀孕，这样她就可以把即将降临人世的犹太孩子看做自己的孩子（Fogelman，1994）。

道德排除（moral exclusion）——将某些人（或动物）排除于自己的道德关怀之外——则起相反的作用。从歧视到灭绝性的大屠杀，它令所有的伤害性行为都变得合理（Opotow，1990；Staub，2005a；Tyler & Lind，1990）。人们认为，对那些没有价值的人或该受排挤的人（被排除于关怀之外的动物也是如此），剥夺和残忍就会变得可以接受，甚至是适当的。纳粹就是将犹太人排除于他们的道德共同体之外。任何参与奴役、行刑或者拷问的人，实际上都使用着相似的道德排除。在小范围内，道德排除可用来描述这样的行为：我们将我们的关心、喜爱和遗产都集中于“我们的人”（比如我们的孩子）身上，而排除其他人。

道德排除还限制了人们对战亡者的同理心。报告战亡者时，人们典型地用“我们的烈士”这样的词汇。例如，许多美国人都知道，大约有 58 000 名美国士兵死于越南战争（58 248 位战士的名字刻在越南战争纪念碑上），但是很少有美国人知道，这场战争也使得两百万越南人丧生。在最近的伊拉克战争中，截止至 2011 年末死亡人数是 4 500，相比于那些鲜为人知的伊拉克死者，这些人也同样得到了更多的关怀。而据最近的医学期刊报导，伊拉克死者至少达到了 15 万人（Alkhuzai & others，2008）。

斯洛维克等人（Slovic，2007；Dunn & Ashton-James，2008）指出，我们很容易对大量外群体的死亡感到麻木。人们认为，相对于 50 人死于飓风而言，当他们得知 5 000 人死于飓风时，他们会感到更加伤心。而实际上，无论邓恩和阿什顿·詹姆斯告诉人们飓风杀死了 50、500、1 000 或是 5 000 人时，人们的伤心程度并不受这一数字的影响。同样，对于大规模的灾难也是如此，例如西班牙的森林大火和伊拉克战争。“如果让我看到大量的人，我不会有所行动，”特蕾莎修女说，“但如果我只看到一个，我会行动。”与其告诉人们饥饿慈善机构正在努力挽救数百万饥民，不如给他们看 7 岁女孩 Rokia 的照片，这一名受害者可以让人们捐更多的钱（Slovic & Västfjäll, 2011）。

因此，利他主义社会化的第一步是去除天然的内群体偏爱，比如亲缘喜爱或种族喜爱，而扩展我们关心他人福利的界线。巴特森（Batson，1983）解释宗教教育如何能做到这一点时指出，他们就是宣扬要爱整个人类“大家庭”中所有的人，这就把兄弟姐妹之间的血亲之爱扩大到了“上帝的孩子”之间的爱，从而扩展了利他主义的边界。如果每个人都是我们家庭的一分子，那么每个人就都对我们有道德要求。“我们”与“他们”之间的界线将被消除。使人们站在他人的位置上，想象他人的感受，也会增加帮助行为（Batson & others，2003）。“你希望别人怎么对待你，你就怎么对待别人。”人一定要学会采择别人的观点。

我们把全人类看成一个大家庭。

——世界宗教议会，《走向全球道德》，1993

树立利他主义榜样

前面我们曾讲到，目睹无同情心的旁观者使人们更少去帮助。被极端惩罚性的父母抚养大的孩子，就像很多违法者、长期犯罪者和纳粹重战犯那样，他们极少表现利他主义者的特征：同理心以及和道义上的关心。

现实中的榜样 如果人们看见其他人的帮助行为或读到助人为乐的故事，是否会更有可能做出帮助行为？罗伯特·西奥迪尼和他的合作者（Cisldini & others，2003）发现，不去大肆宣传偷税漏税、乱扔垃圾、青少年吸烟，而去强调——把它们作为人们的行为规范——人们普遍的诚实可靠、讲究卫生、戒烟戒酒，则社会现实会更好。在一项实验中，研究者让游客不要拿走化石林国家公园中的树木化石，一些游客被告知，“以前的游客总是拿走树木化石。”另一些游客则被告知，为了保护公园“以前的游客从不拿树木化石”。结果后者几乎没有人拿走树木化石。

在 20 世纪的三四十年代冒着生命危险救助犹太人的欧洲基督教家庭中，以及 50 年代的公民权利运动中，榜样作用也很明显。在这两个例子中，那些不凡的利他主义者至少与其父母中的一方有着温暖亲密的关系，他们之间非常相似，都是热烈的“道德家”或投身于人道主义理想（London，1970；Oliner & Oliner，1988；Rosenhan，1970）。他们的家庭——常常还有他们的朋友和教友——教给了他们帮助和关爱他人的准则。斯托布（Staub，1989，1991，1992）解释道：这种“亲社会的价值取向”引导他们将其他群体的人包容到自己的道德关怀范围中，并感到对他们的福祉负有责任。

斯托布（Staub，1999）曾述说自己的经历：“我，一个布达佩斯的犹太人的孩子，在那场大多数欧洲犹太人遭到纳粹德国及其盟国屠杀的灾难中能幸存下来。拯救我生命的是一位几番冒着生命危险帮助我和我的家人的女基督徒，还有一位瑞典人劳尔·沃伦伯格，他凭着勇气、智慧和高度的献身精神拯救了成千上万将被送往毒气集中营的犹太人。这两位英雄都不是被动的旁观者，我现在的工作也是不使自己变得只顾自己的一种做法。”（见“聚焦：犹太人救助者的行为和态度”。）

媒体中的榜样 电视上的积极榜样也会助长帮助行为吗，就像攻击的榜样会助长攻击行为一样？事实上，亲社会的电视榜样所起的作用远大于反社会榜样的作用。苏珊·希罗德（Hearold，1986）统计并综合了 108 项看亲社会的电视节目和看中性的电视节目或不看电视节目的比较研究。她发现，平均来说，“如果观看亲社会的节目而不是看中性节目，个体的亲社会行为——典型的是利他主义行为——（至少暂时地）

会从 50% 上升到 74%。”

孩子们可以从描写利他、友善、自我控制等行为模式的电视节目中学到这些行为。

——美国国家精神卫生研究所，《电视与行为》，1982

在一项实验中，研究者弗里德里希和施坦（Friedrich & Stein，1973；Stein & Friedirich，1972）每天给幼儿园的孩子们看《罗杰斯先生的邻居们》，连续看四周，以此作为幼儿园课程的一部分。该电视剧意在促进孩子们的社会性和情感发展。）在看这个电视剧期间，那些来自受教育程度较低家庭的孩子们变得更乐于合作、乐于助人和更愿意表达自己的情感。在后继研究中，看了四周《罗杰斯先生的邻居们》的幼儿园孩子，不论是在测试中，还是在木偶戏表演中，都能够表达出它的亲社会内容（Friedrich & Stein，1975；Coates & others，1976）。

其他的媒体也有效地助长亲社会行为。最近的研究表明，玩带有亲社会内容的电子游戏以及聆听表达亲社会思想的歌曲都会对人们的态度和行为产生积极地影响（Gentile & others，2009；Greitemeyer，2009；Greitemeyer & others, 2010）。例如，游戏《疯狂小旅鼠》的目标是帮助他人，玩过这款游戏后，人们在现实生活中的同理心会增加，也会更多地帮助身处困境的人（Greitemeyer & Osswald, 2010; Greitemeyer & others, 2010）。听亲社会歌曲，如迈克尔·杰克逊的《拯救世界》，可以让人们更多地帮别人捡起掉落的铅笔，对求职者出言不逊减少，给别人大量不喜欢的辣酱的可能性也会降低（Greitemeyer, 2009, 2011）。

通过做出具体的帮助行为来学习

斯托布（Stoub，2005b）的研究显示，不道德的行为滋生不道德的态度，而帮助

聚焦 犹太人救助者的行为和态度

仁慈和邪恶一样，通常都是逐步发展而成的。救助犹太人的异教徒常常也是开始于一个微不足道的承诺——藏匿某人一天或两天。当迈出第一步之后，他们就开始以不同的眼光看待自己了，他们会把自己看成一个帮助别人的人。随后，他们会更热情地投入到这种帮助之中。奥斯卡·辛德勒在接手一家被充公的犹太工厂后，开始为给他带来可观利润的犹太工人们做点小事。渐渐地，为了保护他们，他冒的风险也越来越大。他通过抗争得到在工厂旁边为工人修建住所的许可，救出被捕的犹太人让他们与爱人团聚。最后，随着苏军的挺进，他假称要在家乡新建一个工厂，需要带走他所有的“熟练工人”，从而救了 1 200 名犹太人。

其他人，如劳尔·沃伦伯格，开始时也只是答应一个人的请求而伸出了援手，但后来多次冒生命危险去帮助他人。沃伦伯格是驻匈牙利的瑞典大使，他保护了成千上万名匈牙利的犹太人免遭奥斯维辛集中营的屠杀，其中一个获救者的身份证显示他就是当时六岁的艾尔文·斯托布。斯托布后来成为马萨诸塞州立大学的社会心理学家。正是那段经历使他决定以此作为毕生事业：去理解为什么有些人会犯下罪恶，有些人会袖手旁观，而有些人会无私援助。

慕尼黑，1948。奥斯卡·辛德勒与二战中他从纳粹分子手上救出的部分犹太人。

资料来源：Rappoport & Kren (1993).

行为能促进进一步的帮助行为。儿童和成人都是在“干中学”。在对 12 岁左右的孩子的一系列研究中，斯托布和他的学生发现，如果儿童先被引导制作一个玩具送给医院的其他孩子或者送给一位艺术老师的话，孩子们会变得很愿意帮助他人。随后孩子们也更愿意教更小的孩子玩拼图。

斯托布指出，当孩子们在做出帮助行为时，他们发展了帮助他人的价值观、信念和技能。帮助行为也有助于满足孩子们形成积极自我概念的需要。在更大范围内说，如果把“服务学习”和志愿者计划编入学校的课程，就可能提高日后的公民参与、社会责任感、合作以及领导能力（Andersen，1998；Putnam，2000）。态度追随行为。助人行动能够促进人们把自己看成“富有同情心和乐于助人的人”，而这种自我知觉反过来又促进了进一步的帮助行为。

把帮助行为归因于利他主义动机

另一条利他主义社会化的线索来自第 4 章提到的被称为**“过度辩护效应”**（over justification effect）的研究：当对一种行为的反馈过度时，个体可能会将行为归因为外部反馈（奖励）而非内在动机。因而奖励人们本来就会做的事情反而会削弱其内在动机。我们可以将这一原理积极地表述为：对人们的良好行为给予恰到好处的反馈（必要时应戒除收买与威胁），我们也许可以增加他们自己从做这些事情中得到的快乐。

丹尼尔·巴特森及其助手（Batson & others，1978，1979）实践了“过度辩护效应”。在几个实验中，他们发现，如果堪萨斯大学的学生在没有报酬也没有潜在社会压力的条件下，答应帮助别人，则会产生最强的无私感。当有报酬或者社会压力存在时，他们实施帮助行为之后产生的无私感较弱。

在另一个实验中，研究者引导学生将帮助行为归因为顺从（“我想我们的确别无选择”）或同情（“这个人真的需要帮助”）。随后，当请求学生们拿出时间加入当地的一个服务机构时，那些认为自己先前的帮助行为仅仅是顺从的学生中，有 25% 的人报名；而那些认为自己富有同情心的学生中，有 60% 的人报名。这是为什么呢？当人们疑惑“我为什么帮助？”的时候，如果情境能让他们这样回答：“因为有人需要帮助，而我又是个有爱心、乐于奉献和乐于帮助的人。”那结果是最好不过的。

虽然把奖赏用作控制性的收买时会破坏内在动机，但是一个意外的褒扬却能令人感到胜任和有价值。如果乔瑟琳被强迫：“如果你收起你的怯懦去献血，我们就能凭最多的捐献得到互助奖了。”那么，她不太可能将自己的献血归因为利他主义。而如果乔瑟琳被赞扬：“你这周忙成这样，还抽出一个钟头来献血真不容易。”她则更可能怀着无私的自我形象离开——从而还会再次捐献（Piliavin & others，1982；Thomas & Batson，1981；Thomas & others，1981）。

为了使人们在大多数人都不实施帮助的情境下做出帮助行为，我们也可以通过引出他们暂时性的积极承诺，使其得出自己乐于助人的结论，从而更倾向于提供帮助。西奥菲和加纳（Cioffi & Garner，1998）发现，如果先给大学生发号召献血的电子邮件，一周后把献血车开到校园中，那么收到电子邮件通知的学生中只有 5% 的人对献血车做出了回应。研究者要求另一些学生在接到献血通知时，“如果你认为你可能去献血”，便回复“是”。结果，这些人中有 29% 的人作了回复，但实际去献血的只有 8%。研究者要求第三组被试在接到献血通知时，如果不打算献血就回复“不”。结果有 71% 的人没有回复，这相当于暗示有可能献血。现在把你想象成第三组被试中的一员，你没有说不，也许是因为你毕竟觉得自己是个有同情心的人，所以没准你还会去献血呢。这样的想法可能使你在随后一周更容易被校园海报和传单的宣传所说服。事实正是这样，后来这组被试中有 12% 的人献了血，高于通常比率的两倍。

在多林斯基（Dolinski，2000）的实验中，也有把自己推断成乐于助人的人的情节。研究者在波兰弗罗茨瓦夫的街道上，拦住行人询问根本就不存在的“Zubrzyckiego 街”在哪儿，或者问一个错误的地址。研究发现，被询问的每个人都试图帮助却又无能为力。就在前方 100 米处，有另一个人请求行人花五分钟时间帮忙看管他的重物或自行车，大约有三分之二的人答应帮忙，这个数字是那些没有获得试图帮助机会的人所给予帮助的两倍。

习得的利他主义

研究者还发现了一条推进利他主义的途径，为本章提供了一个令人愉快的结尾。有些社会心理学家担忧，随着社会心理学的研究发现逐渐为人所知，人们的行为就会发生变化，从而使这些发现失去了应有的效果（Gergen，1982）。菲利普·津巴多的“英雄主义项目”旨在增强人们的勇气和同情心，他认为，成为英雄的第一步是要认识到那些能够阻止你袖手旁观的社会压力（Miller, 2011）。

阿瑟·比曼及其同事（Beaman & others，1978）在蒙大拿大学学生中所做的实验表明，人们一旦了解了为什么旁观者在场会抑制帮助，他们在群体情境下帮助的可能性就会增加。研究者让一部分学生听关于旁观者的冷漠如何影响个体对突发事件的解释以及责任感的演讲。另一部分学生则听其他的演讲或者不听任何演讲。两周之后，作为在另一场所的另一个实验的一部分，被试（与一个冷漠的研究同谋）会在路上遇见一个人摔倒或者趴在自行车底下。结果发现，那些来听有关帮助内容演讲的人中只有四分之一停下来实施帮助行为，而接受了“启迪”的人中实施帮助的人数则两倍于此。

读了本章之后，你可能有所改变。当你了解了什么因素会影响人们的反应之后，你的态度和行为还会跟以前一样吗？

小结：增加帮助行为

研究表明，我们可以用三种方法来增加助人性。

- 首先，我们可以转变那些抑制帮助的因素。我们可以采取步骤来减少紧急事件的模糊性，以产生个人化的诉求，并增加旁观者的责任感。
- 第二，我们甚至可以采用谴责或以退为进的技巧来激起人们的内疚感或对自我形象的关注。
- 其次，我们可以教化利他主义。对电视中亲社会的榜样形象的研究，已经显示了媒体在教化积极行为上的力量。观看帮助行为的孩子们也倾向于做出帮助行为。如果我们想诱导人们的利他主义行为，我们还应当记住过度辩护效应：强制行善常常会减少行善者对善行的自发之爱。如果我们给决定做好事的人提供足够的奖励，但又不过分的话，做好事的人就会把自己的行为归因于自己的利他动机，从而会更乐于帮助。对于利他主义的学习，如你刚刚所做的，也会使人们作好准备，更好地知觉他人的需要并进行反应。

后记：

让社会心理学走进生活

我们这些研究、讲授社会心理学，并写作社会心理学文章的人，之所以这么做，是因为相信我们的工作是有意义的。它研究人类的重要现象。学习社会心理学可以开拓我们的思维，帮助我们带着更高的自觉和同情心去生活和行动，至少我们假定如此。

当现在的和以前的学生们用社会心理学如何跟他们的生活相联系的故事证实我们的假定时，那种感觉实在是太好了。就在我写下最后一段之前，一位现住在华盛顿特区的以前的学生来访。她提起最近的一次经历：一名男子不省人事地躺在人行道上，旁边的行人纷纷走过。“这让我回想起了社会心理学课程，还有此情此景下人们为什么无动于衷的原因。我想道：‘如果我也走过去了，谁来帮助他呢？’”于是，她拨了急救电话并陪着那个倒在地上的人——其他旁观者也加入进来了——直到救护车到来。

第 13 章

冲突与和解

如果你想获得和平，那就为正义而努力吧！

——罗马教皇保罗六世

世界各国领袖用不同的语言重复着同一论调："我们国家从来都是爱好和平的，但是，同时我们也注意到其他国家拥有的新式武器对我们造成了威胁。因此我们需要保护自己免受别国的攻击。只有这样，我们才能保卫我们的生活方式和维护持久的和平"（Richardson，1960）。几乎每个国家在强调和平是自己的惟一目标的同时，也表现出对其他国家的不信任，并通过武装自己达到自我保护的目的。这样做的结果是，全球每天在军队和武器上花费达50亿美元，同时却眼睁睁地看着数以亿计的人们死于营养不良或缺少医疗（SIPRI，2011）。

冲突（conflict）（知觉到的行动或目标的不协调）的成分都是类似的，从国与国之间的军备竞赛，到中东地区的冲突；从公司管理者与一般职员关于工资水平的争议，到长期不和的夫妇。不论处于冲突中的人们能否正确地认识双方的行为，他们总是认为一方的获益就是另一方的损失。

- "我们想要和平和安全感。""我们也是，但是你们威胁到我们了。"
- "我们希望有更多的报酬。""我们不能提供那么多。"
- "我希望能把音乐关掉。""我就喜欢放音乐。"

有时候冲突造成每个人都蒙受损失。例如美国国家曲棍球联盟主席和球员们之间的薪金约束僵局导致了2005赛季的取消。

缺乏冲突的关系或组织可能是死气沉沉的。冲突体现了参与、承诺和关心。如果能够被理解和解决，冲突可以促进人际关系的变化和发展。当人们受到公正对待并彼此尊重时，社会就会和谐。身

正如民权领袖所知，创造性地解决冲突会产生富有建设性的成果。

处不公平的世界，但如果“每个人都安分守己”的话，社会同样可以和谐（Dixon & others, 2010）。在没有冲突的情况下，人们可能很少会想到要面对并解决他们的问题。

真正的**和平**（peace）不是对公开冲突的压制，也不是一种处于紧张和脆弱状态下的表面的平静，它是通过创造性地处理冲突得到的结果。和平还是不同的团体协调了他们之间的矛盾并达成了真正的一致：“我们获得了加薪，你们也得到了更多的利润。现在我们每个人都在帮助其他人达成愿望。”和平研究者罗伊斯·安德森（Anderson, 2004）说，和平“是一种条件，在这种条件中，个体、家庭、群体、社团或者民族处于低水平的暴力，并融入到一种相互和谐的人际关系中。”

在这一章，我们通过探究哪些因素引发和加剧了冲突、哪些因素有助于获得和平，从而探讨冲突与和解。

- 什么样的社会情境引发了冲突？
- 误解是如何加深冲突的？
- 和另一方的接触会减少冲突吗？
- 什么时候合作、交流与调和能够促成和解？

引发冲突的原因

解释是什么引发了冲突。

社会心理学的研究已经发现了一些导致冲突的因素，令人吃惊的是，这些因素在社会冲突的各个层面普遍存在，不管是国与国之间，还是团体之间或个人之间。

社会困境

一些对人类未来威胁最大的问题，如核武器、全球性气候变暖、人口过度增长、自然资源枯竭等，其根源都是不同的团体追逐他们各自的私利所致。但是具有讽刺意味的是，这些行为最终都损害了集体的利益。很多人都会这样想：“我自己排放出的温室气体是微不足道的，而购买温室气体排放控制系统要花一大笔钱，这不划算。”其他人也有类似的想法，结果就是我们要面对气候变暖、海平面上升以及更加极端的天气。

在某些社会中的人会有这样的观点：生育更多的孩子能够减轻家庭的劳作负担，

而且能在父母年老后提供保障。但当大多数家庭一代又一代地都选择多生养之后，结果是人口过剩给整个社会带来危害。因此我们可以看到对个体有利的决策对整体而言可能是不利的，于是一个亟待解决的两难问题也就产生了：我们如何能让人们追求个人利益的权利和集体利益协调一致？

为了区分和研究这种两难困境，社会心理学家们进行了一些实验室游戏，它们很好地体现了许多真实的社会冲突的实质。“研究冲突的社会心理学家，在许多方面与天文学家有类似之处，”冲突的研究者多伊奇（Deutsch，1999）这样写道。“在社会学问题上，我们无法开展大样本的现场实验研究，但是我们可以通过大样本与小样本之间的相似性来推导我们的理论，二者的关系正如天文学家眼中的行星与牛顿的苹果间的关系。因此在实验室中少量被试进行的游戏可以加深我们对战争、和平以及社会公正的理解。”

在这里我们将考虑两个实验游戏，它们都是**社会困境**（social trap）的例子：囚徒困境和公地悲剧。

囚徒困境

这个难题源于一个故事，故事的核心是地方检察官使用不同的策略分别审问两个犯罪嫌疑人（Rapoport，1960）。他们合伙犯罪，但是检察官掌握的证据只能判他们很轻的罪。因此检察官为了使嫌疑犯愿意单独承认自己的罪行，设置了一种鼓励办法：

- 如果一个嫌疑犯认罪而另一个没有，认罪的嫌疑犯将赢得豁免（并利用他的供词使另一名罪犯得到最严厉的判决）。
- 如果两个嫌疑犯都认罪，他们都能得到中等程度的判决。
- 如果两个人都不认罪，他们都会得到较轻的判决。

图 13.1 的矩阵总结了各种选择带来的结果。如果你是其中的一个嫌疑犯，而且

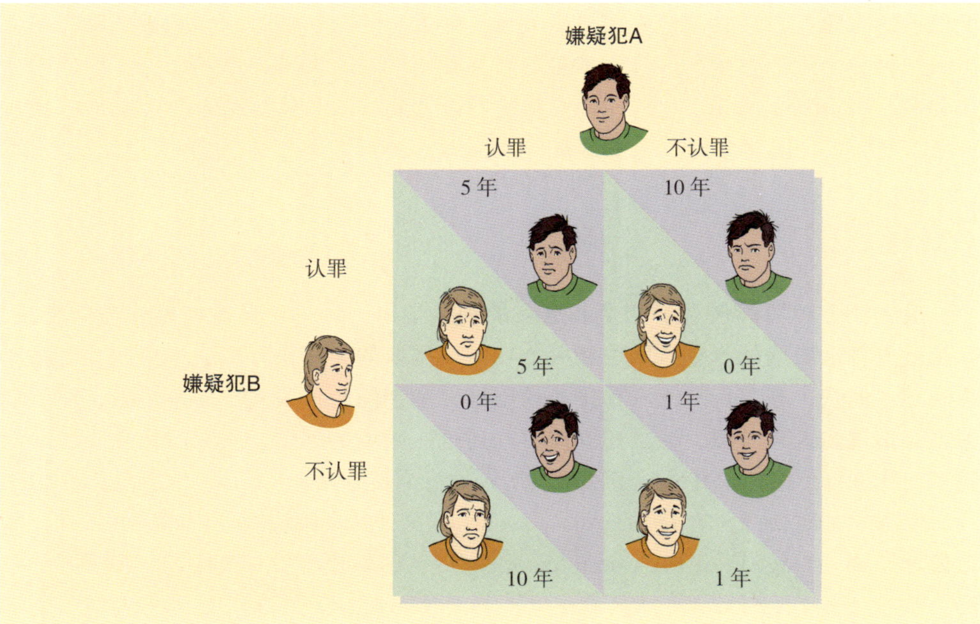

图 :: 13.1
经典的囚徒困境
在每个格子中，斜线以上部分表示嫌疑犯 A 得到的处罚。我们可以看到，如果两名嫌疑犯都认罪，他们都会被关 5 年；如果两人都不认罪，那么都被关 1 年；如果只有一人认罪，那么他就会因为表现良好而被释放，另一个倒霉鬼则要被关上 10 年。如果你是其中一个嫌疑犯，而且你没法和你的同伙商量，在这样的情况下你会认罪吗？

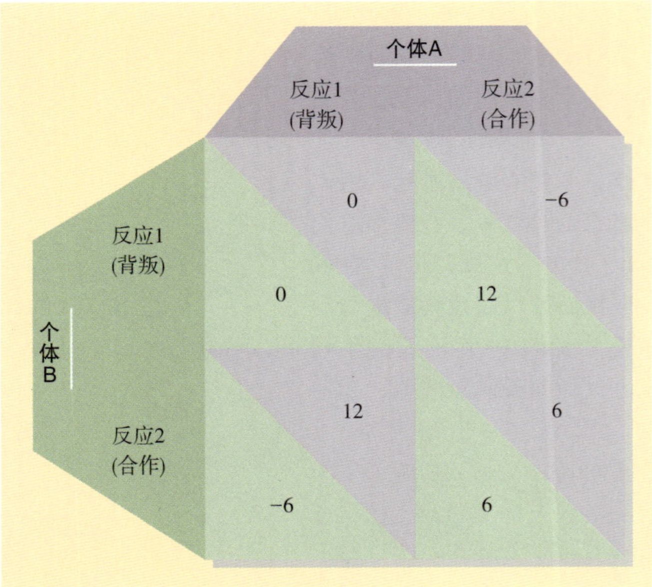

图 :: 13.2

囚徒困境的实验室版本

表格中的数字代表了某种奖励，比如金钱。在每一个格子中，斜线上方的数字代表了 A 能够得到的奖励数量。和经典的囚徒困境（只有一次决策）不同的是，实验室版本可以多次进行。

你无法和你的同伙商量，在这样的情况下你会认罪吗？

为了使自己的判决减至最轻，很多人都会承认罪行，尽管实际上两个人都不认罪带来的惩罚要比互相指控轻。从图 13.1 的矩阵中我们可以看出，可能这是因为，不管另一嫌疑犯如何选择，认罪总是比较有利的做法。如果另一名嫌疑犯也认罪，那自己将会得到中等惩罚而非最重的；如果另一名嫌疑犯不认罪，那么自己就可以直接得到自由。

大学生们被要求在类似于囚徒困境的各种情境下做出选择。在这些实验情境中，他们考虑的结果并不是牢狱之灾，而是薯条、钱或是学分等不同的事物。如图 13.2 所示，在任何一种选择中，背叛对方总是能得到较好的结果（因为这一行为可以从对方合作的企图中得到好处，或是防止对方背叛给自己带来严重后果）。但是问题是如果双方不合作，他们得到的结果总是比在他们互相信任并合作的情况下要坏得多。这个难题常常令人发狂，一方面双方都知道他们都可以从合作中受益，另一方面他们却无法沟通从而相信对方，所以难以脱离不合作的行为方式。在校园之外，类似的例子比比皆是：以色列和巴勒斯坦的边境冲突、美国共和党和民主党关于税收和财政赤字的冲突，以及职业运动员和团队负责人关于薪水的矛盾，这些冲突似乎都不可调和且代价高昂。

惩罚他人，或者不予合作，看上去似乎是个明智之举，但是在实验室里它却会产生反作用（Dreber & others，2008）。惩罚通常会引发报复，也就是说那些实施惩罚的人往往会升级冲突，造成结果的恶化。惩罚者所认为的自卫反应，在被惩罚者看来却是进一步的攻击（Anderson & others，2008）。而当被惩罚者有机会回击的时候，可能会回击得更重，因为他们觉得自己只是在以牙还牙。在一项实验中，实验者要求伦敦的志愿者在接收到他人用机械装置传递的压力时，通过一个机械装置将压力传回到另一个人的手指。尽管要求参与者互相给予对方同等强度的压力，但他们往往会多返回 40% 的力量。这样，轻触很快升级为重压：很像小孩经常会说的："我只是碰了他一下，他就打我了"（Shergill & others，2003）。

公地悲剧

很多社会困境都包含了两个或更多的利益集团。例如，日益严重的滥砍滥伐，以及世界各地激增的汽车、燃炉和火力发电厂排放的二氧化碳造成了全球性气候变暖问题。但是，其实每一辆汽车排放的尾气对整个问题来说几乎微不足道，那些危害也会由许多人来分摊。为了建立能够描述这一困境的模型，研究者们在实验室对现实问题进行了模拟，并研究了不同类型人的行为反应。

生态学家加勒特・哈丁（Hardin，1968）把这种社会困境表现出的丑恶人性比喻为**公地悲剧**（Tragedy of the Commons）。这一名称来源于旧时英格兰乡镇中心的牧场。

在现代世界里，“公地”包括了空气、水、鱼、饼干或是其他任何被共享但是有限的资源。当所有人都适度地利用资源时，资源自行再生的速度可以与资源被消耗的速度相匹配。植被能够生长，鱼能够繁衍生息，饼干罐也会被重新填满。而一旦对资源的利用超过限度，公地悲剧就会发生。假设有 100 个农民占有了一块能够供应 100 头牛足够牧草的草地，当每一个农民在这块地上养一头牛的时候，对资源的利用是最优的。但是某一个农民可能会有这样的想法：“如果我多养一头牛，我的收入就可以翻倍，而土地只会受到一点点影响。”因此他理由充分地增加了第二头牛。而当所有的农民这样想并这样做时，结果可想而知，公地悲剧就不可避免了，最后肥美的牧场将沦为一片荒芜的土地。

类似地，人类对环境的污染也是由很多轻微的污染一步步累积起来的。对每一个污染者来说，停止污染所能给他们（也给环境）带来的好处，与污染给他们带来的方便来说仍是不值一提的。我们在保持个人居所卫生的同时，却在公共场所——诸如宿舍走廊、公园、动物园等——随地扔垃圾。我们也会为了对我们来说很直观的利益而消耗人类的自然资源，洗一个长长的舒适的热水澡能够对环境产生什么影响呢？捕鲸者知道，即使他们不去捕鲸，别人也会，况且多捕几条鲸鱼对物种能造成什么影响呢？悲剧就这样发生了，与所有人都有密切关系的事情（比如环境保护）竟成了无人关心之事。

这种个人主义是否为美国所独有？萨托 (Sato,1987) 进行了类似的实验，不过被试来自文化更加倾向于集体主义的日本。实验开始时，被试都支付相同数量的钱来种植一片虚拟的森林，在实验中他们可以通过砍伐虚拟的树木得到现金，实验的结果与西方文化背景下得到的结果基本一致：超过一半的树木在生长到最佳的砍伐时机之前就被抢着砍掉了。

萨托的森林让我想起了自己家里的饼干罐子。如果按照局外人的看法，我们应该在重新装满罐子之前保证罐子不是空的，以确保我和我的家人每天都能吃两三块饼干。但是，缺乏节制和对其他家庭成员的不信任使我们禁不住要增加自己对饼干的消费，于是每个人都一块接一块地填饱自己。结果是 24 小时内饼干就被彻底消灭了，在这周剩下的时间里，罐子空空如也。

当一种资源未获得明确的分配时，人们往往会不自觉地消耗更多（Herlocker & others，1997）。例如当一盆土豆泥在有 10 个人的桌子上传递时，会有更多的人倾向于舀出不适当的分量；但是把土豆泥换成 10 只烤鸡，情况就要好得多。

囚徒困境和公地悲剧有一些相似的特征。

基本归因错误

首先，在两种情境下参与者都会把自己的行为动机解释为外界的压力（“我不得不提防被对方利用”),而且不客观地评价对方的行为（“她很贪婪”,“他是不可靠的”）。多数人从未意识到对方看待他们时，同样会有这样的基本归因错误（Gifford & Hine，1997；Hine & Gifford，1996）。那些具有自我膨胀和自我欣赏倾向的人，尤其不可能对他人的观点表示赞同（Campbell & others，2005）。

动机的演化

其次，行为的动机是在变化的。在一项任务中，开始时人们的动机可能是挣些小钱，然后变成了减少自己的损失，到了最后就只是保存脸面防止彻底的失败（Brockner & others，1982；Teger，1980）。这种动机的变化在 20 世纪 60 年代的越南战争中体现得尤为明显。战争刚开始的时候，约翰逊总统在他的演讲中常常强调战争是以自由、民主和正义为目标的，但是随着冲突的升级，总统的论调便成了为了美利坚的荣誉，为防止战败带来耻辱而战。

结果总和并不一定为零

再次，现实生活中的多数冲突，就像囚徒困境或公地悲剧一样，是**非零和博弈**（non-zero-sum games）。冲突双方得到的利益和损失之和并不一定为零。双方可能都赢，也可能都输。每种情境都将个人能够在短时间内得到的回报与群体的长期利益对立起来。在面对这类令人头疼的问题时，即使每个人都表现出了足够的“理性”，其结果仍有可能是灾难性的，正如地球的大气层内日益增厚的二氧化碳层并不是某个丧心病狂的人有意策划的，而是由许多看似合理的行为造成的总体后果。

并非所有的利己行为都对集体有害。在很大的程度上——正如 18 世纪英国古典政治经济学家亚当·斯密（Smith，1776，p.18）对当时社会的描述——每个人都寻求自己的利益最大化，这也恰恰促进了整个社会的利益。亚当·斯密通过对生产行为的观察得出：“我们能够得到我们的晚餐，并不是因为那些屠夫、酿酒师或是糕点师大发善心，而是因为他们关心自身的利益。”

解决社会困境

在这些使人左右为难的社会困境中，我们如何引导人们通过合作，提升他们共同的利益呢？通过对实验中安排的两难困境的研究，为我们提供了几种可能的途径（Gifford & Hine，1997）。

就像以前的猎户一样，渔夫们有着尽可能多捕捞的个人动机，即使他们在这个过程中正在毁掉自己的行当。

——约翰·蒂尔尼，《金枪鱼漫游之处》，2006

适当的管制 如果税收的征缴完全依靠人们的自觉性，那么有多少人会交出应当交付的数目呢？很显然，对多数人来说是做不到的。因此在现代社会中，不能依靠慈善事业来支付学校、公园以及国防安全的开支。我们制定了很多规则来保护公共资源。长期以来，捕鱼、打猎的季节和限度都受到控制；在国际范围内，国际捕鲸者协议规定了一个使鲸鱼能得到足够繁殖机会的捕捞限制。同样，在渔业，阿拉斯加的大比目鱼渔场实施了“捕捞份额”政策。该政策保证每个渔民每年一定比例的可捕捞量，从而大大地减少了竞争和过度捕捞行为（Costello & others，2008）。

在日常生活中，管制也是要付出代价的——包括强制执行这些管制的成本，以及因此对个人自由的限制。这样，一个棘手的政治问题便产生了：在什么情况下，管制的成本会超出它们带来的利益呢？

小即是美 另一种解决社会困境的方法是：缩小群体的规模。在一个较小的集体中，每个人都能更加明确地感受到自己的责任和自己对集体的影响（Kerr，1989）；而当一个集体变得较大时，人们就更容易会这样想：“反正我也不会起多大作用”，正是这一想法常常导致不合作（Kerr & Kaufman-Gilliland，1997）。

在较小的集体中，团队的成功也能够给成员带来更多的满足感。此外，其他任何使人们团队意识增强的因素，也会增加合作行为。甚至几分钟的讨论，或者认为和团队其他成员有某些相似之处的想法，都会增加集体成员的“我们感”和合作的

小团体更易于合作。在位于苏格兰西海岸外的马克小岛上，康斯特布尔·劳伦斯·麦克尤恩很轻松地管辖着岛上的居民，因为现有居民只有33 人。在他40 多年的职业生涯中，从未发生过一起犯罪事件（Scottish life, 2001）。2010年，一对朋友在参加婚礼喝酒时发生争吵，成为50年来记录在案的第一次犯罪，但第二天早晨，俩人就握手言和（Cameron, 2010）。

可能性（Brewer，1987；Orbell & others，1988）。居住稳定性也会增强公共认同感和亲社会行为，这会让个体乐于去看棒球赛，而不计较最后队伍的分数（Oishi & others，2007）。

此外，在较小的群体中，成员对公共资源的消费也会较有节制，并通常能够维持在平均应得的水平（Allison & others，1992）。在我童年时居住的位于太平洋西北部岛屿上，生活用水的来源是以几户邻居为单位共享的蓄水池。在炎热的夏天当蓄水池水位下降时，池上的警示灯会亮起，提醒我们 15 个家庭该注意节约用水了。当我们意识到自己对于其他家庭的责任，并能感觉到我们的节约真的起了作用的时候，每个家庭都会节约。于是蓄水池从未干涸过。

在大得多的群体中——比如说城市，自觉的节约则很少能够成功。这是因为一个人造成的危害会被很多其他的人所分担，因此每个人都可能不再考虑对群体的责任。因此一些政治理论专家和社会心理学家建议，只要可行，就应当将公共资源划分为较小的单位（Edney，1980）。在 1902 年出版的《互助论》上，俄罗斯革命者克鲁鲍特金向我们展示了一个由小型共同体根据公共利益来决策，而不是由中央政府做出重要决策的社会体系（Gould，1988）。

与最广大群体利益相关的事情往往是人们最不关心的事情。

——亚里士多德

进化心理学家罗宾·邓巴（Dunbar, 1992, 2010）注意到，依靠狩猎和采集生活的社会在迁移时通常都以 30~35 人组成的群体为单位，部落的村庄和氏族的规模通常为 150 人左右——足以相互支持和保护，但是更大的规模便超出了一个人的监管能力。他怀疑，Facebook 上每个人的朋友数平均约为 125 个并非巧合，而是效仿了祖先们部落村庄的规模，反映出我们所能建立的有意义的、支持性的人际关系数量。这些看似自然形成的群体，其规模对于商业组织、宗教团体和军事作战单位来说都是最合适的。

沟通 人们只有通过沟通才能解决某些社会困境。实验室创造的情境和现实生活一样，群体沟通有时会恶化成恐吓和言语侮辱（Deutsch & Krauss，1960）。但是在更多的情况下，沟通可促成人们的合作（Bornstein & others，1988，1989）。对两难问题的讨论会增进小组成员的群体意识，并使成员们更加关注小组的整体利益。通过沟通，也使小组能够达成一致的意见和期望，并对组内成员产生一定的服从小组内部规范的压力。在沟通过程中，尤其是当人们面对面交流时，他们可以产生很好的合作行

为（Bouas & Komorita，1996；Drolet & Morris，2000；Kerr & others，1994，1997；Pruitt，1998）。

罗宾·道斯（Dawes，1980，1994）设计了一个精巧的实验来说明沟通对冲突解决的重要性。设想一下：在这个实验中，你将与 6 个陌生人组成一个小组，你们每人会得到 6 美元。你们可以选择保留这 6 美元或是将它捐献出去。如果你选择捐献，则实验者会将它翻倍并使其他 6 个人均得到 2 美元。别人不会知道你的选择。因此，如果 7 个人都选择捐献，那么每人可以得到 12 美元；但如果只有你选择保留而其他人都选择捐献，你就能得到 18 美元；如果不幸只有你选择捐献而其他人都选择保留，那么你什么也得不到。很明显，对于群体来说，合作是最有利的行为，但是也需要个人的牺牲、信任并有一定的风险。道斯的实验结果表明，如果实验参与者没有进行过讨论，大约只有 30% 的人会选择捐献；而在讨论之后，这一数字升至 80%。

开放、明确而坦诚的交流也能消除人与人之间的不信任。在缺乏沟通的情况下，那些预期别人不会有合作行为的人，自己也必然不会表现出任何合作的倾向（Messé & Sivacek，1979；Pruitt & Kimmel，1977）。缺乏信任之人不会与别人合作，而缺乏合作又带来了进一步的不信任（“我还能怎么样呢？这个世界就是黑吃黑”）。在实验中，沟通减少了不信任感，使人们有可能达成使他们共同的利益得到增加的一致观点。

改变激励机制 当实验者通过改变激励机制来奖励合作行为和惩罚自私行为时，人们的合作行为就会增加（Balliet & others,2011）。激励机制的改变也有助于解决一些实际的困境。例如在一些城市中，由于开私家车去上班的人很多，高速公路常常出现堵塞，并且造成严重的空气污染。人们喜欢开私家车的原因之一是这样比较舒适，而且每个人都认为多一辆车对交通情况和污染只产生微不足道的影响。为了使人们的想法发生改变，许多城市对政策进行了调整，增加了对公共交通服务的激励，包括在高速公路上开辟公交专用车道，以及降低通行税。

为了改变人们的行为，许多城市选择了改变激励机制的方法：公共交通工具专用快车道的开辟，增加了公共交通的优势，也提高了单独驾驶的成本。

倡导利他规范 在第 12 章中我们了解到，增加人们对他人的责任感有助于利他行为的产生。我们是否也可以认为，通过增加利他动机，促使人们更多地为公共利益着想呢？

我们从事实中得到了不同指向的证据。一方面，对非合作行为带来的可怕后果的了解，并没有对合作行为的出现产生多大的影响。在实验室情境下，人们即使清楚他们的利己行为会带来对整体而言非常糟糕的结果，他们仍然不会改变自己的选择。在现实生活中，对世界末日的警告和对节约资源的呼吁，也是应者寥寥。1976 年刚刚上台的美国总统卡特提出，美国人对能源危机的态度应当与他们对战争的态度一样，并强烈号召人们节约能源。在接下来的一个夏天，美国对汽油的消费比以往都要多。在新世纪开始的时候，人们已经认识到全球性气候变暖正在日益严重——而对耗油的运动型多用途汽车的购买量也达到了历史新高。从这些事实中我们可以看出，态度对行为的影响有时并不明显。对很多人来说，知道怎么做是好的与实际的行为之间并没有必然联系。

尽管如此，多数人仍能较好地遵守社会责任、互惠、公平的规范，始终承担着个人的义务（Kerr，1992）。问题在于如何激发出他们的这种情感，一种有效的方法是通过一个有超凡魅力的、无私的领导的影响来鼓励其他人进行合作（De Cremer，2002）。另一种方法是以合作规范来定义情境。在一项实验中，当实验情境被称为“华尔街游戏”时，大约只有三分之一的参与者表现出合作行为；但当实验情境被称为“团体游戏”时，合作者的数量增加到了总人数的三分之二（Liberman & others，2004）。

沟通也能促进利他规范的产生。在实验中当允许参与者交流时，他们往往会寻求一致的社会责任规范：“如果你背叛了我们这些人，你的余生必将一直背负这一恶名”（Dawes & others，1977）。罗宾·道斯（Dawes，1990）注意到了这个问题，他和助手改变了实验的程序。在实验开始之前，主试先向实验的参与者就集体的利益、自私的行为以及道德等进行布道，这一程序能够很好地引导参与者们的利他行为。在加入这一程序后，参与者们会更加坚定地为了集体的利益放弃个人的眼前利益。（回忆第 12 章中提到过的，经常聆听宗教布道的人会有高得多的献身精神和慈善之心。）

能通过类似的引导解决更高层面上的社会难题吗？在 20 世纪 60 年代争取公民权利的斗争中，许多领导者往往会情愿为了更大群体的利益而遭受折磨、拷打和牢狱之灾。在战争时期，人们为了自己国家或民族的利益也常常会做出巨大的个人牺牲。正如温斯顿·丘吉尔对二战中英国军人做出的评价，战争中英国皇家空军飞行员的行为是彻底无私的：明知每一次任务中都有大约 70% 的飞行员无法平安回来，他们依旧坚定地完成了他们的任务（Levinson，1950）。

在人类战争史上，从来也没有这样的战争，以如此少的兵力，取得如此大的成功，保护如此多的众生。

——温斯顿·丘吉尔，英国国会下议院，1940 年 8 月 20 日

综上所述，能够减少社会困境危害的方法包括：确立法规以限制利己行为；将群体分为较小的单位；让人们能够充分地沟通；改变激励机制使合作能得到更多的回报；倡导利他的行为规范。

竞　争

当不同的群体为稀缺的职位、住所和资源进行竞争时，敌意便产生了。当利益相抵触时，冲突便产生了——这就是第 9 章中“现实群体冲突理论”所描述的现象。2005 年秋天，穆斯林青年在法国的十几个城市闹事，一位法国的阿尔及利亚移民解释说：“他们没有出路，没有工厂，没有工作。他们遭遇了太多的不公正”（Sciolino，2005）。2011 年，“占领华尔街”运动抗议者宣称：“我们是那 99%！经济公平来得太迟了！”借此表达了他们对 1% 的美国富人占据 40% 的社会财富的不满。

为了通过实验研究竞争的作用，我们可以随机地将一些人分为两组并让他们为某种稀缺的资源而竞争，然后观察他们在竞争中体现出的行为模式。谢里夫（Sherif，1966）和他的同事们正是这样做的，他们以一群典型的 11~12 岁的男孩为被试进行了一系列有意思的实验。这一实验的灵感，来源于谢里夫对 1919 年目睹希腊军队入侵他的家乡土耳其的回忆。

> 他们开始四处杀人。（这）给我留下了很深的印象，并使我开始对人类为何会有这样的行为感到疑惑……我希望能够通过科学或者任何别的专业手段，来理解群体之间野蛮行为是如何产生的（Aron & Aron，1989，p. 131）。

在研究了野蛮行为的社会根源之后，谢里夫将可能的要素用于几个为期三周的夏令营活动中。在其中一个研究中，谢里夫将 22 名来自俄克拉荷马的普通男孩分成了两组，并将他们用巴士分别运到了不同的童子军营地。两个童子军营地均位于俄

克拉荷马州的山贼洞州立公园，相距半英里。在活动的第一周，两组童子军都不知道对方的存在。通过准备食物、扎营、修建游泳池和建立绳桥等活动，两组童子军内部分别形成了比较亲密的关系，并且给自己的小组起了名字："响尾蛇"和"老鹰"。为了表达对童子军生活的满意，其中一间小木屋上还写上了"家，甜蜜的家"的字样。

当群体认同感确立之后，两个小组也将进入冲突的产生期。在第一周即将结束的时候，响尾蛇组成员"发现老鹰组的成员出现在'我们'的棒球场上。"此后，夏令营活动的组织者在两组童军间开展了一系列竞争性的活动（包括棒球比赛、拔河、营地内务检查、寻宝等），两个小组对这些活动均显示了很高的热情。在游戏中两组必须分出输赢，所有的优待（奖章、小刀之类的奖品）都属于胜利一方。

一个鲜为人知的事实是：谢里夫怎么能够自然地观察到孩子的行为，而不会抑制孩子的行为呢？答案就是谢里夫担任了营地的维护者（Williams，2002）。

结果如何呢？整个营地逐渐进入了公开的战争状态，一切就像威廉·戈尔丁的小说《蝇王》中描写的场景——在荒岛上野营的男孩之间的社会瓦解。在谢里夫的研究中，冲突是从比赛过程中双方对骂开始的，然后迅速升级为餐厅内的"垃圾大战"，烧毁对方的旗帜，对对方营地进行抢掠甚至互殴等严重的争斗行为。当被要求对另一个小组进行描述时，男孩们使用的形容词包括："卑鄙的"、"自作聪明的"和"臭鬼"，而在评价自己的组员时使用的则是："勇敢的"、"坚强的"和"友好的"。

决出胜负的竞争活动带来了激烈的冲突，对其他组成员的歧视，以及组内强烈的团结意识和集体荣誉感。群体极化也加剧了冲突。根据实验观察，在鼓励竞争的环境中群体总会表现出比个人更多的竞争性行为（Wildschut & others，2003，2007）。即使被告知提倡宽容等信息后，内群体的讨论往往仍会放大对冲突群体的厌恶（Paluck, 2010）。两组之间没有任何文化、体质或是经济上的差异，而且这些男孩在他们的社群中都是"精英"，但还是发生了上述的一幕幕。谢里夫提到，如果我们此时来到这个营地，我们会认为这些男孩是"一帮邪恶、自私而贪婪的浑小子"（1966，p.85）。事实上，他们的邪恶是被邪恶的环境诱发的。

后来的研究表明，尤其当（1）人们知觉到诸如金钱、工作岗位和权力这些资源是有限的，并且是零和的（一个人的获得就意味着另一个人的损失），（2）一个明显的外群体成为潜在的竞争者，在这两种情况下竞争更易于引发冲突（Esses & others，2005）。因此，那些把移民看成他们工作的竞争者的人，更倾向于对移民者和移民制度持否定态度。

幸运的是，正如我们将要看到的，谢里夫不但将陌生人变成了敌人，他在最后又将敌人变成了朋友。

竞争导致冲突。在谢里夫的山洞实验中，一组男孩洗劫了另一组男孩的营地。

知觉到的不公正

“不公平！”“多么卑劣啊！”“我们应该得到更多的！”类似的话语代表了由于觉察到不公正而产生的冲突。但什么才是“公正”呢？根据社会心理学家的理论，人们将公正理解为公平——或者说是付出与获得之间要成比例（Walster & others，1978）。如果你和我有某种关系（例如雇主—雇员、老师—学生、丈夫—妻子或是同事关系等），当我们的付出和所得满足下列等式时，我们之间是公平的：

$$\frac{\text{我的所得}}{\text{我的投入}}=\frac{\text{你的所得}}{\text{你的投入}}$$

如果你的贡献比我大而获得的收益却没我多，你就会感到不满和恼火；而我可能觉得冒犯了你并感到内疚，不过你可能比我对不公平更加敏感（Greenberg，1986；Messick & Sentis，1979）。

我们也许会同意用公平原则来定义公正，但对我们的社会关系是否公平却往往不能达成一致。对于一家公司中的两个职员来说，他们怎样看待自己的投入呢？年纪较大的一个可能会希望按照资历来安排工资水平，而年纪较轻的则会希望按照产出评价绩效。当出现这样的分歧时，谁的意见会胜出呢？事实上，在多数情况下，有较强社会影响力的人会利用自己的力量使别人相信，他们获得的就是他们应得的（Mikula，1984）。这一现象被称为“黄金定律”：总是由拥有黄金的人来制定规则。

为了纠正主观偏差，你应该更好地对待他人，比你预期他人对待你的还要好上 20%。

——莱纳斯・鲍林

（Pauling, 1962）

批评者认为公平并不是公正惟一的定义。（你能想到另一个吗？）爱德华・桑普森（Sampson，1975）认为，公平理论的倡导者错误地以为指导西方资本主义国家的经济学原则具有普适性。事实上，一些非资本主义国家并不认为公正就是公平，而是将公正看做平均或按需分配：“从按劳分配到按需分配”（卡尔・马克思）。当利益在同一群体内部进行分配时，来自集体主义文化背景（如中国和印度）的人们，比来自个人主义文化背景的美国人，会更多地按照平等性或是各人的需要进行分配（Hui & others，1991；Leung & Bond，1984；Murphy-Berman & others，1984）。

报酬应该基于什么标准进行分配呢？按价值？平均分配？按需分配？还是把这些方式结合起来？政治哲学家约翰・罗尔斯（Rawls，1971）请我们设想这样一个未来，我们所有人都不清楚自己在社会经济阶梯中处于哪个阶层，我们会选择什么样的公正标准？

误　解

我们在本章开头提到，冲突是被知觉到的行为或目标的不相容。实际上，很多冲突中真正对立的目标只是核心处的一小部分；更大的问题来自对对方动机和目标的误解。在前面提到的例子中，老鹰组和响尾蛇组的男孩们确实有一些相互对立的目标，但是他们对对方的误解在主观上夸大了他们的差异（图 13.3）。

在前面的章节中，我们讨论过引起类似误解的原因：

- 自我服务偏差会使个人或群体乐于承认自己做的好事，而对自己做的坏事却推卸责任，同时并不会考虑对方的类似行为方式。
- 自我合理化的倾向使人们否认自己的错误行为（你说我撞了他？我根本就没碰到他！）。

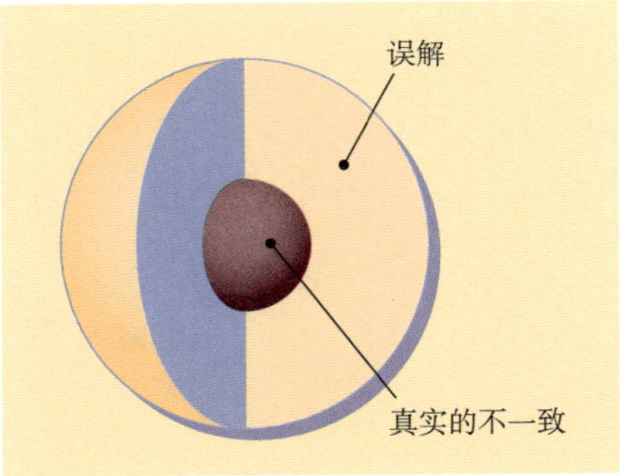

图 :: 13.3
多数冲突中只有核心的一小部分来自真正的矛盾，外面包裹着的则是各种各样的误解。

- 由于基本归因错误，冲突中的双方都认为对方的敌意行为反映了他们邪恶的品质
- 然后一方将会按照自己的成见过滤并理解得到的信息。
- 在一个群体中，利己、合理化和成见都会得到极化。
- 群体思维的一个表现就是将自己所属群体描述为高尚而强大的，将对立的群体描述为卑劣而弱小的，被多数人认为是残酷暴行的恐怖主义行为在一些人眼中却是“圣战”。
- 事实上，仅仅是成为一个群体的成员，就会使人产生内群体偏差。
- 负面的刻板印象一旦形成，就很难被改变。

因此我们可以明确肯定，在冲突的双方眼中，对方的形象都是被歪曲的，尽管这种误解很容易被我们理解，但它仍深深影响着我们的行为。无论你居住在世界的任何地方，难道你们国家发动的最近的一次战争不是披着道德的外衣吗？难道在战争发动前没有极力丑化敌人吗？然后人民接受了政府的借口并集结在它的旗下。社会心理学家艾尔文·斯托布和丹尼尔·巴塔尔（Staub & Bar-Tal，2003）认为，一个处于难以处理的冲突中的群体具有如下几个特征：

- 把自己的目标看做是最重要的。
- 为“我们”感到骄傲，而极度贬低“他们”。
- 坚信自己是受害者。
- 强调对集体的热爱、团结，和对集体利益的忠诚。
- 表扬自我牺牲，并压制批评。

侵略滋生爱国主义，爱国主义压制不同政见。
——莫里·多德，2003

虽然冲突的一方可能更有理些，但问题在于敌人的形象是很容易预见的。甚至更有趣的是，连误解的类型都是可以预见的。

镜像知觉

在冲突中，双方对对方的误解常常具有令人吃惊的一致性，他们都会美化自己和丑化对方。当 1960 年美国心理学家尤里·布朗芬布伦纳（Bronfenbrener，1961）到苏联对很多普通苏联公民进行访谈时，他吃惊地发现：苏联人对美国人的描述，与美国人对苏联人的印象惊人一致。在苏联人眼中，美国政府在军事上具有很强的侵略性，它蛊惑并剥削美国的民众，而且在外交上美国从来不可信赖。“我们慢慢而痛苦地发现，苏联人对美国人歪曲的印象与我们对他们的印象具有奇怪的一致性，二者正如镜像一般。”

根据心理学家（Tobin & Eagles，1992；White，1984）和政治学家（Jervis，1985）的研究，美苏之间类似镜像的偏见一直持续到了 20 世纪 80 年代。对任何一方来说，同样的举动（潜艇出现在对方的海域；向小国出售武器等）由对方完成时，看起来更具敌意。

当双方知觉到冲突时，至少有一方对另一方存在误解。当出现这样的误解时，布朗芬布伦纳认为，“就后果的严重性而言，这一心理现象是无与伦比的……因为这种印象的特点就是，它们可以自我证实。”也就是说当 A 认为 B 对他有敌意时，那么 A 就会以充满敌意的方式对待 B，那么 A 的期望就得到了证实，因此一个恶性循环

开始了（Kennedy & Pronin，2008）。莫顿·多伊奇（Deutsch，1986）解释道：

> 你从小道消息中听说你的一个朋友在说你的坏话，尽管这个消息是错的但是你相信了，于是你开始反击——侮辱这位实际上是无辜的人。他当然不能忍受于是也回击了，而这正好肯定了你原先的想法。类似地，东西方的政治家总会沉浸在对战争威胁的担忧中，并认为对方会试图通过军事称霸，因此他们采取了不断加深对方误解的行动。

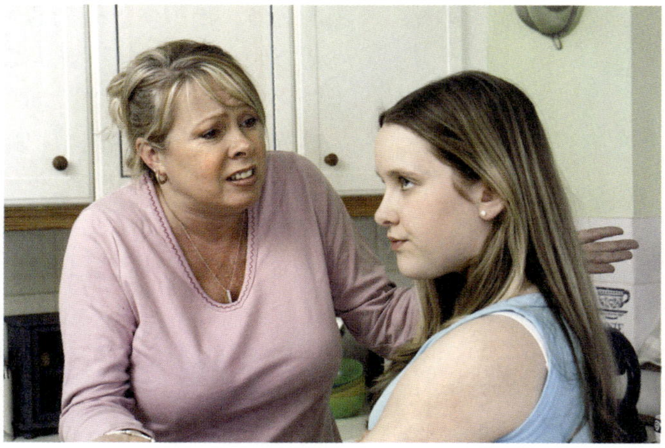

自我证实和镜像知觉都是产生激烈冲突的标志。

负面的**镜像知觉**（mirror-image perceptions）在很多地方都成了通往和平的障碍：

- 阿以冲突的双方都坚持认为，"我们"进行军事活动的动机，是保卫自己的人身和领土安全；而"他们"的意图，则是将我们消灭并夺取我们的土地；"我们"是这里的原住民而"他们"是侵略者；"我们"是受害者，"他们"则是侵犯者（Bar-Tal，2004；Heradstveit，1979；Kelmom，2007）。在这样极端不信任的情况下，进行和平谈判显然是一件困难的事。
- 在北爱尔兰的阿尔斯特大学，亨特和他的同事（Hunter & others，1991）给信仰天主教和新教的学生播放了两段录像，录像的内容分别是一群新教徒对一场天主教葬礼的袭击和天主教徒对新教徒葬礼的袭击。多数学生在观看录像后认为，与自己持相反信仰的攻击者的攻击动机显示了他们嗜血的本性，而与自己信仰相同的攻击者则不过是为了自卫或者还击而已。
- 恐怖主义总是出现在旁观者的眼中。在中东地区，一次民意调查显示，98% 的巴勒斯坦人认为一个携带攻击性步枪的以色列人在清真寺杀死 29 个巴勒斯坦人构成恐怖主义，但是 82% 的巴勒斯坦人认为一个携带自杀性炸弹的巴勒斯坦人杀死 21 个以色列人就不构成恐怖主义（Kruglanski & Fishman，2006）。同样，以色列人对暴力行为的反应也带着强烈的偏见，认为巴勒斯坦人的意图都是坏的（Bar-Tal，2004）。

津巴多（Zimbardo，2004a）指出，这种冲突将整个世界一分为二，即好人（比如"我们"）和坏人（比如"他们"）。"事实上，"卡尼曼和伦肖恩（Kahneman & Renshon，2007）指出，"近 40 年的心理学研究发现，正是这种偏见促成了战争的发生。它们使得国家领导人夸大对手的邪恶动机，误解对手对他们的知觉，当敌对开始时过分乐观，而在谈判的时候又不愿意做必要的让步。"

冲突中对立的双方常常夸大这种差异。在移民和平权行动这些议题上，并不是像对手想象的那样，支持者就是那么开明的，而反对者就是那么保守的（Sherman，Nelson，& Ross，2003）。辛西娅·麦克弗森·弗兰兹（Frantz，2006）指出，对立双方也倾向于会有"偏见盲点"。他们认为自己的想法不会因为他人的喜欢或不喜欢而受到影响，然而却把那些不同意他们的人看做是不公平和有偏见的。此外，党派人士倾向于认为对手尤其不赞成他们的核心价值（Chambers & Melnyk，2006）。

约翰·钱伯斯、罗伯特·巴朗和玛丽·英曼（Chamber，Baron & Inman，2006）证实了人们对与堕胎和政治相关的一些问题存在误解。党派之间总是夸大对手与自己的分歧，而事实上他们的对手与他们自己的一致性要比想象的多。这种对他人立场的夸张理解引发了文化大战。拉尔夫·怀特（White，1996，1998）报告说，塞尔维亚之所以在波斯尼亚发动战争，部分是因为他们对相对世俗化的波斯尼亚穆斯林的过分担忧，他们错误地把这些信徒的信仰和中东伊斯兰原教旨主义以及狂热的恐怖主义联系在一起了。要想解决冲突，我们必须抛弃这些夸张的感觉，而去了解别人的想法。但这并非易事。罗伯特·赖特（Wright，2003）指出，“如果一个人做了一件你很讨厌的事情，还让你站在他的立场去思考，这无疑是道德训练中最难的一课了。”

具有破坏性作用的镜像知觉在较小的群体或个人之间也有所体现。例如我们前面提到的博弈游戏中，双方都会有这样的反应：“我们想合作，但他们的拒绝态度使我们也不得不采取自我保护的策略。”在对经理人的研究中，肯尼斯·托马斯和路易斯·庞迪（Thomas & Pondy，1977）发现了这样一种归因的倾向。当被要求回忆最近遇到的一次较严重的冲突时，只有大约 12% 的人认为冲突的另一方具有合作的意愿；而 74% 的人认为自己是愿意合作的。在解释冲突发生的原因时，这些经理人认为，自己在交流时采取的是“建议”、“暗示”和“劝告”的方式，而对手的态度则总是“提出要求”、“认为自己的意见一无是处”或是“拒绝合作”。

美国人是好人，不过他们的领导人是坏蛋。

——巴格达市民，1998 年美国轰炸伊拉克后

激化冲突的另一个常见的错误观念是，认为尽管对方的最高领导者是邪恶的，但是他们控制和操纵着的民众则是支持我们的。这种“领导邪恶—民众善良论”明确地体现在美苏冷战的双方身上。在越战之前，几乎整个美国都相信，美军士兵一进入这块被越共“恐怖分子”控制的地区，就将有大批被压迫的民众揭竿而起加入战斗，事实证明这种说法是痴人说梦。2003 年，美国开始了对伊拉克的战争，他们以为“存在大量的地下组织会支持联军，帮助他们建立安全和法律体系”（Phillips，2003）。事实上，地下组织没出现，战后的安全真空倒是使抢劫、破坏和对美国士兵的袭击不断。来自叛乱者的攻击也不断增加，他们决定将西方的利益从这个国家赶出去。

简单化思维

当形势紧张时，正如在国际危机中发生的那样，理智的思考变得非常困难（Janis，1998）。对敌人的看法变得更加简化和刻板，更可能出现直觉式的判断。卡内瓦莱和普罗布斯特（Carnevale & Probst，1998）进行的实验研究表明，即使是对冲突的预期都会固化人们的思维，阻碍他们创造性地解决问题。社会心理学家菲利普·泰特洛克（Tetlock，1988）在对俄罗斯和美国在 1945 年后的政治声明的复杂性进行分析之后，发现了非常僵化的思维方式。在柏林封锁、朝鲜战争和苏军入侵阿富汗期间，政治声明被简单化为刻板的、非好即坏的措辞。在其他时期，尤其是戈尔巴乔夫担任苏共总书记之后（图 13.4），政治声明公开承认每个国家的动机都是复杂的。

研究者还分析了在大战爆发、军事突袭、中东冲突和革命前的政治声明（Conway & others，2001）。几乎在所有的事件中，那些发起攻击的领导者就在他们开始攻击行动前，都会显示出愈加简化的思维方式——我们是好的而他们是坏的。泰特洛克认为，摆脱这种简单化思维，将使美俄达成新的一致。他的乐观主义在后来得到验证，1988 年美国总统里根访问莫斯科并签署了美俄中程核武器条约，随后戈尔巴乔夫访问了纽约，并向联合国声明俄罗斯将从东欧撤走 50 万军队：

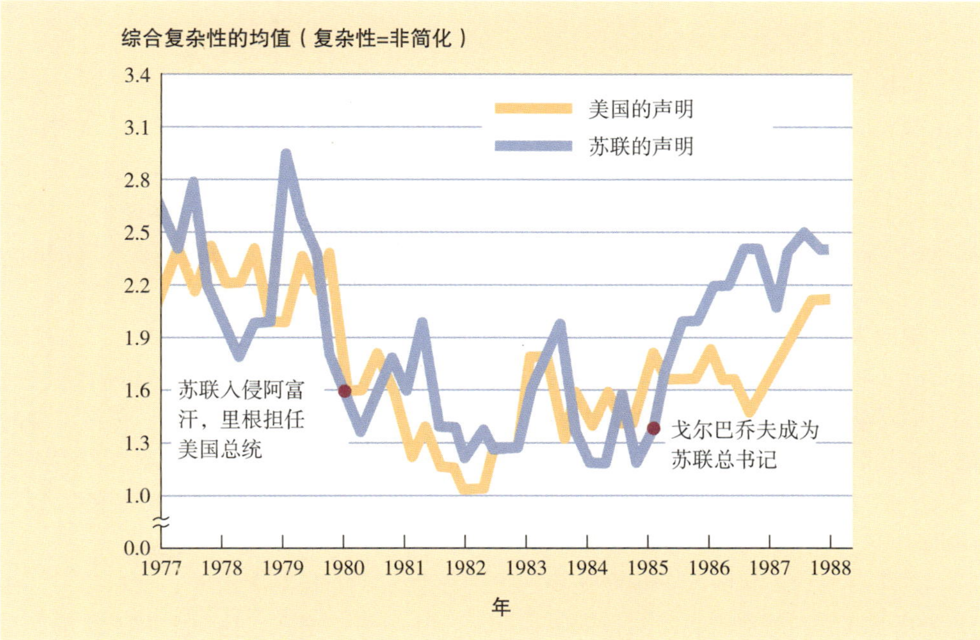

图 :: 13.4
美国和苏联官员的政治声明的复杂性，1977~1986
资料来源：From Tetlock, 1988.

我相信通过我们共同的努力，我们能够实现这些愿望，使战争、地区冲突与对峙、对自然的掠夺、对饥饿和贫穷的恐惧以及政治恐怖主义都成为历史。这是我们共同的目标，而且只有我们共同努力才能实现这一切。

研究特写

误解和战争

本书中报告的研究一般都提供了数值数据，这些数据来源于实验室实验，或者调查研究中对人们的行为、认知和态度的观察。但是做研究还可以通过其他的方法。特别是在欧洲，一些社会心理学家分析人们的对话——他们通过研究人们写下的文字和交谈的话语，来探究人们是如何解释和建构生活中的事件的（Edward & Potter，2005）。还有一些人在历史背景中分析人们的行为，正如欧文·贾尼斯（Janis，1972）在历史惨败中探索群体思维，菲利普·泰特洛克（Tetlock，2005）探索那些被认为是政治专家的判断失误。

而社会心理学界为期最长的研究毫无争议地当属拉尔夫·怀特（以及先锋社会心理学家科特·莱文、罗纳德·里皮特）在 20 世纪 30 年代末对民主和专制的研究。2004 年，怀特在他 97 岁高龄时发表了一篇顶尖文章，总结了他之前对于误解引发战争的研究分析（1968，1984，1986）。在回顾了上个世纪的十场战争之后，怀特报告说每场战争至少存在三种误解：低估对手的实力，把自己的动机和行为合理化，特别是把对手妖魔化。

他观察到，低估对手的实力使希特勒有胆量去攻击苏联，日本有胆量攻击美国，美国有胆量介入朝鲜和越南战争。而把自己的动机和行为合理化、把对手妖魔化是战争的标志。21 世纪初期，美国和伊拉克在谈到战争时，他们双方都认为对方是“邪恶的”。对乔治·布什来说，萨达姆·侯赛因就是一个“凶残的暴君”，是一个用大规模杀伤性武器来威胁这个文明世界的“疯子”。而对伊拉克政府来说，布什政府就是“邪恶帮派”（Preston, 2002）。

真相不会出现在如此冲突的观点之间。在思考他作为和平心理学家的一生时，怀特总结道：“有效感知是对抗仇恨的解药。”同理心——准确地理解他人的想法和感觉——是“阻止战争的最重要的因素之一……同理心可以避免两个或多个国家之间因误解而导致战争的危险，使他们倾向于不打仗。”

知觉转换

如果说误解与冲突总是一同出现，那么随着冲突程度的起伏变化，误解也会不断出现和消失。事实证明确实如此，而且有着极强的规律性。当一股势力成为敌人时，我们会将它的形象扭曲；而在化敌为友之后，它的形象也会朝相反的方向发展。因此，在二战中美国民众和传媒眼中“嗜血、残暴、奸诈、长着龅牙的小日本鬼子”，在战后迅速变成了美国媒体和人民心目中“聪明、勤劳、自律而足智多谋的盟友”（Gallup，1972）。

德国人，他们因为世界大战的缘故两次成为全世界人民憎恨的对象，又两次重新得到了世界人民的尊重。对他们的民族性中是否包含了残酷已不是我们关心的问题。而尽管伊拉克使用了化学武器并在国内展开对库尔德人的大屠杀，它对伊朗的战争仍得到了很多国家的支持，不过是由于敌人的敌人就是我们的朋友。当两伊战争之后伊拉克开始侵略重要产油国科威特时，它的行为立刻成为了“野蛮的行径”。由此可见，观念变化的速度是令人难以置信的。

在冲突之中误解的严重程度让我们感到心寒：一个既不疯狂也不邪恶的人，在冲突中可以很容易地产生对对方的歪曲印象。在与另一国家、另一个群体甚至是与室友或家长的冲突中，我们很容易把自己的动机和行为误解为完全的正确，而将对方的行为理解成彻头彻尾的邪恶，同时我们的对手也会对我们形成镜像式的误解。

因此，在受困于社会难题、为了稀缺资源而竞争或是感到不公正的时候，我们只有同时抛开偏见并努力解决确实存在的分歧，才能使冲突结束。一个好的建议是，在冲突中不要认为别人与你在价值观和道德上格格不入；反之，进行换位思考，设想一下：也许对方会从一个不同的角度理解这个问题。

小结：引发冲突的原因

- 当两个人、两个群体或是两个国家交往时，他们就可能因为需要或某个目标产生冲突。当人们将个人的利益看得比集体的利益更重要时，很多社会困境就会出现，囚徒困境和公地悲剧很好地诠释了这种个人与集体利益间难以抉择的情况。在现实生活中，正如在实验中那样，我们的解决办法包括：通过制定法律规则限制利己行为，通过划分较小的社会群体使人们有更多责任感，通过增进交流减少不信任感，通过改变激励机制使合作行为能得到更多回报，以及倡导利他的行为规范。
- 当人们为了某种稀缺资源而竞争时，人际关系也常常陷入偏见和敌意。在谢里夫著名的实验中我们可以看到，非赢即输式的竞争使陌生人迅速成为了敌人，即使对那些正常而优秀的男孩，都会引发彻底的争斗。
- 当人们认为他们受到不公正的对待时，冲突常常会爆发。根据公平理论，人们以付出和获得的均衡来定义公正，当人们认为他们的付出没有得到足够的回报时，他们就会感到不公正，并产生冲突。
- 在冲突中，双方真正在目标或行为上的对立只是冲突的一小部分，不过由于对对方动机或目标的误解，使冲突往往显得更加严重。此外，群体的冲突中双方常常会产生镜像知觉，即双方都相信“我们爱好和平，而他们则具有侵略性。”在这种误解之下产生的行为，往往会强化原有的误解。而在国际性的冲突当中，“领导邪恶—民众善良”也是一种常常被信以为真的假象。

获得和平的途径

解释哪些途径可以获得和平。

尽管那些有害的力量会导致毁灭性的冲突，我们却可以借助其他的力量把冲突引向具有建设性的解决途径。这些能够带来和平与调解的因素是什么呢？

我们已经了解了冲突是怎样由社会困境、激烈的竞争、知觉到的不公正以及误解引起的。尽管这种图景看来颇为残酷，却不是绝没有希望得到解决的。我们可以把敌意转变为友谊，把握紧的拳头变成张开的双臂。社会心理学家在帮助人们“化敌为友”的策略上有四个建议，我们可以把它们记成“和解的四 C”：接触（contact）、合作（cooperation）、沟通（communication）、和解（conciliation）。

我们对战争的了解要多于和平，对杀戮的了解要多于生活。

——奥马尔·布拉德利，1893—1981，美国前陆军参谋长

接 触

能不能把两个互相冲突的个人或者团队放在一起，进行近距离的接触，以使得他们互相了解彼此并喜欢上彼此呢？在第 3 章中，我们已经看到负面的期待会影响判断和产生自我实现的预言，这些似乎都告诉我们这样做是不可能的。当紧张开始升级，接触可能会导致打斗。

但是，在第 11 章中，接近性——以及互动、对互动的预期和曝光效应——都能够增加喜爱的程度。在第 4 章中，我们还了解到，在废除种族隔离的相关政策颁布之后，对种族的偏见大幅度地减少了，这表明“*行为决定态度*”。如果这个社会心理学理论现在看来是顺理成章的话，请记住：一旦你了解了事件，那么它们看起来就是那样。1986 年，对于美国最高法院来说，绝不可能的事情就是，废除种族隔离的行为可能会影响对于不同种族的态度。那么在那个时期看起来最明显的事情就是：“立法对于消除种族歧视无济于事”（*Plessy v. Ferguson*）。

接触是否可以预测态度

一般来说，接触能够带来容忍。在一项精心完成的分析研究中，琳达·特罗普和托马斯·佩蒂格鲁（Linda & Pettigrew, 2005a; Pettigrew & Tropp，2008，2011）收集了 516 个研究的数据，这些研究是针对的是 38 个不同国家的 250 555 人。94% 的研究表明，*增加接触能够预测偏见的减少*。在多数群体对待少数群体的态度上更是如此（Gibson & Classen, 2010; Tropp & Pettigrew，2005b）。

最新的研究也证实了接触和积极的态度之间的关系：

- 南非黑人和白人的种族间接触越多，他们的偏见就会越少，对于其他种族的政治态度就会越赞同（Dixon & others，2007；Tredoux & Finchilescu,2010）。
- 黑人和白人彼此间的友好接触越多，他们对对方的态度及对其他外群体（如西班牙人）的态度就越好（Tausch & others, 2010）。
- 与同性恋者接触越多，异性恋者就越能接受同性恋（Smith & others, 2009）。
- 荷兰青少年与穆斯林接触越多就越能接纳穆斯林（González & others, 2008）。
- 即使替代性的间接接触也会减少偏见，比如阅读故事或想象，以及通过朋友结识其他种族的朋友（Cameron & Rutlan，2006；Crisp & others，2007；Turner & others，2007a，2007b，2008，2010）。这种间接接触的效应，也被称为“拓展性接触效应”，可以促进同辈人之间更多积极态度的传播。

在美国，自 20 世纪 60 年代以来，种族隔离和歧视已经一并渐渐消亡。这是不是因为种族间的接触改善了人们的态度呢？那些经历过“废除种族隔离”制度的人是否受到了该制度的影响呢？

废除种族隔离制度是否改善了对少数种族的态度

废除种族隔离制度在学校里产生了明显的作用，比如这种制度促进了更多的黑人走进大学并在学校取得成功（Stephan，1988）。但废除种族隔离制度在学校、社区、工作场所是否都产生了良好的社会效果呢？这方面的证据目前还不太清楚。

一方面，二战结束后颁布了废除种族隔离制度，在这期间和之后不久进行的研究表明，白人对黑人的态度有了明显的改善。不论是百货公司的职员、顾客、店主、政府工作人员、警察、邻居或者学生，种族接触都使得歧视减少了（Amir，1969；Pettigrew，1969）。比如在二战即将结束的时候，美国的军方部分地解除了一些来复枪制造公司中的种族隔离制度（Stouffer & others，1949）。当被问及对于废除种族隔离制度的看法时，在那些仍存在种族隔离的公司中，只有 11% 的白人士兵表示支持这个法案；而在废除种族隔离的公司中，60% 的白人士兵支持该法案。

莫顿·多伊奇和玛丽·柯林斯（Deutsch & Collins，1951）在订单生产的自然实验中观察到了相同的结果。根据州法律，纽约废除了种族居住方案，家庭分配的公寓并不再依照种族制度。而河对岸的内瓦克也经历了同样的进程，白人和黑人最初分别住在不同的住宅里。在废除种族隔离的地区，白人妇女更加支持不同民族的混居，并且表示她们对黑人的看法也有了改善。被夸大的刻板印象在事实面前消退了，就像其中一个妇女说的：“我真的变得喜欢这种制度了，我发现他们是和我们一样的人。”

上述的这些研究结果使得美国最高法院在 1954 年做出了在学校废除种族隔离制度的决定，并推动了 20 世纪 60 年代公民权利运动的发展（Pettigrew，1986，2004）。但是后来对学校废除种族隔离制度效应的研究结果却没有那么令人振奋了。沃尔特·斯蒂芬（Stephan，1986）在对所有此类研究进行回顾后，得出了“废除种族隔离制度对于种族观念的改变几乎没有作用”的结论。对于黑人来说，废除学校种族隔离最明显的结果是他们有了更多的机会能够进入联合大学（或者主要是白人的大学），住在种族混合的居民区，以及在种族混合的地方工作。

因此，我们可以看到，废除种族隔离制度有时能够改善对少数民族的态度，而有时则不能——尤其是当存在焦虑或知觉到的威胁时（Pettigrew，2004）。这种不一致的情况激起了科学家的探索热情。如何解释这种差异呢？目前为止，我们已经提到了各种各样的废除种族隔离的做法。真正地废除种族隔离可以通过不同途径、在不同的情况下实行。

废除种族隔离制度何时能够改善种族态度

既然“曝光”可以产生对某事物的喜爱（第 11 章），那么，观看其他种族的面孔是否可以增加对该种族陌生人的喜爱呢？莱斯利·泽布罗维茨及其同事（Zebrowitz & others, 2008）通过给白人被试观看亚洲人和黑人面孔研究发现，的确如此。种族间接触频率会是一个因素吗？看起来确实如此。很多研究者调查了数十个废除种族隔离的学校，观察了那些和他们一起吃饭、谈话和游戏的特定种族的儿童。种族的不同影响了孩子之间的接触。白人孩子更愿意和白人孩子玩，黑人孩子则和黑人孩

图 :: 13.5
废除种族隔离并不意味着接触

在废除种族隔离之后，南非的斯科特堡海滩成为"开放性的"，但黑人（图中的红点）、白人（蓝点）和印度人（黄点）还是倾向于和他们自己种族的人们聚集在一起。

资料来源：From Dixon & Durrheim, 2003.

子在一起（Schofield，1982，1986）。在一项对达特茅斯大学学生的电子邮件交流的研究中发现，黑人学生（尽管只占 7%）把 44% 的邮件都发给了其他的黑人学生（Sacerdote & Marmaros，2005）。

在一个夏日（12 月 30 日）的午后，约翰·狄克逊和凯文·多尔汉姆（Dixon & Durrheim，2003）对在南非一个废除种族隔离的海滩上散步的白人、黑人和印度人进行观察时，发现种族隔离的情况也是很明显的（图 13.5）。废除种族隔离制度的街道、自助餐厅和饭店也可能创造不出无种族界限的互动交流（Clack & others，2005；Dixon & others，2005a，2005b）。人们可能会疑惑："为什么所有的黑人小孩都坐在一起？"（这是白人孩子经常会问的问题。）一项自然研究对开普敦 26 所大学讨论小组的 119 个上课时段进行观察，每组平均 6 名黑人学生，10 名白人学生（Alexander & Tredoux, 2010）。研究人员统计显示，平均来说，71% 的黑人学生需要调换座位使座位方式达到完全协调。

在一项对 1600 多名欧洲学生的态度追踪研究中，研究者发现，随着时间的推移，接触的确有助于减少偏见，但偏见也会减少接触（Binder & others，2009）。焦虑和偏见共同解释了为什么在跨种族环境中的学生（当学生被配对为室友或者实验搭档）可能比同种族环境中的学生更少有亲密的自我表露（Johnson & others，2009；Trail & others，2009）。

促进接触有时会奏效，有时则无济于事。一个信奉天主教的年轻人在和北爱尔兰的学校在交换学习后解释道："我希望有一天能成立一些新教的学校。因为你知道，现在有些学校本应是混合性的，但实际上很少有不同宗教信仰的人在一起，并不是我们不想，只是真的觉得很尴尬"（Cairns & Hewstone，2002）。种族之间缺少混合，部分地源于"人众无知"：许多黑人和白人都说他们也想要更多的接触，但是误以为对方没有对他们的感觉给予回应。（见专栏"研究特写：本应该有的关系"。）

研究特写

本应该有的关系

你可能会回想起曾经有一次你特别想接触某个人，你可能觉得他特别有魅力，但是你担心对方不会对你的感觉给予相应的回应，所以你没有冒被拒绝的风险。也可能在餐厅或图书馆时，你想让一个外民族的同学坐在你身旁的空位上，但是你担心那个人介意和你坐一起。在这种情况下，对方可能确实回应了你对接触的开放性，但是他认为你的距离感传递出了一种漠不关心甚至歧视的意味。第 8 章提到的“人众无知”——对他人的感觉持错误的印象——使得你就像黑夜里穿行的船只。

曼尼托巴大学的心理学家雅克·沃劳尔（Vorauer，2001，2005；Vorauer & Sakamoto，2006）的研究阐明了这一现象。沃劳尔报告说，在新建立的关系中，人们总是高估他们感觉的透明度。他们经历了我们在第 2 章里谈到的“透明度错觉”，认为自己的感觉是流露在外的。因此，他们认为自己的肢体语言传达出了自己的爱意，而实际上接受者却没有收到这样的信息。如果恰好另一个人也有这种积极的感觉，同样也高估了自己的透明度时，那么本可能建立起来的关系就结束了。

沃劳尔报告说，同样的现象也常常发生在那些低偏见的人身上，他们很想与更多其他种族或其他社会群体的人交朋友。如果白人假定黑人认为他们是有偏见的，而黑人假定白人以固有的成见对待他们，那么双方都会感觉很难迈出第一步。芬奇莱斯库（Finchilescu，2005）报告说，这种焦虑正是南非“持续而非正式的种族隔离”的核心。

为了重复和拓展沃劳尔的工作，谢尔顿和里奇森（Richeson & Shelton，2005，2008）进行了一系列的研究和行为测试。

在第一个研究中，马萨诸塞大学的白人学生认为他们比一般人更愿意进行跨种族的接触和建立友谊，研究者们也察觉到了白人学生比黑人学生更愿意进行这样的交流。而黑人学生持有镜像的观点，即认为他们比白人学生更愿意进行这样的交流。“我想越过种族的界限去交朋友”，学生们通常这样想，“但是其他种族的人的想法并不和我一样。”

这种人众无知是否可以推广到具体的场景中呢？为了得出答案，谢尔顿和里奇森设计了第二个实验。他们让普林斯顿的白人学生设想一下：如果你走进餐厅时发现住在你附近的几个黑人（或者白人）学生坐在一起，你会作何反应？你有兴趣加入他们吗？他们中的一个人招手让你过去，这有多大可能呢？结果还是一样，白人学生认为他们比其他种族的学生更喜欢接触别人。

人们应该如何解释跨种族交流的失败呢？在他们的第三个实验中，谢尔顿和里奇森让普林斯顿大学的白人和黑人学生设想这样一个场景：在餐厅里，他们注意到一桌看着面熟的其他种族的学生，但是他们彼此之间都没有试着和对方接触。实验的参与者（不论种族）都把自己的沉默不语归因为害怕被拒绝，而把对方的沉默不语归因为他们的冷漠。在达特茅斯大学进行的第四个实验中，谢尔顿和里奇森使用不同的指导语重复了第三个实验，得到了相似的结果。

这种人众无知现象可以延伸到现实生活场景中与另一个人的接触吗？谢尔顿和里奇森又做了第五个实验，他们邀请普林斯顿大学的黑人和白人学生来做“交朋友”的实验。参与者先整理出自己的一些背景资料，然后实验者给他们拍照片，再把照片与资料附在一起。他们假装把这些资料送到另外一个房间假定的参与者那里，再把那个人（同性别、不同种族）的照片和资料拿回来。然后实验者问参与者，“你认为自己有多大可能被对方接受？”“你认为有多大可能对方不想和你交朋友？”结果是，不论他们的种族是什么，参与者都认为自己比其他种族的参与者更有兴趣交朋友，但是他们都害怕被拒绝。

这些社会误解真的会限制那些真正的跨种族交流吗？在第六个实验中，谢尔顿和里奇森证实了普林斯顿大学的白人学生不仅更倾向于表现出人众无知，即认为他们比黑人更害怕跨种族的拒绝，而且在接下来的七周里最有可能减少跨种族的交流。

沃劳尔、谢尔顿和里奇森并不认为误解足以阻碍恋爱和跨种族的友谊。但是误解确实限制了人们的初次交涉。了解了这一现象——他人的冷淡可能真实地反映了他人与我们相似的动机和情感——可以帮助我们与他人接触，还可能把潜在的友谊变成真正的友谊。

友 谊 相对来讲，早期的那些对于商店店员、士兵以及安居计划中邻里关系的研究之所以得到理想的结果，是因为有大量的种族之间的接触，使得那种由于最初的不同种族的接触产生的焦虑得到缓解。另一些研究涉及长期的、个人之间的接触——在黑人和白人混居的监狱，以及白人和黑人女孩一起参加的夏令营——得到了同样好的结果（Clore & others，1978；Foley，1976；Holtman & others，2005；Van Laar & others，2005）。那些曾经在德国或者英国留过学的美国学生中，跟当地人接触越多，对他们的印象也就越好（Stangor & others，1996）。交换生所寄宿家庭的主人也会因经历而发生变化，会更多地从外来文化的视角看待事物（Vollhardt, 2010）。

在一些实验中，与行为表现冷漠紧张相比，如果一个人在与其他种族的人接触时表现积极（热情、放松），则可以降低自身种族的受关注度，别人对该种族的注意和评论可能会较少（Paolini & others, 2010）。那些和其他群体的人建立了友谊的人，往往容易对这些群体产生积极的态度（Page-Gould & others, 2010; Pettigrew & Tropp，2000）。并不仅仅是由于对他人的了解，还有情感纽带形成了亲密的友谊并降低了焦虑并增强了同理心（Barlow & others,2009; Pettigrew & Tropp，2000，2011；Shook & Fazio，2008）。对那些原本很偏执的人来说，通过接触来降低焦虑的效果尤其显著（Hodson, 2011）。

外群体之间的友好互动可以降低焦虑水平，这是一种生理反应：在跨种族背景下，应激激素的反应性降低是可以测量的（Page-Gould & others，2008）。

然而，“群体突显”也有助于联接人们之间的界限。如果你总是把你的朋友看成单一的个体，你对他的情感纽带也不会推广到你朋友所在群体的其他成员身上（Miller，2002）。因此，理想的方式是建立突破群体界限的相互信任的友谊，同时我们也要认识到，我们的朋友能够代表其所在的群体，他们在很多方面是相同的（Brown & Others，2007）。

如果我们一开始就弱化了他们的外群体身份，那么我们就尤其可能友好相待。如果我们能将自己对新朋友的喜欢扩大到他人身上，那么他们的群体特性也一定会

研究背后的故事

妮可 · 谢尔顿和詹妮弗 · 里奇森谈跨种族友谊

在我们合作的最初阶段，我们花了更多的时间倾听彼此与作为助理教授有关的压力，而不是研究想法（尽管许多想法是在这个过程中迸发出来的）。有一次在电话里，我们在讨论我们正在教的课和我们可以用来讲课的题目（妮可在教社会污名，而詹妮弗在教跨种族关系）。我们很快意识到，我们都发现班上的白人和少数种族学生都表示想和其他种族的人交流，但是他们害怕会被拒绝。然而他们却不认为其他种族的人有同样的担忧。他们认为其他种族的人只是不想交流。这听上去很像戴尔·米勒在“人众无知”方面的研究。课程开始后的几周，我们设计了一系列的研究来探讨跨种族交流背景下的“人众无知”。

在我们的文章发表后，有研究者跟我们说，我们应该在迎新会上使用我们的理论来减少学生跨越种族界限的担忧。我们很高兴地看到，当我们在课程中展示我们的理论时，各种种族背景的学生告诉我们这确实开拓了他们的眼界，使他们在发展跨种族友谊方面跨出第一步。

妮可 · 谢尔顿
(Nicole Shelton)
普林斯顿大学

詹妮弗 · 里奇森
(Jenniffer Richeson)
西北大学

在某种程度上突显。因此，为了减少偏见和冲突，我们最好一开始就将群体差异最小化，然后承认这种差异，最终跨越这种差异。

一项针对近 4000 名欧洲人的调查显示，友谊关系是成功接触的关键：如果你有一个少数群体的朋友，那么你就更有可能对这一群体表示同情和支持，甚至会更为支持他们移民到你的国家。无论是西德人对土耳其人的态度，还是法国人对亚洲人和北非人，或者是荷兰人对苏里南人以及土耳其人，英国人对西印度人和亚洲人的态度都是如此（Brown & others，1999；Hamberger & Hewstone，1997；Paolini & others，2004；Pettigrew，1997）。

地位平等的接触 那些支持废除种族隔离制度的社会心理学家，也并不认为所有类型的接触都能够改善对待少数民族的态度。他们认为，如果接触是竞争性的，或没有权威机构支持，或是不平等的，那么结果必然是恶化的（Pettigrew，1988；Stephan，1987）。在 1954 年以前，很多持偏见的白人经常和一些黑人接触——比如擦皮鞋匠和家庭仆人等。但这种不平等的接触只能让那些白人继续认为白人和黑人之间的不平等地位是合理的。因此，接触必须是双方地位平等的接触（equal-status contact）才有效，比如在商店店员、士兵、邻居、囚犯或者夏令营参与者之间。

密歇根大学的研究者古林和他的同事们（Gurin & others，2002）从一项对全国大学的调查中得到，在高等院校或是综合大学里，种族多样化引起的非正式的班内互动对所有的学生都是有益的。这样的互相接触能够促进智力的提高，并培养出对差异的更大程度的接受，从而达到各社会单元的融合。这一结果推动了美国最高法院在 2003 年的决议——种族多样化是高等教育必须考虑的一个因素，而且可以作为招生的一个标准。

合　作

尽管地位平等的接触是有益的，但有时这还不够。谢里夫在他的夏令营实验中阻止了“老鹰”和“响尾蛇”之间的竞争，让这两个群体进行一些非竞争的活动，比如看电影、放焰火和吃饭等，但是这些行动却并没有带来效果。因为他们彼此之间的敌意非常强烈，简单的接触只会给他们提供一个互相嘲弄和攻击的机会而已。当“老鹰”队中的一个成员被一个“响尾蛇”队员弄伤后，他的伙伴会鼓动他去雪耻。显然，在这两个群体之间消除隔离基本无法促进他们的社会融合。

既然有如此根深蒂固的敌意，那么该怎么做才能达成和解呢？回想一下那些成功的和不成功的废除种族隔离的努力。军队中的来复枪公司把不同种族的人混合在一起，不仅使白人和黑人有了平等接触的机会，而且使他们变得彼此依赖。他们在一起为了共同的目标，打败共同的敌人。

我忍不住要对戈尔巴乔夫先生说：如果现在有一个来自其他星球的异族生物前来攻击地球，那么我们在这种会议上所采取的行动将会变得多么简单明了。我们将很快发现我们同是人类，共同生活在这个地球上的人类。

——美国前总统里根，1985 年 12 月 4 日的演讲

这是否表明了预测废除种族隔离有效性的第二个因素？是否竞争性的接触只能分化他们的关系，而只有合作性的接触才能使他们团结？所有层面上的冲突，不论是夫妻间、竞争团队间还是国家间，共同的威胁和目标能产生团结。

共同的外部威胁能建立内部的团结

你是否曾经和别人一起被困在暴风雪中？是否曾经和同学一起被老师批评过？是否由于你的社会地位、种族以及宗教信仰而与他人一起被迫害或嘲笑呢？如果是，

那么你就可以清楚地回忆起对那些跟你一起面对困境的人的亲切感。当你们互相帮助一起扫雪开辟道路或者一起对付共同的敌人时，你们之间的社会性障碍就有可能消除。紧急危机如炸弹袭击的幸存者也经常报告合作和团结的精神，而不是所有人的恐慌（Drury & others, 2009）。

这种友善的行为经常在人们共同面对危机的时候出现。约翰·兰则塔（Lanzetta，1995）曾经做过一个实验来证明，共同的危机对人们彼此态度的改变的作用。他让四人一组的海军军官后备学校的学生完成一个问题解决的任务，然后用广播告之其中一些组，他们的答案是错误的，并且他们答题的效率非常低，他们的想法都非常愚蠢。其他的组则没有受到这样的惩罚。兰则塔发现：那些受到批评的组员们彼此变得更加友好、更合作，以及出现更少的争吵和竞争。他们团结在一起，在精神上有了凝聚力。

共同的困境会激发合作，就像这些德国沃尔玛员工的罢工所表明的。

在谢里夫的夏令营实验中，有一个共同的敌人，可以统一那些彼此怀着竞争的男孩们。其他很多类似的实验也都证明了这一点（Dion，1979）。当使一个人想起他不属于某个群体（如别的学校）时，会增强他对于自己群体的责任感（Wilder & Shapiro，1984）。当我们明确意识到"他们"是谁时，我们同时也明确了"我们"是谁。

在战争时期面对一个明确的外部威胁时，我们的群体归属感高涨。公民组织的会员数快速增长（Putnam，2000）。公民们团结在他们的领导人周围并支持他们的军队。"9·11"灾难之后，当人们面临着进一步的恐怖袭击威胁时，这种情况尤为明显。《纽约时报》报道，在纽约城，"由来已久的种族对抗已经缓和"，至少是在一段时间内（Sengupta，2001）。"在'9·11'恐怖事件发生以前只以为自己是一个黑人"，18 岁的路易斯·约翰逊说道，"现在我比以往任何时候都更加觉得自己是一个美国人。""9·11"之后，纽约的离婚率甚至都有所降低（Hansel & others, 2011）。关于"9·11"的一个对话样本，以及美国纽约市长朱利亚尼在"9·11"前后的新闻发布会上使用的"我们"这个词比以前多了一倍（Liehr & others，2004；Pennebaker & Lay，2002）。

乔治·布什的政绩支持率也反映了这种外部威胁带来的内部团结。就在"9·11"之前，他的民众支持率只有 51%。而"9·11"之后，他的支持率则高达 90%。在公众看来，这个得到 90% 的民众支持的平庸总统已经成为了人们心中尊贵的总统和领袖，领导着我们同"那些憎恨我们的人"战斗。在那之后，他的支持率逐渐下降，但是在伊拉克战争之前他的支持率再度攀升（图 13.6）。

甚至仅仅是想象群体灭绝或因此产生的恐惧往往就可以让一个群体更加团结（Wohl & others, 2010）。领导人因此会刻意创造出一个假想的敌人来提高民族的凝聚力。乔治·奥威尔的小说《1984》中就描写了这样的一个策略：国家的领袖利用增加和其他两个强大势力的对抗来减少民族内部的矛盾。随着时间的推移，敌人不停地变换，但是敌人永远存在。事实上，国家似乎就需要这样一个敌人。对于整个世界，对于一个国家，对于一个群体，一个共同的敌人是一种强大的凝聚力量。因此我们可以预测，在北爱尔兰或南美，新教与天主教之间的宗教差异让人感觉非常大，但是对于生活在伊斯兰政权下的人来说可以忽略。同样，逊尼派和什叶派之间的伊斯兰教差异在伊拉克看起来很大，但是在两派必须应对反穆斯林态度的那些国家，这些差异对穆斯林来说就没那么大了。

图 :: 13.6
外部威胁会导致内部的团结

从总统乔治 · 布什的支持率的起伏可以看出，国家冲突可以影响公众的态度（Gallup，2006）。

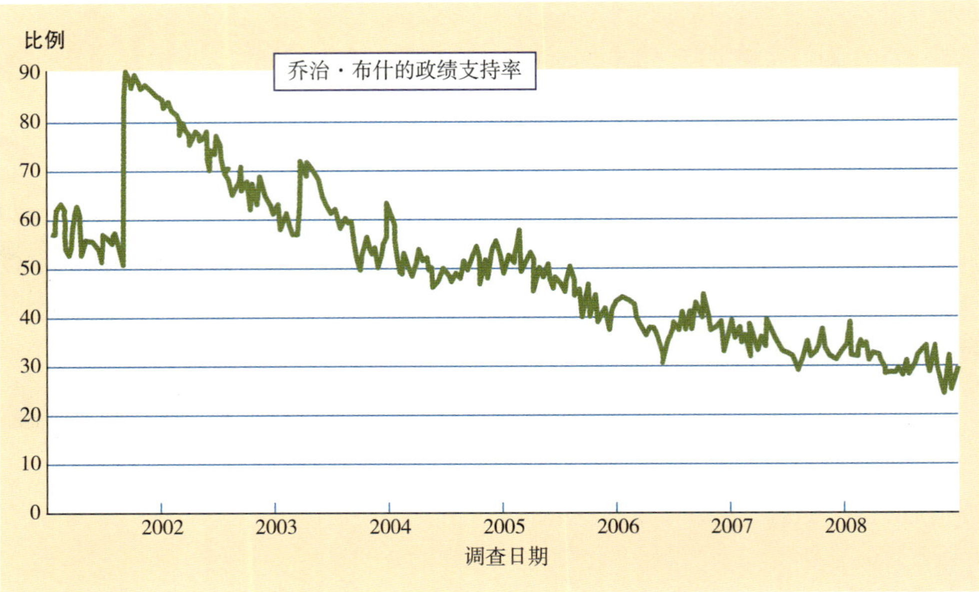

我们的敌人就在那里。
——乔治 · 布什

如果我们共同面对一个敌人，我们的世界会同样地团结起来吗？ 1987 年 9 月 21 日，里根总统说道 ：“当我们着魔于对抗时，我们常常忘记了所有人类成员应该团结在一起。也许我们需要一些外部的、全球性的威胁来让我们意识到人类的普遍联系”。20 多年后，阿尔·戈尔（Gore，2007）同意这个观点，在全球气候变暖的阴霾下，“我们所有人现在都面临着一个全球性的威胁。尽管它不是来自这个世界外，但它也是全人类共同的威胁。”

超级目标会促进合作

与面对一个共同的外部危机时形成的凝聚力量紧密相连的另一个凝聚力量是**超级目标**（superordinate goals）。它是能够将群体的所有成员团结起来、共同合作来完成的目标。谢里夫为了促成彼此竞争的露营者的和解，曾使用过这样的目标。一次，他让夏令营的供水出现了问题，使得营员们必须通过合作来修复水管。另一次，他提供了一个可以租借影碟的机会，但是所需的费用必须动用两个团队的共同资金，这时他发现合作又一次发生了。还有一次，他们在行进途中有一辆卡车“抛锚”，实验人员在路边有意留下了一根拔河用的绳，于是其中一个男孩就提议大家用绳子把客车拉到启动。当卡车启动后，所有的成员互相击掌庆祝。

经过这样几次共同完成超级目标的活动后，男孩子们开始在一起吃饭，一起坐在篝火旁聊天了。友谊在两个团队之间蔓延开来。敌意直线下降（图 13.7）。在最后一天，男孩们决定一起坐巴士回家，在路上他们不再按照团队分开乘坐。当巴士到达他们的家俄克拉荷马州时，他们情不自禁地唱起俄克拉荷马州的州歌，彼此在祝福中道别。就这样，谢里夫用隔离和竞争制造了陌生人之间的敌意，又用超级目标把敌人变成了朋友。

谢里夫的实验仅仅是小孩子的游戏吗？或者说对于成人来说，把彼此冲突的人们叫到一起完成一个超级目标也会取得类似的结果吗？罗伯特 · 布莱克和简 · 穆顿（Blake & Mouton，1979）想知道这些问题的答案。在一系列为期两周的实验中，共有 150 个不同的团体，1 000 个经理人，他们重现了“响尾蛇”和“老鹰”之间竞争

聚焦 为什么我们那么在意谁获胜？

为什么世界各地的体育迷都那么在意谁获胜呢？为什么纽约人那么在意乔治棒球队 24 名身价千万的临时球员能否在世界职业棒球大赛中获胜，而不在乎这些球员大部分来自其他州或国家呢？为什么在美国全国大学生体育协会举办的一年一度的“疯狂三月”篮球赛中，那些完全正常的成年人会疯狂地支持自己的球队，而当球队输掉比赛时又极度沮丧？为什么在世界杯足球赛中，世界各地的球迷都梦想着自己的国家获胜？

理论和事实都表明，这种竞争的根源很深。两个球队一上场，人们就爆发出热情，其中有一些原始的东西在起作用。正是这种原始部落时期就存在的东西支持着人们两个小时的热情，使得所有人的反应随着那个小皮球起起落落。在我们祖先生活的世界中，相邻的部落常常会突袭并劫掠其他部落的营地，因此他们更明白团结就意味着安全（那些不能团结在一起的人们留下的后代较少）。无论是打猎、防御或攻击他人，人多总是力量大。把这个世界分成“我们”和“他们”，这必然要承担沉重的代价，比如种族主义和战争，但这也会使群体内部更加团结。为了区分我们和他们，我们的祖先穿着具有群体特色的服装，使用特殊的颜色标识自己，与今天那些狂热的球迷也相差无几。进化心理学家瓦恩加德（Winegard, 2010）提出，竞技和战争的参与者大都是男性，他们来自不同地域，都穿着代表群体身份的制服，而且都会运用与战争有关的技能（如奔跑、阻挡和投掷），获胜者都会得到奖励。

作为社会性动物，我们群居在一起，我们为自己的群体欢呼，为自己的群体战斗，甚至为自己的群体牺牲生命。我们用我们的群体来定义自己。我们的自我概念，即我是谁，不仅包括我们个人的品性和态度，还包括我们的社会同一性。我们的社会同一性，即“我们”是谁，这能强化自我概念和自豪感，尤其是当我们感到“我们”是优越的。因为缺乏积极的社会同一性，很多年轻人从团伙中寻求自尊、权力和认同。很多极端的爱国者则用他们的民族身份来定义自己。

对“我们是谁”的群体定义同时也暗示了我们不是谁。许多社会心理学实验都表明，只要把人们分组，哪怕只是任意的分组都会促使“内群体偏差”的产生。如果你问孩子们，“是你们学校的孩子好还是邻校的孩子们好？”毫无疑问，所有的孩子都会说，他们自己学校的孩子更好。如果你只是按人们的出生日期或是驾照的尾数把人们分成组，那么他们也会感到和自己的组员更亲近，而且会对组员表现出喜爱。因此，群体意识是如此强烈，以至于就算我们只是随机地定义“我们”和“他们”，人们也会觉得“我们”看起来好于“他们”。

就像“9·11”之后美国所表现的那样，当人们面临共同的敌人时，群体的团结性高涨。谢里夫的强盗野营实验，也生动地证明了竞争会制造敌人。在竞争和群体匿名的推动下，人们在一些恶性体育事件中的激情会达到顶点——球迷们辱骂对手，向裁判尖叫，甚至向裁判员丢啤酒瓶。

伴随着成功，人们的群体同一性也会高涨。球迷可以通过个人的成功获得自尊，但当他们支持的球队获胜时，他们也能通过和那些胜利的运动员联系在一起获得自尊，或者至少在一定程度上是这样。在足球队大获全胜之后，罗伯特·西奥迪尼和他的同事（Cialdini & others，1976）询问了一些大学生，他们一般都会说“我们赢了”，他们从他人的荣誉中得到满足。然而在球队输掉比赛后询问这些学生，他们更经常地回答“他们输了”。

具有讽刺意味的是，我们常常把我们最强烈的感情留给和我们相似的竞争对手。弗洛伊德在很久以前就认识到，仇恨总是围绕着小差异产生。“在两个相邻的城市，一方总是成为另一方猜疑的对手。每一个小的行政区都会轻视其他的行政区。紧密相关的两个种族会互相疏远对方；德国的南方人不能忍受北方人，英格兰人用各种手段诽谤苏格兰人，西班牙人也看不上葡萄牙人。”

我曾经居住在苏格兰，目睹了很多反映《苏格兰人仇外原则》一书中的例子——苏格兰人把非苏格兰人“分成两个主要的群体：（1）英格兰人；（2）其他人。”正像芝加哥小熊队的狂热球迷在小熊队获胜或白袜队输了的时候会高兴一样，新西兰足球队的球迷也会支持新西兰队或者任何澳大利亚的对手（Halberstadt & Others，2006）。同样，苏格兰足球队的狂热球迷也会为苏格兰的胜利或英格兰的败北而欢呼雀跃。“哟，他们输了！”，1996 年英格兰队在欧洲杯中被德国队击败后，苏格兰一家小报的头版头条就欣喜地登了这样一条消息。对于体育迷来说，很少有什么比竞争对手的厄运更让人满足了。对手的失败和支持队的成功能够激活与快乐相关的脑区（Cikara & others, 2011）。

数量上的少数群体如英国的苏格兰人尤其意识到了他们的社会同一性。相对于 5100 万英格兰人，500 万苏格兰人的国家同一性意识更强。同样，相对于 2300 万澳大利亚人，400 万新西兰人的同一性意识更强，并且更可能支持澳大利亚的比赛对手（Halberstadt & others, 2006）。

图 :: 13.7

竞争之后，“响尾蛇”和“老鹰”之间对彼此的评价是负面的；在一起为了超级目标合作之后，“响尾蛇”和“老鹰”之间的敌意下降了。

资料来源：Data from Sherif, 1966, p. 84.

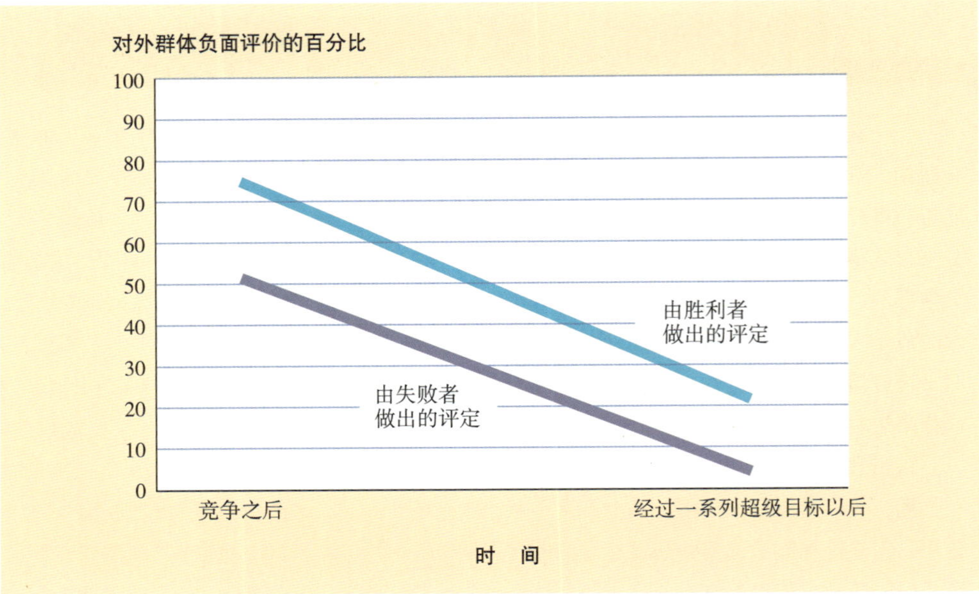

情境的基本特征。一开始每个组各自活动，然后组与组之间互相竞争；而后让不同的组在一个超级目标之下合作。他们的结果明确显示，成年人和谢里夫实验中那些年轻被试是一致的。

多维迪奥和合作者（Dovidio & others，2005，2009）拓展了这些结果，他们发现协同工作尤其对分解小群体，建立一个新的、更具包容性的群体很有用。当两个团队选择围着圆桌坐下来（而不是对立地坐着），给他们的新团队起一个名字，然后在一个良好的氛围下一起工作时，他们原先对彼此的那种带有偏见的不良感觉就会减少。“我们”和“他们”合在一起就可以成为“咱们”。在第二次世界大战中，为了打败德国、意大利和日本，美国和苏联以及其他国家组成了“同盟国”。只要“打败共同的敌人”这一目标存在，那么美国对俄国的态度总是支持的。在国际贸易中国家之间经济上的相互依赖也可以促进和平。迈克尔·舍默（Shermer，2006）说：“商品可以跨越国界，但是军队却不能。”比如，现在中国经济与西方经济大量交织在一起，中国和西方在经济上的相互依赖减少了它们之间发生战争的可能性。

促进“内群体同一性”。欧洲和美国都越来越多地在学校推广校服，目的是为了把“咱们”和“他们”变成“我们”。

“响尾蛇”和“老鹰”一起合作的努力最后以成功告终。但是，如果当时供水并没有恢复，影碟没有买成，或者那辆卡车仍然停在路中央，男孩之间的和解还会出现吗？似乎不会了。在对弗吉尼亚的大学生做的一个实验中，斯蒂芬·沃谢尔和他的助手们（Worchel & others，1977，1978，1980）发现，成功的合作能够增强两组人之间的吸引力。如果曾经敌对的组在一个合作的任务上失败了，并且他们又可以把失败的责任推卸到对方身上时，他们之间的冲突反而会恶化。谢里夫的实验中，团队之间已经彼此怀有敌意，因此，如果他们想要集资租影碟时不能凑够足够的钱，那么他们很可能归结为对方的组员太“小气”或“自私”。这不仅不能减轻他们的冲突，反而会加重矛盾。

合作学习能够改善种族态度

到目前为止，我们已经看到在学校废除种族隔离制度带来的有限的社会利益（尤其是没有友谊带来的情感纽带或平等的关系相伴时）。我们也看到了在两个敌对的群体之间进行成功的、合作性的接触所带来的戏剧性的社会利益。这两方面的研究结果结合起来，是不是能够让我们对传统的废除种族隔离制度的实践提供更好的选择呢？一些独立的研究团队认为是可以的。每个研究团队都希望知道，我们能否在不影响学业成绩的情况下，通过把那些激烈竞争的学习环境变成一种合作的环境，从而改善种族之间对彼此的态度呢？在各种各样的方式中，几乎每一个都涉及让学生参加一个学习小组，有时会要求他们和其他的组竞争。这些研究的结果是令人吃惊和振奋的。

那些参加了现有的合作活动的学生，比如种族间的田径队和课程小组，是不是会有更少的偏见呢？在最近的一个实验中，白人青少年和黑人一起参加 2~3 周的野外探险（包括亲密的接触和合作），如果在活动中他们被随机分配到跨种族的组去，那么一个月后，白人青少年对黑人的态度明显提升（Green & Wong，2008）。

罗伯特·斯莱文和南希·马登（Slavin & Madden，1979）对 71 所美国高中的 2 400 名学生进行了调查，结果令人鼓舞。那些和其他民族的人一起学习和游戏的学生，更多地报告说有非本族的朋友，对其他民族的态度也更加积极。查尔斯·格林和他的同事们（Green & others，1988）对上述结果做了进一步的证实。他们对 3 200 名佛罗里达的中学生进行的调查表明：相对于在传统的、充满竞争的学校里学习的学生而言，那些在学校参加混合民族的学习小组的学生，有着更积极的种族态度。

从上面这些相关研究中，我们是否能得出结论说，种族间合作性的活动能够改善他们对彼此的看法呢？应该说，我们仍然需要实验的证据。随机地抽取一部分学生参加种族混合活动，而另一些不参加，这样才能看出真正的差异。斯莱文和他的同事们（Slavin，1985；Slavin & others,2003,2009）把班级拆分成多个种族混合的学习小组，每个组包括四到五个学习成绩水平各异的学生。每个小组的成员坐在一起，学习各种科目，并在每周末的班级竞赛中和其他小组竞争。小组的成员通过自身的努力提高小组的总体成绩，他们既可以和其他组同等程度的学生比较，也可以和自

不论是在田径小组、课堂项目还是课外活动中，不同种族间的合作消融了彼此的差异，改善了对彼此的态度。在需要合作的团队运动（比如篮球）中，和黑人队友一起打球的白人运动员，比那些在个人项目（比如摔跤）中的白人运动员，对黑人表现出更多的喜爱和支持态度（Brown & others，2003）。

合作与和平。研究者找出40多个和平的社区——这些社区中人与人之间没有暴力事件。对其中25个社区（包括图中的Amish社区）的分析发现，在这些社会中人们的价值观主要基于合作而不是竞争（Bonta, 1997）。

己以前的成绩比较。每个人都有机会取得成功。并且，小组成员都被鼓励互相帮助准备每周的竞赛，比如准备一些小知识、拼写，或者历史事件的背诵等，各种小事都可以。和单打独斗的学生相比，这种组与组之间的竞争使学生们有更亲密的接触，也更容易产生互助和支持的关系。

另一个由阿伦森（Aronson，2004；Aronson & Gonzalez，1988）领导的研究小组使用“拼图”的方法进行了类似的小组合作的研究。在得克萨斯州和加利福尼亚州的小学中，研究者根据学生的种族和学习成绩把他们分成六人小组。这样一来，一个科目就可以变成六个部分，而每个小组成员将成为他自己那一部分专家。在关于智利的一个单元中，其中一个学生可能是关于“智利历史”的专家，而另一个则是智利的地理专家，还有精通智利文化的专家等。一开始，这些所谓的“历史专家”“地理专家”们分别聚在一起研究他们的学习材料。然后他们回到自己原来的小组把所学的知识教给同学。也就是说，每个小组成员都有了一块“拼图”。

沉默寡言的学生也可以向那些平时很自信的学生讲述他们的意见，他们很快就会发现自己对于同伴的重要性。其他的研究，比如戴维·约翰逊和罗杰·约翰逊（Johnson & Johnson，1987，2003，2004，2010）在明尼苏达大学的研究，伊丽莎白·科恩（Cohen，1980）在斯坦福大学，施罗默·沙兰和亚尔·沙兰（Sharan & Sharan，1976，1994）在特拉维夫大学，以及斯图尔特·库克（Cook，1985）在科罗拉多大学的研究，都采用了不同的方法来研究合作性学习。研究（其中148项研究横跨11个国家）表明，当青少年相互合作而不是相互竞争的时候，他们会拥有更多、更积极的同伴关系（Roseth & others，2008）。

从所有这些研究中，我们可以得出什么结论？在合作性的学习中，我们发现学生不仅学到了知识，他们还学到了很多宝贵的经验。斯莱文和罗伯特·库珀（Slavin & Cooper，1999）说：“合作性学习让所有的学生在得到学业上成就的同时，也改善了不同种族背景的学生之间的关系。”阿伦森（1980，p.232）也报告说：“在存在‘拼图’的班级里面，孩子们互相帮助，对于同伴也更加喜爱，对学校的感觉也更加良好，同时他们的自尊也比在传统的班级中的孩子要高。”

同时，种族间的友谊也在迅速发展。少数种族学生的考试成绩有了提高（也许因为现在的学业成绩是同伴间互相支持的）。在实验结束之后，许多老师仍然继续采用合作学习的方式（D. W. Johnson & others，1981；Slavin，1990）。“很显然，”种族关系专家约翰·麦科纳希（McConahay，1981）写道，“在那些废除种族隔离的学校中，

这真是一件令人兴奋的事情。我和我的学生发现了消除种族隔离的有效方法！

——艾略特·阿伦森，2003

聚 焦

布兰奇·里基、杰基·罗宾逊和棒球运动的种族融合

1947 年 4 月 10 日，一句话永远改变了棒球运动，同样也验证了社会心理学的规律。在布鲁克林道奇队表演赛的第六局，蒙特利尔队的播音员雷德·巴伯朗读了来自道奇队的主席布兰奇·里基的一段讲话：“道奇今天和来自蒙特利尔的罗宾逊签约了，他很快就会来队里报到。”五天后，罗宾逊成为自 1887 年以来担任棒球队主力的第一个非裔美国人。在秋季赛上，道奇的球迷们终于实现了进军世界职业棒球大赛的梦想。罗宾逊在饱受种族的嘲笑、抨击和挖苦之后，被《体育新闻》评为年度最佳新人，并在一次民意调查中成为仅次于宾·克罗斯比的最受欢迎的美国人。棒球比赛中的种族障碍被彻底打破了。

社会心理学家普拉特卡尼斯和特纳（Pratkanis & Turner，1994a，1994b）报告说，在道义和渴望球队成功的驱动下，里基打算引进罗宾逊已经有一段时间了。三年前，一个社会学家，同时也是市长委员会的主席，找到里基，要求在他的球队废除种族隔离制度。他回答说，需要一些时间来使得雇佣黑人不会给球队带来太大的压力，同时需要关于实施办法的建议。1945 年，里基是惟一一个反对在球队排斥黑人的球队负责人。1947 年他所采用的一些原则，被普拉特卡尼斯和特纳总结如下：

- 让球员们认识到改变是在所难免的。不给那些反对者和顽固派留下反驳的余地。播音员雷德·巴伯是一个传统的南方人，回忆到 1945 年里基有一次和他一起吃午饭，用缓慢但很坚决的语调向他解释，他的球队正在寻找一名“可以和白人一起打球的黑人运动员。我不知道他是谁，在哪里，但我知道他即将到来。”愤怒的巴伯一开始想要离开。但是，他及时地接受了这个不可避免的决定，继续他所热爱的“世界上最好的体育新闻播报工作”。1947 年，里基和他球队里的队员也进行了类似的沟通，并且提出，如果有人不愿意和罗宾逊一起打球，他可以更换球队。
- 建立一个超级目标，使得球员进行地位平等的接触。一个社会学家曾经向里基解释，当大家关注于一个超级目标时，比如取得比赛胜利，那么“所有人都会自动地调整他们的态度和行为。”一个最初强烈反对罗宾逊的球员，后来在比赛中帮助他进球，他说：“当你们在同一个球队里的时候，你们必须团结起来以取得胜利。”
- 打破偏见。在里基的带领下，其他人也积极地打破偏见。球队的队长——击球手里斯是一个南方人，做出表率和罗宾逊坐在一起吃饭。一天在辛辛那提州，人群在高呼“把黑鬼从球场上踢走”时，里斯离开他自己的击球手位置，走到罗宾逊所在的一垒，微笑着和他交谈，并在众目睽睽之下，把手搭在他的肩膀上。
- 通过不断地实践和解来消除暴力。里基希望球员们能够有开阔的胸襟，不要互相攻击。因此，尽管罗宾逊受到攻击和辱骂，里基希望他承诺不要用暴力来对抗暴力。当罗宾逊被嘲笑或者扔东西的时候，他只是把回应的事情留给他的队友。就这样，球队的凝聚力就增强了。

罗宾逊和鲍伯·费勒后来成为棒球史上最早因出色的才能而进入名人堂的运动员。当他接受这项荣誉时，他邀请了三个人站在他身旁，一个是他的母亲玛丽，一个是他的妻子雷切尔，还有就是他的朋友里基。

杰基·罗宾逊（Jackie Robinson）和布兰奇·里基（Branch Richey）

合作学习是目前为止最为有效的改善种族关系的实践方法。”

我们是否一直都知道这个规律呢？早在 1954 年的最高法院决议中，奥尔波特代表很多社会心理学家预言，“歧视可以通过主流民族和少数民族之间，为实现同一个目标而进行的平等接触来消除”（Allport，1954，p.281）。合作学习的实验研究支持了奥尔波特的预言，使得斯莱文和他的同事（Slavin & others，1985，2003）很乐观地表示：“在奥尔波特提出基本原则 30 年后的今天，我们将这一原则以合作学习的方式实现了可操作化，终于用实验证明了，在废除种族隔离的课堂中实行接触可改善态度的理论的正确性……关于合作学习的研究，是教育研究史上最成功的案例之一。”

因此，无论是对露营的男孩们，还是工厂的经理人、大学生们或者中小学校的孩子们，合作与地位平等的接触都能够产生积极的影响。那么，这个规律是不是对于所有的人际关系都适用呢？通过把全家召集到一起参加农园劳动，修理旧屋，或驾驶帆船能够促进家庭的团结吗？社区中的人对于社区的认同会因为一起饲养家禽，或者合唱，或者一同踢足球而得到增强吗？国家之间的理解会因为在科技和空间技术上的合作，或者对地球的自然资源的共同管理，或者通过不同国家之间个体的接触而得到改善吗？很多迹象表明，这些问题的答案是肯定的（Brewer & Miller，1988；Desforges & others，1991，1997；Deutsch，1985，1994）。因此，对于我们目前这个四分五裂的世界来说，一个很重要的挑战就是怎样建立起一个超级目标，并建立合作的关系来实现它。

群体和高级认同

我们每天都在协调各种各样的身份（Gaertner & others，2000，2001；Hewstone & Greenland，2000；Huo & others，1996）。我们认同小群体中的身份（作为父母或者孩子），然后超越这种身份（把更大的群体认同为家庭）。对于民族文化的自豪感来自我们更为广泛的群体和民族的身份认同。注意到我们和他人共享多重社会身份，能够增强社会凝聚力（Brewer & Pierce，2005；Crisp & Hewstone，1999，2000）。“我同时拥有多重身份，其中一些你们也有。”

但是，在种族多元的文化中，人们怎样平衡他们的种族身份和国家身份的关系呢？他们可能会形成“二元文化（bicultural）”或“全文化（omnicultural）”同一性，既认同本种族的文化和宗教，同时也认同更大的文化（Moghaddam, 2009, 2010; Phinney, 1990）。“在很多方面我都和周围的人没什么两样，但我也认可自己的文化传统。”因此，生活在英国的民族意识清晰的亚洲人，也会强烈地感觉到自己是英国人（Hutnik，1985）。法裔加拿大人根据自己的种族根基来认同自己，因此他们可能会也可能不会强烈地觉得自己是加拿大人（Driedger，1975）。那些仍然觉得自己是古巴人（或者墨西哥人、波多黎各人）的西班牙语裔美国人也会强烈地觉得自己是美国人（Rogers & others，1991）。正像杜波依斯（W. E. B. DuBois，1903，p.17）在《黑人的灵魂》中阐述的那样，“美国黑人渴望自己既是一个黑人，也是一个美国人。”

随着时间的流逝，对于新文化的身份认同会增加。前东德和西德人都逐渐把自己看成“德国人”（Kessler & Mummendey，2001）。移民到澳洲和美国的中国人的第二代中，对于自己的中国人身份的认同有所下降，而对于新的国家公民的身份认同却比那些在中国出生的移民要强（Rosenthal & Feldman，1992）。不过，通常第三代的移民，也就是孙子辈的孩子会对自己的民族身份有更好的认同（Triandis，1994）。

表 :: 13.1 民族和文化的认同

	对民族身份的认同	
对主流群体的认同	强	弱
强	双身份认同	融 入
弱	分 离	边缘人

研究者们也希望知道，个体对自己群体的认同与对更大的文化背景的认同之间会不会出现竞争。我们在第 9 章中已经知道，我们有时会根据我们所在的群体来评价我们自身。如果我们把所在的群体（学校、雇主、家庭、民族、国家）看成优秀的，那么我们也会觉得自己很优秀。因此，积极的民族身份认同有助于提高积极的自尊心。同样，那些融入主流文化的人也会拥有一个积极的社会身份认同。而那些既没有民族身份认同也不被主流文化接受的“边缘人”(表 13.1)通常自尊心就比较低。“双身份认同”的人则通常有很强的积极自我概念（Phinney，1990；也见 Sam & Berry, 2010）。他们能够在两种身份之间转换，和什么样的人在一起时就采取什么样的语言和行为方式（LaFromboise & others，1993）。

我们中的大部分人的同一性认同有交叠的部分，这就使我们能够与非常不同的群体团结在一起。我们可以喜欢我们自己，同时也不去讨厌那些不同于我们的人。我们可以从他人那里学习，并尊重他们的文化，但同时也在自己的传统中茁壮成长。

——科菲·安南，诺贝尔和平奖获奖演说，2001

多元文化（鼓励差异）与同化（将自己的价值观和习惯与主流文化相啮合）之间的争论持续不休。正如加拿大遗产部（Department of Canadian Heritage，2006）宣布的那样，一方人认为“多元文化可以确保所有的公民都保持他们自己的身份，以自己的祖先为荣，并且有归属感。接受他人使得加拿大人获得安全感和自信，使他们开放胸襟去接受不同的文化。”而另一方人却赞同英国种族平等委员会主席特雷弗·菲利普（Phillips, 2004）的看法，他们认为多元文化只能使人们分裂而不会促进共同价值观的出现。沃豪尔和佐佐木（Vorauer & Sasaki, 2011）通过实验发现，在危险情况下，强调多元文化的差异性会增加敌意。对差异的关注会促使人们更关注外群体成员的危险行为，或将外群体成员的行为理解为危险行为。另一种普遍的价值观促使卢旺达政府宣称：“这里没有种族之分，我们都是卢旺达人。”在卢旺达的种族大屠杀之后，官方的文件、广播和报纸都不再提胡图族和图西族（Lacey, 2004）。

难于平衡的法案。这些有很强的民族意识的法裔加拿大人——支持101 法案“允许法国人在魁北克居住”——可能他们在某种程度上也非常认同自己加拿大人的身份，也可能不会。随着国家越来越民族多样化，人们一直争论着我们怎样才能建设一个既多元又统一的国家。

处在多元文化与同化之间的是“多样性的统一”，这种全文化观点是由文化心理学家穆贾达姆（Moghaddam, 2009, 2010）和社会学家阿米泰等人（Amitai & others，2005）提出的：“它的基本假定是：一个特定社会的所有成员都会完全地赞同和支持一些基本的价值观和制度（它们被认为是基本的社会框架的一部分）。同时，社会中的每一个群体又可以自由地坚持其独特的亚文化——与共同的核心并不冲突的政策、习惯和制度。”

通过提出共同的理想来推广公民身份的认同，使得很多移民国家如美国、加拿大、澳大利亚避免了民族之间的战争。在这些国家中，爱尔兰人和意大利人、瑞典人和苏格兰人、亚洲人和非洲人很少为捍卫自己的民族身份而厮杀。然而，即使在移民国家中，也为分裂与整合、民族尊严和国家统一、承认现实的多样性和寻求共同的价值观而斗争。对于一个“共性整合多元”的社会的追求造就了美国人的格言：合众为一。

沟　通

群体间的冲突还有其他方法可以解决。当夫妻之间、劳资双方或者两个国家之间发生不同的意见时，他们可以**谈判**（bargain）；可以请第三方通过提议或促进协商来**调解**（mediate）；或者将双方的分歧交由第三方进行研究并**仲裁**（arbitration）。

谈　判

如果你想要买或者卖一辆新车，你是选择进行一场激烈的讨价还价——开一个极端的价格然后寻求妥协比较好呢？还是一开始就出一个善意的价格？

实验没有给我们简单的答案。一方面，那些出价高的人卖得也高。罗伯特·西奥迪尼等人（Cialdini，Bickman，& Cacioppo，1979）提供了一个有代表性的结果：在控制条件下，询问很多雪佛兰牌汽车的经销商一辆蒙特卡洛汽车的价格。而在实验条件下，他们跟另一些经销商接洽，并且一开始就进行激烈的讨价还价，询问另一种汽车的价格然后表示太贵（“我需要更便宜的价格，这个太贵了”）。当这些人再次询问这些经销商蒙特卡洛汽车的价格时（就像控制条件中的那样），这次他们得到了平均下降了 200 美元的出价。

激烈的讨价还价可以降低对方对你的期望，从而使他们愿意降价（Yukl，1974）。但有时也会被反咬一口。如果冲突一直持续，那么我们面对的不是一个大小不变的蛋糕，而是一个缩水的蛋糕。迟来的协议也代价不菲。当一个罢工长期持续时，劳资双方都遭受损失。激烈的讨价还价还可能失去达到真正一致的机会。如果其中一方坚持与另一方同样极端的条件，那么双方可能都会因为面子上下不来而僵持。在 1991 年海湾战争的前一星期，布什总统在公众场合威胁说要“踢萨达姆的屁股”。萨达姆·侯赛因毫不示弱地表示要让异端的美国人“在自己的血海中游泳”。在这样好战的宣言之后，双方都很难挽回面子以避免战争的发生了。

调　解

第三方调解人可以提供一些建议，使得冲突的双方可以在做出让步的同时，仍挽回面子（Pruitt，1998）。如果我的让步是对调解人的，并且他同时也从我的对手那里取得了让步，那么我们都不会把这种让步看做是对对手要求的满足。

把“非赢即输”变成“双赢” 调解人也可以通过促进双方建设性的沟通来解决冲突。他们首先要做的是让双方重新思考这个冲突，并知道对方的利益所在。通常，冲突双方都有一个“非赢即输”的想法：如果对方对结果感到失望，那么他们就成功了；如果对方对结果满意，他们则失败了（Thompson & others，1995）。调解人要通过让他们暂时放下冲突中的自身需求，而换位思考对方的需要、利益和目标，从而把这种“非赢即输”的想法变成“双赢”的取向。利·汤普森（Thompson，1990a，

1990b）在实验中发现，有经验的协商者更能够作出折衷的让双方都有利的决定，从而达成双赢的解决方案。

一个关于“双赢”的经典故事，来自争桔子的两姐妹（Follett，1940）。最终她们的决定是把桔子平分成两半，其中一个女孩把她的一半榨成橙汁，另一个女孩用她那一半的桔子皮来做蛋糕。如果这两个女孩都解释了自己为什么想要桔子，那么她们很可能同意分享桔子，其中一个得到全部的橙汁，而另一个得到全部的桔子皮。这是**整合性协议**（integrative agreements）（Pruitt & Lewis，1975，1977）的一个例子。相对那种要让双方牺牲掉一些东西的妥协来说，整合性协议更具有持久性。因为她们是互相满足的，因此也可以带来持续的伙伴关系（Pruitt，1986）。

用克制的沟通来消除误会 沟通可以减少自我实现预言的误解。回忆一下，也许你也能想起和这个大学生类似的经历：

> 常常，在很长一段时间没怎么和玛莎沟通之后，我就会觉得她这种沉默是一个信号，说明她不喜欢我。而她也认为我的寡言是对她厌恶的结果。我的沉默导致了她的沉默，而这又使得我更加沉默……这种滚雪球效应直到一次我们必须交流的意外事件的发生才得以打破。而我们通过沟通消融了彼此之间所有的误解。

像上面这种冲突的结果，往往取决于人们怎样彼此交流他们的感受。罗杰·克努森及其同事（Knudson & others，1980）邀请已婚夫妇到伊利诺伊州立大学心理学实验室，通过角色扮演重新体验他们过去的冲突。在他们的谈话（往往产生和先前的真实矛盾同样激烈的情绪）之前、中间和之后，都仔细地观察和询问了他们的情况。那些回避问题的夫妇——或者不能够澄清他们的处境或者未能认清其配偶的处境——让他们自己有一种比以前更和谐的错觉。他们会觉得彼此现在能够在更多的事情上达成一致，而事实上只是更少的一致。而那些主动面对问题的夫妇——能够认清他们的处境并站在对方的角度考虑问题——得到了更多真正的一致，并且对彼此的想法有了更确切的了解。这个结果可以解释，为什么直接、开诚布公地交流想法的夫妇通常拥有幸福美满的婚姻（Grush & Glidden，1987）。

上述结果引发了一个教育夫妇和孩子如何建设性地解决冲突的活动（Horowitz & Boardman，1994）。如果能够建设性地解决冲突，那么冲突能够提供和解的机会和更多真正的和谐。心理学家伊恩·戈特利布和凯瑟琳·科尔比（Gotlib & Colby，1988）提出了关于如何避免破坏性的争吵，以及怎么进行建设性的争吵的几点建议（表 13.2）。比如，孩子们应该了解到生活中的冲突是正常的，人们可以试着和不同的人打交道，很多争吵可以“双赢”地解决，非暴力的沟通是暴力和欺凌的替代品。这种“阻止暴力的课程……并不是被动的，”普罗思罗 - 斯蒂思（Prothrow-Stith，1991，p.183）认为，“它是旨在让人们合理地引导自己的愤怒以免伤及自己或他人，旨在改变这个世界。”

戴维·约翰逊和罗杰·约翰逊（Johnson & Johnson，1995，2000，2003）让六个学校的一到九年级的孩子进行约 12 个小时的冲突解决训练，得到了非常令人振奋的结果。在训练之前，这些孩子总是纠缠在日常的小冲突中，比如互相奚落嘲笑，运动场上互相厮打，争夺东西等等，所有的冲突都导致一胜一负的结果。在训练之后，孩子们经常能找到双赢的解决方案，更好地调解朋友的冲突，并在整个学年都能把他们的新技能用于校内外的各个地方。当整个学生群体都经过这样的训练后，学校

表 :: 13.2 怎样建设性地斗争

不要：	要：
• 回避争论，保持沉默，或者夺门而去	• 清晰界定问题，用自己的话重复对方的观点
• 利用你对别人的了解而攻击对方的缺点	• 抛开你积极或消极的感受
• 引入无关话题	• 接受对自己行为的反馈
• 当厌恶时假装同意	• 澄清哪些你同意，而哪些不同意，以及你们彼此最关心的问题
• 告诉对方他或她自己的感受	• 提问以帮助对方表达其观点
• 通过指责对方所看重的东西，含沙射影地攻击对方	• 等待对方自然地平静下来，不要报复
• 通过威胁对方的安全或恐吓而伤害对方	• 提供让双方都满意的积极建议

社区变得非常和谐安静，孩子的学习成绩也有了很大的提高。

我们之间存在着心理上的隔阂，这种隔阂来自猜疑、拒绝、害怕和诡计，但它其实是来自幻觉……

——埃及总统安瓦尔·萨达特对以色列议会的讲话，1977

冲突研究者认为信任是其中的一个关键因素（Noor & others，2008；Ross & Ward，1995）。如果你相信对方是善意的，你就会更容易流露你的需要和想法。没有这样的信任，你可能就会担心你的坦诚会给了对手反对你的信息。即使是简单的动作也能增进信任。在实验中，主试要求谈判者去模仿其他人的特殊习惯，就像关系亲密的人平时经常做的一样，这样能获得更多的信任，更能发现共同的利益，互相满足需求（Maddux & others，2008）。

当双方互相不信任并且进行无效的沟通时，第三方的调解者——婚姻顾问、劳资调解员、外交官——有时候是有帮助的。通常调解者是冲突双方都信任的人。阿尔及利亚的穆斯林在 20 世纪 80 年代充当了伊朗和伊拉克的调解人，而罗马教皇则化解了阿根廷和智利在领土上的纷争（Carnevale & Choi，2000）。

在这个针对青少年的多样化训练中，沟通的促进者打破了孩子之间的隔阂。

在说服冲突双方重新思考他们所认为的“非赢即输”的冲突之后，调解人让双方都确认自己的目标，并按重要性给目标排序。如果目标是相容的，那么排序的过程就可以让双方在一些不太重要的目标上让步，以实现最主要的目标（Erickson & others，1974；Schulz & Pruitt，1978）。南非的黑人和白人认可对方的最高利益——以多数决定原则代替种族隔离，同时保护白人的安全、财产和权利，通过这种方式南非获得了内部的和平（Kelman，1998）。

一旦劳资双方彼此相信，管理者提高生产效率和利润的目的与劳动者希望得到更高的工资和更好的工作条件是一致，他们就可以共同寻求双赢的解决方案了。如果员工能够放弃那些对他们微不足道却可能让老板花费很多的利益（比如公司提供牙科护理费），如果老板能够放弃对管理者有一点小利益却可能让员工感到非常反感的安排（比如非弹性工作时间），这样的话劳资双方都获益了（Ross & Ward，1995）。与其说这是让步，毋宁把这种协商当作达成更有价值交易的筹码。

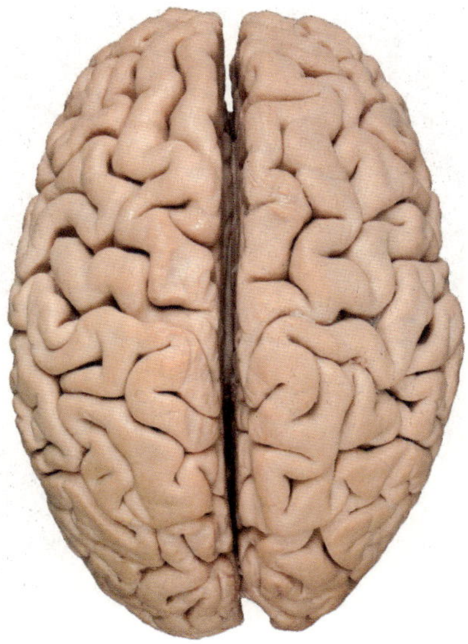

与其他社会行为一样，信任也是一种生物学现象。社会神经科学家发现，5-羟色胺水平较低的个体更容易认为实验室游戏中的低回报是不公平的，并且拒绝接受（Crockett & others, 2008）。吸入催产素会产生相反的效果，增强人们对实验室游戏中的陌生人的信任（Zak, 2008）。

当两个冲突的群体聚在一起开始直接对话时，不能天真地认为光靠眼球对着眼球，冲突就会自动解决。在一个具有威胁性的、剑拔弩张的冲突中，高亢的情绪经常阻碍人们站在对方的立场看问题。虽然幸福和感激能增进信任，但是生气也会减少信任（Dunn & Schweitzer，2005）。在最需要沟通的时候，沟通往往变得最困难（Tetlock，1985）。

这时调解人需要建立一种情境，帮助双方去理解对方，并感到被对方理解。调解人可以让冲突中的双方把争议仅限于对事实的描述，包括陈述如果对方怎么做他们就会有什么样的感觉，会做出何种反应。比如：“我喜欢开着音乐，但如果你开得过大，我会觉得注意力难以集中，那就会使我感到很暴躁。”另外，调解人也可以让人们角色互换，去讨论对方的处境或者想象和解释对方所体验的经历。或者调解人可以让双方在描述自己感受之前描述对方的处境：“你在学习的时候，我开音响的确会打扰你。”

实验表明，通过站在别人的立场和诱发同理心能够降低刻板印象，增加合作（Batson & Moran, 1999; Galinsky & Moskowitz, 2000; Todd & others, 2011）。这样有助于赋予他人人性，而不是将其妖魔化。老年人往往更容易做到这点，他们富有智慧，能够理解多种不同的观点，承认自身知识的局限性（Grossmann & others, 2010）。有时候，我们的长辈更年长，更明智，也更善于处理社会冲突。

中立的第三方还可以提出双方都能接受的建议，而这些建议如果由冲突的任何一方提出均会被驳回（“相对贬值”）。康斯坦丝·斯蒂林格和她的同事（Stillinger & others，1991）发现，当解除核武器的建议由苏联提出时，美国人表示不同意，但当这个建议由中立的第三方提出时就变得可接受多了。类似地，人们对于对手提出的让步总是嗤之以鼻（“他们肯定不在乎这一点儿”）；而当这种让步由第三方提出时，他们就不会觉着这是一种虚假姿态了。

这些调停的原则，有的基于实验研究，有的基于实践经验，它们对国际和商业上的冲突的调解起到了很大的作用（Blake & Mouton，1962，1979；Fisher，1994；Wehr，1979）。社会心理学家赫伯特·凯尔曼（Kelman，1997，2007，2008）带领一个由阿拉伯人和美国犹太人组成的小团队，曾举办了许多工作坊，使阿拉伯和以色列的名流坐到了一起。另一个社会心理学家组成的团队是由斯托布和皮尔曼（Staub & Pearlman，2005a，2005b，2009）领导的，他们在 1999 至 2003 年在卢旺达工作，

信任是沟通的基石。当奥巴马总统和他的政治对手众议院共和党领袖博纳打高尔夫时，俩人都在努力增进彼此的关系，提升自己的沟通能力。

他们训练了一些记者，理解并准确地报道出卢旺达的创伤，以便能够治愈创伤，达成和解。为了消除误解，凯尔曼和他的同事运用了我们前面提到的一些方法，让参与者们主动去寻求对双方都有利的解决办法。被试在单独的情况下可以自由地和他们的对手直接交谈，不必担心他们的委托人猜测他们在说什么。结果如何呢？来自双方的人都开始渐渐了解对方的观点，以及他们的行动会使对方有什么样的反应。

仲　裁

有些冲突是很难解决的，双方的潜在利益有很大分歧，以至于无法达成双方都满意的解决方案。波斯尼亚和科索沃的塞尔维亚人与穆斯林之间不能对同一块土地拥有主权。在一次关于孩子的监护权的离婚争论中，父母双方不可能同时拥有孩子的监护权。在这种情况下，包括其他很多情况（比如是否由房客来付房屋修理费、运动员的工资、国家领土争端等），在 解决这些冲突时，第三方调解者可能发挥作用，也可能起不到作用。

如果调解解决不了，冲突双方应该采用仲裁，由调解人或者其他的第三方组织强制解决。争论的双方通常并不喜欢用仲裁来解决他们之间的矛盾，他们担心会对结果失去控制。尼尔·麦吉利卡迪等人（McGillicuddy & others，1987）在一个实验中观察到了这种倾向。实验中，争论者来到一个矛盾解决中心。当他们意识到如果调解失败，他们将面临仲裁时，他们会竭尽全力去解决问题，表现出更少的敌意，也更容易达成协议。

在矛盾非常明显、难以妥协的事件中，意识到将面临仲裁时，冲突的双方会固守他们的立场，并希望在仲裁人选择一个折衷方案时，自己能从中获益。为了消除这种倾向，在一些比如涉及棒球运动员个人工资的争论中，采用“最后提议仲裁”的方法，也就是第三方在最后的两个方案中选择一个。最后提议仲裁能够促使矛盾双方做出比较合理的建议。

但是通常情况下，如果双方不能够摆脱自私的偏见，从对方的角度来看他们的建议，那么最后提议仲裁就不是所想的那么合理了。协商的研究者们报告说，大多数的争议者最后被“乐观的过分自信”所羁绊，变得非常固执（Kahneman & Tversky，1995）。通常是双方都深信，他们有赢得最后提议仲裁的三分之二的好运气，结果导致调解的失败（Bazerman，1986，1990）。

和　解

有时冲突双方的紧张和怀疑程度如此之高，不要说解决问题，就是沟通都是不可能的。每一方都会威胁、逼迫或者报复对手。更不幸的是，这种行为是相互的，使得冲突愈演愈烈。因此，是否可以通过一方的无条件合作来安抚对方，以达到一个比较好的结果呢？事实上通常是不行的。在实验室的游戏中，那些百分之百合作的人最后往往会被倾轧。明智地说，单方面的妥协通常是行不通的。

GRIT

社会心理学家查尔斯·奥斯古德（Osgood，1962，1980）提出了第三种方案，即和解，直到足可以消除倾轧。奥斯古德把它叫做“逐步（graduat）、互惠（reciprocat）、主动（initiative）地减少紧张（tension reduction）”。他称之为“**GRIT**”，标明它所需要的决心。GRIT 致力于通过引发冲突的逐步降级，以此来扭转冲突的“螺旋上升”。它引进了社会心理学的概念来构建理论，比如互惠规范、动机归因等。

GRIT 要求一方在宣布希望调和的意愿之后，做出一些小的意在降低冲突的行为。发起调和的一方，在实行每一个表示调和的行为之前都声明这种希望减少紧张的主张，并邀请对手进行回报。这种声明可以建立一种框架，使对手能正确理解其意图，而不是当作示弱或欺诈。并且这种声明也给对手造成了舆论上的压力，使他们必须遵循互惠规范。

接下来，发起者必须如声明中所说的做出一些可以证实的*和解行动*，以建立信任与真诚。这可以对回报行为施加压力。调和行动可以是各种各样的，比如提供一些医药信息，关闭一个军事基地，取消贸易禁令等，但是不要让发起者在任何一个领域做出非常大的牺牲，并且要让对手能够自由地选择他们做出回报的方式。如果对手出于自愿进行回报，那么它自身的和解行为会缓和其对立的态度。

GRIT 是和解性的，但不是强制的，没有灵活调节的余地。这一策略是可以通过“*保留反击的能力*”来确保双方各自的利益。最初的一些调和行为可能要使双方承担一定的风险，但是并不会危及各自的安全；相反，这是让双方从剑拔弩张的台阶上面下来的一个方法。比如，若其中一方采取了暴力行动，而对方却报以友善，并申明他们不会容忍任何倾轧。而如果这时对手也提供了相当的或者稍超出的回报行为，那么，这种回报就不是一种会导致冲突升级的过激行为了。莫顿·多伊奇（Deutsch，1993）在建议协商时对 GRIT 作出了概括，可以说抓住了精髓：“‘坚定、公平、友善’。*坚定*就是反对胁迫、倾轧和肮脏的手段；*公平*就是坚持自己的道德准则，无论对手怎样挑衅，决不回敬对方不道德的行为；*友善*则是指人们愿意发起和回报合作行为。”

GRIT 真的有用吗？在俄亥俄大学进行的一系列实验中，斯文·林德斯格尔德和他的助手们（Lindskold & others，1976~1988）发现了支持 GRIT 策略的强有力的证据。在实验室的游戏中，声明合作的愿望的确大大地促进了合作。重复的和解行为可以培养更大的信任感（Klapwijk & Van Lange，2009；Shapiro, 2010）。保持一种力量上的平衡，可以避免相互利用。

林德斯格尔德认为实验室的小环境并不能反映日常生活中的复杂世界，但是实验可以使我们构建并证明一些理论，比如互惠规范和自我服务偏差。林德斯格尔德（Lindskold，1981）写道：“最终被用于解释现实世界的是理论，而不是单独的实验。”

> 我并不是说，个人行为的规律可以简单而直接地应用于国家间的行为。我想要说的是，这些原则也许能够给我们关于国际行为一些启发，用基于更大舞台的社会经验来检验这些规律。
>
> ——查尔斯·奥斯古德，1966

在现实世界中的运用

类似 GRIT 的策略在实验室之外也不时得到运用，并取得了不错的结果。在 20 世纪 60 年代早期的柏林危机中，美国和俄国的坦克炮管对炮管地碰头了。这场危机由美国一步一步地撤回自己的坦克而得以化解。美国人每退让一步，俄国人也予以回报。而在 20 世纪 70 年代，以色列和埃及的紧张关系也因为小小的让步（比如，以色列允许埃及开放苏伊士运河，而埃及则允许去以色列的货船通过）得到缓解，从而使协商成为可能（Rubin，1981）。

在众多的例子中，最著名的要数所谓的肯尼迪实验（Etzioni，1967）。1963 年 6 月 10 日，肯尼迪总统发表了一个重大的演说——《实现和平的策略》。他说：“我们的问题都是人为造成的……并且可以由人来解决，”然后他声明了他的第一个和解行动：美国停止所有的大气核试验，除非其他国家进行试验否则将不会再继续。在苏联，肯尼迪的演讲被全文发表。五天之后，苏联总书记赫鲁晓夫做出回应，声明他已经停止生产战略导弹。不久，进一步的回报行为出现了：美国同意卖小麦给俄国，而俄国则同意在两国之间开通“热线”，两国很快还签署了“停止核试验”协议。在一段时期内，这些和解行动使得两国的关系变得趋于缓和。

和解行动能够减少个人之间的紧张情绪吗？有很多理由可以认为它会。当两个人的关系受阻，沟通难以进行下去的时候，通常一个小小的和解姿态——一个温和的回答，一个善意的微笑，一个轻柔的触摸——可以使双方从紧张的台阶上下来，使得接触、合作以及沟通重新变得可能。

小结：获得和平的途径

- 尽管冲突经常被社会困境、竞争和误解所引发，但是一些强大的力量，比如接触、合作、沟通与和解可以化干戈为玉帛。尽管一些早期的研究结果非常鼓舞人，但其他的研究表明，在学校中，仅仅废除种族隔离对于改变民族态度并无多大影响。但是，当种族间的接触促进了与其他种族的个体之间的情感纽带，并且这种接触是建立在双方地位平等的情况之下时，敌意通常能够减少。
- 当人们为了克服同一个困难或者实现同一个超级目标而在一起工作时，接触会变得特别有益。一些研究合作性接触的实验中，研究小组把竞争性的课堂变成了合作学习的乐园，取得了令人振奋的结果。
- 冲突的双方还可以通过直接谈判，或者第三方调解人来解决他们之间的矛盾。第三方的调解人可以促使敌对的双方把他们竞争性的“非赢即输”逻辑变成更富合作性的“双赢”取向。调解人还可以创造消除误会、增加互相了解和信任的沟通氛围。当协商不能达成共识时，冲突的双方可能就需要一个仲裁人来做一个决定，或者从他们提供的最后建议中选择其一。
- 有时候，冲突的气氛太紧张了，以至于实质性的沟通变得完全不可能。在这种情况下，某一方的一些小小的和解行动可以引发对方回报性的和解行动。其中的一种调和策略就是 *GRIT*（逐步、互惠、主动地减少紧张）的行动，致力于减少国家之间的紧张状态。调解劳资矛盾和国际争端的人有时也使用其他的和解策略。他们在冲突进行时指导参与者了解冲突与和解的机制，就好像这一章指导你的一样，希望能够帮助大家建立并享受和平的世界，以及良好融洽的人际关系。

后记：
个人权利和公共权利之间的冲突

很多社会冲突是个人权利和集体权利的竞争。一个人拥有枪支的权利和他的邻居享受安全的社区的权利之间有冲突；一个人抽烟的权利和其他人享受一个清洁的无烟环境的权利之间有冲突；一个工业厂商进行任意生产的权利和社区需要净化空气的权利之间有冲突。

这是个人的时代。
——美国前总统罗纳德·里根在华尔街的发言，1982

为了使个人和集体的利益都得到最大化，一些社会科学家——包括我自己——正在探索平衡个人与公共权利以增进共同利益的共产主义社区。“如果我此刻在阿尔巴尼亚，" 共产主义社会学家阿米泰·埃奇奥尼（Etzioni，1991）说，"我多半会认为，那里关心太多集体利益而不够重视个人权利。" 不过，共产主义者同时也质问另一种极端——那些粗鲁的个人主义和放纵：从 20 世纪 60 年代"做自己的事"，经历 70 年代"我的时代"，80 年代"欲望是好的"，到 90 年代"寻找自己的幸福"。他们认为，无节制的个人自由毁坏了社会的文化结构；他们还认为，无节制的贸易自由会掠夺我们公共的环境，并引发了 2008 年的金融危机。回忆一下：法国革命者的座右铭，就是"自由、平等和博爱"。

在过去的半个世纪里，西方的个人主义开始泛滥。父母开始赞赏孩子的独立和自立，而较少关心他们的服从（Alwin,1990; Remley, 1988）。孩子们的名字也经常更加生僻（Twenge & others, 2010）。衣服和首饰越来越多样化，个人自由增加，共同的价值观在渐渐消退（Putnam, 2000; Schlesinger, 1991）。

共产主义者也不赞成缅怀过去——比如回到 20 世纪 50 年代更加严格的不平等性别角色的时代。相反，他们建议在西方的个人主义和东方的集体主义之间寻找一个中间地带，在独立的、男子气的传统男性描述和相依的、体贴人的传统女性描述之间，在只关心个人利益和坚持集体利益之间，在自由和博爱之间，在"我的思维方式"和"我们的思维方式"之间寻找一个平衡点。

机场的行李检查、飞机上的禁烟、高速公路上的酒精检查和限速，这些都是社会为确保公共利益而对个人权利做出的一些调节。环境中的一些对个人自由的限制（不能污染，不能捕鲸，不能砍伐森林）同样也是以牺牲暂时的个人自由来换取长远的共同利益。一些个人主义者警告说，这些对个人自由的限制会把我们沿着光滑的绳索拖入一个陷阱当中，我们将失去更重要的自由。如果今天我们让他们检查行李，那么明天他们就有可能敲开我们家的大门。如果今天我们让他们检查香烟广告和电视上的色情节目，那么明天他们可能就会从我们的书房把书拿走。如果今天我们禁止了手枪，那么明天他们可能就会收缴我们打猎用的来复枪。为了保护大多数人的利益，我们能冒着压制少数人的基本权利的风险吗？集体主义者回答说：如果我们不能够在个人利益和社会稳定之间做一个平衡，我们会遭受更严重的社会弊病，甚至又会呼吁专制性的镇压了。

毫无疑问，随着个人权利和集体权利之间冲突的继续，文化之间和性别之间的知识可以使我们看到其他文化的价值观，从而使我们对自己的价值观看得更加清楚。

第四编

应用社会心理学

通观全书，通过将社会心理学的原理和研究成果同日常现象相联系，我把实验室和现实生活连接在了一起。现在，我们回忆一下这些原理，将其应用在三种实际情境中。第 14 章“社会心理学在临床领域中的应用”，是将社会心理学用于评价和促进人们的身心健康。第 15 章“社会心理学在司法领域中的应用”，是探索个体陪审员以及他们作为群体在进行判决时，社会思维和社会影响的作用。第 16 章“社会心理学和可持续发展的未来”，是探讨在因人口增长、过度消费以及全球变暖等引起的生态危机面前，社会心理学原理能够发挥怎样的作用。

第14章

社会心理学在临床领域中的应用

生命的主要内容甚或大部分内容，并不由各种事实与场景组成，构成它的，主要是人们头脑中永不停息呼啸着的思想的风暴。

——马克·吐温（1835~1910）

如果你是一名大学生，偶尔，你可能会表现出轻微的抑郁症状。有时，你也许会对生活不满意，对自己的未来感到气馁和悲伤，没有胃口，精神萎靡，无法集中注意力，甚至会怀疑生命的价值。也许，你认为令人失望的学业成绩会危及你的职业目标；也许，一段关系的破裂使你陷入绝望。每当这些时候，关注于自我的焦虑只会让你更加沮丧。一项对美国大学生的研究显示，31% 的学生说自己在上一学年曾有过“深陷抑郁无法自拔的经历”（ACHA，2009）。对 13% 的成年男性和 22% 的成年女性而言，生活中的情绪低落期不仅仅是由负性事件引发的暂时性忧伤，而是持续数周的一段压抑经历，并且没有明显诱因，因此，在某些时候会被诊断为抑郁症（Pelham，2009）。

在应用社会心理学的众多研究领域中，有一个领域将社会心理学的概念与抑郁，以及其他诸如孤独、焦虑、生理疾病、幸福感和健康之类的问题联系起来。这个联结社会心理学和**临床心理学**（clinical psychology）的研究领域，主要探索四个重要问题：

- 作为普通民众或专业的心理学家，我们应该如何改进对他人的诊断和预测？
- 我们思考自己和他人的方式，是如何引发了抑郁、孤独、焦虑和疾病等此类问题的产生？
- 怎样才能转变这些适应不良的思维模式？
- 亲密、支持性的关系如何影响健康和幸福感？

导致临床诊断偏差的原因

确定影响人们社会决策的因素（参见第 2~4 章）也会影响临床心理学家对来访者的临床诊断。如果答案是肯定的，临床心理学家和他们的来访者需要警惕什么样的偏见？

一名假释裁决委员会的委员正在与一名被判强奸罪的罪犯交谈，并考虑是否要释放他。一位临床心理学家判断其病人是否存在严重的自杀倾向。一位内科医生通过观察病人的症状，决定是否推荐其接受无侵入性检查。一位学校的社会工作者会仔细斟酌：偶然听到的儿童的恐吓性的对话是小孩子的玩笑、一时的冲动，还是潜在的校园谋杀案的信号？

以上的所有专业人士都必须决定，是做出主观的判断还是客观的判断。他们应该相信自己的直觉吗？他们应该听从内心的本能反应、他们的第六感或内在智慧，还是应该选择依赖于公式、统计分析和计算机分析得出的预测性的知识？

在这场心与脑的较量中，大部分临床专家都遵从自己的内心。他们聆听自身经验传来的低语，遵从内心声音的暗示。他们不愿用冷冰冰的公式计算来决定活生生的人的未来命运。正如图 14.1 所示，与那些非临床的（更多的是以研究为导向的）心理学家相比，临床心理学家更欢迎这种非科学的“认识方式”。感觉胜过公式！

社会临床心理学家詹姆斯·马达克斯（Maddux，2008）指出，临床诊断也是社会决策。关于精神疾病的社会认知建构就是一种社会决策。他说，有人观察到了一种非典型的或者是不希望被看到的思维和行为模式。强大的组织看到了诊断治疗这种问题的价值，即对这种非典型行为的诊断治疗是有利可图的，因此给这些非典型行为命名。随着这些疾病信息的传播，人们开始审视自己和家人。因此，才产生了躯体形式障碍（像那些心事重重的、有外显缺陷的人）、对立违抗障碍（那些在孩提时代遭受创伤的人）、性欲衰退障碍（那些不想有过多性生活的人）以及性高潮障碍（那些性高潮延迟或缺乏的人）。马达克斯指出，“就像承认贫穷和富有是一种社会建构不会因此降低经济学的科学性一样，承认健康和疾病是一种社会建构，也不会降低医学的科学性。”

正如一些社会现象一样，临床诊断也极易受到相关错觉、事后聪明造成的过分

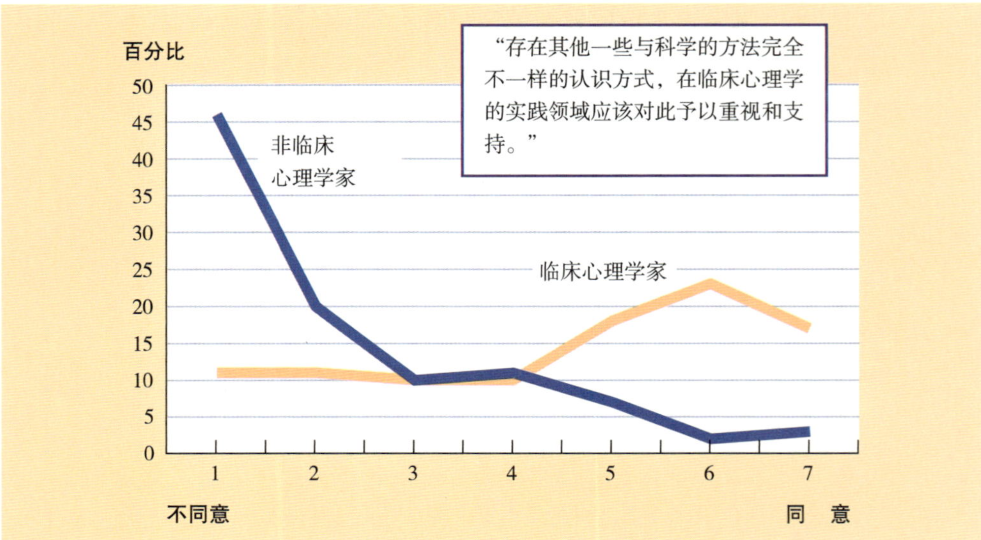

图 :: 14.1
临床判断直觉
当努涅斯等人（Nunez，Poole，& Memon，2003）对美国的临床和非临床心理学家进行取样调查时，他们发现了“两种文化”取向，其中一类人对“其他认识方式”持强烈怀疑态度，另一类人则几乎完全接受。
资料来源：From Nunez, Poole, & Memon, 2003.

自信及自我证实诊断的影响（Grab，2005；Maddux，1993）。接下来，我们将会看到，心理健康工作者清楚了解人们形成印象（和错误印象）的过程，将有助于他们避免发生严重的误诊（McFall，1991，2000）。

要使一个人免于犯错就要允许他有犯错机会。知道事情是不对的才能掌握真理。

——叔本华（1788~1860）

相关错觉

正如我们在第 3 章中提到的，人们倾向于从那些不相关的地方发现相关关系。如果我们预期两件事情有联系，例如，如果我们相信预感可以预测事情的发生，这时就容易出现相关错觉。即使向我们随机呈现一组数据，我们也可能只注意到那些预感和事件巧合联系在一起的例子，却忽略那些预感未被证实的例子。

像我们一样，临床学家也注意到了相关错觉。假设临床学家预期，有性障碍的人更可能对罗夏墨迹测验做出特殊反应。根据他们的经验，他们可能认为曾多次亲眼见过这样的联系。

为了探索这种知觉何时变成了相关错觉，心理学为我们提供了一种简单的方法：让一位临床心理学家主持并解释这种测验，让另一位临床学家评定同一被试的特质和症状。用许多人重复这个过程。实际的测验结果与报告的症状相关吗？实验结果表明，一些测验确实有很强的预测性。然而，另一些测验，如罗夏墨迹测验和画人测验，其结果报告的症状之间的相关，远低于这些测验使用者的假设（Lilienfeld & others，2000，2005）。

那么，为什么临床学家还是对无所助益、模棱两可的测验表现得如此有信心呢？查普曼等人（Chapman & Chapman，1969，1971）进行的开创性实验，帮助我们找到了其中的原因。他们邀请了大学生和专业的临床学家一起研究测验成绩和诊断结果。如果学生或临床心理学家期望得到一种特殊的联系，那么，他们通常能获得这种相关，不管测验数据是否支持这种结论。例如，有些临床心理学家认为，多疑的人会在画人测验中画出奇异的眼睛，那么他们就会发现这种联系，尽管在呈现给他们的例子中，实际上不多疑的人比多疑的人画出了更多的奇异的眼睛。这是因为，如果他们相信存在这样一种联系，他们可能更多地去注意支持这种联系的证据。

错觉思维不仅仅发生在临床心理学家身上，它同样也发生在政治分析家、历史学家、体育解说员、人事主管、股票经纪人和许多其他的专家身上，其中也包括指出这种现象的心理学家。作为一位研究者，我也时常忽略自己理论分析中的缺点。我是如此热切地认为我对真理的认识就是真理本身，以至于不管我多么努力，我都不能看见自己的错误。任何一种学术刊物都需要编辑来审稿，目的就是减少这种错误。在过去的 40 年间，我看了许多别人对我的手稿的审读意见，以及我作为审稿人对别人的手稿也提出了许多审读意见。我的体会是：指出别人的漏洞，比发现自己的错误要容易得多。

谁能知道自己的错呢？

——《旧约・诗篇》，19:12

事后聪明与过分自信

假如我们认识的人自杀了，我们会有什么反应？最常见的一种反应是，我们或者他（她）的亲人应该能预料并阻止其自杀："我们早该知道！"在事后聪明的情况下，我们能发现自杀者的信号和向我们寻求帮助的请求。一项实验给参与者提供了一份对一名自杀的抑郁症患者的描述。与事先不知道该患者自杀的参与者相比，那些事先知道他自杀的参与者更倾向于报告他们"已经预见到"他的自杀（Goggin &

20/20事后聪明。库尔特·科班（Kurt Cobain）是涅瓦纳乐队（Nirvana）的成员。他的歌曲常常表达一种抑郁和自杀的倾向。那么其他人是不是应该用这些迹象，来预测并防止他的自杀行为呢？

Range，1985）。而且，如果参与者事先知道该患者自杀，他们对其家人的反应更加消极、负面。悲剧过后，一种“我早该知道”的现象会致使家人、朋友和治疗师陷入无限的负疚感之中。

戴维·罗森汉（Rosenhan，1973）和他的七位同事例举一个令人震惊的例子，旨在验证事后解读的潜在错误。为了测试心理健康工作者的临床洞察力，他们每个人预约了不同的精神病院的住院部，并抱怨说自己“耳鸣”。除了名字和职业是假的，他们如实报告了他们的生活史和情感状况，并且没有表现出任何进一步的症状。结果，他们大多被诊断为患有精神分裂症，并在住院部住了两三周的时间。随后，医院的治疗师从这些假病人的生活事件和住院表现中找到了“确认”和“解释”诊断结果的证据。罗森汉讲述了一个假病人的经历：这个病人告诉医生，幼年时他与母亲关系很好，但是与父亲疏远。在青春期和后来的日子里，他和父亲成了好朋友，和母亲的关系却变得疏远了。现在，他和妻子的关系非常亲密和融洽，除了偶尔会生气，两个人很少有矛盾。他也很少打孩子。

一位“知道”此人患有精神分裂症的访谈者这样解释道：

> 这个39岁的白人男性……从童年开始就对亲密关系表现出相当矛盾的态度，并一直持续到现在。他与母亲的融洽关系到青春期就结束了。而他和父亲原来疏远的关系后来被他自己描述为非常亲密。他的感情缺乏稳定性。他努力想控制自己对孩子和妻子的情绪，但是这种努力被不时发生的争吵和打孩子的情况所破坏。他也提到他有几个好朋友，但可以感觉到在这些关系中他也很矛盾。

罗森汉后来告诉一些同行（这些人得知了他进行的有争议的实验后认为：这种错误不会在他们的医院发生），在接下来的三个月，将会有一个或更多的假病人预约他们的医院。三个月后，罗森汉问这些同行，在这三个月间住院的193名病人中有几个是假病人。结果在这193名新入院的病人中，有41名被至少一位医生认为是假病人。而事实上，没有一个病人是真正的“假病人”。

自我证实的诊断

迄今为止，我们已经讨论了心理健康临床心理学家有时会因为相关错觉和事后聪明的解释而遭到质疑。第三个与临床诊断有关的问题就是，病人往往会提供符合临床医生期望的信息。为了在实验情境中检验上述理论，想象你与一个未曾谋面的人初次约会，而对方事先得知你是一个放荡不羁、生性开朗的人。为了验证这种说法是否正确，约会时，他会不断地问你类似的问题，“你曾在别人面前做过很疯狂的事情吗？”而如果约会的对方事先得知你是一个害羞而沉默寡言的人，你对这个问题的回答会反映出一个不同的“你”吗？

在明尼苏达大学，斯奈德和斯旺（Snyder & Swann，1984）以及其他研究者合作开展了一系列巧妙的实验，他们给参与者一些有关他人特质的假设，并让他们加以检验。斯奈德和斯旺发现，人们总是通过寻找能够验证某一特质的信息来做测验。例如，在上面提到的那个初次约会的例子中，如果人们想验证某个人是否外向，他们就会问一些与外向有关的问题（“如果你想活跃一场聚会的气氛，你会怎么做？”）。

当想验证一个人是否内向时，人们更可能会问，“是什么原因导致你不能真正地与人坦诚相见？”这些问题使得被预期外向的人表现得似乎更加喜欢社交，而使被预期内向的人表现得更加害羞和保守。我们对他人的假设能诱发对方做出我们所期望的行为。

在印第安纳大学，法齐奥和同事（Fazio & others，1981）通过实验得到了相同的结果。他们同时发现，与那些被问及“内向问题”的参与者相比，被问及“外向问题”的参与者后来真的觉得自己更加开朗。而且，他们明显地变得更加开朗。结束测验后，实验者的同伴到休息室会见每个参与者，结果，实验者猜中参与者之前参加的是内向还是外向的测验的概率为 70%。

通过这些实验，你应该明白为什么接受心理治疗的人，其行为总是符合治疗师的理论假设了吧（Whitman & others，1963）。雷诺和埃斯蒂斯（Renaud & Estess，1961）就个人生活史访谈了 100 位健康、成功的成年男性，他们惊讶地发现，这些受访者的童年都充满了“创伤性事件”，与某些人关系紧张，父母做出了糟糕的决定，这些因素通常被用来解释精神问题。当弗洛伊德学派的精神分析学家试图寻找早期童年经历中的创伤性事件时，他们往往都会发现他们的直觉得到了验证。所以，斯奈德（Snyder，1981）这样推测：

你脑子里想的是什么，你就会去寻找什么。你将会得到你期盼的结果。

——罗伯特·勃朗宁（1812~1889）

> 如果一位治疗师（错误地）相信男同性恋者在童年时期与母亲的关系不好，那么，他就很可能会小心翼翼地刺探这个男同性恋者回忆中与母亲间的紧张关系。但是，当他的来访者是异性恋者时，他就不会询问关于他们与母亲的关系问题。毫无疑问，任何人都会回忆起一些与母亲产生摩擦的事件，而这些摩擦事件可能只是偶然发生的、琐碎的事情。

临床预测与统计预测

考虑到事后聪明和自我证实的诊断，我们也就不难理解，为什么临床医生和访谈者会对自己直觉的判断更有信心，而不是依据统计数据（例如，用过去的成绩和能力倾向测验的结果来预测学生在研究生院或职业学校的成绩）。但是，当研究者将统计预测和直觉预测相比较时，统计预测的结果往往更准确。统计预测有时不够精确，但是直觉——即使是专家的直觉——更不可靠（Faust & Ziskin，1988；Meehl，1954；Swets & others，2000）。

在人们证明统计预测比直觉预测更可靠的 30 年后，米尔（Meehl，1986）找到了比以往更为有力的证据：

> 在社会科学中，（如此之多的）研究在同一个方向上得出一致的结论就不该再有争议了，比如……当你进行了 90 项调查，从预测足球比赛的结果到肝病的诊断结果等所有事件，当你艰难地只找到 6 个研究结果勉强能支持临床学家的直觉预测，那么，是时候该做出现实的结论了。

明尼苏达大学的研究团队开展了一项元分析研究，研究者对 134 项有关人类行为预测、做出心理诊断或医学诊断的研究进行总结分析（Grove & others，2000）。只有 8 项研究，其临床预测的效果超越了统计预测，其中大多是在医学、心理健康或教育情境下进行的。而统计预测效果更佳的研究数量是其 8 倍（63 项）。（其余的研究临床预测和统计预测效果大致相当。）当临床学家有机会进行面对面的访谈时，他们的预测效果是否会不同呢？答案是肯定的，研究者报告，在进行访谈的条件下，临床学家的预测效果更差。因此，研究者总结道："公平地说，'现在球又到了临床学家的门前了！'相对于统计预测而言，临床学家的预测准确性存在很大偏差，因此，临床预测的支持者必须站出来，以证明临床预测更加准确或更为经济有效。"

假如我们把统计预测和临床直觉结合起来，结果又会怎样呢？如果我们把关于某人未来的学业成就、再次违法或再次自杀的统计预测交由专业的临床学家，让他们去修正和改进该预测，结果又会怎样呢？令人遗憾的是，仅有的几项这样的研究结果表明，如果忽略临床学家的"修正"，预测结果反而会更好（Dawes，1994）。

他是一个非常聪明的年轻人，将取得人生的重大成功。只要他坚守自己的工作并保持较强的动机，就有足够的才智达到崇高的目标。

——在哥伦比亚高中生哈里斯（Eric Harris）制造屠杀惨案发生两个半月前，鉴定中心职员的临床直觉对"行凶念头"的反应

然而，为什么还有那么多的临床学家继续使用罗夏墨迹测验和直觉来预测自杀、假释者再次犯罪以及童年虐待的概率呢？米尔认为，部分源于纯粹的无知，部分源于"道德上的错误"：

> 假如我试图用低效的而非有效的手段来预测诸如大学生、罪犯或抑郁症患者的重要事件，而向当事人或纳税人收取的费用却相当于我提高预测精确度所需的10倍，这就是很不道德的事情了。作为一名预测者，宣称像我这样的预测者会让人感觉更好、更有人情味、更受欢迎，这只不过是个低劣的借口罢了。

这样的结果令人震惊。米尔（并未完全拒绝临床专家的知识）是否低估了我们的直觉呢？为了进一步验证米尔的研究结果，可思考一下研究生录取面试官对人的潜能的评价。道斯（Dawes，1976）解释了为什么在预测诸如研究生学习成绩之类的结果时，统计预测比单凭直觉的预测更准确：

米尔在心理健康领域临床实践的这些研究的影响总结起来就是：微不足道。他本人受到了普遍的尊重，年纪轻轻（1962年）就当上了美国心理学会（American Psychological Association）的主席，最近入选美国科学院（National Academy of Sciences），但他的研究却被忽略了。

——罗宾·道斯（1989）

> 为什么我们会认为，半小时的面试竟比综合了诸如GPA、GRE成绩和推荐信等标准化的评价变量能更好地选出合适的人？我认为最合理的解释就是人们高估了自己的认知能力。例如，试想一下，GPA成绩是怎么获得的。因为绝大多数大学毕业生申请读研时的GPA成绩都是三年半大学成绩的总结，这至少包括28门课程；如果学校是采用普遍的四年制，则至少要包括50门课程成绩的总结……而面试官只用半小时来看某位申请者的档案或与其进行面谈，他们认为自己对申请者的评价比三年半来20~40位教授的评价更准确……最后，如果一定要忽略GPA，那么惟一可能的理由就是这个申请者特别优秀，只是他的成绩并没有显示出这一点。哪些方法能比精心设计的能力倾向测验更能证明一个人的聪明程度呢？虽然美国教育考试服务中心存在很多缺陷，但我们真的能够认为自己的判断会比ETS的测验更好地衡量一个人的能力吗？

在给来访者进行诊断分析时，临床工作者和我们一样，也很容易受到认知错觉的影响。

在他发表上述观点后的30年，道斯（Dawes，2005）认为，使用缺乏证据的临床直觉而非统计预测进行判断是"不道德的"。

运用有效的行为预测源，心理学家能够提供准确预测。例如，心理学家梅丽莎·丹尼利特（Melissa Dannelet）和卡尔·雷迪克（Carl

聚焦

医生的观点：医学中的社会心理学

作为一名癌症专家和需要管理大批员工的主任医师，这本书帮助我理解了我所观察到的种种人类行为。例如：

对病历记录的回顾证实了“我应该事先知道”的现象。那些对同事所写的病历记录进行评价的医生，经常因为有事后聪明而认为，像癌症或阑尾炎这种病应该很容易诊断并更为迅速地展开治疗。一旦你知道了正确的诊断结果后，回过头来看之前的症状就很容易解释了。

对于很多我认识的医生来说，他们进入这个行业的内在动机是帮助别人，献身科学，而这很快就被优厚的薪酬所淹没。他们从事这个行业的快乐不久便消失了。外在的奖励成了工作的理由，医生失去了为他人服务的动机，只为了获得“成功”而努力，而且把薪水高低作为评判的标准。

“自我服务偏差”一直存在。当事情进展顺利时，医生很乐意把功劳归于自己。而当事情不顺利，如病人被误诊或没有康复甚至去世，我们就经常把责任推到别的方面。比如我们没有得到足够的信息，或者这件事注定是会发生的。

我还观察到很多“信念固着”的例证。即使有科学事实告诉人们艾滋病的传播途径，人们还是不可思议地要坚持他们错误的信念，认为这是一种同性恋疾病，或是自己必须避免蚊子的叮咬来防止受到传染。这让我急于想了解怎样做才能有效地告诉人们他们需要哪些知识，以及应该如何行动。

的确，在观察了医生们的态度和诊断过程之后，我觉得我自己就身处在一个大的社会心理学实验室中。要了解周围发生的事情，我觉得社会心理学有很高的价值，并且强烈建议医学预科生学习该学科。

范德兰
（Burton F. VanderLaan）
大溪城，密歇根州

Redick）对莫里斯·克雷蒙斯的测评，该男子是华盛顿塔科马市的一名囚犯，被指控强奸和抢劫。“有犯罪前科、首次暴力犯罪时年龄较小、缺乏稳定的人际关系且事前监管失败”，部分地基于这些因素，丹尼利特和雷迪克预测克雷蒙斯“未来仍有采取危险行为的风险，他可能还会违法犯罪，危害公共安全，因为他曾有犯罪前科”（AP, 2009）。获释六周后，克雷蒙斯在一家咖啡馆遇到 4 名正在上网的警察，并将他们全部枪杀。

对更好的临床实践的启示

马德斯（Maddux，1993）总结道，专业的临床学家也是人，他们“很可能会受到各种错误和偏见的影响”。正如我们所看到的，临床学家：

- 经常是相关错觉的受害者；
- 太容易对自己的事后聪明自信满满；
- 经常因为自我证实的判断而造成误诊；
- 经常高估自己基于直觉的临床判断。

“我以耶稣的名义恳求，我想你可能错了。”我想把这句话写在每个教堂，每个学校，每个法庭，如果可以的话，甚至是美国每一个的立法机构的门口。

——勒尼德·汉德法官，1951，复述克伦威尔 1650 年向苏格兰教堂所做的请求

这些给心理健康工作者的启示，说起来简单做起来难。要谨记：虽然来访者赞同你的说法，但实际上并不意味着你的话正确。要避免这种倾向，因为自己的期望而建立实际上不存在的关联，或者仅仅因为几个引人注意的事件支持这种相关，就错误地认为这种联系是普遍存在的。要信赖你的记录而不是你的记忆。要认识到事

后聪明很具诱导性：它能让你拥有过分的自信，也会因未能预见事情的发生而过分自责。要防止自己只问那些支持自己假设的问题的倾向，试着从相反的方向来思考并验证这些问题（Garb，1994）。

小结：导致临床诊断偏差的原因

- 当精神病学家和临床学家诊断和治疗来访者时，他们经常会出现相关错觉。
- 事后聪明使人们在事后解读起当初的症状来总是显得很容易。事实上，事后的解读会导致临床判断的过分自信。
- 在与来访者的交流中，错误的诊断往往会自我证实，因为治疗师总是倾向于问那些能够肯定他们假设的问题。
- 依靠直觉的判断频频出错要求必须用严格的检验来证明直觉的结论，并且用统计的方法做出预测。
- 科学方法不能解答所有疑问，而且易为偏见所左右。但值得庆幸的是，如果我们能意识到这些“由心而生”的判断会出现偏差，那么就能帮助我们明辨对错。

伴随行为问题的认知过程

描述与心理障碍相伴的认知过程。

接下来我们将讨论人们的思维如何影响他们的感受。那些抑郁、孤独、害羞或是容易得病的人，他们的记忆、归因和期望是怎样的呢？

抑　郁

就我们的经验而言，抑郁症患者倾向于用消极的方式思考问题。他们透过自己的黑色眼镜来看待生活。对于那些严重抑郁的人（感到没有价值、浑浑噩噩、对朋友和家庭不感兴趣、饮食和作息不规律的人）来说，这种消极的思维模式往往会进一步恶化他们的处境。他们极度消极的观点放大了痛苦的体验，忽略了美好的体验。他们将那些“想想你收到的祝福”或“向积极的一面看”等建议视为无望的不切实际。一名患抑郁症的年轻女性曾这样说：“真实的我毫无价值，不能照顾自己。我变得冷漠和多疑，这让我在工作上无法取得进展”（Burns，1980，p.29）。

扭曲事实还是现实主义

是否所有抑郁症患者都不切实际地消极悲观呢？为了寻找这个问题的答案，阿洛伊和艾布拉姆森等人（Alloy & others，1979；Alloy & others，2004）以轻度抑郁和正常的大学生为对象进行了研究。他们让这些大学生按键，并观察此键是否能控制随后的灯亮。结果让人惊讶：那些抑郁的大学生能相当准确地预测他们的控制程度，然而那些正常的大学生的判断却是歪曲的，他们夸大了自己的控制程度。这表明，尽管轻度抑郁的大学生倾向于自我关注，但是他们也更善解人意（Harkness & others，2005）。

这种令人惊讶的**抑郁现实主义**（depressive realism），又被称为“悲观而明智效应”（sadder-but-wiser effect），存在于一个人对自己的控制或技能的各种判断之中（Ackermann & DeRubeis. 1991 ; Alloy & others，1990）。泰勒（Taylor，1989，p.214）这样解释道：

> 正常人往往夸大自己的能力和受欢迎程度。抑郁症患者却不这样。正常人常常会在回忆过去时加上玫瑰色的光环。抑郁症患者（除了重度抑郁症患者）在回忆成功和失败的经历时会更加客观。正常人大多对自己持正性的评价。抑郁症患者既会描述自己正性的品质，也会描述负性的品质。正常人倾向于把成功归因于自己的能力，把失败的责任推给别人。而无论成功或失败，抑郁症患者都将原因归结为自己。正常人通常会夸大自己对于周围所发生的事情的控制能力。抑郁症患者就不太容易受这种控制错觉的影响。正常人不现实地认为，未来会赐予他们很多美好的东西，而糟糕的事情会很少。抑郁症患者则对未来有更现实的认识。事实上，与正常人相比，抑郁症患者从未表现出过分的利己、控制错觉以及对未来的不现实预期这样的偏见。“悲观而明智”确实很适用于抑郁症患者。

抑郁症患者的思维方式取决于他们对责任的归因模式。试想一下：如果你因为考试不及格而责备自己，你可能会将原因归结为你自己不够聪明或者太懒惰，因此会觉得很郁闷。如果你将原因归结为考试不公平或其他不能由你控制的环境因素，那么你更可能会觉得很气愤。涉及 15 000 名研究对象的一百多项研究发现，抑郁症患者比正常人更多地表现出消极的**解释风格**（explanatory style）（Haeffel & others，2008 ; Peterson & Steen，2002 ; Sweeney & others，1986）。如图 14.2 所示，他们更倾向于将失败和挫折的原因归结为稳定的（“它将会一直持续下去”）、普遍的（“它会影响我做的每件事情”）和内在的（“这全是我的错”）因素。艾布拉姆森和同事（Abramson & others，1989）认为，这种消极的、过度泛化的和自我责备的思维，其结果，就是一种令人沮丧的绝望感。

生活的艺术即为大智若愚。

——威廉·黑兹利特（William Hazlitt），1778~1830

负性思维是抑郁的原因还是结果

抑郁症患者的认知向我们提出了一个“鸡与蛋”的问题：究竟是抑郁的心境导

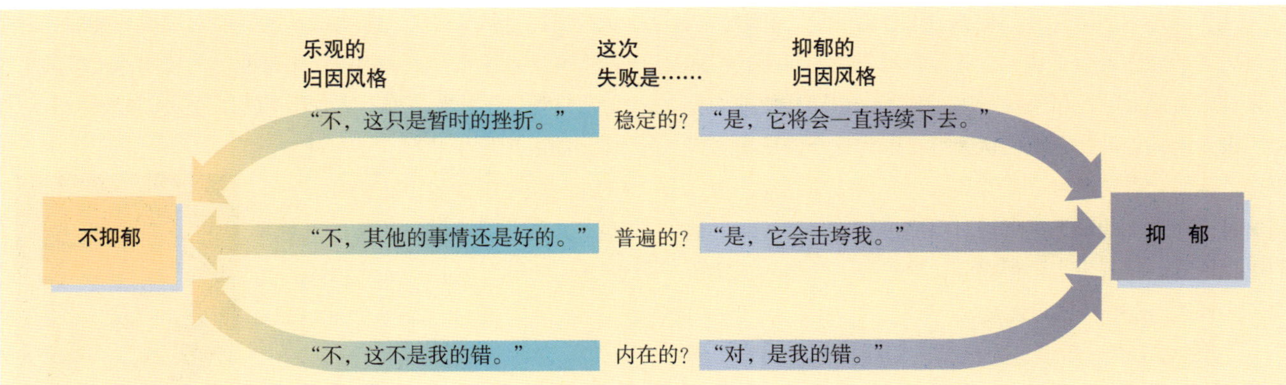

图 :: 14.2

抑郁的解释风格

抑郁与一种消极的、悲观的失败归因方式相关联。

致了负性的思维，还是负性的思维导致了抑郁呢？

对于一个热情而乐观的人而言，如果事情的结果预期是积极的，那么这件事就很可能会发生，并且确实是好事。而对一个冷漠且抑郁的人来说，则恰好相反。

——亚里士多德，《修辞学》，公元前 4 世纪

抑郁心境导致负性思维 正如我们在第 3 章中所提及的，毫无疑问，我们的心境影响我们的思维方式。当我们感到快乐时，我们的思维也是积极的。我们看见的和回忆的都是一个美好的世界。当我们的情绪跌入低谷时，我们的思维就会进入另外一种模式。玫瑰色的眼镜被摘去了，我们换上了黑色的眼镜。现在，恶劣的心境主导着我们对负性事件的回忆（Bower，1987；Johnson & Magaro，1987）。我们与他人的关系恶化，自我概念变得一团糟，对未来的希望变得黯淡，他人的行为看起来更加险恶（Brown &Taylor，1986；Mayer & Salovey，1987）。当抑郁程度加深，我们的记忆和期望都急速下降；当抑郁症状消失时，我们的思维也变得明快起来（Barnett & Gotlib，1988；Kuiper & Higgins，1985）。例如，当前的抑郁症患者在回忆起父母时，更多地认为自己受到了忽视和惩罚。但原来的抑郁症患者会像正常人一样用积极的方式回忆他们的父母（Lewinsohn & Rosenbaum，1987）。因此，当你听到抑郁症患者贬低他们的父母时，请记住：*心境扭曲了他们的记忆。*

赫特和同事（Hirt & others，1992）在对印第安纳大学篮球迷们开展的研究中发现，即使短暂的恶劣心境也可以使思维变得消极。球迷看到自己球队失利就会闷闷不乐，而看到自己的球队取胜时又会得意洋洋。研究者让他们预测球队未来的表现以及他们自己的表现。在某次失利之后，人们不仅对球队的未来持消极的预期，他们对自己在投标枪、猜字谜游戏和约会等方面的表现也都持更消极的预期。当事情没有按照我们的预期发展时，我们似乎会认为，它们将永远不会符合我们的预期了。

抑郁的心境也会影响行为。当我们患抑郁症时，我们倾向于表现为退缩、忧郁和哀怨。斯特拉克和科因（Strack & Coyne，1983）发现，抑郁症患者很现实地认为，别人并不欣赏他们的行为；他们的悲观主义和恶劣心境导致了社会拒绝（Carver & others，1994）。抑郁行为也会引发他人相应的抑郁。宿舍有抑郁症患者的大学生倾向于表现出一定的抑郁症状（Burchill & Stiles，1988；Joiner，1994；Sanislow & others，1989）。在约会的情侣中，抑郁也经常会互相传染（Katz & others，1999）。不过，

研究背后的故事

泰勒对积极的错觉的研究

几年前，为了研究对严重压力事件的适应，我对一些得过癌症的病人进行了访谈。我惊奇地发现，对于一些病人来说，得癌症的经历不仅带来了痛苦，也同样使他们获益。很多病人告诉我，他们认为自己因为这个经历而变得更好。他们觉得自己可以比其他人更好地适应癌症，他们相信自己在未来的日子里可以对癌症进行更好的控制，他们也相信自己将来不会再得癌症，尽管我们从他们的病历中了解到他们的癌症很可能复发。

因此我很想知道，为什么人们能把最差的情形解释为好事，于是从此我开始从事关于“积极的错觉”的研究。通过研究，我们很快发现，未必在经历创伤事件后才表现出积极的错觉。大多数人，包括大部分的大学生，都认为他们自己要好于一般人，认为自己对周围环境的控制程度高于真实水平，认为自己未来的生活比实际可能的更好。这种错觉并非一种不适应环境的信号，而是恰恰相反。良好的心理健康状况，正是建立在这种能把事情看得比实际好一些，并能在最为黯淡的情形里看到光明的能力之上。

谢利·泰勒
(Shelley Taylor)
加州大学洛杉矶分校

一项对马塞诸塞州近 5 000 名市民开展的为期 20 年的追踪研究表明，快乐也是会传染的，当周围都是快乐的人时，人们在未来也更有可能感到快乐（Fowler & Christaki，2008）。

正如我们所见，抑郁会影响认知和行为。那么抑郁是否也会通过其他方式发挥作用：抑郁有认知方面的根源吗？

压力激起一些人的斗志，同时也击垮了另一些人。研究者们试图了解“归因风格”，它使一些人相对而言更容易抑郁。

负性思维导致抑郁心境 面对巨大的压力，我们很自然地会感到抑郁。失业、离异、被排斥、身体创伤……任何一种打击都会让我们怀疑自己，质疑自己存在的价值。此外，忧思带来的短时抑郁具有适应性，就像恶心和疼痛保护我们的身体远离毒素一样，这种抑郁可以保护我们，让我们放慢脚步，重新评价自己，然后以新的方式重新组织我们的能量（Andrews & Thomson，2009，2010；Watkins，2008）。在整个抑郁的静止状态获得的洞察力，会使我们找到与周围世界互动的更好策略。但有抑郁倾向的人对不良事件的反应总是过分反刍和自责（Mor & Winquist，2002；Pyszczynski & others，1991），他们的自尊水平因成功而提升，又会因威胁而下降，上下波动很大（Butler & others，1994）。

为什么有些人很容易受轻微压力的影响呢？有证据表明，压力带来的思考会受消极归因风格的过滤和选择的影响，频繁的压力，久而久之会导致抑郁（Robinson & Alloy，2003）。萨克斯和巴吉特尔（Sacks & Bugental，1987）让一些年轻女性接触一位陌生人，这个人有时会比较冷漠和不友好，从而营造出一种难堪的社会情境。与乐观的女性不同，那些有消极解释风格的女性（把不好的事情归因成稳定的、普遍的、内在的原因），会因社交失败而感到抑郁。更重要的是，她们对以后遇见的人更多地表现出敌对行为。她们的负性思维导致了负性的情绪反应，进而产生了负性的行为。

苏姗·诺伦—霍克西玛（Nolen-Hoeksema，2003）报告说，这种抑郁思维在女性中更为普遍。当遇到困难时，男性往往会采取行动，而女性往往会思考困境，不过这种思考通常是“过度思考”。这也有助于解释为什么在青少年初期，与男性相比，女性受抑郁困扰的风险要多一倍（Hyde & others，2008）。

关于儿童、青少年和成人的非实验室研究都证实，那些具有消极解释风格的人在遇到糟糕的事情时更容易变得抑郁。一项为期两年半的研究对一部分大学生每六周进行一次观察（Alloy & others，1999）。研究结果表明，只有 1% 的持乐观思维风格的大学生在大学生活之初表现出抑郁症状，而有 17% 的悲观思维风格的学生表现出抑郁症状。塞利格曼（Seligman，1991，p.78）说过：“严重的抑郁，都是由早就存在的遭遇挫折所导致的悲观主义引发的。”

研究者莱文森和同事（Lewinsohn & others，1985）把这些发现整合为一种清晰的理解抑郁的心理学知识。在他们看来，抑郁症患者的负性自我形象、归因和期望是由负性体验引发的一种恶性循环，这些负性体验也许是学业或事业的失败，也许是家庭冲突或社会拒绝（见图 14.3）。这种想法催生出一种能极大地改变人们思维和行为方式的

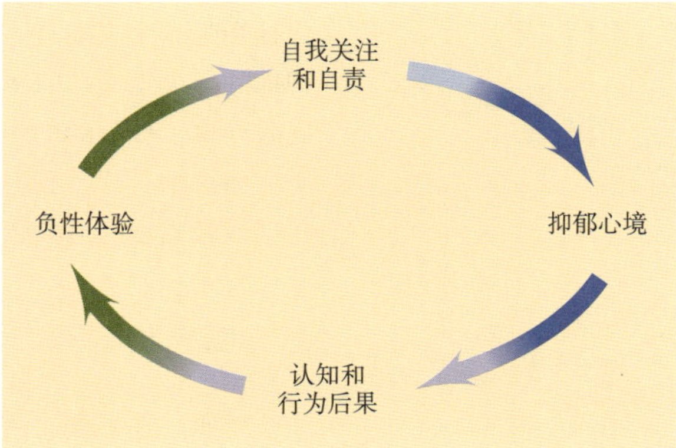

图 :: 14.3 抑郁的恶性循环

抑郁心境，而这种心境又进一步激发之后的负性体验、自责和抑郁情绪。实验表明，当轻微的抑郁症患者将注意转移到一些外部任务上时，他们的心境就会变得明朗起来（Nix & others，1995）。因此，抑郁与负性认知互为因果。

塞利格曼（Seligman，1991，1998，2002）认为，自我关注和自责能解释现在西方社会抑郁流行的现象。例如，在北美，现在的年轻人出现抑郁的可能性是他们祖父辈的三倍，尽管他们的祖父辈们生活水平更低，生活更艰辛（Cross-National Collaborative Group，1992；Swindle & others，2000）。塞利格曼认为，宗教信仰和家庭观念的淡化，加上个人主义的滋长，导致了现在的年轻人在面对挫折时的绝望和自责。在我们感到孤独而又没有任何可以依靠时，失败的学业、事业和婚姻就会导致绝望。假如，像《财富》杂志上那条广告所说的那样，你可以"自己独立完成它"，凭借"你的冲劲、你的勇气、你的精力和你的野心"。那么，当你没有做到时，责任该由谁来负呢？在那些重视关系、和睦与合作的非西方国家里，严重的抑郁并不那么普遍，人们也很少将个人失败与负疚感和自责联系在一起。例如，在日本，抑郁症患者更倾向于报告他们因为使家人或合作者失望而感到羞愧（Draguns，1990）。

这些关于思维风格与抑郁关系的见解，促使心理学家们试图研究思维风格与其他心理问题的关系。那些被极度孤独、害羞或严重虐待所折磨的人们，是如何看待自己的呢？他们如何回忆自己的成功和失败？他们对自己的起起落落又是怎样归因的呢？

孤 独

如果把抑郁比作心理障碍中的感冒，那么孤独就可以视为头疼。孤独，无论是长期的还是暂时的，都是发现社会关系不如想象中的那么丰富多彩和富有意义的一种痛苦体验。在现代文化中，亲密的社会关系相对更少了，一项全美的调查发现，近 20 年来，值得与其谈论"重要事情"的美国人减少了三分之一。而且，自 1980 年以来，美国独自生活的人口数量增加了 30%（Miller，2011）。关于这一发现，罗伯特·普特南（Putnam，2006）报告说，他的数据似乎揭示了"显著的代际差异：相比他们的父母来说，婴儿潮出生的人更容易感到孤独，更加孤立无援。这种现象是因为他们出身双职工家庭、种族差异、互联网，还是郊区的随意扩张？每个人都有自己的解释。我认为罪魁祸首是由于电视，但是目前还没有统一的结论。"

其他研究者给出了不同的解释。在一项以荷兰成人为对象的研究中，吉尔维尔德（Gierveld，1987）发现，荷兰未婚或已订婚的成人更容易感到孤独。她推测，现代社会强调个人实现，贬低婚姻和家庭生活，这可能是"孤独的导火索"（同时也是抑郁的导火索）。与工作相关的流动性也导致了长期的家庭关系和社会纽带越来越少，同时导致了孤独的增加（Dill & Anderson，1999）。

和抑郁一样，孤独也存在遗传影响；与异卵双胞胎相比，同卵双胞胎更可能会共享或轻或重的孤独感（Bartels & others，2008；Boomsma & others，2006）。

感到孤独和被排斥

然而，孤独并不等同于孤单。在热闹的聚会中，一个人也可能会感到孤独。皮弗（Pipher，2002）感慨道："在美国，只有孤独，没有孤单；只有拥挤的人群，却没有可归属的团体。"在洛杉矶，她的女儿发现，"我的周围有一千万人，但却没有一个人懂我。”当缺乏社会联系、情感孤独（或者用实验让人们感到孤独）时，人们可以从物品、动物和超自然存在上发现类似人类特质来进行补偿，人们从中能发现友情（Epley & others，2008）。

一个人也可以完全孤单，但并不感到孤独。就像我此刻在离家 5 000 公里远的英国大学独立的办公楼里独自写这些文字时，我并不感到孤独。孤独感是感到被某一群体排斥、不被周围的人喜欢、不能和人分享自己的感受，或像个异类一样与周围环境格格不入（Beck & Young，1978；Davis & Franzoi，1986）。如果你的熟人中有人感到孤独，那么你也孤独的几率就会增大（Cacioppo & others，2009）。由于负性思维和消极行为会传染，所以孤独往往会出现社会集群效应。

孤独也会使得健康问题增多。在《孤独：人的天性和社会联结的需要》一书中，卡乔波和帕特里克（Cacioppo & Patrick，2008）解释说，孤独会对应激激素和免疫功能造成影响。因此，孤独不仅会增加抑郁和自杀的风险，还会导致罹患高血压、心脏病、认知退化和睡眠障碍等疾病的风险（Hawkley & Cacioppo，2010；Shankar & others，2011；VanderWeele & others，2011）。涉及 30 万名研究对象的 148 项研究综述显示，社交孤立对死亡率的影响接近于吸烟，高于肥胖或不运动带来的不良影响（Holt-Lunstad & others，2010）。

他人冷漠的眼神和轻视的态度也可能会引发个体的孤独，这种冷漠甚至会让人感到真实的寒冷。相对于回忆起被接纳的经验，人们在回忆其被排斥的经验时会觉得室温相对较低。在游戏中被排斥后，人们对热饮和热食会表现出更多的需要（Zhong & Leonardelli，2008）。

与成人相比，青少年会更多地体验到孤独（Heinrich & Cullone，2006）。给实验参与者每人配备一个寻呼机，在一周中多次传呼他们，询问他们当时在做什么、心情怎么样。结果发现，青少年比成人更多地报告说，他们独处时会感到孤独（Larsen & others，1982）。男性和女性会在不同的情境下感到孤独。男性通常会在被某一群体孤立时感到孤独，而女性通常是在被剥夺了一段亲密的一对一的关系时感到孤独（Berg & McQuinn，1988；Stokes & Levin，1986）。据说，男性的关系常常是肩并肩的，而女性的关系则是面对面的。有一个例外：离婚后，与女性相比，男性更容易感到孤独（Dykstra & Fokkema，2007）。但对所有人而言，包括那些丧偶不久的人，失去一个亲密的人会产生难以避免的孤独感（Stroebe & others，1996）。

这种孤独感具有适应性。孤独可以向人们发出寻求社会联结的信号，这种联结有助于个体生存。甚至当孤独触动怀旧之情时——一种对过去的渴望——它有助于提醒人们去寻找社会联结（Zhou & others，2008）。

消极地知觉他人

和抑郁症患者一样，长期孤独的人似乎也处于一种自我挫败的社会思维和行为的恶性循环中。像抑郁症患者一样，他们也具有一些消极的解释风格；他们觉得自己和他人交往时，总给对方留下不好的印象，他们会因为不良的社会关系而自责，并且认为绝大多数事情都不是自己能控制的（Anderson & others，1994；Christensen & Kashy，1998；Snodgrass，1987）。更严重的是，他们用消极的方式来认识他人。研究表明，孤独者与同性别的陌生人或大学室友搭档时，他们更容易对搭档形成负性认识（Jones & others，1981；Wittenberg & Reis，1986）。具有讽刺意味的是，斯汀森及其同事（Stinson & others，2011）报告说，缺乏社交安全感的人，其行事方式

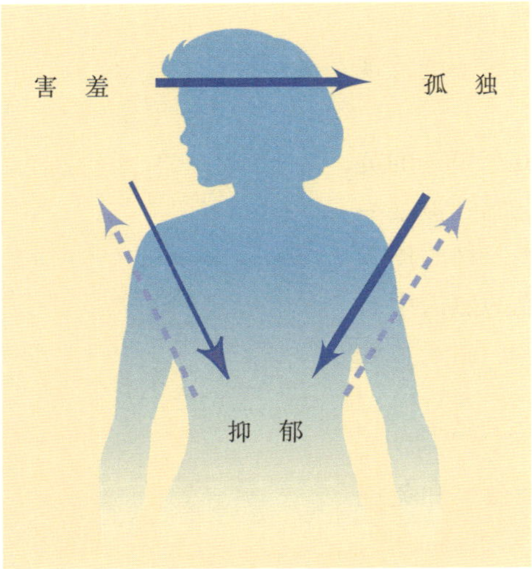

图 :: 14.4

长期的害羞、孤独和抑郁之间的相互作用

实线箭头表示主要的因果关系，由迪尔和安德森（Dill & Anderson，1999）总结提出。虚线表示额外的影响。

经常导致他们所担心的社会拒绝。如图 14.4 所示，孤独、抑郁和害羞有时会彼此互相强化。

这些负性的观点既反映了也加重着孤独者的体验。觉得自己不具有社会价值，对他人抱有消极看法，这些都会阻碍孤独者采取行动来减少他们的孤独。孤独者经常发现，在做自我介绍、打电话、参与团队活动时会感觉很困难（Nurmi & others，1996，1997；Rook，1984；Spitzberg & Hurt，1987）。然而，与轻度抑郁症患者一样，孤独者对他人更敏感，并且善于辨识不同的情绪表达（Gardner & others，2005）。

焦虑和害羞

害羞是一种社会焦虑形式，其特征是过度的自我意识以及过度担心他人的想法（Anderson & Harvey，1988；Asendorpf，1987；Carver & Scheier，1986）。去应聘一份梦寐以求的工作，第一次和某个人约会，闯入一屋子陌生人当中，在一位重要的观众面前表演或是演讲（最常见的恐惧），这些事件几乎会让每个人都感到焦虑。某些人，尤其是那些害羞或极易尴尬的人，几乎在自己被评价的任何情境中都会感到焦虑。对这些人而言，焦虑更像是一种特质而非一种暂时的状态。

怀疑我们在社会情境中的能力

哪些因素会让我们在社会情境中感到焦虑？为什么有些人受困于自己的社会焦虑中？施伦克和利里（Schlenker & Leary，1982，1985；Leary & Kowalski，1995）用自我表露理论对这些问题做出了解答。正如你在第 2、4 两章中看到的，自我表露理论假设：我们都渴望用一种给别人留下美好印象的方式来展示自己。社会焦虑的含义显而易见：当我们想给他人留下好印象但又怀疑自己能否做到时，我们就会感到焦虑。这个简单的原理有助于解释很多研究发现，每种发现都与你自己的体验息息相关。我们在下列情况下最容易感到焦虑：

在关系中自我表露以及积极的解释风格有助于保护人们远离孤独感。

- 和有权势、地位高的人交往——他们对我们的印象对我们来说至关重要；
- 在一种评价情境中，例如第一次见准岳父母；
- 过于不自然（就像害羞的人经常做的那样），并将我们的注意力集中于自己和自己的行为上；
- 关注对我们的自我形象有重要意义的事情，例如专业会议上，一位大学教授要在同行面前阐述自己的观点；
- 身处一种新奇的或非结构化的情境中，例如第一次参加学校舞会或者第一次参加正式宴会，我们并不熟悉这些场合的社交规则。

在这些情况下，对大多人来说，我们自然的倾向就是小心翼翼地自我保护：少说话，避开那些显示自己无知的话题，言行谨慎，不要过分自信、友善和微笑。具有讽刺意味的是，这种希望给他人留下好印象所导致的焦虑经常会造成不好的印象（Broome & Wegner，1994；Meleshko & Alden，1993）。然而，假以时日，害羞的人往往能被他人接受和喜欢。他们不自我中心，并且谦虚、敏感和谨慎（Gough & Thorne，1986；Paulhus & Morgan，1997；Shepperd & others，1995）。

当一个人迫切地想给他人留下好印象时，社会焦虑就会自然而然地产生。

过分个人化的情境

与不害羞的人相比，害羞的、过分敏感的人（包括很多青少年）或多或少地把一些偶然事件看做是与自己有关的（Fenigstein，1984；Feingstein & Vanable，1992）。害羞、焦虑的人还会把情境过分个人化，这种倾向会导致焦虑的产生，在一些极端情况下会发展成偏执狂。他们常常会高估他人对自己的关注和评价。如果他们的头发没有梳理好或是脸上有痘痘，他们认为所有人都会注意到，并据此评价他们。其实，害羞者对自己的过分敏感也有清醒的认识。他们希望自己不再为脸红、别人的想法和接下来该说什么而焦虑。

为了减少这种社会焦虑，一些人会求助于酒精。酒精能通过降低自我意识而达到减轻焦虑的效果（Hull & Young，1983）。因此，长期害羞的人特别容易在遭受挫败时喝酒。然而，从酗酒中恢复之后，与不太害羞的人相比，当再次体验到压力或失败时，他们更容易焦虑。

焦虑和酒精滥用的多种症状也具有自我设限的功能。给自己贴上焦虑、害羞或受酒精影响的标签，就能为失败提供借口（Snyder & Smith，1986）。在这些症状的防御机制下，个体的自我能够被很安全地保护起来。“为什么我没有赴约？因为我是个害羞的人，所以人们不容易了解真实的我。”这类症状是一种用来解释负性结果的无意识的策略。

假如我们能为害羞的人提供另外一种更为方便地解释他们的焦虑，以及由此带来的失败的说法，他们是否就能放弃使用这种策略呢？害羞的人可以因此而不再害羞吗？这正是布罗特和津巴多（Brodt & Zimbardo，1981）在对女大学生的研究中得出的结论。他们把一些害羞的和不害羞的女大学生带到实验室，让她们和一位英俊的男士谈话，这位男士是作为另一名被试身份出现的。在谈话开始前，她们被集中在一间屋子里并听到很大的噪音。实验者告诉其中一些害羞的女生，这种强烈的噪音将会使她们的心跳加速持续一段时间（另一些害羞的女生没有被告知这条信息）。因此，这些害羞的女生在后来和那位男士谈话的时候，可以把自己心跳加剧和任何谈话过程中出现的困难都归咎于之前出现的噪音，而不是她们的害羞或是社交的适应不良。与那些没有事先被提供噪音的害羞女生相比，这些女生不再显得那么害羞。一旦谈话开始，她们就能流利地交谈下去并主动向那位男士询问一些问题。事实上，和另外那些害羞的女生相比（那些很容易就被那位男士指出是害羞的女生），他很难将她们与不害羞的女生区分开来。

健康、疾病与死亡

在这个工业化时代，至少一半的死亡是和行为联系在一起的：吸烟、酗酒、滥用药物和食用有害食品；以及压力下的应激反应、缺乏锻炼和不遵从医嘱等，这些行为往往埋下了死亡的隐患。研究致病的行为原因，并试图改变这些行为的努力，促使了一个新的交叉学科的产生，这就是**行为病理学**（behavioral medicine）。心理学在该学科中的贡献是它的一个分支，即**健康心理学**（health psychology）。健康心理学家研究人们如何对病症做出反应，以及情绪和归因风格如何影响健康。

对疾病的反应

人们如何确定他们是否病了？他们如何解释自己的症状？是什么影响了他们求医和坚持治疗的意愿？

察觉症状 最近，你可能体验到了下列生理不适中的至少一项：头疼、胃疼、鼻塞、肌肉酸痛、耳鸣、多汗、手凉、心跳加速、晕眩、关节僵硬、腹泻或便秘（Pennebaker，1982）。这些症状需要解释。它们是否毫无意义，还是有什么事情要发生？通常一周不到，我们就开始自己诊断某些症状了。

察觉和解释我们身体发出的信号，就像我们觉察和解释车子的行驶状况一样。除非迹象很明显且很清晰，否则我们往往会忽视它们。大多数人是不能仅凭听引擎的声音就能判断车子是否应该换油的。同样，我们大多也不能准确地判断自己的心率、血糖水平或血压。人们凭借自我感觉猜测自己的血压，但自我感觉与血压往往是无关的（Baumann & Leventhal，1985）。更重要的是，很多疾病的早期信号（包括癌症和心脏病）都是很微弱的，极易被忽略。

解释症状：我病了吗？ 严重的疼痛使问题变得更加具体和更加关键。一个小囊肿会是恶性肿瘤吗？腹痛是否严重到引发阑尾炎？胸口疼痛是否只是肌肉痉挛？很多心脏病发作的患者往往认为胸口疼痛只是肌肉痉挛，这会造成一半甚至更多的心脏病患者因未能及时治疗而去世。因此，我们必须思考哪些因素会影响我们对症状的解释？

一旦发现症状，我们通常会用熟悉的疾病模式进行解释（Bishop，1991）。在医科学校，这往往会产生很有趣的结果。作为训练的一部分，医学专业的学生学习了某种症状与各种各样的疾病的关系。因为他们也会体验到很多的症状，有时就会把这些症状归结为他们最近学习的疾病模式。（“我喘气喘得厉害，可能是肺炎初始的症状。”）同样，心理学专业的学生在学习各种心理障碍时，也会发生类似的情况。

我需要治疗吗？ 一旦人们注意到自己的症状，并认为症状可能很严重时，就会有一些因素影响他们做出是否寻求住院治疗的决定。如果人们认为他们的症状是由身体而不是心理原因引起的，他们通常更愿意寻求治疗（Bishop，1987）。但是，如果他们觉得尴尬，如果他们认为治疗效果还抵不上所需费用以及治疗会带来诸多麻烦，甚至想逃避接到一种可能的毁灭性诊断，那么，这些都会让他们延误寻求医疗救助。

美国国家健康统计中心报告了在寻求治疗上的性别差异：女性比男性更多地报告症状，使用更多的处方和非处方药物，在求助内科医生的频率上是男性的两倍（NCHS，2008）。在求助于心理治疗的频率方面，女性比男性多 50%（Olfson & Pincus，1994）。

女性更经常生病吗？显然不是。事实上，男性可能更容易生病。在其他一些问题上，男性患高血压、溃疡和癌症的概率更高，他们的预期寿命更短。那为什么女性更可能去看医生？这或许因为女性对自己的内在状况更加关注。可能她们更愿意承认自己是软弱的，并寻求帮助（Bishop，1984）。

当病人与医生关系融洽，当病人协助制定他们的治疗计划，而且可选方案显得较有吸引力时，他们通常更愿意遵从治疗指导。与听到“有 60% 的不能存活的几率”相比，当人们听到“有 40% 的存活几率”时，更可能愿意接受手术（Rothman & Salovey，1997；Wilson & others，1987）。这类“获得性设计”的信息同时也说服更多的人使用防晒霜、拒绝香烟、接受 HIV 检验（Detweiler & others，1999；Schneider & others，2000；Salovey & others，2002）。与告诉人们“不用防晒霜会降低你拥有健康、年轻皮肤的几率”相比，告诉人们“防晒霜能够保持健康、年轻的皮肤”的效果会更好。制订理想的运动计划，每天运动几分钟而不是每周运动几小时，同样也可以让人们更乐意坚持下去（Peetz & others，2011）。

情绪与疾病

我们的情绪能预测到我们患心脏病、中风、癌症以及其他疾病的可能性吗（见图 14.5）？思考以下情况。

心脏病与好斗、缺乏耐心和易怒的（很重要的一点）人格相联系（Smith & Ruiz，2002；Williams，1993）。处于压力下，反应性强且易怒的“A 型”人格的人会分泌更多的应激激素，这会加速生成心脏动脉壁上的斑块。

抑郁也增加了患各种疾病的危险。即使是在控制了吸烟和其他与疾病有关因素差异的情况下，研究者也发现中度抑郁者更容易患心脏病（Anda & others，1993；Boehm & others，2011）。在心脏病发作后的一年里，抑郁症患者进一步诱发心脏病的危险是正常人的两倍（Frasure-Smith & others，1995，1999，2005）。消极情绪的危害导致了在慢性病患者中抑郁和焦虑的高发率（Cohen & Rodriguez，1995）。抑郁和心脏病之间的联系可能是由与压力相关的动脉炎症所导致的（Matthews，2005；Miller & Blackwell，2006）。应激激素能加快蛋白质的生成，从而导致炎症，它有助于我们抵抗感染。但是同时炎症也可以激化哮喘，阻塞动脉和诱发抑郁。

当瓦利恩特（Vaillant，1997）对一群哈佛男性校友从中年到老年开展纵向研究时，

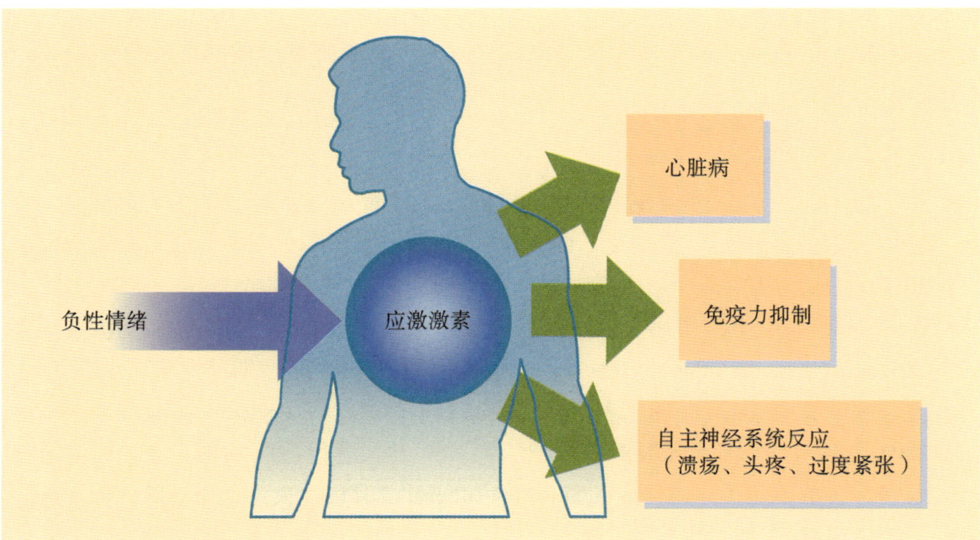

图 :: 14.5
压力引起的负性情绪对健康产生各种影响。对于抑郁或易怒的人来说尤其如此。

他证实了忧郁和负性情绪的影响。他将 52 岁的人划分为两类：一类是“老古板”（从不酗酒、使用镇静剂或看精神科医生），其中只有 5% 的人在 75 岁前去世；另一类是“忧郁”的人（酗酒、使用镇静剂或看过精神科医生），其中 38% 的人在 75 岁前去世了。

乐观与健康

当一件事情让人绝望时，人们的健康状况会急转直下；当希望复燃时又猛然好转，这样的故事非常多。杰夫在九岁那年患上肝癌，他的医生感觉很棘手，但是杰夫还是很乐观。他决心长大要当一名癌症研究专家。一天，杰夫兴高采烈：一位对他的病例很感兴趣的外地专家在一次跨国旅行时，计划中途来看望他。杰夫有很多话想跟这位医生说，并打算给医生看他自患病以来写的日记。到了期待已久的那一天，杰夫所在的城市浓雾笼罩。医生的飞机改变航线飞向了另一座城市，从那里这位医生直接飞向了他的最终目的地。听到这个消息后，杰夫失声痛哭。第二天早上，他感染了肺炎且高烧不退，虚弱地躺在床上。晚间，他进入了昏迷状态。第二天下午，他便离开了人世（Visintainer & Seligman，1983）。

要理解态度与疾病的联系，仅有生动的真实故事是不够的。癌症与绝望同时发生时，我们想要知道：是癌症导致了绝望，还是绝望降低了个体对癌症的抵抗力？为了解决这个“先有鸡还是先有蛋”的谜题，研究者开始（1）在实验中，让有机体面对无法控制的压力，从而产生绝望感；（2）将绝望的解释风格与将来的疾病相联系。

压力与疾病 绝望感最明显的表现就是第 2 章所讲的*习得性无助*，这一概念最早是由塞利格曼在动物电击实验中提出的。尽管这些经历并没有引发癌症等疾病，但是，它们的确降低了个体身体的抵抗力。给老鼠注射肝癌细胞，与那些接受可躲避的电击或者没有遭受电击的老鼠相比，接受了不可躲避的电击的老鼠更可能患肿瘤并死亡。而且，与可控制电击的幼鼠相比，那些不可控制电击的幼鼠在成年时期患肿瘤的可能性要高两倍多（Visintainer & Seligman，1985）。习得性无助的动物反应更消极，而且血液检查表明其免疫反应更低。

诚然，老鼠和人类有很大不同。但是越来越多的证据表明，经受巨大压力的人更易患病（Segerstrom & Miller，2004）。持续的压力会消耗我们的精力，降低我们的免疫力，使我们更易受感染或患上恶性疾病（Cohen，2002，2004）。配偶去世、航天飞机着陆时的压力，甚至考试周带来的紧张等，都会降低个体的免疫力（Jemmott & Locke，1984）。

思考下列事实：

- 在实验中，一名志愿者在知情同意后被注入感冒病毒，暂时的压力刺激提高了他体验到的症状的严重程度（Cohen & others，2003，2006；Pedersen & others，2010）。
- 在另一项实验中，争吵的新婚夫妇在第二天体验到了更多的免疫机能下降（Kiecolt-Glaser & others，1993）。当人们体验到更多的婚姻冲突带来的压力时，实验室中的划伤需一两天甚至更长的时间才能愈合（Kiecolt-Glaser & others，2005）。在 11 个国家开展的多项研究对 650 万人进行追踪发现，在男性和年轻人中，离婚增加了早逝风险（Sbarra & others，2011）。
- 工作压力确实会让人感到沮丧。对 17 415 名美国中年女性的追踪研究显示，重大工作压力可以预测心脏病的发作率增加 88%（Slopen & others，2010）。一项以 12 116 名护士为对象的丹麦研究发现，报告工作压力“太大”的参与者患心脏病的风险比其他人高出 40%（Allesøe et al.，2010）。

- 压力会导致产生炎症的蛋白质增多。因此，体验到社会压力的人，包括遭受家人虐待的儿童，他们更容易出现炎症反应（Dickerson & others，2009；Miller & others，2011）。炎症可以抵抗感染，但持续的炎症会引发哮喘、动脉阻塞和抑郁。研究人员甚至发现某种分子，对某些人来说，通过压力“表观遗传学”机制会激活控制炎症反应的基因。

解释风格与疾病 如果不可控的压力影响健康，降低免疫功能，并且产生被动而绝望的顺从，那么悲观者会更容易生病吗？一些研究已经证实，悲观的解释风格（例如，“这是我的责任，这种倒霉的事情会一直持续下去，并破坏一切”）更容易致病（Carver & others，2010）。彼得森和塞利格曼（Peterson & Seligman，1987）研究了棒球运动员名人堂的 94 个成员的新闻语录，考察那些对坏事情（如输掉重要比赛）作悲观主义（稳定的、普遍的、内在的）解释的频率。那些经常进行消极归因的研究对象，许多人英年早逝。乐观主义者（那些对好事情进行稳定、普遍而内在的归因的人）通常比悲观主义者活得长。

其他一些研究进行了长期追踪：

- 1946 年时表现非常乐观的哈佛大学研究生，时隔 34 年后，研究者对其进行再次研究时发现他们最健康。
- 荷兰的一个研究团队对 941 名年龄较大的成年人进行了为期约 10 年的追踪研究（Giltay & others，2004；2007），结果发现，其中乐观程度位于前 25% 的人中，只有 30% 的人去世；而乐观程度位于后 25% 的人中，有 57% 的人去世了。
- 还有一项研究，时跨半个世纪以上，那些在平均年龄为 22 岁时表达正性情绪最多的天主教修女，比那些更多表达负性情绪的同伴平均多活 7 年（Danner & others，2001）。

值得一提的是，健康的行为，如运动、良好的营养、不酗酒等，都是促进乐观

德拉尼姐妹都活过了100岁，她们把自己的长寿归结为乐观地面对生活。

主义者长寿的基本因素（Peterson & Bossio，2000；Whooley & others，2008）。

研究者坦南和阿弗莱克（Tennen & Affleck，1987）从他们自己的研究中得出一致的结论，认为积极的、充满希望的解释风格通常是一剂良药。从著名的安慰剂效应（即相信自己正在接受有效的治疗）的疗效中，我们可以看到积极信念的强大疗效。（如果你认为一种治疗将会起作用，那么它就是有效的，也许尽管它实际上无效。）同时，他们也提醒大家，每一线光芒前总有乌云掩挡。乐观主义者可能把自己视为坚不可摧，因此会失于预防。那些吸烟者乐观地低估了烟焦油的危险性（Segerstrom & others，1993）。当情况无法挽回，磨难也就不可避免。乐观对健康的确有益。但是请记住：即使是乐观主义者，死亡率也是100%。

小结：伴随行为问题的认知过程

- 社会心理学家正在积极地探索抑郁、孤独、社会性焦虑以及身体患病的人的归因和期望问题。抑郁症患者持有消极的解释风格，把不好的事情都归因于稳定的、普遍的和内在的原因。尽管轻度抑郁症患者有较为消极的看法，但是在实验室测验中他们表现出了出人意料的现实性。抑郁症患者抑郁的思维方式会影响其行为，反过来，又使其持续了一种恶性循环。
- 孤独涉及被隔离的或不适应的情绪，通常在以个人主义为特征的社会中出现。像抑郁一样，对于那些长期孤独以及处于社会性焦虑状态（例如极度羞怯）中的人，孤独也可能会发展为一种恶性循环。
- 对于大多数人来说，被评估时会体验到焦虑，但是害羞的个体在友好的、随意的情境下也极易感到紧张，当焦虑的感觉引起尴尬、隔离的行为时，就发展成为一种恶性循环。
- 健康心理学方兴未艾，它探索的问题是人们如何判断自己是否病了，如何解释自己的症状，以及何时会寻求和接受治疗。同时它也在探索消极情绪的影响，以及疾病、压力和消极解释风格之间的联系。

有助于治疗的社会心理方法

我们认为，适应不良的思维方式与健康问题有关，从重度抑郁到极端害羞再到生理疾病。这里我们将讲述旨在消除适应不良思维模式的治疗方法。

不存在所谓的社会心理治疗法。但治疗是一种社会交往的过程，社会心理学家认为，社会心理学的原则可以整合到现有的治疗技术当中去（Forsyth & Leary，1997；Strong & others，1992）。下面我们来看三种方法：通过外显行为引发内在改变，打破恶性循环，通过对成功作内在归因维持变化。

通过外显行为引发内在改变

在第4章中，我们探讨了一条简单但强有力的原理：我们的行为影响着我们的态度。我们的社会角色、言行和决定都对“我们是谁”有着深刻的影响。

与这种“态度追随行为”原则相一致，一些心理治疗技术使用了行为疗法。

- 行为治疗师努力塑造病人的行为，并假设内在性情会随着行为变化而改变。
- 在自信训练中，个体首先在支持情境中通过角色扮演来练习自信，反复训练之后，个体会逐渐恢复在日常生活中的自信行为。

- 理性情绪治疗法认为，是我们自己导致了负性情绪的产生。因此，治疗师给病人布置“家庭作业”，让他们以一种有助于积极情绪产生的方式去说话、行事，挑战那些原有的负性行为方式。摒弃“自己没有吸引力”这一想法，开始主动和他人交往。
- 自助小组巧妙地使参与者在团体面前以全新的方式行事，例如，表达愤怒、哭泣，展现高自尊，表达积极情感。

所有这些技术都有一个共同的假设：如果我们不能用坚定的意志力来直接控制我们的感受，我们还可以通过我们的行为来间接地影响它。

实验证明，我们关于自我的诉说能够影响我们的感受。在一项实验中，实验者引导学生写自我赞美的散文（Mirels & McPeek，1977）。之后，另一个实验者让学生对自己进行私下评定。与被要求撰写社会评论的学生相比，写自我赞美散文的学生表现出更高的自尊。在另外几项实验中，琼斯和同事（Jones & others，1981；Rhodewalt & Agustsdottir，1986）让学生以自我提升或自我贬低的方式来向面试者介绍自己。同样，这种公开的自我表露，无论是提升还是贬低，都会影响个体在自尊测验中的反应。言出必信，当我们评价自己时也是如此。

有实验表明，当人们有选择机会的时候，他们会最大化地内化自己的行为。门敦卡和布雷姆（Mendonca & Brehm，1983）在实验中证实了这种对选择知觉的重要性。他们用一组即将开始减肥计划的超重儿童为研究对象，让他们自主选择喜欢的治疗方法。然后定时提醒他们，是他们自己选择了这种治疗方法。与此同时，并未给另一组参加这一计划的儿童选择权。那些有选择权的儿童，因为感觉自己对治疗负有责任，在八周甚至三个月之后，减掉了更多体重。

打破恶性循环

如果抑郁、孤独和社会焦虑是消极体验、消极思维模式和自我挫败行为所形成的恶性循环的结果，那么应该可以在任何一个环节打破这种恶性循环。如改变环境，训练个体形成更为积极的行为方式，转变消极思维，等等。实验和经验表明，这的确可以做到，一些不同的治疗方法可以帮助人们从抑郁的恶性循环中解脱出来。

社会技能训练

抑郁、孤独和害羞不仅仅是个体的心理问题。身处抑郁症患者周围的人也会感到不愉快和压抑。正像孤独者和害羞者认为的那样，他们在社会情境中的表现确实不理想。具有讽刺意味的是，过分自我关注的人越是想给别人留下好印象，他们的努力就越会起反作用（Lun & others，2011）。而那些更加关注支持他人的人却更易获得他人的关注。针对这些问题，社会技能训练可能会有所帮助。通过观察并在安全情境中练习新的行为，个体可能会在其他情境行事时表现出更高的自信。随着个体开始享受应对自如的好处，一个更加积极的自我知觉逐渐形成了。黑默利和蒙哥马利（Haemmerlie & Montgomery，1982，1984，1986）的研究证明了这一点。他们以害羞、焦虑的大学生为研究对象，那些没有异性交往经验并紧张的实验参与者可能会对自己说：“我没有约会过，所以我肯定不行，所以我不应该去追求任何人。”为

社会技能训练：让害羞、焦虑的人观察社会技能，然后反复练习，并在现实生活得到积极的反馈和强化时，他们的社会技能通常会有明显的提高。

了改变这种消极的信念和行为结果，黑默利和蒙哥马利引导这些学生与异性进行愉快的交流。

其中一项实验是，在男性参与者填写了社会焦虑问卷之后的两天里，每一天，实验者都引导他们与六位年轻女性参与者中的每一位进行 12 分钟的交谈。男性参与者以为这些女性也是参与者。事实上，这些女性是实验者的合作者，她们会以一种自然、积极、友好的方式与每个男性参与者交谈。

实验证明，这两个半小时的谈话产生的积极效果十分显著。一位参与者事后写道："我从来没有遇到过这么多能够愉快交谈的女孩子。在与几个女孩聊天以后，我的自信心提高了，不再像之前那样紧张。"这些评价也被各种测量所支持。与控制组的男性参与者不同，那些经历过交谈实验的男性参与者在一周以及六个月之后的重测中，与女性有关的焦虑明显地降低了。当被安排独自与一个有吸引力的陌生女性在一起时，他们同样会更加自信地开始与其交谈。事实上，实验结束以后，他们也开始有了不定期的约会。

黑默利和蒙哥马利指出，值得注意的是，在这些变化发生的过程中，并没有咨询的介入。他们认为，其实正是因为没有咨询，才会发生这种变化。正是因为通过自己的努力而获得了成功，这些男性才能够把这种交往成功归因于自己的社交能力，而非其他别的因素。七个月后，研究者向被试做出了事后解释，但截至那个时候，足够多的正性强化已足以使这些被试将成功归因于自己的内在特质。黑默利（Haemmerlie，1987）总结道，"只要你不再拿外在因素为成功找借口，一事成，则事事成！"

解释风格疗法

抑郁、孤独和羞怯的恶性循环可以通过社会技能训练、改变自我知觉和改变消极的思维方式来打破。不过，存在这样一种状况，在吹毛求疵的朋友和家人的指责中，抑郁者、孤独者或害羞者会相信自己不具备良好的社交技能。对于这些人，具有针对性的方法是帮助他们转变对于自己和未来的消极信念，社会心理学家提出了这种有针对性的解释风格疗法（explanatory style therapy）（Abramson，1988；Gillham &

others，2000；Masi & others，2011）。

有这样一个项目，它帮助抑郁的大学生改变他们的典型归因方式。莱登（Layden，1982）首先向抑郁的大学生解释了非抑郁者归因方式的好处（通过接纳成功带来的信心，并看环境是怎样使事情变糟的）。通过各种任务，她帮助学生观察他们一般是怎样解释成功和失败的。接下来是治疗阶段：莱登让他们中的每一个人记录下每天的成功与失败，并格外留意：成功有他们自身的因素，失败也有外在的因素。当这种归因训练结束一个月后，对这些学生进行重测，相比没有治疗的控制组，他们的自尊提高了，归因风格也变得更加积极。而且归因风格越积极，他们的抑郁就消失得越多。通过改变归因，他们改变了自己的情绪。

通过对成功作内在归因维持变化

迄今为止，我们从所考虑的两条原则——行为改变可以导致内在的改变，自我知觉和自我归因的改变能打破恶性循环——得出了一条推论性的原则：一旦有了提高，当人们将其归因于受自己控制的因素而非治疗计划时，效果将最为持久。

通常，强制性的手段会引发最为强烈和迅速的行为改变（Brehm & Smith，1986）。通过让想要消除的行为导致惨重的损失或带来尴尬，并且使健康的行为带来极大的回报，治疗师的治疗可能会得到迅速而显著的效果。问题是，正如社会心理学家 40 年来的研究提醒我们的那样，强制性的行为改变很快就会衰退或消失。

为了探究其原因，我们来看看玛莎的经历。她很在意自己轻微的肥胖，并因为无力改变这种状况而受挫。她正在考虑一些商业广告中的体重控制计划。每一份计划都声称它能达到最好的效果。玛莎选择了其中一份计划，这是一份严格要求每天热量吸收控制在 1 200 卡路里以内的节食计划。而且，她还需要记录和报告自己每天所摄入的卡路里，每周称一次体重，以保证她和她的指导者能准确地了解她的执行情况。因为她对这份计划的价值很有信心，且不想令自己感到尴尬，玛莎坚持参加了该计划，并且高兴地发现多余的体重正逐渐消失。“这份独特的计划真的有效！”当玛莎达到她的目标体重时，她高兴地告诉自己。

然而，让人遗憾的是，在结束这份计划之后，玛莎重演了大多数体重控制结业者的经历（Jeffery & others，2000）：她的体重又反弹了回来。在大街上，她看到自己的指导者走近，于是连忙尴尬地跑向了人行道的另一边，把脸转了过去。唉！她还是被指导者认出来了，并被热情地邀请重新参与该“计划”。因为这份计划的确在第一次时达到了很好的效果，玛莎承认她很需要该计划，于是答应回去，开始了她又一轮起伏不定的节食减肥。

玛莎的经历代表了一些体重控制实验参与者的经历，包括由珍妮特·索恩和迪恩·雅诺弗（Sonne & Janoff，1979）所做的一项实验。像玛莎一样，一半的实验参与者被要求将他们发生改变的饮食行为归因于这份计划。另一半则被要求将饮食行为的改变归因于他们自己的努力。两组参与者在这份计划中都成功减肥。但是在实验结束 11 周之后再称重时，那些自我控制条件下的人最好地保持了他们的减肥效果。这些参与者，正像前面介绍过的害羞的男性遇到女性的研究一样，证明了自我效能的作用。学会成功地应对，并相信他们做到了，他们会感觉更有信心，且更加有效。

在强调行为和思维方式的改变能产生积极影响之后，我们应该提醒自己：它们也有局限性。社会技能训练和积极的思维方式，不可能将我们改变成人人喜爱和钦佩的常胜将军。而且，暂时的抑郁、孤独和羞怯是对严重的悲伤事件非常适当的反应。只是当这样的情绪长期存在且没有任何明确的原因时，它才需要去关注，并在必要之时去改变这些恶性循环式的思维和行为。

通过社会影响来进行治疗

心理学家越来越接受这样一种观点：社会影响——一个人影响另一个人——是治疗的核心。斯坦利·斯特朗（Strong，1991）提供了一个典型的例子：一个30多岁的女性在治疗师面前抱怨她感到抑郁。治疗师细心地观察了她的情绪，并了解了她的处境。她解释了她的无助感和丈夫对她的需要。在钦佩她的奉献精神的同时，治疗师还是帮助她认清：她应该对丈夫的问题负责。她提出反对，但是治疗师坚持这一结论。最后，她终于承认，丈夫可能并不像她认为的那么脆弱。她开始看清她应该如何既尊重丈夫又尊重自己。在治疗师的帮助下，她每周都制订计划。在治疗师和来访者的长期互动接近尾声时，她不再觉得抑郁，并表现出了新的行为方式。

对心理疗法影响的早期分析，集中于治疗师怎样成为可靠的专家、树立可信任的形象，以及他们的可信度怎样提升其影响力（Strong，1968）。近期分析更多关注治疗师与来访者之间的互动关系如何影响来访者的思维（Cacioppo & others，1991；McNeill & Stoltenberg，1988；Neimeyer & others，1991）。非本质的因素，例如治疗师的可信度，可能会让人产生这样的想法：治疗师的想法引导着来访者的想法。但是，考虑周到的中心路径说服能提供最持久的态度和行为的改变。因此，治疗师的目的不是要诱发来访者对专家判断表面上的同意，而是要改变来访者自己的思维模式。

幸运的是，参加治疗的大部分来访者都想采取这种中心路径，即在治疗师的指导下深入地思考他们的问题。治疗师的任务只是提供意见，并提出适当的问题来引导积极有效的想法。治疗师的意见并不比他们让来访者产生的想法更重要。治疗师需要将事物用来访者能听得懂的方式得到其同意，而不是用引起争辩的方式来说明，并允许来访者有时间有余地做出反应。例如，"你对我刚才所说的怎么看？"这样的问题能够引起来访者的思考。

希萨克（Heesacker，1989）用一名35岁的男研究生戴夫的例子来说明这一问题。戴夫否认他存在潜在的物质滥用问题。咨询师了解到，戴夫是个喜欢用证据说话的聪明人，于是试图说服他接受诊疗，参加一个治疗支持团体。咨询师说："好，如果我的诊断有误，我愿意改正。但是让我们来看看物质滥用者的所有特征，看看我的诊断是否正确。"咨询师然后慢慢地检查，并给戴夫时间去思考每一项标准。当这一切结束时，戴夫一下子靠到了椅子上，喊道："我不敢相信，我是一个该死的酒鬼。"

在哲学家帕斯卡尔1620年的《思想录》中，他就已经预见了这一原理："人们通常对于自己发现的道理，比由别人发现的更加深信不疑。"这是一条值得铭记于心的原理。

小结：有助于治疗的社会心理方法

- 外在行为的改变能够引起内部的变化。
- 通过对行为技能的训练、积极体验自我知觉的改变以及消极思维方式的改变，人们可以打破消极态度和行为所形成的自我挫败的恶性循环。
- 如果人们将自己状况的改善归因于在他们持续控制下的内在因素而不是治疗计划本身，那么改善的状况能得到最好的保持。
- 心理健康工作者同时也认识到，要改变来访者的态度和行为需要说服。治疗师，由于其作为专家和令人信任的交流者的形象，可以试图通过有说服力的论证和提出问题来促进来访者采用更为健康的思维方式。

社会关系对健康与幸福感的促进

支持性的亲密关系能预测健康和幸福，这种亲密关系是指感到被亲密的朋友和家人所喜爱、肯定和鼓励。我们来看看相关的证据。

我们的人际关系会充满压力。让·保罗·萨特曾这样讽刺道："他人即地狱。"当沃尔和佩恩（Warr & Payne，1982）问一群具有代表性的英国成人："如果有的话，在此之前的前一天，什么让你们情绪紧张？""家人"是最常见的答案。而压力，正像我们所看到的那样，会诱发健康问题，例如冠心病和高血压，并减弱我们与疾病作斗争的免疫系统的功能。

尽管如此，总的来看，亲密关系更多的是带来健康与幸福，而不是疾病。向相同的一群英国人询问前一天什么给他们带来了幸福时光，有更多的人回答也是"家人"。亲密关系带给我们最大的痛苦，但也会给予我们最大的欢乐。

亲密关系与健康

有八项大规模的调查，每一项都持续了几年时间，并访问了数千人，得出了一条共性的结论：亲密关系能预测健康（Berkman，1995；Ryff & Singer，2000）。孤独者受到健康问题困扰的危险性较大，他们常常体验到更大的压力、更差的睡眠质量，表现出更多的自杀行为（Cacioppo & Patrick，2008）。与那些有较少社会关系的人相比，那些与朋友、亲戚、宗教或社团组织的其他成员有亲密关系的人较少早逝。开朗、挚爱、重视亲密关系的人不仅有更多的朋友，同时在实验中，他们更不易被注射的感冒病毒所感染（见图 14.6，Cohen & others，1997，2003）。

已婚者比未婚者更健康、更长寿。据美国国家健康统计中心（NCHS，2004）报告，不论年龄、性别、种族和收入，已婚者总是比较健康。已婚者较少受头痛、背痛和压力的折磨，他们也较少吸烟和酗酒。一项实验让已婚女性接受 fMRI 脑部扫描，同时电击她们的关节（Coan & others，2006）。与此同时，其中的一些女性被她们的丈夫抱着，一些女性被不认识的人抱着，另一些女性没有人抱。在等待电击时，那些被丈夫抱着的女性的威胁反应的脑区活动较少，这与快乐、支持性的婚姻有利于健康的研究结果一致（De Vogli & others，2007）。对于那些婚姻最幸福的人来说，其抚慰人心的怀抱的益处也最大。

另外，给予社会支持也很重要。在一项对 423 对老年夫妇历时 5 年的研究中，即便在控制了年龄、性别、原有的健康状况和社会经济条件之后，研究者仍然发现，

图 :: 14.6
不同合群程度者的感冒比率

被注射感冒病毒之后，高度合群的人比较不容易患感冒。

资料来源：From Cohen & others, 2003.

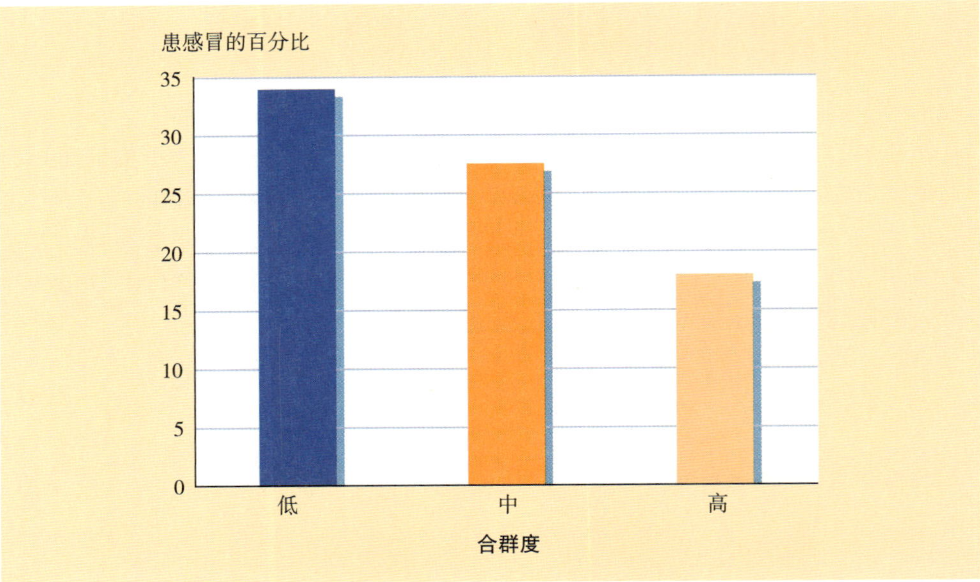

那些给予别人社会支持（从让朋友、邻居搭车，为他们跑腿办事，到给自己的伴侣提供情感支持）较多的人寿命更长（Brown & others，2003）。对 700 多位病人进行的追踪研究也表明，特别是对于女性来说，付出比一味索取对自己的病情恢复更有效（Väänänen & others，2005）。

而失去人际纽带则提高了患病的危险性。

- 芬兰一项对 96 000 位新近丧偶者的研究发现，在配偶去世后的一周之内，他们死亡的危险性加倍了（Kaprio & others，1987）。
- 美国国家科学院的一项研究显示，那些新近丧偶的人变得更易患病和死亡（Dohrenwend & others，1982）。
- 一项对 30 000 名男子的研究显示，当一段婚姻破裂时，男性会更多酗酒、吸烟，蔬菜的摄入量减少，油炸食品的摄入量增加（Eng & others，2001）。

倾诉与健康

如此看来，社会支持和健康之间存在联系。为什么呢？也许那些享受亲密人际关系的人吃得更好，运动得更多，并且喝酒和吸烟较少；也许朋友和家人帮助他们提升自尊；也许一个支持性的人际网络能够帮助他们评估和战胜压力事件（Taylor & others，1997）。在超过 80 项的研究中，心血管及免疫系统的良好运行与社会支持呈正相关（Uchino & others，1996）。因此，当某人讨厌上班或失去工作而受到伤害时，朋友的建议、帮助和安慰的确是一剂良药（Cutrona，1986；Rook，1987）。即使问题没有被提及，朋友也可以使我们转移注意力，并给我们一种感觉，无论发生什么事情，我们都会被接受、喜欢和尊重。

友谊是对抗一切灾难的灵丹妙药。
——塞涅卡，5B.C.-A.D.65

我们可能会向我们认为是亲密朋友的人倾诉伤心事。在一项研究中，彭尼贝克和奥希伦（Pennebaker & O'Heeron，1984）接触了一些自杀者或交通事故遇难者的配偶。与那些坦然表达出来的人相比，那些独自承担悲痛的人会出现更多的健康问题。彭尼贝克（Pennebaker，1990）调查了超过 700 名女大学生，他发现 1/12 的人在儿童期有创伤性的性经历。与那些经历了与性侵犯无关的创伤——例如父母死亡或离婚——的女生相比，那些经历过性虐待的女性报告了更多的头痛、胃病和其他健康问题，尤其是当她们对自己的秘密守口如瓶时。

为了分离出亲密关系中倾诉、忏悔方面的作用，彭尼贝克让丧偶者叙述一直折磨着他们心灵的伤心事。最初，被要求描述一些小事的参与者表现出生理上的紧张。他们一直保持这种紧张状态，直到倾诉完他们的问题。然后他们变得轻松了。将个人创伤在日记中写下来，似乎也是有用的。当另一项实验的参与者也这样做了之后，他们在接下来的六个月中较少出现健康问题。一位参与者解释道："尽管我没有向任何人说我写了什么，但我终于能够处理它，解决它，而不是逃避它。再想到它时也不会让我受伤害。"即使只是"与日记对话"，甚至只是写下自己未来的梦想和人生的目标，倾诉也都大有裨益（Burton & King，2008；King，2001；Lyubomirsky & others，2006）。

其他一些实验也证实了积极应对的好处，不主张人们压抑痛苦的体验。在一项实验中，勒普尔和同事（Lepore，2000）让学生们看一段有关大屠杀的充满痛苦的幻灯片和录像，看完后或者立即谈论，或者不谈论。两天后，那些谈论过此事的人体验到的痛苦较少，突然闯入脑海的想法也较少。

贫困、不平等与健康

我们已经看到了健康与一种伴随积极归因风格的控制感之间的联系。我们也了解了健康和社会支持之间的关系。控制感、社会支持以及卫生保健和营养因素，能够解释为什么经济地位与寿命有关。回忆第 1 章中对古老的苏格兰格拉斯哥墓地公园的研究：那些拥有最昂贵、最高大墓碑（标志着富裕）的人寿命最长（Carroll & others，1994）。即便是现在，在苏格兰、美国和加拿大，较贫困的人早逝的概率仍然较高（Wilkinson & Pickett，2009）。贫困意味着疾病，富裕意味着健康。

贫困和不健康之间的相关是双向的。不良的健康状况对个人的收入也没有好处。但是大多数证据显示，贫困会导致不健康（Sapolsky，2005）。那么贫困是如何"惹人生气"的呢？答案包括（1）减少了接受高质量健康护理的机会，（2）不健康的生活方式（在受教育少和低收入的群体中吸烟更普遍）和（3）日益增加的压力。贫困意味着面临压力、负性情绪和有害环境的危险性增加了（Adler & Snibbe，2003；Chen，2004；Gallo & Matthews，2003）。贫困者通常睡眠不足，他们往往做双份工作，赚的钱不够支付各种费用，乘坐拥挤的公共交通工具，住在高污染的社区，并在别人的控制下做苦力。即使在灵长类动物中，当感染类似的感冒病毒时，那些控制能力最低的——在社会等级中最底层的——更易受感染（Cohen & others，1997）。

贫困和相伴随的压力可以解释这一弱势群体较短的寿命。例如在美国，白人的平均寿命是 78 岁，而黑人的平均寿命是 73 岁（CDC，2005）。贫困还有助于解释一种奇怪但经常被提及的相关：智力和健康之间的相关。爱丁堡大学的研究者伊恩·迪里（Deary，2005）及其同事们偶然收集到一组在 1932 年 6 月 1 日对所有 1921 年出生的苏格兰人进行智力测验的数据后，他们发现了这种相关。当他们研究苏格兰人的死亡记录时发现（正如其他国家的研究者发现的一样），"你能否活到领养老金的年纪，部分取决于你 11 岁时的智商。你无法控制这个很好的预测器。"低智商的风险因素——大体相当于肥胖症或者高血压——也部分地取决于清楚了吸烟的危害之后，低智商者更不可能戒烟，由此更可能死于肺癌。与贫困相关的压力和缺乏自我

（左上文字：如果你生于斯，长于斯，你预计死于54岁……
右下文字：……但在这儿，仅仅数公里之外，你预计能活到82岁。）

财富和健康。2008年，《苏格兰人》杂志中的一篇文章用图例说明了格拉斯哥东部低收入地区卡尔顿居民们预期寿命的显著差异，富裕的伦齐地区距此仅8公里远。

控制也是一方面原因。

收入严重不均的地区，人们的寿命也相对更短（Kawachi & others，1999；Lynch & others，1998；见图 14.7）。与日本人和瑞士人相比，英国人和美国人的收入差异更大，预期寿命也更低。在过去十年中，贫富差距增大的地区，像东欧和俄国，预期寿命已经下降到跷跷板的尽头了。

不平等仅仅是贫困的一个指标吗？多项证据表明，贫困的确是重要因素，但不平等同样也是。约翰·林池和同事（Lynch & others，1998，2000）发现，人们若是居住在有巨大收入差距的地区，那么处于各收入水平的人早逝的危险都比较大。不仅仅是贫困，而是与周围的人相比感觉贫困，这才是致命的。罗伯特·萨波斯基（Sapolsky，2005）认为，这也可以解释为什么美国（西方世界收入差距最大的国家）虽在医疗护理的花费上位居全球第一，而平均寿命却排第 29 位。

亲密关系与幸福感

倾诉痛苦感受不仅对身体有益，同样对精神状态也有益。许多研究表明，拥有朋友和家人支持的人更幸福。

若是孤身跌倒，没有别人扶起他来。这人就有祸了。
——《圣经·传道书》4:10b

在第 2 章中，我们总结过一些研究，这些研究将竞争性的、个人主义文化中的人们（例如美国、加拿大和澳大利亚的人）与集体主义文化中的人们（例如日本和许多发展中国家的人）进行比较。个人主义文化提供了独立性、隐私和个人成就中的自豪感；而集体主义文化中，更为紧密的社会联系则保障人们避免遭受孤独、疏远、离婚以及与压力有关的疾病的侵袭。

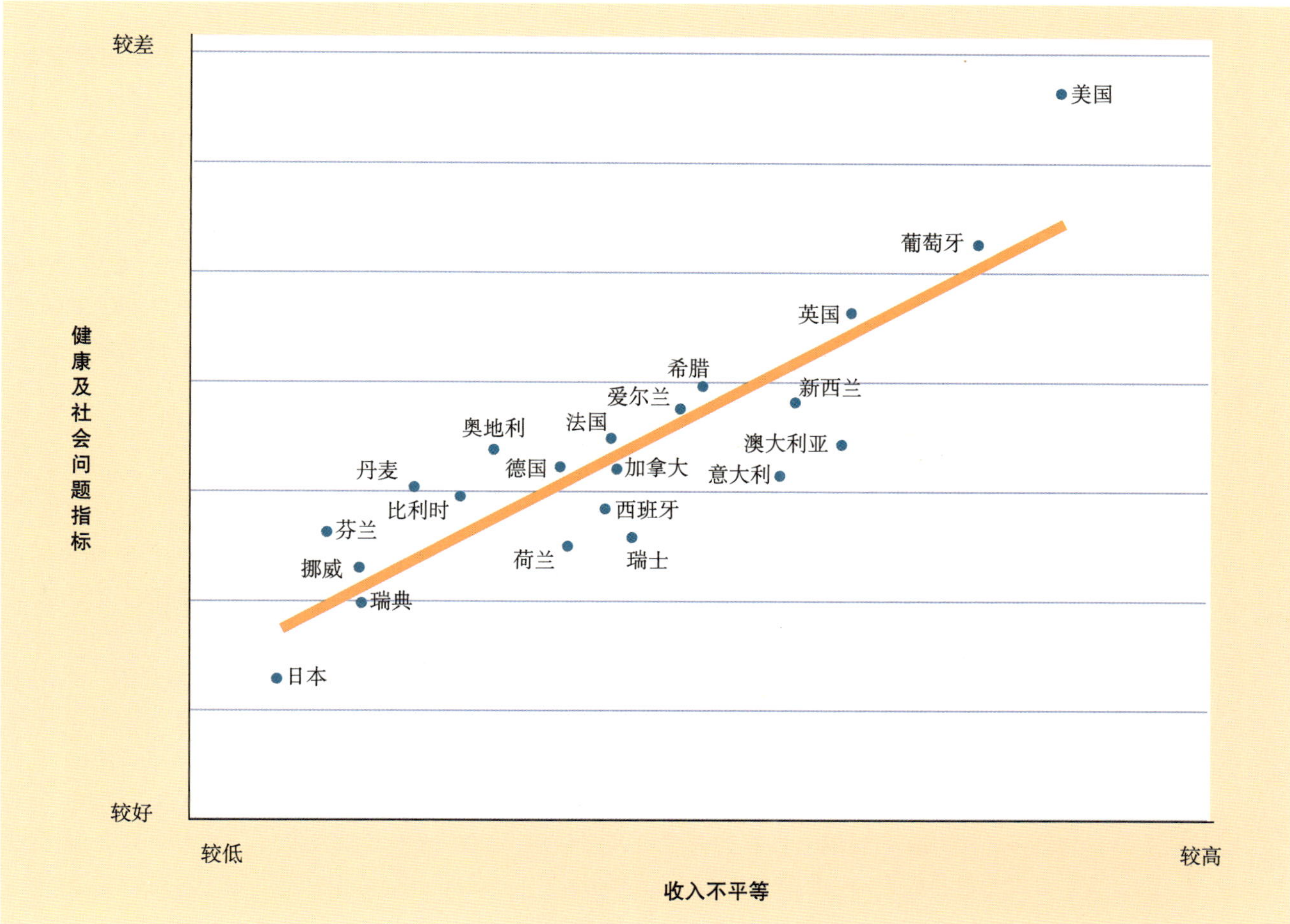

图 :: 14.7

在收入严重不平等的国家，人们的身心健康问题往往更严重。这一健康问题指标包括预期寿命较低、婴儿死亡率高、肥胖、青少年生育、心理疾病、坐牢，以及文化水平、社会信任和社会流动性较低。

资料来源：Richard Wilkinson and Kate Pickett, *The Spirit Level: Why Greater Equality Makes Societies Stronger* (Penguin, 2009).

友谊与幸福

还有一些研究比较了那些几乎没有亲密人际关系和有很多亲密人际关系的个体。17 世纪的哲学家弗朗西斯・培根认为，和可以与之分享秘密的朋友交流有两个作用："它将欢乐变成两倍，而将不幸分成两半。"因此，这看起来像美国民意调查中心对美国人所提出的一个问题的答案一样："回顾过去的六个月，谁是你与之讨论重要问题的人？"与那些能写出五六个亲密之人名字的人相比，那些写不出这类名字的人报告"不太幸福"的可能性是前者的两倍。

其他一些研究证实了社会关系网的重要性。很多实验表明，他人的接纳令人愉悦，他人的拒绝则让人痛苦。这种痛苦非常严重，甚至需要用止疼药进行缓解（DeWall & Bushman，2011）。在人的一生中，友谊培养了自尊，增进了人们的幸福感（Hartup & Stevens，1997）。举例来说：

- 最幸福的大学生是那些对他们的爱情生活感到满意的人（Emmons & others,

1983）。

- 那些享受亲密人际关系的人能更好地应对各种压力，包括亲人去世、遭遇强暴、失去工作和身患疾病（Abbey & Andrews，1985；Perlman & Rook，1987）。
- 在由韦斯利・珀金斯调查的 800 名霍巴特和史密斯学院的毕业生中，那些更看重亲密好友和幸福婚姻而非高收入、事业有成和声望的人描述自己为"相当"或"非常"幸福的可能性是他们同班同学的两倍（Perkins，1991）。当被问及"什么对你的幸福是必要的？"或者"什么会让你的生活有意义？"时，大部分人认为，相比任何其他东西，更重要的是与家人、朋友或爱人间的令人满意的亲密关系（Berscheid，1985；Berscheid & Peplau，1983）。幸福与家庭紧密联系在一起。

太阳低头俯视这个世界，发现没有什么能比一家人饱餐一顿时发出的笑声更美好。

——C. S. 刘易斯，《成员》，1949 年

婚姻依恋与幸福

世界上每 10 个人中，有超过 9 个人的最终亲密关系是婚姻。婚姻与幸福感呈正相关吗？或者说追求快乐的单身生活比婚姻的"束缚""枷锁"和"桎梏"有更多的幸福吗？

大量数据显示，大部分有依恋关系的人比没有这种关系的人更为幸福。针对成千上万的欧洲人和美国人的多次调查研究，研究者得出了一致的结论：与那些单身或丧偶的人，尤其是与那些离婚或者分居的人相比，已婚者报告感到更幸福，对生活的满意度也更高（Gove & others，1990；Inglehart，1990）。一项自 1972 年起对 50 000 名美国人具有代表性的调查显示，23% 的未婚成人报告"非常幸福"；而在已婚的成人中，此类报告的比例是 40%（Parker & others，1995）。同性恋夫妇也是如此，与孤独者相比，他们报告有更多的美好生活（Peplau & Fingerhut，2007）。尽管社会心理学家贝拉·德保罗（Depaulo，2006）认为"有很多方法能满足人们的归属需要"，但是，几乎没有什么比与最好的朋友相互亲近、互相关心、保持平等关系、亲密相处和相伴一生的友谊能更好地预测幸福了。

与是否结婚相比，更重要的是婚姻的质量。那些对婚姻感到满意的人很少报告说自己不幸福、对生活不满意或者感到抑郁。幸运的是，大部分已婚者的婚姻确实是幸福的。在美国，近 2/3 的人说他们的婚姻"非常幸福"；3/4 的人说他们的配偶是他们最好的朋友；4/5 的人说他们愿意再次与同一个人结婚。婚姻的幸福进而提升了整体生活的幸福感。

为什么已婚者普遍更加幸福？是婚姻促进了幸福，还是幸福促成了婚姻？是否幸福的人更有吸引力？是否牢骚满腹者或者抑郁者常保持单身或者经历离异呢（见图 14.8）？的确，与幸福快乐的人相处的经历是愉悦的。他们对人友好、令人信赖、富于同情心、关注他人（Myers，1993）。而不快乐的人，正像我们已探讨过的，更容易被社会排斥。抑郁通常引发婚姻压力，而婚姻压力又加深了抑郁（Davila & others，1997）。因此，积极的、快乐的人更容易形成幸福的人际关系。

但是，奥斯陆大学社会学家马斯特卡萨（Mastekaasa，1995）报告称，"在研究者中盛行的观点"是婚姻与幸福关系"主要源于"婚姻的有益作用。试想一下，如果幸福快乐的人更容易步入婚姻生活，那么随着人们年龄的增长（不幸福的人逐步地步入婚姻），已婚和未婚者当中的平均幸福感都将下降。（年龄较大、较少体验到幸福感的新婚夫妇会降低已婚者的平均幸福感，而且未婚群体将越来越多地由不幸福的人组成。）但是数据并不支持这一预测。这说明对于大多数人来说，夫妻的亲密

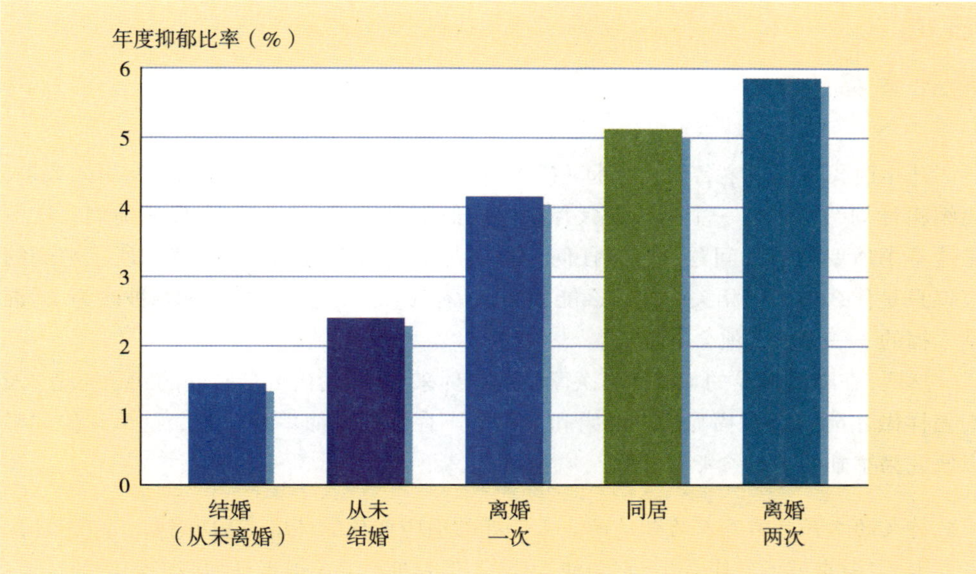

图 :: 14.8
婚姻状况和抑郁
美国国家心理健康协会对于心理障碍的调查发现，未婚成人的抑郁严重程度要比已婚成人高 2~4 倍。
资料来源：Data from Robins & Regier, 1991, p. 72.

关系确实能带来积极的情绪体验。拉特格斯大学的一项为期 15 年之久，针对 1 380 名新泽西州成人的追踪研究也得出了相同的观点（Horwitz & others，1997）。即使是在控制了结婚前的个人幸福感之后，研究者也发现了已婚者抑郁变少的趋势。

婚姻能提升幸福感至少可以从两方面来解释：第一，已婚者更可能享受一种持久的、支持性的和亲密的人际关系，且更少感到孤独。加州大学洛杉矶分校的库姆斯（Coombs，1991）所做的一项研究证实，男性医科学院的大学生如果已婚，从医学院毕业时，他们体验到的压力和焦虑较少。良好的婚姻为每位伴侣提供了一个可依赖的同伴、情人和朋友。

婚姻能够提升幸福感，减轻痛苦感，还有另一个更实际的原因。婚姻中的个体要承担配偶和伴侣的角色，这成为个体自尊的一种额外来源（Crosby，1987）。确实，多重角色会带来多重压力，但是每个角色同时也带来了回报和地位，使人生更为丰富，使我们从人生中其他部分的压力中解脱出来。一个有许多身份或同一性的自我，就像一个有着许多房间的大厦一样。尽管大火焚烧了温莎城堡的一栋侧楼，城堡的大部分仍然可以供王室成员和旅游者观赏。当我们的个人同一性有许多基石来支持时，就算其中任何一块基石受损，我们仍然可以继续屹立。即使我在工作当中陷入困境，那么我可以告诉自己，我仍然是一位好丈夫、好父亲，而且归根结底，这些身份对我来说才是最要紧的。

小结：社会关系对健康与幸福感的促进

- 健康和幸福不仅受社会认知的影响，而且还为社会关系所影响。那些拥有亲密的、支持性人际关系的人，患病和早逝的危险性较低。人际关系帮助人们应对压力，尤其是使人们能倾诉他们内心的感受。
- 亲密的人际关系还能提升幸福感。那些与朋友和家庭成员拥有亲密的、长期的依恋关系的人，能更好地应对失败，并报告出更大的幸福感。举例来说，与未婚的成人相比，那些已婚者报告“非常快乐”的可能性更大，并且经历抑郁的可能性更小。这不仅是因为快乐的人通常会取得更大的社会成功，还因为支持性的生活伴侣能带来更多幸福。

后记：
提升幸福感

几年前我写了一本名叫《追求幸福》的书，介绍了一些关于幸福的最新研究成果。当编辑计划给本书定一个副标题《什么给人们带来幸福？》时，我提醒他们：这不是这本书所要解答的问题，甚至任何一本书都不能回答这一问题。我们所了解到的仅仅只是什么与幸福相关，即什么能预测幸福。因此，这本书的副标题被改为：《谁是幸福的——为什么他会幸福？》

然而，在随后接受的400次有关幸福的媒体采访中，记者们最常问的问题还是“人们怎样做才能获得幸福呢？”健康和幸福并不存在任何简单的公式，这里我仅列举以研究为基础的十点参考：

1. 持久的幸福并不是人为创造的。人们能够适应变化的环境，适应财富，适应残障。因此，财富就像健康：没有它会使人痛苦，但是拥有它（或者任何我们渴望的环境）也并不一定保证幸福。
2. 控制时间。幸福者认为他们能控制自己的生命，这通常得益于他们对时间的掌控。因此，设立目标，并将它们分解为每天的小目标。尽管我们经常高估一天中我们能完成多少任务（带来的结果是感到挫败），但是我们通常低估在一年内我们能完成的工作量，“不积跬步，无以至千里”，每天积累一点点，长此以往，你会惊喜于一年的收获。
3. 表现出幸福。我们至少可以假装一种暂时的心情。做出一种微笑的表情，感觉也会好一些；皱着眉头板着脸，整个世界似乎也在怒视自己。因此，给自己一个快乐的笑容吧。说话时也要想象自己感觉到自尊、乐观和友好。体验这些情绪，便可以引发这样的情绪。
4. 寻找合适的工作和休闲方式，以便于发挥自己的技能。幸福的人通常处于一种叫“心流”的状态中，专心于一项挑战自我而不会压倒自己的任务。奢侈的休闲形式（比如坐游艇）比起从事园艺、交际或手工制作提供的心流体验要少得多。
5. 参加运动。大量研究表明，有氧运动不仅能促进健康和精力，也是消除轻度抑郁和焦虑的一剂良药。健全的心灵寄存于健康的身体中。不要使自己成为一个笨拙的、终日懒散和无所事事的人。健康的心灵居于健康的身体里。
6. 保证足够的睡眠。幸福的人们过着一种积极的、精力旺盛的生活，同时也预留了时间来补充睡眠和恢复独处的宁静。许多人都有睡眠困扰，及受到随之产生的疲乏、机敏下降以及抑郁的心境等的影响。
7. 优先考虑亲密的人际关系。与那些非常关心你的人建立亲密友谊能够帮助你渡过难关。倾诉有益于身心健康。去精心培育你最为亲密的关系：不要认为他们对你好是理所当然的，要以同样的方式显示出你的友善，肯定你的伴侣，一起玩耍一起分享。用饱含情感的投入换回心中的炽烈情感。
8. 关注自我之外的事物。向那些需要帮助的人伸出援手。幸福能促进人们的亲社会行为（那些感觉很好的人会表现出更多的亲社会行为）。但是，亲社会行为也会回馈给人们积极的感觉。
9. 记录感恩日记。那些每天停下来思考他们生活当中的一些积极方面（健康、朋友、家庭、自由、教育、感受、自然环境等）的人体验了更多的幸福。

10. 培育灵性自我。对许多人来说，信念提供了一个支持性的群体、一个脱离自溺的理由和一种生活希望。许多研究都发现，虔诚的宗教信奉者报告自己更加快乐，而且他们能更好地应对危机。

第 15 章

社会心理学在司法领域中的应用

法庭就是战场，律师们在那里争夺陪审团支持。

——詹姆斯·兰迪（James Randi，1999）

人类历史上最广为人知的犯罪案件：橄榄球明星、演员兼体育评论员辛普森（O. J. Simpson）被指控残忍地谋杀了与他不合的妻子以及一名与他妻子相熟的男子。起诉人认为证据确凿：辛普森的行为属于长期虐待和暴力恐吓配偶。通过血液检验，证实他的血液出现在犯罪现场，而受害者的血液出现在他的手套、汽车甚至卧室里的袜子上。在谋杀案发生的当天晚上，他开车离开；当要逮捕他时他又仓皇出逃。检察官说，这更加大了他的犯罪嫌疑。

辛普森的辩护律师认为，种族偏见可能为那些声称在辛普森的家中发现了带血手套的警官提供了动机；他们还认为，辛普森不可能接受公正的审判。这些审判员——其中有 10 位女性——会公正地对待这个涉嫌虐待和谋杀妇女的人吗？他们会在多大程度上忽略审判前那些易于导致偏见的公开报道，而去注意法官的指示呢？

这一案例向我们揭示了社会心理学实验中研究过的一些其他问题：

- 犯罪现场没有目击者。目击者证词的影响力有多大？目击者回忆的可信度有多高？怎样才算是一个可信的目击者？
- 辛普森是一个英俊、富有、广受倾慕的名人。陪审员们真的能够像他们应该做到的那样，忽略被告的吸引力和社会地位吗？
- 陪审员们对那些重要信息（比如 DNA 测试中的统计概率）的理解是否充分？
- 该案例中的陪审团成员大部分由女性和黑人组成，当然也包括两名男性，还有一位西班牙人和两位非西班牙裔白人，在接下来的对辛普森索赔案的民事审判陪审团中有 9 名白人。陪审员的这些特征会使他们的判决产生偏差吗？如果会，律师们能否利用挑选陪审员的程序，组成一个符合自己意愿的陪审团呢？

- 在这类案例中，12 名陪审员做出判决前要慎重讨论。讨论期间，陪审员之间会怎样相互影响呢？少数派会赢过多数派吗？12 名陪审员得出的结论会和 6 名陪审员的结论一样吗？

这样的问题让众多的律师、法官和被告们着迷。正如大部分法学院认识到要聘用“法律和社会科学”的教授，以及出庭辩护律师认识到要雇用心理学顾问一样，这些问题都可以在社会心理学中找到答案。

我们可以把法庭视为一个微型社会，根据所涉及事件的主要结果，它把日常的社会过程加以放大。在犯罪案件中，心理因素会影响包括逮捕、审问、起诉、辩诉交易、判决和假释在内的一系列决定。一个案件最终能否达成判决，与法庭的社会动力（social dynamic）有关。因此，我们来讨论一下目前正被大量研究的两类影响因素：（1）目击者证词及其对被告判决的影响；（2）陪审团成员的个体特点与群体特点。

目击者的证词是否可靠

解释目击者证词的准确性、它是否与目击者的信心有关，以及目击者证词中的误导信息效应。描述提高目击者证词的准确性以及对陪审团进行训练的方式。

当法庭审判拉开序幕时，陪审员听取证词，形成对被告的印象，然后听从法官的指示并最终达成判决。让我们从目击者证词开始，逐步了解这些过程。

即使克瑞克·布拉兹沃斯从未触犯过法律，在五个目击者指认之后，他被定罪为对一名 9 岁的小女孩进行性侵犯并将其杀害。但是，在他被判定为死刑之后的两年，以及后来被判为无期徒刑的 7 年里，他都坚称自己无罪。DNA 检测表明，小女孩内衣上的精液并不是他的。出狱之后，他仍未摆脱嫌疑。直到 2003 年，通过 DNA 检测，警方发现了真正的凶手，这才洗清了他的冤屈，而此时距离他被判为死刑已经过去了 19 年。

目击者证词的说服力

在第 3 章里我们注意到，生动的轶事和个人证词往往比强有力但抽象的信息更具说服力。一段论述最好的结束语莫过于说：“这是我亲眼看见的！”

记忆研究者伊丽莎白·洛夫特斯（Loftus，1974，1979，2011）发现，人们十分相信那些自称“亲眼目睹”的人，甚至当他们的证词没什么用时也是如此。研究者给学生们放映了一段假设的抢劫—谋杀案件的录像，当仅有情境证据而没有目击者证词时，仅有 18% 的学生赞成定罪；另一部分参与者接受的信息，除了有一个人证之外，其他要素均相同。现在，由于有人作证说“就是这个人！”，结果有 72% 的学生赞成定罪。第三组参与者听到，被告的律师驳斥了这位目击者的证词，因为该目击者的视力仅为 20/400，而且当时并没有戴眼镜。这种驳斥是否就降低了证词的有效性呢？在这个案例中，并没有下降多少：仍然有 68% 的参与者赞成给被告定罪。

后来的实验表明，对证词可信度的质疑，也许能够在一定程度上减少同意给被告定罪的人数（Whitley，1987）。但是，除非该目击者的证词与另一个目击者的证词相互矛盾，否则该目击者的生动解释很难从陪审员的脑海中抹去（Leippe，1985）。因而，这可以解释，为什么相对于那些缺少目击者证词的刑事案件（如辛普森案）来说，有目击者作证的案件（如布拉兹沃斯案件）更可能将被告定罪（Visher，1987）。

“就像结果显现的那样，
我的律师团根本不是那些目击者的对手。”

© Joseph Mirachi/ The New Yorker Collection/www.cartoonbank.com

难道陪审员不能发现错误的证词吗？为了找出答案，加里·韦尔斯、林赛及其同事导演了在艾伯塔大学有数百个目击者的偷窃计算器事件。然后，他们让每一个目击者从一系列的照片中辨认嫌犯，让模拟陪审员观察正在被询问的目击者，并对他们的证词做出评价。与那些错误的目击者相比，人们更容易相信那些正确的目击者吗？研究发现，研究参与者相信正确的和错误的目击者的比例均为 80%（Wells & others，1979）。因此，研究者推断，“观察者完全没有能力分辨出那些将无辜的人错认为罪犯的目击者”（Wells & others，1980）。

在后续实验中，林赛、韦尔斯和朗培尔（Lindsay，Wells，& Rumpel，1981）导演了一组偷窃案件。在这些案件里，有时允许目击者长时间地处于良好观察条件下观察偷窃事件，有时则不允许。结果发现，当处于良好观察条件时，陪审员们更相信目击者；但是，即使观察条件很差，致使三分之二的目击者实际上都认错了人时，也还是有 62% 的陪审员仍然相信目击者。

韦尔斯和利珀（Wells & Leippe，1981）也发现，陪审员更加怀疑那些细节记忆较差的目击者，尽管这些人往往是最准确的目击者。陪审员认为，一个能够记住屋内悬挂着三张画的目击者“确实在注意”（Bell & Loftus，1988，1989）。事实上，那些注意到周围细节的人更不容易注意到嫌犯的面部特征。

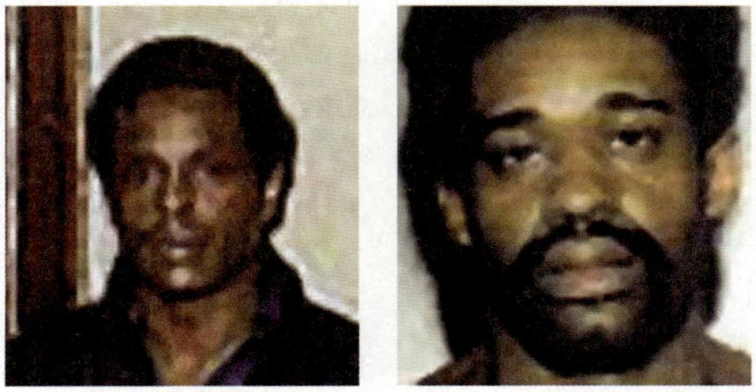

被目击者错误地指认的无辜的詹姆斯·纽瑟姆（左边）和实际的罪犯（右边）。

三位目击者的有力指证，把以前从未被逮捕过的芝加哥人詹姆斯·纽瑟姆送进了监狱。他被指控枪杀了便利店老板，因此被判终身监禁。15 年后，他被释放。指纹技术显示，真正的罪犯是丹尼斯·埃默森，一名比前者高出 7.6 厘米、头发更长的职业杀手（Chicago Tribune，2002）。

当眼见不为实时

目前的测谎脑部扫描具有一定的边缘效度。但这些看似高科技的证据仍不足以让陪审团信服（Gazzaniga，2011；McCabe & others，2011）。

目击者的证词通常不准确吗？无辜的人由于目击者错误的证词而在监狱里煎熬岁月，这样的故事并不罕见（Brandon & Davies，1973；Doyle，2005；Wells & others，2006）。70 年前，耶鲁大学的法律教授埃德温·博查德（Borchard，1932）考察了后来被证实无罪的 65 个人的判罪记录（以及一些得到宽恕而释放和在重审之后被释放的人）。大部分案件是由错误辨认所致，有一些人在即将执行死刑的最后时刻被解救出来。在当今社会，DNA 检测已经解救了 250 多名被判刑但事实上无罪的人，其中 76% 是由目击者错误辨认所致（Garrett，2011a）。

为了判断目击者回忆的准确性，我们需要了解他们总体的“命中率”和“漏报率”。研究者搜集这些信息的办法之一是模拟与日常生活中的案件有可比性的犯罪事件，并请目击者作证。

目前，研究者已经做过多次这类研究，有时结果令人不安（Sporer，2008）。例如，在加利福尼亚州立大学的海沃德，141 名学生目击了一起“骚扰”教授的案件。七周后，罗伯特·巴克霍特（Buckhout，1974）让他们从 6 张照片中辨认那个攻击者，60% 的学生选出了一个与案件无关的人。在实际的案件中，目击者指证的人有时并不是他们看到的那个人，这并不奇怪。后来的研究同样证实，目击者在指认罪犯时常因过于自信而有失准确。例如，伯恩斯坦和齐克福斯（Bornstein & Zickafoose，1999）发现，让学生回忆一名不久之前来过教室的参观者，确信自己的回忆正确的人的比例达到 74%，但实际上正确回忆的人只有 55%。

确信并不意味着确凿。
——奥利弗·温德尔·霍姆斯（Oliver Wendell Holmes），《法律文集》

在英国和威尔士进行的三个现场系列实验表现出了显著的一致性。大约 40% 的目击者识别出了嫌疑犯，另外有 40% 的目击者认为嫌疑犯不在其中。虽然已经提前告知实验参与者，嫌疑犯可能并不在给出的一系列照片之中，依然有 20% 的实验参与者的指认是错误的（Valentine & others，2003）。

当然，一些目击者比另一些目击者表现得更加自信。韦尔斯和同事（Wells & others，2002，2006）发现，陪审团会认为这种自信的目击者才更为可靠。自信的目击者被认为是更加可信的，除非他们的证词存在明显的错误（Tenney & Others，2007）。在某些情况下，自信的目击者的证词会更加准确，特别是在事件发生后他们立即进行了自信的辨认（Sauer & others，2010；Sauerland & Sporer，2009）。在 57% 的被 DNA 证据所推翻的已定罪案件中所涉及的目击者的证词，目击者在最初并不确定（Carrett，2011b）。然而，过度自信的现象（见第 3 章）也会影响目击者。布鲁尔和韦尔斯报告说（Brewer & Wells，2011），在许多情况下，目击者感觉到了 90%~100% 的自信通常有 75%~90% 的准确率。并且，有一些人，无论对与错，都习惯过于自信地表达自己。因此，迈克尔·利珀（Leippe，1994）认为，这有助于解释为什么犯错的目击者也常常具有说服力。

目击者对细节的回忆有时是很深刻的。约翰·尤伊尔和朱迪思·卡特歇尔（Yuille & Cutshall，1986）研究了位于英属哥伦比亚繁忙的伯纳比街上发生的一桩午后谋杀案，发现目击者对细节的回忆有 80% 是准确的。

这一发现对于 1972 年美国联邦最高法院的成员来说，无疑是个意外。基于目击者指证做出的审判奠定了美国司法系统的地位，而现在我们认识到，法庭对一些案件的裁定实际上很愚蠢。因为它宣称，决定裁定准确性的众多因素之一是“目击者作证的确信水平”（Wells & Murray，1983）。

因为人的大脑不是录像机，所以知觉和记忆会发生错误。许多错误相当可以理解，正如“改变盲目”实验揭示的那样，人们并不能察觉到一个无关的人进入现场和另外一个人离开现场之间的区别（Davis & others，2008）。当给人们呈现一张新面孔和一张先前呈现过的面孔时，人们认出旧照片的能力相当好。然而，斯特林大学的面孔识别研究者维基·布鲁斯（Bruce，1998）惊讶地发现，人类的视觉很难鉴别出视角、表情或光线上的细微差别。我们的记忆一部分是根据我们当时知觉到的，一部分是基于我们的预期、看法和当前的知识（见图 15.1）。

与目击犯罪和精神创伤相伴随的强烈的情绪体验可能会进一步破坏目击者的记忆。在一项实验中，旅游观光客们在参观伦敦地牢恐怖迷宫时带上了心率计。那些

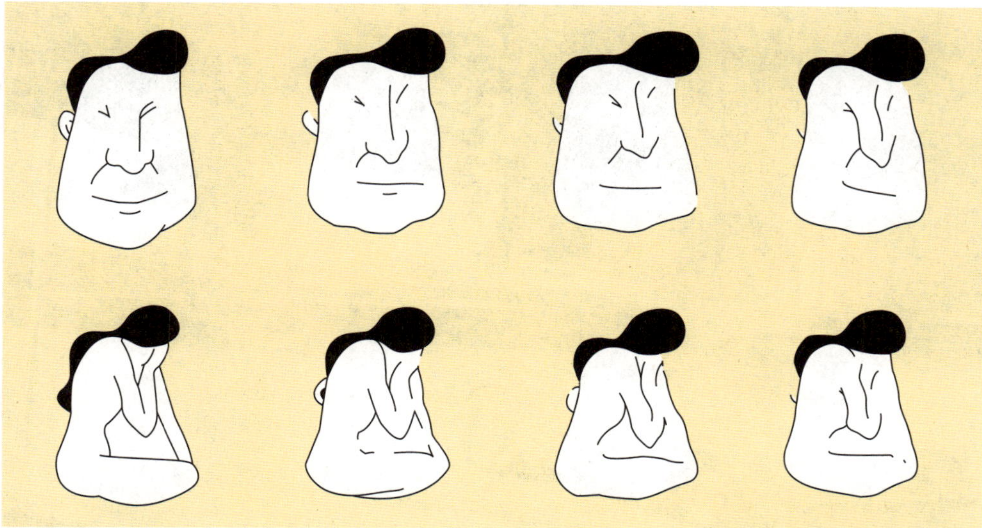

图 :: 15.1
期望影响知觉
最右边的图形是一张脸还是一个人的轮廓呢?
资料来源 : From Fisher (1968), adapted by Loftus (1979b). Drawing by Anne Canevari Green.

情绪波动最大者在后来指认参观过程中遇到的人时，所犯的错误最多（Valentine & Mesout，2009）。

查尔斯·摩根和耶鲁大学的同事以及军事心理学家们（Morgan & others，2004）考察了压力对记忆的影响，他们把 500 多名士兵放入生存学校——模仿战争集中营的监狱进行训练，不给他们提供充足的食物和睡眠，并且伴随着紧张的、面对面的审讯，由此导致他们心率提高，血液中的荷尔蒙分泌增多。从集中营中释放出来的第二天，当要求参与者从 15 人组成的一排人中辨认出当时审讯他们的人时，只有 30% 的人能够准确识别，尽管 62% 的人可以回忆起一个低紧张度的审讯者。因此，研究者们总结道，“我们通常认为，对于那些与我们面对面接触过或者威胁我们超过 30 分钟的人，我们永远不会忘记他的脸。可事实恰恰相反，多数人并不能正确地辨认曾危害过他们的人。”我们对于其他种族人脸的辨认有很高的自信，但同时错误回忆的风险也很高（Brigham & others，2006；Meissner & others，2005）。

回忆一下第 9 章中“自我种族的偏见”——对自己所属的种族的人脸能更准确地辨认的倾向。

误导信息效应

伊丽莎白·洛夫特斯和助手们（Loftus & others，1978）为记忆建构提供了戏剧性的证明。他们给华盛顿大学的学生呈现了 30 张幻灯片，放映的是机动车和行人相撞的全过程。其中一张关键幻灯片显示，一辆红色的达特桑车在“停止”路标或“避让”标志前停住。然后，他们问一半的学生一些问题，问题之一是：“当红色达特桑车停在‘停止’交通牌前时，另一辆汽车有没有超过它？”他们问另一半的学生同样的问题，但是把那个问题中的“停止”路标换成了“避让”路标。后来，所有的学生都去看图 15.2 中的两张幻灯片，然后回忆哪一张是他们先前看过的。在问题中提到的与实际看到的一致的条件下，75% 的学生回答正确，而那些先前被问及误导问题的学生的正确率只有 41%。并且，他们不仅否定了实际看到的，而且认为“记住了”那张从来没有看到过的图片。

在对**误导信息效应**（misinformation effect）的其他研究中，洛夫特斯（Loftus，1979a，1979b，2001）发现，在暗示性的问题之后，目击者可能相信当时看到的红灯其实是绿灯，或者抢劫犯本来没有胡须却变成了有胡须。当询问目击者时，警察

图 :: 15.2

误导信息效应

当给证人呈现这两张照片中的一张并问其一个问题时，其中暗含着来自另一张照片里的道路标志，大多数人后来都“记得”看到过他们实际上并未看到的那个标志。

资料来源：From Loftus, Miller, & Burns (1978). Photos courtesy of Elizabeth Loftus.

和律师通常从他们自己对事件理解的角度提问题。因此，令人深感忧虑的是，研究人员发现，目击者非常容易把误导的信息混入他们的记忆，特别是当他们相信提问题的人掌握了充分的信息，而且暗示性问题一再被重复（Frenda & others，2001；Wade & others，2010；Wright & others，2009；Zaragoza & Mitchell，1996）。

错误记忆感觉像或者看起来像是真实的记忆，这一点同样很糟糕。这些错误记忆就像真实记忆一样有说服力——一种让人相信的真实，但却是真实的错误。这种情况对于成人和儿童来说都是一样的（儿童尤其容易受到误导信息的影响）。斯蒂芬·切奇和玛吉·布鲁克（Ceci & Bruck，1993a，1993b，1995）证实了儿童的这种易受暗示性。每个星期，他们都给孩子讲一遍同样的内容，一连讲十周，然后问儿童：“努力地想一想，然后告诉我，这件事有没有发生在你身上。”例如，告诉儿童这样的内容：“你能记得曾经因为手指被捕鼠器夹过而去医院吗？”十周以后，另一个成人问这些孩子同样的问题，结果发现，有 58% 的学龄前儿童讲述了这个错误的假想的事情，而且讲得很详细。有一个男孩还解释道，他的哥哥把他推到地下室里的木头堆里，他的手指被夹进捕鼠器里了。“然后我们就去医院了，是我的妈妈、爸爸和科林开车把我送去的，并且是开我们的货车去的，因为那儿很远。然后医生给我的手指缠上了绷带。”

面对如此生动的故事，就算是专业心理学家也会被愚弄。他们无法区分真实的记忆和错误的记忆，儿童也不行。当告之，这件事实际上从未发生过时，许多儿童表示反对：“但是它确实发生了。我记得！”对于布鲁克和切奇（Ceci & Bruck, 1999，2004）来说，这些研究结果指出了极有可能发生错误控告问题，就像在儿童性虐待案中，儿童的记忆很可能被重复的暗示性问题所干扰，而事实上并没有确凿的证据。布鲁克和切奇报告说，在给出暗示性的对话问题的情况下，大多数学龄前儿童和年龄稍大一点的儿童都会产生错误的报告，比如报告他们看到了小偷在日护中心偷食物。

即使在美国和英国的大学生中，仅仅想象一些童年事件，例如用手砸破窗户玻璃或者护士去除皮肤样本，也会有 1/4 的人相信这些想象的事件真的发生过（Garry & others，1996；Mazzoni & Memom，2003）。这种“想象膨胀”现象之所以会发生，部分是因为想象一些事情所激活的脑区与真正经历一些事情所激活的脑区相似（Gonsalves & others，2004）。

误导信息诱发的错误记忆为*虚假供述*（false confessions）这一特殊现象提供了一种解释（Kassin & others，2010；Lassiter，2010；Loftus，2011）。在 250 个经过慎重研究的案件中，被误判的罪犯通过 DNA 证据得以洗刷冤情，其中 40 个案件涉及虚假供述（Garrett，2011b）。很多虚假供述是*屈从型虚假供述*（compliant confessions），即个体在饱受折磨且经常遭受睡眠剥夺后进行的供述（“只要你告诉我们你是不小心而非蓄意纵火，我们就放你回家。”）。其他的虚假供述属于*内化型虚假供述*（internalized confession），即个体在接受误导信息后似乎相信自己的供述是真实的。

重　述

无论正确与否，重述事件使人们更容易相信回忆起来的东西。一种准确的重述会使得人们此后能更好地抵制误导信息（Bregman & McAllister，1982）。而其他情况下，我们重述的次数越多，我们自己就越容易相信谬误是真实的。韦尔斯等人（Wells, Ferguson, & Lindsay，1981）证实了这一点。他们让一个模拟偷窃案的目击者在出庭作证前，重述他们对问题的回答。这样做，增强了他们对自己错误证词的信心，而听到他们错误证词的陪审员们更可能给那个无辜的人判罪。

我们在第 4 章里提到，我们时常调整自己所说的话来愉悦我们的听者，这样一来，我们就逐渐相信了调整过的信息。假想一下，你目击了一场争论突然爆发成一场殴斗，在这场殴斗里一个人伤害了另一个人。然后，受伤的一方上诉了。在审判前，支持其中一方的一位温和的律师采访你。你可能会微调你的证词，并讲述一个有利于该律师当事人的事情的发生经过吗？如果你这样做了，你后来在法庭上的回忆会有相同的倾向性吗？

布莱尔·谢泼德和尼尔·维德马（Sheppard & Vidmar，1980）证实，对这两个问题的回答都是肯定的。在西安大略大学，他们让一些学生模拟目击者，另一些人模拟律师和法官。当接受了被告律师的采访后，这些目击者给法官的证词更加偏向被告。在后续实验里，维德马和莱尔德（Vidmar & Laird，1983）注意到，目击者并没有从他们的证词中省略重要事实；他们只是改变了说话的语调和用词，而这些都目击者似乎需要宣誓："你发誓你所说的是事实，事情的全部真相，还是你认为你所记住的？"

——伊丽莎白·洛夫特斯，《在加拿大法庭的记忆》，2003 年

是根据他们自认为自己是被告还是原告的目击者而定。但这已经足以歪曲那些听到这些证词的人的印象。所以，不仅仅是暗示性问题能够歪曲目击者的记忆，就连他们自己的重述也可能为了迎合他们的听众而受到调整。

减少错误

由于存在易犯错的倾向，我们应该采取怎样的措施，才能提高目击者和陪审员的准确性呢？前美国总检察官珍尼特·雷诺以及十年前加拿大法律改革委员会都曾向加里·韦尔斯寻求建议。后来，司法部召集了一群研究者、律师和法律执行部门的官员，最终制定了一本《目击者证词：法律执行指导手册》（Technical Working Group for Eyewitness Evidence，1999；Wells & others，2000）。这本手册提供的建议与最近加拿大对目击者辨认程序的回顾所提供的许多建议相类似（Yarmey，2003a），其中包括（a）训练警察面询者和（b）管理嫌犯列队指认的方法。这样做符合“精神司法科学”的要求。它是为了保护目击者有关犯罪现场的记忆。

训练警察面询者

当罗纳德·费希尔和他的合作者（Fisher & others，1987，1989，2011）调查了佛罗里达有经验的警探对目击者的面询录音记录时，他们发现一种典型的模式：以一个开放式的问题（“告诉我你记得什么？”）切入，之后警探会不时以提问打断对方，包括一些很简单的问题（如“他有多高？”）。

《目击者证词》这本指导手册认为，面询一开始就应该允许目击者进行未经提示的回忆。如果面询官一开始引导目击者慢慢地回忆并重建当时的情景，那么回忆将是最完整的。使他们回想当时看到了什么，在想什么，感觉怎样，甚至可以浮现当时的情景。例如，商店收银台的一个营业员站在她当时被抢的位置等，这些都可以提高回忆的准确率（Cutler & Penrod，1988）。给目击者充足的、不被打断的时间报告出脑海中出现的一切之后，面询者用启发性问题引导目击者回忆（如“声音有没有什么特别之处？那个人的长相或者服饰有什么不寻常吗？”）。

费希尔和他的同事（Fisher & others，1989，1994，2011）训练警探们以这种方式问话，这时他们从目击者那里得到的信息量增加了 25%~50%，而回忆错误率却没有增加。他们后来对 46 项研究的统计结果证实，这种认知面询大量增加了回忆出的细节，并且无损于正确率（Memon & others，2011）。作为对此结果的反应，北美的大部分警官以及英格兰和威尔士的所有警官都采用了这种“认知面询”程序（Dando & others，2009）。（该程序同样有望促进在口述历史和医学调查里的信息搜集。）

准确辨认往往是自动的，不需要太费力气（Sauer & others，2010）。那张正确的脸孔是一下子就涌上来的。最近，戴维·邓宁和斯科特·佩雷塔（Dunning & Perretta，2002）的研究表明，在少于 10~12 秒内做出辨认的目击者，其准确率接近 90%；需要更长一点时间辨认的目击者，其准确率大体上只有 50%。尽管其他的一些研究对严格的 10~12 秒规则提出了质疑，但是他们都相信，辨认的时间越快，结果越可信（Weber & others，2004）。例如，瓦伦丁和同事（Valentine & others，2003）在分析 640 名目击者辨认一系列伦敦警察的照片时发现，约 9/10 的快速辨认者和不到 4/10 的慢速辨认者正确地指出了嫌疑犯。较年轻的目击者和那些目击罪犯超过一分钟的人，比那些年老的目击者和目击罪犯少于一分钟的人能更准确地辨认出罪犯。

研究特写

对目击者的反馈

案件的目击者在一列嫌犯中进行指认："啊，我的天哪！……我不知道……他是那两个中的一个……可是我不知道……啊，天哪……那个家伙比二号稍微高一点……就是这两个中的一个，但是我真的不知道……"

几个月后在法庭上，当目击者被询问："你肯定是二号吗？而不是你觉得可能？"

目击者回答："就是这样的……我确信。"

（Missouri v. Hutching，1994，reported by Wells & Bradfield，1998）

如何解释目击者改变他们最初的不确定呢？韦尔斯和布拉德菲尔德（Wells & Bradfield，1998，1999）对此进行了研究。结果显示，当知道另一个目击者指认了同一个嫌疑犯时，当被重复问相同的问题时，当为交叉检验做准备时，目击者的信心就增加了（Lüüs & Wells，1994；Shaw，1996；Wells & others，1981）。列队指认时，可能面询者的反馈既影响了目击者的信心，也影响了他们对最初回忆的信心（"我一直都知道"）？

为了找出这个问题的答案，韦尔斯和布拉德菲尔德做了两项实验。352 名爱荷华州立大学的学生通过微型摄像头观看一个男人走入商店的录像。过后，在摄像范围之外，他谋杀了一名保安。然后给这些学生看一张照片，这张照片是从实际的犯罪照片里剪下来的，最小化了照片中的持枪歹徒。然后让这些学生去确认罪犯。352 名学生都做出了错误的指认，接着实验者给出肯定的反馈（"很好，你的怀疑是对的"），否定的反馈（"实际上，嫌疑犯是 X 号"），或者没有反馈。最后，所有的人都被问："在你指认照片上的那个人时，你对从照片上认出的人就是那个你在录像里看到的那个罪犯有多大把握？"（用 7 点量表，1 表示完全不确定，7 表示完全肯定。）

这项实验最后得出了两个非常令人震惊的结果：首先，实验者给予反馈的效应是巨大的。在肯定的反馈条件下，58% 的目击者评价他们做最初的判断时确定程度为 6 或 7，是那些在没有反馈条件下确定程度相同的人数（14%）的 4 倍，是那些在否定的反馈条件下确定程度相同的人数（5%）的 11 倍。目击者的信心被肯定的反馈所强化，对于这一点我们不应该感到吃惊。然而，真正让我们惊讶的是，这里所提高的是他们对反馈前信心的评价。

对于参与者们来说，他们的判断会受到影响这一点显得并不明显。另一个让人相当吃惊的发现便是，当问及参与者反馈是否影响了他们的回答时，58% 的参与者否认了这一点。而且，那些感到未受影响的人，所受到的影响并不比那些承认自己受影响的人少（见图 15.3）。

在得到积极反馈之后，目击者的自信心提高。这种现象在许多研究中都得到了证实，因而被称为"指认后反馈效应"（Douglass & Steblay，2006，Jones & others，2008；Wright & Skageberg，2007）。目击者对自己回忆的准确性感到好奇，我们可以理解这一点。同时，审讯者会满足他们的好奇心（例如，你确实指出了真正的嫌犯）。但是，接下来由于目击者自信心膨胀可能会引起这样的后果，致使审讯者不能知道真正的嫌犯是谁。

目击者不能认识到指认后的反馈效应，这个教训比对陪审团的研究更深刻。我们又一次看到了社会心理学的用武之地。当社会心理学家如此频繁地发现：请回忆米尔格拉姆的服从实验，只是简单地问人们会如何反应，或者用什么解释他们的行为时，有时我们得到的可能是错误的答案。本杰明·富兰克林是正确的："有三样东西无比坚硬（或困难）的，那就是钢铁、钻石以及认识自己。"这就是为什么我们不仅需要做调查、询问人们如何解释自己，同时还要做实验看看他们实际上做了什么。

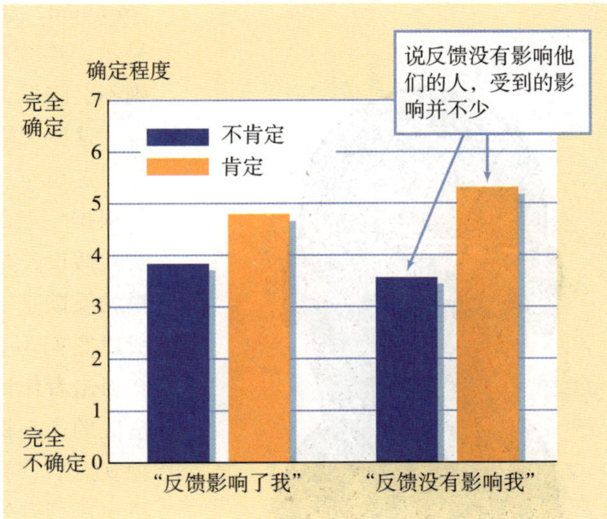

图 :: 15.3

接受到肯定或否定反馈后，目击者回忆的对错误指认的确信度（实验 2）

注：那些说反馈并未影响他们的被试，实际受影响并不少。

资料来源：Data from Wells & Bradfield (1998).

减少错误的列队指认

罗恩·沙特福德的案件表明，警察局的列队指认的组成结构可能会导致错误的指认（Doob & Kirshenbaum，1973）。在多伦多郊外的百货商店发生抢劫案之后，当时的收银员只能回忆出罪犯没有带领带，“穿得很讲究，长得也相当好看。”当警察把英俊的沙特福德排在 11 个相貌平平的人里面，并且那 11 个人都打着领带，这个收银员很快就把他指认为罪犯。在他服刑 15 个月后，另一个人承认了该罪行，这样沙特福德才得以重审并无罪释放。

如果嫌疑人具有某种很明显的特征，如领带、纹身或眼罩，那么在辨认时给其他辨认对象也加上相似特征就可以减少错误指认（Zarkadi & others，2009）。加里·韦尔斯（Wells，1984，1993，2005，2008）以及他的《目击者证词》指导手册认为，能够减少错误指认的一种方法就是提醒目击者：他们看到的那个人可能在也可能不在这个队列里。换句话说，给目击者一组没有包含嫌疑犯的“无信息的”队列，从而剔除那些做错误指认的人。那些没有做错误指认的目击者，后来面对真实的队列辨认时，也表现得更加准确。

在欧洲、北美、澳大利亚和南非开展的数十项研究显示，当要求目击者对一组人*逐个地*做出简单的“是”或“不是”的判断时，错误率也下降了（Lindsay & Wells，1985；Meissner & others，2005；Steblay & others，2001）。同时出现队列，会诱使目击者在这些人中选出更像罪犯的那个人。让目击者一次只看一个嫌疑者，他们就更可能做出准确的辨认，较少犯错误。

如果目击者同时看到了一组照片或一组人，他们就更可能选择那个最像罪犯的人。[当给出的队列中的人不是同一种族的时候，目击者可能会选择与罪犯同种族的某个人，尤其是当这一种族与目击者自己的种族不同的时候（Wells & Olson，2001）]。面对一个“连续队列”，目击者会把队列中的每个人与自己记忆中的罪犯逐一比较，然后做出一个确切的决定，不管匹配与否（Goodsell & others，2010；Gronlund，2004a，2004b）。一项对多个城市的案件进行的大规模研究显示，连续队列可以使错误指认率从 18% 降低到 12%，而正确指认率则不会降低（Wells & others，2011）。

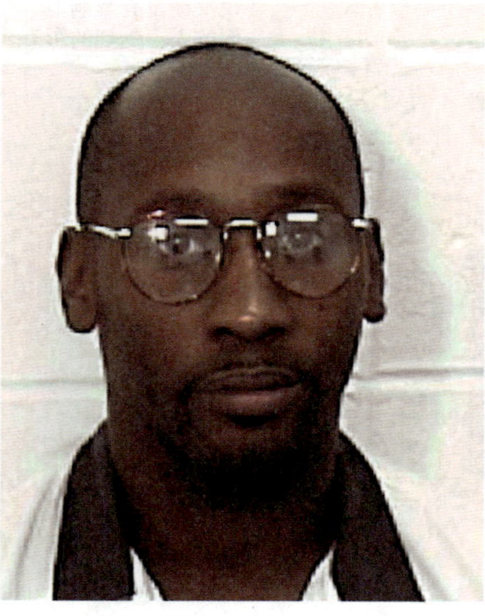

特洛伊·戴维斯 (Troy Davis, 1968—2011)。尽管目击者证词这一程序很容易出错，但佐治亚州宣称，就算戴维斯至死都坚持自己无罪，他仍是一名谋杀犯。

这些无需花费的程序，使得警方的列队指认更像一个设计精巧的实验。这里有一个*控制组*（由非嫌疑犯组成的队列，或者模拟的目击者仅仅根据一般的描述尝试猜测哪个是包括嫌疑犯的队列）。实验者*不知道*实验假设（是一个不知道谁是嫌疑犯的官员，因此他对于目击者指认结果的反馈是不带有任何预期的）。问题是按*脚本*安排的，并且*不偏不倚*。所以它们不会引起特定的反应偏差（程序也不会暗示罪犯在队列中）。在目击者作证前，它们也阻止列队指认之后的评论（“你找对人了”）所造成的信心膨胀。这样的做法大大降低了人类天性的证实偏见（有了一种观点后，寻求能够证实该观点的证据）。现在，列队指认可以用计算机来进行有效的操控（MacLin & others，2005）。

虽然这些双盲检测程序在心理科学中早已司空见惯，但在罪行审判中却不多见（Wells & Olson，2003）。当特洛伊·戴维斯被指控于 1989 年在佐治亚州杀害一名警察时，情况也是如此。警方在指认前给部分目击者看过戴维斯的照片；他的照片与队列中的其他照片背景不同；负责照片排序的警察事先知道戴维斯是嫌疑人。9 名指认过戴维斯的目击者中有 7 人后来改口，其中 6 人说遭到警方威胁才指认戴维斯。第一个告诉警方戴维斯是杀人凶手的证人后来承认自己杀人。尽管包括罗马天主教教皇和前美国联邦调查局局长等超过 63 万人向法庭提出上诉和辩护，但戴维斯仍于 2011 年在佐治亚州被执行死刑（《纽约时报》，2011）。

基于所有这些研究，新泽西州的总检察官命令全州进行双盲检测，避免操纵目击者指认嫌犯；使用连续队列逐个指认，尽量减少在人群中进行简单比较，避免从中选出最像罪犯的人加以定罪（Kolata & Peterson，2001；Wells & others，2002）。2011 年，负责研究目击者指认程序的新泽西州最高法院彻底修订了关于如何看待列队指认疑犯证据的州法规。通过让被告更容易对有瑕疵的证据提出挑战，最高法院将反馈结果与使用列队指认程序相结合，因为该程序很可能产生错误指认（Goode & Schwartz，2011）。

"耳闻证人"的证词是基于语音识别的，研究人员对何种情况下耳闻证词容易出错也进行了研究（Mullenix & others，2011；Stevenage & others，2011）。

训练陪审团

陪审员们能够理性地评价目击者的证词吗？他们了解列队指认的环境会如何影响证词的可靠性吗？他们是否会把目击者的自信心考虑在内？他们能否认识到记忆如何受早先的误导性问题、事件发生时的紧张、事件发生和提问之间的时间间隔、与嫌疑犯是否属于相同种族以及其他细节的回忆是否模糊等等所影响呢？加拿大、英国和美国的有关研究显示，陪审员不能完全理解上述大部分因素，而我们现在知道，所有这些因素都会影响目击者证词的准确性（Desmarais & Read，2011；Magnussen & others，2010；Wise & Safer，2010）。一项全美调查显示，半数以上的被调查者错误地认为，"人类的记忆就像一台摄像机，能够准确无误地记录我们的所见所闻，因此我们可以在事件发生后对其进行回忆和检查"（Loftus，2011）。

为了培训陪审员，现在，专家们被频繁地要求验证目击者的证词（通常由被告

表 :: 15.1 目击者证词的影响

现　象	目击者专家赞成度 *	陪审团赞成度 *
问题措辞。对于一个事件的目击者证词可能会受对目击者进行问题阐释时所用措辞的影响。	98%	85%
列队指认指导用语。警察的指导语可能会影响目击者指证的意愿。	98%	41%
自信心易受外界影响程度。目击者的自信心可能会受与指认准确性无关因素的影响。	95%	50%
嫌疑犯照片的诱导偏差。观看某位嫌疑人的照片会增加目击者随后在队列中指认该嫌疑人的可能性。	95%	59%
事后信息。目击者证词不仅反映了他们的所见，而且也反映了他们随后获得的信息。	94%	60%
态度与期望。目击者的直觉和记忆可能会受其态度和期望的影响。	92%	81%
种族偏见。目击者辨认本种族的成员比其他种族的成员更准确。	90%	47%
准确性与自信心。目击者的自信程度并不能很好地预测其指认的准确度。	87%	38%

* 这些现象足够可靠，可以让心理学家在法庭作证时呈现。

资料来源：Experts from S. M. Kassin, V. A. Tubb, H. M. Hosch, & A. Memon (2001). Jurors from T. R. Benton, D. F. Ross, E. Bradshaw, W. N. Thomas, & G. S. Bradshaw (2006).

的律师提出要求）（Cutler & Kovera，2011）。他们的目的是，给陪审员一些你们刚刚读到的这些信息能帮助他们评价起诉方和被告方的目击者的证词。表 15.1 列出了普遍公认的现象，它来自 64 位研究者对目击者证词的调查。随后的一份调查比较了专家们的理解与从田纳西州抽取的 111 位陪审员的理解。

通过教给陪审员们掌握在何种条件下目击者的叙述是可以相信的，他们变得更具辨别能力（Culter & others，1989；Devenport & others，2002；Wells，1986）。另外，律师和法官也开始认识到存在某些重要的影响因素，这有助于他们决定何时可以要求或者允许对列队指认所得证据进行质疑（Stinson & others，1996，1997）。

小结：目击者的证词是否可靠

- 在数百项实验中，社会心理学家发现目击者证词的准确性会受一系列因素的干扰，这些因素包括人们形成判断和记忆的方式。
- 有些目击者在表达时更加自信。尽管自信实际上只是目击者的个人特质，并不代表信息的可行性，但是人们还是倾向于相信那些自信的目击者。
- 人眼并非摄像机，它易受光线、角度的改变以及其他变化的影响，从而损害人们对嫌疑犯面部指认的精确性。
- 当把错误的信息呈现给目击者时，误导信息效应就会使目击者把错误的信息认为是正确的。
- 当一系列犯罪事实不停地被重复时，错误就可能悄悄地潜入并被目击者所接受，且被认为是真实的记述。
- 为了减少这样的错误，我们建议面询者不要打断目击者的陈述，并鼓励目击者想象当时的情境以及自己的情绪状态。
- 训练陪审团对目击者证词的分辨力可以改善证词的接受方式，最终提高证词的准确性。

影响陪审团判断的其他因素

描述被告的吸引力以及其与陪审团的相似性会使陪审团的判断产生怎样的偏差，陪审员能够对法官的指示忠诚到何种程度。

被告的特征

正如著名的审判律师克拉伦斯·达罗（Darrow，1933）所说，陪审员很少会给他们有好感的人判刑，或者也很少接受他们不喜欢的人无罪。他认为，出庭辩护律师的主要任务是组成一个对被告有好感的陪审团。这样的说法正确吗？另外，是否真的像达罗所说的那样，“犯罪事实相对来说并不重要”？

达罗言过其实了。有一项研究调查了 3 500 多宗刑事案件和 4 000 多宗民事案件，结果发现，在五分之四的案件里法官认同了陪审团的决定（Kalven & Zeisel，1966）。尽管可能两者都犯了错误，但有足够明确的证据表明：陪审团能够撇开他们的偏见，以事实为根据，达成一致的判决（Saks & Hastie，1978；Visher，1987）。事实起决定性的作用。

但事实并非全部如此。正如我们在第 7 章里提到的，如果说话的人很自信，也很有吸引力，那么他的话也将更具说服力。同样，在法庭上，社会地位较高的被告通常得到更为宽大的处理（McGillis，1979）。

但是现实中的案件是如此复杂多样，它涉及犯罪的类型，被告的社会地位、年龄、性别和种族等因素，以至于我们很难分离出影响陪审团的那些因素。所以实验者通常给模拟陪审员呈现相同的案件的基本事实，只是变化一下如被告的吸引力或者与陪审员的相似性等因素。

外表吸引力

在第 11 章中，我们提到存在外表吸引力的刻板印象：漂亮的人们看起来更像好人。迈克尔·埃弗兰（Efran，1974）考察了这种刻板印象是否会影响学生对一起诈骗案的判断。他问多伦多大学的一些学生："外表的吸引力是否会影响你们对犯罪的判断？"他们回答说，"不，应该不会的。"到底会不会呢？实验证明是会的。埃弗兰给其他一些学生呈现被告的照片，一个长得有吸引力，另一个则没有什么吸引力。结果发现，学生们认为具有吸引力的被告更可能无罪，并建议给他最轻的惩罚。

其他实验者也证实，当证据不足或者模糊时，审判通常会受到被告外表的影响（Mazzella & Feingold，1994）。而像辛普森那样的人，正如一个有远见的陪审员所说，"一个英俊的家伙"很可能会成为不伤害他的理由。戴安娜·贝里和莱斯利·泽布罗维茨 - 麦克阿瑟（Berry & Zebrowitz-McArthur，1988）让人们判断有着娃娃脸的被告和有着成熟面孔的被告是否有罪。结果发现，有着娃娃脸长相的成人（有着大大的圆眼睛、小下巴）看起来似乎更加天真无邪，并且通常更容易被判为过失犯罪，而被判为故意犯罪的案件较少。如果被定罪，那些不具有吸引力的人让人们觉得更加危险，特别是那些性侵犯案件（Esses & Webster，1988）。

在一项由 BBC 电视台完成的大型实验中，理查德·怀斯曼（Wiseman，1998）给观众看一项有关盗窃案的证据，其中只有一个变量。一些观众看到的模拟被告，正好符合 100 个人心目中罪犯的那种刻板印象——没有吸引力、鹰钩鼻子、小眼睛。共有 64 000 位观众打电话进来，其中 41% 的人认定他是有罪的。而在英国其他地区的观众看到的是一位长得很有吸引力、有着娃娃脸和大大的蓝眼睛的人，结果只有 31% 的观众认为他有罪。

为了检验这些发现是否能够推广到现实生活中，克里斯·唐斯和菲利浦·莱昂斯（Downs & Lyons，1991）让巡警们在 40 位德克萨斯法官审判轻罪之前评价 1 742 个被告的外表吸引力。无论案件的类型是严重（如伪造罪）、中度（如骚扰罪）还是轻度（如吸毒），法官们对外表不好的被告都判了更高的保释金和更严厉的处罚（见图 15.4）。怎样才能解释这种戏剧性的效应呢？是因为外表没有吸引力的人地位更低吗？或者他们就像法官们认为的那样，更容易逃跑或者犯罪吗？或者法官们只是忽略了罗马政治家西塞罗的建议："一位智者的最优之处和最高职责，在于抵制外表的影响。"

与陪审员的相似性

克拉伦斯·达罗所说的"对被告是否有好感会使判决带上偏见"至少部分是正确的，那么其他可能影响好感的因素也应该起作用。在这些影响中有一条原理，本书第 11 章里也提到过，即相像（类似）会导致好感。当人们模拟陪审员时，他们对于与自己有着相同观点、种族或性别（特别是在性骚扰案中）的被告更具同情心（Selby & others，1977；Towson & Zanna，1983；Ugwuegbu，1979）。陪审员的种族偏见

图 :: 15.4
吸引力和法律判决

德克萨斯海湾法庭的法官对缺乏吸引力的被告判了更高的保释金和罚款。

资料来源：Data from Downs & Lyons (1991).

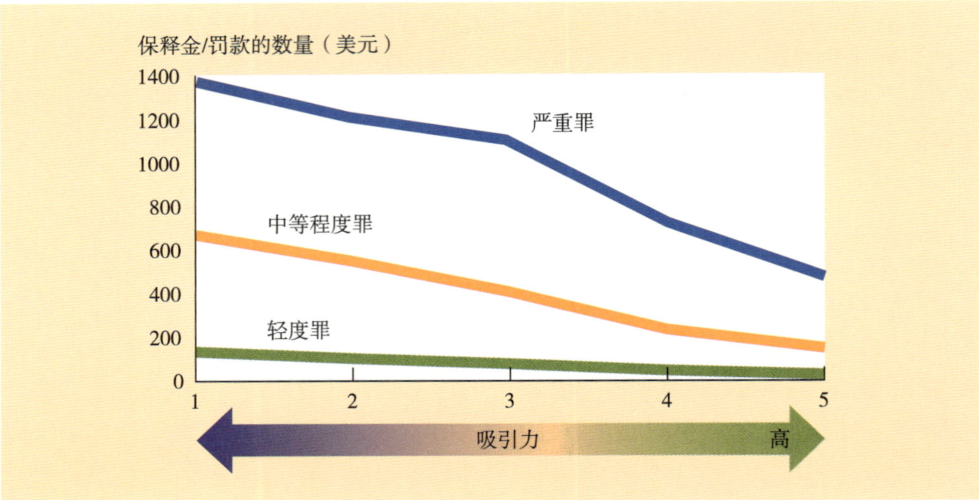

一般来说很小，不过他们确实在对待自己种族之外的人的时候，表现得不那么友好（Mitchell & others，2005）。

下面有一些例子。

对辛普森是否有罪的判断，在种族内部也存在分歧。那些关注性别特征的白人女性，尤其可能认为辛普森有罪。以种族为核心特征的非裔美国人，可能认为辛普森无罪（Fairchild & Cowan，1997；Newman & others，1997）。

- 保罗·阿马托（Amato，1979）让澳大利亚的学生们阅读一宗出于政治原因的偷窃案，被告是左翼或右翼分子。结果发现，如果被告的政治观点与学生自己的观点相似，他们更容易将被告判为轻罪。
- 库基·斯蒂芬和沃尔特·斯蒂芬（Stephan & Stephan，1986）让母语为英语的人对一个被指控犯有袭击罪的被告作判决。结果发现，如果被告的证词用的是英语而不是西班牙语或泰国语，裁定者更可能认为该被告无罪。
- 摩西·沙游和阿萨夫·苏斯曼（Shayo & Zussman，2011）分析了以色列 1 748 个小额赔偿法庭案件，如轻微交通事故原告要求赔偿损失。当原告为犹太人时，碰巧遇到犹太法官审案，此时往往能够获得更为满意的结果；而当原告为阿拉伯人，恰巧遇到阿拉伯法官时，审判结果会更让原告满意。
- 当被告的种族符合罪犯的刻板印象时，如白人犯贪污罪，而黑人犯汽车盗窃罪，模拟陪审团会做出更为严厉的裁决和处罚（Jones & Kaplan，2003；Mazzella & Feingold，1994）。在种族问题不那么显眼时，赞成无种族偏见观点的白人更可能在审判中表现出种族偏见（Sommers & Ellsworth，2000，2001）。

“你看上去和那个想要犯罪的嫌疑人的素描相貌很像。”

根据克雷格·黑尼（Haney，1991）的报告，在实际的重大案件中，数据显示黑人被告通常量刑过重，或者作为受害者受害的程度被低估，或者两者都存在。研究者对 1992 年和 1993 年的 8 万宗判决案件进行分析发现，在具有相同的犯罪严重性和犯案历史时，美国联邦法官（其中只有 5% 为黑人）对黑人判的刑期要比白人判的刑期长 10%（Associated Press，1995）。同样，谋杀白人的黑人被判为死刑的概率要高于谋杀黑人的白人

（Butterfield，2001）。

与谋杀一名黑人相比，谋杀白人的罪犯被判死刑的几率要高 3 倍（美国一项研究的结果）（Radelet & Pierce，2011）。

在近期的两项研究中，那些看起来更具代表性的黑人都受到了更为苛刻的宣判。在较新的另一项研究中，艾琳·布莱尔和同事发现（Blair & others，2004），在佛罗里达州，有相似的犯罪历史的黑人和白人得到相似的判决，但是在同一种族内部，那些具有“非洲人核心”面部特征的人被判处的刑期更长。詹尼弗·爱柏尔哈德和他的合作者（Eberhardt & others，2006）报告说，在过去的 20 年内，在被指控谋杀了白人的男性黑人中，那些具有更多非洲人核心面部特征的人有双倍的可能被判死刑（58% 对 24%，后者是具有低于平均水平的此特征的黑人）。

“我想拯救我自己。”

© Mike Twohy/ The New Yorker Collection/www.cartoonbank.com

我们似乎对一个我们认同的被告更有同情心。如果我们认为自己不可能犯罪，那么就很可能认为那些像我们的人也不会犯罪。这有助于解释在熟人强奸案中，相比女性，为什么男性更容易认为被告无罪（Fischer，1997）。这也同时解释了为什么在辛普森审判之前的一次全国性调查中，77% 的白人认为此案至少“相当强烈地”不利于他，相同的看法只存在于 45% 的黑人中（Smolowe，1994）。

在理想的情况下，陪审团在法庭上可以抛弃他们的偏见，用开放的心态进行审判。正如美国《宪法》第六修正案所写：“被控告者应该有权得到公正陪审团迅速而公开的审判。”当考虑到客观性时，法律系统更类似于科学，因为科学家和陪审团要求证据。法庭和科学都有讲证据的规则，两者都要有翔实的记录，并且都认为如果有相同证据，其他人都会做出同样的决定。

当证据清晰，而陪审团又把注意力集中在证据上面时（同样当他们重读证词并对证词的意义进行辩论时），他们的偏差实际上是最小的（Kaplan & Schersching，1980）。证据的质量要比个别陪审员的偏见更为重要。

法官的指示

我们每个人都能回忆起这样的法庭剧镜头：一名律师大声说：“尊敬的阁下，我反对！”于是，法官认可他的反对，并命令陪审团忽略对方律师暗示性的提问或是目击者的陈词。这种指示有多大的效力呢？

现在，美国几乎所有的州都有“强奸案保护”法令，以禁止或限制关于受害者先前性行为的证词。这种证词虽然和当前的案件没有关系，但往往在被告辩护称该女性同意发生性关系时，会引起陪审团对被告的同情（Borgida，1981；Cann & others，1979）。然而，如果这种可信的、非法的或带有偏见的证词从被告嘴里不经意地漏出，或经目击者不假思索地说出，陪审团真的会按法官的指示去忽略它吗？而法官提醒陪审团成员“问题的关键不是你喜欢被告与否，而是他有没有犯罪”就足够吗？

“陪审团会忽视目击者最后的陈述。”

让陪审团成员从记忆里抹去不被允许的证词并非易事。

答案很可能不是这样的。一些实验者报告说，陪审团会关注既定程序（Fleming & others，1999），但是有时让他们忽略一些不被允许的证据则相当困难，比如被告的前科。在一项研究中，斯坦利·休、罗纳德·史密斯和凯茜·考德威尔（Sue，Smith，& Caldwell，1973）向华盛顿大学的学生提供了一宗杂货店抢劫凶杀案的描述，以及原告和被告的陈词概要。当原告的陈词空洞无力时，没有人会断定被告是有罪的。当加上了一盘和案件有牵连的被告的电话录音带时，三分之一的学生认为该被告是有罪的。法官关于录音带不是合法证据而应该被忽略的指示，也无法消除这一破坏性证词的影响。

实际上，法官关于忽略证词的命令——“这在你们对案件的思考中不应起任何作用。你们没有别的选择，只能忽略它”——甚至可能适得其反，恰恰助长了证词的影响力（Wolf & Montgomery，1972）。或许这种声明造成了陪审员的**逆反**（reactance）；或许它们使得陪审员对不被允许的证词变得敏感起来，就像我提醒你看完这句话时不要看你的鼻子一样。法官可以轻易地把不被允许的证词从法庭记录上抹掉，却不能把它们轻易地从陪审员头脑里抹掉。就像出庭辩护律师有时说的那样，“木已成舟。”

带有情感色彩的信息就更是如此（Edwards & Bryan，1997）。当陪审团听到的是对被告行为生动的描述（“砍死了一名妇女”）时，与非情感化的信息（“用致命武器攻击”）相比，法官命令忽略的指示就更容易适得其反。即使后来陪审团声称，他们已经忽略了不被允许的信息，这些信息也可能已经改变了他们对其他信息的分析。

审讯前的公开报道也很难被陪审团忽略，特别是在用真实的陪审员和重大案件做研究时就更是如此（Steblay & others，1999）。在一项大规模实验中，杰弗里·克雷默和他的同事（Kramer & others，1990）让约 800 名模拟陪审团成员（大部分取样自真实的陪审团名单）接触一名有前科男子的新闻报道，这名男子现在被指控抢劫超市。在模拟陪审员看过重现当时场景的审讯录像带后，他们要么听到、要么没有听到法官关于忽视审讯前公开报道的指示。但是法官劝诫的效果为零。

那些被公众影响而带有偏见的人们通常否认自己受到了影响，并且，这种否认使得减少有偏见的陪审员数目变得困难（Moran & Cutler，1991）。在实验中，即使让模拟陪审员发誓保证公正性、愿意忽视前期信息，都不能削减审讯前公开报道的影响（Dexter & others，1992）。这样看来，辛普森的律师就有理由为审讯前铺天盖地的公开报道而担心；而法官也有理由命令陪审团成员不要观看相关的媒体公开报道，并在审讯过程中把他们与外界隔离起来。

法官可能希望，并且现有研究也有证据表明，在审议时，阻止陪审员使用不被允许的信息，陪审团的裁决因此不会受到这些证据的太多影响（London & Nunez，2000）。为了把不被允许的证词的影响力降到最低，法官通常事先提醒陪审团注意某些特定类型的证据是无关的，如强奸案受害者的性经历。一旦陪审员根据这些证据形成了某种印象，法官劝诫的效果就要大打折扣（Borgida & White，1980；Kassin & Wrightsman，1979）。这样看来，根据维基·史密斯（Smith，1991）的报告，审讯前的开庭训练是有必要的。对陪审团成员进行法律程序和辩护标准的指导，有助于提高他们对审讯程序的理解，增强他们直到听完所有审讯信息再做判断的意愿。

陪审团能够把可能使他们对证据的评价产生偏见的案前公开报道从大脑中抹去吗？虽然陪审团会否认偏见的存在，但实验的结果却相反。

更有效的办法是，法官可以在陪审团听到不被允许的证词之前就切断它们，比如使用录制证词的录像带时，可删除未经许可的部分。现场证词和录制证词，与现场和录像带里的列队指认一样，都具有影响力（Cutler & others，1989；Miller & Fontes，1979）。也许，以后的法庭应该装有和实物一样大的电视监视器。持反对意见的批评者认为，这种程序使陪审团无法观察到被告和其他人对证据做出的反应。赞成者则认为，录像的方式不仅可以使法官剪辑不被允许的证词，还可以加快审讯进程，并且使目击者在记忆消退前讲述关键事件。

其他因素

我们已经讨论了三种法庭上的因素——目击者证词、被告特征和法官的指示。研究者也考察了其他因素的影响。例如，在密歇根州立大学，诺伯特·克尔及其同事（Kerr & others，1978，1981，1982）研究了这些问题：某种可能的严厉处罚（如死刑）会使陪审团不愿做出判决吗？洛杉矶的检察官们是否因此而不想给辛普森判死刑？有经验的陪审员做出的判决与那些新手们的判决有所不同吗？当受害者较有吸引力或受害严重时，被告会被处以更重的刑罚吗？克尔的研究结果表明，这三个问题的答案都是肯定的。

马克·阿利克、特雷莎·戴维斯（Alicke & Davis，1989）与迈克尔·恩佐、温迪·霍金斯（Enzle & Hawkins，1992）所做的实验表明，受害者的特征会影响陪审团对过失和刑罚的判断，即使被告都没有注意到这一点。以 1984 年“地铁巡警”案中的伯纳德·戈茨为例。当四个年轻人在纽约的一个地铁站走近他并向其索要五美元时，受到惊吓的戈茨拔出装有子弹的手枪向他们开枪，射死了其中三个人，剩下一人局部瘫痪。戈茨被指控为蓄意杀人，这引起了公众的强烈抗议，并支持戈茨。公众之所以如此，部分是因为那几位年轻人均有犯罪记录，而且，当时他们中的三人带有藏匿的尖利螺丝刀。虽然戈茨对此一无所知，但因此赦免了其被指控的蓄意杀人罪，而仅被判以非法拥有武器罪。

小结：影响陪审团判断的其他因素

- 通常，案件的事实有足够的说服力，它能使陪审团放弃偏见给出一个公正的判决。然而，当证据模糊时，陪审团往往倾向于用他们先入为主的偏见来解释案件，并对有吸引力或者与自己相似的被告表现出同情。
- 当陪审团接触到破坏性的审讯前公开报道或不被允许的证据时，他们会听从法官的指示将其忽略吗？在模拟审讯中，法官的命令有时是被遵守的，但当法官的劝诫出现在印象形成以后，则通常不会被遵守。
- 研究者还研究了其他因素的影响，如可能判决的严重性、受害者的特征等。

影响个体陪审员的因素

描述判决如何取决于作为个体的陪审员处理信息的过程和方式。

法庭对“普通陪审员”产生的影响值得思考。但是，没有一个陪审员是所谓的普通陪审员，每个人都把其态度和个性带进了审讯室。并且当他们讨论商议案情时，陪审员之间也相互影响。所以，两个关键的问题是：(1) 判决如何受作为个体的陪审员的心理倾向影响？ (2) 判决又是怎样被群体商议所影响的？

陪审员的理解

为了探讨陪审团的理解，南希·彭宁顿和里德·黑斯蒂（Pennington & Hastie，1993）抽取法院陪审团成员作为模拟陪审员，观看真实的审讯过程。在做决策的过程中，这些陪审员首先编织了一个令所有证据都能说得通的故事。例如，在观察一场谋杀案审讯时，一些陪审员得出结论：被告由于争吵而被激怒，他拿起刀，找到受害者并将其捅死。另一些陪审员则推测，受到惊吓的被告拿起一把刀用于自卫，不料却碰到了死者。当陪审团成员开始讨论案情时，他们通常会因为发现其他人编织的故事与自己的不同而感到吃惊。这就意味着——研究也同样证明——当律师以叙事也就是故事的形式提出证据时，陪审员最容易被说服。在重罪案（全国判罪率达 80%）中，原告陈词比被告陈词更多地采取叙事的形式。

理解指示

接下来，陪审团成员必须领会法官做出的关于有效判决范畴的指示。为了使这些指示行之有效，陪审员必须首先理解它们。大量研究却发现，许多人并不理解法官用以指示的标准法律术语。根据案件的类型，陪审团会被告知辩护的标准应该是“占优势”的证据、“清晰可信”的证据或“确凿”的证据。在法律界，这些陈述其含义都是确定且惟一的，但在陪审员的脑子里，却可能产生不同的理解（Kagehiro，1990；Wright & Hall，2007）。

法官也会提醒陪审团，在他们权衡每一项新证据时，要避免过早地下结论。但是，不只对大学生，即使是对从潜在的陪审团成员候选人中选出来的模拟陪审团成员的研究都表明，热血的人类确实有过早判断的倾向，而这种过早的判断确实影响了他们如何解释新信息（Carlson & Russo，2001）。

在观察了真实案例和采访了那些陪审员之后，斯蒂文·阿德勒（Adler, 1994）发现，“很多真诚又严肃的人们，由于各种各样的原因，遗漏了要点，把注意力集中在一些不相关的问题上，屈从于难以识别的偏见，看不透最廉价的对同情或憎恶的诉求，因而常常搞砸了自己的工作。”

1990 年，菲律宾前总统马科斯的遗孀伊梅尔达·马科斯，因转移价值数亿美元的菲律宾货币到美国银行以供己用而受到指控。在对她的审讯中，律师排除了任何知道她在其丈夫专制统治中扮演何种角色的人。由于不甚了解复杂的货币交易，这些不知情的陪审团成员，反而开始同情伊梅尔达——她不过是一个身着黑衣，手持念珠，抹着眼泪的女人（Adler，1994）。

理解统计信息

警方对在辛普森的前妻及她的男友被谋杀现场发现的血液进行了化验，结果显示，血迹符合辛普森的血蛋白组合，它不是被害者的。根据每两百人中只有一个人会有这种血型，控方推断辛普森就是凶手的可能性为 99.5%。但是辩方认为，1:200 意味着，凶手可能是洛杉矶至少四万人中的任何一个。面对这样的理由，威廉·汤普森和爱德华·舒曼（Thompson & Schumann，1987）报告说，五个人中会有三个人不会相信血型证据的重要性。事实上，双方的律师都错了。这一证据之所以重要，是因为其余四万人中几乎很少有人可能被合理地认为是嫌疑犯。但是，99.5% 的说法又忽略了这样一个事实：被告被起诉，只有部分原因是因为他的血型相符。

当更精确的 DNA 检测发现与辛普森的血型相符后，原告就争辩说这种匹配的几率仅有一亿七千万分之一，同时，被告的辩护律师则表示专家怀疑 DNA 测试的可信性。当被指控 DNA 匹配的时候，来自大城市的被告被判有罪的可能性更小。因为在大城市中，很可能还有其他人可以匹配这个 DNA（Koehler & Maachi，2004）。

这样看来，纯粹的数字必须有可信的细节来支持。于是，韦尔斯说，在多伦多，一宗母亲为孩子寻求父亲监护败诉的案件中，血液测试表明，那名男子有 99.8% 的可能性就是孩子的父亲。但是，在该男子陈述了自己的立场，并有力地否决了这项断言后，那位母亲败诉了。但是，如果没有法律证据，即使很具说服力的故事也不可信。一些心理学家相信这种情况在观看美剧《犯罪现场调查》的观众中更是如此，在加拿大、澳大利亚和美国开展的研究发现，许多观众对于证据的数量和质量都抱有不合理性的期望（Holmgren & Fordham，2011；Houck，2006；Winter & York，2007）。

面对关于伊梅尔达·马科斯盗窃公共资产的晦涩难懂的复杂叙述，陪审员们转而从直觉上评判这个貌似虔诚恭敬的女人，并得出她无罪的结论。

增强陪审员的理解

理解陪审团成员怎样误解法官指示和统计信息，是迈向更好决策的第一步。下一步是让陪审员们可以接触到法院文本，而并非强制他们仅凭记忆来处理复杂的信息（Bourgeois & others，1993）。最后一步是，设计并检验更清晰、更有效的方式来提供信息——这是一些社会心理学家目前正在开展的工作。例如，当法官在数量上规定了证据必需的标准时（如 51%、71% 或 91% 的确定性），陪审员艾伦·德肖威茨——辛普森的一位辩护律师，他向媒体宣称，在1000名虐待配偶的男人中只有一个会后来杀了她。而对此进行回应的批评者认为，更有意义的是，丈夫若（a）虐待妻子且（b）其妻子被谋杀了，他被判处有罪的概率。根据现有数据，乔恩·默茨和乔纳森·考尔金斯（Merz & Caulkins, 1995）计算出这一概率为81%。

就会理解和恰当地做出反应（Kagehiro，1990）。

当然，就像《伊利诺伊州死刑判决法案》所要求的，必须用一种更简单的方式告诉陪审员，不要在有证据可辩护的情形下对谋杀案件做出死刑判决："如果你们在对所有证据的考虑之后，未能全体一致地发现'没有任何可以减缓的因素足以避免死刑判决'，那么你们应该签署一份决议，要求法庭做出死刑之外的其他判决"（Diamond，1993）。当给陪审员用简单语言重写的指示时，他们不太可能受法官偏见的影响（Halverson & others，1997；Smith & Haney，2011）。

菲比·埃尔斯沃思和罗伯特·莫罗（Ellsworth & Mauro，1998）根据陪审团研究得出了令人沮丧的结论："法律指示通常以这样一种方式给出，即挫败最认真的理解意愿……它的语言技术性太强，并且……既没有为评估陪审员对法律的错误预见做过尝试，也没有提供任何有益的教育。"

陪审团的选择

既然陪审员之间存在各种个体差异，那么出庭辩护律师会不会利用陪审团选择程序，使组成的陪审团有利于自己呢？法律人士认为，有时存在这种可能。美国出庭辩护律师协会的一位主席大胆宣称："出庭辩护律师善于协调人类行为中的细微差异，从而发现最微小的偏见迹象，或难以达成合适决议的可能性"（Bigam，1997）。事实上，辩护律师也和我们一样很容易过分自信。比如说，他们会高估自己在案件审理时达成目标（例如辩护对象被宣告无罪）的可能性，以及自己理解陪审团意图的能力（Goodman-Delahunty & others，2010）。

辛普森的律师在定罪审判中，也雇用陪审团选择顾问——结果赢了（Lafferty，1994）。在无罪宣判后会见记者时，辛普森的律师立刻对陪审团选择顾问表示感谢。

如果稍加留意，你会发现人们对他人的判断容易出错，社会心理学家怀疑律师头脑中装备了调节良好的社会"盖革计数器"。每年，在美国的大约6 000场审讯中，顾问们——其中有些是美国审讯顾问协会的社会科学家——帮助律师挑选陪审员和设计策略（Gavzer，1997；Huston，2007；Miller，2001）。在一些著名的案件中，调查研究者利用"科学的陪审团选择法"帮助律师剔除那些不易引起共鸣的人。一桩著名的案件中卷入了美国前总统尼克松的两名内阁成员，即保守派人士约翰·米切尔和莫里斯·斯坦斯（Mitchell & Stans）。调查表明，从被告方的观点出发，最糟糕的陪审员可能是"一个自由派的犹太民主人士，这个人喜欢读《纽约时报》和《华盛顿邮报》，喜欢听沃尔特·克朗凯特的播报，对政治事件很感兴趣，又对'水门事件'知之甚多"（Zeisel & Diamond，1976）。在最初的九场审讯中，依靠"科学的"选择方法，被告方赢了七场（Hans & Vidmar，1981；Wrightsman，1978）。（然而，我们无法知道，如果不用科学方法选择陪审团，九场中到底可以赢几场。）

留意路德教信徒，特别是斯堪的纳维亚人；他们必定判定有罪。

——克拉伦斯·达罗（Clarence Darrow），《如何选择陪审团》，1936

现在，许多出庭辩护律师利用科学的陪审团选择法，找出存在的一些问题，并用它们排除对自己委托人持有偏见的陪审员，并且大部分人报告说结果是令人满意的（Gayoso & others，1991；Moran & others，1994）。当法官问："如果您曾读过一些会对这个案子产生偏见的内容，请举手。"大部分陪审员不会直接承认他们的先入之见。这就需要进一步提问使其暴露。例如，如果法官允许律师试探预期的陪审员对毒品的态度，这名律师就可以据此猜测他们在一桩毒品交易案件中会做出什么样的判断（Moran & others，1990）。同样，一个承认“不太相信精神病医师的证词”的人，相对不易接受对精神病患者的辩护（Cutler & others，1992）。

对某一案例具体特点的反应是存在个体差异的。种族偏见与种族问题案件相关；性别观念似乎只与强奸或袭击妇女案的判决有关；个人责任信念与集体责任信念之间的权衡，与起诉公司的工伤赔偿案件有关（Ellsworth & Mauro，1998）。

尽管科学地选择陪审团是令人兴奋的，也是关乎道义的，但实验仍然表明，态度和个体特征并不总能预测判决。斯蒂芬·彭罗德和布赖恩·卡尔特（Penrod & Culter，1987）警告说：“没有神奇的问题可以用来询问未来的陪审员，甚至也没有一项保证可以说，一项特殊调查就能探知有用的态度—行为之间的关系或个性—行为之间的关系。”研究者萨克斯和黑斯蒂（Saks & Hastie，1978，p. 68）也表示同意：“研究一致表明，实质上，与陪审团成员的个性特点相比，证据对于陪审员的判断是一个更有力的决定因素。”

对于法官而言亦是如此。在参议院的听证过程中，首位西班牙裔的美国最高法院法官索尼娅·索托马约尔向怀疑她的提问者保证，自己会按照法律规定秉公处理，而不会受背景和身份的影响。虽然有很少的法官确实能够做到这一点，但是绝对的中立只是一种理想的状态。（正如五分之四的高级法院针对 2000 年美国总统大选时给布什总统的投票结果一样，保守派和自由派的法官投票结果是相反的。）仅仅是疲倦也可能会影响法官的裁决。有人研究了 1 112 次以色列假释委员会的听证会，结果显示，在刚吃过午饭或休息吃零食后宣判的案件中，法官批准了 65% 的犯人提出的假释申请，而此后随着时间的推移批准率逐渐降低（见图 15.5）。

“死刑认定”陪审员

然而，一桩案件的结案正是由那些入选陪审团的人来决定的。在刑事案件中，那些不反对死刑判决的人，也因此更有可能入选进一个可能作死刑判决案子的陪审团，他更倾向于赞成死刑起诉，更倾向觉得法庭纵容了罪犯，也更倾向于反对宪法赋予被告的这一权利（Bersoff，1987）。简单地说，那些支持死刑判决的人更关心控制犯罪率，而非法律的应有程序。当法庭遣散可能对死刑判决心存犹疑的陪审员时，

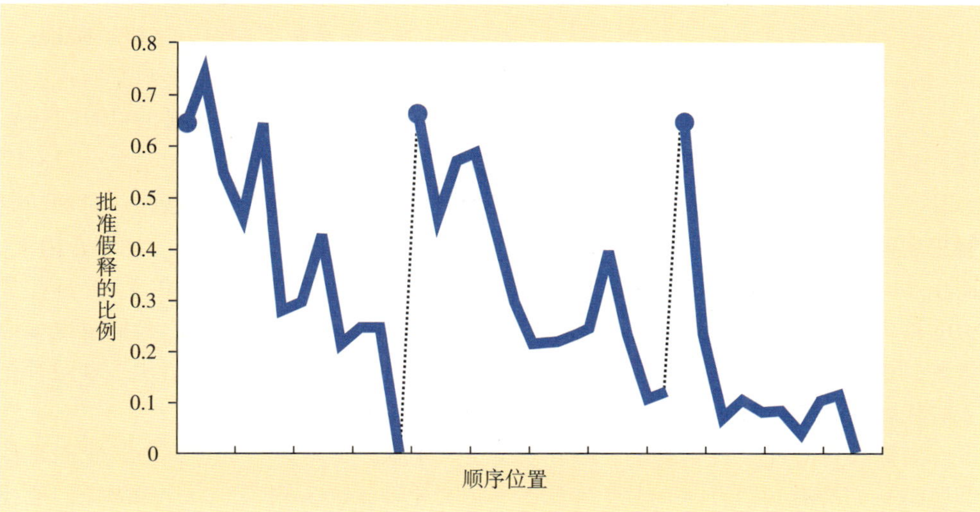

图 :: 15.5
饥饿=严苛。在休息进餐后（虚线所示），以色列法官批准犯人假释申请的可能性会暂时增加（Danziger & others, 2011）。

那种泰然自若地送一个人去死的陪审员，也是那种很轻易忽视被告可能无辜的推断、接受原告对事实的陈述，以及宣告有罪判决的人。

——威瑟斯彭诉伊利诺伊州案（Witherspoon v. Illinois），1968 年

这将形成一个更可能做出定罪表决的陪审团。在辛普森案中，原告方未这样做。

在这个问题上，社会科学家“关于偏见对死刑认定的影响的认识是基本一致的，”克雷格·黑尼（Haney，1993）报告说，研究记录“高度一致”。菲比·埃尔斯沃思（Ellsworth，1985，p.46）说：“死刑案件中的被告，面对那些倾向于给他定罪的陪审员，确实遇到了前所未有的困难。”不仅如此，倾向于定罪的陪审员往往更加专断——他们更加严厉和具有惩罚性，无视可以减轻罪责的情况，对社会底层的人也更加傲慢（Gerbasi & others，1977；Luginbuhl & Middendorf，1988；Moran & Comfort，1982，1986；Werner & others，1982）。

由于美国的法律体系是依据传统和先例运行的，所以这些研究成果也只能缓慢地改变实际司法工作。1986 年，美国最高法院在一项有争议的判决中推翻了下级法院的一项裁决，认为其“死刑认定”的陪审员确实持有偏见。埃尔斯沃思（Ellsworth，1989）认为，在这个案例中，最高法院对有说服力的和前后一致的证据不予理睬，部分是因为本案“死刑认定上存在主观性”，部分是因为担心，如果判决上千人死刑，将会导致社会秩序混乱，从而不得不重新考虑。最高法院希望把这种解决方法应用到以后的案例中去，也就是说，组织不同的陪审团以做到（1）在重要的谋杀案件中，先判定被告是否有罪；在有罪判决时（2）还能够听取关于罪犯动机因素的更多证据，从而在死刑和监禁之间做出选择。

但是，这里有一个至关重要的深层问题：死刑本身是否就是在美国宪法关于“残忍的和罕见的刑罚”的禁令之下呢？有一些国家是这样认为的。如加拿大、澳大利亚、新西兰、西欧和大部分南美国家的读者所知道的那样，他们的国家禁止做出死刑判决。在美国，公众态度倾向于支持任何盛行的做法（Costanzo，1997）。但是美国民众赞成死刑判决的态度似乎正在软化。1994 年达到了 80%，2011 年下降为 61%（Gallup，2011）。

选择陪审团的标准，可能产生倾向于定罪的陪审团。

在与量刑的博弈中，美国法院在考虑法庭量刑时是否过于专断，量刑时是否带有种族偏见，以及是否这种合法的杀人会减少非法杀人的情况。社会心理学家马克·科斯坦佐（Costanzo，1997）与克雷格·黑尼、迪恩·洛根（Haney & Logan，1994）认为，社会科学对这些问题的回答是清晰的。就制止犯罪问题来说，允许判死刑的州，其刑事杀人案发率并没有因此降低。刑事杀人案发率没有因为某些州采取死刑判决而降低，也没有因为废止这项刑罚而升高。当因一时冲动而触犯刑律时，人们不会因为计算后果（无假释的终身监禁也是一种有力的制止因素）而止步。此外，死刑量刑轻重也是不一致的（田纳西州是纽约的 40 倍），并且在贫穷的被告群体中，辩护常常是空虚无力的（Economist，2000），因此，他们也更多地被处以极刑。然而，最高法院仍然认定，只有认可死刑判定的陪审团才是对同时代人有代表性的陪审团，并且“死刑无疑是一种有效的威慑力量。”

每 100 000 人中的平均杀人案发率为：

- 全美国：9
- 有死刑的州：9.3

（资料来源：《科学美国人》，2001 年 2 月）

大惊失色的社会科学家说，撇开人道主义不谈，面对矛盾的证据时，我们靠什么坚持我们持有的假设与直觉？为什么不将文化因素加入测试当中？如果他们能找

到支持，岂不是更好。如果由于矛盾的证据而陷入僵局，这对他们来说当然更糟。这种批判性思维的理想，正是心理科学与公民民主的推动力。

小结：影响个体陪审员的因素

- 社会心理学家不仅对目击者、法官、陪审员之间的相互影响感兴趣，而且也对陪审员的内心和他们之间的关系感兴趣。一个重要的问题就是陪审员对证据的理解，尤其是当证据包含了表明某个人犯罪的可能性的统计信息时。
- 出庭辩护律师往往利用陪审团顾问，帮助他们选择有利于自己的陪审团。例如，那些了解审讯前宣传的陪审员可能会被取消资格。
- 在那些用到死刑判决的案件中，律师可以取消任何原则上反对死刑判决的潜在陪审员的资格。社会心理学的研究表明，这本身就产生了一个带有偏见的陪审团，不过，最高法院已经这样做了。

群体因素对陪审员的影响

> 解释个体陪审员的预先判断怎样联合成为群体决策，以及影响判决结果的因素有哪些。

设想一下，陪审团成员刚刚结束一场审讯，然后走进陪审团房间开始合议。研究者哈里・卡尔文和汉斯・蔡塞尔（Kalven & Zeisel，1966）报告认为，约有 2/3 的陪审团成员最初不会就一项判断达成一致的裁决。但是，经过讨论，95% 的人会达成一致意见。很明显，群体影响在起作用。

仅仅在美国，每年就有 30 万次从 300 万人中抽选出小群体承担陪审团责任，集合起来做出一份集体决定（Kagehiro，1990）。他们和其他地方的陪审员是否会受到塑造其他决策群体的社会影响因素的制约？比如多数派或少数派模式、群体极化或群体思维。让我们从一个简单的问题开始：如果我们知道陪审员最初的倾向，我们能够预测他们的判断吗？

法律禁止人们观看真实的审议过程，因此研究者对这一过程进行了模拟。他们向模拟陪审员提供一桩案例，并让他们像真实陪审团那样进行审议。在伊利诺伊大学进行的一系列这类研究中，戴维斯等人测试了各种数学模型来预测群体决策，包括模拟陪审团的决定（Davis & others，1975，1977，1989；Kerr & others，1976）。陪审团成员最初判断的某种数学组合能够预测最终的群体决策吗？戴维斯和他的同事发现，最佳预测模型会随案件性质的改变而变化。但是许多实验表明，“2/3 多数”是最好的：群体裁决通常是那个最初被至少 2/3 的陪审员支持的选择。没有达到这个多数，陪审团往往会犹豫不决。

同样，卡尔文和蔡塞尔对陪审员开展的调查表明，90% 的案例达成了在第一轮投票中被多数支持的决定。虽然你我也许会幻想，某天，一个勇敢的陪审员独自一人改变多数决定，可事实上这种情况极少发生。

少数派的影响

很少发生，但有时也是可能的，也就是最初的少数派意见后来占了上风。一个典型的由 12 人组成的陪审团就像一个典型的小型大学课堂：三个最沉默的人几乎什么也不说，三个最有发言欲的人贡献了一半以上的谈话（Hastie & others，1983）。在米切尔・斯坦斯的审判中，四个陪审员坚持被告无罪释放，并且不断发表意见，最后他们赢了。对少数派影响的研究显示，如果占少数的陪审员能够保持一致、坚持不懈且信心十足，他们将最有说服力，特别是如果他们能够导致多数派中的某些人倒戈就更是如此（Gordijn & others，2002；Kerr，1981b）。

群体极化

陪审团的审议过程还以其他一些有趣的方式改变了人们的看法。在实验中，审议通常能加强最初的意见。例如，罗伯特・布雷和奥德丽・诺贝尔（Bray & Nobel，1978）让肯塔基大学的学生听取 30 分钟的谋杀案审讯录音。然后，在假设被告有罪的条件下，他们提出对被告予以监禁。高专断性的小组最初建议严厉的惩罚（56 年），在商议后则变得更加严厉（68 年）。低专断性的小组最初建议较为宽大（38 年），商议后更加宽大（29 年）。相比之下，群体的多样性往往会使判断趋于缓和。在判决黑人被告时，与那些全部由白人组成的模拟陪审团相比，由种族混合的人组成的模拟陪审团在进入审议程序时表现得更加宽容，并且在审议过程中对广泛的信息持开放的态度（Sommers，2006）。

陪审员中会发生群体极化，这一结论来自里德・黑斯蒂、斯蒂文・彭罗德和南希・彭宁顿（Hastie，Penrod，& Pennington，1983）所做的一项宏大的研究。他们把从马萨诸塞州选取的 69 个 12 人陪审团集合在一起，分别向每个陪审团模拟了一宗真实的谋杀案，里面的角色由一位有经验的法官和真实的律师扮演。然后，让这些人在陪审团房间里商议这一案件，时间不限。由图 15.6 可见，证据是说明有罪的：4/5 的陪审团在商讨前认为被告是有罪的，但是不能确定“过失杀人罪”这项较轻的定罪是否是他们最愿意做的选择。经过讨论后，几乎所有的人都同意原告是有罪的，而且大部分人选择了一项较重的定罪——二级谋杀。可见，通过商议，他们最初的倾向被加强了。

图 :: 15.6

陪审团中的群体极化

在一场高度仿真的模拟谋杀案审讯中，828 名马萨诸塞州的陪审员陈述了他们最初的裁决选择，然后就这一案件审议了不同的刑期，从三小时到五天不等。审议加强了最初的倾向，即支持原告。

资料来源：From Hastie & others (1983).

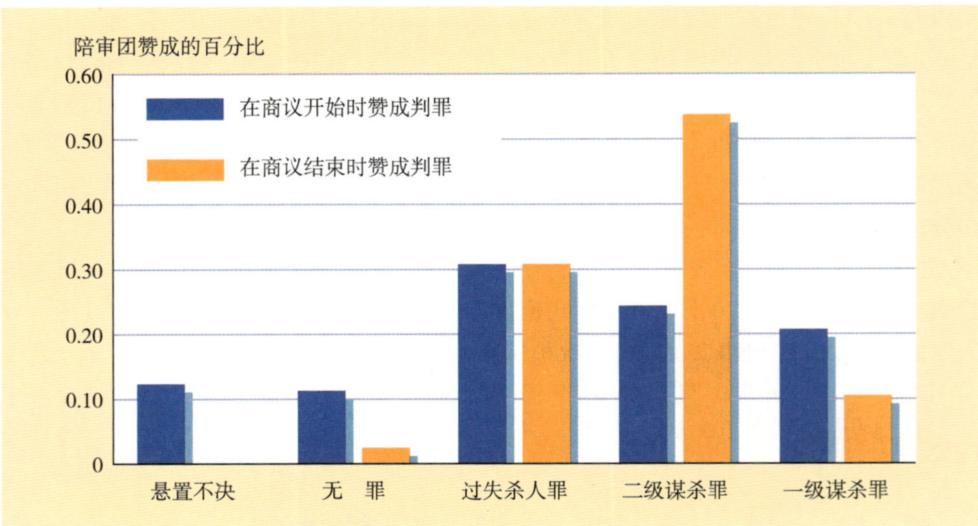

研究特写

自然法庭情境下的群体极化

在模拟陪审团中，审议过程往往会把陪审员个人的倾向扩大。这样的群体极化在真实的法庭中也会发生吗？凯斯·孙斯坦、大卫·施卡德和利萨·爱尔曼（Sunstein, Schkade & Ellman, 2004）向我们展示了在探索社会心理现象时，如何在自然情境中收集数据。他们的数据来自 4 958 个美国联邦巡回法院三人法官小组的 14 874 名法官。（在这些联邦“上诉法院”，每场诉讼都有三位法官在审判。）

孙斯坦是一位具有行为科学取向的法律教授，他和同事首次提出这一问题：一位法官的裁决是否反映了任命他的民主党或共和党总统的意志。实际上，在审判与意识形态有关的问题（如平权行动、环保法规、竞选筹款、堕胎）的时候，民主党任命的法官往往比共和党任命的法官更加支持开明的立场，这毫无疑问。当总统和他的政党成员力求使国会通过与他们的意志一致的法官候选人时，他们就这么认为。

如果法官小组的三位成员是被同一政党任命的，那么这种倾向是否会被扩大呢？共和党任命的三位法官是否比普通法官更加保守？民主党任命的三位法官是否比普通法官更加开明？或者法官的裁决不受他们同组成员的影响？表 15.2 呈现了他们的研究结果。

当由同一政党任命的三位法官组成一个小组时（RRR 或 DDD），他们比单个的法官更容易按照他们所属政党的意识形态的偏好去裁决。孙斯坦的小组报告说，三位想法相同的人呈现出来的极化现象“已经在许多领域中被证实了，包括平权行动、竞选筹款、性别歧视、性骚扰、泄露公司内幕、残疾人歧视、种族歧视和审议环保法规”（在那些如堕胎和极刑等会引起政治波动的事件中还未被证实，在这些事件中，法官们依据他们完备的信念进行裁决）。

孙斯坦及其同事提供了这样一个案例：如果三位法官都认为“某项平权行动计划是违反宪法的，而其他的法官也没有机会阐述自己的观点，那么在审议房间里意见的交换就暗示了这一计划确实是违反宪法的。”他们总结道：“这就是行为中的群体极化——当今社会科学中最惊人的发现之一：思想相同的人组成的群体容易走极端。”

表 :: 15.2 单个法官与由三位法官组成的小组做出“开明”裁决的比例

	单个法官的裁决		专家组中单个法官的裁决			
	党派 *					
案件类别举例	R	D	RRR	RRD	RDD	DDD
竞选筹款	0.28	0.46	0.23	0.30	0.35	0.80
平权行动	0.48	0.74	0.37	0.50	0.83	0.85
环保法规	0.46	0.64	0.27	0.55	0.62	0.72
性别歧视	0.35	0.51	0.31	0.38	0.49	0.75
13 类案件的平均数	0.38	0.51	0.34	0.39	0.50	0.61

* R 为共和党任命的；D 为民主党任命的。

宽　容

在许多实验中，商议产生的另一奇特的效果浮出水面：特别是当证据并未充分说明有罪时，参与商讨的陪审员通常变得更加宽容（MacCoun & Kerr，1988）。这修正了“2/3 多数原则”，因为，即使只有一个勉强的多数支持无罪判决，它通常也会胜出（Stasser & others，1981）。此外，支持无罪的少数派会比支持定罪的少数派拥有更多成功的概率（Tindale & others，1990）。

对真实陪审团的调查再次证实了实验结果。卡尔文和蔡塞尔（Kalven & Zeisel，

1966）报告说，在那些多数派未能成功的案例中，审判结果通常转化为无罪（例如对米切尔·斯坦斯案的审判）。当法官和陪审团意见不一致时，通常也是陪审团成员认为法官想定罪的那个人是无罪的。

十个有罪的人逃脱比一个无辜的人遭罪要好。
——威廉·布莱克斯顿（William Blackstone），1769年

可能是“信息性影响”（来源于其他人有说服力的论证）增加了宽大处理吗？“无罪推定”和“排除合理怀疑”原则给那些支持定罪的人增加了证据方面的困难。也许是“规范性影响”造成了宽大的效果，这种情形通常发生在自认为公正的陪审员遇到了那些比他更关心对可能无辜的被告予以保护的陪审员之时。

12个人会比1个人要好吗

在第8章中，我们已经知道，在“客观准确的答案存在于何处”这一思辨问题上，群体判断优于大多数个人的判断。陪审团也存在类似的情况吗？在商议时，陪审员通过强调自己的观点试图改变他人的判断，从而施加规范性影响。但是，他们也共享信息，从而扩大彼此对案件的了解。那么，信息性影响会产生更好的集体判断吗？

证据虽然不够充分，但是令人鼓舞。群体比个体成员能更好地回忆审讯中的信息（Vollrath & others，1989）。有时，群体商议不仅消除了一些偏见，而且也把陪审员的注意力从他们自己的预先判断吸引到事实证据上来。这样看起来，12个人确实比1个人要好。

6个人会和12个人一样好吗

为了保持他们的大英遗风，美国和加拿大的陪审团习惯上都是由12人组成的，他们的任务是达成共同意见——一份全体一致的判决。然而，在20世纪70年代早期，被提起公诉的几桩案件中，美国最高法院宣布，对于民事案件或不可能涉及死刑的州内刑事案件，法庭可以使用6人组成的陪审团。不仅如此，高等法院还肯定了各州有权允许并非一致意见的判决，甚至支持路易斯安那州一项基于9:3选票的判决（Tanke & Tanke，1979）。最高法院声称，没有理由认为较小的陪审团，或没有达成完全一致意见的陪审团，会与传统陪审团在商议和决策上有什么不同。

最高法院的设想，既引发了来自法律界学者的大量批评，也遭受了社会心理学家雪崩般的指责（Saks，1974，1996）。一些批评仅是简单的统计问题。例如，若一个社区总陪审团候选人中10%是黑人，那么，只有72%的12人陪审团或者只有47%的6人陪审团可以期望至少有一位黑人。可见，小规模的陪审团难以反映出社区的多样性。

搁置未决情况不成问题，因为在最近13年间的59 511件刑事审判案中，只有2.5%是搁置未决的，67 992件联邦民事审判案中只有0.6%的案件是搁置未决的（Saks，1998）。

并且，如果在一桩给定的案例中，最初有1/6的陪审员支持无罪判决，这在6人陪审团中只是一个人，在12人中就有两个人。最高法院认为，从心理学角度分析，这两种情况没有什么区别。但是从我们对从众效应所做的讨论可以知道，在抗拒群体压力方面，一个人的少数派要比两个人的少数派困难得多。从心理学角度讲，一个分裂为10:2的陪审团并不等于一个分裂为5:1的陪审团。不足为奇，12个人的陪审团面临一个悬而未决的判决的可能性，是6人陪审团的两倍（Ellsworth & Mauro，1998；Saks & Marti，1997）。

专门研究陪审团的米切尔·萨克斯（Saks，1998）总结说：“与较小的陪审团相比，较大的陪审团更可能包含少数族群成员，能更准确地回忆起审判证词，有更多时间商议，会更经常地悬而不决，看起来更可能做出‘正确’的判决。”

1978 年，这些报告中的一些结论被公布之后，最高法院拒绝通过佐治亚州的 5 人陪审团（尽管该州仍保留有 6 人陪审团）。在宣布这项决定时，法官哈里 · 布莱克蒙引用逻辑和实验数据辩论说，5 人陪审团代表性较弱，难以让人信服，也不那么精确（Grofman，1980）。具有讽刺意味的是，他援引的许多数据都包含对 6 人陪审和 12 人陪审的比较，因此，其自身也就否定了 6 人陪审团制度。但是，由于已经做出并且要维持对 6 人陪审团的承诺，最高法院不能证实这个同样的理由也适用于此种情况（Tanke & Tanke，1979）。

我们已经仔细考虑过了（社会科学研究），因为在法庭的直觉之外，它们为得出关于越来越小的陪审团能否实现《第六修正案》的目的和功能的结论，提供了唯一的基础。

——法官哈里 · 布莱克门（Harry Blackmum），“巴柳诉佐治亚州案”，1978 年

从实验室到生活：模拟陪审团和真实陪审团

也许在读这一章时，你想知道一些批评者（Tapp，1980；Vidmar，1979）也想知道的一个问题：在大学生讨论假想案例和真实陪审员讨论一个活生生的人的命运之间是否存在巨大的差别？这种情况确实存在。在案件信息最少的条件下，权衡某一模拟的决议是一回事，为一桩真实案例的复杂和意义深远的后果苦恼则是另一回事。因此，里德 · 黑斯蒂等人（Hastie & others）曾经让那些选自真实陪审员候选人的实验参与者，观看对真实审讯过程的场景重现。这种场景重现如此真实，以至于参与者有时忘记了电视里的审讯场面仅仅是表演而已（Thompson & others，1981）。

由学生模仿的陪审员也很投入。“当我偷听模仿的陪审团时，”研究者诺伯特 · 克尔（Kerr，1999）回忆道，“我确实被迷住了。陪审员们颇具洞察力的辩论、他们令人惊奇的回想和记忆结构组织的混合、他们的偏见、他们力图说服和控制的尝试，还有他们有时一个人站出来的勇气，都令我极为吃惊。在这里，我曾经研究过的许

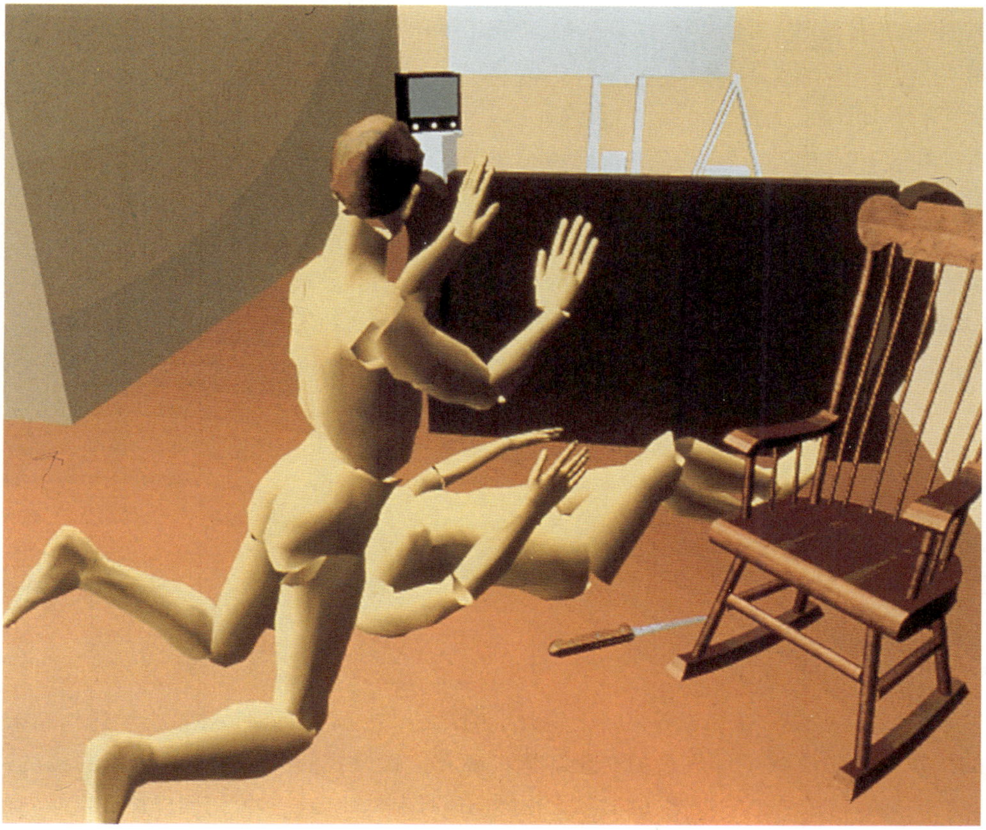

就像这种基于法庭证据的电脑模拟谋杀演示一样，律师们现在开始应用新的科技手段来讲述犯罪情节，以使陪审团成员更容易理解它。

多心理过程都栩栩如生地展现在了我的眼前！虽然我们的学生知道，他们只是在模拟一场真实的审讯，但他们却真的很认真地做出一份公正的判决。”

1986 年，美国最高法院就陪审团研究是否有利于决定在死刑案件中使用“死刑认定”陪审团展开了争论。宪法赋予被告“得到公正审讯和一个在组成上不偏向于原告的公正的陪审团”的权利。持反对意见的法官认为，当陪审团中只包括那些接受死刑的陪审员时，这种权利就受到了侵犯。他们说，他们的论据主要基于“研究者使用多种被试和多种方法得出的基本一致的结论。”然而，大多数的法官表示，他们“对这些研究在预测实际的陪审员行为方面的价值抱有强烈的质疑。”对此持异议的法官回应说，这是由于法庭不允许用真实的陪审团做实验。因此，“那些声称死刑判决中带有偏见的被告，应该被允许诉诸于这种能证明他们案例的惟一可行的方式。”

研究者也为实验室模拟辩护。他们认为，实验室实验为在控制条件下研究重要问题提供了一种实际而廉价的方法（ Dillehay & Nietzel，1980；Kerr & Bray，2005)。不仅如此，研究者通过在真实情境中进行检验，发现实验室研究结果通常都得到了很好的验证。没有人争辩说，陪审团实验中简化的世界可以完全反映纷繁复杂世界中真实的法庭；但是，实验可以帮助我们建构用以解释复杂世界的理论。

让我们思考一下，陪审团模拟和社会心理学其他实验之间有何不同？它们都创造了现实生活的缩简版本。在模拟现实中，通过每次改变一个或两个因素，实验可以准确描述出这一两个方面的变化将对我们产生怎样的影响。这就是社会心理学实验方法的精髓所在。

小结：群体因素对陪审员的影响

- 陪审团是一个群体，影响其他类型群体的那些力量也会使它们摇摆不定。例如，陪审团中最聒噪的成员往往说得最多，而较安静的成员基本保持沉默。
- 在审议过程中，反对意见有可能变得更加确定、更加极端化。
- 尤其当证据不足以给罪犯定罪时，审议过程会使陪审员变得比开始时更具宽容化。
- 12 人制的陪审团是源于英国普通法律的一种传统。研究者发现这一规模允许陪审员之间存在合理的差异，允许他们的意见和取向的混合，以及能使他们更好地回忆审判的信息。
- 研究者对美国最高法院近年来允许小型陪审团和非一致性意见决定的陪审团的设想进行了检验，并提出了质疑。
- 模拟陪审团毕竟不是真实的陪审团，因此，我们在把研究结果推广到现实法庭上时必须谨慎。但是，就像社会心理学的所有实验一样，有关陪审团的实验室实验，有助于我们建构用来解释更加复杂的日常生活世界的理论和规律。

后记：

心理科学使我们的思考更睿智

“后现代主义”在知识界是一个很时髦的话题，它认为真理是在社会中建构而来的，知识总是反映了形成它的文化环境。确实，就像我们经常在这本书里看到的，我们的确常常被自己的直觉、偏见和文化倾向所控制。社会科学家们同样被证实倾向、信念固着、过分自信和先入为主的偏见力量所影响。我们先入为主的思想观念和价值观指导着我们理论的发展、我们对事物的解释、我们对主题的选择和我们的语言。

注意到心理科学中隐藏的价值观，应该促使我们擦拭干净用以观察世界的眼镜；注意到我们易于产生偏见和错误，我们就可以在两个极端中自由游走——一个极端是，认为心理学假装价值中立、实质受价值操纵，从而显得很幼稚；另一极端是，认为证据只不过是一堆偏见，滑向过度的主观主义。在谦逊的精神下，我们可以把可检验的思想应用到实验中。如果我们觉得死刑确实（或者确实不）比其他可用的刑罚能更好地防止犯罪发生，我们可以随口说出我们个人的意见，就像美国最高法院所做的那样。或者我们可以探询一下：是否存在死刑的州就有较低的杀人案发率，是否当实行死刑之后杀人案发率有所下降，而当禁止死刑后杀人案发率又有所上升。

如我们所知，美国最高法院在拒绝 5 人陪审团和终止学校的种族隔离制度时，考虑到了相关的社会科学证据。但是在向其他一些问题提供意见时，最高法院则未将研究成果考虑在内。这些问题包括死刑是否减少犯罪，社会是否把死刑执行看成美国宪法所禁止的（“残忍和罕见的刑罚”），法庭是否专断地施加刑罚，他们应用刑罚时是否带有种族偏见，以及根据认可死刑这一点来挑选的未来的陪审员是否偏向于做出有罪判决。

信念和价值观不仅影响了科学家和老百姓的认识，也确实影响了法官的知觉。这就是我们为什么需要更加睿智地进行思考——从而依靠可获得的证据来检验我们的预想和偏见并加以控制的原因。如果我们的信念找到了支持证据，这当然更好；如果找不到支持证据，这当然更糟。这正是构成心理科学和日常批判性思考基础的最质朴的精神。

第 16 章

社会心理学与可持续发展的未来

我们不应该只考虑眼前，还应该考虑子孙后代，甚至那些我们还未曾谋面的未来的国民。

——Gayanashagowa，
《易洛魁民族联盟宪章》，又称“和平大律法”

心理学与气候变化

促进可持续发展的生活方式

物质主义和财富

设想你正乘一艘巨大的宇宙飞船穿越银河系。为了维持飞船上的人类社区，宇宙飞船生物圈中种植了各种植物，还饲养了很多动物。通过废物回收利用和资源管理，截至目前，飞船上的生物群落能够一直维系下去，养活在飞船上出生的子孙后代。

这艘宇宙飞船名为地球，现在它承载了 70 亿人口，并且数量还在不断增加。此外，人类正以一种不可持续的速度加速消耗地球上的资源，其速度超出飞船约 50% 的承受能力（FootPrintNetwork.org，2011）。随着人口数量的膨胀和资源消耗速度的加快，很多问题凸显出来：森林被过度砍伐，野生鱼类资源枯竭，气候变得极不稳定。一些乘客的要求过分苛刻。按照一般美国人的生活方式来计算，需要五个地球才够养活地球上的 70 亿人。

1960 年，地球负荷了 30 亿人口和 1 亿 2700 万辆机动车。如今，有超过 70 亿人口和 10 亿辆汽车（Davis & others，2011）。机动车排放的温室气体，以及为发电和供暖燃烧煤和石油产生的温室气体，都在改变着地球的环境。为了确定气候变化的程度和速度，世界各国的数千名科学家正通过政府间气候变化专门委员会（IPCC）合作创建与查找相关证据。科学评估委员会的前任主席约翰·霍顿（Houghton，2011）报告称，他们是在世界上最发达的 11 个国家的国家科学院的支持下，经过人类历史上最“深入的科学研究和检验”才得出此结论。

在政府间气候变化专门委员会的报告中，如图 16.1 所示，汇总的证据证明气候确实在发生变化：

图 :: 16.1
全球气候变化的科学指标总览。
资料来源：John Cook（2010，and skepticalscience.com）.

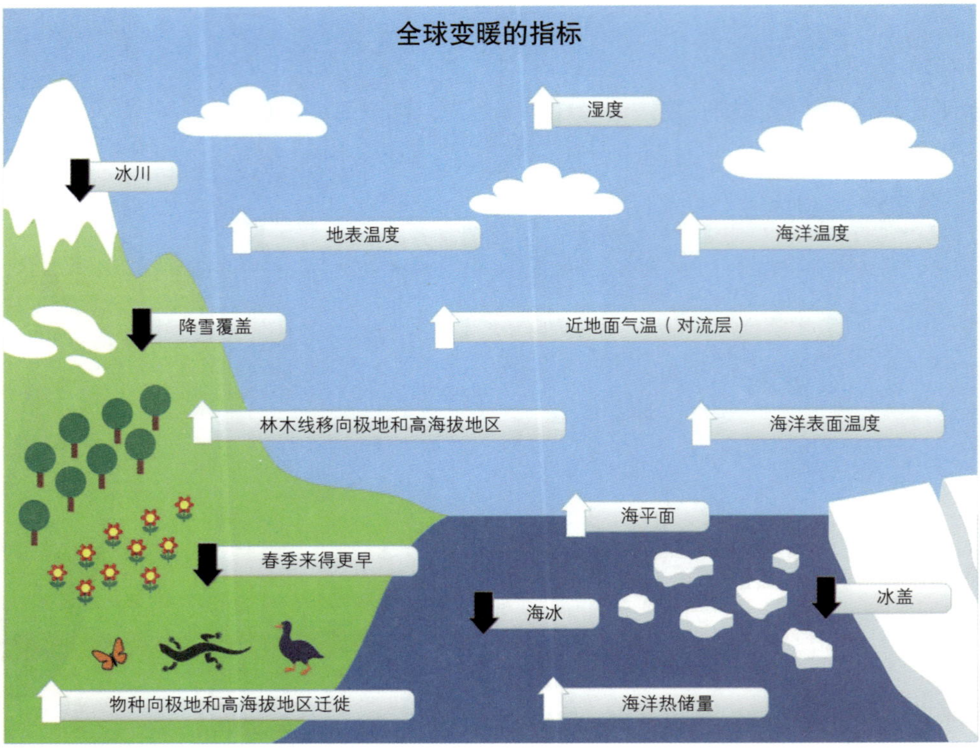

- 温室气体层正在不断增大。自工业革命（约 1750 年）以来，人类活动所产生的二氧化碳有一半存在于大气中（Royal Society，2010）。
- 与前工业时代相比，现在大气中的二氧化碳增加了约 39%，甲烷则增加了约 158%，且增加速度越来越快（World Meteorological Organization，2011）。随着冻土消融，释放出的甲烷会使这一问题更加复杂（Gillis，2011）。
- 海洋和大气温度升高。这些数据和事实没有任何政治倾向。自 1970 年以来，每十年气温都会显著升高。从 2001 年至今，十年中有九年气温创有史以来最高（Royal Society，2010；见图 16.2）。如果全球气候没有变暖，那么随机气候变化所产生的纪录性高温和低温数量应该是均衡的。而事实是，纪录性高温远远超过纪录性低温，例如，在美国高低温比例达 2:1（Meehl & otherts，2009）。通过评估来自 39 000 个气象站的 16 亿条温度记录，曾是气候变化怀疑论者的理查德·穆勒（Muller，2011）确信：“全球变暖是事实。”
- 大量动植物迁徙。由于全球气候变暖，这些动植物在逐渐向北方和更高海拔的地区迁移，可以预计某些物种将会灭绝（Harley，2011；Houghton，2011）。
- 北极冰层融化。夏末冰层面积从 20 世纪 70 年代末的 300 万平方英里，缩小到 2011 年的 167 万平方英里（见图 16.3）。南极西部和格陵兰岛的冰川也正以前所未有的速度消融（Kerr，2011）。
- 海平面升高。伴随海水温度的升高，海洋水量也在增加。并且，北极所发生的一切，其影响远超出北极地区。海平面升高预示着沿海和低洼地区将面临严峻考验，包括巴基斯坦、中国南部以及印度洋和太平洋各岛屿（Houghton，2011）。

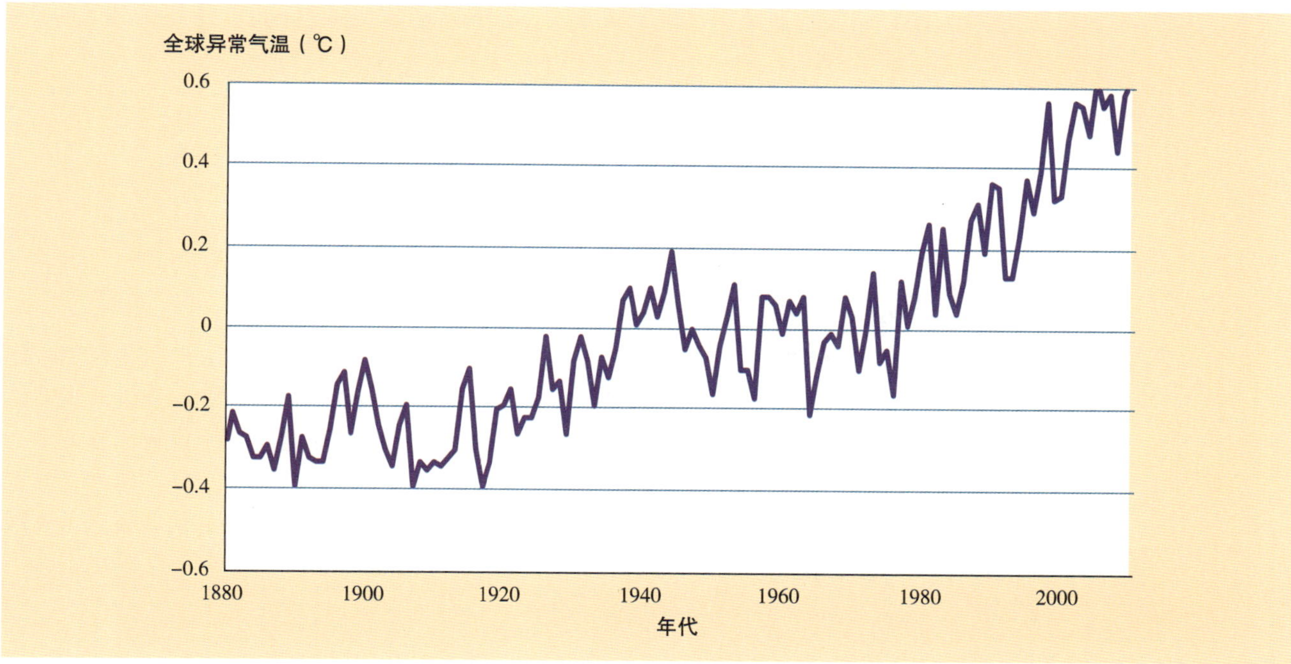

图 :: 16.2

全球正在变暖。自 1980 年以来，全球气温有上升趋势，纪录性高温远远超过纪录性低温（NASA，2011）。

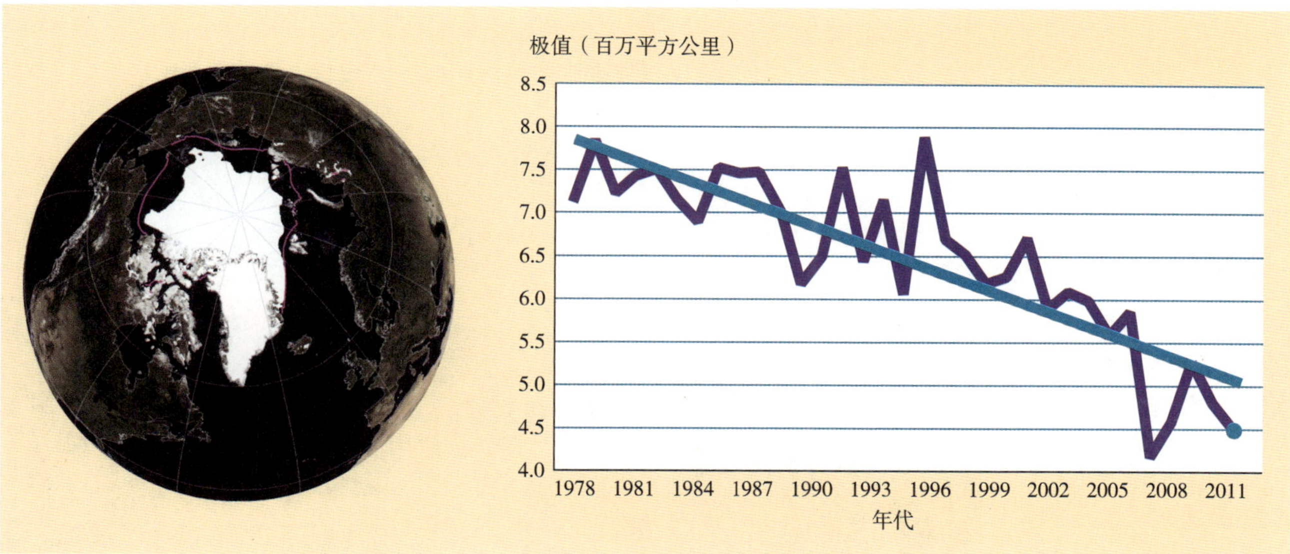

图 :: 16.3

冰盖正在缩小。美国冰雪数据中心和美国航空航天局（NASA）公布的 2011 年 9 月的最小冰盖面积，与 1979~2000 年的最小冰盖面积中间值进行对比。

- *极端天气增多*。任何一个单独气候事件，比如 2010 年欧洲的历史性高温、2011 年密西西比史无前例的特大洪水、密苏里州龙卷风以及德克萨斯州的炎热和干旱，不能归因于气候变化。只是恶劣天气而已。然而，气象科学家预测，全球变暖将使得各种极端天气更加频繁，如飓风、热浪、干旱和洪水（Kerr，

2011b)。在湿热环境中，降雪减少，降雨增多，其结果可能是雨季出现洪灾；由于降雪和冰量融水减少，旱季则会出现河流干涸。

心理学与气候变化

确定持续的甚至是加速的气候变化会引起哪些可能的心理后果。归纳科学界和大众对气候变化的理解有何差别，以及这些差异产生的可能原因。

纵观历史，社会心理学对众多社会事件作出了回应。例如，人权时代对刻板印象和偏见的研究，国内动荡和犯罪增多的年代对攻击性的研究，妇女运动时期对性别发展和性别态度的研究，等等。如果说全球气候变化是目前“全世界面临的最大问题”(Houghton，2011)，那么我们一定会看到越来越多的相关研究，例如，气候变化对人类行为产生的可能影响、公众对气候变化的看法，以及如何调整人力资源来应对气候变化等问题。目前，已经有一些这方面的研究。

气候变化的心理学效应

这是一个关乎国家安全的问题。有人说：恐怖袭击和气候变暖都是大规模杀伤性武器。“如果我们了解到基地组织正秘密研制一种恐怖技术，可能会破坏全球各地的水供应，迫使数千万人背井离乡，并可能危及我们整个地球，那么我们必然会暴怒，并尽一切可能来消除这一威胁，”评论家克里斯托夫(Kristof，2007)说，“而现在，恰恰是我们自己，正用温室气体来制造着这种威胁。”想想人类的下场吧。

流离失所与创伤

2009 年，1 700 万人因自然灾害失去家园，到 2010 年这一数字上升为 4 200 万人，

天气正变得越来越怪异吗？2011年，美国国家海洋和大气管理局(NOAA)报告称，美国因天气灾害损失十几亿美元，每年天气灾害通常会发生三四次。单一的天气事件，如发生在乔普林和密苏里州的大规模龙卷风，本身都不能归因于气候变化。然而，气象科学家警告我们，全球变暖将使得各种极端天气更加频繁，人们流离失所，遭受心理创伤。

其中 90% 是由于与天气有关的灾害所造成的。这使得与气候有关的流离失所成为“当代最典型的挑战”，联合国难民事务高级专员安东尼奥·格里斯如是说（Amland，2011）。

正如所预期的，如果本世纪气温升高 2~4℃的话，那么水源供应、农业、灾害风险和海平面等诸多方面的变化将促使人类不得不大规模移民（de Sherbinin & others，2011）。当干旱或洪水迫使人们离开自己的家园，放弃原有的工作，例如撒哈拉以南非洲的农田和牧场沙漠化，最常见的结果是贫穷和饥荒加剧，人们的寿命缩短，且文化认同缺失。如果极端天气事件或气候变化切断了你与某块土地以及那里的人们之间的联系，可以预料，你将会感到悲伤、焦虑和失落（Doherty & Clayton，2011）。气候会影响我们的社会和心理健康。

气候与冲突

战争爆发，往往归咎于气候。杰佛瑞·萨克斯（Sachs，2006）指出，这通常是事实。例如，发生在苏丹达尔富尔地区的大屠杀，其根源是干旱和对水源的争夺，且从古至今一贯如此。人类很多弊端，从经济衰退到战争，都与气候波动有关（Zhang & others，2011）。一旦气候发生变化，农业往往会遭殃，接踵而至的便是严重的饥荒、时疫和困苦不堪。资源匮乏的贫穷国家尤其容易因气候影响而处境悲惨（Fischer & Van de Vliert，2011）。当身处困境时，人会变得更容易迁怒于政府或他人，进而导致战争。气候的确会影响社会安定。

我们在第 11 章中讲过，实验室研究和日常生活研究都表明，炎热也会使人们的短期攻击性增强。在高温天，社区中的暴力行为会增多，甚至在棒球比赛中投手也会更多地击中接球手。在一年中的炎热季节、较往年更热的夏季、气温更高的年份以及更热的城市或地区，暴力行为都会普遍增多（Anderson & Delisi，2010）。安德森及其同事（Anderson & others）预测，假如气温升高 4 华氏度（约 2 摄氏度），美国社会中的严重伤害案件每年至少会增加 50 000 起。

公众对气候变化的态度

地球正在变暖吗？人类是否该对此负责？地球变暖是否会影响我们的子孙后代？气象科学家公布的答案是肯定的，97% 的科学家认为气候正在发生变化，且是由人为因素所造成的（Anderegg & others，2010）。《科学》杂志中有报告解释说：“几乎所有科学家都一致认为全球变暖会对人类造成威胁：这是事实，是威胁，全世界都应该马上采取行动”（Kerr，2009）。

欧洲共同体、澳大利亚和印度都对此作出反应，对煤炭征收碳税或建立碳排放交易体系，中国目前也通过限制计划对过度污染征收费用。2010 年的皮尤研究发现，在中国、印度和韩国，超过 70% 的人愿意花更多钱使用更清洁能源，从而应对气候变化问题，而在美国只有 38% 的人愿意这样做（Rosenthal，2011）。

2011 年，认同“有充分证据表明”是人类活动造成了全球变暖的美国人也仅有 38%（Pew，2011）。同年，由于民众的怀疑态度，美国众议院以 184 票赞成 240 票反对否决了一项决议，该决议称“气候变化正在发生，且主要是由于人类活动造成的，这一变化将对公众的健康和福利造成严重威胁”（McKibben，2011）。

社会心理学家感兴趣的是，科学界和公众对气候变化的理解为何会有如此巨大的差异。其原因何在？为什么全球变暖没有成为社会热点？如何使科学界和公众对全球变暖的理解达成一致？

亲身经历与易得性直觉

现在，我们都已熟知，生动的、近期的体验，其说服力往往超过抽象的数据。尽管鲨鱼袭击和飞机坠毁发生率很低，但由于这些事件的图像生动鲜明，让人印象深刻，所以往往会激发我们的情绪反应并影响我们的判断。我们在易得性直觉的影响下做出启发式判断，因此经常会杞人忧天。如果航空公司把我们的行李放错了地方，我们可能会夸大当时的感受，并无视航空公司总的行李丢失率极低这一事实，进而贬低航空公司。进化使得我们的大脑更关注当前情况，而非那些看不见摸不着的数据和遥不可及的危险（Gifford，2011）。

同样，面对冬季的严寒，人们通常会忽视全球变暖的事实。一名气候怀疑论者将东海岸的暴风雪视为驳斥全球变暖的“杀手锏”（Breckler，2010）。2011 年 5 月开展的一次调查显示，47% 的美国人同意“去年冬天美国东部发生的纪录性暴风雪让我怀疑全球是否真的在变暖”（Leiserowitz & others，2011b）。但经过接踵而至的酷热夏季后，67% 的美国人认同全球变暖使得“美国 2011 年的夏季温度创历史新高”（Leiserowitz，2011）。美国和澳大利亚的研究显示，相对于比往常凉快的天气，在较热的天气进行的调查中，人们更相信全球变暖，也更愿意给全球变暖慈善团体捐赠（Li & others，2011）。因为在很多生活领域中，我们的局部体验会歪曲我们对全局的判断。

缺乏理解

你应该还记得，我们在第 7 章中讲过，说服性信息首先必须被理解，然后才能起作用。2011 年，仅 39% 的美国人相信“大多数科学家认为全球气候正在变暖”，更多人则认为“科学界存在很大分歧”或“缺乏充分的证据得出结论”。其部分原因在于媒体中的矛盾信息同时包含了两种对立观点，既有担心气候变化的，也有对此不屑一顾的（Leiserowitz & others，2011）。人们接收的信息不确定，再加上人类本身的乐观主义偏见，致使人们低估了气候变化的威胁（Gifford，2011）。

人们还会表现出“系统公正”倾向，即倾向于信任所处文化中的事物并认为其合理，因而不愿意改变熟悉的现状，尤其是当现状比较舒适之时（Feygina & others，2010）。我们往往喜欢已经习惯的生活方式，如出行和饮食习惯，以及取暖和降温的方式，等等。

> 很快有一天我们会像废弃鱼缸里的孔雀鱼一样死去。我建议为整个地球写个墓志铭：“我们本来可以拯救它的，不过我们太懒了。”
>
> ——库尔特·冯内古特（Kurt Vonnegut），《床头抑郁的特征》，1990 年

有一项实验为我们带来了好消息。给参与者呈现如图 16.2 所示的全球气温趋势，不论之前对全球气候变化的看法如何，参与者都能够理解图中的变化趋势，并将其投射到不久的将来，进而调整自己对气候变化的认识。教育发挥了作用。

以颇受关注的方式来讲解节约能源的问题也可以发挥积极作用。一本小册子或在一块店铺招牌上写上“如果不使用节能灯泡，你将损失____美元”，这一信息要长期呈现。我们要用这样的陈述，如“能源之星冰箱将在 20 年里为你节省能源浪费费用 2 400 美元”，而不要说“能源之星冰箱每年将为你节省电费 120 美元”（Hofmeister，2010）。

小结：心理学与气候变化

- 科学家报告说，人口数量激增、能源消耗加速和温室气体排放已经超出了地球的承载能力。我们看到全球变暖已经上演：极地冰川融化，海平面升高，极端天气多发。
- 气候变化可预见的社会后果包括：人们流离失所、苦不堪言，为争夺有限资源而发生冲突。
- 社会心理学家还研究了科学界与公众对气候变化理解之间的差异，并提出一些对公众的教育方法，以期人类能够走向可持续发展的光辉未来。

促进可持续发展的生活方式

明确新技术和减少消费的策略，共同促进可持续发展的生活方式。

那么，我们应该做些什么呢？吃喝玩乐，然后愉快地等待世界末日的来临？还是像许多参加囚徒困境博弈的人一样，每个人都追求个人利益最大化，结果伤害整个集体的利益？（“在全球范围内，我的消耗量是无穷小的；这样的消费给我带来了快乐，但对于世界来说只是微不足道的一点点。”）或者举起我们的手，发誓永远不会将我们的后代带入到一个充满伤痛的世界？生育与富裕相结合只能导致悲剧吗？

那些对未来比较乐观的人提出了两种可持续发展的生活方式：（a）提高科技效率和农业生产率；（b）控制消费量和减少人口数量。

新技术

促进未来可持续发展的途径之一是发展生态科技。现在我们已经用节能灯替代了许多白炽灯，用电子邮件和电子商务替代了需要打印和寄送的信件和目录，用远程办公替代了需驱车数公里进行的交易。

人之过错莫大于本该能做点儿什么却什么也不做。

——埃德蒙·伯克（Edmund Burke），18 世纪英国哲学家

在汽车方面，现在中年人所开的汽车与他们年轻时所开的车相比，行驶路程增加了一倍，而产生的污染量仅为以前的 1/20。新型混合动力车和蓄电池驱动车能效更高。

未来可能出现的科技还包括：不需要灯泡就能发光 20 年的二极管；超声波洗涤器，它不需要水、热量和肥皂；可循环使用的塑料，同时还可以当肥料；汽车使用由氢和氧制成的燃料，而它们燃烧时只会排出水汽；一种极轻的材料，但其硬度却可以和钢铁相媲美；屋顶和路面可以当成太阳能吸收器来使用；当屋子里太凉或太热时，可以用升温或降温的椅子来增加人们生活的舒适度（N. Myers，2000；Zhang & others，2007）。

把太阳光收进瓶子里。迪亚兹为马尼拉一户平房装上了新型太阳能灯泡。

有些节能方式的科技含量并不高。非律宾的一个非营利组织与政府和志愿者一起为数百万低收入家庭安装了零能耗太阳能灯泡。这种“灯泡”其实不过是一个干净的塑料饮

料瓶，瓶里装满水，在屋顶开一个洞将其嵌入，瓶子一半在屋外接收太阳光，一半在屋里，这样就可以提供 55 瓦的照明。这一举措结果如何？那就是，白天室内的照明不用再缴电费了（Orendain，2011）。

如果科技以现在的速度发展（谁能在上一个世纪前想象出今天世界的面貌呢？），那么未来一定能提供我们现在所无法想象的解决方案。所以，乐观地讲，未来一定会给人们提供更多的物质享受，同时却只需要很少的原材料，带来很小的污染。

减少消费

第二条通向可持续发展未来的途径是控制消费。除非我们假定发展中国家的人不应该享有较高的生活水平，但实际上他们的消费一定会不断增加。当他们的消费增加时，美国和其他发达国家的消费就必须减少。

由于家庭计划的实施，今天世界人口的增长速度已经大大减缓，特别是发达国家。即使在欠发达国家，在生活有保障、妇女可以接受教育并拥有较多权利的地方，人口出生率也逐步在下降。但是，即使世界各地的出生率立即降到生育复位水平，即每个女性平均有 2.1 个孩子，但考虑到人口结构中的青年人的比例，所以人口增长势头还会持续几年。经过了数万年的发展，1960 年时全球人口数量为 30 亿，而人口学家当时预测，该世纪人口数量的增量就会达到这一数字。

伴随人口的激增，我们已经超越了地球的承受能力，因此，现在要求每个人必须适度消费。随着我们对物质生活质量的需求越来越高，比如更多的人想拥有个人电脑、空调和乘飞机旅行，那么我们应该如何节制消费呢？

激励措施

一种方法是通过公共政策来限制强烈的购买欲望。一般来说，如果做某件事情需要纳税，我们就会少做一些；而做某件事情会有奖励，我们就会多做一些。许多城市用纳税人的钱设立自行车通道，资助公共交通工具，从而鼓励人们使用小轿车的替代工具。如果高速公路堵车，空气遭到污染，我们可以用快速车道来鼓励合伙搭伴驾车，同时惩罚单独开车的人。在美国，购买混合动力汽车的消费者可以享受税费优惠，并且有些州允许独自驾驶的混合动力汽车可以占用公共汽车道。格雷格·伊斯特布鲁克（Easterbrook，2004）注意到，如果在十年前美国对汽油的征税提高 50 美分，那么现在的美国就会有更多小型的节能汽车（正如欧洲那样对汽油征收重税），因而会进口更少的汽油。进而，这又可以导致低油耗、减缓全球变暖进程，以及较低的油价和较小的贸易赤字。

欧洲首开先河鼓励人们多乘坐公共交通工具和骑自行车，少开私家车。除对小汽车征收较高的燃油税外，维也纳、慕尼黑、苏黎世和哥本哈根等城市多条市中心街道都不允许小汽车通行；伦敦和斯德哥尔摩市中心道路对小汽车征收交通拥堵费；阿姆斯特丹市是自行车的天堂；数十个德国城市都设有“环保区”，只允许低二氧化碳排放的汽车进入（Rosenthal，2011）；荷兰已经试行按汽车行驶里程征税，就像电话按通话时长收取话费一样（Rosenthal，2011b）。

一些自由市场支持者反对征收碳税，因为这是一项税费。其他人则认为，碳税只是对我们今天的健康和未来的环境所受损害的补偿。如果现在排放二氧化碳不征税，未来威胁人类的洪水、龙卷风、飓风、干旱和海平面升高所造成的损失该由谁来买单？美国环保基金会的经济学家瓦格纳（Wagner，2011）说："只有当每个人都为自己的行为足额支付时，市场才算真正自由。其他都是消费主义。"

给予反馈

另外一种鼓励建立绿色家庭和商业的方式是安装"智能电表"，它可以持续读出耗电量和花费，从而让消费者获得及时的反馈。在无人的屋子里，关掉电脑显示器或灯，智能电表就会显示节约的瓦数。打开空调，你立刻就会看到用电量和花费。在英国，智能电表已经在商业领域使用，保守党领导人大卫·卡梅伦倡导了一项提案，即在所有家庭都安装智能电表。他对国会说，"智能电表能改变人们与他们所使用能源之间的关系"（Rosenthal，2008）。

美国有研究发现，如果在家庭能源账单上用笑脸表示费用低于邻居平均水平，用皱眉表示高于邻居平均水平的话，人们的能源使用就会减少（Schultz & others，2007；Van Vugt，2009）。萨克拉曼多市政事业部给随机选出的顾客发账单，将他们的能源使用量与相似家庭和最节能的邻居进行对比（如图 16.4），并给出如何节能的建议。第二年，高消费家庭的用电量减少了 3%（Provencher & Klos，2010）。

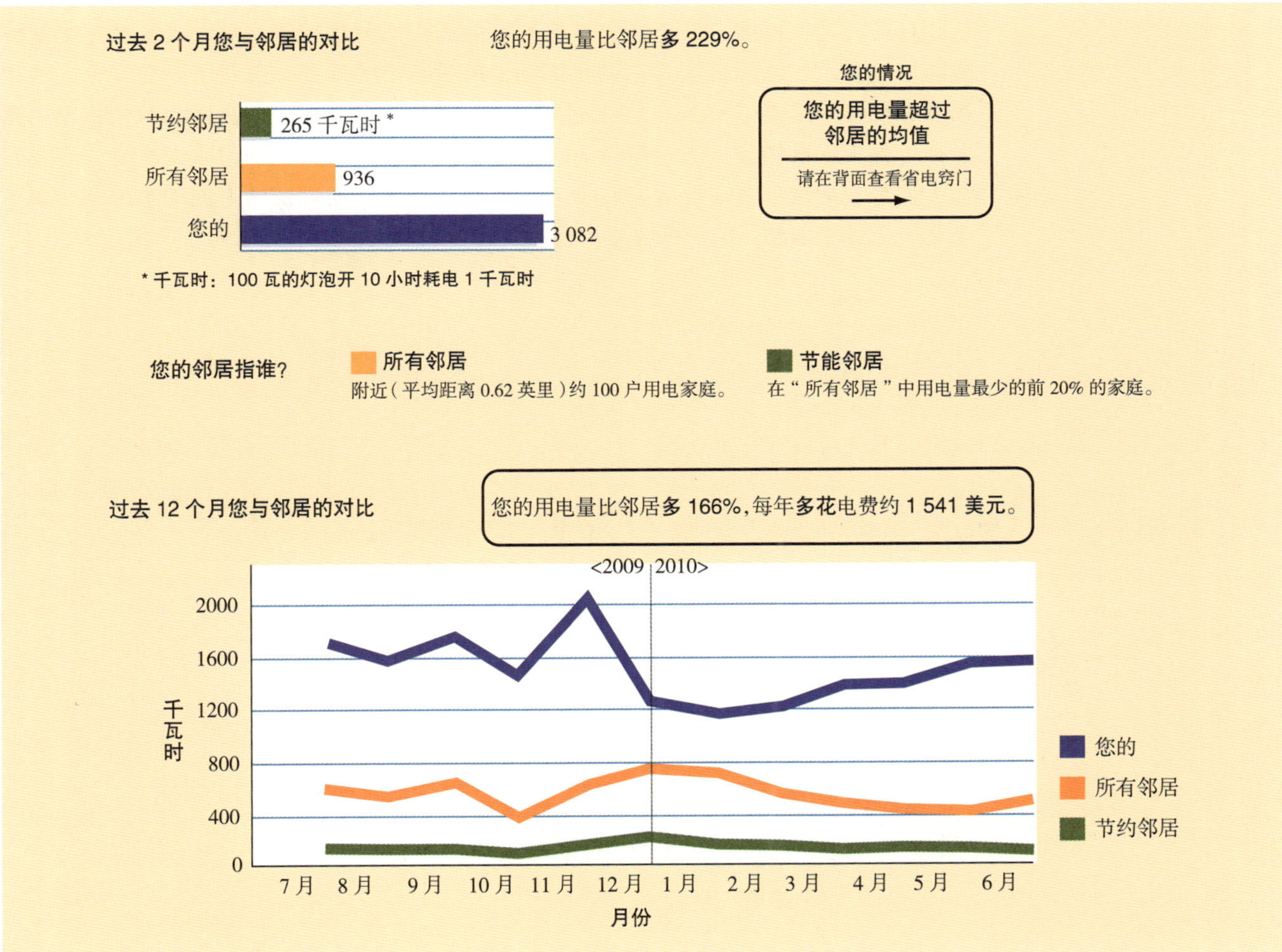

图 :: 16.4

萨克拉曼多市随机选择给予用电户反馈的例子。

同一性

有调查发现，人们购买普锐斯混合动力车的主要原因是："这能向世界表明我的立场"（Clayton & Myers，2009，p. 9）。克朗普顿和卡塞（Crompton & Kasser，2010）称，事实上，我们对我们是谁的感知，也即我们的自我同一性，对我们与气候相关的行为有着深刻的影响。我们的社会同一性，我们用来界定关注范围的内群体中是否只包括了我们自己身边的人？还是也包括那些身处异地的弱势人群、我们的子孙后代或未来的人类，甚至地球上的其他生物？

支持新能源的政策要求转变公众意识。这种转变不同于 20 世纪 60 年代的民权运动和 20 世纪 70 年代的妇女运动公众意识发生的转变。耶鲁大学环境科学院院长史贝斯（Speth，2008）倡导我们扩大的同一性应该具备一种"新意识"：

- 视人类为自然的一部分；
- 视大自然具有我们必须管理的固有价值；
- 就像重视现在的生活和居民一样来重视未来的生活和居民；
- 通过思考"我们"而不止是"我"，来领会人与人之间的相互依存；
- 不仅重视物质生活，更要重视精神生活和关系质量；
- 重视公平、正义和人类命运共同体。

有没有这种可能：人类首要考虑的事情从积累财富转向寻求意义，从过度消费转向培养联结？英国政府为达到可持续发展而制定的计划，强调了要提升个人的幸福感和社会的健康（图 16.5）。通过多种方式，社会心理学家或许能为我们指出一条通往更加幸福的道路：通过解读物质主义，同时也教给大家如何减少消费，通过告知人们经济的增长并不会自动提升人们的精神面貌，通过帮助人们理解为什么物质主义和金钱并不能使人们感到满足，以及通过鼓励人们追求其他内在价值。

小结：促进可持续发展的生活方式

- 人类可以通过提高科技的效率来通向可持续发展的道路。
- 我们也可以通过创设激励措施，给予反馈，以及提升同一性，以支持更可持续的消费。在过去的 40 年中，文化发生了快速的变迁；有希望在对全球危机的回应的过程中，它还会再次发生。

物质主义和财富

解释社会心理学在我们理解如何改变物质主义方面作出的贡献：在多大程度上金钱和消费可以买来幸福？为什么物质主义和经济的增长不能给人类带来持久而强烈的满足感？

尽管最近经济不景气，大多数西方国家人民的生活还是美好的。现在，大多数的北美人都在享受着几个世纪前贵族们也无法想象的奢华生活：热水淋浴、抽水马桶、中央空调、微波炉、乘飞机旅行、冬季的新鲜水果、大屏幕数字电视、电子邮

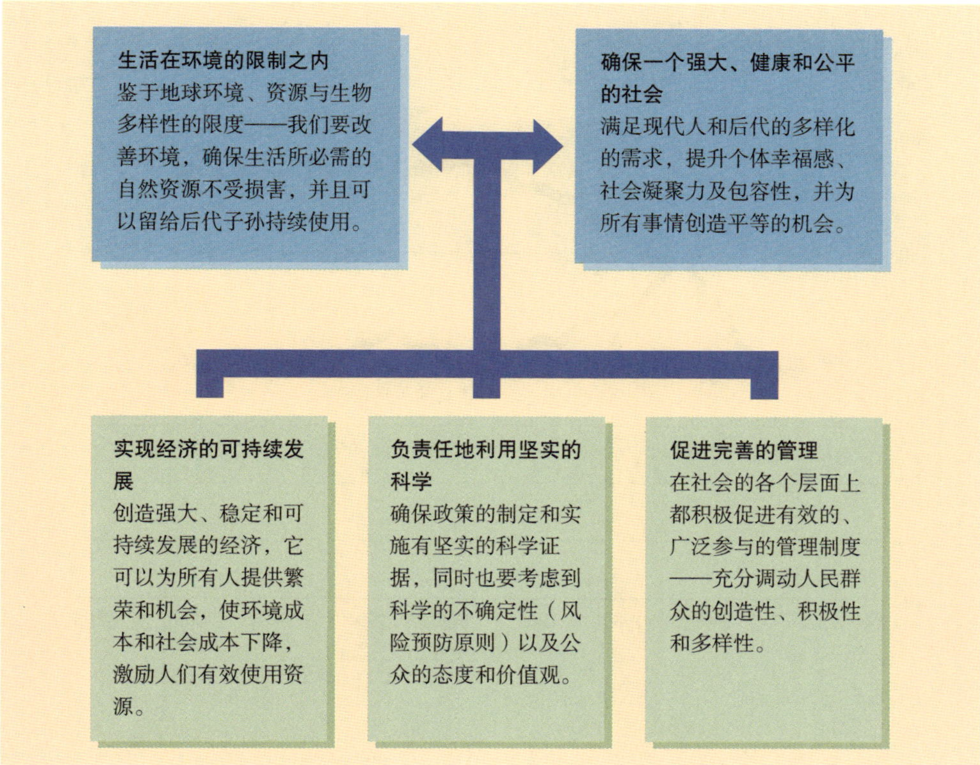

图 :: 16.5
英国全民共享的可持续发展原则
英国政府把可持续发展定义为既能满足当代人的需求，同时又不损害后代人有能力满足其需求的发展。“我们想生活在环境的限制之内，并实现社会的公平。我们会通过可持续发展的经济、完善的管理以及坚实的科学来达到这些目的。”社会心理学的贡献将会影响人们的行为，使人们生活在环境的限制之内，享受个人和社会的幸福。
资料来源：www.sustainabledevelopment.gov.uk , 2005.

件和报事贴便签纸。金钱及由此带来的奢侈品可以买来幸福吗？很少有人会认同这一点。但是如果换个问法：“再多一点钱会让你更幸福一点吗？”则大部分人都会认同。我们认为在财富和幸福之间必然存在着某种联系。这种信念符合肖尔（Schor，1998）所谓的“工作和消费的循环”理念——工作的越多消费就越多。

日渐盛行的物质主义

尽管地球要求我们在它上面生活得更“轻”一点，但物质主义似乎势头强劲，这在美国体现得最为明显。这正是当今所谓的美国梦：生活、自由和购买快乐。

在 20 世纪七八十年代，物质主义最为盛行。最富有戏剧性的证据来自于美国加州大学洛杉矶分校，即美国教育委员会对大约 25 万刚入学的大学生所做的年度调查。认为读大学“非常重要”的原因是成为“经济上非常富裕”的人，从 1970 年的 39% 上升到 2010 年的 77%（如图 16.6 所示）。实际上，伴随着这一比例变化的却是，认为“形成一套有意义的生活哲学”是非常重要的人数却在急剧减少。也就是说，物质主义在膨胀，精神信仰却在衰退。

人们的价值观也发生了巨大的变化！在列出的 19 个目标中，现在新入学的美国大学生将“经济上非常富裕”列为第一位。这不仅高于“形成一套有意义的生活哲学”，还位居“成为本领域权威”“帮助困境中的他人”和“供养家庭”等目标之上。

财富与幸福感

可持续的消费真的能给人类带来“美好的生活”吗？财富是否会产生（至少是

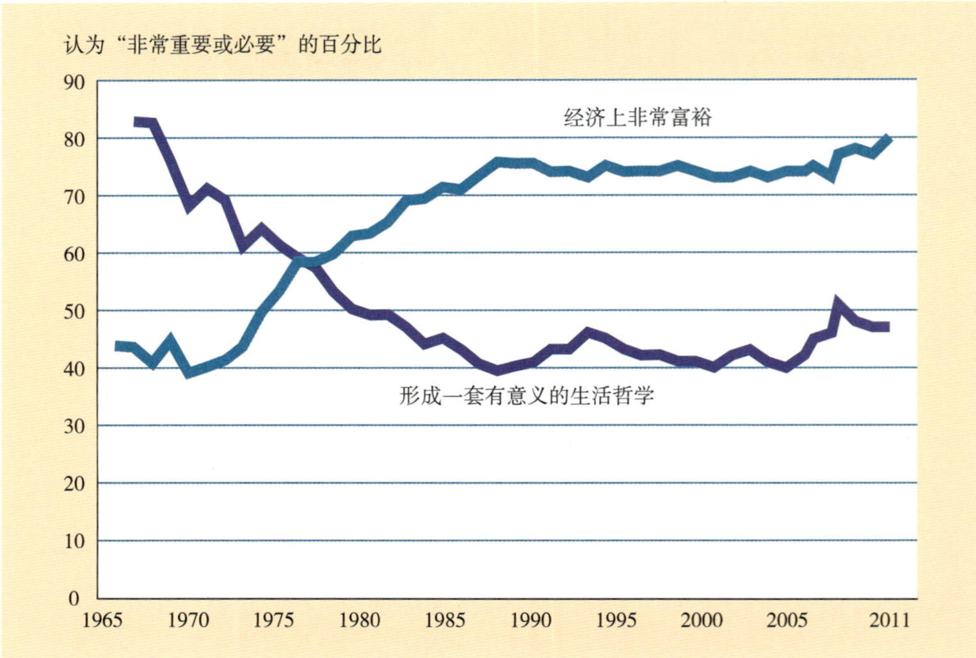

图 16.6
物质主义的变化历程，结果来自于对超过 20 万的新入学的美国大学生的年度调查（全部样本量有 130 万名学生）

资料来源：Data from Dey, Astin, & Korn, 1991, and subsequent annual reports.

与之相关）心理上的幸福感呢？如果人们可以用一种简朴的生活方式取代那种奢华的生活：生活在富丽堂皇的环境之中，去阿尔卑斯山滑雪度假，以及总裁级别的旅行，那么人们是否会更快乐呢？假如有人中了头奖，并且可以选择任何一种放纵的生活：一艘 40 英尺的游艇、考究的家庭电器、由设计师专门设计的全套服装、豪华汽车以及私人管家，那么他们是否会更快乐？社会心理学的一些理论和证据为此提供了答案。

富裕国家的人们更快乐吗

我们可以通过提出一些问题来观察财富与幸福之间的关系。第一，富裕国家的人们更快乐吗？国家的富裕与人们的幸福之间确实存在一些关联（根据自我报告的幸福感与生活满意度而测得）。斯堪的纳维亚人通常都是富裕和满足的，而保加利亚人既不富裕也不幸福（见图 16.7）。但是一旦人均收入达到 20 000 美元左右，更高水平的国家财富就不再能预测更高水平的幸福感了。

富有的人更快乐吗

我们问第二个问题：是否在任一国家中，富有的人都更快乐？在贫穷的国家中——低收入不足以维持基本的生活需要——相对富有确实可以预测更强的幸福感（Howell & Howell, 2008）。在富裕的国家里，大部分人都可以负担得起日常生活需要，富裕仍然重要——部分地是因为更有钱的人可以更多地掌控自己的生活（Johnson & Krueger, 2006）。

但当收入水平达到某一适当水平后，金钱的增加所带来的长期回报会越来越低。在 2008~2009 年间对超过 45 万美国人的盖洛普调查显示，当年收入低于 75 000 美元时，日常生活中的积极情绪（自我报告的快乐、愉悦和经常微笑或开怀大笑）随收

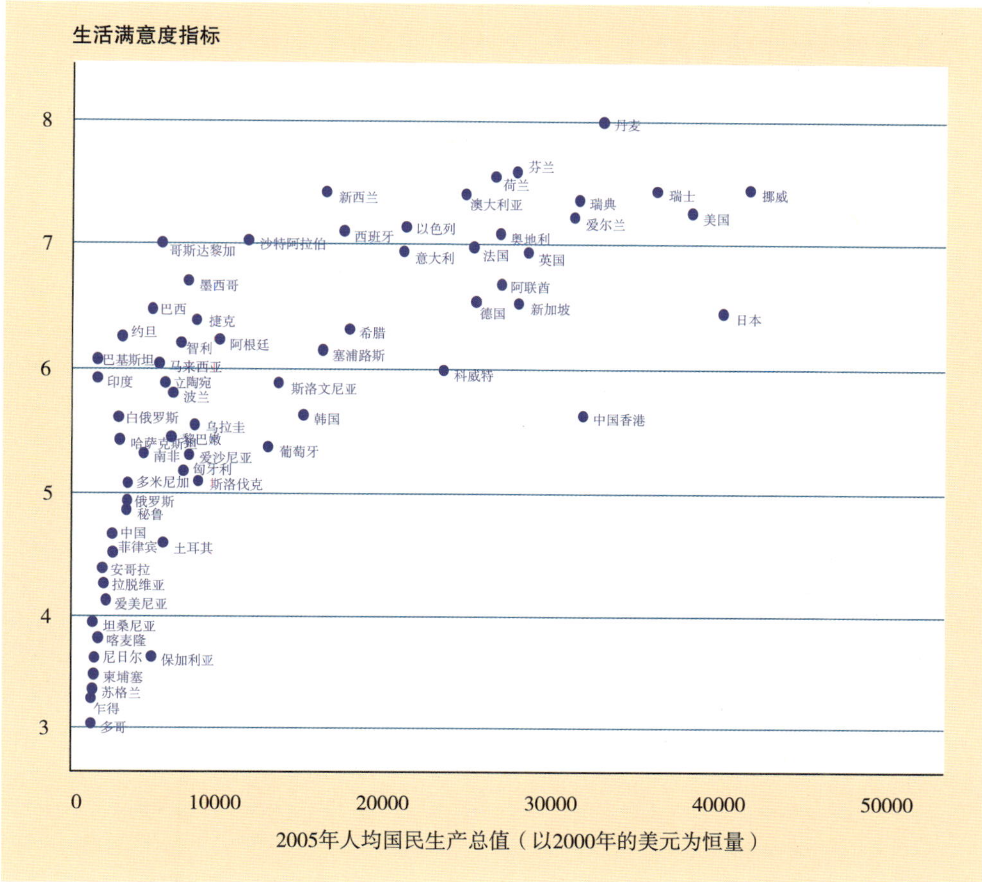

图 16.7

国家和地区的财富和幸福感

作为国家和地区财富（2005年国内生产总值，以2000年的美元为调整值）函数的132个国家和地区的生活满意度（从0~10的梯度）。

资料来源：Di Tella & MacCullough (2008).

入增加而增多，但当收入超过这一数目时便不再增加（Kahneman & Deaton，2010）。忧虑和悲伤等消极情绪的消失也存在类似情况（图 16.8）。在 123 个国家进行的全球盖洛普调查发现，能够预测主观幸福感的指标是亲密关系、权利感和胜任感（Tay & Diener，2011）。当这些基本需要获得满足后，金钱的增加就不再会有多大作用。

即使是超级富有者——例如《福布斯》杂志上最富有的 100 位美国人——其幸福感仅仅比平均水平高一点（Diener & others，1985）。甚至赢得彩票似乎也不能使人产生持久的幸福感（Brickman & others，1978）。就像理查德·瑞恩（Ryan，1999）解释的那样，这种满足感有一个“非常短暂的生命期”。

我总是在想，更多的金钱会不会为你带来多一点的快乐。但事实并非如此。

——谷歌创始人之一，亿万富翁谢尔盖·布林（Sergey Brin），2006 年

生活在富裕的 21 世纪的人们更幸福吗

我们问第三个问题：随着时间的推移，幸福感是否随富裕而增强呢？集体的幸福感是否会随着经济的增长而得到提升？

1957 年，经济学家加尔布雷思在这一年将美国描述为富裕的社会。那时美国人的人均收入（2005 美元）换算为今天的金额大约为 12 000 美元。如今，如图 16.9 所示，美国应该算是“三倍富裕的社会”，即金钱所能购买的东西是以前的三倍。当然，这种上涨的潮水对游艇和小舟的推动效果是不同的，游艇提升的更高——不过所有的船都有一定程度的上升。这种双倍的消费能力，部分是由于美国大量已婚女性就业，购买力成倍地增加了。今天的美国人均汽车保有量是以前的两倍，去饭店的频率是以前的两倍，并且正享受着由科技支撑的新世界。自 1960 年以来，拥有

图 :: 16.8
收入增加对积极情绪和消极情绪的影响递减
对超过45万美国人的盖洛普调查数据（Kahneman & Deaton，2010）。
（注：收入采用对数量表测量，该量表通常可以突出收入和幸福感之间的相关。）

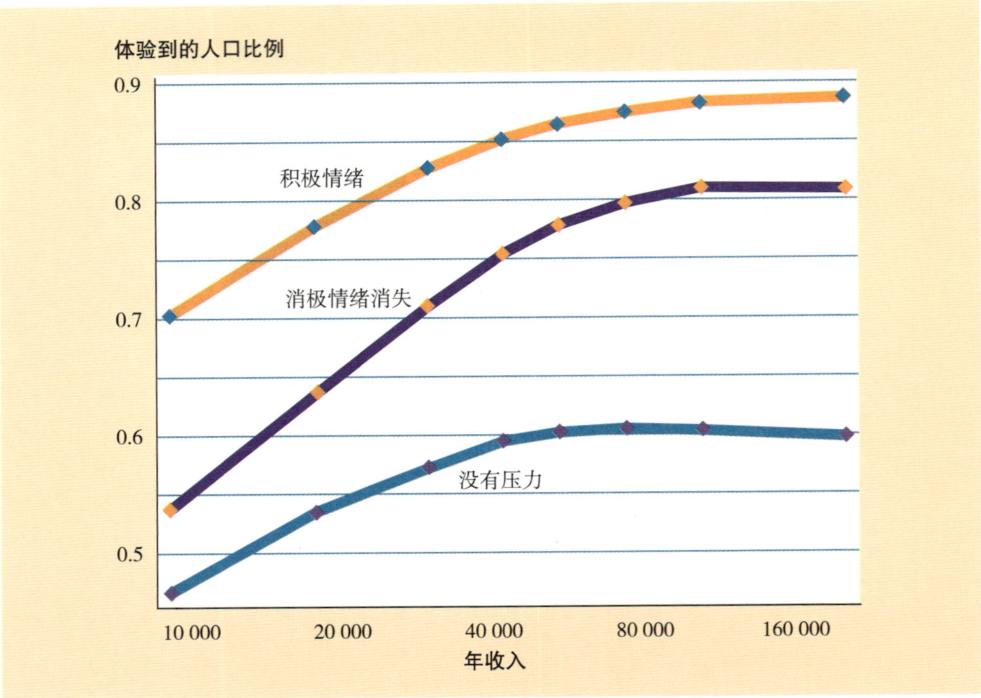

图 16.9
经济的增长是否提高了人们的精神面貌呢?
虽然对通货膨胀进行调整后，收入确实有所增加，但是个体自我报告的幸福感却没有增强。
资料来源：Happiness data from General Social Surveys, National Opinion Research Center, University of Chicago. Income data from Bureau of the Census (1975) and *Economic Indicators.*

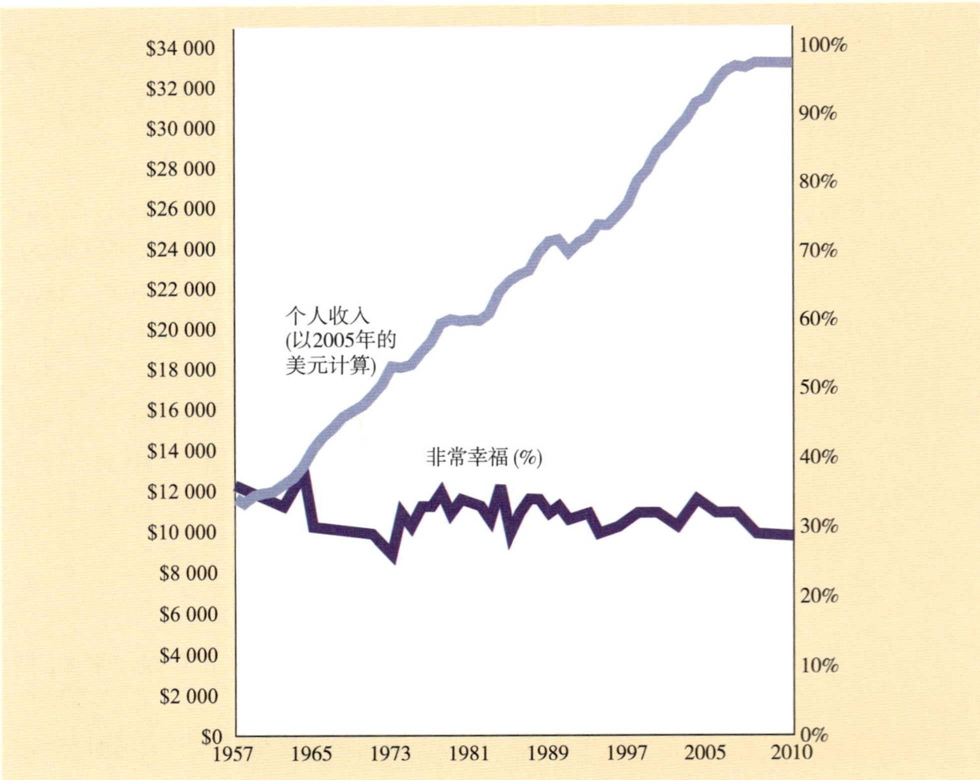

洗碗机的家庭所占的比例从 7% 上升到 60%，拥有干洗机的家庭比例从 20% 上升到 74%，拥有空调的家庭比例从 15% 上升到 86%（Bureau of the Census，2009）。

那么，认为“经济上非常富裕”“非常重要”且已经富裕起来的美国人，现在真的更快乐吗？在拥有了意大利特浓咖啡、来电显示电话、相机、手机以及带轮子的行李箱之后，他们是否比以前更快乐了呢?

他们没有。从 1957 年开始,那些报告自己“非常快乐”的人的比例有少许的下降:从 35% 下降到了 29%。富裕程度是以前的两倍，但人们并没有感到更加快乐。其他国家也是如此（Easterlin & others，2010）。中国经济在十年间发展惊人，从极少数人拥有电话、40% 的家庭拥有彩电，发展到现在大多数人都有这些电子产品，但盖洛普调查显示，中国人对现有生活感到满意的比例反而下降了（Burkholder，2005）。

这些研究结果令人震惊，因为它们挑战了现代物质主义：*经济发展给人类状况带来的改善并不明显*。与过去相比，我们住着大房子，家庭却破裂了;我们收入很高，却并不快乐;我们善于谋生，却常常不会生活;我们庆祝着繁荣昌盛，却仍欲壑难填;我们珍惜自由，却又渴望与他人建立关系。

为什么物质主义未能让我们满意

发达国家的经济增长居然不能让人们满意！更令人惊讶的是，越是为财富努力奋斗的人其幸福感可能越低，这是理查德·瑞安（Ryan，1999）在“我所关注的每一种文化都确凿地得出的结论”。对于追求*外在目标*如财富、美貌、声誉的那些人，他们更容易焦虑、抑郁以及患心理疾病（Eckersley，2005；Sheldon & others，2004）。卡塞（Kasser，2000，2002）总结道，那些转而追求亲密关系、个人成长和为社会事业作贡献等*内在目标*的人，则会体验到更高质量的生活。卡塞（Kasser，2011）总结说，内在价值观能够提高个体和社会的幸福感，并有助于人们抵制物质主义的价值观。那些关注亲密关系、做有意义的工作并关爱他人的人，能够获得一种内在奖励；而那些更多关注外部物质或自身地位及形象的人，往往很难理解这一点。

停下来思考一下：在上个月中，哪一件事情是你所体验到的最满意的？列侬·谢尔登（Sheldon，2001）及其同事向大学生提出了这一问题（还有类似的关于上周和上学期的问题）。接下来，他们要求这些学生评价令人满意的事件在多大程度上满足

当今中国的物质舒适度：人们正在购买笔记本电脑和其他越来越有价值的东西。尽管收入增加了，但中国人对自己生活满意人数的百分比却在下降。

了 10 种不同的需求。学生们认为自尊、亲近感（感觉和他人联系在一起）以及自主感（掌控的感觉）是伴随满意的事件而体验到的最强烈的几种情感需求。排在所有可以预测满意度的因素项目中最底层的是金钱和奢侈品。

索尔伯格、迪纳和罗宾逊（Solberg，Diener，& Robinson，2003）报告，那些认为自己拥有极大财富的人往往体验到更少的积极情绪。这类物质主义者常常报告在他们的渴望和拥有之间存在较大的差距，同时，享受到的亲密而满意的人际关系更少。富人体验到的生活中的简单快乐往往也更少（Quoidbach & others，2010），比如和朋友一起喝茶、品尝一块巧克力、完成一项计划、在徒步旅行中发现一处瀑布等等，这些乐趣在财富的奢华面前可能算不得什么。

为什么你将你的钱花在与生计无关的地方，为什么你将你的努力消耗在那些不能使你满意的事情上？
——《旧约·以赛亚书》（Isaiah）55:2

卡塞（Kasser，2011）报告说，关注外部目标和物质目标的人，“对保护地球的关注也较少。物质主义价值观越强，对自然的关心往往越弱……当一个人全力追逐金钱、形象和地位时，就不大可能参与像骑自行车、废物回收利用等这些有利于生态环境的活动。”

昨天的奢侈品，比如空调和电视，是如何迅速地变成今天的必需品的？两条原则驱动了这种消费心理。

人类的适应能力

适应水平现象（adaptation-level phenomenon）是指我们通过由先前经验定义的中性水平来判断我们现在的经验（比如声音、温度和收入）。我们在以往经验的基础上，不断调整自己的中性水平——在那个点上，声音不大不小，温度不冷不热，事情不悲不喜。我们会注意到偏离这一水平的变化并作出反应。

因此，当我们的成就超越过去的水平时，我们会感到成功和满足。当我们的社会声望、收入或者居家条件有所改善时，我们会感到高兴。但是，不久之后，我们就适应了这一水平。过去感觉很好的现在变得一般，过去感觉一般的现在变得很差。

这样会产生一个社会天堂吗？唐纳德·坎贝尔（Campbell，1975b）回答说：“不会的。”如果明天早晨醒来你发现你在自己的理想国——可能是一个没有钞票、没有疾病的世界，只有一个人毫无保留地爱你——你可能在一段时间之内感到非常快乐。但是不久，你就会重新调整你的适应水平：时而感到满足（成就超过预期的时候），时而感到郁闷（成就没有达到预期），时而感到平平淡淡。

可以确定的是，人们对某些事情的适应可能是不完整的，比如说丧偶，那种丧失感会持续一段时间（Diener & others，2006）。然而，就像我们在第 2 章中提到的，人们总是低估自己的适应能力。人们在预测他们未来的情感强度和持久性方面存在困难（Wilson & Gilbert，2003；见图 16.10）。达到我们渴望的目标——财富、考试得最高分、芝加哥队获得全美职业棒球赛冠军——所体验到的狂喜的消散速度比我们想象的要快得多。

我们有时会产生“错误的渴望”。当大一新生在搬进大学宿舍之前，对种种住宿条件的满意程度进行预测时，他们大都将注意力集中于外在物质条件上。“能住在一个漂亮而出入方便的寝室我将感到最开心。”很多学生都是这么想的。但是他们错了。当一年之后对其进行重新调查时，伊丽莎白·邓恩及其同事（Dunn & others，2003）发现，反而是社会性因素，如团体归属感等能更好地预测个体的幸福感。同样，博文和吉洛维奇（Boven & Gilovich，2003）经过调查和实验也发现，积极的体验（常常与社交有关）能使我们感到更幸福。人生中最重要的东西并不是物质条件。

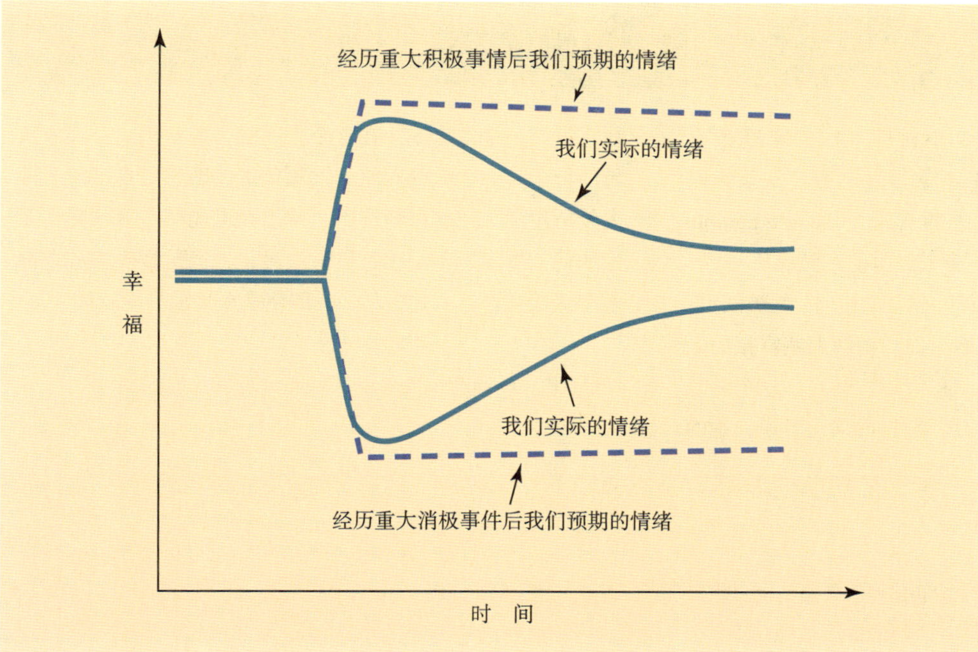

图 :: 16.10
影响偏见
正如第 2 章中所提到的，人们总是高估生活中的积极或消极事件影响的持久性。
资料来源：Figure inspired by de Botton, 2004.

我们的社会比较倾向

我们大部分的生活是以**社会比较**（social comparison）为中心的，正如那个有关两个徒步旅行者遭遇狗熊的笑话描述的那样。一个徒步旅行者从他的背包中拿出一双运动鞋，另一个问："为什么要穿上运动鞋？你不可能比一只熊跑得还快！""我不需要比那只熊跑得快，"第一个人回答说，"我只要跑得比你快就够了。"

快乐同样也是如此，它取决于我们与他人的比较，特别是与属于同一群体的人进行比较（Lyubomirsky，2001；Zagefka & Brown，2005）。我们感觉到好或者不好依赖于我们和谁相比较。只有当别人思维敏捷、灵活时，我们才是思维迟钝的或者笨拙的人。当一个职业选手以年薪 1 500 万美元签约时，那么年薪 800 万美元的队友可能会感觉不爽。"我们的贫穷逐渐变成现实了。不是因为我们拥有的少了，而是我们的邻居拥有的更多。"坎贝尔在《弟兄蜻蜓》中回忆道。（见"聚焦：社会比较、归属感和幸福"）

"好，如果你无法给我加薪，那么能不能降低帕克森的薪水呢？"

社会比较影响我们的情绪。

日渐盛行的奢靡之风可以归因于人们具有向上比较的倾向：我们在攀登成功和财富的阶梯时，通常将自己与水平相当或者之上的同辈相比较，而不与比我们差的人相比。当人们与同一个社区中少数几个非常富有的邻居比较时，这种向上比较的趋势会让他们产生不平衡感（Fiske，2011）。

在全世界的经济发达和新兴经济地区，近年来的贫富差距都有所加大。在 34 个经合组织（OECD，2011）成员国中，前 10% 的富人平均收入是前 10% 的穷人的 9 倍。（北欧国家贫富差距较小，以色列、土耳其、美国、墨西哥和智利的贫富差距极大。）在贫富差距悬殊的国家中，不仅健康问题和

聚 焦

社会比较、归属感和幸福

姆富姬出生在南非的一个小村庄。她的家庭没有钱给她买奢侈品，但是她从来不觉得自己穷。从孩提时起，她就懂得科萨人那句谚语的真理，“Umntu ngumtu ngaabantu”，翻译过来就是“一个人经由他人而成长”。

当她想在罗德大学攻读心理学硕士学位时，她被问道：来自于这么贫穷的家庭背景，她是如何理解那些富裕的人的？她回答说，她的背景并不“贫穷”，“贫穷”这个词只是与富人联系在一起的一个标签。她告诉采访者说，她的村庄就是一个大家庭，在这个家庭中，每一位妇女都像是她的母亲，每个人都对她的幸福负责，她感觉自己被一种大爱所包围。在这种情况下，她怎么可能“贫穷”呢？无论如何，姆富姬不是想把贫穷浪漫化，但是她确实从来都没有感觉到自己“贫穷”——即使是在最困难的时候。

资料来源：From Peter Millar's Guguletu Journal, The Iona Community.

社会问题更严重，心理疾病的发病率也更高（Pickett & Wilkinson，2011）。同样，在美国各州中，贫富差距较大的州其抑郁发病率较高（Messias & others，2011）。总之，贫富差距悬殊会使人们意识到更强烈的不公平感，人与人之间更缺乏信任，贫富差距大与低收入人群的幸福感较低存在相关（Oishi & others，2011）。

对许多人来说，不平等趋势增加的时代也是减少个体意识到的公平感和幸福感的时代。

尽管人们通常会偏爱当地的经济政策，但一项全美调查显示，与图 16.11 中左图表示的收入分配（恰是美国的收入分配）相比，美国人一边倒地更喜欢右图的分配方式（参与者并不知道，该图是瑞典的收入分配）。此外，人们更赞成（在理想社会中）20% 的富人占有总收入的 30%~40%（而非实际上的 84%）。在这一点上，美国共和党和民主党两派间分歧很小，收入低于 5 万美元的群体和高于 10 万美元的群体也基本一致（Norton & Ariely，2011）。

甚至在中国，收入差距也在增大。这可以解释为什么富裕生活不能让人们更幸福，其他地区亦是如此。米歇尔·哈格蒂（Hagerty，2000）说，收入差距拉大让越来越多的人身边都是富人。电视节目中的富裕生活方式也突显了人们的“相对剥夺感”，使人们产生了更多的欲望（Schor，1998）。

适应水平和社会比较现象能让我们暂时停下来喘口气。它们意味着通过物质上的成功来追求幸福的人们需要不断地扩展自己的财富。然而，好消息是，对更简单的生活方式的适应也可以使我们感到快乐。如果我们缩减消费（有选择的或者是必须的），最初可能会感到些许痛苦，但是这种痛苦会很快消失。一位诗人写道：“眼泪可能会在夜晚停留，但是快乐会伴随黎明一起到来。”实际上，由于我们具有适应能力和调整社会比较的能力，生活中的重大事件（如失去工作或遇到意外而残疾）对我们情绪的影响比想象中消散的要快得多（Gilbert & others，1998）。

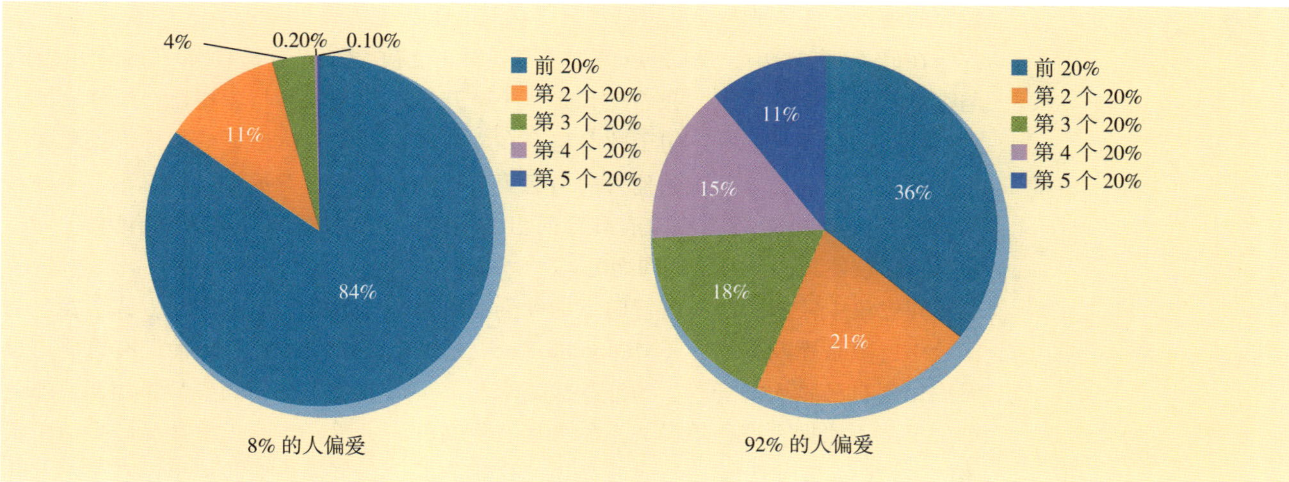

图 :: 16.11

在理想社会中，收入不均的水平该是什么样？美国一项调查结果惊人的一致，人们更偏爱右图所示的更平等的财富分配（恰是瑞典的分配方式），而不喜欢美国的收入分配现状（左图所示）。

面向可持续发展与生存

不管是作为个人还是社会整体，我们都面临着许多棘手的社会和政治问题。一个民主的社会如何才能引导人们采纳幸福比物质更重要的价值观呢？市场经济如何能够兼容两种不同的动机，既要促进繁荣又要有所控制，以便维持一个适宜人类居住的地球？我们在多大程度上可以依赖诸如替代性的能源等技术创新，来降低我们对生态环境的破坏？同时，我们追求为子孙后代维护一个适宜生存的地球的崇高目标，又在多大程度上能够激发我们限制自己的放纵行为——随心所欲地开车、焚烧和倾倒垃圾的自由？

如果公众、政府和企业采取以下措施，那么人们的价值观就有动力向后物质主义转移：

- 直面人口和消费的增长对污染、气候变化和环境破坏的影响；
- 认识到物质主义的价值观使我们的生活更不快乐；
- 分辨出生命中比经济增长更重要的东西，并努力去完善它们。

捷克的诗人总统瓦茨拉夫·哈维尔（Havel，1990）说：“如果世界将要朝向更好的方向转变，那么人类的意识必须有所改变。”我们必须探索出“一个对世界具有更深层次的责任，意味着我们要对一些比自己更重要的事情负责。”如果人们开始相信，一大堆没有听过的 CD、满满一衣柜很少穿的衣服、摆放在车库里的豪华汽车，所有这些都不能赋予我们美好生活，那么意识的转变有可能发生吗？奢侈消费是否不再代表社会地位，而是被视为一种愚蠢的表现？

> 我们所有的需要，除了那些适度的生活必需品之外，纯粹都是想象的。
>
> ——亨利·圣·约翰（Henry St. John），《给斯威夫特的一封信》，1719 年

社会心理学对于可持续发展的贡献，部分是通过对适应和社会比较的认识和理解来实现的。这些认识和理解来自于一些实验，比如降低我们的比较标准，从而冷却我们对奢靡的狂热追求，并恢复到满足状态。在两项实验中，马歇尔·德默及其同事（Dermer & others，1979）将女大学生置于一种想象的剥夺情境中。看完了对 1900 年密尔沃基市人们悲惨生活的描绘后，或者是想象并写下有关自己被焚烧、被

毁容的情景之后，那些女生报告对自己目前的生活更为满意。

在另一项实验中，詹尼弗·克罗克和丽萨·盖勒（Crocker & Gallo，1985）发现，与那些在实验中完成以“我希望我是……”开头的句子的参与者相比，那些完成五句“我很高兴我是……”句子的参与者在之后的测验中表达出更少的抑郁迹象，对自己的生活更满意。意识到他人的境遇更糟糕能让我们更看重自己的幸福。一则波斯谚语是这样说的：“我因没有鞋穿而沮丧不已，直到我发现还有人没有脚。”向下的社会比较使我们更容易感到满足。

同想象中较差的自我进行向下的社会比较也是一种提高满意度的方式。在一项实验中，敏京库及其同事（Minkyung Koo，2008）要求参与者写出他们有可能再也无法见到自己爱人的场景。与那些被要求写下可以与爱人见面的参与者相比，那些想象再也不能拥有那种浪漫关系的人拥有更高的满足感。你能想象在你的生活中很棒的事情再也不会发生吗？对我来说，这很容易，我可以想象我再也没有机会写作并出版这本书了。只是这样想想就让我更满意现在的生活。

社会心理学还通过它对美好生活的研究，从而对可持续的未来有所贡献。如果物质主义不能提高生活质量，那么什么能够做到这一点呢？

- *亲密、支持性的关系*。正如我们在第 11 章中所看到的那样，我们最深层次的需求，只有通过亲密的、支持性的关系才能获得满足。那些被亲密的友情和忠贞的婚姻所支持的个体，更可能宣布自己是“非常快乐”的人。
- *有信仰的社区*和*志愿组织*经常是这些联系的来源，也是充满意义和希望的生活的来源。这有利于我们解释自从 1972 年以来全美民意调查研究中心对近 5 万个美国人的调查发现：那些很少或从未参加过宗教礼拜的人当中有 27% 的人声称自己非常快乐，而那些多次参加礼拜的人们中有 48% 的人声称自己非常快乐。
- *积极的思维习惯*。乐观、自尊、意识到的控制感和外向性也是幸福体验和幸福生活的标志。一项元分析综合了 638 项研究，涉及 63 个国家超过 42 万名参与者，

亲密的、支持性的关系是幸福的关键因素之一。

结果显示，自治感（即感到自由和独立）会持续影响人们的幸福感，其作用超过财富的影响（Fischer & Boer，2011）。

- 感受大自然。随机选择卡尔顿大学的学生，要求他们每天在校园附近林间自然漫步 17 分钟，结果显示，他们比那些在校园人行道上散步近似长度的同学更快乐。这一结果出乎所有人的预料（Nisbet & Zelenski, 2011）。日本有研究报告称，“森林浴”，即在林间漫步，也有助于降低应激激素和血压（Phillips，2011）。
- 福流。表现个人技能的工作和休闲经历也是幸福生活的标志。契克森米哈伊（Csikszentmihalyi，1990，1999）指出，在绝对的紧张焦虑与兴趣全无的无聊冷漠之间还存在着一个区域，在这里人们可以体验到全神贯注的福流（flow），这是一种最佳状态，即沉浸在一种活动中，我们失去了对自己和时间的意识。当使用电子寻呼机来抽样调查人们的体验时，人们所报告的最快乐的享受并不是在无意识安静的时候，而是全身心地投入一种忘我的精神挑战之中。实际上，一种休闲活动越少花费（一般也卷入程度越深），人们在其中会感觉自己越快乐。很多人在从事园艺活动时会觉得比玩汽艇更快乐，和朋友聊天比观看电视更愉悦。低消费的娱乐活动通常被证实是令人满意的。

这的确是个好消息。那些有助于真正美好生活的东西——亲密牢固的友谊、充满希望的信仰、积极的思维习惯、全身心投入的活动——是永久常在、可持续的。而这种观点与不丹国王吉格梅·辛格·旺楚克的核心思想不谋而合。他认为“国民的总体幸福感要比国民生产总值更重要。”不丹研究中心的泰德曼（Tideman，2003）这样解释道：“国民幸福总值（Gross National Happiness），旨在促进真正的发展和可持续性，是通过测量生活质量获得的，而不仅仅是生产和消费的总和。”现在其他一些国家也在评估国民生活质量（见“研究特写：测量国民幸福感”）。

我们没有意识到经济、环境和社会是一体的。对我们来说，追求最可能的高质量的生活远比只注重经济增长有意义得多。

——英国首相托尼·布莱尔（Tony Blair），《期待一种更高质量的生活》，1999 年

小结：社会心理学中的物质主义和财富

- 根据大学生所表达的价值观和 20 世纪末美国奢靡的生活方式来推断，如今的美国人以及其他西方国家的一部分人们正生活在一个物质主义的时代。
- 发达国家的人们与贫困国家的人们相比，确实报告了更强的幸福感和更高的生活满意度（尽管一个人从中等发达国家搬迁到非常发达国家时幸福感提高的幅度有所下降）。在某一国家内，有钱人在某种程度上比工薪阶层更幸福，虽然越来越多的钱所带来的满意度的提高幅度越来越小（对富豪和彩票赢家的研究可以作为证据）。随着时间的推移，经济的增长是否能不断地让人们更幸福呢？答案是否定的，根本不是这样的。在 1960 年以后的几十年里，尽管财富在不断增长，但是个体自我报告的幸福感甚至有所降低，同时抑郁的比率却上升了。
- 两条原理有助于我们解释为什么物质主义不能使我们满意：适应水平现象和社会比较。当收入和消费量增加时，我们很快就会适应。而且同其他人相比，我们可能发现自己的相对状况并没有发生变化。向上比较会诱发不满情绪，这可以解释为什么在收入差距悬殊的年代和地区，人们会经常感到不公平和不快乐。
- 为了建立一个可持续的令人满意的未来，我们个人和全社会都应该努力寻求人与人之间密切的联系、充满希望的信仰、积极的思维习惯和全身心投入的活动。

研究特写

测量国民幸福感

“一个城市的成功并不在于它的富裕，而在于市民的幸福。”哥伦比亚的首都波哥大市前任市长安立奎·佩纳罗萨在解释他为改善市民的生活质量而开展的活动时如是说。他所采取的行动包括修建学校并把入学率提高了34%，新建或者重建了1 200多座公园，建立了高效的交通运输体系，大幅降低了犯罪率（Gardner & Assadourian，2004）。

佩纳罗萨关于国家成功的思想被越来越多的社会科学家和政府规划制订者所认同。在英国，新经济基金会发明了一个“国民安康核算”来跟踪研究国家的社会健康，并且发表了《繁荣社会的幸福宣言》。这一基金会的座右铭是：“我们相信经济与人民、地球一样重要。”他们认为，要想评价国家的进步，我们不仅应该评价经济的发展，而且还要评价那些提升人们幸福感和满足感的进步。

英国经济学家安德鲁·欧斯华（Oswald，2006）是研究经济和心理幸福感之间关系的新生代经济学家，他认为，经济学家对经济增长的价值的重视程度已经降低了，这是好事，并且会逐渐为未来的政治家们所接受。

引领我们走向评价人类进步的新方式的是由伊利诺斯大学的心理学家埃德·迪纳（Diener，2005；Diener & others，2008，2009）所起草，并由48位世界顶级研究者签署的《对于主观幸福和不幸福的国民指标的指导方针》（如图16.12所示）。它指出，主观幸福感的整体测量（例如对生活满意度与幸福感的评价）可以为政策的制定所用，正如考察任何政策干预对人的影响一样。我们可以通过以下问题更明确地评价这些指标。

- 积极的情绪，包括低度的唤醒（满足）、中度的唤醒（愉悦）、高度的唤醒（欢欣），以及对他人（感情）和活动（兴趣和投入）的积极反应。
- 消极的情绪，包括生气、伤心、焦虑、紧张、沮丧、嫉妒、内疚和羞愧、孤独和无助。测量要求人们回忆或记录下自己经历积极和消极情绪的频率。
- 快乐，它通常意味着一种积极的心境，这可以通过人们对广泛使用的调查问题的反应揭示出来，“把所有的事情都一起考虑，你会如何评价这些天来的情况——快乐、非常快乐或不很快乐？”
- 生活满意度，这促使人们对自己的生活作整体评价。
- 满意的领域，这使人们用自己的身体健康、工作、娱乐、关系、家庭和群体来传达他们的满足感。
- 生活质量，一个较广义的概念，包含个人环境和健康以及个人对这些事情的认识。

其中的很多指标都是来自130多个国家中的盖洛普幸福感调查，涵盖了世界上95%以上的人口（Gallup News，2007；Harter & Gurley，2008）。该调查将国家之间进行了对比（比如，与来自诸如肯尼亚和印度等某些低收入国家的人民相比，来自诸如以色列和沙特阿拉伯等某些高收入国家的人们报告了更低的积极情绪）。盖洛普公司同时开展了一项关于美国居民幸福感和健康程度的为期25年的调查，250名调查人员一周七天都用于调查，每天调查上千人。该结果是对美国人每天生活的幸福感写照，包括快乐、压力、愤怒、睡眠、对金钱的担忧、笑、交往和工作等等。尽管该项目是最近才开展的，但是通过调查，研究者已经确定了一年中最好的日子（大部分是周末和节假日），并且监测得出经济上升和下滑对人们的短期情绪影响。而且，因为每年有30多万名被调查者，即使是总体百分之一的某个小团体，也包含3 000名被调查者，这使得研究者可以对不同职业、地域、宗教或者种族的人们进行比较。

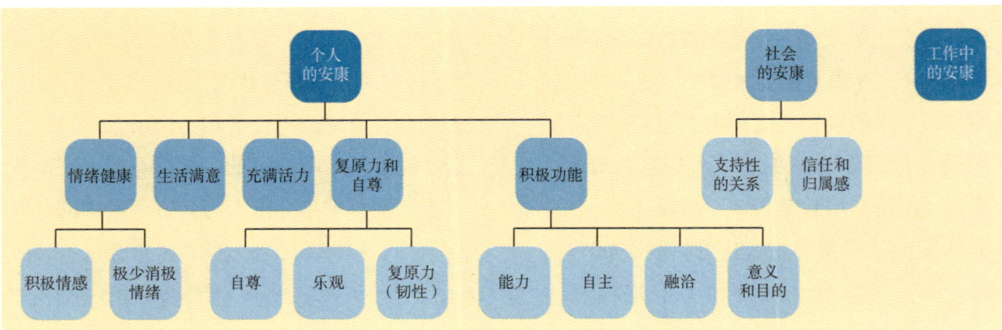

图 :: 16.12 安康的成分

在2009年度的英国国民安康核算的报告中，新经济基金会敦促政府“直接测量民众的主观幸福感：他们对所经历生活的体会、感受和看法。”该智囊团认为，重要的是，衡量生活质量的不再只是人们的经济水平，评价一个国家的国民安康维度包括个人幸福感、社会幸福感和工作幸福感。

后记：

个体如何在现代世界承担自己的责任

> 我们必须认识到……我们是人类大家庭中的一员，共同生活在地球这个共同体里，同呼吸共命运。我们必须联合起来，为建立一个以尊重自然、普及人权、经济公平与文明和平为基础的可持续发展的全球社会而努力。为了达到这个目标，我们，地球上的人类，都必须对彼此、对更广大的生命群体、对未来的后代宣告我们的责任。
>
> ——摘自《地球宪章》的前言，www.earthcharter.org

阅读和写作有关人口增长、全球变暖、物质主义、消费、适应水平、社会比较和可持续发展等问题，引发了我的许多思考：我是这些问题的一部分还是答案的一部分？我可以滔滔不绝地讲述这些大道理。但是，我自己都做到了吗？

坦率地说，我的行为有时是互相矛盾的。

我全年都骑车上下班，但去年我仍然乘坐耗油量极大的飞机飞行了 9 万英里。

我们对有 114 年历史的老房子进行了隔热处理，安装了一个高效的暖气炉，并在冬日将自动调温器调整到华氏 68 度。但随着夏季温度的升高，我很难想象，如果不使用空调该如何度过炎炎夏日。

为了减少二氧化碳排放，当我离开办公室时，我习惯性地关上电灯和电脑显示器；并在房子周围栽种了树木。但是，我又吃进口牛肉、喝咖啡，这间接助长了南美的森林砍伐行为。

当 1973 年美国在全国范围内设定 55 英里的时速限制以节省能源消耗时，我大加赞同，而当这一法令在 1995 年被废除时，我感到失望。现如今既然周边的高速公路允许时速达到 70 英里，但是我驾驶的时速也不低于 70 英里——即使视野范围内没有其他车辆（我很羞愧）。

我家的所有纸张、罐头容器和瓶子都是重复利用的。但是，每星期我们都会收到众多的书信、报纸和杂志，足以装满一个 3 立方英尺的回收箱。

不错了，我这样告诉自己。但是，对于迫在眉睫的危机，这样的反应，力度是不够大的。如果今天的 70 亿人口每个人都要求相似规模的生态足迹*，则我们的子孙后代将无法在这个星球上生存。

那么，我们如何能在现代生活中，既享受着所有的美好与便利，同时又对我们对环境的影响保持警觉呢？即使是一位倡导节俭生活方式的领导者——他也会乘坐高耗油量的飞机到华丽的会场去参加各种会议——也在挣扎着如何过一种对现代世界负责任的生活。

你的观点是什么？你赞同哪些规则，又反对哪些规则？你赞成为汽车和卡车设立更高的燃料效率标准吗？对汽车排污量的限制呢？为减少烟雾污染而设立的焚烧树叶禁令呢？如果你生活在一个为刺激人们驾驶低能耗的汽车而对燃油征收重税的

---

* 生态足迹：英文为ecological footprint，指维持每个人的需求所需要的生产土地与水资源面积，是相对于地球可再生的生态能力，对人类需求的一个标准化测量。这一概念由加拿大学者Willian E. Rees在20世纪90年代首次提出。——译者注

国家，你会希望燃油的赋税更低一点、汽油的价格更便宜一些，就像美国人所享有的低税那样吗？如果你是一名美国公民，为了保护环境资源并控制全球升温，你会同意提高对汽油和石油的赋税吗？

对环境问题的两难推理源自于短期目标与长远价值之间的冲突。

——威尔逊（E.O.Wilson），《未来生活》，2002 年

人们控制全球温室效应和资源告罄的可能性有多大？生物学家威尔逊（Wilson，2002）认为，进化的结果使人们只会对很小地域范围内、肤色相同、同一时代的人承担责任。如果他的这一观点是正确的，那么我们还能指望人类会因为考虑到我们遥远的子孙后代而表现出“扩大的利他主义”吗？今天令人羡慕的“富裕和体面的生活方式”，会不会在可持续发展成为必需的明天而变成一种粗鲁的行为？或者，人们对自己和对成功的关切程度，总是要胜过他们对不在眼前的子孙后代的关怀？

结　语

如果你读完了这本书，那么你的社会心理学的入门课程就结束了。在前言中我提出了我的希望，我希望这本书“能够既具有坚实的科学性，同时也具有温暖而人性的关怀；既是客观真实的，又是启迪智慧的”。判断这个目标是否达到的评判者是你，而不是我。但是我可以告诉你们，作为作者，传播这门学科的知识对我来说是一件非常快乐的事情。如果我的这份礼物能给你带来任何的愉悦、激励和充实感，那么我的快乐就会倍增。

我坚信，社会心理学的知识能够借批判性思维来限制直觉思维，用理解来揭穿幻相，以同情避免不客观的审判。在这 16 个章节中，我们集合了社会心理学关于信仰和说服、爱与恨、顺从和独立的见解。我们探讨了那些有趣的问题的部分答案：我们的态度与行为之间是如何相互影响的？为什么有时候人们会攻击别人，有时候又会亲社会？是什么引发了社会冲突，以及我们如何能将紧握的拳头转换成愿意互相帮助的双手？对这些问题的回答扩展了我们的思维视野。而且，奥利弗·温德尔·霍姆斯指出，“一旦思维得到扩展”，思想“就再也不会回到原本狭小的领域了”。我的经历就是如此，也许你也会有相同的经历，因为你通过学习本课程和其他课程，会成为一个有修养的人。

迈尔斯

davidmyers.org

参考文献

Abbate, C. S., Isgro, A., Wicklund, R. A., & Boca, S. (2006). A field experiment on perspective-taking, helping, and self-awareness. *Basic and Applied Social Psychology,* **28,** 283–287.

Abbey, A. (1987). Misperceptions of friendly behavior as sexual interest: A survey of naturally occurring incidents. *Psychology of Women Quarterly,* **11,** 173–194.

Abbey, A. (1991). Misperception as an antecedent of acquaintance rape: A consequence of ambiguity in communication between women and men. In A. Parrot (Ed.), *Acquaintance rape.* New York: Wiley.

Abbey, A. (2011). Alcohol and dating risk factors for sexual assault: Double standards are still alive and well entrenched. *Psychology of Women Quarterly,* **35,** 362–368.

Abbey, A., & Andrews, F. M. (1985). Modeling the psychological determinants of life quality. *Social Indicators Research,* **16,** 1–34.

Abbey, A., McAuslan, P., & Ross, L. T. (1998). Sexual assault perpetration by college men: The role of alcohol, misperception of sexual intent, and sexual beliefs and experiences. *Journal of Social and Clinical Psychology,* **17,** 167–195.

ABC News. (2004, December 28). Whistle-blower revealed abuse at Abu Ghraib prison (abcnews.go.com).

ABC News. (2004, March 31). Bizarre hoax leads to strip searches (abcnews .go.com).

Abelson, R. (1972). Are attitudes necessary? In B. T. King & E. McGinnies (Eds.), *Attitudes, conflict and social change.* New York: Academic Press.

Abelson, R. P., Kinder, D. R., Peters, M. D., & Fiske, S. T. (1982). Affective and semantic components in political person perception. *Journal of Personality and Social Psychology,* **42,** 619–630.

Abrams, D., Wetherell, M., Cochrane, S., Hogg, M. A., & Turner, J. C. (1990). Knowing what to think by knowing who you are: Self-categorization and the nature of norm formation, conformity and group polarization. *British Journal of Social Psychology,* **29,** 97–119.

Abramson, L. Y. (Ed.). (1988). *Social cognition and clinical psychology: A synthesis.* New York: Guilford.

Abramson, L. Y., Metalsky, G. I., & Alloy, L. B. (1989). Hopelessness depression: A theory-based subtype. *Psychological Review,* **96,** 358–372.

Abrevaya, J. (2009). Are there missing girls in the United States? Evidence from birth data. *American Economic Journal: Applied Economics,* **1,** 1–34.

Ackerman, J. M., Griskevicius, V., & Li, N. P. (2011). Let's get serious: Communicating commitment in romantic relationships. *Journal of Personality and Social Psychology,* **100,** 1079–1094.

Ackermann, R., & DeRubeis, R. J. (1991). Is depressive realism real? *Clinical Psychology Review,* **11,** 565–584.

Adams, D. (Ed.). (1991). *The Seville statement on violence: Preparing the ground for the constructing of peace.* UNESCO.

Adams, G., Garcia, D. M., Purdie-Vaughns, V., & Steele, C. M. (2006). The detrimental effects of a suggestion of sexism in an instruction situation. *Journal of Experimental Social Psychology,* **42,** 602–615.

Adams, J. M., & Jones, W. H. (1997). The conceptualization of marital commitment: An integrative analysis. *Journal of Personality and Social Psychology,* **72,** 1177–1196.

Addis, M. E., & Mahalik, J. R. (2003). Men, masculinity, and the contexts of help seeking. *American Psychologist,* **58,** 5–14.

Aderman, D., & Berkowitz, L. (1983). Self-concern and the unwillingness to be helpful. *Social Psychology Quarterly,* **46,** 293–301.

Adler, N. E., & Snibbe, A. C. (2003). The role of psychosocial processes in explaining the gradient between socioeconomic status and health. *Current Directions in Psychological Science,* **12,** 119–123.

Adler, N. E., Boyce, T., Chesney, M. A., Cohen, S., Folkman, S., Kahn, R. L., & Syme, S. L. (1993). Socioeconomic inequalities in health: No easy solution. *Journal of the American Medical Association,* **269,** 3140–3145.

Adler, N. E., Boyce, T., Chesney, M. A., Cohen, S., Folkman, S., Kahn, R. L., & Syme, S. L. (1994). Socioeconomic status and health: The challenge of the gradient. *American Psychologist,* **49,** 15–24.

Adler, R. P., Lesser, G. S., Meringoff, L. K., Robertson, T. S., & Ward, S. (1980). *The effects of television advertising on children.* Lexington, MA: Lexington Books.

Adler, S. J. (1994). *The jury.* New York: Times Books.

Adorno, T., Frenkel-Brunswik, E., Levinson, D., & Sanford, R. N. (1950). *The authoritarian personality.* New York: Harper.

Agerström, J., & Rooth, D-O. (2011). The role of automatic obesity stereotypes in real hiring discrimination. *Journal of Applied Psychology,* **96,** 790–805.

Agthe, M., Spörrle, M., & Försterling, F. (2008). Success attributions and more: Multidimensional extensions of the sexual attribution bias to failure attributions, social emotions, and the desire for social interaction. *Personality and Social Psychology Bulletin,* **34,** 1627–1638.

Agthe, M., Spörrle, M., & Maner, J. K. (2011). Does being attractive always help? Positive and negative effects of attractiveness on social decision making. *Personality and Social Psychology Bulletin,* **37,** 1042–1054.

Aiello, J. R., & Douthitt, E. Z. (2001). Social facilitation from Triplett to electronic performance monitoring. *Group Dynamics: Theory, Research, and Practice,* **5,** 163–180.

Aiello, J. R., Thompson, D. E., & Brodzinsky, D. M. (1983). How funny is crowding anyway? Effects of room size, group size, and the introduction of humor. *Basic and Applied Social Psychology,* **4,** 193–207.

Ainsworth, M. D. S. (1973). The development of infant-mother attachment. In B. Caldwell & H. Ricciuti (Eds.), *Review of child development research* (Vol. 3). Chicago: University of Chicago Press.

Ainsworth, M. D. S. (1979). Infant–mother attachment. *American Psychologist,* **34,** 932–937.

Ajzen, I., & Fishbein, M. (1977). Attitude-behavior relations: A theoretical analysis and review of empirical research. *Psychological Bulletin,* **84,** 888–918.

Ajzen, I., & Fishbein, M. (2005). The influence of attitudes on behavior. In D. Albarracin, B. T. Johnson, & M. P. Zanna (Eds.), *The handbook of attitudes.* Mahwah, NJ: Erlbaum.

Albarracin, D., Johnson, B. T., Fishbein, M., & Muellerleile, P. A. (2001). Theories of reasoned action and planned behavior as models of condom use: A meta-analysis. *Psychological Bulletin,* **127,** 142–161.

Alexander, L., & Tredoux, C. (2010). The spaces between us: A spatial analysis of informal segregation at a South African university. *Journal of Social Issues,* **66,** 367–386.

Alicke, M. D., & Davis, T. L. (1989). The role of *a posteriori* victim information in judgments of blame and sanction. *Journal of Experimental Social Psychology,* **25,** 362–377.

Alkhuzai, A. H., & others. (2008). Violence-related mortality in Iraq from 2002 to 2006. *New England Journal of Medicine,* **358,** 484–493.

Allee, W. C., & Masure, R. M. (1936). A comparison of maze behavior in paired and isolated shell-parakeets (*Melopsittacus undulatus Shaw*) in a two-alley problem box. *Journal of Comparative Psychology,* **22,** 131–155.

Allen, V. L., & Levine, J. M. (1969). Consensus and conformity. *Journal of Experimental Social Psychology,* **5,** 389–399.

Allesøe, K., Hundrup, V. A., Thomsen, J. F., & Osler, M. (2010). Psychosocial work environment and risk of ischaemic heart disease in women: The Danish Nurse Cohort Study. *Occupational and Environmental Medicine,* **67,** 318–322.

Allison, S. T., Jordan, M. R., & Yeatts, C. E. (1992). A cluster-analytic approach toward identifying the structure and content of human decision making. *Human Relations,* **45,** 49–72.

Allison, S. T., Mackie, D. M., Muller, M. M., & Worth, L. T. (1993). Sequential correspondence biases and perceptions of change: The Castro studies revisited. *Personality and Social Psychology Bulletin,* **19,** 151–157.

Alloy, L. B., & Abramson, L. Y. (1979). Judgment of contingency in depressed and nondepressed students: Sadder but wiser? *Journal of Experimental Psychology: General,* **108,** 441–485.

Alloy, L. B., Abramson, L. Y., Whitehouse, W. G., Hogan, M. E., Tashman, N. A., Steinberg, D. L., Rose, D. T., & Donovan, P. (1999). Depressogenic cognitive styles: Predictive validity, information processing and personality characteristics, and developmental origins. *Behaviour Research and Therapy,* **37,** 503–531.

Alloy, L. B., Albright, J. S., Abramson, L. Y., & Dykman, B. M. (1990). Depressive realism and nondepressive optimistic illusions: The role of the self. In R. E. Ingram (Ed.), *Contemporary psychological approaches to depression: Theory, research and treatment.* New York: Plenum.

Alloy, L., Abramson, L. Y., Gibb, B. E., Crossfield, A. G., Pieracci, A. M., Spasojevic, J., & Steinberg, J. A. (2004). Developmental antecedents of cognitive vulnerability to depression: Review of findings from the cognitive vulnerability to depression project. *Journal of Cognitive Psychotherapy,* **18,** 115–133.

Allport, F. H. (1920). The influence of the group upon association and thought. *Journal of Experimental Psychology,* **3,** 159–182.

Allport, G. W. (1954). *The nature of prejudice.* Cambridge, MA: Addison-Wesley.

Allport, G. W. (1958). *The nature of prejudice* (abridged). Garden City, NY: Anchor Books.

Allport, G. W., & Ross, J. M. (1967). Personal religious orientation and prejudice. *Journal of Personality and Social Psychology,* **5,** 432–443.

Altemeyer, R. (1988). *Enemies of freedom: Understanding right-wing authoritarianism.* San Francisco: Jossey-Bass.

Altemeyer, R. (1992). Six studies of right-wing authoritarianism among American state legislators. Unpublished manuscript, University of Manitoba.

Altemeyer, R. (2004). Highly dominating, highly authoritarian personalities. *Journal of Social Psychology,* **144,** 421–447.

Altman, I., & Vinsel, A. M. (1978). Personal space: An analysis of E. T. Hall's proxemics framework. In I. Altman & J. Wohlwill (Eds.), *Human behavior and the environment.* New York: Plenum.

Alwin, D. F. (1990). Historical changes in parental orientations to children. In N. Mandell (Ed.), *Sociological studies of child development* (Vol. 3). Greenwich, CT: JAI Press.

Alwin, D. F., Cohen, R. L., & Newcomb, T. M. (1991). *Political attitudes over the life span: The Bennington women after fifty years.* Madison: University of Wisconsin Press.

Amato, P. R. (1979). Juror-defendant similarity and the assessment of guilt in politically motivated crimes. *Australian Journal of Psychology,* **31,** 79–88.

Amato, P. R. (1986). Emotional arousal and helping behavior in a real-life emergency. *Journal of Applied Social Psychology,* **16,** 633–641.

Ambady, N., & Rosenthal, R. (1992). Thin slices of expressive behavior as predictors of interpersonal consequences: A meta-analysis. *Psychological Bulletin,* **111,** 256–274.

Ambady, N., & Rosenthal, R. (1993). Half a minute: Predicting teacher evaluations from thin slices of nonverbal behavior and physical attractiveness. *Journal of Personality and Social Psychology,* **64,** 431–441.

Ambady, N., Bernieri, F. J., & Richeson, J. A. (2000). Toward a histology of social behavior: Judgmental accuracy from thin slices of the behavioral stream. *Advances in Experimental Social Psychology,* **32,** 201–271.

American Bar Association. (2011). Enrollment and degrees awarded 1963–2010. www.americanbar.org/content/dam/aba/administrative/legal_education_and_admissionsto_the_bar/stats_1.authcheckdam.pdf.

American College Health Association. (2009). *American College Health Association-National College Health Assessment II: Reference group executive summary Fall 2008.* Baltimore: Author.

American Enterprises. (1992, January/February). *Women, men, marriages and ministers,* p. 106.

American Medical Association. (2010, accessed 13 January). Women medical school applicants (Table 2 of Statistics History). Ama-assn.org.

American Psychological Association. (1993). *Violence and youth: Psychology's response. Volume I: Summary report of the American Psychological Association Commission on Violence and Youth.* Washington DC: Public Interest Directorate, American Psychological Association.

American Psychological Association. (2010, accessed April 28). Answers to your questions about transgender individuals and gender identity. Author (apa.org).

American Psychological Association. (2010). *Ethical principles of psychologists and code of conduct: 2010 amendments.* Washington, DC: Author (www.apa.org/ethics/code/index.asp).

American Society for Aesthetic Plastic Surgery (ASAPS). (2011, accessed September 16). *Highlights of the ASAPS 2010 statistics on cosmetic surgery.* ASAPS (www.asaps.com).

Amir, Y. (1969). Contact hypothesis in ethnic relations. *Psychological Bulletin,* **71,** 319–342.

Amland, B. H. (2011, June 6). Millions displaced by natural disasters last year. *Associated Press.*

Amodio, D. H., & Devine, P. G. (2010). Control in the regulation of intergroup bias. In R. R. Hassin, K. H. Ochsner, & Y. Trope (Eds.), *Self-control in society, mind, and brain.* New York: Oxford University Press.

Anastasi, J. S., & Rhodes, M. G. (2005). An own-age bias in face recognition for children and older adults. *Psychonomic Bulletin & Review,* **12,** 1043–1047.

Anastasi, J. S., & Rhodes, M. G. (2006). Evidence for an own-age bias in face recognition. *North American Journal of Psychology,* **8,** 237–252.

Anda, R., Williamson, D., Jones, D., Macera, C., Eaker, E., Glassman, A., & Marks, J. (1993). Depressed affect, hopelessness, and the risk of ischemic heart disease in a cohort of U.S. adults. *Epidemiology,* **4,** 285–294.

Anderegg, W. R. L, Prall, J. W., Harold, J., & Schneider, S. H. (2010). Expert credibility in climate change. *PNAS,* **107,** 12107–12109.

Andersen, S. M. (1998). *Service learning: A national strategy for youth development. A position paper issued by the Task Force on Education Policy.* Washington, DC: Institute for Communitarian Policy Studies, George Washington University.

Andersen, S. M., & Chen, S. (2002). The relational self: An interpersonal social-cognitive theory. *Psychological Review,* **109,** 619–645.

Anderson, C. (2011, August 2). Norway: War games and toys pulled from shelves. *New York Times* (www.nytimes.com).

Anderson, C., & Kilduff, G. J. (2009). Why do dominant personalities attain influence in face-to-face groups? The competence-signaling effects of trait dominance. *Journal of Personality and Social Psychology,* **96,** 491–503.

Anderson, C., Keltner, D., & John, O. P. (2003). Emotional convergence between people over time. *Journal of Personality and Social Psychology,* **84,** 1054–1068.

Anderson, C., Srivastava, S., Beer, J. S., Spataro, S. E., & Chatman, J. A. (2006). Knowing your place: Self-perceptions of status in face-to-face groups. *Journal of Personality and Social Psychology,* **91,** 1094–1110.

Anderson, C. A. (1982). Inoculation and counter-explanation: Debiasing techniques in the perseverance of social theories. *Social Cognition,* **1,** 126–139.

Anderson, C. A. (2003). Video games and aggressive behavior. In D. Ravitch and J. P. Viteritti (Eds.), *Kids stuff: Marking violence and vulgarity in the popular culture.* Baltimore, MD: Johns Hopkins University Press.

Anderson, C. A. (2004). An update on the effects of violent video games. *Journal of Adolescence,* **27,** 113–122.

Anderson, C. A., & Anderson, D. C. (1984). Ambient temperature and violent crime: Tests of the linear and curvilinear hypotheses. *Journal of Personality and Social Psychology,* **46,** 91–97.

Anderson, C. A., Benjamin, A. J., Jr., & Bartholow, B. D. (1998). Does the gun pull the trigger? Automatic priming effects of weapon pictures and weapon names. *Psychological Science,* **9,** 308–314.

Anderson, C. A., Berkowitz, L., Donnerstein, E., Huesmann, L. R., Johnson, J. D., Linz, D., Malamuth, N. M., & Wartella, E. (2003). The influence of media violence on youth. *Psychological Science in the Public Interest,* **4**(3), 81–110.

Anderson, C. A., Buckley, K. E., & Carnagey, N. L. (2008). Creating your own hostile environment: A laboratory examination of trait aggressiveness and the violence escalation cycle. *Personality and Social Psychology Bulletin,* **34,** 462–473.

Anderson, C. A., & Bushman, B. J. (1997). External validity of "trivial" experiments: The case of laboratory aggression. *Review of General Psychology,* **1,** 19–41.

Anderson, C. A., & Delisi, M. (2010). Implications of global climate change for violence in developed and developing countries. In J. Forgas, A. Kruglanski, & K. Williams (Eds.), *Social Conflict and Aggression.* New York: Psychology Press.

Anderson, C. A., Deuser, W. E., & DeNeve, K. M. (1995). Hot temperatures, hostile affect, hostile cognition, and arousal: Tests of a general model of affective aggression. *Personality and Social Psychology Bulletin,* **21,** 434–448.

Anderson, C. A., & Gentile, D. A. (2008). Media violence, aggression, and public policy. In E. Borgida & S. Fiske (Eds.), *Beyond common sense: Psychological science in the courtroom.* Malden, MA: Blackwell.

Anderson, C. A., Gentile, D. A., & Buckley, K. E. (2007). *Violent video game effects on children and adolescents: Theory, research, and public policy.* New York: Oxford University Press.

Anderson, C. A., & Harvey, R. J. (1988). Discriminating between problems in living: An examination of measures of depression, loneliness, shyness, and social anxiety. *Journal of Social and Clinical Psychology,* **6,** 482–491.

Anderson, C. A., Horowitz, L. M., & French, R. D. (1983). Attributional style of lonely and depressed people. *Journal of Personality and Social Psychology,* **45,** 127–136.

Anderson, C. A., Lepper, M. R., & Ross, L. (1980). Perseverance of social theories: The role of explanation in the persistence of discredited information. *Journal of Personality and Social Psychology,* **39,** 1037–1049.

Anderson, C. A., Lindsay, J. J., & Bushman, B. J. (1999). Research in the psychological laboratory: Truth or triviality? *Current Directions in Psychological Science,* **8,** 3–9.

Anderson, C. A., Miller, R. S., Riger, A. L., Dill, J. C., & Sedikides, C. (1994). Behavioral and characterological attributional styles as predictors of depression and loneliness: Review, refinement, and test. *Journal of Personality and Social Psychology,* **66,** 549–558.

Anderson, C. A., Sakamoto, A., Gentile, D. A., Ihori, N., Shibuya, A., Yukawa, S., Naito, M., & Kobayashi, K. (2008). Longitudinal effects of violent video games on aggression in Japan and the United States. *Pediatrics,* **122,** e1067–e1072.

Anderson, C. A., & Sechler, E. S. (1986). Effects of explanation and counterexplanation on the development and use of social theories. *Journal of Personality and Social Psychology,* **50,** 24–34.

Anderson, C. A., Shibuya, A., Ihori, N., Swing, E. L., Bushman, B. J., Sakamoto, A., Rothstein, C. R., & Saleen, M. (2010). Violent video game effects on aggression, empathy, and prosocial behavior in Eastern and Western countries: A meta-analytic review. *Psychological Bulletin,* **136,** 151–173.

Anderson, R. (2004). A definition of peace. *Peace and Conflict,* **10,** 101–116.

Anderson, S. L., Adams, G., & Plaut, V. C. (2008). The cultural grounding of personal relationship: The importance of attractiveness in everyday life. *Journal of Personality and Social Psychology,* **95,** 352–368.

Andrews, P. W., & Thomson, Jr., J. A. (2009). The bright side of being blue: Depression as an adaptation for analyzing complex problems. *Psychological Review,* **116,** 620–654.

Andrews, P. W., & Thomson, Jr., J. A. (2010, January/February). Depression's evolutionary roots. *Scientific American Mind,* pp. 57–61.

Anik, L., Aknin, L. B., Norton, M. I., & Dunn, E. W. (2010). Feeling good about giving: The benefits (and costs) of self-interested charitable behavior. In D. M. Oppenheimer & C. Y. Olivola (Eds.), *The science of giving: Experimental approaches to the study of charity.* New York: Psychology Press.

Antonakis, J., & Dalgas, O. (2009). Predicting elections: Child's play! *Science,* **323,** 1183.

Antonio, A. L., Chang, M. J., Hakuta, K., Kenny, D. A., Levin, S., & Milem, J. F. (2004). Effects of racial diversity on complex thinking in college students. *Psychological Science,* **15,** 507–510.

AP/Ipsos. (2006, May 4). Associated Press/Ipsos Poll data reported by personal correspondence with Michael Gross.

Archer, D., Iritani, B., Kimes, D. B., & Barrios, M. (1983). Face-ism: Five studies of sex differences in facial prominence. *Journal of Personality and Social Psychology,* **45,** 725–735.

Archer, J. (1991). The influence of testosterone on human aggression. *British Journal of Psychology,* **82,** 1–28.

Archer, J. (2000). Sex differences in aggression between heterosexual partners: A meta-analytic review. *Psychological Bulletin,* **126,** 651–680.

Archer, J. (2004). Sex differences in aggression in real-world settings: A meta-analytic review. *Review of General Psychology,* **8,** 291–322.

Archer, J. (2006). Testosterone and human aggression: An evaluation of the challenge hypothesis. *Neuroscience and Biobehavioral Reviews,* **30,** 319–345.

Archer, J. (2007). A cross-cultural perspective on physical aggression between partners. *Issues in Forensic Psychology,* No. 6, 125–131.

Archer, J. (2009). Does sexual selection explain human sex differences? *Behavioral and Brain Sciences,* **32,** 249–311.

Archer, R. L., & Cook, C. E. (1986). Personalistic self-disclosure and attraction: Basis for relationship or scarce resource. *Social Psychology Quarterly,* **49,** 268–272.

Arendt, H. (1963). *Eichmann in Jerusalem: A report on the banality of evil.* New York: Viking.

Argyle, M., & Henderson M. (1985). *The anatomy of relationships.* London: Heinemann.

Argyle, M., Shimoda, K., & Little, B. (1978). Variance due to persons and situations in England and Japan. *British Journal of Social and Clinical Psychology,* **17,** 335–337.

Arieff, A. (2011, August 22). It's not about the furniture: Cubicles, continued. *New York Times Opinionator* (www.nytimes.com).

Ariza, L. M. (2006, January). Virtual Jihad: The Internet as the ideal terrorism recruiting tool. *Scientific American,* pp. 18–21.

Arkes, H. R. (1990). *Some practical judgment/decision making research.* Paper presented at the American Psychological Association convention.

Arkes, H. R., & Tetlock, P. E. (2004). Attributions of implicit prejudice, or "would Jesse Jackson 'fail' the implicit association test?" *Psychological Inquiry,* **15,** 257–278.

Arkin, R. M., Appleman, A., & Burger, J. M. (1980). Social anxiety, self-presentation, and the self-serving bias in causal attribution. *Journal of Personality and Social Psychology,* **38,** 23–35.

Arkin, R. M., & Burger, J. M. (1980). Effects of unit relation tendencies on interpersonal attraction. *Social Psychology Quarterly,* **43,** 380–391.

Arkin, R. M., Lake, E. A., & Baumgardner, A. H. (1986). Shyness and self-presentation. In W. H. Jones, J. M. Cheek, & S. R. Briggs (Eds.), *Shyness: Perspectives on research and treatment.* New York: Plenum.

Armitage, C. J., & Conner, M. (2001). Efficacy of the theory of planned behaviour: A meta-analytic review. *British Journal of Social Psychology,* **40,** 471–499.

Armor, D. A., & Sackett, A. M. (2006). Accuracy, error, and bias in predictions for real versus hypothetical events. *Journal of Personality and Social Psychology,* **91,** 583–600.

Armor, D. A., & Taylor, S. E. (1996). Situated optimism: Specific outcome expectancies and self-regulation. In M. P. Zanna (Ed.), *Advances in experimental social psychology* (Vol. 30). San Diego: Academic Press.

Arms, R. L., Russell, G. W., & Sandilands, M. L. (1979). Effects on the hostility of spectators of viewing aggressive sports. *Social Psychology Quarterly,* **42,** 275–279.

Aron, A., & Aron, E. (1989). *The heart of social psychology,* 2nd ed. Lexington, MA: Lexington Books.

Aron, A., & Aron, E. N. (1994). Love. In A. L. Weber & J. H. Harvey (Eds.), *Perspective on close relationships.* Boston: Allyn & Bacon.

Aron, A., Dutton, D. G., Aron, E. N., & Iverson, A. (1989). Experiences of falling in love. *Journal of Social and Personal Relationships,* **6,** 243–257.

Aron, A., Fisher, H., Mashek, D. J., Strong, G., Li, H., & Brown, L. L. (2005). Reward, motivation, and emotion systems associated with early-stage intense romantic love. *Journal of Neurophysiology,* **94,** 327–337.

Aron, A., Melinat, E., Aron, E. N., Vallone, R. D., & Bator, R. J. (1997). The experimental generation of interpersonal closeness: A procedure and some preliminary findings. *Personality and Social Psychology Bulletin,* **23,** 363–377.

Aron, A., Norman, C. C., Aron, E. N., McKenna, C., & Heyman, R. E. (2000). Couples' shared participation in novel and arousing activities and experienced relationship quality. *Journal of Personality and Social Psychology,* **78,** 273–284.

Aronson, E. (1980). *The social animal.* 3rd edition. New York: Freeman.

Aronson, E. (1988). *The social animal,* 5th edition. New York: Freeman.

Aronson, E. (2004). Reducing hostility and building compassion: Lessons from the jigsaw classroom. In A. G. Miller (Ed.), *The social psychology of good and evil.* New York: Guilford.

Aronson, E., Brewer, M., & Carlsmith, J. M. (1985). Experimentation in social psychology. In G. Lindzey & E. Aronson (Eds.), *Handbook of social psychology* (Vol. 1). Hillsdale, NJ: Erlbaum.

Aronson, E., & Gonzalez, A. (1988). Desegregation, jigsaw, and the Mexican-American experience. In P. A. Katz & D. Taylor (Eds.), *Towards the elimination of racism: Profiles in controversy.* New York: Plenum.

Aronson, E., & Linder, D. (1965). Gain and loss of esteem as determinants of interpersonal attractiveness. *Journal of Experimental Social Psychology,* **1,** 156–171.

Aronson, E., & Mettee, D. R. (1974). Affective reactions to appraisal from others. In *Foundations of interpersonal attraction.* New York: Academic Press.

Aronson, E., & Mills, J. (1959). The effect of severity of initiation on liking for a group. *Journal of Abnormal and Social Psychology,* **59,** 177–181.

Aronson, E., Turner, J. A., & Carlsmith, J. M. (1963). Communicator credibility and communicator discrepancy as determinants of opinion change. *Journal of Abnormal and Social Psychology,* **67,** 31–36.

Arora, R. (2005). China's "Gen Y" bucks tradition. Gallup Poll, http://www.gallup.com/poll/15934/Chinas—Gen-Bucks-Tradition.aspx. Viewed online 1/22/09.

Arriaga, X. B. (2001). The ups and downs of dating: Fluctuations in satisfaction in newly formed romantic relationships. *Journal of Personality and Social Psychology,* **80,** 754–765.

Arriaga, X. B., & Agnew, C. R. (2001). Being committed: Affective, cognitive, and conative components of relationship commitment. *Personality and Social Psychology Bulletin,* **27,** 1190–1203.

Arrow, K. J., & others. (2008). The promise of prediction markets. *Science,* **320,** 877–878.

Asch, S. E. (1946). Forming impressions of personality. *Journal of Abnormal and Social Psychology,* **41,** 258–290.

Asch, S. E. (1955, November). Opinions and social pressure. *Scientific American,* pp. 31–35.

Asendorpf, J. B. (1987). Videotape reconstruction of emotions and cognitions related to shyness. *Journal of Personality and Social Psychology,* **53,** 541–549.

Asendorpf, J. B., Penke, L., & Back, M. D. (2011). From dating to mating and relating: Predictors of initial and long-term outcomes of speed-dating in a community sample. *European Journal of Personality,* **25,** 16–30.

Ash, R. (1999). *The top 10 of everything 2000.* New York: DK Publishing.

Asher, J. (1987, April). Born to be shy? *Psychology Today,* pp. 56–64.

Associated Press (AP). (1995, September 25). Blacks are given tougher sentences, analysis shows. *Grand Rapids Press,* p. A3.

Associated Press (AP). (2007, January 15). Kids copying execution accidentally hang selves. *Grand Rapids Press,* p. A3.

Associated Press (AP). (2009, December 1). Psych report found Clemmons risk to public safety. *Associated Press.*

Associated Press (AP). (2011, May 27). Canadian mother defends keeping baby's gender secret. *Associated Press.*

Astin, A. W., Green, K. C., Korn, W. S., & Schalit, M. (1987). *The American freshman: National norms for Fall 1987.* Los Angeles: Higher Education Research Institute, UCLA.

Augoustinos, M., & Innes, J. M. (1990). Towards an integration of social representations and social schema theory. *British Journal of Social Psychology,* **29,** 213–231.

Australian Attorney-General's Department. (2010, September). *Literature review on the impact of playing violent video games on aggression.* Commonwealth of Australia (www.ag.gov.au/cca).

Averill, J. R. (1983). Studies on anger and aggression: Implications for theories of emotion. *American Psychologist,* **38,** 1145–1160.

Axsom, D., Yates, S., & Chaiken, S. (1987). Audience response as a heuristic cue in persuasion. *Journal of Personality and Social Psychology,* **53,** 30–40.

Azrin, N. H. (1967, May). Pain and aggression. *Psychology Today,* pp. 27–33.

Baars, B. J., & McGovern, K. A. (1994). Consciousness. In V. Ramachandran (Ed.), *Encyclopedia of human behavior.* Orlando, FL: Academic Press.

Babad, E., Bernieri, F., & Rosenthal, R. (1991). Students as judges of teachers' verbal and nonverbal behavior. *American Educational Research Journal,* **28,** 211–234.

Bachman, J. G., & O'Malley, P. M. (1977). Self-esteem in young men: A longitudinal analysis of the impact of educational and occupational attainment. *Journal of Personality and Social Psychology,* **35,** 365–380.

Bachman, J. G., Johnston, L. D., O'Malley, P. M., & Humphrey, R. N. (1988). Explaining the recent decline in marijuana use: Differentiating the effects of perceived risks, disapproval, and general lifestyle factors. *Journal of Health and Social Behavior,* **29,** 92–112.

Back, M. D., Schmukle, S. C., & Egloff, B. (2008). Becoming friends by chance. *Psychological Science,* **19,** 439–440.

Bahrami, B., Olsen, K., Latham, P. E., Roepstorff, A., Rees, G., & Frith, C. D. (2010). Optimally interacting minds. *Science,* **329,** 1081–1085.

Bailenson, J. N., & Yee, N. (2005). Digital chameleons: Automatic assimilation of nonverbal gestures in immersive virtual environments. *Psychological Science,* **16,** 814–819.

Bailenson, J. N., Iyengar, S., Yee, N., & Collins, N. (2009). Facial similarity between voters and candidates causes influence. *Public Opinion Quarterly.*

Bailey, J. M., Kirk, K. M., Zhu, G., Dunne, M. P., & Martin, N. G. (2000). Do individual differences in sociosexuality represent genetic or environmentally contingent strategies? Evidence from the Australian Twin Registry. *Journal of Personality and Social Psychology,* **78,** 537–545.

Baize, H. R., Jr., & Schroeder, J. E. (1995). Personality and mate selection in personal ads: Evolutionary preferences in a public mate selection process. *Journal of Social Behavior and Personality,* **10,** 517–536.

Baker, L., & McNulty, J. K. (2010). Shyness and marriage: Does shyness shape even established relationships? *Personality and Social Psychology Bulletin,* **36,** 665–676.

Baldwin, M. W., Keelan, J. P. R., Fehr, B., Enns, V., & Koh-Rangarajoo, E. (1996). Social-cognitive conceptualization of attachment working models: Availability and accessibility effects. *Journal of Personality and Social Psychology,* **71,** 94–109.

Balliet, D., Mulder, L. B., & Van Lange, P. A. M. (2011). Reward, punishment, and cooperation: A meta-analysis. *Psychological Bulletin,* **137,** 594–615.

Banaji, M. R. (2004). The opposite of a great truth is also true: Homage of Koan #7. In J. T. Jost, M. R. Banaji, & D. A. Prentice (Eds.), *Perspectivism in social psychology: The yin and yang of scientific progress.* Washington, DC: American Psychological Association.

Bandura, A. (1979). The social learning perspective: Mechanisms of aggression. In H. Toch (Ed.), *Psychology of crime and criminal justice.* New York: Holt, Rinehart & Winston.

Bandura, A. (1997). *Self-efficacy: The exercise of control.* New York: Freeman.

Bandura, A. (2000). Social cognitive theory: An agentic perspective. *Annual Review of Psychology,* **52,** 1–26.

Bandura, A. (2004). Swimming against the mainstream: The early years from chilly tributary to transformative mainstream. *Behaviour Research and Therapy,* **42,** 613–630.

Bandura, A. (2008). Reconstrual of "free will" from the agentic perspective of social cognitive theory. In J. Baer, J. C. Kaufman, & R. F. Baumeister (Eds.), *Are we free? Psychology and free will.* New York: Oxford University Press.

Bandura, A., Pastorelli, C., Barbaranelli, C., & Caprara, G. V. (1999). Self-efficacy pathways to childhood depression. *Journal of Personality and Social Psychology,* **76,** 258–269.

Bandura, A., Ross, D., & Ross, S. A. (1961). Transmission of aggression through imitation of aggressive models. *Journal of Abnormal and Social Psychology,* **63,** 575–582.

Bandura, A., & Walters, R. H. (1959). *Adolescent aggression.* New York: Ronald Press.

Bandura, A., & Walters, R. H. (1963). *Social learning and personality development.* New York: Holt, Rinehart & Winston.

Banks, S. M., Salovey, P., Greener, S., Rothman, A. J., Moyer, A., Beauvais, J., & Epel, E. (1995). The effects of message framing on mammography utilization. *Health Psychology,* **14,** 178–184.

Bar-Haim, Y., Ziv, T., Lamy, D., & Hodes, R. M. (2006). Nature and nurture in own-race face processing. *Psychological Science,* **17,** 159–163.

Bar-Tal, D. (2004). The necessity of observing real life situations: Palestinian-Israeli violence as a laboratory for learning about social behaviour. *European Journal of Social Psychology,* **34,** 677–701.

Barash, D. (1979). *The whisperings within.* New York: Harper & Row.

Barash, D. P. (2003, November 7). Unreason's seductive charms. *Chronicle of Higher Education* (www.chronicle.com/free/v50/i11/11b00601.htm).

Barber, B. M., & Odean, T. (2001a). Boys will be boys: Gender, overconfidence and common stock investment. *Quarterly Journal of Economics,* **116,** 261–292.

Barber, B. M., & Odean, T. (2001b). The Internet and the investor. *Journal of Economic Perspectives,* **15,** 41–54.

Barber, N. (2000). On the relationship between country sex ratios and teen pregnancy rates: A replication. *Cross-Cultural Research,* **34,** 327–333.

Bargh, J. A. (2006). What have we been priming all these years? On the development, mechanisms, and ecology of nonconscious social behavior. *European Journal of Social Psychology,* **36,** 147–168.

Bargh, J. A., & Chartrand, T. L. (1999). The unbearable automaticity of being. *American Psychologist,* **54,** 462–479.

Bargh, J. A., Chen, M., & Burrows, L. (1996). Automaticity and social behavior: Direct effects of trait construct and stereotype activation, *Journal of Personality and Social Psychology,* **43,** 437–449.

Bargh, J. A., & Ferguson, M. J. (2000). Beyond behaviorism: On the automaticity of higher mental processes. *Psychological Bulletin,* **126,** 925–945.

Bargh, J. A., & McKenna, K. Y. A. (2004). The Internet and social life. *Annual Review of Psychology,* **55,** 573–590.

Bargh, J. A., McKenna, K. Y. A., & Fitzsimons, G. M. (2002). Can you see the real me? Activation and expression of the "true self" on the Internet. *Journal of Social Issues,* **58,** 33–48.

Bargh, J. A., & Raymond, P. (1995). The naive misuse of power: Nonconscious sources of sexual harassment. *Journal of Social Issues,* **51,** 85–96.

Barlett, C. P., Harris, R. J., & Bruey, C. (2008). The effect of the amount of blood in a violence video game on aggression, hostility, and arousal. *Journal of Experimental Social Psychology,* **44,** 539–546.

Barlow, F. K., Louis, W. R., & Hewstone, M. (2009). Rejected! Cognitions of rejection and intergroup anxiety as mediators of the impact of cross-group friendships on prejudice. *British Journal of Social Psychology,* **48,** 389–405.

Barnes, E. (2008, August 24). Scots heroine of Auschwitz who gave her life for young Jews. *Scotland on Sunday,* p. 3.

Barnes, R. D., Ickes, W., & Kidd, R. F. (1979). Effects of the perceived intentionality and stability of another's dependency on helping behavior. *Personality and Social Psychology Bulletin,* **5,** 367–372.

Barnett, M. A., King, L. M., Howard, J. A., & Melton, E. M. (1980). *Experiencing negative affect about self or other: Effects on helping behavior in children and adults.* Paper presented at the Midwestern Psychological Association convention.

Barnett, P. A., & Gotlib, I. H. (1988). Psychosocial functioning and depression: Distinguishing among antecedents, concomitants, and consequences. *Psychological Bulletin,* **104,** 97–126.

Baron, J., & Hershey, J. C. (1988). Outcome bias in decision evaluation. *Journal of Personality and Social Psychology,* **54,** 569–579.

Baron, J., & Miller, J. G. (2000). Limiting the scope of moral obligations to help: A cross-cultural investigation. *Journal of Cross-Cultural Psychology,* **31,** 703–725.

Baron, R. A. (1977). *Human aggression.* New York: Plenum.

Baron, R. A., Markman, G. D., & Bollinger, M. (2006). Exporting social psychology: Effects of attractiveness on perceptions of entrepreneurs, their ideas for new products, and their financial success. *Journal of Applied Social Psychology,* **36,** 467–492.

Baron, R. S. (1986). Distraction-conflict theory: Progress and problems. In L. Berkowitz (Ed.), *Advances in experimental social psychology,* Orlando, FL: Academic Press.

Baron, R. S. (2000). Arousal, capacity, and intense indoctrination. *Personality and Social Psychology Review,* **4,** 238–254.

Baron, R. S., Kerr, N. L., & Miller, N. (1992). *Group process, group decision, group action.* Pacific Grove, CA: Brooks/Cole.

Barongan, C., & Hall, G. C. N. (1995). The influence of misogynous rap music on sexual aggression against women. *Psychology of Women Quarterly,* **19,** 195–207.

Barry, D. (1995, January). Bored stiff. *Funny Times,* p. 5.

Barry, D. (1998). *Dave Barry turns 50.* New York: Crown.

Bartels, M., Cacioppo, J. T., Hudziak, J. J., & Boomsma, D. I. (2008). Genetic and environmental contributions to stability in loneliness throughout childhood. *American Journal of Medical Genetics Part B,* **147B,** 385–391.

Bartholomew, K., & Horowitz, L. (1991). Attachment styles among young adults: A test of a four-category model. *Journal of Personality and Social Psychology,* **61,** 226–244.

Bartholomew, R. E., & Goode, E. (2000, May/June). Mass delusions and hysterias: Highlights from the past millennium. *Skeptical Inquirer,* pp. 20–28.

Bartholow, B. C., & Heinz, A. (2006). Alcohol and aggression without consumption: Alcohol cues, aggressive thoughts, and hostile perception bias. *Psychological Science,* **17,** 30–37.

Bartholow, B. D., Anderson, C. A., Carnagey, N. L., & Benjamin, A.J., Jr. (2004). Interactive effects of life experience and situational cues on aggression: The weapons priming effect in hunters and nonhunters. *Journal of Experimental Social Psychology,* **41,** 48–60.

Bartholow, B. D., Bushman, B. J., & Sestir, M. A. (2006). Chronic violent video game exposure and desensitization: Behavioral and event-related brain potential data. *Journal of Experimental Social Psychology,* **42**(4), 532–539.

Bartlett, C. P., & Rodeheffer, C. (2009). Effects of realism on extended violent and nonviolent video game play on aggressive thoughts, feelings, and physiological arousal. *Aggressive Behavior,* **35,** 213–224.

Barzun, J. (1975). *Simple and direct.* New York: Harper & Row, pp. 173–174.

Basile, K. C., Chen, J., Lynberg, M. C., & Saltzman, L. E. (2007). Prevalence and characteristics of sexual violence victimization. *Violence and Victims,* **22,** 437–448.

Bassili, J. N. (2003). The minority slowness effect: Subtle inhibitions in the expression of views not shared by others. *Journal of Personality and Social Psychology,* **84,** 261–276.

Bastardi, A., Uhlmann, E. L., & Ross, L. (2011). Wishful thinking: Belief, desire, and the motivated evaluation of scientific evidence. *Psychological Science,* **22,** 731–732.

Bastian, B., & Haslam, N. (2006). Psychological essentialism and stereotype endorsement. *Journal of Experimental Social Psychology,* **42,** 228–235.

Batson, C. D. (1983). Sociobiology and the role of religion in promoting prosocial behavior: An alternative view. *Journal of Personality and Social Psychology,* **45,** 1380–1385.

Batson, C. D. (1999a). Behind the scenes. In D. G. Myers, *Social psychology,* 6th edition. New York: McGraw-Hill.

Batson, C. D. (1999b). *Addressing the altruism question experimentally.* Paper presented at the Templeton Foundation/Fetzer Institute Symposium on Empathy, Altruism, and Agape, Cambridge, MA.

Batson, C. D. (2001). Addressing the altruism question experimentally. In S. G. Post, L. B. Underwood, J. P. Schloss, & W. B. Hurlbut (Eds.), *Altruism and altruistic love: Science, philosophy, and religion in dialogue.* New York: Oxford University Press.

Batson, C. D. (2006). "Not all self-interest after all": Economics of empathy-induced altruism. In D. De Cremer, M. Zeelenberg, & J. K. Murnighan (Eds.), *Social psychology and economics.* Mahwah, NJ: Erlbaum.

Batson, C. D. (2011). *Altruism in humans.* New York: Oxford University Press.

Batson, C. D., Chao, M. C., & Givens, J. M. (2009). Pursuing moral outrage: Anger at torture. *Journal of Experimental Social Psychology,* **45,** 155–160.

Batson, C. D., Coke, J. S., Jasnoski, M. L., & Hanson, M. (1978). Buying kindness: Effect of an extrinsic incentive for helping on perceived altruism. *Personality and Social Psychology Bulletin,* **4,** 86–91.

Batson, C. D., Duncan, B. D., Ackerman, P., Buckley, T., & Birch, K. (1981). Is empathic emotion a source of altruistic motivation? *Journal of Personality and Social Psychology,* **40,** 290–302.

Batson, C. D., Eklund, J. H., Chermok, V. L., Hoyt, J. L., & Ortiz, B. G. (2007). An additional antecedent of empathic concern: Valuing the welfare of the person in need. *Journal of Personality and Social Psychology,* **93,** 65–74.

Batson, C. D., Fultz, J., & Schoenrade, P. A. (1987). Distress and empathy: Two qualitatively distinct vicarious emotions with different motivational consequences. *Journal of Personality,* **55,** 19–40.

Batson, C. D., Harris, A. C., McCaul, K. D., Davis, M., & Schmidt, T. (1979). Compassion or compliance: Alternative dispositional attributions for one's helping behavior. *Social Psychology Quarterly,* **42,** 405–409.

Batson, C. D., Kobrynowicz, D., Dinnerstein, J. L., Kampf, H. C., & Wilson, A. D. (1997). In a very different voice: Unmasking moral hypocrisy. *Journal of Personality and Social Psychology,* **72,** 1335–1348.

Batson, C. D., Lishner, D. A., Carpenter, A., Dulin, L., Harjusola-Webb, S., Stocks, E. L., Gale, S., Hassan, O., & Sampat, B. (2003). "... As you would have them do unto you": Does imagining yourself in the other's place stimulate moral action? *Personality and Social Psychology Bulletin,* **29,** 1190–1201.

Batson, C. D., & Moran, T. (1999). Empathy-induced altruism in a prisoner's dilemma. *European Journal of Social Psychology,* **29,** 909–924.

Batson, C. D., Sager, K., Garst, E., Kang, M., Rubchinsky, K., & Dawson, K. (1997). Is empathy-induced helping due to self-other merging? *Journal of Personality and Social Psychology,* **73,** 495–509.

Batson, C. D., Sympson, S. C., Hindman, J. L., Decruz, P., Todd, R. M., Jennings, G., & Burris, C. T. (1996). "I've been there, too": Effect on empathy of prior experience with a need. *Personality and Social Psychology Bulletin,* **22,** 474–482.

Batson, C. D., & Thompson, E. R. (2001). Why don't moral people act morally? Motivational considerations. *Current Directions in Psychological Science,* **10,** 54–57.

Batson, C. D., Thompson, E. R., & Chen, H. (2002). Moral hypocrisy: Addressing some alternatives. *Journal of Personality and Social Psychology,* **83,** 330–339.

Batson, C. D., Thompson, E. R., Seuferling, G., Whitney, H., & Strongman, J. A. (1999). Moral hypocrisy: Appearing moral to oneself without being so. *Journal of Personality and Social Psychology,* **77,** 525–537.

Batson, C. D., & Ventis, W. L. (1982). *The religious experience: A social psychological perspective.* New York: Oxford University Press.

Batson, C. D., & Weeks, J. L. (1996). Mood effects of unsuccessful helping: Another test of the empathy-altruism hypothesis. *Personality and Social Psychology Bulletin,* **22,** 148–157.

Bauman, C. W., & Skitka, L. J. (2010). Making attributions for behaviors: The prevalence of correspondence bias in the general population. *Basic and Applied Social Psychology,* **32,** 269–277.

Baumann, L. J., & Leventhal, H. (1985). "I can tell when my blood pressure is up, can't I?" *Health Psychology,* **4,** 203–218.

Baumeister, R. (1996). Should schools try to boost self-esteem? Beware the dark side. *American Educator,* **20,** 14–19, 43.

Baumeister, R. (2005). Rejected and alone. *The Psychologist,* **18,** 732–735.

Baumeister, R. (2007). Is there anything good about men? Address to the American Psychological Association convention.

Baumeister, R. F. (2010). *Is there anything good about men? How cultures flourish by exploiting men.* New York: Oxford University Press.

Baumeister, R. F., & Bratslavsky, E. (1999). Passion, intimacy, and time: Passionate love as a function of change in intimacy. *Personality and Social Psychology Review,* **3,** 49–67.

Baumeister, R. F., Bratslavsky, E., Finkenauer, C., & Vohs, D. K. (2001). Bad is stronger than good. *Review of General Psychology,* **5,** 323–370.

Baumeister, R. F., Bratslavsky, E., Muraven, M., & Tice, D. M. (1998). Ego depletion: Is the active self a limited resource? *Journal of Personality and Social Psychology,* **74,** 1252–1265.

Baumeister, R. F., Campbell, J. D., Krueger, J. I., & Vohs, K. D. (2003). Does high self-esteem cause better performance, interpersonal success, happiness, or healthier lifestyles? *Psychological Science in the Public Interest,* **4**(1), 1–44.

Baumeister, R. F., Catanese, K. R., & Vohs, K. D. (2001). Is there a gender difference in strength of sex drive? Theoretical views, conceptual distinctions, and a review of relevant evidence. *Personality and Social Psychology Review,* **5,** 242–273.

Baumeister, R. F., Chesner, S. P., Senders, P. S., & Tice, D. M. (1988). Who's in charge here? Group leaders do lend help in emergencies. *Personality and Social Psychology Bulletin,* **14,** 17–22.

Baumeister, R. F., DeWall, C. N., & Vohs, K. D. (2009). Social rejection, control, numbness, and emotion: How not to be fooled by Gerber and Wheeler (2009). *Perspectives on Psychological Science,* **4,** 489–493.

Baumeister, R. F., & Exline, J. J. (2000). Self-control, morality, and human strength. *Journal of Social and Clinical Psychology,* **19,** 29–42.

Baumeister, R. F., & Leary, M. R. (1995). The need to belong: Desire for interpersonal attachment as a fundamental human motivation. *Psychological Bulletin,* **117,** 497–529.

Baumeister, R. F., Muraven, M., & Tice, D. M. (2000). Ego depletion: A resource model of volition, self-regulation, and controlled processing. *Social Cognition,* **18,** 130–150.

Baumeister, R. F., & Scher, S. J. (1988). Self-defeating behavior patterns among normal individuals: Review and analysis of common self-destructive tendencies. *Psychological Bulletin,* **104,** 3–22.

Baumeister, R. F., & Tierney, J. (2011). *Willpower: The rediscovery of humans' greatest strength.* New York: Penguin.

Baumeister, R. F., & Vohs, K. (2004). Sexual economics: Sex as female resource for social exchange in heterosexual interactions. *Personality and Social Psychology Bulletin,* **8,** 339–363.

Baumeister, R. F., & Wotman, S. R. (1992). *Breaking hearts: The two sides of unrequited love.* New York: Guilford.

Baumgardner, A. H., & Brownlee, E. A. (1987). Strategic failure in social interaction: Evidence for expectancy disconfirmation process. *Journal of Personality and Social Psychology,* **52,** 525–535.

Baumhart, R. (1968). *An honest profit.* New York: Holt, Rinehart & Winston.

Baxter, T. L., & Goldberg, L. R. (1987). Perceived behavioral consistency underlying trait attributions to oneself and another: An extension of the actor-observer effect. *Personality and Social Psychology Bulletin,* **13,** 437–447.

Bayer, E. (1929). Beitrage zur zeikomponenten theorie des hungers. *Zeitschrift fur Psychologie,* **112,** 1–54.

Bazerman, M. H. (1986, June). Why negotiations go wrong. *Psychology Today,* pp. 54–58.

Bazerman, M. H. (1990). *Judgment in managerial decision making,* 2nd edition. New York: John Wiley.

Bazzini, D., Curtin, L., Joslin, S., Regan, S., & Martz, D. (2010). Do animated Disney characters portray and promote the beauty-goodness stereotype? *Journal of Applied Social Psychology,* **40,** 2687–2709.

BBC. (2008, November 21). Pirates "gained $150m this year" (news.bbc .co.uk).

Beach, S. R. H., Hurt, T. R., Fincham, F. D., Franklin, K. J., McNair, L. M., & Stanley, S. M. (2011). Enhancing marital enrichment through spirituality: Efficacy data for prayer focused relationship enhancement. *Psychology of Religion and Spirituality,* **3,** 201–216.

Beals, K. P., Peplau, L. A., & Gable, S. L. (2009). Stigma management and well-being: The role of perceived social support, emotional processing, and suppression. *Personality and Social Psychology Bulletin,* **35,** 867–879.

Beaman, A. L., Barnes, P. J., Klentz, B., & McQuirk, B. (1978). Increasing helping rates through information dissemination: Teaching pays. *Personality and Social Psychology Bulletin,* **4,** 406–411.

Beaman, A. L., & Klentz, B. (1983). The supposed physical attractiveness bias against supporters of the women's movement: A meta-analysis. *Personality and Social Psychology Bulletin*, **9**, 544–550.

Beaman, A. L., Klentz, B., Diener, E., & Svanum, S. (1979). Self-awareness and transgression in children: Two field studies. *Journal of Personality and Social Psychology*, **37**, 1835–1846.

Bearak, B. (2010, July 9). South Africa braces for new attacks on immigrants. *New York Times* (www.nytimes.com).

Bearman, P. S., & Brueckner, H. (2001). Promising the future: Virginity pledges and first intercourse. *American Journal of Sociology*, **106**, 859–912.

Beaulieu, C. M. J. (2004). Intercultural study of personal space: A case study. *Journal of Applied Social Psychology*, **34**, 794–805.

Beck, A. T., & Young, J. E. (1978, September). College blues. *Psychology Today*, pp. 80–92.

Becker, D. V., Neel, R., Anderson, U. S. (2010). Illusory conjunctions of angry facial expressions follow intergroup biases. *Psychological Science*, **21**, 938–940.

Becker, S. W., & Eagly, A. H. (2004). The heroism of women and men. *American Psychologist*, **59**, 163–178.

Begue, L., Bushman, B., Giancola, P., Subra, B., & Rosset, E. (2010). "There is no such thing as an accident," especially when people are drunk. *Personality and Social Psychology Bulletin*, **36**, 1301–1304.

Bell, B. E., & Loftus, E. F. (1988). Degree of detail of eyewitness testimony and mock juror judgments. *Journal of Applied Social Psychology*, **18**, 1171–1192.

Bell, B. E., & Loftus, E. F. (1989). Trivial persuasion in the courtroom: The power of (a few) minor details. *Journal of Personality and Social Psychology*, **56**, 669–679.

Bell, P. A. (1980). Effects of heat, noise, and provocation on retaliatory evaluative behavior. *Journal of Social Psychology*, **110**, 97–100.

Bell, P. A. (2005). Reanalysis and perspective in the heat-aggression debate. *Journal of Personality and Social Psychology*, **89**, 71–73.

Bellah, R. N. (1995/1996, Winter). Community properly understood: A defense of "democratic communitarianism." *The Responsive Community*, pp. 49–54.

Belluck, P. (2008, June 15). Gay couples find marriage is a mixed bag. *New York Times* (www.nytimes.com).

Belson, W. A. (1978). *Television violence and the adolescent boy*. Westmead, England: Saxon House, Teakfield Ltd.

Bem, D. J. (1972). Self-perception theory. In L. Berkowitz (Ed.), *Advances in experimental social psychology* (Vol. 6). New York: Academic Press.

Bem, D. J., & McConnell, H. K. (1970). Testing the self-perception explanation of dissonance phenomena: On the salience of premanipulation attitudes. *Journal of Personality and Social Psychology*, **14**, 23–31.

Benenson, J. F., Markovits, H., Fitzgerald, C., Geoffroy, D., Flemming, J., Kahlenberg, S. M., & Wrangham, R. W. (2009). Males' greater tolerance of same-sex peers. *Psychological Science*, **20**, 184–190.

Benjamin, Jr., L. T., & Simpson, J. A. (2009). The power of the situation: The impact of Milgram's obedience studies on personality and social psychology. *American Psychologist*, **64**, 12–19.

Bennett, D. (2010, January 31). *How "cognitive fluency" shapes what we believe, how we invest, and who will become a supermodel.* www.boston.com.

Bennett, R. (1991, February). Pornography and extrafamilial child sexual abuse: Examining the relationship. Unpublished manuscript, Los Angeles Police Department Sexually Exploited Child Unit.

Bennis, W. (1984). Transformative power and leadership. In T. J. Sergiovani & J. E. Corbally (Eds.), *Leadership and organizational culture.* Urbana: University of Illinois Press.

Benson, P. L., Dehority, J., Garman, L., Hanson, E., Hochschwender, M., Lebold, C., Rohr, R., & Sullivan, J. (1980). Intrapersonal correlates of nonspontaneous helping behavior. *Journal of Social Psychology*, **110**, 87–95.

Benson, P. L., Karabenick, S. A., & Lerner, R. M. (1976). Pretty pleases: The effects of physical attractiveness, race, and sex on receiving help. *Journal of Experimental Social Psychology*, **12**, 409–415.

Benton, S. L., Downey, R. G., Gilder, P. J., & Benton, S. A. (2008). College students' norm perception predicts reported use of protective behavioral strategies for alcohol consumption. *Journal of Studies on Alcohol and Drugs*, **69**, 859–866.

Benton, T. R., Ross, D. F., Bradshaw, E., Thomas, W. N., & Bradshaw, G. S. (2006). Eyewitness memory is still not common sense: Comparing jurors, judges and law enforcement to eyewitness experts. *Applied Cognitive Psychology*, **20**, 115–129.

Berg, J. H. (1984). Development of friendship between roommates. *Journal of Personality and Social Psychology*, **46**, 346–356.

Berg, J. H. (1987). Responsiveness and self-disclosure. In V. J. Derlega & J. H. Berg (Eds.), *Self-disclosure: Theory, research, and therapy*. New York: Plenum.

Berg, J. H., & McQuinn, R. D. (1986). Attraction and exchange in continuing and noncontinuing dating relationships. *Journal of Personality and Social Psychology*, **50**, 942–952.

Berg, J. H., & McQuinn, R. D. (1988). Loneliness and aspects of social support networks. Unpublished manuscript, University of Mississippi.

Berg, J. H., & Peplau, L. A. (1982). Loneliness: The relationship of self-disclosure and androgyny. *Personality and Social Psychology Bulletin*, **8**, 624–630.

Berger, J., & Heath, C. (2008). Who drives divergence? Identity signaling, outgroup dissimilarity, and the abandonment of cultural tastes. *Journal of Personality and Social Psychology*, **95**, 593–607.

Berglas, S., & Jones, E. E. (1978). Drug choice as a self-handicapping strategy in response to noncontingent success. *Journal of Personality and Social Psychology*, **36**, 405–417.

Bergsieker, H. B., Shelton, J. N., & Richeson, J. A. (2010). To be liked versus respected: Divergent goals in interracial interactions. *Journal of Personality and Social Psychology*, **99**, 248–264.

Berkman, L. F. (1995). The role of social relations in health promotion. *Psychosomatic Medicine*, **57**, 245–254.

Berkowitz, L. (1954). Group standards, cohesiveness, and productivity. *Human Relations*, **7**, 509–519.

Berkowitz, L. (1968, September). Impulse, aggression and the gun. *Psychology Today*, pp. 18–22.

Berkowitz, L. (1972). Social norms, feelings, and other factors affecting helping and altruism. In L. Berkowitz (Ed.), *Advances in experimental social psychology* (Vol. 6). New York: Academic Press.

Berkowitz, L. (1978). Whatever happened to the frustration-aggression hypothesis? *American Behavioral Scientists*, **21**, 691–708.

Berkowitz, L. (1981, June). How guns control us. *Psychology Today*, pp. 11–12.

Berkowitz, L. (1983). Aversively stimulated aggression: Some parallels and differences in research with animals and humans. *American Psychologist*, **38**, 1135–1144.

Berkowitz, L. (1984). Some effects of thoughts on anti- and prosocial influences of media events: A cognitive-neoassociation analysis, *Psychological Bulletin*, **95**, 410–427.

Berkowitz, L. (1987). Mood, self-awareness, and willingness to help. *Journal of Personality and Social Psychology*, **52**, 721–729.

Berkowitz, L. (1989). Frustration-aggression hypothesis: Examination and reformulation. *Psychological Bulletin*, **106**, 59–73.

Berkowitz, L. (1995). A career on aggression. In G. G. Brannigan & M. R. Merrens (Eds.), *The social psychologists: Research adventures.* New York: McGraw-Hill.

Berkowitz, L. (1998). Affective aggression: The role of stress, pain, and negative affect. In R. G. Geen &

E. Donnerstein (Eds.), *Human aggression: Theories, research, and implications for social policy*. San Diego: Academic Press.

Berkowitz, L., & Geen, R. G. (1966). Film violence and the cue properties of available targets. *Journal of Personality and Social Psychology*, **3,** 525–530.

Berkowitz, L., & LePage, A. (1967). Weapons as aggression-eliciting stimuli. *Journal of Personality and Social Psychology*, **7,** 202–207.

Berndsen, M., Spears, R., van der Plight, J., & McGarty, C. (2002). Illusory correlation and stereotype formation: Making sense of group differences and cognitive biases. In C. McGarty, V. Y. Yzerbyt, & R. Spears (Eds.), *Stereotypes as explanations: The formation of meaningful beliefs about social groups*. New York: Cambridge University Press.

Bernhardt, P. C., Dabbs, J. M., Jr., Fielden, J. A., & Lutter, C. D. (1998). Testosterone changes during vicarious experiences of winning and losing among fans at sporting events. *Physiology and Behavior*, **65,** 59–62.

Berns, G. S., Chappelow, J., Zink, C. F., Pagnoni, G., Martin-Skurski, M. E., & Richards, J. (2005). Neurobiological correlates of social conformity and independence during mental rotation. *Biological Psychiatry*, **58,** 245–253.

Bernstein, M. J., Young, S. G., & Claypool, H. M. (2010). Is Obama's win a gain for Blacks? Changes in implicit racial prejudice following the 2008 election. *Social Psychology*, **41,** 147–151.

Bernstein, M. J., Young, S. G., & Hugenberg, K. (2007). The cross-category effect. Mere social categorization is sufficient to elicit an own-group bias in face recognition. *Psychological Science*, **18,** 706–712.

Berscheid, E. (1981). An overview of the psychological effects of physical attractiveness and some comments upon the psychological effects of knowledge of the effects of physical attractiveness. In W. Lucker, K. Ribbens, & J. A. McNamera (Eds.), *Logical aspects of facial form (craniofacial growth series)*. Ann Arbor: University of Michigan Press.

Berscheid, E. (1985). Interpersonal attraction. In G. Lindzey & E. Aronson (Eds.), *The handbook of social psychology*. New York: Random House.

Berscheid, E. (2010). Love in the fourth dimension. *Annual Review of Psychology*, **61,** 1–25.

Berscheid, E., Boye, D., & Walster (Hatfield), E. (1968). Retaliation as a means of restoring equity. *Journal of Personality and Social Psychology*, **10,** 370–376.

Berscheid, E., Dion, K., Walster (Hatfield), E., & Walster, G. W. (1971). Physical attractiveness and dating choice: A test of the matching hypothesis. *Journal of Experimental Social Psychology*, **7,** 173–189.

Berscheid, E., Graziano, W., Monson, T., & Dermer, M. (1976). Outcome dependency: Attention, attribution, and attraction. *Journal of Personality and Social Psychology*, **34,** 978–989.

Berscheid, E., & Peplau, L. A. (1983). The emerging science of relationships. In H. H. Kelley, E. Berscheid, A. Christensen, J. H. Harvey, T. L. Huston, G. Levinger, E. McClintock, L. A. Peplau, & D. R. Peterson (Eds.), *Close relationships*. New York: Freeman.

Berscheid, E., & Walster (Hatfield), E. (1978). *Interpersonal attraction*. Reading, MA: Addison-Wesley.

Berscheid, E., Walster, G. W., & Hatfield (was Walster), E. (1969). *Effects of accuracy and positivity of evaluation on liking for the evaluator*. Unpublished manuscript. Summarized by E. Berscheid and E. Walster (Hatfield) (1978), *Interpersonal attraction*. Reading, MA: Addison-Wesley.

Bersoff, D. N. (1987). Social science data and the Supreme Court: Lockhart as a case in point. *American Psychologist*, **42,** 52–58.

Bertrand, M., & Mullainathan, S. (2003). Are Emily and Greg more employable than Lakisha and Jamal? A field experiment on labor market discrimination. Massachusetts Institute of Technology, Department of Economics, Working Paper 03-22.

Besser, A., & Priel, B. (2005). The apple does not fall far from the tree: Attachment styles and personality vulnerabilities to depression in three generations of women. *Personality and Social Psychology Bulletin*, **31,** 1052–1073.

Bettencourt, B. A., & Kernahan, C. (1997). A meta-analysis of aggression in the presence of violent cues: Effects of gender differences and aversive provocation. *Aggressive Behavior*, **23,** 447–456.

Bettencourt, B. A., Dill, K. E., Greathouse, S. A., Charlton, K., & Mulholland, A. (1997). Evaluations of ingroup and outgroup members: The role of category-based expectancy violation. *Journal of Experimental Social Psychology*, **33,** 244–275.

Bettencourt, B. A., Talley, A., Benjamin, A. J., & Valentine, J. (2006). Personality and aggressive behavior under provoking and neutral conditions: A meta-analytic review. *Psychological Bulletin*, **132,** 751–777.

Bianchi, S. M., Milkie, M. A., Sayer, L. C., & Robinson, J. P. (2000). Is anyone doing the housework? Trends in the gender division of household labor. *Social Forces*, **79,** 191–228.

Bickman, L. (1975). Bystander intervention in a crime: The effect of a mass-media campaign. *Journal of Applied Social Psychology*, **5,** 296–302.

Bickman, L. (1979). Interpersonal influence and the reporting of a crime. *Personality and Social Psychology Bulletin*, **5,** 32–35.

Bickman, L., & Green, S. K. (1977). Situational cues and crime reporting: Do signs make a difference? *Journal of Applied Social Psychology*, **7,** 1–18.

Biernat, M. (1991). Gender stereotypes and the relationship between masculinity and femininity: A developmental analysis. *Journal of Personality and Social Psychology*, **61,** 351–365.

Biernat, M. (2003). Toward a broader view of social stereotyping. *American Psychologist*, **58,** 1019–1027.

Biernat, M., & Kobrynowicz, D. (1997). Gender- and race-based standards of competence: Lower minimum standards but higher ability standards for devalued groups. *Journal of Personality and Social Psychology*, **72,** 544–557.

Biernat, M., Vescio, T. K., & Green, M. L. (1996). Selective self-stereotyping. *Journal of Personality and Social Psychology*, **71,** 1194–1209.

Bigam, R. G. (1977, March). Voir dire: The attorney's job. *Trial 13*, p. 3. Cited by G. Bermant & J. Shepard in "The voir dire examination, juror challenges, and adversary advocacy." In B. D. Sales (Ed.), *Perspectives in law and psychology, Vol. II: The trial process*. New York: Plenum, 1981.

Billig, M., & Tajfel, H. (1973). Social categorization and similarity in intergroup behaviour. *European Journal of Social Psychology*, **3,** 27–52.

Binder, J., Zagefka, H., Brown, R., Funke, F., Kessler, T., Mummendey, A., Maquil, A., Demoulin, S., & Leyens, J-P. (2009). Does contact reduce prejudice or does prejudice reduce contact? A longitudinal test of the contact hypothesis among majority and minority groups in three European countries. *Journal of Personality and Social Psychology*, **96,** 843–856.

Biner, P. M. (1991). Effects of lighting-induced arousal on the magnitude of goal valence. *Personality and Social Psychology Bulletin*, **17,** 219–226.

Bingenheimer, J. B., Brennan, R. T., & Earls, F. J. (2005). Firearm violence exposure and serious violent behavior. *Science*, **308,** 1323–1326.

Binham, R. (1980, March–April). Trivers in Jamaica. *Science*, **80,** 57–67.

BIS. (2011, February). *Women on corporate boards*. Department for Business Innovation and Skills, www.bis.gov.uk.

Bishop, B. (2008). *The big sort: Why the clustering of like-minded*

America is tearing us apart. Boston: Houghton-Mifflin.

Bishop, G. D. (1984). Gender, role, and illness behavior in a military population. *Health Psychology,* **3,** 519–534.

Bishop, G. D. (1987). Lay conceptions of physical symptoms. *Journal of Applied Social Psychology,* **17,** 127–146.

Bishop, G. D. (1991). Understanding the understanding of illness: Lay disease representations. In J. A. Skelton & R. T. Croyle (Eds.), *Mental representation in health and illness.* New York: Springer-Verlag.

Björkqvist, K. (1994). Sex differences in physical, verbal, and indirect aggression: A review of recent research. *Sex Roles,* **30,** 177–188.

Blackburn, R. T., Pellino, G. R., Boberg, A., & O'Connell, C. (1980). Are instructional improvement programs off target? *Current Issues in Higher Education,* **1,** 31–48.

Blackhart, G. C., Nelson, B. C., Knowles, M. L., & Baumeister, R. F. (2009). Rejection elicits emotional reactions but neither causes immediate distress nor lowers self-esteem: A meta-analytic review of 192 studies on social exclusion. *Personality and Social Psychology Review,* **13,** 269–309.

Blair, C. A., Thompson, L. F., & Wuensch, K. L. (2005). Electronic helping behavior: The virtual presence of others makes a difference. *Basic and Applied Social Psychology,* **27,** 171–178.

Blair, I. V., Judd, C. M., & Chapleau, K. M. (2004). The influence of Afrocentric facial features in criminal sentencing. *Psychological Science,* **15,** 674–679.

Blake, R. R., & Mouton, J. S. (1962). The intergroup dynamics of win-lose conflict and problem-solving collaboration in union-management relations. In M. Sherif (Ed.), *Intergroup relations and leadership.* New York: Wiley.

Blake, R. R., & Mouton, J. S. (1979). Intergroup problem solving in organizations: From theory to practice. In W. G. Austin and S. Worchel (Eds.), *The social psychology of intergroup relations.* Monterey, CA: Brooks/Cole.

Blanchard, F. A., & Cook, S. W. (1976). Effects of helping a less competent member of a cooperating interracial group on the development of interpersonal attraction. *Journal of Personality and Social Psychology,* **34,** 1245–1255.

Blank, H., Nestler, S., von Collani, G., & Fischer, V. (2008). How many hindsight biases are there? *Cognition,* **106,** 1408–1440.

Blanton, D. (2011, April 7). *Fox News poll: 24 percent believe Obama not born in U.S.* FoxNews.com.

Blanton, H., Jaccard, J., Christie, C., & Gonzales, P. M. (2007). Plausible assumptions, questionable assumptions and post hoc rationalizations: Will the real IAT please stand up? *Journal of Experimental Social Psychology,* **43,** 399–409.

Blanton, H., Jaccard, J., Gonzales, P. M., & Christie, C. (2006). Decoding the implicit association test: Implications for criterion prediction. *Journal of Experimental Social Psychology,* **42,** 192–212.

Blanton, H., Jaccard, J., Klick, J., Mellers, B., Mitchell, G., & Tetlock P. E. (2009). Strong claims and weak evidence: reassessing the predictive validity of the IAT. *Journal of Applied Psychology,* **94,** 583–603.

Blanton, H., Pelham, B. W., DeHart, T., & Carvallo, M. (2001). Overconfidence as dissonance reduction. *Journal of Experimental Social Psychology,* **37,** 373–385.

Blascovich, J., & Bailenson, J. (2011). *Infinite reality: Avatars, eternal life, new worlds, and the dawn of the virtual revolution.* New York: Morrow.

Blascovich, J., Wyer, N. A., Swart, L. A., & Kibler, J. L. (1997). Racism and racial categorization. *Journal of Personality and Social Psychology,* **72,** 1364–1372.

Blass, T. (1990). Psychological approaches to the Holocaust: Review and evaluation. Paper presented to the American Psychological Association convention.

Blass, T. (1991). Understanding behavior in the Milgram obedience experiment: The role of personality, situations, and their interactions. *Journal of Personality and Social Psychology,* **60,** 398–413.

Blass, T. (1996). Stanley Milgram: A life of inventiveness and controversy. In G. A. Kimble, C. A. Boneau, & M. Wertheimer (Eds.). *Portraits of pioneers in psychology* (Vol. II). Washington, DC: American Psychological Association.

Blass, T. (1999). The Milgram paradigm after 35 years: Some things we now know about obedience to authority. *Journal of Applied Social Psychology,* **29,** 955–978.

Blass, T. (2000). The Milgram paradigm after 35 years: Some things we now know about obedience to authority. In T. Blass (Ed.), *Obedience to authority: Current perspectives on the Milgram paradigm.* Mahwah, NJ: Erlbaum.

Block, J., & Funder, D. C. (1986). Social roles and social perception: Individual differences in attribution and error. *Journal of Personality and Social Psychology,* **51,** 1200–1207.

Bloom, P. (2010, May 6). The moral life of babies. *The New York Times Magazine* (www.nytimes.com).

Boden, J. M., Fergusson, D. M., & Horwood, L. J. (2007). Self-esteem and violence: Testing links between adolescent self-esteem and later hostility and violent behavior. *Social Psychiatry and Psychiatric Epidemiology,* **42,** 881–891.

Boden, J. M., Fergusson, D. M., & Horwood, L. J. (2008). Does adolescent self-esteem predict later life outcomes? A test of the causal role of self-esteem. *Development and Psychopathology,* **20,** 319–339.

Bodenhausen, G. V. (1990). Stereotypes as judgmental heuristics: Evidence of circadian variations in discrimination. *Psychological Science,* **1,** 319–322.

Bodenhausen, G. V. (1993). Emotions, arousal, and stereotypic judgments: A heuristic model of affect and stereotyping. In D. M. Mackie & D. L. Hamilton (Eds.), *Affect, cognition, and stereotyping: Interactive processes in group perception.* San Diego: Academic Press.

Bodenhausen, G. V., & Macrae, C. N. (1998). Stereotype activation and inhibition. In R. S. Wyer, Jr., *Stereotype activation and inhibition: Advances in social cognition* (Vol. 11). Mahwah, NJ: Erlbaum.

Bodenhausen, G. V., Sheppard, L. A., & Kramer, G. F. (1994). Negative affect and social judgment: The differential impact of anger and sadness. *European Journal of Social Psychology,* **24,** 45–62.

Boehm, J. K., Peterson, C., Kivimaki, M., & Kubzansky, L. (2011). A prospective study of positive psychological well-being and coronary heart disease. *Health Psychology,* **30,** 259–267.

Boer, D., Fischer, R., Strack, M., Bond, M. H., Lo, E., & Lam, J. (2011). How shared preferences in music create bonds between people: Values as the missing link. *Personality and Social Psychology Bulletin,* **37,** 1159–1171.

Boggiano, A. K., Barrett, M., Weiher, A. W., McClelland, G. H., & Lusk, C. M. (1987). Use of the maximal-operant principle to motivate children's intrinsic interest. *Journal of Personality and Social Psychology,* **53,** 866–879.

Boggiano, A. K., Harackiewicz, J. M., Bessette, J. M., & Main, D. S. (1985). Increasing children's interest through performance-contingent reward. *Social Cognition,* **3,** 400–411.

Boggiano, A. K., & Pittman, T. S. (Eds.) (1992). *Achievement and motivation: A social-developmental perspective. Cambridge studies in social and emotional development* (pp. 37–53). New York: Cambridge University Press.

Boggiano, A. K., & Ruble, D. N. (1985). Children's responses to evaluative feedback. In R. Schwarzer (Ed.), *Self-related cognitions in anxiety and motivation.* Hillsdale, NJ: Erlbaum.

Bonanno, G. A., Rennicke, C., & Dekel, S. (2005). Self-enhancement among high-exposure survivors of the September 11th terrorist attack: Resilience or social maladjustment? *Journal of Personality and Social Psychology*, **88**, 984–998.

Bond, C. F., Jr., DiCandia, C. G., & MacKinnon, J. R. (1988). Responses to violence in a psychiatric setting: The role of patient's race. *Personality and Social Psychology Bulletin*, **14**, 448–458.

Bond, C. F., Jr., & Titus, L. J. (1983). Social facilitation: A meta-analysis of 241 studies. *Psychological Bulletin*, **94**, 265–292.

Bond, M. H. (2004). Culture and aggression: From context to coercion. *Personality and Social Psychology Review*, **8**, 62–78.

Bond, R., & Smith, P. B. (1996). Culture and conformity: A meta-analysis of studies using Asch's (1952b, 1956) line judgment task. *Psychological Bulletin*, **119**, 111–137.

Bonnot, V., & Croizet, J-C. (2007). Stereotype internalization and women's math performance: The role of interference in working memory. *Journal of Experimental Social Psychology*, **43**, 857–866.

Bono, J. E., & Judge, T. A. (2004). Personality and transformational and transactional leadership: A meta-analysis. *Journal of Applied Psychology*, **89**, 901–910.

Bonta, B. D. (1997). Cooperation and competition in peaceful societies. *Psychological Bulletin*, **121**, 299–320.

Boomsma, D. I., Cacioppo, J. T., Slagboom, P. E., & Posthuma, D. (2006). Genetic linkage and association analysis for loneliness in Dutch twin and sibling pairs points to a region on chromosome 12q23-24. *Behavior Genetics*, **36**, 137–146.

Borchard, E. M. (1932). *Convicting the innocent: Errors of criminal justice*. New Haven, CT: Yale University Press. Cited by E. R. Hilgard & E. F. Loftus (1979). Effective interrogation of the eyewitness. *International Journal of Clinical and Experimental Hypnosis*, **17**, 342–359.

Borgida, E. (1981). Legal reform of rape laws. In L. Bickman (Ed.), *Applied social psychology annual* (Vol. 2, pp. 211–241). Beverly Hills, CA: Sage.

Borgida, E., & Brekke, N. (1985). Psycholegal research on rape trials. In A. W. Burgess (Ed.), *Rape and sexual assault: A research handbook*. New York: Garland.

Borgida, E., Locksley, A., & Brekke, N. (1981). Social stereotypes and social judgment. In N. Cantor & J. Kihlstrom (Eds.), *Cognition, social interaction, and personality*. Hillsdale, NJ: Erlbaum.

Borgida, E., & White, P. (1980). *Judgmental bias and legal reform*. Unpublished manuscript, University of Minnesota.

Borkenau, P., & Liebler, A. (1993). Convergence of stranger ratings of personality and intelligence with self-ratings, partner ratings, and measured intelligence. *Journal of Personality and Social Psychology*, **65**, 546–553.

Bornstein, B. H., & Zickafoose, D. J. (1999). "I know I know it, I know I saw it": The stability of the confidence-accuracy relationship across domains. *Journal of Experimental Psychology: Applied*, **5**, 76–88.

Bornstein, G., & Rapoport, A. (1988). Intergroup competition for the provision of step-level public goods: Effects of preplay communication. *European Journal of Social Psychology*, **18**, 125–142.

Bornstein, G., Rapoport, A., Kerpel, L., & Katz, T. (1989). Within- and between-group communication in intergroup competition for public goods. *Journal of Experimental Social Psychology*, **25**, 422–436.

Bornstein, R. F. (1989). Exposure and affect: Overview and meta-analysis of research, 1968–1987. *Psychological Bulletin*, **106**, 265–289.

Bornstein, R. F. (1999). Source amnesia, misattribution, and the power of unconscious perceptions and memories. *Psychoanalytic Psychology*, **16**, 155–178.

Bornstein, R. F., & D'Agostino, P. R. (1992). Stimulus recognition and the mere exposure effect. *Journal of Personality and Social Psychology*, **63**, 545–552.

Bornstein, R. F., Galley, D. J., Leone, D. R., & Kale, A. R. (1991). The temporal stability of ratings of parents: Test-retest reliability and influence of parental contact. *Journal of Social Behavior and Personality*, **6**, 641–649.

Bos, P. A., Terburg, D., & van Honk, J. (2010). Testosterone decreases trust in socially naïve humans. *Proceedings of the National Academy of Sciences*, **107**, 11149–11150.

Bossard, J. H. S. (1932). Residential propinquity as a factor in marriage selection. *American Journal of Sociology*, **38**, 219–224.

Bothwell, R. K., Brigham, J. C., & Malpass, R. S. (1989). Cross-racial identification. *Personality and Social Psychology Bulletin*, **15**, 19–25.

Botvin, G. J., Schinke, S., & Orlandi, M. A. (1995). School-based health promotion: Substance abuse and sexual behavior. *Applied & Preventive Psychology*, **4**, 167–184.

Botwin, M. D., Buss, D. M., & Shackelford, T. K. (1997). Personality and mate preferences: Five factors in mate selection and marital satisfaction. *Journal of Personality*, **65**, 107–136.

Bouas, K. S., & Komorita, S. S. (1996). Group discussion and cooperation in social dilemmas. *Personality and Social Psychology Bulletin*, **22**, 1144–1150.

Bourgeois, M. J., Horowitz, I. A., & Lee, L. F. (1993). Effects of technicality and access to trial transcripts on verdicts and information processing in a civil trial. *Personality and Social Psychology Bulletin*, **19**, 219–226.

Bourke, M. L., & Hernandez, A. E. (2009). The 'Butner study' redux: A report of the incidence of hands-on child victimization by child pornography offenders. *Journal of Family Violence*, **24**, 183–191.

Bowen, E. (1988, April 4). Whatever became of Honest Abe? *Time*.

Bower, G. H. (1987). Commentary on mood and memory. *Behavioral Research and Therapy*, **25**, 443–455.

Bowlby, J. (1980). *Loss, sadness and depression, Vol. III of Attachment and loss*. London: Basic Books.

Boyatzis, C. J., Matillo, G. M., & Nesbitt, K. M. (1995). Effects of the "Mighty Morphin Power Rangers" on children's aggression with peers. *Child Study Journal*, **25**, 45–55.

Boyes, A. D., & Fletcher, G. J. O. (2007). Metaperceptions of bias in intimate relationships. *Journal of Personality and Social Psychology*, **92**, 286–306.

Bradley, W., & Mannell, R. C. (1984). Sensitivity of intrinsic motivation to reward procedure instructions. *Personality and Social Psychology Bulletin*, **10**, 426–431.

Branas, C. C., Richmond, T. S., Culhane, D. P., Have, T. R. T., & Wiebe, D. J. (2009). Investigating the link between gun possession and gun assault. *American Journal of Public Health*, **99**, 2034–2040.

Brandon, R., & Davies, C. (1973). *Wrongful imprisonment: Mistaken convictions and their consequences*. Hamden, CT: Archon Books.

Branscombe, N. R., Schmitt, M. T., & Harvey, R. D. (1999). Perceiving pervasive discrimination among African Americans: Implications for group identification and well-being. *Journal of Personality and Social Psychology*, **77**, 135–149.

Brauer, M., Judd, C. M., & Gliner, M. D. (1995). The effects of repeated expressions on attitude polarization during group discussions. *Journal of Personality and Social Psychology*, **68**, 1014–1029.

Brauer, M., Judd, C. M., & Jacquelin, V. (2001). The communication of social stereotypes: The effects of group discussion and information distribution on stereotypic appraisals. *Journal of Personality and Social Psychology*, **81**, 463–475.

Braverman, J. (2005). The effect of mood on detection of covariation. *Personality and Social Psychology Bulletin,* **31,** 1487–1497.

Bray, R. M., & Noble, A. M. (1978). Authoritarianism and decisions of mock juries: Evidence of jury bias and group polarization. *Journal of Personality and Social Psychology,* **36,** 1424–1430.

Breckler, S. J. (2010, April). In the heat of the moment. *Monitor on Psychology,* p. 39.

Bregman, N. J., & McAllister, H. A. (1982). Eyewitness testimony: The role of commitment in increasing reliability. *Social Psychology Quarterly,* **45,** 181–184.

Brehm, J. W. (1956). Post-decision changes in desirability of alternatives. *Journal of Abnormal Social Psychology,* **52,** 384–389.

Brehm, J. W. (1999). Would the real dissonance theory please stand up? Paper presented to the American Psychological Society convention.

Brehm, S., & Brehm, J. W. (1981). *Psychological reactance: A theory of freedom and control.* New York: Academic Press.

Brehm, S. S., & Smith, T. W. (1986). Social psychological approaches to psychotherapy and behavior change. In S. L. Garfield & A. E. Bergin (Eds.), *Handbook of psychotherapy and behavior change,* 3rd edition. New York: Wiley.

Brenner, S. N., & Molander, E. A. (1977, January–February). Is the ethics of business changing? *Harvard Business Review,* pp. 57–71.

Brewer, M. B. (2007). The importance of being *we:* Human nature and intergroup relations. *American Psychologist,* **62,** 726–738.

Brewer, M. B., & Gaertner, S. L. (2004). Toward reduction of prejudice: Intergroup contact and social categorization. In M. B. Brewer & M. Hewstone (Eds.), *Self and social identity.* Malden, MA: Blackwell.

Brewer, M. B., & Miller, N. (1988). Contact and cooperation: When do they work? In P. A. Katz & D. Taylor (Eds.), *Towards the elimination of racism: Profiles in controversy.* New York: Plenum.

Brewer, M. B., & Pierce, K. P. (2005). Social identity complexity and outgroup tolerance. *Personality and Social Psychology Bulletin,* **31,** 428–437.

Brewer, M. B., & Silver, M. (1978). In-group bias as a function of task characteristics. *European Journal of Social Psychology,* **8,** 393–400.

Brewer, N., & Wells, G. L. (2011). Eyewitness identification. *Current Directions in Psychological Science,* **20,** 24–27.

Brickman, P., Coates, D. & Janoff-Bulman, R. J. (1978). Lottery winners and accident victims: Is happiness relative? *Journal of Personality and Social Psychology,* **36,** 917–927.

Brigham, J. C., Bennett, L. B., Meissner, C. A., & Mitchell, T. L. (2006). The influence of race on eyewitness testimony. In R. Lindsay, M. Toglia, D. Ross, & J. D. Read (Eds.), *Handbook of eyewitness psychology.* Mahwah, NJ: Erlbaum.

Brigham, J. C., Ready, D. J., & Spier, S. A. (1990). Standards for evaluating the fairness of photograph lineups. *Basic and Applied Social Psychology,* **11,** 149–163.

Briñol, P., Petty, R. E., & Wagner, B. (2009). Body posture effects on self-evaluation: A self-validation approach. *European Journal of Social Psychology,* **39,** 1053–1064.

Briñol, P., Tormala, Z. L., & Petty, R. E. (2002). *Source credibility as a determinant of self-validation effects in persuasion.* Poster presented at the European Association of Experimental Social Psychology, San Sebastian, Spain.

British Psychological Society. (2009). *Code of ethics and conduct* (www.bps.org).

Britt, T. W., & Garrity, M. J. (2006). Attributions and personality as predictors of the road rage response. *British Journal of Social Psychology,* **45,** 127–147.

Brock, T. C. (1965). Communicator-recipient similarity and decision change. *Journal of Personality and Social Psychology,* **1,** 650–654.

Brockner, J., Rubin, J. Z., Fine, J., Hamilton, T. P., Thomas, B., & Turetsky, B. (1982). Factors affecting entrapment in escalating conflicts: The importance of timing. *Journal of Research in Personality,* **16,** 247–266.

Brodt, S. E., & Zimbardo, P. G. (1981). Modifying shyness-related social behavior through symptom misattribution. *Journal of Personality and Social Psychology,* **41,** 437–449.

Bronfenbrenner, U. (1961). The mirror image in Soviet-American relations. *Journal of Social Issues,* **17**(3), 45–56.

Brooks, D. (2005, August 10). All cultures are not equal. *New York Times* (www.nytimes.com).

Brooks, D. (2011, September 29). The limits of empathy. *New York Times* (www.nytimes.com).

Broome, A., & Wegner, D. M. (1994). Some positive effects of releasing socially anxious people from the need to please. Paper presented to the American Psychological Society convention.

Brown, D. E. (1991). *Human universals.* New York: McGraw-Hill.

Brown, D. E. (2000). Human universals and their implications. In N. Roughley (Ed.), *Being humans: Anthropological universality and particularity in transdisciplinary perspectives.* New York: Walter de Gruyter.

Brown, G. (2008). *Wartime courage: Stories of extraordinary bravery in World War II.* London: Bloomsbury.

Brown, H. J., Jr. (1990). *P.S. I love you.* Nashville: Rutledge Hill.

Brown, J. D., & Dutton, K. A. (1994). From the top down: Self-esteem and self-evaluation. Unpublished manuscript, University of Washington.

Brown, J. D., Novick, N. J., Lord, K. A., & Richards, J. M. (1992). When Gulliver travels: Social context, psychological closeness, and self-appraisals. *Journal of Personality and Social Psychology,* **62,** 717–727.

Brown, J. D., & Taylor, S. E. (1986). Affect and the processing of personal information: Evidence for mood-activated self-schemata. *Journal of Experimental Social Psychology,* **22,** 436–452.

Brown, J. D., & Taylor, S. E. (1986). Affect and the processing of personal information: Evidence for mood-activated self-schemata. *Journal of Experimental Social Psychology,* **22,** 436–452.

Brown, R. (1965). *Social psychology.* New York: Free Press.

Brown, R. (1987). Theory of politeness: An exemplary case. Paper presented to the Society of Experimental Social Psychology meeting. Cited by R. O. Kroker & L. A. Wood (1992), Are the rules of address universal? IV: Comparison of Chinese, Korean, Greek, and German usage. *Journal of Cross-Cultural Psychology,* **23,** 148–162.

Brown, R., Eller, A., Leeds, S., & Stace, K. (2007). Intergroup contact and intergroup attitudes: A longitudinal study. *European Journal of Social Psychology,* **37,** 692–703.

Brown, R., Maras, P., Masser, B., Vivian, J., & Hewstone, M. (2001). Life on the ocean wave: Testing some intergroup hypotheses in a naturalistic setting. *Group Processes and Intergroup Relations,* **4,** 81–97.

Brown, R., Vivian, J., & Hewstone, M. (1999). Changing attitudes through intergroup contact: The effects of group membership salience. *European Journal of Social Psychology,* **29,** 741–764.

Brown, R., & Wootton-Millward, L. (1993). Perceptions of group homogeneity during group formation and change. *Social Cognition,* **11,** 126–149.

Brown, R. P., Charnsangavej, T., Keough, K. A., Newman, M. L., & Rentfrom, P. J. (2000). Putting the "affirm" into affirmative action: Preferential selection and academic performance. *Journal of Personality and Social Psychology,* **79,** 736–747.

Brown, R. P., Osterman, L. L., & Barnes, C. D. (2009). School violence and the culture of honor. *Psychological Science,* **20,** 1400–1405.

Brown, S. L., Brown, R. M., House, J. S., & Smith, D. M. (2008). Coping with spousal loss: Potential buffering effects of self-reported helping behavior. *Personality and Social Psychology Bulletin,* **34,** 849–861.

Brown, S. L., Nesse, R. M., Vinokur, A. D., & Smith, D. M. (2003). Providing social support may be more beneficial than receiving it. *Psychological Science,* **14,** 320–327.

Brown, S. L., Smith, D. M., Schulz, R., Kabeto, M. U., Ubel, P. A., Poulin, M., Yi, J., Kim, C., & Langa, K. M. (2009). Caregiving behavior is associated with decreased mortality risk. *Psychological Science,* **20,** 488–494.

Brown, V. R., & Paulus, P. B. (2002). Making group brainstorming more effective: Recommendations from an associative memory perspective. *Current Directions in Psychological Science,* **11,** 208–212.

Brown, W. M., Price, M. E., Kang, J., Pound, N., Zhao, Y., & Yu, H. (2008). Fluctuating asymmetry and preferences for sex-typical bodily characteristics. *Proceedings of the National Academy of Sciences USA,* **105,** 12938–12943.

Browning, C. R. (1992). *Ordinary men: Reserve Police Battalion 101 and the final solution in Poland.* New York: HarperCollins.

Bruce, V. (1998, July). Identifying people caught on video. *The Psychologist,* pp. 331–335.

Bruck, M., & Ceci, S. J. (1999). The suggestibility of children's memory. *Annual Review of Psychology,* **50,** 419–439.

Bruck, M., & Ceci, S. J. (2004). Forensic developmental psychology: Unveiling four common misconceptions. *Current Directions in Psychological Science,* **15,** 229–232.

Brückner, H., & Bearman, P. (2005). After the promise: The STD consequences of adolescent virginity pledges. *Journal of Adolescent Health,* **36,** 271–278.

Bryan, J. H., & Test, M. A. (1967). Models and helping: Naturalistic studies in aiding behavior. *Journal of Personality and Social Psychology,* **6,** 400–407.

Buckhout, R. (1974, December). Eyewitness testimony. *Scientific American,* pp. 23–31.

Buehler, R., Griffin, D., & Ross, M. (1994). Exploring the "planning fallacy": When people underestimate their task completion times. *Journal of Personality and Social Psychology,* **67,** 366–381.

Buehler, R., Griffin, D., & Ross, M. (2002). Inside the planning fallacy: The causes and consequences of optimistic time predictions. In T. Gilovich, D. Griffin, & D. Kahneman (Eds.), *Heuristics and biases: The psychology of intuitive judgment.* Cambridge: Cambridge University Press.

Buehler, R., Peetz, J., & Griffin, D. (2010). Finishing on time: When do predictions influence completion times? *Organizational Behavior and Human Decision Processes,* **111,** 23–32.

Buffardi, L. E., & Campbell, W. K. (2008). Narcissism and social networking websites. *Personality and Social Psychology Bulletin,* **34,** 1303–1314.

Bugental, D. B., & Hehman, J. A. (2007). Ageism: A review of research and policy implications. *Social Issues and Policy Review,* **1,** 173–216.

Buller, D. J. (2005). *Adapting minds: Evolutionary psychology and the persistent quest for human nature.* Cambridge, MA: MIT Press.

Buller, D. J. (2009, January). Four fallacies of pop evolutionary psychology. *Scientific American,* pp. 74–81.

Bullock, J. (2006, March 17). *The enduring importance of false political beliefs.* Paper presented at the annual meeting of the Western Political Science Association, Albuquerque (www.allacademic.com/meta/p97459_index.html).

Burchill, S. A. L., & Stiles, W. B. (1988). Interactions of depressed college students with their roommates: Not necessarily negative. *Journal of Personality and Social Psychology,* **55,** 410–419.

Bureau of Labor Statistics. (2011, June 22). American time use survey summary. Bureau of Labor Statistics (www.bls.gov).

Bureau of the Census. (1993, May 4). Voting survey, reported by Associated Press.

Bureau of the Census. (2009). *The 2009 statistical abstract* (Table 946; www.census.gov).

Burger, J. M. (1987). Increased performance with increased personal control: A self-presentation interpretation. *Journal of Experimental Social Psychology,* **23,** 350–360.

Burger, J. M. (2009, January). Replicating Milgram: Would people still obey today? *American Psychologist,* **64,** 1–11.

Burger, J. M., & Burns, L. (1988). The illusion of unique invulnerability and the use of effective contraception. *Personality and Social Psychology Bulletin,* **14,** 264–270.

Burger, J. M., & Caldwell, D. F. (2003). The effects of monetary incentives and labeling on the foot-in-the-door effect: Evidence for a self-perception process. *Basic and Applied Social Psychology,* **25,** 235-241.

Burger, J. M., & Guadagno, R. E. (2003). Self-concept clarity and the foot-in-the-door procedure. *Basic and Applied Social Psychology,* **25,** 79–86.

Burger, J. M., Messian, N., Patel, S., del Prade, A., & Anderson, C. (2004). What a coincidence! The effects of incidental similarity on compliance. *Personality and Social Psychology Bulletin,* **30,** 35–43.

Burger, J. M., & Palmer, M. L. (1991). Changes in and generalization of unrealistic optimism following experiences with stressful events: Reactions to the 1989 California earthquake. *Personality and Social Psychology Bulletin,* **18,** 39–43.

Burger, J. M., & Pavelich, J. L. (1994). Attributions for presidential elections: The situational shift over time. *Basic and Applied Social Psychology,* **15,** 359–371.

Burger, J. M., Sanchez, J., Imberi, J. E., & Grande, L. R. (2009). The norm of reciprocity as an internalized social norm: Returning favors even when no one finds out. *Social Influence,* **4,** 11–17.

Burger, J. M., Soroka, S., Gonzago, K., Murphy, E., & Somervell, E. (2001). The effect of fleeting attraction on compliance to requests. *Personality and Social Psychology Bulletin,* **27,** 1578–1586.

Burkholder, R. (2003, February 14). Unwilling coalition? Majorities in Britain, Canada oppose military action in Iraq. *Gallup Poll Tuesday Briefing* (www.gallup.com/poll).

Burkholder, R. (2005, January 11). Chinese far wealthier than a decade ago, but are they happier? Gallup Poll (www.poll.gallup.com).

Burns, D. D. (1980). *Feeling good: The new mood therapy.* New York: Signet.

Burns, J. F. (2003a, April 13). Pillagers strip Iraqi museum of its treasure. *New York Times* (www.nytimes.com).

Burns, J. F. (2003b, April 14). Baghdad residents begin a long climb to an ordered city. *New York Times* (www.nytimes.com).

Burnstein, E. (2009). Robert B. Zajonc (1923–2008). *American Psychologist,* **64,** 558–559.

Burnstein, E., Crandall, R., & Kitayama, S. (1994). Some neo-Darwinian decision rules for altruism: Weighing cues for inclusive fitness as a function of the biological importance of the decision. *Journal of Personality and Social Psychology,* **67,** 773–789.

Burnstein, E., & Vinokur, A. (1977). Persuasive argumentation and social comparison as determinants of attitude polarization. *Journal of Experimental Social Psychology,* **13,** 315–332.

Burnstein, E., & Worchel, P. (1962). Arbitrariness of frustration and its consequences for aggression in a social situation. *Journal of Personality,* **30,** 528–540.

Burr, W. R. (1973). *Theory construction and the sociology of the family*. New York: Wiley.

Burson, K. A., Larrick, R. P., & Klayman, J. (2006). Skilled or unskilled, but still unaware of it: How perceptions of difficulty drive miscalibration in relative comparisons. *Journal of Personality and Social Psychology*, **90,** 60–77.

Burton, C. M., & King, L. A. (2008). Effects of (very) brief writing on health: The two-minute miracle. *British Journal of Health Psychology*, **13,** 9–14.

Bush, G. W. (2005, December 12). Address to the World Affairs Council of Philadelphia. Quote by CNN.com, Bush: Iraqi democracy making progress.

Bush, G. W. (2006). Quoted by David Brooks, Ends without means. *New York Times*, September 14, 2006 (www.nytimes.com).

Bush, G. W. (2008). Quoted by Terence Hunt, AP White House correspondent, Bush says Iraq war was worth it. Yahoo! News (news.yahoo.com).

Bushman, B. J. (1993). Human aggression while under the influence of alcohol and other drugs: An integrative research review. *Current Directions in Psychological Science*, **2,** 148–152.

Bushman, B. J. (1998). Priming effects of media violence on the accessibility of aggressive constructs in memory. *Personality and Social Psychology Bulletin*, **24,** 537–545.

Bushman, B. J. (2002). Does venting anger feed or extinguish the flame? Catharsis, rumination, distraction, anger, and aggressive responding. *Personality and Social Psychology Bulletin*, **28,** 724–731.

Bushman, B. J. (2007). That was a great commercial, but what were they selling? Effects of violence and sex on memory for products in television commercials. *Journal of Applied Social Psychology*, **37,** 1784–1796.

Bushman, B. J., & Anderson, C. A. (1998). Methodology in the study of aggression: Integrating experimental and nonexperimental findings. In R. Geen & E. Donnerstein (Eds.), *Human aggression: Theories, research and implications for policy*. San Diego: Academic Press.

Bushman, B. J., & Anderson, C. A. (2001). Media violence and the American public: Scientific facts versus media misinformation. *American Psychologist*, **56,** 477–489.

Bushman, B. J., & Anderson, C. A. (2002). Violent video games and hostile expectations: A test of the general aggression model. *Personality and Social Psychology Bulletin*, **28,** 1679–1686.

Bushman, B. J., & Anderson, C. A. (2009). Comfortably numb: Desensitizing effects of violent media on helping others. *Psychological Science*, ***20,*** *273–277.*

Bushman, B. J., & Baumeister, R. F. (1998). Threatened egotism, narcissism, self-esteem, and direct and displaced aggression: Does self-love or self-hate lead to violence? *Journal of Personality and Social Psychology*, **75,** 219–229.

Bushman, B. J., & Baumeister, R. F. (2002). Does self-love or self-hate lead to violence? *Journal of Research in Personality*, **36,** 543–545.

Bushman, B. J., Baumeister, R. F., & Phillips, C. M. (2000). Do people aggress to improve their mood? Catharsis beliefs, affect regulation opportunity, and aggressive responding. *Journal of Personality and Social Psychology*, **81,** 17–32.

Bushman, B. J., Baumeister, R. F., & Stack, A. D. (1999). Catharsis, aggression, and persuasive influence: Self-fulfilling or self-defeating prophecies? *Journal of Personality and Social Psychology*, **76,** 367–376.

Bushman, B. J., Baumeister, R. F., Thomaes, S., Ryu, E., Begeer, S., & West, S. G. (2009). Looking again, and harder, for a link between low self-esteem and aggression. *Journal of Personality*, published online February 2, 2009.

Bushman, B. J., Bonacci, A. M., Pedersen, W. C., Vasquez, E. A., & Miller, N. (2005). Chewing on it can chew you up: Effects of rumination on triggered displaced aggression. *Journal of Personality and Social Psychology*, **88,** 969–983.

Bushman, B. J., & Geen, R. G. (1990). Role of cognitive-emotional mediators and individual differences in the effects of media violence on aggression. *Journal of Personality and Social Psychology*, **58,** 156–163.

Bushman, B. J., Moeller, S. J., & Crocker, J. (2011). Sweets, sex, or self-esteem? Comparing the value of self-esteem boosts with other pleasant rewards. *Journal of Personality*, **79,** 993–1012.

Bushman, B. J., Wang, M. C., & Anderson, C. A. (2005a). Is the curve relating temperature to aggression linear or curvilinear? Assaults and temperature in Minneapolis reexamined. *Journal of Personality and Social Psychology*, **89**, 62–66.

Bushman, B. J., Wang, M. C., & Anderson, C. A. (2005b). Is the curve relating temperature to aggression linear or curvilinear? A response to Bell (2005) and to Cohn and Rotton (2005). *Journal of Personality and Social Psychology*, **89**, 74–77.

Bushman, B. J., & Whitaker, J. L. (2010). Like a magnet: Catharsis beliefs attract angry people to violent video games. *Psychological Science*, **21,** 790–792.

Buss, D. M. (1984). Toward a psychology of person-environment (PE) correlation: The role of spouse selection. *Journal of Personality and Social Psychology*, **47,** 361–377.

Buss, D. M. (1985). Human mate selection. *American Scientist*, **73,** 47–51.

Buss, D. M. (1989). Sex differences in human mate preferences: Evolutionary hypotheses tested in 37 cultures. *Behavioral and Brain Sciences*, **12,** 1–49.

Buss, D. M. (1995a). Evolutionary psychology: A new paradigm for psychological science. *Psychological Inquiry*, **6,** 1–30.

Buss, D. M. (1995b). Psychological sex differences: Origins through sexual selection. *American Psychologist*, **50,** 164–168.

Buss, D. M. (1999). Behind the scenes. In D. G. Myers, *Social psychology*, 6th edition. New York: McGraw-Hill.

Buss, D. M. (2007). The evolution of human mating strategies: Consequences for conflict and cooperation. In S. W. Gangestad & J. A. Simpson (Eds.), *The evolution of mind: Fundamental questions and controversies*. New York: Guilford.

Buss, D. M. (2009). The great struggles of life: Darwin and the emergence of evolutionary psychology. *American Psychologist*, **64,** 140–148.

Buss, D. M. (Ed.). (2005). *The handbook of evolutionary psychology*. New York: Wiley.

Butcher, S. H. (1951). *Aristotle's theory of poetry and fine art*. New York: Dover.

Butler, A. C., Hokanson, J. E., & Flynn, H. A. (1994). A comparison of self-esteem lability and low trait self-esteem as vulnerability factors for depression. *Journal of Personality and Social Psychology*, **66,** 166–177.

Butler, D. M., & Broockman, D. E. (2011). Do politicians racially discriminate against constituents? A field experiment on state legislators. *American Journal of Political Science*, **55,** 463–477.

Butler, J. L., & Baumeister, R. F. (1998). The trouble with friendly faces: Skilled performance with a supportive audience. *Journal of Personality and Social Psychology*, **75,** 1213–1230.

Butterfield, F. (2001, April 20). Victims' race affects decisions on killers' sentence, study finds. *New York Times*, p. A10.

Butz, D. A., & Plant, E. A. (2006). Perceiving outgroup members as unresponsive: Implications for approach-related emotions, intentions, and behavior. *Journal of Personality and Social Psychology*, **91,** 1066–1079.

Buunk, B. P., & van der Eijnden, R. J. J. M. (1997). Perceived prevalence, perceived superiority, and relationship satisfaction: Most relationships are good, but ours is the best. *Personality and Social Psychology Bulletin,* **23,** 219–228.

Buunk, B. P., & Van Yperen, N. W. (1991). Referential comparisons, relational comparisons, and exchange orientation: Their relation to marital satisfaction. *Personality and Social Psychology Bulletin,* **17,** 709–717.

Byers, S., & Wang, A. (2004). Understanding sexuality in close relationships from the social exchange perspective. In J. H. Harvey, A. Wenzel, & S. Sprecher (Eds.), *The handbook of sexuality in close relationships.* Mahwah, NJ: Erlbaum.

Byrne, D. (1971). *The attraction paradigm.* New York: Academic Press.

Byrne, D., & Clore, G. L. (1970). A reinforcement model of evaluative responses. *Personality: An International Journal,* **1,** 103–128.

Byrne, D., & Wong, T. J. (1962). Racial prejudice, interpersonal attraction, and assumed dissimilarity of attitudes. *Journal of Abnormal and Social Psychology,* **65,** 246–253.

Byrnes, J. P., Miller, D. C., & Schafer, W. D. (1999). Gender differences in risk taking: A meta-analysis. *Psychological Bulletin,* **125,** 367–383.

Bytwerk, R. L., & Brooks, R. D. (1980). *Julius Streicher and the rhetorical foundations of the holocaust.* Paper presented at the Central States Speech Association convention.

Cacioppo, J. T. (2007, October). The rise in collaborative science. *Association for Psychological Science Observer,* pp. 52–53.

Cacioppo, J. T., Berntson, G. G., & Decety, J. (2010). Social neuroscience and its relationship to social psychology. *Social Cognition,* **28,** 675–685.

Cacioppo, J. T., Claiborn, C. D., Petty, R. E., & Heesacker, M. (1991). General framework for the study of attitude change in psychotherapy. In C. R. Snyder & D. R. Forsyth (Eds.), *Handbook of social and clinical psychology.* New York: Pergamon.

Cacioppo, J. T., Fowler, J. H., & Christakis, N. A. (2009). Alone in the crowd: The structure and spread of loneliness in a large social network. *Journal of Personality and Social Psychology,* **97,** 977–991.

Cacioppo, J. T., & Patrick, W. (2008). *Loneliness: Human nature and the need for social connection.* New York: Norton.

Cacioppo, J. T., & Petty, R. E. (1981). Electromyograms as measures of extent and affectivity of information processing. *American Psychologist,* **36,** 441–456.

Cacioppo, J. T., & Petty, R. E. (1986). Social processes. In M. G. H. Coles, E. Donchin, & S. W. Porges (Eds.), *Psychophysiology.* New York: Guilford.

Cacioppo, J. T., Petty, R. E., Feinstein, J. A., & Jarvis, W. B. G. (1996). Dispositional differences in cognitive motivation: The life and times of individuals varying in need for cognition. *Psychological Bulletin,* **119,** 197–253.

Cacioppo, J. T., Petty, R. E., & Morris, K. J. (1983). Effects of need for cognition on message evaluation, recall, and persuasion. *Journal of Personality and Social Psychology,* **45,** 805–818.

Cafferty, J. (2011, March 15). *Why is there no looting in Japan?* www.caffertyfile.blogs.cnn.com.

Cairns, E., & Hewstone, M. (2002). The impact of peacemaking in Northern Ireland on intergroup behavior. In S. Gabi & B. Nevo (Eds.), *Peace education: The concept, principles, and practices around the world.* Mahwah, NJ: Erlbaum.

Caldwell, H. K., Lee, H.-J., MacBeth, A. H., & Young, W. S. (2008). Vasopressin: Behavioral roles of an "original" neuropeptide. *Progress in Neurobiology,* **84,** 1–24.

Cameron, C. D., & Payne, B. K. (2011). Escaping affect: How motivated emotion regulation creates insensitivity to mass suffering. *Journal of Personality and Social Psychology,* **100,** 1–15.

Cameron, G. (2010, May 7). The Muck files. *The Scottish Sun* (www.thesun.co.uk/scotsol).

Cameron, L., & Rutland, A. (2006). Extended contact through story reading in school: Reducing children's prejudice toward the disabled. *Journal of Social Issues,* **62,** 469–488.

Campbell, D. T. (1975a). The conflict between social and biological evolution and the concept of original sin. *Zygon,* **10,** 234–249.

Campbell, D. T. (1975b). On the conflicts between biological and social evolution and between psychology and moral tradition. *American Psychologist,* **30,** 1103–1126.

Campbell, E. Q., & Pettigrew, T. F. (1959). Racial and moral crisis: The role of Little Rock ministers. *American Journal of Sociology,* **64,** 509–516.

Campbell, W. K. (2005). *When you love a man who loves himself.* Chicago: Sourcebooks.

Campbell, W. K., Bosson, J. K., Goheen, T. W., Lakey, C. E., & Kernis, M. H. (2007). Do narcissists dislike themselves "deep down inside"? *Psychological Science,* **18,** 227–229.

Campbell, W. K., Rudich, E., & Sedikides, C. (2002). Narcissism, self-esteem, and the positivity of self-views: Two portraits of self-love. *Personality and Social Psychology Bulletin,* **28,** 358–368.

Campbell, W. K., & Foster, C. A. (2002). Narcissism and commitment in romantic relationships: An investment model analysis. *Personality and Social Psychology Bulletin,* **28,** 484–495.

Campbell, W. K., & Sedikides, C. (1999). Self-threat magnifies the self-serving bias: A meta-analytic integration. *Review of General Psychology,* **3,** 23–43.

Canadian Centre on Substance Abuse. (1997). *Canadian profile: Alcohol, tobacco, and other drugs.* Ottawa: Canadian Centre on Substance Abuse.

Canadian Psychological Association. (2000). *Canadian code of ethics for psychologists.* Ottawa: Canadian Psychological Association (www.cpa.ca/ethics2000.html).

Cann, A., Calhoun, L. G., & Selby, J. W. (1979). Attributing responsibility to the victim of rape: Influence of information regarding past sexual experience. *Human Relations,* **32,** 57–67.

Canter, D., Breaux, J., & Sime, J. (1980). Domestic, multiple occupancy, and hospital fires. In D. Canter (Ed.), *Fires and human behavior.* Hoboken, NJ: Wiley.

Cantril, H., & Bumstead, C. H. (1960). *Reflections on the human venture.* New York: New York University Press.

Caputo, D., & Dunning, D. (2005). What you don't know: The role played by errors of omission in imperfect self-assessments. *Journal of Experimental Social Psychology,* **41,** 488–505.

Carducci, B. J., Cosby, P. C., & Ward, D. D. (1978). Sexual arousal and interpersonal evaluations. *Journal of Experimental Social Psychology,* **14,** 449–457.

Carli, L. L. (1999). Cognitive reconstruction, hindsight, and reactions to victims and perpetrators. *Personality and Social Psychology Bulletin,* **25,** 966–979.

Carli, L. L., & Eagly, A. H. (2011). Gender and leadership. In D. Collinson, A. Bryman, K. Grint, B. Jackson, & M. Uhl Bien (Eds.), *Sage handbook of leadership.* London: Sage.

Carli, L. L., & Leonard, J. B. (1989). The effect of hindsight on victim derogation. *Journal of Social and Clinical Psychology,* **8,** 331–343.

Carlo, G., Eisenberg, N., Troyer, D., Switzer, G., & Speer, A. L. (1991). The altruistic personality: In what contexts is it apparent? *Journal of Personality and Social Psychology,* **61,** 450–458.

Carlsmith, J. M., & Gross, A. E. (1969). Some effects of guilt on compliance. *Journal of Personality and Social Psychology,* **11,** 232–239.

Carlson, J., & Hatfield, E. (1992). *The psychology of emotion.* Fort Worth, TX: Holt, Rinehart & Winston.

Carlson, K. A., & Russo, J. E. (2001). Biased interpretation of evidence by mock jurors. *Journal of Experimental Psychology: Applied,* **7,** 91–103.

Carlson, M., Charlin, V., & Miller, N. (1988). Positive mood and helping behavior: A test of six hypotheses. *Journal of Personality and Social Psychology,* **55,** 211–229.

Carlson, M., Marcus-Newhall, A., & Miller, N. (1990). Effects of situational aggression cues: A quantitative review. *Journal of Personality and Social Psychology,* **58,** 622–633.

Carlston, D. E., & Shovar, N. (1983). Effects of performance attributions on others' perceptions of the attributor. *Journal of Personality and Social Psychology,* **44,** 515–525.

Carlston, D. E., & Skowronski, J. J. (2005). Linking versus thinking: Evidence for the different associative and attributional bases of spontaneous trait transference and spontaneous trait inference. *Journal of Personality and Social Psychology,* **89,** 884–898.

Carlton-Ford, S., Ender, M., & Tabatabai, A. (2008). Iraqi adolescents: Self-regard, self-derogation, and perceived threat in war. *Journal of Adolescence,* **31,** 53–75.

Carnagey, N. L., Anderson, C. A., & Bushman, B. J. (2007). The effect of video game violence on physiological desensitization to real-life violence. *Journal of Experimental Social Psychology,* **43,** 489–496.

Carnevale, P. J., & Choi, D-W. (2000). Culture in the mediation of international disputes. *International Journal of Psychology,* **35,** 105–110.

Carnevale, P. J., & Probst, T. M. (1998). Social values and social conflict in creative problem solving and categorization. *Journal of Personality and Social Psychology,* **74,** 1300–1309.

Carney, D. R., & Banaji, M. R. (2008). *First is best.* Unpublished manuscript, Harvard University.

Carney, D. R., Cuddy, A. J. C., & Yap, A. J. (2010). Power posing: Brief nonverbal displays affect neuroendocrine levels and risk tolerance. *Psychological Science,* **21,** 1363–1368.

Carpenter, S. (2008, April/May). Buried prejudice. *Scientific American,* pp. 33-39.

Carpenter, T. F., & Marshall, M. A. (2009). An examination of religious priming and intrinsic religious motivation in the moral hypocrisy paradigm. *Journal for the Scientific Study of Religion,* **48,** 386–393.

Carpusor, A. G., & Loges, W. E. (2006). Rental discrimination and ethnicity in names. *Journal of Applied Social Psychology,* **36,** 934–952.

Carré, J. M., & McCormick, C. M. (2008). In your face: Facial metrics predict aggressiveness behaviour in the laboratory and in varsity and professional hockey players. *Proceedings of the Royal Society B,* **275,** 2651–2656.

Carré, J. M., McCormick, C. M., & Mondloch, C. J. (2009). Facial structure is a reliable cue of aggressive behavior. *Psychological Science,* **20,** 1194–1198.

Carroll, D., Davey Smith, G., & Bennett, P. (1994, March). Health and socio-economic status. *The Psychologist,* pp. 122–125.

Carroll, J. (2007, August 16). Most Americans approve of interracial marriages. *Gallup News Service* (www.gallup.com).

Carroll, J. S., Padilla-Walker, L. M., Nelson, L. J., Olson, C. D., Barry, C. M., & Madsen, S. D. (2008). Generation XXX: Pornography acceptance and use among emerging adults. *Journal of Adolescent Research,* **23,** 6–30.

Carter, S., & Snow, C. (2004, May). *Helping singles enter better marriages using predictive models of marital success.* Presented at the American Psychological Society convention.

Carter, S. L. (1993). *Reflections of an affirmative action baby.* New York: Basic Books.

Cartwright, D. S. (1975). The nature of gangs. In D. S. Cartwright, B. Tomson, & H. Schwartz (Eds.), *Gang delinquency.* Monterey, CA: Brooks/Cole.

Carvallo, M., & Gabriel, S. (2006). No man is an island: The need to belong and dismissing avoidant attachment style. *Personality and Social Psychology Bulletin,* **32,** 697–709.

Carver, C. S., Kus, L. A., & Scheier, M. F. (1994). Effect of good versus bad mood and optimistic versus pessimistic outlook on social acceptance versus rejection. *Journal of Social and Clinical Psychology,* **13,** 138–151.

Carver, C. S., & Scheier, M. F. (1981). *Attention and self-regulation.* New York: Springer-Verlag.

Carver, C. S., & Scheier, M. F. (1986). Analyzing shyness: A specific application of broader self-regulatory principles. In W. H. Jones, J. M. Cheek, & S. R. Briggs (Eds.), *Shyness: Perspectives on research and treatment.* New York: Plenum.

Carver, C. S., Scheier, M. F., & Segerstrom, S. C. (2010). Optimism. *Clinical Psychology Review,* **30,** 879–889.

Cash, T. F., & Janda, L. H. (1984, December). The eye of the beholder. *Psychology Today,* pp. 46–52.

Caspi, A., & Herbener, E. S. (1990). Continuity and change: Assortative marriage and the consistency of personality in adulthood. *Journal of Personality and Social Psychology,* **58,** 250–258.

Caspi, A., McClay, J., Moffitt, T., Mill, J., Martin, J., Craig, I. W., Taylor, A., & Poulton, R. (2002). Role of genotype in the cycle of violence in maltreated children. *Science,* **297,** 851–854.

Caspi, A., Sugden, K., Moffitt, T. E., Taylor, A., Craig, I. W., Harrington, H. L., McClay, J., Mill, J., Martin, J., Braithwaite, A., & Poulton, R. (2003). Influence of life stress on depression: Moderation by a polymorphism in the 5-HTT gene. *Science,* **30,** 386–389.

Cassidy, J. (2000). Adult romantic attachments: A developmental perspective on individual differences. *Review of General Psychology Special Issue: Adult attachment,* **4,** 111–131.

Castelli, L., Arcuri, L., & Carraro, L. (2009). Projection processes in the perception of political leaders. *Basic and Applied Social Psychology,* **31,** 189–196.

Castelli, L., Carraro, L., Tomelleri, S., & Amari, A. (2007). White children's alignment to the perceived racial attitudes of the parents: Closer to the mother than father. *British Journal of Developmental Psychology,* **25,** 353–357.

Ceci, S. J., & Bruck, M. (1993a). Child witnesses: Translating research into policy. *Social Policy Report* (Society for Research in Child Development), **7**(3), 1–30.

Ceci, S. J., & Bruck, M. (1993b). Suggestibility of the child witness: A historical review and synthesis. *Psychological Bulletin,* **113,** 403–439.

Ceci, S. J., & Bruck, M. (1995). *Jeopardy in the courtroom: A scientific analysis of children's testimony.* Washington, DC: American Psychological Association.

Cemalcilar, Z., & Falbo, T. (2008). A longitudinal study of the adaptation of international students in the United States. *Journal of Cross-Cultural Psychology,* **39,** 799–804.

Center on Philanthropy. (2008). *Quick facts about charitable giving from the Center on Philanthropy Panel Study, 2005 wave Revised January 2008.* Bloomington, IN: Indiana University.

Centers for Disease Control (CDC). (2008, Spring). Sexual violence: Facts at a glance. Author (www.cdc.gov/injury).

Centers for Disease Control (CDC). (2011, accessed August 5). Latest findings. Author (cdc.gov/vitalsigns/TobaccoUse/Smoking/LatestFindings.html).

Central Intelligence Agency. (2011, May 26). *The World Factbook.* www.cia.gov.

Chaiken, S. (1979). Communicator physical attractiveness and persuasion. *Journal of Personality and Social Psychology*, **37,** 1387–1397.

Chaiken, S. (1980). Heuristic versus systematic information processing and the use of source versus message cues in persuasion. *Journal of Personality and Social Psychology*, **39,** 752–766.

Chaiken, S., & Eagly, A. H. (1976). Communication modality as a determinant of message persuasiveness and message comprehensibility. *Journal of Personality and Social Psychology*, **34,** 605–614.

Chaiken, S., & Eagly, A. H. (1983). Communication modality as a determinant of persuasion: The role of communicator salience. *Journal of Personality and Social Psychology*, **45,** 241–256.

Chaiken, S., & Maheswaran, D. (1994). Neuristic processing can bias systematic processing: Effects of source credibility, argument ambiguity, and task importance on attitude judgment. *Journal of Personality and Social Psychology*, **66,** 460–473.

Chambers, J. R., & Windschitl, P. D. (2004). Biases in social comparative judgments: The role of nonmotivated factors in above-average and comparative-optimism effects. *Psychological Bulletin*, **130,** 813–838.

Chambers, J. R., Baron, R. S., & Inman, M. L. (2006). Misperceptions in intergroup conflict: Disagreeing about what we disagree about. *Psychological Science*, **17,** 38–45.

Champagne, F., Francis, D. D., Mar, A., & Meaney, M. J. (2003). Naturally occurring variations in maternal care in the rat as a mediating influence for the effects of environment on the development of individual differences in stress reactivity. *Physiology & Behavior*, **79,** 359–371.

Champagne, F. A., & Mashoodh, R. (2009). Genes in context: Gene-environment interplay and the origins of individual differences in behavior. *Current Directions in Psychological Science*, **18,** 127–131.

Chan, M. K. H., Louis, W. R., & Jetten, J. (2010). When groups are wrong and deviants are right. *European Journal of Social Psychology*, **40,** 1103–1109.

Chance, J. E., & Goldstein, A. G. (1981). Depth of processing in response to own- and other-race faces. *Personality and Social Psychology Bulletin*, **7,** 475–480.

Chance, J. E., Goldstein, A. G. (1996). The other-race effect and eyewitness identification. In S. L. Sporer (Ed.), *Psychological issues in eyewitness identification* (pp. 153–176). Mahwah, NJ: Erlbaum.

Chandler, J., & Schwarz, N. (2009). How extending your middle finger affects your perception of others: Learned movements influence concept accessibility. *Journal of Experimental Social Psychology*, **45,** 123–128.

Chandra, A., Mosher, W. D., & Copen, C. (2011, March). Sexual behavior, sexual attraction, and sexual identity in the United States: Data from the 2006–2008 National Survey of Family Growth. *National Health Statistics Reports*, Number 36 (Centers for Disease Control and Prevention).

Chang, L., Lu, H. J., Li, H., & Li, T. (2011). The face that launched a thousand ships: The mating-warring association in men. *Personality and Social Psychology Bulletin*, **37,** 976–984.

Chapman, L. J., & Chapman, J. P. (1969). Genesis of popular but erroneous psychodiagnostic observations. *Journal of Abnormal Psychology*, **74,** 272–280.

Chapman, L. J., & Chapman, J. P. (1971, November). Test results are what you think they are. *Psychology Today*, pp. 18–22, 106–107.

Chartrand, T. L., & Bargh, J. A. (1999). The chameleon effect: The perception-behavior link and social interaction. *Journal of Personality and Social Psychology*, **76,** 893–910.

Chatard, A., Guimond, S., & Selimbegovic, L. (2007). "How good are you in math?" The effect of gender stereotypes on students' recollection of their school marks. *Journal of Experimental Social Psychology*, **43,** 1017–1024.

Check, J., & Malamuth, N. (1984). Can there be positive effects of participation in pornography experiments? *Journal of Sex Research*, **20,** 14–31.

Chen, E. (2004). Why socioeconomic status affects the health of children: A psychosocial perspective. *Current Directions in Psychological Science*, **13,** 112–115.

Chen, F. F., & Kenrick, D. T. (2002). Repulsion or attraction? Group membership and assumed attitude similarity. *Journal of Personality and Social Psychology*, **83,** 111–125.

Chen, H., Luo, S., Yue, G., Xu, D., & Zhaoyang, R. (2009). Do birds of a feather flock together in China? *Personal Relationships*, **16,** 167–186.

Chen, L.-H., Baker, S. P., Braver, E. R., & Li, G. (2000). Carrying passengers as a risk factor for crashes fatal to 16- and 17-year-old drivers. *Journal of the American Medical Association*, **283,** 1578–1582.

Chen, S. C. (1937). Social modification of the activity of ants in nest-building. *Physiological Zoology*, **10,** 420–436.

Chen, S., Boucher, H. C., & Tapias, M. P. (2006). The relational self revealed: Integrative conceptualization and implications for interpersonal life. *Psychological Bulletin*, **132,** 151–179.

Chen, Z., Williams, K. D., Fitness, J., & Newton, N. C. (2008). When hurt will not heal: Exploring the capacity to relive social and physical pain. *Psychological Science*, **19,** 789–795.

Cheney, R. (2003, March 16). Comments on Face the Nation, CBS News.

Chiao, J. Y., Bowman, N. E., & Gill, H. (2008) The political gender gap: Gender bias in facial inferences that predict voting behavior. *PLoS One* **3**(10): e3666. (doi:10.1371/journal.pone.0003666).

Chicago Tribune. (2002, September 30). When believing isn't seeing. www.chicagotribune.com.

Chida, Y., & Steptoe, A. (2009). The association of anger and hostility with future coronary heart disease: A meta-analytic review of prospective evidence. *Journal of the American College of Cardiology*, **17,** 936–946.

Chodorow, N. J. (1978). *The reproduction of mother: Psychoanalysis and the sociology of gender*. Berkeley, CA: University of California Press.

Chodorow, N. J. (1989). *Feminism and psychoanalytic theory*. New Haven, CT: Yale University Press.

Choi, I., & Choi, Y. (2002). Culture and self-concept flexibility. *Personality & Social Psychology Bulletin*, **28,** 1508–1517.

Choi, I., Nisbett, R. E., & Norenzayan, A. (1999). Causal attribution across cultures: Variation and universality. *Psychological Bulletin*, **125,** 47–63.

Christ, O., Hewstone, M., Tausch, N., Wagner, U., Voci, A., Hughes, J., & Cairns, E. (2010). Direct contact as a moderator of extended contact effects: Cross-sectional and longitudinal impact on outgroup attitudes, behavioral intentions, and attitude certainty. *Personality and Social Psychology Bulletin*, **36,** 1662–1674.

Christakis, N. A., & Fowler, J. H. (2009). *Connected: The surprising power of social networks and how they shape our lives*. New York: Little, Brown.

Christensen, P. N., & Kashy, D. A. (1998). Perceptions of and by lonely people in initial social interaction. *Personality and Social Psychology Bulletin*, **24,** 322–329.

Chua-Eoan, H. (1997, April 7). Imprisoned by his own passions. *Time*, pp. 40–42.

Chua, H. F., Boland, J. E., & Nisbett, R. E. (2005). Cultural variation in eye movements during scene perception. *Proceedings of the National Academy of Sciences*, **102,** 12629–12633.

Church, G. J. (1986, January 6). China. *Time*, pp. 6–19.

Cialdini, R. B. (1984). *Influence: How and why people agree to things.* New York: William Morrow.

Cialdini, R. B. (1988). *Influence: Science and practice.* Glenview, IL: Scott, Foresman/Little, Brown.

Cialdini, R. B. (1991). Altruism or egoism? That is (still) the question. *Psychological Inquiry,* **2,** 124–126.

Cialdini, R. B. (1995). A full-cycle approach to social psychology. In G. G. Brannigan & M. R. Merrens (Eds.), *The social psychologists: Research adventures.* New York: McGraw-Hill.

Cialdini, R. B. (2005). Basic social influence is underestimated. *Psychological Inquiry,* **16,** 158–161.

Cialdini, R. B. (2008). *Influence: Science and practice,* 5th edition. Upper Saddle River, NJ: Prentice-Hall.

Cialdini, R. B., Bickman, L., & Cacioppo, J. T. (1979). An example of consumeristic social psychology: Bargaining tough in the new car showroom. *Journal of Applied Social Psychology,* **9,** 115–126.

Cialdini, R. B., Borden, R. J., Thorne, A., Walker, M. R., Freeman, S., & Sloan, L. R. (1976). Basking in reflected glory: Three (football) field studies. *Journal of Personality and Social Psychology,* **39,** 406–415.

Cialdini, R. B., Cacioppo, J. T., Bassett, R., & Miller, J. A. (1978). Lowball procedure for producing compliance: Commitment then cost. *Journal of Personality and Social Psychology,* **36,** 463–476.

Cialdini, R. B., Demaine, L. J., Barrett, D. W., Sagarin, B. J., & Rhoads, K. L. V. (2003). *The poison parasite defense: A strategy for sapping a stronger opponent's persuasive strength.* Unpublished manuscript, Arizona State University.

Cialdini, R. B., & Schroeder, D. A. (1976). Increasing compliance by legitimizing paltry contributions: When even a penny helps. *Journal of Personality and Social Psychology,* **34,** 599–604.

Cialdini, R. B., Vincent, J. E., Lewis, S. K., Catalan, J., Wheeler, D., & Danby, B. L. (1975). Reciprocal concessions procedure for inducing compliance: The door-in-the-face technique. *Journal of Personality and Social Psychology,* **31,** 206–215.

Cicerello, A., & Sheehan, E. P. (1995). Personal advertisements: A content analysis. *Journal of Social Behavior and Personality,* **10,** 751–756.

Cikara, M., Botvinick, M. M., & Fiske, S. T. (2011). Us versus them: Social identity shapes neural responses to intergroup competition and harm. *Psychological Science,* **22,** 306–313.

Cikara, M., Bruneau, E. G., & Saxe, R. R. (2011). Us and them: Intergroup failures of empathy. *Current Directions in Psychological Science,* **20,** 149–153.

Cioffi, D., & Garner, R. (1998). The effect of response options on decisions and subsequent behavior: Sometimes inaction is better. *Personality and Social Psychology Bulletin,* **24,** 463–472.

Clack, B., Dixon, J., & Tredoux, C. (2005). Eating together apart: Patterns of segregation in a multi-ethnic cafeteria. *Journal of Community and Applied Social Psychology,* **15,** 1–16.

Clancy, S. M., & Dollinger, S. J. (1993). Photographic depictions of the self: Gender and age differences in social connectedness. *Sex Roles,* **29,** 477–495.

Clark, K., & Clark, M. (1947). Racial identification and preference in Negro children. In T. M. Newcomb & E. L. Hartley (Eds.), *Readings in social psychology.* New York: Holt.

Clark, M. S. (1984). Record keeping in two types of relationships. *Journal of Personality and Social Psychology,* **47,** 549–557.

Clark, M. S. (1986). Evidence for the effectiveness of manipulations of desire for communal versus exchange relationships. *Personality and Social Psychology Bulletin,* **12,** 414–425.

Clark, M. S., Lemay, E. P., Jr., Graham, S. M., Pataki, S. P., & Finkel, E. J. (2010). Ways of giving benefits in marriage: Norm use, relationship satisfaction, and attachment-related variability. *Psychological Science,* **21,** 944–951.

Clark, M. S., & Mills, J. (1979). Interpersonal attraction in exchange and communal relationships. *Journal of Personality and Social Psychology,* **37,** 12–24.

Clark, M. S., & Mills, J. (1993). The difference between communal and exchange relationships: What it is and is not. *Personality and Social Psychology Bulletin,* **19,** 684–691.

Clark, M. S., Mills, J., & Corcoran, D. (1989). Keeping track of needs and inputs of friends and strangers. *Personality and Social Psychology Bulletin,* **15,** 533–542.

Clark, M. S., Mills, J., & Powell, M. C. (1986). Keeping track of needs in communal and exchange relationships. *Journal of Personality and Social Psychology,* **51,** 333–338.

Clark, R. D., III, & Maass, S. A. (1988). The role of social categorization and perceived source credibility in minority influence. *European Journal of Social Psychology,* **18,** 381–394.

Clark, R. D., III. (1974). Effects of sex and race on helping behavior in a nonreactive setting. *Representative Research in Social Psychology,* **5,** 1–6.

Clark, R. D., III. (1995). A few parallels between group polarization and minority influence. In S. Moscovici, H. Mucchi-Faina, & A. Maass (Eds.), *Minority influence.* Chicago: Nelson-Hall.

Clarke, A. C. (1952). An examination of the operation of residual propinquity as a factor in mate selection. *American Sociological Review,* **27,** 17–22.

Clarke, V. (2003, March 25). Quoted in "Street fighting: A volatile enemy." *Wall Street Journal,* pp. A1, A13.

Clary, E. G., & Snyder, M. (1993). Persuasive communications strategies for recruiting volunteers. In D. R. Young, R. M. Hollister, & V. A. Hodgkinson (Eds.), *Governing, leading, and managing nonprofit organizations.* San Francisco: Jossey-Bass.

Clary, E. G., & Snyder, M. (1995). Motivations for volunteering and giving: A functional approach. In C. H. Hamilton & W. E. Ilchman (Eds.), *Cultures of giving II: How heritage, gender, wealth, and values influence philanthropy.* Bloomington, IN: Indiana University Center on Philanthropy.

Clary, E. G., & Snyder, M. (1999). The motivations to volunteer: Theoretical and practical considerations. *Current Directions in Psychological Science,* **8,** 156–159.

Clary, E. G., Snyder, M., Ridge, R. D., Copeland, J., Stukas, A. A., Haugen, J., & Miene, P. (1998). Understanding and assessing the motivations of volunteers: A functional approach. *Journal of Personality and Social Psychology,* **74,** 1516–1531.

Clayton, S., & Myers, G. (2009). *Conservation psychology: Understanding and promoting human care for nature.* Hoboken, NJ: Wiley-Blackwell.

Cleghorn, R. (1980, October 31). ABC News, meet the Literary Digest. *Detroit Free Press.*

Clevstrom, J., & Passariello, C. (2006, August 18). No kicks from "champagne." *Wall Street Journal,* p. A11.

Clifford, M. M., & Walster, E. H. (1973). The effect of physical attractiveness on teacher expectation. *Sociology of Education,* **46,** 248–258.

Clore, G. L., Bray, R. M., Itkin, S. M., & Murphy, P. (1978). Interracial attitudes and behavior at a summer camp. *Journal of Personality and Social Psychology,* **36,** 107–116.

Clore, G. L., Wiggins, N. H., & Itkin, G. (1975). Gain and loss in attraction: Attributions from nonverbal behavior. *Journal of Personality and Social Psychology,* **31,** 706–712.

CNN. (2007, October 6). Jury awards $6.1 million in McDonald's strip search case (www.cnn.com).

Coan, J. A., Schaefer, H. S., & Davidson, R. J. (2006). Lending a hand: Social regulation of the neural response to threat. *Psychological Science,* **17,** 1032–1039.

Coates, B., Pusser, H. E., & Goodman, I. (1976). The influence of "Sesame Street" and "Mister Rogers' Neighborhood" on children's social behavior in the preschool. *Child Development,* **47,** 138–144.

Coats, E. J., & Feldman, R. S. (1996). Gender differences in nonverbal correlates of social status. *Personality and Social Psychology Bulletin,* **22,** 1014–1022.

Codol, J.-P. (1976). On the so-called superior conformity of the self behavior: Twenty experimental investigations. *European Journal of Social Psychology,* **5,** 457–501.

Cohen, D. (1996). Law, social policy, and violence: The impact of regional cultures. *Journal of Personality and Social Psychology,* **70,** 961–978.

Cohen, D. (1998). Culture, social organization, and patterns of violence. *Journal of Personality and Social Psychology,* **75,** 408–419.

Cohen, D., Nisbett, R. E., Bowdle, B. F., & Schwarz, N. (1996). Insult, aggression, and the Southern culture of honor: An "experimental ethnography." *Journal of Personality and Social Psychology,* **70,** 945–960.

Cohen, E. E. A., Ejsmond-Frey, R., Knight, N., & Dunbar, R. I. M. (2009, September 15). Rowers' high: Behavioural synchrony is correlated with elevated pain thresholds. *Biology Letters.*

Cohen, E. G. (1980). Design and redesign of the desegregated school: Problems of status, power and conflict. In W. G. Stephan & J. R. Feagin (Eds.), *School desegregation: Past, present, and future.* New York: Plenum.

Cohen, G. L., Steele, C. M., & Ross, L. D. (1999). The mentor's dilemma: Providing critical feedback across the racial divide. *Personality and Social Psychology Bulletin,* **25,** 1302–1318.

Cohen, M., & Davis, N. (1981). *Medication errors: Causes and prevention.* Philadelphia: G. F. Stickley Co. Cited by R. B. Cialdini (1989), Agents of influence: Bunglers, smugglers, and sleuths. Paper presented at the American Psychological Association convention.

Cohen, R. (2011, January 13). Mohammed the Brit. *New York Times* (www.nytimes.com).

Cohen, R. (2011, March 12). The happynomics of life. *New York Times* (www.nytimes.com).

Cohen, S. (1980). *Training to understand TV advertising: Effects and some policy implications.* Paper presented at the American Psychological Association convention.

Cohen, S. (2002). Psychosocial stress, social networks, and susceptibility to infection. In H. G. Koenig & H. J. Cohen (Eds.), *The link between religion and health: Psychoneuroimmunology and the faith factor.* New York: Oxford University Press.

Cohen, S. (2004). Social relationships and health. *American Psychologist,* **59,** 676–684.

Cohen, S., Alper, C. M., Doyle, W. J., Treanor, J. J., & Turner, R. B. (2006). Positive emotional style predicts resistance to illness after experimental exposure to rhinovirus or influenza A virus. *Psychosomatic Medicine,* **68,** 809–815.

Cohen, S., Doyle, W. J., Skoner, D. P., Rabin, B. S., & Gwaltney, J. M., Jr. (1997). Social ties and susceptibility to the common cold. *Journal of the American Medical Association,* **277,** 1940–1944.

Cohen, S., Doyle, W. J., Turner, R., Alper, C. M., & Skoner, D. P. (2003). Sociability and susceptibility to the common cold. *Psychological Science,* **14,** 389–395.

Cohen, S., & Rodriguez, M. S. (1995). Pathways linking affective disturbances and physical disorders. *Health Psychology,* **14,** 374–380.

Cohn, E. G. (1993). The prediction of police calls for service: The influence of weather and temporal variables on rape and domestic violence. *Environmental Psychology,* **13,** 71–83.

Cohn, E. G., & Rotton, J. (2005). The curve is still out there: A reply to Bushman, Wang, and Anderson (2005), Is the curve relating temperature to aggression linear or curvilinear? *Journal of Personality and Social Psychology,* **89,** 67–70.

Cohrs, J. C., & Ibler, S. (2009). Authoritarianism, threat, and prejudice: An analysis of mediation and moderation. *Basic and Applied Social Psychology,* **31,** 81–94.

Colarelli, S. M., Spranger, J. L., Hechanova, M. R. (2006). Women, power, and sex composition in small groups: An evolutionary perspective. *Journal of Organizational Behavior Special Issue: Darwinian Perspectives on Behavior in Organizations,* **27,** 163–184.

Cole, S. W., Arevalo, J. M. G., Takahashi, R., Sloan, E. K., Lutgendorf, S. K., Sood, A. K., Sheridan, J. F., & Seeman, T. E. (2010). Computational identification of gene-social environment interaction at the human IL6 locus. *PNAS,* **107,** 5681–5686.

Coleman, L. M., Jussim, L., & Abraham, J. (1987). Students' reactions to teachers' evaluations: The unique impact of negative feedback. *Journal of Applied Social Psychology,* **17,** 1051–1070.

The College Board. (2011). *Social networking sites and college-bound students.* The College Board (professionals.collegeboard.com).

Collins, N. L., & Miller, L. C. (1994). Self-disclosure and liking: A meta-analytic review. *Psychological Bulletin,* **116,** 457–475.

Colman, A. M. (1991). Crowd psychology in South African murder trials. *American Psychologist,* **46,** 1071–1079. See also Colman, A. M. (1991). Psychological evidence in South African murder trials. *The Psychologist,* **14,** 482–486.

Comer, D. R. (1995). A model of social loafing in a real work group. *Human Relations,* **48,** 647–667.

Comstock, G. (2008). A sociological perspective on television violence and aggression. *American Behavioral Scientist,* **51,** 1184–1211.

Confer, J. C., Easton, J. A., Fleischman, D. S., Goetz, C. D., Lewis, D. M. G., Perilloux, C., & Buss, D. M. (2010). Evolutionary psychology: Controversies, questions, prospects, and limitations. *American Psychologist,* **65,** 110–126.

Conger, R. D., Cui, M., Bryant, C. M., & Elder, G. H. (2000). Competence in early adult romantic relationships: A developmental perspective on family influences. *Journal of Personality and Social Psychology,* **79,** 224–237.

Contrada, R. J., Ashmore, R. D., Gary, M. L., Coups, E., Egeth, J. D., Sewell, A., Ewell, K., Goyal, T. M., & Chasse, V. (2000). Ethnicity-related sources of stress and their effects on well-being. *Current Directions in Psychological Science,* **9,** 136–139.

Conway, F., & Siegelman, J. (1979). *Snapping: America's epidemic of sudden personality change.* New York: Delta Books.

Conway, L. G., III, Suedfeld, P., & Tetlock, P. E. (2001). Integrative complexity and political decisions that lead to war or peace. In D. J. Christie, R. V. Wagner, & D. Winter (Eds.), *Peace, conflict, and violence: Peace psychology for the 21st century.* Englewood Cliffs, NJ: Prentice-Hall.

Conway, M., & Ross, M. (1986). Remembering one's own past: The construction of personal histories. In R. Sorrentino & E. T. Higgins (Eds.), *Handbook of motivation and cognition.* New York: Guilford.

Cook, S. W. (1985). Experimenting on social issues: The case of school desegregation. *American Psychologist,* **40,** 452–460.

Cook, T. D., & Flay, B. R. (1978). The persistence of experimentally induced attitude change. In L. Berkowitz (Ed.), *Advances in experimental social psychology* (Vol. 11). New York: Academic Press.

Cooke, L., Chambers, L., Anez, E., Croker, H., Boniface, D., Yeomans, M., & Wardle, J. (2011).

Eating for pleasure or profit: The effect of incentives on children's enjoyment of vegetables. *Psychological Science*, **22**, 190–196.

Cooley, C. H. (1902). *Human nature and the social order.* New York: Schocken Books.

Coombs, R. H. (1991, January). Marital status and personal well-being: A literature review. *Family Relations*, **40**, 97–102.

Cooper, H. (1983). Teacher expectation effects. In L. Bickman (Ed.), *Applied social psychology annual* (Vol. 4). Beverly Hills, CA: Sage.

Cooper, J. (1999). Unwanted consequences and the self: In search of the motivation for dissonance reduction. In E. Harmon-Jones & J. Mills (Eds.), *Cognitive dissonance: Progress on a pivotal theory in social psychology*. Washington, DC: American Psychological Association.

Cooper, M. (2010, October 18). From Obama, the tax cut nobody heard of. *New York Times* (www.nytimes.com).

Cooper, W. H., & Withey, M. J. (2009). The strong situation hypothesis. *Personality and Social Psychology Review*, **13**, 62–72.

Correll, J., Park, B., Judd, C. M., & Wittenbrink, B. (2002). The police officer's dilemma: Using ethnicity to disambiguate potentially threatening individuals. *Journal of Personality and Social Psychology*, **83**, 1314–1329.

Correll, J., Park, B., Judd, C. M., & Wittenbrink, B. (2007). The influence of stereotypes on decisions to shoot. *European Journal of Social Psychology*, **37**, 1102–1117.

Correll, J., Park, B., Judd, C. M., Wittenbrink, B., Sadler, M. S., & Keesee, T. (2007). Across the thin blue line: Police officers and racial bias in the decision to shoot. *Journal of Personality and Social Psychology*, **92**, 1006–1023.

Correll, J., Urland, G. R., & Ito, T. A. (2006). Event-related potentials and the decision to shoot: The role of threat perception and cognitive control. *Journal of Experimental Social Psychology*, **42**, 120–128.

Costanzo, M. (1997). *Just revenge: Costs and consequences of the death penalty.* New York: St. Martin's.

Costello, C., Gaines, S. D., & Lynham, J. (2008). Can catch shares prevent fisheries' collapse? *Science*, **321**, 1678–1682.

Cota, A. A., & Dion, K. L. (1986). Salience of gender and sex composition of ad hoc groups: An experimental test of distinctiveness theory. *Journal of Personality and Social Psychology*, **50**, 770–776.

Cotton, J. L. (1981). Ambient temperature and violent crime. Paper presented at the Midwestern Psychological Association convention.

Cotton, J. L. (1986). Ambient temperature and violent crime. *Journal of Applied Social Psychology*, **16**, 786–801.

Cottrell, N. B., Wack, D. L., Sekerak, G. J., & Rittle, R. M. (1968). Social facilitation of dominant responses by the presence of an audience and the mere presence of others. *Journal of Personality and Social Psychology*, **9**, 245–250.

Cousins, N. (1978, September 16). The taxpayers revolt: Act two. *Saturday Review*, p. 56.

Coyne, S. M., & Archer, J. (2005). The relationship between indirect and physical aggression on television and in real life. *Social Development*, **14**, 324–338.

Cozzolino, P. J. (2011). Trust, cooperation, and equality: A psychological analysis of the formation of social capital. *British Journal of Social Psychology*, **50**, 302–320.

Crabb, P. B., & Bielawski, D. (1994). The social representation of material culture and gender in children's books. *Sex Roles*, **30**, 69–79.

Crabtree, S. (2002, January 22). Gender roles reflected in teen tech use. *Gallup Tuesday Briefing* (www.gallup.com).

Craig, W., Harel, Y. (2004). Bullying, physical fighting, and victimization. In C. Currie (Ed.), *Young people's health in context: International report from the HSBC 2001/2 survey. WHO Policy Series: Health policy for children and adolescents issue 4.* Copenhagen: WHO Regional Office for Europe.

Crandall, C. S. (1988). Social contagion of binge eating. *Journal of Personality and Social Psychology*, **55**, 588–598.

Crandall, C. S., & Eshleman, A. (2003). A justification–suppression model of the expression and experience of prejudice. *Psychological Bulletin*, **129**, 414–446.

Crano, W. D., & Mellon, P. M. (1978). Causal influence of teachers' expectations on children's academic performance: A cross-legged panel analysis. *Journal of Educational Psychology*, **70**, 39–49.

Crawford, M., Stark, A. C., & Renner, C. H. (1998). The meaning of Ms.: Social assimilation of a gender concept. *Psychology of Women Quarterly*, **22**, 197–208.

Crawford, T. J. (1974). Sermons on racial tolerance and the parish neighborhood context. *Journal of Applied Social Psychology*, **4**, 1–23.

Crisp, R. J., & Hewstone, M. (1999). Differential evaluation of crossed category groups: Patterns, processes, and reducing intergroup bias. *Group Processes & Intergroup Relations*, **2**, 307–333.

Crisp, R. J., & Hewstone, M. (2000). Multiple categorization and social identity. In D. Capozza & R. Brown (Eds.), *Social identity theory: Trends in theory and research.* Beverly Hills, CA: Sage.

Crisp, R. J., Birtel, M. D., & Meleady, R. (2011). Mental simulations of social thought and action: Trivial tasks or tools for transforming social policy? *Current Directions in Psychological Science*, **20**, 261–264.

Crocker, J. (1981). Judgment of covariation by social perceivers. *Psychological Bulletin*, **90**, 272–292.

Crocker, J. (2002). The costs of seeking self-esteem. *Journal of Social Issues*, **58**, 597–615.

Crocker, J., & Gallo, L. (1985). The self-enhancing effect of downward comparison. Paper presented at the American Psychological Association convention.

Crocker, J., & Knight, K. M. (2005). Contingencies of self-worth. *Current Directions in Psychological Science*, **14**, 200–203.

Crocker, J., & Luhtanen, R. (1990). Collective self-esteem and ingroup bias. *Journal of Personality and Social Psychology*, **58**, 60–67.

Crocker, J., & Luhtanen, R. (2003). Level of self-esteem and contingencies of self-worth: Unique effects on academic, social, and financial problems in college students. *Personality and Social Psychology Bulletin*, **29**, 701–712.

Crocker, J., & McGraw, K. M. (1984). What's good for the goose is not good for the gander: Solo status as an obstacle to occupational achievement for males and females. *American Behavioral Scientist*, **27**, 357–370.

Crocker, J., & Park, L. E. (2004). The costly pursuit of self-esteem. *Psychological Bulletin*, **130**, 392–414.

Crocker, J., & Wolfe, C. (2001). Contingencies of self-worth. *Psychological Review.*

Crocker, J., Hannah, D. B., & Weber, R. (1983). Personal memory and causal attributions. *Journal of Personality and Social Psychology*, **44**, 55–56.

Crocker, J., Thompson, L. L., McGraw, K. M., & Ingerman, C. (1987). Downward comparison, prejudice, and evaluations of others: Effects of self-esteem and threat. *Journal of Personality and Social Psychology*, **52**, 907–916.

Crockett, M. J., Clark, L., Tabibnia, G., Lieberman, M. D., & Robbins, T. W. (2008). Serotonin modulates behavioral reactions to unfairness. *Science*, **320**, 1739.

Crompton, T., & Kasser, T. (2010, July/August). Human identity: A missing link in environmental campaigning. *Environment Magazine*, pp. 23–33 (www.environmentmagazine.org).

Crosby, F., Bromley, S., & Saxe, L. (1980). Recent unobtrusive studies of black and white discrimination and prejudice: A literature review. *Psychological Bulletin,* **87,** 546–563.

Crosby, F. J. (Ed.) (1987). *Spouse, parent, worker: On gender and multiple roles.* New Haven, CT: Yale University Press.

Crosby, J. R., & Monin, B. (2007). Failure to warn: How student race affects warnings of potential academic difficulty. *Journal of Experimental Social Psychology,* **43,** 663–670.

Cross-National Collaborative Group. (1992). The changing rate of major depression. *Journal of the American Medical Association,* **268,** 3098–3105.

Cross, C. P., Copping, L. T., & Campbell, A. (2011). Sex differences in impulsivity: A meta-analysis. *Psychological Bulletin,* **137,** 97–130.

Cross, P. (1977, Spring). Not *can* but *will* college teaching be improved? *New Directions for Higher Education,* No. 17, pp. 1–15.

Cross, S. E., Liao, M-H., & Josephs, R. (1992). A cross-cultural test of the self-evaluation maintenance model. Paper presented at the American Psychological Association convention.

Crossen, C. (1993). *Tainted truth: The manipulation of face in America.* New York: Simon & Schuster.

Croxton, J. S., Eddy, T., & Morrow, N. (1984). Memory biases in the reconstruction of interpersonal encounters. *Journal of Social and Clinical Psychology,* **2,** 348–354.

Croyle, R. T., & Cooper, J. (1983). Dissonance arousal: Physiological evidence. *Journal of Personality and Social Psychology,* **45,** 782–791.

Csikszentmihalyi, M. (1990). *Flow: The psychology of optimal experience.* New York: Harper & Row.

Csikszentmihalyi, M. (1999). If we are so rich, why aren't we happy? *American Psychologist,* **54,** 821–827.

Cuddy, A. J. C., & 23 others. (2009). Stereotype content model across cultures: Towards universal similarities and some differences. *British Journal of Social Psychology,* **48,** 1–33.

Cullum, J., & Harton, H. C. (2007). Cultural evolution: Interpersonal influence, issue importance, and the development of shared attitudes in college residence halls. *Personality and Social Psychology Bulletin,* **33,** 1327–1339.

Cunningham, J. D. (1981). Self-disclosure intimacy: Sex, sex-of-target, cross-national, and generational differences. *Personality and Social Psychology Bulletin,* **7,** 314–319.

Cunningham, M. R., Shaffer, D. R., Barbee, A. P., Wolff, P. L., & Kelley, D. J. (1990). Separate processes in the relation of elation and depression to helping: Social versus personal concerns. *Journal of Experimental Social Psychology,* **26,** 13–33.

Cunningham, W. A., Johnson, M. K., Raye, C. L., Gatenby, J. C., Gore, J. C., & Banaji, M. R. (2004). Separable neural components in the processing of black and white faces. *Psychological Science,* **15,** 806–813.

Cutler, B. L., & Kovera, M. B. (2011). Expert psychological testimony. *Current Directions in Psychological Science,* **20,** 53–57.

Cutler, B. L., Moran, G., & Narvy, D. J. (1992). Jury selection in insanity defense cases. *Journal of Research in Personality,* **26,** 165–182.

Cutler, B. L., & Penrod, S. D. (1988a). Context reinstatement and eyewitness identification. In G. M. Davies & D. M. Thomson (Eds.), *Context reinstatement and eyewitness identification.* New York: Wiley.

Cutler, B. L., & Penrod, S. D. (1988b). Improving the reliability of eyewitness identification: Lineup construction and presentation. *Journal of Applied Psychology,* **73,** 281–290.

Cutler, B. L., Penrod, S. D., & Dexter, H. R. (1989). The eyewitness, the expert psychologist and the jury. *Law and Human Behavior,* **13,** 311–332.

Cutrona, C. E. (1986). Behavioral manifestations of social support: A microanalytic investigation. *Journal of Personality and Social Psychology,* **51,** 201–208.

D'Orlando, F. (2011). The demand for pornography. *Journal of Happiness Studies,* **12,** 51–75.

Dabbs, J. M., Jr. (1992). Testosterone measurements in social and clinical psychology. *Journal of Social and Clinical Psychology,* **11,** 302–321.

Dabbs, J. M., Jr. (2000). Heroes, rogues, and lovers : Testosterone and behavior. New York: McGraw-Hill.

Dabbs, J. M., Jr., Carr, T. S., Frady, R. L., & Riad, J. K. (1995). Testosterone, crime, and misbehavior among 692 male prison inmates. *Personality and Individual Differences,* **18,** 627–633.

Dabbs, J. M., Jr., & Janis, I. L. (1965). Why does eating while reading facilitate opinion change? An experimental inquiry. *Journal of Experimental Social Psychology,* **1,** 133–144.

Dabbs, J. M., Jr., & Morris, R. (1990). Testosterone, social class, and antisocial behavior in a sample of 4,462 men. *Psychological Science,* **1,** 209–211.

Dabbs, J. M., Jr., Riad, J. K., & Chance, S. E. (2001). Testosterone and ruthless homicide. *Personality and Individual Differences,* **31,** 599–603.

Dabbs, J. M., Jr., Strong, R., & Milun, R. (1997). Exploring the mind of testosterone: A beeper study. *Journal of Research in Personality,* **31,** 577–588.

Dalrymple, T. (2007). On evil. *New English Review* (www.newenglishreview.org).

Dambrun, M., Kamiejski, R., Haddadi, N., & Duarte, S. (2009). Why does social dominance orientation decrease with university exposure to the social sciences? The impact of institutional socialization and the mediating role of "geneticism." *European Journal of Social Psychology,* **39,** 88–100.

Dambrun, M., & Vatiné, E. (2010). Reopening the study of extreme social behaviors: Obedience to authority within an immersive video environment. *European Journal of Social Psychology,* **40,** 760–773.

Dambrun, M., & Vatiné, E. (2010). Reopening the study of extreme social behaviors: Obedience to authority within an immersive video environment. *European Journal of Social Psychology,* **40,** 760–773.

Damon, W. (1995). *Greater expectations: Overcoming the culture of indulgence in America's homes and schools.* New York: Free Press.

Dando, C., Wilcock, R., & Milne, R. (2009). The cognitive interview: The efficacy of a modified mental reinstatement of context procedure for frontline police investigators. *Applied Cognitive Psychology,* **23,** 138–147.

Danner, D. D., Snowdon, D. A., & Friesen, W. V. (2001). Positive emotions in early life and longevity: Findings from the Nun Study. *Journal of Personality and Social Psychology,* **80,** 804–813.

Danziger, S., Levay, J., & Avnaim-Pesso, L. (2011). Extraneous factors in judicial decisions. *Proceedings of the National Academy of Sciences USA,* **108,** 6889–6892.

Dardenne, B., Dumont, M., & Bollier, T. (2007). Insidious dangers of benevolent sexism: Consequences for women's performance. *Journal of Personality and Social Psychology,* **93,** 764–779.

Darley, J., & Alter, A. (2009). Behavioral issues of punishment and deterrence. In E. Shafir (Ed.), *The behavioral foundations of policy.* Princeton, NJ: Princeton University Press.

Darley, J. M. (1995). Book review essay. *Political Psychology.*

Darley, J. M., & Batson, C. D. (1973). From Jerusalem to Jericho: A study of situational and dispositional variables in helping behavior. *Journal of Personality and Social Psychology,* **27,** 100–108.

Darley, J. M., & Berscheid, E. (1967). Increased liking as a result of the anticipation of personal contact. *Human Relations,* **20,** 29–40.

Darley, J. M., & Gross, P. H. (1983). A hypothesis-confirming bias in labelling effects. *Journal of Personality and Social Psychology,* **44,** 20–33.

Darley, J. M., & Latané, B. (1968). Bystander intervention in emergencies: Diffusion of responsibility. *Journal of Personality and Social Psychology,* **8,** 377–383.

Darley, S., & Cooper, J. (1972). Cognitive consequences of forced noncompliance. *Journal of Personality and Social Psychology,* **24,** 321–326.

Darrow, C. (1933), cited by E. H. Sutherland & D. R. Cressy, *Principles of criminology.* Philadelphia: Lippincott, 1966, p. 442.

Darwin, C. (1859/1988). *The origin of species.* Vol. 15 of *The Works of Charles Darwin,* edited by P. H. Barrett & R. B. Freeman. New York: New York University Press.

Dasgupta, N., & Rivera, L. M. (2006). From automatic antigay prejudice to behavior: The moderating role of conscious beliefs about gender and behavioral control. *Journal of Personality and Social Psychology,* **91,** 268–280.

Dashiell, J. F. (1930). An experimental analysis of some group effects. *Journal of Abnormal and Social Psychology,* **25,** 190–199.

Dateline NBC. (2000, June 20). *Dateline NBC.* New York: NBC.

Davidson, R. J., Putnam, K. M., & Larson, C. L. (2000). Dysfunction in the neural circuitry of emotion regulation—A possible prelude to violence. *Science,* **289,** 591–594.

Davies, M. F. (1997). Belief persistence after evidential discrediting: The impact of generated versus provided explanations on the likelihood of discredited outcomes. *Journal of Experimental Social Psychology,* **33,** 561–578.

Davies, P. (2004, April 14). Into the 21st century. *Metaviews* (www .metanexus.net).

Davies, P. (2007). *Cosmic jackpot: Why our universe is just right for life.* Boston: Houghton-Mifflin.

Davies, P. G., Spencer, S. J., Quinn, D. M., & Gerhardstein, R. (2002). Consuming images: How television commercials that elicit stereotype threat can restrain women academically and professionally. *Personality and Social Psychology Bulletin,* **28,** 1615–1628.

Davies, P. G., Steele, C. M., & Spencer, S. J., (2005). Clearing the air: Identity safety moderates the effects of stereotype threat on women's leadership aspirations. *Journal of Personality and Social Psychology,* **88,** 276–287.

Davila, J., Bradbury, T. N., Cohan, C. L., & Tochluk, S. (1997). Marital functioning and depressive symptoms: Evidence for a stress generation model. *Journal of Personality and Social Psychology,* **73,** 849–861.

Davis, B. M., & Gilbert, L. A. (1989). Effect of dispositional and situational influences on women's dominance expression in mixed-sex dyads. *Journal of Personality and Social Psychology,* **57,** 294–300.

Davis, C. G., Lehman, D. R., Silver, R. C., Wortman, C. B., & Ellard, J. H. (1996). Self-blame following a traumatic event: The role of perceived avoidability. *Personality and Social Psychology Bulletin,* **22,** 557–567.

Davis, C. G., Lehman, D. R., Wortman, C. B., Silver, R. C., & Thompson, S. C. (1995). The undoing of traumatic life events. *Personality and Social Psychology Bulletin,* **21,** 109–124.

Davis, D., Loftus, E. F., Vanous, S., & Cucciare, M. (2008). "Unconscious transference" can be an instance of "change blindness." *Applied Cognitive Psychology,* **22,** 605–623.

Davis, J. A. (2004). Did growing up in the 1960s leave a permanent mark on attitudes and values? Evidence from the GSS. *Public Opinion Quarterly,* **68,** 161–183.

Davis, J. H., Kameda, T., Parks, C., Stasson, M., & Zimmerman, S. (1989). Some social mechanics of group decision making: The distribution of opinion, polling sequence, and implications for consensus. *Journal of Personality and Social Psychology,* **57,** 1000–1012.

Davis, J. H., Kerr, N. L., Atkin, R. S., Holt, R., & Meek, D. (1975). The decision processes of 6- and 12-person mock juries assigned unanimous and two-thirds majority rules. *Journal of Personality and Social Psychology,* **32,** 1–14.

Davis, J. H., Kerr, N. L., Stasser, G., Meek, D., & Holt, R. (1977). Victim consequences, sentence severity, and decision process in mock juries. *Organizational Behavior and Human Performance,* **18,** 346–365.

Davis, J. H., Stasson, M. F., Parks, C. D., Hulbert, L., Kameda, T., Zimmerman, S. K., & Ono, K. (1993). Quantitative decisions by groups and individuals: Voting procedures and monetary awards by mock civil juries. *Journal of Experimental Social Psychology,* **29,** 326–346.

Davis, J. L., & Rusbult, C. E. (2001). Attitude alignment in close relationships. *Journal of Personality and Social Psychology,* **81,** 65–84.

Davis, K. E. (1985, February). Near and dear: Friendship and love compared. *Psychology Today,* pp. 22–30.

Davis, K. E., & Jones, E. E. (1960). Changes in interpersonal perception as a means of reducing cognitive dissonance. *Journal of Abnormal and Social Psychology,* **61,** 402–410.

Davis, L., & Greenlees, C. (1992). *Social loafing revisited: Factors that mitigate—and reverse—performance loss.* Paper presented at the Southwestern Psychological Association convention.

Davis, M. H., & Franzoi, S. L. (1986). Adolescent loneliness, self-disclosure, and private self-consciousness: A longitudinal investigation. *Journal of Personality and Social Psychology,* **51,** 595–608.

Davis, S. C., Diegel, S. W., & Boundy, R. G. (2011, June). *Transportation Energy Data Book: Edition 30* (Tables 3.1 and 3.2). Office of Energy Efficiency and Renewable Energy, U.S. Department of Energy.

Dawes, R. (1998, October). The social usefulness of self-esteem: A skeptical view. *Harvard Mental Health Letter,* pp. 4–5.

Dawes, R. M. (1976). Shallow psychology. In J. S. Carroll & J. W. Payne (Eds.), *Cognition and social behavior.* Hillsdale, NJ: Erlbaum.

Dawes, R. M. (1980a). Social dilemmas. *Annual Review of Psychology,* **31,** 169–193.

Dawes, R. M. (1980b). You can't systematize human judgment: Dyslexia. In R. A. Shweder (Ed.), *New directions for methodology of social and behavioral science: Fallible judgment in behavioral research.* San Francisco: Jossey-Bass.

Dawes, R. M. (1990). The potential nonfalsity of the false consensus effect. In R. M. Hogarth (Ed.), *Insights in decision making: A tribute to Hillel J. Einhorn.* Chicago: University of Chicago Press.

Dawes, R. M. (1994). *House of cards: Psychology and psychotherapy built on myth.* New York: Free Press.

Dawes, R. M. (2005). The ethical implications of Paul Meehl's work on comparing clinical versus actuarial prediction methods. *Journal of Clinical Psychology,* **61,** 1245–1255.

Dawes, R. M., McTavish, J., & Shaklee, H. (1977). Behavior, communication, and assumptions about other people's behavior in a commons dilemma situation. *Journal of Personality and Social Psychology,* **35,** 1–11.

Dawkins, R. (1976). *The selfish gene.* New York: Oxford University Press.

Dawkins, R. (1993). Gaps in the mind. In P. Cavalieri & P. Singer (Eds.), *The Great Ape Project: Equality beyond Humanity.* London: Fourth Estate, pp. 80–87.

Dawson, N. V., Arkes, H. R., Siciliano, C., Blinkhorn, R., Lakshmanan, M., & Petrelli, M. (1988). Hindsight bias: An impediment to accurate probability estimation in clinicopathologic conferences. *Medical Decision Making,* **8,** 259–264.

de Botton, A. (2004). *Status anxiety.* New York: Pantheon.

De Cremer, D. (2002). Charismatic leadership and cooperation in social dilemmas: A matter of transforming motives? *Journal of Applied Social Psychology*, **32**, 997–1016.

De Hoog, N., Stroebe, W., & de Wit, J. B. F. (2007). The impact of vulnerability to and severity of a health risk on processing and acceptance of fear-arousing communications: A meta-analysis. *Review of General Psychology*, **11**, 258–285.

de Hoogh, A. H. B., den Hartog, D. N., Koopman, P. L., Thierry, H., van den Berg, P. T., van der Weide, J. G., & Wilderom, C. P. M. (2004). Charismatic leadership, environmental dynamism, and performance. *European Journal of Work and Organisational Psychology*, **13**, 447–471.

De Houwer, J., Thomas, S., & Baeyens, F. (2001). Associative learning of likes and dislikes: A review of 25 years of research on human evaluative conditioning. *Psychological Bulletin*, **127**, 853–869.

de Jong-Gierveld, J. (1987). Developing and testing a model of loneliness. *Journal of Personality and Social Psychology*, **53**, 119–128.

de Sherbinin, A., & 17 others. (2011). Preparing for resettlement associated with climate change. *Science*, **334**, 456–457.

De Vogli, R., Chandola, T., & Marmot, M. G. (2007). Negative aspects of close relationships and heart disease. *Archives of Internal Medicine*, **167**, 1951–1957.

de Waal, F. (2009). *The age of empathy: Nature's lessons for a kinder society*. New York: Crown.

De Wit, L., Luppino, F., van Straten, A., Penninx, B., Zitman, F., & Cuijpers, P. (2010). Depression and obesity: A meta-analysis of community-based studies. *Psychiatry Research*, **178**, 230–235.

Dean, C. (2005, August 30). Scientific savvy? In U.S., not much. *New York Times* (www.nytimes.com).

Deary, I. J. (2005). Intelligence, health and death. *Psychol-ogist*, **18**, 610–613.

Deary, I. J., Batty, G. D., & Gale, C. R. (2008). Bright children become enlightened adults. *Psychological Science*, **19**, 1–6.

Deaton, A. (2009). Religion and wellbeing. Unpublished manuscript, Princeton University.

Deaux, K., & LaFrance, M. (1998). Gender. In D. Gilbert, S. Fiske, & G. Lindzey (Eds.), *The handbook of social psychology*, 4th edition. Hillsdale, NJ: Erlbaum.

DeBruine, L. M. (2002). Facial resemblance enhances trust. *Proceedings of the Royal Society of London*, **269**, 1307–1312.

DeBruine, L. M. (2004). Facial resemblance increases the attractiveness of same-sex faces more than other-sex faces. *Proceedings of the Royal Society of London, B*, **271**(1552), 2085–2090.

DeBruine, L. M., Jones, B. C., Watkins, C. D., Roberts, S. C., Little, A. C., Smith, F. G., & Quist, M. C. (2011). Opposite-sex siblings decrease attraction, but not prosocial attributions, to self-resembling opposite-sex faces. *Proceedings of the National Academy of Sciences USA*, **108**, 11710–11714.

Decety, J., & Sommerville, J. A. (2003). Shared representations between self and other: A social cognitive neuroscience view. *Trends in Cognitive Sciences*, **7**, 527–533.

Dechêne, A., Stahl, C., Hansen, J., & Wänke, M. (2010). The truth about the truth: A meta-analysis review of the truth effect. *Personality and Social Psychology Review*, **14**, 238–257.

Deci, E. L., & Ryan, R. M. (1985). *Intrinsic motivation and self-determination in human behavior*. New York: Plenum.

Deci, E. L., & Ryan, R. M. (1987). The support of autonomy and the control of behavior. *Journal of Personality and Social Psychology*, **53**, 1024–1037.

Deci, E. L., & Ryan, R. M. (1991). A motivational approach to self: Integration in personality. In R. Dienstbier (Ed.) *Perspectives on motivation: Nebraska Symposium on Motivation* (Vol. 38, pp. 237–288). Lincoln, NE: University of Nebraska Press.

Deci, E. L., & Ryan, R. M. (1997). Behaviorists in search of the null: Revisiting the undermining of intrinsic motivation by extrinsic rewards. Unpublished manuscript, University of Rochester.

Deci, E. L., & Ryan, R. M. (2008). Facilitating optimal motivation and psychological well-being across life's domains. *Canadian Psychology*, **49**, 14–23.

Deci, E. L., & Ryan, R. M. (Eds.) (2002). *Handbook of self-determination research*. Rochester, NY: University of Rochester Press.

Delgado, J. (1973). In M. Pines, *The brain changers*. New York: Harcourt Brace Jovanovich.

Dembroski, T. M., Lasater, T. M., & Ramirez, A. (1978). Communicator similarity, fear-arousing communications, and compliance with health care recommendations. *Journal of Applied Social Psychology*, **8**, 254–269.

Demoulin, S., Saroglou, V., & Van Pachterbeke, M. (2008). Infra-humanizing others, supra-humanizing gods: The emotional hierarchy. *Social Cognition*, **26**, 235–247.

Denissen, J. J. A., Penke, L., Schmitt, D. P., & van Aken, M. A. G. (2008). Self-esteem reactions to social interactions: Evidence for sociometer mechanisms across days, people, and nations. *Journal of Personality and Social Psychology*, **95**, 181–196.

Dennett, D. (2005, December 26). Spiegel interview with evolution philosopher Daniel Dennett: Darwinism completely refutes intelligent design. *Der Spiegel* (www.service.dspiegel.de).

Dennett, D. C. (2005, August 28). Show me the science. *New York Times* (www.nytimes.com).

Denrell, J. (2008). Indirect social influence. *Science*, **321**, 47–48.

Denrell, J., & Le Mens, G. (2007). Interdependent sampling and social influence. *Psychological Review*, **114**, 398–422.

Denson, T. F., Pedersen, W. C., & Miller, N. (2006). The displaced aggression questionnaire. *Journal of Personality and Social Psychology*, **90**, 1032–1051.

Department of Canadian Heritage. (2006). What is multiculturalism? (www.pch.gc.ca).

DePaulo, B. (2006). *Singled out: How singles are stereotyped, stigmatized, and ignored, and still live happily ever after*. New York: St. Martin's.

DePaulo, B. M., Charlton, K., Cooper, H., Lindsay, J. J., & Muhlenbruck, L. (1997). The accuracy–confidence correlation in the detection of deception. *Personality and Social Psychology Review*, **1**, 346–357.

Derks, B., Inzlicht, M., & Kang, S. (2008). The neuroscience of stigma and stereotype threat. *Group Processes and Intergroup Relations*, **11**, 163–181.

Derlega, V., Metts, S., Petronio, S., & Margulis, S. T. (1993). *Self-disclosure*. Newbury Park, CA: Sage.

Dermer, M., & Pyszczynski, T. A. (1978). Effects of erotica upon men's loving and liking responses for women they love. *Journal of Personality and Social Psychology*, **36**, 1302–1309.

Dermer, M., Cohen, S. J., Jacobsen, E., & Anderson, E. A. (1979). Evaluative judgments of aspects of life as a function of vicarious exposure to hedonic extremes. *Journal of Personality and Social Psychology*, **37**, 247–260.

Desforges, D. M., Lord, C. G., Pugh, M. A., Sia, T. L., Scarberry, N. C., & Ratcliff, C. D. (1997). Role of group representativeness in the generalization part of the contact hypothesis. *Basic and Applied Social Psychology*, **19**, 183–204.

Desforges, D. M., Lord, C. G., Ramsey, S. L., Mason, J. A., Van Leeuwen, M. D., West, S. C., & Lepper, M. R. (1991). Effects of structured cooperative contact on changing negative attitudes toward stigmatized social groups. *Journal of Personality and Social Psychology*, **60**, 531–544.

Desmarais, S. L., & Read, J. D. (2011). After 30 years, what do we know about what jurors know? A meta-analytic review of lay knowledge regarding eyewitness factors. *Law and Human Behavior,* **35,** 200–210.

DeSteno, D., Petty, R. E., Wegener, D. T., & Rucker, D. D. (2000). Beyond valence in the perception of likelihood: The role of emotion specificity. *Journal of Personality and Social Psychology,* **78,** 397–416.

Detweiler, J. B., Bedell, B. T., Salovey, P., Pronin, E., & Rothman, A. J. (1999). Message framing and sunscreen use: Gain-framed messages motivate beach-goers. *Health Psychology,* **18,** 189–196.

Deutsch, M. (1985). *Distributive justice: A social psychological perspective.* New Haven: Yale University Press.

Deutsch, M. (1986). Folie à deux: A psychological perspective on Soviet-American relations. In M. P. Kearns (Ed.), *Persistent patterns and emergent structures in a waning century.* New York: Praeger.

Deutsch, M. (1993). Educating for a peaceful world. *American Psychologist,* **48,** 510–517.

Deutsch, M. (1994). Constructive conflict resolution: Principles, training, and research. *Journal of Social Issues,* **50,** 13–32.

Deutsch, M., & Collins, M. E. (1951). *Interracial housing: A psychological evaluation of a social experiment.* Minneapolis: University of Minnesota Press.

Deutsch, M., & Gerard, H. B. (1955). A study of normative and informational social influence upon individual judgment. *Journal of Abnormal and Social Psychology,* **51,** 629–636.

Deutsch, M., & Krauss, R. M. (1960). The effect of threat upon interpersonal bargaining. *Journal of Abnormal and Social Psychology,* **61,** 181–189.

Devenport, J. L., Stinson, V., Cutler, B. L., & Kravitz, D. A. (2002). How effective are the cross-examination and expert testimony safeguards? Jurors' perceptions of the suggestiveness and fairness of biased lineup procedures. *Journal of Applied Psychology,* **87,** 1042–1054.

Devine, P. A., Brodish, A. B., & Vance, S. L. (2005). Self-regulatory processes in interracial interactions: The role of internal and external motivation to respond without prejudice. In J. P. Forgas, K. D. Williams, & S. M. Laham (Eds.), *Social motivation: Conscious and unconscious processes.* New York: Cambridge University Press.

Devine, P. G., Evett, S. R., & Vasquez-Suson, K. A. (1996). Exploring the interpersonal dynamics of intergroup contact. In R. Sorrentino & E. T. Higgins (Eds.), *Handbook of motivation and cognition: The interpersonal content* (Vol. 3). New York: Guilford.

Devine, P. G., Forscher, P. S., Austin, A. J., & Cox, W. T. L. (2012). Long-term reduction in implicit racial prejudice: A prejudice habit-breaking intervention. Unpublished manuscript, University of Wisconsin.

Devine, P. G., & Sharp, L. B. (2008). Automatic and controlled processes in stereotyping and prejudice. In T. Nelson (Ed.), *Handbook of prejudice, stereotyping, and discrimination.* New York: Psychology Press.

Devos-Comby, L., & Salovey, P. (2002). Applying persuasion strategies to alter HIV-relevant thoughts and behavior. *Review of General Psychology,* **6,** 287–304.

DeWall, C. N., Baumeister, R. F., Stillman, T. F., & Gailliot, M. T. (2007). Violence restrained: Effects of self-regulation and its depletion on aggression. *Journal of Experimental Social Psychology,* **43,** 62–76.

DeWall, C. N., & Bushman, B. J. (2011). Social acceptance and rejection: The sweet and the bitter. *Current Directions in Psychological Science,* **20,** 256–260.

DeWall, C. N., Bushman, B. J., Giancola, P. R., & Webster, G. D. (2010). The big, the bad, and the boozed-up: Weight moderates the effect of alcohol on aggression. *Journal of Experimental Social Psychology,* **46,** 619–623.

DeWall, C. N., MacDonald, G., Webster, G. D., Masten, C. L., Baumeister, R. F., Powell, C., Combs, D., Schurtz, D. R., Stillman, T. F., Tice, D. M., & Eisenberger, N. I. (2010). Acetaminophen reduces social pain: Behavioral and neural evidence. *Psychological Science,* **21,** 931–937.

DeWall, C. N., Maner, J. K., & Rouby, D. A. (2009). Social exclusion and early-stage interpersonal perception: Selective attention to signs of acceptance. *Journal of Personality and Social Psychology,* **96,** 729–741.

DeWall, C. N., Pond, R. S., Jr., Campbell, W. K., & Twenge, J. M. (2011). Tuning in to psychological change: Linguistic markers of psychological traits and emotions over time in popular U.S. song lyrics. *Psychology of Aesthetics, Creativity, and the Arts,* **5,** 200–207.

DeWall, C. N., Twenge, J. M., Gitter, S. A., & Baumeister, R. F. (2009). It's the thought that counts: The role of hostile cognition in shaping aggressive responses to social exclusion. *Journal of Personality and Social Psychology,* **96,** 45–59.

Dey, E. L., Astin, A. W., & Korn, W. S. (1991). *The American freshman: Twenty-five year trends.* Los Angeles: Higher Education Research Institute, UCLA.

Dexter, H. R., Cutler, B. L., & Moran, G. (1992). A test of voir dire as a remedy for the prejudicial effects of pretrial publicity. *Journal of Applied Social Psychology,* **22,** 819–832.

Di Tella, R., & MacCulloch, R. (2008). Happiness adaptation to income beyond "basic needs." National Bureau of Economic Research, Working Paper 14539. (nber.org/papers/w14539).

Diamond, J. (1996, December). The best ways to sell sex. *Discover,* pp. 78–86.

Diamond, S. S. (1993). Instructing on death: Psychologists, juries, and judges. *American Psychologist,* **48,** 423–434.

Dick, S. (2008). *Homophobic hate crime: The Gay British Crime Survey 2008.* Stonewall (www.stonewall.org.uk).

Dickerson, S. S., Gable, S. L., Irwin, M. R., Aziz, N., & Kemeny, M. E. (2009). Social-evaluative threat and proinflammatory cytokine regulation: An experimental laboratory investigation. *Psychological Science,* **20,** 1237–1243.

Dicum, J. (2003, November 11). Letter to the editor. *New York Times,* p. A20.

DiDonato, T. E., Ullrich, J., & Krueger, J. I. (2011). Social perception as induction and inference: An integrative model of intergroup differentiation, ingroup favoritism, and differential accuracy. *Journal of Personality and Social Psychology,* **100,** 66–83.

Diekman, A. B., Brown, E. R., Johnston, A. M., & Clark, E. K. (2010). Seeking congruity between goals and roles: A new look at why women opt out of science, technology, engineering, and mathematics careers. *Psychological Science,* **21,** 1051–1057.

Diekman, A. B., McDonald, M., & Gardner, W. L. (2000). Love means never having to be careful: The relationship between reading romance novels and safe sex behavior. *Psychology of Women Quarterly,* **24,** 179–188.

Diekmann, K. A., Samuels, S. M., Ross, L., & Bazerman, M. H. (1997). Self-interest and fairness in problems of resource allocation: Allocators versus recipients. *Journal of Personality and Social Psychology,* **72,** 1061–1074.

Diener, E. (1976). Effects of prior destructive behavior, anonymity, and group presence on deindividuation and aggression. *Journal of Personality and Social Psychology,* **33,** 497–507.

Diener, E. (1979). Deindividuation, self-awareness, and disinhibition. *Journal of Personality and Social Psychology,* **37,** 1160–1171.

Diener, E. (1980). Deindividuation: The absence of self-awareness and self-regulation in group members. In P. Paulus (Ed.), *The psychology of group influence.* Hillsdale, NJ: Erlbaum.

Diener, E. (2005, December 1). Guidelines for national indicators of subjective well-being and ill-being. Department of Psychology, University of Illinois.

Diener, E., & Wallbom, M. (1976). Effects of self-awareness on antinormative behavior. *Journal of Research in Personality,* **10,** 107–111.

Diener, E., Fraser, S. C., Beaman, A. L., & Kelem, R. T. (1976). Effects of deindividuation variables on stealing among Halloween trick-or-treaters. *Journal of Personality and Social Psychology,* **33**(2), 178–183.

Diener, E., Horwitz, J., & Emmons, R. A. (1985). Happiness of the very wealthy. *Social Indicators,* **16,** 263–274.

Diener, E., Kesebir, P., & Lucas, R. (2008). Benefits of accounts of well-being—for societies and for psychological science. *Applied Psychology,* **57,** 37–53.

Diener, E., Lucas, R. E., & Schimmack, U. (2009). *Well-being for public policy.* Oxford, UK: Oxford University Press.

Diener, E., Lucas, R. E., & Scollon, C. N. (2006). Beyond the hedonic treadmill: Revising the adaptation theory of well-being. *American Psychologist,* **61,** 305–314.

Dienstbier, R. A., Roesch, S. C., Mizumoto, A., Hemenover, S. H., Lott, R. C., & Carlo, G. (1998). Effects of weapons on guilt judgments and sentencing recommendations for criminals. *Basic and Applied Social Psychology,* **20,** 93–102.

Dijksterhuis, A., Bos, M. W., Nordgren, L. F., & van Baaren, R. B. (2006). Complex choices better made unconsciously? *Science,* **313,** 760–761.

Dijksterhuis, A., & Nordgren, L. F. (2006). A theory of unconscious thought. *Perspectives on Psychological Science,* **1,** 95–109.

Dijksterhuis, A., Smith, P. K., van Baaren, R. B., & Wigboldus, D. H. J. (2005). The unconscious consumer: Effects of environment on consumer behavior. *Journal of Consumer Psychology,* **15,** 193–202.

Dill, J. C., & Anderson, C.A. (1999). Loneliness, shyness, and depression: The etiology and interrelationships of everyday problems in living. In T. Joiner and J. C. Coyne (Eds.) *The interactional nature of depression: Advances in interpersonal approaches.* Washington, DC: American Psychological Association.

Dillehay, R. C., & Nietzel, M. T. (1980). Constructing a science of jury behavior. In L. Wheeler (Ed.), *Review of personality and social psychology* (Vol. 1). Beverly Hills, CA: Sage.

Dindia, K., & Allen, M. (1992). Sex differences in self-disclosure: A meta-analysis. *Psychological Bulletin,* **112,** 106–124.

Dion, K. K. (1972). Physical attractiveness and evaluations of children's transgressions. *Journal of Personality and Social Psychology,* **24,** 207–213.

Dion, K. K. (1973). Young children's stereotyping of facial attractiveness. *Developmental Psychology,* **9,** 183–188.

Dion, K. K., & Berscheid, E. (1974). Physical attractiveness and peer perception among children. *Sociometry,* **37,** 1–12.

Dion, K. K., & Dion, K. L. (1985). Personality, gender, and the phenomenology of romantic love. In P. R. Shaver (Ed.), *Review of personality and social psychology* (Vol. 6). Beverly Hills, CA: Sage.

Dion, K. K., & Dion, K. L. (1991). Psychological individualism and romantic love. *Journal of Social Behavior and Personality,* **6,** 17–33.

Dion, K. K., & Dion, K. L. (1993). Individualistic and collectivistic perspectives on gender and the cultural context of love and intimacy. *Journal of Social Issues,* **49,** 53–69.

Dion, K. K., & Stein, S. (1978). Physical attractiveness and interpersonal influence. *Journal of Experimental Social Psychology,* **14,** 97–109.

Dion, K. L. (1979). Intergroup conflict and intragroup cohesiveness. In W. G. Austin & S. Worchel (Eds.), *The social psychology of intergroup relations.* Monterey, CA: Brooks/Cole.

Dion, K. L. (1987). What's in a title? The Ms. stereotype and images of women's titles of address. *Psychology of Women Quarterly,* **11,** 21–36.

Dion, K. L. (1998). The social psychology of perceived prejudice and discrimination. Colloquium presentation, Carleton University.

Dion, K. L., & Cota, A. A. (1991). The Ms. stereotype: Its domain and the role of explicitness in title preference. *Psychology of Women Quarterly,* **15,** 403–410.

Dion, K. L., & Dion, K. K. (1988). Romantic love: Individual and cultural perspectives. In R. J. Sternberg & M. L. Barnes (Eds.), *The psychology of love.* New Haven, CT: Yale University Press.

Dion, K. L., & Schuller, R. A. (1991). The Ms. stereotype: Its generality and its relation to managerial and marital status stereotypes. *Canadian Journal of Behavioural Science,* **23,** 25–40.

Dishion, T. J., McCord, J., & Poulin, F. (1999). When interventions harm: Peer groups and problem behavior. *American Psychologist,* **54,** 755–764.

Dixon, J., & Durrheim, K. (2003). Contact and the ecology of racial division: Some varieties of informal segregation. *British Journal of Social Psychology,* **42,** 1–23.

Dixon, J., Durrheim, K., & Tredoux, C. (2005). Beyond the optimal contact strategy: A reality check for the contact hypothesis. *American Psychologist,* **60,** 697–711.

Dixon, J., Durrheim, K., & Tredoux, C. (2007). Intergroup contact and attitudes toward the principle and practice of racial equality. *Psychological Science,* **18,** 867–872.

Dixon, J., Tredoux, C., & Clack, B. (2005). On the micro-ecology of racial division: A neglected dimension of segregation. *South African Journal of Psychology,* **35,** 395–411.

Dixon, J., Tropp, L. R., Durrheim, K., & Tredoux, C. (2010). "Let them eat harmony": Prejudice-reduction strategies and attitudes of historically disadvantaged groups. *Current Directions in Psychological Science,* **19,** 76–80.

Doherty, T. J., & Clayton, S. (2011). The psychological impacts of global climate change. *American Psychologist,* **66,** 265–276.

Dohrenwend, B., Pearlin, L., Clayton, P., Hamburg, B., Dohrenwend, B. P., Riley, M., & Rose, R. (1982). Report on stress and life events. In G. R. Elliott & C. Eisdorfer (Eds.), *Stress and human health: Analysis and implications of research* (A study by the Institute of Medicine/National Academy of Sciences). New York: Springer.

Dolinski, D. (2000). On inferring one's beliefs from one's attempt and consequences for subsequent compliance. *Journal of Personality and Social Psychology,* **78,** 260–272.

Dolinski, D., & Nawrat, R. (1998). "Fear-then-relief" procedure for producing compliance: Beware when the danger is over. *Journal of Experimental Social Psychology,* **34,** 27–50.

Dollard, J., Doob, L., Miller, N., Mowrer, O. H., & Sears, R. R. (1939). *Frustration and aggression.* New Haven, CT: Yale University Press.

Dolnik, L., Case, T. I., & Williams, K. D. (2003). Stealing thunder as a courtroom tactic revisited: Processes and boundaries. *Law and Human Behavior,* **27,** 265–285.

Donaldson, Z. R., & Young, L. J. (2008). Oxytocin, vasopressin, and the neurogenetics of sociality. *Science,* **322,** 900–904.

Donders, N. C., Correll, J., & Wittenbrink, B. (2008). Danger stereotypes predict racially biased attentional allocation. *Journal of Experimental Social Psychology,* **44,** 1328–1333.

Donnellan, M. B., Larsen-Rife, D., & Conger, R. D. (2005). Personality, family history, and competence in early adult romantic relationships. *Journal of Personality and Social Psychology*, **88,** 562–576.

Donnerstein, E. (1980). Aggressive erotica and violence against women. *Journal of Personality and Social Psychology*, **39,** 269–277.

Donnerstein, E. (1998). Why do we have those new ratings on television? Invited address to the National Institute on the Teaching of Psychology.

Donnerstein, E. (2011). The media and aggression: From TV to the Internet. In J. Forgas, A. Kruglanski, & K. Williams (Eds.) *The psychology of social conflict and aggression* (pp. 267–284). New York: Psychology Press.

Donnerstein, E., Linz, D., & Penrod, S. (1987). *The question of pornography.* London: Free Press.

Doob, A. N., & Kirshenbaum, H. M. (1973). Bias in police lineups—Partial remembering. *Journal of Police Science and Administration*, **1,** 287–293.

Doob, A. N., & McLaughlin, D. S. (1989). Ask and you shall be given: Request size and donations to a good cause. *Journal of Applied Social Psychology*, **19,** 1049–1056.

Doob, A. N., & Roberts, J. (1988). Public attitudes toward sentencing in Canada. In N. Walker & M. Hough (Eds.), *Sentencing and the public.* London: Gower.

Dotan-Eliaz, O., Sommer, K. L., & Rubin, S. (2009). Multilingual groups: Effects of linguistic ostracism on felt rejection and anger, coworker attraction, perceived team potency, and creative performance. *Basic and Applied Social Psychology*, **31,** 363–375.

Dotsch, R., & Wigboldus, D. H. J. (2008). Virtual prejudice. *Journal of Experimental Social Psychology*, **44,** 1194–1198.

Doty, R. M., Peterson, B. E., & Winter, D. G. (1991). Threat and authoritarianism in the United States, 1978–1987. *Journal of Personality and Social Psychology*, **61,** 629–640.

Douglas, K. M., & McGarty, C. (2001). Identifiability and self-presentation: Computer-mediated communication and intergroup interaction. *British Journal of Social Psychology*, **40,** 399–416.

Douglass, A. B., & Steblay, N. (2006). Memory distortion in eyewitnesses: A meta-analysis of the post-identification feedback effect. *Applied Cognitive Psychology*, **20,** 859–869.

Douglass, F. (1845/1960). *Narrative of the life of Frederick Douglass, an American slave: Written by himself.* (B. Quarles, Ed.). Cambridge, MA: Harvard University Press.

Douthat, R. (2010, November 28). The partisan mind. *New York Times* (www.nytimes.com).

Dovidio, J. F. (1991). The empathy-altruism hypothesis: Paradigm and promise. *Psychological Inquiry*, **2,** 126–128.

Dovidio, J. F., Gaertner, S. L., & Saguy, T. (2009). Commonality and the complexity of "we": Social attitudes and social change. *Personality and Social Psychology Bulletin*, **13,** 3–20.

Dovidio, J. F., Gaertner, S. L., Anastasio, P. A., & Sanitioso, R. (1992). Cognitive and motivational bases of bias: Implications of aversive racism for attitudes toward Hispanics. In S. Knouse, P. Rosenfeld, & A. Culbertson (Eds.), *Hispanics in the workplace.* Newbury Park, CA: Sage.

Dovidio, J. F., Gaertner, S. L., Hodson, G., Houlette, M., & Johnson, K. M. (2005). Social inclusion and exclusion: Recategorization and the perception of intergroup boundaries. In D. Abrams, M. A. Hogg, & J. M. Marques (Eds.), *The social psychology of inclusion and exclusion.* New York: Psychology Press.

Dovidio, J. R., Brigham, J. C., Johnson, B. T., & Gaertner, S. L. (1996). Stereotyping, prejudice, and discrimination: Another look. In N. Macrae, M. Hewstone, & C. Stangor (Eds.), *Stereotypes and stereotyping.* New York: Guilford.

Downs, A. C., & Lyons, P. M. (1991). Natural observations of the links between attractiveness and initial legal judgments. *Personality and Social Psychology Bulletin*, **17,** 541–547.

Doyle, J. M. (2005). *True witness: Cops, courts, science, and the battle against misidentification.* New York: Palgrave Macmillan.

Draguns, J. G. (1990). Normal and abnormal behavior in cross-cultural perspective: Specifying the nature of their relationship. *Nebraska Symposium on Motivation 1989*, **37,** 235–277.

Dreber, A., Rand, D. G., Fudenberg, D., & Nowak, M. A. (2008). Winners don't punish. *Nature*, **452,** 348–351.

Driedger, L. (1975). In search of cultural identity factors: A comparison of ethnic students. *Canadian Review of Sociology and Anthropology*, **12,** 150–161.

Driskell, J. E., & Mullen, B. (1990). Status, expectations, and behavior: A meta-analytic review and test of the theory. *Personality and Social Psychology Bulletin*, **16,** 541–553.

Drolet, A. L., & Morris, M. W. (2000). Rapport in conflict resolution: Accounting for how face-to-face contact fosters mutual cooperation in mixed-motive conflicts. *Journal of Experimental Social Psychology*, **36,** 26–50.

Drury, J., Cocking, C., & Reicher, S. (2009). Everyone for themselves? A comparative study of crowd solidarity among emergency survivors. *British Journal of Social Psychology*, **48,** 487–506.

Drydakis, N. (2009). Sexual orientation discrimination in the labour market. *Labour Economics*, **16,** 364–372.

Dryer, D. C., & Horowitz, L. M. (1997). When do opposites attract? Interpersonal complementarity versus similarity. *Journal of Personality and Social Psychology*, **72,** 592–603.

DuBois, W. E. B. (1903/1961). *The souls of black folk.* Greenwich, CT: Fawcett Books.

Duck, J. M., Hogg, M. A., & Terry, D. J. (1995). Me, us and them: Political identification and the third-person effect in the 1993 Australian federal election. *European Journal of Social Psychology*, **25,** 195–215.

Duffy, M. (2003, June 9). Weapons of mass disappearance. *Time*, pp. 28–33.

Dunbar, R. (1992). Neocortex size as a constraint on group size in primates. *Journal of Human Evolution* **22,** 469–493.

Dunbar, R. (2010, December 25). You've got to have (150) friends. *New York Times* (www.nytimes.com).

Duncan, B. L. (1976). Differential social perception and attribution of intergroup violence: Testing the lower limits of stereotyping of blacks. *Journal of Personality and Social Psychology*, **34,** 590–598.

Dunfield, K. A., & Kuhlmeier, V. A. (2010). Intention-mediated selective helping in infancy. *Psychological Science*, **21,** 523–527.

Dunn, E., & Ashton-James, C. (2008). On emotional innumeracy: Predicted and actual affective response to grand-scale tragedies. *Journal of Experimental Social Psychology*, **44,** 692–698.

Dunn, E. W., Aknin, L. B., & Norton, M. I. (2008). Spending money on others promotes happiness. *Science*, **319,** 1687–1688.

Dunn, E. W., Wilson, T. D., & Gilbert, D. T. (2003). Location, location, location: The misprediction of satisfaction in housing lotteries. *Personality and Social Psychology Bulletin*, **29**, 1421-1432.

Dunn, J. R., & Schweitzer, M. E. (2005). Feeling and believing: The influence of emotion on trust. *Journal of Personality and Social Psychology*, **88,** 736–748.

Dunn, M., & Searle, R. (2010). Effect of manipulated prestige-car ownership on both sex attractiveness ratings. *British Journal of Psychology*, **101,** 69–80.

Dunning, D. (1995). Trait importance and modifiability as factors influencing self-assessment and self-enhancement motives. *Personality and Social Psychology Bulletin*, **21,** 1297–1306.

Dunning, D. (2005). *Self-insight: Roadblocks and detours on the path to knowing thyself.* London: Psychology Press.

Dunning, D. (2006). Strangers to ourselves? *The Psychologist*, **19,** 600–603.

Dunning, D., Griffin, D. W., Milojkovic, J. D., & Ross, L. (1990). The overconfidence effect in social prediction. *Journal of Personality and Social Psychology*, **58,** 568–581.

Dunning, D., Meyerowitz, J. A., & Holzberg, A. D. (1989). Ambiguity and self-evaluation. *Journal of Personality and Social Psychology*, **57,** 1082–1090.

Dunning, D., Perie, M., & Story, A. L. (1991). Self-serving prototypes of social categories. *Journal of Personality and Social Psychology*, **61,** 957–968.

Dunning, D., & Perretta, S. (2002). Automaticity and eyewitness accuracy: A 10- to 12-second rule for distinguishing accurate from inaccurate positive identifications. *Journal of Applied Psychology*, **87,** 951–962.

Dunning, D., & Sherman, D. A. (1997). Stereotypes and tacit inference. *Journal of Personality and Social Psychology*, **73,** 459–471.

Durante, K. M., Li, N. P., & Haselton, M. G. (2008). Changes in women's dress across the ovulatory cycle: Naturalistic and laboratory task-based evidence. *Personality and Social Psychology Bulletin*, **34,** 1451–1460.

Dutton, D. (2006, January 13). Hardwired to seek beauty. *The Australian* (www.theastralian.news .com.au).

Dutton, D. G. (1971). Reactions of restaurateurs to blacks and whites violating restaurant dress regulations. *Canadian Journal of Behavioural Science*, **3,** 298–302.

Dutton, D. G. (1973). Reverse discrimination: The relationship of amount of perceived discrimination toward a minority group and the behavior of majority group members. *Canadian Journal of Behavioural Science*, **5,** 34–45.

Dutton, D. G., & Aron, A. P. (1974). Some evidence for heightened sexual attraction under conditions of high anxiety. *Journal of Personality and Social Psychology*, **30,** 510–517.

Dutton, D. G., Boyanowsky, E. O., & Bond, M. H. (2005). Extreme mass homicide: From military massacre to genocide. *Aggression and violent behavior*, **10,** 437–473.

Dutton, D. G., & Lake, R. A. (1973). Threat of own prejudice and reverse discrimination in interracial situations. *Journal of Personality and Social Psychology*, **28,** 94–100.

Duval, S., Duval, V. H., & Neely, R. (1979). Self-focus, felt responsibility, and helping behavior. *Journal of Personality and Social Psychology*, **37,** 1769–1778.

Dye, M. W. G., Green, C. S., & Bavelier, D. (2009). Increasing speed of processing with action video games. *Current Directions in Psychological Science*, **18,** 321–326.

Dykstra, P. A., & Fokkema, T. (2007). Social and emotional loneliness among divorced and married men and women: Comparing the deficit and cognitive perspectives. *Basic and Applied Social Psychology*, **29,** 1–12.

Eagly, A., & Carli, L. (2007). *Through the labyrinth: The truth about how women become leaders.* Cambridge, MA: Harvard University Press.

Eagly, A. H. (1987). Sex differences in social behavior: A social-role interpretation. Hillsdale, NJ: Erlbaum.

Eagly, A. H. (1994). Are people prejudiced against women? Donald Campbell Award invited address, American Psychological Association convention.

Eagly, A. H. (2009). The his and hers of prosocial behavior: An examination of the social psychology of gender. *American Psychologist*, **64,** 644–658.

Eagly, A. H., Ashmore, R. D., Makhijani, M. G., & Longo, L. C. (1991). What is beautiful is good, but . . . : A meta-analytic review of research on the physical attractiveness stereotype. *Psychological Bulletin*, **110,** 109–128.

Eagly, A. H., & Chaiken, S. (1993). *The psychology of attitudes.* San Diego: Harcourt Brace Jovanovich.

Eagly, A. H., & Chaiken, S. (1998). Attitude structure and function. In D. Gilbert, S. Fiske, & G. Lindzey (Eds.), *The handbook of social psychology*, 4th edition. New York: McGraw-Hill.

Eagly, A. H., & Chaiken, S. (2005). Attitude research in the 21st century: The current state of knowledge. In D. Albarracin, B. T. Johnson, & M. P. Zanna (Eds.), *The handbook of attitudes.* Mahwah, NJ: Erlbaum.

Eagly, A. H., & Crowley, M. (1986). Gender and helping behavior: A meta-analytic review of the social psychological literature. *Psychological Bulletin*, **100,** 283–308.

Eagly, A. H., Diekman, A. B., Johannesen-Schmidt, M. C., & Koenig, A. M. (2004). Gender gaps in sociopolitical attitudes: A social psychological analysis. *Journal of Personality and Social Psychology*, **87,** 796–816.

Eagly, A. H., & Johnson, B. T. (1990). Gender and leadership style: A meta-analysis. *Psychological Bulletin*, **108,** 233–256.

Eagly, A. H., Mladinic, A., & Otto, S. (1991). Are women evaluated more favorably than men? *Psychology of Women Quarterly*, **15,** 203–216.

Eagly, A. H., Wood, W., & Chaiken, S. (1978). Casual inferences about communicators and their effect on opinion change. *Journal of Personality and Social Psychology*, **36,** 424–435.

Easterbrook, G. (2004, May 25). The 50¢-a-gallon solution. *New York Times* (www.nytimes.com).

Easterlin, R. A., McVey, L. A., Switek, M., Sawangfa, O., & Zweig, J. S. (2010). The happiness-income paradox revisited. *PNAS*, **107,** 22463–22468.

Eastwick, P. W. (2009). Beyond the Pleistocene: Using phylogeny and constraint to inform the evolutionary psychology of human mating. *Psychological Bulletin*, **135,** 794–821.

Eastwick, P. W., & Finkel, E. J. (2008a). Speed-dating as a methodological innovation. *The Psychologist*, **21,** 402–403.

Eastwick, P. W., & Finkel, E. J. (2008b). Sex differences in mate preferences revisited: Do people know what they initially desire in a romantic partner? *Journal of Personality and Social Psychology*, **94,** 245–264.

Eastwick, P. W., Finkel, E. J., Krishnamurti, T., & Loewenstein, G. (2007). Mispredicting distress following romantic breakup: Revealing the time course of the affective forecasting error. *Journal of Experimental Social Psychology*, **44,** 800–807.

Eastwick, P. W., Finkel, E. J., Mochon, D., & Ariely, D. (2007). Selective versus unselective romantic desire. *Psychological Science*, **18,** 317–319.

Eaton, A. A., Visser, P. S., Krosnick, J. A., & Anand, S. (2009). Social power and attitude strength over the life course. *Personality and Social Psychology Bulletin*, **35,** 1646–1660.

Ebbesen, E. B., Duncan, B., & Konecni, V. J. (1975). Effects of content of verbal aggression on future verbal aggression: A field experiment. *Journal of Experimental Social Psychology*, **11,** 192–204.

Eberhardt, J. L., (2005). Imaging race. *American Psychologist*, **60,** 181–190.

Eberhardt, J. L., Purdie, V. J., Goff, P. A., & Davies, P. G. (2004). Seeing black: Race, crime, and visual processing. *Journal of Personality and Social Psychology*, **87,** 876–893.

Eckersley, R. (2005). Is modern Western culture a health hazard?

International Journal of Epidemiology, published online November 22.
Eckersley, R., & Reeder, L. (2008). *Violence in public places: Explanations and solutions.* Weston, ACT, Australia: Australia 21 Limited.
Economist. (2000, June 10). America's death-penalty lottery. *The Economist.*
Edelson, M., Sharot, T., Dolan, R. J., & Dudai, Y. (2011). Following the crowd: brain substrates of long-term memory conformity. *Science,* **333,** 108–111.
Edney, J. J. (1980). The commons problem: Alternative perspectives. *American Psychologist,* **35,** 131–150.
Edsall, T. B. (2011, December 5). The reinvention of political morality. *New York Times* (www.nytimes.com).
Edwards, C. P. (1991). Behavioral sex differences in children of diverse cultures: The case of nurturance to infants. In M. Pereira & L. Fairbanks (Eds.), *Juveniles: Comparative socioecology.* Oxford: Oxford University Press.
Edwards, D., & Potter, J. (2005). Discursive psychology, mental states and descriptions. In H. te Molder & J. Potter (Eds.), *Conversation and cognition.* New York: Cambridge University Press.
Edwards, K. (1990). The interplay of affect and cognition in attitude formation and change. *Journal of Personality and Social Psychology,* **59,** 202–216.
Edwards, K., & Bryan, T. S. (1997). Judgmental biases produced by instructions to disregard: The (paradoxical) case of emotional information. *Personality and Social Psychology Bulletin,* **23,** 849–864.
Efran, M. G. (1974). The effect of physical appearance on the judgment of guilt, interpersonal attraction, and severity of recommended punishment in a simulated jury task. *Journal of Research in Personality,* **8,** 45–54.
Egan, L. C., Santos, L. R., & Bloom, P. (2007). The origins of cognitive dissonance: Evidence from children and monkeys. *Psychological Science,* **18,** 978–983.
Ehrlich, P., & Feldman, M. (2003). Genes and cultures: What creates our behavioral phenome? *Current Anthropology,* **44,** 87–95.
Eibach, R. P., & Ehrlinger, J. (2006). "Keep your eyes on the prize": Reference points and racial differences in assessing progress toward equality. *Personality and Social Psychology Bulletin,* **32,** 66–77.
Eich, E., Reeves, J. L., Jaeger, B., & Graff-Radford, S. B. (1985). Memory for pain: Relation between past and present pain intensity. *Pain,* **23,** 375–380.
Eisenberg, N., & Lennon, R. (1983). Sex differences in empathy and related capacities. *Psychological Bulletin,* **94,** 100–131.
Eisenberg, N., Fabes, R. A., Schaller, M., Miller, P., Carlo, G., Poulin, R., Shea, C., & Shell, R. (1991). Personality and socialization correlates of vicarious emotional responding. *Journal of Personality and Social Psychology,* **61,** 459–470.
Eisenberger, N. I., Lieberman, M. D., & Williams, K. D. (2003). Does rejection hurt? An fMRI study of social exclusion. *Science,* **302,** 290–292.
Eisenberger, R., & Rhoades, L. (2001). Incremental effects of reward on creativity. *Journal of Personality and Social Psychology,* **81,** 728–741.
Eisenberger, R., Rhoades, L., & Cameron, J. (1999). Does pay for performance increase or decrease perceived self-determination and intrinsic motivation? *Journal of Personality and Social Psychology,* **77,** 1026–1040.
Eisenberger, R., & Shanock, L. (2003). Rewards, intrinsic motivation, and creativity: A case study of conceptual and methodological isolation. *Creativity Research Journal,* **15,** 121–130.
Eiser, J. R., Sutton, S. R., & Wober, M. (1979). Smoking, seat-belts, and beliefs about health. *Addictive Behaviors,* **4,** 331–338.
Elder, G. H., Jr. (1969). Appearance and education in marriage mobility. *American Sociological Review,* **34,** 519–533.
Eldersveld, S. J., & Dodge, R. W. (1954). Personal contact or mail propaganda? An experiment in voting turnout and attitude change. In D. Katz, D. Cartwright, S. Eldersveld, & A. M. Lee (Eds.), *Public opinion and propaganda.* New York: Dryden Press.
Ellemers, N., Van Rijswijk, W., Roefs, M., & Simons, C. (1997). Bias in intergroup perceptions: Balancing group identity with social reality. *Personality and Social Psychology Bulletin,* **23,** 186–198.
Elliot, A. J., & Devine, P. G. (1994). On the motivational nature of cognitive dissonance: Dissonance as psychological discomfort. *Journal of Personality and Social Psychology,* **67,** 382–394.
Elliott, J. (2010, May 24). Souder: I'm happy that abstinence vid with mistress now defines me. *TPMMuckraker* (tpmmuckraker .talkingpointsmemo.com).
Elliott, L. (1989, June). Legend of the four chaplains. *Reader's Digest,* pp. 66–70.
Ellis, B. J., & Symons, D. (1990). Sex difference in sexual fantasy: An evolutionary psychological approach. *Journal of Sex Research,* **27,** 490–521.
Ellis, H. D. (1981). Theoretical aspects of face recognition. In G. H. Davies, H. D. Ellis, & J. Shepherd (Eds.), *Perceiving and remembering faces.* London: Academic Press.
Ellis, L., Hershberger, S., Field, E., Wersinger, S., Pellis, S., Geary, D., Palmer, C., Hoyenga, K., Hetroni, A., & Karadi, K. (2008). *Sex differences: Summarizing more than a century of scientific research.* New York: Psychology Press.
Ellison, P. A., Govern, J. M., Petri, H. L., & Figler, M. H. (1995). Anonymity and aggressive driving behavior: A field study. *Journal of Social Behavior and Personality,* **10,** 265–272.
Ellsworth, P. (1985, July). Juries on trial. *Psychology Today,* pp. 44–46.
Ellsworth, P. (1989, March 6). Supreme Court ignores social science research on capital punishment. Quoted by *Behavior Today,* pp. 7–8.
Ellsworth, P. C., & Mauro, R. (1998). Psychology and law. In D. Gilbert, S. T. Fiske, & G. Lindzey (Eds.), *Handbook of social psychology,* 4th edition. New York: McGraw-Hill.
Elms, A. (2009). Obedience lite. *American Psychologist,* **64,** 32–36.
Elms, A. C. (1995). Obedience in retrospect. *Journal of Social Issues,* **51,** 21–31.
Emmons, R. A., Larsen, R. J., Levine, S., & Diener, E. (1983). Factors predicting satisfaction judgments: A comparative examination. Paper presented at the Midwestern Psychological Association.
Emswiller, T., Deaux, K., & Willits, J. E. (1971). Similarity, sex, and requests for small favors. *Journal of Applied Social Psychology,* **1,** 284–291.
Eng, P. M., Kawachi, I., Fitzmaurice, G., & Rimm, E. B. (2001). Effects of marital transitions on changes in dietary and other health behaviors in men. Paper presented to the American Psychosomatic Society meeting.
Engemann, K. M., & Owyang, M. T. (2003, April). So much for that merit raise: The link between wages and appearance. *The Regional Economist* (www.stlouisfed.org).
Engs, R., & Hanson, D. J. (1989). Reactance theory: A test with collegiate drinking. *Psychological Reports,* **64,** 1083–1086.
Ennis, B. J., & Verrilli, D. B., Jr. (1989). Motion for leave to file brief amicus curiae and brief of Society for the Scientific Study of Religion, American Sociological Association, and others. U.S. Supreme Court Case No. 88–1600, Holy Spirit Association for the Unification of World Christianity, *et al.,* v. David Molko and Tracy Leal. On petition for writ of certiorari to the Supreme Court of California. Washington, DC: Jenner & Block, 21 Dupont Circle NW.
Ennis, R., & Zanna, M. P. (1991). Hockey assault: Constitutive versus

normative violations. Paper presented at the Canadian Psychological Association convention.

Enzle, M. E., & Hawkins, W. L. (1992). A priori actor negligence mediates a posteriori outcome. *Journal of Experimental Social Psychology*, **28**(2), 169–185.

Epley, N., & Huff, C. (1998). Suspicion, affective response, and educational benefit as a result of deception in psychology research. *Personality and Social Psychology Bulletin*, **24,** 759–768.

Epley, N., & Whitchurch, E. (2008). Mirror, mirror on the wall: Enhancement in self-recognition. *Personality and Social Psychology Bulletin*, **34,** 1159–1170.

Epley, N., Akalis, S., Waytz, A., & Cacioppo, J. T. (2008). Creating social connection through inferential reproduction: Loneliness and perceived agency in gadgets, gods, and greyhounds. *Psychological Science*, **19,** 114–120.

Epley, N., Savitsky, K., & Kachelski, R. A. (1999, September/October). What every skeptic should know about subliminal persuasion. *Skeptical Inquirer*, pp. 40–45.

Epstein, J. A., & Botvin, G. J. (2008). Media refusal skills and drug skill refusal techniques: What is their relationship with alcohol use among inner-city adolescents? *Addictive Behavior*, **33,** 528–537.

Epstein, S. (1980). The stability of behavior: II. Implications for psychological research. *American Psychologist*, **35,** 790–806.

Epstude, K., & Roese, N. J. (2008). The functional theory of counterfactual thinking. *Personality and Social Psychology Review*, **12,** 168–192.

Erickson, B., Holmes, J. G., Frey, R., Walker, L., & Thibaut, J. (1974). Functions of a third party in the resolution of conflict: The role of a judge in pretrial conferences. *Journal of Personality and Social Psychology*, **30,** 296–306.

Erickson, B., Lind, E. A. Johnson, B. C., & O'Barr, W. M. (1978). Speech style and impression formation in a court setting: The effects of powerful and powerless speech. *Journal of Experimental Social Psychology*, **14,** 266–279.

Erikson, E. H. (1963). *Childhood and society*. New York: Norton.

Ernst, M. O. (2010). Decisions made better. *Science*, **329,** 1022–1023.

Eron, L. D. (1987). The development of aggressive behavior from the perspective of a developing behaviorism. *American Psychologist*, **42,** 425–442.

Eron, L. D., & Huesmann, L. R. (1980). Adolescent aggression and television. *Annals of the New York Academy of Sciences*, **347,** 319–331.

Eron, L. D., & Huesmann, L. R. (1984). The control of aggressive behavior by changes in attitudes, values, and the conditions of learning. In R. J. Blanchard & C. Blanchard (Eds.), *Advances in the study of aggression* (Vol. 1). Orlando, FL: Academic Press.

Eron, L. D., & Huesmann, L. R. (1985). The role of television in the development of prosocial and antisocial behavior. In D. Olweus, M. Radke-Yarrow, and J. Block (Eds.), *Development of antisocial and prosocial behavior*. Orlando, FL: Academic Press.

Escobar-Chaves, S. L., & Anderson, C. A. (2008). Media and risky behaviors. *The Future of Children*, **18,** 147–180.

Escobar-Chaves, S. L., Tortolero, S. R., Markham, C. M., Low, B. J., Eitel, P., & Thickstun, P. (2005). Impact of the media on adolescent sexual attitudes and behaviors. *Pediatrics*, **116,** 303–326.

Esser, J. K. (1998, February–March). Alive and well after 25 years. A review of groupthink research. *Organizational Behavior and Human Decision Processes*, **73,** 116–141.

Esses, V. M., Haddock, G., & Zanna, M. P. (1993a). Values, stereotypes, and emotions as determinants of intergroup attitudes. In D. Mackie & D. Hamilton (Eds.), *Affect, cognition and stereotyping: Interactive processes in intergroup perception*. San Diego, CA: Academic Press.

Esses, V. M., Haddock, G., & Zanna, M. P. (1993b). The role of mood in the expression of intergroup stereotypes. In M. P. Zanna & J. M. Olson (Eds.), *The psychology of prejudice: The Ontario symposium* (Vol. 7). Hillsdale, NJ: Erlbaum.

Esses, V. M., Jackson, L. M., Dovidio, J. F., & Hodson, G. (2005). Instrumental relations among groups: Group competition, conflict, and prejudice. In J. F. Dovidio, P. Glick, & L. A. Rudman (Eds.), *On the nature of prejudice: Fifty years after Allport* (pp. 227–243). Malden, MA: Blackwell.

Esses, V. M., & Webster, C. D. (1988). Physical attractiveness, dangerousness, and the Canadian criminal code. *Journal of Applied Social Psychology*, **18,** 1017–1031.

Etaugh, C. E., Bridges, J. S., Cummings-Hill, M., & Cohen, J. (1999). "Names can never hurt me": The effects of surname use on perceptions of married women. *Psychology of Women Quarterly*, **23,** 819–823.

Etzioni, A. (1967). The Kennedy experiment. *The Western Political Quarterly*, **20,** 361–380.

Etzioni, A. (1991, May–June). The community in an age of individualism (interview). *The Futurist*, pp. 35–39.

Etzioni, A. (1993). *The spirit of community*. New York: Crown.

Etzioni, A. (1999). The monochrome society. *The Public Interest*, **137** (Fall), 42–55.

Etzioni, A. (2005). The diversity within unity platform. Washington, DC: The Communitarian Network.

Evans, G. W. (1979). Behavioral and physiological consequences of crowding in humans. *Journal of Applied Social Psychology*, **9,** 27–46.

Evans, G. W., Lepore, S. J., & Allen, K. M. (2000). Cross-cultural differences in tolerance for crowding: Fact or fiction? *Journal of Personality and Social Psychology*, **79,** 204–210.

Evans, G. W., Lepore, S. J., & Schroeder, A. (1996). The role of interior design elements in human responses to crowding. *Journal of Personality and Social Psychology*, **70,** 41–46.

Evans, R. I., Smith, C. K., & Raines, B. E. (1984). Deterring cigarette smoking in adolescents: A psycho-social-behavioral analysis of an intervention strategy. In A. Baum, J. Singer, & S. Taylor (Eds.), *Handbook of psychology and health: Social psychological aspects of health* (Vol. 4). Hillsdale, NJ: Erlbaum.

Fabrigar, L. R., & Petty, R. E. (1999). The role of the affective and cognitive bases of attitudes in susceptibility to affectively and cognitively based persuasion. *Personality and Social Psychology Bulletin*, **25,** 363–381.

Fairchild, H. H., & Cowan, G. (1997). The O. J. Simpson trial: Challenges to science and society. *Journal of Social Issues*, **53,** 583–591.

Falk, A., Kuhn, A., & Zweiműller, J. (2011). Unemployment and right-wing extremist crime. *Scandinavian Journal of Economics*, **113,** 260–285.

Falk, C. F., Heine, S. J., Yuki, M., & Takemura, K. (2009). Why do Westerners self-enhance more than East Asians? *European Journal of Personality*, **23,** 183–203.

Farb, N. A. S., Segal, Z. V., Mayberg, H., Bean, J., & McKeon, D. (2007). Attending to the present: Mindfulness meditation reveals distinct neural modes of self-reference. *Social Cognitive and Affective Neuroscience*, **2,** 313–322.

Farquhar, J. W., Maccoby, N., Wood, P. D., Alexander, J. K., Breitrose, H., Brown, B. W., Jr., Haskell, W. L., McAlister, A. L., Meyer, A. J., Nash, J. D., & Stern, M. P. (1977, June 4). Community education for cardiovascular health. *Lancet*, 1192–1195.

Farrell, E. F. (2005, March 18). The battle for hearts and lungs. *Chronicle of Higher Education* (www.chronicle .com).

Farrelly, M. C., Davis, K. C., Duke, J., & Messeri, P. (2008, January 17). Sustaining "truth": Changes in youth tobacco attitudes and smoking intentions after three years of a national antismoking campaign. *Health Education Research* (doi:10.1093/her/cym087).

Farrelly, M. C., Healton, C. G., Davis, K. C., Messeri, P., Hersey, J. C., & Haviland, M. L. (2002). Getting to the truth: Evaluating national tobacco countermarketing campaigns. *American Journal of Public Health,* **92,** 901–907.

Farris, C., Treat, T. A., Viken, R. J., & McFall, R. M. (2008). Perceptual mechanisms that characterize gender differences in decoding women's sexual intent. *Psychological Science,* **19,** 348–354.

Farwell, L., & Weiner, B. (2000). Bleeding hearts and the heartless: Popular perceptions of liberal and conservative ideologies. *Personality and Social Psychology Bulletin,* **26,** 845–852.

Faulkner, S. L., & Williams, K. D. (1996). *A study of social loafing in industry.* Paper presented at the Midwestern Psychological Association convention.

Faust, D., & Ziskin, J. (1988). The expert witness in psychology and psychiatry. *Science,* **241,** 31–35.

Fazio, R. (1987). Self-perception theory: A current perspective. In M. P. Zanna, J. M. Olson, & C. P. Herman (Eds.), *Social influence: The Ontario symposium* (Vol. 5). Hillsdale, NJ: Erlbaum.

Fazio, R. H., Effrein, E. A., & Falender, V. J. (1981). Self-perceptions following social interaction. *Journal of Personality and Social Psychology,* **41,** 232–242.

Fazio, R. H., Zanna, M. P., & Cooper, J. (1977). Dissonance versus self-perception: An integrative view of each theory's proper domain of application. *Journal of Experimental Social Psychology,* **13,** 464–479.

Fazio, R. H., Zanna, M. P., & Cooper, J. (1979). On the relationship of data to theory: A reply to Ronis and Greenwald. *Journal of Experimental Social Psychology,* **15,** 70–76.

Fazio, R. H. (2007). Attitudes as object-evaluation associations of varying strength. *Social Cognition,* **25,** 603–637.

Feather, N. T. (2005). Social psychology in Australia: Past and present. *International Journal of Psychology,* **40,** 263–276.

Federal Bureau of Investigation (FBI). (2008). *Uniform crime reports for the United States.* Washington, DC: Federal Bureau of Investigation.

Federal Bureau of Investigation (FBI). (2009a). Hate crime statistics, 2009. Table 1, Incidents, offenses, victims, and known offenders. Washington, DC: Federal Bureau of Investigation.

Federal Bureau of Investigation (FBI). (2009b). *Uniform Crime Reports.* Table 3. Washington, DC: Federal Bureau of Investigation.

Federal Bureau of Investigation (FBI). (2011). *Uniform Crime Reports:* Table 4. January to June 2010 offenses reported to law enforcement by state by city 100,000 and over in population. Washington, DC: Federal Bureau of Investigation. (www.fbi.gov)

Federal Trade Commission (FTC). (2003, June 12). *Federal Trade Commission cigarette report for 2001.* FTC (www.ftc.gov/opa/2003/06/2001cigrpt.htm).

Feeney, J. A. (1996). Attachment, caregiving, and marital satisfaction. *Personal Relationships,* **3,** 401–416.

Feeney, J. A., & Noller, P. (1990). Attachment style as a predictor of adult romantic relationships. *Journal of Personality and Social Psychology,* **58,** 281–291.

Feeney, J., Peterson, C., & Noller, P. (1994). Equity and marital satisfaction over the family life cycle. *Personality Relationships,* **1,** 83–99.

Fein, S., & Hilton, J. L. (1992). Attitudes toward groups and behavioral intentions toward individual group members: The impact of nondiagnostic information. *Journal of Experimental Social Psychology,* **28,** 101–124.

Fein, S., & Spencer, S. J. (1997). Prejudice as self-image maintenance: Affirming the self through derogating others. *Journal of Personality and Social Psychology,* **73,** 31–44.

Feinberg, J. M., & Aiello, J. R. (2006). Social facilitation: A test of competing theories. *Journal of Applied Social Psychology,* **36,** 1–23.

Feinberg, M., & Willer, R. (2010). Apocalypse soon? Dire messages reduce belief in global warming by contradicting just-world beliefs. *Psychological Science,* **22,** 34–38.

Feingold, A. (1988). Matching for attractiveness in romantic partners and same-sex friends: A meta-analysis and theoretical critique. *Psychological Bulletin,* **104,** 226–235.

Feingold, A. (1990). Gender differences in effects of physical attractiveness on romantic attraction: A comparison across five research paradigms. *Journal of Personality and Social Psychology,* **59,** 981–993.

Feingold, A. (1991). Sex differences in the effects of similarity and physical attractiveness on opposite-sex attraction. *Basic and Applied Social Psychology,* **12,** 357–367.

Feingold, A. (1992a). Gender differences in mate selection preferences: A test of the parental investment model. *Psychological Bulletin,* **112,** 125–139.

Feingold, A. (1992b). Good-looking people are not what we think. *Psychological Bulletin,* **111,** 304–341.

Feldman, R. S., & Prohaska, T. (1979). The student as Pygmalion: Effect of student expectation on the teacher. *Journal of Educational Psychology,* **71,** 485–493.

Feldman, R. S., & Theiss, A. J. (1982). The teacher and student as Pygmalions: Joint effects of teacher and student expectations. *Journal of Educational Psychology,* **74,** 217–223.

Felson, R. B. (2000). A social psychological approach to interpersonal aggression. In V. B. Van Hasselt & M. Hersen (Eds.), *Aggression and violence: An introductory text.* Boston: Allyn & Bacon.

Fenigstein, A. (1984). Self-consciousness and the overperception of self as a target. *Journal of Personality and Social Psychology,* **47,** 860–870.

Fenigstein, A., & Vanable, P. A. (1992). Paranoia and self-consciousness. *Journal of Personality and Social Psychology,* **62,** 129–138.

Ferguson, C. J., & Kilburn, J. (2010). Much ado about nothing: The misestimation and overinterpretation of violent video game effects in Eastern and Western nations: Comment on Anderson et al. (2010). *Psychological Bulletin,* **136,** 174–178.

Fergusson, D. M., Horwood, L. J., & Shannon, F. T. (1984). A proportional hazards model of family breakdown. *Journal of Marriage and the Family,* **46,** 539–549.

Ferriman, K., Lubinski, D., & Benbow, C. P. (2009). Work preferences, life values, and personal views of top math/science graduate students and the profoundly gifted: Developmental changes and gender differences during emerging adulthood and parenthood. *Journal of Personality and Social Psychology,* **97,** 517–522.

Feshbach, S. (1980). *Television advertising and children: Policy issues and alternatives.* Paper presented at the American Psychological Association convention.

Festinger, L. (1954). A theory of social comparison processes. *Human Relations,* **7,** 117–140.

Festinger, L. (1957). *A theory of cognitive dissonance.* Stanford: Stanford University Press.

Festinger, L., & Carlsmith, J. M. (1959). Cognitive consequences of forced compliance. *Journal of Abnormal and Social Psychology,* **58,** 203–210.

Festinger, L., & Maccoby, N. (1964). On resistance to persuasive communications. *Journal of Abnormal and Social Psychology,* **68,** 359–366.

Festinger, L., Pepitone, A., & Newcomb, T. (1952). Some

consequences of deindividuation in a group. *Journal of Abnormal and Social Psychology*, **47,** 382–389.

Feygina, I., Jost, J. T., & Goldsmith, R. E. (2010). System justification, the denial of global warming, and the possibility of "system-sanctioned change." *Personality and Social Psychology Bulletin*, **36,** 326–338.

Feynman, R. (1967). *The character of physical law*. Cambridge, MA: MIT Press.

Fichter, J. (1968). *America's forgotten priests: What are they saying?* New York: Harper.

Fiedler, F. E. (1987, September). When to lead, when to stand back. *Psychology Today*, pp. 26–27.

Fincham, F. D., & Bradbury, T. N. (1993). Marital satisfaction, depression, and attributions: A longitudinal analysis. *Journal of Personality and Social Psychology*, **64,** 442–452.

Fincham, F. D., Lambert, N. M., & Beach, S. R. H. (2010). Faith and unfaithfulness: Can praying for your partner reduce infidelity? *Journal of Personality and Social Psychology*, **99,** 649–659.

Finchilescu, G. (2005). Meta-stereotypes may hinder inter-racial contact. *South African Journal of Psychology*, **35,** 460-472.

Findley, M. J., & Cooper, H. M. (1983). Locus of control and academic achievement: A literature review. *Journal of Personality and Social Psychology*, **44,** 419–427.

Finkel, E. J., & Campbell, W. K. (2001). Self-control and accommodation in close relationships: An interdependence analysis. *Journal of Personality and Social Psychology*, **81,** 263–277.

Finkel, E. J., Eastwick, P. W., Karney, B. R., Reis, H. T., & Sprecher, S. (2012). Online dating: A critical analysis from the perspective of psychological science. *Psychological Science*, in press.

Fischer, G. J. (1997). Gender effects on individual verdicts and on mock jury verdicts in a simulated acquaintance rape trial. *Sex Roles*, **36,** 491–501.

Fischer, P., & Greitemeyer, T. (2006). Music and aggression: The impact of sexual-aggressive song lyrics on aggression-related thoughts, emotions, and behavior toward the same and the opposite sex. *Personality and Social Psychology Bulletin*, **32,** 1165–1176.

Fischer, P., & Greitemeyer, T. (2010). A new look at selective-exposure effects: An integrative model. *Current Directions in Psychological Science*, **19,** 384–389.

Fischer, P., Krueger, J., Greitemeyer, T., Kastenmüller, A., Vogrincic, C., Frey, D., Heene, M., Wicher, M., & Kainbacher, M. (2011). The bystander-effect: A meta-analytic review on bystander intervention in dangerous and non-dangerous emergencies. *Psychological Bulletin*, **137,** 517–537.

Fischer, R., & Boer, D. (2011). What is more important for national well-being: Money or autonomy? A meta-analysis of well-being, burnout, and anxiety across 63 societies. *Journal of Personality and Social Psychology*, **101,** 164–184.

Fischer, R., & Chalmers, A. (2008). Is optimism universal? A meta-analytical investigation of optimism levels across 22 nations. *Personality and Individual Differences*, **45,** 378–382.

Fischer, R., & Van de Vliert, E. (2011). Does climate undermine subjective well-being? A 58-nation study. *Personality and Social Psychology Bulletin*, **37,** 1031–1041.

Fischhoff, B. (1982). Debiasing. In D. Kahneman, P. Slovic, & A. Tversky (Eds.), *Judgment under uncertainty: Heuristics and biases*. New York: Cambridge University Press.

Fischhoff, B., & Bar-Hillel, M. (1984). Diagnosticity and the base rate effect. *Memory and Cognition*, **12,** 402–410.

Fischtein, D. S., Herold, E. S., & Desmarais, S. (2007). How much does gender explain in sexual attitudes and behaviors? A survey of Canadian adults. *Archives of Sexual Behavior*, **36,** 451–461.

Fishbein, D., & Thelen, M. H. (1981a). *Husband–wife similarity and marital satisfaction: A different approach.* Paper presented at the Midwestern Psychological Association convention.

Fishbein, D., & Thelen, M. H. (1981b). Psychological factors in mate selection and marital satisfaction: A review (Ms. 2374). *Catalog of Selected Documents in Psychology*, **11,** 84.

Fishbein, M., & Ajzen, I. (1974). Attitudes toward objects as predictive of single and multiple behavioral criteria. *Psychological Review*, **81,** 59–74.

Fisher, H. (1994, April). The nature of romantic love. *Journal of NIH Research*, pp. 59–64.

Fisher, K., Egerton, M., Gershuny, J. I., & Robinson, J. P. (2007). Gender convergence in the American Heritage Time Use Study (AHTUS). *Social Indicators Research*, **82,** 1–33.

Fisher, R. J. (1994). Generic principles for resolving intergroup conflict. *Journal of Social Issues*, **50,** 47–66.

Fisher, R. P., Geiselman, R. E., & Amador, M. (1989). Field test of the cognitive interview: Enhancing the recollection of actual victims and witnesses of crime. *Journal of Applied Psychology*, **74,** 722–727.

Fisher, R. P., Geiselman, R. E., & Raymond, D. S. (1987). Critical analysis of police interview techniques. *Journal of Police Science and Administration*, **15,** 177–185.

Fisher, R. P., McCauley, M. R., & Geiselman, R. E. (1994). Improving eyewitness testimony with the Cognitive Interview. In D. F. Ross, J. D. Read, & M. P. Toglia (Eds.), *Adult eyewitness testimony: Current trends and developments*. Cambridge, UK: Cambridge University Press.

Fisher, R. P., Milne, R., & Bull, R. (2011). Interviewing cooperative witnesses. *Current Directions in Psychological Science*, **20,** 20–23.

Fiske, S. T. (1989). Interdependence and stereotyping: From the laboratory to the Supreme Court (and back). Invited address, American Psychological Association convention.

Fiske, S. T. (1992). Thinking is for doing: Portraits of social cognition from daguerreotype to laserphoto. *Journal of Personality and Social Psychology*, **63,** 877–889.

Fiske, S. T. (1993). Controlling other people: The impact of power on stereotyping. *American Psychologist*, **48,** 621–628.

Fiske, S. T. (1999). Behind the scenes. In D. G. Myers, *Social psychology*, 6th edition. New York: McGraw-Hill.

Fiske, S. T. (2004). Mind the gap: In praise of informal sources of formal theory. *Personality and Social Psychology Review*, **8,** 132–137.

Fiske, S. T. (2011a, January 27). *One word: Plasticity.* Presentation to the Society of Personality and Social Psychology Presidential Symposium: Visions for the next decade of personality and social psychology, San Antonio, TX.

Fiske, S. T. (2011b). *Envy up, scorn down: How status divides us.* New York: Sage Foundation.

Fiske, S. T. (2011c). Emotions of inequality. New York: Sage Foundation.

Fiske, S. T., Bersoff, D. N., Borgida, E., Deaux, K., & Heilman, M. E. (1991). Social science research on trial: The use of sex stereotyping research in Price Waterhouse *v.* Hopkins. *American Psychologist*, **46,** 1049–1060.

Fiske, S. T., Harris, L. T., & Cuddy, A. J. C. (2004). Why ordinary people torture enemy prisoners. *Science*, **306,** 1482–1483.

Fiske, S. T., Xu, J., Cuddy, A. C., & Glick, P. (1999). (Dis)respecting versus (Dis)liking: Status and interdependence predict ambivalent stereotypes of competence and warmth. *Journal of Social Issues*, **55,** 473–489.

Fitzpatrick, A. R., & Eagly, A. H. (1981). Anticipatory belief polarization as a function of the expertise of a discussion partner. *Personality and Social Psychology Bulletin*, **1,** 636–642.

Flay, B. R., Ryan, K. B., Best, J. A., Brown, K. S., Kersell, M. W., d'Avernas, J. R., & Zanna, M. P. (1985). Are social-psychological smoking prevention programs effective? The Waterloo study. *Journal of Behavioral Medicine*, **8,** 37–59.

Fleming, M. A., Wegener, D. T., & Petty, R. E. (1999). Procedural and legal motivations to correct for perceived judicial biases. *Journal of Experimental Social Psychology,* **35,** 186–203.

Fletcher, G. J. O., & Ward, C. (1989). Attribution theory and processes: A cross-cultural perspective. In M. H. Bond (Ed.), *The cross-cultural challenge to social psychology.* Newbury Park, CA: Sage.

Fletcher, G. J. O., Fincham, F. D., Cramer, L., & Heron, N. (1987). The role of attributions in the development of dating relationships. *Journal of Personality and Social Psychology,* **53,** 481–489.

Fletcher, G. J. O., Simpson, J. A., Thomas, G., & Giles, L. (1999). Ideals in intimate relationships. *Journal of Personality and Social Psychology,* **76,** 72–89.

Fletcher, G. J. O., Tither, J. M., O'Loughlin, C., Friesen, M., & Overall, N. (2004). Warm and homely or cold and beautiful? Sex differences in trading off traits in mate selection. *Personality and Social Psychology Bulletin,* **30,** 659–672.

Flynn, F. J., & Wiltermuth, S. S. (2010). Who's with me? False consensus, brokerage, and ethical decision-making in organizations. *Academic of Management Journal,* **53,** 1074–1089.

Foa, U. G., & Foa, E. B. (1975). *Resource theory of social exchange.* Morristown, NJ: General Learning Press.

Fogelman, E. (1994). *Conscience and courage: Rescuers of Jews during the Holocaust.* New York: Doubleday Anchor.

Foley, L. A. (1976). Personality and situational influences on changes in prejudice: A replication of Cook's railroad game in a prison setting. *Journal of Personality and Social Psychology,* **34,** 846–856.

Follett, M. P. (1940). Constructive conflict. In H. C. Metcalf & L. Urwick (Eds.), *Dynamic administration: The collected papers of Mary Parker Follett.* New York: Harper.

FootPrintNetwork.org. (2011). World footprint: Do we fit on the planet? www.footprintnetwork.org.

Ford, R. (2008). Is racial prejudice declining in Britain? *British Journal of Sociology,* **59,** 609–636.

Ford, T. E. (1997). Effects of stereotypical television portrayals of African-Americans on person perception. *Social Psychology Quarterly,* **60,** 266–278.

Forgas, J. P. (1999). Behind the scenes. In D. G. Myers (Ed.), *Social psychology,* 6th edition. New York: McGraw-Hill.

Forgas, J. P. (2007). When sad is better than happy: Negative affect can improve the quality and effectiveness of persuasive messages and social influence strategies. *Journal of Experimental Social Psychology,* **43,** 513–528.

Forgas, J. P. (2008). Affect and cognition. *Perspectives on Psychological Science,* **3,** 94–101.

Forgas, J. P. (2010). Affective influences on the formation, expression, and change of attitudes. In J. P. Forgas, J. Cooper, & W. D. Crano (Eds.), *The psychology of attitudes and attitude change.* New York: Psychology Press.

Forgas, J. P. (2011). Affect and global versus local processing: The processing benefits of negative affect for memory, judgments, and behavior. *Psychological Inquiry,* **21,** 216–224.

Forgas, J. P., Bower, G. H., & Krantz, S. E. (1984). The influence of mood on perceptions of social interactions. *Journal of Experimental Social Psychology,* **20,** 497–513.

Forgas, J. P., Dunn, E., & Granland, S. (2008). Are you being served . . . ? An unobtrusive experiment of affective influences on helping in a department store. *European Journal of Social Psychology,* **38,** 333–342.

Forgas, J. P., & Moylan, S. (1987). After the movies: Transient mood and social judgments. *Personality and Social Psychology Bulletin,* **13,** 467–477.

Form, W. H., & Nosow, S. (1958). *Community in disaster.* New York: Harper.

Forster, E. M. (1976). *Aspects of the novel* (Ed. O. Stallybrass). Harmondsworth: Penguin. (Original work published 1927.)

Forsyth, D. R., Kerr, N. A., Burnette, J. L., & Baumeister, R. F. (2007). Attempting to improve the academic performance of struggling college students by bolstering their self-esteem: An intervention that backfired. *Journal of Social and Clinical Psychology,* **26,** 447–459.

Forsyth, D. R., & Leary, M. R. (1997). Achieving the goals of the scientist-practitioner model: The seven interfaces of social and counseling psychology. *The Counseling Psychologist,* **25,** 180–200.

Foss, R. D. (1978). *The role of social influence in blood donation.* Paper presented at the American Psychological Association convention.

Foster, C. A., Witcher, B. S., Campbell, W. K., & Green, J. D. (1998). Arousal and attraction: Evidence for automatic and controlled processes. *Journal of Personality and Social Psychology,* **74,** 86–101.

Fournier, R., & Tompson, T. (2008, September 20). Poll: Racial views steer some white Dems away from Obama. Associated Press via news.yahoo.com (data from www.knowledgenetworks.com survey for AP-Yahoo in partnership with Stanford University).

Fowler, J. H., & Christakis, N. A. (2008). Dynamic spread of happiness in a large social network: Longitudinal analysis over 20 years in the Framingham Heart Study. *British Medical Journal,* **337** (doi: 10.1136/bmj.a2338).

Frank, J. D. (1974). *Persuasion and healing: A comparative study of psychotherapy.* New York: Schocken.

Frank, J. D. (1982). Therapeutic components shared by all psychotherapies. In J. H. Harvey & M. M. Parks (Eds.), *The master lecture series: Vol. 1. Psychotherapy research and behavior change.* Washington, DC: American Psychological Association.

Frank, R. (1999). *Luxury fever: Why money fails to satisfy in an era of excess.* New York: Free Press.

Frankel, A., & Snyder, M. L. (1987). Egotism among the depressed: When self-protection becomes self-handicapping. Paper presented at the American Psychological Association convention.

Franklin, B. J. (1974). Victim characteristics and helping behavior in a rural southern setting. *Journal of Social Psychology,* **93,** 93–100.

Frantz, C. M. (2006). I AM being fair: The bias blind spot as a stumbling block to seeing both sides. *Basic and Applied Social Psychology,* **28,** 157–167.

Frasure-Smith, N., & Lespérance, F. (2005). Depression and coronary heart disease: Complex synergism of mind, body, and environment. *Current Directions in Psychological Science,* **14,** 39–43.

Frasure-Smith, N., Lesperance, F., Juneau, M., Talajic, M., & Bourassa, M. G. (1999). Gender, depression, and one-year prognosis after myocardial infarction. *Psychosomatic Medicine,* **61,** 26–37.

Frasure-Smith, N., Lesperance, F., & Talajic, M. (1995). The impact of negative emotions on prognosis following myocardial infarction: Is it more than depression? *Health Psychology,* **14,** 388–398.

Frederick, D. A., & Haselton, M. G. (2007). Why is muscularity sexy? Tests of the fitness indicator hypothesis. *Personality and Social Psychology Bulletin,* **8,** 1167–1183.

Freedman, J. L., Birsky, J., & Cavoukian, A. (1980). Environmental determinants of behavioral contagion: Density and number. *Basic and Applied Social Psychology,* **1,** 155–161.

Freedman, J. L., & Fraser, S. C. (1966). Compliance without pressure: The foot-in-the-door technique. *Journal of Personality and Social Psychology,* **4,** 195–202.

Freedman, J. L., & Perlick, D. (1979). Crowding, contagion, and laughter. *Journal of Experimental Social Psychology,* **15,** 295–303.

Freedman, J. L., & Sears, D. O. (1965). Warning, distraction, and resistance to influence. *Journal of Personality and Social Psychology,* **1,** 262–266.

Freeh, L. (1993, September 1). Inaugural address as FBI director.

Freeman, M. A. (1997). Demographic correlates of individualism and collectivism: A study of social values in Sri Lanka. *Journal of Cross-Cultural Psychology,* **28,** 321–341.

French, J. R. P. (1968). The conceptualization and the measurement of mental health in terms of self-identity theory. In S. B. Sells (Ed.), *The definition and measurement of mental health.* Washington, DC: Department of Health, Education, and Welfare. (Cited by M. Rosenberg, 1979, *Conceiving the self.* New York: Basic Books.)

Frenda, S. J., Nichols, R. M., & Loftus, E. F. (2011). Current issues and advances in misinformation research. *Current Directions in Psychological Science,* **20,** 20–23.

Freund, B., Colgrove, L. A., Burke, B. L., & McLeod, R. (2005). Self-rated driving performance among elderly drivers referred for driving evaluation. *Accident Analysis and Prevention,* **37,** 613–618

Frey, B. S., Savage, D. A., & Torgler, B. (2010). Interaction of natural survival instincts and internalized social norms exploring the Titanic and Lusitania disasters. *Proceedings of the National Academy of Sciences USA,* **107,** 4862–4865.

Friebel, G., & Seabright, P. (2011). Do women have longer conversations? Telephone evidence of gendered communication strategies. *Journal of Economic Psychology,* **32,** 348–356.

Friedman, H. S., Riggio, R. E., & Casella, D. F. (1988). Nonverbal skill, personal charisma, and initial attraction. *Personality and Social Psychology Bulletin,* **14,** 203–211.

Friedman, R., & Elliot, A. J. (2008). The effect of arm crossing on persistence and performance. *European Journal of Social Psychology,* **38,** 449–461.

Friedman, T. L. (2003, June 4). Because we could. *New York Times* (www .nytimes.com).

Friedrich, J. (1996). On seeing oneself as less self-serving than others: The ultimate self-serving bias? *Teaching of Psychology,* **23,** 107–109.

Friedrich, L. K., & Stein, A. H. (1973). Aggressive and prosocial television programs and the natural behavior of preschool children. *Monographs of the Society of Research in Child Development,* **38** (4, Serial No. 151).

Friedrich, L. K., & Stein, A. H. (1975). Prosocial television and young children: The effects of verbal labeling and role playing on learning and behavior. *Child Development,* **46,** 27–38.

Frieze, I. H., Olson, J. E., & Russell, J. (1991). Attractiveness and income for men and women in management. *Journal of Applied Social Psychology,* **21,** 1039–1057.

Frisell, T., Lichtenstein, P., & Långström, N. (2011). Violent crime runs in families: A total population study of 12.5 million individuals. *Journal of Research in Psychiatry and the Allied Sciences,* **41,** 97–105.

Froming, W. J., Walker, G. R., & Lopyan, K. J. (1982). Public and private self-awareness: When personal attitudes conflict with societal expectations. *Journal of Experimental Social Psychology,* **18,** 476–487.

Fuller, S. R., & Aldag, R. J. (1998). Organizational Tonypandy: Lessons from a quarter century of the groupthink phenomenon. *Organizational Behavior and Human Decision Processes,* **73,** 163–185.

Fultz, J., Batson, C. D., Fortenbach, V. A., McCarthy, P. M., & Varney, L. L. (1986). Social evaluation and the empathy-altruism hypothesis. *Journal of Personality and Social Psychology,* **50,** 761–769.

Furnham, A. (1982). Explanations for unemployment in Britain. *European Journal of Social Psychology,* **12,** 335–352.

Furnham, A., & Gunter, B. (1984). Just world beliefs and attitudes towards the poor. *British Journal of Social Psychology,* **23,** 265–269.

Gable, S. L., Gonzaga, G. C., & Strachman, A. (2006). Will you be there for me when things go right? Supportive responses to positive event disclosures. *Journal of Personality and Social Psychology,* **91,** 904–917.

Gabrenya, W. K., Jr., Wang, Y.-E., & Latané, B. (1985). Social loafing on an optimizing task: Cross-cultural differences among Chinese and Americans. *Journal of Cross-Cultural Psychology,* **16,** 223–242.

Gabriel, S., & Gardner, W. L. (1999). Are there "his" and "hers" types of interdependence? The implications of gender differences in collective versus relational interdependence for affect, behavior, and cognition. *Journal of Personality and Social Psychology,* **77,** 642–655.

Gaebelein, J. W., & Mander, A. (1978). Consequences for targets of aggression as a function of aggressor and instigator roles: Three experiments. *Personality and Social Psychology Bulletin,* **4,** 465–468.

Gaertner, L., Iuzzini, J., Witt, M. G., & Oriña, M. M. (2006). Us without them: Evidence for an intragroup origin of positive in-group regard. *Journal of Personality and Social Psychology,* **90,** 426-439.

Gaertner, L., Sedikides, C., & Graetz, K. (1999). In search of self-definition: Motivational primacy of the individual self, motivational primacy of the collective self, or contextual primacy? *Journal of Personality and Social Psychology,* **76,** 5–18.

Gaertner, S. L. (1973). Helping behavior and racial discrimination among liberals and conservatives. *Journal of Personality and Social Psychology,* **25,** 335–341.

Gaertner, S. L. (1975). The role of racial attitudes in helping behavior. *Journal of Social Psychology,* **97,** 95–101.

Gaertner, S. L., & Bickman, L. (1971). Effects of race on the elicitation of helping behavior. *Journal of Personality and Social Psychology,* **20,** 218–222.

Gaertner, S. L., & Dovidio, J. F. (1977). The subtlety of white racism, arousal, and helping behavior. *Journal of Personality and Social Psychology,* **35,** 691–707.

Gaertner, S. L., & Dovidio, J. F. (1986). The aversive form of racism. In J. F. Dovidio & S. L. Gaertner (Eds.), *Prejudice, discrimination, and racism.* Orlando, FL: Academic Press.

Gaertner, S. L., & Dovidio, J. F. (2005). Understanding and addressing contemporary racism: From aversive racism to the Common Ingroup Identity Model. *Journal of Social Issues,* **61,** 615–639.

Gaertner, S. L., Dovidio, J. F., Nier, J. A., Banker, B. S., Ward, C. M., Houlette, M., & Loux, S. (2000). The common ingroup identity model for reducing intergroup bias: Progress and challenges. In D. Capozza & R. Brown (Eds.), *Social identity processes: Trends in theory and research.* London: Sage.

Gaertner, S. L., Mann, J., Murrell, A., & Dovidio, J. F. (2001). Reducing intergroup bias: The benefits of recategorization. In M. A. Hogg & D. Abrams (Eds.), *Intergroup relations: Essential readings.* Philadelphia: Psychology Press.

Gailliot, M. T. (2008). Unlocking the energy dynamics of executive function: Linking executive functioning to brain glycogen. *Perspectives on Psychological Science,* **3,** 245–263.

Gailliot, M. T., & Baumeister, R. F. (2007). Self-regulation and sexual restraint. Dispositionally and temporarily poor self-regulatory abilities contribute to failures at restraining sexual behavior. *Personality* *and Social Psychology Bulletin,* **33,** 173–186.

Galanter, M. (1989). *Cults: Faith, healing, and coercion.* New York: Oxford University Press.

Galanter, M. (1990). Cults and zealous self-help movements: A psychiatric perspective. *American Journal of Psychiatry,* **147,** 543–551.

Gale, C. R., Batty, D., & Deary, I. J. (2008). Locus of control at age 10 years and health outcomes and behaviors at age 30 years: The 1970 British cohort study. *Psychosomatic Medicine,* **70,** 397–403.

Galinsky, A. D., & Moskowitz, G. B. (2000). Perspective-taking: Decreasing stereotype expression, stereotype accessibility, and in-group favoritism. *Journal of Personality and Social Psychology,* **78,** 708–724.

Galinsky, E., Aumann, K., & Bond, J. T. (2009). *Times are changing: Gender and generation at work and at home.* New York: Families and Work Institute.

Galizio, M., & Hendrick, C. (1972). Effect of musical accompaniment on attitude: The guitar as a prop for persuasion. *Journal of Applied Social Psychology,* **2,** 350–359.

Gallo, L. C., & Matthews, K. A. (2003). Understanding the association between socioeconomic status and physical health: Do negative emotions play a role? *Psychological Bulletin,* **129,** 10–51.

Gallup. (1996). Gallup survey of scientists sampled from the 1995 edition of *American Men and Women of Science.* Reported by National Center for Science Education (www.ncseweb.org).

Gallup. (2011). *Death penalty.* www.gallup.com/poll/1606/death-penalty.aspx.

Gallup, G. G., Jr., & Frederick, D. A. (2010). The science of sex appeal: An evolutionary perspective. *Journal of General Psychology,* **14,** 240–250.

Gallup, G. G., Jr., & Frederick, M. J., & Pipitone, R. N. (2008). Morphology and behavior: Phrenology revisited. *Review of General Psychology,* **12,** 297–304.

Gallup, G. H. (1972). *The Gallup poll: Public opinion 1935–1971* (Vol. 3, pp. 551, 1716). New York: Random House.

Gallup, G. H., Jr., & Jones, T. (1992). *The saints among us.* Harrisburg, PA: Morehouse.

Gallup Organization. (1990). April 19–22 survey reported in *American Enterprise,* September/October 1990, p. 92.

Gallup Organization. (2003, July 8). *American public opinion about Iraq.* Gallup Poll News Service (www.gallup.com).

Gallup Organization. (2003, June 10). *American public opinion about Iraq.* Gallup Poll News Service (www.gallup.com/poll/focus/sr030610.asp).

Gangestad, S. W., & Snyder, M. (2000). Self-monitoring: Appraisal and reappraisal. *Psychological Bulletin,* **126,** 530–555.

Gangestad, S. W., Simpson, J. A., & Cousins, A. J. (2004). Women's preferences for male behavioral displays change across the menstrual cycle. *Psychological Science,* **15,** 203–207.

Gangestad, S. W., & Thornhill, R. (1997). Human sexual selection and developmental stability. In J. A. Simpson & D. T. Kenrick (Eds.), *Evolutionary social psychology.* Mahwah, NJ: Erlbaum.

Garb, H. N. (1994). Judgment research: Implications for clinical practice and testimony in court. *Applied and Preventive Psychology,* **3,** 173–183.

Garb, H. N. (2005). Clinical judgment and decision making. *Annual Review of Clinical Psychology,* **1,** 67–89.

Garcia-Marques, T., Mackie, D. M., Claypool, H. M., & Garcia-Marques, L. (2004). Positivity can cue familiarity. *Personality and Social Psychology Bulletin,* **30,** 585–593.

Gardner, G., & Assadourian, E. (2004). Rethinking the good life. Chapter 8 in *State of the World 2004.* Washington, DC: WorldWatch Institute.

Gardner, M. (1997, July/August). Heaven's Gate: The UFO cult of Bo and Peep. *Skeptical Inquirer,* pp. 15–17.

Gardner, W. L., Pickett, L., Jefferis, V., & Knowles, M. (2005). On the outside looking in: Loneliness and social monitoring. *Personality and Social Psychology Bulletin,* **31,** 1549–1560.

Garrett, B. L. (2011a, August 31). Procedures that defy science. *New York Times* (www.nytimes.com).

Garrett, B. L. (2011b, April 12). Getting it wrong: Convicting the innocent. *Slate* (www.slate.com).

Garry, M., Manning, C. G., Loftus, E. F., & Sherman, S. J. (1996). Imagination inflation: Imagining a childhood event inflates confidence that it occurred. *Psychonomic Bulletin & Review,* **3,** 208–214.

Garver-Apgar, C. E., Gangestad, S. W., Thornhill, R., Miller, R. D., & Olp, J. J. (2006). Major histocompatibility complex alleles, sexual responsivity, and unfaithfulness in romantic couples. *Psychological Science,* **17,** 830–834.

Gates, G. J. (2011, April). *How many people are lesbian, gay, bisexual, and transgender?* Los Angeles: The William Institute, UCLA School of Law.

Gates, M. F., & Allee, W. C. (1933). Conditioned behavior of isolated and grouped cockroaches on a simple maze. *Journal of Comparative Psychology,* **15,** 331–358.

Gaucher, D., Friesen, J., & Kay, A. C. (2011). Evidence that gendered wording in job advertisements exists and sustains gender inequality. *Journal of Personality and Social Psychology,* **101,** 109–128.

Gaunt, R. (2006). Couple similarity and marital satisfaction: Are similar spouses happier? *Journal of Personality,* **74,** 1401–1420.

Gavanski, I., & Hoffman, C. (1987). Awareness of influences on one's own judgments: The roles of covariation detection and attention to the judgment process. *Journal of Personality and Social Psychology,* **52,** 453–463.

Gavzer, B. (1997, January 5). Are trial consultants good for justice? *Parade,* p. 20.

Gawande, A. (2002). *Complications: A surgeon's notes on an imperfect science.* New York: Metropolitan Books, Holt.

Gawronski, B., & Bodenhausen, G. V. (2006). Associative and propositional processes in evaluation: An integrative review of implicit and explicit attitude change. *Psychological Bulletin,* **132,** 692–731.

Gayoso, A., Cutler, B. L., & Moran, G. (1991). *Assessing the value of social scientists as trial consultants: A consumer research approach.* Unpublished manuscript, Florida International University.

Gazzaniga, M. (1998). *The mind's past.* Berkeley, CA: University of California Press.

Gazzaniga, M. (2008). *Human: The science behind what makes us unique.* New York: Ecco.

Gazzaniga, M. S. (1985). *The social brain: Discovering the networks of the mind.* New York: Basic Books.

Gazzaniga, M. S. (1992). *Nature's mind: The biological roots of thinking, emotions, sexuality, language, and intelligence.* New York: Basic Books.

Gazzaniga, M. S. (2011, April). Neuroscience in the courtroom. *Scientific American,* pp. 54–59.

Gebauer, J. E., Riketta, M., Broemer, P., & Maio, G. R. (2008). "How much do you like your name?" An implicit measure of global self-esteem. *Journal of Experimental Social Psychology,* **44,** 1346–1354.

Geen, R. G. (1998). Aggression and antisocial behavior. In D. Gilbert, S. Fiske, & G. Lindzey (Eds.), *Handbook of social psychology,* 4th edition. New York: McGraw-Hill.

Geen, R. G., & Gange, J. J. (1983). Social facilitation: Drive theory and beyond. In H. H. Blumberg, A. P. Hare, V. Kent, & M. Davies (Eds.), *Small groups and social interaction* (Vol. 1). London: Wiley.

Geen, R. G., & Thomas, S. L. (1986). The immediate effects of media violence on behavior. *Journal of Social Issues,* **42**(3), 7–28.

Geers, A. L., Handley, I. M., & McLarney, A. R. (2003). Discerning the role of optimism in persuasion: The valence-enhancement hypothesis. *Journal of Personality and Social Psychology,* **85,** 554–565.

Gelfand, M. J. & 44 others. (2011). Differences between tight and loose cultures: A 33-nation study. *Science,* **332,** 1100–1104.

Gentile, B. C., Twenge, J. M., & Campbell, W. K. (2009). Birth cohort differences in self-esteem, 1988–2008: A cross-temporal meta-analysis. Unpublished manuscript.

Gentile, B., Twenge, J. M., & Campbell, W. K. (2010). Birth cohort differences in self-esteem, 1988–2008: A cross-temporal meta-analysis. *Review of General Psychology,* **14,** 261–268.

Gentile, D. A. (2004, May 14). Quoted by K. Laurie in *Violent games* (ScienCentral.com).

Gentile, D. A., & Anderson, C. A. (2003). Violent video games: The newest media violence hazard. In D. A. Gentile (Ed.), *Media violence and children.* Westport, CT: Ablex.

Gentile, D. A. & Anderson, C. A. (2011). Don't read more into the Supreme Court's ruling on the California video game law. Iowa State University press release, June 30, 2011. www.psychology.iastate.edu/faculty/caa/Multimedia/VGV-SC-OpEdDDAGCAA.pdf.

Gentile, D. A., Anderson, C. A., Yukawa, S., Ihori, N., Slaeem, M., Ming, L. K., Shibuya, A., Liau, A. K., Khoo, B., Bushman, B. J., Huesmann, L. R., & Sakamoto, A. (2009). The effects of prosocial video games on prosocial behaviors: International evidence from correlational, longitudinal, and experimental studies. *Personality and Social Psychology Bulletin,* **35,** 752–763.

Gentile, D. A., Lynch, P. J., Linder, J. R., & Walsh, D. A. (2004). The effects of violent video game habits on adolescent hostility, aggressive behaviors, and school performance. *Journal of Adolescence,* **27,** 5–22.

Gentile, D. A., Saleem, M., & Anderson, C. A. (2007). Public policy and the effects of media violence on children. *Social Issues and Policy Review,* **1,** 15–61.

George, D., Carroll, P., Kersnick, R., & Calderon, K. (1998). Gender-related patterns of helping among friends. *Psychology of Women Quarterly,* **22,** 685–704.

Gerard, H. B. (1999). A social psychologist examines his past and looks to the future. In A. Rodrigues & R. Levine (Eds.), *Reflections on 100 years of experimental social psychology.* New York: Basic Books.

Gerard, H. B., & Mathewson, G. C. (1966). The effects of severity of initiation on liking for a group: A replication. *Journal of Experimental Social Psychology,* **2,** 278–287.

Gerard, H. B., Wilhelmy, R. A., & Conolley, E. S. (1968). Conformity and group size. *Journal of Personality and Social Psychology,* **8,** 79–82.

Gerbasi, K. C., Zuckerman, M., & Reis, H. T. (1977). Justice needs a new blindfold: A review of mock jury research. *Psychological Bulletin,* **84,** 323–345.

Gerber, J., & Wheeler, L. (2009a). On being rejected: A meta-analysis of experimental research on rejection. *Perspectives on Psychological Science,* **4,** 468–488.

Gerber, J., & Wheeler, L. (2009b). Rejoinder to Baumeister, DeWall, and Vohs (2009). *Perspectives on Psychological Science,* **4,** 494–495.

Gerbner, G. (1994). The politics of media violence: Some reflections. In C. Hamelink & O. Linne (Eds.), *Mass communication research: On problems and policies.* Norwood, NJ: Ablex.

Gerbner, G., Gross, L., Signorielli, N., Morgan, M., & Jackson-Beeck, M. (1979). The demonstration of power: Violence profile No. 10. *Journal of Communication,* **29,** 177–196.

Gergen, K. E. (1982). *Toward transformation in social knowledge.* New York: Springer-Verlag.

Gerrig, R. J., & Prentice, D. A. (1991, September). The representation of fictional information. *Psychological Science,* **2,** 336–340.

Gershoff, E. T. (2002). Corporal punishment by parents and associated child behaviors and experiences: A meta-analytic and theoretical review. *Psychological Bulletin,* **128,** 539–579.

Gerstenfeld, P. B., Grant, D. R., & Chiang, C.-P. (2003). Hate online: A content analysis of extremist Internet sites. *Analyses of Social Issues and Public Policy,* **3,** 29–44.

Gertner, J. (2010, May 10). The rise and fall of the G.D.P. *New York Times* (www.nytimes.com).

Gesch, C. B., Hammond, S. M., Hampson, S. E., Eves, A., & Crowder, M. J. (2002). Influence of supplementary vitamins, minerals and essential fatty acids on the antisocial behavior of young adult prisoners. Randomised, placebo-controlled trial. *British Journal of Psychiatry,* **181,** 22–28.

Giancola, P. R., & Corman, M. D. (2007). Alcohol and aggression: A test of the attention-allocation model. *Psychological Science,* **18,** 649–655.

Gibbons, F. X. (1978). Sexual standards and reactions to pornography: Enhancing behavioral consistency through self-focused attention. *Journal of Personality and Social Psychology,* **36,** 976–987.

Gibbons, F. X., & Wicklund, R. A. (1982). Self-focused attention and helping behavior. *Journal of Personality and Social Psychology,* **43,** 462–474.

Gibson, B., & Sanbonmatsu, D. M. (2004). Optimism, pessimism, and gambling: The downside of optimism. *Personality and Social Psychology Bulletin,* **30,** 149–160.

Gibson, J. I., & Claassen, C. (2010). Racial reconciliation in South Africa: Interracial contact. *Journal of Social Issues,* **66,** 255–272.

Gifford, R. (2011). The dragons of inaction: Psychological barriers that limit climate change mitigation and adaptation. *American Psychologist,* **66,** 290–302.

Gifford, R., & Hine, D. W. (1997). Toward cooperation in commons dilemmas. *Canadian Journal of Behavioural Science,* **29,** 167–179.

Gigerenzer, G. (2004). Dread risk, September 11, and fatal traffic accidents. *Psychological Science,* **15,** 286–287.

Gigerenzer, G. (2007). *Gut feelings: The intelligence of the unconscious.* New York: Viking.

Gigerenzer, G. (2010). *Rationality for mortals: How people cope with uncertainty.* New York: Oxford University Press.

Gigerenzer, G., & Gaissmaier, W. (2011). Heuristic decision making. *Annual Review of Psychology,* **62,** 451–482.

Gigone, D., & Hastie, R. (1993). The common knowledge effect: Information sharing and group judgment. *Journal of Personality and Social Psychology,* **65,** 959–974.

Gilbert, D. (2007). *Stumbling on happiness.* New York: Knopf.

Gilbert, D. (2011, June 7). Introduction (to conversation with Timothy Wilson). *The Edge* (www.edge.org).

Gilbert, D. T., & Ebert, J. E. J. (2002). Decisions and revisions: The affective forecasting of escapable outcomes. Unpublished manuscript, Harvard University.

Gilbert, D. T., Giesler, R. B., & Morris, K. A. (1995). When comparisons arise. *Journal of Personality and Social Psychology,* **69,** 227–236.

Gilbert, D. T., & Hixon, J. G. (1991). The trouble of thinking: Activation and application of stereotypic beliefs. *Journal of Personality and Social Psychology,* **60,** 509–517.

Gilbert, D. T., & Jones, E. E. (1986). Perceiver-induced constraint: Interpretations of self-generated reality. *Journal of Personality and Social Psychology,* **50,** 269–280.

Gilbert, D. T., Killingsworth, M. A., Eyre, R. N., & Wilson, T. D. (2009). The surprising power of neighborly advice. *Science,* **323,** 1617–1619.

Gilbert, D. T., Krull, D. S., & Malone, P. S. (1990). Unbelieving the unbelievable: Some problems in the rejection of false information. *Journal of Personality and Social Psychology,* **59,** 601–613.

Gilbert, D. T., Lieberman, M. D., Morewedge, C. K., & Wilson, T. D. (2004). The peculiar longevity of things not so bad. *Psychological Science,* **15,** 14–19.

Gilbert, D. T., & Malone, P. S. (1995). The correspondence bias. *Psychological Bulletin,* **117,** 21–38.

Gilbert, D. T., Pinel, E. C., Wilson, T. D., Blumberg, S. J., & Wheatley, T. P. (1998). Immune neglect: A source of durability bias in affective forecasting. *Journal of Personality and Social Psychology,* **75,** 617–638.

Gilbert, D. T., Tafarodi, R. W., & Malone, P. S. (1993). You can't not believe everything you read. *Journal of Personality and Social Psychology,* **65,** 221–233.

Gilbert, D. T., & Wilson, T. D. (2000). Miswanting: Some problems in the forecasting of future affective states. In J. Forgas (Ed.), *Feeling and thinking: The role of affect in social cognition.* Cambridge, England: Cambridge University Press.

Gillath, O. M., Shaver, P. R., Baek, J.-M., & Chun, D. S. (2008). Genetic correlates of adult attachment. *Personality and Social Psychology Bulletin,* **34,** 1396–1405.

Gillham, J. E., Shatte, A. J., Reivich, K. J., & Seligman, M. E. P. (2000). Optimism, pessimism, and explanatory style. In E. C. Chang (Ed.), *Optimism and pessimism.* Washington, DC: APA Books.

Gilligan, C. (1982). *In a different voice: Psychological theory and women's development.* Cambridge, MA: Harvard University Press.

Gilligan, C., Lyons, N. P., & Hanmer, T. J. (Eds.) (1990). *Making connections: The relational worlds of adolescent girls at Emma Willard School.* Cambridge, MA: Harvard University Press.

Gillis, J. (2011, December 16). As permafrost thaws, scientists study the risks. *New York Times* (www.nytimes .com).

Gillis, J. S., & Avis, W. E. (1980). The male-taller norm in mate selection. *Personality and Social Psychology Bulletin,* **6,** 396–401.

Gilovich, T., & Douglas, C. (1986). Biased evaluations of randomly determined gambling outcomes. *Journal of Experimental Social Psychology,* **22,** 228–241.

Gilovich, T., & Eibach, R. (2001). The fundamental attribution error where it really counts. *Psychological Inquiry,* **12,** 23–26.

Gilovich, T., Kerr, M., & Medvec, V. H. (1993). Effect of temporal perspective on subjective confidence. *Journal of Personality and Social Psychology,* **64,** 552–560.

Gilovich, T., & Medvec, V. H. (1994). The temporal pattern to the experience of regret. *Journal of Personality and Social Psychology,* **67,** 357–365.

Gilovich, T., Medvec, V. H., & Savitsky, K. (2000). The spotlight effect in social judgment: An egocentric bias in estimates of the salience of one's own actions and appearance. *Journal of Personality and Social Psychology,* **78,** 211–222.

Gilovich, T., Savitsky, K., & Medvec, V. H. (1998). The illusion of transparency: Biased assessments of others' ability to read one's emotional states. *Journal of Personality and Social Psychology,* **75,** 332–346.

Giltay, E. J., Geleijnse, J. M., Zitman, F. G., Buijsse, B., & Kromhout, D. (2007). Lifestyle and dietary correlates of dispositional optimism in men: The Zutphen Elderly Study. *Journal of Psychosomatic Research,* **63,** 483–490.

Giltay, E. J., Geleijnse, J. M., Zitman, F. G., Hoekstra, T., & Schouten, E. G. (2004). Dispositional optimism and all-cause and cardiovascular mortality in a prospective cohort of elderly Dutch men and women. *Archives of General Psychiatry,* **61,** 1126–1135.

Gino, F., Ayal, S., & Ariely, D. (2009). Contagion and differentiation in unethical behavior: The effect of one bad apple on the barrel. *Psychological Science,* **20,** 393–398.

Ginsburg, B., & Allee, W. C. (1942). Some effects of conditioning on social dominance and subordination in inbred strains of mice. *Physiological Zoology,* **15,** 485–506.

Gladwell, M. (2003, March 10). Connecting the dots: The paradoxes of intelligence reform. *New Yorker,* pp. 83–88.

Glasman, L. R., & Albarracin, D. (2006). Forming attitudes that predict future behavior: A meta-analysis of the attitude-behavior relation. *Psychological Bulletin,* **132,** 778–822.

Glass, D. C. (1964). Changes in liking as a means of reducing cognitive discrepancies between self-esteem and aggression. *Journal of Personality,* **32,** 531–549.

Gleason, M. E. J., Iida, M., Bolger, N., & Shrout, P. E. (2003). Daily supportive equity in close relationships. *Personality and Social Psychology Bulletin,* **29,** 1036–1045.

Glick, P., & Fiske, S. T. (1996). The ambivalent sexism inventory: Differentiating hostile and benevolent sexism. *Journal of Personality and Social Psychology,* **70,** 491–512.

Glick, P., & Fiske, S. T. (2007). Sex discrimination: The psychological approach. In F. J. Crosby, M. S. Stockdale, & S. Ropp (Eds.), *Sex discrimination in the workplace: Multidisciplinary perspectives.* Malden, MA: Blackwell.

Gluszek, A., & Dovidio, J. F. (2010). The way *they* speak: A social psychological perspective on the stigma of nonnative accents in communication. *Personality and Social Psychology Review,* **14,** 214–237.

Gockel, C., Kerr, N. L., Seok, D-H., & Harris, D. W. (2008). Indispensability and group identification as sources of task motivation. *Journal of Experimental Social Psychology,* **44,** 1316–1321.

Goel, S., Mason, W., & Watts, D. J. (2010). Real and perceived attitude agreement in social networks. *Journal of Personality and Social Psychology,* **99,** 611–621.

Goethals, G. R., Messick, D. M., & Allison, S. T. (1991). The uniqueness bias: Studies of constructive social comparison. In J. Suls & T. A. Wills (Eds.), *Social comparison: Contemporary theory and research.* Hillsdale, NJ: Erlbaum.

Goethals, G. R., & Nelson, E. R. (1973). Similarity in the influence process: The belief-value distinction. *Journal of Personality and Social Psychology,* **25,** 117–122.

Goetz, J. L., Keltner, D., & Simon-Thomas, E. (2010). Compassion: An evolutionary analysis and empirical review. *Psychological Bulletin,* **136,** 351–374.

Goggin, W. C., & Range, L. M. (1985). The disadvantages of hindsight in the perception of suicide. *Journal of Social and Clinical Psychology,* **3,** 232–237.

Goh, J. O., Chee, M. W., Tan, J. C., Venkatraman, V., Hebrank, A., Leshikar, E. D., Jenkins, L., Sutton, B. P., Gutchess, A. H., & Park, D. C. (2007). Age and culture modulate object processing and object-science binding in the ventral visual area. *Cognitive, Affective & Behavioral Neuroscience,* **7,** 44–52.

Goldhagen, D. J. (1996). *Hitler's willing executioners.* New York: Knopf.

Goldman, W., & Lewis, P. (1977). Beautiful is good: Evidence that the physically attractive are more socially skillful. *Journal of Experimental Social Psychology,* **13,** 125–130.

Goldstein, A. P. (1994). Delinquent gangs. In A. P. Goldstein, B. Harootunian, and J. C. Conoley (Eds.), *Student aggression: Prevention, control, and replacement.* New York: Guilford.

Goldstein, A. P., Glick, B., & Gibbs, J. C. (1998). Aggression replacement training: A comprehensive intervention for aggressive youth (rev. ed.). Champaign, IL: Research Press.

Goldstein, J. H., & Arms, R. L. (1971). Effects of observing athletic contests on hostility. *Sociometry,* **34,** 83–90.

Golec de Zavala, A., Cichocka, A., Eidelson, R., & Jayawickreme, N. (2009). Collective narcissism and its social consequences. *Journal of Personality and Social Psychology,* **97,** 1074–1096.

Gómez, Á., Brooks, M. L., Buhrmeister, M. D., Váquez, A., Jetten, J., & Swann, Jr., W. B. (2011). On the nature of identity fusion: Insights into the construct and a new measure. *Journal of Personality and Social Psychology,* **100,** 918–933.

Gonsalkorale, K., & Williams, K. D. (2006). The KKK would not let me play: Ostracism even by a despised outgroup hurts. *European Journal of Social Psychology,* **36,** 1–11.

Gonsalves, B., Reber, P. J., Gitelman, D. R., Parrish, T. B., Mesulam, M-M., & Paller, K. A. (2004). Neural evidence that vivid imagining can lead to false remembering. *Psychological Science,* **15,** 655–659.

Gonzaga, G. C., Campos, B., & Bradbury, T. (2007). Similarity, convergence, and relationship satisfaction in dating and married couples. *Journal of Personality and Social Psychology,* **93,** 34–48.

Gonzaga, G. C., Keltner, D., Londahl, E. A., & Smith, M. D. (2001). Love and the commitment problem in romantic relations and friendship. *Journal of Personality and Social Psychology,* **81,** 247–262.

González, K. V., Verkuyten, M., Weesie, J., & Poppe, E. (2008). Prejudice towards Muslims in the Netherlands: Testing integrated threat theory. *British Journal of Social Psychology,* **47,** 667–685.

González-Vallejo, C., Lassiter, G. D., Bellezza, F. S., & Lindberg, M. J. (2008). "Save angels perhaps": A critical examination of unconscious thought theory and the deliberation-without-attention effect. *Review of General Psychology,* **12,** 282–296.

Goode, E., & Schwartz, J. (2011, August 28). Police lineups start to face fact: Eyes can lie. *New York Times* (www.nytimes.com).

Goodhart, D. E. (1986). The effects of positive and negative thinking on performance in an achievement situation. *Journal of Personality and Social Psychology,* **51,** 117–124.

Goodman-Delahunty, J., Granhag, P. A., Hartwig, M., & Loftus, E. F. (2010). Insightful or wishful: Lawyers' ability to predict case outcomes. *Psychology, Public Policy, and Law,* **16,** 133–157.

Goodsell, C. A., Gronlund, S. D., & Carlson, C. A. (2010). Exploring the sequential lineup advantage using WITNESS. *Law and Human Behavior,* **34,** 445–459.

Gordijn, E. H., De Vries, N. K., & De Dreu, C. K. W. (2002). Minority influence on focal and related attitudes: Change in size, attributions and information processing. *Personality and Social Psychology Bulletin,* **28,** 1315–1326.

Gordon, R. A. (1996). Impact of ingratiation on judgments and evaluations: A meta-analytic investigation. *Journal of Personality and Social Psychology,* **71,** 54–70.

Gore, A. (2007, July 1). Moving beyond Kyoto. *New York Times* (www.nytimes .com).

Gortmaker, S. L., Must, A., Perrin, J. M., Sobol, A. M., & Dietz, W. H. (1993). Social and economic consequences of overweight in adolescence and young adulthood. *New England Journal of Medicine,* **329,** 1008–1012.

Gotlib, I. H., & Colby, C. A. (1988). How to have a good quarrel. In P. Marsh (Ed.), *Eye to eye: How people interact.* Topsfield, MA: Salem House.

Gottlieb, J., & Carver, C. S. (1980). Anticipation of future interaction and the bystander effect. *Journal of Experimental Social Psychology,* **16,** 253–260.

Gottman, J. (2005, April 14). The mathematics of love. *Edge,* No. 159 (www.edge.org).

Gottman, J. (with N. Silver). (1994). *Why marriages succeed or fail.* New York: Simon & Schuster.

Gottman, J. M. (1998). Psychology and the study of marital processes. *Annual Review of Psychology,* **49,** 169–197.

Gough, H. G., & Thorne, A. (1986). Positive, negative, and balanced shyness. In W. H. Jones, J. M. Cheek, & S. R. Briggs (Eds.), *Shyness: Perspectives on research and treatment.* New York: Plenum.

Gough, S. (2003, November 3). My journey so far (www.nakedwalk .alivewww.co.uk/about_me.htm).

Gould, M. S., & Shaffer, D. (1986). The impact of suicide in television movies: Evidence of imitation. *New England Journal of Medicine,* **315,** 690–694.

Gould, S. J. (1988, July). Kropotkin was no crackpot. *Natural History,* pp. 12–21.

Gouldner, A. W. (1960). The norm of reciprocity: A preliminary statement. *American Sociological Review,* **25,** 161–178.

Gove, W. R., Style, C. B., & Hughes, M. (1990). The effect of marriage on the well-being of adults: A theoretical analysis. *Journal of Family Issues,* **11,** 4–35.

Granberg, D., & Bartels, B. (2005). On being a lone dissenter. *Journal of Applied Social Psychology,* **35,** 1849–1858.

Granstrom, K., & Stiwne, D. (1998). A bipolar model of groupthink: An expansion of Janis's concept. *Small Group Research,* **29,** 32–56.

Gray, J. D., & Silver, R. C. (1990). Opposite sides of the same coin: Former spouses' divergent perspectives in coping with their divorce. *Journal of Personality and Social Psychology,* **59,** 1180–1191.

Graziano, W. G., Jensen-Campbell, L. A., & Finch, J. F. (1997). The self as a mediator between personality and adjustment. *Journal of Personality and Social Psychology,* **73,** 392–404.

Greeley, A. M. (1991). *Faithful attraction.* New York: Tor Books.

Greeley, A. M., & Sheatsley, P. B. (1971). Attitudes toward racial integration. *Scientific American,* **225**(6), 13–19.

Green, A. R., Carney, D. R., Pallin, D. J., Ngo, L. H., Raymond, K. L., Iezzoni, L. I., & Banaji, M. R. (2007). Implicit bias among physicians and its prediction of thrombolysis decisions for Black and White patients. *Journal of General Internal Medicine,* **22,** 1231–1238.

Green, C. W., Adams, A. M., & Turner, C. W. (1988). Development and validation of the school interracial climate scale. *American Journal of Community Psychology,* **16,** 241–259.

Green, D. P., Glaser, J., & Rich, A. (1998). From lynching to gay bashing: The elusive connection between economic conditions and hate crime. *Journal of Personality and Social Psychology,* **75,** 82–92.

Green, D. P., & Wong, J. S. (2008). Tolerance and the contact hypothesis: A field experiment. In E. Borgida (Ed.), *The political psychology of democratic citizenship.* London: Oxford University Press.

Green, M. C., Strange, J. J., & Brock, T. C. (Eds.) (2002). *Narrative impact: Social and cognitive foundations.* Mahwah, NJ: Erlbaum.

Greenberg, J. (1986). Differential intolerance for inequity from organizational and individual agents. *Journal of Applied Social Psychology,* **16,** 191–196.

Greenberg, J. (2008). Understanding the vital human quest for self-esteem. *Perspectives on Psychological Science,* **3,** 48–55.

Greenberg, J., Landau, M., Kosloff, S., & Solomon, S. (2009). How our dreams of death transcendence breed prejudice, stereotyping, and conflict: Terror management theory. In T. D. Nelson (Ed.), *Handbook of prejudice, stereotyping, and discrimination.* New York: Psychology Press.

Greenberg, J., Pyszczynski, T., Solomon, S., Rosenblatt, A.,

Veeder, M., Kirkland, S., & Lyon, D. (1990). Evidence for terror management theory II: The effects of mortality salience on reactions to those who threaten or bolster the cultural worldview. *Journal of Personality and Social Psychology,* **58,** 308–318.

Greenberg, J., Schimel, J., Martens, A., Solomon, S., & Pyszczynski, T. (2001). Sympathy for the devil: Evidence that reminding whites of their mortality promotes more favorable reactions to white racists. *Motivation and Emotion,* **25,** 113–133.

Greenberg, J., Solomon, S., & Pyszczynski, T. (1997). Terror management theory of self-esteem and cultural worldviews: Empirical assessments and conceptual refinements. *Advances in Experimental Social Psychology,* **29,** 61–142.

Greenwald, A. G. (1975). On the inconclusiveness of crucial cognitive tests of dissonance versus self-perception theories. *Journal of Experimental Social Psychology,* **11,** 490–499.

Greenwald, A. G. (1980). The totalitarian ego: Fabrication and revision of personal history. *American Psychologist,* **35,** 603–618.

Greenwald, A. G. (1992). New look 3: Unconscious cognition reclaimed. *American Psychologist,* **47,** 766–779.

Greenwald, A. G., & Banaji, M. R. (1995). Implicit social cognition: Attitudes, self-esteem, and stereotypes. *Psychological Review,* **102,** 4–27.

Greenwald, A. G., Banaji, M. R., Rudman, L. A., Farnham, S. D., Nosek, B. A., & Mellott, D. S. (2002). A unified theory of implicit attitudes, stereotypes, self-esteem, and self-concept. *Psychological Bulletin,* **109,** 3–25.

Greenwald, A. G., Banaji, M. R., Rudman, L. A., Farnham, S. D., Nosek, B. A., & Rosier, M. (2000). Prologue to a unified theory of attitudes, stereotypes, and self-concept. In J. P. Forgas (Ed.), *Feeling and thinking: The role of affect in social cognition and behavior.* New York: Cambridge University Press.

Greenwald, A. G., McGhee, D. E., & Schwartz, J. L. K. (1998). Measuring individual differences in implicit cognition: The implicit association test. *Journal of Personality and Social Psychology,* **74,** 1464–1480.

Greenwald, A. G., Nosek, B. A., & Banaji, M. R. (2003). Understanding and using the implicit association test: I. An improved scoring algorithm. *Journal of Personality and Social Psychology,* **85,** 197–216.

Greenwald, A. G., Poehlman, T. A., Uhlmann, E. L., & Banaji, M. R. (2008). Understanding and using the Implicit Association Test: III. Meta-analysis of predictive validity. *Journal of Personality and Social Psychology,* **97**(1), 17–41.

Greenwald, A. G., & Schuh, E. S. (1994). An ethnic bias in scientific citations. *European Journal of Social Psychology,* **24,** 623–639.

Greitemeyer, T. (2009). Effects of songs with prosocial lyrics on prosocial thoughts, affect, and behavior. *Journal of Experimental Social Psychology,* **45,** 186–190.

Greitemeyer, T. (2009). Effects of songs with prosocial lyrics on prosocial behavior: Further evidence and a mediating mechanism. *Personality and Social Psychology Bulletin,* **35,** 1500–1511.

Greitemeyer, T. (2009). Stereotypes of singles: Are singles what we think? *European Journal of Social Psychology,* **39,** 368–383.

Greitemeyer, T. (2011). Exposure to music with prosocial lyrics reduces aggression: First evidence and test of the underlying mechanism. *Journal of Experimental Social Psychology,* **47,** 28–36.

Greitemeyer, T., & McLatchie, N. (2011). Denying humanness to others: A newly discovered mechanism by which violent video games increase aggressive behavior. *Psychological Science,* **22,** 659–665.

Greitemeyer, T., & Osswald, S. (2010). Effects of prosocial video games on prosocial behavior. *Journal of Personality and Social Psychology,* **98,** 211–221.

Greitemeyer, T., Osswald, S., & Brauer, M. (2010). Playing prosocial video games increases empathy and decreases Schadenfreude. *Emotion,* **10,** 796–802.

Griffitt, W. (1970). Environmental effects on interpersonal affective behavior. Ambient effective temperature and attraction. *Journal of Personality and Social Psychology,* **15,** 240–244.

Griffitt, W. (1987). Females, males, and sexual responses. In K. Kelley (Ed.), *Females, males, and sexuality: Theories and research.* Albany: State University of New York Press.

Griffitt, W., & Veitch, R. (1971). Hot and crowded: Influences of population density and temperature on interpersonal affective behavior. *Journal of Personality and Social Psychology,* **17,** 92–98.

Griskevicius, V., Tybur, J. M., Gangestad, S. W., Perea, E. F., Shapiro, J. R., & Kenrick, D. T. (2009). Aggress to impress: Hostility as an evolved context-dependent strategy. *Journal of Personality and Social Psychology,* **96,** 980–994.

Griskevicius, V., Tybur, J. M., Sundie, J. M., Cialdini, R. B., Miller, G. F., & Kenrick, D. T. (2007). Blatant benevolence and conspicuous consumption: When romantic motives elicit strategic costly signals. *Journal of Personality and Social Psychology,* **93,** 85–102.

Groenenboom, A., Wilke, H. A. M., & Wit, A. P. (2001). Will we be working together again? The impact of future interdependence on group members' task motivation. *European Journal of Social Psychology,* **31,** 369–378.

Grofman, B. (1980). The slippery slope: Jury size and jury verdict requirements—Legal and social science approaches. In B. H. Raven (Ed.), *Policy studies review annual* (Vol. 4). Beverly Hills, CA: Sage.

Gronlund, S. D. (2004a). Sequential lineups: Shift in criterion or decision strategy? *Journal of Applied Psychology,* **89,** 362–368.

Gronlund, S. D. (2004b). Sequential lineup advantage: Contributions of distinctiveness and recollection. *Applied Cognitive Psychology,* **19,** 23–37.

Gross, A. E., & Crofton, C. (1977). What is good is beautiful. *Sociometry,* **40,** 85–90.

Gross, J. T. (2001). *Neighbors: The destruction of the Jewish community in Jedwabne, Poland.* Princeton: Princeton University Press.

Gross, T. F. (2009). Own-ethnicity bias in the recognition of Black, East Asian, Hispanic, and White faces. *Basic and Applied Social Psychology,* **31,** 128–135.

Grossmann, I., Na, J., Varnum, M. E. W., Park, D. C., Kitayama, S., & Nisbett, R. E. (2010). Reasoning about social conflicts improves into old age. *PNAS,* **107,** 7246–7250.

Grote, N. K., & Clark, M. S. (2001). Perceiving unfairness in the family: Cause or consequence of marital distress? *Journal of Personality and Social Psychology,* **80,** 281–293.

Grove, J. R., Hanrahan, S. J., & McInman, A. (1991). Success/failure bias in attributions across involvement categories in sport. *Personality and Social Psychology Bulletin,* **17,** 93–97.

Grove, W. M., Zald, D. H., Lebow, B. S., Snitz, B. E., & Nelson, C. (2000). Clinical versus mechanical prediction: A meta-analysis. *Psychological Assessment,* **12,** 19–30.

Grube, J. W., Kleinhesselink, R. R., & Kearney, K. A. (1982). Male self-acceptance and attraction toward women. *Personality and Social Psychology Bulletin,* **8,** 107–112.

Gruder, C. L. (1977). Choice of comparison persons in evaluating oneself. In J. M. Suls & R. L. Miller (Eds.), *Social comparison processes.* Washington, DC: Hemisphere.

Gruendl, M. (2005, accessed December 14). Beautycheck (www.beautycheck.de).

Gruman, J. C., & Sloan, R. P. (1983). Disease as justice: Perceptions of the victims of physical illness. *Basic and Applied Social Psychology,* **4,** 39–46.

Grunberger, R. (1971). *The 12-year Reich: A social history of Nazi Germany, 1933–1945.* New York: Holt, Rinehart & Winston.

Grush, J. E. (1980). Impact of candidate expenditures, regionality, and prior outcomes on the 1976 Democratic presidential primaries. *Journal of Personality and Social Psychology,* **38,** 337–347.

Grush, J. E., & Glidden, M. V. (1987). Power and satisfaction among distressed and nondistressed couples. Paper presented at the Midwestern Psychological Association convention.

Guadagno, R. E., Rhoads, K. V. L., & Sagarin, B. J. (2011). Figural vividness and persuasion: Capturing the "elusive" vividness effect. *Personality and Social Psychology Bulletin,* **37,** 626–638.

Guéguen, N., & Jacob, C. (2001). Fund-raising on the Web: The effect of an electronic foot-in-the-door on donation. *CyberPsychology and Behavior,* **4,** 705–709.

Guerin, B. (1993). *Social facilitation.* Paris: Cambridge University Press.

Guerin, B. (1994). What do people think about the risks of driving? Implications for traffic safety interventions. *Journal of Applied Social Psychology,* **24,** 994–1021.

Guerin, B. (1999). Social behaviors as determined by different arrangements of social consequences: Social loafing, social facilitation, deindividuation, and a modified social loafing. *The Psychological Record,* **49,** 565–578.

Guimond, S., Dambrun, N., Michinov, N., & Duarte, S. (2003). Does social dominance generate prejudice? Integrating individual and contextual determinants of intergroup cognitions. *Journal of Personality and Social Psychology,* **84,** 697–721.

Guiness, O. (1993). *The American hour: A time of reckoning and the once and future role of faith.* New York: Free Press.

Gupta, U., & Singh, P. (1982). Exploratory study of love and liking and type of marriages. *Indian Journal of Applied Psychology,* **19,** 92–97.

Gurin, P., Dey, E. L., Hurtado, S., & Gurin, G. (2002). Diversity and higher education: Theory and impact on educational outcomes. *Harvard Educational Review,* **72,** 330–366.

Gutierres, S. E., Kenrick, D. T., & Partch, J. J. (1999). Beauty, dominance, and the mating game: Contrast effects in self-assessment reflect gender differences in mate selection. *Journal of Personality and Social Psychology,* **25,** 1126–1134.

Gutmann, D. (1977). The cross-cultural perspective: Notes toward a comparative psychology of aging. In J. E. Birren & K. Warner Schaie (Eds.), *Handbook of the psychology of aging.* New York: Van Nostrand Reinhold.

Hacker, H. M. (1951). Women as a minority group. *Social Forces,* **30,** 60–69.

Hackman, J. R. (1986). The design of work teams. In J. Lorsch (Ed.), *Handbook of organizational behavior.* Englewood Cliffs, NJ: Prentice-Hall.

Hadden, J. K. (1969). *The gathering storm in the churches.* Garden City, NY: Doubleday.

Haddock, G., & Zanna, M. P. (1994). Preferring "housewives" to "feminists." *Psychology of Women Quarterly,* **18,** 25–52.

Haddock, G., Maio, G. R., Arnold, K., & Huskinson, T. (2008). Should persuasion be affective or cognitive? The moderating effects of need for affect and need for cognition. *Personality and Social Psychology Bulletin,* **34,** 769–778.

Haeffel, G. J., Gibb, B. E., Metalsky, G. I., Alloy, L. B., Abramson, L. Y., Hankin, B. L., Joiner, T. E., Jr., & Swendsen, J. D. (2008). Measuring cognitive vulnerability to depression: Development and validation of the cognitive style questionnaire. *Clinical Psychology Review,* **28,** 824–836.

Haemmerlie, F. M. (1987). Creating adaptive illusions in counseling and therapy using a self-perception theory perspective. Paper presented at the Midwestern Psychological Association, Chicago.

Haemmerlie, F. M., & Montgomery, R. L. (1982). Self-perception theory and unobtrusively biased interactions: A treatment for heterosocial anxiety. *Journal of Counseling Psychology,* **29,** 362–370.

Haemmerlie, F. M., & Montgomery, R. L. (1984). Purposefully biased interventions: Reducing heterosocial anxiety through self-perception theory. *Journal of Personality and Social Psychology,* **47,** 900–908.

Haemmerlie, F. M., & Montgomery, R. L. (1986). Self-perception theory and the treatment of shyness. In W. H. Jones, J. M. Cheek, & S. R. Briggs (Eds.), *A sourcebook on shyness: Research and treatment.* New York: Plenum.

Hafer, C. L., & Bègue, L. (2005). Experimental research on just-world theory: Problems, developments, and future challenges. *Psychological Bulletin,* **131,** 128–167.

Hafner, H., & Schmidtke, A. (1989). Do televised fictional suicide models produce suicides? In D. R. Pfeffer (Ed.), *Suicide among youth: Perspectives on risk and prevention.* Washington, DC: American Psychiatric Press.

Hagerty, M. R. (2000). Social comparisons of income in one's community: Evidence from national surveys of income and happiness. *Journal of Personality and Social Psychology,* **78,** 764–771.

Haidt, J. (2003). The moral emotions. In R. J. Davidson (Ed.), *Handbook of affective sciences.* Oxford: Oxford University Press.

Haidt, J. (2006). *The happiness hypothesis: Finding modern truth in ancient wisdom.* New York: Basic Books.

Haidt, J. (2011, January 27). *The bright future of post-partisan social psychology.* Presentation to the Society of Personality and Social Psychology presidential symposium: Visions for the next decade of personality and social psychology. San Antonio, TX. Available at people.virginia .edu/~jdh6n/postpartisan.html.

Halberstadt, A. G., & Saitta, M. B. (1987). Gender, nonverbal behavior, and perceived dominance: A test of the theory. *Journal of Personality and Social Psychology,* **53,** 257–272.

Halberstadt, J. (2006). The generality and ultimate origins of the attractiveness of prototypes. *Personality and Social Psychology Review,* **10,** 166–183.

Halberstadt, J., O'Shea, R. P., & Forgas, J. (2006). Outgroup fanship in Australia and New Zealand. *Australian Journal of Psychology,* **58,** 159–165.

Halevy, N., Berso, Y., & Galinsky, A. D. (2011). The mainstream is not electable: When vision triumphs over representativeness in leader emergence and effectiveness. *Personality and Social Psychology Bulletin,* **37,** 893–904.

Hall, D. L., Matz, D. C., & Wood, W. (2010). Why don't we practice what we preach? A meta-analytic review of religious racism. *Personality and Social Psychology Review,* **14,** 126–139.

Hall, J. A. (1984). *Nonverbal sex differences: Communication accuracy and expressive style.* Baltimore: Johns Hopkins University Press.

Hall, J. A. (2006). Nonverbal behavior, status, and gender: How do we understand their relations? *Psychology of Women Quarterly,* **30,** 384–391.

Hall, J. A., Coats, E. J., & LeBeau, L. S. (2005). Nonverbal behavior and the vertical dimension of social relations: A meta-analysis. *Psychological Bulletin,* **131,** 898–924.

Hall, J. A., Rosip, J. C., LeBeau, L. S., Horgan, T. G., & Carter, J. D. (2006). Attributing the sources of accuracy in unequal-power dyadic communication: Who is better and why? *Journal of Experimental Social Psychology,* **42,** 18–27.

Hall, T. (1985, June 25). The unconverted: Smoking of cigarettes seems to be becoming a lower-class habit. *Wall Street Journal,* pp. 1, 25.

Halpern, D. F. (2010). How neuromythologies support sex role stereotypes. *Science,* **330,** 1320–1321.

Halverson, A. M., Hallahan, M., Hart, A. J., & Rosenthal, R. (1997). Reducing the biasing effects of judges' nonverbal behavior with simplified jury instruction. *Journal of Applied Psychology,* **82,** 590–598.

Hamberger, J., & Hewstone, M. (1997). Inter-ethnic contact as a predictor of blatant and subtle prejudice: Tests of a model in four West European nations. *British Journal of Social Psychology,* **36,** 173–190.

Hamblin, R. L., Buckholdt, D., Bushell, D., Ellis, D., & Feritor, D. (1969). Changing the game from get the teacher to learn. *Transaction,* January, pp. 20–25, 28–31.

Hamermesh, D. S. (2011). *Beauty pays: Why attractive people are more successful.* Princeton, NJ: Princeton University Press.

Hamilton, D. L., & Gifford, R. K. (1976). Illusory correlation in interpersonal perception: A cognitive basis of stereotypic judgments. *Journal of Experimental Social Psychology,* **12,** 392–407.

Hamilton, D. L., & Rose, T. L. (1980). Illusory correlation and the maintenance of stereotypic beliefs. *Journal of Personality and Social Psychology,* **39,** 832–845.

Hampson, R. B. (1984). Adolescent prosocial behavior: Peer-group and situational factors associated with helping. *Journal of Personality and Social Psychology,* **46,** 153–162.

Hancock, K. J., & Rhodes, G. (2008). Contact, configural coding and the other-race effect in face recognition. *British Journal of Psychology,* **99,** 45–56.

Haney, C. (1991). The fourteenth amendment and symbolic legality: Let them eat due process. *Law and Human Behavior,* **15,** 183–204.

Haney, C. (1993). Psychology and legal change. *Law and Human Behavior,* **17,** 371–398.

Haney, C., & Logan, D. D. (1994). Broken promise: The Supreme Court's response to social science research on capital punishment. *Journal of Social Issues,* **50,** 75–101.

Haney, C., & Zimbardo, P. (1998). The past and future of U.S. prison policy: Twenty-five years after the Stanford Prison Experiment. *American Psychologist,* **53,** 709–727.

Haney, C., & Zimbardo, P. G. (2009). Persistent dispositionalism in interactionist clothing: Fundamental attribution error in explaining prison abuse. *Personality and Social Psychology Bulletin,* **35,** 807–814.

Hans, V. P., & Vidmar, N. (1981). Jury selection. In N. L. Kerr & R. M. Bray (Eds.), *The psychology of the courtroom.* New York: Academic Press.

Hansel, T. C., Nakonezny, P. A., & Rodgers, J. L. (2011). Did divorces decline after the attacks on the World Trade Center? *Journal of Applied Social Psychology,* **41,** 1680–1700.

Hansen, D. E., Vandenberg, B., & Patterson, M. L. (1995). The effects of religious orientation on spontaneous and nonspontaneous helping behaviors. *Personality and Individual Differences,* **19,** 101–104.

Hansen, J., & Wänke, M. (2009). Liking what's familiar: The importance of unconscious familiarity in the mere-exposure effect. *Social Cognition,* **27,** 161–182.

Harbaugh, W. T., Mayr, U., & Burghart, D. R. (2007). Neural responses to taxation and voluntary giving reveal motives for charitable donations. *Science,* **316,** 1622–1625.

Harber, K. D. (1998), Feedback to minorities: Evidence of a positive bias. *Journal of Personality and Social Psychology,* **74,** 622–628.

Harber, K. D., Stafford, R., & Kennedy, K. A. (2010). The positive feedback bias as a response to a self-image threat. *Journal of Social Psychology,* **49,** 207–218.

Hardin, G. (1968). The tragedy of the commons. *Science,* **162,** 1243–1248.

Hardy, C. L., & Van Vugt, M. (2006). Nice guys finish first: The competitive altruism hypothesis. *Personality and Social Psychology Bulletin,* **32,** 1402–1413.

Hardy, C., & Latané, B. (1986). Social loafing on a cheering task. *Social Science,* **71,** 165–172.

Haritos-Fatouros, M. (1988). The official torturer: A learning model for obedience to the authority of violence. *Journal of Applied Social Psychology,* **18,** 1107–1120.

Haritos-Fatouros, M. (2002). *Psychological origins of institutionalized torture.* New York: Routledge.

Harkins, S. G. (1981). *Effects of task difficulty and task responsibility on social loafing.* Presentation to the First International Conference on Social Processes in Small Groups, Kill Devil Hills, North Carolina.

Harkins, S. G., & Jackson, J. M. (1985). The role of evaluation in eliminating social loafing. *Personality and Social Psychology Bulletin,* **11,** 457–465.

Harkins, S. G., Latané, B., & Williams, K. (1980), Social loafing: Allocating effort or taking it easy? *Journal of Experimental Social Psychology,* **16,** 457–465.

Harkins, S. G., & Petty, R. E. (1982). Effects of task difficulty and task uniqueness on social loafing. *Journal of Personality and Social Psychology,* **43,** 1214–1229.

Harkins, S. G., & Petty, R. E. (1987). Information utility and the multiple source effect. *Journal of Personality and Social Psychology,* **52,** 260–268.

Harkness, K. L., Sabbagh, M. A., Jacobson, J. A., Chowdrey, N. K., & Chen, T. (2005). Enhanced accuracy of mental state decoding in dysphoric college students. *Cognition & Emotion,* **19,** 999–1025.

Harkins, S. G., & Szymanski, K. (1989). Social loafing and group evaluation. *Journal of Personality and Social Psychology,* **56,** 934–941.

Harley, C. D. G. (2011). Climate change, keystone predation, and biodiversity loss. *Science,* **334,** 1124–1127.

Harmon-Jones, E., & Allen, J. J. B. (2001). The role of affect in the mere exposure effect: Evidence from psychophysiological and individual differences approaches. *Personality and Social Psychology Bulletin,* **27,** 889–898.

Harmon-Jones, E., Gerdjikov, T., & Harmon-Jones, C. (2008). The effect of induced compliance on relative left frontal cortical activity: A test of the action-based model of dissonance. *European Journal of Social Psychology,* **38,** 35–45.

Harmon-Jones, E., Greenberg, J., Solomon, S., & Simon, L. (1996). The effects of mortality salience on intergroup bias between minimal groups. *European Journal of Social Psychology,* **26,** 677–681.

Harries, K. D., & Stadler, S. J. (1988). Heat and violence: New findings from Dallas field data, 1980–1981. *Journal of Applied Social Psychology,* **18,** 129–138.

Harris, J. R. (1996). Quoted from an article by Jerome Burne for the *Manchester Observer* (via Harris: 72073.1211@CompuServe.com).

Harris, J. R. (1998). *The nurture assumption.* New York: Free Press.

Harris, J. R. (2007). *No two alike: Human nature and human individuality.* New York: Norton.

Harris, L. T., & Fiske, S. T. (2006). Dehumanizing the lowest of the low: Neuroimaging responses to extreme out-groups. *Psychological Science,* **17**(10), 847–853.

Harris, M. J., & Rosenthal, R. (1985). Mediation of interpersonal expectancy effects: 31 meta-analyses. *Psychological Bulletin,* **97,** 363–386.

Harris, M. J., & Rosenthal, R. (1986). Four factors in the mediation of teacher expectancy effects. In R. S. Feldman (Ed.), *The social psychology of education.* New York: Cambridge University Press.

Harrison, A. A. (1977). Mere exposure. In L. Berkowitz (Ed.), *Advances in experimental social psychology* (Vol. 10, pp. 39–83). New York: Academic Press.

Hart, A. J., & Morry, M. M. (1997). Trait inferences based on racial and behavioral cues. *Basic and Applied Social Psychology,* **19,** 33–48.

Hart, A. J., Whalen, P. J., Shin, L. M., & others. (2000, August).

Differential response in the human amygdala to racial outgroup vs. ingroup face stimuli. *Neuroreport: For Rapid Communication of Neuroscience Research,* **11,** 2351–2355.

Hart, W., Albarracin, D., Eagly, A. H., Brechan, I., Lindberg, M. J., & Merrill, L. (2009). Feeling validated versus being correct: A meta-analysis of selective exposure to information. *Psychological Bulletin,* **135,** 555–588.

Hartup, W. W., & Stevens, N. (1997). Friendships and adaptation in the life course. *Psychological Bulletin,* **121,** 355–370.

Harvey, J. H., & Omarzu, J. (1997). Minding the close relationship. *Personality and Social Psychology Review,* **1,** 224–240.

Haselton, M. G., & Buss, D. M. (2000). Error management theory: A new perspective on biases in cross-sex mind reading. *Journal of Personality and Social Psychology,* **78,** 81–91.

Haselton, M. G., & Gildersleeve, K. (2011). Can men detect ovulation? *Current Directions in Psychological Science,* **20,** 87–92.

Haselton, M. G., & Nettle, D. (2006). The paranoid optimist: An integrative evolutionary model of cognitive biases. *Personality and Social Psychology Review,* **10,** 47–66.

Haslam, N., & Kashima, Y. (2010). The rise and rise of social psychology in Asia: A bibliometric analysis. *Asian Journal of Social Psychology,* **13,** 202–207.

Haslam, S. A., & Reicher, S. (2007). Beyond the banality of evil: Three dynamics of an interactionist social psychology of tyranny. *Personality and Social Psychology Bulletin,* **33,** 615–622.

Haslam, S. A., Reicher, S. D., & Platow, M. J. (2010). *The new psychology of leadership: Identity, influence and power.* London: Psychology Press.

Hass, R. G., Katz, I., Rizzo, N., Bailey, J., & Eisenstadt, D. (1991). Cross-racial appraisal as related to attitude ambivalence and cognitive complexity. *Personality and Social Psychology Bulletin,* **17,** 83–92.

Hastie, R., Penrod, S. D., & Pennington, N. (1983). *Inside the jury.* Cambridge, MA: Harvard University Press.

Hastorf, A., & Cantril, H. (1954). They saw a game: A case study. *Journal of Abnormal and Social Psychology,* **49,** 129–134.

Hatfield, E. (1988). Passionate and compassionate love. In R. J. Sternberg & M. L. Barnes (Eds.), *The psychology of love.* New Haven, CT: Yale University Press.

Hatfield, E., & Rapson, R. L. (1987). Passionate love: New directions in research. In W. H. Jones & D. Perlman (Eds.), *Advances in personal relationships,* Vol. 1. Greenwich, CT: JAI.

Hatfield, E., & Sprecher, S. (1986). *Mirror, mirror: The importance of looks in everyday life.* Albany, NY: SUNY Press.

Hatfield, E., & Walster, G. W. (1978). *A new look at love.* Reading, MA: Addison-Wesley. (Note: originally published as Walster, E., & Walster, G. W.)

Hatfield, E., Cacioppo, J. T., & Rapson, R. (1992). The logic of emotion: Emotional contagion. In M. S. Clark (Ed.), *Review of Personality and Social Psychology.* Newbury Park, CA: Sage.

Hatfield, E., Traupmann, J., Sprecher, S., Utne, M., & Hay, J. (1985). Equity and intimate relations: Recent research. In W. Ickes (Ed.), *Compatible and incompatible relationships.* New York: Springer-Verlag.

Hatfield (Walster), E., Aronson, V., Abrahams, D., & Rottman, L. (1966). Importance of physical attractiveness in dating behavior. *Journal of Personality and Social Psychology,* **4,** 508–516.

Hatfield (Walster), E., Walster, G. W., & Berscheid, E. (1978). *Equity: Theory and research.* Boston: Allyn & Bacon.

Hatzfeld, J. (2007). *Machete season: The killers in Rwanda speak.* New York: Farrar, Straus and Giroux.

Haugtvedt, C. P., & Wegener, D. T. (1994). Message order effects in persuasion: An attitude strength perspective. *Journal of Consumer Research,* **21,** 205–218.

Hauser, M. (2006). *Moral minds: How nature designed our universal sense of right and wrong.* New York: Ecco.

Hauser, M. (2009). It seems biology (not religion) equals morality. *The Edge* (www.edge.org).

Havas, D. A., Glenberg, A. M., Gutowski, K. A., Lucarelli, M. J., & Davidson, R. J. (2010). Cosmetic use of Botulinum Toxin-A affects processing of emotional language. *Psychological Science,* **21,** 895–900.

Havel, V. (1990). *Disturbing the peace.* New York: Knopf.

Hawkley, L. C., & Cacioppo, J. T. (2010). Loneliness matters: A theoretical and empirical review of consequences and mechanisms. *Annals of Behavioral Medicine,* **40,** 218–227.

Hawkley, L. C., Williams, K. D., & Cacioppo, J. T. (2011). Responses to ostracism across adulthood. *Social, Cognitive, and Affective Neuroscience,* **6,** 234–243.

Hazan, C. (2004). Intimate attachment/capacity to love and be loved. In C. Peterson & M. E. P. Seligman (Eds.), *The values in action classification of strengths and virtues.* Washington, DC: American Psychological Association.

Hazan, C., & Shaver, P. R. (1994). Attachment as an organizational framework for research on close relationships. *Psychological Inquiry,* **5,** 1–22.

He, Y., Ebner, N. C., & Johnson, M. K. (2011). What predicts the own-age bias in face recognition memory? *Social Cognition,* **29,** 97–109.

Headey, B., & Wearing, A. (1987). The sense of relative superiority—central to well-being. *Social Indicators Research,* **20,** 497–516.

Hearold, S. (1986). A synthesis of 1043 effects of television on social behavior. In G. Comstock (Ed.), *Public communication and behavior* (Vol. 1). Orlando, FL: Academic Press.

Hebl, M. R., & Heatherton, T. F. (1998). The stigma of obesity in women: The difference is black and white. *Personality and Social Psychology Bulletin,* **24,** 417–426.

Hedge, A., & Yousif, Y. H. (1992). Effects of urban size, urgency, and cost on helpfulness: A cross-cultural comparison between the United Kingdom and the Sudan. *Journal of Cross-Cultural Psychology,* **23,** 107–115.

Heesacker, M. (1989). Counseling and the elaboration likelihood model of attitude change. In J. F. Cruz, R. A. Goncalves, & P. P. Machado (Eds.), *Psychology and education: Investigations and interventions.* (Proceedings of the International Conference on Interventions in Psychology and Education, Porto, Portugal, July 1987.) Porto, Portugal: Portugese Psychological Association.

Hegarty, P., Watson, N., Fletcher, L., & McQueen, G. (2010). When gentlemen are first and ladies are last: Effects of gender stereotypes on the order of romantic partners' names. *British Journal of Social Psychology,* **50,** 21–35.

Heider, F. (1958). *The psychology of interpersonal relations.* New York: Wiley.

Heine, S. J., & Hamamura, T. (2007). In search of East Asian self-enhancement. *Personality and Social Psychology Review,* **11,** 4–27.

Heine, S. J., & Lehman, D. R. (1997). The cultural construction of self-enhancement: An examination of group-serving biases. *Journal of Personality and Social Psychology,* **72,** 1268–1283.

Heine, S. J., Kitayama, S., Lehman, D. R., Takata, T., Ide, E., Leung, C., & Matsumoto, H. (2001). Divergent consequences of success and failure in Japan and North America: An investigation of self-improving motivations and malleable selves. *Journal of Personality and Social Psychology,* **81,** 599–615.

Heine, S. J., Lehman, D. R., Markus, H. R., & Kitayama, S. (1999). Is there a universal need for positive self-regard? *Psychological Review,* **106,** 766–794.

Heine, S. J., Takemoto, T., Moskalenko, S., Lasaleta, J., & Heinrich, J. (2008). Mirrors in the head: Cultural variation in objective self-awareness. *Personality and Social Psychology Bulletin*, **34,** 879–887.

Heinrich, L. M., & Gullone, E. (2006). The clinical significance of loneliness: A literature review. *Clinical Psychology Review*, **26,** 695–718.

Hellman, P. (1980). *Avenue of the righteous of nations*. New York: Atheneum.

Helweg-Larsen, M., & LoMonaco, B. L. (2008). Queuing among U2 fans: Reactions to social norm violations. *Journal of Applied Social Psychology*, **38,** 2378–2393.

Helweg-Larsen, M., Cunningham, S. J., Carrico, A., & Pergram, A. M. (2004). To nod or not to nod: An observational study of nonverbal communication and status in female and male college students. *Psychology of Women Quarterly*, **28,** 358–361.

Hemsley, G. D., & Doob, A. N. (1978). The effect of looking behavior on perceptions of a communicator's credibility. *Journal of Applied Social Psychology*, **8,** 136–144.

Henderson-King, E. I., & Nisbett, R. E. (1996). Anti-black prejudice as a function of exposure to the negative behavior of a single black person. *Journal of Personality and Social Psychology*, **71,** 654–664.

Hendrick, S. S., & Hendrick, C. (1995). Gender differences and similarities in sex and love. *Personal Relationships*, **2,** 55–65.

Hendrick, S. S., Hendrick, C., & Adler, N. L. (1988). Romantic relationships: Love, satisfaction, and staying together. *Journal of Personality and Social Psychology*, **54,** 980–988.

Hennenlotter, A., Dresel, C., Castrop, F., Ceballos Baumann, A., Wohschlager, A., & Haslinger, B. (2008). The link between facial feedback and neural activity within central circuitries of emotion: New insights from Botulinum Toxin-induced denervation of frown muscles. *Cerebral Cortex*, **19,** 537–542.

Hennigan, K. M., Del Rosario, M. L., Health, L., Cook, T. D., Wharton, J. D., & Calder, B. J. (1982). Impact of the introduction of television on crime in the United States: Empirical findings and theoretical implications. *Journal of Personality and Social Psychology*, **42,** 461–477.

Henrich, J., Heine, S. J., & Norenzayan, A. (2010). The weirdest people in the world? *Behavioral and Brain Sciences*, **33,** 61–135.

Henrich, J., McElreath, R., Barr, A., Ensminger, J., Barrett, C., Bolyanatz, A., Cardenas, J. C., Gurven, M., Gwako, E., Henrich, N., Lerorogol, C., Marlowe, F., Tracer, D., & Ziker, J. (2006). Costly punishment across human societies. *Science*, **312,** 1767–1770.

Henry, P. J. (2008a). College sophomores in the laboratory redux: Influences of a narrow data base on social psychology's view of the nature of prejudice. *Psychological Inquiry*, **19,** 49–71.

Henry, P. J. (2008b). Student sampling as a theoretical problem. *Psychological Inquiry*, **19,** 114–126.

Henry, P. J. (2009). Low-status compensation: A theory for understanding the role of status in cultures of honor. *Journal of Personality and Social Psychology*, **97,** 451–466.

Henslin, M. (1967). Craps and magic. *American Journal of Sociology*, **73,** 316–330.

Hepworth, J. T., & West, S. G. (1988). Lynchings and the economy: A time-series reanalysis of Hovland and Sears (1940), *Journal of Personality and Social Psychology*, **55,** 239–247.

Heradstveit, D. (1979). *The Arab-Israeli conflict: Psychological obstacles to peace* (Vol. 28). Oslo, Norway: Universitetsforlaget. Distributed by Columbia University Press. Reviewed by R. K. White (1980), *Contemporary Psychology*, **25,** 11–12.

Herbenick, D., Reece, M., Schick, V., Sanders, S. A., Dodge, B., & Fortenberry, J. D. (2010). Sexual behaviors, relationships, and perceived health among adult women in the United States: Results from a national probability sample. *Journal of Sexual Medicine*, *7* (suppl 5), 277–290.

Herek, G. M. (2009). Hate crimes and stigma-related experiences among sexual minority adults in the United States: Prevalence estimates from a national probability sample. *Journal of Interpersonal Violence*, **24**(1), 54–74.

Herlocker, C. E., Allison, S. T., Foubert, J. D., & Beggan, J. K. (1997). Intended and unintended overconsumption of physical, spatial, and temporal resources. *Journal of Personality and Social Psychology*, **73,** 992–1004.

Herzog, S. M., & Hertwig, R. (2009). The wisdom of many in one mind: Improving individual judgments with dialectical bootstrapping. *Psychological Science*, **20,** 231–237.

Heslin, P. A. (2009). Better than brainstorming? Potential contextual boundary conditions to brainwriting for idea generation in organizations. *Journal of Occupational and Organizational Psychology*, **82,** 129–145.

Hewstone, M. (1990). The "ultimate attribution error"? A review of the literature on intergroup causal attribution. *European Journal of Social Psychology*, **20,** 311–335.

Hewstone, M. (1994). Revision and change of stereotypic beliefs: In search of the elusive subtyping model. In S. Stroebe & M. Hewstone (Eds.), *European review of social psychology* (Vol. 5). Chichester, England: Wiley.

Hewstone, M., & Fincham, F. (1996). Attribution theory and research: Basic issues and applications. In M. Hewstone, W. Stroebe, & G. M. Stephenson (Eds.), *Introduction to social psychology: A European perspective.* Oxford, UK: Blackwell.

Hewstone, M., Hantzi, A., & Johnston, L. (1991). Social categorisation and person memory: The pervasiveness of race as an organizing principle. *European Journal of Social Psychology*, **21,** 517–528.

Hewstone, M., Hopkins, N., & Routh, D. A. (1992). Cognitive models of stereotype change: Generalization and subtyping in young people's views of the police. *European Journal of Social Psychology*, **22,** 219–234.

Higgins, E. T., & McCann, C. D. (1984). Social encoding and subsequent attitudes, impressions and memory: "Context-driven" and motivational aspects of processing. *Journal of Personality and Social Psychology*, **47,** 26–39.

Higgins, E. T., & Rholes, W. S. (1978). Saying is believing: Effects of message modification on memory and liking for the person described. *Journal of Experimental Social Psychology*, **14,** 363–378.

Hilmert, C. J., Kulik, J. A., & Christenfeld, N. J. S. (2006). Positive and negative opinion modeling: The influence of another's similarity and dissimilarity. *Journal of Personality and Social Psychology*, **90,** 440–452.

Hilton, J. L., & von Hippel, W. (1990). The role of consistency in the judgment of stereotype-relevant behaviors. *Personality and Social Psychology Bulletin*, **16,** 430–448.

Himmelstein, K. E. W., & Brűckner, H. (2011). Criminal-justice and school sanctions against nonheterosexual youth: A national longitudinal study. *Pediatrics*, **127,** 49–57.

Hine, D. W., & Gifford, R. (1996). Attributions about self and others in commons dilemmas. *European Journal of Social Psychology*, **26,** 429–445.

Hines, M. (2004). *Brain gender*. New York: Oxford University Press.

Hinkle, S., Brown, R., & Ely, P. G. (1992). Social identity theory processes: Some limitations and limiting conditions. *Revista de Psicologia Social*, pp. 99–111.

Hinsz, V. B. (1990). Cognitive and consensus processes in group recognition memory performance. *Journal of Personality and Social Psychology*, **59,** 705–718.

Hinsz, V. B., Tindale, R. S., & Vollrath, D. A. (1997). The emerging conceptualization of groups as information processors. *Psychological Bulletin*, **121**, 43–64.

Hirschman, R. S., & Leventhal, H. (1989). Preventing smoking behavior in school children: An initial test of a cognitive-development program. *Journal of Applied Social Psychology*, **19**, 559–583.

Hirt, E. R., & Markman, K. D. (1995). Multiple explanation: A consider-an-alternative strategy for debiasing judgments. *Journal of Personality and Social Psychology*, **69**, 1069–1088.

Hirt, E. R., Zillmann, D., Erickson, G. A., & Kennedy, C. (1992). Costs and benefits of allegiance: Changes in fans' self-ascribed competencies after team victory versus defeat. *Journal of Personality and Social Psychology*, **63**, 724–738.

Hitsch, G. J., Hortacsu, A., & Ariely, D. (2006, February). *What makes you click? Mate preferences and matching outcomes in online dating*. MIT Sloan Research Paper No. 4603-06 (ssrn.com/abstract = 895442).

Hobden, K. L., & Olson, J. M. (1994). From jest to antipathy: Disparagement humor as a source of dissonance-motivated attitude change. *Basic and Applied Social psychology*, **15**, 239–249.

Hodges, B. H., & Geyer, A. L. (2006). A nonconformist account of the Asch experiments: Values, pragmatics, and moral dilemmas. *Personality and Social Psychology Review*, pp. 102–119.

Hodson, G. (2011). Do ideologically intolerant people benefit from intergroup contact? *Current Directions in Psychological Science*, **20**, 154–159.

Hoffman, L. W. (1977). Changes in family roles, socialization, and sex differences. *American Psychologist*, **32**, 644–657.

Hoffman, M. L. (1981). Is altruism part of human nature? *Journal of Personality and Social Psychology*, **40**, 121–137.

Hofling, C. K., Brotzman, E., Dairymple, S., Graves, N., & Pierce, C. M. (1966). An experimental study in nurse-physician relationships. *Journal of Nervous and Mental Disease*, **143**, 171–180.

Hofmann, W., De Houwer, J., Perugini, M., Baeyens, F., & Crombez, G. (2010). Evaluative conditioning in humans: A meta-analysis. *Psychological Review*, **136**, 390–421.

Hofmeister, B. (2010). Bridging the gap: Using social psychology to design market interventions to overcome the energy efficiency gap in residential energy markets. *Southeastern Environmental Law Journal, 19*, pp. 1ff. Available at SSRN: http://ssrn.com/abstract=1892906.

Hogan, R., Curphy, G. J., & Hogan, J. (1994). What we know about leadership: Effectiveness and personality. *American Psychologist*, **49**, 493–504.

Hogg, M. A. (1992). *The social psychology of group cohesiveness: From attraction to social identity*. London: Harvester Wheatsheaf.

Hogg, M. A. (2001). A social identity theory of leadership. *Personality and Social Psychology Review*, **5**, 184–200.

Hogg, M. A. (2008). Social identity processes and the empowerment of followers. In R. E. Riggio, I. Chaleff, & J. Lipman-Blumen (Eds.), *The art of followership: How great followers create great leaders and organizations*. San Francisco: Jossey-Bass.

Hogg, M. A. (2010). Human groups, social categories, and collective self: Social identity and the management of self-uncertainty. In R. M. Arkin, K. C. Oleson, & P. J. Carroll (Eds.), *Handbook of the uncertain self*. New York, NY, US: Psychology Press, 2010.

Hogg, M. A., & Hains, S. C. (1998). Friendship and group identification: A new look at the role of cohesiveness in groupthink. *European Journal of Social Psychology*, **28**, 323–341.

Hogg, M. A., Hains, S. C., & Mason, I. (1998). Identification and leadership in small groups: Salience, frame of reference, and leader stereotypicality effects on leader evaluations. *Journal of Personality and Social Psychology*, **75**, 1248–1263.

Hogg, M. A., Turner, J. C., & Davidson, B. (1990). Polarized norms and social frames of reference: A test of the self-categorization theory of group polarization. *Basic and Applied Social Psychology*, **11**, 77–100.

Holland, R. W., Hendriks, M., & Aarts, H. (2005). Smells like clean spirit: Nonconscious effect of scent on cognition and behavior. *Psychological Science*, **16**, 689–693.

Holland, R. W., Meertens, R. M., & Van Vugt, M. (2002). Dissonance on the road: Self-esteem as a moderator of internal and external self-justification strategies. *Personality and Social Psychology Bulletin*, **28**, 1712–1724.

Hollander, E. P. (1958). Conformity, status, and idiosyncrasy credit. *Psychological Review*, **65**, 117–127.

Holmberg, D., & Holmes, J. G. (1994). Reconstruction of relationship memories: A mental models approach. In N. Schwarz & S. Sudman (Eds.), *Autobiographical memory and the validity of retrospective reports*. New York: Springer-Verlag.

Holmes, J. G., & Rempel, J. K. (1989). Trust in close relationships. In C. Hendrick (Ed.), *Review of personality and social psychology* (Vol. 10). Newbury Park, CA: Sage.

Holmgren, J. A., & Fordham, J. (2011). The CSI effect and the Canadian and the Australian jury. *Journal of Forensic Sciences*, **56**, 563–571.

Holt-Lunstad, J., Smith, T. B., & Layton, J. B. (2010). Social relationships and mortality risk: A meta-analytic review. *PloS Medicine*, *7*(7): e1000316.

Holtgraves, T. (1997). Styles of language use: Individual and cultural variability in conversational indirectness. *Journal of Personality and Social Psychology*, **73**, 624–637.

Holtman, Z., Louw, J., Tredoux, C., & Carney, T. (2005). Prejudice and social contact in South Africa: A study of integrated schools ten years after apartheid. *South African Journal of Psychology*, **35**, 473–493.

Holtzworth, A., & Jacobson, N. S. (1988). An attributional approach to marital dysfunction and therapy. In J. E. Maddux, C. D. Stoltenberg, & R. Rosenwein (Eds.), *Social processes in clinical and counseling psychology*. New York: Springer-Verlag.

Holtzworth-Munroe, A., & Jacobson, N. S. (1985). Causal attributions of married couples: When do they search for causes? What do they conclude when they do? *Journal of Personality and Social Psychology*, **48**, 1398–1412.

Honigman, R. J., Phillips, K. A., & Castle, D. J. (2004). A review of psychosocial outcomes for patients seeking cosmetic surgery. *Plastic and Reconstructive Surgery*, **113**, 1229–1237.

Hoorens, V. (1993). Self-enhancement and superiority biases in social comparison. In W. Stroebe & M. Hewstone (Eds.), *European review of social psychology* (Vol. 4). Chichester: Wiley.

Hoorens, V. (1995). Self-favoring biases, self-presentation and the self-other asymmetry in social comparison. *Journal of Personality*, **63**, 793–819.

Hoorens, V., & Nuttin, J. M. (1993). Overvaluation of own attributes: Mere ownership or subjective frequency? *Social Cognition*, **11**, 177–200.

Hoorens, V., Nuttin, J. M., Herman, I. E., & Pavakanun, U. (1990). Mastery pleasure versus mere ownership: A quasi-experimental cross-cultural and cross-alphabetical test of the name letter effect. *European Journal of Social Psychology*, **20**, 181–205.

Hoorens, V., Smits, T., & Shepperd, J. A. (2008). Comparative optimism in the spontaneous generation of future life-events. *British Journal of Social Psychology*, **47**, 441–451.

Hoover, C. W., Wood, E. E., & Knowles, E. S. (1983). Forms of social awareness and helping. *Journal of Experimental Social Psychology*, **19**, 577–590.

Hooykaas, R. (1972). *Religion and the rise of modern science.* Grand Rapids, MI: Eerdmans.

Hormuth, S. E. (1986). Lack of effort as a result of self-focused attention: An attributional ambiguity analysis. *European Journal of Social Psychology,* **16,** 181–192.

Horner, V., Proctor, D., Bonnie, K. E., Whiten, A., & de Waal, F. B. M. (2010). Prestige affects cultural learning in chimpanzees. *PLoS One, 5,* e10625 (www.plosone.org).

Hornstein, H. (1976). *Cruelty and kindness.* Englewood Cliffs, NJ: Prentice-Hall.

Horowitz, S. V., & Boardman, S. K. (1994). Managing conflict: Policy and research implications. *Journal of Social Issues,* **50,** 197–211.

Horwitz, A. V., White, H. R., & Howell-White, S. (1997). Becoming married and mental health: A longitudinal study of a cohort of young adults. *Journal of Marriage and the Family,* **58,** 895–907.

Houck, M. M. (2006, July). CSI: Reality. *Scientific American,* pp. 85–89.

Houghton, J. (2011). Global warming, climate change and sustainability: A challenge to scientists, policymakers and religious believers. Cambridge, England: The International Society for Science and Religion (www.issr.org.uk/latest-news/global-warming).

House, R. J., & Singh, J. V. (1987). Organizational behavior: Some new directions for I/O psychology. *Annual Review of Psychology,* **38,** 669–718.

Houston, V., & Bull, R. (1994). Do people avoid sitting next to someone who is facially disfigured? *European Journal of Social Psychology,* **24,** 279–284.

Hovland, C. I., Lumsdaine, A. A., & Sheffield, F. D. (1949). *Experiments on mass communication. Studies in social psychology in World War II* (Vol. III). Princeton, NJ: Princeton University Press.

Hovland, C. I., & Sears, R. (1940). Minor studies of aggression: Correlation of lynchings with economic indices. *Journal of Psychology,* **9,** 301–310.

Howard, D. J. (1997). Familiar phrases as peripheral persuasion cues. *Journal of Experimental Social Psychology,* **33,** 231–243.

Howell, R. T., & Howell, C. J. (2008). The relation of economic status to subjective well-being in developing countries: A meta-analysis. *Psychological Bulletin,* **134,** 536–560.

Hoyle, R. H. (1993). Interpersonal attraction in the absence of explicit attitudinal information. *Social Cognition,* **11,** 309–320.

Hsee, C. K., & Hastie, R. (2006). Decision and experience: Why don't we choose what makes us happy? *Trends in Cognitive Sciences,* **10,** 31–37.

Huart, J., Corneille, O., & Becquart, E. (2005). Face-based categorization, context-based categorization, and distortions in the recollection of gender ambiguous faces. *Journal of Experimental Social Psychology,* **41,** 598–608.

Huddy, L., & Virtanen, S. (1995). Subgroup differentiation and subgroup bias among Latinos as a function of familiarity and positive distinctiveness. *Journal of Personality and Social Psychology,* **68,** 97–108.

Huesmann, L. R., Lagerspetz, K., & Eron, L. D. (1984). Intervening variables in the TV violence-aggression relation: Evidence from two countries. *Developmental Psychology,* **20,** 746–775.

Huesmann, L. R., Moise-Titus, J., Podolski, C-L., & Eron, L. D. (2003). Longitudinal relations between children's exposure to TV violence and their aggressive and violent behavior in young adulthood: 1977–1992. *Developmental Psychology,* **39,** 201–222.

Hugenberg, K. & Bodenhausen, G. V. (2003). Facing prejudice: Implicit prejudice and the perception of facial threat. *Psychological Science,* **14,** 640–643.

Hugenberg, K., Young, S. G., Bernstein, M. J., & Sacco, D. F. (2010). The categorization-individuation model: An integrative account of the other-race recognition deficit. *Psychological Review,* **117,** 1168–1187.

Hui, C. H., Triandis, H. C., & Yee, C. (1991). Cultural differences in reward allocation: Is collectivism the explanation? *British Journal of Social Psychology,* **30,** 145–157.

Hull, J. G., Levenson, R. W., Young, R. D., & Sher, K. J. (1983). Self-awareness-reducing effects of alcohol consumption. *Journal of Personality and Social Psychology,* **44,** 461–473.

Hull, J. G., & Young, R. D. (1983). The self-awareness-reducing effects of alcohol consumption: Evidence and implications. In J. Suls & A. G. Greenwald (Eds.), *Psychological perspectives on the self* (Vol. 2). Hillsdale, NJ: Erlbaum.

Hunt, A. R. (2000, June 22). Major progress, inequities cross three generations. *Wall Street Journal,* pp. A9, A14.

Hunt, M. (1990). *The compassionate beast: What science is discovering about the humane side of humankind.* New York: William Morrow.

Hunt, M. (1993). *The story of psychology.* New York: Doubleday.

Hunt, P. J., & Hillery, J. M. (1973). Social facilitation in a location setting: An examination of the effects over learning trials. *Journal of Experimental Social Psychology,* **9,** 563–571.

Hunt, R., & Jensen, J. (2007). *The experiences of young gay people in Britain's schools.* Stonewall (www.stonewall.org.uk).

Hunter, J. A., Stringer, M., & Watson, R. P. (1991). Intergroup violence and intergroup attributions. *British Journal of Social Psychology,* **30,** 261–266.

Huston, A. C., Donnerstein, E., Fairchild, H., Feshbach, N. D., Katz, P. A., & Murray, J. P. (1992). *Big world, small screen: The role of television in American society.* Lincoln, NE: University of Nebraska Press.

Huston, T. L. (1973). Ambiguity of acceptance, social desirability, and dating choice. *Journal of Experimental Social Psychology,* **9,** 32–42.

Huston, T. L., & Chorost, A. F. (1994). Behavioral buffers on the effect of negativity on marital satisfaction: A longitudinal study. *Personal Relationships,* **1,** 223–239.

Huston, T. L., Niehuis, S., & Smith, S. E. (2001). The early marital roots of conjugal distress and divorce. *Current Directions in Psychological Science,* **10,** 116–119.

Hutnik, N. (1985). Aspects of identity in a multi-ethnic society. *New Community,* **12,** 298–309.

Hutson, M. (2007, March/April). Unnatural selection. *Psychology Today,* pp. 90–95.

Hvistendahl, M. (2009). Making every baby girl count. *Science,* **323,** 1164–1166.

Hvistendahl, M. (2010). Has China outgrown the one-child policy? *Science,* **329,** 1458–1461.

Hvistendahl, M. (2011). *Unnatural selection: Choosing boys over girls, and the consequences of a world full of men.* New York: PublicAffairs.

Hyde, J. S. (2005). The gender similarities hypothesis. *American Psychologist,* **60,** 581–592.

Hyde, J. S., Mezulis, A. H., & Abramson, L. Y. (2008). The ABCs of depression: Integrating affective, biological, and cognitive models to explain the emergence of the gender difference in depression. *Psychological Review,* **115,** 291–313.

Hyman, H. H., & Sheatsley, P. B. (1956 & 1964). Attitudes toward desegregation. *Scientific American,* **195**(6), 35–39, and **211**(1), 16–23.

Hyman, R. (1981). Cold reading: How to convince strangers that you know all about them. In K. Frazier (Ed.), *Paranormal borderlands of science.* Buffalo, NY: Prometheus Books.

Ickes, B. (1980). *On disconfirming our perceptions of others.* Paper presented at the American Psychological Association convention.

Ickes, W., Layden, M. A., & Barnes, R. D. (1978). Objective self-awareness and individuation: An empirical link. *Journal of Personality,* **46,** 146–161.

Ickes, W., Patterson, M. L., Rajecki, D. W., & Tanford, S. (1982). Behavioral and cognitive consequences of reciprocal versus compensatory responses to preinteraction expectancies. *Social Cognition,* **1,** 160–190.

Ickes, W., Snyder, M., & Garcia, S. (1997). Personality influences on the choice of situations. In R. Hogan, J. Johnson, & S. Briggs (Eds.), *Handbook of Personality Psychology.* San Diego: Academic Press.

Ijzerman, H., & Semin, G. R. (2009). The thermometer of social relations: Mapping social proximity on temperature. *Psychological Science,* **20,** 1214–1220.

Imai, Y. (1994). Effects of influencing attempts on the perceptions of powerholders and the powerless. *Journal of Social Behavior and Personality,* **9,** 455–468.

Imhoff, R., & Banse, R. (2009). Ongoing victim suffering increases prejudice: The case of secondary anti-Semitism. *Psychological Science,* **20,** 1443–1447.

Imhoff, R., & Erb, H-P. (2009). What motivates nonconformity? Uniqueness seeking blocks majority influence. *Personality and Social Psychology Bulletin,* **35,** 309–320.

Imhoff, R., Dotsch, R., Bianchi, M., Banse, R., & Wigboldus, D. (2011). Facing Europe: Visualizing spontaneous ingroup projection. *Psychological Science,* **22,** 1583–1590.

Ingham, A. G., Levinger, G., Graves, J., & Peckham, V. (1974). The Ringelmann effect: Studies of group size and group performance. *Journal of Experimental Social Psychology,* **10,** 371–384.

Inglehart, M. R., Markus, H., & Brown, D. R. (1989). The effects of possible selves on academic achievement—A panel study. In J. P. Forgas & J. M. Innes (Eds.), *Recent advances in social psychology: An international perspective.* Amsterdam: North-Holland.

Inglehart, R. (1990). *Culture shift in advanced industrial society.* Princeton, NJ: Princeton University Press.

Inglehart, R., & Welzel, C. (2005). *Modernization, cultural change, and democracy: The human development sequence.* New York: Cambridge University Press.

Inglehart, R., Foa, R., Peterson, C., & Welzel, C. (2008). Development, freedom, and rising happiness: A global perspective (1981–2007). *Perspectives on Psychological Science,* **3,** 264–285.

Insko, C. A., Nacoste, R. W., & Moe, J. L. (1983). Belief congruence and racial discrimination: Review of the evidence and critical evaluation. *European Journal of Social Psychology,* **13,** 153–174.

International Parliamentary Union. (2011). *Women in national parliaments: Situation as of 30 November 2011.* Author (www.ipu.org).

International Telecommunication Union (ITU). (2010). *The world in 2010: ICT facts and figures.* ITU (www.itu.int/ict).

Inzlicht, M., McKay, L., & Aronson, J. (2006). Stigma as ego depletion: How being the target of prejudice affects self-control. *Psychological Science,* **17,** 262–269.

Ireland, M. E., & Pennebaker, J. W. (2010). Language style matching in writing: Synchrony in essays, correspondence, and poetry. *Journal of Personality and Social Psychology,* **99,** 549–571.

Ireland, M. E., Slatcher, R. B., Eastwick, P. W., Scissors, L. E., Finkel, E. J., & Pennebaker, J. W. (2011). Language style matching predicts relationship initiation and stability. *Psychological Science,* **22,** 39–44.

Isen, A. M., Clark, M., & Schwartz, M. F. (1976). Duration of the effect of good mood on helping: Footprints on the sands of time. *Journal of Personality and Social Psychology,* **34,** 385–393.

Isen, A. M., & Means, B. (1983). The influence of positive affect on decision-making strategy. *Social Cognition,* **2,** 28–31.

Isen, A. M., Shalker, T. E., Clark, M., & Karp, L. (1978). Affect, accessibility of material in memory, and behavior: A cognitive loop. *Journal of Personality and Social Psychology,* **36,** 1–12.

Isozaki, M. (1984). The effect of discussion on polarization of judgments. *Japanese Psychological Research,* **26,** 187–193.

ISR Newsletter. (1975). Institute for Social Research, University of Michigan, **3**(4), 4–7.

Ito, T. A., Miller, N., & Pollock, V. E. (1996). Alcohol and aggression: A meta-analysis on the moderating effects of inhibitory cues, triggering events, and self-focused attention. *Psychological Bulletin,* **120,** 60–82.

Iyengar, S. S., & Lepper, M. R. (2000). When choice is demotivating: Can one desire too much of a good thing? *Journal of Personality and Social Psychology,* **79,** 995–1006.

Jackman, M. R., & Senter, M. S. (1981). Beliefs about race, gender, and social class different, therefore unequal: Beliefs about trait differences between groups of unequal status. In D. J. Treiman & R. V. Robinson (Eds.), *Research in stratification and mobility* (Vol. 2). Greenwich, CT: JAI Press.

Jackson, J. M., & Latané, B. (1981). All alone in front of all those people: Stage fright as a function of number and type of co-performers and audience. *Journal of Personality and Social Psychology,* **40,** 73–85.

Jackson, J. W., Kirby, D., Barnes, L, & Shepard, L. (1993). Institutional racism and pluralistic ignorance: A cross-national comparison. In M. Wievorka (Ed.), *Racisme et modernite.* Paris: Editions la Découverte.

Jackson, L. A., Hunter, J. E., & Hodge, C. N. (1995). Physical attractiveness and intellectual competence: A meta-analytic review. *Social Psychology Quarterly,* **58,** 108–123.

Jacobs, R. C., & Campbell, D. T. (1961). The perpetuation of an arbitrary tradition through several generations of a laboratory microculture. *Journal of Abnormal and Social Psychology,* **62,** 649–658.

Jacoby, S. (1986, December). When opposites attract. *Reader's Digest,* pp. 95–98.

Jacques-Tiua, A. J., Abbey, A., Parkhill, M. R., & Zawacki, T. (2007). Why do some men misperceive women's sexual intentions more frequently than others do? An application of the confluence model. *Personality and Social Psychology Bulletin,* **333,** 1467–1480.

Jaffe, Y., Shapir, N., & Yinon, Y. (1981). Aggression and its escalation. *Journal of Cross-Cultural Psychology,* **12,** 21–36.

Jaffe, Y., & Yinon, Y. (1983). Collective aggression: The group-individual paradigm in the study of collective antisocial behavior. In H. H. Blumberg, A. P. Hare, V. Kent, & M. Davies (Eds.), *Small groups and social interaction* (Vol. 1). Cambridge: Wiley.

James, W. (1890, reprinted 1950). *The principles of psychology* (Vol. 2). New York: Dover.

James, W. (1899). Talks to teachers on psychology: And to students on some of life's ideals. New York: Holt, 1922, p. 33. Cited by W. J. McKeachie, Psychology in America's bicentennial year. *American Psychologist,* **31,** 819–833.

James, W. (1902, reprinted 1958). *The varieties of religious experience.* New York: Mentor Books.

Jamieson, D. W., Lydon, J. E., Stewart, G., & Zanna, M. P. (1987). Pygmalion revisited: New evidence for student expectancy effects in the classroom. *Journal of Educational Psychology,* **79,** 461–466.

Jamieson, J. P. (2010). The home field advantage in athletics: A meta-analysis. *Journal of Applied Social Psychology,* **40,** 1819–1848.

Janes, L. M., & Olson, J. M. (2000). Jeer pressure: The behavioral effects of observing ridicule of others. *Personality and Social Psychology Bulletin,* **26,** 474–485.

Janis, I. L. (1971, November). Groupthink. *Psychology Today,* pp. 43–46.

Janis, I. L. (1972). *Victims of groupthink.* New York: Houghton Mifflin.

Janis, I. L. (1982). Counteracting the adverse effects of concurrence-seeking in policy-planning groups: Theory and research perspectives. In H. Brandstatter, J. H. Davis, & G. Stocker-Kreichgauer (Eds.), *Group decision making.* New York: Academic Press.

Janis, I. L. (1989). Crucial decisions: Leadership in policymaking and crisis management. New York: Free Press.

Janis, I. L., Kaye, D., & Kirschner, P. (1965). Facilitating effects of eating while reading on responsiveness to persuasive communications. *Journal of Personality and Social Psychology,* **1,** 181–186.

Janis, I. L., & Mann, L. (1977). *Decision-making: A psychological analysis of conflict, choice and commitment.* New York: Free Press.

Jankowiak, W. R., & Fischer, E. F. (1992). A cross-cultural perspective on romantic love. *Ethnology,* **31,** 149–155.

Jaremka, L. M., Gabriel, S., & Carvallo, M. (2011). What makes us feel the best also makes us feel the worst: The emotional impact of independent and interdependent experiences. *Self and Identity,* **10,** 44–63.

Jason, L. A., Rose, T., Ferrari, J. R., & Barone, R. (1984). Personal versus impersonal methods for recruiting blood donations. *Journal of Social Psychology,* **123,** 139–140.

Jeffery, R. W., Drewnowski, A., Epstein, L. H., Stunkard, A. J., Wilson, G. T., Wing, R. R., & Hill, D. R. (2000). Long-term maintenance of weight loss: Current status. *Health Psychology,* **19,** No. 1 (Supplement), 5–16.

Jelalian, E., & Miller, A. G. (1984). The perseverance of beliefs: Conceptual perspectives and research developments. *Journal of Social and Clinical Psychology,* **2,** 25–56.

Jellison, J. M., & Green, J. (1981). A self-presentation approach to the fundamental attribution error: The norm of internality. *Journal of Personality and Social Psychology,* **40,** 643–649.

Jemmott, J. B., III., & Locke, S. E. (1984). Psychosocial factors, immunologic mediation, and human susceptibility to infectious diseases: How much do we know? *Psychological Bulletin,* **95,** 78–108.

Jenkins, A. C., Macrae, C. N., & Mitchell, J. P. (2008). Repetition suppression of ventromedial prefrontal activity during judgments of self and others. *Proceedings of the National Academy of Sciences,* **105,** 4507–4512 (www.pnas.org).

Jennings, D. L., Amabile, T. M., & Ross, L. (1982). Informal covariation assessment: Data-based vs theory-based judgments. In D. Kahneman, P. Slovic, & A. Tversky (Eds.), *Judgment under uncertainty: Heuristics and biases.* New York: Cambridge University Press.

Jervis, R. (1985). Perceiving and coping with threat: Psychological perspectives. In R. Jervis, R. N. Lebow, & J. Stein (Eds.), *Psychology and deterrence.* Baltimore: Johns Hopkins University Press.

Jetten, J., Hornsey, M. J., & Adarves-Yorno, I. (2006). When group members admit to being conformist: The role of relative intragroup status in conformity self-reports. *Personality and Social Psychology Bulletin,* **32,** 162–173.

John, O. P., & Srivastava, S. (1999). The Big Five trait taxonomy: History, measurement, and theoretical perspectives. In L. A. Pervin & O. P. John (Eds.), *Handbook of personality: Theory and research.* New York: Guilford.

Johnson, A. L., Crawford, M. T., Sherman, S. J., Rutchick, A. M., Hamilton, D. L., Ferreira, M. B., & Petrocelli, J. V. (2006). A functional perspective on group memberships: Differential need fulfillment in group typology. *Journal of Experimental Social Psychology,* **42,** 707–719.

Johnson, C. S., Olson, M. A., & Fazio, R. H. (2009). Getting acquainted in interracial interactions: Avoiding intimacy but approaching race. *Personality and Social Psychology Bulletin,* **35,** 557–571.

Johnson, D. J., & Rusbult, C. E. (1989). Resisting temptation: Devaluation of alternative partners as a means of maintaining commitment in close relationships. *Journal of Personality and Social Psychology,* **57,** 967–980.

Johnson, D. W., & Johnson, R. T. (1987). *Learning together and alone: Cooperative, competitive, and individualistic learning,* 2nd edition. Englewood Cliffs, NJ: Prentice-Hall.

Johnson, D. W., & Johnson, R. T. (1995). Teaching students to be peacemakers: Results of five years of research. *Peace and Conflict: Journal of Peace Psychology,* **1,** 417–438.

Johnson, D. W., & Johnson, R. T. (2000). The three Cs of reducing prejudice and discrimination. In S. Oskamp (Ed.), *Reducing prejudice and discrimination.* Mahwah, NJ: Erlbaum.

Johnson, D. W., & Johnson, R. T. (2003a). Field testing integrative negotiations. *Peace and Conflict,* **9,** 39–68.

Johnson, D. W., & Johnson, R. T. (2003b). Student motivation in co-operative groups: Social interdependence theory. In R. M. Gillies & A. F. Ashman (Eds.), *Co-operative learning: The social and intellectual outcomes of learning in groups.* New York: Routledge.

Johnson, D. W., & Johnson, R. T. (2004). Cooperation and the use of technology. In D. H. Jonassen (Eds.), *Handbook of research on educational communications and technology,* 2nd edition. Mahwah, NJ: Erlbaum.

Johnson, D. W., & Johnson, R. T. (2010). The impact of social interdependence on values education and student well being. In G. Salomon & E. Cairns (Eds.), *Handbook on peace education.* New York: Psychology Press.

Johnson, D. W., Maruyama, G., Johnson, R., Nelson, D., & Skon, L. (1981). Effects of cooperative, competitive, and individualistic goal structures on achievement: A meta-analysis. *Psychological Bulletin,* **89,** 47–62.

Johnson, E. J., & Goldstein, D. (2003). Do defaults save lives? *Science,* **302,** 1338–1339.

Johnson, J. A. (2007, June 26). Not so situational. Commentary on the SPSP listserv (spsp-discuss@stolaf.edu).

Johnson, J. D., Bushman, B. J., & Dovidio, J. F. (2008). Support for harmful treatment and reduction of empathy toward blacks: "Remnants" of stereotype activation involving Hurricane Katrina and "Lil' Kim." *Journal of Experimental Social Psychology,* **44,** 1506–1513.

Johnson, J. D., Jackson, L. A., & Gatto, L. (1995). Violent attitudes and deferred academic aspirations: Deleterious effects of exposure to rap music. *Basic and Applied Social Psychology,* **16,** 27–41.

Johnson, J. D., Olivo, N., Gibson, N., Reed, W., & Ashburn-Hardo, L. (2009). Priming media stereotypes reduces support for social welfare policies: The mediating role of empathy. *Personality and Social Psychology Bulletin,* **35,** 463–475.

Johnson, J. D., Trawalter, S., & Dovidio, J. F. (2000). Converging interracial consequences of exposure to violent rap music on stereotypical attributions of Blacks. *Journal of Experimental Social Psychology,* **36,** 233–251.

Johnson, J. G., Cohen, P., Smailes, E. M., Kasen, S., & Brook, J. S.

(2002). Television viewing and aggressive behavior during adolescence and adulthood. *Science*, **295**, 2468–2471.

Johnson, M. H., & Magaro, P. A. (1987). Effects of mood and severity on memory processes in depression and mania. *Psychological Bulletin*, **101**, 28–40.

Johnson, M. K., Rowatt, W. C., Barnard-Brak, L. M., Patock-Peckham, J. A., LaBouff, J. P., & Carlisle, R. D. (2011). A mediational analysis of the role of right-wing authoritarianism and religious fundamentalism in the religiosity-prejudice link. *Personality and Individual Differences*, **50**, 851–856.

Johnson, P. (1988, November 25–27). Hearst seeks pardon. *USA Today*, p. 3A.

Johnson, R. D., & Downing, L. L. (1979). Deindividuation and valence of cues: Effects of prosocial and antisocial behavior. *Journal of Personality and Social Psychology*, **37**, 1532–1538.

Johnson, W., & Krueger, R. F. (2006). How money buys happiness: Genetic and environmental processes linking finances and life satisfaction. *Journal of Personality and Social Psychology*, **90**, 680–691.

Joiner, T. E., Jr. (1994). Contagious depression: Existence, specificity to depressed symptoms, and the role of reassurance seeking. *Journal of Personality and Social Psychology*, **67**, 287–296.

Joiner, T. E., Jr. (1999). The clustering and contagion of suicide. *Current Directions in Psychological Science*, **8**, 89–92.

Joinson, A. N. (2001). Self-disclosure in computer-mediated communication: The role of self-awareness and visual anonymity. *European Journal of Social Psychology*, **31**, 177–192.

Joly-Mascheroni, R. M., Senju, A., & Shepherd, A. J. (2008). Dogs catch human yawns. *Biology Letters*, **4**, 446–448.

Jonas, K. (1992). Modelling and suicide: A test of the Werther effect. *British Journal of Social Psychology*, **31**, 295–306.

Jones, C. R., Fazio, R. H., & Olson, M. A. (2009). Implicit misattribution as a mechanism underlying evaluative conditioning. *Journal of Personality and Social Psychology*, **96**, 933–948.

Jones, C. S., & Kaplan, M. F. (2003). The effects of racially stereotypical crimes on juror decision-making and information-processing strategies. *Basic and Applied Social Psychology*, **25**, 1–13.

Jones, E. E. (1964). *Ingratiation*. New York: Appleton-Century-Crofts.

Jones, E. E. (1976). How do people perceive the causes of behavior? *American Scientist*, **64**, 300–305.

Jones, E. E., & Davis, K. E. (1965). From acts to dispositions: The attribution process in person perception. In L. Berkowitz (Ed.), *Advances in experimental social psychology* (Vol. 2). New York: Academic Press.

Jones, E. E., & Harris, V. A. (1967). The attribution of attitudes. *Journal of Experimental Social Psychology*, **3**, 2–24.

Jones, E. E., & Nisbett, R. E. (1971). *The actor and the observer: Divergent perceptions of the causes of behavior.* Morristown, NJ: General Learning Press.

Jones, E. E., Rhodewalt, F., Berglas, S., & Skelton, J. A. (1981). Effects of strategic self-presentation on subsequent self-esteem. *Journal of Personality and Social Psychology*, **41**, 407–421.

Jones, E. E., Rock, L., Shaver, K. G., Goethals, G. R., & Ward, L. M. (1968). Pattern of performance and ability attribution: An unexpected primacy effect. *Journal of Personality and Social Psychology*, **10**, 317–340.

Jones, E. E., Williams, K. D., & Brewer, N. (2008). "I had a confidence epiphany!" Obstacles to combating post-identification confidence inflation. *Law and Human Behavior*, **32**, 164–176.

Jones, J. M. (1988). *Piercing the veil: Bi-cultural strategies for coping with prejudice and racism.* Invited address at the national conference "Opening Doors: An Appraisal of Race Relations in America," University of Alabama, June 11.

Jones, J. M. (2003, April 4). *Blacks show biggest decline in support for war compared with 1991.* Gallup Poll (www.gallup.com).

Jones, J. M. (2003). TRIOS: A psychological theory of the African legacy in American culture. *Journal of Social Issues*, **59**, 217–242.

Jones, J. M. (2004). TRIOS: A model for coping with the universal context of racism? In G. Philogène (Ed.), *Racial identity in context: The legacy of Kenneth B. Clark.* Washington, DC: American Psychological Association.

Jones, J. M. (2011, September 12). Record-high 86% approve of Black-White marriages. Gallup (www.gallup.com).

Jones, J. T., & Cunningham, J. D. (1996). Attachment styles and other predictors of relationship satisfaction in dating couples. *Personal Relationships*, **3**, 387–399.

Jones, J. T., Pelham, B. W., & Mirenberg, M. C. (2002). Name letter preferences are not merely mere exposure: Implicit egotism as self-regulation. *Journal of Experimental Social Psychology*, **38**, 170–177.

Jones, J. T., Pelham, B. W., Carvallo, M., & Mirenberg, M. C. (2004). How do I love thee? Let me count the Js: Implicit egotism and interpersonal attraction. *Journal of Personality and Social Psychology*, **87**, 665–683.

Jones, R. A., & Brehm, J. W. (1970). Persuasiveness of one- and two-sided communications as a function of awareness there are two sides. *Journal of Experimental Social Psychology*, **6**, 47–56.

Jones, T. F., & 7 others. (2000). Mass psychogenic illness attributed to toxic exposure at a high school. *New England Journal of Medicine*, **342**, 96–100.

Jones, W. H., Carpenter, B. N., & Quintana, D. (1985). Personality and interpersonal predictors of loneliness in two cultures. *Journal of Personality and Social Psychology*, **48**, 1503–1511.

Josephson, W. L. (1987). Television violence and children's aggression: Testing the priming, social script, and disinhibition predictions. *Journal of Personality and Social Psychology*, **53**, 882–890.

Jost, J. T., Kay, A. C., & Thorisdottir, H. (Eds.) (2009). *Social and psychological bases of ideology and system justification.* New York: Oxford University Press.

Jourard, S. M. (1964), *The transparent self.* Princeton, NJ: Van Nostrand.

Jourden, F. J., & Heath, C. (1996). The evaluation gap in performance perceptions: Illusory perceptions of groups and individuals. *Journal of Applied Psychology*, **81**, 369–379.

Judd, C. M., Blair, I. V., & Chapleau, K. M. (2004). Automatic stereotypes vs. automatic prejudice: Sorting out the possibilities in the Payne (2001) weapon paradigm. *Journal of Experimental Social Psychology*, **40**, 75–81.

Judge, T. A., LePine, J. A., & Rich, B. L. (2006). Loving yourself abundantly: Relationship of the narcissistic personality to self and other perceptions of workplace deviance, leadership, and task and contextual performance. *Journal of Applied Psychology*, **91**, 762–776.

Jussim, L. (1986). Self-fulfilling prophecies: A theoretical and integrative review. *Psychological Review*, **93**, 429–445.

Jussim, L. (2005). Accuracy in social perception: Criticisms, controversies, criteria, components and cognitive processes. *Advances in Experimental Social Psychology*, **37**, 1–93.

Jussim, L. (2012). *Social perception and social reality: Why accuracy dominates bias and self-fulfilling prophecy.* New York: Oxford University Press.

Jussim, L., & Harber, K. D. (2005). Teacher expectations and self-fulfilling prophecies: Knowns and unknowns, resolved and unresolved controversies. *Personality and Social Psychology Review*, **9**, 131–155.

Jussim, L., McCauley, C. R., & Lee, Y-T. (1995). Introduction: Why study stereotype accuracy and innaccuracy? In Y. T. Lee, L. Jussim,

& C. R. McCauley (Eds.), *Stereotypes accuracy: Toward appreciating group differences.* Washington, DC: American Psychological Association.

Jussim, L., Robustelli, S. L., & Cain, T. R. (2009). Teacher expectations and self-fulfilling prophecies. In K. R. Wenzel & A. Wigfield (Eds.), *Handbook of motivation at school.* New York: Routledge/Taylor & Francis.

Kagan, J. (1989). Temperamental contributions to social behavior. *American Psychologist,* **44,** 668–674.

Kagan, J. (2009). Historical selection. *Review of General Psychology,* **13,** 77–88.

Kagehiro, D. K. (1990). Defining the standard of proof in jury instructions. *Psychological Science,* **1,** 194–200.

Kahan, D. M., Jenkins-Smith, H., & Braman, D. (2010). Cultural cognition of scientific consensus. *Journal of Risk Research,* **14,** 147–174.

Kahle, L. R., & Berman, J. (1979). Attitudes cause behaviors: A cross-lagged panel analysis. *Journal of Personality and Social Psychology,* **37,** 315–321.

Kahlor, L., & Morrison, D. (2007). Television viewing and rape myth acceptance among college women. *Sex Roles,* **56,** 729–739.

Kahn, M. W. (1951). The effect of severe defeat at various age levels on the aggressive behavior of mice. *Journal of Genetic Psychology,* **79,** 117–130.

Kahneman, D. (2011). *Thinking, fast and slow.* New York: Farrar, Straus, and Giroux.

Kahneman, D., & Deaton, A. (2010). High income improves evaluation of life but not emotional well-being. *PNAS,* **107,** 16489–16493.

Kahneman, D., & Miller, D. T. (1986). Norm theory: Comparing reality to its alternatives. *Psychological Review,* **93,** 75–88.

Kahneman, D., & Renshon, J. (2007, January/February). Why hawks win. *Foreign Policy* (www.foreignpolicy.com).

Kahneman, D., & Snell, J. (1992). Predicting a changing taste: Do people know what they will like? *Journal of Behavioral Decision Making,* **5,** 187–200.

Kahneman, D., & Tversky, A. (1979). Intuitive prediction: Biases and corrective procedures. *Management Science,* **12,** 313–327.

Kahneman, D., & Tversky, A. (1995). Conflict resolution: A cognitive perspective. In K. Arrow, R. Mnookin, L. Ross, A. Tversky, & R. Wilson (Eds.), *Barriers to the negotiated resolution of conflict.* New York: Norton.

Kaiser Family Foundation. (2005, November 9). *Sex on TV4* (www.kff.org).

Kaiser, C. R., & Pratt-Hyatt, J. S. (2009). Distributing prejudice unequally: Do Whites direct their prejudice toward strongly identified minorities? *Journal of Personality and Social Psychology,* **96,** 432–445.

Kalenkoski, C. M., Ribar, D. C., & Stratton, L. S. (2009). *How do adolescents spell time use?* Institute for the Study of Labor, Bonn, Germany, Discussion Paper 4374.

Kalick, S. M. (1977). *Plastic surgery, physical appearance, and person perception.* Unpublished doctoral dissertation, Harvard University. Cited by E. Berscheid in An overview of the psychological effects of physical attractiveness and some comments upon the psychological effects of knowledge of the effects of physical attractiveness. In W. Lucker, K. Ribbens, & J. A. McNamera (Eds.), *Logical aspects of facial form* (craniofacial growth series). Ann Arbor: University of Michigan Press, 1981.

Kalven, H., Jr., & Zeisel, H. (1966). *The American jury.* Chicago: University of Chicago Press.

Kameda, T., & Sugimori, S. (1993). Psychological entrapment in group decision making: An assigned decision rule and a groupthink phenomenon. *Journal of Personality and Social Psychology,* **65,** 282–292.

Kammer, D. (1982). Differences in trait ascriptions to self and friend: Unconfounding intensity from variability. *Psychological Reports,* **51,** 99–102.

Kanagawa, C., Cross, S. E., & Markus, H. R. (2001). "Who am I?" The cultural psychology of the conceptual self. *Personality and Social Psychology Bulletin,* **27,** 90–103.

Kanazawa, S., & Kovar, J. L. (2004). Why beautiful people are more intelligent. *Intelligence,* **32,** 227–243.

Kandel, D. B. (1978). Similarity in real-life adolescent friendship pairs. *Journal of Personality and Social Psychology,* **36,** 306–312.

Kanekar, S., & Nazareth, A. (1988). Attributed rape victim's fault as a function of her attractiveness, physical hurt, and emotional disturbance. *Social Behaviour,* **3,** 37–40.

Kanten, A. B., & Teigen, K. H. (2008). Better than average and better with time: Relative evaluations of self and others in the past, present, and future. *European Journal of Social Psychology,* **38,** 343–353.

Kaplan, M. F. (1989). Task, situational, and personal determinants of influence processes in group decision making. In E. J. Lawler (Ed.), *Advances in group processes* (Vol. 6). Greenwich, CT: JAI Press.

Kaplan, M. F., & Schersching, C. (1980). Reducing juror bias: An experimental approach. In P. D. Lipsitt & B. D. Sales (Eds.), *New directions in psycholegal research* (pp. 149–170). New York: Van Nostrand Reinhold.

Kaplan, M. F., Wanshula, L. T., & Zanna, M. P. (1993). Time pressure and information integration in social judgment: The effect of need for structure. In O. Svenson & J. Maule (Eds.), *Time pressure and stress in human judgment and decision making.* Cambridge, England: Cambridge University Press.

Kaprio, J., Koskenvuo, M., & Rita, H. (1987). Mortality after bereavement: A prospective study of 95,647 widowed persons. *American Journal of Public Health,* **77,** 283–287.

Karau, S. J., & Williams, K. D. (1993). Social loafing: A meta-analytic review and theoretical integration. *Journal of Personality and Social Psychology,* **65,** 681–706.

Karau, S. J., & Williams, K. D. (1997). The effects of group cohesiveness on social loafing and compensation. *Group Dynamics: Theory, Research, and Practice,* **1,** 156–168.

Karberg, J. C., & James, D. J. (2005). Substance dependence, abuse, and treatment of jail inmates, 2002. Bureau of Justice Statistics Special Report. Washington, DC: U.S. Department of Justice.

Karna, A., Voeten, M., Little, T. D., Poskiparta, E., Kalijonen, A., & Salmivalli, C. (2011). A large-scale evaluation of the KiVa antibullying program. *Child Development,* **82,** 311–330.

Karney, B. R., & Bradbury, T. N. (1995). The longitudinal course of marital quality and stability: A review of theory, method, and research. *Psychological Bulletin,* **118,** 3–34.

Karney, B. R., & Bradbury, T. N. (1997). Neuroticism, marital interaction, and the trajectory of marital satisfaction. *Journal of Personality and Social Psychology,* **72,** 1075–1092.

Karremans, J. C., Frankenhis, W. E., & Arons, S. (2010). Blind men prefer a low waist-to-hip ratio. *Evolution and Human Behavior,* **31,** 182–186.

Kasen, S., Chen, H., Sneed, J., Crawford, T., & Cohen, P. (2006). Social role and birth cohort influences on gender-linked personality traits in women: A 20-year longitudinal analysis. *Journal of Personality and Social Psychology,* **91,** 944–958.

Kashima, E. S., & Kashima, Y. (1998). Culture and language: the case of cultural dimensions and personal pronoun use. *Journal of Cross-Cultural Psychology,* **29,** 461–486.

Kashima, Y., & Kashima, E. S. (2003). Individualism, GNP, climate, and pronoun drop: Is individualism determined by affluence and climate, or does language use play a role? *Journal of Cross-Cultural Psychology,* **34,** 125–134.

Kasser, T. (2000). Two versions of the American dream: Which goals and values make for a high quality of life? In E. Diener and D. Rahtz (Eds.), *Advances in quality of life: Theory and research.* Dordrecht, Netherlands: Kluwer.

Kasser, T. (2002). *The high price of materialism.* Cambridge, MA: MIT Press.

Kasser, T. (2011). High price of materialism. Animated video. Center for the New American Dream (www.newdream.org).

Kassin, S. M., Drizin, S. A., Grisso, T., Gudjonsson, G. H., Leo, R. A., & Redlich, A. D. (2010). Police-induced confessions: Risk factors and recommendations. *Law and Human Behavior,* **34,** 3–38.

Kassin, S. M., Goldstein, C. C., & Savitsky, K. (2003). Behavioral confirmation in the interrogation room: On the dangers of presuming guilt. *Law and Human Behavior,* **27,** 187–203.

Kassin, S. M., Tubb, V. A., Hosch, H. M., & Memon, A. (2001). On the "general acceptance" of eyewitness testimony research: A new survey of the experts. *American Psychologist,* **56,** 405–416.

Kassin, S. M., & Wrightsman, L. S. (1979). On the requirements of proof: The timing of judicial instruction and mock juror verdicts. *Journal of Personality and Social Psychology,* **37,** 1877–1887.

Katz-Wise, S. L., Priess, H. A., & Hyde, J. S. (2010). Gender-role attitudes and behavior across the transition to parenthood. *Developmental Psychology,* **46,** 18–28.

Katz, E. (1957). The two-step flow of communication: An up-to-date report on a hypothesis. *Public Opinion Quarterly,* **21,** 61–78.

Katz, I., Cohen, S., & Glass, D. (1975). Some determinants of cross-racial helping behavior. *Journal of Personality and Social Psychology,* **32,** 964–970.

Katz, J., Beach, S. R. H., & Joiner, T. E., Jr. (1999). Contagious depression in dating couples. *Journal of Social and Clinical Psychology,* **18,** 1–13.

Katzev, R., Edelsack, L., Steinmetz, G., & Walker, T. (1978). The effect of reprimanding transgressions on subsequent helping behavior: Two field experiments. *Personality and Social Psychology Bulletin,* **4,** 126–129.

Katzev, R., & Wang, T. (1994). Can commitment change behavior? A case study of environmental actions. *Journal of Social Behavior and Personality,* **9,** 13–26.

Kaufman, J., & Zigler, E. (1987). Do abused children become abusive parents? *American Journal of Orthopsychiatry,* **57,** 186–192.

Kawachi, I., Kennedy, B. P., & Wilkinson, R. G. (1999). Crime: Social disorganization and relative deprivation. *Social Science and Medicine,* **48,** 719–731.

Kawakami, K., Dovidio, J. F., Moll, J., Hermsen, S., & Russin, A. (2000). Just say no (to stereotyping): Effects of training in the negation of stereotypic associations on stereotype activation. *Journal of Personality and Social Psychology,* **78,** 871–888.

Kawakami, K., Dunn, E., Kiarmali, F., & Dovidio, J. F. (2009). Mispredicting affective and behavioral responses to racism. *Science,* **323,** 276–278.

Kay, A. C., Baucher, D., Peach, J. M., Laurin, K., Friesen, J., Zanna, M. P., & Spencer, S. J. (2009). Inequality, discrimination, and the power of the status quo: Direct evidence for a motivation to see the way things are as the way they should be. *Journal of Personality and Social Psychology,* **97,** 421–434.

Keating, J. P., & Brock, T. C. (1974). Acceptance of persuasion and the inhibition of counterargumentation under various distraction tasks. *Journal of Experimental Social Psychology,* **10,** 301–309.

Keizer, K., Lindenberg, S., & Steg, L. (2008). The spreading of disorder. *Science,* **322,** 1681–1685.

Keller, E. B., & Berry, B. (2003). *The influentials: One American in ten tells the other nine how to vote, where to eat, and what to buy.* New York: Free Press.

Keller, J., & Dauenheimer, D. (2003). Stereotype threat in the classroom: Dejection mediates the disrupting threat effect on women's math performance. *Personality and Social Psychology Bulletin,* **29,** 371–381.

Kellerman, J., Lewis, J., & Laird, J. D. (1989). Looking and loving: The effects of mutual gaze on feelings of romantic love. *Journal of Research in Personality,* **23,** 145–161.

Kellermann, A. L. (1997). Comment: Gunsmoke—changing public attitudes toward smoking and firearms. *American Journal of Public Health,* **87,** 910–912.

Kellermann, A. L., & 9 others. (1993). Gun ownership as a risk factor for homicide in the home. *New England Journal of Medicine,* **329,** 1984–1991.

Kelley, H. H. (1973). The process of causal attribution. *American Psychologist,* **28,** 107–128.

Kelley, H. H., & Stahelski, A. J. (1970). The social interaction basis of cooperators' and competitors' beliefs about others. *Journal of Personality and Social Psychology,* **16,** 66–91.

Kelley, K., Dawson, L., & Musialowski, D. M. (1989). Three faces of sexual explicitness: The good, the bad, and the useful. In D. Zillmann & J. Bryant (Eds.), *Pornography: Research advances and policy considerations.* Hillsdale, NJ: Erlbaum.

Kelly, D. J., Liu, S., Ge, L., Quinn, P. C., Slater, A. M., Lee, K., Liu, Q., & Pascalis, O. (2007). Cross-race preferences for same-race faces extended beyond the African versus Caucasian contrast in 3-month-old infants. *Infancy,* **11,** 87–95.

Kelly, D. J., Quinn, P. C., Slater, A. M., Lee, K., Ge, L., & Pascalis, O. (2007). The other-race effect develops during infancy: Evidence of perceptual narrowing. *Psychological Science,* **18,** 1084–1089.

Kelly, D. J., Quinn, P. C., Slater, A. M., Lee, K., Gibson, A., Smith, M., Ge, L., & Y Pascalis, O. (2005). Three-month-olds, but not newborns prefer own-race faces. *Developmental Science,* **8,** F31–F36.

Kelman, H. C. (1997). Group processes in the resolution of international conflicts: Experiences from the Israeli-Palestinian case. *American Psychologist,* **52,** 212–220.

Kelman, H. C. (1998). Building a sustainable peace: The limits of pragmatism in the Israeli-Palestinian negotiations. Address to the American Psychological Association convention.

Kelman, H. C. (2007). The Israeli-Palestinian peace process and its vicissitudes: Insights from attitude theory. *American Psychologist,* **62,** 287–303.

Kelman, H. C. (2008). Evaluating the contributions of interactive problem solving to the resolution of ethnonational conflicts. *Peace and Conflict,* **14,** 29–60.

Kennedy, J. F. (1956). *Profiles in courage.* New York: Harper.

Kennedy, K. A., & Pronin, E. (2008). When disagreement gets ugly: Perceptions of bias and the escalation of conflict. *Personality and Social Psychology Bulletin,* **34,** 833–848.

Kenny, D. A., & Acitelli, L. K. (2001). Accuracy and bias in the perception of the partner in a close relationship. *Journal of Personality and Social Psychology,* **80,** 439–448.

Kenny, D. A., & Nasby, W. (1980). Splitting the reciprocity correlation. *Journal of Personality and Social Psychology,* **38,** 249–256.

Kenrick, D. T. (1987). Gender, genes, and the social environment: A biosocial interactionist perspective. In P. Shaver & C. Hendrick (Eds.), *Sex and gender: Review of personality and social psychology* (Vol. 7). Beverly Hills, CA: Sage.

Kenrick, D. T., & Gutierres, S. E. (1980). Contrast effects and judgments of physical attractiveness: When beauty becomes a social problem. *Journal of Personality and Social Psychology,* **38,** 131–140.

Kenrick, D. T., & MacFarlane, S. W. (1986). Ambient temperature and horn-honking: A field study of the heat/aggression relationship. *Environment and Behavior,* **18,** 179–191.

Kenrick, D. T., & Trost, M. R. (1987). A biosocial theory of heterosexual relationships. In K. Kelly (Ed.), *Females, males, and sexuality.* Albany: State University of New York Press.

Kenrick, D. T., Gutierres, S. E., & Goldberg, L. L. (1989). Influence of popular erotica on judgments of strangers and mates. *Journal of Experimental Social Psychology,* **25,** 159–167.

Kenrick, D. T., Nieuweboer, S., & Buunk, A. P. (2009). Universal mechanisms and cultural diversity: Replacing the blank slate with a coloring book. In M. Schaller, A. Norenzayan, S. Heine, T. Yamagishi, & T. Kameda (Eds.), *Evolution, culture, and the human mind.* New York: Psychology Press.

Kenworthy, J. B., Hewstone, M., Levine, J. M., Martin, R., & Willis, H. (2008). The phenomenology of minority-majority status: Effects of innovation in argument generation. *European Journal of Social Psychology,* **38,** 624–636.

Kernis, M. H. (2003). High self-esteem: A differentiated perspective. In E. C. Chang & L. J. Sanna (Eds.), *Virtue, vice, and personality: The complexity of behavior.* Washington, DC: APA Books.

Kerr, N. (1999). Behind the scenes. In D. G. Myers (Ed.), *Social psychology,* 6th edition. New York: McGraw-Hill.

Kerr, N. L. (1978). Severity of prescribed penalty and mock jurors' verdicts. *Journal of Personality and Social Psychology,* **36,** 1431–1442.

Kerr, N. L. (1981a). Effects of prior juror experience on juror behavior. *Basic and Applied Social Psychology,* **2,** 175–193.

Kerr, N. L. (1981b). Social transition schemes: Charting the group's road to agreement. *Journal of Personality and Social Psychology,* **41,** 684–702.

Kerr, N. L. (1983). Motivation losses in small groups: A social dilemma analysis. *Journal of Personality and Social Psychology,* **45,** 819–828.

Kerr, N. L. (1989). Illusions of efficacy: The effects of group size on perceived efficacy in social dilemmas. *Journal of Experimental Social Psychology,* **25,** 287–313.

Kerr, N. L. (1992). Norms in social dilemmas. In D. Schroeder (Ed.), *Social dilemmas: Psychological perspectives.* New York: Praeger.

Kerr, N. L., Atkin, R. S., Stasser, G., Meek, D., Holt, R. W., & Davis, J. H. (1976). Guilt beyond a reasonable doubt: Effects of concept definition and assigned decision rule on the judgments of mock jurors. *Journal of Personality and Social Psychology,* **34,** 282–294.

Kerr, N. L., & Bray, R. M. (2005). Simulation, realism, and the study of the jury. In N. Brewer & K. D. Williams (Eds.), *Psychology and law: An empirical perspective.* New York: Guilford.

Kerr, N. L., & Bruun, S. E. (1981). Ringelmann revisited: Alternative explanations for the social loafing effect. *Personality and Social Psychology Bulletin,* **7,** 224–231.

Kerr, N. L., Garst, J., Lewandowski, D. A., & Harris, S. E. (1997). That still, small voice: Commitment to cooperate as an internalized versus a social norm. *Personality and Social Psychology Bulletin,* **23,** 1300–1311.

Kerr, N. L., Harmon, D. L., & Graves, J. K. (1982). Independence of multiple verdicts by jurors and juries. *Journal of Applied Social Psychology,* **12,** 12–29.

Kerr, N. L., & Kaufman-Gilliland, C. M. (1994). Communication, commitment, and cooperation in social dilemmas. *Journal of Personality and Social Psychology,* **66,** 513–529.

Kerr, N. L. & Kaufman-Gilliland, C. M. (1997). "... and besides, I probably couldn't have made a difference anyway": Justification of social dilemma defection via perceived self-inefficacy. *Journal of Experimental Social Psychology,* **33,** 211–230.

Kerr, N. L., & MacCoun, R. J. (1985). The effects of jury size and polling method on the process and product of jury deliberation. *Journal of Personality and Social Psychology,* **48,** 349–363.

Kerr, N. L., Messé, L. A., Seok, D.-H., Sambolec, E. J., Lount, R. B., Jr., & Park, E. S. (2007). Psychological mechanisms underlying the Köhler motivation gain. *Personality and Social Psychology Bulletin,* **33,** 828–841.

Kerr, R. A. (2009). Amid worrisome signs of warming, 'climate fatigue' sets in. *Science,* **326,** 926–928.

Kerr, R. A. (2011a). Antarctic ice's future still mired in its murky past. *Science,* **333,** 401.

Kerr, R. A. (2011b). Humans are driving extreme weather; time to prepare. *Science,* **334,** 1040.

Kesebir, S., & Oishi, S. (2010). A spontaneous self-reference effect in memory: Why some birthdays are harder to remember than others. *Psychological Science,* **21,** 1525–1531.

Kessler, T., & Mummendey, A. (2001). Is there any scapegoat around? Determinants of intergroup conflicts at different categorization levels. *Journal of Personality and Social Psychology,* **81,** 1090–1102.

Kiecolt-Glaser, J. K., Loving, T. J., Stowell, J. R., Malarkey, W. B., Lemeshow, S., Dickinson, S. L., & Glaser, R. (2005). Hostile marital interactions, proinflammatory cytokine production, and wound healing. *Archives of General Psychiatry,* **62,** 1377–1384.

Kiecolt-Glaser, J. K., Malarkey, W. B., Chee, M., Newton, T., Cacioppo, J. T., Mao, H-Y., & Glaser, R. (1993). Negative behavior during marital conflict is associated with immunological down-regulation. *Psychosomatic Medicine,* **55,** 395–409.

Kiesler, C. A. (1971). *The psychology of commitment: Experiments linking behavior to belief.* New York: Academic Press.

Kihlstrom, J. F. (1994). The social construction of memory. Address to the American Psychological Society convention.

Kihlstrom, J. F., & Cantor, N. (1984). Mental representations of the self. In L. Berkowitz (Ed.), *Advances in experimental social psychology* (Vol. 17). New York: Academic Press.

Kim, H., & Markus, H. R. (1999). Deviance of uniqueness, harmony or conformity? A cultural analysis. *Journal of Personality and Social Psychology,* **77,** 785–800.

Kim, H. S., & Sherman, D. K. (2007). "Express yourself": Culture and the effect of self-expression on choice. *Journal of Personality and Social Psychology,* **92,** 1–11.

Kimmel, A. J. (1998). In defense of deception. *American Psychologist,* **53,** 803–805.

Kinder, D. R., & Sears, D. O. (1985). Public opinion and political action. In G. Lindzey & E. Aronson (Eds.), *The handbook of social psychology,* 3rd edition. New York: Random House.

King, L. A. (2001). The health benefits of writing about life goals. *Personality and Social Psychology Bulletin,* **27,** 798–807.

Kingdon, J. W. (1967). Politicians' beliefs about voters. *The American Political Science Review,* **61,** 137–145.

Kingston, D. A., Fedoroff, P., Firestone, P., Curry, S., & Bradford, J. M. (2008). Pornography use and sexual aggression: The impact of frequency and type of pornography use on recidivism among sexual offenders. *Aggressive Behavior,* **34,** 341–351.

Kingston, D. A., Malamuth, N. M., Federoff, P., & Marshall, W. L. (2009). The importance of individual differences in pornography use: Theoretical perspectives and implications for treating sexual offenders. *Journal of Sex Research,* **46,** 216–232.

Kinnier, R. T., & Metha, A. T. (1989). Regrets and priorities at three stages of life. *Counseling and Values,* **33,** 182–193.

Kinzler, K. D., Shutts, K., Dejesus, J., & Spelke, E. S. (2009). Accent trumps race in guiding children's social preferences. *Social Cognition*, **27**, 623–634.

Kirsh, S. J. (2006). Cartoon violence and aggression in youth. *Aggression and Violent Behavior*, **11**, 547–557.

Kitayama, S. (1996). The mutual constitution of culture and the self: Implications for emotion. Paper presented to the American Psychological Society convention.

Kitayama, S. (1999). Behind the scenes. In D. G. Myers (Ed.), *Social psychology*, 6th ed. New York: McGraw-Hill.

Kitayama, S., & Karasawa, M. (1997). Implicit self-esteem in Japan: Name letters and birthday numbers. *Personality and Social Psychology Bulletin*, **23**, 736–742.

Kitayama, S., & Markus, H. R. (1995). Culture and self: Implications for internationalizing psychology. In N. R. Godlberger & J. B. Veroff (Eds.), *The culture and psychology reader*. New York: New York University Press.

Kitayama, S., & Markus, H. R. (2000). The pursuit of happiness and the realization of sympathy: Cultural patterns of self, social relations, and well-being. In E. Diener & E. M. Suh (Eds.), *Subjective well-being across cultures*. Cambridge, MA: MIT Press.

Kite, M. E. (2001). Changing times, changing gender roles: Who do we want women and men to be? In R. K. Unger (Ed.), *Handbook of the psychology of women and gender*. New York: Wiley.

Klaas, E. T. (1978). Psychological effects of immoral actions: The experimental evidence. *Psychological Bulletin*, **85**, 756–771.

Klapwijk, A., & Van Lange, P. A. M. (2009). Promoting cooperation and trust in "noisy" situations: The power of generosity. *Journal of Personality and Social Psychology*, **96**, 83–103.

Klauer, K. C., & Voss, A. (2008). Effects of race on responses and response latencies in the weapon identification task: A test of six models. *Personality and Social Psychology Bulletin*, **34**, 1124–1140.

Kleck, R. E., & Strenta, A. (1980). Perceptions of the impact of negatively valued physical characteristics on social interaction. *Journal of Personality and Social Psychology*, **39**, 861–873.

Klein, J. G. (1991). Negative effects in impression formation: A test in the political arena. *Personality and Social Psychology Bulletin*, **17**, 412–418.

Klein, O., Snyder, M., & Livingston, R. W. (2004). Prejudice on the stage: Self-monitoring and the public expression of group attitudes. *British Journal of Social Psychology*, **43**, 299–314.

Klein, S. B., Lax, M. L., & Gangi, C. E. (2010). A call for an inclusive approach to the social cognitive neurosciences. *Social Cognition*, **28**, 748–756.

Klein, W. M., & Kunda, Z. (1992). Motivated person perception: Constructing justifications for desired beliefs. *Journal of Experimental Social Psychology*, **28**, 145–168.

Kleinke, C. L. (1977). Compliance to requests made by gazing and touching experimenters in field settings. *Journal of Experimental Social Psychology*, **13**, 218–223.

Klentz, B., Beaman, A. L., Mapelli, S. D., & Ullrich, J. R. (1987). Perceived physical attractiveness of supporters and nonsupporters of the women's movement: An attitude-similarity-mediated error (AS-ME). *Personality and Social Psychology Bulletin*, **13**, 513–523.

Klinesmith, J., Kasser, T., & McAndrew, F. T. (2006). Guns, testosterone, and aggression. *Psychological Science*, **17**(7), 568–571.

Klopfer, P. H. (1958). Influence of social interaction on learning rates in birds. *Science*, **128**, 903.

Klucharev, V., Hytönen, K., Rijpkema, M., Smidts, A., & Fernández, G. (2009). Reinforcement learning signal predicts conformity. *Neuron*, **61**, 140–151.

Knewtson, H. S., & Sias, R. W. (2010). Why Susie owns Starbucks: The name letter effect in security selection. *Journal of Business Research*, **63**, 1324–1327.

Knight, G. P., Fabes, R. A., & Higgins, D. A. (1996). Concerns about drawing causal inferences from meta-analyses: An example in the study of gender differences in aggression. *Psychological Bulletin*, **119**, 410–421.

Knight, J. A., & Vallacher, R. R. (1981). Interpersonal engagement in social perception: The consequences of getting into the action. *Journal of Personality and Social Psychology*, **40**, 990–999.

Knight, P. A., & Weiss, H. M. (1980). *Benefits of suffering: Communicator suffering, benefitting, and influence.* Paper presented at the American Psychological Association convention.

Knowles, E. D., & Peng, K. (2005). White selves: Conceptualizing and measuring a dominant-group identity. *Journal of Personality and Social Psychology*, **89**, 223–241.

Knowles, E. S. (1983). Social physics and the effects of others: Tests of the effects of audience size and distance on social judgment and behavior. *Journal of Personality and Social Psychology*, **45**, 1263–1279.

Knox, R. E., & Inkster, J. A. (1968). Postdecision dissonance at post-time. *Journal of Personality and Social Psychology*, **8**, 319–323.

Knudson, R. M., Sommers, A. A., & Golding, S. L. (1980). Interpersonal perception and mode of resolution in marital conflict. *Journal of Personality and Social Psychology*, **38**, 751–763.

Koehler, D. J. (1991). Explanation, imagination, and confidence in judgment. *Psychological Bulletin*, **110**, 499–519.

Koehler, J. J., & Macchi, L. (2004). Thinking about low-probability events. *Psychological Science*, **15**, 540–546.

Koenig, A. M., Eagly, A. H., Mitchell, A. A., & Ristikari, T. (2011). Are leader stereotypes masculine? A meta-analysis of three research paradigms. *Psychological Bulletin*, **137**, 616–642.

Koenig, L. B., McGue, M., & Iacono, W. G. (2008). Stability and change in religiousness during emerging adulthood. *Developmental Psychology*, **44**, 531–543.

Koestner, R., & Wheeler, L. (1988). Self-presentation in personal advertisements: The influence of implicit notions of attraction and role expectations. *Journal of Social and Personal Relationships*, **5**, 149–160.

Kohn, N. W., Paulus, P. B., & Choi, Y. (2011). Building on the ideas of others. An examination of the idea combination process. *Journal of Experimental Social Psychology*, **47**, 554–561.

Kolata, G., & Peterson, I. (2001, July 21). New way to insure eyewitnesses can ID the right bad guy. *New York Times* (www.nytimes.com).

Kolivas, E. D., & Gross, A. M. (2007). Assessing sexual aggression: Addressing the gap between rape victimization and perpetration prevalence rates. *Aggression and Violent Behavior*, **12**, 315–328.

Konrad, A. M., Ritchie, J. E., Jr., Lieb, P., & Corrigall, E. (2000). Sex differences and similarities in job attribute preferences: A meta-analysis. *Psychological Bulletin*, **126**, 593–641.

Konrath, S. H., O'Brien, E. H., & Hsing, C. (2011). Changes in dispositional empathy in American college students over time: A meta-analysis. *Personality & Social Psychology Review*, **15**, 180–198.

Koo, M., Algoe, S. B., Wilson, T. D., & Gilbert, D. T. (2008). It's a wonderful life: Mentally subtracting positive events improves people's affective states, contrary to their affective forecasts. *Journal of Personality and Social Psychology*, **95**, 1217–1224.

Koole, S. L., Dijksterhuis, A., & van Knippenberg, A. (2001). What's in a name? Implicit self-esteem and the automatic self. *Journal of Personality and Social Psychology*, **80**, 669–685.

Koomen, W., & Bahler, M. (1996). National stereotypes: Common

representations and ingroup favouritism. *European Journal of Social Psychology,* **26,** 325–331.
Koomen, W., & Dijker, A. J. (1997). Ingroup and outgroup stereotypes and selective processing. *European Journal of Social Psychology,* **27,** 589–601.
Koop, C. E. (1987). Report of the Surgeon General's workshop on pornography and public health. *American Psychologist,* **42,** 944–945.
Koppel, M., Argamon, S., & Shimoni, A. R. (2002). Automatically categorizing written texts by author gender. *Literary and Linguistic Computing,* **17,** 401–412.
Koriat, A., Lichtenstein, S., & Fischhoff, B. (1980). Reasons for confidence. *Journal of Experimental Social Psychology: Human Learning and Memory,* **6,** 107–118.
Korn, J. H., & Nicks, S. D. (1993). The rise and decline of deception in social psychology. Poster presented at the American Psychological Society convention.
Koss, M. P., Heise, L., & Russo, N. F. (1994). The global health burden of rape. *Psychology of Women Quarterly,* **18,** 509–537.
Krackow, A., & Blass, T. (1995). When nurses obey or defy inappropriate physician orders: Attributional differences. *Journal of Social Behavior and Personality,* **10,** 585–594.
Krahé, B. (1998). Sexual aggression among adolescents: Prevalence and predictors in a German sample. *Psychology of Women Quarterly,* **22,** 537–554.
Krahe, B., Moller, I., Huesmann, L. R., Kirwil, L., Felber, J., & Berger, A. (2010). Desensitization to media violence: Links with habitual media violence exposure, aggressive cognitions, and aggressive behavior. *Journal of Personality and Social Psychology,* **100,** 630–646.
Kramer, A. E. (2008, August 32). Russia's collective farms: Hot capitalist property. *New York Times* (www .nytimes.com).
Kramer, G. P., Kerr, N. L., & Carroll, J. S. (1990). Pretrial publicity, judicial remedies, and jury bias. *Law and Human Behavior,* **14,** 409–438.
Kraus, M. W., Côté, S., & Keltner, D. (2010). Social class, contextualism, and empathic accuracy. *Psychological Science,* **21,** 1716–1723.
Kraus, M. W., Piff, P. K., & Keltner, D. (2011). Social class as culture: the convergence of resources and rank in the social realm. *Current Directions in Psychological Science,* **20,** 246–250.
Kraus, S. J. (1995). Attitudes and the prediction of behavior: A meta-analysis of the empirical literature. *Personality and Social Psychology Bulletin,* **21,** 58–75.
Kraut, R. E. (1973). Effects of social labeling on giving to charity. *Journal of Experimental Social Psychology,* **9,** 551–562.
Kravitz, D. A., & Martin, B. (1986). Ringelmann rediscovered: The original article. *Journal of Personality and Social Psychology,* **50,** 936–941.
Krebs, D. (1970). Altruism—An examination of the concept and a review of the literature. *Psychological Bulletin,* **73,** 258–302.
Krebs, D. (1975). Empathy and altruism. *Journal of Personality and Social Psychology,* **32,** 1134–1146.
Krebs, D. (1998). The evolution of moral behaviors. In C. Crawford & D. L. Krebs (Eds.), *Handbook of evolutionary psychology: Ideas, issues, and applications.* Mahwah, NJ: Erlbaum.
Krebs, D., & Adinolfi, A. A. (1975). Physical attractiveness, social relations, and personality style. *Journal of Personality and Social Psychology,* **31,** 245–253.
Krendl, A. C., Richeson, J. A., Kelley, W. M., & Heatherton, T. F. (2008). The negative consequences of threat: A functional magnetic resonance imaging investigation of the neural mechanisms underlying women's underperformance in math. *Psychological Science,* **19,** 168–175.
Kressel, K., & Pruitt, D. G. (1985). Themes in the mediation of social conflict. *Journal of Social Issues,* **41,** 179–198.
Krisberg, K. (2004). Successful "truth" anti-smoking campaign in funding jeopardy: New commission works to save campaign. *Medscape* (www .medscape.com).
Kristof, N. D. (2007, August 16). The big melt. *New York Times* (www .nytimes.com).
Kristof, N. D. (2010, September 18). Message to Muslims: I'm sorry. *New York Times* (www.nytimes.com).
Krizan, Z., & Suls, J. (2008). Losing sight of oneself in the above-average effect: When egocentrism, focalism, and group diffuseness collide. *Journal of Experimental Social Psychology,* **44,** 929–942.
Kroger, R. O., & Wood, L. A. (1992). Are the rules of address universal? IV: Comparison of Chinese, Korean, Greek, and German usage. *Journal of Cross-Cultural Psychology,* **23,** 148–162.
Krosnick, J. A. (2010, June 8). The climate majority. *New York Times* (www.nytimes.com).
Krosnick, J. A., & Alwin, D. F. (1989). Aging and susceptibility to attitude change. *Journal of Personality and Social Psychology,* **57,** 416–425.
Krosnick, J. A., & Schuman, H. (1988). Attitude intensity, importance, and certainty and susceptibility to response effects. *Journal of Personality and Social Psychology,* **54,** 940–952.
Krueger, A. B., & Malečková, J. (2009). Attitudes and action: Public opinion and the occurrence of international terrorism. *Science,* **325,** 1534–1536.
Krueger, J., & Clement, R. W. (1994a). Memory-based judgments about multiple categories: A revision and extension of Tajfel's accentuation theory. *Journal of Personality and Social Psychology,* **67,** 35–47.
Krueger, J., & Clement, R. W. (1994b). The truly false consensus effect: An ineradicable and egocentric bias in social perception. *Journal of Personality and Social Psychology,* **67,** 596–610.
Krueger, J., & Rothbart, M. (1988). Use of categorical and individuating information in making inferences about personality. Journal of *Personality and Social Psychology,* **55,** 187–195.
Krueger, J. I., & Funder, D. C. (2003a). Towards a balanced social psychology: Causes, consequences and cures for the problem-seeking approach to social behavior and cognition. *Behavioral and Brain Sciences,* **27**(3), 313–327.
Krueger, J. I., & Funder, D. C. (2003b). Social psychology: A field in search of a center. *Behavioral and Brain Sciences,* **27**(3), 361–367.
Krueger, R. F., Hicks, B. M., & McGue, M. (2001). Altruism and antisocial behavior: Independent tendencies, unique personality correlates, distinct etiologies. *Psychological Science,* **12,** 397–402.
Kruger, J., & Dunning, D. (1999). Unskilled and unaware of it: How difficulties in recognizing one's own incompetence lead to inflated self-assessments. *Journal of Personality and Social Psychology,* **77,** 1121–1134.
Kruger, J., & Evans, M. (2004). If you don't want to be late, enumerate: Unpacking reduces the planning fallacy. *Journal of Experimental Social Psychology,* **40,** 586–598.
Kruger, J., & Gilovich, T. (1999). "I cynicism" in everyday theories of responsibility assessment: On biased assumptions of bias. *Journal of Personality and Social Psychology,* **76,** 743–753.
Kruger, J., Gordon, C. L., & Kuban, J. (2006). Intentions in teasing: When "just kidding" just isn't good enough. *Journal of Personality and Social Psychology,* **90,** 412–425.
Kruger, J., Wirtz, D., & Miller, D. T. (2005). Counterfactual thinking and the first instinct fallacy. *Journal of Personality and Social Psychology,* **88,** 725–735.
Kruglanski, A. W., Chen, X., Dechesne, M., Fishman, S., & Orehek E. (2009). Fully committed:

Suicide bombers' motivation and the quest for personal significance. *Political Psychology*, **30,** 331–357.

Kruglanski, A. W., & Fishman, S. (2006). The psychology of terrorism: "Syndrome" versus "tool" perspective. *Journal of Terrorism and Political Violence*, **18**(2), 193–215.

Kruglanski, A. W., Gelfand, M., & Gunaratna, R. (2010, January). Detainee deradicalization: A challenge for psychological science. *APS Observer*, **23,** 20–22.

Kruglanski, A. W., & Gigerenzer, G. (2011). Intuitive and deliberate judgments are based on common principles. *Psychological Review*, **118,** 97–109.

Kruglanski, A. W., & Golec de Zavala, A. (2005). Individual motivations, the group process and organizational strategies in suicide terrorism. *Psychology and Sociology (Psycologie et sociologie).*

Kruglanski, A. W., & Webster, D. M. (1991). Group members' reactions to opinion deviates and conformists at varying degrees of proximity to decision deadline and of environmental noise. *Journal of Personality and Social Psychology*, **61,** 212–225.

Krull, D. S., Loy, M. H.-M., Lin, J., Wang, C.-F., Chen, S., & Zhao, X. (1999). The fundamental fundamental attribution error: Correspondence bias in individualist and collectivist cultures. *Personality and Social Psychology Bulletin*, **25,** 1208–1219.

Kubany, E. S., Bauer, G. B., Pangilinan, M. E., Muroka, M. Y., & Enriquez, V. G. (1995). Impact of labeled anger and blame in intimate relationships. *Journal of Cross-Cultural Psychology*, **26,** 65–83.

Kubey, R., & Csikszentmihalyi, M. (2002, February). Television addiction is no mere metaphor. *Scientific American*, **286**, 74–82.

Kugihara, N. (1999). Gender and social loafing in Japan. *Journal of Social Psychology*, **139,** 516–526.

Kuiper, N. A., & Higgins, E. T. (1985). Social cognition and depression: A general integrative perspective. *Social Cognition*, **3,** 1–15.

Kull, S. (2003, June 4). Quoted in "Many Americans unaware WMD have not been found." Program on International Policy Attitudes (http://pipa.org/whatsnew/html/new_6_04_03.html).

Kumkale, G. T., & Albarracin, D. (2004). The sleeper effect in persuasion: A meta-analytic review. *Psychological Bulletin*, **130,** 143–172.

Kunda, Z., & Oleson, K. C. (1995). Maintaining stereotypes in the face of disconfirmation: Constructing grounds for subtyping deviants. *Journal of Personality and Social Psychology*, **68,** 565–579.

Kunda, Z., & Oleson, K. C. (1997). When exceptions prove the rule: How extremity of deviance determines the impact of deviant examples on stereotypes. *Journal of Personality and Social Psychology*, **72,** 965–979.

Kunda, Z., & Spencer, S. J. (2003). When do stereotypes come to mind and when do they color judgment? A goal-based theoretical framework for stereotype activation and application. *Psychological Bulletin*, **129,** 522–544.

Kunkel, D. (2001, February 4). Sex on TV. Menlo Park, CA: Henry J. Kaiser Family Foundation (www.kff.org).

Kunst-Wilson, W. R., & Zajonc, R. B. (1980). Affective discrimination of stimuli that cannot be recognized. *Science*, **207,** 557–558.

Kupper, N., & Denollet, J. (2007). Type D personality as a prognostic factor in heart disease: Assessment and mediating mechanisms. *Journal of Personality Assessment*, **89,** 265–276.

Kurzman, D. (2004). *No greater glory: The four immortal chaplains and the sinking of the Dorchester in World War II.* New York: Random House.

Kutner, L., & Olson, C. K. (2008). *Grand theft childhood: The surprising truth about violent video games and what parents can do* (pp. 111–137). New York: Simon & Schuster.

Lacey, M. (2004, April 9). A decade after massacres, Rwanda outlaws ethnicity. *New York Times* (www.nytimes.com).

Lafferty, E. (1994, November 14). Now, a jury of his peers. *Time*, p. 64.

LaFrance, M. (1985). Does your smile reveal your status? *Social Science News Letter*, **70** (Spring), 15–18.

LaFrance, M., Hecht, M. A., & Paluck, E. L. (2003). The contingent smile: A meta-analysis of sex differences in smiling. *Psychological Bulletin*, **129,** 305–334.

LaFromboise, T., Coleman, H. L. K., & Gerton, J. (1993). Psychological impact of biculturalism: Evidence and theory. *Psychological Bulletin*, **114,** 395–412.

Lagerspetz, K. (1979). Modification of aggressiveness in mice. In S. Feshbach & A. Fraczek (Eds.), *Aggression and behavior change*. New York: Praeger.

Lagerspetz, K. M. J., Bjorkqvist, K., Berts, M., & King, E. (1982). Group aggression among school children in three schools. *Scandinavian Journal of Psychology*, **23,** 45–52.

Laird, J. D. (1974). Self-attribution of emotion: The effects of expressive behavior on the quality of emotional experience. *Journal of Personality and Social Psychology*, **29,** 475–486.

Laird, J. D. (1984). The real role of facial response in the experience of emotion: A reply to Tourangeau and Ellsworth, and others. *Journal of Personality and Social Psychology*, **47,** 909–917.

Lakin, J. L., & Chartrand, T. L. (2003). Using nonconscious behavioral mimicry to create affiliation and rapport. *Psychological Science*, **14,** 334–339.

Lakin, J. L., Chartrand, T. L., & Arkin, R. M. (2008). I am too just like you: Nonconscious mimicry as an automatic behavioral responses to social exclusion. *Psychological Science*, **19,** 816–821.

Lalancette, M-F., & Standing, L. (1990). Asch fails again. *Social Behavior and Personality*, **18,** 7–12.

Lalonde, R. N. (1992). The dynamics of group differentiation in the face of defeat. *Personality and Social Psychology Bulletin*, **18,** 336–342.

Lalwani, A. K., Shavitt, S., & Johnson, T. (2006). What is the relation between cultural orientation and socially desirable responding? *Journal of Personality and Social Psychology*, **90,** 165–178.

Lamal, P. A. (1979). College student common beliefs about psychology. *Teaching of Psychology*, **6,** 155–158.

Lambert, A. J., Scherer, L. D., Schott, J. P., Olson, K. R., Andrews, R. K., O'Brien, T. C., & Zisser, A. R. (2010). Rally effects, threat, and attitude change: An integrative approach to understanding the role of emotion. *Journal of Personality and Social Psychology*, **98,** 886–903.

Lambert, N. M., DeWall, C. N., Bushman, B. J., Stillman, T. F., Fincham, F. D., & Pond, R. S. (2011). Lashing out in lust: Effect of pornography on nonsexual, physical aggression against relationship partners. Unpublished manuscript, Florida State University.

Lamberth, J. (1998, August 6). Driving while black: A statistician proves that prejudice still rules the road. *Washington Post*, p. C1.

Landau, M. J., Solomon, S., Greenberg, J., Cohen, F., Pyszczynski, T., Arndt, J., Miller, C. H., Ogilvie, D. M., & Cook, A. (2004). Deliver us from evil: The effects of mortality salience and reminders of 9/11 on support for President George W. Bush. *Personality and Social Psychology Bulletin*, **30,** 1136–1150.

Landers, A. (1969, April 8). Syndicated newspaper column. April 8, 1969. Cited by L. Berkowitz in, The case for bottling up rage. *Psychology Today*, September, 1973, pp. 24–31.

Landers, A. (1985, August). Is affection more important than sex? *Reader's Digest*, pp. 44–46.

Lane, D. J., Gibbons, F. X., O'Hara, R. E., & Gerrard, M. (2011). Standing out from the crowd: How comparison to prototypes can decrease health-risk behavior in young adults. *Basic and Applied Social Psychology,* **33,** 228–238.

Langer, E. J. (1977). The psychology of chance. *Journal for the Theory of Social Behavior,* **7,** 185–208.

Langer, E. J., & Imber, L. (1980). The role of mindlessness in the perception of deviance. *Journal of Personality and Social Psychology,* **39,** 360–367.

Langer, E. J., & Rodin, J. (1976). The effects of choice and enhanced personal responsibility for the aged: A field experiment in an institutional setting. *Journal of Personality and Social Psychology,* **334,** 191–198.

Langer, E. J., & Roth, J. (1975). Heads I win, tails it's chance: The illusion of control as a function of the sequence of outcomes in a purely chance task. *Journal of Personality and Social Psychology,* **32,** 951–955.

Langford, D. J., Crager, S. E., Shehzad, Z., Smith, S. B., Sotocinal, S. G., Levenstadt, J. S., Chanda, M. L., Levitin, D. J., & Mogil, J. S. (2006). Social modulation of pain as evidence for empathy in mice. *Science,* **312,** 1967–1970.

Langlois, J. H., Kalakanis, L., Rubenstein, A. J., Larson, A., Hallam, M., & Smoot, M. (2000). Maxims or myths of beauty? A meta-analytic and theoretical review. *Psychological Bulletin,* **126,** 390–423.

Langlois, J. H., Kalakanis, L., Rubenstein, A., Larson, A., Hallam, M., & Smoot, M. (1996). *Maxims and myths of beauty: A meta-analytic and theoretical review.* Paper presented at the American Psychological Society convention.

Langlois, J. H., & Roggman, L. A. (1990). Attractive faces are only average. *Psychological Science,* **1,** 115–121.

Langlois, J. H., Roggman, L. A., Casey, R. J., Ritter, J. M., Rieser-Danner, L. A., & Jenkins, V. Y. (1987). Infant preferences for attractive faces: Rudiments of a stereotype? *Developmental Psychology,* **23,** 363–369.

Langlois, J. H., Roggman, L. A., & Musselman, L. (1994). What is average and what is not average about attractive faces? *Psychological Science,* **5,** 214–220.

Lankford, A. (2009). Promoting aggression and violence at Abu Ghraib: The U.S. military's transformation of ordinary people into torturers. *Aggression and Violent Behavior,* **14,** 388–395.

Lanzetta, J. T. (1955). Group behavior under stress. *Human Relations,* **8,** 29–53.

Larrick, R. P., Timmerman, T. A., Carton, A. M., & Abrevaya, J. (2011). Temper, temperature, and temptation: Heat-related retaliation in baseball. *Psychological Science,* **22,** 423–428.

Larsen, K. (1974). Conformity in the Asch experiment. *Journal of Social Psychology,* **94,** 303–304.

Larsen, K. S. (1990). The Asch conformity experiment: Replication and transhistorical comparisons. *Journal of Social Behavior and Personality,* **5**(4), 163–168.

Larsen, R. (2009). The contributions of positive and negative affect to emotional well-being. *Psychological Topics,* **18,** 247–266.

Larsen, R. J., Csikszentmihalyi, N., & Graef, R. (1982). Time alone in daily experience: Loneliness or renewal? In L. A. Peplau & D. Perlman (Eds.), *Loneliness: A sourcebook of current theory, research and therapy.* New York: Wiley.

Larsen, R. J., & Diener, E. (1987). Affect intensity as an individual difference characteristic: A review. *Journal of Research in Personality,* **21,** 1–39.

Larson, J. R., Jr., Foster-Fishman, P. G., & Keys, C. B. (1994). Discussion of shared and unshared information in decision-making groups. *Journal of Personality and Social Psychology,* **67,** 446–461.

Larsson, K. (1956). *Conditioning and sexual behavior in the male albino rat.* Stockholm: Almqvist & Wiksell.

Larwood, L. (1978). Swine flu: A field study of self-serving biases. *Journal of Applied Social Psychology,* **18,** 283–289.

Lassiter, G. D. (2010). Psychological science and sound public policy: Video recording of custodial interrogations. *American Psychologist,* **65,** 768–779.

Lassiter, G. D., Diamond, S. S., Schmidt, H. C., & Elek, J. K. (2007). Evaluating videotaped confessions. *Psychological Science,* **18,** 224–226.

Lassiter, G. D., & Dudley, K. A. (1991). The *a priori* value of basic research: The case of videotaped confessions. *Journal of Social Behavior and Personality,* **6,** 7–16.

Lassiter, G. D., Geers, A. L., Handley, I. M., Weiland, P. E., & Munhall, P. J. (2002). Videotaped interrogations and confessions: A simple change in camera perspective alters verdicts in simulated trials. *Journal of Applied Psychology,* **87,** 867–874.

Lassiter, G. D., & Irvine, A. A. (1986). Videotaped confessions: The impact of camera point of view on judgments of coercion. *Journal of Applied Social Psychology,* **16,** 268–276.

Lassiter, G. D., Lindberg, M. J., Gonzáles-Vallego, C., Bellezza, F. S., & Phillips, N. D. (2009). The deliberation-without-attention effect: Evidence for an artifactual interpretation. *Psychological Science,* **20,** 671–675.

Lassiter, G. D., & Munhall, P. J. (2001). The genius effect: Evidence for a nonmotivational interpretation. *Journal of Experimental Social Psychology,* **37,** 349–355.

Lassiter, G. D., Munhall, P. J., Berger, I. P., Weiland, P. E., Handley, I. M., & Geers, A. L. (2005). Attributional complexity and the camera perspective bias in videotaped confessions. *Basic and Applied Social Psychology,* **27,** 27–35.

Latané, B., & Dabbs, J. M., Jr. (1975). Sex, group size and helping in three cities. *Sociometry,* **38,** 180–194.

Latané, B., & Darley, J. M. (1968). Group inhibition of bystander intervention in emergencies. *Journal of Personality and Social Psychology,* **10,** 215–221.

Latané, B., & Darley, J. M. (1970). *The unresponsive bystander: Why doesn't he help?* New York: Appleton-Century-Crofts.

Latané, B., & Nida, S. (1981). Ten years of research on group size and helping. *Psychological Bulletin,* **89,** 308–324.

Latané, B., & Rodin, J. (1969). A lady in distress: Inhibiting effects of friends and strangers on bystander intervention. *Journal of Experimental Social Psychology,* **5,** 189–202.

Latané, B., Williams, K., & Harkins. S. (1979). Many hands make light the work: The causes and consequences of social loafing. *Journal of Personality and Social Psychology,* **37,** 822–832.

Laughlin, P. R. (1996). Group decision making and collective induction. In E. H. Witte & J. H. Davis (Eds.), *Understanding group behavior: Consensual action by small groups.* Mahwah, NJ: Erlbaum.

Laughlin, P. R., & Adamopoulos, J. (1980). Social combination processes and individual learning for six-person cooperative groups on an intellective task. *Journal of Personality and Social Psychology,* **38,** 941–947.

Laughlin, P. R., Hatch, E. C., Silver, J. S., & Boh, L. (2006). Groups perform better than the best individuals on letters-to-numbers problems: Effects of group size. *Journal of Personality and Social Psychology,* **90,** 644–651.

Laughlin, P. R., Zander, M. L., Knievel, E. M., & Tan, T. K. (2003). Groups perform better than the best individuals on letters-to-numbers problems: Informative equations and effective strategies. *Journal of Personality and Social Psychology,* **85,** 684–694.

Laumann, E. O., Gagnon, J. H., Michael, R. T., & Michaels, S. (1994). *The social organization of sexuality: Sexual practices in the United States.* Chicago: University of Chicago Press.

Lawler, A. (2003a). Iraq's shattered universities. *Science,* **300**, 1490–1491.

Lawler, A. (2003b). Mayhem in Mesopotamia. *Science,* **301,** 582–588.

Lawler, A. (2003c). Ten millennia of culture pilfered amid Baghdad chaos. *Science,* **300,** 402–403.

Lawson, T. J. (2010). The social spotlight increases blindness to change blindness. *Basic and Applied Social Psychology,* **32,** 360–368.

Layden, M. A. (1982). Attributional therapy. In C. Antaki & C. Brewin (Eds.), *Attributions and psychological change: Applications of attributional theories to clinical and educational practice.* London: Academic Press.

Lazarsfeld, P. F. (1949). *The American soldier*—an expository review. *Public Opinion Quarterly,* **13,** 377–404.

Lazer, D., & others. (2009). Computational social science. *Science,* **323,** 721–723.

Leaper, C., & Robnett, R. D. (2011). Women are more likely than men to use tentative language, aren't they? A meta-analysis testing for gender differences and moderators. *Psychology of Women Quarterly,* **35,** 129–142.

Leary, M. (1994). *Self-presentation: Impression management and interpersonal behavior.* Pacific Grove, CA: Brooks/Cole.

Leary, M. R. (1998). The social and psychological importance of self-esteem. In R. M. Kowalski & M. R. Leary (Eds.), *The social psychology of emotional and behavioral problems.* Washington, DC: American Psychological Association.

Leary, M. R. (1999). The social and psychological importance of self-esteem. In R. M. Kowalski & M. R. Leary (Eds.), *The social psychology of emotional and behavioral problems.* Washington, DC: APA Books.

Leary, M. R. (2001). Social anxiety as an early warning system: A refinement and extension of the self-presentation theory of social anxiety. In S. G. Hofmann & P. M. DiBartolo (Eds.), *From social anxiety to social phobia: Multiple perspectives.* Needham Heights, MA: Allyn & Bacon.

Leary, M. R. (2004a). *The curse of the self: Self-awareness, egotism, and the quality of human life.* New York: Oxford University Press.

Leary, M. R. (2004b). The self we know and the self we show: Self-esteem, self-presentation, and the maintenance of interpersonal relationships. In M. Brewer & M. Hewstone (Eds.), *Emotion and motivation.* Malden, MA: Usishers.

Leary, M. R. (2007). Motivational and emotional aspects of the self. *Annual Review of Psychology,* **58,** 317–344.

Leary, M. R. (2010). Affiliation, acceptance, and belonging: The pursuit of interpersonal connection. In S. T. Fiske, D. T. Gilbert, & G. Lindzey (Eds.), *Handbook of social psychology,* 5th edition. Hoboken, NJ: Wiley.

Leary, M. R., & Kowalski, R. M. (1995). *Social anxiety.* New York: Guilford.

Leary, M. R., Kowalski, R. M., Smith, L., & Phillips, S. (2003). Teasing, rejection, and violence: Case studies of the school shootings. *Aggressive Behavior,* **29,** 202–214.

Leary, M. R., Nezlek, J. B., Radford-Davenport, D., Martin, J., & McMullen, A. (1994). Self-presentation in everyday interactions: Effects of target familiarity and gender composition. *Journal of Personality and Social Psychology,* **67,** 664–673.

Leary, M. R., Twenge, J. M., & Quinlivan, E. (2006). Interpersonal rejection as a determinant of anger and aggression. *Personality and Social Psychology Review,* **10,** 111–132.

LeDoux, J. (2002). *Synaptic self: How our brains become who we are.* New York: Viking.

Lee, F., Hallahan, M., & Herzog, T. (1996). Explaining real-life events: How culture and domain shape attributions. *Personality and Social Psychology Bulletin,* **22,** 732–741.

Lee, I.-C., Pratto, F., & Johnson, B. T. (2011). Intergroup consensus/disagreement in support of group-based hierarchy: An examination of socio-structural and psycho-cultural factors. *Psychological Bulletin,* **137,** 1029–1064.

Lee, R. Y.-P., & Bond, M. H. (1996). *How friendship develops out of personality and values: A study of interpersonal attraction in Chinese culture.* Unpublished manuscript, Chinese University of Hong Kong.

Lee, S., Rogge, R. D., & Reis, H. T. (2010). Assessing the seeds of relationship decay: Using implicit evaluations to detect the early stages of disillusionment. *Psychological Science,* **21,** 857–864.

Legrain, P. (2003, May 9). Cultural globalization is not Americanization. *Chronicle of Higher Education* (www.chronicle.com/free).

Lehavot, K., & Lambert, A. J. (2007). Toward a greater understanding of antigay prejudice: On the role of sexual orientation and gender role violation. *Basic and Applied Social Psychology,* **29,** 279–292.

Lehman, D. R., Lempert, R. O., & Nisbett, R. E. (1988). The effects of graduate training on reasoning: Formal discipline and thinking about everyday-life events. *American Psychologist,* **43,** 431–442.

Leippe, M. R. (1985). The influence of eyewitness nonidentification on mock-jurors. *Journal of Applied Social Psychology,* **15,** 656–672.

Leippe, M. R. (1994). The appraisal of eyewitness testimony. In D. F. Ross, J. D. Read, & M. P. Toglia (Eds.), *Adult eyewitness testimony: Current trends and developments.* New York: Cambridge University Press.

Leiserowitz, A. (2011, November 17). Do Americans connect climate change and extreme weather events? E-mail of Yale/GMU survey, from Yale Project on Climate Change Communication.

Leiserowitz, A., Maibach, E., Roser-Renouf, C., & Smith, N. (2011a). *Global warming's six Americas, May 2011.* Yale University and George Mason University. New Haven, CT: Yale Project on Climate Change Communication.

Leiserowitz, A., Maibach, E., Roser-Renouf, C., & Smith, N. (2011b). *Climate change in the American mind: Americans' global warming beliefs and attitudes in May 2011.* Yale University and George Mason University. New Haven, CT: Yale Project on Climate Change Communication.

Lemay, E. P., Jr., Clark, M. S., & Greenberg, A. (2010). What is beautiful is good because what is beautiful is desired: Physical attractiveness stereotyping as projection of interpersonal goals. *Personality and Social Psychology Bulletin,* **36,** 339–353.

Lemyre, L., & Smith, P. M. (1985). Intergroup discrimination and self-esteem in the minimal group paradigm. *Journal of Personality and Social Psychology,* **49,** 660–670.

Lench, H. C., Quas, J. A., & Edelstein, R. S. (2006). My child is better than average: The extension and restriction of unrealistic optimism. *Journal of Applied Social Psychology,* **36,** 2963–2979.

Lenhart, A. (2010, April 20). *Teens, cell phones and texting.* Pew Internet and American Life Project. Pew Research Center (www.pewresearch.org).

Lenton, A. P., & Francesconi, M. (2010). How humans cognitively manage an abundance of mate options. *Psychological Science,* **21,** 528–533.

Leodoro, G., & Lynn, M. (2007). The effect of server posture on the tips of Whites and Blacks. *Journal of Applied Social Psychology,* **37,** 201–209.

Leone, C. & Hawkins, L. B. (2006). Self-monitoring and close relationships. *Journal of Personality,* **74,** 739–778.

Lepore, S. J., Ragan, J. D., & Jones, S. (2000). Talking facilitates cognitive-emotional processes of adaptation to an acute stressor. *Journal of Personality and Social Psychology,* **78,** 499–508.

Lepper, M. R., & Greene, D. (Eds.) (1979). *The hidden costs of reward.* Hillsdale, NJ: Erlbaum.

Lerner, M. J. (1980). *The belief in a just world: A fundamental delusion.* New York: Plenum.

Lerner, M. J., & Miller, D. T. (1978). Just world research and the attribution process: Looking back and ahead. *Psychological Bulletin,* **85,** 1030–1051.

Lerner, M. J., & Simmons, C. H. (1966). Observer's reaction to the "innocent victim": Compassion or rejection? *Journal of Personality and Social Psychology,* **4,** 203–210.

Lerner, M. J., Somers, D. G., Reid, D., Chiriboga, D., & Tierney, M. (1991). Adult children as caregivers: Egocentric biases in judgments of sibling contributions. *The Gerontologist,* **31,** 746–755.

Lerner, R. M., & Frank, P. (1974). Relation of race and sex to supermarket helping behavior. *Journal of Social Psychology,* **94,** 201–203.

Leshner, A. I. (2005, October). Science and religion should not be adversaries. *APS Observer* (www.psychologicalscience.org).

Leung, K., & Bond, M. H. (1984). The impact of cultural collectivism on reward allocation. *Journal of Personality and Social Psychology,* **47,** 793–804.

Leung, K., & Bond, M. H. (2004). Social axioms: A model of social beliefs in multi-cultural perspective. In M. P. Zanna (Ed.), *Advances in Experimental Social Psychology.* San Diego, CA: Academic Press.

Levav, J., & Fitzsimons, G. J. (2006). When questions change behavior: The role of ease of representation. *Psychological Science,* **17,** 207–213.

Leventhal, H. (1970). Findings and theory in the study of fear communications. In L. Berkowitz (Ed.), *Advances in experimental social psychology* (Vol. 5). New York: Academic Press.

Levesque, M. J., Nave, C. S., & Lowe, C. A. (2006). Toward an understanding of gender differences in inferring sexual interest. *Psychology of Women Quarterly,* **30,** 150–158.

Levin, S., Matthews, M., Guimond, S., Sidanius, J., Pratto, F., Kteily, N., Pitpitan, E. V., & Dover, T. (2011). Assimilation, multiculturalism, and colorblindness: Mediated and moderated relationships between social dominance orientation and prejudice. *Journal of Experimental Social Psychology,* **47,** 208–214.

Levine, J. M. (1989). Reaction to opinion deviance in small groups. In P. Paulus (Ed.), *Psychology of group influence: New perspectives.* Hillsdale, NJ: Erlbaum.

Levine, M., & Crowther, S. (2008). The responsive bystander: How social group membership and group size can encourage as well as inhibit bystander intervention. *Journal of Personality and Social Psychology,* **95,** 1429–1439.

Levine, M., Prosser, A., Evans, D., & Reicher, S. (2005). Identity and emergency intervention: How social group membership and inclusiveness of group boundaries shape helping behavior. *Personality and Social Psychology Bulletin,* **31,** 443–453.

Levine, R. (2003). *The power of persuasion: How we're bought and sold.* New York: Wiley.

Levine, R. V., Martinez, T. S., Brase, G., & Sorenson, K. (1994). Helping in 36 U.S. cities. *Journal of Personality and Social Psychology,* **67,** 69–82.

Levinson, H. (1950). *The science of chance: From probability to statistics.* New York: Rinehart.

Levitan, L. C., & Visser, P. S. (2008). The impact of the social context on resistance to persuasion: Effortful versus effortless responses to counter-attitudinal information. *Journal of Experimental Social Psychology,* **44,** 640–649.

Levy-Leboyer, C. (1988). Success and failure in applying psychology. *American Psychologist,* **43,** 779–785.

Levy, B. (1996). Improving memory in old age through implicit self-stereotyping. *Journal of Personality and Social Psychology,* **71,** 1092–1107.

Levy, K. N., & Kelly, K. M. (2010). Sex differences in jealousy: A contribution from attachment theory. *Psychological Science,* **21,** 168–173.

Levy, S. R., Stroessner, S. J., & Dweck, C. S. (1998). Stereotype formation and endorsement: The role of implicit theories. *Journal of Personality and Social Psychology,* **74,** 1421–1436.

Lewandowski, G. W., & Bizzoco, N. M. (2007). Addition through subtraction: Growth following the dissolution of a low-quality relationship. *Journal of Positive Psychology,* **2,** 40–54.

Lewandowski, G. W., Jr., Aron, A., & Gee, J. (2007). Personality goes a long way: The malleability of opposite-sex physical attractiveness. *Personal Relationships,* **14,** 571–585

Lewicki, P. (1985). Nonconscious biasing effects of single instances on subsequent judgments. *Journal of Personality and Social Psychology,* **48,** 563–574.

Lewin, K. (1936). *A dynamic theory of personality.* New York: McGraw-Hill.

Lewinsohn, P. M., Hoberman, H., Teri, L., & Hautziner, M. (1985). An integrative theory of depression. In S. Reiss & R. Bootzin (Eds.), *Theoretical issues in behavior therapy.* New York: Academic Press.

Lewinsohn, P. M., & Rosenbaum, M. (1987). Recall of parental behavior by acute depressives, remitted depressives, and nondepressives. *Journal of Personality and Social Psychology,* **52,** 611–619.

Lewis, C. S. (1952). *Mere Christianity.* New York: Macmillan.

Lewis, C. S. (1974). *The horse and his boy.* New York: Collier Books.

Lewis, D. O. (1998). *Guilty by reason of insanity.* London: Arrow.

Lewis, R. J., Derlega, V. J., Clarke, E., & Kuang, J. C. (2006). Stigma consciousness, social constraints, and lesbian well-being. *Journal of Counseling Psychology,* **53,** 48–56.

Lewis, R. S., Goto, S. G., & Kong, L. L. (2008). Culture and context: East Asian American and European American differences in P3 event-related potentials and self-construal. *Personality and Social Psychology Bulletin,* **34,** 623–634.

Leyens, J.-P., Camino, L., Parke, R. D., & Berkowitz, L. (1975). Effects of movie violence on aggression in a field setting as a function of group dominance and cohesion. *Journal of Personality and Social Psychology,* **32,** 346–360.

Leyens, J.-P., Cortes, B., Demoulin, S., Dovidio, J. F., Fiske, S. T., Gaunt, R., Paladino, M-P., Rodriquez-Perez, A., Rodriquez-Torrez, R., & Vaes, J. (2003). Emotional prejudice, essentialism, and nationalism. *European Journal of Social Psychology,* **33,** 703–717.

Leyens, J.-P., Demoulin, S., Vaes, J., Gaunt, R., & Paladino, M. P. (2007). Infra-humanization: The wall of group differences. *Social Issues and Policy Review,* **1,** 139–172.

Li, N. P., Bailey, J. M., Kenrick, D. T., & Linsenmeier, J. A. W. (2002). The necessities and luxuries of mate preferences: Testing the tradeoffs. *Journal of Personality and Social Psychology,* **82,** 947–955.

Li, Y., Johnson, E. J., & Zaval, L. (2011). Local warming: Daily temperature change influences belief in global warming. *Psychological Science,* **22,** 454–459.

Liberman, A., & Chaiken, S. (1992). Defensive processing of personally relevant health messages. *Personality and Social Psychology Bulletin,* **18,** 669–679.

Liberman, V., Samuels, S. M., & Ross, L. (2004). The name of the game: Predictive power of reputations vs. situational labels in determining Prisoner's Dilemma game moves. *Personality and Social Psychology Bulletin,* **30,** 1175–1185.

Lichtblau, E. (2003, March 18). U.S. seeks $289 billion in cigarette makers' profits. *New York Times* (www.nytimes.com).

Lichtblau, E. (2005, August 24). Profiling report leads to a demotion. *New York Times* (www.nytimes.com).

Lichtenstein, S., & Fischhoff, B. (1980). Training for calibration. *Organizational Behavior and Human Performance,* **26,** 149–171.

Lieberman, J. D. (2011). The utility of scientific jury selection: Still murky after 30 years. *Current Directions in Psychological Science,* **20,** 48–52.

Liehr, P., Mehl, M. R., Summers, L. C., & Pennebaker, J. W. (2004). Connecting with others in the midst of stressful upheaval on September 11, 2001. *Applied Nursing Research,* **17,** 2–9.

Lilienfeld, S. O., Fowler, K. A., Lohr, J. M., & Lynn, S. J. (2005). Pseudoscience, nonscience, and nonsense in clinical psychology: Dangers and remedies. In R. H. Wright & N. A. Cummings (Eds.), *Destructive trends in mental health: The well-intentioned path to harm.* New York: Routledge.

Lilienfeld, S. O., Wood, J. M., & Garb, H. N. (2000). The scientific status of projective techniques. *Psychological Science in the Public Interest,* **1,** 27–66.

Lindsay, R. C. L., & Wells, G. L. (1985). Improving eyewitness identifications from lineups: Simultaneous versus sequential lineup presentation. *Journal of Applied Psychology,* **70,** 556–564.

Lindsay, R. C. L., Wells, G. L., & Rumpel, C. H. (1981). Can people detect eyewitness-identification accuracy within and across situations? *Journal of Applied Psychology,* **66,** 79–89.

Lindskold, S. (1981). The laboratory evaluation of GRIT: Trust, cooperation, aversion to using conciliation. Paper presented at the American Association for the Advancement of Science convention.

Lindskold, S., & Aronoff, J. R. (1980). Conciliatory strategies and relative power. *Journal of Experimental Social Psychology,* **16,** 187–198.

Lindskold, S., Bennett, R., & Wayner, M. (1976). Retaliation level as a foundation for subsequent conciliation. *Behavioral Science,* **21,** 13–18.

Lindskold, S., Betz, B., & Walters, P. S. (1986). Transforming competitive or cooperative climate. *Journal of Conflict Resolution,* **30,** 99–114.

Lindskold, S., & Collins, M. G. (1978). Inducing cooperation by groups and individuals. *Journal of Conflict Resolution,* **22,** 679–690.

Lindskold, S., & Finch, M. L. (1981). Styles of announcing conciliation. *Journal of Conflict Resolution,* **25,** 145–155.

Lindskold, S., & Han, G. (1988). GRIT as a foundation for integrative bargaining. *Personality and Social Psychology Bulletin,* **14,** 335–345.

Lindskold, S., Han, G., & Betz, B. (1986a). Repeated persuasion in interpersonal conflict. *Journal of Personality and Social Psychology,* **51,** 1183–1188.

Lindskold, S., Han, G., & Betz, B. (1986b). The essential elements of communication in the GRIT strategy. *Personality and Social Psychology Bulletin,* **12,** 179–186.

Lindskold, S., Walters, P. S., Koutsourais, H., & Shayo, R. (1981). Cooperators, competitors, and response to GRIT. Unpublished manuscript, Ohio University.

Linssen, H., & Hagendoorn, L. (1994). Social and geographical factors in the explanation of the content of European nationality stereotypes. *British Journal of Social Psychology,* **33,** 165–182.

Linville, P. W., Fischer, G. W., & Fischhoff, B. (1992). AIDS risk perceptions and decision biases. In J. B. Pryor & G. D. Reeder (Eds.), *The social psychology of HIV infection.* Hillsdale, NJ: Erlbaum.

Linville, P. W., Fischer, G. W., & Salovey, P. (1989). Perceived distributions of the characteristics of in-group and out-group members: Empirical evidence and a computer simulation. *Journal of Personality and Social Psychology,* **57,** 165–188.

Lippa, R. A. (2007). The preferred traits of mates in a cross-national study of heterosexual and homosexual men and women: An examination of biological and cultural influences. *Archives of Sexual Behavior,* **36,** 193–208.

Lippa, R. A. (2008a). Sex differences and sexual orientation differences in personality: Findings from the BBC Internet survey. *Archives of Sexual Behavior,* **37,** 173–187.

Lippa, R. A. (2008b). Sex differences in sex drive, sociosexuality, and height across 53 nations: Testing evolutionary and social structural theories. *Archives of Sexual Behavior* (www.springerlink.com/content/x754q0433g18hg81/).

Lipsitz, A., Kallmeyer, K., Ferguson, M., & Abas, A. (1989). Counting on blood donors: Increasing the impact of reminder calls. *Journal of Applied Social Psychology,* **19,** 1057–1067.

Lit, L., Schweitzer, J. B., & Oberbauer, A. M. (2011). Handler beliefs affect scent detection dog outcomes. *Animal Cognition,* **14,** 387–394.

Little, A. C., Jones, B. C., & DeBruine, L. M. (2008). Preferences for variation in masculinity in real male faces change across the menstrual cycle: Women prefer more masculine faces when they are more fertile. *Personality and Individual Differences,* **45,** 478–482.

Livingston, R. W. (2001). What you see is what you get: Systematic variability in perceptual-based social judgment. *Personality and Social Psychology Bulletin,* **27,** 1086–1096.

Livingston, R. W., & Drwecki, B. B. (2007). Why are some individuals not racially biased? Susceptibility to affective conditioning predicts nonprejudice toward Blacks. *Psychological Science,* **18,** 816–823.

Livingstone, S., & Haddon, L. (2009). *EU Kids Online; Final report.* LSE, London: EU Kids Online.

Locke, E. A., & Latham, G. P. (1990). Work motivation and satisfaction: Light at the end of the tunnel. *Psychological Science,* **1,** 240–246.

Locke, E. A., & Latham, G. P. (2002). Building a practically useful theory of goal setting and task performance. *American Psychologist,* **57,** 705–717.

Locke, E. A., & Latham, G. P. (2009). Has goal setting gone wild, or have its attackers abandoned good scholarship? *Academy of Management Perspectives,* **23,** 17–23.

Locke, K. D., & Horowitz, L. M. (1990). Satisfaction in interpersonal interactions as a function of similarity in level of dysphoria. *Journal of Personality and Social Psychology,* **58,** 823–831.

Locksley, A., Borgida, E., Brekke, N., & Hepburn, C. (1980). Sex stereotypes and social judgment. *Journal of Personality and Social Psychology,* **39,** 821–831.

Locksley, A., Hepburn, C., & Ortiz, V. (1982). Social stereotypes and judgments of individuals: An instance of the base-rate fallacy. *Journal of Experimental Social Psychology,* **18,** 23–42.

Lockwood, P. (2002). Could it happen to you? Predicting the impact of downward comparisons on the self. *Journal of Personality and Social Psychology,* **87,** 343–358.

Loewenstein, G., & Schkade, D. (1999). Wouldn't it be nice? Predicting future feelings. In D. Kahneman, E. Diener, & N. Schwarz (Eds.), *Understanding well-being: Scientific perspectives on enjoyment and suffering* (pp. 85–105). New York: Russell Sage Foundation.

Lofland, J., & Stark, R. (1965). Becoming a worldsaver: A theory of conversion to a deviant perspective. *American Sociological Review,* **30,** 862–864.

Loftin, C., McDowall, D., Wiersema, B., & Cottey, T. J. (1991). Effects of restrictive licensing of handguns on homicide and suicide in the District of Columbia. *New England Journal of Medicine,* **325,** 1615–1620.

Loftus, E. F. (1974, December). Reconstructing memory: The incredible eyewitness. *Psychology Today,* pp. 117–119.

Loftus, E. F. (1979a). *Eyewitness testimony.* Cambridge, MA: Harvard University Press.

Loftus, E. F. (1979b). The malleability of human memory. *American Scientist,* **67,** 312–320.

Loftus, E. F. (2001, November). Imagining the past. *The Psychologist,* **14,** 584–587.

Loftus, E. F. (2003). Make-believe memories. *American Psychologist,* **58,** 867–873.

Loftus, E. F. (2007). Memory distortions: Problems solved and unresolved. In M. Garry & H. Hayne (Eds.), *Do justice and let the sky fall: Elizabeth Loftus and her contributions to science, law, and academic freedom.* Mahway, NJ: Erlbaum.

Loftus, E. F. (2011a, August 31). The risk of ill-informed juries. *New York Times* (www.nytimes.com).

Loftus, E. F. (2011, September). Intelligence gathering post-9/11. *American Psychologist,* **66,** 532–541.

Loftus, E. F. (2011b). How I got started: From semantic memory to expert testimony. *Applied Cognitive Psychology,* **25,** 347–348.

Loftus, E. F., & Bernstein, D. M. (2005). Rich false memories: The royal road to success. In A. F. Healy (Ed.), *Experimental cognitive psychology and its applications.* Washington, DC: American Psychological Association.

Loftus, E. F., & Klinger, M. R. (1992). Is the unconscious smart or dumb? *American Psychologist,* **47,** 761–765.

Loftus, E. F., Miller, D. G., & Burns, H. J. (1978). Semantic integration of verbal information into a visual memory. *Journal of Experimental Social Psychology: Human Learning and Memory,* **4,** 19–31.

Logel, C., Walton, G. M., Spencer, S. J., Iserman, E. C., von Hippel, W., & Bell, A. E. (2009). Interacting with sexist men triggers social identity threat among female engineers. *Journal of Personality and Social Psychology,* **96,** 1089–1103.

Lombardo, J. P., Weiss, R. F., & Buchanan, W. (1972). Reinforcing and attracting functions of yielding. *Journal of Personality and Social Psychology,* **21,** 359–368.

London, K., & Nunez, N. (2000). The effect of jury deliberations on jurors' propensity to disregard inadmissible evidence. *Journal of Applied Psychology,* **85,** 932–939.

London, P. (1970). The rescuers: Motivational hypotheses about Christians who saved Jews from the Nazis. In J. Macaulay & L. Berkowitz (Eds.), *Altruism and helping behavior.* New York: Academic Press.

Lonner, W. J. (1980). The search for psychological universals. In H. C. Triandis & W. W. Lambert (Eds.), *Handbook of cross-cultural psychology* (Vol. 1). Boston: Allyn & Bacon.

Lonner, W. J. (1989). The introductory psychology text and cross-cultural psychology: Beyond Ekman, Whorf, and biased I.Q. tests. In D. Keats, D. R. Munro & L. Mann (Eds.), *Heterogeneity in cross-cultural psychology.*

Lord, C. G., Desforges, D. M., Ramsey, S. L., Trezza, G. R., & Lepper, M. R. (1991). Typicality effects in attitude-behavior consistency: Effects of category discrimination and category knowledge. *Journal of Experimental Social Psychology,* **27,** 550–575.

Lord, C. G., Lepper, M. R., & Preston, E. (1984). Considering the opposite: A corrective strategy for social judgment. *Journal of Personality and Social Psychology,* **47,** 1231–1243.

Lord, C. G., Ross, L., & Lepper, M. (1979). Biased assimilation and attitude polarization: The effects of prior theories on subsequently considered evidence. *Journal of Personality and Social Psychology,* **37,** 2098–2109.

Losch, M. E., & Cacioppo, J. T. (1990). Cognitive dissonance may enhance sympathetic tonus, but attitudes are changed to reduce negative affect rather than arousal. *Journal of Experimental Social Psychology,* **26,** 289–304.

Lott, A. J., & Lott, B. E. (1961). Group cohesiveness, communication level, and conformity. *Journal of Abnormal and Social Psychology,* **62,** 408–412.

Lott, A. J., & Lott, B. E. (1974). The role of reward in the formation of positive interpersonal attitudes. In T. Huston (Ed.), *Foundations of interpersonal attraction.* New York: Academic Press.

Loughman, S., & Haslam, N. (2007). Animals and androids: Implicit associations between social categories and nonhumans. *Psychological Science,* **18,** 116–121.

Lovett, F. (1997). Thinking about values (report of December 13, 1996 *Wall Street Journal* national survey). *The Responsive Community,* **7**(2), 87.

Lowenstein, D. (2000, May 20). Interview. *The World* (www.cnn.com/TRANSCRIPTS/0005/20/stc.00.html).

Lowenthal, M. F., Thurnher, M., Chiriboga, D., Beefon, D., Gigy, L., Lurie, E., Pierce, R., Spence, D., & Weiss, L. (1975). *Four stages of life.* San Francisco: Jossey-Bass.

Loy, J. W., & Andrews, D. S. (1981). They also saw a game: A replication of a case study. *Replications in Social Psychology,* **1**(2), 45–59.

Lücken, M., & Simon, B. (2005). Cognitive and affective experiences of minority and majority members: The role of group size, status, and power. *Journal of Experimental Social Psychology,* **41,** 396–413.

Lueptow, L. B., Garovich, L., & Lueptow, M. B. (1995). The persistence of gender stereotypes in the face of changing sex roles: Evidence contrary to the sociocultural model. *Ethology and Sociobiology,* **16,** 509–530.

Luginbuhl, J., & Middendorf, K. (1988). Death penalty beliefs and jurors' responses to aggravating and mitigating circumstances in capital trials. *Law and Human Behavior,* **12,** 263–281.

Lumeng, J. C., Forrest, P., Appugliese, D. P., Kaciroti, N., Corwyn, R. F., Bradley, R. H. (2010). Weight status as a predictor of being bullied in third through sixth grades. *Pediatrics,* **125,** e1301–e1307.

Lumsdaine, A. A., & Janis, I. L. (1953). Resistance to "counter-propaganda" produced by one-sided and two-sided "propaganda" presentations. *Public Opinion Quarterly,* **17,** 311–318.

Lumsden, A., Zanna, M. P., & Darley, J. M. (1980). *When a newscaster presents counter-additional information: Education or propaganda?* Paper presented at the Canadian Psychological Association annual convention.

Lun, J., Mesquita, B., & Smith, B. (2011). Self- and other-presentation styles in the Southern and Northern United States: An analysis of personal ads. *European Journal of Social Psychology,* **41,** 435–445.

Luntz, F. (2003, June 10). Quoted by T. Raum, "Bush insists banned weapons will be found." Associated Press (story.news.yahoo.com).

Luppino, F. S., de Wit, L. M., Bouvy, P. F., Stijnen, T., Cuijpers, P., Penninx, W. J. H., & Zitman, F. G. (2010). Overweight, obesity, and depression. *Archives of General Psychiatry,* **67,** 220–229.

Lutsky, L. A., Risucci, D. A., & Tortolani, A. J. (1993). Reliability and accuracy of surgical resident peer ratings. *Evaluation Review,* **17,** 444–456.

Lüüs, C. A. E., & Wells, G. L. (1994). Determinants of eyewitness confidence. In D. F. Ross, J. D. Read, & M. P. Toglia (Eds.), *Adult eyewitness testimony: Current trends and developments* (pp. 348–362). New York: Cambridge University Press.

Lydon, J., & Dunkel-Schetter, C. (1994). Seeing is committing: A longitudinal study of bolstering commitment in amniocentesis patients. *Personality and Social Psychology Bulletin,* **20,** 218–227.

Lykken, D. T. (1997). The American crime factory. *Psychological Inquiry,* **8,** 261–270.

Lykken, D. T., & Tellegen, A. (1993). Is human mating adventitious or the result of lawful choice? A twin study of mate selection. *Journal of Personality and Social Psychology,* **65,** 56–68.

Lynch, J. W., Kaplan, G. A., Pamuk, E. R., Cohen, R. D., Heck, K. E., Balfour, J. L., & Yen, I. H. (1998). Income inequality and mortality in metropolitan areas of the United States. *American Journal of Public Health*, **88**, 1074–1080.

Lynch, J. W., Smith, G. D., Kaplan, G. A., & House, J. S. (2000). Income inequality and health: A neo-material interpretation. *British Medical Journal*, **320**, 1200–1204.

Lyons, P. A., Kenworthy, J. B., & Popan, J. R. (2010). Ingroup identification and group-level narcissism as predictors of U.S. citizens' attitudes and behavior toward Arab immigrants. *Personality and Social Psychology Bulletin*, **36**, 1267–1280.

Lyubomirsky, S. (2001). Why are some people happier than others? The role of cognitive and motivational processes in well-being. *American Psychologist*, **56**, 239–249.

Lyubomirsky, S., Sousa, L., & Dickerhoof, R. (2006). The costs and benefits of writing, talking, and thinking about life's triumphs and defeats. *Journal of Personality and Social Psychology*, **90**, 692–708.

Ma, V., & Schoeneman, T. J. (1997). Individualism versus collectivism: A comparison of Kenyan and American self-concepts. *Basic and Applied Social Psychology*, **19**, 261–273.

Maass, A. (1998). Personal communication from Universita degli Studi di Padova.

Maass, A. (1999). Linguistic intergroup bias: Stereotype perpetuation through language. In M. P. Zanna (Ed.), *Advances in Experimental Social Psychology*, **31**, 79–121.

Maass, A., Milesi, A., Zabbini, S., & Stahlberg, D. (1995). Linguistic intergroup bias: Differential expectancies or in-group protection? *Journal of Personality and Social Psychology*, **68**, 116–126.

Maass, A., Volparo, C., & Mucchi-Faina, A. (1996). Social influence and the verifiability of the issue under discussion: Attitudinal versus objective items. *British Journal of Social Psychology*, **35**, 15–26.

Maccoby, E. E. (2002). Gender and group process: A developmental perspective. *Current Directions in Psychological Science*, **11**, 54–58.

Maccoby, N. (1980). Promoting positive health behaviors in adults. In L. A. Bond & J. C. Rosen (Eds.), *Competence and coping during adulthood*. Hanover, NH: University Press of New England.

Maccoby, N., & Alexander, J. (1980). Use of media in lifestyle programs. In P. O. Davidson & S. M. Davidson (Eds.), *Behavioral medicine: Changing health lifestyles*. New York: Brunner/Mazel.

MacCoun, R. J., & Kerr, N. L. (1988). Asymmetric influence in mock jury deliberation: Jurors' bias for leniency. *Journal of Personality and Social Psychology*, **54**, 21–33.

MacDonald, G., Zanna, M. P., & Holmes, J. G. (2000). An experimental test of the role of alcohol in relationship conflict. *Journal of Experimental Social Psychology*, **36**, 182–193.

MacDonald, T. K., & Ross, M. (1997). Assessing the accuracy of predictions about dating relationships: How and why do lovers' predictions differ from those made by observers? Unpublished manuscript, University of Lethbridge.

Mack, D., & Rainey, D. (1990). Female applicants' grooming and personnel selection. *Journal of Social Behavior and Personality*, **5**, 399–407.

Mackinnon, S. P., Jordan, C. H., & Wilson, A. E. (2011). Birds of a feather sit together: Physical similarity predicts seating choice. *Personality and Social Psychology Bulletin*, **37**, 879–892.

MacLeod, C., & Campbell, L. (1992). Memory accessibility and probability judgments: An experimental evaluation of the availability heuristic. *Journal of Personality and Social Psychology*, **63**, 890–902.

MacLin, O. H., Zimmerman, L. A., & Malpass, R. S. (2005). PC_Eyewitness and the sequential superiority effect: Computer based lineup administration. *Law and Human Behavior*, **29**, 303–321.

Macrae, C. N., Alnwick, M. A., Milne, A. B., & Schloerscheidt, A. M. (2002). Person perception across the menstrual cycle: Hormonal influences on social-cognitive functioning. *Psychological Science*, **13**, 532–536.

Macrae, C. N., & Bodenhausen, G. V. (2000). Social cognition: Thinking categorically about others. *Annual Review of Psychology*, **51**, 93–120.

Macrae, C. N., & Bodenhausen, G. V. (2001). Social cognition: Categorical person perception. *British Journal of Psychology*, **92**, 239–255.

Macrae, C. N., Bodenhausen, G. V., Milne, A. B., & Jetten, J. (1994). Out of mind but back in sight: Stereotypes on the rebound. *Journal of Personality and Social Psychology*, **67**, 808–817.

Macrae, C. N., & Johnston, L. (1998). Help, I need somebody: Automatic action and inaction. *Social Cognition*, **16**, 400–417.

Maddux, J. E. (1993). The mythology of psychopathology: A social cognitive view of deviance, difference, and disorder. *The General Psychologist*, **29**(2), 34–45.

Maddux, J. E. (2008). Positive psychology and the illness ideology: Toward a positive clinical psychology. *Applied Psychology: An International Review*, **57**, 54–70.

Maddux, J. E., & Gosselin, J. T. (2003). Self-efficacy. In M. R. Leary, & J. P. Tangney (Eds.), *Handbook of self and identity*. New York: Guilford.

Maddux, J. E., & Rogers, R. W. (1983). Protection motivation and self-efficacy: A revised theory of fear appeals and attitude change. *Journal of Experimental Social Psychology*, **19**, 469–479.

Maddux, W. W., Galinsky, A. D., Cuddy, A. J. C., & Polifroni, M. (2008). When being a model minority is good . . . and bad: Realistic threat explains negativity towards Asian Americans. *Personality and Social Psychology Bulletin*, **34**, 74–89.

Madera, J. M., Hebl, M. R., & Martin, R. C. (2009). Gender and letters of recommendation for academia: Agentic and communal differences. *Journal of Applied Psychology*, **94**, 1591–1599.

Madon, S., Jussim, L., & Eccles, J. (1997). In search of the powerful self-fulfilling prophecy. *Journal of Personality and Social Psychology*, **72**, 791–809.

Madon, S., Jussim, L., Keiper, S., Eccles, J., Smith, A., & Palumbo, P. (1998). The accuracy and power of sex, social class, and ethnic stereotypes: A naturalistic study in person perception. *Personality and Social Psychology Bulletin*, **24**, 1304–1318.

Madrian, B. C., & Shea, D. F. (2001). The power of suggestion: Inertia in 401(k) participation and savings behavior. *Quarterly Journal of Economics*, **116**, 1149–1187.

Mae, L., Carlston, D. E., & Skowronski, J. (1999). Spontaneous trait transference to familiar communicators: Is a little knowledge a dangerous thing? *Journal of Personality and Social Psychology*, **77**, 233–246.

Magnussen, S., Melinder, A., Stridbeck, U., & Raja, A. (2010). Beliefs about factors affecting the reliability of eyewitness testimony: A comparison of judges, jurors and the general public. *Applied Cognitive Psychology*, **24**, 122–133.

Major, B., Kaiser, C. R., & McCoy, S. K. (2003). It's not my fault: When and why attributions to prejudice protect self-esteem. *Personality and Social Psychology Bulletin*, **29**, 772–781.

Malamuth, N. M., & Check, J. V. P. (1981). The effects of media exposure on acceptance of violence against women: A field experiment. *Journal of Research in Personality*, **15**, 436–446.

Malamuth, N. M., Haber, S., Feshbach, S., & others. (1980, March). *Journal of Research in Personality*, **14**, 121–137.

Malka, A., Soto, C. J., Cohen, A. B., & Miller, D. T. (2011). Religiosity and social welfare: Competing influences of cultural conservatism and prosocial value orientation. *Journal of Personality*, **79,** 763–792.

Malkiel, B. (2011). *A random walk down Wall Street: The time-tested strategy for successful investing*. New York: Norton.

Malle, B. F. (2006). The actor–observer asymmetry in attribution: A (surprising) meta-analysis. *Psychological Bulletin*, **132,** 895–919.

Maner, J. K., Gailliot, M. T., & Miller, S. L. (2009). The implicit cognition of relationship maintenance: Inattention to attractive alternatives. *Journal of Experimental Social Psychology*, **45,** 174–179.

Maner, J. K., Miller, S. L., Schmidt, N. B., & Eckel, L. A. (2008). Submitting to defeat: Social anxiety, dominance threat, and decrements in testosterone. *Psychological Science*, **19,** 764–768.

Manis, M., Cornell, S. D., & Moore, J. C. (1974). Transmission of attitude-relevant information through a communication chain. *Journal of Personality and Social Psychology*, **30,** 81–94.

Manis, M., Nelson, T. E., & Shedler, J. (1988). Stereotypes and social judgment: Extremity, assimilation, and contrast. *Journal of Personality and Social Psychology*, **55,** 28–36.

Mann, L. (1981). The baiting crowd in episodes of threatened suicide. *Journal of Personality and Social Psychology*, **41,** 703–709.

Manning, R., Levine, M., & Collins, A. (2007). The Kitty Genovese murder and the social psychology of helping: The parable of the 38 witnesses. *American Psychologist*, **62,** 555–562.

Mar, R. A., & Oatley, K. (2008). The function of fiction is the abstraction and simulation of social experience. *Perspectives on Psychological Science*, **3,** 173–192.

Marcus-Newhall, A., Pedersen, W. C., Carlson, M., & Miller, N. (2000). Displaced aggression is alive and well: A meta-analytic review. *Journal of Personality and Social Psychology*, **78,** 670–689.

Marcus, S. (1974). Review of *Obedience to authority*. New York Times Book Review, January 13, pp. 1–2.

Markey, P. M., & Kurtz, J. E. (2006). Increasing acquaintanceship and complementarity of behavioral styles and personality traits among college roommates. *Personality and Social Psychology Bulletin*, **32,** 907–916.

Markey, P. M., Wells, S. M., & Markey, C. N. (2002). In S. P. Shohov (Ed.), *Advances in Psychology Research*, **9,** 94–113. Huntington, NY: Nova Science.

Markman, H. J., Floyd, F. J., Stanley, S. M., & Storaasli, R. D. (1988). Prevention of marital distress: A longitudinal investigation. *Journal of Consulting and Clinical Psychology*, **56,** 210–217.

Markman, K. D., & McMullen, M. N. (2003). A reflection and evaluation model of comparative thinking. *Personality and Social Psychology Review*, **7,** 244–267.

Marks, G., & Miller, N. (1987). Ten years of research on the false-consensus effect: An empirical and theoretical review. *Psychological Bulletin*, **102,** 72–90.

Markus, H. (2001, October 7). Culture and the good life. Address to the Positive Psychology Summit conference, Washington, DC.

Markus, H., & Nurius, P. (1986). Possible selves. *American Psychologist*, **41,** 954–969.

Markus, H., & Wurf, E. (1987). The dynamic self-concept: A social psychological perspective. *Annual Review of Psychology*, **38,** 299–337.

Markus, H. R. (2005). On telling less than we can know: The too tacit wisdom of social psychology. *Psychological Inquiry*, **16,** 180–184.

Markus, H. R., & Conner, A. (2011). The culture cycle. *The Edge* (www.edge.org).

Markus, H. R., & Kitayama, S. (1991). Culture and the self: Implications for cognition, emotion, and motivation. *Psychological Review*, **98,** 224–253.

Markus, H. R., & Kitayama, S. (1994). A collective fear of the collective: Implications for selves and theories of selves. *Personality and Social Psychology Bulletin*, **20,** 568–579.

Markus, H. R., & Kitayama, S. (2010). Cultures and selves: A cycle of mutual constitution. *Perspectives on Psychological Science*, **5,** 420–430.

Marsden, P., & Attia, S. (2005). A deadly contagion? *The Psychologist*, **18,** 152–155.

Marsh, H. W., & O'Mara, A. (2008). Reciprocal effects between academic self-concept, self-esteem, achievement, and attainment over seven adolescent years: Unidimensional and multidimensional perspectives of self-concept. *Personality and Social Psychology Bulletin*, **34,** 542–552.

Marsh, H. W., Kong, C-K., & Hau, K.-T. (2000). Longitudinal multilevel models of the big-fish-little-pond effect on academic self-concept: Counterbalancing contrast and reflected-glory effects in Hong Kong schools. *Journal of Personality and Social Psychology*, **78,** 337–349.

Marshall, R. (1997). Variances in levels of individualism across two cultures and three social classes. *Journal of Cross-Cultural Psychology*, **28,** 490–495.

Marshall, W. L. (1989). Pornography and sex offenders. In D. Zillmann & J. Bryant (Eds.), *Pornography: Research advances and policy considerations*. Hillsdale, NJ: Erlbaum.

Martens, A., Kosloff, S., Greenberg, J., Landau, M. J., & Schmader, R. (2007). Killing begets killing: Evidence from a bug-killing paradigm that initial killing fuels subsequent killing. *Personality and Social Psychology Bulletin*, **33,** 1251–1264.

Martin, L. L., & Erber, R. (2005). The wisdom of social psychology: Five commonalities and one concern. *Psychological Inquiry*, **16,** 194–202.

Martin, R., Hewstone, M., & Martin, P. Y. (2008). Majority versus minority influence: The role of message processing in determining resistance to counter-persuasion. *European Journal of Social Psychology*, **38,** 16–34.

Martin, R., Martin, P. Y., Smith, J. R., & Hewstone, M. (2007). Majority versus minority influence and prediction of behavioural intentions and behaviour. *Journal of Experimental Social Psychology*, **43,** 763–771.

Martino, S. C., Collins, R. L., Kanouse, D. E., Elliott, M., & Berry, S. H. (2005). Social cognitive processes mediating the relationship between exposure to television's sexual content and adolescents' sexual behavior. *Journal of Personality and Social Psychology*, **89,** 914–924.

Marty, M. (1988, December 1). Graceful prose: Your good deed for the day. *Context*, p. 2.

Maruyama, G., Rubin, R. A., & Kingbury, G. (1981). Self-esteem and educational achievement: Independent constructs with a common cause? *Journal of Personality and Social Psychology*, **40,** 962–975.

Marvelle, K., & Green, S. (1980). Physical attractiveness and sex bias in hiring decisions for two types of jobs. *Journal of the National Association of Women Deans, Administrators, and Counselors*, **44**(1), 3–6.

Masi, C. M., Chen, H-Y., Hawkley, L. C., & Cacioppo, J. T. (2011). A meta-analysis of interventions to reduce loneliness. *Personality and Social Psychology Review*, **15,** 219–266.

Massey, C., Simmons, J. P., & Armor, D. A. (2011). Hope over experience: Desirability and the persistence of optimism. *Psychological Science*, **22,** 274–281.

Mast, M. S., & Hall, J. A. (2006). Women's advantage at remembering others' appearance: A systematic look at the why and when of a gender difference. *Personality and Social Psychology Bulletin*, **32,** 353–364.

Mastekaasa, A. (1995). Age variations in the suicide rates and self-reported subjective well-being of married and never-married persons. *Journal of*

Community & Applied Social Psychology, **5,** 21–39.
Mastroianni, G. R., & Reed, G. (2006). Apples, barrels, and Abu Ghraib. *Sociological Focus*, **39,** 239–250.
Masuda, T., & Kitayama, S. (2004). Perceiver-induced constraint and attitude attribution in Japan and the U.S.: A case for the cultural dependence of the correspondence bias. *Journal of Experimental Social Psychology*, **40,** 409–416.
Masuda, T., Gonzalez, R., Kwan, L., & Nisbett, R. E. (2008). Culture and aesthetic preference: Comparing the attention to context of East Asians and Americans. *Personality and Social Psychology Bulletin*, **34,** 1260–1275.
Matthews, K. A. (2005). Psychological perspectives on the development of coronary heart disease. *American Psychologist*, **60,** 783–796.
Maxwell, G. M. (1985). Behaviour of lovers: Measuring the closeness of relationships. *Journal of Personality and Social Psychology*, **2,** 215–238.
Mayer, J. D., & Salovey, P. (1987). Personality moderates the interaction of mood and cognition. In K. Fiedler & J. Forgas (Eds.), *Affect, cognition, and social behavior.* Toronto: Hogrefe.
Mazur, A., & Booth, A. (1998). Testosterone and dominance in men. *Behavioral and Brain Sciences*, **21,** 353–363.
Mazzella, R., & Feingold, A. (1994). The effects of physical attractiveness, race, socioeconomic status, and gender of defendants and victims on judgments of mock jurors: A meta-analysis. *Journal of Applied Social Psychology*, **24,** 1315–1344.
Mazzoni, G., & Memon, A. (2003). Imagination can create false autobiographical memories. *Psychological Science*, **14,** 186–188.
Mazzuca, J. (2002, August 20). Teens shrug off movie sex and violence. *Gallup Tuesday Briefing* (www.gallup.com).
McAlister, A., Perry, C., Killen, J., Slinkard, L. A., & Maccoby, N. (1980). Pilot study of smoking, alcohol and drug abuse prevention. *American Journal of Public Health*, **70,** 719–721.
McAndrew, F. T. (1981). Pattern of performance and attributions of ability and gender. *Journal of Personality and Social Psychology*, **7,** 583–587.
McAndrew, F. T. (2002). New evolutionary perspectives on altruism: Multilevel-selection and costly-signaling theories. *Current Directions in Psychological Science*, **11,** 79–82.
McAndrew, F. T. (2009). The interacting roles of testosterone and challenges to status in human male aggression. *Aggression and Violent Behavior*, **14,** 330–335.
McCabe, D., Castel, A., & Rhodes, M. (2011). The influence of fMRI lie detection evidence on juror decision-making. *Behavioral Sciences and the Law*, **29,** 566–577.
McCann, C. D., & Hancock, R. D. (1983). Self-monitoring in communicative interactions: Social cognitive consequences of goal-directed message modification. *Journal of Experimental Social Psychology*, **19,** 109–121.
McCarthy, J. F., & Kelly, B. R. (1978a). Aggression, performance variables, and anger self-report in ice hockey players. *Journal of Psychology*, **99,** 97–101.
McCarthy, J. F., & Kelly, B. R. (1978b). Aggressive behavior and its effect on performance over time in ice hockey athletes: An archival study. *International Journal of Sport Psychology*, **9,** 90–96.
McCauley, C. (1989). The nature of social influence in groupthink: Compliance and internalization. *Journal of Personality and Social Psychology*, **57,** 250–260.
McCauley, C. (1998). Group dynamics in Janis's theory of groupthink: Backward and forward. *Organizational Behavior and Human Decision Processes*, **73,** 142–163.
McCauley, C. R. (2002). Psychological issues in understanding terrorism and the response to terrorism. In C. E. Stout (Ed.), *The psychology of terrorism* (Vol. 3). Westport, CT: Praeger/Greenwood.
McCauley, C. R., & Segal, M. E. (1987). Social psychology of terrorist groups. In C. Hendrick (Ed.), *Group processes and intergroup relations: Review of personality and social psychology* (Vol. 9). Newbury Park, CA: Sage.
McClure, J. (1998). Discounting causes of behavior: Are two reasons better than one? *Journal of Personality and Social Psychology*, **74,** 7–20.
McConahay, J. B. (1981). Reducing racial prejudice in desegregated schools. In W. D. Hawley (Ed.), *Effective school desegregation.* Beverly Hills, CA: Sage.
McCrae, R. R., & Costa, Jr., P. T. (2008). The Five-Factor Theory of personality. In O. P. John, R. W., Robins, & L. A. Pervin (Eds.), *Handbook of personality: Theory and research* (3rd edition). New York: Guilford.
McCullough, J. L., & Ostrom, T. M. (1974). Repetition of highly similar messages and attitude change. *Journal of Applied Psychology*, **59,** 395–397.
McDermott, T. (2005). *Perfect soldiers: The hijackers: Who they were, why they did it.* New York: HarperCollins.
McDonald, M. M., Asher, B. D., Kerr, N. L., & Navarrete, C. D. (2011). Fertility and intergroup bias in racial and minimal-group contexts: Evidence for shared architecture. *Psychological Science*, **22,** 860–865.
McFall, R. M. (1991). Manifesto for a science of clinical psychology. *The Clinical Psychologist*, **44,** 75–88.
McFall, R. M. (2000). Elaborate reflections on a simple manifesto. *Applied and Preventive Psychology*, **9,** 5–21.
McFarland, C., & Ross, M. (1985). *The relation between current impressions and memories of self and dating partners.* Unpublished manuscript, University of Waterloo.
McFarland, S., & Carnahan, T. (2009). A situation's first powers are attracting volunteers and selecting participants: A reply to Haney and Zimbardo (2009). *Personality and Social Psychology Bulletin*, **35,** 815–818.
McGillicuddy, N. B., Welton, G. L., & Pruitt, D. G. (1987). Third-party intervention: A field experiment comparing three different models. *Journal of Personality and Social Psychology*, **53,** 104–112.
McGillis, D. (1979). Biases and jury decision making. In I. H. Frieze, D. Bar-Tal, & J. S. Carroll (Eds.), *New approaches to social problems.* San Francisco: Jossey-Bass.
McGlone, M. S., & Tofighbakhsh, J. (2000). Birds of a feather flock conjointly (?): Rhyme as reason in aphorisms. *Psychological Science*, **11,** 424–428.
McGlynn, R. P., Tubbs, D. D., & Holzhausen, K. G. (1995). Hypothesis generation in groups constrained by evidence. *Journal of Experimental Social Psychology*, **31,** 64–81.
McGowan, P. O., Sasaki, A., D'Alessio, A. C., Dymov, S., Labonté, B., Szyl, M., Turecki, G., & Meaney, M. J. (2010). Epigenetic regulation of the glucocorticoid receptor in human brain associates with childhood abuse. *Nature Neuroscience*, **12,** 342–348.
McGrath, J. E. (1984). *Groups: Interaction and performance.* Englewood Cliffs, NJ: Prentice-Hall.
McGraw, A. P., Mellers, B. A., & Tetlock, P. E. (2005). Expectations and emotions of Olympic athletes. *Journal of Experimental Social Psychology*, **41,** 438–446.
McGregor, I., Newby-Clark, I. R., & Zanna, M. P. (1998). Epistemic discomfort is moderated by simultaneous accessibility of inconsistent elements. In E. Harmon-Jones and J. Mills (Eds.), *Cognitive dissonance theory 40 years later: A revival with revisions and*

controversies. Washington, DC: American Psychological Association.

McGregor, I., Zanna, M. P., Holmes, J. G., & Spencer, S. J. (2001). Conviction in the face of uncertainty: Going to extremes and being oneself. *Journal of Personality and Social Psychology*, **80,** 472–478.

McGuire, A. (2002, August 19). Charity calls for debate on adverts aimed at children. *The Herald* (Scotland), p. 4.

McGuire, W. J. (1964). Inducing resistance to persuasion: Some contemporary approaches. In L. Berkowitz (Ed.), *Advances in experimental social psychology* (Vol. 1). New York: Academic Press.

McGuire, W. J., McGuire, C. V., Child, P., & Fujioka, T. (1978). Salience of ethnicity in the spontaneous self-concept as a function of one's ethnic distinctiveness in the social environment. *Journal of Personality and Social Psychology*, **36,** 511–520.

McGuire, W. J., McGuire, C. V., & Winton, W. (1979). Effects of household sex composition on the salience of one's gender in the spontaneous self-concept. *Journal of Experimental Social Psychology*, **15,** 77–90.

McGuire, W. J., & Padawer-Singer, A. (1978). Trait salience in the spontaneous self-concept. *Journal of Personality and Social Psychology*, **33,** 743–754.

McKelvie, S. J. (1995). Bias in the estimated frequency of names. *Perceptual and Motor Skills*, **81,** 1331–1338.

McKelvie, S. J. (1997). The availability heuristic: Effects of fame and gender on the estimated frequency of male and female names. *Journal of Social Psychology*, **137,** 63–78.

McKenna, F. P., & Myers, L. B. (1997). Illusory self-assessments—Can they be reduced? *British Journal of Psychology*, **88,** 39–51.

McKenna, K. Y. A., & Bargh, J. A. (1998). Coming out in the age of the Internet: Identity demarginalization through virtual group participation. *Journal of Personality and Social Psychology*, **75,** 681–694.

McKenna, K. Y. A., & Bargh, J. A. (2000). Plan 9 from cyberspace: The implications of the Internet for personality and social psychology. *Personality and Social Psychology Review*, **4,** 57–75.

McKenna, K. Y. A., Green, A. S., & Gleason, M. E. J. (2002). What's the big attraction? Relationship formation on the Internet. *Journal of Social Issues*, **58,** 9–31.

McKenzie-Mohr, D., & Zanna, M. P. (1990). Treating women as sexual objects: Look to the (gender schematic) male who has viewed pornography. *Personality and Social Psychology Bulletin*, **16,** 296–308.

McKibben, B. (2011, May 23). A link between climate change and Joplin tornadoes? Never! *Washington Post* (www.washingtonpost.com).

McMillen, D. L., & Austin, J. B. (1971). Effect of positive feedback on compliance following transgression. *Psychonomic Science*, **24,** 59–61.

McMillen, D. L., Sanders, D. Y., & Solomon, G. S. (1977). Self-esteem, attentiveness, and helping behavior. *Journal of Personality and Social Psychology*, **3,** 257–261.

McNeill, B. W., & Stoltenberg, C. D. (1988). A test of the elaboration likelihood model for therapy. *Cognitive Therapy and Research*, **12,** 69–79.

McNulty, J. K. (2010). When positive processes hurt relationships. *Current Directions in Psychological Science*, **19,** 167–171.

McNulty, J. K., O'Mara, E. M., & Karney, B. R. (2008). Benevolent cognitions as a strategy of relationship maintenance: "Don't sweat the small stuff" . . . But it is not all small stuff. *Journal of Personality and Social Psychology*, **94,** 631–646.

McPherson, M., Smith-Lovin, L., & Cook, J. M. (2001). Birds of a feature: Homophily in social networks. *Annual Review of Sociology*, **27,** 415–444.

Mead, G. H. (1934). *Mind, self, and society.* Chicago: University of Chicago Press.

Medalia, N. Z., & Larsen, O. N. (1958). Diffusion and belief in collective delusion: The Seattle windshield pitting epidemic. *American Sociological Review*, **23,** 180–186.

Medvec, V. H., Madey, S. F., & Gilovich, T. (1995). When less is more: Counterfactual thinking and satisfaction among Olympic medalists. *Journal of Personality and Social Psychology*, **69,** 603–610.

Medvec, V. H., & Savitsky, K. (1997). When doing better means feeling worse: The effects of categorical cutoff points on counterfactual thinking and satisfaction. *Journal of Personality and Social Psychology*, **72,** 1284–1296.

Meehl, G. A., Tebaldi, C., Walton, G., Easterling, D., & McDaniel, L. (2009). Relative increase of record high maximum temperatures compared to record low minimum temperatures in the U.S. *Geophysical Research Letters*, **36,** L23701.

Meehl, P. E. (1954). *Clinical vs. statistical prediction: A theoretical analysis and a review of evidence.* Minneapolis: University of Minnesota Press.

Meehl, P. E. (1986). Causes and effects of my disturbing little book. *Journal of Personality Assessment*, **50,** 370–375.

Mehl, M. R., & Pennebaker, J. W. (2003). The sounds of social life: A psychometric analysis of students' daily social environments and natural conversations. *Journal of Personality and Social Psychology*, **84,** 857–870.

Mehl, M. R., Vazire, S., Holleran, S. E., & Clark, C. S. (2010). Eavesdropping on happiness: Well-being is related to having less small talk and more substantive conversations. *Psychological Science*, **21,** 539–541.

Meier, B. P., & Hinsz, V. B. (2004). A comparison of human aggression committed by groups and individuals: An interindividual-intergroup discontinuity. *Journal of Experimental Social Psychology*, **40,** 551–559.

Meissner, C. A., & Brigham, J. C. (2001). Thirty years of investigating the own-race bias in memory for faces: A meta-analytic review. *Psychology, Public Policy, & Law*, **7,** 3–35.

Meissner, C. A., Brigham, J. C., & Butz, D. A. (2005). Memory for own- and other-race faces: A dual-process approach. *Applied Cognitive Psychology*, **19,** 545–567.

Meissner, C. A., Tredoux, C. G., Parker, J. F., & MacLin, O. R. (2005). Eyewitness decisions in simultaneous and sequential lineups: A dual-process signal detection theory analysis. *Memory and Cognition*, **33,** 783–792.

Meleshko, K. G. A., & Alden, L. E. (1993). Anxiety and self-disclosure: Toward a motivational model. *Journal of Personality and Social Psychology*, **64,** 1000–1009.

Mellers, B., Hertwig, R., & Kahneman, D. (2001). Do frequency representations eliminate conjunction effects: An exercise in adversarial collaboration. *Psychological Science*, **12,** 269–275.

Memon, A., Meissner, C. A., & Fraser, J. (2011). The cognitive interview: A meta-analytic review and study space analysis of the past 25 years. *Psychology, Public Policy, and Law*, **16,** 340–372.

Mendes, E. (2010, February 9). Six in 10 overweight or obese in U.S., more in '09 than in '08. www.gallup.com.

Mendonca, P. J., & Brehm, S. S. (1983). Effects of choice on behavioral treatment of overweight children. *Journal of Social and Clinical Psychology*, **1,** 343–358.

Merari, A. (2002). *Explaining suicidal terrorism: Theories versus empirical evidence.* Invited address to the American Psychological Association.

Merikle, P. M., Smilek, D., & Eastwood, J. D. (2001). Perception without awareness: Perspectives from cognitive psychology. *Cognition*, **79,** 115–134.

Merton, R. K. (1938; reprinted 1970). *Science, technology and society in* *seventeenth-century England*. New York: Fertig.

Merton, R. K. (1948). The self-fulfilling prophecy. *Antioch Review*, **8**, 193–210.

Merton, R. K., & Kitt, A. S. (1950). Contributions to the theory of reference group behavior. In R. K. Merton & P. F. Lazarsfeld (Eds.), *Continuities in social research: Studies in the scope and method of the American soldier*. Glencoe, IL: Free Press.

Merz, J. F. & Caulkins, J. P. (1995). Propensity to abuse—propensity to murder? *Chance*, **8,** 14.

Mesmer-Magnus, J. R., & DeChurch, L. A. (2009). Information sharing and team performance: A meta-analysis. *Journal of Applied Psychology*, **94,** 535–546.

Mesoudi, A. (2009). How cultural evolutionary theory can inform social psychology and vice versa. *Psychological Review*, **116,** 929–952.

Messé, L. A., & Sivacek, J. M. (1979). Predictions of others' responses in a mixed-motive game: Self-justification or false consensus? *Journal of Personality and Social Psychology*, **37,** 602–607.

Messias, E., Eaton, W. W., & Grooms, A. N. (2011). Income inequality and depression prevalence across the United States: An ecological study. *Psychiatric Services*, **62,** 710–712.

Messick, D. M., & Sentis, K. P. (1979). Fairness and preference. *Journal of Experimental Social Psychology*, **15,** 418–434.

Meyers, S. A., & Berscheid, E. (1997). The language of love: The difference a preposition makes. *Personality and Social Psychology Bulletin*, **23,** 347–362.

Mezulis, A. H., Abramson, L. Y., Hyde, J. S., & Hankin, B. L. (2004). Is there a universal positivity bias in attributions? A meta-analytic review of individual, developmental, and cultural differences in the self-serving attributional bias. *Psychological Bulletin*, **130,** 711–747.

Michaels, J. W., Blommel, J. M., Brocato, R. M., Linkous, R. A., & Rowe, J. S. (1982). Social facilitation and inhibition in a natural setting. *Replications in Social Psychology*, **2,** 21–24.

Mickelson, K. D., Kessler, R. C., & Shaver, P. R. (1997). Adult attachment in a nationally representative sample. *Journal of Personality and Social Psychology*, **73,** 1092–1106.

Mikula, G. (1984). Justice and fairness in interpersonal relations: Thoughts and suggestions. In H. Taijfel (Ed.), *The social dimension: European developments in social psychology* (Vol. 1). Cambridge: Cambridge University Press.

Mikulincer, M., Florian, V., & Hirschberger, G. (2003). The existential function of close relationships: Introducing death into the science of love. *Personality and Social Psychology Review*, **7,** 20–40.

Mikulincer, M., & Shaver, P. R. (2001). Attachment theory and intergroup bias: Evidence that priming the secure base schema attenuates negative reactions to out-groups. *Journal of Personality and Social Psychology*, **81,** 97–115.

Mikulincer, M., Shaver, P. R., Gillath, O., & Nitzberg, R. A. (2005). Attachment, caregiving, and altruism: Boosting attachment security increases compassion and helping. *Journal of Personality and Social Psychology*, **89,** 817–839.

Milgram, A. (2000). My personal view of Stanley Milgram. In T. Blass (Ed.), *Obedience to authority: Current perspectives on the Milgram paradigm*. Mahwah, NJ: Erlbaum.

Milgram, S. (1961, December). Nationality and conformity. *Scientific American*, pp. 45–51.

Milgram, S. (1965). Some conditions of obedience and disobedience to authority. *Human Relations*, **18,** 57–76.

Milgram, S. (1974). *Obedience to authority*. New York: Harper and Row.

Milgram, S. (1977). *The individual in a social world: Essays and experiments*. Longman Higher Education.

Milgram, S., Bickman, L., & Berkowitz, L. (1969). Note on the drawing power of crowds of different size. *Journal of Personality and Social Psychology*, **13,** 79–82.

Millar, M. G. (2011). Predicting dental flossing behavior: The role of implicit and explicit responses and beliefs. *Basic and Applied Social Psychology*, **33,** 7–15.

Miller, A. G. (1986). *The obedience experiments: A case study of controversy in social science*. New York: Praeger.

Miller, A. G. (2004). What can the Milgram obedience experiments tell us about the Holocaust? Generalizing from the social psychological laboratory. In A. G. Miller (Ed.), *The social psychology of good and evil*. New York: Guilford.

Miller, A. G. (2006). Exonerating harm-doers: Some problematic implications of social-psychological explanations. Paper presented to the Society of Personality and Social Psychology convention.

Miller, A. G., Ashton, W., & Mishal, M. (1990). Beliefs concerning the features of constrained behavior: A basis for the fundamental attribution error. *Journal of Personality and Social Psychology*, **59,** 635–650.

Miller, C. E., & Anderson, P. D. (1979). Group decision rules and the rejection of deviates. *Social Psychology Quarterly*, **42,** 354–363.

Miller, C. T., & Felicio, D. M. (1990). Person-positivity bias: Are individuals liked better than groups? *Journal of Experimental Social Psychology*, **26,** 408–420.

Miller, D. T., Downs, J. S., & Prentice, D. A. (1998). Minimal conditions for the creation of a unit relationship: The social bond between birthdaymates. *European Journal of Social Psychology*, **28,** 475.

Miller, D. T., & McFarland, C. (1987). Pluralistic ignorance: When similarity is interpreted as dissimilarity. *Journal of Personality and Social Psychology*, **53,** 298–305.

Miller, D. W. (2001, November 23). Jury consulting on trial. *Chronicle of Higher Education*, pp. A15, A16.

Miller, G. (2011, April 29). Using the psychology of evil to do good. *Science*, **332,** 530–532.

Miller, G., Tybur, J. M., & Jordan, B. D. (2007). Ovulatory cycle effects on tip earnings by lap dancers: Economic evidence for human estrus? *Evolution and Human Behavior*, **28,** 375–381.

Miller, G. E., & Blackwell, E. (2006). Turning up the heat: Inflammation as a mechanism linking chronic stress, depression, and heart disease. *Current Directions in Psychological Science*, **15,** 269–272.

Miller, G. E., Chen, E., & Parker, K. J. (2011). Psychological stress in childhood and susceptibility to the chronic diseases of aging: Moving toward a model of behavioral and biological mechanisms. *Psychological Bulletin*, **137,** 959–997.

Miller, G. R., & Fontes, N. E. (1979). *Videotape on trial: A view from the jury box*. Beverly Hills, CA: Sage.

Miller, J. G. (1984). Culture and the development of everyday social explanation. *Journal of Personality and Social Psychology*, **46,** 961–978.

Miller, K. I., & Monge, P. R. (1986). Participation, satisfaction, and productivity: A meta-analytic review. *Academy of Management Journal*, **29,** 727–753.

Miller, L. C. (1990). Intimacy and liking: Mutual influence and the role of unique relationships. *Journal of Personality and Social Psychology*, **59,** 50–60.

Miller, L. C., Berg, J. H., & Archer, R. L. (1983). Openers: Individuals who elicit intimate self-disclosure. *Journal of Personality and Social Psychology*, **44,** 1234–1244.

Miller, L. E., & Grush, J. E. (1986). Individual differences in attitudinal versus normative determination of behavior. *Journal of Experimental Social Psychology*, **22,** 190–202.

Miller, N. (2002). Personalization and the promise of contact theory. *Journal of Social Issues*, **58,** 387–410.

Miller, N., & Campbell, D. T. (1959). Recency and primacy in persuasion as a function of the timing of speeches

and measurements. *Journal of Abnormal and Social Psychology*, **59,** 1–9.
Miller, N., & Marks, G. (1982). Assumed similarity between self and other: Effect of expectation of future interaction with that other. *Social Psychology Quarterly*, **45,** 100–105.
Miller, N., Maruyama, G., Beaber, R. J., & Valone, K. (1976). Speed of speech and persuasion. *Journal of Personality and Social Psychology*, **34,** 615–624.
Miller, N., Pedersen, W. C., Earleywine, M., & Pollock, V. E. (2003). A theoretical model of triggered displaced aggression. *Personality and Social Psychology Review*, **7,** 75–97.
Miller, P. A., & Eisenberg, N. (1988). The relation of empathy to aggressive and externalizing/antisocial behavior. *Psychological Bulletin*, **103,** 324–344.
Miller, P. A., Kozu, J., & Davis, A. C. (2001). Social influence, empathy, and prosocial behavior in cross-cultural perspective. In W. Wosinska, R. B. Cialdini, D. W. Barrett, & J. Reykowski (Eds.), *The practice of social influence in multiple cultures*. Mahwah, NJ: Erlbaum.
Miller, P. C., Lefcourt, H. M., Holmes, J. G., Ware, E. E., & Saley, W. E. (1986). Marital locus of control and marital problem solving. *Journal of Personality and Social Psychology*, **51,** 161–169.
Miller, P. J. E., & Rempel, J. K. (2004). Trust and partner-enhancing attributions in close relationships. *Personality and Social Psychology Bulletin*, **30,** 695–705.
Miller, P. J. E., Niehuis, S., & Huston, T. L. (2006). Positive illusions in marital relationships: A 13-year longitudinal study. *Personality and Social Psychology Bulletin*, **32,** 1579–1594.
Miller, R. L., Brickman, P., & Bolen, D. (1975). Attribution versus persuasion as a means for modifying behavior. *Journal of Personality and Social Psychology*, **31,** 430–441.
Miller, R. S. (1997). Inattentive and contented: Relationship commitment and attention to alternatives. *Journal of Personality and Social Psychology*, **73,** 758–766.
Miller, R. S., & Schlenker, B. R. (1985). Egotism in group members: Public and private attributions of responsibility for group performance. *Social Psychology Quarterly*, **48,** 85–89.
Miller, R. S., & Simpson, J. A. (1990). *Relationship satisfaction and attentiveness to alternatives*. Paper presented at the American Psychological Association convention.
Millett, K. (1975, January). The shame is over. *Ms.*, pp. 26–29.
Milyavskaya, M., Gingras, I., Mageau, G. A., Koestner, R., Gagnon, H., Fang, J., & Boiché, J. (2009). Balance across contexts: Importance of balanced need satisfaction across various life domains. *Personality and Social Psychology Bulletin*, **35,** 1031–1045.
Mims, P. R., Hartnett, J. J., & Nay, W. R. (1975). Interpersonal attraction and help volunteering as a function of physical attractiveness. *Journal of Psychology*, **89,** 125–131.
Minard, R. D. (1952). Race relationships in the Pocohontas coal field. *Journal of Social Issues*, **8**(1), 29–44.
Mirels, H. L., & McPeek, R. W. (1977). Self-advocacy and self-esteem. *Journal of Consulting and Clinical Psychology*, **45,** 1132–1138.
Mirsky, S. (2009, January). What's good for the group. *Scientific American*, p. 51.
Mischel, W. (1968). *Personality and assessment*. New York: Wiley.
Mishna, F., Cook, C., Gadallo, T., Daciuk, J., & Solomon, S. (2010). Cyberbullying behaviors among middle and high school students. *American Journal of Orthopsychiatry*, **80,** 362–374.
Mita, T. H., Dermer, M., & Knight, J. (1977). Reversed facial images and the mere-exposure hypothesis. *Journal of Personality and Social Psychology*, **35,** 597–601.
Mitchell, J., McCrae, C. N, & Banaji, M. R. (2006). Dissociable medial prefrontal contributions to judgments of similar and dissimilar others. *Neuron*, **18,** 655–663.
Mitchell, T. L., Haw, R. M., Pfeifer, J. E., & Meissner, C. A. (2005). Racial bias in mock juror decision-making: A meta-analytic review of defendant treatment. *Law and Human Behavior*, **29,** 621–637.
Mitchell, T. R., & Thompson, L. (1994). A theory of temporal adjustments of the evaluation of events: Rosy prospection and rosy retrospection. In C. Stubbart, J. Porac, & J. Meindl (Eds.), *Advances in managerial cognition and organizational information processing*. Greenwich, CT: JAI Press.
Mitchell, T. R., Thompson, L., Peterson, E., & Cronk, R. (1997). Temporal adjustments in the evaluation of events: The "rosy view." *Journal of Experimental Social Psychology*, **33,** 421–448.
Moffitt, T., & 12 others. (2011). A gradient of childhood self-control predicts health, wealth, and public safety. *PNAS*, 108(7): 2693–2698.
Moffitt, T., Caspi, A., Sugden, K., Taylor, A., Craig, I. W., Harrington, H., McClay, J., Mill, J., Martin, J., Braithwaite, A., & Poulton, R. (2003). Influence of life stress on depression: Moderation by a polymorphism in the 5-HTT gene. *Science*, **301,** 386–389.
Moghaddam, F. M. (2005). The staircase to terrorism: A psychological exploration. *American Psychologist*, **60,** 161–169.
Moghaddam, F. M. (2009). Omniculturalism: Policy solutions to fundamentalism in the era of fractured globalization. *Culture and Psychology*, **15,** 337–347.
Moghaddam, F. M. (2010). *The new global insecurity*. New York: Praeger.
Mohr, H., Pritchard, J., & Lush, T. (2010, May 29). BP has been good at downplaying disaster. *Associated Press*.
Mojzisch, A., & Schulz-Hardt, S. (2010). Knowing others' preferences degrades the quality of group decisions. *Journal of Personality and Social Psychology*, **98,** 784–808.
Moller, I., & Krahe, B. (2008). Exposure to violent video games and aggression in German adolescents: A longitudinal analysis. *Aggressive Behavior*, **34,** 1–14.
Monson, T. C., Hesley, J. W., & Chernick, L. (1982). Specifying when personality traits can and cannot predict behavior: An alternative to abandoning the attempt to predict single-act criteria. *Journal of Personality and Social Psychology*, **43,** 385–399.
Monteith, M. J. (1993). Self-regulation of prejudiced responses: Implications for progress in prejudice-reduction efforts. *Journal of Personality and Social Psychology*, **65,** 469–485.
Montoya, R. M. (2008). I'm hot, so I'd say you're not: The influence of objective physical attractiveness on mate selection. *Personality and Social Psychology Bulletin*, **34,** 1315–1331.
Montoya, R. M., & Insko, C. A. (2008). Toward a more complete understanding of the reciprocity of liking effect. *European Journal of Social Psychology*, **38,** 477–498.
Moody, K. (1980). *Growing up on television: The TV effect*. New York: Times Books.
Moons, W. G., & Mackie, D. M. (2007). Thinking straight while seeing red: The influence of anger on information processing. *Personality and Social Psychology Bulletin*, **33,** 706–720.
Moons, W. G., Mackie, D. M., & Garcia-Marques, T. (2009). The impact of repetition-induced familiarity on agreement with weak and strong arguments. *Journal of Personality and Social Psychology*, **96,** 32–44.
Moor, B. G., Crone, E. A., & van der Molen, M. W. (2010). The heartbrake of social rejection: Heart rate deceleration in response to unexpected peer rejection. *Psychological Science*, **21,** 1326–1333.
Moore, D. A., & Swift, S. A. (2011). The three faces of overconfidence in organizations. In D. De Cremer, R. van

Dick, & J. K. Murnighan (Eds.), *Social psychology and organizations*. New York: Routledge/Taylor & Francis.

Moore, D. A., Swift, S. A., Sharek, Z. S., & Gino, F. (2010). Correspondence bias in performance evaluation: Why grade inflation works. *Personality and Social Psychology Bulletin*, **36,** 843–852.

Moore, D. L., & Baron, R. S. (1983). Social facilitation: A physiological analysis. In J. T. Cacioppo & R. Petty (Eds.), *Social psychophysiology*. New York: Guilford.

Moore, D. W. (2003, March 18). Public approves of Bush ultimatum by more than 2-to-1 margin. Gallup News Service (www.gallup.com).

Moore, D. W. (2004a, March 23). The civil unions vs. gay marriage proposals. *Gallup Tuesday Briefing* (www.gallup.com).

Moore, D. W. (2004b, April 20). Ballot order: Who benefits? *Gallup Poll Tuesday Briefing* (www.gallup.com).

Mor, N., & Winquist, J. (2002). Self-focused attention and negative affect: A meta-analysis. *Psychological Bulletin*, **128,** 638–662.

Morales, L. (2011a, May 13). *Obama's birth certificate convinces some, but not all, skeptics*. www.gallup.com.

Morales, L. (2011b, May 27). *U.S. adults estimate that 25% of Americans are gay or lesbian*. www.gallup.com.

Moran, G., & Comfort, J. C. (1982). Scientific juror selection: Sex as a moderator of demographic and personality predictors of impaneled felony juror behavior. *Journal of Personality and Social Psychology*, **43,** 1052–1063.

Moran, G., & Comfort, J. C. (1986). Neither "tentative" nor "fragmentary": Verdict preference of impaneled felony jurors as a function of attitude toward capital punishment. *Journal of Applied Psychology*, **71,** 146–155.

Moran, G., & Cutler, B. L. (1991). The prejudicial impact of pretrial publicity. *Journal of Applied Social Psychology*, **21,** 345–367.

Moran, G., Cutler, B. L., & De Lisa, A. (1994). Attitudes toward tort reform, scientific jury selection, and juror bias: Verdict inclination in criminal and civil trials. *Law and Psychology Review*, **18,** 309–328.

Moran, G., Cutler, B. L., & Loftus, E. F. (1990). Jury selection in major controlled substance trials: The need for extended voir dire. *Forensic Reports*, **3,** 331–348.

Moreland, R. L., & Zajonc, R. B. (1977). Is stimulus recognition a necessary condition for the occurrence of exposure effects? *Journal of Personality and Social Psychology*, **35,** 191–199.

Morgan, C. A., III, Hazlett, G., Doran, A., Garrett, S., Hoyt, G., Thomas, P., Baranoski, M., & Southwick, & S. M. (2004). Accuracy of eyewitness memory for persons encountered during exposure to highly intense stress. *International Journal of Law and Psychiatry*, **27,** 265–279.

Morgan, G. S., Mullen, E., & Skitka, L. J. (2010). When values and attributions collide: Liberals' and conservatives' values motivate attributions for alleged misdeeds. *Personality and Social Psychology Bulletin*, **36,** 1241–1254.

Mori, K., & Mori, H. (2009). Another test of the passive facial feedback hypothesis: When your face smiles, you feel happy. *Perceptual and Motor Skills*, **109,** 1–3.

Morling, B., & Lamoreaux, M. (2008). Measuring culture outside the head: A meta-analysis of individualism-collectivism in cultural products. *Personality and Social Psychology Bulletin*, **12,** 199–221.

Morris, W. N., & Miller, R. S. (1975). The effects of consensus-breaking and consensus-preempting partners on reduction of conformity. *Journal of Experimental Social Psychology*, **11,** 215–223.

Morrow, L. (1983, August 1). All the hazards and threats of success. *Time*, pp. 20–25.

Moscovici, S. (1985). Social influence and conformity. In G. Lindzey & E. Aronson (Eds.), *The handbook of social psychology*, 3rd edition. Hillsdale, NJ: Erlbaum.

Moscovici, S. (1988). Notes towards a description of social representations. *European Journal of Social Psychology*, **18,** 211–250.

Moscovici, S. (2001). Why a theory of social representation? In K. Deaux & G. Philogène (Eds.), *Representations of the social: Bridging theoretical traditions*. Malden, MA: Blackwell.

Moscovici, S., Lage, S., & Naffrechoux, M. (1969). Influence of a consistent minority on the responses of a majority in a color perception task. *Sociometry*, **32,** 365–380.

Moscovici, S., & Zavalloni, M. (1969). The group as a polarizer of attitudes. *Journal of Personality and Social Psychology*, **12,** 124–135.

Motherhood Project. (2001, May 2). *Watch out for children: A mothers' statement to advertisers*. Institute for American Values (www.watchoutforchildren.org).

Moyer, K. E. (1976). *The psychobiology of aggression*. New York: Harper & Row.

Moyer, K. E. (1983). The physiology of motivation: Aggression as a model. In C. J. Scheier & A. M. Rogers (Eds.), *G. Stanley Hall Lecture Series* (Vol. 3). Washington, DC: American Psychological Association.

Moynihan, D. P. (1979). Social science and the courts. *Public Interest*, **54,** 12–31.

MSNBC. (2010, October 6). *Man who saved abducted child says he was "beyond fear."* www.msnbc.msn.com.

Muehlenhard, C. L. (1988). Misinterpreted dating behaviors and the risk of date rape. *Journal of Social and Clinical Psychology*, **6,** 20–37.

Mueller, C. M., & Dweck, C. S. (1998). Praise for intelligence can undermine children's motivation and performance. *Journal of Personality and Social Psychology*, **75,** 33–52.

Mueller, C. W., Donnerstein, E., & Hallam, J. (1983). Violent films and prosocial behavior. *Personality and Social Psychology Bulletin*, **9,** 83–89.

Mullen, B. (1986a). Atrocity as a function of lynch mob composition: A self-attention perspective. *Personality and Social Psychology Bulletin*, **12,** 187–197.

Mullen, B. (1986b). Stuttering, audience size, and the other-total ratio: A self-attention perspective. *Journal of Applied Social Psychology*, **16,** 139–149.

Mullen, B., Anthony, T., Salas, E., & Driskell, J. E. (1994). Group cohesiveness and quality of decision making: An integration of tests of the groupthink hypothesis. *Small Group Research*, **25,** 189–204.

Mullen, B., & Baumeister, R. F. (1987). Group effects on self-attention and performance: Social loafing, social facilitation, and social impairment. In C. Hendrick (Ed.), *Group processes and intergroup relations: Review of personality and social psychology* (Vol. 9). Newbury Park, CA: Sage.

Mullen, B., Brown, R., & Smith, C. (1992). Ingroup bias as a function of salience, relevance, and status: An integration. *European Journal of Social Psychology*, **22,** 103–122.

Mullen, B., Bryant, B., & Driskell, J. E. (1997). Presence of others and arousal: An integration. *Group Dynamics: Theory, Research, and Practice*, **1,** 52–64.

Mullen, B., & Copper, C. (1994). The relation between group cohesiveness and performance: An integration. *Psychological Bulletin*, **115,** 210–227.

Mullen, B., Copper, C., & Driskell, J. E. (1990). Jaywalking as a function of model behavior. *Personality and Social Psychology Bulletin*, **16,** 320–330.

Mullen, B., & Goethals, G. R. (1990). Social projection, actual consensus and valence. *British Journal of Social Psychology*, **29,** 279–282.

Mullen, B., & Hu, L. (1989). Perceptions of ingroup and outgroup variability: A meta-analytic integration. *Basic and Applied Social Psychology*, **10,** 233–252.

Mullen, B., & Riordan, C. A. (1988). Self-serving attributions for performance in naturalistic settings: A meta-analytic review. *Journal of Applied Social Psychology*, **18**, 3–22.

Mullenix, J. W., Ross, A., Smith, C., Kuykendall, K., Conard, J., & Barb, S. (2011). Typicality effects on memory for voice: Implications for earwitness testimony. *Applied Cognitive Psychology*, **25**, 29–34.

Muller, R. A. (2011, October 21). The case against global-warming skepticism. *Wall Street Journal* (online.wsj.com).

Muller, S., & Johnson, B. T. (1990). *Fear and persuasion: A linear relationship?* Paper presented at the Eastern Psychological Association convention.

Mullin, C. R., & Linz, D. (1995). Desensitization and resensitization to violence against women: Effects of exposure to sexually violent films on judgments of domestic violence victims. *Journal of Personality and Social Psychology*, **69**, 449–459.

Munro, G. D., Ditto, P. H., Lockhart, L. K., Fagerlin, A., Gready, M., & Peterson, E. (1997). *Biased assimilation of sociopolitical arguments: Evaluating the 1996 U.S. presidential debate.* Unpublished manuscript, Hope College.

Muraven, M., Tice, D. M., & Baumeister, R. F. (1998). Self-control as a limited resource: Regulatory depletion patterns. *Journal of Personality and Social Psychology*, **74**, 774–790.

Murphy, C. (1990, June). New findings: Hold on to your hat. *The Atlantic*, pp. 22–23.

Murphy-Berman, V., Berman, J. J., Singh, P., Pachauri, A., & Kumar, P. (1984). Factors affecting allocation to needy and meritorious recipients: A cross-cultural comparison. *Journal of Personality and Social Psychology*, **46**, 1267–1272.

Murray, D. R., Trudeau, R., & Schaller, M. (2011). On the origins of cultural differences in conformity: Four tests of the pathogen prevalence hypothesis. *Personality and Social Psychology Bulletin*, **37**, 318–329.

Murray, S. L., Gellavia, G. M., Rose, P., & Griffin, D. W. (2003). Once hurt, twice hurtful: How perceived regard regulates daily marital interactions. *Journal of Personality and Social Psychology*, **84**, 126–147.

Murray, S. L., Griffin, D. W., Derrick, J. L., Harris, B., Aloni, M., & Leder, S. (2011). Tempting fate or inviting happiness? Unrealistic idealization prevents the decline of marital satisfaction. *Psychological Science*, **27**, 619–626.

Murray, S. L., & Holmes, J. G. (1997). A leap of faith? Positive illusions in romantic relationships. *Personality and Social Psychology Bulletin*, **23**, 586–604.

Murray, S. L., Holmes, J. G., & Griffin, D. W. (1996a). The benefits of positive illusions: Idealization and the construction of satisfaction in close relationships. *Journal of Personality and Social Psychology*, **70**, 79–98.

Murray, S. L., Holmes, J. G., & Griffin, D. W. (1996b). The self-fulfilling nature of positive illusions in romantic relationships: Love is not blind, but prescient. *Journal of Personality and Social Psychology*, **71**, 1155–1180.

Murray, S. L., Holmes, J. G., & Griffin, D. W. (2000). Self-esteem and the quest for felt security: How perceived regard regulates attachment processes. *Journal of Personality and Social Psychology*, **78**, 478–498.

Murray, S. L., Holmes, J. G., Gellavia, G., Griffin, D. W., & Dolderman, D. (2002). Kindred spirits? The benefits of egocentrism in close relationships. *Journal of Personality and Social Psychology*, **82**, 563–581.

Murray, S. L., Holmes, J. G., MacDonald, G., & Ellsworth, P. C. (1998). Through the looking glass darkly? When self-doubts turn into relationship insecurities. *Journal of Personality and Social Psychology*, **75**, 1459–1480.

Murstein, B. L. (1986). *Paths to marriage.* Newbury Park, CA: Sage.

Muson, G. (1978, March). Teenage violence and the telly. *Psychology Today*, pp. 50–54.

Mussweiler, T. (2006). Doing is for thinking! Stereotype activation by stereotypic movements. *Psychological Science*, **17**, 17–21.

Myers, D. G. (1978). Polarizing effects of social comparison. *Journal of Experimental Social Psychology*, **14**, 554–563.

Myers, D. G. (1993). *The pursuit of happiness.* New York: Avon.

Myers, D. G. (2000a). *The American paradox: Spiritual hunger in an age of plenty.* New Haven, CT: Yale University Press.

Myers, D. G. (2000b). The funds, friends, and faith of happy people. *American Psychologist*, **55**, 56–67.

Myers, D. G. (2001, December). Do we fear the right things? *American Psychological Society Observer*, p. 3.

Myers, D. G., & Bishop, G. D. (1970). Discussion effects on racial attitudes. *Science*, **169**, 778–789.

Myers, J. E., Madathil, J., & Tingle, L. R. (2005). Marriage satisfaction and wellness in India and the United States: A preliminary comparison of arranged marriages and marriages of choice. *Journal of Counseling and Development*, **83**, 183–190.

Myers, J. N. (1997, December). Quoted by S. A. Boot, Where the weather reigns. *World Traveler*, pp. 86, 88, 91, 124.

Myers, N. (2000). Sustainable consumption: The meta-problem. In B. Heap & J. Kent (Eds.), *Towards sustainable consumption: A European perspective.* London: The Royal Society.

Na, J., & Kitayama, S. (2011). Spontaneous trait inference is culture-specific: Behavioral and neural evidence. *Psychological Science*, **22**, 1025–1032.

Nadler, A. (1991). Help-seeking behavior: Psychological costs and instrumental benefits. In M. S. Clark (Ed.), *Prosocial behavior.* Newbury Park, CA: Sage.

Nadler, A., & Fisher, J. D. (1986). The role of threat to self-esteem and perceived control in recipient reaction to help: Theory development and empirical validation. In L. Berkowitz (Ed.), *Advances in Experimental Social Psychology* (Vol. 19). Orlando, FL: Academic Press.

Nadler, A., Goldberg, M., & Jaffe, Y. (1982). Effect of self-differentiation and anonymity in group on deindividuation. *Journal of Personality and Social Psychology*, **42**, 1127–1136.

Nadler, J. T., & Clark, M. H. (2011). Stereotype threat: A meta-analysis comparing African Americans to Hispanic Americans. *Journal of Applied Social Psychology*, **41**, 872–890.

Nagar, D., & Pandey, J. (1987). Affect and performance on cognitive task as a function of crowding and noise. *Journal of Applied Social Psychology*, **17**, 147–157.

Nagourney, A. (2002, September 25). For remarks on Iraq, Gore gets praise and scorn. *New York Times* (www.nytimes.com).

Nail, P. R., MacDonald, G., & Levy, D. A. (2000). Proposal of a four-dimensional model of social response. *Psychological Bulletin*, **126**, 454–470.

Nair, H., Manchanda, P., & Bhatia, T. (2008, May). *Asymmetric social interactions in physician prescription behavior: The role of opinion leaders.* Stanford University Graduate School of Business Research Paper No. 1970 (ssrn.com/abstract = 937021).

Nario-Redmond, M. R. (2010). Cultural stereotypes of disabled and non-disabled men and women: Consensus for global category representations and diagnostic domains. *British Journal of Social Psychology*, **49**, 471–488.

National Center for Health Statistics. (2004, December 15). Marital status and health: United States, 1999–2002 (by Charlotte A. Schoenborn). *Advance Data from Vital and Human Statistics*, No. 351. Centers for Disease Control and Prevention.

National Center for Health Statistics. (2008, August 6). National ambulatory medical care survey: 2006 summary. *National Health Statistics Report*, No. 3 (by D. K. Cherry, E. Hing, D. A. Woodwell, & E. A. Rechtsteiner). Centers for Disease Control and Prevention: National Center for Health Statistics (www.cdc.gov/nchs/data/nhsr/nhsr003.pdf).

National Opinion Research Center. (1996). General social survey. National Opinion Research Center, University of Chicago (courtesy Tom W. Smith).

National Research Council. (1993). *Understanding and preventing violence.* Washington, DC: National Academy Press.

National Research Council. (2010). *Advancing the science of climate change.* Washington, DC: National Academies Press.

National Safety Council. (2010). Transportation mode comparisons in *Injury Facts* 2010 edition. www.nsc.org.

National Television Violence Study. (1997). Thousand Oaks, CA: Sage.

Navarrete, C. D., Fessler, D. M. T., Fleischman, D. S., & Geyer, J. (2009). Race bias tracks conception risk across the menstrual cycle. *Psychological Science*, **20,** 661–665.

Navarrete, C. D., McDonald, M. M., Molina, L. E., & Sidanius, J. (2010). Prejudice at the nexus of race and gender: An outgroup male target hypothesis. *Journal of Personality and Social Psychology*, **98,** 933–945.

Neal, D. T., & Chartrand, T. L. (2011). Embodied emotion perception: Amplifying and dampening facial feedback modulates emotion perception accuracy. *Social Psychological and Personality Science*, **2,** 673–678.

Neff, K. D. (2011). Self-compassion, self-esteem, and well-being. *Social and Personality Psychology Compass*, **5,** 1–12.

Neff, L. A., & Karney, B. R. (2005). To know you is to love you: The implications of global adoration and specific accuracy for marital relationships. *Journal of Personality and Social Psychology*, **88,** 480–497.

Neimeyer, G. J., MacNair, R., Metzler, A. E., & Courchaine, K. (1991). Changing personal beliefs: Effects of forewarning, argument quality, prior bias, and personal exploration. *Journal of Social and Clinical Psychology*, **10,** 1–20.

Nelson, L., & LeBoeuf, R. (2002). *Why do men overperceive women's sexual intent? False consensus vs. evolutionary explanations.* Paper presented to the annual meeting of the Society for Personality and Social Psychology.

Nelson, L. D., & Morrison, E. L. (2005). The symptoms of resource scarcity: Judgments of food and finances influence preferences for potential partners. *Psychological Science*, **16,** 167–173.

Nelson, L. J., & Miller, D. T. (1995). The distinctiveness effect in social categorization: You are what makes you unusual. *Psychological Science*, **6,** 246.

Nelson, T. E., Acker, M., & Manis, M. (1996). Everyday base rates (sex stereotypes): Potent and resilient. *Journal of Personality and Social Psychology*, **59,** 664–675.

Nelson, T. E., Biernat, M. R., & Manis, M. (1990). Everyday base rates (sex stereotypes): Potent and resilient. *Journal of Personality and Social Psychology*, **59,** 664–675.

Nemeth, C. (1979). The role of an active minority in intergroup relations. In W. G. Austin and S. Worchel (Eds.), *The social psychology of intergroup relations.* Monterey, CA: Brooks/Cole.

Nemeth, C., & Chiles, C. (1988). Modelling courage: The role of dissent in fostering independence. *European Journal of Social Psychology*, **18,** 275–280.

Nemeth, C., & Wachtler, J. (1974). Creating the perceptions of consistency and confidence: A necessary condition for minority influence. *Sociometry*, **37,** 529–540.

Nemeth, C. J. (1997). Managing innovation: When less is more. *California Management Review*, **40,** 59–74.

Nemeth, C. J. (1999). Behind the scenes. In D. G. Myers (Ed.), *Social psychology*, 6th edition. New York: McGraw-Hill.

Nemeth, C. J. (2011). Minority influence theory. In P. Van Lange, A. Kruglanski, & E. T. Higgins (Eds.), *Handbook of theories in social psychology.* New York: Sage.

Nemeth, C. J., Brown, K., & Rogers, J. (2001a). Devil's advocate versus authentic dissent: Stimulating quantity and quality. *European Journal of Social Psychology*, **31,** 1–13.

Nemeth, C. J., Connell, J. B., Rogers, J. D., & Brown, K. S. (2001b). Improving decision making by means of dissent. *Journal of Applied Social Psychology*, **31,** 48–58.

Nemeth, C. J., & Ormiston, M. (2007). Creative idea generation: Harmony versus stimulation. *European Journal of Social Psychology*, **37,** 524–535.

Nemeth, C. J., Personnaz, B., Personnaz, M., & Goncalo, J. A. (2004). The liberating role of conflict in group creativity: A study in two countries. *European Journal of Social Psychology*, **34,** 365–374.

Nestler, S., Blank, H., & Egloff, B. (2010). Hindsight ≠ hindsight: Experimentally induced dissociations between hindsight components. *Journal of Experimental Psychology: Learning, Memory, and Cognition*, **36,** 1399–1413.

Neumann, R., & Strack, F. (2000). Approach and avoidance: The influence of proprioceptive and exteroceptive cues on encoding of affective information. *Journal of Personality and Social Psychology*, **79,** 39–48.

New Economic Foundation. (2009). National accounts of well-being: Bring real wealth onto the balance sheet. London: New Economics Foundation (www.neweconomics.org).

New Economic Foundation. (2011). Measuring our progress: The power of well-being. London: New Economics Foundation (www.neweconomics.org).

New York Times. (2010, April 25). Questions surround a delay in help for a dying man. www.nytimes.com.

New York Times. (2011, September 20). A grievous wrong. www.nytimes.com.

Newcomb, T. M. (1961). *The acquaintance process.* New York: Holt, Rinehart & Winston.

Newell, B. R., Wong, K. Y., Cheung, J. C. H., & Rakow, T. (2008, August 23). Think, blink, or sleep on it? The impact of modes of thought on complex decision making. *Quarterly Journal of Experimental Psychology*, **62,** 707–732.

Newell, B., & Lagnado, D. (2003). Think-tanks, or think *tanks. The Psychologist*, **16,** 176.

Newman, H. M., & Langer, E. J. (1981). Post-divorce adaptation and the attribution of responsibility. *Sex Roles*, **7,** 223–231.

Newman, L. S. (1993). How individualists interpret behavior: Idiocentrism and spontaneous trait inference. *Social Cognition*, **11,** 243–269.

Newman, L. S., Duff, K., Schnopp-Wyatt, N., Brock, B., & Hoffman, Y. (1997). Reactions to the O. J. Simpson verdict: "Mindless tribalism" or motivated inference processes? *Journal of Social Issues*, **53,** 547–562.

Newport, F. (2007, June 11). Majority of Republicans doubt theory of evolution. *Gallup Poll* (www.galluppoll.com).

Newport, F. (2010, December 17). *Four in 10 Americans believe in strict creationism.* www.gallup.com.

Newport, F. (2011). Americans prefer boys to girls, just as they did in 1941. www.gallup.com.

Newport, F., Moore, D. W., Jones, J. M., & Saad, L. (2003, March 21). Special release: American opinion on the war. *Gallup Poll Tuesday Briefing* (www.gallup.com/poll/tb/goverpubli/s0030325.asp).

Nias, D. K. B. (1979). Marital choice: Matching or complementation? In M. Cook and G. Wilson (Eds.), *Love and attraction.* Oxford: Pergamon.

Nicholson, C. (2007, January). Framing science: Advances in theory and technology are fueling a new era in the science of persuasion. *APS Observer* (www.psychologicalscience.org).

Nicholson, N., Cole, S. G., & Rocklin, T. (1985). Conformity in the Asch situation: A comparison between contemporary British and U.S. university students. *British Journal of Social Psychology,* **24,** 59–63.

Nie, N. H., & Erbring, L. (2000, February 17). *Internet and society: A preliminary report.* Stanford, CA: Stanford Institute for the Quantitative Study of Society.

Nielsen. (2008a, May). *Nielsen's three screen report.* The Nielsen Company (www.nielsen.com).

Nielsen. (2008b, February 14). Nielsen reports DVR playback is adding to TV viewing levels. The Nielsen Company (www.nielsen.com).

Nielsen, M. E. (1998). *Social psychology and religion on a trip to Ukraine.* Retrieved from http://psychwww.com/psyrelig/ukraine/index.htm)

Niemi, R. G., Mueller, J., & Smith, T. W. (1989). *Trends in public opinion: A compendium of survey data.* New York: Greenwood Press.

Nigbur, D., Lyons, E., & Uzzell, D. (2010). Attitudes, norms, identity and environmental behaviour: Using an expanded theory of planned behaviour to predict participation in a kerbside recycling programme. *British Journal of Social Psychology,* **49,** 259–284.

Nigro, G. N., Hill, D. E., Gelbein, M. E., & Clark, C. L. (1988). Changes in the facial prominence of women and men over the last decade. *Psychology of Women Quarterly,* **12,** 225–235.

Nijstad, B. A., & Stroebe, W. (2006). How the group affects the mind: A cognitive model of idea generation in groups. *Personality and Social Psychology Review,* **10,** 186–213.

Nijstad, B. A., Stroebe, W., & Lodewijkx, H. F. M. (2006). The illusion of group productivity. A reduction of failures explanation. *European Journal of Social Psychology,* **36,** 31–48.

Nisbet, E. K., & Zelenski, J. M. (2011). Underestimating nearby nature: Affective forecasting errors obscure the happy path to sustainability. *Psychological Science,* **22,** 1101–1106.

Nisbett, R. (2003). *The geography of thought: How Asians and Westerners think differently . . . and why.* New York: Free Press.

Nisbett, R. E. (1990). Evolutionary psychology, biology, and cultural evolution. *Motivation and emotion,* **14,** 255–263.

Nisbett, R. E. (1993). Violence and U.S. regional culture. *American Psychologist,* **48,** 441–449.

Nisbett, R. E., Fong, G. T., Lehman, D. R., & Cheng, P. W. (1987). Teaching reasoning. *Science,* **238,** 625–631.

Nisbett, R. E., & Masuda, T. (2003). Culture and point of view. *Proceedings of the National Academy of Sciences,* **100,** 11163–11170.

Nisbett, R. E., & Ross, L. (1980). *Human inference: Strategies and shortcomings of social judgment.* Englewood Cliffs, NJ: Prentice-Hall.

Nix, G., Watson, C., Pyszczynski, T., & Greenberg, J. (1995). Reducing depressive affect through external focus of attention. *Journal of Social and Clinical Psychology,* **14,** 36–52.

Nock, M. K., Park, J. M., Finn, C. T., Deliberto, T. L., Dour, H. J., & Banaji, M. R. (2010). Measuring the suicidal mind: Implicit cognition predicts suicidal behavior. *Psychological Science,* **21,** 511–517.

Noel, J. G., Forsyth, D. R., & Kelley, K. N. (1987). Improving the performance of failing students by overcoming their self-serving attributional biases. *Basic and Applied Social Psychology,* **8,** 151–162.

Nolan, J. M., Schultz, P. W., Cialdini, R. B., Goldstein, N. J., & Griskevicius, V. (2008). Normative social influence is underdetected. *Personality and Social Psychology Bulletin,* **34,** 913–923.

Nolan, S. A., Flynn, C., & Garber, J. (2003). Prospective relations between rejection and depression in young adolescents. *Journal of Personality and Social Psychology,* **85,** 745–755.

Nolen-Hoeksema, S. (2003). *Women who think too much: How to break free of overthinking and reclaim your life.* New York: Holt.

Noller, P. (1996). What is this thing called love? Defining the love that supports marriage and family. *Personal Relationships,* **3,** 97–115.

Noller, P., & Fitzpatrick, M. A. (1990). Marital communication in the eighties. *Journal of Marriage and Family,* **52,** 832–843.

Noor, M., Brown, R., Gonzalez, R., Manzi, J., & Lewis, C. A. (2008). On positive psychological outcomes: What helps groups with a history of conflict to forgive and reconcile with each other? *Personality and Social Psychology Bulletin,* **34,** 819–832.

Nordgren, L. F., Banas, K., & MacDonald, G. (2011). Empathy gaps for social pain: Why people underestimate the pain of social suffering. *Journal of Personality and Social Psychology,* **100,** 120–128.

Nordgren, L. F., McDonnell, M-H. M., & Loewenstein, G. (2011). What constitutes torture? Psychological impediments to an objective evaluation of enhanced interrogation tactics. *Psychological Science,* **22,** 689–694.

Nordgren, L. F., van Harreveld, F., & van der Pligt, J. (2009). The restraint bias: How the illusion of self-restraint promotes impulsive behavior. *Psychological Science,* **20,** 1523–1528.

Norem, J. K. (2000). Defensive pessimism, optimism, and pessimism. In E. C. Chang (Ed.), *Optimism and pessimism.* Washington, DC: APA Books.

Norem, J. K., & Cantor, N. (1986). Defensive pessimism: Harnessing anxiety as motivation. *Journal of Personality and Social Psychology,* **51,** 1208–1217.

Norenzayan, A., & Heine, S. J. (2005). Psychological universals: What are they and how can we know? *Psychological Bulletin,* **131,** 763–784.

North, A. C., Hargreaves, D. J., & McKendrick, J. (1997). In-store music affects product choice. *Nature,* **390,** 132.

Norton, M. I., & Ariely, D. (2011). Building a better America—One wealth quintile at a time. *Perspectives on Psychological Science,* **6,** 9–12.

Norton, M. I., Frost, J. H., & Ariely, D. (2007). Less is more: The lure of ambiguity, or why familiarity breeds contempt. *Journal of Personality and Social Psychology,* **92,** 97–105.

Nosek, B. A. (2007). Implicit-explicit relations. *Current Directions in Psychological Science,* **16,** 65–69.

Nosek, B. A., Hawkins, C. B., & Frazier, R. S. (2011). Implicit social cognition: From measures to mechanisms. *Trends in Cognitive Sciences,* **15,** 152–159.

Nosek, B. A., Smyth, F. L., Hansen, J. J., Devos, T., Lindner, N. M., Ranganath, K. A., Smith, C. T., Olson, K. R., Chugh, D., Greenwald, A. G., & Banaji, M. R. (2007). Pervasiveness and correlates of implicit attitudes and stereotypes. *European Review of Social Psychology,* **18,** 36–88.

Notarius, C., & Markman, H. J. (1993). *We can work it out.* New York: Putnam.

Novelli, D., Drury, J., & Reicher, S. (2010). Come together: Two studies concerning the impact of group relations on 'personal space.' *British Journal of Social Psychology,* **49,** 223–236.

Nowak, M. A., & Highfield, R. (2011). *Supercooperators: Altruism, evolution, and why we need each other to succeed.* New York: Free Press.

Nurmi, J-E., & Salmela-Aro, K. (1997). Social strategies and loneliness: A prospective study. *Personality and Individual Differences,* **23,** 205–215.

Nurmi, J-E., Toivonen, S., Salmela-Aro, K., & Eronen, S.

(1996). Optimistic, approach-oriented, and avoidance strategies in social situations: Three studies on loneliness and peer relationships. *European Journal of Personality*, **10**, 201–219.

Nuttin, J. M., Jr. (1987). Affective consequences of mere ownership: The name letter effect in twelve European languages. *European Journal of Social Psychology*, **17**, 318–402.

Nyhan, B., & Reifler, J. (2008). *When corrections fail: The persistence of political misperceptions*. Unpublished manuscript, Duke University.

O'Connor, A. (2004, May 14). Pressure to go along with abuse is strong, but some soldiers find strength to refuse. *New York Times* (www.nytimes.com).

O'Dea, T. F. (1968). Sects and cults. In D. L. Sills (Ed.), *International encyclopedia of the social sciences* (Vol. 14). New York: Macmillan.

O'Hegarty, M., Pederson, L. L., Yenokyan, G., Nelson, D., & Wortley, P. (2007). Young adults' perceptions of cigarette warning labels in the United States and Canada. *Preventing Chronic Disease: Public Health Research, Practice, and Policy*, **30**, 467–473.

O'Keefe, D. J., & Jensen, J. D. (2011). The relative effectiveness of gain-framed and loss-framed persuasive appeals concerning obesity-related behaviors: Meta-analytic evidence and implications. In R. Batra, P. A. Keller, & V. J. Strecher (Eds.), *Leveraging consumer psychology for effective health communications: The obesity challenge* (pp. 171–185). Armonk, NY: Sharpe.

O'Leary, K. D., Christian, J. L., & Mendell, N. R. (1994). A closer look at the link between marital discord and depressive symptomatology. *Journal of Social and Clinical Psychology*, **13**, 33–41.

Oaten, M., & Cheng, K. (2006a). Improved self-control: The benefits of a regular program of academic study. *Basic and Applied Social Psychology*, **28**, 1–16.

Oaten, M., & Cheng, K. (2006b). Longitudinal gains in self-regulation from regular physical exercise. *British Journal of Health Psychology*, **11**, 717–733.

Oceja, L. (2008). Overcoming empathy-induced partiality: Two rules of thumb. *Basic and Applied Social Psychology*, **30**, 176–182.

Oddone-Paolucci, E., Genuis, M., & Violato, C. (2000). A meta-analysis of the published research on the effects of pornography. In C. Violata (Ed.), *The changing family and child development*. Aldershot, England: Ashgate Publishing.

Ohbuchi, K., & Kambara, T. (1985). Attacker's intent and awareness of outcome, impression management, and retaliation. *Journal of Experimental Social Psychology*, **21**, 321–330.

Ohtaki, P. (1999, March 24). *Internment-camp reporter makes homecoming visit*. Associated Press. Reprinted in P. T. Ohtaki (Ed.), *It was the right thing to do!* (Self-published collection of Walt and Mildred Woodward–related correspondence and articles).

Oishi, S., Kesebir, S., & Diener, E. (2011). Income inequality and happiness. *Psychological Science*, **22**, 1095–1100.

Oishi, S., Lun, J., & Sherman, G. D. (2007). Residential mobility, self-concept, and positive affect in social interactions. *Journal of Personality and Social Psychology*, **93**, 131–141.

Oishi, S., Rothman, A. J., Snyder, M., Su, J., Zehm, K., Hertel, A. W., Gonzales, M. H., & Sherman, G. D. (2007). The socioecological model of procommunity action: The benefits of residential stability. *Journal of Personality and Social Psychology*, **93**, 831–844.

Okimoto, T. G., & Brescoll, V. L. (2010). The price of power: Power seeking and backlash against female politicians. *Personality and Social Psychology Bulletin*, **36**, 923–936.

Olfson, M., & Pincus, H. A. (1994). Outpatient therapy in the United States: II. Patterns of utilization. *American Journal of Psychiatry*, **151**, 1289–1294.

Oliner, S. P., & Oliner, P. M. (1988). *The altruistic personality: Rescuers of Jews in Nazi Europe*. New York: Free Press.

Olson, I. R., & Marshuetz, C. (2005). Facial attractiveness is appraised in a glance. *Emotion*, **5**, 498–502.

Olson, J. M., & Cal, A. V. (1984). Source credibility, attitudes, and the recall of past behaviours. *European Journal of Social Psychology*, **14**, 203–210.

Olson, J. M., Roese, N. J., & Zanna, M. P. (1996). Expectancies. In E. T. Higgins & A. W. Kruglanski (Eds.), *Social psychology: Handbook of basic principles* (pp. 211–238). New York: Guilford.

Olson, K. R., Dunham, Y., Dweck, C. S., Spelke, E. S., & Banaji, M. R. (2008). Judgments of the lucky across development and culture. *Journal of Personality and Social Psychology*, **94**, 757–776.

Olweus, D. (1979). Stability of aggressive reaction patterns in males: A review. *Psychological Bulletin*, **86**, 852–875.

Olweus, D., Mattsson, A., Schalling, D., & Low, H. (1988). Circulating testosterone levels and aggression in adolescent males: A causal analysis. *Psychosomatic Medicine*, **50**, 261–272.

Omoto, A. M., & Snyder, M. (2002). Considerations of community: The context and process of volunteerism. *American Behavioral Scientist*, **45**, 846–867.

Open Secrets. (2005). *2004 election overview: Winning vs. spending*. Open Secrets (www.opensecrets.org).

Opotow, S. (1990). Moral exclusion and injustice: An introduction. *Journal of Social Issues*, **46**, 1–20.

Oppenheimer, D. M., & Trail, T. E. (2010). Why leaning to the left makes you lean to the left: Effect of spatial orientation on political attitudes. *Social Cognition*, **28**, 651–661.

Orendain, S. (2011, December 29). In Philippine slums, capturing light in a bottle. National Public Radio (www.npr.org).

Orenstein, P. (2003, July 6). Where have all the Lisas gone? *New York Times* (www.nytimes.com).

Organisation for Economic Co-operation and Development. (2011). An overview of growing income inequalities in OECD countries: Main findings. Paris: Author (www.oecd.org/dataoecd/40/12/49170449.pdf).

Oriña, M. M., Collins, W. A., Simpson, J. A., Salvatore, J. E., Haydon, K. C., & Kim, J. S. (2011). Developmental and dyadic perspectives on commitment in adult romantic relationships. *Psychological Science*, **22**, 908–915.

Orive, R. (1984). Group similarity, public self-awareness, and opinion extremity: A social projection explanation of deindividuation effects. *Journal of Personality and Social Psychology*, **47**, 727–737.

Ornstein, R. (1991). *The evolution of consciousness: Of Darwin, Freud, and cranial fire: The origins of the way we think*. New York: Prentice-Hall.

Osborne, J. W. (1995). Academics, self-esteem, and race: A look at the underlying assumptions of the disidentification hypothesis. *Personality and Social Psychology Bulletin*, **21**, 449–455.

Osgood, C. E. (1962). *An alternative to war or surrender*. Urbana, IL: University of Illinois Press.

Osgood, C. E. (1980). GRIT: A strategy for survival in mankind's nuclear age? Paper presented at the Pugwash Conference on New Directions in Disarmament, Racine, WI.

Oskamp, S. (1991). Curbside recycling: Knowledge, attitudes, and behavior. Paper presented at the Society for Experimental Social Psychology meeting, Columbus, OH.

Osofsky, M. J., Bandura, A., & Zimbardo, P. G. (2005). The role of moral disengagement in the execution process. *Law and Human Behavior,* **29,** 371–393.

Osterhouse, R. A., & Brock, T. C. (1970). Distraction increases yielding to propaganda by inhibiting counterarguing. *Journal of Personality and Social Psychology,* **15,** 344–358.

Ostrom, T. M., & Sedikides, C. (1992). Out-group homogeneity effects in natural and minimal groups. *Psychological Bulletin,* **112,** 536–552.

Oswald, A. (2006, January 19). The hippies were right all along about happiness. *Financial Times,* p. 15.

Ouellette, J. A., & Wood, W. (1998). Habit and intention in everyday life: The multiple processes by which past behavior predicts future behavior. *Psychological Bulletin,* **124,** 54–74.

Oyserman, D., Coon, H. M., & Kemmelmeier, M. (2002a). Rethinking individualism and collectivism: Evaluation of theoretical assumptions and meta-analyses. *Psychological Bulletin,* **128,** 3–72.

Oyserman, D., Kemmelmeier, M., & Coon, H. M. (2002b). Cultural psychology, a new look: Reply to Bond (2002), Fiske (2002), Kitayama (2002), and Miller (2002). *Psychological Bulletin,* **128,** 110–117.

Packer, D. J. (2008). Identifying systematic disobedience in Milgram's obedience experiments: A meta-analytic review. *Perspectives on Psychological Science,* **3**(4), 301–304.

Packer, D. J. (2009). Avoiding groupthink: Whereas weakly identified members remain silent, strongly identified members dissent about collective problems. *Psychological Science,* **20,** 546–548.

Padgett, V. R. (1989). Predicting organizational violence: An application of 11 powerful principles of obedience. Paper presented at the American Psychological Association convention.

Page, L., Keshishian, C., Leonardi, G., Murray, V., Rubin, G., & Wessely, S. (2010). Frequency and predictors of mass psychogenic illness. *Epidemiology,* **21,** 744–747.

Page, S. E. (2007). *The difference: How the power of diversity creates better groups, firms, schools, and societies.* Princeton, NJ: Princeton University Press.

Page-Gould, E., Mendoza-Denton, R., Alegre, J. M., & Siy, J. O. (2010). Understanding the impact of cross-group friendship on interactions with novel outgroup members. *Journal of Personality and Social Psychology,* **98,** 775–793.

Page-Gould, E., Mendoza-Denton, R., & Tropp, L. R. (2008). With a little help from my cross-group friend: Reducing anxiety in intergroup contexts through cross-group friendship. *Journal of Personality and Social Psychology,* **95,** 1080–1094.

Pallak, M. S., Mueller, M., Dollar, K., & Pallak, J. (1972). Effect of commitment on responsiveness to an extreme consonant communication. *Journal of Personality and Social Psychology,* **23,** 429–436.

Pallak, S. R., Murroni, E., & Koch, J. (1983). Communicator attractiveness and expertise, emotional versus rational appeals, and persuasion: A heuristic versus systematic processing interpretation. *Social Cognition,* **2,** 122–141.

Palmer, D. L. (1996). Determinants of Canadian attitudes toward immigration: More than just racism? *Canadian Journal of Behavioural Science,* **28,** 180–192.

Palmer, E. L., & Dorr, A. (Eds.) (1980). *Children and the faces of television: Teaching, violence, selling.* New York: Academic Press.

Paloutzian, R. (1979). *Pro-ecology behavior: Three field experiments on litter pickup.* Paper presented at the Western Psychological Association convention.

Paluck, E. L. (2009). Reducing intergroup prejudice and conflict using the media: A field experiment in Rwanda. *Journal of Personality and Social Psychology,* **96,** 574–587.

Paluck, E. L. (2010). Is it better not to talk? Group polarization, extended contact, and perspective taking in Eastern Democratic Republic of Congo. *Personality and Social Psychology Bulletin,* **36,** 1170–1185.

Pandey, J., Sinha, Y., Prakash, A., & Tripathi, R. C. (1982). Right–left political ideologies and attribution of the causes of poverty. *European Journal of Social Psychology,* **12,** 327–331.

Paolini, S., Harwood, J., & Rubin, M. (2010). Negative intergroup contact makes group memberships salient: Explaining why intergroup conflict endures. *Personality and Social Psychology Bulletin,* **36,** 1723–1738.

Paolini, S., Hewstone, M., Cairns, E., & Voci, A. (2004). Effects of direct and indirect cross-group friendships on judgments of Catholics and Protestants in Northern Ireland: The mediating role of an anxiety-reduction mechanism. *Personality and Social Psychology Bulletin,* **30,** 770–786.

Papastamou, S., & Mugny, G. (1990). Synchronic consistency and psychologization in minority influence. *European Journal of Social Psychology,* **20,** 85–98.

Pape, R. A. (2003, September 22). Dying to kill us. *New York Times* (www.nytimes.com).

Parachin, V. M. (1992, December). Four brave chaplains. *Retired Officer Magazine,* pp. 24–26.

Parashar, U. D., Gibson, C. J., Bresse, J. S., & Glass, R. I. (2006). Rotavirus and severe childhood diarrhea. *Emerging Infectious Diseases,* **12,** 304–306.

Parents Television Council. (2007, January 10). *Dying to entertain: Violence on prime time broadcast TV, 1998 to 2006.* Author (www.parentstv.org).

Park, B., & Rothbart, M. (1982). Perception of out-group homogeneity and levels of social categorization: Memory for the subordinate attributes of in-group and out-group members. *Journal of Personality and Social Psychology,* **42,** 1051–1068.

Park, J., Malachi, E., Sternin, O., & Tevet, R. (2009). Subtle bias against Muslim job applicants in personnel decisions. *Journal of Applied Social Psychology,* **39,** 2174–2190.

Parke, R. D., Berkowitz, L., Leyens, J. P., West, S. G., & Sebastian, J. (1977). Some effects of violent and nonviolent movies on the behavior of juvenile delinquents. In L. Berkowitz (Ed.), *Advances in experimental social psychology* (Vol. 10). New York: Academic Press.

Parker, K. D., Ortega, S. T., & VanLaningham, J. (1995). Life satisfaction, self-esteem, and personal happiness among Mexican and African Americans. *Sociological Spectrum,* **15,** 131–145.

Pascarella, E. T., & Terenzini, P. T. (1991). *How college affects students: Findings and insights from twenty years of research.* San Francisco: Jossey-Bass.

Patterson, D. (1996). *When learned men murder.* Bloomington, IN: Phi Delta Kappan.

Patterson, G. R., Chamberlain, P., & Reid, J. B. (1982). A comparative evaluation of parent training procedures. *Behavior Therapy,* **13,** 638–650.

Patterson, G. R., Littman, R. A., & Bricker, W. (1967). Assertive behavior in children: A step toward a theory of aggression. *Monographs of the Society of Research in Child Development* (Serial No. 113), **32,** 5.

Patterson, M. L. (2008). Back to social behavior: Mining the mundane. *Basic and Applied Social Psychology,* **30,** 93–101.

Patterson, T. E. (1980). The role of the mass media in presidential campaigns: The lessons of the 1976 election. *Items,* **34,** 25–30. Social Science Research Council, 605 Third Avenue, New York, NY 10016.

Paulhus, D. (1982). Individual differences, self-presentation, and cognitive dissonance: Their concurrent operation in forced compliance. *Journal* *of Personality and Social Psychology*, **43,** 838–852.

Paulhus, D. L., & Lim, D. T. K. (1994). Arousal and evaluative extremity in social judgments: A dynamic complexity model. *European Journal of Social Psychology*, **24,** 89–99.

Paulhus, D. L., & Morgan, K. L. (1997). Perceptions of intelligence in leaderless groups: The dynamic effects of shyness and acquaintance. *Journal of Personality and Social Psychology*, **72,** 581–591.

Paulhus, D. L., & Williams, K. M. (2002). The Dark Triad of personality: Narcissism, Machiavellianism and psychopathy. *Journal of Research in Personality*, **36,** 556–563.

Paulus, P. B., & Coskun, H. (2012). Group creativity: Understanding collaborative creativity processes. In J. M. Levine (Ed.), *Group processes*. Boca Raton, FL: Psychology Press.

Paulus, P. B., Dzindolet, M., & Kohn, N. W. (2011). Collaborative creativity—Group creativity and team innovation. In M. D. Mumford (Ed.), *Handbook of organizational creativity*. New York: Elsevier.

Paulus, P. B., Kohn, N. W., & Arditti, L. E. (2011). Effect of quantity and quality instructions on brainstorming. *Journal of Creative Behavior*, **45,** 38–46.

Paulus, P. B., Larey, T. S., & Dzindolet, M. T. (2000). Creativity in groups and teams. In M. Turner (Ed.), *Groups at work: Advances in theory and research*. Hillsdale, NJ: Hampton.

Paulus, P. B., Larey, T. S., & Ortega, A. H. (1995). Performance and perceptions of brainstormers in an organizational setting. *Basic and Applied Social Psychology*, **17,** 249–265.

Payne, B. K. (2001). Prejudice and perception: The role of automatic and controlled processes in misperceiving a weapon. *Journal of Personality and Social Psychology*, **81,** 181–192.

Payne, B. K. (2006). Weapon bias: Split-second decisions and unintended stereotyping. *Current Directions in Psychological Science*, **15,** 287–291.

Payne, B. K., Krosnick, J. A., Pasek, J., Lelkes, Y., Akhtar, O., & Tompson, T. (2010). Implicit and explicit prejudice in the 2008 American presidential election. *Journal of Experimental Social Psychology*, **46,** 367–374.

Pedersen, A., & Walker, I. (1997). Prejudice against Australian Aborigines: Old-fashioned and modern forms. *European Journal of Social Psychology*, **27,** 561–587.

Pedersen, A., Zachariae, R., & Bovbjerg, D. H. (2010). Influence of psychological stress on upper respiratory infection—A meta-analysis of prospective studies. *Psychosomatic Medicine*, **72,** 823–832.

Pedersen, W. C., Bushman, B. J., Vasquez, E. A., & Miller, N. (2008). Kicking the (barking) dog effect: The moderating role of target attributes on triggered displaced aggression. *Personality and Social Psychology Bulletin*, **34,** 1382–1395.

Pedersen, W. C., Gonzales, C., & Miller, N. (2000). The moderating effect of trivial triggering provocation on displaced aggression. *Journal of Personality and Social Psychology*, **78,** 913–927.

Peetz, J., & Buehler, R. (2009). Is there a budget fallacy? The role of savings goals in the prediction of personal spending. *Personality and Social Psychology Bulletin*, **35,** 1579–1591.

Peetz, J., Buehler, R., & Britten, K. (2011). Only minutes a day: Reframing exercise duration affects exercise intentions and behavior. *Basic and Applied Social Psychology*, **33,** 118–127.

Pegalis, L. J., Shaffer, D. R., Bazzini, D. G., & Greenier, K. (1994). On the ability to elicit self-disclosure: Are there gender-based and contextual limitations on the opener effect? *Personality and Social Psychology Bulletin*, **20,** 412–420.

Pelham, B., & Carvallo, M. (2011). The surprising potency of implicit egotism: A reply to Simonsohn. *Journal of Personality and Social Psychology*, **101,** 25–30.

Pelham, B., & Crabtree, S. (2008, October 8). *Worldwide, highly religious more likely to help others: Pattern holds throughout the world and across major religions.* Gallup Poll (www.gallup.com).

Pelham, B. W. (2009, October 22). About one in six Americans report history of depression. www.gallup.com.

Pennebaker, J. (1990). *Opening up: The healing power of confiding in others.* New York: William Morrow.

Pennebaker, J. W. (1982). *The psychology of physical symptoms.* New York: Springer-Verlag.

Pennebaker, J. W., & Lay, T. C. (2002). Language use and personality during crises: Analyses of Mayor Rudolph Giuliani's press conferences. *Journal of Research in Personality*, **36,** 271–282.

Pennebaker, J. W., & O'Heeron, R. C. (1984). Confiding in others and illness rate among spouses of suicide and accidental death victims. *Journal of Abnormal Psychology*, **93,** 473–476.

Pennebaker, J. W., Rimé, B., & Sproul, G. (1996). Stereotypes of emotional expressiveness of northerners and southerners: A cross-cultural test of Montesquieu's hypotheses. *Journal of Personality and Social Psychology*, **70,** 372–380.

Penner, L. A. (2002). Dispositional and organizational influences on sustained volunteerism: An interactionist perspective. *Journal of Social Issues*, **58,** 447–467.

Penner, L. A., Dertke, M. C., & Achenbach, C. J. (1973). The "flash" system: A field study of altruism. *Journal of Applied Social Psychology*, **3,** 362–370.

Pennington, N., & Hastie, R. (1993). The story model for juror decision making. In R. Hastie (Ed.), *Inside the juror: The psychology of juror decision making.* New York: Cambridge University Press.

Penrod, S., & Cutler, B. L. (1987). Assessing the competence of juries. In I. B. Weiner & A. K. Hess (Eds.), *Handbook of forensic psychology.* New York: Wiley.

Pentland, A. (2010). To signal is human. *American Scientist*, **98,** 204–211.

Penton-Voak, I. S., Jones, B. C., Little, A. C., Baker, S., Tiddeman, B., Burt, D. M., & Perrett, D. I. (2001). Symmetry, sexual dimorphism in facial proportions and male facial attractiveness. *Proceedings of the Royal Society of London*, **268,** 1–7.

Peplau, L. A., & Fingerhut, A. W. (2007). The close relationships of lesbians and gay men. *Annual Review of Psychology*, **58,** 405–424.

Pereira, C., Vala, J., & Costa-Lopes, R. (2010). From prejudice to discrimination: The legitimizing role of perceived threat in discrimination against immigrants. *European Journal of Social Psychology*, **40,** 1231–1250.

Pereira, J. (2003, January 10). Just how far does First Amendment protection go? *Wall Street Journal*, pp. B1, B3.

Perilloux, H. K., Webster, G. D., & Gaulin, S. J. C. (2010). Signals of genetic quality and maternal investment capacity: The dynamic effects of fluctuating asymmetry and waist-to-hip ratio on men's ratings of women's attractiveness. *Social Psychology and Personality Science*, **1,** 34–42.

Perkins, H. W. (1991). Religious commitment, Yuppie values, and well-being in post-collegiate life. *Review of Religious Research*, **32,** 244–251.

Perlman, D., & Rook, K. S. (1987). Social support, social deficits, and the family: Toward the enhancement of well-being. In S. Oskamp (Ed.), *Family processes and problems: Social psychological aspects.* Newbury Park, CA: Sage.

Perls, F. S. (1972). Gestalt therapy [interview]. In A. Bry (Ed.), *Inside psychotherapy.* New York: Basic Books.

Perls, F. S. (1973, July). *Ego, hunger and aggression: The beginning of Gestalt therapy.* Random House, 1969. Cited by Berkowitz in The case for bottling up rage. *Psychology Today*, pp. 24–30.

Perrett, D. (2010). *In your face: The new science of human attraction.* New York: Palgrave Macmillan.

Perrin, S., & Spencer, C. (1981). Independence or conformity in the Asch experiment as a reflection of cultural or situational factors. *British Journal of Social Psychology,* **20,** 205–209.

Persico, N., Postlewaite, A., & Silverman, D. (2004). The effect of adolescent experience on labor market outcomes: The case of height. *Journal of Political Economy,* **112,** 1019–1053.

Pessin, J. (1933). The comparative effects of social and mechanical stimulation on memorizing. *American Journal of Psychology,* **45,** 263–270.

Pessin, J., & Husband, R. W. (1933). Effects of social stimulation on human maze learning. *Journal of Abnormal and Social Psychology,* **28,** 148–154.

Peters, E., Romer, D., Slovic, P., Jamieson, K. H., Whasfield, L., Mertz, C. K., & Carpenter, S. M. (2007). The impact and acceptability of Canadian-style cigarette warning labels among U.S. smokers and nonsmokers. *Nicotine and Tobacco Research,* **9,** 473–481.

Petersen, J. L., & Hyde, J. S. (2010) A meta-analytic review of research on gender differences in sexuality, 1993–2007. *Psychological Bulletin,* **136,** 21–38.

Petersen, J. L., & Hyde, J. S. (2011). Gender differences in sexual attitudes and behaviors: A review of meta-analytic results and large datasets. *Journal of Sex Research,* **48,** 149–165.

Peterson, C., & Barrett, L. C. (1987). Explanatory style and academic performance among university freshmen. *Journal of Personality and Social Psychology,* **53,** 603–607.

Peterson, C., & Bossio, L. M. (2000). Optimism and physical well-being. In E. C. Chang (Ed.), *Optimism and pessimism.* Washington, DC: APA Books.

Peterson, C., & Seligman, M. E. P. (1987). Explanatory style and illness. *Journal of Personality,* **55,** 237–265.

Peterson, C., & Steen, T. A. (2002). Optimistic explanatory style. In C. R. Snyder & S. J. Lopez (Ed.), *Handbook of positive psychology.* London: Oxford University Press.

Peterson, C., Schwartz, S. M., & Seligman, M. E. P. (1981). Self-blame and depression symptoms. *Journal of Personality and Social Psychology,* **41,** 253–259.

Peterson, C., Seligman, M. E. P., & Vaillant, G. E. (1988). Pessimistic explanatory style is a risk factor for physical illness: A thirty-five-year longitudinal study. *Journal of Personality and Social Psychology,* **55,** 23–27.

Peterson, E. (1992). *Under the unpredictable plant.* Grand Rapids, MI: Eerdmans.

Peterson, J. L., & Zill, N. (1981). Television viewing in the United States and children's intellectual, social, and emotional development. *Television and Children,* **2**(2), 21–28.

Petrocelli, J. V., Percy, E. J., Sherman, S. J., & Tormala, Z. L. (2011). Counterfactual potency. *Journal of Personality and Social Psychology,* **100,** 30–46.

Pettigrew, T. F. (1958). Personality and socio-cultural factors in intergroup attitudes: A cross-national comparison. *Journal of Conflict Resolution,* **2,** 29–42.

Pettigrew, T. F. (1969). Racially separate or together? *Journal of Social Issues,* **2,** 43–69.

Pettigrew, T. F. (1979). The ultimate attribution error: Extending Allport's cognitive analysis of prejudice. *Personality and Social Psychology Bulletin,* **55**, 461–476.

Pettigrew, T. F. (1980). Prejudice. In S. Thernstrom et al. (Eds.), *Harvard encyclopedia of American ethnic groups.* Cambridge, MA: Harvard University Press.

Pettigrew, T. F. (1986). The intergroup contact hypothesis reconsidered. In M. Hewstone & R. Brown (Eds.), *Contact and conflict in intergroup encounters.* Oxford: Blackwell.

Pettigrew, T. F. (1988). Advancing racial justice: Past lessons for future use. Paper for the University of Alabama conference "Opening Doors: An appraisal of Race Relations in America."

Pettigrew, T. F. (1997). Generalized intergroup contact effects on prejudice. *Personality and Social Psychology Bulletin,* **23,** 173–185.

Pettigrew, T. F. (2004). Intergroup contact: Theory, research, and new perspectives. In J. A. Banks & C. A. McGee Banks (Eds.), *Handbook of research on multicultural education.* San Francisco: Jossey-Bass.

Pettigrew, T. F. (2006). A two-level approach to anti-immigrant prejudice and discrimination. In R. Mahalingam (Ed.), *Cultural psychology of immigrants.* Mahwah, NJ: Erlbaum.

Pettigrew, T. F., Christ, O., Wagner, U., Meertens, R. W., van Dick, R., & Zick, A. (2008). Relative deprivation and intergroup prejudice. *Journal of Social Issues,* **64,** 385–401.

Pettigrew, T. F., Jackson, J. S., Brika, J. B., Lemaine, G., Meertens, R. W., Wagner, U., & Zick, A. (1998). Outgroup prejudice in western Europe. *European Review of Social Psychology,* **8,** 241–273.

Pettigrew, T. F., & Tropp, L. R. (2000). Does intergroup contact reduce prejudice: Recent meta-analytic findings. In, S. Oskamp (Ed.), *Reducing prejudice and discrimination* (pp. 93–114). Mahwah, NJ: Erlbaum.

Pettigrew, T. F., & Tropp, L. R. (2008). How does intergroup contact reduce prejudice? Meta-analytic tests of three mediators. *European Journal of Social Psychology,* **38,** 922–934.

Pettigrew, T. F., & Tropp, L. R. (2011). *When groups meet: The dynamics of intergroup contact.* New York: Psychology Press.

Pettigrew, T. F., Wagner, U., & Christ, O. (2010). Population ratios and prejudice: Modeling both contact and threat effects. *Journal of Ethnic and Migration Studies,* **36,** 635–650.

Petty, R. E., Barden, J., & Wheeler, S. C. (2009). The Elaboration Likelihood Model of persuasion: Developing health promotions for sustained behavioral change. In R. J. DiClemente, R. A. Crosby, & M. C. Kegler (Eds.), *Emerging theories in health promotion practice and research,* 2nd ed. San Francisco: Jossey-Bass.

Petty, R. E., & Briñol, P. (2008). Persuasion: From single to multiple to metacognitive processes. *Perspectives on Psychological Science,* **3,** 137–147.

Petty, R. E., & Cacioppo, J. T. (1979). Effects of forewarning of persuasive intent and involvement on cognitive response and persuasion. *Personality and Social Psychology Bulletin,* **5,** 173–176.

Petty, R. E., & Cacioppo, J. T. (1986). *Communication and persuasion: Central and peripheral routes to attitude change.* New York: Springer-Verlag.

Petty, R. E., Cacioppo, J. T., & Goldman, R. (1981). Personal involvement as a determinant of argument-based persuasion. *Journal of Personality and Social Psychology,* **41,** 847–855.

Petty, R. E., Haugtvedt, C. P., & Smith, S. M. (1995). Elaboration as a determinant of attitude strength: Creating attitudes that are persistent, resistant, and predictive of behavior. In R. E. Petty & J. A. Krosnick (Eds.), *Attitude strength: Antecedents and consequences.* Hillsdale, NJ: Erlbaum.

Petty, R. E., Schumann, D. W., Richman, S. A., & Strathman, A. J. (1993). Positive mood and persuasion: Different roles for affect under high and low elaboration conditions. *Journal of Personality and Social Psychology,* **64,** 5–20.

Petty, R. E., & Wegener, D. T. (1998). Attitude change: Multiple roles for persuasion variables. In D. Gilbert, S. Fiske, & G. Lindzey (Eds.), *Handbook of social psychology,* 4th edition. New York: McGraw-Hill.

Pew Research Center. (2000, May 10). *Tracking online life: How women use the Internet to cultivate relationships with family and friends.* Washington, DC: Pew Internet and American Life Project.

Pew Research Center. (2003). *Views of a changing world 2003. The Pew Global Attitudes Project.* Washington, DC: Pew

Research Center for the People and the Press (people-press.org/reports/pdf/185.pdf).
Pew Research Center. (2006, February 13). *Not looking for love: Romance in America.* Pew Internet and American Life Project (pewresearch.org).
Pew Research Center. (2006, March 14). *Guess who's coming to dinner.* Pew Research Center (pewresearch.org).
Pew Research Center. (2006, March 30). *America's immigration quandary.* Pew Research Center (www.peoplepress.org).
Pew Research Center. (2006, July 12). *Little consensus on global warming: Partisanship drives opinion.* Pew Research Center (people-press.org).
Pew Research Center. (2006, September 21). *Publics of Asian powers hold negative views of one another.* Pew Global Attitudes Project Report, Pew Research Center (pewresearch.org).
Pew Research Center. (2007a, May 22). *Muslim Americans: Middle class and mostly mainstream.* Pew Research Center (www.pewresearch.org).
Pew Research Center. (2007b, July 18). *Modern marriage: "I like hugs. I like kisses. But what I really love is help with the dishes."* Pew Research Center (pewresearch.org).
Pew Research Center. (2008). *Video Gamers Galore.* Retrieved from pewresearch.org/databank/dailynumber/?NumberID=787, June 5, 2009.
Pew Research Center. (2010a, February 4). *Almost all millennials accept interracial dating and marriage.* Pew Research Center (pewresearch.org).
Pew Research Center. (2010b, June 4). *Marrying out: One-in-seven new U.S. marriages is interracial or interethnic.* Pew Research Center (pewresearch.org).
Pew Research Center. (2010c, July 10). *Gender equality universally embraced, but inequalities acknowledged.* Pew Research Center (www.pewresearch.org).
Pew Research Center. (2010d, August 19). *Growing number of Americans say Obama is a Muslim.* Pew Research Center (www.pewresearch.org).
Pew Research Center. (2011, January 27). *The future of the global Muslim population: Projections for 2010–2030.* www.pewforum.org.
Pew Research Center. (2011, July 21). *Muslim-Western tensions persist: Common concerns about Islamic extremism.* Pew Global Attitudes Project (www.pewresearch.org).
Pew Research Center. (2011, December 1). *Modest rise in number saying there is "solid evidence" of global warming.* www.pewresearch.org.
Phelan, J. E., & Rudman, L. A. (2010). Reactions to ethnic deviance: The role of backlash in racial stereotype maintenance. *Journal of Personality and Social Psychology,* **99,** 265–281.
Phillips, A. L. (2011). A walk in the woods. *American Scientist,* **69,** 301–302.
Phillips, D. L. (2003, September 20). Listening to the wrong Iraqi. *New York Times* (www.nytimes.com).
Phillips, D. P. (1982). The impact of fictional television stories on U.S. adult fatalities: New evidence on the effect of the mass media on violence. *American Journal of Sociology,* **87,** 1340–1359.
Phillips, D. P. (1985). Natural experiments on the effects of mass media violence on fatal aggression: Strengths and weaknesses of a new approach. In L. Berkowitz (Ed.), *Advances in experimental social psychology* (Vol. 19). Orlando, Fla.: Academic Press.
Phillips, D. P., Carstensen, L. L., & Paight, D. J. (1989). Effects of mass media news stories on suicide, with new evidence on the role of story content. In D. R. Pfeffer (Ed.), *Suicide among youth: Perspectives on risk and prevention.* Washington, DC: American Psychiatric Press.
Phillips, T. (2004, April 3). Quoted by T. Baldwin & D. Rozenberg, "Britain 'must scrap multiculturalism.'" *The Times,* p. A1.
Phinney, J. S. (1990). Ethnic identity in adolescents and adults: Review of research. *Psychological Bulletin,* **108,** 499–514.
Pichon, I., Boccato, G., & Saroglou, V. (2007). Nonconscious influences of religion on prosociality: A priming study. *European Journal of Social Psychology,* **37,** 1032–1045.
Pickett, K., & Wilkinson, R. (2011). *The spirit level: Why greater equality makes societies stronger.* New York: Bloomsbury.
Pierce, J. P., & Gilpin, E. A. (1995). A historical analysis of tobacco marketing and the uptake of smoking by youth in the United States: 1890–1977. *Health Psychology,* **14,** 500–508.
Pierce, J. P., Lee, L., & Gilpin, E. A. (1994). Smoking initiation by adolescent girls, 1944 through 1988. *Journal of the American Medical Association,* **27,** 608–611.
Piff, P. K., Kraus, M. W., Côté, S., Cheng, B. H., & Keltner, D. (2010). Having less, giving more: The influence of social class on prosocial behavior. *Journal of Personality and Social Psychology,* **99,** 771–784.
Piliavin, J. A. (2003). Doing well by doing good: Benefits for the benefactor. In C. L. M. Keyes & J. Haidt (Eds.), *Flourishing: Positive psychology and the life well-lived.* Washington, DC: American Psychological Association.
Piliavin, J. A., Evans, D. E., & Callero, P. (1982). Learning to "Give to unnamed strangers": The process of commitment to regular blood donation. In E. Staub, D. Bar-Tal, J. Karylowski, & J. Reykawski (Eds.), *The development and maintenance of prosocial behavior: International perspectives.* New York: Plenum.
Piliavin, J. A., & Piliavin, I. M. (1973). *The Good Samaritan: Why does he help?* Unpublished manuscript, University of Wisconsin.
Pincus, J. H. (2001). *Base instincts: What makes killers kill?* New York: Norton.
Pinel, E. C. (1999). Stigma consciousness: The psychological legacy of social stereotypes. *Journal of Personality and Social Psychology,* **76,** 114–128.
Pinel, E. C. (2002). Stigma consciousness in intergroup contexts: The power of conviction. *Journal of Experimental Social Psychology,* **38,** 178–185.
Pinel, E. C. (2004). You're just saying that because I'm a woman: Stigma consciousness and attributions to discrimination. *Self and Identity,* **3,** 39–51.
Pingitore, R., Dugoni, B. L., Tindale, R. S., & Spring, B. (1994). Bias against overweight job applicants in a simulated employment interview. *Journal of Applied Psychology,* **79,** 909–917.
Pinker, S. (1997). *How the mind works.* New York: Norton.
Pinker, S. (2002). *The blank slate.* New York: Viking.
Pinker, S. (2008). *The sexual paradox: Men, women, and the real gender gap.* New York: Scribner.
Pinker, S. (2011, September 27). A history of violence. *The Edge* (www.edge.org).
Pipher, M. (2002). *The middle of everywhere: The world's refugees come to our town.* Harcourt.
Place, S. S., Todd, P. M., Penke, L., & Asendorpf, J. B. (2009). The ability to judge the romantic interest of others. *Psychological Science,* **20,** 22–26.
Plaks, J. E., & Higgins, E. T. (2000). Pragmatic use of stereotyping in teamwork: Social loafing and compensation as a function of inferred partner-situation fit. *Journal of Personality and Social Psychology,* **79,** 962–974.
Plant, E. A., Devine, P. G., & Peruche, M. B. (2010). Routes to positive interracial interactions: Approaching egalitarianism or avoiding prejudice. *Personality and Social Psychology Bulletin,* **36,** 1135–1147.
Plant, E. A., Goplen, J., & Kunstman, J. W. (2011). Selective responses to threat: The roles of race and gender in decisions to shoot. *Personality and Social Psychology,* **37,** 1274–1281.
Platek, S. M., & Singh, D. (2010). Optimal waist-to-hip ratios in women activate neural reward centers in men. *PLoS One,* **5**(2), e9042.
Platow, M. J., Haslam, S. A., Both, A., Chew, I., Cuddon, M., Goharpey, N., Måurer, J., Rosini, S.,

Tsekouras, A., & Grace, D. M. (2004). "It's not funny if *they're* laughing": Self-categorization, social influence, and responses to canned laughter. *Journal of Experimental Social Psychology*, **41**, 542–550.

Plaut, V. C., Adams, G., & Anderson, S. L. (2009). Does attractiveness buy happiness? "It depends on where you're from." *Personal Relationships*, **16**, 619–630.

Plaut, V. C., Markus, H. R., & Lachman, M. E. (2002). Place matters: Consensual features and regional variation in American wellbeing and self. *Journal of Personality and Social Psychology*, **83**, 160–184.

Pliner, P., Hart, H., Kohl, J., & Saari, D. (1974). Compliance without pressure: Some further data on the foot-in-the-door technique. *Journal of Experimental Social Psychology*, **10**, 17–22.

Plomin, R., & Daniels, D. (1987). Why are children in the same family so different from one another? *Behavioral and Brain Sciences*, **10**, 1–60.

Polk, M., & Schuster, A. M. H. (2005). *The looting of the Iraq museum, Baghdad: The lost legacy of ancient Mesopotamia.* New York: Harry N. Abrams.

Pomazal, R. J., & Clore, G. L. (1973). Helping on the highway: The effects of dependency and sex. *Journal of Applied Social Psychology*, **3**, 150–164.

Poniewozik, J. (2003, November 24). All the news that fits your reality. *Time*, p. 90.

Pooley, E. (2007, May 28). The last temptation of Al Gore. *Time*, pp. 31–37.

Popenoe, D. (2002). *The top ten myths of divorce.* Unpublished manuscript, National Marriage Project, Rutgers University.

Pornpitakpan, C. (2004). The persuasiveness of source credibility: A critical review of five decades' evidence. *Journal of Applied Social* Psychology, **34**, 243–281.

Post, J. M. (2005). The new face of terrorism: Socio-cultural foundations of contemporary terrorism. *Behavioral Sciences and the Law*, **23**, 451–465.

Postmes, T., & Spears, R. (1998). Deindividuation and antinormative behavior: A meta-analysis. *Psychological Bulletin*, **123**, 238–259.

Postmes, T., Spears, R., & Cihangir, S. (2001). Quality of decision making and group norms. *Journal of Personality and Social Psychology*, **80**, 918–930.

Pratkanis, A. R., Greenwald, A. G., Leippe, M. R., & Baumgardner, M. H. (1988). In search of reliable persuasion effects: III. The sleeper effect is dead. Long live the sleeper effect. *Journal of Personality and Social Psychology*, **54**, 203–218.

Pratkanis, A. R., & Turner, M. E. (1994a). The year cool Papa Bell lost the batting title: Mr. Branch Rickey and Mr. Jackie Robinson's plea for affirmative action. *Nine: A Journal of Baseball History and Social Policy Perspectives*, **2**, 260–276.

Pratkanis, A. R., & Turner, M. E. (1994b). Nine principles of successful affirmative action: Mr. Branch Rickey, Mr. Jackie Robinson, and the integration of baseball. *Nine: A Journal of Baseball History and Social Policy Perspectives*, **3**, 36–65.

Pratkanis, A. R., & Turner, M. E. (1996). The proactive removal of discriminatory barriers: Affirmative action as effective help. *Journal of Social Issues*, **52**, 111–132.

Pratt, M. W., Pancer, M., Hunsberger, B., & Manchester, J. (1990). Reasoning about the self and relationships in maturity: An integrative complexity analysis of individual differences. *Journal of Personality and Social Psychology*, **59**, 575–581.

Pratto, F. (1996). Sexual politics: The gender gap in the bedroom, the cupboard, and the cabinet. In D. M. Buss & N. M. Malamuth (Eds.), *Sex, power, conflict: Evolutionary and feminist perspectives.* New York: Oxford University Press.

Pratto, F., Sidanius, J., Stallworth, L. M., & Malle, B. F. (1994). Social dominance orientation: A personality variable predicting social and political attitudes. *Journal of Personality and Social Psychology*, **67**, 741–763.

Pratto, F., Stallworth, L. M., & Sidanius, J. (1997). The gender gap: Differences in political attitudes and social dominance orientation. *British Journal of Social Psychology*, **36**, 49–68.

Prentice-Dunn, S., & Rogers, R. W. (1980). Effects of deindividuating situational cues and aggressive models on subjective deindividuation and aggression. *Journal of Personality and Social Psychology*, **39**, 104–113.

Prentice-Dunn, S., & Rogers, R. W. (1989). Deindividuation and the self-regulation of behavior. In P. B. Paulus (Ed.), *Psychology of group influence*, 2nd edition. Hillsdale, NJ: Erlbaum.

Prentice, D. A., & Carranza, E. (2002). What women and men should be, shouldn't be, are allowed to be, and don't have to be: The contents of prescriptive gender stereotypes. *Psychology of Women Quarterly*, **26**, 269–281.

Presson, P. K., & Benassi, V. A. (1996). Illusion of control: A meta-analytic review. *Journal of Social Behavior and Personality*, **11**, 493–510.

Preston, J. (2002, November 14). Threats and responses: Baghdad. Iraq tells the U.N. arms inspections will be permitted. *New York Times* (www.nytimes.com).

Price, G. H., Dabbs, J. M., Jr., Clower, B. J., & Resin, R. P. (1974). *At first glance—Or, is physical attractiveness more than skin deep?* Paper presented at the Eastern Psychological Association convention. Cited by K. L. Dion & K. K. Dion (1979). Personality and behavioral correlates of romantic love. In M. Cook & G. Wilson (Eds.), *Love and attraction.* Oxford: Pergamon.

Pritchard, I. L. (1998). The effects of rap music on aggressive attitudes toward women. Master's thesis, Humboldt State University.

Prohaska, V. (1994). "I know I'll get an A": Confident overestimation of final course grades. *Teaching of Psychology*, **21**, 141–143.

Pronin, E. (2008). How we see ourselves and how we see others. *Science*, **320**, 1177–1180.

Pronin, E., Berger, J., & Molouki, S. (2007). Alone in a crowd of sheep: Asymmetric perceptions of conformity and their roots in an introspection illusion. *Journal of Personality and Social Psychology*, **92**, 585–595.

Pronin, E., Lin, D. Y., & Ross, L. (2002). The bias blind spot: Perceptions of bias in self versus others. *Personality and Social Psychology Bulletin*, **28**, 369–381.

Pronin, E., & Ross, L. (2006). Temporal differences in trait self-ascription: When the self is seen as an other. *Journal of Personality and Social Psychology*, **90**, 197–209.

Prothrow-Stith, D. (with M. Wiessman) (1991). *Deadly consequences.* New York: HarperCollins.

Provencher, B., & Klos, M. (2010, November 17). Using social nudges to reduce energy demand: evidence for the long term. Conference on Behavior, Energy, and Climate Change (BECC), Sacramento, CA.

Provine, R. R. (2005). Yawning. *American Scientist*, **93**, 532–539.

Pruitt, D. G. (1986). Achieving integrative agreements in negotiation. In R. K. White (Ed.), *Psychology and the prevention of nuclear war.* New York: New York University Press.

Pruitt, D. G. (1998). Social conflict. In D. Gilbert, S. T. Fiske, & G. Lindzey (Eds.), *Handbook of social psychology*, 4th edition. New York: McGraw-Hill.

Pruitt, D. G., & Kimmel, M. J. (1977). Twenty years of experimental gaming: Critique, synthesis, and suggestions for the future. *Annual Review of Psychology*, **28**, 363–392.

Pruitt, D. G., & Lewis, S. A. (1975). Development of integrative solutions in bilateral negotiation. *Journal of Personality and Social Psychology*, **31**, 621–633.

Pruitt, D. G., & Lewis, S. A. (1977). The psychology of integrative bargaining. In D. Druckman (Ed.), *Negotiations: A social-psychological analysis.* New York: Halsted.

Pryor, J. B., DeSouza, E. R., Fitness, J., Hutz, C., Kumpf, M., Lubbert, K., Pesonen, O., & Erber, M. W.

(1997). Gender differences in the interpretation of social-sexual behavior: A cross-cultural perspective on sexual harassment. *Journal of Cross-Cultural Psychology*, **28**, 509–534.

Pryor, J. H., Hurtado, S., DeAngelo, L., Blake, L. P., & Tran, S. (2010). *The American freshman: National norms fall 2010*. Los Angeles: Higher Education Research Institute, UCLA.

Pryor, J. H., Hurtado, S., Saenz, V. B., Lindholm, J. A., Korn, W. S., & Mahoney, K. M. (2005). *The American freshman: National norms for fall 2005*. Los Angeles: Higher Education Research Institute, UCLA.

Pryor, J. H., Hurtado, S., Sharkness, J., & Korn, W. S. (2007). *The American freshman: National norms for fall 2007*. Los Angeles: Higher Education Research Institute, UCLA.

Przybylski, A. K., Rigby, C. S., & Ryan, R. M. (2010). A motivational model of video game engagement. *Review of General Psychology*, **14**, 154–166.

Public Opinion. (1984, August/September). *Vanity Fair*, p. 22.

Puhl, R. M., & Heuer, C. A. (2009). The stigma of obesity: A review and update. *Obesity*, **17**, 941–964.

Puhl, R. M., & Heuer, C. A. (2010). Obesity stigma: Important considerations for public health. *American Journal of Public Health*, **100**, 1019–1028.

Purvis, J. A., Dabbs, J. M., Jr., & Hopper, C. H. (1984). The "opener": Skilled user of facial expression and speech pattern. *Personality and Social Psychology Bulletin*, **10**, 61–66.

Putnam, R. (2000). *Bowling alone*. New York: Simon & Schuster.

Putnam, R. (2006, July 3). You gotta have friends: A study finds that Americans are getting lonelier. *Time*, p. 36.

Pyszczynski, T., Abdollahi, A., Solomon, S., Greenberg, J., Cohen, F., & Weise, D. (2006). Mortality salience, martyrdom, and military might: The great Satan versus the axis of evil. *Personality and Social Psychology Bulletin*, **32**, 525–537.

Pyszczynski, T., & Greenberg, J. (1987). Self-regulatory perseveration and the depressive self-focusing style: A self-awareness theory of reactive depression. *Psychological Bulletin*, **102**, 122–138.

Pyszczynski, T., Hamilton, J. C., Greenberg, J., & Becker, S. E. (1991). Self-awareness and psychological dysfunction. In C. R. Snyder & D. O. Forsyth (Eds.), *Handbook of social and clinical psychology: The health perspective*. New York: Pergamon.

Qirko, H. N. (2004). "Fictive kin" and suicide terrorism. *Science*, **304**, 49–50.

Quartz, S. R., & Sejnowski, T. J. (2002). *Liars, lovers, and heroes: What the new brain science reveals about how we become who we are*. New York: Morrow.

Quoidbach, J., & Dunn, E. W. (2010). Personality neglect: The unforeseen impact of personal dispositions on emotional life. *Psychological Science*, **21**, 1783–1786.

Quoidbach, J., Dunn, E., Petrides, K., & Mikolajczak, M. (2010). Money giveth, money taketh away: The dual effect of wealth on happiness. *Psychological Science*, **21**, 759–763.

Radelet, M. L., & Pierce, G. L. (2011). Race and death sentencing in North Carolina, 1980–2007. *North Carolina Law Review*, **89**, 2119–2159.

Raine, A. (1993). *The psychopathology of crime: Criminal behavior as a clinical disorder*. San Diego, CA: Academic Press.

Raine, A. (2005). The interaction of biological and social measures in the explanation of antisocial and violent behavior. In D. M. Stoff & E. J. Susman (Eds.), *Developmental psychobiology of aggression*. New York: Cambridge University Press.

Raine, A. (2008). From genes to brain to antisocial behavior. *Current Directions in Psychological Science*, **17**, 323–328.

Raine, A., Lencz, T., Bihrle, S., LaCasse, L., & Colletti, P. (2000). Reduced prefrontal gray matter volume and reduced autonomic activity in antisocial personality disorder. *Archives of General Psychiatry*, **57**, 119–127.

Raine, A., Stoddard, J., Bihrle, S., & Buchsbaum, M. (1998). Prefrontal glucose deficits in murderers lacking psychosocial deprivation. *Neuropsychiatry, Neuropsychology, & Behavioral Neurology*, **11**, 1–7.

Rajagopal, P., Raju, S., & Unnava, H. R. (2006). Differences in the cognitive accessibility of action and inaction regrets. *Journal of Experimental Social Psychology*, **42**, 302–313.

Rajecki, D. W., Bledsoe, S. B., & Rasmussen, J. L. (1991). Successful personal ads: Gender differences and similarities in offers, stipulations, and outcomes. *Basic and Applied Social Psychology*, **12**, 457–469.

Ramirez, J. M., Bonniot-Cabanac, M-C., & Cabanac, M. (2005). Can aggression provide pleasure? *European Psychologist*, **10**, 136–145.

Randler, C., & Kretz, S. (2011). Assortative mating in morningness-eveningness. *International Journal of Psychology*, **46**, 91–96.

Rank, S. G., & Jacobson, C. K. (1977). Hospital nurses' compliance with medication overdose orders: A failure to replicate. *Journal of Health and Social Behavior*, **18**, 188–193.

Rapoport, A. (1960). *Fights, games, and debates*. Ann Arbor: University of Michigan Press.

Rappoport, L., & Kren, G. (1993). Amoral rescuers: The ambiguities of altruism. *Creativity Research Journal*, **6**, 129–136.

Rawls, J. (1971). *A theory of justice*. Cambridge, MA: Belknap Press of Harvard University Press.

Rawn, C. D., & Vohs, K. D. (2011). People use self-control to risk personal harm: An intra-interpersonal dilemma. *Personality and Social Psychology Review*, **15**, 267–289.

Ray, D. G., Mackie, D. M., Rydell, R. J., & Smith, E. R. (2008). Changing categorization of self can change emotions about outgroups. *Journal of Experimental Social Psychology*, **44**, 1210–1213.

Reardon, S. (2011). Antismoking drive tries cigarettes ads, in reverse. *Science*, **333**, 33–34.

Reed, D. (1989, November 25). Video collection documents Christian resistance to Hitler. Associated Press release in *Grand Rapids Press*, pp. B4, B5.

Regan, D. T., & Cheng, J. B. (1973). Distraction and attitude change: A resolution. *Journal of Experimental Social Psychology*, **9**, 138–147.

Regan, D. T., & Fazio, R. (1977). On the consistency between attitudes and behavior: Look to the method of attitude formation. *Journal of Experimental Social Psychology*, **13**, 28–45.

Regan, P. C. (1998). What if you can't get what you want? Willingness to compromise ideal mate selection standards as a function of sex, mate value, and relationship context. *Personality and Social Psychology Bulletin*, **24**, 1294–1303.

Reicher, S., Spears, R., & Postmes, T. (1995). A social identity model of deindividuation phenomena. In W. Storebe & M. Hewstone (Eds.), *European review of social psychology* (Vol. 6). Chichester, UK: Wiley.

Reid, P., & Finchilescu, G. (1995). The disempowering effects of media violence against women on college women. *Psychology of Women Quarterly*, **19**, 397–411.

Reijntjes, A., Thomaes, S., Kamphuis, J. H., Bushman, B. J., de Castro, B. O., & Telch, M. J. (2011). Explaining the paradoxical rejection–aggression link: The mediating effects of hostile intent attributions, anger, and decreases in state self-esteem on peer rejection-induced aggression on youth. *Personality and Social Psychology Bulletin*, **37**, 955–963.

Reiner, W. G., & Gearhart, J. P. (2004). Discordant sexual identity in some genetic males with cloacal exstrophy assigned to female sex at birth. *New England Journal of Medicine,* **350,** 333–341.

Reis, H. T., & Aron, A. (2008). Love: Why is it, why does it matter, and how does it operate? *Perspectives on Psychological Science,* **3,** 80–86.

Reis, H. T., Maniaci, M. R., Caprariello, P. A., Eastwick, P. W., & Finkel, E. J. (2011). Familiarity does indeed promote attraction in live interaction. *Journal of Personality and Social Psychology,* **101,** 557–570.

Reis, H. T., Nezlek, J., & Wheeler, L. (1980). Physical attractiveness in social interaction. *Journal of Personality and Social Psychology,* **38,** 604–617.

Reis, H. T., & Shaver, P. (1988). Intimacy as an interpersonal process. In S. Duck (Ed.), *Handbook of personal relationships: Theory, relationships and interventions.* Chichester, UK: Wiley.

Reis, H. T., Smith, S. M., Carmichael, C. L., Caprariello, P. A., Tsa, F.-F., Rodrigues, A., & Maniaci, M. R. (2010). Are you happy for me? How sharing positive events with others provides personal and interpersonal benefits. *Journal of Personality and Social Psychology,* **99,** 311–329.

Reis, H. T., Wheeler, L., Spiegel, N., Kernis, M. H., Nezlek, J., & Perri, M. (1982). Physical attractiveness in social interaction: II. Why does appearance affect social experience? *Journal of Personality and Social Psychology,* **43,** 979–996.

Reisenzein, R. (1983). The Schachter theory of emotion: Two decades later. *Psychological Bulletin,* **94,** 239–264.

Reitzes, D. C. (1953). The role of organizational structures: Union versus neighborhood in a tension situation. *Journal of Social Issues,* **9**(1), 37–44.

Remley, A. (1988, October). From obedience to independence. *Psychology Today,* pp. 56–59.

Renaud, H., & Estess, F. (1961). Life history interviews with one hundred normal American males: "Pathogenecity" of childhood. *American Journal of Orthopsychiatry,* **31,** 786–802.

Ressler, R. K., Burgess, A. W., & Douglas, J. E. (1988). *Sexual homicide patterns.* Boston: Lexington Books.

Reynolds, J., Stewart, M., MacDonald, R., & Sischo, L. (2006). Have adolescents become too ambitious? High school seniors' educational and occupational plans, 1976 to 2000. *Social Problems,* **53,** 186–206.

Rhine, R. J., & Severance, L. J. (1970). Ego-involvement, discrepancy, source credibility, and attitude change. *Journal of Personality and Social Psychology,* **16,** 175–190.

Rhodes, G. (2006). The evolutionary psychology of facial beauty. *Annual Review of Psychology,* **57,** 199–226.

Rhodes, G., Sumich, A., & Byatt, G. (1999). Are average facial configurations attractive only because of their symmetry? *Psychological Science,* **10,** 52–58.

Rhodewalt, F. (1987). Is self-handicapping an effective self-protective attributional strategy? Paper presented at the American Psychological Association convention.

Rhodewalt, F., & Agustsdottir, S. (1986). Effects of self-presentation on the phenomenal self. *Journal of Personality and Social Psychology,* **50,** 47–55.

Rhodewalt, F., Saltzman, A. T., & Wittmer J. (1984). Self-handicapping among competitive athletes: The role of practice in self-esteem protection. *Basic and Applied Social Psychology,* **5,** 197–209.

Rholes, W. S., Newman, L. S., & Ruble, D. N. (1990). Understanding self and other: Developmental and motivational aspects of perceiving persons in terms of invariant dispositions. In E. T. Higgins & R. M. Sorrentino (Eds.), *Handbook of motivation and cognition: Foundations of social behavior* (Vol. 2). New York: Guilford.

Rice, B. (1985, September). Performance review: The job nobody likes. *Psychology Today,* pp. 30–36.

Rice, M. E., & Grusec, J. E. (1975). Saying and doing: Effects on observer performance. *Journal of Personality and Social Psychology,* **32,** 584–593.

Richards, Z., & Hewstone, M. (2001). Subtyping and subgrouping: Processes for the prevention and promotion of stereotype change. *Personality and Social Psychology Review,* **5,** 52–73.

Richardson, D. S. (2005). The myth of female passivity: Thirty years of revelations about female aggression. *Psychology of Women Quarterly,* **29,** 238–247.

Richardson, J. D., Huddy, W. P., & Morgan, S. M. (2008). The hostile media effect, biased assimilation, and perceptions of a presidential debate. *Journal of Applied Social Psychology,* **38,** 1255–1270.

Richardson, L. F. (1960). Generalized foreign policy. *British Journal of Psychology Monographs Supplements,* 23. Cited by A. Rapoport in *Fights, games, and debates* (p. 15). Ann Arbor: University of Michigan Press.

Richeson, J. A., & Shelton, J. N. (2012). Stereotype threat in interracial interactions. In M. Inzlicht & T. Schmader (eds.), *Stereotype threat: Theory, process, and application,* pp. 231–245. New York, NY, US: Oxford University Press.

Richeson, J. A., & Trawalter, S. (2008). The threat of appearing prejudiced, and race-based attentional biases. *Psychological Science,* **19,** 98–102.

Richtel, M. (2007, June 2). For pornographers, Internet's virtues turn to vices. *New York Times* (www.nytimes.com).

Ridge, R. D., & Reber, J. S. (2002). "I think she's attracted to me": The effect of men's beliefs on women's behavior in a job interview scenario. *Basic and Applied Social Psychology,* **24,** 1–14.

Riess, M., Rosenfeld, P., Melburg, V., & Tedeschi, J. T. (1981). Self-serving attributions: Biased private perceptions and distorted public descriptions. *Journal of Personality and Social Psychology,* **41,** 224–231.

Rietzschel, E. F., Nijstad, B. A., & Stroebe, W. (2006). Productivity is not enough: A comparison of interactive and nominal brainstorming groups on idea generation and selection. *Journal of Experimental Social Psychology,* **42,** 244–251.

Riggs, J. M. (1992). Self-handicapping and achievement. In A. K. Boggiano & T. S. Pittman (Eds.), *Achievement and motivation: A social-developmental perspective.* New York: Cambridge University Press.

Riordan, C. A. (1980). *Effects of admission of influence on attributions and attraction.* Paper presented at the American Psychological Association convention.

Risen, J. L., & Critcher, C. R. (2011). Visceral fit: While in a visceral state, associated states of the world seem more likely. *Journal of Personality and Social Psychology,* **100,** 777–793.

Risen, J. L., Gilovich, T., & Dunning, D. (2007). One-shot illusory correlations and stereotype formation. *Personality and Social Psychology Bulletin,* **33,** 1492–1502.

Riva, P., Wirth, J. H., & Williams, K. D. (2011). The consequences of pain: The social and physical overlap on psychological responses. *European Journal of Social Psychology,* **41,** 681–687.

Robberson, M. R., & Rogers, R. W. (1988). Beyond fear appeals: Negative and positive persuasive appeals to health and self-esteem. *Journal of Applied Social Psychology,* **18,** 277–287.

Robertson, I. (1987). *Sociology.* New York: Worth Publishers.

Robins, L., & Regier, D. (Eds.). (1991). *Psychiatric disorders in America.* New York: Free Press.

Robins, R. W., & Beer, J. S. (2001). Positive illusions about the self: Short-term benefits and long-term costs. *Journal of Personality and Social Psychology,* **80,** 340–352.

Robins, R. W., Mendelsohn, G. A., Connell, J. B., & Kwan, V. S. Y. (2004). Do people agree about the causes of behavior? A social relations analysis of behavior ratings and causal attributions. *Journal of Personality and Social Psychology*, **86**, 334–344.

Robinson, J. P., & Martin, S. (2009). Changes in American daily life: 1965–2005. *Social Indicators Research*, **93**, 47–56.

Robinson, M. D., & Ryff, C. D. (1999). The role of self-deception in perceptions of past, present, and future happiness. *Personality and Social Psychology Bulletin*, **25**, 595–606.

Robinson, M. S., & Alloy, L. B. (2003). Negative cognitive styles and stress-reactive rumination interact to predict depression: A prospective study. *Cognitive Therapy and Research*, **27**, 275–291.

Robinson, T. N., Wilde, M. L., Navracruz, L. C., Haydel, F., & Varady, A. (2001). Effects of reducing children's television and video game use on aggressive behavior. *Archives of Pediatric and Adolescent Medicine*, **155**, 17–23.

Rochat, F. (1993). How did they resist authority? Protecting refugees in Le Chambon during World War II. Paper presented at the American Psychological Association convention.

Rochat, F., & Modigliani, A. (1995). The ordinary quality of resistance: From Milgram's laboratory to the village of Le Chambon. *Journal of Social Issues*, **51**, 195–210.

Roehling, M. V. (2000). Weight-based discrimination in employment: psychological and legal aspects. *Personnel Psychology*, **52**, 969–1016.

Roehling, P. V., Roehling, M. V., Johnston, A., Brennan, A., & Drew, A. (2010). Weighty decisions: The effect of weight bias on the selection and election of U.S. political candidates. Unpublished manuscript, Hope College.

Roehling, M. V., Roehling, P. V., & Odland, I. M. (2008). Investigating the validity of stereotypes about overweight employees. *Group and Organization Management*, **23**, 392–424.

Roehling, M. V., Roehling, P. V., & Pichler, S. (2007). The relationship between body weight and perceived weight-related employment discrimination: The role of sex and race. *Journal of Vocational Behavior*, **71**, 300–318.

Roehling, P. V., Roehling, M. V., Vandlen, J. D., Blazek, J., & Guy, W. C. (2009). Weight discrimination and the glass ceiling effect among top U.S. male and female CEOs. *Equal Opportunities International*, **28**, 179–196.

Roese, N. J., & Hur, T. (1997). Affective determinants of counterfactual thinking. *Social Cognition*, **15**, 274–290.

Roese, N. L., & Olson, J. M. (1994). Attitude importance as a function of repeated attitude expression. *Journal of Experimental Social Psychology*, **66**, 805–818.

Roger, L. H., Cortes, D. E., & Malgady, R. B. (1991). Acculturation and mental health status among Hispanics: Convergence and new directions for research. *American Psychologist*, **46**, 585–597.

Rogers, C. R. (1980). *A way of being*. Boston: Houghton Mifflin.

Rogers, C. R. (1985, February). Quoted by Michael A. Wallach and Lise Wallach in "How psychology sanctions the cult of the self." *Washington Monthly*, pp. 46–56.

Rogers, R. W., & Prentice-Dunn, S. (1981). Deindividuation and anger-mediated interracial aggression: Unmasking regressive racism. *Journal of Personality and Social Psychology*, **41**, 63–73.

Rohrer, J. H., Baron, S. H., Hoffman, E. L., & Swander, D. V. (1954). The stability of autokinetic judgments. *Journal of Abnormal and Social Psychology*, **49**, 595–597.

Rokeach, M. (1968). *Beliefs, attitudes, and values*. San Francisco: Jossey-Bass.

Rokeach, M., & Mezei, L. (1966). Race and shared beliefs as factors in social choice. *Science*, **151**, 167–172.

Romer, D., Gruder, D. L., & Lizzadro, T. (1986). A person-situation approach to altruistic behavior. *Journal of Personality and Social Psychology*, **51**, 1001–1012.

Roney, J. R. (2003). Effects of visual exposure to the opposite sex: Cognitive aspects of mate attraction in human males. *Personality and Social Psychology Bulletin*, **29**, 393–404.

Rook, K. S. (1984). Promoting social bonding: Strategies for helping the lonely and socially isolated. *American Psychologist*, **39**, 1389–1407.

Rook, K. S. (1987). Social support versus companionship: Effects on life stress, loneliness, and evaluations by others. *Journal of Personality and Social Psychology*, **52**, 1132–1147.

Rooth, D-O. (2007). Implicit discrimination in hiring: Real-world evidence. IZA Discussion Paper No. 2764, University of Kalmar, Institute for the Study of Labor (IZA).

Rose, A. J., & Rudolph, K. D. (2006). A review of sex differences in peer relationship processes: Potential trade-offs for the emotional and behavioral development of girls and boys. *Psychological Bulletin*, **132**, 98–131.

Rosenbaum, M. E. (1986). The repulsion hypothesis: On the nondevelopment of relationships. *Journal of Personality and Social Psychology*, **51**, 1156–1166.

Rosenbaum, M. E., & Holtz, R. (1985). The minimal intergroup discrimination effect: Out-group derogation, not in-group favorability. Paper presented at the American Psychological Association convention.

Rosenberg, L. A. (1961). Group size, prior experience and conformity. *Journal of Abnormal and Social Psychology*, **63**, 436–437.

Rosenblatt, A., & Greenberg, J. (1988). Depression and interpersonal attraction: The role of perceived similarity. *Journal of Personality and Social Psychology*, **55**, 112–119.

Rosenblatt, A., & Greenberg, J. (1991). Examining the world of the depressed: Do depressed people prefer others who are depressed? *Journal of Personality and Social Psychology*, **60**, 620–629.

Rosenbloom, S. (2008, January 3). Putting your best cyberface forward. *New York Times*, Style section.

Rosenbloom, T., Shahar, A., Perlman, A., Estreich, D., & Kirzner, E. (2007). Success on a practical driver's license test with and without the presence of another testee. *Accident Analysis and Prevention*, **39**, 1296–1301.

Rosenfeld, D., Folger, R., & Adelman, H. F. (1980). When rewards reflect competence: A qualification of the overjustification effect. *Journal of Personality and Social Psychology*, **39**, 368–376.

Rosenhan, D. L. (1970). The natural socialization of altruistic autonomy. In J. Macaulay & L. Berkowitz (Eds.), *Altruism and helping behavior*. New York: Academic Press.

Rosenhan, D. L. (1973). On being sane in insane places. *Science*, **179**, 250–258.

Rosenthal, D. A., & Feldman, S. S. (1992). The nature and stability of ethnic identity in Chinese youth: Effects of length of residence in two cultural contexts. *Journal of Cross-Cultural Psychology*, **23**, 214–227.

Rosenthal, E. (2008, July 15). Britons shine a light on energy use at home. *New York Times* (www.nytimes.com).

Rosenthal, E. (2010, May 24). Climate fears turn to doubts among Britons. *New York Times* (www.nytimes.com).

Rosenthal, E. (2011a, June 26). Europe stifles drivers in favor of alternatives. *New York Times* (www.nytimes.com).

Rosenthal, E. (2011b, August 10). In auto test in Europe, meter ticks off miles, and fee to driver. *New York Times* (www.nytimes.com).

Rosenthal, E. (2011c, October 15). Where did global warming go? *New York Times* (www.nytimes.com).

Rosenthal, R. (1985). From unconscious experimenter bias to teacher expectancy effects. In J. B. Dusek, V. C. Hall, & W. J. Meyer

(Eds.), *Teacher expectancies.* Hillsdale, NJ: Erlbaum.

Rosenthal, R. (1991). Teacher expectancy effects: A brief update 25 years after the Pygmalion experiment. *Journal of Research in Education,* **1,** 3–12.

Rosenthal, R. (2002). Covert communication in classrooms, clinics, courtrooms, and cubicles. *American Psychologist,* **57,** 839–849.

Rosenthal, R. (2003). Covert communication in laboratories, classrooms, and the truly real world. *Current Directions in Psychological Science,* **12,** 151–154.

Rosenthal, R. (2006). Applying psychological research on interpersonal expectations and covert communication in classrooms, clinics, corporations, and courtrooms. In S. I. Donaldson, D. E. Berger, & K. Pezdek (Eds.), *Applied psychology: New frontiers and rewarding careers.* Mahwah, NJ: Erlbaum.

Rosenthal, R. (2008). Introduction, methods, results, discussion: The story of a career. In R. Levin, A. Rodriques, & L. Zelezny (Eds.), *Journeys in social psychology: Looking back to inspire the future.* New York: Psychology Press.

Rosenthal, R., & Jacobson, L. (1968). *Pygmalion in the classroom: Teacher expectation and pupils' intellectual development.* New York: Holt, Rinehart & Winston.

Rosenzweig, M. R. (1972). Cognitive dissonance. *American Psychologist,* **27,** 769.

Roseth, C. J., Johnson, D. W., & Johnson, R. T. (2008). Promoting early adolescents' achievement and peer relationships: The effects of cooperative, competitive, and individualistic goal structures. *Psychological Bulletin,* **134,** 223–246.

Ross, L. (1977). The intuitive psychologist and his shortcomings: Distortions in the attribution process. In L. Berkowitz (Ed.), *Advances in experimental social psychology* (Vol. 10). New York: Academic Press.

Ross, L. (1981). The "intuitive scientist" formulation and its developmental implications. In J. H. Havell & L. Ross (Eds.), *Social cognitive development: Frontiers and possible futures.* Cambridge, England: Cambridge University Press.

Ross, L. (1988). Situationist perspectives on the obedience experiments. Review of A. G. Miller's *The obedience experiments. Contemporary Psychology,* **33,** 101–104.

Ross, L., Amabile, T. M., & Steinmetz, J. L. (1977). Social roles, social control, and biases in social-perception processes. *Journal of Personality and Social Psychology,* **35,** 485–494.

Ross, L., & Anderson, C. A. (1982). Shortcomings in the attribution process: On the origins and maintenance of erroneous social assessments. In D. Kahneman, P. Slovic, & A. Tversky (Eds.), *Judgment under uncertainty: Heuristics and biases.* New York: Cambridge University Press.

Ross, L., & Ward, A. (1995). Psychological barriers to dispute resolution. In M. P. Zanna (Ed.), *Advances in experimental social psychology* (Vol. 27). San Diego: Academic Press.

Ross, M., & Fletcher, G. J. O. (1985). Attribution and social perception. In G. Lindzey & E. Aronson (Eds.), *The Handbook of Social Psychology,* 3rd edition. New York: Random House.

Ross, M., McFarland, C., & Fletcher, G. J. O. (1981). The effect of attitude on the recall of personal histories. *Journal of Personality and Social Psychology,* **40,** 627–634.

Ross, M., & Sicoly, F. (1979). Egocentric biases in availability and attribution. *Journal of Personality and Social Psychology,* **37,** 322–336.

Rossi, A. S., & Rossi, P. H. (1990). *Of human bonding: Parent-child relations across the life course.* Hawthorne, NY: Aldine de Gruyter.

Roszell, P., Kennedy, D., & Grabb, E. (1990). Physical attractiveness and income attainment among Canadians. *Journal of Psychology,* **123,** 547–559.

Rotenberg, K. J., Gruman, J. A., & Ariganello, M. (2002). Behavioral confirmation of the loneliness stereotype. *Basic and Applied Social Psychology,* **24,** 81–89.

Rothbart, M., & Birrell, P. (1977). Attitude and perception of faces. *Journal of Research Personality,* **11,** 209–215.

Rothbart, M., Fulero, S., Jensen, C., Howard, J., & Birrell, P. (1978). From individual to group impressions: Availability heuristics in stereotype formation. *Journal of Experimental Social Psychology,* **14,** 237–255.

Rothbart, M., & Taylor, M. (1992). Social categories and social reality. In G. R. Semin & K. Fielder (Eds.), *Language, interaction and social cognition.* London: Sage.

Rothblum, E. D. (2007). Same-sex couples in legalized relationships: I do, or do I? Unpublished manuscript, Women's Studies Department, San Diego State University.

Rothman, A. J., & Salovey, P. (1997). Shaping perceptions to motivate healthy behavior: The role of message framing. *Psychological Bulletin,* **121,** 3–19.

Rotter, J. (1973). Internal-external locus of control scale. In J. P. Robinson & R. P. Shaver (Eds.), *Measures of social psychological attitudes.* Ann Arbor, MI: Institute for Social Research.

Rotton, J., & Cohn, E. G. (2004). Outdoor temperature, climate control, and criminal assault: The spatial and temporal ecology of violence. *Environment and Behavior,* **36,** 276–306.

Rotton, J., & Frey, J. (1985). Air pollution, weather, and violent crimes: Concomitant time-series analysis of archival data. *Journal of Personality and Social Psychology,* **49,** 1207–1220.

Rotundo, M., Nguyen, D.-H., & Sackett, P. R. (2001). A meta-analytic review of gender differences in perceptions of sexual harassment. *Journal of Applied Psychology,* **86,** 914–922.

Rowe, D. C., Almeida, D. M., & Jacobson, K. C. (1999). School context and genetic influences on aggression in adolescence. *Psychological Science,* **10,** 277–280.

Rowe, D. C., Vazsonyi, A. T., & Flannery, D. J. (1994). No more than skin deep: Ethnic and racial similarity in developmental process. *Psychological Review,* **101,** 396–413.

Roy, M. M., Christenfeld, N. J. S., & McKenzie, C. R. M. (2005). Underestimating the duration of future events: Memory incorrectly used or memory bias? *Psychological Bulletin,* **131,** 738–756.

Royal Society (2010, September). *Climate change: A summary of the science.* London: The Royal Society.

Ruback, R. B., Carr, T. S., & Hoper, C. H. (1986). Perceived control in prison: Its relation to reported crowding, stress, and symptoms. *Journal of Applied Social Psychology,* **16,** 375–386.

Rubin, J. Z. (1986). Can we negotiate with terrorists: Some answers from psychology. Paper presented at the American Psychological Association convention.

Rubin, L. B. (1985). *Just friends: The role of friendship in our lives.* New York: Harper & Row.

Rubin, R. B. (1981). Ideal traits and terms of address for male and female college professors. *Journal of Personality and Social Psychology,* **41,** 966–974.

Rubin, Z. (1973). *Liking and loving: An invitation to social psychology.* New York: Holt, Rinehart & Winston.

Rudolph, U., Roesch, S. C., Greitenmeyer, T., & Weiner, B. (2004). A meta-analytic review of help-giving and aggression from an attributional perspective: Contributions to a general theory of motivation. *Cognition and Emotion,* **18,** 815–848.

Ruiter, R. A. C., Abraham, C., & Kok, G. (2001). Scary warnings and rational precautions: A review of the psychology of fear appeals. *Psychology and Health,* **16,** 613–630.

Ruiter, S., & De Graaf, N. D. (2006). National context, religiosity, and volunteering: Results from 53 countries. *American Sociological Review,* **71,** 191–210.

Rule, B. G., Taylor, B. R., & Dobbs, A. R. (1987). Priming effects of heat on aggressive thoughts. *Social Cognition,* **5,** 131–143.

Rule, N. O., Rosen, K. S., Slepian, M. L., & Ambady, N. (2011). Mating interest improves women's accuracy in judging male sexual orientation. *Psychological Science,* **22,** 881–886.

Rupp, H. A., & Wallen, K. (2008). Sex differences in response to visual sexual stimuli: A review. *Archives of Sexual Behavior,* **37,** 206–218.

Rusbult, C. E. (1980). Commitment and satisfaction in romantic associations: A test of the investment model. *Journal of Experimental Social Psychology,* **16,** 172–186.

Rusbult, C. E., Johnson, D. J., & Morrow, G. D. (1986). Impact of couple patterns of problem solving on distress and nondistress in dating relationships. *Journal of Personality and Social Psychology,* **50,** 744–753.

Rusbult, C. E., Martz, J. M., & Agnew, C. R. (1998). The investment model scale: Measuring commitment level, satisfaction level, quality of alternatives, and investment size. *Personal Relationships,* **5,** 357–391.

Rusbult, C. E., Morrow, G. D., & Johnson, D. J. (1987). Self-esteem and problem-solving behaviour in close relationships. *British Journal of Social Psychology,* **26,** 293–303.

Rusbult, C. E., Olsen, N., Davis, J. L., & Hannon, P. A. (2001). Commitment and relationship maintenance mechanisms. In J. Harvey & A. Wenzel (Eds.), *Close romantic relationships: Maintenance and enhancement.* Mahwah, NJ: Erlbaum.

Rushton, J. P. (1975). Generosity in children: Immediate and long-term effects of modeling, preaching, and moral judgment. *Journal of Personality and Social Psychology,* **31,** 459–466.

Rushton, J. P. (1991). Is altruism innate? *Psychological Inquiry,* **2,** 141–143.

Rushton, J. P., Brainerd, C. J., & Pressley, M. (1983). Behavioral development and construct validity: The principle of aggregation. *Psychological Bulletin,* **94,** 18–38.

Rushton, J. P., & Campbell, A. C. (1977). Modeling, vicarious reinforcement and extraversion on blood donating in adults: Immediate and long-term effects. *European Journal of Social Psychology,* **7,** 297–306.

Rushton, J. P., Chrisjohn, R. D., & Fekken, G. C. (1981). The altruistic personality and the self-report altruism scale. *Personality and Individual Differences,* **2,** 293–302.

Rushton, J. P., Fulker, D. W., Neale, M. C., Nias, D. K. B., & Eysenck, H. J. (1986). Altruism and aggression: The heritability of individual differences. *Journal of Personality and Social Psychology,* **50,** 1192–1198.

Russell, B. (1930/1980). *The conquest of happiness.* London: Unwin Paperbacks.

Russell, G. W. (1983). Psychological issues in sports aggression. In J. H. Goldstein (Ed.), *Sports violence.* New York: Springer-Verlag.

Russell, N. J. C. (2011). Milgram's obedience to authority experiments: Origins and early evolution. *British Journal of Social Psychology,* **50,** 140–162.

Russell, N. J. C., & Gregory, R. J. (2005). Making the undoable doable: Milgram, the Holocaust, and modern government. *American Review of Public Administration,* **35,** 327–349.

Ruvolo, A., & Markus, H. (1992). Possible selves and performance: The power of self-relevant imagery. *Social Cognition,* **9,** 95–124.

Ryan, R. (1999, February 2). Quoted by A. Kohn, In pursuit of affluence, at a high price. *New York Times* (www.nytimes.com).

Ryckman, R. M., Robbins, M. A., Kaczor, L. M., & Gold, J. A. (1989). Male and female raters' stereotyping of male and female physiques. *Personality and Social Psychology Bulletin,* **15,** 244–251.

Rydell, R. J., McConnell, A. R., & Beilock, S. L. (2009). Multiple social identities and stereotype threat: Imbalance, accessibility, and working memory. *Journal of Personality and Social Psychology,* **96,** 949–966.

Rydell, R. J., Rydell, M. T., & Boucher, K. L. (2010). The effect of negative performance stereotypes on learning. *Journal of Personality and Social Psychology,* **99,** 883–896.

Ryff, C. D., & Singer, B. (2000). Interpersonal flourishing: A positive health agenda for the new millennium. *Personality and Social Psychology Review,* **4,** 30–44.

Saad, L. (2002, November 21). Most smokers wish they could quit. Gallup News Service (www.gallup.com/poll/releases/pr021121.asp).

Sabini, J., & Silver, M. (1982). *Moralities of everyday life.* New York: Oxford University Press.

Sacerdote, B., & Marmaros, D. (2005). How do friendships form? NBER Working Paper No. 11530 (www.nber.org/papers/W11530).

Sachs, J. D. (2006, July). Ecology and political upheaval. *Scientific American,* **291,** 37.

Sack, K., & Elder, J. (2000, July 11). Poll finds optimistic outlook but enduring racial division. *New York Times* (www.nytimes.com).

Sacks, C. H., & Bugental, D. P. (1987). Attributions as moderators of affective and behavioral responses to social failure. *Journal of Personality and Social Psychology,* **53,** 939–947.

Safer, M. A., Bonanno, G. A., & Field, N. P. (2001). It was never that bad: Biased recall of grief and long-term adjustment to the death of a spouse. *Memory,* **9,** 195–204.

Sagarin, B. J., Cialdini, R. B., Rice, W. E., & Serna, S. B. (2002). Dispelling the illusion of invulnerability: The motivations and mechanisms of resistance to persuasion. *Journal of Personality and Social Psychology,* **83,** 526–541.

Sagarin, B. J., Rhoads, K. v. L., & Cialdini, R. B. (1998). Deceiver's distrust: Denigration as a consequence of undiscovered deception. *Personality and Social Psychology Bulletin,* **24,** 1167–1176.

Sageman, M. (2004). *Understanding terror networks.* Philadelphia: University of Pennsylvania Press.

Said, C. P., & Todorov, A. (2011). A statistical model of facial attractiveness. *Psychological Science,* **22,** 1183–1190.

Saks, M. J. (1974). Ignorance of science is no excuse. *Trial,* **10**(6), 18–20.

Saks, M. J. (1996). The smaller the jury, the greater the unpredictability. *Judicature,* **79,** 263–265.

Saks, M. J. (1998). What do jury experiments tell us about how juries (should) make decisions? *Southern California Interdisciplinary Law Journal,* **6,** 1–53.

Saks, M. J., & Hastie, R. (1978). *Social psychology in court.* New York: Van Nostrand Reinhold.

Saks, M. J., & Marti, M. W. (1997). A meta-analysis of the effects of jury size. *Law and Human Behavior,* **21,** 451–467.

Sakurai, M. M. (1975). Small group cohesiveness and detrimental conformity. *Sociometry,* **38,** 340–357.

Sales, S. M. (1972). Economic threat as a determinant of conversion rates in authoritarian and nonauthoritarian churches. *Journal of Personality and Social Psychology,* **23,** 420–428.

Sales, S. M. (1973). Threat as a factor in authoritarianism: An analysis of archival data. *Journal of Personality & Social Psychology,* **28,** 44–57.

Salganik, M. J., Dodds, P. S., & Watts, D. J. (2006). Experimental study of inequality and unpredictability in an artificial cultural market. *Science,* **311,** 854–856.

Salmela-Aro, K., & Nurmi, J-E. (2007). Self-esteem during university studies predicts career characteristics 10 years later. *Journal of Vocational Behavior,* **70,** 463–477.

Salmivalli, C. (2009). Bullying and the peer group: A review. *Aggression and Violent Behavior,* **15,** 112–120.

Salmivalli, C., Kaukiainen, A., Kaistaniemi, L., & Lagerspetz, K. M. J. (1999). Self-evaluated self-esteem, peer-evaluated self-esteem, and defensive egotism as predictors of adolescents' participation in bullying situations. *Personality and Social Psychology Bulletin,* **25,** 1268–1278.

Salovey, P., Mayer, J. D., & Rosenhan, D. L. (1991). Mood and healing: Mood as a motivator of helping and helping as a regulator of mood. In M. S. Clark (Ed.), *Prosocial behavior.* Newbury Park, CA: Sage.

Salovey, P., Schneider, T. R., & Apanovitch, A. M. (2002). Message framing in the prevention and early detection of illness. In J. P. Dillard & M. Pfau (Eds.), *The persuasion handbook: Theory and practice.* Thousand Oaks, CA: Sage.

Saltzstein, H. D., & Sandberg, L. (1979). Indirect social influence: Change in judgmental processor anticipatory conformity. *Journal of Experimental Social Psychology,* **15,** 209–216.

Salvatore, J., Kuo, S. I., Steele, R. D., Simpson, J. A., & Collins, W. A. (2011). Recovering from conflict in romantic relationships: A developmental perspective. *Psychological Science,* **22,** 376–383.

Sam, D. L., & Berry, J. W. (2010). Acculturation: When individuals and groups of different cultural backgrounds meet. *Perspectives on Psychological Science,* **5,** 472–481.

Sampson, E. E. (1975). On justice as equality. *Journal of Social Issues,* **31**(3), 45–64.

Sancton, T. (1997, October 13). The dossier on Diana's crash. *Time,* pp. 50–56.

Sande, G. N., Goethals, G. R., & Radloff, C. E. (1988). Perceiving one's own traits and others': The multifaceted self. *Journal of Personality and Social Psychology,* **54,** 13–20.

Sanders, G. S. (1981a). Driven by distraction: An integrative review of social facilitation and theory and research. *Journal of Experimental Social Psychology,* **17,** 227–251.

Sanders, G. S. (1981b). Toward a comprehensive account of social facilitation: Distraction/conflict does not mean theoretical conflict. *Journal of Experimental Social Psychology,* **17,** 262–265.

Sanders, G. S., Baron, R. S., & Moore, D. L. (1978). Distraction and social comparison as mediators of social facilitation effects. *Journal of Experimental Social Psychology,* **14,** 291–303.

Sanderson, C. A., & Cantor, N. (2001). The association of intimacy goals and marital satisfaction: A test of four mediational hypotheses. *Personality and Social Psychology Bulletin,* **27,** 1567–1577.

Sani, F., Herrera, M., & Bowe, M. (2009). Perceived collective continuity and ingroup identification as defence against death awareness. *Journal of Experimental Social Psychology,* **45,** 242–245.

Sanislow, C. A., III, Perkins, D. V., & Balogh, D. W. (1989). Mood induction, interpersonal perceptions, and rejection in the roommates of depressed, nondepressed-disturbed, and normal college students. *Journal of Social and Clinical Psychology,* **8,** 345–358.

Sanitioso, R., Kunda, Z., & Fong, G. T. (1990). Motivated recruitment of autobiographical memories. *Journal of Personality and Social Psychology,* **59,** 229–241.

Sanna, L. J., Parks, C. D., Meier, S., Chang, E. C., Kassin, B. R., Lechter, J. L., Turley-Ames, K. J., & Miyake, T. M. (2003). A game of inches: Spontaneous use of counterfactuals by broadcasters during major league baseball playoffs. *Journal of Applied Social Psychology,* **33,** 455–475.

Sansone, C. (1986). A question of competence: The effects of competence and task feedback on intrinsic interest. *Journal of Personality and Social Psychology,* **51,** 918–931.

Santos, A., Meyer-Lindenberg, A., & Deruelle, C. (2010). Absence of racial, but not gender, stereotyping in Williams syndrome children. *Current Biology,* **20,** R307–R308.

Sapadin, L. A. (1988). Friendship and gender: Perspectives of professional men and women. *Journal of Social and Personal Relationships,* **5,** 387–403.

Sapolsky, R. (2005, December). Sick of poverty. *Scientific American,* pp. 93–99.

Sarnoff, I., & Sarnoff, S. (1989). *Love-centered marriage in a self-centered world.* New York: Schocken Books.

Sartre, J-P. (1946/1948). *Anti-Semite and Jew.* New York: Schocken Books.

Sasaki, J. Y., & Kim, H. S. (2011). At the intersection of culture and religion: A cultural analysis of religion's implications for secondary control and social affiliation. *Journal of Personality and Social Psychology,* **101,** 401–414.

Sassenberg, K., Moskowitz, G. B., Jacoby, J., & Hansen, N. (2007). The carry-over effect of competition: The impact of competition on prejudice towards uninvolved outgroups. *Journal of Experimental Social Psychology,* **43,** 529–538.

Sato, K. (1987). Distribution of the cost of maintaining common resources. *Journal of Experimental Social Psychology,* **23,** 19–31.

Saucier, D. A., & Miller, C. T. (2003). The persuasiveness of racial arguments as a subtle measure of racism. *Personality and Social Psychology Bulletin,* **29,** 1303–1315.

Saucier, D. A., Miller, C. T., & Doucet, N. (2005). Differences in helping Whites and Blacks: A meta-analysis. *Personality and Social Psychology Review,* **9,** 2–16.

Saucier, G., Akers, L. G., Shen-Miller, S., Knežević, G., & Stankov, L. (2009). Patterns of thinking in militant extremism. *Perspectives on Psychological Science,* **4,** 256–271.

Sauer, J., Brewer, N., Zweck, T., & Weber, N. (2010). The effect of retention interval on the confidence–accuracy relationship for eyewitness identification. *Law and Human Behavior,* **34,** 337–347.

Sauerland, M., & Sporer, S. L. (2009). Fast and confident: Postdicting eyewitness identification accuracy in a field study. *Journal of Experimental Psychology: Applied,* **15,** 46–62.

Savani, K., Stephens, N. M., & Markus, H. R. (2011). The unanticipated interpersonal and societal consequences of choice: Victim blaming and reduced support for the public good. *Psychological Science,* **22,** 795–802.

Savitsky, K., Epley, N., & Gilovich, T. (2001). Do others judge us as harshly as we think? Overestimating the impact of our failures, shortcomings, and mishaps. *Journal of Personality and Social Psychology,* **81,** 44–56.

Savitsky, K., & Gilovich, T. (2003). The illusion of transparency and the alleviation of speech anxiety. *Journal of Experimental Social Psychology,* **39,** 618–625.

Savitsky, K., Van Voven, L., Epley, N., & Wright, W. M. (2005). The unpacking effect in allocations of responsibility for group tasks. *Journal of Experimental Social Psychology,* **41,** 447–457.

Sax, L. J., Lindholm, J. A., Astin, A. W., Korn, W. S., & Mahoney, K. M. (2002). *The American freshman: National norms for Fall, 2002.* Los Angeles: Cooperative Institutional Research Program, UCLA.

Sbarra, D. A., Law, R. W., & Portley, R. M. (2011). Divorce and death: A meta-analysis and research agenda for clinical, social, and health psychology. *Perspectives on Psychological Science,* **6,** 454–474.

Scalia, A. (2011). *Opinion of the Supreme Court of the United States, Brown v. Entertainment Merchants Association.* June 27, 2011.

Scarr, S. (1988). Race and gender as psychological variables: Social and ethical issues. *American Psychologist,* **43,** 56–59.

Schachter, S. (1951). Deviation, rejection and communication. *Journal of Abnormal and Social Psychology,* **46,** 190–207.

Schachter, S., & Singer, J. E. (1962). Cognitive, social and physiological determinants of emotional state. *Psychological Review,* **69,** 379–399.

Schacter, D., Kaszniak, A., & Kihlstrom, J. (1991). Models of memory and the understanding of memory disorders. In T. Yanagihara & R. Petersen (Eds.), *Memory disorders: Research and clinical practice.* New York: Marcel Dekker.

Schafer, R. B., & Keith, P. M. (1980). Equity and depression among married couples. *Social Psychology Quarterly,* **43,** 430–435.

Schaffner, P. E. (1985). Specious learning about reward and punishment. *Journal of Personality and Social Psychology,* **48,** 1377–1386.

Schaffner, P. E., Wandersman, A., & Stang, D. (1981). Candidate name exposure and voting: Two field studies. *Basic and Applied Social Psychology,* **2,** 195–203.

Schaller, M., & Cialdini, R. B. (1988). The economics of empathic helping: Support for a mood management motive. *Journal of Experimental Social Psychology,* **24,** 163–181.

Schiffenbauer, A., & Schiavo, R. S. (1976). Physical distance and attraction: An intensification effect. *Journal of Experimental Social Psychology,* **12,** 274–282.

Schiffmann, W. (1999, February 4). An heiress abducted: Patty Hearst, 25 years after her kidnapping. Associated Press (www.abcnews.com).

Schimel, J., Arndt, J., Pyszczynski, T., & Greenberg, J. (2001). Being accepted for who we are: Evidence that social validation of the intrinsic self reduces general defensiveness. *Journal of Personality and Social Psychology,* **80,** 35–52.

Schimel, J., Simon, L., Greenberg, J., Pyszczynski, T., Solomon, S., & Waxmonsky, J. (1999). Stereotypes and terror management: Evidence that mortality salience enhances stereotypic thinking and preferences. *Journal of Personality and Social Psychology,* **77,** 905–926.

Schimmack, U., Oishi, S., & Diener, E. (2005). Individualism: A valid and important dimension of cultural differences between nations. *Personality and Social Psychology Review,* **9,** 17–31.

Schirmer, A., The, K., Wang, S., Vijayakumar, R., Ching, A., Nithianantham, D., Escoffier, N., & Cheok, A. (2011). Squeeze me, but don't tease me: Human and mechanical touch enhance visual attention and emotion discrimination. *Social Neuroscience,* **6,** 219–230.

Schkade, D. A., & Kahneman, D. (1998). Does living in California make people happy? A focusing illusion in judgments of life satisfaction. *Psychological Science,* **9,** 340–346.

Schkade, D. A., & Sunstein, C. R. (2003, June 11). Judging by where you sit. *New York Times* (www.nytimes.com).

Schkade, D. A., Sunstein, C. R., & Hastie, R. (2007). What happened on deliberation day? *California Law Review,* **95,** 915–940.

Schlenker, B. R. (1976). Egocentric perceptions in cooperative groups: A conceptualization and research review. Final Report, Office of Naval Research Grant NR 170–797.

Schlenker, B. R., & Leary, M. R. (1982). Social anxiety and self-presentation: A conceptualization and model. *Psychological Bulletin,* **92,** 641–669.

Schlenker, B. R., & Leary, M. R. (1985). Social anxiety and communication about the self. *Journal of Language and Social Psychology,* **4,** 171–192.

Schlenker, B. R., & Miller, R. S. (1977a). Group cohesiveness as a determinant of egocentric perceptions in cooperative groups. *Human Relations,* **30,** 1039–1055.

Schlenker, B. R., & Miller, R. S. (1977b). Egocentrism in groups: Self-serving biases or logical information processing? *Journal of Personality and Social Psychology,* **35,** 755–764.

Schlenker, B. R., & Weigold, M. F. (1992). Interpersonal processes involving impression regulation and management. *Annual Review of Psychology,* **43,** 133–168.

Schlesinger, A., Jr. (1949). The statistical soldier. *Partisan Review,* **16,** 852–856.

Schlesinger, A., Jr. (1991, July 8). The cult of ethnicity, good and bad. *Time,* p. 21.

Schlesinger, A. M., Jr. (1965). *A thousand days.* Boston: Houghton Mifflin. Cited by I. L. Janis (1972) in *Victims of groupthink.* Boston: Houghton Mifflin.

Schmader, T., Johns, M., & Forbes, C. (2008). An integrated process model of stereotype threat effects on performance. *Psychological Review,* **115,** 336–356.

Schmiege, S. J., Klein, W. M. P., & Bryan, A. D. (2010). The effect of peer comparison information in the context of expert recommendations on risk perceptions and subsequent behavior. *European Journal of Social Psychology,* **40,** 746–759.

Schmitt, D. P. (2003). Universal sex differences in the desire for sexual variety; tests from 52 nations, 6 continents, and 13 islands. *Journal of Personality and Social Psychology,* **85,** 85–104.

Schmitt, D. P. (2005). Sociosexuality from Argentina to Zimbabwe: A 48-nation study of sex, culture, and strategies of human mating. *Behavioral and Brain Sciences,* **28,** 247–311.

Schmitt, D. P. (2006). Evolutionary and cross-cultural perspectives on love: The influence of gender, personality, and local ecology on emotional investment in romantic relationships. In R. J. Sternberg (Ed.), *The psychology of love* (2nd ed.). New Haven, CT: Yale University Press.

Schmitt, D. P. (2007). Sexual strategies across sexual orientations: How personality traits and culture relate to sociosexuality among gays, lesbians, bisexuals, and heterosexuals. *Journal of Psychology and Human Sexuality,* **18,** 183–214.

Schmitt, D. P., & Allik, J. (2005). Simultaneous administration of the Rosenberg Self-Esteem Scale in 53 nations: Exploring the universal and culture-specific features of global self-esteem. *Journal of Personality and Social Psychology,* **89,** 623–642.

Schmitt, D. P., Realo, A., Voracek, M., & Allik, J. (2008). Why can't a man be more like a woman? Sex differences in Big Five personality traits across 55 cultures. *Journal of Personality and Social Psychology,* **94,** 168–182.

Schmitt, D. P. & 128 others. (2004). Patterns and universals of adult romantic attachment across 62 cultural regions: Are models of self and of other pancultural constructs? *Journal of Cross-Cultural Psychology,* **35,** 367–402.

Schnall, S., & Laird, J. D. (2003). Keep smiling: Enduring effects of facial expressions and postures on emotional experience and memory. *Cognition and Emotion,* **17,** 787–797.

Schnall, S., Roper, J., & Fessler, D. M. T. (2010). Elevation leads to altruistic behavior. *Psychological Science,* **21,** 315–320.

Schneider, M. E., Major, B., Luhtanen, R., & Crocker, J. (1996). Social stigma and the potential costs of assumptive help. *Personality and Social Psychology Bulletin,* **22,** 201–209.

Schneider, P. (2000, February 13). Saving Konrad Latte. *New York Times Magazine* (www.nytimes.com).

Schneider, T. R., Salovey, P., Pallonen, U., Mundorf, N., Smith, N. F., & Steward, W. T. (2000). Visual and auditory message framing effects on tobacco smoking. *Journal of Applied Social Psychology,* **31**(4), 667–682.

Schoeneman, T. J. (1994). Individualism. In V. S. Ramachandran (Ed.), *Encyclopedia of Human Behavior.* San Diego: Academic Press.

Schofield, J. (1982). *Black and white in school: Trust, tension, or tolerance?* New York: Praeger.

Schofield, J. W. (1986). Causes and consequences of the colorblind perspective. In J. F. Dovidio & S. L. Gaertner (Eds.), *Prejudice, discrimination, and racism.* Orlando, FL: Academic Press.

Schor, J. B. (1998). *The overworked American.* New York: Basic Books.

Schroeder, D. A., Dovidio, J. F., Sibicky, M. E., Matthews, L. L., & Allen, J. L. (1988). Empathic concern and helping behavior: Egoism or altruism: *Journal of Experimental Social Psychology,* **24,** 333–353.

Schultz, P. W., Nolan, J. M., Cialdini, R. B., Goldstein, N. J., & Griskevicius, V. (2007). The constructive, destructive, and reconstructive power of social norms. *Psychological Science,* **18,** 429–434.

Schulz-Hardt, S., Frey, D., Luthgens, C., & Moscovici, S. (2000). Biased information search in group decision making. *Journal of Personality and Social Psychology,* **78,** 655–669.

Schulz, J. W., & Pruitt, D. G. (1978). The effects of mutual concern on joint welfare. *Journal of Experimental Social Psychology,* **14,** 480–492.

Schuman, H., & Kalton, G. (1985). Survey methods. In G. Lindzey & E. Aronson (Eds.), *Handbook of Social Psychology* (Vol. 1). Hillsdale, NJ: Erlbaum.

Schuman, H., & Scott, J. (1989). Generations and collective memories. *American Sociological Review,* **54,** 359–381.

Schutte, J. W., & Hosch, H. M. (1997). Gender differences in sexual assault verdicts. *Journal of Social Behavior and Personality,* **12,** 759–772.

Schwartz, B. (2000). Self-determination: The tyranny of freedom. *American Psychologist,* **55,** 79–88.

Schwartz, B. (2004). *The tyranny of choice.* New York: Ecco/HarperCollins.

Schwartz, S. H. (1975). The justice of need and the activation of humanitarian norms. *Journal of Social Issues,* **31**(3), 111–136.

Schwartz, S. H., & Gottlieb, A. (1981). Participants' post-experimental reactions and the ethics of bystander research. *Journal of Experimental Social Psychology,* **17,** 396–407.

Schwartz, S. H., & Rubel, T. (2005). Sex differences in value priorities: Cross-cultural and multimethod studies. *Journal of Personality and Social Psychology,* **89,** 1010–1028.

Schwarz, N., & Clore, G. L. (1983). Mood, misattribution, and judgments of well-being: Informative and directive functions of affective states. *Journal of Personality and Social Psychology,* **45,** 513–523.

Schwarz, N., & Kurz, E. (1989). What's in a picture? The impact of face-ism on trait attribution. *European Journal of Social Psychology,* **19,** 311–316.

Schwarz, N., Strack, F., Kommer, D., & Wagner, D. (1987). Soccer, rooms, and the quality of your life: Mood effects on judgments of satisfaction with life in general and with specific domains. *Journal of Applied Social Psychology,* **17,** 69–79.

Schweitzer, K., Zillmann, D., Weaver, J. B., & Luttrell, E. S. (1992, Spring). Perception of threatening events in the emotional aftermath of a televised college football game. *Journal of Broadcasting and Electronic Media,* pp. 75–82.

Sciolino, E. (2005, December 12). Immigrants' dreams mix with fury in a gray place near Paris. *New York Times* (www.nytimes.com).

Scott, J. P., & Marston, M. V. (1953). Nonadaptive behavior resulting from a series of defeats in fighting mice. *Journal of Abnormal and Social Psychology,* **48,** 417–428.

Sears, D. O. (1979). *Life stage effects upon attitude change, especially among the elderly.* Manuscript prepared for Workshop on the Elderly of the Future, Committee on Aging, National Research Council, Annapolis, MD, May 3–5.

Sears, D. O. (1986). College sophomores in the laboratory: Influences of a narrow data base on social psychology's view of human nature. *Journal of Personality and Social Psychology,* **51,** 515–530.

Sedikides, C. (1993). Assessment, enhancement, and verification determinants of the self-evaluation process. *Journal of Personality and Social Psychology,* **65,** 317–338.

Sedikides, C., Gaertner, L., & Toguchi, Y. (2003). Pancultural self-enhancement. *Journal of Personality and Social Psychology,* **84,** 60–79.

Sedikides, C., Gaertner, L., & Vevea, J. L. (2005). Pancultural self-enhancement reloaded: A meta-analytic reply to Heine (2005). *Journal of Personality and Social Psychology,* **89,** 539–551.

Segal, H. A. (1954). Initial psychiatric findings of recently repatriated prisoners of war. *American Journal of Psychiatry,* **61,** 358–363.

Segal, N. L. (1984). Cooperation, competition, and altruism within twin sets: A reappraisal. *Ethology and Sociobiology,* **5,** 163–177.

Segal, N. L., & Hershberger, S. L. (1999). Cooperation and competition between twins: Findings from a Prisoner's Dilemma game. *Evolution and Human Behavior,* **20,** 29–51.

Segall, M. H., Dasen, P. R., Berry, J. W., & Poortinga, Y. H. (1990). *Human behavior in global perspective: An introduction to cross-cultural psychology.* New York: Pergamon.

Segerstrom, S. C. (2001). Optimism and attentional bias for negative and positive stimuli. *Personality and Social Psychology Bulletin,* **27,** 1334–1343.

Segerstrom, S. C., McCarthy, W. J., Caskey, N. H., Gross, T. M., & Jarvik, M. E. (1993). Optimistic bias among cigarette smokers. *Journal of Applied Social Psychology,* **23,** 1606–1618.

Segerstrom, S., & Miller, G. E. (2004). Psychological stress and the human immune system: A meta-analytic study of 30 years of inquiry. *Psychological Bulletin,* **130,** 601–630.

Seibt, B., & Forster, J. (2004). Stereotype threat and performance: How self-stereotypes influence processing by inducing regulatory foci. *Journal of Personality and Social Psychology,* **87**(1), 38–56.

Seidel, E., Eickhoff, S. B., Kellermann, T., Schneider, F., Gur, R. C., Habel, U., & Birgit, D. (2010). Who is to blame? Neural correlates of causal attribution in social situations. *Social Neuroscience,* **5,** 335–350.

Selby, J. W., Calhoun, L. G., & Brock, T. A. (1977). Sex differences in the social perception of rape victims. *Personality and Social Psychology Bulletin,* **3,** 412–415.

Seligman, M. (1994). *What you can change and what you can't.* New York: Knopf.

Seligman, M. E. P. (1975). *Helplessness: On depression, development and death.* San Francisco: W. H. Freeman.

Seligman, M. E. P. (1991). *Learned optimism.* New York: Knopf.

Seligman, M. E. P. (1998). The prediction and prevention of depression. In D. K. Routh & R. J. DeRubeis (Eds.), *The science of clinical psychology: Accomplishments and future directions.* Washington, DC: American Psychological Association.

Seligman, M. E. P. (2002). *Authentic happiness: Using the new positive psychology to realize your potential for lasting fulfillment.* New York: Free Press.

Seligman, M. E. P., Nolen-Hoeksema, S., Thornton, N., & Thornton, K. M. (1990). Explanatory style as a mechanism of disappointing athletic performance. *Psychological Science,* **1,** 143–146.

Seligman, M. E. P., & Schulman, P. (1986). Explanatory style as a predictor of productivity and quitting among life insurance sales agents. *Journal of Personality and Social Psychology,* **50,** 832–838.

Sengupta, S. (2001, October 10). Sept. 11 attack narrows the racial divide. *New York Times* (www.nytimes.com).

Sentyrz, S. M., & Bushman, B. J. (1998). Mirror, mirror, on the wall, who's the thinnest one of all? Effects of self-awareness on consumption of fatty, reduced-fat, and fat-free products. *Journal of Applied Psychology,* **83,** 944–949.

Shaffer, D. R., Pegalis, L. J., & Bazzini, D. G. (1996). When boy meets girls (revisited): Gender, gender-role orientation, and prospect of future interaction as determinants of self-disclosure among same- and opposite-sex acquaintances. *Personality and Social Psychology Bulletin,* **22,** 495–506.

Shah, A. K., & Oppenheimer, D. M. (2008). Heuristics made easy: An effort-reduction framework. *Psychological Bulletin,* **134,** 207–222.

Shankar, A., McMunn, A., Banks, J., & Steptoe, A. (2011). Loneliness, social isolation, and behavioral and biological health indicators in older adults. *Health Psychology,* **30,** 377–385.

Shapiro, D. L. (2010). Relational identity theory: A systematic approach for transforming the emotional dimension of conflict. *American Psychologist,* **65,** 634–645.

Sharan, S., & Sharan, Y. (1976). *Small group teaching.* Englewood Cliffs, NJ: Educational Technology.

Sharan, Y., & Sharan, S. (1994). Group investigation in the cooperative classroom. In S. Sharan (Ed.), *Handbook of cooperative learning methods.* Westport, CT: Greenwood.

Shariff, A. F., & Norenzayan, A. (2007). God is watching you: Priming God concepts increases prosocial behavior in an anonymous economic game. *Psychological Science,* **18,** 803–809.

Sharot, T., Velasquez, C. M., & Dolan, R. J. (2010). Do decisions shape preference? Evidence from blind chance. *Psychological Science,* **21,** 1231–1235.

Sharpe, D., & Faye, C. (2009). A second look at debriefing practices: Madness in our method? *Ethics and Behavior,* **19,** 432–447.

Shaver, P. R., & Hazan, C. (1993). Adult romantic attachment: Theory and evidence. In D. Perlman & W. Jones (Eds.), *Advances in personal relationships* (Vol. 4). Greenwich, CT: JAI.

Shaver, P. R., & Hazan, C. (1994). Attachment. In A. L. Weber & J. H. Harvey (Eds.), *Perspectives on close relationships.* Boston: Allyn & Bacon.

Shaver, P. R., & Mikulincer, M. (2011). An attachment-theory framework for conceptualizing interpersonal behavior. In L. M. Horowitz & S. Strack (Eds.), *Handbook of interpersonal psychology: Theory, research, assessment, and therapeutic interventions.* Hoboken, NJ: Wiley.

Shaw, J. S., III. (1996). Increases in eyewitness confidence resulting from postevent questioning. *Journal of Experimental Psychology: Applied,* **2,** 126–146.

Shaw, M. E. (1981). *Group dynamics: The psychology of small group behavior.* New York: McGraw-Hill.

Shayo, M., & Zussman, A. (2011). Judicial ingroup bias in the shadow of terrorism. *Quarterly Journal of Economics,* **126,** 1447–1484.

Sheese, B. E., & Graziano, W. G. (2005). Deciding to defect: The effects of video-game violence on cooperative behavior. *Psychological Science,* **16,** 354–357.

Sheldon, K. M., Elliot, A. J., Youngmee, K., & Kasser, T. (2001). What is satisfying about satisfying events? Testing 10 candidate psychological needs. *Journal of Personality and Social Psychology,* **80,** 325–339.

Sheldon, K. M., & Niemiec, C. P. (2006). It's not just the amount that counts: Balanced need satisfaction also affects well-being. *Journal of Personality and Social Psychology,* **91,** 331–341.

Sheldon, K. M., Ryan, R. M., Deci, E. L., & Kasser, T. (2004). The independent effects of goal contents and motives on well-being: It's both what you pursue and why you pursue it. *Personality and Social Psychology Bulletin,* **30,** 475–486.

Shell, R. M., & Eisenberg, N. (1992). A developmental model of recipients' reactions to aid. *Psychological Bulletin,* **111,** 413–433.

Shelton, J. N., & Richeson, J. A. (2005). Intergroup contact and pluralistic ignorance. *Journal of Personality and Social Psychology,* **88,** 91–107.

Shen, H., Wan, F., & Wyer, R. S., Jr. (2011). Cross-cultural differences in the refusal to accept a small gift: The differential influence of reciprocity norms on Asians and North Americans. *Journal of Personality and Social Psychology,* **100,** 271–281.

Sheppard, B. H., & Vidmar, N. (1980). Adversary pretrial procedures and testimonial evidence: Effects of lawyer's role and Machiavellianism. *Journal of Personality and Social Psychology,* **39,** 320–322.

Shepperd, J. A. (2003). Interpreting comparative risk judgments: Are people personally optimistic or interpersonally pessimistic? Unpublished manuscript, University of Florida.

Shepperd, J. A., & Arkin, R. M. (1991). Behavioral other-enhancement: Strategically obscuring the link between performance and evaluation. *Journal of Personality and Social Psychology,* **60,** 79–88.

Shepperd, J. A., Arkin, R. M., & Slaughter, J. (1995). Constraints on excuse making: The deterring effects of shyness and anticipated retest. *Personality and Social Psychology Bulletin,* **21,** 1061–1072.

Shepperd, J. A., Grace, J., Cole, L. J., & Klein, C. (2005). Anxiety and outcome predictions. *Personality and Social Psychology Bulletin,* **31,** 267–275.

Shepperd, J. A., & Taylor, K. M. (1999). Ascribing advantages to social comparison targets. *Basic and Applied Social Psychology,* **21,** 103–117.

Shepperd, J. A., & Wright, R. A. (1989). Individual contributions to a collective effort: An incentive analysis. *Personality and Social Psychology Bulletin,* **15,** 141–149.

Shergill, S. S., Bays, P. M., Frith, C. D., & Wolpert, D. M. (2003). Two eyes for an eye: The neuroscience of force escalation. *Science,* **301,** 187.

Sherif, M. (1935). A study of some social factors in perception. *Archives of Psychology,* No. 187.

Sherif, M. (1937). An experimental approach to the study of attitudes. *Sociometry,* **1,** 90–98.

Sherif, M. (1966). *In common predicament: Social psychology of intergroup conflict and cooperation.* Boston: Houghton Mifflin.

Sherif, M., & Sherif, C. W. (1969). *Social psychology.* New York: Harper & Row.

Sherman, D. K., & Kim, H. S. (2005). Is there an "I" in "team"? The role of the self in group-serving judgments. *Journal of Personality and Social Psychology,* **88,** 108–120.

Sherman, D. K., Nelson, L. D., & Ross, L. D. (2003). Naive realism and affirmative action: Adversaries are more similar than they think. *Basic and Applied Social Psychology,* **25,** 275–289.

Sherman, J. W. (1996). Development and mental representation of stereotypes. *Journal of Personality and Social Psychology,* **70,** 1126–1141.

Sherman, J. W., Kruschke, J. K., Sherman, S. J., Percy, E. J., Petrocelli, J. V., & Conrey, F. R. (2009). Attentional processes in stereotype formation: A common model for category accentuation and illusory correlation. *Journal of Personality and Social Psychology,* **96,** 305–323.

Sherman, J. W., Lee, A. Y., Bessenoff, G. R., & Frost, L. A. (1998). Stereotype efficiency reconsidered: Encoding flexibility under cognitive load. *Journal of Personality and Social Psychology,* **75,** 589–606.

Sherman, S. J., Cialdini, R. B., Schwartzman, D. F., & Reynolds, K. D. (1985). Imagining can heighten or lower the perceived likelihood of contracting a disease: The mediating effect of ease of imagery. *Personality and Social Psychology Bulletin,* **11,** 118–127.

Shermer, M. (2006). Answer on World Question Center 2006. The Edge (www.edge.org).

Shih, M., Pittinsky, T. L., & Ambady, N. (1999). Stereotype susceptibility: Identity salience and shifts in quantitative performance. *Psychological Science,* **10,** 80–83.

Shiller, R. (2005). *Irrational exuberance* (2nd edition). New York: Crown.

Shipman, P. (2003). We are all Africans. *American Scientist,* **91,** 496–499.

Shook, N. J., & Fazio, R. H. (2008). Interracial roommate relationships: An experimental field test of the contact hypothesis. *Psychological Science,* **19,** 717–723.

Short, J. F., Jr. (Ed.) (1969). *Gang delinquency and delinquent subcultures.* New York: Harper & Row.

Shostak, M. (1981). *Nisa: The life and words of a !Kung woman.* Cambridge, MA: Harvard University Press.

Shotland, R. L. (1989). A model of the causes of date rape in developing and close relationships. In C. Hendrick (Ed.), *Review of personality and social psychology* (Vol. 10). Beverly Hills, CA: Sage.

Shotland, R. L., & Stebbins, C. A. (1983). Emergency and cost as determinants of helping behavior and the slow accumulation of social psychological knowledge. *Social Psychology Quarterly,* **46,** 36–46.

Shotland, R. L., & Straw, M. K. (1976). Bystander response to an assault: When a man attacks a woman. *Journal of Personality and Social Psychology,* **34,** 990–999.

Showers, C., & Ruben, C. (1987). Distinguishing pessimism from depression: Negative expectations and positive coping mechanisms. Paper presented at the American Psychological Association convention.

Shrauger, J. S. (1975). Responses to evaluation as a function of initial self-perceptions. *Psychological Bulletin,* **82,** 581–596.

Shrauger, J. S., & Schoeneman, T. J. (1979, May). Symbolic interactionist view of self-concept: Through the looking glass darkly. *Psychological Bulletin,* **86,** 549–573.

Shriver, E. R., Young, S. G., Hugenberg, K., Bernstein, M. J., & Lanter, J. R. (2008, February). Class, race, and the face: Social context modulates the cross-race effect in face recognition. *Personality and Social Psychology Bulletin,* **34,** 260–274.

Sidanius, J., & Pratto, F. (1999). *Social dominance: An intergroup theory of social hierarchy and oppression.* New York: Cambridge University Press.

Sidanius, J., Pratto, F., & Bobo, L. (1994). Social dominance orientation and the political psychology of gender: A case of invariance? *Journal of Personality and Social Psychology,* **67,** 998–1011.

Sidanius, J., Van Laar, C., Levin, S., & Sinclair, S. (2004). Ethnic enclaves and the dynamics of social identity on the college campus: The good, the bad, and the ugly. *Journal of Personality and Social Psychology,* **87,** 96–110.

Sieverding, M., Decker, S., & Zimmerman, F. (2010). Information about low participation in cancer screening demotivates other people. *Psychological Science,* **21,** 941–943.

Sigall, H. (1970). Effects of competence and consensual validation on a communicator's liking for the audience. *Journal of Personality and Social Psychology,* **16,** 252–258.

Silk, J. B., Alberts, S. C., & Altmann, J. (2003). Social bonds of female baboons enhance infant survival. *Science,* **302,** 1231–1234.

Silke, A. (2003). Deindividuation, anonymity, and violence: Findings from Northern Ireland. *Journal of Social Psychology,* **143,** 493–499.

Silver, M., & Geller, D. (1978). On the irrelevance of evil: The organization and individual action. *Journal of Social Issues,* **34,** 125–136.

Silver, N. (2009, May 9). Bush may haunt Republicans for generations. *New York Times* (www.fivethirtyeight .com).

Silvia, P. J. (2005). Deflecting reactance: The role of similarity in increasing compliance and reducing resistance. *Basic and Applied Social Psychology,* **27,** 277–284.

Simon, H. A. (1957). *Models of man: Social and rational.* New York: Wiley.

Simon, P. (1996, April 17). American provincials. *Christian Century,* pp. 421–422.

Simon, R. (2011). SCOTUS: Violence OK. Sex? Maybe. Politico.com column, June 28, 2011.

Simonsohn, U. (2011a). Spurious? Name similarity effects (implicit egotism) in marriage, job, and moving decisions. *Journal of Personality and Social Psychology,* in press.

Simonsohn, U. (2011b). Spurious also? Name-similarity effects (implicit egotism) in employment decisions. *Psychological Science,* **22,** 1087–1089.

Simonton, D. K. (1994). *Greatness: Who makes history and why.* New York: Guilford.

Simpson, J. A. (1987). The dissolution of romantic relationships: Factors involved in relationship stability and emotional distress. *Journal of Personality and Social Psychology,* **53,** 683–692.

Simpson, J. A., Gangestad, S. W., & Lerma, M. (1990). Perception of physical attractiveness: Mechanisms involved in the maintenance of romantic relationships. *Journal of Personality and Social Psychology,* **59,** 1192–1201.

Simpson, J. A., Rholes, W. S., & Nelligan, J. S. (1992). Support seeking and support giving within couples in an anxiety-provoking situation: The role of attachment styles. *Journal of Personality and Social Psychology,* **62,** 434–446.

Simpson, J. A., Rholes, W. S., & Phillips, D. (1996). Conflict in close relationships: An attachment perspective. *Journal of Personality and Social Psychology,* **71,** 899–914.

Sinclair, S., Dunn, E., & Lowery, B. S. (2004). The relationship between parental racial attitudes and children's implicit prejudice. *Journal of Experimental Social Psychology,* **41,** 283–289.

Singer, M. (1979). *Cults and cult members.* Address to the American Psychological Association convention.

Singer, T., Seymour, B., O'Doherty, J. P., Stephan, K. E., Dolan, R. J., & Frith, C. D. (2006). Empathic neural responses are modulated by the perceived fairness of others. *Nature,* **439,** 466–469.

Singh, D. (1993). Adaptive significance of female physical attractiveness: Role of waist-to-hip ratio. *Journal of Personality and Social Psychology,* **65,** 293–307.

Singh, D. (1995). Female judgment of male attractiveness and desirability for relationships: Role of waist-to-hip ratio and financial status. *Journal of Personality and Social Psychology,* **69,** 1089–1101.

Singh, D., & Randall, P. K. (2007). Beauty is in the eye of the plastic surgeon: Waist-hip ratio (WHR) and women's attractiveness. *Personality and Individual Differences,* **43,** 329–340.

Singh, R., & Ho, S. J. (2000). Attitudes and attraction: A new test of the attraction, repulsion and similarity-dissimilarity asymmetry hypotheses. *British Journal of Social Psychology,* **39,** 197–211.

Singh, R., & Teoh, J. B. P. (1999). Attitudes and attraction: A test of two hypotheses for the similarity-dissimilarity asymmetry. *British Journal of Social Psychology,* **38,** 427–443.

Sio, U. N., & Ormerod, T. C. (2009). Does incubation enhance problem solving? A meta-analytic review. *Psychological Bulletin,* **135,** 94–120.

SIPRI. (2011). Appendix 4A. Military expenditure data, 2001–10. Stockholm International Peace Research Institute (www.sipri.org/ yearbook/2011/04/04A).

Sissons, M. (1981). Race, sex, and helping behavior. *British Journal of Social Psychology,* **20,** 285–292.

Sittser, G. L. (1994, April). Long night's journey into light. *Second Opinion,* pp. 10–15.

Sivarajasingam, V., Moore, S., & Shepherd, J. P. (2005). Winning, losing, and violence. *Injury Prevention,* **11,** 69–70.

Six, B., & Eckes, T. (1996). Metaanalysen in der Einstellungs-Verhaltens-Forschung. *Zeitschrift fur Sozialpsychologie,* pp. 7–17.

Skaalvik, E. M., & Hagtvet, K. A. (1990). Academic achievement and self-concept: An analysis of causal predominance in a developmental perspective. *Journal of Personality and Social Psychology,* **58,** 292–307.

Skinner, B. F. (1971). *Beyond freedom and dignity.* New York: Knopf.

Skitka, L. J. (1999). Ideological and attributional boundaries on public compassion: Reactions to individuals and communities affected by a natural disaster. *Personality and Social Psychology Bulletin,* **25,** 793–808.

Skitka, L. J., Bauman, C. W., & Mullen, E. (2004). Political tolerance and coming to psychological closure following the September 11, 2001, terrorist attacks: An integrative approach. *Personality and Social Psychology Bulletin,* **30,** 743–756.

Skitka, L. J., Bauyman, C. W., & Sargis, E. G. (2005). Moral conviction: Another contributor to attitude strength or something more? *Journal of Personality and Social Psychology,* **88,** 895–917.

Skitka, L. J., & Tetlock, P. E. (1993). Providing public assistance: Cognitive and motivational processes underlying liberal and conservative policy preferences. *Journal of Personality and Social Psychology,* **65,** 1205–1223.

Skurnik, I., Yoon, C., Park, D. C., & Schwarz, N. (2005). How warnings about false claims become recommendations. *Journal of Consumer Research,* **31,** 713–724.

Slatcher, R. B., & Pennebaker, J. W. (2006). How do I love thee? Let me count the words: The social effects of expressive writing. *Psychological Science,* **17,** 660–664.

Slater, M., Antley, A., Davison, A., Swapp, D., Guger, C., Barker, C., Pistrang, N., & Sanchez-Vives, M. V. (2006). A virtual reprise of the Stanley Milgram obedience experiments. *PloS One,* **1**(1): e39 (DOI:10.1371/journal.pone.0000039).

Slavin, R. E. (1985). Cooperative learning: Applying contact theory in desegregated schools. *Journal of Social Issues,* **41**(3), 45–62.

Slavin, R. E. (1990, December/January). Research on cooperative learning: Consensus and controversy. *Educational Leadership,* pp. 52–54.

Slavin, R. E., & Cooper, R. (1999). Improving intergroup relations: Lessons learned from cooperative learning programs. *Journal of Social Issues,* **55,** 647–663.

Slavin, R. E., Hurley, E. A., & Chamberlain, A. (2003). Cooperative learning and achievement: Theory and research. In W. M. Reynolds & G. E. Miller (Eds.), *Handbook of psychology: Educational psychology* (Vol. 7). New York: Wiley.

Slavin, R. E., Lake, C., & Groff, C. (2009). Effective programs in middle and high school mathematics: A best-evidence synthesis. *Review of Educational Research,* **79,** 839–911.

Slavin, R. E., & Madden, N. A. (1979). School practices that improve race relations. *Journal of Social Issues,* **16,** 169–180.

Slopen, N., Glynn, R. J., Buring, J., & Albert, M. A. (2010, November 23). Job strain, job insecurity, and incident cardiovascular disease in the Women's Health Study (Abstract 18520). *Circulation, A18520* (circ.ahajournals.org).

Slotow, R., Van Dyke, G., Poole, J., Page, B., & Klocke, A. (2000). Older bull elephants control young males. *Nature,* **408,** 425–426.

Slotter, E. B., & Gardner, W. L. (2009). Where do you end and I begin? Evidence for anticipatory, motivated self-other integration between relationship partners. *Journal of Personality and Social Psychology,* **96,** 1137–1151.

Slotter, E. B., Gardner, W. L., & Finkel, E. (2010). Who am I without you? The influence of romantic breakup on the self-concept. *Personality and Social Psychology Bulletin,* **36,** 147–160.

Slovic, P. (1972). From Shakespeare to Simon: Speculations—and some evidence—about man's ability to process information. *Oregon Research Institute Research Bulletin,* **12**(2).

Slovic, P. (2007). "If I look at the mass I will never act": Psychic numbing and genocide. *Judgment and Decision Making,* **2,** 79–95.

Slovic, P., & Fischhoff, B. (1977). On the psychology of experimental surprises. *Journal of Experimental Psychology: Human Perception and Performance,* **3,** 455–551.

Slovic, P., & Västfjäll, D. (2010). Affect, moral intuition, and risk. *Psychological Inquiry,* **21,** 387–398.

Small, M. F. (1999, March 30). Are we losers? Putting a mating theory to the test. *New York Times* (www.nytimes.com).

Smedley, J. W., & Bayton, J. A. (1978). Evaluative race-class stereotypes by race and perceived class of subjects. *Journal of Personality and Social Psychology,* **3,** 530–535.

Smelser, N. J., & Mitchell, F. (Eds.) (2002). *Terrorism: Perspectives from the behavioral and social sciences.* Washington, DC: National Research Council, National Academies Press.

Smith, A. (1976). *The wealth of nations.* Book 1. Chicago: University of Chicago Press. (Originally published, 1776.)

Smith, A. E., & Haney, C. (2011). Getting to the point: Attempting to improve juror comprehension of capital penalty phase instructions. *Law and Human Behavior,* **35,** 339–350.

Smith, D. E., Gier, J. A., & Willis, F. N. (1982). Interpersonal touch and compliance with a marketing request. *Basic and Applied Social Psychology,* **3,** 35–38.

Smith, H. (1976) *The Russians.* New York: Balantine Books. Cited by B. Latané, K. Williams, & S. Harkins in "Many hands make light the work." *Journal of Personality and Social Psychology,* 1979, **37,** 822–832.

Smith, H. J., & Tyler, T. R. (1997). Choosing the right pond: The impact of group membership on self-esteem and group-oriented behavior. *Journal of Experimental Social Psychology,* **33,** 146–170.

Smith, H. W. (1981). Territorial spacing on a beach revisited: A cross-national exploration. *Social Psychology Quarterly,* **44,** 132–137.

Smith, J. (2011, August 14). Lack of empathy made it easier to wreck and rob. *The Independent* (www.independent.co.uk).

Smith, L. G. E., & Postmes, T. (2011). The power of talk: Developing discriminatory group norms through discussion. *British Journal of Social Psychology,* **50,** 193–215.

Smith, M. B. (1978). Psychology and values. *Journal of Social Issues,* **34,** 181–199.

Smith, P. B. (2005). Is there an indigenous European social psychology? *International Journal of Psychology,* **40,** 254–262.

Smith, P. B., & Tayeb, M. (1989). Organizational structure and processes. In M. Bond (Ed.), *The cross-cultural challenge to social psychology.* Newbury Park, CA: Sage.

Smith, R. H., Turner, T. J., Garonzik, R., Leach, C. W., Urch-Druskat, V., & Weston, C. M. (1996). Envy and Schadenfreude. *Personality and Social Psychology Bulletin,* **22,** 158–168.

Smith, S. J., Axelton, A. M., & Saucier, D. A. (2009). The effects of contact on sexual prejudice: A meta-analysis. *Sex Roles,* **61,** 178–191.

Smith, V. L. (1991). Prototypes in the courtroom: Lay representations of legal concepts. *Journal of Personality and Social Psychology,* **61,** 857–872.

Smolowe, J. (1994, August 1). Race and the O. J. case. *Time,* pp. 24–25.

Smoreda, Z., & Licoppe, C. (2000). Gender-specific use of the domestic telephone. *Social Psychology Quarterly,* **63,** 238–252.

Snodgrass, M. A. (1987). The relationships of differential loneliness, intimacy, and characterological attributional style to duration of loneliness. *Journal of Social Behavior and Personality,* **2,** 173–186.

Snopes. (2008, accessed July 30). The naked truth (www.snopes.com/humor/iftrue/pollster.asp).

Snyder, C. R. (1978). The "illusion" of uniqueness. *Journal of Humanistic Psychology,* **18,** 33–41.

Snyder, C. R. (1980). The uniqueness mystique. *Psychology Today,* March, pp. 86–90.

Snyder, C. R., & Fromkin, H. L. (1980). *Uniqueness: The human pursuit of difference.* New York: Plenum.

Snyder, C. R., & Higgins, R. L. (1988). Excuses: Their effective role in the negotiation of reality. *Psychological Bulletin,* **104,** 23–35.

Snyder, C. R., & Smith, T. W. (1986). On being "shy like a fox": A self-handicapping analysis. In W. H. Jones et al. (Eds.), *Shyness: Perspectives on research and treatment.* New York: Plenum.

Snyder, M. (1981). Seek, and ye shall find: Testing hypotheses about other people. In E. T. Higgins, C. P. Herman, & M. P. Zanna (Eds.), *Social cognition: The Ontario symposium on personality and social psychology.* Hillsdale, NJ: Erlbaum.

Snyder, M. (1983). The influence of individuals on situations: Implications for understanding the links between personality and social behavior. *Journal of Personality,* **51,** 497–516.

Snyder, M. (1984). When belief creates reality. In L. Berkowitz (Ed.), *Advances in experimental social psychology* (Vol. 18). New York: Academic Press.

Snyder, M. (1987). *Public appearances/private realities: The psychology of self-monitoring.* New York: Freeman.

Snyder, M. (1988). Experiencing prejudice firsthand: The "discrimination day" experiments. *Contemporary Psychology,* **33,** 664–665.

Snyder, M., Grether, J., & Keller, K. (1974). Staring and compliance: A field experiment on hitch-hiking. *Journal of Applied Social Psychology,* **4,** 165–170.

Snyder, M., & Haugen, J. A. (1994). Why does behavioral confirmation occur? A functional perspective on the role of the perceiver. *Journal of Experimental Social Psychology,* **30,** 218–246.

Snyder, M., & Haugen, J. A. (1995). Why does behavioral confirmation occur? A functional perspective on the role of the target. *Personality and Social Psychology Bulletin,* **21,** 963–974.

Snyder, M., & Ickes, W. (1985). Personality and social behavior. In G. Lindzey & E. Aronson (Eds.), *Handbook of social psychology,* 3rd edition. New York: Random House.

Snyder, M., & Swann, W. B., Jr. (1976). When actions reflect attitudes: The politics of impression management. *Journal of Personality and Social Psychology,* **34,** 1034–1042.

Snyder, M., Tanke, E. D., & Berscheid, E. (1977). Social perception and interpersonal behavior: On the self-fulfilling nature of social stereotypes. *Journal of Personality and Social Psychology,* **35,** 656–666.

Solano, C. H., Batten, P. G., & Parish, E. A. (1982). Loneliness and patterns of self-disclosure. *Journal of Personality and Social Psychology,* **43,** 524–531.

Solberg, E. C., Diener, E., & Robinson, M. D. (2003). Why are materialists less satisfied? In T. Kasser & A. D. Kanner (Eds.), *Psychology and consumer culture: The struggle for a good life in a materialistic world.* Washington, DC: APA Books.

Solberg, E. C., Diener, E., Wirtz, D., Lucas, R. E., & Oishi, S. (2002). Wanting, having, and satisfaction: Examining the role of desire discrepancies in satisfaction with income. *Journal of Personality and Social Psychology,* **83,** 725–734.

Solomon, H., & Solomon, L. Z. (1978). *Effects of anonymity on helping in emergency situations.* Paper presented at the Eastern Psychological Association convention.

Solomon, H., Solomon, L. Z., Arnone, M. M., Maur, B. J., Reda, R. M., & Rother, E. O. (1981). Anonymity and helping. *Journal of Social Psychology,* **113,** 37–43.

Somaiya, R. (2011, August 13). After British riots, conflicting answers as to "why." *New York Times* (www.nytimes.com).

Sommer, R. (1969). *Personal space.* Englewood Cliffs, NJ: Prentice-Hall.

Sommers, S. R. (2006). On racial diversity and group decision making: Identifying multiple effects of racial composition on jury deliberations. *Journal of Personality and Social Psychology,* **90,** 597–612.

Sommers, S. R., & Ellsworth, P. C. (2000). Race in the courtroom: Perceptions of guilt and dispositional attributions. *Personality and Social Psychology Bulletin,* **26,** 1367–1379.

Sommers, S. R., & Ellsworth, P. C. (2001). White juror bias: An investigation of prejudice against Black defendants in the American courtroom. *Psychology, Public Policy, and Law,* **7,** 201–229.

Sonne, J., & Janoff, D. (1979). The effect of treatment attributions on the maintenance of weight reduction: A replication and extension. *Cognitive Therapy and Research,* **3,** 389–397.

Sorokowski, P., & others. (2011). Attractiveness of leg length: Report from 27 nations. *Journal of Cross-Cultural Psychology,* **42,** 131–139.

Sparrell, J. A., & Shrauger, J. S. (1984). Self-confidence and optimism in self-prediction. Paper presented at the American Psychological Association convention.

Spears, R., Ellemers, N., & Doosje, B. (2009). Strength in numbers or less is more? A matter of opinion and a question of taste. *Personality and Social Psychology Bulletin,* **35,** 1099–1111.

Spector, P. E. (1986). Perceived control by employees: A meta-analysis of studies concerning autonomy and participation at work. *Human Relations,* **39,** 1005–1016.

Speer, A. (1971). *Inside the Third Reich: Memoirs* (P. Winston & C. Winston, trans.). New York: Avon Books.

Spence, A., & Townsend, E. (2007). Predicting behaviour towards genetically modified food using implicit and explicit attitudes. *British Journal of Social Psychology,* **46,** 437–457.

Spencer, S. J., Fein, S., Wolfe, C. T., Fong, C., & Dunn, M. A. (1998). Automatic activation of stereotypes: The role of self-image threat. *Personality and Social Psychology Bulletin,* **24,** 1139–1152.

Spencer, S. J., Steele, C. M., & Quinn, D. M. (1999). Stereotype threat and women's math performance. *Journal of Experimental Social Psychology,* **3,** 4–28.

Speth, J. G. (2008). Foreword. In A. A. Leiserowitz & L. O. Fernandez, *Toward a new consciousness: Values to sustain human and natural communities.* New Haven: Yale School of Forestry & Environmental Studies.

Spiegel, H. W. (1971). *The growth of economic thought.* Durham, NC: Duke University Press.

Spielmann, S. S., MacDonald, G., & Wilson, A. E. (2009). On the rebound: Focusing on someone new helps anxiously attached individuals let go of ex-partners. *Personality and Social Psychology Bulletin,* **35,** 1382–1394.

Spitz, H. H. (1999). Beleaguered *Pygmalion:* A history of the controversy over claims that teacher expectancy raises intelligence. *Intelligence,* **27,** 199–234.

Spitzberg, B. H., & Hurt, H. T. (1987). The relationship of interpersonal competence and skills to reported loneliness across time. *Journal of Social Behavior and Personality,* **2,** 157–172.

Spivak, J. (1979, June 6). *Wall Street Journal.*

Sporer, S. L. (2008). Lessons from the origins of eyewitness testimony research in Europe. *Applied Cognitive Psychology,* **22,** 737–757.

Sporer, S. L., & Horry, R. (2011). Recognizing faces from ethnic in-groups and out-groups: Importance of outer face features and effects of retention interval. *Applied Cognitive Psychology*, **25,** 424–431.

Sporer, S. L., Trinkl, B., & Guberova, E. (2007). Matching faces. Differences in processing speed of out-group faces by different ethnic groups. *Journal of Cross-Cultural Psychology*, **38,** 398–412.

Sprecher, S. (1987). The effects of self-disclosure given and received on affection for an intimate partner and stability of the relationship. *Journal of Personality and Social Psychology*, **4,** 115–127.

Sprecher, S., Aron, A., Hatfield, E., Cortese, A., Potapova, E., & Levitskaya, A. (1994). Love: American style, Russian style, and Japanese style. *Personal Relationships*, **1,** 349–369.

Sprecher, S., Sullivan, Q., & Hatfield, E. (1994). Mate selection preferences: Gender differences examined in a national sample. *Journal of Personality and Social Psychology*, **66,** 1074–1080.

Sprecher, S., & Toro-Morn, M. (2002). A study of men and women from different sides of Earth to determine if men are from Mars and women are from Venus in their beliefs about love and romantic relationships. *Sex Roles*, **46,** 131–147.

Srivastava, S., McGonigal, K. M., Richards, J. M., Butler, E. A., & Gross, J. J. (2006). Optimism in close relationships: How seeing things in a positive light makes them so. *Journal of Personality and Social Psychology*, **91,** 143–153.

Stajkovic, A., & Luthans, F. (1998). Self-efficacy and work-related performance: A meta-analysis. *Psychological Bulletin*, **124,** 240–261.

Stalder, D. R. (2008). Revisiting the issue of safety in numbers: The likelihood of receiving help from a group. *Social Influence*, **3,** 24–33.

Stangor, C., Jonas, K., Stroebe, W., & Hewstone, M. (1996). Influence of student exchange on national stereotypes, attitudes and perceived group variability. *European Journal of Social Psychology*, **26,** 663–675.

Stangor, C., Lynch, L., Duan, C., & Glass, B. (1992). Categorization of individuals on the basis of multiple social features. *Journal of Personality and Social Psychology*, **62,** 207–218.

Stanley, D., Phelps, E., & Banaji, M. (2008). The neural basis of implicit attitudes. *Current Directions in Psychological Science*, **17,** 164–170.

Stanovich, K. E., & West, R. F. (2008). On the relative independence of thinking biases and cognitive ability. *Journal of Personality and Social Psychology*, **94,** 672–695.

Stanton, S. J., Beehner, J. C., Saini, E. K., Kuhn, C. M., & LaBar, K. S. (2009). Dominance, politics, and physiology: Voters' testosterone changes on the night of the 2008 United States Presidential election. *PLoS One*, **4(10),** e7543.

Staples, B. (1999a, May 2). When the "paranoids" turn out to be right. *New York Times* (www.nytimes.com).

Staples, B. (1999b, May 24). Why "racial profiling" will be tough to fight. *New York Times* (www.nytimes.com).

Stark, E., Kim, A., Miller, C., & Borgida, E. (2008). Effects of including a graphic warning label in advertisements for reduced-exposure products: Implications for persuasion and policy. *Journal of Applied Social Psychology*, **38,** 281–293.

Stark, R., & Bainbridge, W. S. (1980). Networks of faith: Interpersonal bonds and recruitment of cults and sects. *American Journal of Sociology*, **85,** 1376–1395.

Stasser, G. (1991). Pooling of unshared information during group discussion. In S. Worchel, W. Wood, & J. Simpson (Eds.), *Group process and productivity*. Beverly Hills, CA: Sage.

Stasser, G., Kerr, N. L., & Bray, R. M. (1981). The social psychology of jury deliberations: Structure, process, and product. In N. L. Kerr & R. M. Bray (Eds.), *The psychology of the courtroom.*. New York: Academic Press.

Statistics Canada. (2010). *Victims and persons accused of homicide, by age and sex.* Table 253-0003.

Staub, E. (1978). *Positive social behavior and morality: Social and personal influences* (Vol. 1). Hillsdale, NJ: Erlbaum.

Staub, E. (1989). *The roots of evil: The origins of genocide and other group violence.* Cambridge: Cambridge University Press.

Staub, E. (1991). Altruistic and moral motivations for helping and their translation into action. *Psychological Inquiry*, **2,** 150–153.

Staub, E. (1992). The origins of caring, helping and nonaggression: Parental socialization, the family system, schools, and cultural influence. In S. Oliner & P. Oliner (Eds.), *Embracing the other: Philosophical, psychological, and theological perspectives on altruism.* New York: New York University Press.

Staub, E. (1996). Altruism and aggression in children and youth: Origins and cures. In R. Feldman (Ed.), *The psychology of adversity.* Amherst, MA: University of Massachusetts Press.

Staub, E. (1997a). Blind versus constructive patriotism: Moving from embeddedness in the group to critical loyalty and action. In D. Bar-Tal and E. Staub (Eds.), *Patriotism in the lives of individuals and nations.* Chicago: Nelson-Hall.

Staub, E. (1997b). *Halting and preventing collective violence: The role of bystanders.* Background paper for symposium organized by the Friends of Raoul Wallenberg, Stockholm, June 13–16.

Staub, E. (1999a). Behind the scenes. In D. G. Myers, *Social psychology*, 6th edition. New York: McGraw-Hill.

Staub, E. (1999b). The origins and prevention of genocide, mass killing, and other collective violence. *Peace and Conflict*, **5,** 303–336.

Staub, E. (2003). *The psychology of good and evil: Why children, adults, and groups help and harm others.* New York: Cambridge University Press.

Staub, E. (2005a). The origins and evolution of hate, with notes on prevention. In R. J. Sternberg (Ed.), *The psychology of hate.* Washington, DC: American Psychological Association.

Staub, E. (2005b). The roots of goodness: The fulfillment of basic human needs and the development of caring, helping and nonaggression, inclusive caring, moral courage, active bystandership, and altruism born of suffering. In G. Carlo & C. P. Edwards (Eds.), *Moral motivation through the life span: Theory, research, applications. Nebraska Symposium on Motivation* (Vol. 51). Lincoln, NE: University of Nebraska Press.

Staub, E., & Bar-Tal, D. (2003). Genocide, mass killing, and intractable conflict. In D. Sears, L. Huddy, & R. Jervis (Eds.), *Handbook of political psychology.* New York: Oxford University Press.

Steblay, N., Dysart, J. E., Fulero, S., & Lindsay, R. C. L. (2001). Eyewitness accuracy rates in sequential and simultaneous lineup presentations: A meta-analytic comparison. *Law and Human Behavior*, **25,** 459–473.

Steblay, N. M. (1987). Helping behavior in rural and urban environments: A meta-analysis. *Psychological Bulletin*, **102,** 346–356.

Steblay, N. M., Besirevic, J., Fulero, S. M., & Jimenez-Lorente, B. (1999). The effects of pretrial publicity on juror verdicts: A meta-analytic review. *Law and Human Behavior*, **23,** 219–235.

Steele, C. M. (1988). The psychology of self-affirmation: Sustaining the integrity of the self. In L. Berkowitz (Ed.), *Advances in experimental social psychology* (Vol. 21). Orlando, FL: Academic Press.

Steele, C. M. (1997). A threat in the air: How stereotypes shape intellectual identity and performance. *American Psychologist*, **52,** 613–629.

Steele, C. M. (2010). *Whistling Vivaldi: And other clues to how stereotypes affect us.* New York: Norton.

Steele, C. M., & Aronson, J. (1995). Stereotype threat and the intellectual test performance of African Americans. *Journal of Personality and Social Psychology*, **69**, 797–811.

Steele, C. M., Southwick, L. L., & Critchlow, B. (1981). Dissonance and alcohol: Drinking your troubles away. *Journal of Personality and Social Psychology*, **41**, 831–846.

Steele, C. M., Spencer, S. J., & Aronson, J. (2002). Contending with group image: The psychology of stereotype and social identity threat. In Zanna, M. P. (Ed.), *Advances in experimental social psychology*, **34**, 379-440. San Diego: Academic Press.

Steele, C. M., Spencer, S. J., & Lynch, M. (1993). Self-image resilience and dissonance: The role of affirmational resources. *Journal of Personality and Social Psychology*, **64**, 885–896.

Steffen, P. R., & Masters, K. S. (2005). Does compassion mediate the intrinsic religion-health relationship? *Annals of Behavioral Medicine*, **30**, 217–224.

Stein, A. H., & Friedrich, L. K. (1972). Television content and young children's behavior. In J. P. Murray, E. A. Rubinstein, & G. A. Comstock (Eds.), *Television and social learning*. Washington, DC: Government Printing Office.

Stein, D. D., Hardyck, J. A., & Smith, M. B. (1965). Race and belief: An open and shut case. *Journal of Personality and Social Psychology*, **1**, 281–289.

Steinem, G. (1988). Six great ideas that television is missing. In S. Oskamp (Ed.), *Television as a social issue: Applied Social Psychology Annual* (Vol. 8). Newbury Park, CA: Sage.

Stelter, B. (2008, November 25). Web suicide viewed live and reaction spur a debate. *New York Times* (www.nytimes.com).

Stelzl, M., Janes, L., & Seligman, C. (2008). Champ or chump: Strategic utilization of dual social identities of others. *European Journal of Social Psychology*, **38**, 128–138.

Stephan, C. W., & Stephan, W. G. (1986). Habla Ingles? The effects of language translation on simulated juror decisions. *Journal of Applied Social Psychology*, **16**, 577–589.

Stephan, W. G. (1986). The effects of school desegregation: An evaluation 30 years after *Brown*. In R. Kidd, L. Saxe, & M. Saks (Eds.), *Advances in applied social psychology*. New York: Erlbaum.

Stephan, W. G. (1987). The contact hypothesis in intergroup relations. In C. Hendrick (Ed.), *Group processes and intergroup relations*. Newbury Park, CA: Sage.

Stephan, W. G. (1988). School desegregation: Short-term and long-term effects. Paper presented at the national conference "Opening Doors: An Appraisal of Race Relations in America," University of Alabama.

Stephan, W. G., Berscheid, E., & Walster, E. (1971). Sexual arousal and heterosexual perception. *Journal of Personality and Social Psychology*, **20**, 93–101.

Stephens, N. M., Markus, H. R., & Townsend, S. S. M. (2007). Choice as an act of meaning: The case of social class. *Journal of Personality and Social Psychology*, **93**, 814–830.

Sternberg, R. J. (1988). Triangulating love. In R. J. Sternberg & M. L. Barnes (Eds.), *The psychology of love*. New Haven, CT: Yale University Press.

Sternberg, R. J. (1998). *Cupid's arrow: The course of love through time*. New York: Cambridge University Press.

Sternberg, R. J. (2003). A duplex theory of hate and its development and its application to terrorism, massacres, and genocide. *Review of General Psychology*, **7**, 299–328.

Sternberg, R. J., & Grajek, S. (1984). The nature of love. *Journal of Personality and Social Psychology*, **47**, 312–329.

Stevenage, S. V., Howland, A., & Tippelt, A. (2011). Interference in eyewitness and earwitness recognition. *Applied Cognitive Psychology*, **25**, 112–118.

Stewart, K. D., & Bernhardt, P. C. (2010). Comparing Millennials to pre-1987 students and with one another. *North American Journal of Psychology*, **12**, 579–602.

Stewart-Williams, S. (2007). Altruism among kin vs. nonkin: Effects of cost of help and reciprocal exchange. *Evolution and Human Behavior*, **28**, 193–198.

Stiglitz, J. (2009, September 13). Towards a better measure of well-being. *Financial Times* (www.ft.com).

Stillinger, C., Epelbaum, M., Keltner, D., & Ross, L. (1991). The "reactive devaluation" barrier to conflict resolution. Unpublished manuscript, Stanford University.

Stillman, T. F., Baumeister, R. F., Vohs, K. D., Lambert, N. M., Fincham, F. D., & Brewer, L. E. (2010). Personal philosophy and personnel achievement: Belief in free will predicts better job performance. *Social Psychological and Personality Science*, **1**, 43–50.

Stinson, D. A., Cameron, J. J., Wood, J. V., Gaucher, D., & Holmes, J. G. (2009). Deconstructing the "reign of error": Interpersonal warmth explains the self-fulfilling prophecy of anticipated acceptance. *Personality and Social Psychology Bulletin*, **35**, 1165–1178.

Stinson, D. A., Logel, C., Shepherd, S., & Zanna, M. P. (2011). Rewriting the self-fulfilling prophecy of social rejection: Self-affirmation improves relational security and social behavior up to 2 months later. *Psychological Science*, **22**, 1145–1149.

Stinson, V., Devenport, J. L., Cutler, B. L., & Kravitz, D. A. (1996). How effective is the presence-of-counsel safeguard? Attorney perceptions of suggestiveness, fairness, and correctability of biased lineup procedures. *Journal of Applied Psychology*, **81**, 64–75.

Stinson, V., Devenport, J. L., Cutler, B. L., & Kravitz, D. A. (1997). How effective is the motion-to-suppress safeguard? Judges' perceptions of the suggestiveness and fairness of biased lineup procedures. *Journal of Personality and Social Psychology*, **82**, 211–220.

Stirrat, M., & Perrett, D. I. (2010). Valid facial cues to cooperation and trust: Male facial width and trustworthiness. *Psychological Science*, **21**, 349–354.

Stix, G. (2008, March). When markets beat the polls. *Scientific American Mind*, pp. 38–45.

Stockdale, J. E. (1978). Crowding: Determinants and effects. In L. Berkowitz (Ed.), *Advances in experimental social psychology* (Vol. 11). New York: Academic Press.

Stocks, E. L., Lishner, D. A., & Decker, S. K. (2009). Altruism or psychological escape: Why does empathy promote prosocial behavior? *European Journal of Social Psychology*, **39**, 649–665.

Stokes, J., & Levin, I. (1986). Gender differences in predicting loneliness from social network characteristics. *Journal of Personality and Social Psychology*, **51**, 1069–1074.

Stolberg, S. G. (2011, August 13). You want compromise? Sure you do [reporting David Wasserman's analysis for the Cook Political Report]. *New York Times* (www.nytimes.com).

Stone, A. A., Hedges, S. M., Neale, J. M., & Satin, M. S. (1985). Prospective and cross-sectional mood reports offer no evidence of a "blue Monday" phenomenon. *Journal of Personality and Social Psychology*, **49**, 129–134.

Stone, A. L., & Glass, C. R. (1986). Cognitive distortion of social feedback in depression. *Journal of Social and Clinical Psychology*, **4**, 179–188.

Stone, J. (2000, November 6). Quoted by Sharon Begley, The stereotype trap. *Newsweek*.

Stone, J., Lynch, C. I., Sjomeling, M., & Darley, J. M. (1999). Stereotype threat effects on Black and White athletic performance. *Journal of Personality and Social Psychology*, **77**, 1213–1227.

Stone, L. (1977). *The family, sex and marriage in England, 1500–1800.* New York: Harper & Row.

Stoner, J. A. F. (1961). *A comparison of individual and group decisions involving risk.* Unpublished master's thesis, Massachusetts Institute of Technology. Cited by D. G. Marquis in Individual responsibility and group decisions involving risk, *Industrial Management Review,* **3,** 8–23.

Storms, M. D., & Thomas, G. C. (1977). Reactions to physical closeness. *Journal of Personality and Social Psychology,* **35,** 412–418.

Stouffer, S. A., Suchman, E. A., DeVinney, L. C., Star, S. A., & Williams, R. M., Jr. (1949). *The American soldier: Adjustment during army life* (Vol. 1.). Princeton, NJ: Princeton University Press.

Stout, J. G., Dasgupta, N., Hunsinger, M., & McManus, M. A. (2011). STEMing the tide: Using ingroup experts to inoculate women's self-concept in science, technology, engineering, and mathematics (STEM). *Journal of Personality and Social Psychology,* **100,** 255–270.

Stowell, J. R., Oldham, T., & Bennett, D. (2010). Using student response systems ("clickers") to combat conformity and shyness. *Teaching of Psychology,* **37,** 135–140.

Strack, F., & Deutsch, R. (2004). Reflective and impulsive determinants of social behavior. *Personality and Social Psychology Review,* **8**(3), 220–247.

Strack, S., & Coyne, J. C. (1983). Social confirmation of dysphoria: Shared and private reactions to depression. *Journal of Personality and Social Psychology,* **44,** 798–806.

Strasburger, V. C., Jordan, A. B., & Donnerstein, E. (2010). Health effects of media on children and adolescents. *Pediatrics,* **125,** 756–767.

Straus, M. A., & Gelles, R. J. (1980). *Behind closed doors: Violence in the American family.* New York: Anchor/Doubleday.

Strick, M., Dijksterhuis, A., & van Baaren, R. B. (2010). Unconscious-thought effects take place off-line, not on-line. *Psychological Science,* **21,** 484–488.

Strick, M., van Baaren, R. B., Holland, R. W., & van Knippenberg, A. (2009). Humor in advertisements enhances product liking by mere association. *Journal of Experimental Psychology: Applied,* **15,** 35–45.

Stroebe, W. (2012). The truth about Triplett (1898), but nobody seems to care. *Perspectives on Psychological Science,* **7,** 54–57.

Stroebe, W., & Diehl, M. (1994). Productivity loss in idea-generating groups. In W. Stroebe & M. Hewstone (Eds.), *European review of social psychology* (Vol. 5). Chichester, UK: Wiley.

Stroebe, W., Stroebe, M., Abakoumkin, G., & Schut, H. (1996). The role of loneliness and social support in adjustment to loss: A test of attachment versus stress theory. *Journal of Personality and Social Psychology,* **70,** 1241–1249.

Stroessner, S. J., Hamilton, D. L., & Lepore, L. (1990). Intergroup categorization and intragroup differentiation: Ingroup-outgroup differences. Paper presented at the American Psychological Association convention.

Stroessner, S. J., & Mackie, D. M. (1993). Affect and perceived group variability: Implications for stereotyping and prejudice. In D. M. Mackie & D. L. Hamilton (Eds.), *Affect, cognition, and stereotyping: Interactive processes in group perception.* San Diego: Academic Press.

Strong, S. R. (1968). Counseling: An interpersonal influence process. *Journal of Counseling Psychology,* **17,** 81–87.

Strong, S. R. (1978). Social psychological approach to psychotherapy research. In S. L. Garfield & A. E. Bergin (Eds.), *Handbook of psychotherapy and behavior change,* 2nd edition. New York: Wiley.

Strong, S. R. (1991). Social influence and change in therapeutic relationships. In C. R. Snyder & D. R. Forsyth (Eds.), *Handbook of social and clinical psychology.* New York: Pergamon.

Strong, S. R., Welsh, J. A., Corcoran, J. L., & Hoyt, W. T. (1992). Social psychology and counseling psychology: The history, products, and promise of an interface. *Journal of Personality and Social Psychology,* **39,** 139–157.

Stroufe, B., Chaikin, A., Cook, R., & Freeman, V. (1977). The effects of physical attractiveness on honesty: A socially desirable response. *Personality and Social Psychology,* **3,** 59–62.

Strube, M. J. (2005). What did Triplett really find? A contemporary analysis of the first experiment in social psychology. *American Journal of Psychology,* **118,** 271–286.

Stukas, A. A., Snyder, M., & Clary, E. G. (1999). The effects of "mandatory volunteerism" on intentions to volunteer. *Psychological Science,* **10,** 59–64.

Su, R., Rounds, J., & Armstrong, P. I. (2009). Men and things, women and people: A meta-analysis of sex differences in interests. *Psychological Bulletin,* **135,** 859–884.

Sue, S., Smith, R. E., & Caldwell, C. (1973). Effects of inadmissible evidence on the decisions of simulated jurors: A moral dilemma. *Journal of Applied Social Psychology,* **3,** 345–353.

Suedfeld, P. (2000). Reverberations of the Holocaust fifty years later: Psychology's contributions to understanding persecution and genocide. *Canadian Psychology,* **41,** 1–9.

Sullivan, A. (1999, September 26). What's so bad about hate? *New York Times Magazine* (www.nytimes.com).

Suls, J., & Tesch, F. (1978). Students' preferences for information about their test performance: A social comparison study, *Journal of Applied Social Psychology,* **8,** 189–197.

Summers, G., & Feldman, N. S. (1984). Blaming the victim versus blaming the perpetrator: An attributional analysis of spouse abuse. *Journal of Social and Clinical Psychology,* **2,** 339–347.

Sun, C., Bridges, A., Wosnitzer, R., Scharrer, E., & Liberman, R. (2008). A comparison of male and female directors in popular pornography: What happens when women are at the helm? *Psychology of Women Quarterly,* **32,** 312–325.

Sundie, J. M., Kenrick, D. T., Griskevicius, V., Tybur, J. M., Vohs, K. D., & Beal, D. J. (2011). Peacocks, porches, and Thorstein Veblen: Conspicuous consumption as a sexual signaling system. *Journal of Personality and Social Psychology,* **100,** 664–680.

Sunstein, C. R. (2001). Republic.com. Princeton, NJ: Princeton University Press.

Sunstein, C. R. (2007a). Group polarization and 12 angry men. *Negotiation Journal,* **23,** 443–447.

Sunstein, C. R. (2007b). On the divergent American reactions to terrorism and climate change. *Columbia Law Review,* **107,** 503–557.

Sunstein, C. R. (2009). *Going to extremes: How like minds unite and divide.* New York: Oxford University Press.

Sunstein, C. R., & Hastie, R. (2008). *Four failures of deliberating groups.* Economics Working Paper Series, University of Chicago Law School (www.law.uchicago.edu).

Sunstein, C. R., Schkade, D., & Ellman, L. M. (2004). Ideological voting on federal courts of appeals: A preliminary investigation. *Virginia Law Review,* **90,** 301–354.

Surowiecki, J. (2004). *The wisdom of crowds.* New York: Doubleday.

Sussman, N. M. (2000). The dynamic nature of cultural identity throughout cultural transitions: Why home is not so sweet. *Personality and Social Psychology Review,* **4,** 355–373.

Svenson, O. (1981). Are we all less risky and more skillful than our fellow drivers? *Acta Psychologica,* **47,** 143–148.

Swami, V., Chan, F., Wong, V., Furnham, A., & Tovée, M. J. (2008). Weight-based discrimination in occupational hiring and helping behavior. *Journal of Applied Social Psychology,* **38,** 968–981.

Swann, W. B., Jr. (1996). *Self-traps: The elusive quest for higher self-esteem.* New York: Freeman.

Swann, W. B., Jr. (1997). The trouble with change: Self-verification and allegiance to the self. *Psychological Science,* **8,** 177–180.

Swann, W. B., Jr., & Gill, M. J. (1997). Confidence and accuracy in person perception: Do we know what we think we know about our relationship partners? *Journal of Personality and Social Psychology,* **73,** 747–757.

Swann, W. B., Jr., & Pelham, B. (2002, July–September). Who wants out when the going gets good? Psychological investment and preference for self-verifying college roommates. *Self and Identity,* **1,** 219–233.

Swann, W. B., Jr., & Predmore, S. C. (1985). Intimates as agents of social support: Sources of consolation or despair? *Journal of Personality and Social Psychology,* **49,** 1609–1617.

Swann, W. B., Jr., & Read, S. J. (1981). Acquiring self-knowledge: The search for feedback that fits. *Journal of Personality and Social Psychology,* **41,** 1119–1128.

Swann, W. B., Jr., Chang-Schneider, C., & Angulo, S. (2007). Self-verification in relationships as an adaptive process. In J. Wood, A. Tesser, & J. Holmes (Eds.), *Self and relationships.* New York: Psychology Press.

Swann, W. B., Jr., Gómez, Á., Seyle, D. C., Morales, J. F., & Huici, C. (2009). Identity fusion: The interplay of personal and social identities in extreme group behavior. *Journal of Personality and Social Psychology,* **96,** 995–1011.

Swann, W. B., Jr., Rentfrow, P. J., & Gosling, S. D. (2003). The precarious couple effect: Verbally inhibited men + critical, disinhibited women = bad chemistry. *Journal of Personality and Social Psychology,* **85,** 1095–1106.

Swann, W. B., Jr., Sellers, J. G., & McClarty, K. L. (2006). Tempting today, troubling tomorrow: The roots of the precarious couple effect. *Personality and Social Psychology Bulletin,* **32,** 93–103.

Swann, W. B., Jr., Stein-Seroussi, A., & Giesler, R. B. (1992a). Why people self-verify. *Journal of Personality and Social Psychology,* **62,** 392–401.

Swann, W. B., Jr., Stein-Seroussi, A., & McNulty, S. E. (1992b). Outcasts in a white lie society. The enigmatic worlds of people with negative self-conceptions. *Journal of Personality and Social Psychology,* **62,** 618–624.

Swann, W. B., Jr., Wenzlaff, R. M., Krull, D. S., & Pelham, B. W. (1991). Seeking truth, reaping despair: Depression, self-verification and selection of relationship partners. *Journal of Abnormal Psychology,* **101,** 293–306.

Swap, W. C. (1977). Interpersonal attraction and repeated exposure to rewarders and punishers. *Personality and Social Psychology Bulletin,* **3,** 248–251.

Sweeney, J. (1973). An experimental investigation of the free rider problem. *Social Science Research,* **2,** 277–292.

Sweeney, P. D., Anderson, K., & Bailey, S. (1986). Attributional style in depression: A meta-analytic review. *Journal of Personality and Social Psychology,* **50,** 947–991.

Sweeny, K., Melnyk, D., Miller, W., & Shepperd, J. A. (2010). Information avoidance: Who, what, when, and why. *Review of General Psychology,* **14,** 340–353.

Swets, J. A., Dawes, R. M., & Monahan, J. (2000). Psychological science can improve diagnostic decisions. *Psychological Science in the Public Interest,* **1,** 1–26.

Swim, J., Borgida, E., Maruyama, G., & Myers, D. G. (1989). Joan McKay vs. John McKay: Do gender stereotypes bias evaluations? *Psychological Bulletin,* **105,** 409–429.

Swim, J. K. (1994). Perceived versus meta-analytic effect sizes: An assessment of the accuracy of gender stereotypes. *Journal of Personality and Social Psychology,* **66,** 21–36.

Swim, J. K., Aikin, K. J., Hall, W. S., & Hunter, B. A. (1995). Sexism and racism: Old-fashioned and modern prejudices. *Journal of Personality and Social Psychology,* **68,** 199–214.

Swim, J. K., & Cohen, L. L. (1997). Overt, covert, and subtle sexism. *Psychology of Women Quarterly,* **21,** 103–118.

Swim, J. K., Cohen, L. L., & Hyers, L. L. (1998). Experiencing everyday prejudice and discrimination. In J. K. Swim & C. Stangor (Eds.), *Prejudice: The target's perspective.* San Diego: Academic Press.

Swim, J. K., & Hyers, L. L. (1999). Excuse me—What did you just say?!: Women's public and private reactions to sexist remarks. *Journal of Experimental Social Psychology,* **35,** 68–88.

Swindle, R., Jr., Heller, K., Bescosolido, B., & Kikuzawa, S. (2000). Responses to nervous breakdowns in America over a 40-year period: Mental health policy implications. *American Psychologist,* **55,** 740–749.

Symons, D. (1979). *The evolution of human sexuality.* New York: Oxford University Press.

t'Hart, P. (1998). Preventing groupthink revisited: Evaluating and reforming groups in government. *Organizational Behavior and Human Decision Processes,* **73,** 306–326.

Tafarodi, R. W., Lo, C., Yamaguchi, S., Lee, W. W-S., & Katsura, H. (2004). The inner self in three countries. *Journal of Cross-Cultural Psychology,* **35,** 97–117.

Tajfel, H. (1970, November). Experiments in intergroup discrimination. *Scientific American,* pp. 96–102.

Tajfel, H. (1981). *Human groups and social categories: Studies in social psychology.* London: Cambridge University Press.

Tajfel, H. (1982). Social psychology of intergroup relations. *Annual Review of Psychology,* **33,** 1–39.

Tajfel, H., & Billig, M. (1974). Familiarity and categorization in intergroup behavior. *Journal of Experimental Social Psychology,* **10,** 159–170.

Talbert, B. (1997, February 2). Bob Talbert's quote bag. *Detroit Free Press,* p. 5E, quoting *Allure* magazine.

Talbot, M. (2002, June 2). Hysteria hysteria. *The New York Times Magazine.* www.nytimes.com, 42.

Tamres, L. K., Janicki, D., & Helgeson, V. S. (2002). Sex differences in coping behavior: A meta-analytic review and an examination of relative coping. *Personality and Social Psychology Review,* **6,** 2–30.

Tan, H. H., & Tan, M. L. (2008). Organizational citizenship behavior and social loafing: The role of personality, motives, and contextual factors. *Journal of Psychology,* **142,** 89–108.

Tang, S-H., & Hall, V. C. (1995). The overjustification effect: A meta-analysis. *Applied Cognitive Psychology,* **9,** 365–404.

Tanke, E. D., & Tanke, T. J. (1979). Getting off a slippery slope: Social science in the judicial processes. *American Psychologist,* **34,** 1130–1138.

Tannen, D. (1990). *You just don't understand: Women and men in conversation.* New York: Morrow.

Tanner, R. J., Ferraro, R., Chartrand, T. L., Bettman, J. R., & Van Barren, R. (2008). Of chameleons and consumption: The impact of mimicry on choice and preferences. *Journal of Consumer Research,* **34,** 754–766.

Tapp, J. L. (1980). Psychological and policy perspectives on the law: Reflections on a decade. *Journal of Social Issues,* **36**(2), 165–192.

Tarrant, M., Dazeley, S., & Cottom, T. (2009). Social categorization and empathy for outgroup members. *British Journal of Social Psychology,* **48,** 427–446.

Taubes, G. (1992). Violence epidemiologists tests of hazards of gun ownership. *Science,* **258,** 213–215.

Tausch, N., Hewstone, M., Kenworthy, J. B., Psaltis, C., Schmid, K., Popan, J. R., Cairns, E., & Hughes, J. (2010). Secondary transfer effects of intergroup contact: Alternative accounts and underlying processes. *Journal of Personality and Social Psychology,* **99,** 282–302.

Tavris, C., & Aronson, E. (2007). *Mistakes were made (but not by me): Why we justify foolish beliefs, bad decisions, and hurtful acts.* New York: Harcourt.

Tay, L., & Diener, E. (2011). Needs and subjective well-being around the world. *Journal of Personality and Social Psychology,* **101,** 354–365.

Taylor, D. A., Gould, R. J., & Brounstein, P. J. (1981). Effects of personalistic self-disclosure. *Personality and Social Psychology Bulletin,* **7,** 487–492.

Taylor, D. M., & Doria, J. R. (1981). Self-serving and group-serving bias in attribution. *Journal of Social Psychology,* **113,** 201–211.

Taylor, L. S., Fiore, A. T., Mendelsohn, G. A., & Cheshire, C. (2011). "Out of my league": A real-world test of the matching hypothesis. *Personality and Social Psychology Bulletin,* **37,** 942–954.

Taylor, S. E. (1981). A categorization approach to stereotyping. In D. L. Hamilton (Ed.), *Cognitive processes in stereotyping and intergroup behavior.* Hillsdale, NJ: Erlbaum.

Taylor, S. E. (1989). *Positive illusions: Creative self-deception and the healthy mind.* New York: Basic Books.

Taylor, S. E. (2002). The tending instinct: How nurturing is essential to who we are and how we live. New York: Times Books.

Taylor, S. E., Crocker, J., Fiske, S. T., Sprinzen, M., & Winkler, J. D. (1979). The generalizability of salience effects. *Journal of Personality and Social Psychology,* **37,** 357–368.

Taylor, S. E., & Fiske, S. T. (1978). Salience, attention, and attribution: Top of the head phenomena. In L. Berkowitz (Ed.), *Advances in experimental social psychology* (Vol. 11). New York: Academic Press.

Taylor, S. E., Fiske, S. T., Etcoff, N. L., & Ruderman, A. J. (1978). Categorical and contextual bases of person memory and stereotyping. *Journal of Personality and Social Psychology,* **36,** 778–793.

Taylor, S. E., Lerner, J. S., Sherman, D. K., Sage, R. M., & McDowell, N. K. (2003a). Are self-enhancing cognitions associated with healthy or unhealthy biological profiles? *Journal of Personality and Social Psychology* **85,** 605–615.

Taylor, S. E., Lerner, J. S., Sherman, D. K., Sage, R. M., & McDowell, N. K. (2003b). Portrait of the self-enhancer: Well adjusted and well liked or maladjusted and friendless? *Journal of Personality and Social Psychology,* **84,** 165–176.

Taylor, S. E., Repetti, R. L., & Seeman, T. (1997). Health psychology: What is an unhealthy environment and how does it get under the skin? *Annual Review of Psychology,* **48,** 411–447.

Taylor, S. E., Saphire-Bernstein, S., & Seeman, T. E. (2010). Are plasma oxytocin in women and plasma vasopressin in men biomarkers of distressed pair-bond relationships? *Psychological Science,* **21,** 3–7.

Taylor, S. P., & Chermack, S. T. (1993). Alcohol, drugs and human physical aggression. *Journal of Studies on Alcohol,* Supplement No. 11, 78–88.

Technical Working Group for Eyewitness Evidence. (1999). *Eyewitness evidence: A guide for law enforcement.* A research report of the U.S. Department of Justice, Office of Justice Programs, National Institute of Justice.

Tedeschi, J. T., Nesler, M., & Taylor, E. (1987). Misattribution and the bogus pipeline: A test of dissonance and impression management theories. Paper presented at the American Psychological Association convention.

Teger, A. I. (1980). *Too much invested to quit.* New York: Pergamon.

Teigen, K. H. (1986). Old truths or fresh insights? A study of students' evaluations of proverbs. *British Journal of Social Psychology,* **25,** 43–50.

Teigen, K. H., Evensen, P. C., Samoilow, D. K., & Vatne, K. B. (1999). Good luck and bad luck: How to tell the difference. *European Journal of Social Psychology,* **29,** 981–1010.

Telch, M. J., Killen, J. D., McAlister, A. L., Perry, C. L., & Maccoby, N. (1981). *Long-term follow-up of a pilot project on smoking prevention with adolescents.* Paper presented at the American Psychological Association convention.

Tennen, H., & Affleck, G. (1987). The costs and benefits of optimistic explanations and dispositional optimism. *Journal of Personality,* **55,** 377–393.

Tenney, E. R., MacCoun, R. J., Spellman, B. A., & Hastie, R. (2007). Calibration trumps confidence as a basis for witness credibility. *Psychological Science,* **18,** 46–50.

Tennov, D. (1979). *Love and limerence: The experience of being in love.* New York: Stein & Day.

Terracciano, A., & 86 others. (2005). National character does not reflect mean personality trait levels in 49 cultures. *Science,* **310,** 96–100.

Tesser, A. (1988). Toward a self-evaluation maintenance model of social behavior. In L. Berkowitz (Ed.), *Advances in experimental social psychology* (Vol. 21). San Diego, CA: Academic Press.

Tesser, A., Martin, L., & Mendolia, M. (1995). The impact of thought on attitude extremity and attitude-behavior consistency. In R. E. Petty & J. A Krosnick (Eds.), *Attitude strength: Antecedents and consequences.* Hillsdale, NJ: Erlbaum.

Tesser, A., Millar, M., & Moore, J. (1988). Some affective consequences of social comparison and reflection processes: The pain and pleasure of being close. *Journal of Personality and Social Psychology,* **54,** 49–61.

Tesser, A., Rosen, S., & Conlee, M. C. (1972). News valence and available recipient as determinants of news transmission. *Sociometry,* **35,** 619–628.

Testa, M. (2002). The impact of men's alcohol consumption on perpetration of sexual aggression. *Clinical Psychology Review,* **22,** 1239–1263.

Tetlock, P. E. (1983). Accountability and complexity of thought. *Journal of Personality and Social Psychology,* **45,** 74-83.

Tetlock, P. E. (1985). Integrative complexity of American and Soviet foreign policy rhetoric: A time-series analysis. *Journal of Personality and Social Psychology,* **49,** 1565–1585.

Tetlock, P. E. (1988). Monitoring the integrative complexity of American and Soviet policy rhetoric: What can be learned? *Journal of Social Issues,* **44,** 101–131.

Tetlock, P. E. (1998). Close-call counterfactuals and belief-system defenses: I was not almost wrong but I was almost right. *Journal of Personality and Social Psychology,* **75,** 639–652.

Tetlock, P. E. (1999). Theory-driven reasoning about plausible pasts and probable futures in world politics: Are we prisoners of our preconceptions? *American Journal of Political Science,* **43,** 335–366.

Tetlock, P. E. (2005). *Expert political judgment: How good is it? How can we know?* Princeton, NJ: Princeton University Press.

Tetlock, P. E., Peterson, R. S., McGuire, C., Chang, S., & Feld, P. (1992). Assessing political group dynamics: A test of the groupthink model. *Journal of Personality and Social Psychology,* **63,** 403–425.

Thakar, M., & Epstein, M. (2011, November 16). *How love emerges in arranged marriages: A follow-up cross-cultural study.* Paper presented to the National Council on Family Relations.

Thelwall, M. (2008). Social networks, gender and friending: An analysis of MySpace member profiles. *Journal of the American Society for Information Science and Technology,* **59,** 1321–1330.

Thomas, E. F., & McGarty, C. A. (2009). The role of efficacy and moral outrage norms in creating the potential for international development activism through group-based interaction. *British Journal of Psychology,* **48,** 115–134.

Thomas, K. W., & Pondy, L. R. (1977). Toward an "intent" model of conflict management among principal parties. *Human Relations,* **30,** 1089–1102.

Thomas, L. (1971). Notes of a biology watcher: A fear of pheromones. *New England Journal of Medicine,* **285,** 292–293.

Thompson, L. (1990a). An examination of naive and experienced negotiators. *Journal of Personality and Social Psychology,* **59,** 82–90.

Thompson, L. (1990b). The influence of experience on negotiation performance. *Journal of Experimental Social Psychology,* **26,** 528–544.

Thompson, L., Valley, K. L., & Kramer, R. M. (1995). The bittersweet feeling of success: An examination of social perception in negotiation. *Journal of Experimental Social Psychology,* **31,** 467–492.

Thompson, L. L., & Crocker, J. (1985). Prejudice following threat to the self-concept. Effects of performance expectations and attributions. Unpublished manuscript, Northwestern University.

Thompson, S. C., Armstrong, W., & Thomas, C. (1998). Illusions of control, underestimations, and accuracy: A control heuristic explanation. *Psychological Bulletin,* **123,** 143–161.

Thompson, W. C., Cowan, C. L., & Rosenhan, D. L. (1980). Focus of attention mediates the impact of negative affect on altruism. *Journal of Personality and Social Psychology,* **38,** 291–300.

Thompson, W. C., Fong, G. T., & Rosenhan, D. L. (1981). Inadmissible evidence and juror verdicts. *Journal of Personality and Social Psychology,* **40,** 453–463.

Thompson, W. C., & Schumann, E. L. (1987). Interpretation of statistical evidence in criminal trials. *Law and Human Behavior,* **11,** 167–187.

Thomson, R., & Murachver, T. (2001). Predicting gender from electronic discourse. *British Journal of Social Psychology,* **40,** 193–208 (and personal correspondence from T. Murachver, May 23, 2002).

Thornton, B., & Maurice, J. (1997). Physique contrast effect: Adverse impact of idealized body images for women. *Sex Roles,* **37,** 433–439.

Tice, D. M., Butler, J. L., Muraven, M. B., & Stillwell, A. M. (1995). When modesty prevails: Differential favorability of self-presentation to friends and strangers. *Journal of Personality and Social Psychology,* **69,** 1120–1138.

Tideman, S. (2003, undated). Announcement of Operationalizing Gross National Happiness conference, February 18–20, 2004. Distributed via the Internet.

Tilcsik, A. (2011). Pride and prejudice: Employment discrimination against openly gay men in the United States. *American Journal of Sociology,* **117,** 586–626.

Time. (1992, March 30). The not so merry wife of Windsor, pp. 38–39.

Time. (1994, November 7). Vox pop (poll by Yankelovich Partners Inc.), p. 21.

Timmerman, T. A. (2007). "It was a thought pitch": Personal, situational, and target influences on hit-by-pitch events across time. *Journal of Applied Psychology,* **92,** 876–884.

Tindale, R. S., Davis, J. H., Vollrath, D. A., Nagao, D. H., & Hinsz, V. B. (1990). Asymmetrical social influence in freely interacting groups: A test of three models. *Journal of Personality and Social Psychology,* **58,** 438–449.

Tobin, R. J., & Eagles, M. (1992). U.S. and Canadian attitudes toward international interactions: A cross-national test of the double-standard hypothesis. *Basic and Applied Social Psychology,* **13,** 447–459.

Toburen, T., & Meier, B. P. (2010). Priming God-related concepts increases anxiety and task persistence. *Journal of Social and Clinical Psychology,* **29,** 127–143.

Todd, A. R., Bodenhausen, G. V., Richeson, J. A., & Galinsky, A. D. (2011). Perspective taking combats automatic expressions of racial bias. *Journal of Personality and Social Psychology,* **100,** 1027–1042.

Todorov, A. (2011). Evaluating faces on social dimensions. In A. Todorov, S. T. Fiske, & D. A. Prentice (Eds.), *Social neuroscience: Toward understanding the underpinnings of the social mind.* New York: Oxford University Press.

Todorov, A., Mandisodza, A. N., Goren, A., & Hall, C. C. (2005). Inferences of competence from faces predict election outcomes. *Science,* **308,** 1623–1626.

Tomasello, M. (2009). *Why we cooperate.* Boston: MIT Press.

Tormala, Z. L., Brinol, P., & Petty, R. E. (2006). When credibility attacks: The reverse impact of source credibility on persuasion. *Journal of Experimental Social Psychology,* **42,** 684–691.

Tormala, Z. L., Clarkson, J. J., & Petty, R. E. (2006). Resisting persuasion by the skin of one's teeth: The hidden success of resisted persuasive messages. *Journal of Personality and Social Psychology,* **91,** 423–435.

Toronto News. (1977, July 26).

Totterdell, P., Kellett, S., Briner, R. B., & Teuchmann, K. (1998). Evidence of mood linkage in work groups. *Journal of Personality and Social Psychology,* **74,** 1504–1515.

Towles-Schwen, T., & Fazio, R. H. (2006). Automatically activated racial attitudes as predictors of the success of interracial roommate relationships. *Journal of Experimental Social Psychology,* **42,** 698–705.

Towson, S. M. J., & Zanna, M. P. (1983). Retaliation against sexual assault: Self-defense or public duty? *Psychology of Women Quarterly,* **8,** 89–99.

Trail, T. E., Shelton, J. N., & West, T. V. (2009). Interracial roommate relationships: Negotiating daily interactions. *Personality and Social Psychology Bulletin,* **35,** 671–684.

Trautwein, U., & Lüdtke, O. (2006). Self-esteem, academic self-concept, and achievement: How the learning environment moderates the dynamics of self-concept. *Journal of Personality and Social Psychology,* **90,** 334–349.

Travis, L. E. (1925). The effect of a small audience upon eye-hand coordination. *Journal of Abnormal and Social Psychology,* **20,** 142–146.

Trawalter, S., Todd, A. R., Baird, A. A., & Richeson, J. A. (2008). Attending to threat: Race-based patterns of selective attention. *Journal of Experimental Social Psychology,* **44,** 1322–1327.

Tredoux, C., & Finchilescu, G. (2010). Mediators of the contact-prejudice relation amongst South African students on four university campuses. *Journal of Social Issues,* **66,** 289–308.

Trewin, D. (2001). *Australian social trends 2001.* Canberra: Australian Bureau of Statistics.

Triandis, H. C. (1981). Some dimensions of intercultural variation and their implications for interpersonal behavior. Paper presented at the American Psychological Association convention.

Triandis, H. C. (1982). Incongruence between intentions and behavior: A review. Paper presented at the American Psychological Association convention.

Triandis, H. C. (1994). *Culture and social behavior.* New York: McGraw-Hill.

Triandis, H. C. (2000). Culture and conflict. *International Journal of Psychology,* **55,** 145–152.

Triandis, H. C., Bontempo, R., Villareal, M. J., Asai, M., & Lucca, N. (1988). Individualism and collectivism: Cross-cultural perspectives on self-ingroup relationships. *Journal of Personality and Social Psychology,* **54,** 323–338.

Trimble, D. E. (1993). *Meta-analysis of altruism and intrinsic and extrinsic* *religiousness.* Paper presented at the Eastern Psychological Association convention.

Triplett, N. (1898). The dynamogenic factors in pacemaking and competition. *American Journal of Psychology,* **9,** 507–533.

Trolier, T. K., & Hamilton, D. L. (1986). Variables influencing judgments of correlational relations. *Journal of Personality and Social Psychology,* **50,** 879–888.

Tropp, L. R., & Pettigrew, T. F. (2005a). Differential relationships between intergroup contact and affective and cognitive dimensions of prejudice. *Personality and Social Psychology Bulletin,* **31,** 1145–1158.

Tropp, L. R., & Pettigrew, T. F. (2005b). Relationships between intergroup contact and prejudice among minority and majority status groups. *Psychological Science,* **16,** 951–957.

Trost, M. R., Maass, A., & Kenrick, D. T. (1992). Minority influence: Personal relevance biases cognitive processes and reverses private acceptance. *Journal of Experimental Social Psychology,* **28,** 234–254.

Trzesniewski, K. H., & Donnellan, M. B. (2010). Rethinking "Generation Me": A study of cohort effects from 1976–2006. *Perspectives in Psychological Science,* **5,** 58–75.

Trzesniewski, K. H., Donnellan, M. B., Moffitt, T. E., Robins, R. W., Poulton, R., & Caspi, A. (2006). Low self-esteem during adolescence predicts poor health, criminal behavior, and limited economic prospects during adulthood. *Developmental Psychology,* **42,** 381–390.

Tsang, J-A. (2002). Moral rationalization and the integration of situational factors and psychological processes in immoral behavior. *Review of General Psychology,* **6,** 25–50.

Turner, C. W., Hesse, B. W., & Peterson-Lewis, S. (1986). Naturalistic studies of the long-term effects of television violence. *Journal of Social Issues,* **42**(3), 51–74.

Turner, J. C. (1981). The experimental social psychology of intergroup behaviour. In J. Turner & H. Giles (Eds.), *Intergroup behavior.* Oxford, England: Blackwell.

Turner, J. C. (1984). Social identification and psychological group formation. In H. Tajfel (Ed.), *The social dimensions: European developments in social psychology* (Vol. 2). London: Cambridge University Press.

Turner, J. C. (2000). Social identity. In A. E. Kazdin (Ed.), *Encyclopedia of Psychology,* **7.** Washington, DC: American Psychological Association.

Turner, M. E., & Pratkanis, A. R. (1993). Effects of preferential and meritorious selection on performance: An examination of intuitive and self-handicapping perspectives. *Personality and Social Psychology Bulletin,* **19,** 47–58.

Turner, M. E., & Pratkanis, A. R. (1994). Social identity maintenance prescriptions for preventing groupthink: Reducing identity protection and enhancing intellectual conflict. *International Journal of Conflict Management,* **5,** 254–270.

Turner, M. E., & Pratkanis, A. R. (1997). Mitigating groupthink by stimulating constructive conflict. In C. K. W. De Dreu & E. Van de Vliert (Eds.), *Using conflict in organizations.* London: Sage.

Turner, M. E., Pratkanis, A. R., Probasco, P., & Leve, C. (1992). Threat cohesion and group effectiveness: Testing a social identity maintenance perspective on groupthink. *Journal of Personality and Social Psychology,* **63,** 781–796.

Turner, N., Barling, J., & Zacharatos, A. (2002). Positive psychology at work. In C. R. Snyder & S. J. Lopez (Eds.), *The handbook of positive psychology.* New York: Oxford University Press.

Turner, R. N., & Crisp, R. J. (2010). Imagining intergroup contact reduces implicit prejudice. *British Journal of Social Psychology,* **49,** 129–142.

Turner, R. N., Hewstone, M., & Voci, A. (2007a). Reducing explicit and implicit outgroup prejudice via direct and extended contact: The mediating role of self-disclosure and intergroup anxiety. *Journal of Personality and Social Psychology,* **93,** 369–388.

Turner, R. N., Hewstone, M., Voci, A., Paolini, S., & Christ, O. (2007b). Reducing prejudice via direct and extended cross-group friendship. *European Review of Social Psychology,* **18,** 212–255.

Turner, R. N., Hewstone, M., Voci, A., & Vonofakou, C. (2008). A test of the extended intergroup contact hypothesis: The mediating role of intergroup anxiety, perceived ingroup and outgroup norms, and inclusion of the outgroup in the self. *Journal of Personality and Social Psychology,* **95,** 843–860.

Tutu, D. (1999). *No future without forgiveness.* New York: Doubleday.

TV Guide. (1977, January 26), pp. 5–10.

Tverksy, A., & Kahneman, D. (1974). Judgment under uncertainty: Heuristics and biases. *Science,* **185,** 1123–1131.

Tversky, A. (1985, June). Quoted by Kevin McKean in Decisions, decisions, *Discover,* pp. 22–31.

Tversky, A., & Kahneman, D. (1973). Availability: A neuristic for judging frequency and probability. *Cognitive Psychology,* **5,** 207–302.

Tversky, A., & Kahneman, D. (1983). Extensional versus intuitive reasoning: The conjunction fallacy in probability judgment. *Psychological Review,* **90,** 293–315.

Twenge, J. M. (1997). Changes in masculine and feminine traits over time: A meta-analysis. *Sex Roles,* **36,** 305–325.

Twenge, J. M. (2006). *Generation me: Why today's young Americans are more confident, assertive, entitled—and more miserable than ever before.* New York: Free Press.

Twenge, J. M., Abebe, E. M., & Campbell, W. K. (2010). Fitting in or standing out: Trends in American parents' choices for children's names, 1880–2007. *Social Psychological and Personality Science,* **1,** 19–25.

Twenge, J. M., Abebe, E., & Campbell, W. K. (2009). Fitting in or standing out: Trends in American parents' choices for children's names, 1880–2007. Unpublished manuscript.

Twenge, J. M., Baumeister, R. F., Tice, D. M., & Stucke, T. S. (2001). If you can't join them, beat them: Effects of social exclusion on aggressive behavior. *Journal of Personality and Social Psychology,* **81,** 1058–1069.

Twenge, J. M., Campbell, W. K., & Gentile, B. (2011). Generational increases in agentic self-evaluations among American college students, 1966–2009. *Self and Identity.*

Twenge, J. M., & Campbell, W. K. (2001). Age and birth cohort differences in self-esteem: A cross-temporal meta-analysis. *Personality and Social Psychology Review,* **5,** 321–344.

Twenge, J. M., & Campbell, W. K. (2008). Increases in positive self-views among high school students: Birth cohort changes in anticipated performance, self-satisfaction, self-liking, and self-competence. *Psychological Science,* **19,** 1082–1086.

Twenge, J. M., & Campbell, W. K. (2009). *The narcissism epidemic: Living in the age of entitlement.* New York: Free Press.

Twenge, J. M., Catanese, K. R., & Baumeister, R. F. (2002). Social exclusion causes self-defeating behavior. *Journal of Personality and Social Psychology,* **83,** 606–615.

Twenge, J. M., Catanese, K. R., & Baumeister, R. F. (2003). Social exclusion and the deconstructed state: Time perception, meaninglessness, lethargy, lack of emotion, and self-awareness. *Journal of Personality and Social Psychology,* **85,** 409–423.

Twenge, J. M., & Foster, J. D. (2008). Mapping the scale of the narcissism epidemic: Increases in narcissism 2002–2007 within ethnic groups. *Journal of Research in Personality,* **42,** 1619–1622.

Twenge, J. M., & Foster, J. D. (2010). Birth cohort increases in narcissistic personality traits among American college students, 1982–2009. *Social Psychological and Personality Science*, **1**, 99–106.

Twenge, J. M., Konrath, S., Foster, J. D., Campbell, W. K., & Bushman, B. J. (2008). Egos inflating over time: A cross-temporal meta-analysis of the Narcissistic Personality Inventory. *Journal of Personality*, **76**, 875–901.

Twenge, J. M., Zhang, L., Catanese, K. R., Dolan-Pascoe, B., Lyche, L. F., & Baumeister, R. F. (2007). Replenishing connectedness: Reminders of social activity reduce aggression after social exclusion. *British Journal of Social Psychology*, **46**, 205–224.

Tykocinski, O. E., & Bareket-Bojmel, L. (2009). The lost e-mail technique: Use of an implicit measure to assess discriminatory attitudes toward two minority groups in Israel. *Journal of Applied Social Psychology*, **39**, 62–81.

Tyler, T. R., & Lind, E. A. (1990). Intrinsic versus community-based justice models: When does group membership matter? *Journal of Social Issues*, **46**, 83–94.

Tzeng, M. (1992). The effects of socioeconomic heterogamy and changes on marital dissolution for first marriages. *Journal of Marriage and the Family*, **54**, 609–619.

U. S. Senate. (2004, July 9). *Report on the U.S. Intelligence community's prewar intelligence assessments on Iraq.* Washington, DC: United States Select Senate Committee on Intelligence. Retrieved from www.intelligence.senate.gov.

U.S. Supreme Court, *Plessy v. Ferguson*. (1986). Quoted by L. J. Severy, J. C. Brigham, & B. R. Schlenker, *A contemporary introduction to social psychology* (p. 126). New York: McGraw-Hill.

Uchino, B. N., Cacioppo, J. T., & Kiecolt-Glaser, J. K. (1996). The relationship between social support and physiological processes: A review with emphasis on underlying mechanisms and implications for health. *Psychological Bulletin*, **119**, 488–531.

Uecker, J. E. (2008). Religion, pledging, and the premarital sexual behavior of married young adults. *Journal of Marriage and Family*, **70**, 728–744.

Ugwuegbu, C. E. (1979). Racial and evidential factors in juror attribution of legal responsibility. *Journal of Experimental Social Psychology*, **15**, 133–146.

Uleman, J. S. (1989). A framework for thinking intentionally about unintended thoughts. In J. S. Uleman & J. A. Bargh (Eds.), *Unintended thought: The limits of awareness, intention, and control.* New York: Guilford.

Uleman, J. S., Saribay, S. A., & Gonzalez, C. M. (2008). Spontaneous inferences, implicit impressions, and implicit theories. *Annual Review of Psychology*, **59**, 329–360.

Unger, R. K. (1979). *Whom does helping help?* Paper presented at the Eastern Psychological Association convention, April.

Unger, R. K. (1985). Epistomological consistency and its scientific implications. *American Psychologist*, **40**, 1413–1414.

United Nations (UN). (1991). *The world's women, 1970–1990: Trends and statistics.* New York: United Nations.

United Nations (UN). (2006). *Ending violence against women: From words to action.* Study of the Secretary-General. New York: United Nations (www.un.org).

United Nations (UN). (2010). *The world's women 2010 trends and statistics.* United Nations Department of Economic and Social Affairs. www.unstats.un.org

Unkelbach, C., Forgas, J. P., & Denson, T. F. (2008). The turban effect: The influence of Muslim headgear and induced affect on aggressive responses in the shooter bias paradigm. *Journal of Experimental Social Psychology*, **44**, 1409–1413.

Unkelbach, C., & Memmert, D. (2010). Crowd noise as a cue in referee decisions contributes to the home advantage. *Journal of Sport & Exercise Psychology*, **32**, 483–498.

Urbina, I. (2010, May 29). Documents show early worries about safety of rig. *New York Times* (www.nytimes.com).

Uysal, A., Lin, H. L., & Knee, C. R. (2010). The role of need satisfaction in self-concealment and well-being. *Personality and Social Psychology Bulletin*, **36**, 187–199.

Väänänen, A., Buunk, B. P., Kivimäke, M., Pentti, J., & Vahtera, J. (2005). When it is better to give than to receive: Long-term health effects of perceived reciprocity in support exchange. *Journal of Personality and Social Psychology*, **89**, 176–193.

Vaillant, G. E. (1977). *Adaptation to life.* Boston: Little, Brown.

Vaillant, G. E. (1997). Report on distress and longevity. Paper presented to the American Psychiatric Association convention.

Valcour, M. (2007). Work-based resources as moderators of the relationship between work hours and satisfaction with work-family balance. *Journal of Applied Psychology*, **92**, 1512–1523.

Valdesolo, P., & DeSteno, D. (2007). Moral hypocrisy: Social groups and the flexibility of virtue. *Psychological Science*, **18**, 689–690.

Valdesolo, P., & DeSteno, D. (2008). The duality of virtue: Deconstructing the moral hypocrite. *Journal of Experimental Social Psychology*, **44**, 1334–1338.

Valentine, T., & Mesout, J. (2009). Eyewitness identification under stress in the London Dungeon. *Applied Cognitive Psychology*, **23**, 151–161.

Valentine, T., Pickering, A., & Darling, S. (2003). Characteristics of eyewitness identification that predict the outcome of real lineups. *Applied Cognitive Psychology*, **17**, 969–993.

Vallone, R. P., Griffin, D. W., Lin, S., & Ross, L. (1990). Overconfident prediction of future actions and outcomes by self and others. *Journal of Personality and Social Psychology*, **58**, 582–592.

Vallone, R. P., Ross, L., & Lepper, M. R. (1985). The hostile media phenomenon: Biased perception and perceptions of media bias in coverage of the "Beirut Massacre." *Journal of Personality and Social Psychology*, **49**, 577–585.

van Baaren, R. B., Holland, R. W., Karremans, R. W., & van Knippenberg, A. (2003a). *Mimicry and interpersonal closeness.* Unpublished manuscript, University of Nijmegen.

van Baaren, R. B., Holland, R. W., Kawakami, K., & van Knippenberg, A. (2004). Mimicry and prosocial behavior. *Psychological Science*, **15**, 71–74.

van Baaren, R. B., Holland, R. W., Steenaert, B., & van Knippenberg, A. (2003b). Mimicry for money: Behavioral consequences of imitation. *Journal of Experimental Social Psychology*, **39**, 393–398.

Van Boven, L., & Gilovich, T. (2003). To do or to have? That is the question. *Journal of Personality and Social Psychology*, **85**, 1193–1202.

van den Bos, K., & Spruijt, N. (2002). Appropriateness of decisions as a moderator of the psychology of voice. *European Journal of Social Psychology*, **32**, 57–72.

Van der Plight, J., Eise, J. R., & Spears, R. (1987). Comparative judgments and preferences: The influence of the number of response alternatives. *British Journal of Social Psychology*, **26**, 269–280.

Van der Velde, S. W., Stapel, D. A., & Gordijn, E. H. (2010). Imitation of emotion: When meaning leads to aversion. *European Journal of Social Psychology*, **40**, 536–542.

van Dijk, W. W., Finkenauer, C., & Pollmann, M. (2008). The misprediction of emotions in track athletics: Is experience the teacher of all things? *Basic and Applied Social Psychology*, **30**, 369–376.

Van Knippenberg, D., & Wilke, H. (1992). Prototypicality of arguments and conformity to ingroup norms. *European Journal of Social Psychology,* **22,** 141–155.

Van Laar, C., Levin, S., Sinclair, S., & Sidanius, J. (2005). The effect of university roommate contact on ethnic attitudes and behavior. *Journal of Experimental Social Psychology,* **41,** 329–345.

van Straaten, I., Engels, R. C. M. E., Finkenauer, C., & Holland, R. W. (2009). Meeting your match: How attractiveness similarity affects approach behavior in mixed-sex dyads. *Personality and Social Psychology Bulletin,* **35,** 685–697.

Van Vugt, M. (2009). Averting the Tragedy of the Commons: Using social psychological science to protect the environment. *Current Directions in Psychological Science,* **18,** 169–173.

Van Vugt, M., & Spisak, B. R. (2008). Sex differences in the emergence of leadership during competitions within and between groups. *Psychological Science,* **19,** 854–858.

Van Yperen, N. W., & Buunk, B. P. (1990). A longitudinal study of equity and satisfaction in intimate relationships. *European Journal of Social Psychology,* **20,** 287–309.

VanDellen, M. R., Campbell, W. K., Hoyle, R. H., & Bradfield, E. K. (2011). Compensating, resisting, and breaking: A meta-analytic examination of reactions to self-esteem threat. *Personality and Social Psychology Review,* **15,** 51–74.

Vandello, J. A., & Cohen, D. (1999). Patterns of individualism and collectivism across the United States. *Journal of Personality and Social Psychology,* **77,** 279–292.

Vandello, J. A., Cohen, D., & Ransom, S. (2008). U.S. southern and northern differences in perceptions of norms about aggression: Mechanisms for the perpetuation of a culture of honor. *Journal of Cross-Cultural Psychology,* **39,** 162–177.

Vanderslice, V. J., Rice, R. W., & Julian, J. W. (1987). The effects of participation in decision-making on worker satisfaction and productivity: An organizational simulation. *Journal of Applied Social Psychology,* **17,** 158–170.

VanderWeele, T. J., Hawkley, L. C., Thisted, R. A., & Cacioppo, J. C. (2011). A marginal structural model analysis for loneliness: Implications for intervention trials and clinical practice. *Journal of Consulting and Clinical Psychology,* **79,** 225–235.

Vanman, E. J., Paul, B. Y., Kaplan, D. L., & Miller, N. (1990). Facial electromyography differentiates racial bias in imagined cooperative settings. *Psychophysiology,* **27,** 563.

Vargas, R. A. (2009, July 6). "City of Heroes" character "Twixt" becomes game's most hated outcast courtesy of Loyola professor. *The Times-Picayune* (www.nola.com).

Varnum, M. E. W., & Kitayama, S. (2011). What's in a name? Popular names are less common on frontiers. *Psychological Science,* **22,** 176–183.

Vasquez, E. A., Denson, T. F., Pedersen, W. C., Stenstrom, D. M., & Miller, N. (2005). The moderating effect of trigger intensity on triggered displaced aggression. *Journal of Experimental Social Psychology,* **41,** 61–67.

Vaughan, K. B., & Lanzetta, J. T. (1981). The effect of modification of expressive displays on vicarious emotional arousal. *Journal of Experimental Social Psychology,* **17,** 16–30.

Vazire, S., & Mehl, M. R. (2008). Knowing me, knowing you: The accuracy and unique predictive validity of self-ratings and other-ratings of daily behavior. *Journal of Personality and Social Psychology,* **95,** 1202–1216.

Vega, V., & Malamuth, N. M. (2007). Predicting sexual aggression: The role of pornography in the context of general and specific risk factors. *Aggressive Behavior,* **33,** 104–117.

Verkuyten, M., & Yildiz, A. A. (2007). National (dis)identification and ethnic and religious identity: A study among Turkish-Dutch Muslims. *Personality and Social Psychology,* **33,** 1448–1462.

Verplanken, B. (1991). Persuasive communication of risk information: A test of cue versus message processing effects in a field experiment. *Personality and Social Psychology Bulletin,* **17,** 188–193.

Verwoerd, H. (1958, November). "Good neighborliness" speech. The Johannesburg Museum of Apartheid.

Vescio, T. K., Gervais, S. J., Snyder, M., & Hoover, A. (2005). Power and the creation of patronizing environments: The stereotype-based behaviors of the powerful and their effects on female performance in masculine domains. *Journal of Personality and Social Psychology,* **88,** 658–672.

Veysey, B. M., & Messner, S. F. (1999). Further testing of social disorganization theory: An elaboration of Sampson and Groves's "Community structure and crime." *Journal of Research in Crime and Delinquency,* **36,** 156–174.

Vidmar, N. (1979). The other issues in jury simulation research. *Law and Human Behavior,* **3,** 95–106.

Vidmar, N., & Laird, N. M. (1983). Adversary social roles: Their effects on witnesses' communication of evidence and the assessments of adjudicators. *Journal of Personality and Social Psychology,* **44,** 888–898.

Viken, R. J., Treat, T. A., Bloom, S. L., & McFall, R. M. (2005). Illusory correlation for body type and happiness: Covariation bias and its relationship to eating disorder symptoms. *International Journal of Eating Disorders,* **38,** 65–72.

Visher, C. A. (1987). Juror decision making: The importance of evidence. *Law and Human Behavior,* **11,** 1–17.

Visintainer, M. A., & Seligman, M. E. (1983, July/August). The hope factor. *American Health,* pp. 59–61.

Visintainer, M. A., & Seligman, M. E. P. (1985). Tumor rejection and early experience of uncontrollable shock in the rat. Unpublished manuscript, University of Pennsylvania. See also M. A. Visintainer et al. (1982), Tumor rejection in rats after inescapable versus escapable shock. *Science,* **216,** 437–439.

Visser, P. S., & Krosnick, J. A. (1998). Development of attitude strength over the life cycle: Surge and decline. *Journal of Personality and Social Psychology,* **75,** 1389–1410.

Visser, P. S., & Mirabile, R. R. (2004). Attitudes in the social context: The impact of social network composition on individual-level attitude strength. *Journal of Personality and Social Psychology,* **87,** 779–795.

Vitelli, R. (1988). The crisis issue assessed: An empirical analysis. *Basic and Applied Social Psychology,* **9,** 301–309.

Vogel, T., Kutzner, F., Fiedler, K., & Freytag, P. (2010). Exploiting attractiveness in persuasion: Senders' implicit theories about receivers' processing motivation. *Personality and Social Psychology Bulletin,* **36,** 830–842.

Vohs, K. D., Baumeister, R. F., & Ciarocco, N. J. (2005). Self-regulation and self-presentation: Regulatory resource depletion impairs impression management and effortful self-presentation depletes regulatory resources. *Journal of Personality and Social Psychology,* **88,** 632–657.

Vohs, K. D., Baumeister, R. F., Schmeichel, B. J., Twenge, J. M., Nelson, N. M., & Tice, D. M. (2008). Making choices impairs subsequent self-control: A limited-resource account of decision making, self-regulation, and active initiative. *Journal of Personality and Social Psychology,* **94,** 883–898.

Vohs, K. D., Mead, N. L., & Goode, M. R. (2006). The psychological consequences of money. *Science,* **314,** 1154–1156.

Vohs, K. D., Mead, N. L., & Goode, M. R. (2008). Merely activating the concept of money changes personal and interpersonal behavior. *Current Directions in Psychological Science,* **17,** 208–212.

Vohs, K. D., & Schooler, J. W. (2008). The value of believing in free will: Encouraging a belief in determinism increases cheating. *Psychological Science,* **19,** 49–54.

Vollhardt, J. R. (2010). Enhanced external and culturally sensitive attributions after extended intercultural contact. *British Journal of Social Psychology,* **49,** 363–383.

Vollrath, D. A., Sheppard, B. H., Hinsz, V. B., & Davis, J. H. (1989). Memory performance by decision-making groups and individuals. *Organizational Behavior and Human Decision Processes,* **43,** 289–300.

Von Hippel, F. N. (2011, March 22). It could happen here. *New York Times* (www.nytimes.com).

Von Hippel, W., Brener, L., & von Hippel, C. (2008). Implicit prejudice toward injecting drug users predicts intentions to change jobs among drug and alcohol nurses. *Psychological Science,* **19,** 7–12.

von Hippel, W., Silver, L. A., & Lynch, M. B. (2000). Stereotyping against your will: The role of inhibitory ability in stereotyping and prejudice among the elderly. *Personality and Social Psychology Bulletin,* **26,** 523–532.

Vorauer, J. D. (2001). The other side of the story: Transparency estimation in social interaction. In G. Moskowitz (Ed.), *Cognitive social psychology: The Princeton symposium on the legacy and future of social cognition.* Mahwah, NJ: Erlbaum.

Vorauer, J. D. (2005). Miscommunications surrounding efforts to reach out across group boundaries. *Personality and Social Psychology Bulletin,* **31,** 1653–1664.

Vorauer, J. D., & Ratner, R. K. (1996). Who's going to make the first move? Pluralistic ignorance as an impediment to relationship formation. *Journal of Social and Personal Relationships,* **13,** 483–506.

Vorauer, J. D., & Sakamoto, Y. (2006). I thought we could be friends, but . . . Systematic miscommunication and defensive distancing as obstacles to cross-group friendship formation. *Psychological Science* **17,** 326–331.

Vorauer, J. D., & Sasaki, S. J. (2010). In need of liberation or constraint? How intergroup attitudes moderate the behavioral implications of intergroup ideologies. *Journal of Experimental Social Psychology,* **46,** 133–138.

Vorauer, J. D., & Sasaki, S. J. (2011). In the worst rather than the best of times; Effect of salient intergroup ideology in threatening intergroup interactions. *Journal of Personality and Social Psychology,* **101,** 307–320.

Vorauer, J. D., Main, K. J., & O'Connell, G. B. (1998). How do individuals expect to be viewed by members of lower status groups? Content and implications of meta-stereotypes. *Journal of Personality and Social Psychology,* **75,** 917–937.

Vukovic, J., Jones, B. C., DeBruine, L. M., Little, A. C., Feinberg, D. R., & Welling, L. L. M. (2008). Circum-menopausal changes in women's face preferences. *Biology Letters* (DOI: 10.1098/rsbl.2008.0478).

Vul, E., & Pashler, H. (2008). Measuring the crowd within: Probabilistic representations within individuals. *Psychological Science,* **19,** 646–647.

Wade, K. A., Green, S. L., & Nash, R. A. (2010). Can fabricated evidence induce false eyewitness testimony? *Applied Cognitive Psychology,* **24,** 899–908.

Wagner, G. (2011, September 7). Going green but getting nowhere. *New York Times* (www.nytimes.com).

Wagner, U., Christ, O., & Pettigrew, T. F. (2008). Prejudice and group-related behavior in Germany. *Journal of Social Issues,* **64,** 403–416.

Wagstaff, G. F. (1983). Attitudes to poverty, the Protestant ethic, and political affiliation: A preliminary investigation. *Social Behavior and Personality,* **11,** 45–47.

Wald, M. L. (2008, July 27). Flight's first fatal trip. *New York Times* (www .nytimes.com).

Walinsky, A. (1995, July). The crisis of public order. *The Atlantic Monthly,* pp. 39–54.

Walker, L. J., & Frimer, J. A. (2007). Moral personality of brave and caring exemplars. *Journal of Personality and Social Psychology,* **93,** 845–860.

Walker, P. M., & Hewstone, M. (2008). The influence of social factors and implicit racial bias on a generalized own-race effect. *Applied Cognitive Psychology,* **22,** 441–453.

Walker, R. (2004, December 5). The hidden (in plain sight) persuaders. *New York Times Magazine* (www .nytimes.com).

Wallace, D. S., Paulson, R. M., Lord, C. G., & Bond, C. F., Jr. (2005). Which behaviors do attitudes predict? Meta-analyzing the effects of social pressure and perceived difficulty. *Review of General Psychology,* **9,** 214–227.

Wallace, M. *New York Times,* November 25, 1969.

Waller, J. (2002). *Becoming evil: How ordinary people commit genocide and mass killing.* New York: Oxford University Press.

Walster (Hatfield), E. (1965). The effect of self-esteem on romantic liking. *Journal of Experimental Social Psychology,* **1,** 184–197.

Walster (Hatfield), E., & Festinger, L. (1962). The effectiveness of "overheard" persuasive communications. *Journal of Abnormal and Social Psychology,* **65,** 395–402.

Walster (Hatfield), E., Aronson, V., Abrahams, D., & Rottman, L. (1966). Importance of physical attractiveness in dating behavior. *Journal of Personality and Social Psychology,* **4,** 508–516.

Walster (Hatfield), E., Walster, G. W., & Berscheid, E. (1978). *Equity: Theory and research.* Boston: Allyn & Bacon.

Walther, E., Weil, R., & Düsing, J. (2011). The role of evaluative conditioning in attitude formation. *Current Directions in Psychological Science,* **20,** 190–196.

Walther, J. B., Van Der Heide, B., Kim, S-Y., Westerman, D., & Tong, S. T. (2008). The role of friends' appearance and behavior on evaluations of individuals on Facebook: Are we known by the company we keep? *Human Communication Research,* **34,** 28–49.

Walum, H., Westberg, L., Heinningsson, S., Neiderhiser, J. M., Reiss, D., Igl, W., Ganiban, J. M., Spotts, E. L., Pedersen, N. L., Eriksson, E., & Lichtenstein, P. (2008). Genetic variation in the vasopressin receptor 1a gene (*AVPR1A*) associates with pair-bonding behavior in humans. *Proceedings of the National Academy of Sciences USA,* **105,** 14153–14156.

Wang, Q., Bowling, N. A., & Eschleman, K. J. (2010). A meta-analytic examination of work and general locus of control. *Journal of Applied Psychology,* **95,** 761–768.

Ward, W. C., & Jenkins, H. M. (1965). The display of information and the judgment of contingency. *Canadian Journal of Psychology,* **19,** 231–241.

Warnick, D. H., & Sanders, G. S. (1980). The effects of group discussion on eyewitness accuracy. *Journal of Applied Social Psychology,* **10,** 249–259.

Warr, P., & Payne, R. (1982). Experiences of strain and pleasure among British adults. *Social Science and Medicine,* **16,** 1691–1697.

Warren, N. C. (2005, March 4). Personal correspondence from founder of eHarmony.com.

Wason, P. C. (1960). On the failure to eliminate hypotheses in a conceptual task. *Quarterly Journal of Experimental Psychology,* **12,** 129–140.

Waters, E. A., Klein, W. M. P., Moser, R. P., Yu, M., Waldron, W. R., McNeel, T. S., & Freedman, A. N. (2011). Correlates of unrealistic risk beliefs in a nationally representative sample. *Journal of Behavioral Medicine,* **34,** 225–235.

Watkins, D., Akande, A., & Fleming, J. (1998). Cultural dimensions, gender, and the nature of self-concept: A fourteen-country study. *International Journal of Psychology,* **33,** 17–31.

Watkins, D., Cheng, C., Mpofu, E., Olowu, S., Singh-Sengupta, S., & Regmi, M. (2003). Gender differences in self-construal: How generalizable are Western findings? *Journal of Social Psychology,* **143,** 501–519.

Watkins, E. R. (2008). Constructive and unconstructive repetitive thought. *Psychological Bulletin,* **134,** 163–206.

Watson, D. (1982, November). The actor and the observer: How are their perceptions of causality divergent? *Psychological Bulletin,* **92,** 682–700.

Watson, R. I., Jr. (1973). Investigation into deindividuation using a cross-cultural survey technique. *Journal of Personality and Social Psychology,* **25,** 342–345.

Watt, S. E., & Badger, A. J. (2009). Effects of social belonging on homesickness: An application of the belongingness hypothesis. *Personality and Social Psychology Bulletin,* **35,** 516–530.

Watt, S. E., & Larkin, C. (2010). Prejudiced people perceive more community support for their views: The role of own, media, and peer attitudes in perceived consensus. *Journal of Applied Social Psychology,* **40,** 710–731.

Weary, G., & Edwards, J. A. (1994). Social cognition and clinical psychology: Anxiety, depression, and the processing of social information. In R. Wyer & T. Srull (Eds.), *Handbook of social cognition* (Vol. 2). Hillsdale, NJ: Erlbaum.

Weary, G., Harvey, J. H., Schwieger, P., Olson, C. T., Perloff, R., & Pritchard, S. (1982). Self-presentation and the moderation of self-serving biases. *Social Cognition,* **1,** 140–159.

Webb, T. L., & Sheeran, P. (2006). Does changing behavioral intentions engender behavior change? A meta-analysis of the experimental evidence. *Psychological Bulletin,* **132,** 249–268.

Weber, B., & Hertel, G. (2007). Motivation gains of inferior group members: A meta-analytical review. *Journal of Personality and Social Psychology,* **93,** 973–993.

Weber, N., Wells, G. L., & Semmler, C. (2004). Eyewitness identification accuracy and response latency: The unruly 10–12-second rule. *Journal of Experimental Psychology: Applied,* **10,** 139–147.

Webley, K. (2009, June 15). Behind the drop in Chinese adoptions. *Time,* p. 55.

Wegner, D. M., & Erber, R. (1992). The hyperaccessibility of suppressed thoughts. *Journal of Personality and Social Psychology,* **63,** 903–912.

Wehr, P. (1979). *Conflict regulation.* Boulder, CO: Westview.

Weichselbaumer, D. (2003). Sexual orientation discrimination in hiring. *Labour Economics,* **10,** 629–642.

Weiner, B. (1980). A cognitive (attribution)–emotion–action model of motivated behavior: An analysis of judgments of help-giving. *Journal of Personality and Social Psychology,* **39,** 186–200.

Weiner, B. (1981). The emotional consequences of causal ascriptions. Unpublished manuscript, UCLA.

Weiner, B. (1985). "Spontaneous" causal thinking. *Psychological Bulletin,* **97,** 74–84.

Weiner, B. (1995). *Judgments of responsibility: A foundation for a theory of social conduct.* New York: Guilford.

Weiner, B. (2008). Reflections on the history of attribution theory and research: People, personalities, publications, problems. *Social Psychology,* **39,** 151–156.

Weiner, B. (2010). The development of an attribution-based theory of motivation: A history of ideas. *Educational Psychologist,* **45,** 28–36.

Weiner, B., Osborne, D., & Rudoph, U. (2011). An attributional analysis of reactions to poverty: The political ideology of the giver and the perceived morality of the receiver. *Personality and Social Psychology Review,* **15,** 199–213.

Weinstein, N. D. (1980). Unrealistic optimism about future life events. *Journal of Personality and Social Psychology,* **39,** 806–820.

Weinstein, N. D. (1982). Unrealistic optimism about susceptibility to health problems. *Journal of Behavioral Medicine,* **5,** 441–460.

Weinstein, N., & Ryan, R. M. (2010). When helping helps: Autonomous motivation for prosocial behavior and its influence on well-being for the helper and recipient. *Journal of Personality and Social Psychology,* **98,** 222–244.

Weis, R., & Cerankosky, B. C. (2010). Effects of video-game ownership on young boys' academic and behavioral functioning: A randomized, controlled study. *Psychological Science,* **21,** 463–470.

Weisbuch, M., Pauker, K., & Ambady, N. (2009). The subtle transmission of race bias via televised nonverbal behavior. *Science,* **326,** 1711–1714.

Weischelbaum, S., Lauinger, J., & Hutchinson, B. (2010, November 29). Brave local man makes it to work on time—after heroically saving man sprawled on No. 6 track. *New York Daily News* (www.articles .nydailynews.com).

Weiss, J., & Brown, P. (1976). Self-insight error in the explanation of mood. Unpublished manuscript, Harvard University.

Wells, G. L. (1984). The psychology of lineup identifications. *Journal of Applied Social Psychology,* **14,** 89–103.

Wells, G. L. (1986). Expert psychological testimony. *Law and Human Behavior,* **10,** 83–95.

Wells, G. L. (1993). What do we know about eyewitness identification? *American Psychologist,* **48,** 553–571.

Wells, G. L. (2005). Helping experimental psychology affect legal policy. In N. Brewer & K. D. Williams (Eds.), *Psychology and law: An empirical perspective.* New York: Guilford.

Wells, G. L. (2008). Field experiments on eyewitness identification: Towards a better understanding of pitfalls and prospects. *Law and Human Behavior,* **32,** 6–10.

Wells, G. L., & Bradfield, A. L. (1998). "Good, you identified the suspect": Feedback to eyewitnesses distorts their reports of the witnessing experience. *Journal of Applied Psychology,* **83,** 360–376.

Wells, G. L., & Bradfield, A. L. (1999). Distortions in eyewitnesses' recollections: Can the postidentification-feedback effect be moderated? *Psychological Science,* **10,** 138–144.

Wells, G. L., Ferguson, T. J., & Lindsay, R. C. L. (1981). The tractability of eyewitness confidence and its implications for triers of fact. *Journal of Applied Psychology,* **66,** 688–696.

Wells, G. L., & Leippe, M. R. (1981). How do triers of fact enter the accuracy of eyewitness identification? Memory for peripheral detail can be misleading. *Journal of Applied Psychology,* **66,** 682–687.

Wells, G. L., Lindsay, R. C. L., & Ferguson, T. (1979). Accuracy, confidence, and juror perceptions in eyewitness identification. *Journal of Applied Psychology,* **64,** 440–448.

Wells, G. L., Lindsay, R. C. L., & Tousignant, J. P. (1980). Effects of expert psychological advice on human performance in judging the validity of eyewitness testimony. *Law and Human Behavior,* **4,** 275–285.

Wells, G. L., Malpass, R. S., Lindsay, R. C. L., Fisher, R. P., Turtle, J. W., & Fulero, S. M. (2000). Mistakes in eyewitness identification are caused by known factors. Collaboration between criminal justice experts and research psychologists may lower the number of errors. *American Psychologist,* **55,** 581–598.

Wells, G. L., Memon, A., & Penrod, S. D. (2006). Eyewitness evidence: Improving its probative value. *Psychological Science in the Public Interest,* **7,** 45–75.

Wells, G. L., & Murray, D. M. (1983). What can psychology say about the *Neil v. Biggers* criteria for judging eyewitness accuracy? *Journal of Applied Psychology,* **68,** 347–362.

Wells, G. L., & Olson, E. A. (2001). The other-race effect in eyewitness identification: What do we do about it? *Psychology, Public Policy and the Law,* **7,** 230–246.

Wells, G. L., & Olson, E. A. (2003). Eyewitness testimony. *Annual Review of Psychology,* **54,** 277–295.

Wells, G. L., Olson, E. A., & Charman, S. D. (2002). The confidence of eyewitnesses in their identifications from lineups. *Current Directions in Psychological Science,* **11,** 151–154.

Wells, G. L., & Petty, R. E. (1980). The effects of overt head movements on persuasion: Compatibility and incompatibility of responses. *Basic and Applied Social Psychology,* **1,** 219–230.

Wells, G. L., Steblay, N. K., & Sysart, J. E. (2011). *A test of the simultaneous vs. sequential lineup methods: An initial report of the AJS eyewitness identification field studies.* Des Moines, IA: American Judicature Society.

Wener, R., Frazier, W., & Farbstein, J. (1987, June). Building better jails. *Psychology Today,* pp. 40–49.

Wenzlaff, R. M., & Prohaska, M. L. (1989). When misery prefers company: Depression, attributions, and responses to others' moods. *Journal of Experimental Social Psychology,* **25,** 220–233.

Werner, C. M., Kagehiro, D. K., & Strube, M. J. (1982). Conviction proneness and the authoritarian juror: Inability to disregard information or attitudinal bias? *Journal of Applied Psychology,* **67,** 629–636.

Werner, C. M., Stoll, R., Birch, P., & White, P. H. (2002). Clinical validation and cognitive elaboration: Signs that encourage sustained recycling. *Basic and Applied Social Psychology,* **24,** 185–203.

West, S. G., & Brown, T. J. (1975). Physical attractiveness, the severity of the emergency and helping: A field experiment and interpersonal simulation. *Journal of Experimental Social Psychology,* **11,** 531–538.

West, S. G., Whitney, G., & Schnedler, R. (1975). Helping a motorist in distress: The effects of sex, race, and neighborhood. *Journal of Personality and Social Psychology,* **31,** 691–698.

Weyant, J. M. (1984). Applying social psychology to induce charitable donations. *Journal of Applied Social Psychology,* **14,** 441–447.

Weyant, J. M., & Smith, S. L. (1987). Getting more by asking for less: The effects of request size on donations of charity. *Journal of Applied Social Psychology,* **17,** 392–400.

Whatley, M. A., Webster, J. M., Smith, R. H., & others. (1999). The effect of a favor on public and private compliance: How internalized is the norm of reciprocity? *Basic and Applied Social Psychology,* **21,** 251–261.

Wheeler, L., Koestner, R., & Driver, R. E. (1982). Related attributes in the choice of comparison others: It's there, but it isn't all there is. *Journal of Experimental Social Psychology,* **18,** 489–500.

White, G. L. (1980). Physical attractiveness and courtship progress. *Journal of Personality and Social Psychology,* **39,** 660–668.

White, G. L., & Kight, T. D. (1984). Misattribution of arousal and attraction: Effects of salience of explanations for arousal. *Journal of Experimental Social Psychology,* **20,** 55–64.

White, J. W., & Kowalski, R. M. (1994). Deconstructing the myth of the nonaggressive woman. *Psychology of Women Quarterly,* **18,** 487–508.

White, K., & Lehman, D. R. (2005). Culture and social comparison seeking: The role of self-motives. *Personality and Social Psychology Bulletin,* **31,** 232–242.

White, L., & Edwards, J. (1990). Emptying the nest and parental well-being: An analysis of national panel data. *American Sociological Review,* **55,** 235–242.

White, M. J., & Gerstein, L. H. (1987). Helping: The influence of anticipated social sanctions and self-monitoring. *Journal of Personality,* **55,** 41–54.

White, R. (1984). *Fearful warriors: A psychological profile of U.S.-Soviet relations.* New York: Free Press.

White, R. K. (1968). *Nobody wanted war: Misperception in Vietnam and other wars.* New York: Doubleday.

White, R. K. (1986). *Psychology and the prevention of nuclear war.* New York: New York University Press.

White, R. K. (1996). Why the Serbs fought: Motives and misperceptions. *Peace and Conflict: Journal of Peace Psychology,* **2,** 109–128.

White, R. K. (1998). American acts of force: Results and misperceptions. *Peace and Conflict,* **4,** 93–128.

White, R. K. (2004). Misperception and war. *Peace and Conflict,* **10,** 399–409.

Whitechurch, E. R., Wilson, T. D., & Gilbert, D. T. (2011). "He loves me, he loves me not . . ."; Uncertainty can increase romantic attraction. *Psychological Science,* **22,** 172–175.

Whitehead, A. N. (1911). *An introduction to mathematics.* New York: Henry Holt.

Whitley, B. E., Jr. (1987). The effects of discredited eyewitness testimony: A meta-analysis. *Journal of Social Psychology,* **127,** 209–214.

Whitman, D. (1996, December 16). I'm OK, you're not. *U.S. News and World Report,* p. 24.

Whitman, D. (1998). *The optimism gap: The I'm OK—They're not syndrome and the myth of American decline.* New York: Walker.

Whitman, R. M., Kramer, M., & Baldridge, B. (1963). Which dream does the patient tell? *Archives of General Psychology,* **8,** 277–282.

Whitson, J. A., & Galinsky, A. D. (2008). Lacking control increases illusory pattern perception. *Science,* **322,** 115–117.

Whittaker, J. O., & Meade, R. D. (1967). Social pressure in the modification and distortion of judgment: A cross-cultural study. *International Journal of Psychology,* **2,** 109–113.

Whooley, M. A., de Jonge, P., Vittinghoff, E., Otte, C., Moos, R., Carney, R. M., Ali, S., Dowray, S., Na, B., Feldman, M. C., Schiller, N. B., & Browner, W. S. (2008). Depressive symptoms, health behaviors, and risk of cardiovascular events in patients with coronary heart disease. *Journal of the American Medical Association,* **300,** 2379–2388.

Wicker, A. W. (1969). Attitudes versus actions: The relationship of verbal and overt behavioral responses to attitude objects. *Journal of Social Issues,* **25,** 41–78.

Wicker, A. W. (1971). An examination of the "other variables" explanation of attitude-behavior inconsistency. *Journal of Personality and Social Psychology,* **19,** 18–30.

Widom, C. S. (1989). Does violence beget violence? A critical examination of the literature. *Psychological Bulletin,* **106,** 3–28.

Wiebe, D. J. (2003). Homicide and suicide risks associated with firearms in the home: A national case-control study. *Annals of Emergency Medicine,* **41,** 771–782.

Wiegman, O. (1985). Two politicians in a realistic experiment: Attraction, discrepancy, intensity of delivery, and attitude change. *Journal of Applied Social Psychology,* **15,** 673–686.

Wiesel, E. (1985, April 6). The brave Christians who saved Jews from the Nazis. *TV Guide,* pp. 4–6.

Wieselquist, J., Rusbult, C. E., Foster, C. A., & Agnew, C. R. (1999). Commitment, pro-relationship behavior, and trust in close relationships. *Journal of Personality and Social Psychology,* **77,** 942–966.

Wike, R., & Grim, B. J. (2007, October 30). Widespread negativity: Muslims distrust Westerners more than vice versa. Pew Research Center (pewresearch.org).

Wikipedia. (2008, accessed July 30). Strip search prank call scam (en.wikipedia.org).

Wilder, D. A. (1977). Perception of groups, size of opposition, and social influence. *Journal of Experimental Social Psychology,* **13,** 253–268.

Wilder, D. A. (1978). Perceiving persons as a group: Effect on attributions of causality and beliefs. *Social Psychology,* **41,** 13–23.

Wilder, D. A. (1981). Perceiving persons as a group: Categorization and intergroup relations. In

D. L. Hamilton (Ed.). *Cognitive processes in stereotyping and intergroup behavior*. Hillsdale, NJ: Erlbaum.

Wilder, D. A. (1990). Some determinants of the persuasive power of in-groups and out-groups: Organization of information and attribution of independence. *Journal of Personality and Social Psychology*, **59,** 1202–1213.

Wilder, D. A., & Shapiro, P. (1991). Facilitation of outgroup stereotypes by enhanced ingroup identity. *Journal of Experimental Social Psychology*, **27,** 431–452.

Wilder, D. A., & Shapiro, P. N. (1984). Role of out-group cues in determining social identity. *Journal of Personality and Social Psychology*, **47,** 342–348.

Wilder, D. A., & Shapiro, P. N. (1989). Role of competition-induced anxiety in limiting the beneficial impact of positive behavior by out-group members. *Journal of Personality and Social Psychology*, **56,** 60–69.

Wildschut, T., Insko, C. A., & Pinter, B. (2007). Interindividual-intergroup discontinuity as a joint function of acting as a group and interacting with a group. *European Journal of Social Psychology*, **37,** 390–399.

Wildschut, T., Pinter, B., Vevea, J. L., Insko, C. A., & Schopler, J. (2003). Beyond the group mind: A quantitative review of the interindividual-intergroup discontinuity effect. *Psychological Bulletin*, **129,** 698–722.

Wilford, J. N. (1999, February 9). New findings help balance the cosmological books. *New York Times* (www.nytimes.com).

Wilkes, J. (1987, June). Murder in mind. *Psychology Today*, pp. 27–32.

Wilkinson, G. S. (1990, February). Food sharing in vampire bats. *Scientific American*, **262,** 76–82.

Wilkinson, R., & Pickett, K. (2009). *The spirit level: Why greater equality makes societies stronger*. London: Bloomsbury.

Wilkowski, B. M., & Robinson, M. D. (2008). The cognitive basis of trait anger and reactive aggression: An integrative analysis. *Personality and Social Psychology Bulletin*, **12,** 3–21.

Willard, G., & Gramzow, R. H. (2009). Beyond oversights, lies, and pies in the sky: Exaggeration as goal projection. *Personality and Social Psychology Bulletin*, **35,** 477–492.

Willems, S., Dedonder, J., & Van der Linden, M. (2010). The mere exposure effect and recognition depend on the way you look! *Experimental Psychology*, **57,** 185–192.

Williams, D. K., Bourgeois, M. J., & Croyle, R. T. (1993). The effects of stealing thunder in criminal and civil trials. *Law and Human Behavior*, **17,** 597–609.

Williams, E. F., & Gilovich, T. (2008). Do people really believe they are above average? *Journal of Experimental Social Psychology*, **44,** 1121–1128.

Williams, J. E. (1993). Young adults' views of aging: A nineteen-nation study. In M. I. Winkler (Ed.), *Documentos: Conferencia del XXIV Congreso Interamericano de Psicologia* (pp. 101–123). Santiago, Chile: Sociedad Interamericana de Psicologia.

Williams, J. E., & Best, D. L. (1990). *Measuring sex stereotypes: A multination study*. Newbury Park, CA: Sage.

Williams, J. E., Satterwhite, R. C., & Best, D. L. (1999). Pancultural gender stereotypes revisited: The Five Factor model. *Sex Roles*, **40,** 513–525.

Williams, J. E., Satterwhite, R. C., & Best, D. L. (2000). Five-factor gender stereotypes in 27 countries. Paper presented at the XV Congress of the International Association for Cross-Cultural Psychology, Pultusk, Poland.

Williams, K. D. (2002). *Ostracism: The power of silence*. New York: Guilford.

Williams, K. D. (2007). Ostracism. *Annual Review of Psychology*, **58,** 425–452.

Williams, K. D. (2009). Ostracism: A temporal need-threat model. *Advances in Experimental Social Psychology*, **41,** 275–313.

Williams, K. D. (2011, January/February). The pain of exclusion. *Scientific American Mind*, pp. 30–37.

Williams, K. D., Cheung, C. K. T., & Choi, W. (2000). Cyberostracism: Effects of being ignored over the Internet. *Journal of Personality and Social Psychology*, **79,** 748–762.

Williams, K. D., Harkins, S., & Latané, B. (1981). Identifiability as a deterrent to social loafing: Two cheering experiments. *Journal of Personality and Social Psychology*, **40,** 303–311.

Williams, K. D., & Karau, S. J. (1991). Social loafing and social compensation: The effects of expectations of coworker performance. *Journal of Personality and Social Psychology*, **61,** 570–581.

Williams, K. D., & Nida, S. A. (2011). Ostracism: Consequences and coping. *Current Directions in Psychological Science*, **20,** 71–75.

Williams, K. D., Nida, S. A., Baca, L. D., & Latané, B. (1989). Social loafing and swimming: Effects of identifiability on individual and relay performance of intercollegiate swimmers. *Basic and Applied Social Psychology*, **10,** 73–81.

Williams, L. E., & Bargh, J. A. (2008). Experiencing physical warmth promotes interpersonal warmth. *Science*, **322,** 606–607.

Williams, M. J., & Eberhardt, J. L. (2008). Biological conceptions of race and the motivation to cross racial boundaries. *Journal of Personality and Social Psychology*, **94,** 1033–1047.

Willis, F. N., & Hamm, H. K. (1980). The use of interpersonal touch in securing compliance. *Journal of Nonverbal Behavior*, **5,** 49–55.

Willis, J., & Todorov, A. (2006). First impressions: Making up your mind after a 100-ms exposure to a face. *Psychological Science*, **17,** 592–598.

Wilson, A. E., & Ross, M. (2001). From chump to champ: People's appraisals of their earlier and present selves. *Journal of Personality and Social Psychology*, **80,** 572–584.

Wilson, D. (2011, June 21). U.S. releases graphic images to deter smokers. *New York Times* (www.nytimes.com).

Wilson, D. K., Kaplan, R. M., & Schneiderman, L. J. (1987). Framing of decisions and selections of alternatives in health care. *Social Behaviour*, **2,** 51–59.

Wilson, D. S., & Wilson, E. O. (2008). Evolution for "the good of the group." *American Scientist*, **96,** 380–389.

Wilson, D. W., & Donnerstein, E. (1979). *Anonymity and interracial helping*. Paper presented at the Southwestern Psychological Association convention.

Wilson, E. O. (1978). *On human nature*. Cambridge, MA: Harvard University Press.

Wilson, E. O. (2002, February). The bottleneck. *Scientific American*, **286,** 83–91.

Wilson, G. (1994, March 25). Equal, but different. *The Times Higher Education Supplement, Times of London*.

Wilson, J. P., & Petruska, R. (1984). Motivation, model attributes, and prosocial behavior. *Journal of Personality and Social Psychology*, **46,** 458–468.

Wilson, L. C., & Scarpa, A. (2011). The link between sensation seeking and aggression: A meta-analytic review. *Aggressive Behavior*, **37,** 81–90.

Wilson, R. S., & Matheny, A. P., Jr. (1986). Behavior-genetics research in infant temperament: The Louisville twin study. In R. Plomin & J. Dunn (Eds.), *The study of temperament: Changes, continuities, and challenges*. Hillsdale, NJ: Erlbaum.

Wilson, S. J., & Lipsey, M. W. (2005). The effectiveness of school-based violence prevention programs for reducing disruptive and aggressive behavior. Revised Report for the National Institute of Justice School Violence Prevention Research Planning Meeting, May 2005.

Wilson, T. D. (1985). Strangers to ourselves: The origins and accuracy of beliefs about one's own mental states. In J. H. Harvey & G. Weary (Eds.), *Attribution in contemporary psychology*. New York: Academic Press.

Wilson, T. D. (2002). *Strangers to ourselves: Discovering the adaptive unconscious.* Cambridge: Harvard University Press.

Wilson, T. D., & Bar-Anan, Y. (2008). The unseen mind. *Science,* **321,** 1046–1047.

Wilson, T. D., Dunn, D. S., Kraft, D., & Lisle, D. J. (1989). Introspection, attitude change, and attitude-behavior consistency: The disruptive effects of explaining why we feel the way we do. In L. Berkowitz (Ed.), *Advances in experimental social psychology* (Vol. 22). San Diego: Academic Press.

Wilson, T. D., & Gilbert, D. T. (2003). Affective forecasting. *Advances in Experimental Social Psychology,* **35,** 346–413.

Wilson, T. D., & Gilbert, D. T. (2005). Affective forecasting: Knowing what to want. *Current Directions in Psychological Science,* **14,** 131–134.

Wilson, T. D., Laser, P. S., & Stone, J. I. (1982). Judging the predictors of one's mood: Accuracy and the use of shared theories. *Journal of Experimental Social Psychology,* **18,** 537–556.

Wilson, T. D., Lindsey, S., & Schooler, T. Y. (2000). A model of dual attitudes. *Psychological Review,* **107,** 101–126.

Wilson, W. R. (1979). Feeling more than we can know: Exposure effects without learning. *Journal of Personality and Social Psychology,* **37,** 811–821.

Wiltze, A. (2010, September 15). Annual Arctic ice minimum reached. *ScienceNews* (www.sciencenews.org.)

Winch, R. F. (1958). *Mate selection: A study of complementary needs.* New York: Harper & Row.

Winegard, B. (2010). The evolutionary significance of Red Sox Nation: Sports fandom as a by-product of coalitional psychology. *Evolutionary Psychology,* **8,** 432–446.

Wines, M. (2005, September 23). Crime in South Africa grows more vicious. *New York Times* (www.nytimes.com).

Winquist, J. R., & Larson, J. R., Jr. (2004). Sources of the discontinuity effect: Playing against a group versus being in a group. *Journal of Experimental Social Psychology,* **40,** 675–682.

Winseman, A. L. (2005, March 8). *Invitations, donations up among engaged congregation members.* Gallup Poll (www.gallup.com).

Winter, F. W. (1973). A laboratory experiment of individual attitude response to advertising exposure. *Journal of Marketing Research,* **10,** 130–140.

Winter, R. J., & York, R. M. (2007, June). The "CSI effect": Now playing in a courtroom near you? *Monitor on Psychology,* p. 54.

Wirth, J. H., Sacco, D. F., Hugenberg, K., & Williams, K. D. (2010). Eye gaze as relational evaluation: Averted eye gaze leads to feelings of ostracism and relational devaluation. *Personality and Social Psychology Bulletin,* **36,** 869–882.

Wise, R. A., & Safer, M. A. (2010). A comparison of what U.S. judges and students know and believe about eyewitness testimony. *Journal of Applied Social Psychology,* **40,** 1400–1422.

Wiseman, R. (1998, Fall). Participatory science and the mass media. *Free Inquiry,* pp. 56–57.

Wisman, A., & Koole, S. L. (2003). Hiding in the crowd: Can mortality salience promote affiliation with others who oppose one's worldviews? *Journal of Personality and Social Psychology,* **84,** 511–526.

Wispe, L. G., & Freshley, H. B. (1971). Race, sex, and sympathetic helping behavior: The broken bag caper. *Journal of Personality and Social Psychology,* **17,** 59–65.

Wittenberg, M. T., & Reis, H. T. (1986). Loneliness, social skills, and social perception. *Personality and Social Psychology Bulletin,* **12,** 121–130.

Wittenbrink, B. (2007). Measuring attitudes through priming. In B. Wittenbrink & N. Schwarz (Eds.), *Implicit measures of attitudes.* New York: Guilford.

Wittenbrink, B., Judd, C. M., & Park, B. (1997). Evidence for racial prejudice at the implicit level and its relationship with questionnaire measures. *Journal of Personality and Social Psychology,* **72,** 262–274.

Wixon, D. R., & Laird, J. D. (1976). Awareness and attitude change in the forced-compliance paradigm: The importance of when. *Journal of Personality and Social Psychology,* **34,** 376–384.

Wohl, M. J. A., Branscombe, N. R., & Reysen, S. (2010). Perceiving your group's future to be in jeopardy: Extinction threat induces collective angst and the desire to strengthen the ingroup. *Personality and Social Psychology Bulletin,* **36,** 898–910.

Wohl, M. J. A., & Enzle, M. E. (2002). The deployment of personal luck: Sympathetic magic and illusory control in games of pure chance. *Personality and Social Psychology Bulletin,* **28,** 1388–1397.

Wojciszke, B., Bazinska, R., & Jaworski, M. (1998). On the dominance of moral categories in impression formation. *Personality and Social Psychology Bulletin,* **24,** 1251–1263.

Wolf, S. (1987). Majority and minority influence: A social impact analysis. In M. P. Zanna, J. M. Olson, & C. P. Herman (Eds.), *Social influence: The Ontario symposium on personality and social psychology,* Vol. 5. Hillsdale, NJ: Erlbaum.

Wolf, S., & Latané, B. (1985). Conformity, innovation and the psycho-social law. In S. Moscovici, G. Mugny, & E. Van Avermaet (Eds.), *Perspectives on minority influence.* Cambridge, UK: Cambridge University Press.

Wolf, S., & Montgomery, D. A. (1977). Effects of inadmissible evidence and level of judicial admonishment to disregard on the judgments of mock jurors. *Journal of Applied Social Psychology,* **7,** 205–219.

Women on Words and Images. (1972). *Dick and Jane as victims: Sex stereotyping in children's readers.* Princeton: Women on Words and Images. Cited by C. Tavris & C. Offir (1977) in *The longest war: Sex differences in perspective* (p. 177). New York: Harcourt Brace Jovanovich.

Wood, J. V., Heimpel, S. A., & Michela, J. L. (2003). Savoring versus dampening: Self-esteem differences in regulating positive affect. *Journal of Personality and Social Psychology,* **85,** 566–580.

Wood, W., & Eagly, A. H. (2002). A cross-cultural analysis of the behavior of women and men: Implications for the origins of sex differences. *Psychological Bulletin,* **128,** 699–727.

Wood, W., & Eagly, A. H. (2007). Social structural origins of sex differences in human mating. In S. W. Gangestad & J. A. Simpson (Eds.), *The evolution of mind: Fundamental questions and controversies.* New York: Guilford.

Woodward, W., & Woodward, M. (1942, March 26). Not time enough, "Not Time Enough." Editorial, *Bainbridge Review,* p. 1.

Woodzicka, J. A., & LaFrance, M. (2001). Real versus imagined gender harassment. *Journal of Social Issues,* **57**(1), 15–30.

Woolley, A. W., Chabris, C. F., Pentland, A., Hasmi, N., & Malone, T. W. (2010). Evidence for a collective intelligence factor in the performance of human groups. *Science,* **330,** 686–688.

Worchel, S., Andreoli, V. A., & Folger, R. (1977). Intergroup cooperation and intergroup attraction: The effect of previous interaction and outcome of combined effort. *Journal of Experimental Social Psychology,* **13,** 131–140.

Worchel, S., Axsom, D., Ferris, F., Samah, G., & Schweitzer, S. (1978). Deterrents of the effect of intergroup cooperation on intergroup attraction. *Journal of Conflict Resolution,* **22,** 429–439.

Worchel, S., & Brown, E. H. (1984). The role of plausibility in influencing environmental attributions. *Journal of Experimental Social Psychology,* **20,** 86–96.

Worchel, S., & Norvell, N. (1980). Effect of perceived environmental conditions during cooperation on intergroup attraction. *Journal of Personality and Social Psychology,* **38,** 764–772.

Worchel, S., Rothgerber, H., Day, E. A., Hart, D., & Butemeyer, J. (1998). Social identity and individual productivity within groups. *British Journal of Social Psychology,* **37,** 389–413.

Word, C. O., Zanna, M. P., & Cooper, J. (1974). The nonverbal mediation of self-fulfilling prophecies in interracial interaction. *Journal of Experimental Social Psychology,* **10,** 109–120.

Workman, E. A., & Williams, R. L. (1980). Effects of extrinsic rewards on intrinsic motivation in the classroom. *Journal of School Psychology,* **18,** 141–147.

World Bank. (2003, April 4). *Gender equality and the millennium development goals.* Washington, DC: Gender and Development Group, World Bank (www.worldbank.org/gender).

World Meteorological Organization. (2011, November). *WMO greenhouse gas bulletin: The state of greenhouse gases in the atmosphere based on global observations through 2010.* Geneva: World Meteorological Organization.

Worringham, C. J., & Messick, D. M. (1983). Social facilitation of running: An unobtrusive study. *Journal of Social Psychology,* **121,** 23–29.

Wraga, M., Helt, M., Jacobs, E., & Sullivan, K. (2007). Neural basis of stereotype-induced shifts in women's mental rotation performance. *Social Cognitive and Affective Neuroscience,* **2,** 12–19.

Wright, D. B., Boyd, C. E., & Tredoux, C. G. (2001). A field study of own-race bias in South Africa and England. *Psychology, Public Policy, & Law,* **7,** 119–133.

Wright, D. B., & Hall, M. (2007). How a "reasonable doubt" instruction affects decisions of guilt. *Basic and Applied Social Psychology,* **29,** 91–98.

Wright, D. B., Memom, A., Skagerberg, E. M., & Gabbert, F. (2009). When eyewitnesses talk. *Current Directions in Psychological Science,* **18,** 174–178.

Wright, D. B., & Skagerberg, E. M. (2007). Postidentification feedback affects real eyewitnesses. *Psychological Science,* **18,** 172–178.

Wright, D. B., & Stroud, J. N. (2002). Age differences in lineup identification accuracy: People are better with their own age. *Law and Human Behavior,* **26,** 641–654.

Wright, E. F., Lüüs, C. A., & Christie, S. D. (1990). Does group discussion facilitate the use of consensus information in making causal attributions? *Journal of Personality and Social Psychology,* **59,** 261–269.

Wright, R. (1998, February 2). Politics made me do it. *Time,* p. 34.

Wright, R. (2003, June 29). Quoted by Thomas L. Friedman, "Is Google God?" *New York Times* (www.nytime .com).

Wright, R. (2003, September 11). Two years later, a thousand years ago. *New York Times* (www.nytimes.com).

Wrightsman, L. (1978). The American trial jury on trial: Empirical evidence and procedural modifications. *Journal of Social Issues,* **34,** 137–164.

Wrosch, C., & Miller, G. E. (2009). Depressive symptoms can be useful: Self-regulatory and emotional benefits of dysphoric mood in adolescence. Unpublished manuscript.

Wylie, R. C. (1979). *The self-concept (Vol. 2): Theory and research on selected topics.* Lincoln, NE: University of Nebraska Press.

Yamaguchi, S., Greenwald, A. G., Banaji, M. R., Murakami, F., Chen, D., Shiomura, K., Kobayashi, C., Cai, H., & Krendl, A. (2007). Apparent universality of positive implicit self-esteem. *Psychological Science,* **18,** 498–500.

Yarmey, A. D. (2003a). Eyewitness identification: Guidelines and recommendations for identification procedures in the United States and in Canada. *Canadian Psychology,* **44,** 181–189.

Yarmey, A. D. (2003b). Eyewitnesses. In D. Carson and R. Bull (Eds.), *Handbook of psychology in legal contexts,* 2nd edition. Chichester, UK: Wiley.

Ybarra, M. L., Mitchell, K. J., Hamburger, M., Diener-West, M., & Leaf, P. J. (2011). X-rated material and perpetration of sexually aggressive behavior among children and adolescents: Is there a link? *Aggressive Behavior,* **37,** 1–18.

Ybarra, M. L., West, M. D., Markow, D., Leaf, P. J., Hamburger, M. & Boxer, P. (2008) Linkages between Internet and other media violence with seriously violent behavior by youth. *Pediatrics,* **122,** 929–937.

Ybarra, O. (1999). Misanthropic person memory when the need to self-enhance is absent. *Personality and Social Psychology Bulletin,* **25,** 261–269.

Yelsma, P., & Athappilly, K. (1988). Marriage satisfaction and communication practices: Comparisons among Indian and American couples. *Journal of Comparative Family Studies,* **19,** 37–54.

Young, L. (2009). Love: Neuroscience reveals all. *Nature,* **457,** 148.

Young, S. G., Bernstein, M. J., & Hugenberg, K. (2010). When do own-group biases in face recognition occur? Encoding versus post-encoding. *Social Cognition,* **28,** 240–250.

Younger, J., Aron, A., Parke, S., Chatterjee, N., & Mackey, S. (2010). Viewing pictures of a romantic partner reduces experimental pain: Involvement of neural reward systems. *PLoS One,* **5**(10), e13309.

Yousif, Y., & Korte, C. (1995). Urbanization, culture, and helpfulness. *Journal of Cross-Cultural Psychology,* **26,** 474–489.

Yovetich, N. A., & Rusbult, C. E. (1994). Accommodative behavior in close relationships: Exploring transformation of motivation. *Journal of Experimental Social Psychology,* **30,** 138–164.

Yuchtman (Yaar), E. (1976). Effects of social-psychological factors on subjective economic welfare. In B. Strumpel (Ed.), *Economic means for human needs.* Ann Arbor: Institute for Social Research, University of Michigan.

Yuille, J. C., & Cutshall, J. L. (1986). A case study of eyewitness memory of a crime. *Journal of Applied Psychology,* **71,** 291–301.

Yukl, G. (1974). Effects of the opponent's initial offer, concession magnitude, and concession frequency on bargaining behavior. *Journal of Personality and Social Psychology,* **30,** 323–335.

Yzerbyt, V. Y., & Leyens, J-P. (1991). Requesting information to form an impression: The influence of valence and confirmatory status. *Journal of Experimental Social Psychology,* **27,** 337–356.

Zadro, L., Boland, C., & Richardson, R. (2006). How long does it last? The persistence of the effects of ostracism in the socially anxious. *Journal of Experimental Social Psychology,* **42,** 692–697.

Zagefka, H., & Brown, R. (2005). Comparisons and perceived deprivation in ethnic minority settings. *Personality and Social Psychology Bulletin,* **31,** 467–482.

Zagefka, H., Noor, M., Brown, R., De Moura, G. R., & Hopthrow, T. (2011). Donating to disaster victims: Responses to natural and humanly caused events. *European Journal of Social Psychology,* **41,** 353–363.

Zajonc, R. B. (1965). Social facilitation. *Science,* **149,** 269–274.

Zajonc, R. B. (1968). Attitudinal effects of mere exposure. *Journal of Personality and Social Psychology,* **9,** Monograph Suppl. No. 2, part 2.

Zajonc, R. B. (1970, February). Brainwash: Familiarity breeds comfort. *Psychology Today,* pp. 32–35, 60–62.

Zajonc, R. B. (1980). Feeling and thinking: Preferences need no inferences. *American Psychologist,* **35,** 151–175.

Zajonc, R. B. (1998). Emotions. In D. Gilbert, S. T. Fiske, & G. Lindzey (Eds.), *Handbook of social psychology,* 4th edition. New York: McGraw-Hill.

Zajonc, R. B. (2000). *Massacres: Mass murders in the name of moral imperatives.* Unpublished manuscript, Stanford University.

Zak, P. J. (2008, June). The neurobiology of trust. *Scientific American,* pp. 88–95.

Zakaria, F. (2008). We need a wartime president. *Newsweek* (www.newsweek.com).

Zaki, J., Schirmer, J., & Mitchell, J. P. (2011). Social influence modulates the neural computation of value. *Psychological Science,* **22,** 894–900.

Zanna, M. P. (1993). Message receptivity: A new look at the old problem of open- vs. closed-mindedness. In A. Mitchell (Ed.), *Advertising: Exposure, memory and choice.* Hillsdale, NJ: Erlbaum.

Zanna, M. P., & Olson, J. M. (1982). Individual differences in attitudinal relations. In M. P. Zanna, E. T. Higgins, & C. P. Herman, *Consistency in social behavior: The Ontario symposium* (Vol. 2). Hillsdale, NJ: Erlbaum.

Zaragoza, M. S., & Mitchell, K. J. (1996). Repeated exposure to suggestion and the creation of false memories. *Psychological Science,* **7,** 294–300.

Zarkadi, T., Wade, K. A., & Stewart, N. (2009). Creating fair lineups for suspects with distinctive features. *Psychological Science,* **20,** 1448–1453.

Zauberman, G., & Lynch, J. G., Jr. (2005). Resource slack and propensity to discount delayed investments of time versus money. *Journal of Experimental Psychology: General,* **134,** 23–37.

Zebrowitz-McArthur, L. (1988). Person perception in cross-cultural perspective. In M. H. Bond (Ed.), *The cross-cultural challenge to social psychology.* Newbury Park, CA: Sage.

Zebrowitz, L. A., Collins, M. A., & Dutta, R. (1998). The relationship between appearance and personality across the life span. *Personality and Social Psychology Bulletin,* **24,** 736–749.

Zebrowitz, L. A., Olson, K., & Hoffman, K. (1993). Stability of babyfaceness and attractiveness across the life span. *Journal of Personality and Social Psychology,* **64,** 453–466.

Zebrowitz, L. A., White, B., & Wieneke, K. (2008). Mere exposure and racial prejudice: Exposure to other-race faces increases liking for strangers of that race. *Social Cognition,* **26,** 259–275.

Zeelenberg, M., van der Pligt, J., & Manstead, A. S. R. (1998). Undoing regret on Dutch television: Apologizing for interpersonal regrets involving actions or inactions. *Personality and Social Psychology Bulletin,* **24,** 1113–1119.

Zeisel, H., & Diamond, S. S. (1976). The jury selection in the Mitchell-Stans conspiracy trial. *American Bar Foundation Research Journal,* **1,** 151–174 (see p. 167). Cited by L. Wrightsman (1978). The American trial jury on trial: Empirical evidence and procedural modifications. *Journal of Social Issues,* **34,** 137–164.

Zhang, D. D., Lee, H. F., Wong, C., Li, B., Pei, Q., Zhang, J., & An, Y. (2011). The causality analysis of climate change and large-scale human crisis. *PNAS,* **108,** 17296–17301.

Zhang, S., & Kline, S. L. (2009). Can I make my own decision? A cross-cultural study of perceived social network influence in mate selection. *Journal of Cross-Cultural Psychology,* **40,** 3–23.

Zhang, Y. F., Wyon, D. P., Fang, L., & Melikov, A. K. (2007). The influence of heated or cooled seats on the acceptable ambient temperature range. *Ergonomics,* **50,** 586–600.

Zhong, C.-B., Bohns, V. K., & Gino, F. (2010). Good lamps are the best police: Darkness increases dishonesty and self-interested behavior. *Psychological Science,* **21,** 311–314.

Zhong, C.-B, & Leonardelli, G. F. (2008). Cold and lonely: Does social exclusion literally feel cold? *Psychological Science,* **19,** 838–842.

Zhou, X., Sedikides, C., Wildschut, T., & Gao, D-G. (2008). Counteracting loneliness: On the restorative function of nostalgia. *Psychological Science,* **19,** 1023–1029.

Zhu, W. X., Lu, L., & Hesketh, T. (2009). China's excess males, sex selective abortion, and one child policy: Analysis of data from 2005 national intercensus survey. *British Medical Journal (BMJ),* **338,** b1211.

Zhu, Y., Zhang, L., Fan, L., & Han, S. (2007). Neural basis of cultural influence on self-representation. *NeuroImage,* **34,** 1310–1316.

Zick, A., Pettigrew, T. F., & Wagner, U. (2008). Ethnic prejudice and discrimination in Europe. *Journal of Social Issues,* **64,** 233–251.

Zillmann, D. (1988). Cognition-excitation interdependencies in aggressive behavior. *Aggressive Behavior,* **14,** 51–64.

Zillmann, D. (1989a). Aggression and sex: Independent and joint operations. In H. L. Wagner & A. S. R. Manstead (Eds.), *Handbook of psychophysiology: Emotion and social behavior.* Chichester: Wiley.

Zillmann, D. (1989b). Effects of prolonged consumption of pornography. In D. Zillmann & J. Bryant (Eds.), *Pornography: Research advances and policy considerations.* Hillsdale, NJ: Erlbaum.

Zillmann, D., & Paulus, P. B. (1993). Spectators: Reactions to sports events and effects on athletic performance. In R. N. Singer, N. Murphey, & L. K. Tennant (Eds.), *Handbook of research on sport psychology.* New York: Macmillan.

Zillmann, D., & Weaver, J. B. (2007). Aggressive personality traits in the effects of violence imagery on unprovoked impulsive aggression. *Journal of Research in Personality,* **41,** 753–771.

Zillmann, D., & Weaver, J. B., III. (1999). Effects of prolonged exposure to gratuitous media violence on provoked and unprovoked hostile behavior. *Journal of Applied Social Psychology,* **29,** 145–165.

Zillmer, E. A., Harrower, M., Ritzler, B. A., & Archer, R. P. (1995). *The quest for the Nazi personality: A psychological investigation of Nazi war criminals.* Hillsdale, NJ: Erlbaum.

Zimbardo, P. G. (1970). The human choice: Individuation, reason, and order versus deindividuation, impulse, and chaos. In W. J. Arnold & D. Levine (Eds.), *Nebraska symposium on motivation, 1969.* Lincoln: University of Nebraska Press.

Zimbardo, P. G. (1971). *The psychological power and pathology of imprisonment.* A statement prepared for the U.S. House of Representatives Committee on the Judiciary, Subcommittee No. 3: Hearings on Prison Reform, San Francisco, October 25.

Zimbardo, P. G. (1972). The Stanford prison experiment. A slide/tape presentation produced by Philip G. Zimbardo, Inc., P. O. Box 4395, Stanford, CA 94305.

Zimbardo, P. G. (2002, April). Nurturing psychological synergies. *APA Monitor,* pp. 5, 38.

Zimbardo, P. G. (2004). A situationist perspective on the psychology of evil: Understanding how good people are transformed into perpetrators. In A. G. Miller (Ed.), *The social psychology of good and evil.* New York: Guilford.

Zimbardo, P. G. (2007, September). Person x situation x system dynamics. *The Observer* (Association for Psychological Science), p. 43.

Zimmer, C. (2005, November). The neurobiology of the self. *Scientific American,* pp. 93–101.

Zitek, E. M., & Hebl, M. R. (2007). The role of social norm clarity in the influenced expression of prejudice over time. *Journal of Experimental Social Psychology,* **43,** 867–876.

Zola-Morgan, S., Squire, L. R., Alvarez-Royo, P., & Clower, R. P. (1991). Independence of memory functions and emotional behavior. *Hippocampus,* **1,** 207–220.

Zuckerman, E. W., & Jost, J. T. (2001). What makes you think you're so popular? Self-evaluation maintenance and the subjective side of the "friendship paradox." *Social Psychology Quarterly,* **64,** 207–223.

Zuwerink, J. R., Monteith, M. J., Devine, P. G., & Cook, D. A. (1996). Prejudice toward blacks: With and without compunction? *Basic and Applied Social Psychology,* **18,** 131–150.